Law and Data of
EARLY CHILDHOOD EDUCATION AND CARE

最新
保育小六法・資料集

大豆生田啓友/三谷大紀
[編]

2024

ミネルヴァ書房

はしがき

保育者として心得ておく必要のある法律や政府関係の通知、保育に関するさまざまな統計資料などをコンパクトにまとめた『最新保育資料集』がはじめて世に送り出されたのは一九八九年のことでした。多くの読者にご活用いただきながら、以来三十余年、修正を加え、版を改めてきましたが、このたび、子どもと保育者をめぐる社会状況や制度の大きな動きにあわせて、『最新保育小六法・資料集』としてリニューアルすることとなりました。

本書は、『最新保育資料集』の基本方針を堅持しながら、保育・幼児教育に関する法制と基本データを収録しています。

一、法令・通知については、すべてを掲載すると膨大な量にのぼるため、保育の学習や実践にあたって、これだけは知っておいてほしいというものを精選し、構成を整理しました。

二、保育および教育内容の基準となる「保育所保育指針」「幼稚園教育要領」「幼保連携型認定こども園教育・保育要領」を比較参照できるよう、全編を掲載しています。

三、保育・幼児教育のこれまでとこれからの方向性がわかるよう、審議会の答申や報告書、ガイドライン等の関連文書を収めています。

四、学制公布から今日にいたるまでの主要な事項を「保育・幼児教育関連年表」にまとめました。また巻末には「資料編」として、保育・幼児教育や子どもをめぐる社会の現状、社会的養護に関する統計等を可能な限り収録しました。

本年版では、「児童福祉法施行令」「児童福祉法施行規則」「児童福祉施設の設備及び運営に関する基準」など、こども家庭庁の設置に伴う関係政令、省令の整備を反映したほか、最新の法令改正に対応しています。

また、「保育所等における常勤保育士及び短時間保育士の定義について」「保育所等における子ども食堂等の地域づくりに資する取組の実施等について」など、新たに発出された通知を追加しました。関連文書については、こども基本法に基づき策定された「こども大綱」（二〇二三年一二月）のほか、「幼児期までのこどもの育ちに係る基本的なヴィジョン（答申）」「こ文書も内容を更新しています。

どもの居場所づくりに関する指針（答申）」「こども未来戦略」を新たに掲載しました。そのほか改正・改訂のあった通知や文書も内容を更新しています。

これらの法令・資料等は最新のものであることが必要です。変更があった場合には、できるだけ早く修正して情報をお伝えするなどしながら、よりより小六法・資料集にしていきたいと思っています。どうぞ忌憚のないご意見をお寄せください。

保育士、幼稚園教諭、保育教諭という専門職にとって、法令や制度を理解することは、これからますます大切になるでしょう。「こどもまんなか社会」を目指すにあたり、本書がみなさんの支えとなることを願っています。

二〇二四年三月

大豆生田啓友

本書利用の手引き

この本は、保育・幼児教育の学習や実践にあたっておさえておきたい最新の法制と基本データを収めました。

引き方について

1　分類によって引く場合は目次を、題名の五十音で引く場合は五十音索引を活用してください。五十音索引は、一部法令の略称や、通知に添付された別紙の題名も検索できるようになっています。

2　「日本国憲法」「児童の権利に関する条約」「こども基本法」「教育基本法」「児童福祉法」「学校教育法」「就学前の子どもに関する教育、保育等の総合的な提供の推進に関する法律」「保育所保育指針」「幼稚園教育要領」「幼保連携型認定こども園教育・保育要領」には、直接引くことができるよう爪見出しを付しています。

3　資料編については、巻末の資料一覧を参照してください。

内容について

1　本書に掲載した法令は、令和六年一月一日までの官報に依拠しています。

2　改正日については、前記の日付までに公布された最終改正のみ、各法令の冒頭に表示しています。

3　改正法令は、公布時点で未施行の条文もすべて本文に含めたうえで、令和六年四月一日までに施行されるものはそのまま掲載し、同年四月二日以降に施行される箇所については傍線を付し区別しています。

4　法令の原文に条見出しがついているものは（　）で表示しています。原文に条見出しがついていないものについては、編集部が適宜〔　〕で見出しをつけました。

5　法令の条文中、2、3……と数字で表示されたものは「第二項」「第三項」と読みます。原文に項の数字表記のないものは、②、③……と記号を付して項数を示しました。また、一、二……と漢数字で表示されたものは「第一号」「第二号」と読みます。

6　収録した附則中、施行年月日が明示されていないものは、〔　〕で補いました。

7　法令名の下に（抄）と記載したものは、全文掲載ではなく、省略した条文があることを示しています。

8　通知と関連文書については、省略した箇所がある場合には、文中に適宜表示しています。

9　「保育・幼児教育関連年表」に、主要事項の歴史的変遷をまとめています。

10　各種統計などのなかから、保育・幼児教育に関する最新の情報を「資料編」として収録しました。

法令略称一覧

法	法律
政	政令
条	条約
内令	内閣府令
文科令	文部科学省令
厚労令	厚生労働省令
外告	外務省告示
内告	内閣府告示
文科告	文部科学省告示
厚労告	厚生労働省告示

目　次

第1部　法　令

◆五十音索引

第 1 部

法　　令

1 日本国憲法

（昭和二一年一一月三日公布
昭和二二年五月三日施行）

日本国民は、正当に選挙された国会における代表者を通じて行動し、われらとわれらの子孫のために、諸国民との協和による成果と、わが国全土にわたつて自由のもたらす恵沢を確保し、政府の行為によつて再び戦争の惨禍が起ることのないやうにすることを決意し、ここに主権が国民に存することを宣言し、この憲法を確定する。そもそも国政は、国民の厳粛な信託によるものであつて、その権威は国民に由来し、その権力は国民の代表者がこれを行使し、その福利は国民がこれを享受する。これは人類普遍の原理であり、この憲法は、かかる原理に基くものである。われらは、これに反する一切の憲法、法令及び詔勅を排除する。

日本国民は、恒久の平和を念願し、人間相互の関係を支配する崇高な理想を深く自覚するのであつて、平和を愛する諸国民の公正と信義に信頼して、われらの安全と生存を保持しようと決意した。われらは、平和を維持し、専制と隷従、圧迫と偏狭を地上から永遠に除去しようと努めてゐる国際社会において、名誉ある地位を占めたいと思ふ。われらは、全世界の国民が、ひとしく恐怖と欠乏から免かれ、平和のうちに生存する権利を有することを確認する。

われらは、いづれの国家も、自国のことのみに専念して他国を無視してはならないのであつて、政治道徳の法則は、普遍的なものであり、この法則に従ふことは、自国の主権を維持し、他国と対等関係に立たうとする各国の責務であると信ずる。

日本国民は、国家の名誉にかけ、全力をあげてこの崇高な理想と目的を達成することを誓ふ。

第一章　天皇

〔**天皇の象徴的地位、国民主権**〕
第一条　天皇は、日本国の象徴であり日本国民統合の象徴であつて、この地位は、主権の存する日本国民の総意に基く。

〔**皇位の世襲と継承**〕
第二条　皇位は、世襲のものであつて、国会の議決した皇室典範の定めるところにより、これを継承する。

〔**天皇の国事行為に対する内閣の助言・承認・責任**〕
第三条　天皇の国事に関するすべての行為には、内閣の助言と承認を必要とし、内閣が、その責任を負ふ。

〔**天皇の国事行為の限定とその委任**〕
第四条　天皇は、この憲法の定める国事に関する行為のみを行ひ、国政に関する権能を有しない。

② 天皇は、法律の定めるところにより、その国事に関する行為を委任することができる。

〔**摂政**〕
第五条　皇室典範の定めるところにより摂政を置くときは、摂政は、天皇の名でその国事に関する行為を行ふ。この場合には、前条第一項の規定を準用する。

〔**天皇の国事行為―内閣総理大臣・最高裁長官の任命**〕
第六条　天皇は、国会の指名に基いて、内閣総理大臣を任命する。

② 天皇は、内閣の指名に基いて、最高裁判所の長たる裁判官を任命する。

〔**天皇の国事行為―その他**〕
第七条　天皇は、内閣の助言と承認により、国民のために、左の国事に関する行為を行ふ。

一　憲法改正、法律、政令及び条約を公布すること。
二　国会を召集すること。
三　衆議院を解散すること。
四　国会議員の総選挙の施行を公示すること。
五　国務大臣及び法律の定めるその他の官吏の任免並びに全権委任状及び大使及び公使の信任状を認証すること。
六　大赦、特赦、減刑、刑の執行の免除及び復権を認証すること。
七　栄典を授与すること。
八　批准書及び法律の定めるその他の外交文書を認証すること。
九　外国の大使及び公使を接受すること。
十　儀式を行ふこと。

〔**皇室の財産授受**〕
第八条　皇室に財産を譲り渡し、又は皇室が、財産を譲り受け、若しくは賜与することは、国会の議決に基かなければならない。

第二章　戦争の放棄

〔**戦争の放棄、戦力の不保持、交戦権の否認**〕
第九条　日本国民は、正義と秩序を基調とする国際平和を誠実に希求し、国権の発動たる戦争と、武力による威嚇又は武力の行使は、国際紛争を解決する手段としては、永久にこれを放棄する。

② 前項の目的を達するため、陸海空軍その他の戦力は、これを保持しない。国の交戦権は、こ

れを認めない。

第三章　国民の権利及び義務

〔日本国民たる要件〕
第十条　日本国民たる要件は、法律でこれを定める。

〔国民の基本的人権の永久不可侵性〕
第十一条　国民は、すべての基本的人権の享有を妨げられない。この憲法が国民に保障する基本的人権は、侵すことのできない永久の権利として、現在及び将来の国民に与へられる。

〔自由及び権利の保持責任、濫用の禁止、利用責任〕
第十二条　この憲法が国民に保障する自由及び権利は、国民の不断の努力によつて、これを保持しなければならない。又、国民は、これを濫用してはならないのであつて、常に公共の福祉のためにこれを利用する責任を負ふ。

〔個人の尊重〕
第十三条　すべて国民は、個人として尊重される。生命、自由及び幸福追求に対する国民の権利については、公共の福祉に反しない限り、立法その他の国政の上で、最大の尊重を必要とする。

〔法の下の平等、貴族制度の否認、栄典の授与〕
第十四条　すべて国民は、法の下に平等であつて、人種、信条、性別、社会的身分又は門地により、政治的、経済的又は社会的関係において、差別されない。
② 華族その他の貴族の制度は、これを認めない。
③ 栄誉、勲章その他の栄典の授与は、いかなる特権も伴はない。栄典の授与は、現にこれを有し、又は将来これを受ける者の一代に限り、その効力を有する。

〔国民の公務員選定罷免権、公務員の本質、普通選挙及び秘密投票の保障〕
第十五条　公務員を選定し、及びこれを罷免することは、国民固有の権利である。
② すべて公務員は、全体の奉仕者であつて、一部の奉仕者ではない。
③ 公務員の選挙については、成年者による普通選挙を保障する。
④ すべて選挙における投票の秘密は、これを侵してはならない。選挙人は、その選択に関し公的にも私的にも責任を問はれない。

〔請願権〕
第十六条　何人も、損害の救済、公務員の罷免、法律、命令又は規則の制定、廃止又は改正その他の事項に関し、平穏に請願する権利を有し、何人も、かかる請願をしたためにいかなる差別待遇も受けない。

〔公務員の不法行為による損害賠償〕
第十七条　何人も、公務員の不法行為により、損害を受けたときは、法律の定めるところにより、国又は公共団体に、その賠償を求めることができる。

〔奴隷的拘束及び苦役からの自由〕
第十八条　何人も、いかなる奴隷的拘束も受けない。又、犯罪に因る処罰の場合を除いては、その意に反する苦役に服させられない。

〔思想及び良心の自由〕
第十九条　思想及び良心の自由は、これを侵してはならない。

〔信教の自由〕
第二十条　信教の自由は、何人に対してもこれを保障する。いかなる宗教団体も、国から特権を受け、又は政治上の権力を行使してはならない。
② 何人も、宗教上の行為、祝典、儀式又は行事に参加することを強制されない。
③ 国及びその機関は、宗教教育その他いかなる宗教的活動もしてはならない。

〔集会・結社・表現の自由、検閲の禁止〕
第二十一条　集会、結社及び言論、出版その他一切の表現の自由は、これを保障する。
② 検閲は、これをしてはならない。通信の秘密は、これを侵してはならない。

〔居住、移転、職業選択、外国移住、国籍離脱の自由〕
第二十二条　何人も、公共の福祉に反しない限り、居住、移転及び職業選択の自由を有する。
② 何人も、外国に移住し、又は国籍を離脱する自由を侵されない。

〔学問の自由〕
第二十三条　学問の自由は、これを保障する。

〔家族生活における個人の尊厳と両性の平等〕
第二十四条　婚姻は、両性の合意のみに基いて成立し、夫婦が同等の権利を有することを基本として、相互の協力により、維持されなければならない。
② 配偶者の選択、財産権、相続、住居の選定、離婚並びに婚姻及び家族に関するその他の事項に関しては、法律は、個人の尊厳と両性の本質的平等に立脚して、制定されなければならない。

〔国民の生存権、国の保障義務〕
第二十五条　すべて国民は、健康で文化的な最低限度の生活を営む権利を有する。
② 国は、すべての生活部面について、社会福祉、社会保障及び公衆衛生の向上及び増進に努めなければならない。

〔教育を受ける権利、受けさせる義務〕

第二十六条　すべて国民は、法律の定めるところにより、その能力に応じて、ひとしく教育を受ける権利を有する。

②　すべて国民は、法律の定めるところにより、その保護する子女に普通教育を受けさせる義務を負ふ。義務教育は、これを無償とする。

〔**勤労の権利・義務、勤労条件の基準、児童酷使の禁止**〕

第二十七条　すべて国民は、勤労の権利を有し、義務を負ふ。

②　賃金、就業時間、休息その他の勤労条件に関する基準は、法律でこれを定める。

③　児童は、これを酷使してはならない。

〔**勤労者の団結権、団体行動権**〕

第二十八条　勤労者の団結する権利及び団体交渉その他の団体行動をする権利は、これを保障する。

〔**財産権**〕

第二十九条　財産権は、これを侵してはならない。

②　財産権の内容は、公共の福祉に適合するやうに、法律でこれを定める。

③　私有財産は、正当な補償の下に、これを公共のために用ひることができる。

〔**納税の義務**〕

第三十条　国民は、法律の定めるところにより、納税の義務を負ふ。

〔**法定手続の保障**〕

第三十一条　何人も、法律の定める手続によらなければ、その生命若しくは自由を奪はれ、又はその他の刑罰を科せられない。

〔**裁判を受ける権利**〕

第三十二条　何人も、裁判所において裁判を受ける権利を奪はれない。

〔**逮捕に対する保障**〕

第三十三条　何人も、現行犯として逮捕される場合を除いては、権限を有する司法官憲が発し、且つ理由となつてゐる犯罪を明示する令状によらなければ、逮捕されない。

〔**抑留・拘禁に対する保障**〕

第三十四条　何人も、理由を直ちに告げられ、且つ、直ちに弁護人に依頼する権利を与へられなければ、抑留又は拘禁されない。又、何人も、正当な理由がなければ、拘禁されず、要求があれば、その理由は、直ちに本人及びその弁護人の出席する公開の法廷で示されなければならない。

〔**住居侵入・捜索・押収に対する保障**〕

第三十五条　何人も、その住居、書類及び所持品について、侵入、捜索及び押収を受けることのない権利は、第三十三条の場合を除いては、正当な理由に基いて発せられ、且つ捜索する場所及び押収する物を明示する令状がなければ、侵されない。

②　捜索又は押収は、権限を有する司法官憲が発する各別の令状により、これを行ふ。

〔**拷問及び残虐な刑罰の禁止**〕

第三十六条　公務員による拷問及び残虐な刑罰は、絶対にこれを禁ずる。

〔**刑事被告人の権利**〕

第三十七条　すべて刑事事件においては、被告人は、公平な裁判所の迅速な公開裁判を受ける権利を有する。

②　刑事被告人は、すべての証人に対して審問する機会を充分に与へられ、又、公費で自己のために強制的手続により証人を求める権利を有する。

③　刑事被告人は、いかなる場合にも、資格を有する弁護人を依頼することができる。被告人が自らこれを依頼することができないときは、国でこれを附する。

〔**自白の証拠能力等**〕

第三十八条　何人も、自己に不利益な供述を強要されない。

②　強制、拷問若しくは脅迫による自白又は不当に長く抑留若しくは拘禁された後の自白は、これを証拠とすることができない。

③　何人も、自己に不利益な唯一の証拠が本人の自白である場合には、有罪とされ、又は刑罰を科せられない。

〔**遡及処罰の禁止、二重処罰の禁止**〕

第三十九条　何人も、実行の時に適法であつた行為又は既に無罪とされた行為については、刑事上の責任を問はれない。又、同一の犯罪について、重ねて刑事上の責任を問はれない。

〔**刑事補償**〕

第四十条　何人も、抑留又は拘禁された後、無罪の裁判を受けたときは、法律の定めるところにより、国にその補償を求めることができる。

第四章　国会

〔**国会の地位、立法権**〕

第四十一条　国会は、国権の最高機関であつて、国の唯一の立法機関である。

〔**両院制**〕

第四十二条　国会は、衆議院及び参議院の両議院でこれを構成する。

〔**両議院の組織**〕

第四十三条　両議院は、全国民を代表する選挙された議員でこれを組織する。

② 両議院の議員の定数は、法律でこれを定める。

〔国会議員及び選挙人の資格〕

第四十四条 両議院の議員及びその選挙人の資格は、法律でこれを定める。但し、人種、信条、性別、社会的身分、門地、教育、財産又は収入によつて差別してはならない。

〔衆議院議員の任期〕

第四十五条 衆議院議員の任期は、四年とする。但し、衆議院解散の場合には、その期間満了前に終了する。

〔参議院議員の任期〕

第四十六条 参議院議員の任期は、六年とし、三年ごとに議員の半数を改選する。

〔選挙に関する事項の法定〕

第四十七条 選挙区、投票の方法その他両議院の議員の選挙に関する事項は、法律でこれを定める。

〔両議院議員兼職の禁止〕

第四十八条 何人も、同時に両議院の議員たることはできない。

〔議員の歳費〕

第四十九条 両議院の議員は、法律の定めるところにより、国庫から相当額の歳費を受ける。

〔議員の不逮捕特権〕

第五十条 両議院の議員は、法律の定める場合を除いては、国会の会期中逮捕されず、会期前に逮捕された議員は、その議院の要求があれば、会期中これを釈放しなければならない。

〔議員の発言・表決の無責任〕

第五十一条 両議院の議員は、議院で行つた演説、討論又は表決について、院外で責任を問はれない。

〔常会〕

第五十二条 国会の常会は、毎年一回これを召集する。

〔臨時会〕

第五十三条 内閣は、国会の臨時会の召集を決定することができる。いづれかの議院の総議員の四分の一以上の要求があれば、内閣は、その召集を決定しなければならない。

〔衆議院の解散と総選挙、特別会〕

第五十四条 衆議院が解散されたときは、解散の日から四十日以内に、衆議院議員の総選挙を行ひ、その選挙の日から三十日以内に、国会を召集しなければならない。

② 衆議院が解散されたときは、参議院は、同時に閉会となる。但し、内閣は、国に緊急の必要があるときは、参議院の緊急集会を求めることができる。

③ 前項但書の緊急集会において採られた措置は、臨時のものであつて、次の国会開会の後十日以内に、衆議院の同意がない場合には、その効力を失ふ。

〔議員の資格争訟〕

第五十五条 両議院は、各〻その議員の資格に関する争訟を裁判する。但し、議員の議席を失はせるには、出席議員の三分の二以上の多数による議決を必要とする。

〔議院の定足数、議決〕

第五十六条 両議院は、各〻その総議員の三分の一以上の出席がなければ、議事を開き議決することができない。

② 両議院の議事は、この憲法に特別の定のある場合を除いては、出席議員の過半数でこれを決し、可否同数のときは、議長の決するところによる。

〔会議の公開と秘密会、会議録〕

第五十七条 両議院の会議は、公開とする。但し、出席議員の三分の二以上の多数で議決したときは、秘密会を開くことができる。

② 両議院は、各〻その会議の記録を保存し、秘密会の記録の中で特に秘密を要すると認められるもの以外は、これを公表し、且つ一般に頒布しなければならない。

③ 出席議員の五分の一以上の要求があれば、各議員の表決は、これを会議録に記載しなければならない。

〔役員の選任、議院規則、懲罰〕

第五十八条 両議院は、各〻その議長その他の役員を選任する。

② 両議院は、各〻その会議その他の手続及び内部の規律に関する規則を定め、又、院内の秩序をみだした議員を懲罰することができる。但し、議員を除名するには、出席議員の三分の二以上の多数による議決を必要とする。

〔法律案の議決、衆議院の優越〕

第五十九条 法律案は、この憲法に特別の定のある場合を除いては、両議院で可決したとき法律となる。

② 衆議院で可決し、参議院でこれと異なつた議決をした法律案は、衆議院で出席議員の三分の二以上の多数で再び可決したときは、法律となる。

③ 前項の規定は、法律の定めるところにより、衆議院が、両議院の協議会を開くことを求めることを妨げない。

④ 参議院が、衆議院の可決した法律案を受け取つた後、国会休会中の期間を除いて六十日以内に、議決しないときは、衆議院は、参議院がそ

の法律案を否決したものとみなすことができる。

〔衆議院の予算先議と優越〕

第六十条 予算は、さきに衆議院に提出しなければならない。

② 予算について、参議院で衆議院と異なつた議決をした場合に、法律の定めるところにより、両議院の協議会を開いても意見が一致しないとき、又は参議院が、衆議院の可決した予算を受け取つた後、国会休会中の期間を除いて三十日以内に、議決しないときは、衆議院の議決を国会の議決とする。

〔条約の国会承認と衆議院の優越〕

第六十一条 条約の締結に必要な国会の承認については、前条第二項の規定を準用する。

〔議院の国政調査権〕

第六十二条 両議院は、各〻国政に関する調査を行ひ、これに関して、証人の出頭及び証言並びに記録の提出を要求することができる。

〔国務大臣の議院出席〕

第六十三条 内閣総理大臣その他の国務大臣は、両議院の一に議席を有すると有しないとにかかはらず、何時でも議案について発言するため議院に出席することができる。又、答弁又は説明のため出席を求められたときは、出席しなければならない。

〔弾劾裁判所〕

第六十四条 国会は、罷免の訴追を受けた裁判官を裁判するため、両議院の議員で組織する弾劾裁判所を設ける。

② 弾劾に関する事項は、法律でこれを定める。

第五章　内閣

〔行政権と内閣〕

第六十五条 行政権は、内閣に属する。

〔内閣の組織、国務大臣の文民資格、国会に対する連帯責任〕

第六十六条 内閣は、法律の定めるところにより、その首長たる内閣総理大臣及びその他の国務大臣でこれを組織する。

② 内閣総理大臣その他の国務大臣は、文民でなければならない。

③ 内閣は、行政権の行使について、国会に対し連帯して責任を負ふ。

〔内閣総理大臣の指名、衆議院の優越〕

第六十七条 内閣総理大臣は、国会議員の中から国会の議決で、これを指名する。この指名は、他のすべての案件に先だつて、これを行ふ。

② 衆議院と参議院とが異なつた指名の議決をした場合に、法律の定めるところにより、両議院の協議会を開いても意見が一致しないとき、又は衆議院が指名の議決をした後、国会休会中の期間を除いて十日以内に、参議院が、指名の議決をしないときは、衆議院の議決を国会の議決とする。

〔国務大臣の任命と罷免〕

第六十八条 内閣総理大臣は、国務大臣を任命する。但し、その過半数は、国会議員の中から選ばれなければならない。

② 内閣総理大臣は、任意に国務大臣を罷免することができる。

〔衆議院の内閣不信任、解散又は総辞職〕

第六十九条 内閣は、衆議院で不信任の決議案を可決し、又は信任の決議案を否決したときは、十日以内に衆議院が解散されない限り、総辞職をしなければならない。

〔内閣総理大臣の欠缺又は総選挙後の内閣総辞職〕

第七十条 内閣総理大臣が欠けたとき、又は衆議院議員総選挙の後に初めて国会の召集があつたときは、内閣は、総辞職をしなければならない。

〔総辞職後の内閣の職務執行〕

第七十一条 前二条の場合には、内閣は、あらたに内閣総理大臣が任命されるまで引き続きその職務を行ふ。

〔内閣総理大臣の職務〕

第七十二条 内閣総理大臣は、内閣を代表して議案を国会に提出し、一般国務及び外交関係について国会に報告し、並びに行政各部を指揮監督する。

〔内閣の事務〕

第七十三条 内閣は、他の一般行政事務の外、左の事務を行ふ。

一 法律を誠実に執行し、国務を総理すること。
二 外交関係を処理すること。
三 条約を締結すること。但し、事前に、時宜によつては事後に、国会の承認を経ることを必要とする。
四 法律の定める基準に従ひ、官吏に関する事務を掌理すること。
五 予算を作成して国会に提出すること。
六 この憲法及び法律の規定を実施するために、政令を制定すること。但し、政令には、特にその法律の委任がある場合を除いては、罰則を設けることができない。
七 大赦、特赦、減刑、刑の執行の免除及び復権を決定すること。

〔法律・政令の署名及び連署〕

第七十四条 法律及び政令には、すべて主任の国務大臣が署名し、内閣総理大臣が連署することを必要とする。

〔国務大臣の訴追〕

第七十五条 国務大臣は、その在任中、内閣総理大臣の同意がなければ、訴追されない。但し、これがため、訴追の権利は、害されない。

第六章 司法

〔司法権の独立〕

第七十六条 すべて司法権は、最高裁判所及び法律の定めるところにより設置する下級裁判所に属する。

② 特別裁判所は、これを設置することができない。行政機関は、終審として裁判を行ふことができない。

③ すべて裁判官は、その良心に従ひ独立してその職権を行ひ、この憲法及び法律にのみ拘束される。

〔最高裁判所の規則制定権〕

第七十七条 最高裁判所は、訴訟に関する手続、弁護士、裁判所の内部規律及び司法事務処理に関する事項について、規則を定める権限を有する。

② 検察官は、最高裁判所の定める規則に従はなければならない。

③ 最高裁判所は、下級裁判所に関する規則を定める権限を、下級裁判所に委任することができる。

〔裁判官の身分保障〕

第七十八条 裁判官は、裁判により、心身の故障のために職務を執ることができないと決定された場合を除いては、公の弾劾によらなければ罷免されない。裁判官の懲戒処分は、行政機関がこれを行ふことはできない。

〔最高裁判所裁判官、国民審査〕

第七十九条 最高裁判所は、その長たる裁判官及び法律の定める員数のその他の裁判官でこれを構成し、その長たる裁判官以外の裁判官は、内閣でこれを任命する。

② 最高裁判所の裁判官の任命は、その任命後初めて行はれる衆議院議員総選挙の際国民の審査に付し、その後十年を経過した後初めて行はれる衆議院議員総選挙の際更に審査に付し、その後も同様とする。

③ 前項の場合において、投票者の多数が裁判官の罷免を可とするときは、その裁判官は、罷免される。

④ 審査に関する事項は、法律でこれを定める。

⑤ 最高裁判所の裁判官は、法律の定める年齢に達した時に退官する。

⑥ 最高裁判所の裁判官は、すべて定期に相当額の報酬を受ける。この報酬は、在任中、これを減額することができない。

〔下級裁判所裁判官〕

第八十条 下級裁判所の裁判官は、最高裁判所の指名した者の名簿によつて、内閣でこれを任命する。その裁判官は、任期を十年とし、再任されることができる。但し、法律の定める年齢に達した時には退官する。

② 下級裁判所の裁判官は、すべて定期に相当額の報酬を受ける。この報酬は、在任中、これを減額することができない。

〔最高裁判所の違憲法令審査権〕

第八十一条 最高裁判所は、一切の法律、命令、規則又は処分が憲法に適合するかしないかを決定する権限を有する終審裁判所である。

〔裁判の公開〕

第八十二条 裁判の対審及び判決は、公開法廷でこれを行ふ。

② 裁判所が、裁判官の全員一致で、公の秩序又は善良の風俗を害する虞があると決した場合には、対審は、公開しないでこれを行ふことができる。但し、政治犯罪、出版に関する犯罪又はこの憲法第三章で保障する国民の権利が問題となつてゐる事件の対審は、常にこれを公開しなければならない。

第七章 財政

〔財政処理の基本原則〕

第八十三条 国の財政を処理する権限は、国会の議決に基いて、これを行使しなければならない。

〔租税法律主義〕

第八十四条 あらたに租税を課し、又は現行の租税を変更するには、法律又は法律の定める条件によることを必要とする。

〔国費の支出及び債務負担と国会の議決〕

第八十五条 国費を支出し、又は国が債務を負担するには、国会の議決に基くことを必要とする。

〔予算の作成と国会の議決〕

第八十六条 内閣は、毎会計年度の予算を作成し、国会に提出して、その審議を受け議決を経なければならない。

〔予備費〕

第八十七条 予見し難い予算の不足に充てるため、国会の議決に基いて予備費を設け、内閣の責任でこれを支出することができる。

② すべて予備費の支出については、内閣は、事後に国会の承諾を得なければならない。

〔皇室財産、皇室費用〕

第八十八条 すべて皇室財産は、国に属する。すべて皇室の費用は、予算に計上して国会の議決を経なければならない。

〔公の財産の支出・利用の制限〕
第八十九条 公金その他の公の財産は、宗教上の組織若しくは団体の使用、便益若しくは維持のため、又は公の支配に属しない慈善、教育若しくは博愛の事業に対し、これを支出し、又はその利用に供してはならない。

〔決算、会計検査院〕
第九十条 国の収入支出の決算は、すべて毎年会計検査院がこれを検査し、内閣は、次の年度に、その検査報告とともに、これを国会に提出しなければならない。

② 会計検査院の組織及び権限は、法律でこれを定める。

〔内閣の財政状況報告〕
第九十一条 内閣は、国会及び国民に対し、定期に、少くとも毎年一回、国の財政状況について報告しなければならない。

第八章　地方自治

〔地方自治の原則〕
第九十二条 地方公共団体の組織及び運営に関する事項は、地方自治の本旨に基いて、法律でこれを定める。

〔地方公共団体の議会、長・議員等の直接選挙〕
第九十三条 地方公共団体には、法律の定めるところにより、その議事機関として議会を設置する。

② 地方公共団体の長、その議会の議員及び法律の定めるその他の吏員は、その地方公共団体の住民が、直接これを選挙する。

〔地方公共団体の権能〕
第九十四条 地方公共団体は、その財産を管理し、事務を処理し、及び行政を執行する権能を有し、法律の範囲内で条例を制定することができる。

〔特別法の住民投票〕
第九十五条 一の地方公共団体のみに適用される特別法は、法律の定めるところにより、その地方公共団体の住民の投票においてその過半数の同意を得なければ、国会は、これを制定することができない。

第九章　改正

〔憲法改正の発議・国民投票・公布〕
第九十六条 この憲法の改正は、各議院の総議員の三分の二以上の賛成で、国会が、これを発議し、国民に提案してその承認を経なければならない。この承認には、特別の国民投票又は国会の定める選挙の際行はれる投票において、その過半数の賛成を必要とする。

② 憲法改正について前項の承認を経たときは、天皇は、国民の名で、この憲法と一体を成すものとして、直ちにこれを公布する。

第十章　最高法規

〔基本的人権の本質〕
第九十七条 この憲法が日本国民に保障する基本的人権は、人類の多年にわたる自由獲得の努力の成果であつて、これらの権利は、過去幾多の試錬に堪へ、現在及び将来の国民に対し、侵すことのできない永久の権利として信託されたものである。

〔憲法の最高法規性、条約及び国際法規の遵守〕
第九十八条 この憲法は、国の最高法規であつて、その条規に反する法律、命令、詔勅及び国務に関するその他の行為の全部又は一部は、その効力を有しない。

② 日本国が締結した条約及び確立された国際法規は、これを誠実に遵守することを必要とする。

〔憲法尊重擁護の義務〕
第九十九条 天皇又は摂政及び国務大臣、国会議員、裁判官その他の公務員は、この憲法を尊重し擁護する義務を負ふ。

第十一章　補則

〔施行期日〕
第百条 この憲法は、公布の日から起算して六箇月を経過した日［昭22・5・3］から、これを施行する。

② この憲法を施行するために必要な法律の制定、参議院議員の選挙及び国会召集の手続並びにこの憲法を施行するために必要な準備手続は、前項の期日よりも前に、これを行ふことができる。

〔経過規定―参議院が成立するまでの国会〕
第百一条 この憲法施行の際、参議院がまだ成立してゐないときは、その成立するまでの間、衆議院は、国会としての権限を行ふ。

〔経過規定―第一期の参議院議員の任期〕
第百二条 この憲法による第一期の参議院議員のうち、その半数の者の任期は、これを三年とする。その議員は、法律の定めるところにより、これを定める。

〔経過規定―公務員の地位〕
第百三条 この憲法施行の際現に在職する国務大臣、衆議院議員及び裁判官並びにその他の公務員で、その地位に相応する地位がこの憲法で認められてゐる者は、法律で特別の定をした場合を除いては、この憲法施行のため、当然にはその地位を失ふことはない。但し、この憲法によつて、後任者が選挙又は任命されたときは、当然その地位を失ふ。

2 児童憲章

（昭和二六年五月五日）

われらは、日本国憲法の精神にしたがい、児童に対する正しい観念を確立し、すべての児童の幸福をはかるために、この憲章を定める。

児童は、人として尊ばれる。

児童は、社会の一員として重んぜられる。

児童は、よい環境のなかで育てられる。

一　すべての児童は、心身ともに、健やかにうまれ、育てられ、その生活を保障される。

二　すべての児童は、家庭で、正しい愛情と知識と技術をもつて育てられ、家庭に恵まれない児童には、これにかわる環境が与えられる。

三　すべての児童は、適当な栄養と住居と被服が与えられ、また、疾病と災害からまもられる。

四　すべての児童は、個性と能力に応じて教育され、社会の一員としての責任を自主的に果すように、みちびかれる。

五　すべての児童は、自然を愛し、科学と芸術を尊ぶように、みちびかれ、また、道徳的心情がつちかわれる。

六　すべての児童は、就学のみちを確保され、また、十分に整つた教育の施設を用意される。

七　すべての児童は、職業指導を受ける機会が与えられる。

八　すべての児童は、その労働において、心身の発育が阻害されず、教育を受ける機会が失われず、また児童としての生活がさまたげられないように、十分に保護される。

九　すべての児童は、よい遊び場と文化財を用意され、わるい環境からまもられる。

十　すべての児童は、虐待、酷使、放任その他不当な取扱からまもられる。

あやまちをおかした児童は、適切に保護指導される。

十一　すべての児童は、身体が不自由な場合、または精神の機能が不十分な場合に、適切な治療と教育と保護が与えられる。

十二　すべての児童は、愛とまことによつて結ばれ、よい国民として人類の平和と文化に貢献するように、みちびかれる。

3 児童権利宣言

（一九五九年一一月二〇日 国際連合総会）

前文

国際連合の諸国民は、国際連合憲章において、基本的人権と人間の尊厳及び価値とに関する信念をあらためて確認し、かつ、一層大きな自由の中で社会的進歩と生活水準の向上とを促進することを決意したので、

国際連合は、世界人権宣言において、すべて人は、人種、皮膚の色、性、言語、宗教、政治上その他の意見、国民的若しくは社会的出身、財産、門地その他の地位又はこれに類するいかなる事由による差別をも受けることなく、同宣言に掲げるすべての権利と自由とを享有する権利を有すると宣言したので、

児童は、身体的及び精神的に未熟であるため、その出生の前後において、適当な法律上の保護を含めて、特別にこれを守り、かつ、世話することが必要であるので、

このような特別の保護が必要であることは、一九二四年のジユネーヴ児童権利宣言に述べられており、また、世界人権宣言並びに児童の福祉に関係のある専門機関及び国際機関の規約により認められているので、

人類は、児童に対し、最善のものを与える義務を負うものであるので、

よつて、ここに、国際連合総会は、

児童が、幸福な生活を送り、かつ、自己と社会の福利のためにこの宣言に掲げる権利と自由を享有することができるようにするため、この児童権利宣言を公布し、また、両親、個人としての男女、民間団体、地方行政機関及び政府に対し、これらの権利を認識し、次の原則に従つて漸進的に執られる立法その他の措置によつてこれらの権利を守るよう努力することを要請する。

第一条 児童は、この宣言に掲げるすべての権利を有する。すべての児童は、いかなる例外もなく、自己又はその家庭のいづれについても、その人種、皮膚の色、性、言語、宗教、政治上その他の意見、国民的若しくは社会的出身、財産、門地その他の地位のため差別を受けることなく、これらの権利を与えられなければならない。

第二条 児童は、特別の保護を受け、また、健全、かつ、正常な方法及び自由と尊厳の状態の下で身体的、知能的、道徳的、精神的及び社会的に成長することができるための機会及び便益を、法律その他の手段によつて与えられなければならない。この目的のために法律を制定するに当つては、児童の最善の利益について、最高の考慮が払われなければならない。

第三条 児童は、その出生の時から姓名及び国籍をもつ権利を有する。

第四条 児童は、社会保障の恩恵を受ける権利を有する。児童は、健康に発育し、かつ、成長する権利を有する。この目的のため、児童とその母は、出産前後の適当な世話を含む特別の世話及び保護を与えられなければならない。児童は、適当な栄養、住居、レクリエーション及び医療を与えられる権利を有する。

第五条 身体的、精神的又は社会的に障害のある児童は、その特殊な事情により必要とされる特別の治療、教育及び保護を与えられなければならない。

第六条 児童は、その人格の完全な、かつ、調和した発展のため、愛情と理解とを必要とする。児童は、できるかぎり、その両親の愛護と責任の下で、また、いかなる場合においても、愛情と道徳的及び物質的保障とのある環境の下で育てられなければならない。幼児は、例外的な場合を除き、その母から引き離されてはならない。社会及び公の機関は、家庭のない児童及び適当な生活維持の方法のない児童に対して特別の養護を与える義務を有する。子供の多い家庭に属する児童については、その援助のため、国その他の機関による費用の負担が望ましい。

第七条 児童は、教育を受ける権利を有する。その教育は、少なくとも初等の段階においては、無償、かつ、義務的でなければならない。児童は、その一般的な教養を高め、機会均等の原則に基づいて、その能力、判断力並びに道徳的及び社会的責任感を発達させ、社会の有用な一員となりうるような教育を与えられなければならない。

児童の教育及び指導について責任を有する者は、児童の最善の利益をその指導の原則としなければならない。その責任は、まず第一に児童の両親にある。

児童は、遊戯及びレクリエーションのための充分な機会を与えられる権利を有する。その遊戯及びレクリエーションは、教育と同じような目的に向けられなければならない。社会及び公の機関は、この権利の享有を促進するために努力しなければならない。

第八条 児童は、あらゆる状況にあつて、最初に保護及び救済を受けるべき者の中に含められな

ければならない。

第九条 児童は、あらゆる放任、虐待及び搾取から保護されなければならない。児童は、いかなる形態においても、売買の対象にされてはならない。

児童は、適当な最低年令に達する前に雇用されてはならない。児童は、いかなる場合にも、その健康及び教育に有害であり、又はその身体的、精神的若しくは道徳的発達を妨げる職業若しくは雇用に、従事させられ又は従事することを許されてはならない。

第十条 児童は、人種的、宗教的その他の形態による差別を助長するおそれのある慣行から保護されなければならない。児童は、理解、寛容、諸国民間の友愛、平和及び四海同胞の精神の下に、また、その力と才能が、人類のために捧げられるべきであるという充分な意識のなかで、育てられなければならない。

4 児童の権利に関する条約

（平成六年五月一六日
条約第二号）

一九八九・一一・二〇 第四四回国際連合総会採択
一九九四・五・二二 日本国について発効
改正 平成一五・六・一二条三、外告一八三

前文

この条約の締約国は、

国際連合憲章において宣明された原則によれば、人類社会のすべての構成員の固有の尊厳及び平等のかつ奪い得ない権利を認めることが世界における自由、正義及び平和の基礎を成すものであることを考慮し、

国際連合加盟国の国民が、国際連合憲章において、基本的人権並びに人間の尊厳及び価値に関する信念を改めて確認し、かつ、一層大きな自由の中で社会的進歩及び生活水準の向上を促進することを決意したことに留意し、

国際連合が、世界人権宣言及び人権に関する国際規約において、すべての人は人種、皮膚の色、性、言語、宗教、政治的意見その他の意見、国民的若しくは社会的出身、財産、出生又は他の地位等によるいかなる差別もなしに同宣言及び同規約に掲げるすべての権利及び自由を享有することができることを宣明し及び合意したことを認め、

国際連合が、世界人権宣言において、児童は特別な保護及び援助についての権利を享有することができることを宣明したことを想起し、

家族が、社会の基礎的な集団として、並びに家族のすべての構成員、特に、児童の成長及び福祉のための自然な環境として、社会においてその責任を十分に引き受けることができるよう必要な保護及び援助を与えられるべきであることを確信し、

児童が、その人格の完全なかつ調和のとれた発達のため、家庭環境の下で幸福、愛情及び理解のある雰囲気の中で成長すべきであることを認め、

児童が、社会において個人として生活するため十分な準備が整えられるべきであり、かつ、国際連合憲章において宣明された理想の精神並びに特に平和、尊厳、寛容、自由、平等及び連帯の精神に従って育てられるべきであることを考慮し、

児童に対して特別な保護を与えることの必要性が、千九百二十四年の児童の権利に関するジュネーブ宣言及び千九百五十九年十一月二十日に国際連合総会で採択された児童の権利に関する宣言において述べられており、また、世界人権宣言、市民的及び政治的権利に関する国際規約（特に第二十三条及び第二十四条）、経済的、社会的及び文化的権利に関する国際規約（特に第十条）並びに児童の福祉に関係する専門機関及び国際機関の規程及び関連文書において認められていることに留意し、

児童の権利に関する宣言において示されているとおり「児童は、身体的及び精神的に未熟であるため、その出生の前後において、適当な法的保護を含む特別な保護及び世話を必要とする。」ことに留意し、

国内の又は国際的な里親委託及び養子縁組を特に考慮した児童の保護及び福祉についての社会的及び法的な原則に関する宣言、少年司法の運用のための国際連合最低基準規則（北京規則）及び緊急事態及び武力紛争における女子及び児童の保護に関する宣言の規定を想起し、

極めて困難な条件の下で生活している児童が世界のすべての国に存在すること、また、このような児童が特別の配慮を必要としていることを認め、
児童の保護及び調和のとれた発達のために各人民の伝統及び文化的価値が有する重要性を十分に考慮し、
あらゆる国特に開発途上国における児童の生活条件を改善するために国際協力が重要であることを認めて、
次のとおり協定した。

第一部

第一条〔**児童の定義**〕
この条約の適用上、児童とは、十八歳未満のすべての者をいう。ただし、当該児童で、その者に適用される法律によりより早く成年に達したものを除く。

第二条〔**差別の禁止**〕
1　締約国は、その管轄の下にある児童に対し、児童又はその父母若しくは法定保護者の人種、皮膚の色、性、言語、宗教、政治的意見その他の意見、国民的、種族的若しくは社会的出身、財産、心身障害、出生又は他の地位にかかわらず、いかなる差別もなしにこの条約に定める権利を尊重し、及び確保する。
2　締約国は、児童がその父母、法定保護者又は家族の構成員の地位、活動、表明した意見又は信念によるあらゆる形態の差別又は処罰から保護されることを確保するためのすべての適当な措置をとる。

第三条〔**児童の最善の利益**〕
1　児童に関するすべての措置をとるに当たっては、公的若しくは私的な社会福祉施設、裁判所、行政当局又は立法機関のいずれによって行われるものであっても、児童の最善の利益が主として考慮されるものとする。
2　締約国は、児童の父母、法定保護者又は児童について法的に責任を有する他の者の権利及び義務を考慮に入れて、児童の福祉に必要な保護及び養護を確保することを約束し、このため、すべての適当な立法上及び行政上の措置をとる。
3　締約国は、児童の養護又は保護のための施設、役務の提供及び設備が、特に安全及び健康の分野に関し並びにこれらの職員の数及び適格性並びに適正な監督に関し権限のある当局の設定した基準に適合することを確保する。

第四条〔**締約国の義務**〕
締約国は、この条約において認められる権利の実現のため、すべての適当な立法措置、行政措置その他の措置を講ずる。締約国は、経済的、社会的及び文化的権利に関しては、自国における利用可能な手段の最大限の範囲内で、また、必要な場合には国際協力の枠内で、これらの措置を講ずる。

第五条〔**父母等の責任・権利・義務の尊重**〕
締約国は、児童がこの条約において認められる権利を行使するに当たり、父母若しくは場合により地方の慣習により定められている大家族若しくは共同体の構成員、法定保護者又は児童について法的に責任を有する他の者がその児童の発達しつつある能力に適合する方法で適当な指示及び指導を与える責任、権利及び義務を尊重する。

第六条〔**生命に対する固有の権利**〕
1　締約国は、すべての児童が生命に対する固有の権利を有することを認める。
2　締約国は、児童の生存及び発達を可能な最大限の範囲において確保する。

第七条〔**児童の登録、氏名・国籍等に関する権利**〕
1　児童は、出生の後直ちに登録される。児童は、出生の時から氏名を有する権利及び国籍を取得する権利を有するものとし、また、できる限りその父母を知りかつその父母によって養育される権利を有する。
2　締約国は、特に児童が無国籍となる場合を含めて、国内法及びこの分野における関連する国際文書に基づく自国の義務に従い、1の権利の実現を確保する。

第八条〔**身元関係事項を保持する権利**〕
1　締約国は、児童が法律によって認められた国籍、氏名及び家族関係を含むその身元関係事項について不法に干渉されることなく保持する権利を尊重することを約束する。
2　締約国は、児童がその身元関係事項の一部又は全部を不法に奪われた場合には、その身元関係事項を速やかに回復するため、適当な援助及び保護を与える。

第九条〔**父母からの分離についての手続き、児童が父母との接触を維持する権利**〕
1　締約国は、児童がその父母の意思に反してその父母から分離されないことを確保する。ただし、権限のある当局が司法の審査に従うことを条件として適用のある法律及び手続に従いその分離が児童の最善の利益のために必要であると決定する場合は、この限りでない。このような決定は、父母が児童を虐待し若しくは放置する場合又は父母が別居しており児童の居住地を決定しなければならない場合のような特定の場合において必要となることがある。
2　すべての関係当事者は、1の規定に基づくいかなる手続においても、その手続に参加しかつ

自己の意見を述べる機会を有する。

3　締約国は、児童の最善の利益に反する場合を除くほか、父母の一方又は双方から分離されている児童が定期的に父母のいずれとも人的な関係及び直接の接触を維持する権利を尊重する。

4　3の分離が、締約国がとった父母の一方若しくは双方又は児童の抑留、拘禁、追放、退去強制、死亡（その者が当該締約国により身体を拘束されている間に何らかの理由により生じた死亡を含む。）等のいずれかの措置に基づく場合には、当該締約国は、要請に応じ、父母、児童又は適当な場合には家族の他の構成員に対し、家族のうち不在となっている者の所在に関する重要な情報を提供する。ただし、その情報の提供が児童の福祉を害する場合は、この限りでない。締約国は、更に、その要請の提出自体が関係者に悪影響を及ぼさないことを確保する。

第十条〔家族の再統合に対する配慮〕

1　前条1の規定に基づく締約国の義務に従い、家族の再統合を目的とする児童又はその父母による締約国への入国又は締約国からの出国の申請については、締約国が積極的、人道的かつ迅速な方法で取り扱う。締約国は、更に、その申請の提出が申請者及びその家族の構成員に悪影響を及ぼさないことを確保する。

2　父母と異なる国に居住する児童は、例外的な事情がある場合を除くほか定期的に父母との人的な関係及び直接の接触を維持する権利を有する。このため、前条1の規定に基づく締約国の義務に従い、締約国は、児童及びその父母がいずれの国（自国を含む。）からも出国し、かつ、自国に入国する権利を尊重する。出国する権利は、法律で定められ、国の安全、公の秩序、公衆の健康若しくは道徳又は他の者の権利及び自由を保護するために必要であり、かつ、この条約において認められる他の権利と両立する制限にのみ従う。

第十一条〔児童の不法な国外移送の防止等〕

1　締約国は、児童が不法に国外へ移送されることを防止し及び国外から帰還することができない事態を除去するための措置を講ずる。

2　このため、締約国は、二国間若しくは多数国間の協定の締結又は現行の協定への加入を促進する。

第十二条〔意見を表明する権利〕

1　締約国は、自己の意見を形成する能力のある児童がその児童に影響を及ぼすすべての事項について自由に自己の意見を表明する権利を確保する。この場合において、児童の意見は、その児童の年齢及び成熟度に従って相応に考慮されるものとする。

2　このため、児童は、特に、自己に影響を及ぼすあらゆる司法上及び行政上の手続において、国内法の手続規則に合致する方法により直接に又は代理人若しくは適当な団体を通じて聴取される機会を与えられる。

第十三条〔表現の自由〕

1　児童は、表現の自由についての権利を有する。この権利には、口頭、手書き若しくは印刷、芸術の形態又は自ら選択する他の方法により、国境とのかかわりなく、あらゆる種類の情報及び考えを求め、受け及び伝える自由を含む。

2　1の権利の行使については、一定の制限を課することができる。ただし、その制限は、法律によって定められ、かつ、次の目的のために必要とされるものに限る。

(a)　他の者の権利又は信用の尊重

(b)　国の安全、公の秩序又は公衆の健康若しくは道徳の保護

第十四条〔思想・良心・宗教の自由〕

1　締約国は、思想、良心及び宗教の自由についての児童の権利を尊重する。

2　締約国は、児童が1の権利を行使するに当たり、父母及び場合により法定保護者が児童に対しその発達しつつある能力に適合する方法で指示を与える権利及び義務を尊重する。

3　宗教又は信念を表明する自由については、法律で定める制限であって公共の安全、公の秩序、公衆の健康若しくは道徳又は他の者の基本的な権利及び自由を保護するために必要なもののみを課することができる。

第十五条〔結社・集会の自由〕

1　締約国は、結社の自由及び平和的な集会の自由についての児童の権利を認める。

2　1の権利の行使については、法律で定める制限であって国の安全若しくは公共の安全、公の秩序、公衆の健康若しくは道徳の保護又は他の者の権利及び自由の保護のため民主的社会において必要なもの以外のいかなる制限も課することができない。

第十六条〔私生活等に対する不法な干渉からの保護〕

1　いかなる児童も、その私生活、家族、住居若しくは通信に対して恣《し》意的に若しくは不法に干渉され又は名誉及び信用を不法に攻撃されない。

2　児童は、1の干渉又は攻撃に対する法律の保護を受ける権利を有する。

第十七条〔多様な情報源からの情報・資料の利用〕

締約国は、大衆媒体（マス・メディア）の果た

条約

す重要な機能を認め、児童が国の内外の多様な情報源からの情報及び資料、特に児童の社会面、精神面及び道徳面の福祉並びに心身の健康の促進を目的とした情報及び資料を利用することができることを確保する。このため、締約国は、

(a) 児童にとって社会面及び文化面において有益であり、かつ、第二十九条の精神に沿う情報及び資料を大衆媒体（マス・メディア）が普及させるよう奨励する。

(b) 国の内外の多様な情報源（文化的にも多様な情報源を含む。）からの情報及び資料の作成、交換及び普及における国際協力を奨励する。

(c) 児童用書籍の作成及び普及を奨励する。

(d) 少数集団に属し又は原住民である児童の言語上の必要性について大衆媒体（マス・メディア）が特に考慮するよう奨励する。

(e) 第十三条及び次条の規定に留意して、児童の福祉に有害な情報及び資料から児童を保護するための適当な指針を発展させることを奨励する。

第十八条〔児童の養育・発達についての父母の責任と国の援助〕

1 締約国は、児童の養育及び発達について父母が共同の責任を有するという原則についての認識を確保するために最善の努力を払う。父母又は場合により法定保護者は、児童の養育及び発達についての第一義的な責任を有する。児童の最善の利益は、これらの者の基本的な関心事項となるものとする。

2 締約国は、この条約に定める権利を保障し及び促進するため、父母及び法定保護者が児童の養育についての責任を遂行するに当たりこれらの者に対して適当な援助を与えるものとし、また、児童の養護のための施設、設備及び役務の提供の発展を確保する。

3 締約国は、父母が働いている児童が利用する資格を有する児童の養護のための役務の提供及び設備からその児童が便益を受ける権利を有することを確保するためのすべての適当な措置をとる。

第十九条〔暴力等からの保護〕

1 締約国は、児童が父母、法定保護者又は児童を監護する他の者による監護を受けている間において、あらゆる形態の身体的若しくは精神的な暴力、傷害若しくは虐待、放置若しくは怠慢な取扱い、不当な取扱い又は搾取（性的虐待を含む。）からその児童を保護するためすべての適当な立法上、行政上、社会上及び教育上の措置をとる。

2 1の保護措置には、適当な場合には、児童及び児童を監護する者のために必要な援助を与える社会的計画の作成その他の形態による防止のための効果的な手続並びに1に定める児童の不当な取扱いの事件の発見、報告、付託、調査、処置及び事後措置並びに適当な場合には司法の関与に関する効果的な手続を含むものとする。

第二十条〔家庭環境を奪われた児童の保護及び援助〕

1 一時的若しくは恒久的にその家庭環境を奪われた児童又は児童自身の最善の利益にかんがみその家庭環境にとどまることが認められない児童は、国が与える特別の保護及び援助を受ける権利を有する。

2 締約国は、自国の国内法に従い、1の児童のための代替的な監護を確保する。

3 2の監護には、特に、里親委託、イスラム法のカファーラ、養子縁組又は必要な場合には児童の監護のための適当な施設への収容を含むことができる。解決策の検討に当たっては、児童の養育において継続性が望ましいこと並びに児童の種族的、宗教的、文化的及び言語的な背景について、十分な考慮を払うものとする。

第二十一条〔養子縁組に際しての保護〕

養子縁組の制度を認め又は許容している締約国は、児童の最善の利益について最大の考慮が払われることを確保するものとし、また、

(a) 児童の養子縁組が権限のある当局によってのみ認められることを確保する。この場合において、当該権限のある当局は、適用のある法律及び手続に従い、かつ、信頼し得るすべての関連情報に基づき、養子縁組が父母、親族及び法定保護者に関する児童の状況にかんがみ許容されること並びに必要な場合には、関係者が所要のカウンセリングに基づき養子縁組について事情を知らされた上での同意を与えていることを認定する。

(b) 児童がその出身国内において里親若しくは養家に託され又は適切な方法で監護を受けることができない場合には、これに代わる児童の監護の手段として国際的な養子縁組を考慮することができることを認める。

(c) 国際的な養子縁組が行われる児童が国内における養子縁組の場合における保護及び基準と同等のものを享受することを確保する。

(d) 国際的な養子縁組において当該養子縁組が関係者に不当な金銭上の利得をもたらすことがないことを確保するためのすべての適当な措置をとる。

(e) 適当な場合には、二国間又は多数国間の取極又は協定を締結することによりこの条の目的を促進し、及びこの枠組みの範囲内で他国における児童の養子縁組が権限のある当局又は機関によって行われることを確保するよう努める。

第二十二条〔難民の児童の保護及び援助〕

1　締約国は、難民の地位を求めている児童又は適用のある国際法及び国際的な手続若しくは国内法及び国内的な手続に基づき難民と認められている児童が、父母又は他の者に付き添われているかいないかを問わず、この条約及び自国が締約国となっている人権又は人道に関する他の国際文書に定める権利であって適用のあるものの享受に当たり、適当な保護及び人道的援助を受けることを確保するための適当な措置をとる。

2　このため、締約国は、適当と認める場合には、1の児童を保護し及び援助するため、並びに難民の児童の家族との再統合に必要な情報を得ることを目的としてその難民の児童の父母又は家族の他の構成員を捜すため、国際連合及びこれと協力する他の権限のある政府間機関又は関係非政府機関による努力に協力する。その難民の児童は、父母又は家族の他の構成員が発見されない場合には、何らかの理由により恒久的又は一時的にその家庭環境を奪われた他の児童と同様にこの条約に定める保護が与えられる。

第二十三条〔障害を有する児童に対する特別の養護及び援助〕

1　締約国は、精神的又は身体的な障害を有する児童が、その尊厳を確保し、自立を促進し及び社会への積極的な参加を容易にする条件の下で十分かつ相応な生活を享受すべきであることを認める。

2　締約国は、障害を有する児童が特別の養護についての権利を有することを認めるものとし、利用可能な手段の下で、申込みに応じた、かつ、当該児童の状況及び父母又は当該児童を養護している他の者の事情に適した援助を、これを受ける資格を有する児童及びこのような児童の養護について責任を有する者に与えることを奨励し、かつ、確保する。

3　障害を有する児童の特別な必要を認めて、2の規定に従って与えられる援助は、父母又は当該児童を養護している他の者の資力を考慮して可能な限り無償で与えられるものとし、かつ、障害を有する児童が可能な限り社会への統合及び個人の発達（文化的及び精神的な発達を含む。）を達成することに資する方法で当該児童が教育、訓練、保健サービス、リハビリテーション・サービス、雇用のための準備及びレクリエーションの機会を実質的に利用し及び享受することができるように行われるものとする。

4　締約国は、国際協力の精神により、予防的な保健並びに障害を有する児童の医学的、心理学的及び機能的治療の分野における適当な情報の交換（リハビリテーション、教育及び職業サービスの方法に関する情報の普及及び利用を含む。）であってこれらの分野における自国の能力及び技術を向上させ並びに自国の経験を広げることができるようにすることを目的とするものを促進する。これに関しては、特に、開発途上国の必要を考慮する。

第二十四条〔健康の享受・病気の治療についての権利〕

1　締約国は、到達可能な最高水準の健康を享受すること並びに病気の治療及び健康の回復のための便宜を与えられることについての児童の権利を認める。締約国は、いかなる児童もこのような保健サービスを利用する権利が奪われないことを確保するために努力する。

2　締約国は、1の権利の完全な実現を追求するものとし、特に、次のことのための適当な措置をとる。

(a) 幼児及び児童の死亡率を低下させること。

(b) 基礎的な保健の発展に重点を置いて必要な医療及び保健をすべての児童に提供することを確保すること。

(c) 環境汚染の危険を考慮に入れて、基礎的な保健の枠組みの範囲内で行われることを含めて、特に容易に利用可能な技術の適用により並びに十分に栄養のある食物及び清潔な飲料水の供給を通じて、疾病及び栄養不良と闘うこと。

(d) 母親のための産前産後の適当な保健を確保すること。

(e) 社会のすべての構成員特に父母及び児童が、児童の健康及び栄養、母乳による育児の利点、衛生（環境衛生を含む。）並びに事故の防止についての基礎的な知識に関して、情報を提供され、教育を受ける機会を有し及びその知識の使用について支援されることを確保すること。

(f) 予防的な保健、父母のための指導並びに家族計画に関する教育及びサービスを発展させること。

3　締約国は、児童の健康を害するような伝統的な慣行を廃止するため、効果的かつ適当なすべての措置をとる。

4　締約国は、この条において認められる権利の完全な実現を漸進的に達成するため、国際協力を促進し及び奨励することを約束する。これに関しては、特に、開発途上国の必要を考慮する。

第二十五条〔収容された児童の処遇等に関する審査〕

締約国は、児童の身体又は精神の養護、保護又は治療を目的として権限のある当局によって収容された児童に対する処遇及びその収容に関連する他のすべての状況に関する定期的な審査が行われることについての児童の権利を認める。

第二十六条〔社会保障からの給付を受ける権利〕

1　締約国は、すべての児童が社会保険その他の社会保障からの給付を受ける権利を認めるものとし、自国の国内法に従い、この権利の完全な実現を達成するための必要な措置をとる。

2　1の給付は、適当な場合には、児童及びその扶養について責任を有する者の資力及び事情並びに児童によって又は児童に代わって行われる給付の申請に関する他のすべての事項を考慮して、与えられるものとする。

第二十七条〔生活水準についての権利〕

1　締約国は、児童の身体的、精神的、道徳的及び社会的な発達のための相当な生活水準についてのすべての児童の権利を認める。

2　父母又は児童について責任を有する他の者は、自己の能力及び資力の範囲内で、児童の発達に必要な生活条件を確保することについての第一義的な責任を有する。

3　締約国は、国内事情に従い、かつ、その能力の範囲内で、1の権利の実現のため、父母及び児童について責任を有する他の者を援助するための適当な措置をとるものとし、また、必要な場合には、特に栄養、衣類及び住居に関して、物的援助及び支援計画を提供する。

4　締約国は、父母又は児童について金銭上の責任を有する他の者から、児童の扶養料を自国内で及び外国から、回収することを確保するためのすべての適当な措置をとる。特に、児童について金銭上の責任を有する者が児童と異なる国に居住している場合には、締約国は、国際協定への加入又は国際協定の締結及び他の適当な取決めの作成を促進する。

第二十八条〔教育についての権利〕

1　締約国は、教育についての児童の権利を認めるものとし、この権利を漸進的にかつ機会の平等を基礎として達成するため、特に、

(a)　初等教育を義務的なものとし、すべての者に対して無償のものとする。

(b)　種々の形態の中等教育（一般教育及び職業教育を含む。）の発展を奨励し、すべての児童に対し、これらの中等教育が利用可能であり、かつ、これらを利用する機会が与えられるものとし、例えば、無償教育の導入、必要な場合における財政的援助の提供のような適当な措置をとる。

(c)　すべての適当な方法により、能力に応じ、すべての者に対して高等教育を利用する機会が与えられるものとする。

(d)　すべての児童に対し、教育及び職業に関する情報及び指導が利用可能であり、かつ、これらを利用する機会が与えられるものとする。

(e)　定期的な登校及び中途退学率の減少を奨励するための措置をとる。

2　締約国は、学校の規律が児童の人間の尊厳に適合する方法で及びこの条約に従って運用されることを確保するためのすべての適当な措置をとる。

3　締約国は、特に全世界における無知及び非識字の廃絶に寄与し並びに科学上及び技術上の知識並びに最新の教育方法の利用を容易にするため、教育に関する事項についての国際協力を促進し、及び奨励する。これに関しては、特に、開発途上国の必要を考慮する。

第二十九条〔教育の目的〕

1　締約国は、児童の教育が次のことを指向すべきことに同意する。

(a)　児童の人格、才能並びに精神的及び身体的な能力をその可能な最大限度まで発達させること。

(b)　人権及び基本的自由並びに国際連合憲章にうたう原則の尊重を育成すること。

(c)　児童の父母、児童の文化的同一性、言語及び価値観、児童の居住国及び出身国の国民的価値観並びに自己の文明と異なる文明に対する尊重を育成すること。

(d)　すべての人民の間の、種族的、国民的及び宗教的集団の間の並びに原住民である者の間の理解、平和、寛容、両性の平等及び友好の精神に従い、自由な社会における責任ある生活のために児童に準備させること。

(e)　自然環境の尊重を育成すること。

2　この条又は前条のいかなる規定も、個人及び団体が教育機関を設置し及び管理する自由を妨げるものと解してはならない。ただし、常に、1に定める原則が遵守されること及び当該教育機関において行われる教育が国によって定められる最低限度の基準に適合することを条件とす

る。

第三十条〔少数民族・原住民である児童の権利〕

種族的、宗教的若しくは言語的少数民族又は原住民である者が存在する国において、当該少数民族に属し又は原住民である児童は、その集団の他の構成員とともに自己の文化を享有し、自己の宗教を信仰しかつ実践し又は自己の言語を使用する権利を否定されない。

第三十一条〔休息・余暇等に関する権利〕

1 締約国は、休息及び余暇についての児童の権利並びに児童がその年齢に適した遊び及びレクリエーションの活動を行い並びに文化的な生活及び芸術に自由に参加する権利を認める。

2 締約国は、児童が文化的及び芸術的な生活に十分に参加する権利を尊重しかつ促進するものとし、文化的及び芸術的な活動並びにレクリエーション及び余暇の活動のための適当かつ平等な機会の提供を奨励する。

第三十二条〔経済的搾取、有害となるおそれのある労働への従事からの保護〕

1 締約国は、児童が経済的な搾取から保護され及び危険となり若しくは児童の教育の妨げとなり又は児童の健康若しくは身体的、精神的、道徳的若しくは社会的な発達に有害となるおそれのある労働への従事から保護される権利を認める。

2 締約国は、この条の規定の実施を確保するための立法上、行政上、社会上及び教育上の措置をとる。このため、締約国は、他の国際文書の関連規定を考慮して、特に、

(a) 雇用が認められるための一又は二以上の最低年齢を定める。

(b) 労働時間及び労働条件についての適当な規則を定める。

(c) この条の規定の効果的な実施を確保するための適当な罰則その他の制裁を定める。

第三十三条〔麻薬等からの保護〕

締約国は、関連する国際条約に定義された麻薬及び向精神薬の不正な使用から児童を保護し並びにこれらの物質の不正な生産及び取引における児童の使用を防止するための立法上、行政上、社会上及び教育上の措置を含むすべての適当な措置をとる。

第三十四条〔性的搾取・性的虐待からの保護〕

締約国は、あらゆる形態の性的搾取及び性的虐待から児童を保護することを約束する。このため、締約国は、特に、次のことを防止するためのすべての適当な国内、二国間及び多数国間の措置をとる。

(a) 不法な性的な行為を行うことを児童に対して勧誘し又は強制すること。

(b) 売春又は他の不法な性的な業務において児童を搾取的に使用すること。

(c) わいせつな演技及び物において児童を搾取的に使用すること。

第三十五条〔誘拐・売買等からの保護〕

締約国は、あらゆる目的のための又はあらゆる形態の児童の誘拐、売買又は取引を防止するためのすべての適当な国内、二国間及び多数国間の措置をとる。

第三十六条〔他のあらゆる搾取からの保護〕

締約国は、いずれかの面において児童の福祉を害する他のすべての形態の搾取から児童を保護する。

第三十七条〔拷問等の禁止、自由を奪われた児童の取扱い〕

締約国は、次のことを確保する。

(a) いかなる児童も、拷問又は他の残虐な、非人道的な若しくは品位を傷つける取扱い若しくは刑罰を受けないこと。死刑又は釈放の可能性がない終身刑は、十八歳未満の者が行った犯罪について科さないこと。

(b) いかなる児童も、不法に又は恣《し》意的にその自由を奪われないこと。児童の逮捕、抑留又は拘禁は、法律に従って行うものとし、最後の解決手段として最も短い適当な期間のみ用いること。

(c) 自由を奪われたすべての児童は、人道的に、人間の固有の尊厳を尊重して、かつ、その年齢の者の必要を考慮した方法で取り扱われること。特に、自由を奪われたすべての児童は、成人とは分離されないことがその最善の利益であると認められない限り成人とは分離されるものとし、例外的な事情がある場合を除くほか、通信及び訪問を通じてその家族との接触を維持する権利を有すること。

(d) 自由を奪われたすべての児童は、弁護人その他適当な援助を行う者と速やかに接触する権利を有し、裁判所その他の権限のある、独立の、かつ、公平な当局においてその自由の剝《はく》奪の合法性を争い並びにこれについての決定を速やかに受ける権利を有すること。

第三十八条〔武力紛争における児童の保護〕

1 締約国は、武力紛争において自国に適用される国際人道法の規定で児童に関係を有するものを尊重し及びこれらの規定の尊重を確保することを約束する。

2 締約国は、十五歳未満の者が敵対行為に直接参加しないことを確保するためのすべての実行可能な措置をとる。

3 締約国は、十五歳未満の者を自国の軍隊に採用することを差し控えるものとし、また、十五歳以上十八歳未満の者の中から採用するに当たっては、最年長者を優先させるよう努める。

4 締約国は、武力紛争において文民を保護するための国際人道法に基づく自国の義務に従い、武力紛争の影響を受ける児童の保護及び養護を確保するためのすべての実行可能な措置をとる。

第三十九条〔被害を受けた児童の回復のための措置〕

締約国は、あらゆる形態の放置、搾取若しくは虐待、拷問若しくは他のあらゆる形態の残虐な、非人道的な若しくは品位を傷つける取扱い若しくは刑罰又は武力紛争による被害者である児童の身体的及び心理的な回復及び社会復帰を促進するためのすべての適当な措置をとる。このような回復及び復帰は、児童の健康、自尊心及び尊厳を育成する環境において行われる。

第四十条〔刑法を犯したと申し立てられた児童等の取扱い〕

1 締約国は、刑法を犯したと申し立てられ、訴追され又は認定されたすべての児童が尊厳及び価値についての当該児童の意識を促進させるような方法であって、当該児童が他の者の人権及び基本的自由を尊重することを強化し、かつ、当該児童の年齢を考慮し、更に、当該児童が社会に復帰し及び社会において建設的な役割を担うことがなるべく促進されることを配慮した方法により取り扱われる権利を認める。

2 このため、締約国は、国際文書の関連する規定を考慮して、特に次のことを確保する。

(a) いかなる児童も、実行の時に国内法又は国際法により禁じられていなかった作為又は不作為を理由として刑法を犯したと申し立てられ、訴追され又は認定されないこと。

(b) 刑法を犯したと申し立てられ又は訴追されたすべての児童は、少なくとも次の保障を受けること。

(i) 法律に基づいて有罪とされるまでは無罪と推定されること。

(ii) 速やかにかつ直接に、また、適当な場合には当該児童の父母又は法定保護者を通じてその罪を告げられること並びに防御の準備及び申立てにおいて弁護人その他適当な援助を行う者を持つこと。

(iii) 事案が権限のある、独立の、かつ、公平な当局又は司法機関により法律に基づく公正な審理において、弁護人その他適当な援助を行う者の立会い及び、特に当該児童の年齢又は境遇を考慮して児童の最善の利益にならないと認められる場合を除くほか、当該児童の父母又は法定保護者の立会いの下に遅滞なく決定されること。

(iv) 供述又は有罪の自白を強要されないこと。不利な証人を尋問し又はこれに対し尋問させること並びに対等の条件で自己のための証人の出席及びこれに対する尋問を求めること。

(v) 刑法を犯したと認められた場合には、その認定及びその結果科せられた措置について、法律に基づき、上級の、権限のある、独立の、かつ、公平な当局又は司法機関によって再審理されること。

(vi) 使用される言語を理解すること又は話すことができない場合には、無料で通訳の援助を受けること。

(vii) 手続のすべての段階において当該児童の私生活が十分に尊重されること。

3 締約国は、刑法を犯したと申し立てられ、訴追され又は認定された児童に特別に適用される法律及び手続の制定並びに当局及び施設の設置を促進するよう努めるものとし、特に、次のことを行う。

(a) その年齢未満の児童は刑法を犯す能力を有しないと推定される最低年齢を設定すること。

(b) 適当なかつ望ましい場合には、人権及び法的保護が十分に尊重されていることを条件として、司法上の手続に訴えることなく当該児童を取り扱う措置をとること。

4 児童がその福祉に適合し、かつ、その事情及び犯罪の双方に応じた方法で取り扱われることを確保するため、保護、指導及び監督命令、カウンセリング、保護観察、里親委託、教育及び職業訓練計画、施設における養護に代わる他の措置等の種々の処置が利用し得るものとする。

第四十一条〔締約国の法律及び国際法との関係〕

この条約のいかなる規定も、次のものに含まれる規定であって児童の権利の実現に一層貢献するものに影響を及ぼすものではない。

(a) 締約国の法律

(b) 締約国について効力を有する国際法

第二部

第四十二条〔条約の広報〕

締約国は、適当かつ積極的な方法でこの条約の原則及び規定を成人及び児童のいずれにも広く知らせることを約束する。

第四十三条〔児童の権利委員会の設置〕

1 この条約において負う義務の履行の達成に関

する締約国による進捗《ちょく》の状況を審査するため、児童の権利に関する委員会（以下「委員会」という。）を設置する。委員会は、この部に定める任務を行う。

2　委員会は、徳望が高く、かつ、この条約が対象とする分野において能力を認められた十八人の専門家で構成する。委員会の委員は、締約国の国民の中から締約国により選出されるものとし、個人の資格で職務を遂行する。その選出に当たっては、衡平な地理的配分及び主要な法体系を考慮に入れる。

3　委員会の委員は、締約国により指名された者の名簿の中から秘密投票により選出される。各締約国は、自国民の中から一人を指名することができる。

4　委員会の委員の最初の選挙は、この条約の効力発生の日の後六箇月以内に行うものとし、その後の選挙は、二年ごとに行う。国際連合事務総長は、委員会の委員の選挙の日の遅くとも四箇月前までに、締約国に対し、自国が指名する者の氏名を二箇月以内に提出するよう書簡で要請する。その後、同事務総長は、指名された者のアルファベット順による名簿（これらの者を指名した締約国名を表示した名簿とする。）を作成し、この条約の締約国に送付する。

5　委員会の委員の選挙は、国際連合事務総長により国際連合本部に招集される締約国の会合において行う。これらの会合は、締約国の三分の二をもって定足数とする。これらの会合においては、出席しかつ投票する締約国の代表によって投じられた票の最多数で、かつ、過半数の票を得た者をもって委員会に選出された委員とする。

6　委員会の委員は、四年の任期で選出される。委員は、再指名された場合には、再選される資格を有する。最初の選挙において選出された委員のうち五人の委員の任期は、二年で終了するものとし、これらの五人の委員は、最初の選挙の後直ちに、最初の選挙が行われた締約国の会合の議長によりくじ引で選ばれる。

7　委員会の委員が死亡し、辞任し又は他の理由のため委員会の職務を遂行することができなくなったことを宣言した場合には、当該委員を指名した締約国は、委員会の承認を条件として自国民の中から残余の期間職務を遂行する他の専門家を任命する。

8　委員会は、手続規則を定める。

9　委員会は、役員を二年の任期で選出する。

10　委員会の会合は、原則として、国際連合本部又は委員会が決定する他の適当な場所において開催する。委員会は、原則として毎年一回会合する。委員会の会合の期間は、国際連合総会の承認を条件としてこの条約の締約国の会合において決定し、必要な場合には、再検討する。

11　国際連合事務総長は、委員会がこの条約に定める任務を効果的に遂行するために必要な職員及び便益を提供する。

12　この条約に基づいて設置する委員会の委員は、国際連合総会が決定する条件に従い、同総会の承認を得て、国際連合の財源から報酬を受ける。

第四十四条〔**報告の提出**〕

1　締約国は、(a)当該締約国についてこの条約が効力を生ずる時から二年以内に、(b)その後は五年ごとに、この条約において認められる権利の実現のためにとった措置及びこれらの権利の享受についてもたらされた進歩に関する報告を国際連合事務総長を通じて委員会に提出することを約束する。

2　この条の規定により行われる報告には、この条約に基づく義務の履行の程度に影響を及ぼす要因及び障害が存在する場合には、これらの要因及び障害を記載する。当該報告には、また、委員会が当該国における条約の実施について包括的に理解するために十分な情報を含める。

3　委員会に対して包括的な最初の報告を提出した締約国は、1(b)の規定に従って提出するその後の報告においては、既に提供した基本的な情報を繰り返す必要はない。

4　委員会は、この条約の実施に関連する追加の情報を締約国に要請することができる。

5　委員会は、その活動に関する報告を経済社会理事会を通じて二年ごとに国際連合総会に提出する。

6　締約国は、1の報告を自国において公衆が広く利用できるようにする。

第四十五条〔**児童の権利委員会の任務**〕

この条約の効果的な実施を促進し及びこの条約が対象とする分野における国際協力を奨励するため、

(a)　専門機関及び国際連合児童基金その他の国際連合の機関は、その任務の範囲内にある事項に関するこの条約の規定の実施についての検討に際し、代表を出す権利を有する。委員会は、適当と認める場合には、専門機関及び国際連合児童基金その他の権限のある機関に対し、これらの機関の任務の範囲内にある事項に関するこの条約の実施について専門家の助言を提供するよう要請することができる。委員会は、専門機関及び国際連合児童基金その他の国際連合の機関に対し、これらの機関の任務の範囲内にある事項に関するこの条約の実施について報告を提出するよう要請することができる。

(b) 委員会は、適当と認める場合には、技術的な助言若しくは援助の要請を含んでおり又はこれらの必要性を記載している締約国からのすべての報告を、これらの要請又は必要性の記載に関する委員会の見解及び提案がある場合は当該見解及び提案とともに、専門機関及び国際連合児童基金その他の権限のある機関に送付する。

(c) 委員会は、国際連合総会に対し、国際連合事務総長が委員会のために児童の権利に関連する特定の事項に関する研究を行うよう同事務総長に要請することを勧告することができる。

(d) 委員会は、前条及びこの条の規定により得た情報に基づく提案及び一般的な性格を有する勧告を行うことができる。これらの提案及び一般的な性格を有する勧告は、関係締約国に送付し、締約国から意見がある場合にはその意見とともに国際連合総会に報告する。

第三部

第四十六条〔署名〕

この条約は、すべての国による署名のために開放しておく。

第四十七条〔批准〕

この条約は、批准されなければならない。批准書は、国際連合事務総長に寄託する。

第四十八条〔加入〕

この条約は、すべての国による加入のために開放しておく。加入書は、国際連合事務総長に寄託する。

第四十九条〔効力の発生〕

1 この条約は、二十番目の批准書又は加入書が国際連合事務総長に寄託された日の後三十日目の日に効力を生ずる。

2 この条約は、二十番目の批准書又は加入書が寄託された後に批准し又は加入する国については、その批准書又は加入書が寄託された日の後三十日目の日に効力を生ずる。

第五十条〔改正〕

1 いずれの締約国も、改正を提案し及び改正案を国際連合事務総長に提出することができる。同事務総長は、直ちに、締約国に対し、その改正案を送付するものとし、締約国による改正案の審議及び投票のための締約国の会議の開催についての賛否を示すよう要請する。その送付の日から四箇月以内に締約国の三分の一以上が会議の開催に賛成する場合には、同事務総長は、国際連合の主催の下に会議を招集する。会議において出席しかつ投票する締約国の過半数によって採択された改正案は、承認のため、国際連合総会に提出する。

2 1の規定により採択された改正は、国際連合総会が承認し、かつ、締約国の三分の二以上の多数が受諾した時に、効力を生ずる。

3 改正は、効力を生じたときは、改正を受諾した締約国を拘束するものとし、他の締約国は、改正前のこの条約の規定（受諾した従前の改正を含む。）により引き続き拘束される。

第五十一条〔留保〕

1 国際連合事務総長は、批准又は加入の際に行われた留保の書面を受領し、かつ、すべての国に送付する。

2 この条約の趣旨及び目的と両立しない留保は、認められない。

3 留保は、国際連合事務総長にあてた通告によりいつでも撤回することができるものとし、同事務総長は、その撤回をすべての国に通報する。このようにして通報された通告は、同事務総長により受領された日に効力を生ずる。

第五十二条〔廃棄〕

締約国は、国際連合事務総長に対して書面による通告を行うことにより、この条約を廃棄することができる。廃棄は、同事務総長がその通告を受領した日の後一年で効力を生ずる。

第五十三条〔寄託者〕

国際連合事務総長は、この条約の寄託者として指名される。

第五十四条〔正文〕

アラビア語、中国語、英語、フランス語、ロシア語及びスペイン語をひとしく正文とするこの条約の原本は、国際連合事務総長に寄託する。

以上の証拠として、下名の全権委員は、各自の政府から正当に委任を受けてこの条約に署名した。

5 こども基本法

（令和四年六月二二日
法律第七七号）

第一章　総則

（目的）

第一条　この法律は、日本国憲法及び児童の権利に関する条約の精神にのっとり、次代の社会を担う全てのこどもが、生涯にわたる人格形成の基礎を築き、自立した個人としてひとしく健やかに成長することができ、心身の状況、置かれている環境等にかかわらず、その権利の擁護が図られ、将来にわたって幸福な生活を送ることができる社会の実現を目指して、社会全体としてこども施策に取り組むことができるよう、こども施策に関し、基本理念を定め、国の責務等を明らかにし、及びこども施策の基本となる事項を定めるとともに、こども政策推進会議を設置すること等により、こども施策を総合的に推進することを目的とする。

（定義）

第二条　この法律において「こども」とは、心身の発達の過程にある者をいう。

2　この法律において「こども施策」とは、次に掲げる施策その他のこどもに関する施策及びこれと一体的に講ずべき施策をいう。

一　新生児期、乳幼児期、学童期及び思春期の各段階を経て、おとなになるまでの心身の発達の過程を通じて切れ目なく行われるこどもの健やかな成長に対する支援

二　子育てに伴う喜びを実感できる社会の実現に資するため、就労、結婚、妊娠、出産、育児等の各段階に応じて行われる支援

三　家庭における養育環境その他のこどもの養育環境の整備

（基本理念）

第三条　こども施策は、次に掲げる事項を基本理念として行われなければならない。

一　全てのこどもについて、個人として尊重され、その基本的人権が保障されるとともに、差別的取扱いを受けることがないようにすること。

二　全てのこどもについて、適切に養育されること、その生活を保障されること、愛され保護されること、その健やかな成長及び発達並びにその自立が図られることその他の福祉に係る権利が等しく保障されるとともに、教育基本法（平成十八年法律第百二十号）の精神にのっとり教育を受ける機会が等しく与えられること。

三　全てのこどもについて、その年齢及び発達の程度に応じて、自己に直接関係する全ての事項に関して意見を表明する機会及び多様な社会的活動に参画する機会が確保されること。

四　全てのこどもについて、その年齢及び発達の程度に応じて、その意見が尊重され、その最善の利益が優先して考慮されること。

五　こどもの養育については、家庭を基本として行われ、父母その他の保護者が第一義的責任を有するとの認識の下、これらの者に対してこどもの養育に関し十分な支援を行うとともに、家庭での養育が困難なこどもにはできる限り家庭と同様の養育環境を確保することにより、こどもが心身ともに健やかに育成されるようにすること。

六　家庭や子育てに夢を持ち、子育てに伴う喜びを実感できる社会環境を整備すること。

（国の責務）

第四条　国は、前条の基本理念（以下単に「基本理念」という。）にのっとり、こども施策を総合的に策定し、及び実施する責務を有する。

（地方公共団体の責務）

第五条　地方公共団体は、基本理念にのっとり、こども施策に関し、国及び他の地方公共団体との連携を図りつつ、その区域内におけるこどもの状況に応じた施策を策定し、及び実施する責務を有する。

（事業主の努力）

第六条　事業主は、基本理念にのっとり、その雇用する労働者の職業生活及び家庭生活の充実が図られるよう、必要な雇用環境の整備に努めるものとする。

（国民の努力）

第七条　国民は、基本理念にのっとり、こども施策について関心と理解を深めるとともに、国又は地方公共団体が実施するこども施策に協力するよう努めるものとする。

（年次報告）

第八条　政府は、毎年、国会に、我が国におけるこどもをめぐる状況及び政府が講じたこども施策の実施の状況に関する報告を提出するとともに、これを公表しなければならない。

2　前項の報告は、次に掲げる事項を含むものでなければならない。

一　少子化社会対策基本法（平成十五年法律第

百三十三号）第九条第一項に規定する少子化の状況及び少子化に対処するために講じた施策の概況
二　子ども・若者育成支援推進法（平成二十一年法律第七十一号）第六条第一項に規定する我が国における子ども・若者の状況及び政府が講じた子ども・若者育成支援施策の実施の状況
三　子どもの貧困対策の推進に関する法律（平成二十五年法律第六十四号）第七条第一項に規定する子どもの貧困の状況及び子どもの貧困対策の実施の状況

第二章　基本的施策

（こども施策に関する大綱）
第九条　政府は、こども施策を総合的に推進するため、こども施策に関する大綱（以下「こども大綱」という。）を定めなければならない。
2　こども大綱は、次に掲げる事項について定めるものとする。
一　こども施策に関する基本的な方針
二　こども施策に関する重要事項
三　前二号に掲げるもののほか、こども施策を推進するために必要な事項
3　こども大綱は、次に掲げる事項を含むものでなければならない。
一　少子化社会対策基本法第七条第一項に規定する総合的かつ長期的な少子化に対処するための施策
二　子ども・若者育成支援推進法第八条第二項各号に掲げる事項
三　子どもの貧困対策の推進に関する法律第八条第二項各号に掲げる事項
4　こども大綱に定めるこども施策については、原則として、当該こども施策の具体的な目標及びその達成の期間を定めるものとする。
5　内閣総理大臣は、こども大綱の案につき閣議の決定を求めなければならない。
6　内閣総理大臣は、前項の規定による閣議の決定があったときは、遅滞なく、こども大綱を公表しなければならない。
7　前二項の規定は、こども大綱の変更について準用する。

（都道府県こども計画等）
第十条　都道府県は、こども大綱を勘案して、当該都道府県におけるこども施策についての計画（以下この条において「都道府県こども計画」という。）を定めるよう努めるものとする。
2　市町村は、こども大綱（都道府県こども計画が定められているときは、こども大綱及び都道府県こども計画）を勘案して、当該市町村におけるこども施策についての計画（以下この条において「市町村こども計画」という。）を定めるよう努めるものとする。
3　都道府県又は市町村は、都道府県こども計画又は市町村こども計画を定め、又は変更したときは、遅滞なく、これを公表しなければならない。
4　都道府県こども計画は、子ども・若者育成支援推進法第九条第一項に規定する都道府県子ども・若者計画、子どもの貧困対策の推進に関する法律第九条第一項に規定する都道府県計画その他法令の規定により都道府県が作成する計画であってこども施策に関する事項を定めるものと一体のものとして作成することができる。
5　市町村こども計画は、子ども・若者育成支援推進法第九条第二項に規定する市町村子ども・若者計画、子どもの貧困対策の推進に関する法律第九条第二項に規定する市町村計画その他法令の規定により市町村が作成する計画であってこども施策に関する事項を定めるものと一体のものとして作成することができる。

（こども施策に対するこども等の意見の反映）
第十一条　国及び地方公共団体は、こども施策を策定し、実施し、及び評価するに当たっては、当該こども施策の対象となるこども又はこどもを養育する者その他の関係者の意見を反映させるために必要な措置を講ずるものとする。

（こども施策に係る支援の総合的かつ一体的な提供のための体制の整備等）
第十二条　国は、こども施策に係る支援が、支援を必要とする事由、支援を行う関係機関、支援の対象となる者の年齢又は居住する地域等にかかわらず、切れ目なく行われるようにするため、当該支援を総合的かつ一体的に行う体制の整備その他の必要な措置を講ずるものとする。

（関係者相互の有機的な連携の確保等）
第十三条　国は、こども施策が適正かつ円滑に行われるよう、医療、保健、福祉、教育、療育等に関する業務を行う関係機関相互の有機的な連携の確保に努めなければならない。
2　都道府県及び市町村は、こども施策が適正かつ円滑に行われるよう、前項に規定する業務を行う関係機関及び地域においてこどもに関する支援を行う民間団体相互の有機的な連携の確保に努めなければならない。
3　都道府県又は市町村は、前項の有機的な連携の確保に資するため、こども施策に係る事務の実施に係る協議及び連絡調整を行うための協議

会を組織することができる。

4　前項の協議会は、第二項の関係機関及び民間団体その他の都道府県又は市町村が必要と認める者をもって構成する。

第十四条　国は、前条第一項の有機的な連携の確保に資するため、個人情報の適正な取扱いを確保しつつ、同項の関係機関が行うこどもに関する支援に資する情報の共有を促進するための情報通信技術の活用その他の必要な措置を講ずるものとする。

2　都道府県及び市町村は、前条第二項の有機的な連携の確保に資するため、個人情報の適正な取扱いを確保しつつ、同項の関係機関及び民間団体が行うこどもに関する支援に資する情報の共有を促進するための情報通信技術の活用その他の必要な措置を講ずるよう努めるものとする。

（この法律及び児童の権利に関する条約の趣旨及び内容についての周知）

第十五条　国は、この法律及び児童の権利に関する条約の趣旨及び内容について、広報活動等を通じて国民に周知を図り、その理解を得るよう努めるものとする。

（こども施策の充実及び財政上の措置等）

第十六条　政府は、こども大綱の定めるところにより、こども施策の幅広い展開その他のこども施策の一層の充実を図るとともに、その実施に必要な財政上の措置その他の措置を講ずるよう努めなければならない。

第三章　こども政策推進会議

（設置及び所掌事務等）

第十七条　こども家庭庁に、特別の機関として、こども政策推進会議（以下「会議」という。）を置く。

2　会議は、次に掲げる事務をつかさどる。

一　こども大綱の案を作成すること。

二　前号に掲げるもののほか、こども施策に関する重要事項について審議し、及びこども施策の実施を推進すること。

三　こども施策について必要な関係行政機関相互の調整をすること。

四　前三号に掲げるもののほか、他の法令の規定により会議に属させられた事務

3　会議は、前項の規定によりこども大綱の案を作成するに当たり、こども及びこどもを養育する者、学識経験者、地域においてこどもに関する支援を行う民間団体その他の関係者の意見を反映させるために必要な措置を講ずるものとする。

（組織等）

第十八条　会議は、会長及び委員をもって組織する。

2　会長は、内閣総理大臣をもって充てる。

3　委員は、次に掲げる者をもって充てる。

一　内閣府設置法（平成十一年法律第八十九号）第九条第一項に規定する特命担当大臣であって、同項の規定により命を受けて同法第十一条の三に規定する事務を掌理するもの

二　会長及び前号に掲げる者以外の国務大臣のうちから、内閣総理大臣が指定する者

（資料提出の要求等）

第十九条　会議は、その所掌事務を遂行するために必要があると認めるときは、関係行政機関の長に対し、資料の提出、意見の開陳、説明その他必要な協力を求めることができる。

2　会議は、その所掌事務を遂行するために特に必要があると認めるときは、前項に規定する者以外の者に対しても、必要な協力を依頼することができる。

（政令への委任）

第二十条　前三条に定めるもののほか、会議の組織及び運営に関し必要な事項は、政令で定める。

附　則　（抄）

（施行期日）

第一条　この法律は、令和五年四月一日から施行する。［略］

（検討）

第二条　国は、この法律の施行後五年を目途として、この法律の施行の状況及びこども施策の実施の状況を勘案し、こども施策が基本理念にのっとって実施されているかどうか等の観点からその実態を把握し及び公正かつ適切に評価する仕組みの整備その他の基本理念にのっとったこども施策の一層の推進のために必要な方策について検討を加え、その結果に基づき、法制上の措置その他の必要な措置を講ずるものとする。

6 教育基本法

（平成一八年一二月二二日
法律第一二〇号）

我々日本国民は、たゆまぬ努力によって築いてきた民主的で文化的な国家を更に発展させるとともに、世界の平和と人類の福祉の向上に貢献することを願うものである。

我々は、この理想を実現するため、個人の尊厳を重んじ、真理と正義を希求し、公共の精神を尊び、豊かな人間性と創造性を備えた人間の育成を期するとともに、伝統を継承し、新しい文化の創造を目指す教育を推進する。

ここに、我々は、日本国憲法の精神にのっとり、我が国の未来を切り拓《ひら》く教育の基本を確立し、その振興を図るため、この法律を制定する。

第一章　教育の目的及び理念

（教育の目的）

第一条　教育は、人格の完成を目指し、平和で民主的な国家及び社会の形成者として必要な資質を備えた心身ともに健康な国民の育成を期して行われなければならない。

（教育の目標）

第二条　教育は、その目的を実現するため、学問の自由を尊重しつつ、次に掲げる目標を達成するよう行われるものとする。

一　幅広い知識と教養を身に付け、真理を求める態度を養い、豊かな情操と道徳心を培うとともに、健やかな身体を養うこと。

二　個人の価値を尊重して、その能力を伸ばし、創造性を培い、自主及び自律の精神を養うとともに、職業及び生活との関連を重視し、勤労を重んずる態度を養うこと。

三　正義と責任、男女の平等、自他の敬愛と協力を重んずるとともに、公共の精神に基づき、主体的に社会の形成に参画し、その発展に寄与する態度を養うこと。

四　生命を尊び、自然を大切にし、環境の保全に寄与する態度を養うこと。

五　伝統と文化を尊重し、それらをはぐくんできた我が国と郷土を愛するとともに、他国を尊重し、国際社会の平和と発展に寄与する態度を養うこと。

（生涯学習の理念）

第三条　国民一人一人が、自己の人格を磨き、豊かな人生を送ることができるよう、その生涯にわたって、あらゆる機会に、あらゆる場所において学習することができ、その成果を適切に生かすことのできる社会の実現が図られなければならない。

（教育の機会均等）

第四条　すべて国民は、ひとしく、その能力に応じた教育を受ける機会を与えられなければならず、人種、信条、性別、社会的身分、経済的地位又は門地によって、教育上差別されない。

2　国及び地方公共団体は、障害のある者が、その障害の状態に応じ、十分な教育を受けられるよう、教育上必要な支援を講じなければならない。

3　国及び地方公共団体は、能力があるにもかかわらず、経済的理由によって修学が困難な者に対して、奨学の措置を講じなければならない。

第二章　教育の実施に関する基本

（義務教育）

第五条　国民は、その保護する子に、別に法律で定めるところにより、普通教育を受けさせる義務を負う。

2　義務教育として行われる普通教育は、各個人の有する能力を伸ばしつつ社会において自立的に生きる基礎を培い、また、国家及び社会の形成者として必要とされる基本的な資質を養うことを目的として行われるものとする。

3　国及び地方公共団体は、義務教育の機会を保障し、その水準を確保するため、適切な役割分担及び相互の協力の下、その実施に責任を負う。

4　国又は地方公共団体の設置する学校における義務教育については、授業料を徴収しない。

（学校教育）

第六条　法律に定める学校は、公の性質を有するものであって、国、地方公共団体及び法律に定める法人のみが、これを設置することができる。

2　前項の学校においては、教育の目標が達成されるよう、教育を受ける者の心身の発達に応じて、体系的な教育が組織的に行われなければならない。この場合において、教育を受ける者が、学校生活を営む上で必要な規律を重んずるとともに、自ら進んで学習に取り組む意欲を高めることを重視して行われなければならない。

（大学）

第七条　大学は、学術の中心として、高い教養と専門的能力を培うとともに、深く真理を探究して新たな知見を創造し、これらの成果を広く社会に提供することにより、社会の発展に寄与するものとする。

2 大学については、自主性、自律性その他の大学における教育及び研究の特性が尊重されなければならない。

（私立学校）
第八条 私立学校の有する公の性質及び学校教育において果たす重要な役割にかんがみ、国及び地方公共団体は、その自主性を尊重しつつ、助成その他の適当な方法によって私立学校教育の振興に努めなければならない。

（教員）
第九条 法律に定める学校の教員は、自己の崇高な使命を深く自覚し、絶えず研究と修養に励み、その職責の遂行に努めなければならない。

2 前項の教員については、その使命と職責の重要性にかんがみ、その身分は尊重され、待遇の適正が期せられるとともに、養成と研修の充実が図られなければならない。

（家庭教育）
第十条 父母その他の保護者は、子の教育について第一義的責任を有するものであって、生活のために必要な習慣を身に付けさせるとともに、自立心を育成し、心身の調和のとれた発達を図るよう努めるものとする。

2 国及び地方公共団体は、家庭教育の自主性を尊重しつつ、保護者に対する学習の機会及び情報の提供その他の家庭教育を支援するために必要な施策を講ずるよう努めなければならない。

（幼児期の教育）
第十一条 幼児期の教育は、生涯にわたる人格形成の基礎を培う重要なものであることにかんがみ、国及び地方公共団体は、幼児の健やかな成長に資する良好な環境の整備その他適当な方法によって、その振興に努めなければならない。

（社会教育）
第十二条 個人の要望や社会の要請にこたえ、社会において行われる教育は、国及び地方公共団体によって奨励されなければならない。

2 国及び地方公共団体は、図書館、博物館、公民館その他の社会教育施設の設置、学校の施設の利用、学習の機会及び情報の提供その他の適当な方法によって社会教育の振興に努めなければならない。

（学校、家庭及び地域住民等の相互の連携協力）
第十三条 学校、家庭及び地域住民その他の関係者は、教育におけるそれぞれの役割と責任を自覚するとともに、相互の連携及び協力に努めるものとする。

（政治教育）
第十四条 良識ある公民として必要な政治的教養は、教育上尊重されなければならない。

2 法律に定める学校は、特定の政党を支持し、又はこれに反対するための政治教育その他政治的活動をしてはならない。

（宗教教育）
第十五条 宗教に関する寛容の態度、宗教に関する一般的な教養及び宗教の社会生活における地位は、教育上尊重されなければならない。

2 国及び地方公共団体が設置する学校は、特定の宗教のための宗教教育その他宗教的活動をしてはならない。

第三章 教育行政

（教育行政）
第十六条 教育は、不当な支配に服することなく、この法律及び他の法律の定めるところにより行われるべきものであり、教育行政は、国と地方公共団体との適切な役割分担及び相互の協力の下、公正かつ適正に行われなければならない。

2 国は、全国的な教育の機会均等と教育水準の維持向上を図るため、教育に関する施策を総合的に策定し、実施しなければならない。

3 地方公共団体は、その地域における教育の振興を図るため、その実情に応じた教育に関する施策を策定し、実施しなければならない。

4 国及び地方公共団体は、教育が円滑かつ継続的に実施されるよう、必要な財政上の措置を講じなければならない。

（教育振興基本計画）
第十七条 政府は、教育の振興に関する施策の総合的かつ計画的な推進を図るため、教育の振興に関する施策についての基本的な方針及び講ずべき施策その他必要な事項について、基本的な計画を定め、これを国会に報告するとともに、公表しなければならない。

2 地方公共団体は、前項の計画を参酌し、その地域の実情に応じ、当該地方公共団体における教育の振興のための施策に関する基本的な計画を定めるよう努めなければならない。

第四章 法令の制定

第十八条 この法律に規定する諸条項を実施するため、必要な法令が制定されなければならない。

附 則（抄）

（施行期日）
1 この法律は、公布の日［平18・12・22］から施行する。

教基法

7 児童福祉法

（昭和二二年一二月一二日
法律第一六四号）

改正　令和五・六・一六法六三

［編集部注］未施行分は傍線を付した。

第一章　総則

〔児童福祉の理念〕

第一条　全て児童は、児童の権利に関する条約の精神にのつとり、適切に養育されること、その生活を保障されること、愛され、保護されること、その心身の健やかな成長及び発達並びにその自立が図られることその他の福祉を等しく保障される権利を有する。

〔児童育成の責任〕

第二条　全て国民は、児童が良好な環境において生まれ、かつ、社会のあらゆる分野において、児童の年齢及び発達の程度に応じて、その意見が尊重され、その最善の利益が優先して考慮され、心身ともに健やかに育成されるよう努めなければならない。

② 児童の保護者は、児童を心身ともに健やかに育成することについて第一義的責任を負う。

③ 国及び地方公共団体は、児童の保護者とともに、児童を心身ともに健やかに育成する責任を負う。

〔原理の尊重〕

第三条　前二条に規定するところは、児童の福祉を保障するための原理であり、この原理は、すべて児童に関する法令の施行にあたつて、常に尊重されなければならない。

第一節　国及び地方公共団体の責務

〔国及び地方公共団体の責務〕

第三条の二　国及び地方公共団体は、児童が家庭において心身ともに健やかに養育されるよう、児童の保護者を支援しなければならない。ただし、児童及びその保護者の心身の状況、これらの者の置かれている環境その他の状況を勘案し、児童を家庭において養育することが困難であり又は適当でない場合にあつては児童が家庭における養育環境と同様の養育環境において継続的に養育されるよう、児童を家庭及び当該養育環境において養育することが適当でない場合にあつては児童ができる限り良好な家庭的環境において養育されるよう、必要な措置を講じなければならない。

〔市町村等の責務〕

第三条の三　市町村（特別区を含む。以下同じ。）は、児童が心身ともに健やかに育成されるよう、基礎的な地方公共団体として、第十条第一項各号に掲げる業務の実施、障害児通所給付費の支給、第二十四条第一項の規定による保育の実施その他この法律に基づく児童の身近な場所における児童の福祉に関する支援に係る業務を適切に行わなければならない。

② 都道府県は、市町村の行うこの法律に基づく児童の福祉に関する業務が適正かつ円滑に行われるよう、市町村に対する必要な助言及び適切な援助を行うとともに、児童が心身ともに健やかに育成されるよう、専門的な知識及び技術並びに各市町村の区域を超えた広域的な対応が必要な業務として、第十一条第一項各号に掲げる業務の実施、小児慢性特定疾病医療費の支給、第二十七条第一項第三号の規定による委託又は入所の措置その他この法律に基づく児童の福祉に関する業務を適切に行わなければならない。

③ 国は、市町村及び都道府県の行うこの法律に基づく児童の福祉に関する業務が適正かつ円滑に行われるよう、児童が適切に養育される体制の確保に関する施策、市町村及び都道府県に対する助言及び情報の提供その他の必要な各般の措置を講じなければならない。

第二節　定義

〔児童及び障害児〕

第四条　この法律で、児童とは、満十八歳に満たない者をいい、児童を左のように分ける。

一　乳児　満一歳に満たない者

二　幼児　満一歳から、小学校就学の始期に達するまでの者

三　少年　小学校就学の始期から、満十八歳に達するまでの者

② この法律で、障害児とは、身体に障害のある児童、知的障害のある児童、精神に障害のある児童（発達障害者支援法（平成十六年法律第百六十七号）第二条第二項に規定する発達障害児を含む。）又は治療方法が確立していない疾病その他の特殊の疾病であつて障害者の日常生活及び社会生活を総合的に支援するための法律（平成十七年法律第百二十三号）第四条第一項の政令で定めるものによる障害の程度が同項の主務大臣が定める程度である児童をいう。

〔妊産婦〕

第五条　この法律で、妊産婦とは、妊娠中又は出

産後一年以内の女子をいう。

〔保護者〕

第六条　この法律で、保護者とは、親権を行う者、未成年後見人その他の者で、児童を現に監護する者をいう。

〔小児慢性特定疾病等〕

第六条の二　この法律で、小児慢性特定疾病とは、児童又は児童以外の満二十歳に満たない者（以下「児童等」という。）が当該疾病にかかつていることにより、長期にわたり療養を必要とし、及びその生命に危険が及ぶおそれがあるものであつて、療養のために多額の費用を要するものとして厚生労働大臣が社会保障審議会の意見を聴いて定める疾病をいう。

②　この法律で、小児慢性特定疾病児童等とは、次に掲げる者をいう。

一　都道府県知事が指定する医療機関（以下「指定小児慢性特定疾病医療機関」という。）に通い、又は入院する小児慢性特定疾病にかかつている児童（以下「小児慢性特定疾病児童」という。）

二　指定小児慢性特定疾病医療機関に通い、又は入院する小児慢性特定疾病にかかつている児童以外の満二十歳に満たない者（政令で定めるものに限る。以下「成年患者」という。）

③　この法律で、小児慢性特定疾病医療支援とは、小児慢性特定疾病児童等であつて、当該疾病の状態が当該小児慢性特定疾病ごとに厚生労働大臣が社会保障審議会の意見を聴いて定める程度であるものに対し行われる医療（当該小児慢性特定疾病に係るものに限る。）をいう。

〔障害児通所支援等〕

第六条の二の二　この法律で、障害児通所支援とは、児童発達支援、放課後等デイサービス、居宅訪問型児童発達支援及び保育所等訪問支援をいい、障害児通所支援事業とは、障害児通所支援を行う事業をいう。

②　この法律で、児童発達支援とは、障害児につき、児童発達支援センターその他の内閣府令で定める施設に通わせ、日常生活における基本的な動作及び知識技能の習得並びに集団生活への適応のための支援その他の内閣府令で定める便宜を供与し、又はこれに併せて児童発達支援センターにおいて治療（上肢、下肢又は体幹の機能の障害（以下「肢体不自由」という。）のある児童に対して行われるものに限る。第二十一条の五の二第一号及び第二十一条の五の二十九第一項において同じ。）を行うことをいう。

③　この法律で、放課後等デイサービスとは、学校教育法（昭和二十二年法律第二十六号）第一条に規定する学校（幼稚園及び大学を除く。）又は専修学校等（同法第百二十四条に規定する専修学校及び同法第百三十四条第一項に規定する各種学校をいう。以下この項において同じ。）に就学している障害児（専修学校等に就学している障害児にあつては、その福祉の増進を図るため、授業の終了後又は休業日における支援の必要があると市町村長（特別区の区長を含む。以下同じ。）が認める者に限る。）につき、授業の終了後又は休業日に児童発達支援センターその他の内閣府令で定める施設に通わせ、生活能力の向上のために必要な支援、社会との交流の促進その他の便宜を供与することをいう。

④　この法律で、居宅訪問型児童発達支援とは、重度の障害の状態その他これに準ずるものとして内閣府令で定める状態にある障害児であつて、児童発達支援又は放課後等デイサービスを受けるために外出することが著しく困難なものにつき、当該障害児の居宅を訪問し、日常生活における基本的な動作及び知識技能の習得並びに生活能力の向上のために必要な支援その他の内閣府令で定める便宜を供与することをいう。

⑤　この法律で、保育所等訪問支援とは、保育所その他の児童が集団生活を営む施設として内閣府令で定めるものに通う障害児又は乳児院その他の児童が集団生活を営む施設として内閣府令で定めるものに入所する障害児につき、当該施設を訪問し、当該施設における障害児以外の児童との集団生活への適応のための専門的な支援その他の便宜を供与することをいう。

⑥　この法律で、障害児相談支援とは、障害児支援利用援助及び継続障害児支援利用援助を行うことをいい、障害児相談支援事業とは、障害児相談支援を行う事業をいう。

⑦　この法律で、障害児支援利用援助とは、第二十一条の五の六第一項又は第二十一条の五の八第一項の申請に係る障害児の心身の状況、その置かれている環境、当該障害児又はその保護者の障害児通所支援の利用に関する意向その他の事情を勘案し、利用する障害児通所支援の種類及び内容その他の内閣府令で定める事項を定めた計画（以下「障害児支援利用計画案」という。）を作成し、第二十一条の五の五第一項に規定する通所給付決定（次項において「通所給付決定」という。）又は第二十一条の五の八第二項に規定する通所給付決定の変更の決定（次項において「通所給付決定の変更の決定」という。）（以下この条及び第二十四条の二十六第一項第一号において「給付決定等」と総称する。）が行わ

れた後に、第二十一条の五の三第一項に規定する指定障害児通所支援事業者その他の者（次項において「関係者」という。）との連絡調整その他の便宜を供与するとともに、当該給付決定等に係る障害児通所支援の種類及び内容、これを担当する者その他の内閣府令で定める事項を記載した計画（次項において「障害児支援利用計画」という。）を作成することをいう。

⑧ この法律で、継続障害児支援利用援助とは、通所給付決定に係る障害児の保護者（以下「通所給付決定保護者」という。）が、第二十一条の五の七第八項に規定する通所給付決定の有効期間内において、継続して障害児通所支援を適切に利用することができるよう、当該通所給付決定に係る障害児支援利用計画（この項の規定により変更されたものを含む。以下この項において同じ。）が適切であるかどうかにつき、内閣府令で定める期間ごとに、当該通所給付決定保護者の障害児通所支援の利用状況を検証し、その結果及び当該通所給付決定に係る障害児の心身の状況、その置かれている環境、当該障害児又はその保護者の障害児通所支援の利用に関する意向その他の事情を勘案し、障害児支援利用計画の見直しを行い、その結果に基づき、次のいずれかの便宜の供与を行うことをいう。

一 障害児支援利用計画を変更するとともに、関係者との連絡調整その他の便宜の供与を行うこと。

二 新たな通所給付決定又は通所給付決定の変更の決定が必要であると認められる場合において、当該給付決定等に係る障害児の保護者に対し、給付決定等に係る申請の勧奨を行うこと。

〔事業〕

第六条の三 この法律で、児童自立生活援助事業とは、次に掲げる者に対しこれらの者が共同生活を営むべき住居その他内閣府令で定める場所における相談その他の日常生活上の援助及び生活指導並びに就業の支援（以下「児童自立生活援助」という。）を行い、あわせて児童自立生活援助の実施を解除された者に対し相談その他の援助を行う事業をいう。

一 義務教育を終了した児童又は児童以外の満二十歳に満たない者であつて、措置解除者等（第二十七条第一項第三号に規定する措置（政令で定めるものに限る。）を解除された者その他政令で定める者をいう。以下同じ。）であるもの（以下「満二十歳未満義務教育終了児童等」という。）

二 満二十歳以上の措置解除者等であつて政令で定めるもののうち、学校教育法第五十条に規定する高等学校の生徒であること、同法第八十三条に規定する大学の学生であることその他の政令で定めるやむを得ない事情により児童自立生活援助の実施が必要であると都道府県知事が認めたもの

② この法律で、放課後児童健全育成事業とは、小学校に就学している児童であつて、その保護者が労働等により昼間家庭にいないものに、授業の終了後に児童厚生施設等の施設を利用して適切な遊び及び生活の場を与えて、その健全な育成を図る事業をいう。

③ この法律で、子育て短期支援事業とは、保護者の疾病その他の理由により家庭において養育を受けることが一時的に困難となつた児童について、内閣府令で定めるところにより、児童養護施設その他の内閣府令で定める施設に入所させ、又は里親（次条第三号に掲げる者を除く。）その他の内閣府令で定める者に委託し、当該児童につき必要な保護その他の支援（保護者の心身の状況、児童の養育環境その他の状況を勘案し、児童と共にその保護者に対して支援を行うことが必要である場合にあつては、当該保護者への支援を含む。）を行う事業をいう。

④ この法律で、乳児家庭全戸訪問事業とは、一の市町村の区域内における原則として全ての乳児のいる家庭を訪問することにより、内閣府令で定めるところにより、子育てに関する情報の提供並びに乳児及びその保護者の心身の状況及び養育環境の把握を行うほか、養育についての相談に応じ、助言その他の援助を行う事業をいう。

⑤ この法律で、養育支援訪問事業とは、内閣府令で定めるところにより、乳児家庭全戸訪問事業の実施その他により把握した保護者の養育を支援することが特に必要と認められる児童（第八項に規定する要保護児童に該当するものを除く。以下「要支援児童」という。）若しくは保護者に監護させることが不適当であると認められる児童及びその保護者又は出産後の養育について出産前において支援を行うことが特に必要と認められる妊婦（以下「特定妊婦」という。）（以下「要支援児童等」という。）に対し、その養育が適切に行われるよう、当該要支援児童等の居宅において、養育に関する相談、指導、助言その他必要な支援を行う事業をいう。

⑥ この法律で、地域子育て支援拠点事業とは、内閣府令で定めるところにより、乳児又は幼児及びその保護者が相互の交流を行う場所を開設

し、子育てについての相談、情報の提供、助言その他の援助を行う事業をいう。

⑦　この法律で、一時預かり事業とは、次に掲げる者について、内閣府令で定めるところにより、主として昼間において、保育所、認定こども園（就学前の子どもに関する教育、保育等の総合的な提供の推進に関する法律（平成十八年法律第七十七号。以下「認定こども園法」という。）第二条第六項に規定する認定こども園をいい、保育所であるものを除く。第二十四条第二項を除き、以下同じ。）その他の場所（第二号において「保育所等」という。）において、一時的に預かり、必要な保護を行う事業をいう。

一　家庭において保育（養護及び教育（第三十九条の二第一項に規定する満三歳以上の幼児に対する教育を除く。）を行うことをいう。以下同じ。）を受けることが一時的に困難となつた乳児又は幼児

二　子育てに係る保護者の負担を軽減するため、保育所等において一時的に預かることが望ましいと認められる乳児又は幼児

⑧　この法律で、小規模住居型児童養育事業とは、第二十七条第一項第三号の措置に係る児童について、内閣府令で定めるところにより、保護者のない児童又は保護者に監護させることが不適当であると認められる児童（以下「要保護児童」という。）の養育に関し相当の経験を有する者その他の内閣府令で定める者（次条に規定する里親を除く。）の住居において養育を行う事業をいう。

⑨　この法律で、家庭的保育事業とは、次に掲げる事業をいう。

一　子ども・子育て支援法（平成二十四年法律第六十五号）第十九条第二号の内閣府令で定める事由により家庭において必要な保育を受けることが困難である乳児又は幼児（以下「保育を必要とする乳児・幼児」という。）であつて満三歳未満のものについて、家庭的保育者（市町村長が行う研修を修了した保育士その他の内閣府令で定める者であつて、当該保育を必要とする乳児・幼児の保育を行う者として市町村長が適当と認めるものをいう。以下同じ。）の居宅その他の場所（当該保育を必要とする乳児・幼児の居宅を除く。）において、家庭的保育者による保育を行う事業（利用定員が五人以下であるものに限る。次号において同じ。）

二　満三歳以上の幼児に係る保育の体制の整備の状況その他の地域の事情を勘案して、保育が必要と認められる児童であつて満三歳以上のものについて、家庭的保育者の居宅その他の場所（当該保育が必要と認められる児童の居宅を除く。）において、家庭的保育者による保育を行う事業

⑩　この法律で、小規模保育事業とは、次に掲げる事業をいう。

一　保育を必要とする乳児・幼児であつて満三歳未満のものについて、当該保育を必要とする乳児・幼児を保育することを目的とする施設（利用定員が六人以上十九人以下であるものに限る。）において、保育を行う事業

二　満三歳以上の幼児に係る保育の体制の整備の状況その他の地域の事情を勘案して、保育が必要と認められる児童であつて満三歳以上のものについて、前号に規定する施設において、保育を行う事業

⑪　この法律で、居宅訪問型保育事業とは、次に掲げる事業をいう。

一　保育を必要とする乳児・幼児であつて満三歳未満のものについて、当該保育を必要とする乳児・幼児の居宅において家庭的保育者による保育を行う事業

二　満三歳以上の幼児に係る保育の体制の整備の状況その他の地域の事情を勘案して、保育が必要と認められる児童であつて満三歳以上のものについて、当該保育が必要と認められる児童の居宅において家庭的保育者による保育を行う事業

⑫　この法律で、事業所内保育事業とは、次に掲げる事業をいう。

一　保育を必要とする乳児・幼児であつて満三歳未満のものについて、次に掲げる施設において、保育を行う事業

イ　事業主がその雇用する労働者の監護する乳児若しくは幼児及びその他の乳児若しくは幼児を保育するために自ら設置する施設又は事業主から委託を受けて当該事業主が雇用する労働者の監護する乳児若しくは幼児及びその他の乳児若しくは幼児の保育を実施する施設

ロ　事業主団体がその構成員である事業主の雇用する労働者の監護する乳児若しくは幼児及びその他の乳児若しくは幼児を保育するために自ら設置する施設又は事業主団体から委託を受けてその構成員である事業主の雇用する労働者の監護する乳児若しくは幼児及びその他の乳児若しくは幼児の保育を実施する施設

ハ　地方公務員等共済組合法（昭和三十七年

法律第百五十二号）の規定に基づく共済組合その他の内閣府令で定める組合（以下ハにおいて「共済組合等」という。）が当該共済組合等の構成員として内閣府令で定める者（以下ハにおいて「共済組合等の構成員」という。）の監護する乳児若しくは幼児及びその他の乳児若しくは幼児を保育するために自ら設置する施設又は共済組合等から委託を受けて当該共済組合等の構成員の監護する乳児若しくは幼児及びその他の乳児若しくは幼児の保育を実施する施設

二 満三歳以上の幼児に係る保育の体制の整備の状況その他の地域の事情を勘案して、保育が必要と認められる児童であつて満三歳以上のものについて、前号に規定する施設において、保育を行う事業

⑬ この法律で、病児保育事業とは、保育を必要とする乳児・幼児又は保護者の労働若しくは疾病その他の事由により家庭において保育を受けることが困難となつた小学校に就学している児童であつて、疾病にかかつているものについて、保育所、認定こども園、病院、診療所その他内閣府令で定める施設において、保育を行う事業をいう。

⑭ この法律で、子育て援助活動支援事業とは、内閣府令で定めるところにより、次に掲げる援助のいずれか又は全てを受けることを希望する者と当該援助を行うことを希望する者（個人に限る。以下この項において「援助希望者」という。）との連絡及び調整並びに援助希望者への講習の実施その他の必要な支援を行う事業をいう。

一 児童を一時的に預かり、必要な保護（宿泊を伴つて行うものを含む。）を行うこと。

二 児童が円滑に外出することができるよう、その移動を支援すること。

⑮ この法律で、親子再統合支援事業とは、内閣府令で定めるところにより、親子の再統合を図ることが必要と認められる児童及びその保護者に対して、児童虐待の防止等に関する法律（平成十二年法律第八十二号）第二条に規定する児童虐待（以下単に「児童虐待」という。）の防止に資する情報の提供、相談及び助言その他の必要な支援を行う事業をいう。

⑯ この法律で、社会的養護自立支援拠点事業とは、内閣府令で定めるところにより、措置解除者等又はこれに類する者が相互の交流を行う場所を開設し、これらの者に対する情報の提供、相談及び助言並びにこれらの者の支援に関連する関係機関との連絡調整その他の必要な支援を行う事業をいう。

⑰ この法律で、意見表明等支援事業とは、第三十三条の三の三に規定する意見聴取等措置の対象となる児童の同条各号に規定する措置を行うことに係る意見又は意向及び第二十七条第一項第三号の措置その他の措置が採られている児童その他の者の当該措置における処遇に係る意見又は意向について、児童の福祉に関し知識又は経験を有する者が、意見聴取その他これらの者の状況に応じた適切な方法により把握するとともに、これらの意見又は意向を勘案して児童相談所、都道府県その他の関係機関との連絡調整その他の必要な支援を行う事業をいう。

⑱ この法律で、妊産婦等生活援助事業とは、家庭生活に支障が生じている特定妊婦その他これに類する者及びその者の監護すべき児童を、生活すべき住居に入居させ、又は当該事業に係る事業所その他の場所に通わせ、食事の提供その他日常生活を営むのに必要な便宜の供与、児童の養育に係る相談及び助言、母子生活支援施設その他の関係機関との連絡調整、民法（明治二十九年法律第八十九号）第八百十七条の二第一項に規定する特別養子縁組（以下単に「特別養子縁組」という。）に係る情報の提供その他の必要な支援を行う事業をいう。

⑲ この法律で、子育て世帯訪問支援事業とは、内閣府令で定めるところにより、要支援児童の保護者その他の内閣府令で定める者に対し、その居宅において、子育てに関する情報の提供並びに家事及び養育に係る援助その他の必要な支援を行う事業をいう。

⑳ この法律で、児童育成支援拠点事業とは、養育環境等に関する課題を抱える児童について、当該児童に生活の場を与えるための場所を開設し、情報の提供、相談及び関係機関との連絡調整を行うとともに、必要に応じて当該児童の保護者に対し、情報の提供、相談及び助言その他の必要な支援を行う事業をいう。

㉑ この法律で、親子関係形成支援事業とは、内閣府令で定めるところにより、親子間における適切な関係性の構築を目的として、児童及びその保護者に対し、当該児童の心身の発達の状況等に応じた情報の提供、相談及び助言その他の必要な支援を行う事業をいう。

〔里親〕

第六条の四 この法律で、里親とは、次に掲げる者をいう。

一 内閣府令で定める人数以下の要保護児童を養育することを希望する者（都道府県知事が

内閣府令で定めるところにより行う研修を修了したことその他の内閣府令で定める要件を満たす者に限る。）のうち、第三十四条の十九に規定する養育里親名簿に登録されたもの（以下「養育里親」という。）

二　前号に規定する内閣府令で定める人数以下の要保護児童を養育すること及び養子縁組によつて養親となることを希望する者（都道府県知事が内閣府令で定めるところにより行う研修を修了した者に限る。）のうち、第三十四条の十九に規定する養子縁組里親名簿に登録されたもの（以下「養子縁組里親」という。）

三　第一号に規定する内閣府令で定める人数以下の要保護児童を養育することを希望する者（当該要保護児童の父母以外の親族であつて、内閣府令で定めるものに限る。）のうち、都道府県知事が第二十七条第一項第三号の規定により児童を委託する者として適当と認めるもの

〔児童福祉施設及び障害児入所支援〕

第七条　この法律で、児童福祉施設とは、助産施設、乳児院、母子生活支援施設、保育所、幼保連携型認定こども園、児童厚生施設、児童養護施設、障害児入所施設、児童発達支援センター、児童心理治療施設、児童自立支援施設、児童家庭支援センター及び里親支援センターとする。

②　この法律で、障害児入所支援とは、障害児入所施設に入所し、又は独立行政法人国立病院機構若しくは国立研究開発法人国立精神・神経医療研究センターの設置する医療機関であつて内閣総理大臣が指定するもの（以下「指定発達支援医療機関」という。）に入院する障害児に対して行われる保護、日常生活における基本的な動作及び独立自活に必要な知識技能の習得のための支援並びに障害児入所施設に入所し、又は指定発達支援医療機関に入院する障害児のうち知的障害のある児童、肢体不自由のある児童又は重度の知的障害及び重度の肢体不自由が重複している児童（以下「重症心身障害児」という。）に対し行われる治療をいう。

第三節　児童福祉審議会等

〔設置及び権限〕

第八条　第九項、第十八条の二十の二第二項、第二十七条第六項、第三十三条の十五第三項、第三十五条第六項、第四十六条第四項及び第五十九条第五項の規定によりその権限に属させられた事項を調査審議するため、都道府県に児童福祉に関する審議会その他の合議制の機関を置くものとする。ただし、社会福祉法（昭和二十六年法律第四十五号）第十二条第一項の規定により同法第七条第一項に規定する地方社会福祉審議会（第九項において「地方社会福祉審議会」という。）に児童福祉に関する事項を調査審議させる都道府県にあつては、この限りでない。

②　前項に規定する審議会その他の合議制の機関（以下「都道府県児童福祉審議会」という。）は、同項に定めるもののほか、児童、妊産婦及び知的障害者の福祉に関する事項を調査審議することができる。

③　市町村は、第三十四条の十五第四項の規定によりその権限に属させられた事項及び前項の事項を調査審議するため、児童福祉に関する審議会その他の合議制の機関を置くことができる。

④　都道府県児童福祉審議会は、都道府県知事の、前項に規定する審議会その他の合議制の機関（以下「市町村児童福祉審議会」という。）は、市町村長の管理に属し、それぞれその諮問に答え、又は関係行政機関に意見を具申することができる。

⑤　都道府県児童福祉審議会及び市町村児童福祉審議会（以下「児童福祉審議会」という。）は、特に必要があると認めるときは、関係行政機関に対し、所属職員の出席説明及び資料の提出を求めることができる。

⑥　児童福祉審議会は、特に必要があると認めるときは、児童、妊産婦及び知的障害者、これらの者の家族その他の関係者に対し、第一項本文及び第二項の事項を調査審議するため必要な報告若しくは資料の提出を求め、又はその者の出席を求め、その意見を聴くことができる。

⑦　児童福祉審議会は、前項の規定により意見を聴く場合においては、意見を述べる者の心身の状況、その者の置かれている環境その他の状況に配慮しなければならない。

⑧　こども家庭審議会、社会保障審議会及び児童福祉審議会は、必要に応じ、相互に資料を提供する等常に緊密な連絡をとらなければならない。

⑨　こども家庭審議会、社会保障審議会及び都道府県児童福祉審議会（第一項ただし書に規定する都道府県にあつては、地方社会福祉審議会とする。第十八条の二十の二第二項、第二十七条第六項、第三十三条の十二第一項及び第三項、第三十三条の十三、第三十三条の十五、第三十五条第六項、第四十六条第四項並びに第五十九条第五項及び第六項において同じ。）は、児童及び知的障害者の福祉を図るため、芸能、出版物、玩具、遊戯等を推薦し、又はそれらを製作し、興行し、若しくは販売する者等に対し、必

要な勧告をすることができる。

〔委員等〕

第九条　児童福祉審議会の委員は、児童福祉審議会の権限に属する事項に関し公正な判断をすることができる者であつて、かつ、児童又は知的障害者の福祉に関する事業に従事する者及び学識経験のある者のうちから、都道府県知事又は市町村長が任命する。

②　児童福祉審議会において、特別の事項を調査審議するため必要があるときは、臨時委員を置くことができる。

③　児童福祉審議会の臨時委員は、前項の事項に関し公正な判断をすることができる者であつて、かつ、児童又は知的障害者の福祉に関する事業に従事する者及び学識経験のある者のうちから、都道府県知事又は市町村長が任命する。

④　児童福祉審議会に、委員の互選による委員長及び副委員長各一人を置く。

第四節　実施機関

〔市町村の業務〕

第十条　市町村は、この法律の施行に関し、次に掲げる業務を行わなければならない。

一　児童及び妊産婦の福祉に関し、必要な実情の把握に努めること。

二　児童及び妊産婦の福祉に関し、必要な情報の提供を行うこと。

三　児童及び妊産婦の福祉に関し、家庭その他からの相談に応ずること並びに必要な調査及び指導を行うこと並びにこれらに付随する業務を行うこと。

四　児童及び妊産婦の福祉に関し、心身の状況等に照らし包括的な支援を必要とすると認められる要支援児童等その他の者に対して、これらの者に対する支援の種類及び内容その他の内閣府令で定める事項を記載した計画の作成その他の包括的かつ計画的な支援を行うこと。

五　前各号に掲げるもののほか、児童及び妊産婦の福祉に関し、家庭その他につき、必要な支援を行うこと。

②　市町村長は、前項第三号に掲げる業務のうち専門的な知識及び技術を必要とするものについては、児童相談所の技術的援助及び助言を求めなければならない。

③　市町村長は、第一項第三号に掲げる業務を行うに当たつて、医学的、心理学的、教育学的、社会学的及び精神保健上の判定を必要とする場合には、児童相談所の判定を求めなければならない。

④　市町村は、この法律による事務を適切に行うために必要な体制の整備に努めるとともに、当該事務に従事する職員の人材の確保及び資質の向上のために必要な措置を講じなければならない。

⑤　国は、市町村における前項の体制の整備及び措置の実施に関し、必要な支援を行うように努めなければならない。

〔こども家庭センター〕

第十条の二　市町村は、こども家庭センターの設置に努めなければならない。

②　こども家庭センターは、次に掲げる業務を行うことにより、児童及び妊産婦の福祉に関する包括的な支援を行うことを目的とする施設とする。

一　前条第一項第一号から第四号までに掲げる業務を行うこと。

二　児童及び妊産婦の福祉に関する機関との連絡調整を行うこと。

三　児童及び妊産婦の福祉並びに児童の健全育成に資する支援を行う者の確保、当該支援を行う者が相互の有機的な連携の下で支援を円滑に行うための体制の整備その他の児童及び妊産婦の福祉並びに児童の健全育成に係る支援を促進すること。

四　前三号に掲げるもののほか、児童及び妊産婦の福祉に関し、家庭その他につき、必要な支援を行うこと。

③　こども家庭センターは、前項各号に掲げる業務を行うに当たつて、次条第一項に規定する地域子育て相談機関と密接に連携を図るものとする。

〔地域子育て相談機関〕

第十条の三　市町村は、地理的条件、人口、交通事情その他の社会的条件、子育てに関する施設の整備の状況等を総合的に勘案して定める区域ごとに、その住民からの子育てに関する相談に応じ、必要な助言を行うことができる地域子育て相談機関（当該区域に所在する保育所、認定こども園、地域子育て支援拠点事業を行う場所その他の内閣府令で定める場所であつて、的確な相談及び助言を行うに足りる体制を有すると市町村が認めるものをいう。以下この条において同じ。）の整備に努めなければならない。

②　地域子育て相談機関は、前項の相談及び助言を行うほか、必要に応じ、こども家庭センターと連絡調整を行うとともに、地域の住民に対し、子育て支援に関する情報の提供を行うよう努めなければならない。

③ 市町村は、その住民に対し、地域子育て相談機関の名称、所在地その他必要な情報を提供するよう努めなければならない。

〔都道府県の業務〕

第十一条 都道府県は、この法律の施行に関し、次に掲げる業務を行わなければならない。

一 第十条第一項各号に掲げる市町村の業務の実施に関し、市町村相互間の連絡調整、市町村に対する情報の提供、市町村職員の研修その他必要な援助を行うこと及びこれらに付随する業務を行うこと。

二 児童及び妊産婦の福祉に関し、主として次に掲げる業務を行うこと。

イ 各市町村の区域を超えた広域的な見地から、実情の把握に努めること。

ロ 児童に関する家庭その他からの相談のうち、専門的な知識及び技術を必要とするものに応ずること。

ハ 児童及びその家庭につき、必要な調査並びに医学的、心理学的、教育学的、社会学的及び精神保健上の判定を行うこと。

ニ 児童及びその保護者につき、ハの調査又は判定に基づいて心理又は児童の健康及び心身の発達に関する専門的な知識及び技術を必要とする指導その他必要な指導を行うこと。

ホ 児童の一時保護を行うこと。

ヘ 児童の権利の保護の観点から、一時保護の解除後の家庭その他の環境の調整、当該児童の状況の把握その他の措置により当該児童の安全を確保すること。

ト 里親に関する次に掲げる業務を行うこと。

(1) 里親に関する普及啓発を行うこと。

(2) 里親につき、その相談に応じ、必要な情報の提供、助言、研修その他の援助を行うこと。

(3) 里親と第二十七条第一項第三号の規定により入所の措置が採られて乳児院、児童養護施設、児童心理治療施設又は児童自立支援施設に入所している児童及び里親相互の交流の場を提供すること。

(4) 第二十七条第一項第三号の規定による里親への委託に資するよう、里親の選定及び里親と児童との間の調整を行うこと。

(5) 第二十七条第一項第三号の規定により里親に委託しようとする児童及びその保護者並びに里親の意見を聴いて、当該児童の養育の内容その他の内閣府令で定める事項について当該児童の養育に関する計画を作成すること。

チ 養子縁組により養子となる児童、その父母及び当該養子となる児童の養親となる者、養子縁組により養子となつた児童、その養親となつた者及び当該養子となつた児童の父母（特別養子縁組により親族関係が終了した当該養子となつた児童の実方の父母を含む。）その他の児童を養子とする養子縁組に関する者につき、その相談に応じ、必要な情報の提供、助言その他の援助を行うこと。

リ 児童養護施設その他の施設への入所の措置、一時保護の措置その他の措置の実施及びこれらの措置の実施中における処遇に対する児童の意見又は意向に関し、都道府県児童福祉審議会その他の機関の調査審議及び意見の具申が行われるようにすることその他の児童の権利の擁護に係る環境の整備を行うこと。

ヌ 措置解除者等の実情を把握し、その自立のために必要な援助を行うこと。

三 前二号に掲げるもののほか、児童及び妊産婦の福祉に関し、広域的な対応が必要な業務並びに家庭その他につき専門的な知識及び技術を必要とする支援を行うこと。

② 都道府県知事は、市町村の第十条第一項各号に掲げる業務の適切な実施を確保するため必要があると認めるときは、市町村に対し、体制の整備その他の措置について必要な助言を行うことができる。

③ 都道府県知事は、第一項又は前項の規定による都道府県の事務の全部又は一部を、その管理に属する行政庁に委任することができる。

④ 都道府県知事は、第一項第二号トに掲げる業務（以下「里親支援事業」という。）に係る事務の全部又は一部を内閣府令で定める者に委託することができる。

⑤ 前項の規定により行われる里親支援事業に係る事務に従事する者又は従事していた者は、その事務に関して知り得た秘密を漏らしてはならない。

⑥ 都道府県は、この法律による事務を適切に行うために必要な体制の整備に努めるとともに、当該事務に従事する職員の人材の確保及び資質の向上のために必要な措置を講じなければならない。

⑦ 国は、都道府県における前項の体制の整備及び措置の実施に関し、必要な支援を行うように

努めなければならない。

〔児童相談所〕

第十二条　都道府県は、児童相談所を設置しなければならない。

② 児童相談所の管轄区域は、地理的条件、人口、交通事情その他の社会的条件について政令で定める基準を参酌して都道府県が定めるものとする。

③ 児童相談所は、児童の福祉に関し、主として前条第一項第一号に掲げる業務（市町村職員の研修を除く。）並びに同項第二号（イを除く。）及び第三号に掲げる業務並びに障害者の日常生活及び社会生活を総合的に支援するための法律第二十二条第二項及び第三項並びに第二十六条第一項に規定する業務を行うものとする。

④ 都道府県は、児童相談所が前項に規定する業務のうち第二十八条第一項各号に掲げる措置を採ることその他の法律に関する専門的な知識経験を必要とするものについて、常時弁護士による助言又は指導の下で適切かつ円滑に行うため、児童相談所における弁護士の配置又はこれに準ずる措置を行うものとする。

⑤ 児童相談所は、必要に応じ、巡回して、第三項に規定する業務（前条第一項第二号ホに掲げる業務を除く。）を行うことができる。

⑥ 児童相談所長は、その管轄区域内の社会福祉法に規定する福祉に関する事務所（以下「福祉事務所」という。）の長（以下「福祉事務所長」という。）に必要な調査を委嘱することができる。

⑦ 都道府県知事は、第三項に規定する業務の質の評価を行うことその他必要な措置を講ずることにより、当該業務の質の向上に努めなければならない。

⑧ 国は、前項の措置を援助するために、児童相談所の業務の質の適切な評価の実施に資するための措置を講ずるよう努めなければならない。

〔児童相談所の職員〕

第十二条の二　児童相談所には、所長及び所員を置く。

② 所長は、都道府県知事の監督を受け、所務を掌理する。

③ 所員は、所長の監督を受け、前条に規定する業務をつかさどる。

④ 児童相談所には、第一項に規定するもののほか、必要な職員を置くことができる。

〔児童相談所の所長及び所員の資格〕

第十二条の三　児童相談所の所長及び所員は、都道府県知事の補助機関である職員とする。

② 所長は、次の各号のいずれかに該当する者でなければならない。

一　医師であつて、精神保健に関して学識経験を有する者

二　学校教育法に基づく大学又は旧大学令（大正七年勅令第三百八十八号）に基づく大学において、心理学を専修する学科又はこれに相当する課程を修めて卒業した者（当該学科又は当該課程を修めて同法に基づく専門職大学の前期課程を修了した者を含む。）

三　社会福祉士

四　精神保健福祉士

五　公認心理師

六　児童の福祉に関する事務をつかさどる職員（以下「児童福祉司」という。）として二年以上勤務した者又は児童福祉司たる資格を得た後二年以上所員として勤務した者

七　前各号に掲げる者と同等以上の能力を有すると認められる者であつて、内閣府令で定めるもの

③ 所長は、内閣総理大臣が定める基準に適合する研修を受けなければならない。

④ 相談及び調査をつかさどる所員は、児童福祉司たる資格を有する者でなければならない。

⑤ 判定をつかさどる所員の中には、第二項第一号に該当する者又はこれに準ずる資格を有する者及び同項第二号に該当する者若しくはこれに準ずる資格を有する者又は同項第五号に該当する者が、それぞれ一人以上含まれなければならない。

⑥ 心理に関する専門的な知識及び技術を必要とする指導をつかさどる所員の中には、第二項第一号に該当する者若しくはこれに準ずる資格を有する者、同項第二号に該当する者若しくはこれに準ずる資格を有する者又は同項第五号に該当する者が含まれなければならない。

⑦ 前項に規定する指導をつかさどる所員の数は、政令で定める基準を標準として都道府県が定めるものとする。

⑧ 児童の健康及び心身の発達に関する専門的な知識及び技術を必要とする指導をつかさどる所員の中には、医師及び保健師が、それぞれ一人以上含まれなければならない。

〔児童の一時保護施設〕

第十二条の四　児童相談所には、必要に応じ、児童を一時保護する施設（以下「一時保護施設」という。）を設けなければならない。

② 都道府県は、一時保護施設の設備及び運営について、条例で基準を定めなければならない。この場合において、その基準は、児童の身体的、

精神的及び社会的な発達のために必要な生活水準を確保するものでなければならない。

③ 都道府県が前項の条例を定めるに当たつては、次に掲げる事項については内閣府令で定める基準に従い定めるものとし、その他の事項については内閣府令で定める基準を参酌するものとする。

一 一時保護施設に配置する従業者及びその員数

二 一時保護施設に係る居室の床面積その他一時保護施設の設備に関する事項であつて、児童の適切な処遇の確保に密接に関連するものとして内閣府令で定めるもの

三 一時保護施設の運営に関する事項であつて、児童の適切な処遇及び安全の確保並びに秘密の保持に密接に関連するものとして内閣府令で定めるもの

〔命令への委任〕

第十二条の五 この法律で定めるもののほか、当該都道府県内の児童相談所を援助する中央児童相談所の指定その他児童相談所に関し必要な事項は、命令でこれを定める。

〔保健所〕

第十二条の六 保健所は、この法律の施行に関し、主として次の業務を行うものとする。

一 児童の保健について、正しい衛生知識の普及を図ること。

二 児童の健康相談に応じ、又は健康診査を行い、必要に応じ、保健指導を行うこと。

三 身体に障害のある児童及び疾病により長期にわたり療養を必要とする児童の療育について、指導を行うこと。

四 児童福祉施設に対し、栄養の改善その他衛生に関し、必要な助言を与えること。

② 児童相談所長は、相談に応じた児童、その保護者又は妊産婦について、保健所に対し、保健指導その他の必要な協力を求めることができる。

第五節 児童福祉司

〔児童福祉司〕

第十三条 都道府県は、その設置する児童相談所に、児童福祉司を置かなければならない。

② 児童福祉司の数は、各児童相談所の管轄区域内の人口、児童虐待に係る相談に応じた件数、第二十七条第一項第三号の規定による里親への委託の状況及び市町村におけるこの法律による事務の実施状況その他の条件を総合的に勘案して政令で定める基準を標準として都道府県が定めるものとする。

③ 児童福祉司は、都道府県知事の補助機関である職員とし、次の各号のいずれかに該当する者のうちから、任用しなければならない。

一 児童虐待を受けた児童の保護その他児童の福祉に関する専門的な対応を要する事項について、児童及びその保護者に対する相談及び必要な指導等を通じて的確な支援を実施できる十分な知識及び技術を有する者として内閣府令で定めるもの

二 都道府県知事の指定する児童福祉司若しくは児童福祉施設の職員を養成する学校その他の施設を卒業し、又は都道府県知事の指定する講習会の課程を修了した者

三 学校教育法に基づく大学又は旧大学令に基づく大学において、心理学、教育学若しくは社会学を専修する学科又はこれらに相当する課程を修めて卒業した者（当該学科又は当該課程を修めて同法に基づく専門職大学の前期課程を修了した者を含む。）であつて、内閣府令で定める施設において一年以上相談援助業務（児童その他の者の福祉に関する相談に応じ、助言、指導その他の援助を行う業務をいう。第八号及び第六項において同じ。）に従事したもの

四 医師

五 社会福祉士

六 精神保健福祉士

七 公認心理師

八 社会福祉主事として二年以上相談援助業務に従事した者であつて、内閣総理大臣が定める講習会の課程を修了したもの

九 第二号から前号までに掲げる者と同等以上の能力を有すると認められる者であつて、内閣府令で定めるもの

④ 児童福祉司は、児童相談所長の命を受けて、児童の保護その他児童の福祉に関する事項について、相談に応じ、専門的技術に基づいて必要な指導を行う等児童の福祉増進に努める。

⑤ 児童福祉司の中には、他の児童福祉司が前項の職務を行うため必要な専門的技術に関する指導及び教育を行う児童福祉司（次項及び第七項において「指導教育担当児童福祉司」という。）が含まれなければならない。

⑥ 指導教育担当児童福祉司は、児童福祉司としておおむね五年以上（第三項第一号に規定する者のうち、内閣府令で定める施設において二年以上相談援助業務に従事した者その他の内閣府令で定めるものにあつては、おおむね三年以上）勤務した者であつて、内閣総理大臣が定める基

準に適合する研修の課程を修了したものでなければならない。
⑦　指導教育担当児童福祉司の数は、政令で定める基準を参酌して都道府県が定めるものとする。
⑧　児童福祉司は、児童相談所長が定める担当区域により、第四項の職務を行い、担当区域内の市町村長に協力を求めることができる。
⑨　児童福祉司は、内閣総理大臣が定める基準に適合する研修を受けなければならない。
⑩　第三項第二号の施設及び講習会の指定に関し必要な事項は、政令で定める。

〔市町村長又は児童相談所長との関係〕
第十四条　市町村長は、前条第四項に規定する事項に関し、児童福祉司に必要な状況の通報及び資料の提供並びに必要な援助を求めることができる。
②　児童福祉司は、その担当区域内における児童に関し、必要な事項につき、その担当区域を管轄する児童相談所長又は市町村長にその状況を通知し、併せて意見を述べなければならない。

〔命令への委任〕
第十五条　この法律で定めるもののほか、児童福祉司の任用叙級その他児童福祉司に関し必要な事項は、命令でこれを定める。

第六節　児童委員

〔児童委員〕
第十六条　市町村の区域に児童委員を置く。
②　民生委員法（昭和二十三年法律第百九十八号）による民生委員は、児童委員に充てられたものとする。
③　厚生労働大臣は、児童委員のうちから、主任児童委員を指名する。
④　前項の規定による厚生労働大臣の指名は、民生委員法第五条の規定による推薦によつて行う。

〔職務〕
第十七条　児童委員は、次に掲げる職務を行う。
一　児童及び妊産婦につき、その生活及び取り巻く環境の状況を適切に把握しておくこと。
二　児童及び妊産婦につき、その保護、保健その他福祉に関し、サービスを適切に利用するために必要な情報の提供その他の援助及び指導を行うこと。
三　児童及び妊産婦に係る社会福祉を目的とする事業を経営する者又は児童の健やかな育成に関する活動を行う者と密接に連携し、その事業又は活動を支援すること。
四　児童福祉司又は福祉事務所の社会福祉主事の行う職務に協力すること。
五　児童の健やかな育成に関する気運の醸成に努めること。
六　前各号に掲げるもののほか、必要に応じて、児童及び妊産婦の福祉の増進を図るための活動を行うこと。
②　主任児童委員は、前項各号に掲げる児童委員の職務について、児童の福祉に関する機関と児童委員（主任児童委員である者を除く。以下この項において同じ。）との連絡調整を行うとともに、児童委員の活動に対する援助及び協力を行う。
③　前項の規定は、主任児童委員が第一項各号に掲げる児童委員の職務を行うことを妨げるものではない。
④　児童委員は、その職務に関し、都道府県知事の指揮監督を受ける。

〔市町村長又は児童相談所長との関係〕
第十八条　市町村長は、前条第一項又は第二項に規定する事項に関し、児童委員に必要な状況の通報及び資料の提供を求め、並びに必要な指示をすることができる。
②　児童委員は、その担当区域内における児童又は妊産婦に関し、必要な事項につき、その担当区域を管轄する児童相談所長又は市町村長にその状況を通知し、併せて意見を述べなければならない。
③　児童委員が、児童相談所長に前項の通知をするときは、緊急の必要があると認める場合を除き、市町村長を経由するものとする。
④　児童相談所長は、その管轄区域内の児童委員に必要な調査を委嘱することができる。

〔研修〕
第十八条の二　都道府県知事は、児童委員の研修を実施しなければならない。

〔内閣総理大臣及び厚生労働大臣の連携〕
第十八条の二の二　内閣総理大臣及び厚生労働大臣は、児童委員の制度の運用に当たつては、必要な情報交換を行う等相互に連携を図りながら協力しなければならない。

〔命令への委任〕
第十八条の三　この法律で定めるもののほか、児童委員に関し必要な事項は、命令でこれを定める。

第七節　保育士

〔保育士の定義〕
第十八条の四　この法律で、保育士とは、第十八条の十八第一項の登録を受け、保育士の名称を用いて、専門的知識及び技術をもつて、児童の保育及び児童の保護者に対する保育に関する指導を行うことを業とする者をいう。

〔欠格事由〕

第十八条の五 次の各号のいずれかに該当する者は、保育士となることができない。

一 心身の故障により保育士の業務を適正に行うことができない者として内閣府令で定めるもの

二 拘禁刑以上の刑に処せられた者

三 この法律の規定その他児童の福祉に関する法律の規定であつて政令で定めるものにより、罰金の刑に処せられ、その執行を終わり、又は執行を受けることがなくなつた日から起算して三年を経過しない者

四 第十八条の十九第一項第二号若しくは第三号又は第二項の規定により登録を取り消され、その取消しの日から起算して三年を経過しない者

五 国家戦略特別区域法（平成二十五年法律第百七号）第十二条の五第八項において準用する第十八条の十九第一項第二号若しくは第三号又は第二項の規定により登録を取り消され、その取消しの日から起算して三年を経過しない者

注 国家戦略特別区域限定保育士（地域限定保育士）に関する法令

国家戦略特別区域法（抄）（平成二五法一〇七）

改正 令和五・五・八法二一

第十二条の五 国家戦略特別区域会議が、第八条第二項第二号に規定する特定事業として、国家戦略特別区域限定保育士事業（国家戦略特別区域における保育の需要に応ずるため、国家戦略特別区域限定保育士（次項に規定する国家戦略特別区域限定保育士をいう。以下この項において同じ。）の資格を定める事業をいう。以下この条及び別表の一の四の項において同じ。）を定めた区域計画について、内閣総理大臣の認定を申請し、その認定を受けたときは、当該認定の日以後は、当該国家戦略特別区域限定保育士事業に係る国家戦略特別区域限定保育士については、児童福祉法第一章第七節及び第四十八条の四第三項の規定を適用せず、次項及び第四項から第十九項までに定めるところによる。

2 国家戦略特別区域限定保育士は、その資格を得た次項に規定する事業実施区域において、第八項において準用する児童福祉法第十八条の十八第一項の登録を受け、国家戦略特別区域限定保育士の名称を用いて、専門的知識及び技術をもつて、児童の保育及び児童の保護者に対する保育に関する指導を行うことを業とする。

8 児童福祉法第一章第七節（第十八条の四から第十八条の七まで、第十八条の八第一項及び第二項、第十八条の二十の二、第十八条の二十の四第三項並びに第十八条の二十三を除く。）及び第四十八条の四第三項の規定は国家戦略特別区域限定保育士について、同法第八条第一項及び第九項並びに第十八条の二十の二の規定は保育士又は国家戦略特別区域限定保育士の登録を取り消された者に係る国家戦略特別区域限定保育士の登録について、同法第十八条の二十の四第三項の規定は国家戦略特別区域限定保育士を任命し又は雇用する者について、それぞれ準用する。〔後略〕

〔保育士の資格〕

第十八条の六 次の各号のいずれかに該当する者は、保育士となる資格を有する。

一 都道府県知事の指定する保育士を養成する学校その他の施設（以下「指定保育士養成施設」という。）を卒業した者（学校教育法に基づく専門職大学の前期課程を修了した者を含む。）

二 保育士試験に合格した者

〔指定保育士養成施設の検査等〕

第十八条の七 都道府県知事は、保育士の養成の適切な実施を確保するため必要があると認めるときは、その必要な限度で、指定保育士養成施設の長に対し、教育方法、設備その他の事項に関し報告を求め、若しくは指導をし、又は当該職員に、その帳簿書類その他の物件を検査させることができる。

② 前項の規定による検査を行う場合においては、当該職員は、その身分を示す証明書を携帯し、関係者の請求があるときは、これを提示しなければならない。

③ 第一項の規定による権限は、犯罪捜査のために認められたものと解釈してはならない。

〔保育士試験〕

第十八条の八 保育士試験は、内閣総理大臣の定める基準により、保育士として必要な知識及び技能について行う。

② 保育士試験は、毎年一回以上、都道府県知事が行う。

③ 保育士として必要な知識及び技能を有するかどうかの判定に関する事務を行わせるため、都道府県に保育士試験委員（次項において「試験委員」という。）を置く。ただし、次条第一項の規定により指定された者に当該事務を行わせることとした場合は、この限りでない。

④ 試験委員又は試験委員であつた者は、前項に規定する事務に関して知り得た秘密を漏らしてはならない。

〔指定試験機関〕

第十八条の九 都道府県知事は、内閣府令で定め

るところにより、一般社団法人又は一般財団法人であつて、保育士試験の実施に関する事務（以下「試験事務」という。）を適正かつ確実に実施することができると認められるものとして当該都道府県知事が指定する者（以下「指定試験機関」という。）に、試験事務の全部又は一部を行わせることができる。

② 都道府県知事は、前項の規定により指定試験機関に試験事務の全部又は一部を行わせることとしたときは、当該試験事務の全部又は一部を行わないものとする。

③ 都道府県は、地方自治法（昭和二十二年法律第六十七号）第二百二十七条の規定に基づき保育士試験に係る手数料を徴収する場合においては、第一項の規定により指定試験機関が行う保育士試験を受けようとする者に、条例で定めるところにより、当該手数料の全部又は一部を当該指定試験機関へ納めさせ、その収入とすることができる。

〔**指定試験機関の役員の選任及び解任**〕

第十八条の十　指定試験機関の役員の選任及び解任は、都道府県知事の認可を受けなければ、その効力を生じない。

② 都道府県知事は、指定試験機関の役員が、この法律（この法律に基づく命令又は処分を含む。）若しくは第十八条の十三第一項に規定する試験事務規程に違反する行為をしたとき、又は試験事務に関し著しく不適当な行為をしたときは、当該指定試験機関に対し、当該役員の解任を命ずることができる。

〔**保育士試験委員**〕

第十八条の十一　指定試験機関は、試験事務を行う場合において、保育士として必要な知識及び技能を有するかどうかの判定に関する事務については、保育士試験委員（次項及び次条第一項において「試験委員」という。）に行わせなければならない。

② 前条第一項の規定は試験委員の選任及び解任について、同条第二項の規定は試験委員の解任について、それぞれ準用する。

〔**秘密保持義務**〕

第十八条の十二　指定試験機関の役員若しくは職員（試験委員を含む。次項において同じ。）又はこれらの職にあつた者は、試験事務に関して知り得た秘密を漏らしてはならない。

② 試験事務に従事する指定試験機関の役員又は職員は、刑法（明治四十年法律第四十五号）その他の罰則の適用については、法令により公務に従事する職員とみなす。

〔**試験事務規程**〕

第十八条の十三　指定試験機関は、試験事務の開始前に、試験事務の実施に関する規程（以下「試験事務規程」という。）を定め、都道府県知事の認可を受けなければならない。これを変更しようとするときも、同様とする。

② 都道府県知事は、前項の認可をした試験事務規程が試験事務の適正かつ確実な実施上不適当となつたと認めるときは、指定試験機関に対し、これを変更すべきことを命ずることができる。

〔**事業計画等の認可**〕

第十八条の十四　指定試験機関は、毎事業年度、事業計画及び収支予算を作成し、当該事業年度の開始前に（指定を受けた日の属する事業年度にあつては、その指定を受けた後遅滞なく）、都道府県知事の認可を受けなければならない。これを変更しようとするときも、同様とする。

〔**監督命令**〕

第十八条の十五　都道府県知事は、試験事務の適正かつ確実な実施を確保するため必要があると認めるときは、指定試験機関に対し、試験事務に関し監督上必要な命令をすることができる。

〔**立入検査等**〕

第十八条の十六　都道府県知事は、試験事務の適正かつ確実な実施を確保するため必要があると認めるときは、その必要な限度で、指定試験機関に対し、報告を求め、又は当該職員に、関係者に対し質問させ、若しくは指定試験機関の事務所に立ち入り、その帳簿書類その他の物件を検査させることができる。

② 前項の規定による質問又は立入検査を行う場合においては、当該職員は、その身分を示す証明書を携帯し、関係者の請求があるときは、これを提示しなければならない。

③ 第一項の規定による権限は、犯罪捜査のために認められたものと解釈してはならない。

〔**審査請求**〕

第十八条の十七　指定試験機関が行う試験事務に係る処分又はその不作為について不服がある者は、都道府県知事に対し、審査請求をすることができる。この場合において、都道府県知事は、行政不服審査法（平成二十六年法律第六十八号）第二十五条第二項及び第三項、第四十六条第一項及び第二項、第四十七条並びに第四十九条第三項の規定の適用については、指定試験機関の上級行政庁とみなす。

〔**保育士の登録**〕

第十八条の十八　保育士となる資格を有する者が保育士となるには、保育士登録簿に、氏名、生年月日その他内閣府令で定める事項の登録を受けなければならない。
② 保育士登録簿は、都道府県に備える。
③ 都道府県知事は、保育士の登録をしたときは、申請者に第一項に規定する事項を記載した保育士登録証を交付する。

〔登録の取消し等〕
第十八条の十九 都道府県知事は、保育士が次の各号のいずれかに該当する場合には、その登録を取り消さなければならない。
一 第十八条の五各号（第四号を除く。）のいずれかに該当するに至つた場合
二 虚偽又は不正の事実に基づいて登録を受けた場合
三 第一号に掲げる場合のほか、児童生徒性暴力等（教育職員等による児童生徒性暴力等の防止等に関する法律（令和三年法律第五十七号）第二条第三項に規定する児童生徒性暴力等をいう。以下同じ。）を行つたと認められる場合
② 都道府県知事は、保育士が第十八条の二十一又は第十八条の二十二の規定に違反したときは、その登録を取り消し、又は期間を定めて保育士の名称の使用の停止を命ずることができる。

〔登録の消除〕
第十八条の二十 都道府県知事は、保育士の登録がその効力を失つたときは、その登録を消除しなければならない。

〔特定登録取消者〕
第十八条の二十の二 都道府県知事は、次に掲げる者（第十八条の五各号のいずれかに該当する者を除く。以下この条において「特定登録取消者」という。）については、その行つた児童生徒性暴力等の内容等を踏まえ、当該特定登録取消者の改善更生の状況その他その後の事情により保育士の登録を行うのが適当であると認められる場合に限り、保育士の登録を行うことができる。
一 児童生徒性暴力等を行つたことにより保育士又は国家戦略特別区域限定保育士（国家戦略特別区域法第十二条の五第二項に規定する国家戦略特別区域限定保育士をいう。次号及び第三項において同じ。）の登録を取り消された者
二 前号に掲げる者以外の者であつて、保育士又は国家戦略特別区域限定保育士の登録を取り消されたもののうち、保育士又は国家戦略特別区域限定保育士の登録を受けた日以後の行為が児童生徒性暴力等に該当していたと判明した者
② 都道府県知事は、前項の規定により保育士の登録を行うに当たつては、あらかじめ、都道府県児童福祉審議会の意見を聴かなければならない。
③ 都道府県知事は、第一項の規定による保育士の登録を行おうとする際に必要があると認めるときは、第十八条の十九の規定により保育士の登録を取り消した都道府県知事（国家戦略特別区域法第十二条の五第八項において準用する第十八条の十九の規定により国家戦略特別区域限定保育士の登録を取り消した都道府県知事を含む。）その他の関係機関に対し、当該特定登録取消者についてその行つた児童生徒性暴力等の内容等を調査し、保育士の登録を行うかどうかを判断するために必要な情報の提供を求めることができる。

〔都道府県知事への報告〕
第十八条の二十の三 保育士を任命し、又は雇用する者は、その任命し、又は雇用する保育士について、第十八条の五第二号若しくは第三号に該当すると認めたとき、又は当該保育士が児童生徒性暴力等を行つたと思料するときは、速やかにその旨を都道府県知事に報告しなければならない。
② 刑法の秘密漏示罪の規定その他の守秘義務に関する法律の規定は、前項の規定による報告（虚偽であるもの及び過失によるものを除く。）をすることを妨げるものと解釈してはならない。

〔データベースの整備等〕
第十八条の二十の四 国は、次に掲げる者について、その氏名、保育士の登録の取消しの事由、行つた児童生徒性暴力等に関する情報その他の内閣総理大臣が定める事項に係るデータベースを整備するものとする。
一 児童生徒性暴力等を行つたことにより保育士の登録を取り消された者
二 前号に掲げる者以外の者であつて、保育士の登録を取り消されたもののうち、保育士の登録を受けた日以後の行為が児童生徒性暴力等に該当していたと判明した者
② 都道府県知事は、保育士が児童生徒性暴力等を行つたことによりその登録を取り消したとき、又は保育士の登録を取り消された者（児童生徒性暴力等を行つたことにより保育士の登録を取り消された者を除く。）の保育士の登録を受けた日以後の行為が児童生徒性暴力等に該当していたことが判明したときは、前項の情報を同項のデータベースに迅速に記録することその他必要な措置を講ずるものとする。

児福法

③　保育士を任命し、又は雇用する者は、保育士を任命し、又は雇用しようとするときは、第一項のデータベース（国家戦略特別区域法第十二条の五第八項において準用する第一項のデータベースを含む。）を活用するものとする。

〔信用失墜行為の禁止〕

第十八条の二十一　保育士は、保育士の信用を傷つけるような行為をしてはならない。

〔秘密保持義務〕

第十八条の二十二　保育士は、正当な理由がなく、その業務に関して知り得た人の秘密を漏らしてはならない。保育士でなくなつた後においても、同様とする。

〔名称の使用制限〕

第十八条の二十三　保育士でない者は、保育士又はこれに紛らわしい名称を使用してはならない。

〔政令への委任〕

第十八条の二十四　この法律に定めるもののほか、指定保育士養成施設、保育士試験、指定試験機関、保育士の登録その他保育士に関し必要な事項は、政令でこれを定める。

第二章　福祉の保障

第一節　療育の指導、小児慢性特定疾病医療費の支給等

第一款　療育の指導

第十九条　保健所長は、身体に障害のある児童につき、診査を行ない、又は相談に応じ、必要な療育の指導を行なわなければならない。

②　保健所長は、疾病により長期にわたり療養を必要とする児童につき、診査を行い、又は相談に応じ、必要な療育の指導を行うことができる。

③　保健所長は、身体障害者福祉法（昭和二十四年法律第二百八十三号）第十五条第四項の規定により身体障害者手帳の交付を受けた児童（身体に障害のある十五歳未満の児童については、身体障害者手帳の交付を受けたその保護者とする。以下同じ。）につき、同法第十六条第二項第一号又は第二号に掲げる事由があると認めるときは、その旨を都道府県知事に報告しなければならない。

第二款　小児慢性特定疾病医療費の支給

第一目　小児慢性特定疾病医療費の支給

〔小児慢性特定疾病医療費の支給〕

第十九条の二　都道府県は、次条第三項に規定する医療費支給認定（以下この条において「医療費支給認定」という。）に係る小児慢性特定疾病児童又は医療費支給認定を受けた成年患者（以下この条において「医療費支給認定患者」という。）が、次条第六項に規定する医療費支給認定の有効期間内において、指定小児慢性特定疾病医療機関（同条第五項の規定により定められたものに限る。）から当該医療費支給認定に係る小児慢性特定疾病医療支援（以下「指定小児慢性特定疾病医療支援」という。）を受けたときは、厚生労働省令で定めるところにより、当該小児慢性特定疾病児童に係る同条第七項に規定する医療費支給認定保護者（次項において「医療費支給認定保護者」という。）又は当該医療費支給認定患者に対し、当該指定小児慢性特定疾病医療支援に要した費用について、小児慢性特定疾病医療費を支給する。

②　小児慢性特定疾病医療費の額は、一月につき、次に掲げる額の合算額とする。

一　同一の月に受けた指定小児慢性特定疾病医療支援（食事療養（健康保険法（大正十一年法律第七十号）第六十三条第二項第一号に規定する食事療養をいう。次号、第二十一条の五の二十九第二項及び第二十四条の二十第二項において同じ。）を除く。）につき健康保険の療養に要する費用の額の算定方法の例により算定した額から、当該医療費支給認定保護者又は当該医療費支給認定患者の家計の負担能力、当該医療費支給認定に係る小児慢性特定疾病児童等の治療の状況又は身体の状態、当該医療費支給認定保護者又は当該医療費支給認定患者と同一の世帯に属する他の医療費支給認定に係る小児慢性特定疾病児童等及び難病の患者に対する医療等に関する法律（平成二十六年法律第五十号）第七条第一項に規定する支給認定を受けた指定難病（同法第五条第一項に規定する指定難病をいう。）の患者の数その他の事情をしん酌して政令で定める額（当該政令で定める額が当該算定した額の百分の二十に相当する額を超えるときは、当該相当する額）を控除して得た額

二　当該指定小児慢性特定疾病医療支援（食事療養に限る。）につき健康保険の療養に要する費用の額の算定方法の例により算定した額から、健康保険法第八十五条第二項に規定する食事療養標準負担額、医療費支給認定保護者又は医療費支給認定患者の所得の状況その他の事情を勘案して厚生労働大臣が定める額を控除した額

③　前項に規定する療養に要する費用の額の算定

方法の例によることができないとき、及びこれによることを適当としないときの小児慢性特定疾病医療支援に要する費用の額の算定方法は、厚生労働大臣の定めるところによる。

（申請等）

第十九条の三　小児慢性特定疾病児童の保護者又は成年患者は、前条第一項の規定により小児慢性特定疾病医療費の支給を受けようとするときは、都道府県知事の定める医師（以下「指定医」という。）の診断書（小児慢性特定疾病児童等が小児慢性特定疾病にかかつており、かつ、当該小児慢性特定疾病の状態が第六条の二第三項に規定する厚生労働大臣が定める程度であることを証する書面として厚生労働省令で定めるものをいう。）を添えて、都道府県に申請しなければならない。

② 指定医の指定の手続その他指定医に関し必要な事項は、厚生労働省令で定める。

③ 都道府県は、第一項の申請に係る小児慢性特定疾病児童等が小児慢性特定疾病にかかつており、かつ、当該小児慢性特定疾病の状態が第六条の二第三項に規定する厚生労働大臣が定める程度であると認められる場合には、小児慢性特定疾病医療費を支給する旨の認定（以下「医療費支給認定」という。）を行うものとする。

④ 都道府県は、第一項の申請があつた場合において、医療費支給認定をしないこととするとき（申請の形式上の要件に適合しない場合として厚生労働省令で定める場合を除く。）は、あらかじめ、次条第一項に規定する小児慢性特定疾病審査会に当該申請に係る小児慢性特定疾病児童の保護者又は成年患者について医療費支給認定をしないことに関し審査を求めなければならない。

⑤ 都道府県は、医療費支給認定をしたときは、厚生労働省令で定めるところにより、指定小児慢性特定疾病医療機関の中から、当該医療費支給認定に係る小児慢性特定疾病児童等が小児慢性特定疾病医療支援を受けるものを定めるものとする。

⑥ 医療費支給認定は、厚生労働省令で定める期間（次項及び第十九条の六第一項第二号において「医療費支給認定の有効期間」という。）内に限り、その効力を有する。

⑦ 都道府県は、医療費支給認定をしたときは、当該医療費支給認定を受けた小児慢性特定疾病児童の保護者（以下「医療費支給認定保護者」という。）又は当該医療費支給認定を受けた成年患者（以下「医療費支給認定患者」という。）に対し、厚生労働省令で定めるところにより、医療費支給認定の有効期間を記載した医療受給者証（以下「医療受給者証」という。）を交付しなければならない。

⑧ 医療費支給認定は、指定医が当該医療費支給認定に係る小児慢性特定疾病児童等の小児慢性特定疾病の状態が第六条の二第三項に規定する厚生労働大臣が定める程度であると診断した日、又は当該医療費支給認定の申請のあつた日から当該申請に通常要する期間を勘案して政令で定める一定の期間前の日のいずれか遅い日に遡つてその効力を生ずる。

⑨ 指定小児慢性特定疾病医療支援を受けようとする医療費支給認定保護者又は医療費支給認定患者は、厚生労働省令で定めるところにより、第五項の規定により定められた指定小児慢性特定疾病医療機関に医療受給者証を提示して指定小児慢性特定疾病医療支援を受けるものとする。ただし、緊急の場合その他やむを得ない事由のある場合については、医療受給者証を提示することを要しない。

⑩ 医療費支給認定に係る小児慢性特定疾病児童等が第五項の規定により定められた指定小児慢性特定疾病医療機関から指定小児慢性特定疾病医療支援を受けたとき（当該小児慢性特定疾病児童に係る医療費支給認定保護者又は当該医療費支給認定患者が当該指定小児慢性特定疾病医療機関に医療受給者証を提示したときに限る。）は、都道府県は、当該医療費支給認定保護者又は当該医療費支給認定患者が当該指定小児慢性特定疾病医療機関に支払うべき当該指定小児慢性特定疾病医療支援に要した費用について、小児慢性特定疾病医療費として当該医療費支給認定保護者又は当該医療費支給認定患者に支給すべき額の限度において、当該医療費支給認定保護者又は当該医療費支給認定患者に代わり、当該指定小児慢性特定疾病医療機関に支払うことができる。

⑪ 前項の規定による支払があつたときは、当該医療費支給認定保護者又は当該医療費支給認定患者に対し、小児慢性特定疾病医療費の支給があつたものとみなす。

（小児慢性特定疾病審査会）

第十九条の四　前条第四項の規定による審査を行わせるため、都道府県に、小児慢性特定疾病審査会を置く。

② 小児慢性特定疾病審査会の委員は、小児慢性特定疾病に関し知見を有する医師その他の関係者のうちから、都道府県知事が任命する。

③ 委員の任期は、二年とする。

④　この法律に定めるもののほか、小児慢性特定疾病審査会に必要な事項は、厚生労働省令で定める。

〔医療費支給認定の変更〕

第十九条の五　医療費支給認定保護者又は医療費支給認定患者は、現に受けている医療費支給認定に係る第十九条の三第五項の規定により定められた指定小児慢性特定疾病医療機関その他の厚生労働省令で定める事項を変更する必要があるときは、都道府県に対し、当該医療費支給認定の変更の申請をすることができる。

②　都道府県は、前項の申請又は職権により、医療費支給認定保護者又は医療費支給認定患者に対し、必要があると認めるときは、厚生労働省令で定めるところにより、医療費支給認定の変更の認定を行うことができる。

③　都道府県は、前項の医療費支給認定の変更の認定を行う場合において、必要があると認めるときは、当該医療費支給認定保護者又は当該医療費支給認定患者に対し、医療受給者証の提出を求めることができる。この場合において、都道府県は、当該医療受給者証に当該変更の認定に係る事項を記載し、これを返還するものとする。

〔医療費支給認定の取消し〕

第十九条の六　医療費支給認定を行つた都道府県は、次に掲げる場合には、当該医療費支給認定を取り消すことができる。

一　医療費支給認定に係る小児慢性特定疾病児童等が、その疾病の状態、治療の状況等からみて指定小児慢性特定疾病医療支援を受ける必要がなくなつたと認めるとき。

二　医療費支給認定保護者又は医療費支給認定患者が、医療費支給認定の有効期間内に、当該都道府県以外の都道府県の区域内に居住地を有するに至つたと認めるとき。

三　その他政令で定めるとき。

②　前項の規定により医療費支給認定の取消しを行つた都道府県は、厚生労働省令で定めるところにより、当該取消しに係る医療費支給認定保護者又は医療費支給認定患者に対し、医療受給者証の返還を求めるものとする。

〔支給の限度〕

第十九条の七　小児慢性特定疾病医療費の支給は、当該小児慢性特定疾病の状態につき、健康保険法の規定による家族療養費その他の法令に基づく給付であつて政令で定めるもののうち小児慢性特定疾病医療費の支給に相当するものを受けることができるときは政令で定める限度において、当該政令で定める給付以外の給付であつて国又は地方公共団体の負担において小児慢性特定疾病医療費の支給に相当するものが行われたときはその限度において、行わない。

〔厚生労働省令への委任〕

第十九条の八　この目に定めるもののほか、小児慢性特定疾病医療費の支給に関し必要な事項は、厚生労働省令で定める。

第二目　指定小児慢性特定疾病医療機関

〔指定小児慢性特定疾病医療機関の指定〕

第十九条の九　第六条の二第二項第一号の指定（以下「指定小児慢性特定疾病医療機関の指定」という。）は、厚生労働省令で定めるところにより、病院若しくは診療所（これらに準ずるものとして政令で定めるものを含む。以下同じ。）又は薬局の開設者の申請があつたものについて行う。

②　都道府県知事は、前項の申請があつた場合において、次の各号のいずれかに該当するときは、指定小児慢性特定疾病医療機関の指定をしてはならない。

一　申請者が、拘禁刑以上の刑に処せられ、その執行を終わり、又は執行を受けることがなくなるまでの者であるとき。

二　申請者が、この法律その他国民の保健医療若しくは福祉に関する法律で政令で定めるものの規定により罰金の刑に処せられ、その執行を終わり、又は執行を受けることがなくなるまでの者であるとき。

三　申請者が、労働に関する法律の規定であつて政令で定めるものにより罰金の刑に処せられ、その執行を終わり、又は執行を受けることがなくなるまでの者であるとき。

四　申請者が、第十九条の十八の規定により指定小児慢性特定疾病医療機関の指定を取り消され、その取消しの日から起算して五年を経過しない者（当該指定小児慢性特定疾病医療機関の指定を取り消された者が法人である場合においては、当該取消しの処分に係る行政手続法（平成五年法律第八十八号）第十五条の規定による通知があつた日前六十日以内に当該法人の役員又はその医療機関の管理者（以下「役員等」という。）であつた者で当該取消しの日から起算して五年を経過しないものを含み、当該指定小児慢性特定疾病医療機関の指定を取り消された者が法人でない場合においては、当該通知があつた日前六十日以内に当該者の管理者であつた者で当該取消しの日から起算して五年を経過しないものを含む。）であるとき。ただし、当該取消しが、指定小児慢性特定疾病医療機関の指定の取消しのうち当該取消しの処分の理由となつた事実及び当該事実に関して当該指定小児慢性特定疾病医療機関の開設者が有していた責任の程度を考慮して、この号本文に規定する指定小児慢性特定疾病医療機関の指定の取消しに該当しないこととすることが相当であると認められるものとして厚生労働省令で定めるものに該当する場合を除く。

五　申請者が、第十九条の十八の規定による指定小児慢性特定疾病医療機関の指定の取消しの処分に係る行政手続法第十五条の規定による通知があつた日（第七号において「通知日」という。）から当該処分をする日又は処分をしないことを決定する日までの間に第十九条の十五の規定による指定小児慢性特定疾病医療機関の指定の辞退の申出をした者（当該辞退について相当の理由がある者を除く。）で、当該申出の日から起算して五年を経過しないものであるとき。

六　申請者が、第十九条の十六第一項の規定による検査が行われた日から聴聞決定予定日（当該検査の結果に基づき第十九条の十八の規定による指定小児慢性特定疾病医療機関の指定の取消しの処分に係る聴聞を行うか否かの決定をすることが見込まれる日として厚生労働省令で定めるところにより都道府県知事が当該申請者に当該検査が行われた日から十日以内に特定の日を通知した場合における当該特定の日をいう。）までの間に第十九条の十五の規定による指定小児慢性特定疾病医療機関の指定の辞退の申出をした者（当該辞退について相当の理由がある者を除く。）で、当該申出の日から起算して五年を経過しないものであるとき。

七　第五号に規定する期間内に第十九条の十五の規定による指定小児慢性特定疾病医療機関の指定の辞退の申出があつた場合において、申請者が、通知日前六十日以内に当該申出に係る法人（当該辞退について相当の理由がある法人を除く。）の役員等又は当該申出に係る法人でない者（当該辞退について相当の理由がある者を除く。）の管理者であつた者で、当該申出の日から起算して五年を経過しないものであるとき。

八　申請者が、前項の申請前五年以内に小児慢性特定疾病医療支援に関し不正又は著しく不当な行為をした者であるとき。

九　申請者が、法人で、その役員等のうちに前各号のいずれかに該当する者のあるものであるとき。

十　申請者が、法人でない者で、その管理者が第一号から第八号までのいずれかに該当する者であるとき。

③　都道府県知事は、第一項の申請があつた場合において、次の各号のいずれかに該当するときは、指定小児慢性特定疾病医療機関の指定をしないことができる。

一　当該申請に係る病院若しくは診療所又は薬局が、健康保険法第六十三条第三項第一号に規定する保険医療機関若しくは保険薬局又は厚生労働省令で定める事業所若しくは施設でないとき。

二　当該申請に係る病院若しくは診療所若しくは薬局又は申請者が、小児慢性特定疾病医療費の支給に関し診療又は調剤の内容の適切さを欠くおそれがあるとして重ねて第十九条の十三の規定による指導又は第十九条の十七第一項の規定による勧告を受けたものであるとき。

三　申請者が、第十九条の十七第三項の規定による命令に従わないものであるとき。

四　前三号に掲げる場合のほか、当該申請に係る病院若しくは診療所又は薬局が、指定小児慢性特定疾病医療機関として著しく不適当と認めるものであるとき。

〔**指定の更新**〕

第十九条の十　指定小児慢性特定疾病医療機関の指定は、六年ごとにその更新を受けなければ、その期間の経過によつて、その効力を失う。

②　健康保険法第六十八条第二項の規定は、前項の更新について準用する。この場合において、必要な技術的読替えは、政令で定める。

〔**指定小児慢性特定疾病医療機関の責務**〕

第十九条の十一　指定小児慢性特定疾病医療機関は、厚生労働大臣の定めるところにより、良質かつ適切な小児慢性特定疾病医療支援を行わなければならない。

〔**指定小児慢性特定疾病医療機関の診療方針**〕

第十九条の十二　指定小児慢性特定疾病医療機関の診療方針は、健康保険の診療方針の例による。

②　前項に規定する診療方針によることができないとき、及びこれによることを適当としないときの診療方針は、厚生労働大臣が定めるところによる。

〔**都道府県知事の指導**〕

第十九条の十三　指定小児慢性特定疾病医療機関

児福法

は、小児慢性特定疾病医療支援の実施に関し、都道府県知事の指導を受けなければならない。

〔変更の届出〕

第十九条の十四　指定小児慢性特定疾病医療機関は、当該指定に係る医療機関の名称及び所在地その他厚生労働省令で定める事項に変更があつたときは、厚生労働省令で定めるところにより、十日以内に、その旨を都道府県知事に届け出なければならない。

〔指定の辞退〕

第十九条の十五　指定小児慢性特定疾病医療機関は、一月以上の予告期間を設けて、指定小児慢性特定疾病医療機関の指定を辞退することができる。

〔検査等〕

第十九条の十六　都道府県知事は、小児慢性特定疾病医療支援の実施に関して必要があると認めるときは、指定小児慢性特定疾病医療機関若しくは指定小児慢性特定疾病医療機関の開設者若しくは管理者、医師、薬剤師その他の従業者であつた者（以下この項において「開設者であつた者等」という。）に対し、報告若しくは診療録、帳簿書類その他の物件の提出若しくは提示を命じ、指定小児慢性特定疾病医療機関の開設者若しくは管理者、医師、薬剤師その他の従業者（開設者であつた者等を含む。）に対し出頭を求め、又は当該職員に、関係者に対し質問させ、若しくは当該指定小児慢性特定疾病医療機関について設備若しくは診療録、帳簿書類その他の物件を検査させることができる。

②　前項の規定による質問又は検査を行う場合においては、当該職員は、その身分を示す証明書を携帯し、かつ、関係者の請求があるときは、これを提示しなければならない。

③　第一項の規定による権限は、犯罪捜査のために認められたものと解釈してはならない。

④　指定小児慢性特定疾病医療機関が、正当な理由がないのに、第一項の規定により報告若しくは提出若しくは提示を命ぜられてこれに従わず、若しくは虚偽の報告をし、又は同項の規定による検査を拒み、妨げ、若しくは忌避したときは、都道府県知事は、当該指定小児慢性特定疾病医療機関に対する小児慢性特定疾病医療費の支払を一時差し止めることができる。

〔勧告等〕

第十九条の十七　都道府県知事は、指定小児慢性特定疾病医療機関が、第十九条の十一又は第十九条の十二の規定に従つて小児慢性特定疾病医療支援を行つていないと認めるときは、当該指定小児慢性特定疾病医療機関の開設者に対し、期限を定めて、第十九条の十一又は第十九条の十二の規定を遵守すべきことを勧告することができる。

②　都道府県知事は、前項の規定による勧告をした場合において、その勧告を受けた指定小児慢性特定疾病医療機関の開設者が、同項の期限内にこれに従わなかつたときは、その旨を公表することができる。

③　都道府県知事は、第一項の規定による勧告を受けた指定小児慢性特定疾病医療機関の開設者が、正当な理由がなくてその勧告に係る措置をとらなかつたときは、当該指定小児慢性特定疾病医療機関の開設者に対し、期限を定めて、その勧告に係る措置をとるべきことを命ずることができる。

④　都道府県知事は、前項の規定による命令をしたときは、その旨を公示しなければならない。

〔指定の取消し等〕

第十九条の十八　都道府県知事は、次の各号のいずれかに該当する場合においては、当該指定小児慢性特定疾病医療機関に係る指定小児慢性特定疾病医療機関の指定を取り消し、又は期間を定めてその指定小児慢性特定疾病医療機関の指定の全部若しくは一部の効力を停止することができる。

一　指定小児慢性特定疾病医療機関が、第十九条の九第二項第一号から第三号まで、第九号又は第十号のいずれかに該当するに至つたとき。

二　指定小児慢性特定疾病医療機関が、第十九条の九第三項各号のいずれかに該当するに至つたとき。

三　指定小児慢性特定疾病医療機関が、第十九条の十一又は第十九条の十二の規定に違反したとき。

四　小児慢性特定疾病医療費の請求に関し不正があつたとき。

五　指定小児慢性特定疾病医療機関が、第十九条の十六第一項の規定により報告若しくは診療録、帳簿書類その他の物件の提出若しくは提示を命ぜられてこれに従わず、又は虚偽の報告をしたとき。

六　指定小児慢性特定疾病医療機関の開設者又は従業者が、第十九条の十六第一項の規定により出頭を求められてこれに応ぜず、同項の規定による質問に対して答弁せず、若しくは虚偽の答弁をし、又は同項の規定による検査を拒み、妨げ、若しくは忌避したとき。ただし、当該指定小児慢性特定疾病医療機関の従業者がその行為をした場合において、その行為を防止するため、当該指定小児慢性特定疾病医療機関の開設者が相当の注意及び監督を尽くしたときを除く。

七　指定小児慢性特定疾病医療機関が、不正の手段により指定小児慢性特定疾病医療機関の指定を受けたとき。

八　前各号に掲げる場合のほか、指定小児慢性特定疾病医療機関が、この法律その他国民の保健医療若しくは福祉に関する法律で政令で定めるもの又はこれらの法律に基づく命令若しくは処分に違反したとき。

九　前各号に掲げる場合のほか、指定小児慢性特定疾病医療機関が、小児慢性特定疾病医療支援に関し不正又は著しく不当な行為をしたとき。

十　指定小児慢性特定疾病医療機関が法人である場合において、その役員等のうちに指定小児慢性特定疾病医療機関の指定の取消し又は指定小児慢性特定疾病医療機関の指定の全部若しくは一部の効力の停止をしようとするとき前五年以内に小児慢性特定疾病医療支援に関し不正又は著しく不当な行為をした者があるに至つたとき。

十一　指定小児慢性特定疾病医療機関が法人でない場合において、その管理者が指定小児慢性特定疾病医療機関の指定の取消し又は指定小児慢性特定疾病医療機関の指定の全部若しくは一部の効力の停止をしようとするとき前五年以内に小児慢性特定疾病医療支援に関し不正又は著しく不当な行為をした者であるに至つたとき。

〔公示〕

第十九条の十九　都道府県知事は、次に掲げる場合には、その旨を公示しなければならない。

一　指定小児慢性特定疾病医療機関の指定をしたとき。

二　第十九条の十四の規定による届出（同条の厚生労働省令で定める事項の変更に係るものを除く。）があつたとき。

三　第十九条の十五の規定による指定小児慢性特定疾病医療機関の指定の辞退があつたとき。

四　前条の規定により指定小児慢性特定疾病医療機関の指定を取り消したとき。

〔小児慢性特定疾病医療費の審査及び額の決定〕

第十九条の二十　都道府県知事は、指定小児慢性特定疾病医療機関の診療内容及び小児慢性特定疾病医療費の請求を随時審査し、かつ、指定小児慢性特定疾病医療機関が第十九条の三第十項の規定によつて請求することができる小児慢性特定疾病医療費の額を決定することができる。

②　指定小児慢性特定疾病医療機関は、都道府県知事が行う前項の決定に従わなければならない。

③　都道府県知事は、第一項の規定により指定小児慢性特定疾病医療機関が請求することができる小児慢性特定疾病医療費の額を決定するに当たつては、社会保険診療報酬支払基金法（昭和二十三年法律第百二十九号）に定める審査委員会、国民健康保険法（昭和三十三年法律第百九十二号）に定める国民健康保険診療報酬審査委員会その他政令で定める医療に関する審査機関の意見を聴かなければならない。

④　都道府県は、指定小児慢性特定疾病医療機関に対する小児慢性特定疾病医療費の支払に関する事務を社会保険診療報酬支払基金、国民健康保険法第四十五条第五項に規定する国民健康保険団体連合会（以下「連合会」という。）その他厚生労働省令で定める者に委託することができる。

⑤　第一項の規定による小児慢性特定疾病医療費の額の決定については、審査請求をすることができない。

〔厚生労働省令への委任〕

第十九条の二十一　この目に定めるもののほか、指定小児慢性特定疾病医療機関に関し必要な事項は、厚生労働省令で定める。

第三目　小児慢性特定疾病児童等自立支援事業

第十九条の二十二　都道府県は、小児慢性特定疾病児童等自立支援事業として、小児慢性特定疾病児童等に対する医療及び小児慢性特定疾病児童等の福祉に関する各般の問題につき、小児慢性特定疾病児童等、その家族その他の関係者からの相談に応じ、必要な情報の提供及び助言を行うとともに、関係機関との連絡調整その他の厚生労働省令で定める便宜を供与する事業を行うものとする。

②　都道府県は、前項に規定する事業のほか、地域における小児慢性特定疾病児童等の実情の把握その他の次項各号に掲げる事業の実施に関し必要な情報の収集、整理、分析及び評価に関する事業として厚生労働省令で定める事業を行うよう努めるものとする。

③　都道府県は、前二項に規定する事業の実施等により把握した地域の実情を踏まえ、小児慢性特定疾病児童等自立支援事業として、次に掲げ

る事業のうち必要があると認めるものを行うよう努めるものとする。

一　小児慢性特定疾病児童等について、医療機関その他の場所において、一時的に預かり、必要な療養上の管理、日常生活上の世話その他の必要な支援を行う事業

二　小児慢性特定疾病児童等が相互の交流を行う機会の提供その他の厚生労働省令で定める便宜を供与する事業

三　小児慢性特定疾病児童等に対し、雇用情報の提供その他小児慢性特定疾病児童等の就職に関し必要な支援を行う事業

四　小児慢性特定疾病児童等を現に介護する者の支援のため必要な事業

五　その他小児慢性特定疾病児童等の自立の支援のため必要な事業

④　都道府県は、前三項に規定する事業のほか、小児慢性特定疾病にかかつている児童等が、地域における自立した日常生活の支援のための施策を円滑に利用できるようにするため、小児慢性特定疾病要支援者証明事業（小児慢性特定疾病にかかつている児童の保護者又は小児慢性特定疾病にかかつている児童以外の満二十歳に満たない者のうち厚生労働省令で定める者に対し、小児慢性特定疾病にかかつている児童等が小児慢性特定疾病にかかつている旨その他の厚生労働省令で定める事項を書面その他の厚生労働省令で定める方法により証明する事業をいう。）を行うよう努めるものとする。

⑤　都道府県は、第三項各号に掲げる事業を行うに当たつては、関係機関並びに小児慢性特定疾病児童等及びその家族その他の関係者の意見を聴くものとする。

⑥　前各項に規定するもののほか、小児慢性特定疾病児童等自立支援事業の実施に関し必要な事項は、厚生労働省令で定める。

第四目　小児慢性特定疾病対策地域協議会

第十九条の二十三　都道府県、地方自治法第二百五十二条の十九第一項の指定都市（以下「指定都市」という。）及び同法第二百五十二条の二十二第一項の中核市（以下「中核市」という。）並びに第五十九条の四第一項に規定する児童相談所設置市は、単独で又は共同して、小児慢性特定疾病児童等への支援の体制の整備を図るため、関係機関、関係団体並びに小児慢性特定疾病児童等及びその家族並びに小児慢性特定疾病児童等に対する医療又は小児慢性特定疾病児童等の福祉、教育若しくは雇用に関連する職務に従事する者その他の関係者（次項において「関係機関等」という。）により構成される小児慢性特定疾病対策地域協議会（以下この目において「協議会」という。）を置くよう努めるものとする。

②　協議会は、関係機関等が相互の連絡を図ることにより、地域における小児慢性特定疾病児童等への支援体制に関する課題について情報を共有し、関係機関等の連携の緊密化を図るとともに、地域の実情に応じた体制の整備について協議を行うものとする。

③　協議会の事務に従事する者又は当該者であつた者は、正当な理由がなく、協議会の事務に関して知り得た秘密を漏らしてはならない。

④　第一項の規定により協議会が置かれた都道府県、指定都市及び中核市並びに第五十九条の四第一項に規定する児童相談所設置市の区域について難病の患者に対する医療等に関する法律第三十二条第一項の規定により難病対策地域協議会が置かれている場合には、当該協議会及び難病対策地域協議会は、小児慢性特定疾病児童等及び難病（同法第一条に規定する難病をいう。第二十一条の四第二項において同じ。）の患者への支援体制の整備を図り、かつ、小児慢性特定疾病児童等に対し必要な医療等を切れ目なく提供するため、相互に連携を図るよう努めるものとする。

第十九条の二十四　前条に定めるもののほか、協議会の組織及び運営に関し必要な事項は、協議会が定める。

第三款　療育の給付

〔療育の給付〕

第二十条　都道府県は、結核にかかつている児童に対し、療養に併せて学習の援助を行うため、これを病院に入院させて療育の給付を行うことができる。

②　療育の給付は、医療並びに学習及び療養生活に必要な物品の支給とする。

③　前項の医療は、次に掲げる給付とする。

一　診察

二　薬剤又は治療材料の支給

三　医学的処置、手術及びその他の治療並びに施術

四　病院又は診療所への入院及びその療養に伴う世話その他の看護

五　移送

④　第二項の医療に係る療育の給付は、都道府県知事が次項の規定により指定する病院（以下「指

定療育機関」という。）に委託して行うものとする。

⑤　都道府県知事は、病院の開設者の同意を得て、第二項の医療を担当させる機関を指定する。

⑥　前項の指定は、政令で定める基準に適合する病院について行うものとする。

⑦　指定療育機関は、三十日以上の予告期間を設けて、その指定を辞退することができる。

⑧　都道府県知事は、指定療育機関が第六項の規定に基づく政令で定める基準に適合しなくなつたとき、次条の規定に違反したとき、その他指定療育機関に第二項の医療を担当させるについて著しく不適当であると認められる理由があるときは、その指定を取り消すことができる。

〔医療の担当〕

第二十一条　指定療育機関は、内閣総理大臣の定めるところにより、前条第二項の医療を担当しなければならない。

〔準用規定〕

第二十一条の二　第十九条の十二及び第十九条の二十の規定は、指定療育機関について準用する。この場合において、第十九条の十二第二項中「厚生労働大臣」とあるのは「内閣総理大臣」と、第十九条の二十第四項中「厚生労働省令」とあるのは「内閣府令」と読み替えるほか、必要な技術的読替えは、政令で定める。

〔検査等〕

第二十一条の三　都道府県知事は、指定療育機関の診療報酬の請求が適正であるかどうかを調査するため必要があると認めるときは、指定療育機関の管理者に対して必要な報告を求め、又は当該職員をして、指定療育機関について、その管理者の同意を得て、実地に診療録、帳簿書類その他の物件を検査させることができる。

②　指定療育機関の管理者が、正当な理由がなく、前項の報告の求めに応ぜず、若しくは虚偽の報告をし、又は同項の同意を拒んだときは、都道府県知事は、当該指定療育機関に対する都道府県の診療報酬の支払を一時差し止めることを指示し、又は差し止めることができる。

③　内閣総理大臣は、前項に規定する都道府県知事の権限に属する事務について、児童の利益を保護する緊急の必要があると認めるときは、都道府県知事に対し同項の事務を行うことを指示することができる。

第四款　雑則

〔調査及び研究〕

第二十一条の四　国は、小児慢性特定疾病の治療方法その他小児慢性特定疾病その他の疾病にかかつていることにより長期にわたり療養を必要とする児童等（第三項及び第二十一条の五第一項において「疾病児童等」という。）の健全な育成に資する調査及び研究を推進するものとする。

②　国は、前項に規定する調査及び研究の推進に当たつては、難病の患者に対する良質かつ適切な医療の確保を図るための基盤となる難病の発病の機構、診断及び治療方法に関する調査及び研究並びに難病の患者の療養生活の質の維持向上を図るための調査及び研究との適切な連携を図るよう留意するものとする。

③　厚生労働大臣は、第一項に規定する調査及び研究の成果を適切な方法により地方公共団体、小児慢性特定疾病の治療方法その他疾病児童等の健全な育成に資する調査及び研究を行う者、医師、疾病児童等及びその家族その他の関係者に対して積極的に提供するものとする。

④　厚生労働大臣は、前項の規定により第一項に規定する調査及び研究の成果を提供するに当たつては、個人情報の保護に留意しなければならない。

⑤　都道府県は、厚生労働大臣に対し、医療費支給認定に係る小児慢性特定疾病児童又は医療費支給認定患者その他厚生労働省令で定める者に係る小児慢性特定疾病の病名、病状の程度その他の厚生労働省令で定める小児慢性特定疾病児童等に関する情報（厚生労働省令で定めるところにより医療費支給認定保護者又は医療費支給認定患者その他厚生労働省令で定める者の同意を得た情報に限る。以下「同意小児慢性特定疾病関連情報」という。）を、厚生労働省令で定める方法により提供しなければならない。

〔情報の利用と提供〕

第二十一条の四の二　厚生労働大臣は、小児慢性特定疾病に関する調査及び研究の推進並びに国民保健の向上に資するため、匿名小児慢性特定疾病関連情報（同意小児慢性特定疾病関連情報に係る特定の小児慢性特定疾病児童等（次条において「本人」という。）を識別すること及びその作成に用いる同意小児慢性特定疾病関連情報を復元することができないようにするために厚生労働省令で定める基準に従い加工した同意小児慢性特定疾病関連情報をいう。以下同じ。）を利用し、又は厚生労働省令で定めるところにより、次の各号に掲げる者であつて、匿名小児慢性特定疾病関連情報の提供を受けて行うことについて相当の公益性を有すると認められる業務としてそれぞれ当該各号に定めるものを行うものに提供することができる。
一　国の他の行政機関及び地方公共団体　小児慢性特定疾病に係る対策に関する施策の企画及び立案に関する調査
二　大学その他の研究機関　小児慢性特定疾病児童等に対する良質かつ適切な医療の確保又は小児慢性特定疾病児童等の療養生活の質の維持向上に資する研究
三　民間事業者その他の厚生労働省令で定める者　小児慢性特定疾病児童等に対する医療又は小児慢性特定疾病児童等の福祉の分野の研究開発に資する分析その他の厚生労働省令で定める業務（特定の商品又は役務の広告又は宣伝に利用するために行うものを除く。）
② 厚生労働大臣は、前項の規定による匿名小児慢性特定疾病関連情報の利用又は提供を行う場合には、当該匿名小児慢性特定疾病関連情報を難病の患者に対する医療等に関する法律第二十七条の二第一項に規定する匿名指定難病関連情報その他の厚生労働省令で定めるものと連結して利用し、又は連結して利用することができる状態で提供することができる。
③ 厚生労働大臣は、第一項の規定により匿名小児慢性特定疾病関連情報を提供しようとする場合には、あらかじめ、社会保障審議会の意見を聴かなければならない。

〔本人識別の禁止〕
第二十一条の四の三　前条第一項の規定により匿名小児慢性特定疾病関連情報の提供を受け、これを利用する者（以下「匿名小児慢性特定疾病関連情報利用者」という。）は、匿名小児慢性特定疾病関連情報を取り扱うに当たつては、当該匿名小児慢性特定疾病関連情報の作成に用いられた同意小児慢性特定疾病関連情報に係る本人を識別するために、当該同意小児慢性特定疾病関連情報から削除された記述等（文書、図画若しくは電磁的記録（電磁的方式（電子的方式、磁気的方式その他人の知覚によつては認識することができない方式をいう。）で作られる記録をいう。）に記載され、若しくは記録され、又は音声、動作その他の方法を用いて表された一切の事項をいう。第三十三条の二十三の四において同じ。）若しくは匿名小児慢性特定疾病関連情報の作成に用いられた加工の方法に関する情報を取得し、又は当該匿名小児慢性特定疾病関連情報を他の情報と照合してはならない。

〔情報の消去〕
第二十一条の四の四　匿名小児慢性特定疾病関連情報利用者は、提供を受けた匿名小児慢性特定疾病関連情報を利用する必要がなくなつたときは、遅滞なく、当該匿名小児慢性特定疾病関連情報を消去しなければならない。

〔情報の安全管理〕
第二十一条の四の五　匿名小児慢性特定疾病関連情報利用者は、匿名小児慢性特定疾病関連情報の漏えい、滅失又は毀損の防止その他の当該匿名小児慢性特定疾病関連情報の安全管理のために必要かつ適切なものとして厚生労働省令で定める措置を講じなければならない。

〔情報の不当な利用の禁止〕
第二十一条の四の六　匿名小児慢性特定疾病関連情報利用者又は匿名小児慢性特定疾病関連情報利用者であつた者は、匿名小児慢性特定疾病関連情報の利用に関して知り得た匿名小児慢性特定疾病関連情報の内容をみだりに他人に知らせ、又は不当な目的に利用してはならない。

〔検査等〕
第二十一条の四の七　厚生労働大臣は、この款（第二十一条の四を除く。）の規定の施行に必要な限度において、匿名小児慢性特定疾病関連情報利用者（国の他の行政機関を除く。以下この項及び次条において同じ。）に対し報告若しくは帳簿書類の提出若しくは提示を命じ、又は当該職員に関係者に対して質問させ、若しくは匿名小児慢性特定疾病関連情報利用者の事務所その他の事業所に立ち入り、匿名小児慢性特定疾病関連情報利用者の帳簿書類その他の物件を検査させることができる。
② 第十九条の十六第二項の規定は前項の規定による質問又は検査について、同条第三項の規定は前項の規定による権限について準用する。

〔是正措置〕
第二十一条の四の八　厚生労働大臣は、匿名小児慢性特定疾病関連情報利用者が第二十一条の四の三から第二十一条の四の六までの規定に違反していると認めるときは、その者に対し、当該違反を是正するため必要な措置をとるべきことを命ずることができる。

〔国立成育医療センター等への委託〕
第二十一条の四の九　厚生労働大臣は、第二十一条の四第一項に規定する調査及び研究並びに第二十一条の四の二第一項の規定による利用又は提供に係る事務の全部又は一部を国立研究開発法人国立成育医療研究センターその他厚生労働省令で定める者（次条第一項及び第三項において「国立成育医療研究センター等」という。）に委託することができる。

〔手数料〕
第二十一条の四の十　匿名小児慢性特定疾病関連

情報利用者は、実費を勘案して政令で定める額の手数料を国（前条の規定により厚生労働大臣からの委託を受けて、国立成育医療研究センター等が第二十一条の四の二第一項の規定による匿名小児慢性特定疾病関連情報の提供に係る事務の全部を行う場合にあつては、国立成育医療研究センター等）に納めなければならない。

② 厚生労働大臣は、前項の手数料を納めようとする者が都道府県その他の小児慢性特定疾病に関する調査及び研究の推進並びに国民保健の向上に資するために特に重要な役割を果たす者として政令で定める者であるときは、政令で定めるところにより、当該手数料を減額し、又は免除することができる。

③ 第一項の規定により国立成育医療研究センター等に納められた手数料は、国立成育医療研究センター等の収入とする。

〔基本方針〕

第二十一条の五 厚生労働大臣は、良質かつ適切な小児慢性特定疾病医療支援の実施その他の疾病児童等の健全な育成に係る施策の推進を図るための基本的な方針を定めるものとする。

② 厚生労働大臣は、前項の基本的な方針を定め、又は変更するときは、あらかじめ、関係行政機関の長に協議しなければならない。

第二節 居宅生活の支援

第一款 障害児通所給付費、特例障害児通所給付費及び高額障害児通所給付費の支給

第二十一条の五の二 障害児通所給付費及び特例障害児通所給付費の支給は、次に掲げる障害児通所支援に関して次条及び第二十一条の五の四の規定により支給する給付とする。

一 児童発達支援（治療に係るものを除く。）
二 放課後等デイサービス
三 居宅訪問型児童発達支援
四 保育所等訪問支援

〔障害児通所給付費の支給〕

第二十一条の五の三 市町村は、通所給付決定保護者が、第二十一条の五の七第八項に規定する通所給付決定の有効期間内において、都道府県知事が指定する障害児通所支援事業を行う者（以下「指定障害児通所支援事業者」という。）から障害児通所支援（以下「指定通所支援」という。）を受けたときは、当該通所給付決定保護者に対し、当該指定通所支援（同条第七項に規定する支給量の範囲内のものに限る。以下この条及び次条において同じ。）に要した費用（食事の提供に要する費用その他の日常生活に要する費用のうち内閣府令で定める費用（以下「通所特定費用」という。）を除く。）について、障害児通所給付費を支給する。

② 障害児通所給付費の額は、一月につき、第一号に掲げる額から第二号に掲げる額を控除して得た額とする。

一 同一の月に受けた指定通所支援について、障害児通所支援の種類ごとに指定通所支援に通常要する費用（通所特定費用を除く。）につき、内閣総理大臣が定める基準により算定した費用の額（その額が現に当該指定通所支援に要した費用（通所特定費用を除く。）の額を超えるときは、当該現に指定通所支援に要した費用の額）を合計した額

二 当該通所給付決定保護者の家計の負担能力その他の事情をしん酌して政令で定める額（当該政令で定める額が前号に掲げる額の百分の十に相当する額を超えるときは、当該相当する額）

〔特例障害児通所給付費の支給〕

第二十一条の五の四 市町村は、次に掲げる場合において、必要があると認めるときは、内閣府令で定めるところにより、当該指定通所支援又は第二号に規定する基準該当通所支援（第二十一条の五の七第七項に規定する支給量の範囲内のものに限る。）に要した費用（通所特定費用を除く。）について、特例障害児通所給付費を支給することができる。

一 通所給付決定保護者が、第二十一条の五の六第一項の申請をした日から当該通所給付決定の効力が生じた日の前日までの間に、緊急その他やむを得ない理由により指定通所支援を受けたとき。

二 通所給付決定保護者が、指定通所支援以外の障害児通所支援（第二十一条の五の十九第一項の都道府県の条例で定める基準又は同条第二項の都道府県の条例で定める指定通所支援の事業の設備及び運営に関する基準に定める事項のうち都道府県の条例で定めるものを満たすと認められる事業を行う事業所により行われるものに限る。以下「基準該当通所支援」という。）を受けたとき。

三 その他政令で定めるとき。

② 都道府県が前項第二号の条例を定めるに当たつては、第一号から第三号までに掲げる事項については内閣府令で定める基準に従い定めるものとし、第四号に掲げる事項については内閣府令で定める基準を標準として定めるものとし、その他の事項については内閣府令で定める基準

を参酌するものとする。

一　基準該当通所支援に従事する従業者及びその員数

二　基準該当通所支援の事業に係る居室の床面積その他基準該当通所支援の事業の設備に関する事項であつて障害児の健全な発達に密接に関連するものとして内閣府令で定めるもの

三　基準該当通所支援の事業の運営に関する事項であつて、障害児の保護者のサービスの適切な利用の確保、障害児の安全の確保及び秘密の保持に密接に関連するものとして内閣府令で定めるもの

四　基準該当通所支援の事業に係る利用定員

③　特例障害児通所給付費の額は、一月につき、同一の月に受けた次の各号に掲げる障害児通所支援の区分に応じ、当該各号に定める額を合計した額から、それぞれ当該通所給付決定保護者の家計の負担能力その他の事情をしん酌して政令で定める額（当該政令で定める額が当該合計した額の百分の十に相当する額を超えるときは、当該相当する額）を控除して得た額を基準として、市町村が定める。

一　指定通所支援　前条第二項第一号の内閣総理大臣が定める基準により算定した費用の額（その額が現に当該指定通所支援に要した費用（通所特定費用を除く。）の額を超えるときは、当該現に指定通所支援に要した費用の額）

二　基準該当通所支援　障害児通所支援の種類ごとに基準該当通所支援に通常要する費用（通所特定費用を除く。）につき内閣総理大臣が定める基準により算定した費用の額（その額が現に当該基準該当通所支援に要した費用（通所特定費用を除く。）の額を超えるときは、当該現に基準該当通所支援に要した費用の額）

〔通所給付決定〕

第二十一条の五の五　障害児通所給付費又は特例障害児通所給付費（以下この款において「障害児通所給付費等」という。）の支給を受けようとする障害児の保護者は、市町村の障害児通所給付費等を支給する旨の決定（以下「通所給付決定」という。）を受けなければならない。

②　通所給付決定は、障害児の保護者の居住地の市町村が行うものとする。ただし、障害児の保護者が居住地を有しないとき、又は明らかでないときは、その障害児の保護者の現在地の市町村が行うものとする。

〔通所給付の申請等〕

第二十一条の五の六　通所給付決定を受けようとする障害児の保護者は、内閣府令で定めるところにより、市町村に申請しなければならない。

②　市町村は、前項の申請があつたときは、次条第一項に規定する通所支給要否決定を行うため、内閣府令で定めるところにより、当該職員をして、当該申請に係る障害児又は障害児の保護者に面接をさせ、その心身の状況、その置かれている環境その他内閣府令で定める事項について調査をさせるものとする。この場合において、市町村は、当該調査を障害者の日常生活及び社会生活を総合的に支援するための法律第五十一条の十四第一項に規定する指定一般相談支援事業者その他の内閣府令で定める者（以下この条において「指定障害児相談支援事業者等」という。）に委託することができる。

③　前項後段の規定により委託を受けた指定障害児相談支援事業者等は、障害児の保健又は福祉に関する専門的知識及び技術を有するものとして内閣府令で定める者に当該委託に係る調査を行わせるものとする。

④　第二項後段の規定により委託を受けた指定障害児相談支援事業者等の役員（業務を執行する社員、取締役、執行役又はこれらに準ずる者をいい、相談役、顧問その他いかなる名称を有する者であるかを問わず、法人に対し業務を執行する社員、取締役、執行役又はこれらに準ずる者と同等以上の支配力を有するものと認められる者を含む。次項並びに第二十一条の五の十五第三項第六号（第二十四条の九第三項（第二十四条の十第四項において準用する場合を含む。）及び第二十四条の二十八第二項（第二十四条の二十九第四項において準用する場合を含む。）、第二十四条の十七第十一号及び第二十四条の三十六第十一号において同じ。）若しくは前項の内閣府令で定める者又はこれらの職にあつた者は、正当な理由なしに、当該委託業務に関して知り得た個人の秘密を漏らしてはならない。

⑤　第二項後段の規定により委託を受けた指定障害児相談支援事業者等の役員又は第三項の内閣府令で定める者で、当該委託業務に従事するものは、刑法その他の罰則の適用については、法令により公務に従事する職員とみなす。

〔通所支給要否決定〕

第二十一条の五の七　市町村は、前条第一項の申請が行われたときは、当該申請に係る障害児の心身の状態、当該障害児の介護を行う者の状況、当該障害児及びその保護者の障害児通所支援の利用に関する意向その他の内閣府令で定める事項を勘案して障害児通所給付費等の支給の要否

の決定（以下この条及び第三十三条の二十三の二第一項第二号において「通所支給要否決定」という。）を行うものとする。

② 市町村は、通所支給要否決定を行うに当たつて必要があると認めるときは、児童相談所その他内閣府令で定める機関（次項、第二十一条の五の十及び第二十一条の五の十三第三項において「児童相談所等」という。）の意見を聴くことができる。

③ 児童相談所等は、前項の意見を述べるに当たつて必要があると認めるときは、当該通所支給要否決定に係る障害児、その保護者及び家族、医師その他の関係者の意見を聴くことができる。

④ 市町村は、通所支給要否決定を行うに当たつて必要と認められる場合として内閣府令で定める場合には、内閣府令で定めるところにより、前条第一項の申請に係る障害児の保護者に対し、第二十四条の二十六第一項第一号に規定する指定障害児相談支援事業者が作成する障害児支援利用計画案の提出を求めるものとする。

⑤ 前項の規定により障害児支援利用計画案の提出を求められた障害児の保護者は、内閣府令で定める場合には、同項の障害児支援利用計画案に代えて内閣府令で定める障害児支援利用計画案を提出することができる。

⑥ 市町村は、前二項の障害児支援利用計画案の提出があつた場合には、第一項の内閣府令で定める事項及び当該障害児支援利用計画案を勘案して通所支給要否決定を行うものとする。

⑦ 市町村は、通所給付決定を行う場合には、障害児通所支援の種類ごとに月を単位として内閣府令で定める期間において障害児通所給付費等を支給する障害児通所支援の量（以下「支給量」という。）を定めなければならない。

⑧ 通所給付決定は、内閣府令で定める期間（以下「通所給付決定の有効期間」という。）内に限り、その効力を有する。

⑨ 市町村は、通所給付決定をしたときは、当該通所給付決定保護者に対し、内閣府令で定めるところにより、支給量、通所給付決定の有効期間その他の内閣府令で定める事項を記載した通所受給者証（以下「通所受給者証」という。）を交付しなければならない。

⑩ 指定通所支援を受けようとする通所給付決定保護者は、内閣府令で定めるところにより、指定障害児通所支援事業者に通所受給者証を提示して当該指定通所支援を受けるものとする。ただし、緊急の場合その他やむを得ない事由のある場合については、この限りでない。

⑪ 通所給付決定保護者が指定障害児通所支援事業者から指定通所支援を受けたとき（当該通所給付決定保護者が当該指定障害児通所支援事業者に通所受給者証を提示したときに限る。）は、市町村は、当該通所給付決定保護者が当該指定障害児通所支援事業者に支払うべき当該指定通所支援に要した費用（通所特定費用を除く。）について、障害児通所給付費として当該通所給付決定保護者に支給すべき額の限度において、当該通所給付決定保護者に代わり、当該指定障害児通所支援事業者に支払うことができる。

⑫ 前項の規定による支払があつたときは、当該通所給付決定保護者に対し障害児通所給付費の支給があつたものとみなす。

⑬ 市町村は、指定障害児通所支援事業者から障害児通所給付費の請求があつたときは、第二十一条の五の三第二項第一号の内閣総理大臣が定める基準及び第二十一条の五の十九第二項の指定通所支援の事業の設備及び運営に関する基準（指定通所支援の取扱いに関する部分に限る。）に照らして審査の上、支払うものとする。

⑭ 市町村は、前項の規定による審査及び支払に関する事務を連合会に委託することができる。

〔**通所給付決定の変更**〕

第二十一条の五の八 通所給付決定保護者は、現に受けている通所給付決定に係る障害児通所支援の支給量その他の内閣府令で定める事項を変更する必要があるときは、内閣府令で定めるところにより、市町村に対し、当該通所給付決定の変更の申請をすることができる。

② 市町村は、前項の申請又は職権により、前条第一項の内閣府令で定める事項を勘案し、通所給付決定保護者につき、必要があると認めるときは、通所給付決定の変更の決定を行うことができる。この場合において、市町村は、当該決定に係る通所給付決定保護者に対し通所受給者証の提出を求めるものとする。

③ 第二十一条の五の五第二項、第二十一条の五の六（第一項を除く。）及び前条（第一項を除く。）の規定は、前項の通所給付決定の変更の決定について準用する。この場合において、必要な技術的読替えは、政令で定める。

④ 市町村は、第二項の通所給付決定の変更の決定を行つた場合には、通所受給者証に当該決定に係る事項を記載し、これを返還するものとする。

〔**通所給付決定の取消し**〕

第二十一条の五の九 通所給付決定を行つた市町村は、次に掲げる場合には、当該通所給付決定を取り消すことができる。

一　通所給付決定に係る障害児が、指定通所支援及び基準該当通所支援を受ける必要がなくなつたと認めるとき。

二　通所給付決定保護者が、通所給付決定の有効期間内に、当該市町村以外の市町村の区域内に居住地を有するに至つたと認めるとき。

三　通所給付決定に係る障害児又はその保護者が、正当な理由なしに第二十一条の五の六第二項（前条第三項において準用する場合を含む。）の規定による調査に応じないとき。

四　その他政令で定めるとき。

②　前項の規定により通所給付決定の取消しを行つた市町村は、内閣府令で定めるところにより、当該取消しに係る通所給付決定保護者に対し通所受給者証の返還を求めるものとする。

〔**業務の協力・援助**〕

第二十一条の五の十　都道府県は、市町村の求めに応じ、市町村が行う第二十一条の五の五から前条までの規定による業務に関し、その設置する児童相談所等による技術的事項についての協力その他市町村に対する必要な援助を行うものとする。

〔**障害児通所給付費等の支給額の特例**〕

第二十一条の五の十一　市町村が、災害その他の内閣府令で定める特別の事情があることにより、障害児通所支援に要する費用を負担することが困難であると認めた通所給付決定保護者が受ける障害児通所給付費の支給について第二十一条の五の三第二項の規定を適用する場合においては、同項第二号中「額」とあるのは、「額）の範囲内において市町村が定める額」とする。

②　前項に規定する通所給付決定保護者が受ける特例障害児通所給付費の支給について第二十一条の五の四第三項の規定を適用する場合においては、同項中「を控除して得た額を基準として、市町村が定める」とあるのは、「の範囲内において市町村が定める額を控除して得た額とする」とする。

〔**高額障害児通所給付費の支給**〕

第二十一条の五の十二　市町村は、通所給付決定保護者が受けた障害児通所支援に要した費用の合計額（内閣総理大臣が定める基準により算定した費用の額（その額が現に要した費用の額を超えるときは、当該現に要した額）の合計額を限度とする。）から当該費用につき支給された障害児通所給付費及び特例障害児通所給付費の合計額を控除して得た額が、著しく高額であるときは、当該通所給付決定保護者に対し、高額障害児通所給付費を支給する。

②　前項に定めるもののほか、高額障害児通所給付費の支給要件、支給額その他高額障害児通所給付費の支給に関し必要な事項は、指定通所支援に要する費用の負担の家計に与える影響を考慮して、政令で定める。

〔**放課後等デイサービス障害児通所給付費等**〕

第二十一条の五の十三　市町村は、第二十一条の五の三第一項、第二十一条の五の四第一項又は前条第一項の規定にかかわらず、放課後等デイサービスを受けている障害児（以下この項において「通所者」という。）について、引き続き放課後等デイサービスを受けなければその福祉を損なうおそれがあると認めるときは、当該通所者が満十八歳に達した後においても、当該通所者からの申請により、当該通所者が満二十歳に達するまで、内閣府令で定めるところにより、引き続き放課後等デイサービスに係る障害児通所給付費、特例障害児通所給付費又は高額障害児通所給付費（次項において「放課後等デイサービス障害児通所給付費等」という。）を支給することができる。ただし、当該通所者が障害者の日常生活及び社会生活を総合的に支援するための法律第五条第七項に規定する生活介護その他の支援を受けることができる場合は、この限りでない。

②　前項の規定により放課後等デイサービス障害児通所給付費等を支給することができることとされた者については、その者を障害児又は障害児の保護者とみなして、第二十一条の五の三から前条までの規定を適用する。この場合において、必要な技術的読替えその他これらの規定の適用に関し必要な事項は、政令で定める。

③　市町村は、第一項の場合において必要があると認めるときは、児童相談所等の意見を聴くことができる。

〔**内閣府令への委任**〕

第二十一条の五の十四　この款に定めるもののほか、障害児通所給付費、特例障害児通所給付費又は高額障害児通所給付費の支給及び指定障害児通所支援事業者の障害児通所給付費の請求に関し必要な事項は、内閣府令で定める。

第二款　指定障害児通所支援事業者

〔**指定障害児通所支援事業者の指定**〕

第二十一条の五の十五　第二十一条の五の三第一項の指定は、内閣府令で定めるところにより、障害児通所支援事業を行う者の申請により、障害児通所支援の種類及び障害児通所支援事業を行う事業所（以下「障害児通所支援事業所」という。）ごとに行う。

② 放課後等デイサービスその他の内閣府令で定める障害児通所支援（以下この項及び第五項並びに第二十一条の五の二十第一項において「特定障害児通所支援」という。）に係る第二十一条の五の三第一項の指定は、当該特定障害児通所支援の量を定めてするものとする。

③ 都道府県知事は、第一項の申請があつた場合において、次の各号のいずれかに該当するときは、指定障害児通所支援事業者の指定をしてはならない。

一 申請者が都道府県の条例で定める者でないとき。

二 当該申請に係る障害児通所支援事業所の従業者の知識及び技能並びに人員が、第二十一条の五の十九第一項の都道府県の条例で定める基準を満たしていないとき。

三 申請者が、第二十一条の五の十九第二項の都道府県の条例で定める指定通所支援の事業の設備及び運営に関する基準に従つて適正な障害児通所支援事業の運営をすることができないと認められるとき。

四 申請者が拘禁刑以上の刑に処せられ、その執行を終わり、又は執行を受けることがなくなるまでの者であるとき。

五 申請者が、この法律その他国民の保健医療若しくは福祉に関する法律で政令で定めるものの規定により罰金の刑に処せられ、その執行を終わり、又は執行を受けることがなくなるまでの者であるとき。

五の二 申請者が、労働に関する法律の規定であつて政令で定めるものにより罰金の刑に処せられ、その執行を終わり、又は執行を受けることがなくなるまでの者であるとき。

六 申請者が、第二十一条の五の二十四第一項又は第三十三条の十八第六項の規定により指定を取り消され、その取消しの日から起算して五年を経過しない者（当該指定を取り消された者が法人である場合においては、当該取消しの処分に係る行政手続法第十五条の規定による通知があつた日前六十日以内に当該法人の役員又はその障害児通所支援事業所を管理する者その他の政令で定める使用人（以下この条及び第二十一条の五の二十四第一項第十二号において「役員等」という。）であつた者で当該取消しの日から起算して五年を経過しないものを含み、当該指定を取り消された者が法人でない場合においては、当該通知があつた日前六十日以内に当該者の管理者であつた者で当該取消しの日から起算して五年を経過しないものを含む。）であるとき。ただし、当該指定の取消しが、指定障害児通所支援事業者の指定の取消しのうち当該指定の取消しの処分の理由となつた事実及び当該事実の発生を防止するための当該指定障害児通所支援事業者による業務管理体制の整備についての取組の状況その他の当該事実に関して当該指定障害児通所支援事業者が有していた責任の程度を考慮して、この号本文に規定する指定の取消しに該当しないこととすることが相当であると認められるものとして内閣府令で定めるものに該当する場合を除く。

七 申請者と密接な関係を有する者（申請者（法人に限る。以下この号において同じ。）の株式の所有その他の事由を通じて当該申請者の事業を実質的に支配し、若しくはその事業に重要な影響を与える関係にある者として内閣府令で定めるもの（以下この号において「申請者の親会社等」という。）、申請者の親会社等が株式の所有その他の事由を通じてその事業を実質的に支配し、若しくはその事業に重要な影響を与える関係にある者として内閣府令で定めるもの又は当該申請者が株式の所有その他の事由を通じてその事業を実質的に支配し、若しくはその事業に重要な影響を与える関係にある者として内閣府令で定めるもののうち、当該申請者と内閣府令で定める密接な関係を有する法人をいう。）が、第二十一条の五の二十四第一項又は第三十三条の十八第六項の規定により指定を取り消され、その取消しの日から起算して五年を経過していないとき。ただし、当該指定の取消しが、指定障害児通所支援事業者の指定の取消しのうち当該指定の取消しの処分の理由となつた事実及び当該事実の発生を防止するための当該指定障害児通所支援事業者による業務管理体制の整備についての取組の状況その他の当該事実に関して当該指定障害児通所支援事業者が有していた責任の程度を考慮して、この号本文に規定する指定の取消しに該当しないこととすることが相当であると認められるものとして内閣府令で定めるものに該当する場合を除く。

八 削除

九 申請者が、第二十一条の五の二十四第一項又は第三十三条の十八第六項の規定による指定の取消しの処分に係る行政手続法第十五条の規定による通知があつた日から当該処分をする日又は処分をしないことを決定する日までの間に第二十一条の五の二十第四項の規定による事業の廃止の届出をした者（当該事業の廃止について相当の理由がある者を除く。）で、当該届出の日から起算して五年を経過しないものであるとき。

十　申請者が、第二十一条の五の二十二第一項の規定による検査が行われた日から聴聞決定予定日（当該検査の結果に基づき第二十一条の五の二十四第一項の規定による指定の取消しの処分に係る聴聞を行うか否かの決定をすることが見込まれる日として内閣府令で定めるところにより都道府県知事が当該申請者に当該検査が行われた日から十日以内に特定の日を通知した場合における当該特定の日をいう。）までの間に第二十一条の五の二十第四項の規定による事業の廃止の届出をした者（当該事業の廃止について相当の理由がある者を除く。）で、当該届出の日から起算して五年を経過しないものであるとき。

十一　第九号に規定する期間内に第二十一条の五の二十第四項の規定による事業の廃止の届出があつた場合において、申請者が、同号の通知の日前六十日以内に当該事業の廃止の届出に係る法人（当該事業の廃止について相当の理由がある法人を除く。）の役員等又は当該届出に係る法人でない者（当該事業の廃止について相当の理由がある者を除く。）の管理者であつた者で、当該届出の日から起算して五年を経過しないものであるとき。

十二　申請者が、指定の申請前五年以内に障害児通所支援に関し不正又は著しく不当な行為をした者であるとき。

十三　申請者が、法人で、その役員等のうちに第四号から第六号まで又は第九号から前号までのいずれかに該当する者のあるものであるとき。

十四　申請者が、法人でない者で、その管理者が第四号から第六号まで又は第九号から第十二号までのいずれかに該当する者であるとき。

④　都道府県が前項第一号の条例を定めるに当たつては、内閣府令で定める基準に従い定めるものとする。

⑤　都道府県知事は、特定障害児通所支援につき第一項の申請があつた場合において、当該都道府県又は当該申請に係る障害児通所支援事業所の所在地を含む区域（第三十三条の二十二第二項第二号の規定により都道府県が定める区域をいう。）における当該申請に係る種類ごとの指定通所支援の量が、同条第一項の規定により当該都道府県が定める都道府県障害児福祉計画において定める当該都道府県若しくは当該区域の当該指定通所支援の必要な量に既に達しているか、又は当該申請に係る事業者の指定によつてこれを超えることになると認めるとき、その他の当該都道府県障害児福祉計画の達成に支障を生ずるおそれがあると認めるときは、第二十一条の五の三第一項の指定をしないことができる。

⑥　関係市町村長は、内閣府令で定めるところにより、都道府県知事に対し、第二十一条の五の三第一項の指定について、当該指定をしようとするときは、あらかじめ、当該関係市町村長にその旨を通知するよう求めることができる。この場合において、当該都道府県知事は、その求めに応じなければならない。

⑦　関係市町村長は、前項の規定による通知を受けたときは、内閣府令で定めるところにより、第二十一条の五の三第一項の指定に関し、都道府県知事に対し、当該関係市町村の第三十三条の二十第一項に規定する市町村障害児福祉計画との調整を図る見地からの意見を申し出ることができる。

⑧　都道府県知事は、前項の意見を勘案し、第二十一条の五の三第一項の指定を行うに当たつて、当該事業の適正な運営を確保するために必要と認める条件を付することができる。

〔指定の更新〕

第二十一条の五の十六　第二十一条の五の三第一項の指定は、六年ごとにその更新を受けなければ、その期間の経過によつて、その効力を失う。

②　前項の更新の申請があつた場合において、同項の期間（以下この条において「指定の有効期間」という。）の満了の日までにその申請に対する処分がされないときは、従前の指定は、指定の有効期間の満了後もその処分がされるまでの間は、なおその効力を有する。

③　前項の場合において、指定の更新がされたときは、その指定の有効期間は、従前の指定の有効期間の満了の日の翌日から起算するものとする。

④　前条の規定は、第一項の指定の更新について準用する。この場合において、必要な技術的読替えは、政令で定める。

〔特例〕

第二十一条の五の十七　児童発達支援その他内閣府令で定める障害児通所支援に係る障害児通所支援事業所について、介護保険法（平成九年法律第百二十三号）第四十一条第一項本文の指定

（当該障害児通所支援事業所により行われる障害児通所支援の種類に応じて内閣府令で定める種類の同法第八条第一項に規定する居宅サービスに係るものに限る。）、同法第四十二条の二第一項本文の指定（当該障害児通所支援事業所により行われる障害児通所支援の種類に応じて内閣府令で定める種類の同法第八条第十四項に規定する地域密着型サービスに係るものに限る。）、同法第五十三条第一項本文の指定（当該障害児通所支援事業所により行われる障害児通所支援の種類に応じて内閣府令で定める種類の同法第八条の二第一項に規定する介護予防サービスに係るものに限る。）若しくは同法第五十四条の二第一項本文の指定（当該障害児通所支援事業所により行われる障害児通所支援の種類に応じて内閣府令で定める種類の同法第八条の二第十二項に規定する地域密着型介護予防サービスに係るものに限る。）又は障害者の日常生活及び社会生活を総合的に支援するための法律第二十九条第一項の指定障害福祉サービス事業者の指定（当該障害児通所支援事業所により行われる障害児通所支援の種類に応じて内閣府令で定める種類の同法第五条第一項に規定する障害福祉サービスに係るものに限る。）を受けている者から当該障害児通所支援事業所に係る第二十一条の五の十五第一項（前条第四項において準用する場合を含む。）の申請があつた場合において、次の各号のいずれにも該当するときにおける第二十一条の五の十五第三項（前条第四項において準用する場合を含む。以下この項において同じ。）の規定の適用については、第二十一条の五の十五第三項第二号中「第二十一条の五の十九第一項の」とあるのは「第二十一条の五の十七第一項第一号の指定通所支援に従事する従業者に係る」と、同項第三号中「第二十一条の五の十九第二項」とあるのは「第二十一条の五の十七第一項第二号」とする。ただし、申請者が、内閣府令で定めるところにより、別段の申出をしたときは、この限りでない。

一　当該申請に係る障害児通所支援事業所の従業者の知識及び技能並びに人員が、指定通所支援に従事する従業者に係る都道府県の条例で定める基準を満たしていること。

二　申請者が、都道府県の条例で定める指定通所支援の事業の設備及び運営に関する基準に従つて適正な障害児通所支援事業の運営をすることができると認められること。

②　都道府県が前項各号の条例を定めるに当たつては、第一号から第三号までに掲げる事項については内閣府令で定める基準に従い定めるものとし、第四号に掲げる事項については内閣府令で定める基準を標準として定めるものとし、その他の事項については内閣府令で定める基準を参酌するものとする。

一　指定通所支援に従事する従業者及びその員数

二　指定通所支援の事業に係る居室の床面積その他指定通所支援の事業の設備に関する事項であつて障害児の健全な発達に密接に関連するものとして内閣府令で定めるもの

三　指定通所支援の事業の運営に関する事項であつて、障害児の保護者のサービスの適切な利用の確保並びに障害児の適切な処遇及び安全の確保並びに秘密の保持に密接に関連するものとして内閣府令で定めるもの

四　指定通所支援の事業に係る利用定員

③　第一項の場合において、同項に規定する者が同項の申請に係る第二十一条の五の三第一項の指定を受けたときは、その者に対しては、第二十一条の五の十九第三項の規定は適用せず、次の表の上欄に掲げる規定の適用については、これらの規定中同表の中欄に掲げる字句は、それぞれ同表の下欄に掲げる字句とする。

第二十一条の五の七第十三項	第二十一条の五の十九第二項	第二十一条の五の十七第一項第二号
第二十一条の五の十九第一項	都道府県	第二十一条の五の十七第一項第一号の指定通所支援に従事する従業者に係る都道府県
第二十一条の五の十九第二項	指定通所支援の事業	第二十一条の五の十七第一項第二号の指定通所支援の事業
第二十一条の五の二十三第一項第二号	第二十一条の五の十九第一項の	第二十一条の五の十七第一項第一号の指定通所支援に従事する従業者に係る
第二十一条の五の二十三第一項第三号	第二十一条の五の十九第二項	第二十一条の五の十七第一項第二号
第二十一条の五の二十四第一項第四号	第二十一条の五の十九第一項の	第二十一条の五の十七第一項第一号の指定通所支援に従事する従業者に係る
第二十一条の五の二十四第一項第五号	第二十一条の五の十九第二項	第二十一条の五の十七第一項第二号

④　第一項に規定する者であつて、同項の申請に

児福法

係る第二十一条の五の三第一項の指定を受けたものから、次の各号のいずれかの届出があつたときは、当該指定に係る指定通所支援の事業について、第二十一条の五の二十第四項の規定による事業の廃止又は休止の届出があつたものとみなす。

一　介護保険法第四十一条第一項に規定する指定居宅サービスの事業（当該指定に係る障害児通所支援事業所において行うものに限る。）に係る同法第七十五条第二項の規定による事業の廃止又は休止の届出

二　介護保険法第五十三条第一項に規定する指定介護予防サービスの事業（当該指定に係る障害児通所支援事業所において行うものに限る。）に係る同法第百十五条の五第二項の規定による事業の廃止又は休止の届出

三　障害者の日常生活及び社会生活を総合的に支援するための法律第二十九条第一項に規定する指定障害福祉サービスの事業（当該指定に係る障害児通所支援事業所において行うものに限る。）に係る同法第四十六条第二項の規定による事業の廃止又は休止の届出

⑤　第一項に規定する者であつて、同項の申請に係る第二十一条の五の三第一項の指定を受けたものは、介護保険法第四十二条の二第一項に規定する指定地域密着型サービスの事業（当該指定に係る障害児通所支援事業所において行うものに限る。）又は同法第五十四条の二第一項に規定する指定地域密着型介護予防サービスの事業（当該指定に係る障害児通所支援事業所において行うものに限る。）を廃止し、又は休止しようとするときは、内閣府令で定めるところにより、その廃止又は休止の日の一月前までに、その旨を当該指定を行つた都道府県知事に届け出なければならない。この場合において、当該届出があつたときは、当該指定に係る指定通所支援の事業について、第二十一条の五の二十第四項の規定による事業の廃止又は休止の届出があつたものとみなす。

〔**指定障害児通所支援事業者の責務**〕

第二十一条の五の十八　指定障害児通所支援事業者は、障害児が自立した日常生活又は社会生活を営むことができるよう、障害児及びその保護者の意思をできる限り尊重するとともに、行政機関、教育機関その他の関係機関との緊密な連携を図りつつ、障害児通所支援を当該障害児の意向、適性、障害の特性その他の事情に応じ、常に障害児及びその保護者の立場に立つて効果的に行うように努めなければならない。

②　指定障害児通所支援事業者は、その提供する障害児通所支援の質の評価を行うことその他の措置を講ずることにより、障害児通所支援の質の向上に努めなければならない。

③　指定障害児通所支援事業者は、障害児の人格を尊重するとともに、この法律又はこの法律に基づく命令を遵守し、障害児及びその保護者のため忠実にその職務を遂行しなければならない。

〔**指定通所支援の基準**〕

第二十一条の五の十九　指定障害児通所支援事業者は、都道府県の条例で定める基準に従い、当該指定に係る障害児通所支援事業所ごとに、当該指定通所支援に従事する従業者を有しなければならない。

②　指定障害児通所支援事業者は、都道府県の条例で定める指定通所支援の事業の設備及び運営に関する基準に従い、指定通所支援を提供しなければならない。

③　都道府県が前二項の条例を定めるに当たつては、第一号から第三号までに掲げる事項については内閣府令で定める基準に従い定めるものとし、第四号に掲げる事項については内閣府令で定める基準を標準として定めるものとし、その他の事項については内閣府令で定める基準を参酌するものとする。

一　指定通所支援に従事する従業者及びその員数

二　指定通所支援の事業に係る居室及び病室の床面積その他指定通所支援の事業の設備に関する事項であつて障害児の健全な発達に密接に関連するものとして内閣府令で定めるもの

三　指定通所支援の事業の運営に関する事項であつて、障害児の保護者のサービスの適切な利用の確保並びに障害児の適切な処遇及び安全の確保並びに秘密の保持に密接に関連するものとして内閣府令で定めるもの

四　指定通所支援の事業に係る利用定員

④　指定障害児通所支援事業者は、次条第四項の規定による事業の廃止又は休止の届出をしたときは、当該届出の日前一月以内に当該指定通所支援を受けていた者であつて、当該事業の廃止又は休止の日以後においても引き続き当該指定通所支援に相当する支援の提供を希望する者に対し、必要な障害児通所支援が継続的に提供されるよう、他の指定障害児通所支援事業者その他関係者との連絡調整その他の便宜の提供を行わなければならない。

〔**変更、休止及び廃止の届出**〕

第二十一条の五の二十　指定障害児通所支援事業者は、第二十一条の五の三第一項の指定に係る

特定障害児通所支援の量を増加しようとするときは、内閣府令で定めるところにより、同項の指定の変更を申請することができる。

② 第二十一条の五の十五第三項から第五項までの規定は、前項の指定の変更の申請があつた場合について準用する。この場合において、必要な技術的読替えは、政令で定める。

③ 指定障害児通所支援事業者は、当該指定に係る障害児通所支援事業所の名称及び所在地その他内閣府令で定める事項に変更があつたとき、又は休止した当該指定通所支援の事業を再開したときは、内閣府令で定めるところにより、十日以内に、その旨を都道府県知事に届け出なければならない。

④ 指定障害児通所支援事業者は、当該指定通所支援の事業を廃止し、又は休止しようとするときは、内閣府令で定めるところにより、その廃止又は休止の日の一月前までに、その旨を都道府県知事に届け出なければならない。

〔**連絡調整等**〕

第二十一条の五の二十一 都道府県知事又は市町村長は、第二十一条の五の十九第四項に規定する便宜の提供が円滑に行われるため必要があると認めるときは、当該指定障害児通所支援事業者その他の関係者相互間の連絡調整又は当該指定障害児通所支援事業者その他の関係者に対する助言その他の援助を行うことができる。

② 内閣総理大臣は、同一の指定障害児通所支援事業者について二以上の都道府県知事が前項の規定による連絡調整又は援助を行う場合において、第二十一条の五の十九第四項に規定する便宜の提供が円滑に行われるため必要があると認めるときは、当該都道府県知事相互間の連絡調整又は当該指定障害児通所支援事業者に対する都道府県の区域を超えた広域的な見地からの助言その他の援助を行うことができる。

〔**立入検査等**〕

第二十一条の五の二十二 都道府県知事又は市町村長は、必要があると認めるときは、指定障害児通所支援事業者若しくは指定障害児通所支援事業者であつた者若しくは当該指定に係る障害児通所支援事業所の従業者であつた者（以下この項において「指定障害児通所支援事業者であつた者等」という。）に対し、報告若しくは帳簿書類その他の物件の提出若しくは提示を命じ、指定障害児通所支援事業者若しくは当該指定に係る障害児通所支援事業所の従業者若しくは指定障害児通所支援事業者であつた者等に対し出頭を求め、又は当該職員に、関係者に対し質問させ、若しくは当該指定障害児通所支援事業者の当該指定に係る障害児通所支援事業所、事務所その他当該指定通所支援の事業に関係のある場所に立ち入り、その設備若しくは帳簿書類その他の物件を検査させることができる。

② 第十九条の十六第二項の規定は前項の規定による質問又は検査について、同条第三項の規定は第一項（前項において準用する場合を含む。）の規定による権限について準用する。

〔**勧告等**〕

第二十一条の五の二十三 都道府県知事は、指定障害児通所支援事業者が、次の各号に掲げる場合に該当すると認めるときは、当該指定障害児通所支援事業者に対し、期限を定めて、当該各号に定める措置をとるべきことを勧告することができる。

一 第二十一条の五の十五第八項（第二十一条の五の十六第四項において準用する場合を含む。）の規定により付された条件に従わない場合 当該条件に従うこと。

二 当該指定に係る障害児通所支援事業所の従業者の知識若しくは技能又は人員について第二十一条の五の十九第一項の都道府県の条例で定める基準に適合していない場合 当該基準を遵守すること。

三 第二十一条の五の十九第二項の都道府県の条例で定める指定通所支援の事業の設備及び運営に関する基準に従つて適正な指定通所支援の事業の運営をしていない場合 当該基準を遵守すること。

四 第二十一条の五の十九第四項に規定する便宜の提供を適正に行つていない場合 当該便宜の提供を適正に行うこと。

② 都道府県知事は、前項の規定による勧告をした場合において、その勧告を受けた指定障害児通所支援事業者が、同項の期限内にこれに従わなかつたときは、その旨を公表することができる。

③ 都道府県知事は、第一項の規定による勧告を受けた指定障害児通所支援事業者が、正当な理由がなくてその勧告に係る措置をとらなかつたときは、当該指定障害児通所支援事業者に対し、期限を定めて、その勧告に係る措置をとるべきことを命ずることができる。

④ 都道府県知事は、前項の規定による命令をしたときは、その旨を公示しなければならない。

⑤ 市町村は、障害児通所給付費の支給に係る指定通所支援を行つた指定障害児通所支援事業者について、第一項各号に掲げる場合のいずれかに該当すると認めるときは、その旨を当該指定

に係る障害児通所支援事業所の所在地の都道府県知事に通知しなければならない。

〔指定の取消し等〕

第二十一条の五の二十四　都道府県知事は、次の各号のいずれかに該当する場合においては、当該指定障害児通所支援事業者に係る第二十一条の五の三第一項の指定を取り消し、又は期間を定めてその指定の全部若しくは一部の効力を停止することができる。

一　指定障害児通所支援事業者が、第二十一条の五の十五第三項第四号から第五号の二まで、第十三号又は第十四号のいずれかに該当するに至つたとき。

二　指定障害児通所支援事業者が、第二十一条の五の十五第八項（第二十一条の五の十六第四項において準用する場合を含む。）の規定により付された条件に違反したと認められるとき。

三　指定障害児通所支援事業者が、第二十一条の五の十八第三項の規定に違反したと認められるとき。

四　指定障害児通所支援事業者が、当該指定に係る障害児通所支援事業所の従業者の知識若しくは技能又は人員について、第二十一条の五の十九第一項の都道府県の条例で定める基準を満たすことができなくなつたとき。

五　指定障害児通所支援事業者が、第二十一条の五の十九第二項の都道府県の条例で定める指定通所支援の事業の設備及び運営に関する基準に従つて適正な指定通所支援の事業の運営をすることができなくなつたとき。

六　障害児通所給付費又は肢体不自由児通所医療費の請求に関し不正があつたとき。

七　指定障害児通所支援事業者が、第二十一条の五の二十二第一項の規定により報告又は帳簿書類その他の物件の提出若しくは提示を命ぜられてこれに従わず、又は虚偽の報告をしたとき。

八　指定障害児通所支援事業者又は当該指定に係る障害児通所支援事業所の従業者が、第二十一条の五の二十二第一項の規定により出頭を求められてこれに応ぜず、同項の規定による質問に対して答弁せず、若しくは虚偽の答弁をし、又は同項の規定による立入り若しくは検査を拒み、妨げ、若しくは忌避したとき。ただし、当該指定に係る障害児通所支援事業所の従業者がその行為をした場合において、その行為を防止するため、当該指定障害児通所支援事業者が相当の注意及び監督を尽くしたときを除く。

九　指定障害児通所支援事業者が、不正の手段により第二十一条の五の三第一項の指定を受けたとき。

十　前各号に掲げる場合のほか、指定障害児通所支援事業者が、この法律その他国民の保健医療若しくは福祉に関する法律で政令で定めるもの又はこれらの法律に基づく命令若しくは処分に違反したとき。

十一　前各号に掲げる場合のほか、指定障害児通所支援事業者が、障害児通所支援に関し不正又は著しく不当な行為をしたとき。

十二　指定障害児通所支援事業者が法人である場合において、その役員等のうちに指定の取消し又は指定の全部若しくは一部の効力の停止をしようとするとき前五年以内に障害児通所支援に関し不正又は著しく不当な行為をした者があるとき。

十三　指定障害児通所支援事業者が法人でない場合において、その管理者が指定の取消し又は指定の全部若しくは一部の効力の停止をしようとするとき前五年以内に障害児通所支援に関し不正又は著しく不当な行為をした者であるとき。

②　市町村は、障害児通所給付費等の支給に係る障害児通所支援又は肢体不自由児通所医療費の支給に係る第二十一条の五の二十九第一項に規定する肢体不自由児通所医療を行つた指定障害児通所支援事業者について、前項各号のいずれかに該当すると認めるときは、その旨を当該指定に係る障害児通所支援事業所の所在地の都道府県知事に通知しなければならない。

〔公示〕

第二十一条の五の二十五　都道府県知事は、次に掲げる場合には、その旨を公示しなければならない。

一　第二十一条の五の三第一項の指定障害児通所支援事業者の指定をしたとき。

二　第二十一条の五の二十第四項の規定による事業の廃止の届出があつたとき。

三　前条第一項又は第三十三条の十八第六項の規定により指定障害児通所支援事業者の指定を取り消したとき。

第三款　業務管理体制の整備等

〔業務管理体制の整備等〕

第二十一条の五の二十六　指定障害児通所支援事業者は、第二十一条の五の十八第三項に規定する義務の履行が確保されるよう、内閣府令で定める基準に従い、業務管理体制を整備しなければばならない。

② 指定障害児通所支援事業者は、次の各号に掲げる区分に応じ、当該各号に定める者に対し、内閣府令で定めるところにより、業務管理体制の整備に関する事項を届け出なければならない。

一 次号から第四号までに掲げる指定障害児通所支援事業者以外の指定障害児通所支援事業者 都道府県知事

二 当該指定に係る障害児通所支援事業所が一の指定都市の区域に所在する指定障害児通所支援事業者 指定都市の長

三 当該指定に係る障害児通所支援事業所が一の中核市の区域に所在する指定障害児通所支援事業者 中核市の長

四 当該指定に係る障害児通所支援事業所が二以上の都道府県の区域に所在する指定障害児通所支援事業者 内閣総理大臣

③ 前項の規定により届出をした指定障害児通所支援事業者は、その届け出た事項に変更があつたときは、内閣府令で定めるところにより、遅滞なく、その旨を当該届出をした内閣総理大臣、都道府県知事又は指定都市若しくは中核市の長（以下この款において「内閣総理大臣等」という。）に届け出なければならない。

④ 第二項の規定による届出をした指定障害児通所支援事業者は、同項各号に掲げる区分の変更により、同項の規定により当該届出をした内閣総理大臣等以外の内閣総理大臣等に届出を行うときは、内閣府令で定めるところにより、その旨を当該届出をした内閣総理大臣等にも届け出なければならない。

⑤ 内閣総理大臣等は、前三項の規定による届出が適正になされるよう、相互に密接な連携を図るものとする。

〔立入検査等〕

第二十一条の五の二十七 前条第二項の規定による届出を受けた内閣総理大臣等は、当該届出をした指定障害児通所支援事業者（同条第四項の規定による届出を受けた内閣総理大臣等にあつては、同項の規定による届出をした指定障害児通所支援事業者を除く。）における同条第一項の規定による業務管理体制の整備に関して必要があると認めるときは、当該指定障害児通所支援事業者に対し、報告若しくは帳簿書類その他の物件の提出若しくは提示を命じ、当該指定障害児通所支援事業者若しくは当該指定障害児通所支援事業者の従業者に対し出頭を求め、又は当該職員に、関係者に対し質問させ、若しくは当該指定障害児通所支援事業者の当該指定に係る障害児通所支援事業所、事務所その他の指定通所支援の提供に関係のある場所に立ち入り、その設備若しくは帳簿書類その他の物件を検査させることができる。

② 内閣総理大臣又は指定都市若しくは中核市の長が前項の権限を行うときは、当該指定障害児通所支援事業者に係る指定を行つた都道府県知事（次条第五項において「関係都道府県知事」という。）と密接な連携の下に行うものとする。

③ 都道府県知事は、その行つた又はその行おうとする指定に係る指定障害児通所支援事業者における前条第一項の規定による業務管理体制の整備に関して必要があると認めるときは、内閣総理大臣又は指定都市若しくは中核市の長に対し、第一項の権限を行うよう求めることができる。

④ 内閣総理大臣又は指定都市若しくは中核市の長は、前項の規定による都道府県知事の求めに応じて第一項の権限を行つたときは、内閣府令で定めるところにより、その結果を当該権限を行うよう求めた都道府県知事に通知しなければならない。

⑤ 第十九条の十六第二項の規定は第一項の規定による質問又は検査について、同条第三項の規定は第一項の規定による権限について準用する。

〔勧告等〕

第二十一条の五の二十八 第二十一条の五の二十六第二項の規定による届出を受けた内閣総理大臣等は、当該届出をした指定障害児通所支援事業者（同条第四項の規定による届出を受けた内閣総理大臣等にあつては、同項の規定による届出をした指定障害児通所支援事業者を除く。）が、同条第一項の内閣府令で定める基準に従つて適正な業務管理体制の整備をしていないと認めるときは、当該指定障害児通所支援事業者に対し、期限を定めて、当該内閣府令で定める基準に従つて適正な業務管理体制を整備すべきことを勧告することができる。

② 内閣総理大臣等は、前項の規定による勧告をした場合において、その勧告を受けた指定障害児通所支援事業者が、同項の期限内にこれに従わなかつたときは、その旨を公表することができる。

③ 内閣総理大臣等は、第一項の規定による勧告を受けた指定障害児通所支援事業者が、正当な理由がなくてその勧告に係る措置をとらなかつたときは、当該指定障害児通所支援事業者に対し、期限を定めて、その勧告に係る措置をとるべきことを命ずることができる。

④ 内閣総理大臣等は、前項の規定による命令を

したときは、その旨を公示しなければならない。

⑤　内閣総理大臣又は指定都市若しくは中核市の長は、指定障害児通所支援事業者が第三項の規定による命令に違反したときは、内閣府令で定めるところにより、当該違反の内容を関係都道府県知事に通知しなければならない。

第四款　肢体不自由児通所医療費の支給

〔肢体不自由児通所医療費の支給〕

第二十一条の五の二十九　市町村は、通所給付決定に係る障害児が、通所給付決定の有効期間内において、指定障害児通所支援事業者（病院その他内閣府令で定める施設に限る。以下この款において同じ。）から児童発達支援のうち治療に係るもの（以下この条において「肢体不自由児通所医療」という。）を受けたときは、当該障害児に係る通所給付決定保護者に対し、当該肢体不自由児通所医療に要した費用について、肢体不自由児通所医療費を支給する。

②　肢体不自由児通所医療費の額は、一月につき、肢体不自由児通所医療（食事療養を除く。）につき健康保険の療養に要する費用の額の算定方法の例により算定した額から、当該通所給付決定保護者の家計の負担能力その他の事情をしん酌して政令で定める額（当該政令で定める額が当該算定した額の百分の十に相当する額を超えるときは、当該相当する額）を控除して得た額とする。

③　通所給付決定に係る障害児が指定障害児通所支援事業者から肢体不自由児通所医療を受けたときは、市町村は、当該障害児に係る通所給付決定保護者が当該指定障害児通所支援事業者に支払うべき当該肢体不自由児通所医療に要した費用について、肢体不自由児通所医療費として当該通所給付決定保護者に支給すべき額の限度において、当該通所給付決定保護者に代わり、当該指定障害児通所支援事業者に支払うことができる。

④　前項の規定による支払があつたときは、当該通所給付決定保護者に対し肢体不自由児通所医療費の支給があつたものとみなす。

〔準用規定〕

第二十一条の五の三十　第十九条の十二及び第十九条の二十の規定は指定障害児通所支援事業者に対する肢体不自由児通所医療費の支給について、第二十一条の規定は指定障害児通所支援事業者について、それぞれ準用する。この場合において、第十九条の十二第二項中「厚生労働大臣」とあるのは「内閣総理大臣」と、第十九条の二十第四項中「厚生労働省令」とあるのは「内閣府令」と読み替えるほか、必要な技術的読替えは、政令で定める。

〔健康保険法による給付との調整〕

第二十一条の五の三十一　肢体不自由児通所医療費の支給は、当該障害の状態につき、健康保険法の規定による家族療養費その他の法令に基づく給付であつて政令で定めるもののうち肢体不自由児通所医療費の支給に相当するものを受けることができるときは政令で定める限度において、当該政令で定める給付以外の給付であつて国又は地方公共団体の負担において肢体不自由児通所医療費の支給に相当するものが行われたときはその限度において、行わない。

〔内閣府令への委任〕

第二十一条の五の三十二　この款に定めるもののほか、肢体不自由児通所医療費の支給及び指定障害児通所支援事業者の肢体不自由児通所医療費の請求に関し必要な事項は、内閣府令で定める。

第五款　障害児通所支援及び障害福祉サービスの措置

〔障害福祉サービス〕

第二十一条の六　市町村は、障害児通所支援又は障害者の日常生活及び社会生活を総合的に支援するための法律第五条第一項に規定する障害福祉サービス（以下「障害福祉サービス」という。）を必要とする障害児の保護者が、やむを得ない事由により障害児通所給付費若しくは特例障害児通所給付費又は同法に規定する介護給付費若しくは特例介護給付費（第五十六条の六第一項において「介護給付費等」という。）の支給を受けることが著しく困難であると認めるときは、当該障害児につき、政令で定める基準に従い、障害児通所支援若しくは障害福祉サービスを提供し、又は当該市町村以外の者に障害児通所支援若しくは障害福祉サービスの提供を委託することができる。

〔障害福祉サービス事業者の義務〕

第二十一条の七　障害児通所支援事業を行う者及び障害者の日常生活及び社会生活を総合的に支援するための法律第五条第一項に規定する障害福祉サービス事業を行う者は、前条の規定による委託を受けたときは、正当な理由がない限り、これを拒んではならない。

第六款　子育て支援事業

〔市町村の責務〕

児福法

第二十一条の八　市町村は、次条に規定する子育て支援事業に係る福祉サービスその他地域の実情に応じたきめ細かな福祉サービスが積極的に提供され、保護者が、その児童及び保護者の心身の状況、これらの者の置かれている環境その他の状況に応じて、当該児童を養育するために最も適切な支援が総合的に受けられるように、福祉サービスを提供する者又はこれに参画する者の活動の連携及び調整を図るようにすることその他の地域の実情に応じた体制の整備に努めなければならない。

〔**子育て支援事業**〕

第二十一条の九　市町村は、児童の健全な育成に資するため、その区域内において、放課後児童健全育成事業、子育て短期支援事業、乳児家庭全戸訪問事業、養育支援訪問事業、地域子育て支援拠点事業、一時預かり事業、病児保育事業、子育て援助活動支援事業、子育て世帯訪問支援事業、児童育成支援拠点事業及び親子関係形成支援事業並びに次に掲げる事業であつて主務省令で定めるもの（以下「子育て支援事業」という。）が着実に実施されるよう、必要な措置の実施に努めなければならない。

一　児童及びその保護者又はその他の者の居宅において保護者の児童の養育を支援する事業

二　保育所その他の施設において保護者の児童の養育を支援する事業

三　地域の児童の養育に関する各般の問題につき、保護者からの相談に応じ、必要な情報の提供及び助言を行う事業

〔**放課後児童健全育成事業の実施**〕

第二十一条の十　市町村は、児童の健全な育成に資するため、地域の実情に応じた放課後児童健全育成事業を行うとともに、当該市町村以外の放課後児童健全育成事業を行う者との連携を図る等により、第六条の三第二項に規定する児童の放課後児童健全育成事業の利用の促進に努めなければならない。

〔**乳児家庭全戸訪問事業・養育支援訪問事業の実施**〕

第二十一条の十の二　市町村は、児童の健全な育成に資するため、乳児家庭全戸訪問事業及び養育支援訪問事業を行うよう努めるとともに、乳児家庭全戸訪問事業により要支援児童等（特定妊婦を除く。）を把握したとき又は当該市町村の長が第二十六条第一項第三号の規定による送致若しくは同項第八号の規定による通知若しくは児童虐待の防止等に関する法律第八条第二項第二号の規定による送致若しくは同項第四号の規定による通知を受けたときは、養育支援訪問事業の実施その他の必要な支援を行うものとする。

②　市町村は、母子保健法（昭和四十年法律第百四十一号）第十条、第十一条第一項若しくは第二項（同法第十九条第二項において準用する場合を含む。）、第十七条第一項又は第十九条第一項の指導に併せて、乳児家庭全戸訪問事業を行うことができる。

③　市町村は、乳児家庭全戸訪問事業又は養育支援訪問事業の事務の全部又は一部を当該市町村以外の内閣府令で定める者に委託することができる。

④　前項の規定により行われる乳児家庭全戸訪問事業又は養育支援訪問事業の事務に従事する者又は従事していた者は、その事務に関して知り得た秘密を漏らしてはならない。

〔**母子保健に関する事業との連携**〕

第二十一条の十の三　市町村は、乳児家庭全戸訪問事業又は養育支援訪問事業の実施に当たつては、母子保健法に基づく母子保健に関する事業との連携及び調和の確保に努めなければならない。

〔**市町村長への通知**〕

第二十一条の十の四　都道府県知事は、母子保健法に基づく母子保健に関する事業又は事務の実施に際して要支援児童等と思われる者を把握したときは、これを当該者の現在地の市町村長に通知するものとする。

〔**要支援児童等の情報提供等**〕

第二十一条の十の五　病院、診療所、児童福祉施設、学校その他児童又は妊産婦の医療、福祉又は教育に関する機関及び医師、歯科医師、保健師、助産師、看護師、児童福祉施設の職員、学校の教職員その他児童又は妊産婦の医療、福祉又は教育に関連する職務に従事する者は、要支援児童等と思われる者を把握したときは、当該者の情報をその現在地の市町村に提供するよう努めなければならない。

②　刑法の秘密漏示罪の規定その他の守秘義務に関する法律の規定は、前項の規定による情報の提供をすることを妨げるものと解釈してはならない。

〔**保護者への助言等**〕

第二十一条の十一　市町村は、子育て支援事業に関し必要な情報の収集及び提供を行うとともに、保護者から求めがあつたときは、当該保護者の希望、その児童の養育の状況、当該児童に必要な支援の内容その他の事情を勘案し、当該保護者が最も適切な子育て支援事業の利用がで

きるよう、相談に応じ、必要な助言を行うものとする。
② 市町村は、前項の助言を受けた保護者から求めがあつた場合には、必要に応じて、子育て支援事業の利用についてあつせん又は調整を行うとともに、子育て支援事業を行う者に対し、当該保護者の利用の要請を行うものとする。
③ 市町村は、第一項の情報の収集及び提供、相談並びに助言並びに前項のあつせん、調整及び要請の事務を当該市町村以外の者に委託することができる。
④ 子育て支援事業を行う者は、前三項の規定により行われる情報の収集、あつせん、調整及び要請に対し、できる限り協力しなければならない。

〔秘密保持義務〕
第二十一条の十二 前条第三項の規定により行われる情報の提供、相談及び助言並びにあつせん、調整及び要請の事務（次条及び第二十一条の十四第一項において「調整等の事務」という。）に従事する者又は従事していた者は、その事務に関して知り得た秘密を漏らしてはならない。

〔監督命令〕
第二十一条の十三 市町村長は、第二十一条の十一第三項の規定により行われる調整等の事務の適正な実施を確保するため必要があると認めるときは、その事務を受託した者に対し、当該事務に関し監督上必要な命令をすることができる。

〔報告の徴収等〕
第二十一条の十四 市町村長は、第二十一条の十一第三項の規定により行われる調整等の事務の適正な実施を確保するため必要があると認めるときは、その必要な限度で、その事務を受託した者に対し、報告を求め、又は当該職員に、関係者に対し質問させ、若しくは当該事務を受託した者の事務所に立ち入り、その帳簿書類その他の物件を検査させることができる。
② 第十八条の十六第二項及び第三項の規定は、前項の場合について準用する。

〔届出〕
第二十一条の十五 国、都道府県及び市町村以外の子育て支援事業を行う者は、内閣府令で定めるところにより、その事業に関する事項を市町村長に届け出ることができる。

〔国等の情報提供等〕
第二十一条の十六 国及び地方公共団体は、子育て支援事業を行う者に対して、情報の提供、相談その他の適当な援助をするように努めなければならない。

〔国等による調査研究の推進〕
第二十一条の十七 国及び都道府県は、子育て支援事業を行う者が行う福祉サービスの質の向上のための措置を援助するための研究その他保護者の児童の養育を支援し、児童の福祉を増進するために必要な調査研究の推進に努めなければならない。

〔家庭支援事業〕
第二十一条の十八 市町村は、第十条第一項第四号に規定する計画が作成された者、第二十六条第一項第八号の規定による通知を受けた児童その他の者その他の子育て短期支援事業、養育支援訪問事業、一時預かり事業、子育て世帯訪問支援事業、児童育成支援拠点事業又は親子関係形成支援事業（以下この条において「家庭支援事業」という。）の提供が必要であると認められる者について、当該者に必要な家庭支援事業（当該市町村が実施するものに限る。）の利用を勧奨し、及びその利用ができるよう支援しなければならない。
② 市町村は、前項に規定する者が、同項の規定による勧奨及び支援を行つても、なおやむを得ない事由により当該勧奨及び支援に係る家庭支援事業を利用することが著しく困難であると認めるときは、当該者について、家庭支援事業による支援を提供することができる。

第三節 助産施設、母子生活支援施設及び保育所への入所等

〔助産の実施〕
第二十二条 都道府県、市及び福祉事務所を設置する町村（以下「都道府県等」という。）は、それぞれその設置する福祉事務所の所管区域内における妊産婦が、保健上必要があるにもかかわらず、経済的理由により、入院助産を受けることができない場合において、その妊産婦から申込みがあつたときは、その妊産婦に対し助産施設において助産を行わなければならない。ただし、付近に助産施設がない等やむを得ない事由があるときは、この限りでない。
② 前項に規定する妊産婦であつて助産施設における助産の実施（以下「助産の実施」という。）を希望する者は、内閣府令の定めるところにより、入所を希望する助産施設その他内閣府令の定める事項を記載した申込書を都道府県等に提出しなければならない。この場合において、助産施設は、内閣府令の定めるところにより、当該妊産婦の依頼を受けて、当該申込書の提出を代わつて行うことができる。

③　都道府県等は、第二十五条の七第二項第三号、第二十五条の八第三号又は第二十六条第一項第五号の規定による報告又は通知を受けた妊産婦について、必要があると認めるときは、当該妊産婦に対し、助産の実施の申込みを勧奨しなければならない。

④　都道府県等は、第一項に規定する妊産婦の助産施設の選択及び助産施設の適正な運営の確保に資するため、内閣府令の定めるところにより、当該都道府県等の設置する福祉事務所の所管区域内における助産施設の設置者、設備及び運営の状況その他の内閣府令の定める事項に関し情報の提供を行わなければならない。

〔母子保護の実施〕

第二十三条　都道府県等は、それぞれその設置する福祉事務所の所管区域内における保護者が、配偶者のない女子又はこれに準ずる事情にある女子であつて、その者の監護すべき児童の福祉に欠けるところがある場合において、その保護者から申込みがあつたときは、その保護者及び児童を母子生活支援施設において保護しなければならない。ただし、やむを得ない事由があるときは、適当な施設への入所のあつせん、生活保護法（昭和二十五年法律第百四十四号）の適用等適切な保護を行わなければならない。

②　前項に規定する保護者であつて母子生活支援施設における保護の実施（以下「母子保護の実施」という。）を希望するものは、内閣府令の定めるところにより、入所を希望する母子生活支援施設その他内閣府令の定める事項を記載した申込書を都道府県等に提出しなければならない。この場合において、母子生活支援施設は、内閣府令の定めるところにより、当該保護者の依頼を受けて、当該申込書の提出を代わつて行うことができる。

③　都道府県等は、前項に規定する保護者が特別な事情により当該都道府県等の設置する福祉事務所の所管区域外の母子生活支援施設への入所を希望するときは、当該施設への入所について必要な連絡及び調整を図らなければならない。

④　都道府県等は、第二十五条の七第二項第三号、第二十五条の八第三号若しくは第二十六条第一項第五号又は困難な問題を抱える女性への支援に関する法律（令和四年法律第五十二号）第十条の規定による報告又は通知を受けた保護者及び児童について、必要があると認めるときは、その保護者に対し、母子保護の実施の申込みを勧奨しなければならない。

⑤　都道府県等は、第一項に規定する保護者の母子生活支援施設の選択及び母子生活支援施設の適正な運営の確保に資するため、内閣府令の定めるところにより、母子生活支援施設の設置者、設備及び運営の状況その他の内閣府令の定める事項に関し情報の提供を行わなければならない。

〔妊産婦等生活援助事業の実施〕

第二十三条の二　都道府県等は、児童及び妊産婦の福祉のため、それぞれその設置する福祉事務所の所管区域内において、妊産婦等生活援助事業が着実に実施されるよう、必要な措置の実施に努めなければならない。

〔利用の勧奨〕

第二十三条の三　妊産婦等生活援助事業を行う都道府県等は、第二十五条の七第二項第三号、第二十五条の八第三号若しくは第二十六条第一項第五号又は困難な問題を抱える女性への支援に関する法律第十条の規定による報告又は通知を受けた妊産婦又はその者の監護すべき児童について、必要があると認めるときは、当該妊産婦に対し、妊産婦等生活援助事業の利用を勧奨しなければならない。

〔保育の実施〕

第二十四条　市町村は、この法律及び子ども・子育て支援法の定めるところにより、保護者の労働又は疾病その他の事由により、その監護すべき乳児、幼児その他の児童について保育を必要とする場合において、次項に定めるところによるほか、当該児童を保育所（認定こども園法第三条第一項の認定を受けたもの及び同条第十項の規定による公示がされたものを除く。）において保育しなければならない。

②　市町村は、前項に規定する児童に対し、認定こども園法第二条第六項に規定する認定こども園（子ども・子育て支援法第二十七条第一項の確認を受けたものに限る。）又は家庭的保育事業等（家庭的保育事業、小規模保育事業、居宅訪問型保育事業又は事業所内保育事業をいう。以下同じ。）により必要な保育を確保するための措置を講じなければならない。

③　市町村は、保育の需要に応ずるに足りる保育所、認定こども園（子ども・子育て支援法第二十七条第一項の確認を受けたものに限る。以下この項及び第四十六条の二第二項において同じ。）又は家庭的保育事業等が不足し、又は不足するおそれがある場合その他必要と認められる場合には、保育所、認定こども園（保育所であるものを含む。）又は家庭的保育事業等の利用について調整を行うとともに、認定こども園の設置者又は家庭的保育事業等を行う者に対し、前項に規定する児童の利用の要請を行うも

のとする。

④　市町村は、第二十五条の八第三号又は第二十六条第一項第五号の規定による報告又は通知を受けた児童その他の優先的に保育を行う必要があると認められる児童について、その保護者に対し、保育所若しくは幼保連携型認定こども園において保育を受けること又は家庭的保育事業等による保育を受けること（以下「保育の利用」という。）の申込みを勧奨し、及び保育を受けることができるよう支援しなければならない。

⑤　市町村は、前項に規定する児童が、同項の規定による勧奨及び支援を行つても、なおやむを得ない事由により子ども・子育て支援法に規定する施設型給付費若しくは特例施設型給付費（同法第二十八条第一項第二号に係るものを除く。次項において同じ。）又は同法に規定する地域型保育給付費若しくは特例地域型保育給付費（同法第三十条第一項第二号に係るものを除く。次項において同じ。）の支給に係る保育を受けることが著しく困難であると認めるときは、当該児童を当該市町村の設置する保育所若しくは幼保連携型認定こども園に入所させ、又は当該市町村以外の者の設置する保育所若しくは幼保連携型認定こども園に入所を委託して、保育を行わなければならない。

⑥　市町村は、前項に定めるほか、保育を必要とする乳児・幼児が、子ども・子育て支援法第四十二条第一項又は第五十四条第一項の規定によるあつせん又は要請その他市町村による支援等を受けたにもかかわらず、なお保育が利用できないなど、やむを得ない事由により同法に規定する施設型給付費若しくは特例施設型給付費又は同法に規定する地域型保育給付費若しくは特例地域型保育給付費の支給に係る保育を受けることが著しく困難であると認めるときは、次の措置を採ることができる。

一　当該保育を必要とする乳児・幼児を当該市町村の設置する保育所若しくは幼保連携型認定こども園に入所させ、又は当該市町村以外の者の設置する保育所若しくは幼保連携型認定こども園に入所を委託して、保育を行うこと。

二　当該保育を必要とする乳児・幼児に対して当該市町村が行う家庭的保育事業等による保育を行い、又は家庭的保育事業等を行う当該市町村以外の者に当該家庭的保育事業等により保育を行うことを委託すること。

⑦　市町村は、第三項の規定による調整及び要請並びに第四項の規定による勧奨及び支援を適切に実施するとともに、地域の実情に応じたきめ細かな保育が積極的に提供され、児童が、その置かれている環境等に応じて、必要な保育を受けることができるよう、保育を行う事業その他児童の福祉を増進することを目的とする事業を行う者の活動の連携及び調整を図る等地域の実情に応じた体制の整備を行うものとする。

第四節　障害児入所給付費、高額障害児入所給付費及び特定入所障害児食費等給付費並びに障害児入所医療費の支給

第一款　障害児入所給付費、高額障害児入所給付費及び特定入所障害児食費等給付費の支給

〔障害児入所給付費の支給〕

第二十四条の二　都道府県は、次条第六項に規定する入所給付決定保護者（以下この条において「入所給付決定保護者」という。）が、次条第四項の規定により定められた期間内において、都道府県知事が指定する障害児入所施設（以下「指定障害児入所施設」という。）又は指定発達支援医療機関（以下「指定障害児入所施設等」と総称する。）に入所又は入院（以下「入所等」という。）の申込みを行い、当該指定障害児入所施設等から障害児入所支援（以下「指定入所支援」という。）を受けたときは、当該入所給付決定保護者に対し、当該指定入所支援に要した費用（食事の提供に要する費用、居住又は滞在に要する費用その他の日常生活に要する費用のうち内閣府令で定める費用及び治療に要する費用（以下「入所特定費用」という。）を除く。）について、障害児入所給付費を支給する。

②　障害児入所給付費の額は、一月につき、第一号に掲げる額から第二号に掲げる額を控除して得た額とする。

一　同一の月に受けた指定入所支援について、指定入所支援に通常要する費用（入所特定費用を除く。）につき、内閣総理大臣が定める基準により算定した費用の額（その額が現に当該指定入所支援に要した費用（入所特定費用を除く。）の額を超えるときは、当該現に指定入所支援に要した費用の額）を合計した額

二　当該入所給付決定保護者の家計の負担能力その他の事情をしん酌して政令で定める額（当該政令で定める額が前号に掲げる額の百分の十に相当する額を超えるときは、当該相当する額）

〔障害児入所給付費の支給の手続〕

第二十四条の三　障害児の保護者は、前条第一項の規定により障害児入所給付費の支給を受けようとするときは、内閣府令で定めるところにより、都道府県に申請しなければならない。

② 都道府県は、前項の申請が行われたときは、当該申請に係る障害児の心身の状態、当該障害児の介護を行う者の状況、当該障害児の保護者の障害児入所給付費の受給の状況その他の内閣府令で定める事項を勘案して、障害児入所給付費の支給の要否を決定するものとする。

③ 前項の規定による決定を行う場合には、児童相談所長の意見を聴かなければならない。

④ 障害児入所給付費を支給する旨の決定（以下「入所給付決定」という。）を行う場合には、障害児入所給付費を支給する期間を定めなければならない。

⑤ 前項の期間は、内閣府令で定める期間を超えることができないものとする。

⑥ 都道府県は、入所給付決定をしたときは、当該入所給付決定を受けた障害児の保護者（以下「入所給付決定保護者」という。）に対し、内閣府令で定めるところにより、第四項の規定により定められた期間（以下「給付決定期間」という。）を記載した入所受給者証（以下「入所受給者証」という。）を交付しなければならない。

⑦ 指定入所支援を受けようとする入所給付決定保護者は、内閣府令で定めるところにより、指定障害児入所施設等に入所受給者証を提示して当該指定入所支援を受けるものとする。ただし、緊急の場合その他やむを得ない事由のある場合については、この限りでない。

⑧ 入所給付決定保護者が指定障害児入所施設等から指定入所支援を受けたとき（当該入所給付決定保護者が当該指定障害児入所施設等に入所受給者証を提示したときに限る。）は、都道府県は、当該入所給付決定保護者が当該指定入所支援に要した費用（入所特定費用を除く。）について、障害児入所給付費として当該入所給付決定保護者に支給すべき額の限度において、当該入所給付決定保護者に代わり、当該指定障害児入所施設等に支払うことができる。

⑨ 前項の規定による支払があつたときは、当該入所給付決定保護者に対し障害児入所給付費の支給があつたものとみなす。

⑩ 都道府県は、指定障害児入所施設等から障害児入所給付費の請求があつたときは、前条第二項第一号の内閣総理大臣が定める基準及び第二十四条の十二第二項の指定障害児入所施設等の設備及び運営に関する基準（指定入所支援の取扱いに関する部分に限る。）に照らして審査の上、支払うものとする。

⑪ 都道府県は、前項の規定による審査及び支払に関する事務を連合会に委託することができる。

〔入所給付決定の取消し〕

第二十四条の四　入所給付決定を行つた都道府県は、次に掲げる場合には、当該入所給付決定を取り消すことができる。

一　入所給付決定に係る障害児が、指定入所支援を受ける必要がなくなつたと認めるとき。

二　入所給付決定保護者が、給付決定期間内に、当該都道府県以外の都道府県の区域内に居住地を有するに至つたと認めるとき。

三　その他政令で定めるとき。

② 前項の規定により入所給付決定の取消しを行つた都道府県は、内閣府令で定めるところにより、当該取消しに係る入所給付決定保護者に対し入所受給者証の返還を求めるものとする。

〔障害児入所給付費支給割合の特例〕

第二十四条の五　都道府県が、災害その他の内閣府令で定める特別の事情があることにより、障害児入所支援に要する費用を負担することが困難であると認めた入所給付決定保護者が受ける障害児入所給付費の支給について第二十四条の二第二項の規定を適用する場合においては、同項第二号中「額）」とあるのは、「額）の範囲内において都道府県が定める額」とする。

〔高額障害児入所給付費の支給〕

第二十四条の六　都道府県は、入所給付決定保護者が受けた指定入所支援に要した費用の合計額（内閣総理大臣が定める基準により算定した費用の額（その額が現に要した費用の額を超えるときは、当該現に要した額）の合計額を限度とする。）から当該費用につき支給された障害児入所給付費の合計額を控除して得た額が、著しく高額であるときは、当該入所給付決定保護者に対し、高額障害児入所給付費を支給する。

② 前項に定めるもののほか、高額障害児入所給付費の支給要件、支給額その他高額障害児入所給付費の支給に関し必要な事項は、指定入所支援に要する費用の負担の家計に与える影響を考慮して、政令で定める。

〔特定入所障害児食費等給付費の支給〕

第二十四条の七　都道府県は、入所給付決定保護者のうち所得の状況その他の事情をしん酌して内閣府令で定めるものに係る障害児が、給付決定期間内において、指定障害児入所施設等に入所等をし、当該指定障害児入所施設等から指定入所支援を受けたときは、当該入所給付決定保護者に対し、当該指定障害児入所施設等における食事の提供に要した費用及び居住に要した費用について、政令で定めるところにより、特定入所障害児食費等給付費を支給する。

② 第二十四条の三第七項から第十一項までの規定は、特定入所障害児食費等給付費の支給について準用する。この場合において、必要な技術的読替えは、政令で定める。

〔内閣府令への委任〕

第二十四条の八 この款に定めるもののほか、障害児入所給付費、高額障害児入所給付費又は特定入所障害児食費等給付費の支給及び指定障害児入所施設等の障害児入所給付費又は特定入所障害児食費等給付費の請求に関し必要な事項は、内閣府令で定める。

第二款　指定障害児入所施設等

〔障害児入所施設の指定〕

第二十四条の九 第二十四条の二第一項の指定は、内閣府令で定めるところにより、障害児入所施設の設置者の申請により、当該障害児入所施設の入所定員を定めて、行う。

② 都道府県知事は、前項の申請があつた場合において、当該都道府県における当該申請に係る指定障害児入所施設の入所定員の総数が、第三十三条の二十二第一項の規定により当該都道府県が定める都道府県障害児福祉計画において定める当該都道府県の当該指定障害児入所施設の必要入所定員総数に既に達しているか、又は当該申請に係る施設の指定によつてこれを超えることになると認めるとき、その他の当該都道府県障害児福祉計画の達成に支障を生ずるおそれがあると認めるときは、第二十四条の二第一項の指定をしないことができる。

③ 第二十一条の五の十五第三項（第七号を除く。）及び第四項の規定は、第二十四条の二第一項の指定障害児入所施設の指定について準用する。この場合において、必要な技術的読替えは、政令で定める。

〔障害児入所施設の指定の更新〕

第二十四条の十 第二十四条の二第一項の指定は、六年ごとにその更新を受けなければ、その期間の経過によつて、その効力を失う。

② 前項の更新の申請があつた場合において、同項の期間（以下この条において「指定の有効期間」という。）の満了の日までにその申請に対する処分がされないときは、従前の指定は、指定の有効期間の満了後もその処分がされるまでの間は、なおその効力を有する。

③ 前項の場合において、指定の更新がされたときは、その指定の有効期間は、従前の指定の有効期間の満了の日の翌日から起算するものとする。

④ 前条の規定は、第一項の指定の更新について準用する。この場合において、必要な技術的読替えは、政令で定める。

〔指定障害児入所施設等の設置者の義務〕

第二十四条の十一 指定障害児入所施設等の設置者は、障害児が自立した日常生活又は社会生活を営むことができるよう、障害児及びその保護者の意思をできる限り尊重するとともに、行政機関、教育機関その他の関係機関との緊密な連携を図りつつ、障害児入所支援を当該障害児の意向、適性、障害の特性その他の事情に応じ、常に障害児及びその保護者の立場に立つて効果的に行うように努めなければならない。

② 指定障害児入所施設等の設置者は、その提供する障害児入所支援の質の評価を行うことその他の措置を講ずることにより、障害児入所支援の質の向上に努めなければならない。

③ 指定障害児入所施設等の設置者は、障害児の人格を尊重するとともに、この法律又はこの法律に基づく命令を遵守し、障害児及びその保護者のため忠実にその職務を遂行しなければならない。

〔指定入所支援の基準〕

第二十四条の十二 指定障害児入所施設等の設置者は、都道府県の条例で定める基準に従い、指定入所支援に従事する従業者を有しなければならない。

② 指定障害児入所施設等の設置者は、都道府県の条例で定める指定障害児入所施設等の設備及び運営に関する基準に従い、指定入所支援を提供しなければならない。

③ 都道府県が前二項の条例を定めるに当たつては、次に掲げる事項については内閣府令で定める基準に従い定めるものとし、その他の事項については内閣府令で定める基準を参酌するものとする。

一　指定入所支援に従事する従業者及びその員数

二　指定障害児入所施設等に係る居室及び病室の床面積その他指定障害児入所施設等の設備に関する事項であつて障害児の健全な発達に密接に関連するものとして厚生労働省令で定めるもの

三　指定障害児入所施設等の運営に関する事項であつて、障害児の保護者のサービスの適切

な利用の確保並びに障害児の適切な処遇及び安全の確保並びに秘密の保持に密接に関連するものとして厚生労働省令で定めるもの

④ 第一項及び第二項の都道府県の条例で定める基準は、知的障害のある児童、盲児（強度の弱視児を含む。）、ろうあ児（強度の難聴児を含む。）、肢体不自由のある児童、重症心身障害児その他の指定障害児入所施設等に入所等をする障害児についてそれぞれの障害の特性に応じた適切な支援が確保されるものでなければならない。

⑤ 指定障害児入所施設の設置者は、第二十四条の十四の規定による指定の辞退をするときは、同条に規定する予告期間の開始日の前日に当該指定入所支援を受けていた者であつて、当該指定の辞退の日以後においても引き続き当該指定入所支援に相当するサービスの提供を希望する者に対し、必要な障害児入所支援が継続的に提供されるよう、他の指定障害児入所施設等の設置者その他関係者との連絡調整その他の便宜の提供を行わなければならない。

〔変更の申請等〕

第二十四条の十三 指定障害児入所施設の設置者は、第二十四条の二第一項の指定に係る入所定員を増加しようとするときは、内閣府令で定めるところにより、同項の指定の変更を申請することができる。

② 第二十四条の九第二項及び第三項の規定は、前項の指定の変更の申請があつた場合について準用する。この場合において、必要な技術的読替えは、政令で定める。

③ 指定障害児入所施設の設置者は、設置者の住所その他の内閣府令で定める事項に変更があつたときは、内閣府令で定めるところにより、十日以内に、その旨を都道府県知事に届け出なければならない。

〔指定の辞退〕

第二十四条の十四 指定障害児入所施設は、三月以上の予告期間を設けて、その指定を辞退することができる。

〔準用規定〕

第二十四条の十四の二 第二十一条の五の二十一の規定は、指定障害児入所施設の設置者による第二十四条の十二第五項に規定する便宜の提供について準用する。この場合において、第二十一条の五の二十一第一項中「都道府県知事又は市町村長」とあるのは、「都道府県知事」と読み替えるものとする。

〔立入検査等〕

第二十四条の十五 都道府県知事は、必要があると認めるときは、指定障害児入所施設等の設置者若しくは当該指定障害児入所施設等の長その他の従業者（以下この項において「指定施設設置者等」という。）である者若しくは指定施設設置者等であつた者に対し、報告若しくは帳簿書類その他の物件の提出若しくは提示を命じ、指定施設設置者等である者若しくは指定施設設置者等であつた者に対し出頭を求め、又は当該職員に、関係者に対し質問させ、若しくは当該指定障害児入所施設等、当該指定障害児入所施設等の設置者の事務所その他当該指定障害児入所施設等の運営に関係のある場所に立ち入り、その設備若しくは帳簿書類その他の物件を検査させることができる。

② 第十九条の十六第二項の規定は前項の規定による質問又は検査について、同条第三項の規定は前項の規定による権限について準用する。

〔勧告等〕

第二十四条の十六 都道府県知事は、指定障害児入所施設等の設置者が、次の各号（指定発達支援医療機関の設置者にあつては、第三号を除く。以下この項において同じ。）に掲げる場合に該当すると認めるときは、当該指定障害児入所施設等の設置者に対し、期限を定めて、当該各号に定める措置をとるべきことを勧告することができる。

一 指定障害児入所施設等の従業者の知識若しくは技能又は人員について第二十四条の十二第一項の都道府県の条例で定める基準に適合していない場合 当該基準を遵守すること。

二 第二十四条の十二第二項の都道府県の条例で定める指定障害児入所施設等の設備及び運営に関する基準に従つて適正な指定障害児入所施設等の運営をしていない場合 当該基準を遵守すること。

三 第二十四条の十二第五項に規定する便宜の提供を適正に行つていない場合 当該便宜の提供を適正に行うこと。

② 都道府県知事は、前項の規定による勧告をした場合において、その勧告を受けた指定障害児入所施設等の設置者が、同項の期限内にこれに従わなかつたときは、その旨を公表することができる。

③ 都道府県知事は、第一項の規定による勧告を受けた指定障害児入所施設等の設置者が、正当な理由がなくてその勧告に係る措置をとらなかつたときは、当該指定障害児入所施設等の設置者に対し、期限を定めて、その勧告に係る措置をとるべきことを命ずることができる。

④　都道府県知事は、前項の規定による命令をしたときは、その旨を公示しなければならない。

〔指定の取消し〕

第二十四条の十七　都道府県知事は、次の各号のいずれかに該当する場合においては、当該指定障害児入所施設に係る第二十四条の二第一項の指定を取り消し、又は期間を定めてその指定の全部若しくは一部の効力を停止することができる。

一　指定障害児入所施設の設置者が、第二十四条の九第三項において準用する第二十一条の五の十五第三項第四号から第五号の二まで、第十三号又は第十四号のいずれかに該当するに至つたとき。

二　指定障害児入所施設の設置者が、第二十四条の十一第三項の規定に違反したと認められるとき。

三　指定障害児入所施設の設置者が、当該指定障害児入所施設の従業者の知識若しくは技能又は人員について、第二十四条の十二第一項の都道府県の条例で定める基準を満たすことができなくなつたとき。

四　指定障害児入所施設の設置者が、第二十四条の十二第二項の都道府県の条例で定める指定障害児入所施設等の設備及び運営に関する基準に従つて適正な指定障害児入所施設の運営をすることができなくなつたとき。

五　障害児入所給付費、特定入所障害児食費等給付費又は障害児入所医療費の請求に関し不正があつたとき。

六　指定障害児入所施設の設置者又は当該指定障害児入所施設の長その他の従業者（次号において「指定入所施設設置者等」という。）が、第二十四条の十五第一項の規定により報告又は提示を命ぜられてこれに従わず、又は虚偽の報告をしたとき。

七　指定入所施設設置者等が、第二十四条の十五第一項の規定により出頭を求められてこれに応ぜず、同項の規定による質問に対して答弁せず、若しくは虚偽の答弁をし、又は同項の規定による立入り若しくは検査を拒み、妨げ、若しくは忌避したとき。ただし、当該指定障害児入所施設の従業者がその行為をした場合において、その行為を防止するため、当該指定障害児入所施設の設置者又は当該指定障害児入所施設の長が相当の注意及び監督を尽くしたときを除く。

八　指定障害児入所施設の設置者が、不正の手段により第二十四条の二第一項の指定を受けたとき。

九　前各号に掲げる場合のほか、指定障害児入所施設の設置者が、この法律その他国民の保健医療若しくは福祉に関する法律で政令で定めるもの又はこれらの法律に基づく命令若しくは処分に違反したとき。

十　前各号に掲げる場合のほか、指定障害児入所施設の設置者が、障害児入所支援に関し不正又は著しく不当な行為をしたとき。

十一　指定障害児入所施設の設置者が法人である場合において、その役員又は当該指定障害児入所施設の長のうちに指定の取消し又は指定の全部若しくは一部の効力の停止をしようとするとき前五年以内に障害児入所支援に関し不正又は著しく不当な行為をした者があるとき。

十二　指定障害児入所施設の設置者が法人でない場合において、その管理者が指定の取消し又は指定の全部若しくは一部の効力の停止をしようとするとき前五年以内に障害児入所支援に関し不正又は著しく不当な行為をした者であるとき。

〔公示〕

第二十四条の十八　都道府県知事は、次に掲げる場合には、その旨を公示しなければならない。

一　第二十四条の二第一項の指定障害児入所施設の指定をしたとき。

二　第二十四条の十四の規定による指定障害児入所施設の指定の辞退があつたとき。

三　前条又は第三十三条の十八第六項の規定により指定障害児入所施設の指定を取り消したとき。

〔都道府県等の義務等〕

第二十四条の十九　都道府県は、指定障害児入所施設等に関し必要な情報の提供を行うとともに、その利用に関し相談に応じ、及び助言を行わなければならない。

②　都道府県は、障害児又は当該障害児の保護者から求めがあつたときは、指定障害児入所施設等の利用についてあつせん又は調整を行うとともに、必要に応じて、指定障害児入所施設等の設置者に対し、当該障害児の利用についての要請を行うものとする。

③　指定障害児入所施設等の設置者は、前項のあつせん、調整及び要請に対し、できる限り協力しなければならない。

④　都道府県は、障害児入所施設に在所し、又は指定発達支援医療機関に入院している障害児並びに第二十四条の二十四第一項又は第二項の規

定により同条第一項に規定する障害児入所給付費等の支給を受けている者及び第三十一条第二項若しくは第三項又は第三十一条の二第一項若しくは第二項の規定により障害児入所施設に在所し、又は指定発達支援医療機関に入院している者が、障害福祉サービスその他のサービスを利用しつつ自立した日常生活又は社会生活を営むことができるよう、自立した日常生活又は社会生活への移行について、市町村その他の関係者との協議の場を設け、市町村その他の関係者との連携及び調整を図ることその他の必要な措置を講じなければならない。

第三款　業務管理体制の整備等

〔準用規定〕
第二十四条の十九の二　第二節第三款の規定（中核市の長に係る部分を除く。）は、指定障害児入所施設等の設置者について準用する。この場合において、必要な技術的読替えは、政令で定める。

第四款　障害児入所医療費の支給

〔障害児入所医療費の支給〕
第二十四条の二十　都道府県は、入所給付決定に係る障害児が、給付決定期間内において、指定障害児入所施設等（病院その他内閣府令で定める施設に限る。以下この条、次条及び第二十四条の二十三において同じ。）から障害児入所支援のうち治療に係るもの（以下この条において「障害児入所医療」という。）を受けたときは、内閣府令で定めるところにより、当該障害児に係る入所給付決定保護者に対し、当該障害児入所医療に要した費用について、障害児入所医療費を支給する。

② 障害児入所医療費の額は、一月につき、次に掲げる額の合算額とする。

一　同一の月に受けた障害児入所医療（食事療養を除く。）につき健康保険の療養に要する費用の額の算定方法の例により算定した額から、当該入所給付決定保護者の家計の負担能力その他の事情をしん酌して政令で定める額（当該政令で定める額が当該算定した額の百分の十に相当する額を超えるときは、当該相当する額）を控除して得た額

二　当該障害児入所医療（食事療養に限る。）につき健康保険の療養に要する費用の額の算定方法の例により算定した額から、健康保険法第八十五条第二項に規定する食事療養標準負担額、入所給付決定保護者の所得の状況その他の事情を勘案して内閣総理大臣が定める額を控除した額

③ 入所給付決定に係る障害児が指定障害児入所施設等から障害児入所医療を受けたときは、都道府県は、当該障害児に係る入所給付決定保護者が当該指定障害児入所施設等に支払うべき当該障害児入所医療に要した費用について、障害児入所医療費として当該入所給付決定保護者に支給すべき額の限度において、当該入所給付決定保護者に代わり、当該指定障害児入所施設等に支払うことができる。

④ 前項の規定による支払があつたときは、当該入所給付決定保護者に対し障害児入所医療費の支給があつたものとみなす。

〔準用規定〕
第二十四条の二十一　第十九条の十二及び第十九条の二十の規定は指定障害児入所施設等に対する障害児入所医療費の支給について、第二十一条の規定は指定障害児入所施設等について、それぞれ準用する。この場合において、第十九条の十二第二項中「厚生労働大臣」とあるのは「内閣総理大臣」と、第十九条の二十第四項中「厚生労働省令」とあるのは「内閣府令」と読み替えるほか、必要な技術的読替えは、政令で定める。

〔健康保険法による給付との調整〕
第二十四条の二十二　障害児入所医療費の支給は、当該障害の状態につき、健康保険法の規定による家族療養費その他の法令に基づく給付であつて政令で定めるもののうち障害児入所医療費の支給に相当するものを受けることができるときは政令で定める限度において、当該政令で定める給付以外の給付であつて国又は地方公共団体の負担において障害児入所医療費の支給に相当するものが行われたときはその限度において、行わない。

〔内閣府令への委任〕
第二十四条の二十三　この款に定めるもののほか、障害児入所医療費の支給及び指定障害児入所施設等の障害児入所医療費の請求に関し必要な事項は、内閣府令で定める。

第五款　障害児入所給付費、高額障害児入所給付費及び特定入所障害児食費等給付費並びに障害児入所医療費の支給の特例

第二十四条の二十四　都道府県は、第二十四条の二第一項、第二十四条の六第一項、第二十四条の七第一項又は第二十四条の二十第一項の規定にかかわらず、内閣府令で定める指定障害児入

児福法

所施設等に入所等をした障害児（以下この項において「入所者」という。）について、引き続き指定入所支援を受けなければその福祉を損なうおそれがあると認めるときは、当該入所者が満十八歳に達した後においても、当該入所者からの申請により、当該入所者が満二十歳に達するまで、内閣府令で定めるところにより、引き続き第五十条第六号の三に規定する障害児入所給付費等（次項及び第三項において「障害児入所給付費等」という。）を支給することができる。ただし、当該入所者が障害者の日常生活及び社会生活を総合的に支援するための法律第五条第六項に規定する療養介護その他の支援を受けることができる場合は、この限りでない。

② 都道府県は、前項の規定にかかわらず、同項の規定により障害児入所給付費等の支給を受けている者であつて、障害福祉サービスその他のサービスを利用しつつ自立した日常生活又は社会生活を営むことが著しく困難なものとして内閣府令で定める者について、満二十歳に到達してもなお引き続き指定入所支援を受けなければその福祉を損なうおそれがあると認めるときは、当該者が満二十歳に達した後においても、当該者からの申請により、当該者が満二十三歳に達するまで、内閣府令で定めるところにより、引き続き障害児入所給付費等を支給することができる。この場合においては、同項ただし書の規定を準用する。

③ 前二項の規定により障害児入所給付費等を支給することができることとされた者については、その者を障害児又は障害児の保護者とみなして、第二十四条の二から第二十四条の七まで、第二十四条の十九（第四項を除く。）及び第二十四条の二十から第二十四条の二十二までの規定を適用する。この場合において、必要な技術的読替えその他これらの規定の適用に関し必要な事項は、政令で定める。

④ 第一項又は第二項の場合においては、都道府県知事は、児童相談所長の意見を聴かなければならない。

第五節 障害児相談支援給付費及び特例障害児相談支援給付費の支給

第一款 障害児相談支援給付費及び特例障害児相談支援給付費の支給

第二十四条の二十五 障害児相談支援給付費及び特例障害児相談支援給付費の支給は、障害児相談支援に関して次条及び第二十四条の二十七の規定により支給する給付とする。

〔障害児相談支援給付費の支給〕

第二十四条の二十六 市町村は、次の各号に掲げる者（以下この条及び次条第一項において「障害児相談支援対象保護者」という。）に対し、当該各号に定める場合の区分に応じ、当該各号に規定する障害児相談支援に要した費用について、障害児相談支援給付費を支給する。

一 第二十一条の五の七第四項（第二十一条の五の八第三項において準用する場合を含む。）の規定により、障害児支援利用計画案の提出を求められた第二十一条の五の六第一項又は第二十一条の五の八第一項の申請に係る障害児の保護者 市町村長が指定する障害児相談支援事業を行う者（以下「指定障害児相談支援事業者」という。）から当該指定に係る障害児支援利用援助（次項において「指定障害児支援利用援助」という。）を受けた場合であつて、当該申請に係る給付決定等を受けたとき。

二 通所給付決定保護者 指定障害児相談支援事業者から当該指定に係る継続障害児支援利用援助（次項において「指定継続障害児支援利用援助」という。）を受けたとき。

② 障害児相談支援給付費の額は、指定障害児支援利用援助又は指定継続障害児支援利用援助（以下「指定障害児相談支援」という。）に通常要する費用につき、内閣総理大臣が定める基準により算定した費用の額（その額が現に当該指定障害児相談支援に要した費用の額を超えるときは、当該現に指定障害児相談支援に要した費用の額）とする。

③ 障害児相談支援対象保護者が指定障害児相談支援事業者から指定障害児相談支援を受けたときは、市町村は、当該障害児相談支援対象保護者が当該指定障害児相談支援事業者に支払うべき当該指定障害児相談支援に要した費用について、障害児相談支援給付費として当該障害児相談支援対象保護者に対し支給すべき額の限度において、当該障害児相談支援対象保護者に代わり、当該指定障害児相談支援事業者に支払うことができる。

④ 前項の規定による支払があつたときは、障害児相談支援対象保護者に対し障害児相談支援給付費の支給があつたものとみなす。

⑤ 市町村は、指定障害児相談支援事業者から障害児相談支援給付費の請求があつたときは、第二項の内閣総理大臣が定める基準及び第二十四条の三十一第二項の内閣府令で定める指定障害児相談支援の事業の運営に関する基準（指定障

害児相談支援の取扱いに関する部分に限る。）に照らして審査の上、支払うものとする。

⑥　市町村は、前項の規定による審査及び支払に関する事務を連合会に委託することができる。

⑦　前各項に定めるもののほか、障害児相談支援給付費の支給及び指定障害児相談支援事業者の障害児相談支援給付費の請求に関し必要な事項は、内閣府令で定める。

〔特例障害児相談支援給付費の支給〕

第二十四条の二十七　市町村は、障害児相談支援対象保護者が、指定障害児相談支援以外の障害児相談支援（第二十四条の三十一第一項の内閣府令で定める基準及び同条第二項の内閣府令で定める指定障害児相談支援の事業の運営に関する基準に定める事項のうち内閣府令で定めるものを満たすと認められる事業を行う事業所により行われるものに限る。以下この条において「基準該当障害児相談支援」という。）を受けた場合において、必要があると認めるときは、内閣府令で定めるところにより、基準該当障害児相談支援に要した費用について、特例障害児相談支援給付費を支給することができる。

②　特例障害児相談支援給付費の額は、当該基準該当障害児相談支援について前条第二項の内閣総理大臣が定める基準により算定した費用の額（その額が現に当該基準該当障害児相談支援に要した費用の額を超えるときは、当該現に基準該当障害児相談支援に要した費用の額）を基準として、市町村が定める。

③　前二項に定めるもののほか、特例障害児相談支援給付費の支給に関し必要な事項は、内閣府令で定める。

第二款　指定障害児相談支援事業者

〔指定障害児相談支援事業者の指定〕

第二十四条の二十八　第二十四条の二十六第一項第一号の指定障害児相談支援事業者の指定は、内閣府令で定めるところにより、総合的に障害者の日常生活及び社会生活を総合的に支援するための法律第五条第十九項に規定する相談支援を行う者として内閣府令で定める基準に該当する者の申請により、障害児相談支援事業を行う事業所（以下「障害児相談支援事業所」という。）ごとに行う。

②　第二十一条の五の十五第三項（第四号、第十一号及び第十四号を除く。）の規定は、第二十四条の二十六第一項第一号の指定障害児相談支援事業者の指定について準用する。この場合において、第二十一条の五の十五第三項第一号中「都道府県の条例で定める者」とあるのは、「法人」と読み替えるほか、必要な技術的読替えは、政令で定める。

〔指定の更新〕

第二十四条の二十九　第二十四条の二十六第一項第一号の指定は、六年ごとにその更新を受けなければ、その期間の経過によつて、その効力を失う。

②　前項の更新の申請があつた場合において、同項の期間（以下この条において「指定の有効期間」という。）の満了の日までにその申請に対する処分がされないときは、従前の指定は、指定の有効期間の満了後もその処分がされるまでの間は、なおその効力を有する。

③　前項の場合において、指定の更新がされたときは、その指定の有効期間は、従前の指定の有効期間の満了の日の翌日から起算するものとする。

④　前条の規定は、第一項の指定の更新について準用する。この場合において、必要な技術的読替えは、政令で定める。

〔指定障害児相談支援事業者の義務〕

第二十四条の三十　指定障害児相談支援事業者は、障害児が自立した日常生活又は社会生活を営むことができるよう、障害児及びその保護者の意思をできる限り尊重するとともに、行政機関、教育機関その他の関係機関との緊密な連携を図りつつ、障害児相談支援を当該障害児の意向、適性、障害の特性その他の事情に応じ、常に障害児及びその保護者の立場に立つて効果的に行うように努めなければならない。

②　指定障害児相談支援事業者は、その提供する障害児相談支援の質の評価を行うことその他の措置を講ずることにより、障害児相談支援の質の向上に努めなければならない。

③　指定障害児相談支援事業者は、障害児の人格を尊重するとともに、この法律又はこの法律に基づく命令を遵守し、障害児及びその保護者のため忠実にその職務を遂行しなければならない。

〔指定障害児相談支援の基準等〕

第二十四条の三十一　指定障害児相談支援事業者は、当該指定に係る障害児相談支援事業所ごとに、内閣府令で定める基準に従い、当該指定障害児相談支援に従事する従業者を有しなければならない。

②　指定障害児相談支援事業者は、内閣府令で定める指定障害児相談支援の事業の運営に関する基準に従い、指定障害児相談支援を提供しなけ

ればならない。

③　指定障害児相談支援事業者は、次条第二項の規定による事業の廃止又は休止の届出をしたときは、当該届出の日前一月以内に当該指定障害児相談支援を受けていた者であつて、当該事業の廃止又は休止の日以後においても引き続き当該指定障害児相談支援に相当する支援の提供を希望する者に対し、必要な障害児相談支援が継続的に提供されるよう、他の指定障害児相談支援事業者その他関係者との連絡調整その他の便宜の提供を行わなければならない。

〔変更、休止、廃止の届出〕

第二十四条の三十二　指定障害児相談支援事業者は、当該指定に係る障害児相談支援事業所の名称及び所在地その他内閣府令で定める事項に変更があつたとき、又は休止した当該指定障害児相談支援の事業を再開したときは、内閣府令で定めるところにより、十日以内に、その旨を市町村長に届け出なければならない。

②　指定障害児相談支援事業者は、当該指定障害児相談支援の事業を廃止し、又は休止しようとするときは、内閣府令で定めるところにより、その廃止又は休止の日の一月前までに、その旨を市町村長に届け出なければならない。

〔連絡調整等〕

第二十四条の三十三　市町村長は、指定障害児相談支援事業者による第二十四条の三十一第三項に規定する便宜の提供が円滑に行われるため必要があると認めるときは、当該指定障害児相談支援事業者その他の関係者相互間の連絡調整又は当該指定障害児相談支援事業者その他の関係者に対する助言その他の援助を行うことができる。

〔立入検査等〕

第二十四条の三十四　市町村長は、必要があると認めるときは、指定障害児相談支援事業者若しくは指定障害児相談支援事業者であつた者若しくは当該指定に係る障害児相談支援事業所の従業者であつた者（以下この項において「指定障害児相談支援事業者であつた者等」という。）に対し、報告若しくは帳簿書類その他の物件の提出若しくは提示を命じ、指定障害児相談支援事業者若しくは当該指定に係る障害児相談支援事業所の従業者若しくは指定障害児相談支援事業者であつた者等に対し出頭を求め、又は当該職員に、関係者に対し質問させ、若しくは当該指定障害児相談支援事業者の当該指定に係る障害児相談支援事業所、事務所その他指定障害児相談支援の事業に関係のある場所に立ち入り、その設備若しくは帳簿書類その他の物件を検査させることができる。

②　第十九条の十六第二項の規定は前項の規定による質問又は検査について、同条第三項の規定は前項の規定による権限について準用する。

〔勧告等〕

第二十四条の三十五　市町村長は、指定障害児相談支援事業者が、次の各号に掲げる場合に該当すると認めるときは、当該指定障害児相談支援事業者に対し、期限を定めて、当該各号に定める措置をとるべきことを勧告することができる。

一　当該指定に係る障害児相談支援事業所の従業者の知識若しくは技能又は人員について第二十四条の三十一第一項の内閣府令で定める基準に適合していない場合　当該基準を遵守すること。

二　第二十四条の三十一第二項の内閣府令で定める指定障害児相談支援の事業の運営に関する基準に従つて適正な指定障害児相談支援の事業の運営をしていない場合　当該基準を遵守すること。

三　第二十四条の三十一第三項に規定する便宜の提供を適正に行つていない場合　当該便宜の提供を適正に行うこと。

②　市町村長は、前項の規定による勧告をした場合において、その勧告を受けた指定障害児相談支援事業者が、同項の期限内にこれに従わなかつたときは、その旨を公表することができる。

③　市町村長は、第一項の規定による勧告を受けた指定障害児相談支援事業者が、正当な理由がなくてその勧告に係る措置をとらなかつたときは、当該指定障害児相談支援事業者に対し、期限を定めて、その勧告に係る措置をとるべきことを命ずることができる。

④　市町村長は、前項の規定による命令をしたときは、その旨を公示しなければならない。

〔指定の取消し等〕

第二十四条の三十六　市町村長は、次の各号のいずれかに該当する場合においては、当該指定障害児相談支援事業者に係る第二十四条の二十六第一項第一号の指定を取り消し、又は期間を定めてその指定の全部若しくは一部の効力を停止することができる。

一　指定障害児相談支援事業者が、第二十四条の二十八第二項において準用する第二十一条の五の十五第三項第五号、第五号の二又は第十三号のいずれかに該当するに至つたとき。

二　指定障害児相談支援事業者が、第二十四条の三十第三項の規定に違反したと認められるとき。

三　指定障害児相談支援事業者が、当該指定に係る障害児相談支援事業所の従業者の知識若しくは技能又は人員について、第二十四条の三十一第一項の内閣府令で定める基準を満たすことができなくなつたとき。

四　指定障害児相談支援事業者が、第二十四条の三十一第二項の内閣府令で定める指定障害児相談支援の事業の運営に関する基準に従つて適正な指定障害児相談支援の事業の運営をすることができなくなつたとき。

五　障害児相談支援給付費の請求に関し不正があつたとき。

六　指定障害児相談支援事業者が、第二十四条の三十四第一項の規定により報告又は帳簿書類その他の物件の提出若しくは提示を命ぜられてこれに従わず、又は虚偽の報告をしたとき。

七　指定障害児相談支援事業者又は当該指定に係る障害児相談支援事業所の従業者が、第二十四条の三十四第一項の規定により出頭を求められてこれに応ぜず、同項の規定による質問に対して答弁せず、若しくは虚偽の答弁をし、又は同項の規定による立入り若しくは検査を拒み、妨げ、若しくは忌避したとき。ただし、当該指定に係る障害児相談支援事業所の従業者がその行為をした場合において、その行為を防止するため、当該指定障害児相談支援事業者が相当の注意及び監督を尽くしたときを除く。

八　指定障害児相談支援事業者が、不正の手段により第二十四条の二十六第一項第一号の指定を受けたとき。

九　前各号に掲げる場合のほか、指定障害児相談支援事業者が、この法律その他国民の福祉に関する法律で政令で定めるもの又はこれらの法律に基づく命令若しくは処分に違反したとき。

十　前各号に掲げる場合のほか、指定障害児相談支援事業者が、障害児相談支援に関し不正又は著しく不当な行為をしたとき。

十一　指定障害児相談支援事業者の役員又は当該指定に係る障害児相談支援事業所を管理する者その他の政令で定める使用人のうちに指定の取消し又は指定の全部若しくは一部の効力の停止をしようとするとき前五年以内に障害児相談支援に関し不正又は著しく不当な行為をした者があるとき。

〔公示〕

第二十四条の三十七　市町村長は、次に掲げる場合には、その旨を公示しなければならない。

一　第二十四条の二十六第一項第一号の指定障害児相談支援事業者の指定をしたとき。

二　第二十四条の三十二第二項の規定による事業の廃止の届出があつたとき。

三　前条の規定により指定障害児相談支援事業者の指定を取り消したとき。

第三款　業務管理体制の整備等

〔業務管理体制の整備等〕

第二十四条の三十八　指定障害児相談支援事業者は、第二十四条の三十第三項に規定する義務の履行が確保されるよう、内閣府令で定める基準に従い、業務管理体制を整備しなければならない。

②　指定障害児相談支援事業者は、次の各号に掲げる区分に応じ、当該各号に定める者に対し、内閣府令で定めるところにより、業務管理体制の整備に関する事項を届け出なければならない。

一　次号及び第三号に掲げる指定障害児相談支援事業者以外の指定障害児相談支援事業者　都道府県知事

二　指定障害児相談支援事業者であつて、当該指定に係る障害児相談支援事業所が一の市町村の区域に所在するもの　市町村長

三　当該指定に係る障害児相談支援事業所が二以上の都道府県の区域に所在する指定障害児相談支援事業者　内閣総理大臣

③　前項の規定により届出をした指定障害児相談支援事業者は、その届け出た事項に変更があつたときは、内閣府令で定めるところにより、遅滞なく、その旨を当該届出をした内閣総理大臣、都道府県知事又は市町村長（以下この款において「内閣総理大臣等」という。）に届け出なければならない。

④　第二項の規定による届出をした指定障害児相談支援事業者は、同項各号に掲げる区分の変更により、同項の規定により当該届出をした内閣総理大臣等以外の内閣総理大臣等に届出を行うときは、内閣府令で定めるところにより、その旨を当該届出をした内閣総理大臣等にも届け出なければならない。

⑤　内閣総理大臣等は、前三項の規定による届出が適正になされるよう、相互に密接な連携を図るものとする。

〔立入検査等〕

第二十四条の三十九　前条第二項の規定による届出を受けた内閣総理大臣等は、当該届出をした指定障害児相談支援事業者（同条第四項の規定

による届出を受けた内閣総理大臣等にあつては、同項の規定による届出をした指定障害児相談支援事業者を除く。）における同条第一項の規定による業務管理体制の整備に関して必要があると認めるときは、当該指定障害児相談支援事業者に対し、報告若しくは帳簿書類その他の物件の提出若しくは提示を命じ、当該指定障害児相談支援事業者若しくは当該指定障害児相談支援事業者の従業者に対し出頭を求め、又は当該職員に、関係者に対し質問させ、若しくは当該指定障害児相談支援事業者の当該指定に係る障害児相談支援事業所、事務所その他の指定障害児相談支援の提供に関係のある場所に立ち入り、その設備若しくは帳簿書類その他の物件を検査させることができる。

② 内閣総理大臣が前項の権限を行うときは当該指定障害児相談支援事業者に係る指定を行つた市町村長（以下この項及び次条第五項において「関係市町村長」という。）と、都道府県知事が前項の権限を行うときは関係市町村長と密接な連携の下に行うものとする。

③ 市町村長は、その行つた又はその行おうとする指定に係る指定障害児相談支援事業者における前条第一項の規定による業務管理体制の整備に関して必要があると認めるときは、内閣総理大臣又は都道府県知事に対し、第一項の権限を行うよう求めることができる。

④ 内閣総理大臣又は都道府県知事は、前項の規定による市町村長の求めに応じて第一項の権限を行つたときは、内閣府令で定めるところにより、その結果を当該権限を行うよう求めた市町村長に通知しなければならない。

⑤ 第十九条の十六第二項の規定は第一項の規定による質問又は検査について、同条第三項の規定は第一項の規定による権限について準用する。

〔勧告等〕

第二十四条の四十 第二十四条の三十八第二項の規定による届出を受けた内閣総理大臣等は、当該届出をした指定障害児相談支援事業者（同条第四項の規定による届出を受けた内閣総理大臣等にあつては、同項の規定による届出をした指定障害児相談支援事業者を除く。）が、同条第一項の内閣府令で定める基準に従つて適正な業務管理体制の整備をしていないと認めるときは、当該指定障害児相談支援事業者に対し、期限を定めて、当該内閣府令で定める基準に従つて適正な業務管理体制を整備すべきことを勧告することができる。

② 内閣総理大臣等は、前項の規定による勧告をした場合において、その勧告を受けた指定障害児相談支援事業者が、同項の期限内にこれに従わなかつたときは、その旨を公表することができる。

③ 内閣総理大臣等は、第一項の規定による勧告を受けた指定障害児相談支援事業者が、正当な理由がなくてその勧告に係る措置をとらなかつたときは、当該指定障害児相談支援事業者に対し、期限を定めて、その勧告に係る措置をとるべきことを命ずることができる。

④ 内閣総理大臣等は、前項の規定による命令をしたときは、その旨を公示しなければならない。

⑤ 内閣総理大臣又は都道府県知事は、指定障害児相談支援事業者が第三項の規定による命令に違反したときは、内閣府令で定めるところにより、当該違反の内容を関係市町村長に通知しなければならない。

第六節 要保護児童の保護措置等

〔要保護児童発見者の通告義務〕

第二十五条 要保護児童を発見した者は、これを市町村、都道府県の設置する福祉事務所若しくは児童相談所又は児童委員を介して市町村、都道府県の設置する福祉事務所若しくは児童相談所に通告しなければならない。ただし、罪を犯した満十四歳以上の児童については、この限りでない。この場合においては、これを家庭裁判所に通告しなければならない。

② 刑法の秘密漏示罪の規定その他の守秘義務に関する法律の規定は、前項の規定による通告をすることを妨げるものと解釈してはならない。

〔要保護児童対策地域協議会〕

第二十五条の二 地方公共団体は、単独で又は共同して、要保護児童（第三十一条第四項に規定する延長者及び第三十三条第十九項に規定する保護延長者を含む。次項において同じ。）の適切な保護又は要支援児童若しくは特定妊婦への適切な支援を図るため、関係機関、関係団体及び児童の福祉に関連する職務に従事する者その他の関係者（以下「関係機関等」という。）により構成される要保護児童対策地域協議会（以下「協議会」という。）を置くように努めなければならない。

② 協議会は、要保護児童若しくは要支援児童及びその保護者又は特定妊婦（以下この項及び第五項において「支援対象児童等」という。）に関する情報その他要保護児童の適切な保護又は要支援児童若しくは特定妊婦への適切な支援を図るために必要な情報の交換を行うとともに、

支援対象児童等に対する支援の内容に関する協議を行うものとする。

③　地方公共団体の長は、協議会を設置したときは、内閣府令で定めるところにより、その旨を公示しなければならない。

④　協議会を設置した地方公共団体の長は、協議会を構成する関係機関等のうちから、一に限り要保護児童対策調整機関を指定する。

⑤　要保護児童対策調整機関は、協議会に関する事務を総括するとともに、支援対象児童等に対する支援が適切に実施されるよう、内閣府令で定めるところにより、支援対象児童等に対する支援の実施状況を的確に把握し、必要に応じて、児童相談所、養育支援訪問事業を行う者、こども家庭センターその他の関係機関等との連絡調整を行うものとする。

⑥　市町村の設置した協議会（市町村が地方公共団体（市町村を除く。）と共同して設置したものを含む。）に係る要保護児童対策調整機関は、内閣府令で定めるところにより、専門的な知識及び技術に基づき前項の業務に係る事務を適切に行うことができる者として内閣府令で定めるもの（次項及び第八項において「調整担当者」という。）を置くものとする。

⑦　地方公共団体（市町村を除く。）の設置した協議会（当該地方公共団体が市町村と共同して設置したものを除く。）に係る要保護児童対策調整機関は、内閣府令で定めるところにより、調整担当者を置くように努めなければならない。

⑧　要保護児童対策調整機関に置かれた調整担当者は、内閣総理大臣が定める基準に適合する研修を受けなければならない。

〔資料又は情報の提供等〕

第二十五条の三　協議会は、前条第二項に規定する情報の交換及び協議を行うため必要があると認めるときは、関係機関等に対し、資料又は情報の提供、意見の開陳その他必要な協力を求めることができる。

②　関係機関等は、前項の規定に基づき、協議会から資料又は情報の提供、意見の開陳その他必要な協力の求めがあつた場合には、これに応ずるよう努めなければならない。

〔組織及び運営に関する事項〕

第二十五条の四　前二条に定めるもののほか、協議会の組織及び運営に関し必要な事項は、協議会が定める。

〔秘密保持〕

第二十五条の五　次の各号に掲げる協議会を構成する関係機関等の区分に従い、当該各号に定める者は、正当な理由がなく、協議会の職務に関して知り得た秘密を漏らしてはならない。

一　国又は地方公共団体の機関　当該機関の職員又は職員であつた者

二　法人　当該法人の役員若しくは職員又はこれらの職にあつた者

三　前二号に掲げる者以外の者　協議会を構成する者又はその職にあつた者

〔状況の把握〕

第二十五条の六　市町村、都道府県の設置する福祉事務所又は児童相談所は、第二十五条第一項の規定による通告を受けた場合において必要があると認めるときは、速やかに、当該児童の状況の把握を行うものとする。

〔通告児童等に対する措置〕

第二十五条の七　市町村（次項に規定する町村を除く。）は、要保護児童若しくは要支援児童及びその保護者又は特定妊婦（次項において「要保護児童等」という。）に対する支援の実施状況を的確に把握するものとし、第二十五条第一項の規定による通告を受けた児童及び相談に応じた児童又はその保護者（以下「通告児童等」という。）について、必要があると認めたときは、次の各号のいずれかの措置を採らなければならない。

一　第二十七条の措置を要すると認める者並びに医学的、心理学的、教育学的、社会学的及び精神保健上の判定を要すると認める者は、これを児童相談所に送致すること。

二　通告児童等を当該市町村の設置する福祉事務所の知的障害者福祉法（昭和三十五年法律第三十七号）第九条第六項に規定する知的障害者福祉司（以下「知的障害者福祉司」という。）又は社会福祉主事に指導させること。

三　児童自立生活援助の実施又は社会的養護自立支援拠点事業の実施が適当であると認める児童は、これをその実施に係る都道府県知事に報告すること。

四　児童虐待の防止等に関する法律第八条の二第一項の規定による出頭の求め及び調査若しくは質問、第二十九条若しくは同法第九条第一項の規定による立入り及び調査若しくは質問又は第三十三条第一項若しくは第二項の規定による一時保護の実施が適当であると認める者は、これを都道府県知事又は児童相談所長に通知すること。

②　福祉事務所を設置していない町村は、要保護児童等に対する支援の実施状況を的確に把握するものとし、通告児童等又は妊産婦について、

必要があると認めたときは、次の各号のいずれかの措置を採らなければならない。
一　第二十七条の措置を要すると認める者並びに医学的、心理学的、教育学的、社会学的及び精神保健上の判定を要すると認める者は、これを児童相談所に送致すること。
二　次条第二号の措置が適当であると認める者は、これを当該町村の属する都道府県の設置する福祉事務所に送致すること。
三　妊産婦等生活援助事業の実施、助産の実施又は母子保護の実施が適当であると認める者は、これをそれぞれその実施に係る都道府県知事に報告すること。
四　児童自立生活援助の実施又は社会的養護自立支援拠点事業の実施が適当であると認める児童は、これをその実施に係る都道府県知事に報告すること。
五　児童虐待の防止等に関する法律第八条の二第一項の規定による出頭の求め及び調査若しくは質問、第二十九条若しくは同法第九条第一項の規定による立入り及び調査若しくは質問又は第三十三条第一項若しくは第二項の規定による一時保護の実施が適当であると認める者は、これを都道府県知事又は児童相談所長に通知すること。

〔**福祉事務所長の採るべき措置**〕
第二十五条の八　都道府県の設置する福祉事務所の長は、第二十五条第一項の規定による通告又は前条第二項第二号若しくは次条第一項第四号の規定による送致を受けた児童及び相談に応じた児童、その保護者又は妊産婦について、必要があると認めたときは、次の各号のいずれかの措置を採らなければならない。
一　第二十七条の措置を要すると認める者並びに医学的、心理学的、教育学的、社会学的及び精神保健上の判定を要すると認める者は、これを児童相談所に送致すること。
二　児童又はその保護者をその福祉事務所の知的障害者福祉司又は社会福祉主事に指導させること。
三　妊産婦等生活援助事業の実施又は保育の利用等（助産の実施、母子保護の実施又は保育の利用若しくは第二十四条第五項の規定による措置をいう。以下同じ。）が適当であると認める者は、これをそれぞれその妊産婦等生活援助事業の実施又は保育の利用等に係る都道府県又は市町村の長に報告し、又は通知すること。
四　児童自立生活援助の実施又は社会的養護自立支援拠点事業の実施が適当であると認める児童は、これをその実施に係る都道府県知事に報告すること。
五　第二十一条の六の規定による措置が適当であると認める者は、これをその措置に係る市町村の長に報告し、又は通知すること。

〔**児童相談所長の採るべき措置**〕
第二十六条　児童相談所長は、第二十五条第一項の規定による通告を受けた児童、第二十五条の七第一項第一号若しくは第二項第一号、前条第一号又は少年法（昭和二十三年法律第百六十八号）第六条の六第一項若しくは第十八条第一項の規定による送致を受けた児童及び相談に応じた児童、その保護者又は妊産婦について、必要があると認めたときは、次の各号のいずれかの措置を採らなければならない。
一　次条の措置を要すると認める者は、これを都道府県知事に報告すること。
二　児童又はその保護者を児童相談所その他の関係機関若しくは関係団体の事業所若しくは事務所に通わせ当該事業所若しくは事務所において、又は当該児童若しくはその保護者の住所若しくは居所において、児童福祉司若しくは児童委員に指導させ、又は市町村、都道府県以外の者の設置する児童家庭支援センター、都道府県以外の障害者の日常生活及び社会生活を総合的に支援するための法律第五条第十九項に規定する一般相談支援事業若しくは特定相談支援事業（次条第一項第二号及び第三十四条の七において「障害者等相談支援事業」という。）を行う者その他当該指導を適切に行うことができる者として内閣府令で定めるものに委託して指導させること。
三　児童及び妊産婦の福祉に関し、情報を提供すること、相談（専門的な知識及び技術を必要とするものを除く。）に応ずること、調査及び指導（医学的、心理学的、教育学的、社会学的及び精神保健上の判定を必要とする場合を除く。）を行うことその他の支援（専門的な知識及び技術を必要とするものを除く。）を行うことを要すると認める者（次条の措置を要すると認める者を除く。）は、これを市町村に送致すること。
四　第二十五条の七第一項第二号又は前条第二号の措置が適当であると認める者は、これを福祉事務所に送致すること。
五　妊産婦等生活援助事業の実施又は保育の利用等が適当であると認める者は、これをそれぞれその妊産婦等生活援助事業の実施又は保育の利用等に係る都道府県又は市町村の長に報告し、又は通知すること。
六　児童自立生活援助の実施又は社会的養護自立支援拠点事業の実施が適当であると認める児童は、これをその実施に係る都道府県知事に報告すること。
七　第二十一条の六の規定による措置が適当であると認める者は、これをその措置に係る市町村の長に報告し、又は通知すること。
八　放課後児童健全育成事業、子育て短期支援事業、養育支援訪問事業、地域子育て支援拠点事業、一時預かり事業、子育て援助活動支援事業、子育て世帯訪問支援事業、児童育成支援拠点事業、親子関係形成支援事業、子ども・子育て支援法第五十九条第一号に掲げる事業その他市町村が実施する児童の健全な育成に資する事業の実施が適当であると認める者は、これをその事業の実施に係る市町村の長に通知すること。
②　前項第一号の規定による報告書には、児童の住所、氏名、年齢、履歴、性行、健康状態及び家庭環境、同号に規定する措置についての当該児童及びその保護者の意向その他児童の福祉増進に関し、参考となる事項を記載しなければならない。

〔都道府県の採るべき措置〕
第二十七条　都道府県は、前条第一項第一号の規定による報告又は少年法第十八条第二項の規定による送致のあつた児童につき、次の各号のいずれかの措置を採らなければならない。
一　児童又はその保護者に訓戒を加え、又は誓約書を提出させること。
二　児童又はその保護者を児童相談所その他の関係機関若しくは関係団体の事業所若しくは事務所に通わせ当該事業所若しくは事務所において、又は当該児童若しくはその保護者の住所若しくは居所において、児童福祉司、知的障害者福祉司、社会福祉主事、児童委員若しくは当該都道府県の設置する児童家庭支援センター若しくは当該都道府県が行う障害者等相談支援事業に係る職員に指導させ、又は市町村、当該都道府県以外の者の設置する児童家庭支援センター、当該都道府県以外の障害者等相談支援事業を行う者若しくは前条第一項第二号に規定する内閣府令で定める者に委託して指導させること。
三　児童を小規模住居型児童養育事業を行う者若しくは里親に委託し、又は乳児院、児童養護施設、障害児入所施設、児童心理治療施設若しくは児童自立支援施設に入所させること。
四　家庭裁判所の審判に付することが適当であると認める児童は、これを家庭裁判所に送致すること。
②　都道府県は、肢体不自由のある児童又は重症心身障害児については、前項第三号の措置に代えて、指定発達支援医療機関に対し、これらの児童を入院させて障害児入所施設（第四十二条第二号に規定する医療型障害児入所施設に限る。）におけると同様な治療等を行うことを委託することができる。
③　都道府県知事は、少年法第十八条第二項の規定による送致のあつた児童につき、第一項の措置を採るにあたつては、家庭裁判所の決定による指示に従わなければならない。
④　第一項第三号又は第二項の措置は、児童に親権を行う者（第四十七条第一項の規定により親権を行う児童福祉施設の長を除く。以下同じ。）又は未成年後見人があるときは、前項の場合を除いては、その親権を行う者又は未成年後見人の意に反して、これを採ることができない。
⑤　都道府県知事は、第一項第二号若しくは第三号若しくは第二項の措置を解除し、停止し、又は他の措置に変更する場合には、児童相談所長の意見を聴かなければならない。
⑥　都道府県知事は、政令の定めるところにより、第一項第一号から第三号までの措置（第三項の規定により採るもの及び第二十八条第一項第一号又は第二号ただし書の規定により採るものを除く。）若しくは第二項の措置を採る場合又は第一項第二号若しくは第三号若しくは第二項の措置を解除し、停止し、若しくは他の措置に変更する場合には、都道府県児童福祉審議会の意見を聴かなければならない。

第二十七条の二　都道府県は、少年法第二十四条第一項又は第二十六条の四第一項の規定により同法第二十四条第一項第二号の保護処分の決定を受けた児童につき、当該決定に従つて児童自立支援施設に入所させる措置（保護者の下から通わせて行うものを除く。）又は児童養護施設に入所させる措置を採らなければならない。
②　前項に規定する措置は、この法律の適用については、前条第一項第三号の児童自立支援施設又は児童養護施設に入所させる措置とみなす。ただし、同条第四項及び第六項（措置を解除し、停止し、又は他の措置に変更する場合に係る部分を除く。）並びに第二十八条の規定の適用については、この限りでない。

〔家庭裁判所への送致〕
第二十七条の三　都道府県知事は、たまたま児童の行動の自由を制限し、又はその自由を奪うような強制的措置を必要とするときは、第三十三条、第三十三条の二及び第四十七条の規定により認められる場合を除き、事件を家庭裁判所に送致しなければならない。

〔**秘密保持義務**〕

第二十七条の四　第二十六条第一項第二号又は第二十七条第一項第二号の規定により行われる指導（委託に係るものに限る。）の事務に従事する者又は従事していた者は、その事務に関して知り得た秘密を漏らしてはならない。

〔**保護者の児童虐待等の場合の措置**〕

第二十八条　保護者が、その児童を虐待し、著しくその監護を怠り、その他保護者に監護させることが著しく当該児童の福祉を害する場合において、第二十七条第一項第三号の措置を採ることが児童の親権を行う者又は未成年後見人の意に反するときは、都道府県は、次の各号の措置を採ることができる。

一　保護者が親権を行う者又は未成年後見人であるときは、家庭裁判所の承認を得て、第二十七条第一項第三号の措置を採ること。

二　保護者が親権を行う者又は未成年後見人でないときは、その児童を親権を行う者又は未成年後見人に引き渡すこと。ただし、その児童を親権を行う者又は未成年後見人に引き渡すことが児童の福祉のため不適当であると認めるときは、家庭裁判所の承認を得て、第二十七条第一項第三号の措置を採ること。

②　前項第一号及び第二号ただし書の規定による措置の期間は、当該措置を開始した日から二年を超えてはならない。ただし、当該措置に係る保護者に対する指導措置（第二十七条第一項第二号の措置をいう。以下この条並びに第三十三条第二項及び第十八項において同じ。）の効果等に照らし、当該措置を継続しなければ保護者がその児童を虐待し、著しくその監護を怠り、その他著しく当該児童の福祉を害するおそれがあると認めるときは、都道府県は、家庭裁判所の承認を得て、当該期間を更新することができる。

③　都道府県は、前項ただし書の規定による更新に係る承認の申立てをした場合において、やむを得ない事情があるときは、当該措置の期間が満了した後も、当該申立てに対する審判が確定するまでの間、引き続き当該措置を採ることができる。ただし、当該申立てを却下する審判があつた場合は、当該審判の結果を考慮してもなお当該措置を採る必要があると認めるときに限る。

④　家庭裁判所は、第一項第一号若しくは第二号ただし書又は第二項ただし書の承認（以下「措置に関する承認」という。）の申立てがあつた場合は、都道府県に対し、期限を定めて、当該申立てに係る保護者に対する指導措置を採るよう勧告すること、当該申立てに係る保護者に対する指導措置に関し報告及び意見を求めること、又は当該申立てに係る児童及びその保護者に関する必要な資料の提出を求めることができる。

⑤　家庭裁判所は、前項の規定による勧告を行つたときは、その旨を当該保護者に通知するものとする。

⑥　家庭裁判所は、措置に関する承認の申立てに対する承認の審判をする場合において、当該措置の終了後の家庭その他の環境の調整を行うため当該保護者に対する指導措置を採ることが相当であると認めるときは、都道府県に対し、当該指導措置を採るよう勧告することができる。

⑦　家庭裁判所は、第四項の規定による勧告を行つた場合において、措置に関する承認の申立てを却下する審判をするときであつて、家庭その他の環境の調整を行うため当該勧告に係る当該保護者に対する指導措置を採ることが相当であると認めるときは、都道府県に対し、当該指導措置を採るよう勧告することができる。

⑧　第五項の規定は、前二項の規定による勧告について準用する。

〔**立入調査等**〕

第二十九条　都道府県知事は、前条の規定による措置をとるため、必要があると認めるときは、児童委員又は児童の福祉に関する事務に従事する職員をして、児童の住所若しくは居所又は児童の従業する場所に立ち入り、必要な調査又は質問をさせることができる。この場合においては、その身分を証明する証票を携帯させ、関係者の請求があつたときは、これを提示させなければならない。

〔**同居児童の届出**〕

第三十条　四親等内の児童以外の児童を、その親権を行う者又は未成年後見人から離して、自己の家庭（単身の世帯を含む。）に、三月（乳児については、一月）を超えて同居させる意思をもつて同居させた者又は継続して二月以上（乳児については、二十日以上）同居させた者（法令の定めるところにより児童を委託された者及び児童を単に下宿させた者を除く。）は、同居を始めた日から三月以内（乳児については、一月以内）に、市町村長を経て、都道府県知事に届け出なければならない。ただし、その届出期間内に同居をやめたときは、この限りでない。

② 前項に規定する届出をした者が、その同居をやめたときは、同居をやめた日から一月以内に、市町村長を経て、都道府県知事に届け出なければならない。

③ 保護者は、経済的理由等により、児童をそのもとにおいて養育しがたいときは、市町村、都道府県の設置する福祉事務所、児童相談所、児童福祉司又は児童委員に相談しなければならない。

〔里親等に対する指示等〕

第三十条の二 都道府県知事は、小規模住居型児童養育事業を行う者、里親（第二十七条第一項第三号の規定により委託を受けた里親に限る。第三十三条の八第二項、第三十三条の十、第三十三条の十四第二項、第四十四条の四、第四十五条の二、第四十六条第一項、第四十七条、第四十八条及び第四十八条の三において同じ。）及び児童福祉施設の長並びに前条第一項に規定する者に、児童の保護について、必要な指示をし、又は必要な報告をさせることができる。

〔保護期間の延長等〕

第三十一条 都道府県等は、第二十三条第一項本文の規定により母子生活支援施設に入所した児童については、その保護者から申込みがあり、かつ、必要があると認めるときは、満二十歳に達するまで、引き続きその者を母子生活支援施設において保護することができる。

② 都道府県は、第二十七条第一項第三号の規定により小規模住居型児童養育事業を行う者若しくは里親に委託され、又は児童養護施設、障害児入所施設（第四十二条第一号に規定する福祉型障害児入所施設に限る。次条第一項において同じ。）、児童心理治療施設若しくは児童自立支援施設に入所した児童については満二十歳に達するまで、引き続き第二十七条第一項第三号の規定による委託を継続し、若しくはその者をこれらの児童福祉施設に在所させ、又はこれらの措置を相互に変更する措置を採ることができる。

③ 都道府県は、第二十七条第一項第三号の規定により障害児入所施設（第四十二条第二号に規定する医療型障害児入所施設に限る。次条第二項において同じ。）に入所した児童又は第二十七条第二項の規定による委託により指定発達支援医療機関に入院した肢体不自由のある児童若しくは重症心身障害児については満二十歳に達するまで、引き続きその者をこれらの児童福祉施設に在所させ、若しくは同項の規定による委託を継続し、又はこれらの措置を相互に変更する措置を採ることができる。

④ 都道府県は、延長者（児童以外の満二十歳に満たない者のうち、次の各号のいずれかに該当するものをいう。）について、第二十七条第一項第一号から第三号まで又は第二項の措置を採ることができる。

一 第二項からこの項までの規定による措置が採られている者

二 第三十三条第十七項から第二十項までの規定による一時保護が行われている者（前号に掲げる者を除く。）

⑤ 前各項の規定による保護又は措置は、この法律の適用については、母子保護の実施又は第二十七条第一項第一号から第三号まで若しくは第二項の規定による措置とみなす。

⑥ 第二項から第四項までの場合においては、都道府県知事は、児童相談所長の意見を聴かなければならない。

〔在所措置の延長等〕

第三十一条の二 都道府県は、前条第二項の規定にかかわらず、同項の規定により障害児入所施設に在所している者であつて、障害福祉サービスその他のサービスを利用しつつ自立した日常生活又は社会生活を営むことが著しく困難なものとして内閣府令で定める者について、満二十歳に到達してもなお引き続き在所させる措置を採らなければその福祉を損なうおそれがあると認めるときは、当該者が満二十三歳に達するまで、引き続き当該者を障害児入所施設に在所させる措置を採ることができる。

② 都道府県は、前条第三項の規定にかかわらず、同項の規定により障害児入所施設に在所している者又は委託を継続して指定発達支援医療機関に入院している肢体不自由のある者若しくは重度の知的障害及び重度の肢体不自由が重複している者であつて、障害福祉サービスその他のサービスを利用しつつ自立した日常生活又は社会生活を営むことが著しく困難なものとして内閣府令で定める者について、満二十歳に到達してもなお引き続き在所又は入院させる措置を採らなければその福祉を損なうおそれがあると認めるときは、当該者が満二十三歳に達するまで、引き続き当該者をこれらの施設に在所させ、若しくは同項の規定による委託を継続し、又はこれらの措置を相互に変更する措置を採ることができる。

③ 前二項の規定による措置は、この法律の適用については、第二十七条第一項第三号又は第二

項の規定による措置とみなす。

④　第一項又は第二項の場合においては、都道府県知事は、児童相談所長の意見を聴かなければならない。

〔権限の委任〕

第三十二条　都道府県知事は、第二十七条第一項若しくは第二項の措置を採る権限又は児童自立生活援助の実施の権限の全部又は一部を児童相談所長に委任することができる。

②　都道府県知事又は市町村長は、第二十一条の六の措置を採る権限又は助産の実施若しくは母子保護の実施の権限、第二十一条の十八第一項の規定による勧奨及び支援並びに同条第二項の規定による措置に関する権限、第二十三条第一項ただし書に規定する保護の権限並びに第二十四条の二から第二十四条の七まで及び第二十四条の二十の規定による権限の全部又は一部を、それぞれその管理する福祉事務所の長に委任することができる。

③　市町村長は、保育所における保育を行うことの権限並びに第二十四条第三項の規定による調整及び要請、同条第四項の規定による勧奨及び支援並びに同条第五項又は第六項の規定による措置に関する権限の全部又は一部を、その管理する福祉事務所の長又は当該市町村に置かれる教育委員会に委任することができる。

〔児童の一時保護〕

第三十三条　児童相談所長は、児童虐待のおそれがあるとき、少年法第六条の六第一項の規定により事件の送致を受けたときその他の内閣府令で定める場合であつて、必要があると認めるときは、第二十六条第一項の措置を採るに至るまで、児童の安全を迅速に確保し適切な保護を図るため、又は児童の心身の状況、その置かれている環境その他の状況を把握するため、児童の一時保護を行い、又は適当な者に委託して、当該一時保護を行わせることができる。

②　都道府県知事は、前項に規定する場合であつて、必要があると認めるときは、第二十七条第一項又は第二項の措置（第二十八条第四項の規定による勧告を受けて採る指導措置を除く。）を採るに至るまで、児童の安全を迅速に確保し適切な保護を図るため、又は児童の心身の状況、その置かれている環境その他の状況を把握するため、児童相談所長をして、児童の一時保護を行わせ、又は適当な者に当該一時保護を行うことを委託させることができる。

③　児童相談所長又は都道府県知事は、前二項の規定による一時保護を行うときは、次に掲げる場合を除き、一時保護を開始した日から起算して七日以内に、第一項に規定する場合に該当し、かつ、一時保護の必要があると認められる資料を添えて、これらの者の所属する官公署の所在地を管轄する地方裁判所、家庭裁判所又は簡易裁判所の裁判官に次項に規定する一時保護状を請求しなければならない。この場合において、一時保護を開始する前にあらかじめ一時保護状を請求することを妨げない。

一　当該一時保護を行うことについて当該児童の親権を行う者又は未成年後見人の同意がある場合

二　当該児童に親権を行う者又は未成年後見人がない場合

三　当該一時保護をその開始した日から起算して七日以内に解除した場合

④　裁判官は、前項の規定による請求（以下この条において「一時保護状の請求」という。）のあつた児童について、第一項に規定する場合に該当すると認めるときは、一時保護状を発する。ただし、明らかに一時保護の必要がないと認めるときは、この限りでない。

⑤　前項の一時保護状には、次に掲げる事項（第五号に掲げる事項にあつては、第三項後段に該当する場合に限る。）を記載し、裁判官がこれに記名押印しなければならない。

一　一時保護を行う児童の氏名

二　一時保護の理由

三　発付の年月日

四　裁判所名

五　有効期間及び有効期間経過後は一時保護を開始することができずこれを返還しなければならない旨

⑥　一時保護状の請求についての裁判は、判事補が単独ですることができる。

⑦　児童相談所長又は都道府県知事は、裁判官が一時保護状の請求を却下する裁判をしたときは、速やかに一時保護を解除しなければならない。ただし、一時保護を行わなければ児童の生命又は心身に重大な危害が生じると見込まれるときは、児童相談所長又は都道府県知事は、当該裁判があつた日の翌日から起算して三日以内に限り、第一項に規定する場合に該当し、かつ、一時保護の必要があると認められる資料及び一時保護を行わなければ児童の生命又は心身に重大な危害が生じると見込まれると認められる資料を添えて、簡易裁判所の裁判官がした裁判に対しては管轄地方裁判所に、その他の裁判官がした裁判に対してはその裁判官が所属する裁判所にその裁判の取消しを請求することができ

る。

⑧ 前項ただし書の請求を受けた地方裁判所又は家庭裁判所は、合議体で決定をしなければならない。

⑨ 第七項本文の規定にかかわらず、児童相談所長又は都道府県知事は、同項ただし書の規定による請求をするときは、一時保護状の請求についての裁判が確定するまでの間、引き続き第一項又は第二項の規定による一時保護を行うことができる。

⑩ 第七項ただし書の規定による請求を受けた裁判所は、当該請求がその規定に違反したとき、又は請求が理由のないときは、決定で請求を棄却しなければならない。

⑪ 第七項ただし書の規定による請求を受けた裁判所は、当該請求が理由のあるときは、決定で原裁判を取り消し、自ら一時保護状を発しなければならない。

⑫ 第一項及び第二項の規定による一時保護の期間は、当該一時保護を開始した日から二月を超えてはならない。

⑬ 前項の規定にかかわらず、児童相談所長又は都道府県知事は、必要があると認めるときは、引き続き第一項又は第二項の規定による一時保護を行うことができる。

⑭ 前項の規定により引き続き一時保護を行うことが当該児童の親権を行う者又は未成年後見人の意に反する場合においては、児童相談所長又は都道府県知事が引き続き一時保護を行おうとするとき、及び引き続き一時保護を行つた後二月を超えて引き続き一時保護を行おうとするときごとに、児童相談所長又は都道府県知事は、家庭裁判所の承認を得なければならない。ただし、当該児童に係る第二十八条第一項第一号若しくは第二号ただし書の承認の申立て又は当該児童の親権者に係る第三十三条の七の規定による親権喪失若しくは親権停止の審判の請求若しくは当該児童の未成年後見人に係る第三十三条の九の規定による未成年後見人の解任の請求がされている場合は、この限りでない。

⑮ 児童相談所長又は都道府県知事は、前項本文の規定による引き続いての一時保護に係る承認の申立てをした場合において、やむを得ない事情があるときは、一時保護を開始した日から二月を経過した後又は同項の規定により引き続き一時保護を行つた後二月を経過した後も、当該申立てに対する審判が確定するまでの間、引き続き一時保護を行うことができる。ただし、当該申立てを却下する審判があつた場合は、当該審判の結果を考慮してもなお引き続き一時保護を行う必要があると認めるときに限る。

⑯ 前項本文の規定により引き続き一時保護を行つた場合において、第十四項本文の規定による引き続いての一時保護に係る承認の申立てに対する審判が確定した場合における同項の規定の適用については、同項中「引き続き一時保護を行おうとするとき、及び引き続き一時保護を行つた」とあるのは、「引き続いての一時保護に係る承認の申立てに対する審判が確定した」とする。

⑰ 児童相談所長は、特に必要があると認めるときは、第一項の規定により一時保護が行われた児童については満二十歳に達するまでの間、次に掲げる措置を採るに至るまで、引き続き一時保護を行い、又は一時保護を行わせることができる。

一 第三十一条第四項の規定による措置を要すると認める者は、これを都道府県知事に報告すること。

二 児童自立生活援助の実施又は社会的養護自立支援拠点事業の実施が適当であると認める満二十歳未満義務教育終了児童等は、これをその実施に係る都道府県知事に報告すること。

⑱ 都道府県知事は、特に必要があると認めるときは、第二項の規定により一時保護が行われた児童については満二十歳に達するまでの間、第三十一条第四項の規定による措置（第二十八条第四項の規定による勧告を受けて採る指導措置を除く。第二十項において同じ。）を採るに至るまで、児童相談所長をして、引き続き一時保護を行わせ、又は一時保護を行うことを委託させることができる。

⑲ 児童相談所長は、特に必要があると認めるときは、第十七項各号に掲げる措置を採るに至るまで、保護延長者（児童以外の満二十歳に満たない者のうち、第三十一条第二項から第四項までの規定による措置が採られているものをいう。以下この項及び次項において同じ。）の安全を迅速に確保し適切な保護を図るため、又は保護延長者の心身の状況、その置かれている環境その他の状況を把握するため、保護延長者の一時保護を行い、又は適当な者に委託して、当該一時保護を行わせることができる。

⑳ 都道府県知事は、特に必要があると認めるときは、第三十一条第四項の規定による措置を採るに至るまで、保護延長者の安全を迅速に確保し適切な保護を図るため、又は保護延長者の心身の状況、その置かれている環境その他の状況

を把握するため、児童相談所長をして、保護延長者の一時保護を行わせ、又は適当な者に当該一時保護を行うことを委託させることができる。

㉑ 第十七項から前項までの規定による一時保護は、この法律の適用については、第一項又は第二項の規定による一時保護とみなす。

〔児童相談所長の親権代行〕

第三十三条の二 児童相談所長は、一時保護が行われた児童で親権を行う者又は未成年後見人のないものに対し、親権を行う者又は未成年後見人があるに至るまでの間、親権を行う。ただし、民法第七百九十七条の規定による縁組の承諾をするには、内閣府令の定めるところにより、都道府県知事の許可を得なければならない。

② 児童相談所長は、一時保護が行われた児童で親権を行う者又は未成年後見人のあるものについても、監護及び教育に関し、その児童の福祉のため必要な措置をとることができる。この場合において、児童相談所長は、児童の人格を尊重するとともに、その年齢及び発達の程度に配慮しなければならず、かつ、体罰その他の児童の心身の健全な発達に有害な影響を及ぼす言動をしてはならない。

③ 前項の児童の親権を行う者又は未成年後見人は、同項の規定による措置を不当に妨げてはならない。

④ 第二項の規定による措置は、児童の生命又は身体の安全を確保するため緊急の必要があると認めるときは、その親権を行う者又は未成年後見人の意に反しても、これをとることができる。

〔児童の所持物の保管〕

第三十三条の二の二 児童相談所長は、一時保護が行われた児童の所持する物であつて、一時保護中本人に所持させることが児童の福祉を損なうおそれがあるものを保管することができる。

② 児童相談所長は、前項の規定により保管する物で、腐敗し、若しくは滅失するおそれがあるもの又は保管に著しく不便なものは、これを売却してその代価を保管することができる。

③ 児童相談所長は、前二項の規定により保管する物について当該児童以外の者が返還請求権を有することが明らかな場合には、これをその権利者に返還しなければならない。

④ 児童相談所長は、前項に規定する返還請求権を有する者を知ることができないとき、又はその者の所在を知ることができないときは、返還請求権を有する者は、六月以内に申し出るべき旨を公告しなければならない。

⑤ 前項の期間内に同項の申出がないときは、その物は、当該児童相談所を設置した都道府県に帰属する。

⑥ 児童相談所長は、一時保護を解除するときは、第三項の規定により返還する物を除き、その保管する物を当該児童に返還しなければならない。この場合において、当該児童に交付することが児童の福祉のため不適当であると認めるときは、これをその保護者に交付することができる。

⑦ 第一項の規定による保管、第二項の規定による売却及び第四項の規定による公告に要する費用は、その物の返還を受ける者があるときは、その者の負担とする。

〔児童の遺留物の交付〕

第三十三条の三 児童相談所長は、一時保護が行われている間に児童が逃走し、又は死亡した場合において、遺留物があるときは、これを保管し、かつ、前条第三項の規定により権利者に返還しなければならない物を除き、これを当該児童の保護者若しくは親族又は相続人に交付しなければならない。

② 前条第二項、第四項、第五項及び第七項の規定は、前項の場合に、これを準用する。

〔資料の提供等〕

第三十三条の三の二 都道府県知事又は児童相談所長は、次に掲げる措置に関して必要があると認めるときは、地方公共団体の機関、病院、診療所、医学に関する大学（大学の学部を含む。）、児童福祉施設、当該措置に係る児童が在籍する又は在籍していた学校その他必要な関係機関、関係団体及び児童の福祉に関連する職務に従事する者その他の関係者に対し、資料又は情報の提供、意見の開陳その他必要な協力を求めることができる。

一 第二十六条第一項第二号に規定する措置

二 第二十七条第一項第二号若しくは第三号又は第二項に規定する措置

三 第三十三条第一項又は第二項に規定する措置

② 前項の規定により都道府県知事又は児童相談所長から資料又は情報の提供、意見の開陳その他必要な協力を求められた者は、これに応ずるよう努めなければならない。

〔意見聴取等措置〕

第三十三条の三の三 都道府県知事又は児童相談所長は、次に掲げる場合においては、児童の最善の利益を考慮するとともに、児童の意見又は意向を勘案して措置を行うために、あらかじめ、年齢、発達の状況その他の当該児童の事情に応じ意見聴取その他の措置（以下この条において「意見聴取等措置」という。）をとらなければならない。ただし、児童の生命又は心身の安全を確保するため緊急を要する場合で、あらかじめ意見聴取等措置をとるいとまがないときは、次に規定する措置を行つた後速やかに意見聴取等措置をとらなければならない。

一　第二十六条第一項第二号の措置を採る場合又は当該措置を解除し、停止し、若しくは他の措置に変更する場合

二　第二十七条第一項第二号若しくは第三号若しくは第二項の措置を採る場合又はこれらの措置を解除し、停止し、若しくは他の措置に変更する場合

三　第二十八条第二項ただし書の規定に基づき第二十七条第一項第三号の措置の期間を更新する場合

四　第三十三条第一項又は第二項の規定による一時保護を行う場合又はこれを解除する場合

〔措置又は助産の実施等の解除に係る説明等〕

第三十三条の四　都道府県知事、市町村長、福祉事務所長又は児童相談所長は、次の各号に掲げる措置又は助産の実施、母子保護の実施若しくは児童自立生活援助の実施を解除する場合には、あらかじめ、当該各号に定める者に対し、当該措置又は助産の実施、母子保護の実施若しくは児童自立生活援助の実施の解除の理由について説明するとともに、その意見を聴かなければならない。ただし、当該各号に定める者から当該措置又は助産の実施、母子保護の実施若しくは児童自立生活援助の実施の解除の申出があつた場合その他内閣府令で定める場合においては、この限りでない。

一　第二十一条の六、第二十一条の十八第二項、第二十四条第五項及び第六項、第二十五条の七第一項第二号、第二十五条の八第二号、第二十六条第一項第二号並びに第二十七条第一項第二号の措置　当該措置に係る児童の保護者

二　助産の実施　当該助産の実施に係る妊産婦

三　母子保護の実施　当該母子保護の実施に係る児童の保護者

四　第二十七条第一項第三号及び第二項の措置　当該措置に係る児童の親権を行う者又はその未成年後見人

五　児童自立生活援助の実施　当該児童自立生活援助の実施に係る措置解除者等

〔行政手続法の適用除外〕

第三十三条の五　第二十一条の六、第二十一条の十八第二項、第二十四条第五項若しくは第六項、第二十五条の七第一項第二号、第二十五条の八第二号、第二十六条第一項第二号若しくは第二十七条第一項第二号若しくは第三号若しくは第二項の措置を解除する処分又は助産の実施、母子保護の実施若しくは児童自立生活援助の実施の解除については、行政手続法第三章（第十二条及び第十四条を除く。）の規定は、適用しない。

〔児童自立生活援助対象者〕

第三十三条の六　都道府県は、その区域内における第六条の三第一項各号に掲げる者（以下この条において「児童自立生活援助対象者」という。）の自立を図るため必要がある場合において、その児童自立生活援助対象者から申込みがあつたときは、自ら又は児童自立生活援助事業を行う者（都道府県を除く。次項において同じ。）に委託して、その児童自立生活援助対象者に対し、内閣府令で定めるところにより、児童自立生活援助を行わなければならない。ただし、やむを得ない事由があるときは、その他の適切な援助を行わなければならない。

②　児童自立生活援助対象者であつて児童自立生活援助の実施を希望するものは、内閣府令の定めるところにより、入居を希望する住居その他内閣府令の定める事項を記載した申込書を都道府県に提出しなければならない。この場合において、児童自立生活援助事業を行う者は、内閣府令の定めるところにより、児童自立生活援助対象者の依頼を受けて、当該申込書の提出を代わつて行うことができる。

③　都道府県は、児童自立生活援助対象者が特別な事情により当該都道府県の区域外の住居への入居を希望するときは、当該住居への入居について必要な連絡及び調整を図らなければならない。

④　都道府県は、第二十五条の七第一項第三号若しくは第二項第四号、第二十五条の八第四号若しくは第二十六条第一項第六号の規定による報告を受けた児童又は第三十三条第十七項第二号の規定による報告を受けた満二十歳未満義務教育終了児童等について、必要があると認めるときは、これらの者に対し、児童自立生活援助の実施の申込みを勧奨しなければならない。

⑤　都道府県は、児童自立生活援助対象者の住居の選択及び児童自立生活援助事業の適正な運営の確保に資するため、内閣府令の定めるところにより、その区域内における児童自立生活援助事業を行う者、当該事業の運営の状況その他の内閣府令の定める事項に関し情報の提供を行わなければならない。

〔努力義務〕

第三十三条の六の二　都道府県は、児童の健全な育成及び措置解除者等の自立に資するため、その区域内において、親子再統合支援事業、社会的養護自立支援拠点事業及び意見表明等支援事業が着実に実施されるよう、必要な措置の実施に努めなければならない。

〔社会的養護自立支援拠点事業の利用の勧奨〕

第三十三条の六の三　社会的養護自立支援拠点事業を行う都道府県は、第二十五条の七第一項第三号若しくは第二項第四号、第二十五条の八第四号若しくは第二十六条第一項第六号の規定による報告を受けた児童又は第三十三条第十七項第二号の規定による報告を受けた満二十歳未満義務教育終了児童等について、必要があると認めるときは、これらの者に対し、社会的養護自立支援拠点事業の利用を勧奨しなければならない。

〔特別養子適格の確認の請求〕

第三十三条の六の四　児童相談所長は、児童について、家庭裁判所に対し、養親としての適格性を有する者との間における特別養子縁組について、家事事件手続法（平成二十三年法律第五十二号）第百六十四条第二項に規定する特別養子適格の確認を請求することができる。

②　児童相談所長は、前項の規定による請求に係る児童について、特別養子縁組によつて養親となることを希望する者が現に存しないときは、養子縁組里親その他の適当な者に対し、当該児童に係る民法第八百十七条の二第一項に規定する請求を行うことを勧奨するよう努めるものとする。

〔特別養子適格の確認の審判事件〕

第三十三条の六の五　児童相談所長は、児童に係る特別養子適格の確認の審判事件（家事事件手続法第三条の五に規定する特別養子適格の確認の審判事件をいう。）の手続に参加することができる。

②　前項の規定により手続に参加する児童相談所長は、家事事件手続法第四十二条第七項に規定する利害関係参加人とみなす。

〔親権喪失等の審判及び審判の取消しの請求〕

第三十三条の七　児童の親権者に係る民法第八百三十四条本文、第八百三十四条の二第一項、第八百三十五条又は第八百三十六条の規定による親権喪失、親権停止若しくは管理権喪失の審判の請求又はこれらの審判の取消しの請求は、これらの規定に定める者のほか、児童相談所長も、これを行うことができる。

〔未成年後見人選任の請求〕

第三十三条の八　児童相談所長は、親権を行う者のない児童について、その福祉のため必要があるときは、家庭裁判所に対し未成年後見人の選任を請求しなければならない。

②　児童相談所長は、前項の規定による未成年後見人の選任の請求に係る児童（小規模住居型児童養育事業を行う者若しくは里親に委託中、児童福祉施設に入所中又は一時保護中の児童を除く。）に対し、親権を行う者又は未成年後見人があるに至るまでの間、親権を行う。ただし、民法第七百九十七条の規定による縁組の承諾をするには、内閣府令の定めるところにより、都道府県知事の許可を得なければならない。

〔未成年後見人解任の請求〕

第三十三条の九　児童の未成年後見人に、不正な行為、著しい不行跡その他後見の任務に適しない事由があるときは、民法第八百四十六条の規定による未成年後見人の解任の請求は、同条に定める者のほか、児童相談所長も、これを行うことができる。

〔調査及び研究〕

第三十三条の九の二　国は、要保護児童の保護に係る事例の分析その他要保護児童の健全な育成に資する調査及び研究を推進するものとする。

第七節　被措置児童等虐待の防止等

〔被措置児童等虐待〕

第三十三条の十　この法律で、被措置児童等虐待とは、小規模住居型児童養育事業に従事する者、里親若しくはその同居人、乳児院、児童養護施設、障害児入所施設、児童心理治療施設若しくは児童自立支援施設の長、その職員その他の従業者、指定発達支援医療機関の管理者その他の従業者、一時保護施設を設けている児童相談所の所長、当該施設の職員その他の従業者又は第三十三条第一項若しくは第二項の委託を受けて児童の一時保護を行う業務に従事する者（以下「施設職員等」と総称する。）が、委託された児童、入所する児童又は一時保護が行われた児童（以下「被措置児童等」という。）について行う次に掲げる行為をいう。

一　被措置児童等の身体に外傷が生じ、又は生じるおそれのある暴行を加えること。

二　被措置児童等にわいせつな行為をすること又は被措置児童等をしてわいせつな行為をさせること。

三　被措置児童等の心身の正常な発達を妨げるような著しい減食又は長時間の放置、同居人若しくは生活を共にする他の児童による前二号又は次号に掲げる行為の放置その他の施設職員等としての養育又は業務を著しく怠ること。

四　被措置児童等に対する著しい暴言又は著しく拒絶的な対応その他の被措置児童等に著しい心理的外傷を与える言動を行うこと。

〔有害な影響を及ぼす行為の禁止〕

第三十三条の十一　施設職員等は、被措置児童等虐待その他被措置児童等の心身に有害な影響を及ぼす行為をしてはならない。

〔行政機関等への通告〕

第三十三条の十二　被措置児童等虐待を受けたと思われる児童を発見した者は、速やかに、これを都道府県の設置する福祉事務所、児童相談所、第三十三条の十四第一項若しくは第二項に規定する措置を講ずる権限を有する都道府県の行政機関（以下この節において「都道府県の行政機関」という。）、都道府県児童福祉審議会若しくは市町村又は児童委員を介して、都道府県の設置する福祉事務所、児童相談所、都道府県の行政機関、都道府県児童福祉審議会若しくは市町村に通告しなければならない。

②　被措置児童等虐待を受けたと思われる児童を発見した者は、当該被措置児童等虐待を受けたと思われる児童が、児童虐待を受けたと思われる児童にも該当する場合において、前項の規定による通告をしたときは、児童虐待の防止等に関する法律第六条第一項の規定による通告をすることを要しない。

③　被措置児童等は、被措置児童等虐待を受けたときは、その旨を児童相談所、都道府県の行政機関又は都道府県児童福祉審議会に届け出ることができる。

④　刑法の秘密漏示罪の規定その他の守秘義務に関する法律の規定は、第一項の規定による通告（虚偽であるもの及び過失によるものを除く。次項において同じ。）をすることを妨げるものと解釈してはならない。

⑤　施設職員等は、第一項の規定による通告をしたことを理由として、解雇その他不利益な取扱いを受けない。

〔秘密保持義務〕

第三十三条の十三　都道府県の設置する福祉事務所、児童相談所、都道府県の行政機関、都道府県児童福祉審議会又は市町村が前条第一項の規定による通告又は同条第三項の規定による届出を受けた場合においては、当該通告若しくは届出を受けた都道府県の設置する福祉事務所若しくは児童相談所の所長、所員その他の職員、都道府県の行政機関若しくは市町村の職員、都道府県児童福祉審議会の委員若しくは臨時委員又は当該通告を仲介した児童委員は、その職務上知り得た事項であつて当該通告又は届出をした者を特定させるものを漏らしてはならない。

〔事実確認のための措置〕

第三十三条の十四　都道府県は、第三十三条の十二第一項の規定による通告、同条第三項の規定による届出若しくは第三項若しくは次条第一項の規定による通知を受けたとき又は相談に応じた児童について必要があると認めるときは、速やかに、当該被措置児童等の状況の把握その他当該通告、届出、通知又は相談に係る事実について確認するための措置を講ずるものとする。

②　都道府県は、前項に規定する措置を講じた場合において、必要があると認めるときは、小規模住居型児童養育事業、里親、乳児院、児童養護施設、障害児入所施設、児童心理治療施設、児童自立支援施設、指定発達支援医療機関、一時保護施設又は第三十三条第一項若しくは第二項の委託を受けて一時保護を行う者における事業若しくは業務の適正な運営又は適切な養育を確保することにより、当該通告、届出、通知又は相談に係る被措置児童等に対する被措置児童等虐待の防止並びに当該被措置児童等及び当該被措置児童等と生活を共にする他の被措置児童等の保護を図るため、適切な措置を講ずるものとする。

③　都道府県の設置する福祉事務所、児童相談所又は市町村が第三十三条の十二第一項の規定による通告若しくは同条第三項の規定による届出を受けたとき、又は児童虐待の防止等に関する法律に基づく措置を講じた場合において、第一項の措置が必要であると認めるときは、都道府県の設置する福祉事務所の長、児童相談所の所長又は市町村の長は、速やかに、都道府県知事に通知しなければならない。

〔都道府県知事への通知等〕

第三十三条の十五　都道府県児童福祉審議会は、第三十三条の十二第一項の規定による通告又は同条第三項の規定による届出を受けたときは、速やかに、その旨を都道府県知事に通知しなければならない。

②　都道府県知事は、前条第一項又は第二項に規定する措置を講じたときは、速やかに、当該措置の内容、当該被措置児童等の状況その他の内閣府令で定める事項を都道府県児童福祉審議会に報告しなければならない。

③　都道府県児童福祉審議会は、前項の規定による報告を受けたときは、その報告に係る事項に

ついて、都道府県知事に対し、意見を述べることができる。

④ 都道府県児童福祉審議会は、前項に規定する事務を遂行するため特に必要があると認めるときは、施設職員等その他の関係者に対し、出席説明及び資料の提出を求めることができる。

〔公表〕

第三十三条の十六 都道府県知事は、毎年度、被措置児童等虐待の状況、被措置児童等虐待があつた場合に講じた措置その他内閣府令で定める事項を公表するものとする。

〔調査及び研究〕

第三十三条の十七 国は、被措置児童等虐待の事例の分析を行うとともに、被措置児童等虐待の予防及び早期発見のための方策並びに被措置児童等虐待があつた場合の適切な対応方法に資する事項についての調査及び研究を行うものとする。

第八節 情報公表対象支援の利用に資する情報の報告及び公表

第三十三条の十八 指定障害児通所支援事業者及び指定障害児相談支援事業者並びに指定障害児入所施設等の設置者（以下この条及び第三十三条の二十三の二第三項において「対象事業者」という。）は、指定通所支援、指定障害児相談支援又は指定入所支援（以下この条において「情報公表対象支援」という。）の提供を開始しようとするとき、その他内閣府令で定めるときは、内閣府令で定めるところにより、情報公表対象支援情報（その提供する情報公表対象支援の内容及び情報公表対象支援を提供する事業者又は施設の運営状況に関する情報であつて、情報公表対象支援を利用し、又は利用しようとする障害児の保護者が適切かつ円滑に当該情報公表対象支援を利用する機会を確保するために公表されることが適当なものとして内閣府令で定めるものをいう。第八項において同じ。）を、当該情報公表対象支援を提供する事業所又は施設の所在地を管轄する都道府県知事に報告しなければならない。

② 都道府県知事は、前項の規定による報告を受けた後、内閣府令で定めるところにより、当該報告の内容を公表しなければならない。

③ 都道府県知事は、前項の規定による公表を行うため必要があると認めるときは、第一項の規定による報告が真正であることを確認するのに必要な限度において、当該報告をした対象事業者に対し、当該報告の内容について、調査を行うことができる。

④ 都道府県知事は、対象事業者が第一項の規定による報告をせず、若しくは虚偽の報告をし、又は前項の規定による調査を受けず、若しくは調査を妨げたときは、期間を定めて、当該対象事業者に対し、その報告を行い、若しくはその報告の内容を是正し、又はその調査を受けることを命ずることができる。

⑤ 都道府県知事は、指定障害児相談支援事業者に対して前項の規定による処分をしたときは、遅滞なく、その旨をその指定をした市町村長に通知しなければならない。

⑥ 都道府県知事は、指定障害児通所支援事業者又は指定障害児入所施設の設置者が第四項の規定による命令に従わないときは、当該指定障害児通所支援事業者又は指定障害児入所施設の指定を取り消し、又は期間を定めてその指定の全部若しくは一部の効力を停止することができる。

⑦ 都道府県知事は、指定障害児相談支援事業者が第四項の規定による命令に従わない場合において、当該指定障害児相談支援事業者の指定を取り消し、又は期間を定めてその指定の全部若しくは一部の効力を停止することが適当であると認めるときは、理由を付して、その旨をその指定をした市町村長に通知しなければならない。

⑧ 都道府県知事は、情報公表対象支援を利用し、又は利用しようとする障害児の保護者が適切かつ円滑に当該情報公表対象支援を利用する機会の確保に資するため、情報公表対象支援の質及び情報公表対象支援に従事する従業者に関する情報（情報公表対象支援情報に該当するものを除く。）であつて内閣府令で定めるものの提供を希望する対象事業者から提供を受けた当該情報について、公表を行うよう配慮するものとする。

第九節 障害児福祉計画等

〔基本指針〕

第三十三条の十九 内閣総理大臣は、障害児通所支援、障害児入所支援及び障害児相談支援（以下この項、次項並びに第三十三条の二十二第一項及び第二項において「障害児通所支援等」という。）の提供体制を整備し、障害児通所支援等の円滑な実施を確保するための基本的な指針（以下この条、次条第一項及び第三十三条の二十二第一項において「基本指針」という。）を定めるものとする。

② 基本指針においては、次に掲げる事項を定め

るものとする。

一　障害児通所支援等の提供体制の確保に関する基本的事項

二　障害児通所支援等の提供体制の確保に係る目標に関する事項

三　次条第一項に規定する市町村障害児福祉計画及び第三十三条の二十二第一項に規定する都道府県障害児福祉計画の作成に関する事項

四　その他障害児通所支援等の円滑な実施を確保するために必要な事項

③　基本指針は、障害者の日常生活及び社会生活を総合的に支援するための法律第八十七条第一項に規定する基本指針と一体のものとして作成することができる。

④　内閣総理大臣は、基本指針の案を作成し、又は基本指針を変更しようとするときは、あらかじめ、障害児及びその家族その他の関係者の意見を反映させるために必要な措置を講ずるものとする。

⑤　内閣総理大臣は、障害児の生活の実態、障害児を取り巻く環境の変化その他の事情を勘案して必要があると認めるときは、速やかに基本指針を変更するものとする。

⑥　内閣総理大臣は、基本指針を定め、又はこれを変更したときは、遅滞なく、これを公表しなければならない。

〔市町村障害児福祉計画〕

第三十三条の二十　市町村は、基本指針に即して、障害児通所支援及び障害児相談支援の提供体制の確保その他障害児通所支援及び障害児相談支援の円滑な実施に関する計画（以下「市町村障害児福祉計画」という。）を定めるものとする。

②　市町村障害児福祉計画においては、次に掲げる事項を定めるものとする。

一　障害児通所支援及び障害児相談支援の提供体制の確保に係る目標に関する事項

二　各年度における指定通所支援又は指定障害児相談支援の種類ごとの必要な見込量

③　市町村障害児福祉計画においては、前項各号に掲げるもののほか、次に掲げる事項について定めるよう努めるものとする。

一　前項第二号の指定通所支援又は指定障害児相談支援の種類ごとの必要な見込量の確保のための方策

二　前項第二号の指定通所支援又は指定障害児相談支援の提供体制の確保に係る医療機関、教育機関その他の関係機関との連携に関する事項

④　市町村障害児福祉計画は、当該市町村の区域における障害児の数及びその障害の状況を勘案して作成されなければならない。

⑤　市町村は、当該市町村の区域における障害児の心身の状況、その置かれている環境その他の事情を正確に把握するとともに、第三十三条の二十三の二第一項の規定により公表された結果その他のこの法律に基づく業務の実施の状況に関する情報を分析した上で、当該事情及び当該分析の結果を勘案して、市町村障害児福祉計画を作成するよう努めるものとする。

⑥　市町村障害児福祉計画は、障害者の日常生活及び社会生活を総合的に支援するための法律第八十八条第一項に規定する市町村障害福祉計画と一体のものとして作成することができる。

⑦　市町村障害児福祉計画は、障害者基本法（昭和四十五年法律第八十四号）第十一条第三項に規定する市町村障害者計画、社会福祉法第百七条第一項に規定する市町村地域福祉計画その他の法律の規定による計画であつて障害児の福祉に関する事項を定めるものと調和が保たれたものでなければならない。

⑧　市町村は、市町村障害児福祉計画を定め、又は変更しようとするときは、あらかじめ、住民の意見を反映させるために必要な措置を講ずるよう努めるものとする。

⑨　市町村は、障害者の日常生活及び社会生活を総合的に支援するための法律第八十九条の三第一項に規定する協議会を設置したときは、市町村障害児福祉計画を定め、又は変更しようとする場合において、あらかじめ、当該協議会の意見を聴くよう努めなければならない。

⑩　障害者基本法第三十六条第四項の合議制の機関を設置する市町村は、市町村障害児福祉計画を定め、又は変更しようとするときは、あらかじめ、当該機関の意見を聴かなければならない。

⑪　市町村は、市町村障害児福祉計画を定め、又は変更しようとするときは、第二項に規定する事項について、あらかじめ、都道府県の意見を聴かなければならない。

⑫　市町村は、市町村障害児福祉計画を定め、又は変更したときは、遅滞なく、これを都道府県知事に提出しなければならない。

〔調査、分析及び評価等〕

第三十三条の二十一　市町村は、定期的に、前条第二項各号に掲げる事項（市町村障害児福祉計画に同条第三項各号に掲げる事項を定める場合にあつては、当該各号に掲げる事項を含む。）について、調査、分析及び評価を行い、必要があると認めるときは、当該市町村障害児福祉計画を変更することその他の必要な措置を講ずる

ものとする。

〔都道府県障害児福祉計画〕

第三十三条の二十二　都道府県は、基本指針に即して、市町村障害児福祉計画の達成に資するため、各市町村を通ずる広域的な見地から、障害児通所支援等の提供体制の確保その他障害児通所支援等の円滑な実施に関する計画（以下「都道府県障害児福祉計画」という。）を定めるものとする。

② 都道府県障害児福祉計画においては、次に掲げる事項を定めるものとする。

一　障害児通所支援等の提供体制の確保に係る目標に関する事項

二　当該都道府県が定める区域ごとの各年度の指定通所支援又は指定障害児相談支援の種類ごとの必要な見込量

三　各年度の指定障害児入所施設等の必要入所定員総数

③ 都道府県障害児福祉計画においては、前項各号に掲げる事項のほか、次に掲げる事項について定めるよう努めるものとする。

一　前項第二号の区域ごとの指定通所支援の種類ごとの必要な見込量の確保のための方策

二　前項第二号の区域ごとの指定通所支援又は指定障害児相談支援の質の向上のために講ずる措置に関する事項

三　指定障害児入所施設等の障害児入所支援の質の向上のために講ずる措置に関する事項

四　前項第二号の区域ごとの指定通所支援の提供体制の確保に係る医療機関、教育機関その他の関係機関との連携に関する事項

④ 都道府県は、第三十三条の二十三の二第一項の規定により公表された結果その他のこの法律に基づく業務の実施の状況に関する情報を分析した上で、当該分析の結果を勘案して、都道府県障害児福祉計画を作成するよう努めるものとする。

⑤ 都道府県障害児福祉計画は、障害者の日常生活及び社会生活を総合的に支援するための法律第八十九条第一項に規定する都道府県障害福祉計画と一体のものとして作成することができる。

⑥ 都道府県障害児福祉計画は、障害者基本法第十一条第二項に規定する都道府県障害者計画、社会福祉法第百八条第一項に規定する都道府県地域福祉支援計画その他の法律の規定による計画であつて障害児の福祉に関する事項を定めるものと調和が保たれたものでなければならない。

⑦ 都道府県は、障害者の日常生活及び社会生活を総合的に支援するための法律第八十九条の三第一項に規定する協議会を設置したときは、都道府県障害児福祉計画を定め、又は変更しようとする場合において、あらかじめ、当該協議会の意見を聴くよう努めなければならない。

⑧ 都道府県は、都道府県障害児福祉計画を定め、又は変更しようとするときは、あらかじめ、障害者基本法第三十六条第一項の合議制の機関の意見を聴かなければならない。

⑨ 都道府県は、都道府県障害児福祉計画を定め、又は変更したときは、遅滞なく、これを内閣総理大臣に提出しなければならない。

〔調査、分析及び評価等〕

第三十三条の二十三　都道府県は、定期的に、前条第二項各号に掲げる事項（都道府県障害児福祉計画に同条第三項各号に掲げる事項を定める場合にあつては、当該各号に掲げる事項を含む。）について、調査、分析及び評価を行い、必要があると認めるときは、当該都道府県障害児福祉計画を変更することその他の必要な措置を講ずるものとする。

第三十三条の二十三の二　内閣総理大臣は、市町村障害児福祉計画及び都道府県障害児福祉計画の作成、実施及び評価並びに障害児の福祉の増進に資するため、次に掲げる事項に関する情報（以下「障害児福祉等関連情報」という。）のうち、第一号に掲げる事項について調査及び分析を行い、その結果を公表するものとするとともに、第二号及び第三号に掲げる事項について調査及び分析を行い、その結果を公表するよう努めるものとする。

一　障害児通所給付費等（第五十七条の二第一項に規定する障害児通所給付費等をいう。次条第一項第一号及び第二号において同じ。）及び障害児入所給付費等（第五十条第六号の三に規定する障害児入所給付費等をいう。同項第一号及び第二号において同じ。）に要する費用の額に関する地域別又は年齢別の状況その他の内閣府令で定める事項

二　通所支給要否決定における調査に関する状況その他の内閣府令で定める事項

三　障害児通所支援、障害児入所支援又は障害児相談支援を利用する障害児の心身の状況、当該障害児に提供される当該障害児通所支援、障害児入所支援又は障害児相談支援の内容その他の内閣府令で定める事項

② 市町村及び都道府県は、内閣総理大臣に対し、前項第一号に掲げる事項に関する情報を、内閣府令で定める方法により提供しなければならな

い。

③　内閣総理大臣は、必要があると認めるときは、市町村及び都道府県並びに対象事業者に対し、障害児福祉等関連情報を、内閣府令で定める方法により提供するよう求めることができる。

〔情報の利用と提供〕

第三十三条の二十三の三　内閣総理大臣は、障害児の福祉の増進に資するため、匿名障害児福祉等関連情報（障害児福祉等関連情報に係る特定の障害児その他の内閣府令で定める者（次条において「本人」という。）を識別すること及びその作成に用いる障害児福祉等関連情報を復元することができないようにするために内閣府令で定める基準に従い加工した障害児福祉等関連情報をいう。以下同じ。）を利用し、又は内閣府令で定めるところにより、次の各号に掲げる者であつて、匿名障害児福祉等関連情報の提供を受けて行うことについて相当の公益性を有すると認められる業務としてそれぞれ当該各号に定めるものを行うものに提供することができる。

一　国の他の行政機関及び地方公共団体　障害児の福祉の増進並びに障害児通所給付費等及び障害児入所給付費等に関する施策の企画及び立案に関する調査

二　大学その他の研究機関　障害児の福祉の増進並びに障害児通所給付費等及び障害児入所給付費等に関する研究

三　民間事業者その他の内閣府令で定める者　障害福祉分野の調査研究に関する分析その他の内閣府令で定める業務（特定の商品又は役務の広告又は宣伝に利用するために行うものを除く。）

②　内閣総理大臣は、前項の規定による匿名障害児福祉等関連情報の利用又は提供を行う場合には、当該匿名障害児福祉等関連情報を障害者の日常生活及び社会生活を総合的に支援するための法律第八十九条の二の三第一項に規定する匿名障害福祉等関連情報その他の内閣府令で定めるものと連結して利用し、又は連結して利用することができる状態で提供することができる。

③　内閣総理大臣は、第一項の規定により匿名障害児福祉等関連情報を提供しようとする場合には、あらかじめ、こども家庭審議会の意見を聴かなければならない。

〔本人識別の禁止〕

第三十三条の二十三の四　前条第一項の規定により匿名障害児福祉等関連情報の提供を受け、これを利用する者（以下「匿名障害児福祉等関連情報利用者」という。）は、匿名障害児福祉等関連情報を取り扱うに当たつては、当該匿名障害児福祉等関連情報の作成に用いられた障害児福祉等関連情報に係る本人を識別するために、当該障害児福祉等関連情報から削除された記述等若しくは匿名障害児福祉等関連情報の作成に用いられた加工の方法に関する情報を取得し、又は当該匿名障害児福祉等関連情報を他の情報と照合してはならない。

〔情報の消去〕

第三十三条の二十三の五　匿名障害児福祉等関連情報利用者は、提供を受けた匿名障害児福祉等関連情報を利用する必要がなくなつたときは、遅滞なく、当該匿名障害児福祉等関連情報を消去しなければならない。

〔情報の安全管理〕

第三十三条の二十三の六　匿名障害児福祉等関連情報利用者は、匿名障害児福祉等関連情報の漏えい、滅失又は毀損の防止その他の当該匿名障害児福祉等関連情報の安全管理のために必要かつ適切なものとして内閣府令で定める措置を講じなければならない。

〔情報の不当な利用の禁止〕

第三十三条の二十三の七　匿名障害児福祉等関連情報利用者又は匿名障害児福祉等関連情報利用者であつた者は、匿名障害児福祉等関連情報の利用に関して知り得た匿名障害児福祉等関連情報の内容をみだりに他人に知らせ、又は不当な目的に利用してはならない。

〔検査等〕

第三十三条の二十三の八　内閣総理大臣は、この節（第三十三条の十九から第三十三条の二十三の二まで、第三十三条の二十四及び第三十三条の二十五を除く。）の規定の施行に必要な限度において、匿名障害児福祉等関連情報利用者（国の他の行政機関を除く。以下この項及び次条において同じ。）に対し報告若しくは帳簿書類の提出若しくは提示を命じ、又は当該職員に関係者に対して質問させ、若しくは匿名障害児福祉等関連情報利用者の事務所その他の事業所に立ち入り、匿名障害児福祉等関連情報利用者の帳簿書類その他の物件を検査させることができる。

②　第十九条の十六第二項の規定は前項の規定による質問又は検査について、同条第三項の規定は前項の規定による権限について準用する。

〔是正措置〕

第三十三条の二十三の九　内閣総理大臣は、匿名障害児福祉等関連情報利用者が第三十三条の二十三の四から第三十三条の二十三の七までの規定に違反していると認めるときは、その者に対し、当該違反を是正するため必要な措置をとるべきことを命ずることができる。

〔連合会への委託〕

第三十三条の二十三の十　内閣総理大臣は、第三十三条の二十三の二第一項に規定する調査及び分析並びに第三十三条の二十三の三第一項の規定による利用又は提供に係る事務の全部又は一部を連合会その他内閣府令で定める者（次条第一項及び第三項において「連合会等」という。）に委託することができる。

〔手数料〕

第三十三条の二十三の十一　匿名障害児福祉等関連情報利用者は、実費を勘案して政令で定める額の手数料を国（前条の規定により内閣総理大臣からの委託を受けて、連合会等が第三十三条の二十三の三第一項の規定による匿名障害児福祉等関連情報の提供に係る事務の全部を行う場合にあつては、連合会等）に納めなければならない。

②　内閣総理大臣は、前項の手数料を納めようとする者が都道府県その他の障害児の福祉の増進のために特に重要な役割を果たす者として政令で定める者であるときは、政令で定めるところにより、当該手数料を減額し、又は免除することができる。

③　第一項の規定により連合会等に納められた手数料は、連合会等の収入とする。

〔作成上の助言〕

第三十三条の二十四　都道府県知事は、市町村に対し、市町村障害児福祉計画の作成上の技術的事項について必要な助言をすることができる。

②　内閣総理大臣は、都道府県に対し、都道府県障害児福祉計画の作成の手法その他都道府県障害児福祉計画の作成上の重要な技術的事項について必要な助言をすることができる。

〔事業実施への助言等〕

第三十三条の二十五　国は、市町村又は都道府県が、市町村障害児福祉計画又は都道府県障害児福祉計画に定められた事業を実施しようとするときは、当該事業が円滑に実施されるように必要な助言その他の援助の実施に努めるものとする。

第十節　雑則

〔禁止行為〕

第三十四条　何人も、次に掲げる行為をしてはならない。

一　身体に障害又は形態上の異常がある児童を公衆の観覧に供する行為

二　児童にこじきをさせ、又は児童を利用してこじきをする行為

三　公衆の娯楽を目的として、満十五歳に満たない児童にかるわざ又は曲馬をさせる行為

四　満十五歳に満たない児童に戸々について、又は道路その他これに準ずる場所で歌謡、遊芸その他の演技を業務としてさせる行為

四の二　児童に午後十時から午前三時までの間、戸々について、又は道路その他これに準ずる場所で物品の販売、配布、展示若しくは拾集又は役務の提供を業務としてさせる行為

四の三　戸々について、又は道路その他これに準ずる場所で物品の販売、配布、展示若しくは拾集又は役務の提供を業務として行う満十五歳に満たない児童を、当該業務を行うために、風俗営業等の規制及び業務の適正化等に関する法律（昭和二十三年法律第百二十二号）第二条第四項の接待飲食等営業、同条第六項の店舗型性風俗特殊営業及び同条第九項の店舗型電話異性紹介営業に該当する営業を営む場所に立ち入らせる行為

五　満十五歳に満たない児童に酒席に侍する行為を業務としてさせる行為

六　児童に淫《いん》行をさせる行為

七　前各号に掲げる行為をするおそれのある者その他児童に対し、刑罰法令に触れる行為をなすおそれのある者に、情を知つて、児童を引き渡す行為及び当該引渡し行為のなされるおそれがあるの情を知つて、他人に児童を引き渡す行為

八　成人及び児童のための正当な職業紹介の機関以外の者が、営利を目的として、児童の養育をあつせんする行為

九　児童の心身に有害な影響を与える行為をさせる目的をもつて、これを自己の支配下に置く行為

②　児童養護施設、障害児入所施設、児童発達支援センター又は児童自立支援施設においては、それぞれ第四十一条から第四十三条まで及び第四十四条に規定する目的に反して、入所した児童を酷使してはならない。

〔政令への委任〕

第三十四条の二　この法律に定めるもののほか、福祉の保障に関し必要な事項は、政令でこれを定める。

第三章　事業、養育里親及び養子縁組里親並びに施設

〔障害児通所支援事業等〕

第三十四条の三　都道府県は、障害児通所支援事

業又は障害児相談支援事業（以下「障害児通所支援事業等」という。）を行うことができる。

②　国及び都道府県以外の者は、内閣府令で定めるところにより、あらかじめ、内閣府令で定める事項を都道府県知事に届け出て、障害児通所支援事業等を行うことができる。

③　国及び都道府県以外の者は、前項の規定により届け出た事項に変更が生じたときは、変更の日から一月以内に、その旨を都道府県知事に届け出なければならない。

④　国及び都道府県以外の者は、障害児通所支援事業等を廃止し、又は休止しようとするときは、あらかじめ、内閣府令で定める事項を都道府県知事に届け出なければならない。

〔児童自立生活援助事業、小規模住居型児童養育事業の開始等〕

第三十四条の四　国及び都道府県以外の者は、内閣府令の定めるところにより、あらかじめ、内閣府令で定める事項を都道府県知事に届け出て、児童自立生活援助事業又は小規模住居型児童養育事業を行うことができる。

②　国及び都道府県以外の者は、前項の規定により届け出た事項に変更を生じたときは、変更の日から一月以内に、その旨を都道府県知事に届け出なければならない。

③　国及び都道府県以外の者は、児童自立生活援助事業又は小規模住居型児童養育事業を廃止し、又は休止しようとするときは、あらかじめ、内閣府令で定める事項を都道府県知事に届け出なければならない。

〔立入検査等〕

第三十四条の五　都道府県知事は、児童の福祉のために必要があると認めるときは、障害児通所支援事業等、児童自立生活援助事業若しくは小規模住居型児童養育事業を行う者に対して、必要と認める事項の報告を求め、又は当該職員に、関係者に対して質問させ、若しくはその事務所若しくは施設に立ち入り、設備、帳簿書類その他の物件を検査させることができる。

②　第十八条の十六第二項及び第三項の規定は、前項の場合について準用する。

〔事業の停止等〕

第三十四条の六　都道府県知事は、障害児通所支援事業等、児童自立生活援助事業又は小規模住居型児童養育事業を行う者が、この法律若しくはこれに基づく命令若しくはこれらに基づいてする処分に違反したとき、その事業に関し不当に営利を図り、若しくはその事業に係る児童の処遇につき不当な行為をしたとき、又は障害児通所支援事業者が第二十一条の七の規定に違反したときは、その者に対し、その事業の制限又は停止を命ずることができる。

〔受託義務〕

第三十四条の七　障害者等相談支援事業、小規模住居型児童養育事業又は児童自立生活援助事業を行う者は、第二十六条第一項第二号、第二十七条第一項第二号若しくは第三号又は第三十三条の六第一項の規定による委託を受けたときは、正当な理由がない限り、これを拒んではならない。

〔親子再統合支援事業等〕

第三十四条の七の二　都道府県は、親子再統合支援事業、社会的養護自立支援拠点事業又は意見表明等支援事業を行うことができる。

②　国及び都道府県以外の者は、内閣府令の定めるところにより、あらかじめ、内閣府令で定める事項を都道府県知事に届け出て、親子再統合支援事業、社会的養護自立支援拠点事業又は意見表明等支援事業を行うことができる。

③　国及び都道府県以外の者は、前項の規定により届け出た事項に変更を生じたときは、変更の日から一月以内に、その旨を都道府県知事に届け出なければならない。

④　国及び都道府県以外の者は、親子再統合支援事業、社会的養護自立支援拠点事業又は意見表明等支援事業を廃止し、又は休止しようとするときは、あらかじめ、内閣府令で定める事項を都道府県知事に届け出なければならない。

⑤　親子再統合支援事業、社会的養護自立支援拠点事業又は意見表明等支援事業に従事する者は、その職務を遂行するに当たつては、個人の身上に関する秘密を守らなければならない。

〔事業内容の報告、検査等〕

第三十四条の七の三　都道府県知事は、児童の福祉のために必要があると認めるときは、親子再統合支援事業、社会的養護自立支援拠点事業若しくは意見表明等支援事業を行う者に対して、必要と認める事項の報告を求め、又は当該職員に、関係者に対して質問させ、若しくはその事務所若しくは施設に立ち入り、設備、帳簿書類その他の物件を検査させることができる。

②　第十八条の十六第二項及び第三項の規定は、前項の場合について準用する。

〔事業の停止等〕

第三十四条の七の四　都道府県知事は、親子再統合支援事業、社会的養護自立支援拠点事業又は意見表明等支援事業を行う者が、この法律若しくはこれに基づく命令若しくはこれらに基づいてする処分に違反したとき、又はその事業に関し不当に営利を図り、若しくはその事業に係る児童若しくはその保護者の処遇につき不当な行為をしたときは、その者に対し、その事業の制限又は停止を命ずることができる。

〔妊産婦等生活援助事業〕

第三十四条の七の五　都道府県は、妊産婦等生活援助事業を行うことができる。

②　国及び都道府県以外の者は、内閣府令の定めるところにより、あらかじめ、内閣府令で定める事項を都道府県知事に届け出て、妊産婦等生活援助事業を行うことができる。

③　国及び都道府県以外の者は、前項の規定により届け出た事項に変更を生じたときは、変更の日から一月以内に、その旨を都道府県知事に届け出なければならない。

④　国及び都道府県以外の者は、妊産婦等生活援助事業を廃止し、又は休止しようとするときは、あらかじめ、内閣府令で定める事項を都道府県知事に届け出なければならない。

⑤　妊産婦等生活援助事業に従事する者は、その職務を遂行するに当たつては、個人の身上に関する秘密を守らなければならない。

〔事業内容の報告、検査等〕

第三十四条の七の六　都道府県知事は、児童及び妊産婦の福祉のために必要があると認めるときは、妊産婦等生活援助事業を行う者に対して、必要と認める事項の報告を求め、又は当該職員に、関係者に対して質問させ、若しくはその事務所若しくは施設に立ち入り、設備、帳簿書類その他の物件を検査させることができる。

②　第十八条の十六第二項及び第三項の規定は、前項の場合について準用する。

〔事業の停止等〕

第三十四条の七の七　都道府県知事は、妊産婦等生活援助事業を行う者が、この法律若しくはこれに基づく命令若しくはこれらに基づいてする処分に違反したとき、又はその事業に関し不当に営利を図り、若しくはその事業に係る妊産婦、児童若しくはその保護者の処遇につき不当な行為をしたときは、その者に対し、その事業の制限又は停止を命ずることができる。

〔放課後児童健全育成事業の開始等〕

第三十四条の八　市町村は、放課後児童健全育成事業を行うことができる。

②　国、都道府県及び市町村以外の者は、内閣府令で定めるところにより、あらかじめ、内閣府令で定める事項を市町村長に届け出て、放課後児童健全育成事業を行うことができる。

③　国、都道府県及び市町村以外の者は、前項の規定により届け出た事項に変更を生じたときは、変更の日から一月以内に、その旨を市町村長に届け出なければならない。

④　国、都道府県及び市町村以外の者は、放課後児童健全育成事業を廃止し、又は休止しようとするときは、あらかじめ、内閣府令で定める事項を市町村長に届け出なければならない。

〔放課後児童健全育成事業の設備及び運営に関する基準〕

第三十四条の八の二　市町村は、放課後児童健全育成事業の設備及び運営について、条例で基準を定めなければならない。この場合において、その基準は、児童の身体的、精神的及び社会的な発達のために必要な水準を確保するものでなければならない。

②　市町村が前項の条例を定めるに当たつては、内閣府令で定める基準を参酌するものとする。

③　放課後児童健全育成事業を行う者は、第一項の基準を遵守しなければならない。

〔立入検査等〕

第三十四条の八の三　市町村長は、前条第一項の基準を維持するため、放課後児童健全育成事業を行う者に対して、必要と認める事項の報告を求め、又は当該職員に、関係者に対して質問させ、若しくはその事業を行う場所に立ち入り、設備、帳簿書類その他の物件を検査させることができる。

②　第十八条の十六第二項及び第三項の規定は、前項の場合について準用する。

③　市町村長は、放課後児童健全育成事業が前条第一項の基準に適合しないと認められるに至つたときは、その事業を行う者に対し、当該基準に適合するために必要な措置を採るべき旨を命ずることができる。

④　市町村長は、放課後児童健全育成事業を行う者が、この法律若しくはこれに基づく命令若しくはこれらに基づいてする処分に違反したとき、又はその事業に関し不当に営利を図り、若しくはその事業に係る児童の処遇につき不当な行為をしたときは、その者に対し、その事業の制限又は停止を命ずることができる。

〔子育て短期支援事業の開始〕

第三十四条の九　市町村は、内閣府令で定めるところにより、子育て短期支援事業を行うことができる。

〔乳児家庭全戸訪問事業・養育支援訪問事業の開始〕

第三十四条の十　市町村は、第二十一条の十の二第一項の規定により乳児家庭全戸訪問事業又は養育支援訪問事業を行う場合には、社会福祉法の定めるところにより行うものとする。

〔地域子育て支援拠点事業等の開始〕

第三十四条の十一　市町村、社会福祉法人その他の者は、社会福祉法の定めるところにより、地域子育て支援拠点事業、子育て世帯訪問支援事業又は親子関係形成支援事業を行うことができる。

② 地域子育て支援拠点事業、子育て世帯訪問支援事業又は親子関係形成支援事業に従事する者は、その職務を遂行するに当たつては、個人の身上に関する秘密を守らなければならない。

〔一時預かり事業の開始等〕

第三十四条の十二　市町村、社会福祉法人その他の者は、内閣府令の定めるところにより、あらかじめ、内閣府令で定める事項を都道府県知事に届け出て、一時預かり事業を行うことができる。

② 市町村、社会福祉法人その他の者は、前項の規定により届け出た事項に変更を生じたときは、変更の日から一月以内に、その旨を都道府県知事に届け出なければならない。

③ 市町村、社会福祉法人その他の者は、一時預かり事業を廃止し、又は休止しようとするときは、あらかじめ、内閣府令で定める事項を都道府県知事に届け出なければならない。

第三十四条の十三　一時預かり事業を行う者は、その事業を実施するために必要なものとして内閣府令で定める基準を遵守しなければならない。

〔立入検査等〕

第三十四条の十四　都道府県知事は、前条の基準を維持するため、一時預かり事業を行う者に対して、必要と認める事項の報告を求め、又は当該職員に、関係者に対して質問させ、若しくはその事業を行う場所に立ち入り、設備、帳簿書類その他の物件を検査させることができる。

② 第十八条の十六第二項及び第三項の規定は、前項の場合について準用する。

③ 都道府県知事は、一時預かり事業が前条の基準に適合しないと認められるに至つたときは、その事業を行う者に対し、当該基準に適合するために必要な措置を採るべき旨を命ずることができる。

④ 都道府県知事は、一時預かり事業を行う者が、この法律若しくはこれに基づく命令若しくはこれらに基づいてする処分に違反したとき、又はその事業に関し不当に営利を図り、若しくはその事業に係る乳児若しくは幼児の処遇につき不当な行為をしたときは、その者に対し、その事業の制限又は停止を命ずることができる。

〔家庭的保育事業等の開始等〕

第三十四条の十五　市町村は、家庭的保育事業等を行うことができる。

② 国、都道府県及び市町村以外の者は、内閣府令の定めるところにより、市町村長の認可を得て、家庭的保育事業等を行うことができる。

③ 市町村長は、家庭的保育事業等に関する前項の認可の申請があつたときは、次条第一項の条例で定める基準に適合するかどうかを審査するほか、次に掲げる基準（当該認可の申請をした者が社会福祉法人又は学校法人である場合にあつては、第四号に掲げる基準に限る。）によつて、その申請を審査しなければならない。

一　当該家庭的保育事業等を行うために必要な経済的基礎があること。

二　当該家庭的保育事業等を行う者（その者が法人である場合にあつては、経営担当役員（業務を執行する社員、取締役、執行役又はこれらに準ずる者をいう。第三十五条第五項第二号において同じ。）とする。）が社会的信望を有すること。

三　実務を担当する幹部職員が社会福祉事業に関する知識又は経験を有すること。

四　次のいずれにも該当しないこと。

イ　申請者が、拘禁刑以上の刑に処せられ、その執行を終わり、又は執行を受けることがなくなるまでの者であるとき。

ロ　申請者が、この法律その他国民の福祉に関する法律で政令で定めるものの規定により罰金の刑に処せられ、その執行を終わり、又は執行を受けることがなくなるまでの者であるとき。

ハ　申請者が、労働に関する法律の規定であつて政令で定めるものにより罰金の刑に処せられ、その執行を終わり、又は執行を受けることがなくなるまでの者であるとき。

ニ　申請者が、第五十八条第二項の規定により認可を取り消され、その取消しの日から起算して五年を経過しない者（当該認可を取り消された者が法人である場合においては、当該取消しの処分に係る行政手続法第十五条の規定による通知があつた日前六十日以内に当該法人の役員（業務を執行する社員、取締役、執行役又はこれらに準ずる者をいい、相談役、顧問その他いかなる名称を有する者であるかを問わず、法人に対し業務を執行する社員、取締役、執行役又はこれらに準ずる者と同等以上の支配力を有するものと認められる者を含む。ホにおいて同じ。）又はその事業を管理する者その他の政令で定める使用人（以下この号及び第三十五条第五項第四号において「役員等」という。）であつた者で当該取消しの日から起算して五年を経過しないものを含み、当該認可を取り消された者が法人でない場合においては、当該通知があつた日前六十日以内に当該事業を行う者の管理者であつた者で当該取消しの日から起算して五年を経過しないものを含む。）であるとき。ただし、当該認可の取消しが、家庭的保育事業等の認可の取消しのうち当該認可の取消しの処分の理由となつた事実及び当該事実の発生を防止するための当該家庭的保育事業等を行う者による業務管理体制の整備についての取組の状況その他の当該事実に関して当該家庭的保育事業等を行う者が有していた責任の程度を考慮して、ニ本文に規定する認可の取消しに該当しないこととすることが相当であると認められるものとして内閣府令で定めるものに該当する場合を除く。

ホ　申請者と密接な関係を有する者（申請者（法人に限る。以下ホにおいて同じ。）の役員に占めるその役員の割合が二分の一を超え、若しくは当該申請者の株式の所有その他の事由を通じて当該申請者の事業を実質的に支配し、若しくはその事業に重要な影響を与える関係にある者として内閣府令で定めるもの（以下ホにおいて「申請者の親会社等」という。）、申請者の親会社等の役員と同一の者がその役員に占める割合が二分の一を超え、若しくは申請者の親会社等が株式の所有その他の事由を通じてその事業を実質的に支配し、若しくはその事業に重要な影響を与える関係にある者として内閣府令で定めるもの又は当該申請者の役員と同一の者がその役員に占める割合が二分の一を超え、若しくは当該申請者が株式の所有その他の事由を通じてその事業を実質的に支配し、若しくはその事業に重要な影響を与える関係にある者として内閣府令で定めるもののうち、当該申請者と内閣府令で定める密接な関係を有する法人をいう。第三十五条第五項第四号ホにおいて同じ。）が、第五十八条第二項の規定により認可を取り消され、その取消しの日から起算して五年を経過していないとき。ただし、当該認可の取消しが、家庭的保育事業等の認可の取消しのうち当該認可の取消しの処分の理由となつた事実及び当該事実の発生を防止するための当該家庭的保育事業等を行う者による業務管理体制の整備についての取組の状況その他の当該事実に関して当該家庭的保育事業等を行う者が有していた責任の程度を考慮して、ホ本文に規定する認可の取消しに該当しないこととすることが相当であると認められるものとして内閣府令で定めるものに該当する場合を除く。

へ　申請者が、第五十八条第二項の規定による認可の取消しの処分に係る行政手続法第十五条の規定による通知があつた日から当該処分をする日又は処分をしないことを決定する日までの間に第七項の規定による事業の廃止をした者（当該廃止について相当の理由がある者を除く。）で、当該事業の廃止の承認の日から起算して五年を経過しないものであるとき。

ト　申請者が、第三十四条の十七第一項の規定による検査が行われた日から聴聞決定予定日（当該検査の結果に基づき第五十八条第二項の規定による認可の取消しの処分に係る聴聞を行うか否かの決定をすることが見込まれる日として内閣府令で定めるところにより市町村長が当該申請者に当該検査が行われた日から十日以内に特定の日を通知した場合における当該特定の日をいう。）までの間に第七項の規定による事業の廃止をした者（当該廃止について相当の理由がある者を除く。）で、当該事業の廃止の承認の日から起算して五年を経過しないものであるとき。

チ　へに規定する期間内に第七項の規定による事業の廃止の承認の申請があつた場合において、申請者が、への通知の日前六十日以内に当該申請に係る法人（当該事業の廃止について相当の理由がある法人を除く。）の役員等又は当該申請に係る法人でない事業を行う者（当該事業の廃止について相当の理由があるものを除く。）の管理者であつた者で、当該事業の廃止の承認の日から起算して五年を経過しないものであるとき。

リ　申請者が、認可の申請前五年以内に保育に関し不正又は著しく不当な行為をした者であるとき。

ヌ　申請者が、法人で、その役員等のうちにイからニまで又はへからリまでのいずれかに該当する者のあるものであるとき。

ル　申請者が、法人でない者で、その管理者がイからニまで又はへからリまでのいずれかに該当する者であるとき。

④　市町村長は、第二項の認可をしようとするときは、あらかじめ、市町村児童福祉審議会を設置している場合にあつてはその意見を、その他の場合にあつては児童の保護者その他児童福祉に係る当事者の意見を聴かなければならない。

⑤　市町村長は、第三項に基づく審査の結果、その申請が次条第一項の条例で定める基準に適合しており、かつ、その事業を行う者が第三項各号に掲げる基準（その者が社会福祉法人又は学校法人である場合にあつては、同項第四号に掲げる基準に限る。）に該当すると認めるときは、第二項の認可をするものとする。ただし、市町村長は、当該申請に係る家庭的保育事業等の所在地を含む教育・保育提供区域（子ども・子育て支援法第六十一条第二項第一号の規定により当該市町村が定める教育・保育提供区域とする。以下この項において同じ。）における特定地域型保育事業所（同法第二十九条第三項第一号に規定する特定地域型保育事業所をいい、事業所内保育事業における同法第四十三条第一項に規定する労働者等の監護する小学校就学前子どもに係る部分を除く。以下この項において同じ。）の利用定員の総数（同法第十九条第三号に掲げる小学校就学前子どもの区分に係るものに限る。）が、同法第六十一条第一項の規定により当該市町村が定める市町村子ども・子育て支援事業計画において定める当該教育・保育提供区域の特定地域型保育事業所に係る必要利用定員総数（同法第十九条第三号に掲げる小学校就学前子どもの区分に係るものに限る。）に既に達しているか、又は当該申請に係る家庭的保育事業等の開始によつてこれを超えることになると認めるとき、その他の当該市町村子ども・子育て支援事業計画の達成に支障を生ずるおそれがある場合として内閣府令で定める場合に該当すると認めるときは、第二項の認可をしないことができる。

⑥　市町村長は、家庭的保育事業等に関する第二項の申請に係る認可をしないときは、速やかにその旨及び理由を通知しなければならない。

⑦　国、都道府県及び市町村以外の者は、家庭的保育事業等を廃止し、又は休止しようとするときは、内閣府令の定めるところにより、市町村長の承認を受けなければならない。

〔家庭的保育事業等の設備及び運営に関する基準〕

第三十四条の十六　市町村は、家庭的保育事業等の設備及び運営について、条例で基準を定めなければならない。この場合において、その基準は、児童の身体的、精神的及び社会的な発達のために必要な保育の水準を確保するものでなければならない。

②　市町村が前項の条例を定めるに当たつては、次に掲げる事項については内閣府令で定める基準に従い定めるものとし、その他の事項については内閣府令で定める基準を参酌するものとする。

一　家庭的保育事業等に従事する者及びその員数

二　家庭的保育事業等の運営に関する事項であつて、児童の適切な処遇及び安全の確保並びに秘密の保持並びに児童の健全な発達に密接に関連するものとして内閣府令で定めるもの

③　家庭的保育事業等を行う者は、第一項の基準を遵守しなければならない。

〔立入検査等〕

第三十四条の十七　市町村長は、前条第一項の基準を維持するため、家庭的保育事業等を行う者に対して、必要と認める事項の報告を求め、又は当該職員に、関係者に対して質問させ、若しくは家庭的保育事業等を行う場所に立ち入り、設備、帳簿書類その他の物件を検査させることができる。

②　第十八条の十六第二項及び第三項の規定は、前項の場合について準用する。

③　市町村長は、家庭的保育事業等が前条第一項の基準に適合しないと認められるに至つたときは、その事業を行う者に対し、当該基準に適合するために必要な措置を採るべき旨を勧告し、又はその事業を行う者がその勧告に従わず、かつ、児童福祉に有害であると認められるときは、必要な改善を命ずることができる。

④　市町村長は、家庭的保育事業等が、前条第一項の基準に適合せず、かつ、児童福祉に著しく有害であると認められるときは、その事業を行う者に対し、その事業の制限又は停止を命ずることができる。

〔児童育成支援拠点事業〕

第三十四条の十七の二　市町村は、児童育成支援拠点事業を行うことができる。

②　国、都道府県及び市町村以外の者は、内閣府令で定めるところにより、あらかじめ、内閣府令で定める事項を市町村長に届け出て、児童育成支援拠点事業を行うことができる。

③　国、都道府県及び市町村以外の者は、前項の規定により届け出た事項に変更を生じたときは、変更の日から一月以内に、その旨を市町村長に届け出なければならない。

④　国、都道府県及び市町村以外の者は、児童育成支援拠点事業を廃止し、又は休止しようとするときは、あらかじめ、内閣府令で定める事項を市町村長に届け出なければならない。

⑤　児童育成支援拠点事業に従事する者は、その職務を遂行するに当たつては、個人の身上に関する秘密を守らなければならない。

〔事業内容の報告、検査等〕

第三十四条の十七の三　市町村長は、児童の福祉のために必要があると認めるときは、児童育成支援拠点事業を行う者に対して、必要と認める事項の報告を求め、又は当該職員に、関係者に対して質問させ、若しくはその事業を行う場所に立ち入り、設備、帳簿書類その他の物件を検査させることができる。

②　第十八条の十六第二項及び第三項の規定は、前項の場合について準用する。

③　市町村長は、児童育成支援拠点事業を行う者が、この法律若しくはこれに基づく命令若しくはこれらに基づいてする処分に違反したとき、又はその事業に関し不当に営利を図り、若しくはその事業に係る児童若しくはその保護者の処遇につき不当な行為をしたときは、その者に対し、その事業の制限又は停止を命ずることができる。

〔病児保育事業の開始等〕

第三十四条の十八　国及び都道府県以外の者は、内閣府令で定めるところにより、あらかじめ、内閣府令で定める事項を都道府県知事に届け出て、病児保育事業を行うことができる。

②　国及び都道府県以外の者は、前項の規定により届け出た事項に変更を生じたときは、変更の日から一月以内に、その旨を都道府県知事に届け出なければならない。

③　国及び都道府県以外の者は、病児保育事業を廃止し、又は休止しようとするときは、あらかじめ、内閣府令で定める事項を都道府県知事に届け出なければならない。

〔立入検査等〕

第三十四条の十八の二　都道府県知事は、児童の福祉のために必要があると認めるときは、病児保育事業を行う者に対して、必要と認める事項の報告を求め、又は当該職員に、関係者に対して質問させ、若しくはその事業を行う場所に立ち入り、設備、帳簿書類その他の物件を検査させることができる。

②　第十八条の十六第二項及び第三項の規定は、前項の場合について準用する。

③　都道府県知事は、病児保育事業を行う者が、この法律若しくはこれに基づく命令若しくはこれらに基づいてする処分に違反したとき、又はその事業に関し不当に営利を図り、若しくはその事業に係る児童の処遇につき不当な行為をしたときは、その者に対し、その事業の制限又は停止を命ずることができる。

〔子育て援助活動支援事業の開始等〕

第三十四条の十八の三　国及び都道府県以外の者は、社会福祉法の定めるところにより、子育て援助活動支援事業を行うことができる。

②　子育て援助活動支援事業に従事する者は、その職務を遂行するに当たつては、個人の身上に関する秘密を守らなければならない。

〔養育里親名簿及び養子縁組里親名簿の作成〕

第三十四条の十九　都道府県知事は、第二十七条第一項第三号の規定により児童を委託するため、内閣府令で定めるところにより、養育里親名簿及び養子縁組里親名簿を作成しておかなければならない。

〔養育里親及び養子縁組里親の欠格事由〕

第三十四条の二十　本人又はその同居人が次の各号のいずれかに該当する者は、養育里親及び養子縁組里親となることができない。

一　拘禁刑以上の刑に処せられ、その執行を終わり、又は執行を受けることがなくなるまでの者

二　この法律、児童買春、児童ポルノに係る行為等の規制及び処罰並びに児童の保護等に関する法律（平成十一年法律第五十二号）その他国民の福祉に関する法律で政令で定めるものの規定により罰金の刑に処せられ、その執行を終わり、又は執行を受けることがなくなるまでの者

三　児童虐待又は被措置児童等虐待を行つた者その他児童の福祉に関し著しく不適当な行為をした者

②　都道府県知事は、養育里親若しくは養子縁組里親又はその同居人が前項各号のいずれかに該当するに至つたときは、当該養育里親又は養子縁組里親を直ちに養育里親名簿又は養子縁組里親名簿から抹消しなければならない。

〔内閣府令への委任〕

第三十四条の二十一　この法律に定めるもののほか、養育里親名簿又は養子縁組里親名簿の登録のための手続その他養育里親又は養子縁組里親に関し必要な事項は、内閣府令で定める。

〔児童福祉施設の設置〕

第三十五条　国は、政令の定めるところにより、児童福祉施設（助産施設、母子生活支援施設、保育所及び幼保連携型認定こども園を除く。）

を設置するものとする。

② 都道府県は、政令の定めるところにより、児童福祉施設（幼保連携型認定こども園を除く。以下この条、第四十五条、第四十六条、第四十九条、第五十条第九号、第五十一条第七号、第五十六条の二、第五十七条及び第五十八条において同じ。）を設置しなければならない。

③ 市町村は、内閣府令の定めるところにより、あらかじめ、内閣府令で定める事項を都道府県知事に届け出て、児童福祉施設を設置することができる。

④ 国、都道府県及び市町村以外の者は、内閣府令の定めるところにより、都道府県知事の認可を得て、児童福祉施設を設置することができる。

⑤ 都道府県知事は、保育所に関する前項の認可の申請があつたときは、第四十五条第一項の条例で定める基準（保育所に係るものに限る。第八項において同じ。）に適合するかどうかを審査するほか、次に掲げる基準（当該認可の申請をした者が社会福祉法人又は学校法人である場合にあつては、第四号に掲げる基準に限る。）によつて、その申請を審査しなければならない。

一 当該保育所を経営するために必要な経済的基礎があること。

二 当該保育所の経営者（その者が法人である場合にあつては、経営担当役員とする。）が社会的信望を有すること。

三 実務を担当する幹部職員が社会福祉事業に関する知識又は経験を有すること。

四 次のいずれにも該当しないこと。

イ 申請者が、拘禁刑以上の刑に処せられ、その執行を終わり、又は執行を受けることがなくなるまでの者であるとき。

ロ 申請者が、この法律その他国民の福祉若しくは学校教育に関する法律で政令で定めるものの規定により罰金の刑に処せられ、その執行を終わり、又は執行を受けることがなくなるまでの者であるとき。

ハ 申請者が、労働に関する法律の規定であつて政令で定めるものにより罰金の刑に処せられ、その執行を終わり、又は執行を受けることがなくなるまでの者であるとき。

ニ 申請者が、第五十八条第一項の規定により認可を取り消され、その取消しの日から起算して五年を経過しない者（当該認可を取り消された者が法人である場合においては、当該取消しの処分に係る行政手続法第十五条の規定による通知があつた日前六十日以内に当該法人の役員等であつた者で当該取消しの日から起算して五年を経過しないものを含み、当該認可を取り消された者が法人でない場合においては、当該通知があつた日前六十日以内に当該保育所の管理者であつた者で当該取消しの日から起算して五年を経過しないものを含む。）であるとき。ただし、当該認可の取消しが、保育所の設置の認可の取消しのうち当該認可の取消しの処分の理由となつた事実及び当該事実の発生を防止するための当該保育所の設置者による業務管理体制の整備についての取組の状況その他の当該事実に関して当該保育所の設置者が有していた責任の程度を考慮して、ニ本文に規定する認可の取消しに該当しないこととすることが相当であると認められるものとして内閣府令で定めるものに該当する場合を除く。

ホ 申請者と密接な関係を有する者が、第五十八条第一項の規定により認可を取り消され、その取消しの日から起算して五年を経過していないとき。ただし、当該認可の取消しが、保育所の設置の認可の取消しのうち当該認可の取消しの処分の理由となつた事実及び当該事実の発生を防止するための当該保育所の設置者による業務管理体制の整備についての取組の状況その他の当該事実に関して当該保育所の設置者が有していた責任の程度を考慮して、ホ本文に規定する認可の取消しに該当しないこととすることが相当であると認められるものとして内閣府令で定めるものに該当する場合を除く。

ヘ 申請者が、第五十八条第一項の規定による認可の取消しの処分に係る行政手続法第十五条の規定による通知があつた日から当該処分をする日又は処分をしないことを決定する日までの間に第十二項の規定による保育所の廃止をした者（当該廃止について相当の理由がある者を除く。）で、当該保育所の廃止の承認の日から起算して五年を経過しないものであるとき。

ト 申請者が、第四十六条第一項の規定による検査が行われた日から聴聞決定予定日（当該検査の結果に基づき第五十八条第一項の規定による認可の取消しの処分に係る聴聞を行うか否かの決定をすることが見込まれる日として内閣府令で定めるところにより都道府県知事が当該申請者に当該検査が行われた日から十日以内に特定の日を通知した場合における当該特定の日をいう。）までの間に第十二項の規定による保育所の廃止をした者（当該廃止について相当の理由がある者を除く。）で、当該保育所の廃止の承認の日から起算して五年を経過しないものであるとき。

チ　ヘに規定する期間内に第十二項の規定による保育所の廃止の承認の申請があつた場合において、申請者が、ヘの通知の日前六十日以内に当該申請に係る法人（当該保育所の廃止について相当の理由がある法人を除く。）の役員等又は当該申請に係る法人でない保育所（当該保育所の廃止について相当の理由があるものを除く。）の管理者であつた者で、当該保育所の廃止の承認の日から起算して五年を経過しないものであるとき。

リ　申請者が、認可の申請前五年以内に保育に関し不正又は著しく不当な行為をした者であるとき。

ヌ　申請者が、法人で、その役員等のうちにイからニまで又はヘからリまでのいずれかに該当する者のあるものであるとき。

ル　申請者が、法人でない者で、その管理者がイからニまで又はヘからリまでのいずれかに該当する者であるとき。

⑥　都道府県知事は、第四項の規定により保育所の設置の認可をしようとするときは、あらかじめ、都道府県児童福祉審議会の意見を聴かなければならない。

⑦　都道府県知事は、第四項の規定により保育所の設置の認可をしようとするときは、内閣府令で定めるところにより、あらかじめ、当該認可の申請に係る保育所が所在する市町村の長に協議しなければならない。

⑧　都道府県知事は、第五項に基づく審査の結果、その申請が第四十五条第一項の条例で定める基準に適合しており、かつ、その設置者が第五項各号に掲げる基準（その者が社会福祉法人又は学校法人である場合にあつては、同項第四号に掲げる基準に限る。）に該当すると認めるときは、第四項の認可をするものとする。ただし、都道府県知事は、当該申請に係る保育所の所在地を含む区域（子ども・子育て支援法第六十二条第二項第一号の規定により当該都道府県が定める区域とする。以下この項において同じ。）における特定教育・保育施設（同法第二十七条第一項に規定する特定教育・保育施設をいう。以下この項において同じ。）の利用定員の総数（同法第十九条第二号及び第三号に掲げる小学校就学前子どもに係るものに限る。）が、同法第六十二条第一項の規定により当該都道府県が定める都道府県子ども・子育て支援事業支援計画において定める当該区域の特定教育・保育施設に係る必要利用定員総数（同法第十九条第二号及び第三号に掲げる小学校就学前子どもの区分に係るものに限る。）に既に達しているか、又は当該申請に係る保育所の設置によつてこれを超えることになると認めるとき、その他の当該都道府県子ども・子育て支援事業支援計画の達成に支障を生ずるおそれがある場合として内閣府令で定める場合に該当すると認めるときは、第四項の認可をしないことができる。

⑨　都道府県知事は、保育所に関する第四項の申請に係る認可をしないときは、速やかにその旨及び理由を通知しなければならない。

⑩　児童福祉施設には、児童福祉施設の職員の養成施設を附置することができる。

⑪　市町村は、児童福祉施設を廃止し、又は休止しようとするときは、その廃止又は休止の日の一月前（当該児童福祉施設が保育所である場合には三月前）までに、内閣府令で定める事項を都道府県知事に届け出なければならない。

⑫　国、都道府県及び市町村以外の者は、児童福祉施設を廃止し、又は休止しようとするときは、内閣府令の定めるところにより、都道府県知事の承認を受けなければならない。

〔助産施設〕

第三十六条　助産施設は、保健上必要があるにもかかわらず、経済的理由により、入院助産を受けることができない妊産婦を入所させて、助産を受けさせることを目的とする施設とする。

〔乳児院〕

第三十七条　乳児院は、乳児（保健上、安定した生活環境の確保その他の理由により特に必要のある場合には、幼児を含む。）を入院させて、これを養育し、あわせて退院した者について相談その他の援助を行うことを目的とする施設とする。

〔母子生活支援施設〕

第三十八条　母子生活支援施設は、配偶者のない女子又はこれに準ずる事情にある女子及びその者の監護すべき児童を入所させて、これらの者を保護するとともに、これらの者の自立の促進のためにその生活を支援し、あわせて退所した者について相談その他の援助を行うことを目的とする施設とする。

〔保育所〕

第三十九条　保育所は、保育を必要とする乳児・幼児を日々保護者の下から通わせて保育を行うことを目的とする施設（利用定員が二十人以上であるものに限り、幼保連携型認定こども園を除く。）とする。

② 保育所は、前項の規定にかかわらず、特に必要があるときは、保育を必要とするその他の児童を日々保護者の下から通わせて保育することができる。

〔幼保連携型認定こども園〕

第三十九条の二 幼保連携型認定こども園は、義務教育及びその後の教育の基礎を培うものとしての満三歳以上の幼児に対する教育（教育基本法（平成十八年法律第百二十号）第六条第一項に規定する法律に定める学校において行われる教育をいう。）及び保育を必要とする乳児・幼児に対する保育を一体的に行い、これらの乳児又は幼児の健やかな成長が図られるよう適当な環境を与えて、その心身の発達を助長することを目的とする施設とする。

② 幼保連携型認定こども園に関しては、この法律に定めるもののほか、認定こども園法の定めるところによる。

〔児童厚生施設〕

第四十条 児童厚生施設は、児童遊園、児童館等児童に健全な遊びを与えて、その健康を増進し、又は情操をゆたかにすることを目的とする施設とする。

〔児童養護施設〕

第四十一条 児童養護施設は、保護者のない児童（乳児を除く。ただし、安定した生活環境の確保その他の理由により特に必要のある場合には、乳児を含む。以下この条において同じ。）、虐待されている児童その他環境上養護を要する児童を入所させて、これを養護し、あわせて退所した者に対する相談その他の自立のための援助を行うことを目的とする施設とする。

〔障害児入所施設〕

第四十二条 障害児入所施設は、次の各号に掲げる区分に応じ、障害児を入所させて、当該各号に定める支援を行うことを目的とする施設とする。

一 福祉型障害児入所施設 保護並びに日常生活における基本的な動作及び独立自活に必要な知識技能の習得のための支援

二 医療型障害児入所施設 保護、日常生活における基本的な動作及び独立自活に必要な知識技能の習得のための支援並びに治療

〔児童発達支援センター〕

第四十三条 児童発達支援センターは、地域の障害児の健全な発達において中核的な役割を担う機関として、障害児を日々保護者の下から通わせて、高度の専門的な知識及び技術を必要とする児童発達支援を提供し、あわせて障害児の家族、指定障害児通所支援事業者その他の関係者に対し、相談、専門的な助言その他の必要な援助を行うことを目的とする施設とする。

〔児童心理治療施設〕

第四十三条の二 児童心理治療施設は、家庭環境、学校における交友関係その他の環境上の理由により社会生活への適応が困難となつた児童を、短期間、入所させ、又は保護者の下から通わせて、社会生活に適応するために必要な心理に関する治療及び生活指導を主として行い、あわせて退所した者について相談その他の援助を行うことを目的とする施設とする。

〔児童自立支援施設〕

第四十四条 児童自立支援施設は、不良行為をなし、又はなすおそれのある児童及び家庭環境その他の環境上の理由により生活指導等を要する児童を入所させ、又は保護者の下から通わせて、個々の児童の状況に応じて必要な指導を行い、その自立を支援し、あわせて退所した者について相談その他の援助を行うことを目的とする施設とする。

〔児童家庭支援センター〕

第四十四条の二 児童家庭支援センターは、地域の児童の福祉に関する各般の問題につき、児童に関する家庭その他からの相談のうち、専門的な知識及び技術を必要とするものに応じ、必要な助言を行うとともに、市町村の求めに応じ、技術的助言その他必要な援助を行うほか、第二十六条第一項第二号及び第二十七条第一項第二号の規定による指導を行い、あわせて児童相談所、児童福祉施設等との連絡調整その他内閣府令の定める援助を総合的に行うことを目的とする施設とする。

② 児童家庭支援センターの職員は、その職務を遂行するに当たつては、個人の身上に関する秘密を守らなければならない。

〔里親支援センター〕

第四十四条の三 里親支援センターは、里親支援事業を行うほか、里親及び里親に養育される児童並びに里親になろうとする者について相談その他の援助を行うことを目的とする施設とする。

② 里親支援センターの長は、里親支援事業及び前項に規定する援助を行うに当たつては、都道府県、市町村、児童相談所、児童家庭支援センター、他の児童福祉施設、教育機関その他の関係機関と相互に協力し、緊密な連携を図るよう努めなければならない。

〔職務の遂行〕

第四十四条の四　第六条の三各項に規定する事業を行う者、里親及び児童福祉施設（指定障害児入所施設及び指定通所支援に係る児童発達支援センターを除く。）の設置者は、児童、妊産婦その他これらの事業を利用する者又は当該児童福祉施設に入所する者の人格を尊重するとともに、この法律又はこの法律に基づく命令を遵守し、これらの者のため忠実にその職務を遂行しなければならない。

〔設備及び運営に関する基準〕

第四十五条　都道府県は、児童福祉施設の設備及び運営について、条例で基準を定めなければならない。この場合において、その基準は、児童の身体的、精神的及び社会的な発達のために必要な生活水準を確保するものでなければならない。

②　都道府県が前項の条例を定めるに当たつては、次に掲げる事項については内閣府令で定める基準に従い定めるものとし、その他の事項については内閣府令で定める基準を参酌するものとする。

一　児童福祉施設に配置する従業者及びその員数

二　児童福祉施設に係る居室及び病室の床面積その他児童福祉施設の設備に関する事項であつて児童の健全な発達に密接に関連するものとして内閣府令で定めるもの

三　児童福祉施設の運営に関する事項であつて、保育所における保育の内容その他児童（助産施設にあつては、妊産婦）の適切な処遇及び安全の確保並びに秘密の保持並びに児童の健全な発達に密接に関連するものとして内閣府令で定めるもの

③　内閣総理大臣は、前項の内閣府令で定める基準（同項第三号の保育所における保育の内容に関する事項に限る。）を定めるに当たつては、学校教育法第二十五条第一項の規定により文部科学大臣が定める幼稚園の教育課程その他の保育内容に関する事項並びに認定こども園法第十条第一項の規定により主務大臣が定める幼保連携型認定こども園の教育課程その他の教育及び保育の内容に関する事項との整合性の確保並びに小学校及び義務教育学校における教育との円滑な接続に配慮しなければならない。

④　内閣総理大臣は、前項の内閣府令で定める基準を定めるときは、あらかじめ、文部科学大臣に協議しなければならない。

⑤　児童福祉施設の設置者は、第一項の基準を遵守しなければならない。

⑥　児童福祉施設の設置者は、児童福祉施設の設備及び運営についての水準の向上を図ることに努めるものとする。

〔里親の行う養育についての基準〕

第四十五条の二　内閣総理大臣は、里親の行う養育について、基準を定めなければならない。この場合において、その基準は、児童の身体的、精神的及び社会的な発達のために必要な生活水準を確保するものでなければならない。

②　里親は、前項の基準を遵守しなければならない。

〔立入検査等〕

第四十六条　都道府県知事は、第四十五条第一項及び前条第一項の基準を維持するため、児童福祉施設の設置者、児童福祉施設の長及び里親に対して、必要な報告を求め、児童の福祉に関する事務に従事する職員に、関係者に対して質問させ、若しくはその施設に立ち入り、設備、帳簿書類その他の物件を検査させることができる。

②　第十八条の十六第二項及び第三項の規定は、前項の場合について準用する。

③　都道府県知事は、児童福祉施設の設備又は運営が第四十五条第一項の基準に達しないときは、その施設の設置者に対し、必要な改善を勧告し、又はその施設の設置者がその勧告に従わず、かつ、児童福祉に有害であると認められるときは、必要な改善を命ずることができる。

④　都道府県知事は、児童福祉施設の設備又は運営が第四十五条第一項の基準に達せず、かつ、児童福祉に著しく有害であると認められるときは、都道府県児童福祉審議会の意見を聴き、その施設の設置者に対し、その事業の停止を命ずることができる。

〔児童福祉施設の長の義務〕

第四十六条の二　児童福祉施設の長は、都道府県知事又は市町村長（第三十二条第三項の規定により第二十四条第五項又は第六項の規定による措置に関する権限が当該市町村に置かれる教育委員会に委任されている場合にあつては、当該教育委員会）からこの法律の規定に基づく措置又は助産の実施若しくは母子保護の実施のための委託を受けたときは、正当な理由がない限り、これを拒んではならない。

②　保育所若しくは認定こども園の設置者又は家庭的保育事業等を行う者は、第二十四条第三項の規定により行われる調整及び要請に対し、できる限り協力しなければならない。

〔児童福祉施設の長の親権代行〕

第四十七条　児童福祉施設の長は、入所中の児童

で親権を行う者又は未成年後見人のないものに対し、親権を行う者又は未成年後見人があるに至るまでの間、親権を行う。ただし、民法第七百九十七条の規定による縁組の承諾をするには、内閣府令の定めるところにより、都道府県知事の許可を得なければならない。

② 児童相談所長は、小規模住居型児童養育事業を行う者又は里親に委託中の児童で親権を行う者又は未成年後見人のないものに対し、親権を行う者又は未成年後見人があるに至るまでの間、親権を行う。ただし、民法第七百九十七条の規定による縁組の承諾をするには、内閣府令の定めるところにより、都道府県知事の許可を得なければならない。

③ 児童福祉施設の長、その住居において養育を行う第六条の三第八項に規定する内閣府令で定める者又は里親（以下この項において「施設長等」という。）は、入所中又は受託中の児童で親権を行う者又は未成年後見人のあるものについても、監護及び教育に関し、その児童の福祉のため必要な措置をとることができる。この場合において、施設長等は、児童の人格を尊重するとともに、その年齢及び発達の程度に配慮しなければならず、かつ、体罰その他の児童の心身の健全な発達に有害な影響を及ぼす言動をしてはならない。

④ 前項の児童の親権を行う者又は未成年後見人は、同項の規定による措置を不当に妨げてはならない。

⑤ 第三項の規定による措置は、児童の生命又は身体の安全を確保するため緊急の必要があると認めるときは、その親権を行う者又は未成年後見人の意に反しても、これをとることができる。

この場合において、児童福祉施設の長、小規模住居型児童養育事業を行う者又は里親は、速やかに、そのとつた措置について、当該児童に係る通所給付決定若しくは入所給付決定、第二十一条の六、第二十四条第五項若しくは第六項若しくは第二十七条第一項第三号の措置、助産の実施若しくは母子保護の実施又は当該児童に係る子ども・子育て支援法第二十条第四項に規定する教育・保育給付認定を行つた都道府県又は市町村の長に報告しなければならない。

〔児童福祉施設に入所中の児童の教育〕

第四十八条 児童養護施設、障害児入所施設、児童心理治療施設及び児童自立支援施設の長、その住居において養育を行う第六条の三第八項に規定する内閣府令で定める者並びに里親は、学校教育法に規定する保護者に準じて、その施設に入所中又は受託中の児童を就学させなければならない。

〔乳児院等の長による相談及び助言〕

第四十八条の二 乳児院、母子生活支援施設、児童養護施設、児童心理治療施設及び児童自立支援施設の長は、その行う児童の保護に支障がない限りにおいて、当該施設の所在する地域の住民につき、児童の養育に関する相談に応じ、及び助言を行うよう努めなければならない。

〔親子の再統合のための支援等〕

第四十八条の三 乳児院、児童養護施設、障害児入所施設、児童心理治療施設及び児童自立支援施設の長並びに小規模住居型児童養育事業を行う者及び里親は、当該施設に入所し、又は小規模住居型児童養育事業を行う者若しくは里親に委託された児童及びその保護者に対して、市町村、児童相談所、児童家庭支援センター、里親支援センター、教育機関、医療機関その他の関係機関との緊密な連携を図りつつ、親子の再統合のための支援その他の当該児童が家庭（家庭における養育環境と同様の養育環境及び良好な家庭的環境を含む。）で養育されるために必要な措置を採らなければならない。

〔保育所の情報提供等〕

第四十八条の四 保育所は、当該保育所が主として利用される地域の住民に対して、その行う保育に関し情報の提供を行わなければならない。

② 保育所は、当該保育所が主として利用される地域の住民に対して、その行う保育に支障がない限りにおいて、乳児、幼児等の保育に関する相談に応じ、及び助言を行うよう努めなければならない。

③ 保育所に勤務する保育士は、乳児、幼児等の保育に関する相談に応じ、及び助言を行うために必要な知識及び技能の修得、維持及び向上に努めなければならない。

〔命令への委任〕

第四十九条 この法律で定めるもののほか、第六条の三各項に規定する事業及び児童福祉施設の職員その他児童福祉施設に関し必要な事項は、命令で定める。

第四章　費用

〔国庫の支弁〕

第四十九条の二 国庫は、都道府県が、第二十七条第一項第三号に規定する措置により、国の設置する児童福祉施設に入所させた者につき、その入所後に要する費用を支弁する。

〔都道府県の支弁〕

第五十条 次に掲げる費用は、都道府県の支弁とする。

一　都道府県児童福祉審議会に要する費用
二　児童福祉司及び児童委員に要する費用
三　児童相談所に要する費用（第九号の費用を除く。）
四　削除
五　第二十条の措置に要する費用
五の二　小児慢性特定疾病医療費の支給に要する費用
五の三　小児慢性特定疾病児童等自立支援事業に要する費用
六　都道府県の設置する助産施設又は母子生活支援施設において市町村が行う助産の実施又は母子保護の実施に要する費用（助産の実施又は母子保護の実施につき第四十五条第一項の基準を維持するために要する費用をいう。次号及び次条第三号において同じ。）
六の二　都道府県が行う助産の実施又は母子保護の実施に要する費用
六の三　障害児入所給付費、高額障害児入所給付費若しくは特定入所障害児食費等給付費又は障害児入所医療費（以下「障害児入所給付費等」という。）の支給に要する費用
六の四　児童相談所長が第二十六条第一項第二号に規定する指導を委託した場合又は都道府県が第二十七条第一項第二号に規定する指導を委託した場合におけるこれらの指導に要する費用
七　都道府県が、第二十七条第一項第三号に規定する措置を採つた場合において、入所又は委託に要する費用及び入所後の保護又は委託後の養育につき、第四十五条第一項又は第四十五条の二第一項の基準を維持するために要する費用（国の設置する乳児院、児童養護施設、障害児入所施設、児童心理治療施設又は児童自立支援施設に入所させた児童につき、その入所後に要する費用を除き、里親支援センターにおいて行う里親支援事業に要する費用を含む。）
七の二　都道府県が、第二十七条第二項に規定する措置を採つた場合において、委託及び委託後の治療等に要する費用
七の三　都道府県が行う児童自立生活援助の実施に要する費用
八　一時保護に要する費用
九　児童相談所の設備並びに都道府県の設置する児童福祉施設の設備及び職員の養成施設に要する費用

〔市町村の支弁〕
第五十一条　次に掲げる費用は、市町村の支弁とする。

一　障害児通所給付費、特例障害児通所給付費若しくは高額障害児通所給付費又は肢体不自由児通所医療費の支給に要する費用
二　第二十一条の六の措置に要する費用
二の二　第二十一条の十八第二項の措置に要する費用
三　市町村が行う助産の実施又は母子保護の実施に要する費用（都道府県の設置する助産施設又は母子生活支援施設に係るものを除く。）
四　第二十四条第五項又は第六項の措置（都道府県若しくは市町村の設置する保育所若しくは幼保連携型認定こども園又は都道府県若しくは市町村の行う家庭的保育事業等に係るものに限る。）に要する費用
五　第二十四条第五項又は第六項の措置（都道府県及び市町村以外の者の設置する保育所若しくは幼保連携型認定こども園又は都道府県及び市町村以外の者の行う家庭的保育事業等に係るものに限る。）に要する費用
六　障害児相談支援給付費又は特例障害児相談支援給付費の支給に要する費用
七　市町村の設置する児童福祉施設の設備及び職員の養成施設に要する費用
八　市町村児童福祉審議会に要する費用

第五十二条　第二十四条第五項又は第六項の規定による措置に係る児童が、子ども・子育て支援法第二十七条第一項、第二十八条第一項（第二号に係るものを除く。）、第二十九条第一項又は第三十条第一項（第二号に係るものを除く。）の規定により施設型給付費、特例施設型給付費、地域型保育給付費又は特例地域型保育給付費の支給を受けることができる保護者の児童であるときは、市町村は、その限度において、前条第四号又は第五号の規定による費用の支弁をすることを要しない。

〔国庫の負担〕
第五十三条　国庫は、第五十条（第一号から第三号まで及び第九号を除く。）及び第五十一条（第四号、第七号及び第八号を除く。）に規定する地方公共団体の支弁する費用に対しては、政令の定めるところにより、その二分の一を負担する。

第五十四条　削除

〔都道府県の負担〕
第五十五条　都道府県は、第五十一条第一号から第三号まで、第五号及び第六号の費用に対しては、政令の定めるところにより、その四分の一を負担しなければならない。

児福法

〔費用の徴収〕

第五十六条　第四十九条の二に規定する費用を国庫が支弁した場合においては、内閣総理大臣は、本人又はその扶養義務者（民法に定める扶養義務者をいう。以下同じ。）から、都道府県知事の認定するその負担能力に応じ、その費用の全部又は一部を徴収することができる。

② 第五十条第五号、第六号、第六号の二若しくは第七号から第七号の三までに規定する費用（同条第七号に規定する里親支援センターにおいて行う里親支援事業に要する費用を除く。）を支弁した都道府県又は第五十一条第二号から第五号までに規定する費用を支弁した市町村の長は、本人又はその扶養義務者から、その負担能力に応じ、その費用の全部又は一部を徴収することができる。

③ 都道府県知事又は市町村長は、第一項の規定による負担能力の認定又は前項の規定による費用の徴収に関し必要があると認めるときは、本人又はその扶養義務者の収入の状況につき、本人若しくはその扶養義務者に対し報告を求め、又は官公署に対し必要な書類の閲覧若しくは資料の提供を求めることができる。

④ 第一項又は第二項の規定による費用の徴収は、これを本人又はその扶養義務者の居住地又は財産所在地の都道府県又は市町村に嘱託することができる。

⑤ 第一項又は第二項の規定により徴収される費用を、指定の期限内に納付しない者があるときは、第一項に規定する費用については国税の、第二項に規定する費用については地方税の滞納処分の例により処分することができる。この場合における徴収金の先取特権の順位は、国税及び地方税に次ぐものとする。

⑥ 保育所又は幼保連携型認定こども園の設置者が、次の各号に掲げる乳児又は幼児の保護者から、善良な管理者と同一の注意をもつて、当該各号に定める額のうち当該保護者が当該保育所又は幼保連携型認定こども園に支払うべき金額に相当する金額の支払を受けることに努めたにもかかわらず、なお当該保護者が当該金額の全部又は一部を支払わない場合において、当該保育所又は幼保連携型認定こども園における保育に支障が生じ、又は生ずるおそれがあり、かつ、市町村が第二十四条第一項の規定により当該保育所における保育を行うため必要であると認めるとき又は同条第二項の規定により当該幼保連携型認定こども園における保育を確保するため必要であると認めるときは、市町村は、当該設置者の請求に基づき、地方税の滞納処分の例によりこれを処分することができる。この場合における徴収金の先取特権の順位は、国税及び地方税に次ぐものとする。

一　子ども・子育て支援法第二十七条第一項に規定する特定教育・保育を受けた乳児又は幼児　同条第三項第一号に掲げる額から同条第五項の規定により支払がなされた額を控除して得た額（当該支払がなされなかつたときは、同号に掲げる額）又は同法第二十八条第二項第一号の規定による特例施設型給付費の額及び同号に規定する政令で定める額を限度として市町村が定める額（当該市町村が定める額が現に当該特定教育・保育に要した費用の額を超えるときは、当該現に特定教育・保育に要した費用の額）の合計額

二　子ども・子育て支援法第二十八条第一項第二号に規定する特別利用保育を受けた幼児　同条第二項第二号の規定による特例施設型給付費の額及び同号に規定する市町村が定める額（当該市町村が定める額が現に当該特別利用保育に要した費用の額を超えるときは、当該現に特別利用保育に要した費用の額）の合計額から同条第四項において準用する同法第二十七条第五項の規定により支払がなされた額（当該支払がなされなかつたときは、当該合計額）

⑦ 家庭的保育事業等を行う者が、次の各号に掲げる乳児又は幼児の保護者から、善良な管理者と同一の注意をもつて、当該各号に定める額のうち当該保護者が当該家庭的保育事業等を行う者に支払うべき金額に相当する金額の支払を受けることに努めたにもかかわらず、なお当該保護者が当該金額の全部又は一部を支払わない場合において、当該家庭的保育事業等による保育に支障が生じ、又は生ずるおそれがあり、かつ、市町村が第二十四条第二項の規定により当該家庭的保育事業等による保育を確保するため必要であると認めるときは、市町村は、当該家庭的保育事業等を行う者の請求に基づき、地方税の滞納処分の例によりこれを処分することができる。この場合における徴収金の先取特権の順位は、国税及び地方税に次ぐものとする。

一　子ども・子育て支援法第二十九条第一項に規定する特定地域型保育（同法第三十条第一項第二号に規定する特別利用地域型保育（次号において「特別利用地域型保育」という。）及び同項第三号に規定する特定利用地域型保育（第三号において「特定利用地域型保育」という。）を除く。）を受けた乳児又は幼児

同法第二十九条第三項第一号に掲げる額から同条第五項の規定により支払がなされた額を控除して得た額（当該支払がなされなかつたときは、同号に掲げる額）又は同法第三十条第二項第一号の規定による特例地域型保育給付費の額及び同号に規定する政令で定める額を限度として市町村が定める額（当該市町村が定める額が現に当該特定地域型保育に要した費用の額を超えるときは、当該現に特定地域型保育に要した費用の額）の合計額

二　特別利用地域型保育を受けた幼児　子ども・子育て支援法第三十条第二項第二号の規定による特例地域型保育給付費の額及び同号に規定する市町村が定める額（当該市町村が定める額が現に当該特別利用地域型保育に要した費用の額を超えるときは、当該現に特別利用地域型保育に要した費用の額）の合計額から同条第四項において準用する同法第二十九条第五項の規定により支払がなされた額を控除して得た額（当該支払がなされなかつたときは、当該合計額）

三　特定利用地域型保育を受けた幼児　子ども・子育て支援法第三十条第二項第三号の規定による特例地域型保育給付費の額及び同号に規定する市町村が定める額（当該市町村が定める額が現に当該特定利用地域型保育に要した費用の額を超えるときは、当該現に特定利用地域型保育に要した費用の額）の合計額から同条第四項において準用する同法第二十九条第五項の規定により支払がなされた額を控除して得た額（当該支払がなされなかつたときは、当該合計額）

〔私立児童福祉施設に対する補助〕

第五十六条の二　都道府県及び市町村は、次の各号に該当する場合においては、第三十五条第四項の規定により、国、都道府県及び市町村以外の者が設置する児童福祉施設（保育所を除く。以下この条において同じ。）について、その新設（社会福祉法第三十一条第一項の規定により設立された社会福祉法人が設置する児童福祉施設の新設に限る。）、修理、改造、拡張又は整備（以下「新設等」という。）に要する費用の四分の三以内を補助することができる。ただし、一の児童福祉施設について都道府県及び市町村が補助する金額の合計額は、当該児童福祉施設の新設等に要する費用の四分の三を超えてはならない。

一　その児童福祉施設が、社会福祉法第三十一条第一項の規定により設立された社会福祉法人、日本赤十字社又は公益社団法人若しくは公益財団法人の設置するものであること。

二　その児童福祉施設が主として利用される地域において、この法律の規定に基づく障害児入所給付費の支給、入所させる措置又は助産の実施若しくは母子保護の実施を必要とする児童、その保護者又は妊産婦の分布状況からみて、同種の児童福祉施設が必要とされるにかかわらず、その地域に、国、都道府県又は市町村の設置する同種の児童福祉施設がないか、又はあつてもこれが十分でないこと。

② 前項の規定により、児童福祉施設に対する補助がなされたときは、内閣総理大臣、都道府県知事及び市町村長は、その補助の目的が有効に達せられることを確保するため、当該児童福祉施設に対して、第四十六条及び第五十八条第一項に規定するもののほか、次に掲げる権限を有する。

一　その児童福祉施設の予算が、補助の効果をあげるために不適当であると認めるときは、その予算について必要な変更をすべき旨を指示すること。

二　その児童福祉施設の職員が、この法律若しくはこれに基づく命令又はこれらに基づいてする処分に違反したときは、当該職員を解職すべき旨を指示すること。

③ 国庫は、第一項の規定により都道府県が障害児入所施設又は児童発達支援センターについて補助した金額の三分の二以内を補助することができる。

〔補助金の返還命令〕

第五十六条の三　都道府県及び市町村は、次に掲げる場合においては、補助金の交付を受けた児童福祉施設の設置者に対して、既に交付した補助金の全部又は一部の返還を命ずることができる。

一　補助金の交付条件に違反したとき。

二　詐欺その他の不正な手段をもつて、補助金の交付を受けたとき。

三　児童福祉施設の経営について、営利を図る行為があつたとき。

四　児童福祉施設が、この法律若しくはこれに基く命令又はこれらに基いてする処分に違反したとき。

〔児童委員に要する費用の補助〕

第五十六条の四　国庫は、第五十条第二号に規定する児童委員に要する費用のうち、内閣総理大臣の定める事項に関するものについては、予算の範囲内で、その一部を補助することができる。

〔市町村整備計画の作成等〕

第五十六条の四の二　市町村は、保育を必要とする乳児・幼児に対し、必要な保育を確保するために必要があると認めるときは、当該市町村における保育所及び幼保連携型認定こども園（次項第一号及び第二号並びに次条第二項において「保育所等」という。）の整備に関する計画（以下「市町村整備計画」という。）を作成することができる。

② 市町村整備計画においては、おおむね次に掲げる事項について定めるものとする。

一 保育提供区域（市町村が、地理的条件、人口、交通事情その他の社会的条件、保育を提供するための施設の整備の状況その他の条件を総合的に勘案して定める区域をいう。以下同じ。）ごとの当該保育提供区域における保育所等の整備に関する目標及び計画期間

二 前号の目標を達成するために必要な保育所等を整備する事業に関する事項

三 その他内閣府令で定める事項

③ 市町村整備計画は、子ども・子育て支援法第六十一条第一項に規定する市町村子ども・子育て支援事業計画と調和が保たれたものでなければならない。

④ 市町村は、市町村整備計画を作成し、又はこれを変更したときは、次条第一項の規定により当該市町村整備計画を内閣総理大臣に提出する場合を除き、遅滞なく、都道府県にその写しを送付しなければならない。

〔市町村整備計画に基づく事業等に対する交付金〕

第五十六条の四の三　市町村は、次項の交付金を充てて市町村整備計画に基づく事業又は事務（同項において「事業等」という。）の実施をしようとするときは、当該市町村整備計画を、当該市町村の属する都道府県の知事を経由して、内閣総理大臣に提出しなければならない。

② 国は、市町村に対し、前項の規定により提出された市町村整備計画に基づく事業等（国、都道府県及び市町村以外の者が設置する保育所等に係るものに限る。）の実施に要する経費に充てるため、保育所等の整備の状況その他の事項を勘案して内閣府令で定めるところにより、予算の範囲内で、交付金を交付することができる。

③ 前二項に定めるもののほか、前項の交付金の交付に関し必要な事項は、内閣府令で定める。

〔準用規定〕

第五十六条の五　社会福祉法第五十八条第二項から第四項までの規定は、児童福祉施設の用に供するため国有財産特別措置法（昭和二十七年法律第二百十九号）第二条第二項第二号の規定又は同法第三条第一項第四号及び同条第二項の規定により普通財産の譲渡又は貸付けを受けた社会福祉法人に準用する。この場合において、社会福祉法第五十八条第二項中「厚生労働大臣」とあるのは、「内閣総理大臣」と読み替えるものとする。

第五章　国民健康保険団体連合会の児童福祉法関係業務

〔連合会の業務〕

第五十六条の五の二　連合会は、国民健康保険法の規定による業務のほか、第二十四条の三第十一項（第二十四条の七第二項において準用する場合を含む。）の規定により都道府県から委託を受けて行う障害児入所給付費及び特定入所障害児食費等給付費又は第二十一条の五の七第十四項及び第二十四条の二十六第六項の規定により市町村から委託を受けて行う障害児通所給付費及び障害児相談支援給付費の審査及び支払に関する業務を行う。

〔議決権に関する特例〕

第五十六条の五の三　連合会が前条の規定により行う業務（次条において「児童福祉法関係業務」という。）については、国民健康保険法第八十六条において準用する同法第二十九条の規定にかかわらず、内閣府令で定めるところにより、規約をもつて議決権に関する特段の定めをすることができる。

〔経理の区分〕

第五十六条の五の四　連合会は、児童福祉法関係業務に係る経理については、その他の経理と区分して整理しなければならない。

第六章　審査請求

第五十六条の五の五　市町村の障害児通所給付費又は特例障害児通所給付費に係る処分に不服がある障害児の保護者は、都道府県知事に対して審査請求をすることができる。

② 前項の審査請求については、障害者の日常生活及び社会生活を総合的に支援するための法律第八章（第九十七条第一項を除く。）の規定を準用する。この場合において、必要な技術的読替えは、政令で定める。

第七章　雑則

〔福祉の保障に関する連絡調整等〕

第五十六条の六　地方公共団体は、児童の福祉を増進するため、障害児通所給付費、特例障害児通所給付費、高額障害児通所給付費、障害児相談支援給付費、特例障害児相談支援給付費、介

護給付費等、障害児入所給付費、高額障害児入所給付費又は特定入所障害児食費等給付費の支給、第二十一条の六、第二十一条の十八第二項、第二十四条第五項若しくは第六項又は第二十七条第一項若しくは第二項の規定による措置及び保育の利用等並びにその他の福祉の保障が適切に行われるように、相互に連絡及び調整を図らなければならない。

② 地方公共団体は、人工呼吸器を装着している障害児その他の日常生活を営むために医療を要する状態にある障害児が、その心身の状況に応じた適切な保健、医療、福祉その他の各関連分野の支援を受けられるよう、保健、医療、福祉その他の各関連分野の支援を行う機関との連絡調整を行うための体制の整備に関し、必要な措置を講ずるように努めなければならない。

③ 児童自立生活援助事業、社会的養護自立支援拠点事業又は放課後児童健全育成事業を行う者及び児童福祉施設の設置者は、その事業を行い、又はその施設を運営するに当たつては、相互に連携を図りつつ、児童及びその家庭からの相談に応ずることその他の地域の実情に応じた積極的な支援を行うように努めなければならない。

〔保育所の設置又は運営の促進等〕

第五十六条の七 市町村は、必要に応じ、公有財産（地方自治法第二百三十八条第一項に規定する公有財産をいう。次項において同じ。）の貸付けその他の必要な措置を積極的に講ずることにより、社会福祉法人その他の多様な事業者の能力を活用した保育所の設置又は運営を促進し、保育の利用に係る供給を効率的かつ計画的に増大させるものとする。

② 市町村は、必要に応じ、公有財産の貸付けその他の必要な措置を積極的に講ずることにより、社会福祉法人その他の多様な事業者の能力を活用した放課後児童健全育成事業の実施を促進し、放課後児童健全育成事業に係る供給を効率的かつ計画的に増大させるものとする。

③ 国及び都道府県は、前二項の市町村の措置に関し、必要な支援を行うものとする。

〔公私連携保育法人の指定等〕

第五十六条の八 市町村長は、当該市町村における保育の実施に対する需要の状況等に照らし適当であると認めるときは、公私連携型保育所（次項に規定する協定に基づき、当該市町村から必要な設備の貸付け、譲渡その他の協力を得て、当該市町村との連携の下に保育及び子育て支援事業（以下この条において「保育等」という。）を行う保育所をいう。以下この条において同じ。）の運営を継続的かつ安定的に行うことができる能力を有するものであると認められるもの（法人に限る。）を、その申請により、公私連携型保育所の設置及び運営を目的とする法人（以下この条において「公私連携保育法人」という。）として指定することができる。

② 市町村長は、前項の規定による指定（第十一項において単に「指定」という。）をしようとするときは、あらかじめ、当該指定をしようとする法人と、次に掲げる事項を定めた協定（以下この条において単に「協定」という。）を締結しなければならない。

一 協定の目的となる公私連携型保育所の名称及び所在地

二 公私連携型保育所における保育等に関する基本的事項

三 市町村による必要な設備の貸付け、譲渡その他の協力に関する基本的事項

四 協定の有効期間

五 協定に違反した場合の措置

六 その他公私連携型保育所の設置及び運営に関し必要な事項

③ 公私連携保育法人は、第三十五条第四項の規定にかかわらず、市町村長を経由し、都道府県知事に届け出ることにより、公私連携型保育所を設置することができる。

④ 市町村長は、公私連携保育法人が前項の規定による届出をした際に、当該公私連携保育法人が協定に基づき公私連携型保育所における保育等を行うために設備の整備を必要とする場合には、当該協定に定めるところにより、当該公私連携保育法人に対し、当該設備を無償又は時価よりも低い対価で貸し付け、又は譲渡するものとする。

⑤ 前項の規定は、地方自治法第九十六条及び第二百三十七条から第二百三十八条の五までの規定の適用を妨げない。

⑥ 公私連携保育法人は、第三十五条第十二項の規定による廃止又は休止の承認の申請を行おうとするときは、市町村長を経由して行わなければならない。この場合において、当該市町村長は、当該申請に係る事項に関し意見を付すことができる。

⑦ 市町村長は、公私連携型保育所の運営を適切にさせるため、必要があると認めるときは、公私連携保育法人若しくは公私連携型保育所の長に対して、必要な報告を求め、又は当該職員に、関係者に対して質問させ、若しくはその施設に立ち入り、設備、帳簿書類その他の物件を検査させることができる。

⑧ 第十八条の十六第二項及び第三項の規定は、前項の場合について準用する。

⑨ 第七項の規定により、公私連携保育法人若しくは公私連携型保育所の長に対し報告を求め、又は当該職員に、関係者に対し質問させ、若しくは公私連携型保育所に立入検査をさせた市町村長は、当該公私連携型保育所につき、第四十六条第三項又は第四項の規定による処分が行われる必要があると認めるときは、理由を付して、その旨を都道府県知事に通知しなければならない。

⑩ 市町村長は、公私連携型保育所が正当な理由なく協定に従つて保育等を行つていないと認めるときは、公私連携保育法人に対し、協定に従つて保育等を行うことを勧告することができる。

⑪ 市町村長は、前項の規定により勧告を受けた公私連携保育法人が当該勧告に従わないときは、指定を取り消すことができる。

⑫ 公私連携保育法人は、前項の規定による指定の取消しの処分を受けたときは、当該処分に係る公私連携型保育所について、第三十五条第十二項の規定による廃止の承認を都道府県知事に申請しなければならない。

⑬ 公私連携保育法人は、前項の規定による廃止の承認の申請をしたときは、当該申請の日前一月以内に保育等を受けていた者であつて、当該廃止の日以後においても引き続き当該保育等に相当する保育等の提供を希望する者に対し、必要な保育等が継続的に提供されるよう、他の保育所及び認定こども園その他関係者との連絡調整その他の便宜の提供を行わなければならない。

〔課税の除外〕

第五十七条 都道府県、市町村その他の公共団体は、左の各号に掲げる建物及び土地に対しては、租税その他の公課を課することができない。但し、有料で使用させるものについては、この限りでない。

一 主として児童福祉施設のために使う建物

二 前号に掲げる建物の敷地その他主として児童福祉施設のために使う土地

〔不正利得の徴収〕

第五十七条の二 市町村は、偽りその他不正の手段により障害児通所給付費、特例障害児通所給付費若しくは高額障害児通所給付費若しくは肢体不自由児通所医療費又は障害児相談支援給付費若しくは特例障害児相談支援給付費（以下この章において「障害児通所給付費等」という。）の支給を受けた者があるときは、その者から、その障害児通所給付費等の額に相当する金額の全部又は一部を徴収することができる。

② 市町村は、指定障害児通所支援事業者又は指定障害児相談支援事業者が、偽りその他不正の行為により障害児通所給付費、肢体不自由児通所医療費又は障害児相談支援給付費の支給を受けたときは、当該指定障害児通所支援事業者又は指定障害児相談支援事業者に対し、その支払つた額につき返還させるほか、その返還させる額に百分の四十を乗じて得た額を支払わせることができる。

③ 都道府県は、偽りその他不正の手段により小児慢性特定疾病医療費又は障害児入所給付費等の支給を受けた者があるときは、その者から、その小児慢性特定疾病医療費又は障害児入所給付費等の額に相当する金額の全部又は一部を徴収することができる。

④ 都道府県は、指定小児慢性特定疾病医療機関が、偽りその他不正の行為により小児慢性特定疾病医療費の支給を受けたときは、当該指定小児慢性特定疾病医療機関に対し、その支払つた額につき返還させるほか、その返還させる額に百分の四十を乗じて得た額を支払わせることができる。

⑤ 都道府県は、指定障害児入所施設等が、偽りその他不正の行為により障害児入所給付費若しくは特定入所障害児食費等給付費又は障害児入所医療費の支給を受けたときは、当該指定障害児入所施設等に対し、その支払つた額につき返還させるほか、その返還させる額に百分の四十を乗じて得た額を支払わせることができる。

⑥ 前各項の規定による徴収金は、地方自治法第二百三十一条の三第三項に規定する法律で定める歳入とする。

〔報告等〕

第五十七条の三 市町村は、障害児通所給付費等の支給に関して必要があると認めるときは、障害児の保護者若しくは障害児の属する世帯の世帯主その他その世帯に属する者又はこれらの者であつた者に対し、報告若しくは文書その他の物件の提出若しくは提示を命じ、又は当該職員に質問させることができる。

② 都道府県は、小児慢性特定疾病医療費の支給に関して必要があると認めるときは、小児慢性特定疾病児童の保護者若しくは成年患者若しくは小児慢性特定疾病児童等の属する世帯の世帯主その他その世帯に属する者又はこれらの者であつた者に対し、報告若しくは文書その他の物件の提出若しくは提示を命じ、又は当該職員に

質問させることができる。

③　都道府県は、障害児入所給付費等の支給に関して必要があると認めるときは、障害児の保護者若しくは障害児の属する世帯の世帯主その他その世帯に属する者又はこれらの者であつた者に対し、報告若しくは文書その他の物件の提出若しくは提示を命じ、又は当該職員に質問させることができる。

④　第十九条の十六第二項の規定は前三項の規定による質問について、同条第三項の規定は前三項の規定による権限について準用する。

〔立入検査等〕

第五十七条の三の二　市町村は、障害児通所給付費等の支給に関して必要があると認めるときは、当該障害児通所給付費等の支給に係る障害児通所支援若しくは障害児相談支援を行う者若しくはこれらを使用する者若しくはこれらの者であつた者に対し、報告若しくは文書その他の物件の提出若しくは提示を命じ、又は当該職員に、関係者に対し質問させ、若しくは当該障害児通所支援若しくは障害児相談支援の事業を行う事業所若しくは施設に立ち入り、その設備若しくは帳簿書類その他の物件を検査させることができる。

②　第十九条の十六第二項の規定は前項の規定による質問又は検査について、同条第三項の規定は前項の規定による権限について準用する。

第五十七条の三の三　内閣総理大臣又は都道府県知事は、障害児通所給付費等の支給に関して必要があると認めるときは、当該障害児通所給付費等の支給に係る障害児の保護者又は障害児の保護者であつた者に対し、当該障害児通所給付費等の支給に係る障害児通所支援若しくは障害児相談支援の内容に関し、報告若しくは文書その他の物件の提出若しくは提示を命じ、又は当該職員に質問させることができる。

②　厚生労働大臣は、小児慢性特定疾病医療費の支給に関して緊急の必要があると認めるときは、当該都道府県の知事との密接な連携の下に、当該小児慢性特定疾病医療費の支給に係る小児慢性特定疾病児童の保護者若しくは成年患者又はこれらの者であつた者に対し、当該小児慢性特定疾病医療費の支給に係る小児慢性特定疾病医療支援の内容に関し、報告若しくは文書その他の物件の提出若しくは提示を命じ、又は当該職員に質問させることができる。

③　内閣総理大臣は、障害児入所給付費等の支給に関して必要があると認めるときは、当該障害児入所給付費等の支給に係る障害児の保護者又は障害児の保護者であつた者に対し、当該障害児入所給付費等の支給に係る障害児入所支援の内容に関し、報告若しくは文書その他の物件の提出若しくは提示を命じ、又は当該職員に質問させることができる。

④　内閣総理大臣又は都道府県知事は、障害児通所給付費等の支給に関して必要があると認めるときは、障害児通所支援若しくは障害児相談支援を行つた者若しくはこれを使用した者に対し、その行つた障害児通所支援若しくは障害児相談支援に関し、報告若しくは当該障害児通所支援若しくは障害児相談支援の提供の記録、帳簿書類その他の物件の提出若しくは提示を命じ、又は当該職員に関係者に対し質問させることができる。

⑤　厚生労働大臣は、小児慢性特定疾病医療費の支給に関して緊急の必要があると認めるときは、当該都道府県の知事との密接な連携の下に、小児慢性特定疾病医療支援を行つた者又はこれを使用した者に対し、その行つた小児慢性特定疾病医療支援に関し、報告若しくは当該小児慢性特定疾病医療支援の提供の記録、帳簿書類その他の物件の提出若しくは提示を命じ、又は当該職員に関係者に対し質問させることができる。

⑥　内閣総理大臣は、障害児入所給付費等の支給に関して必要があると認めるときは、障害児入所支援を行つた者若しくはこれを使用した者に対し、その行つた障害児入所支援に関し、報告若しくは当該障害児入所支援の提供の記録、帳簿書類その他の物件の提出若しくは提示を命じ、又は当該職員に関係者に対し質問させることができる。

⑦　第十九条の十六第二項の規定は前各項の規定による質問について、同条第三項の規定は前各項の規定による権限について準用する。

〔委託等〕

第五十七条の三の四　市町村及び都道府県は、次に掲げる事務の一部を、法人であつて内閣府令で定める要件に該当し、当該事務を適正に実施することができると認められるものとして都道府県知事が指定するもの（以下「指定事務受託法人」という。）に委託することができる。

一　第五十七条の三第一項及び第三項、第五十七条の三の二第一項並びに前条第一項及び第四項に規定する事務（これらの規定による命令及び質問の対象となる者並びに立入検査の対象となる事業所及び施設の選定に係るもの並びに当該命令及び当該立入検査を除く。）

二　その他内閣府令で定める事務（前号括弧書

児福法

に規定するものを除く。）

②　指定事務受託法人の役員若しくは職員又はこれらの職にあつた者は、正当な理由なしに、当該委託事務に関して知り得た秘密を漏らしてはならない。

③　指定事務受託法人の役員又は職員で、当該委託事務に従事するものは、刑法その他の罰則の適用については、法令により公務に従事する職員とみなす。

④　市町村又は都道府県は、第一項の規定により事務を委託したときは、内閣府令で定めるところにより、その旨を公示しなければならない。

⑤　第十九条の十六第二項の規定は、第一項の規定により委託を受けて行う第五十七条の三第一項及び第三項、第五十七条の三の二第一項並びに前条第一項及び第四項の規定による質問について準用する。

⑥　前各項に定めるもののほか、指定事務受託法人に関し必要な事項は、政令で定める。

〔**資料提供等**〕

第五十七条の四　市町村は、障害児通所給付費等の支給に関して必要があると認めるときは、障害児の保護者又は障害児の属する世帯の世帯主その他その世帯に属する者の資産又は収入の状況につき、官公署に対し必要な文書の閲覧若しくは資料の提供を求め、又は銀行、信託会社その他の機関若しくは障害児の保護者の雇用主その他の関係人に報告を求めることができる。

②　都道府県は、小児慢性特定疾病医療費の支給に関して必要があると認めるときは、小児慢性特定疾病児童の保護者若しくは成年患者又は小児慢性特定疾病児童等の属する世帯の世帯主その他その世帯に属する者の資産又は収入の状況につき、官公署に対し必要な文書の閲覧若しくは資料の提供を求め、又は銀行、信託会社その他の機関若しくは小児慢性特定疾病児童の保護者若しくは成年患者の雇用主その他の関係人に報告を求めることができる。

③　都道府県は、障害児入所給付費等の支給に関して必要があると認めるときは、障害児の保護者又は障害児の属する世帯の世帯主その他その世帯に属する者の資産又は収入の状況につき、官公署に対し必要な文書の閲覧若しくは資料の提供を求め、又は銀行、信託会社その他の機関若しくは障害児の保護者の雇用主その他の関係人に報告を求めることができる。

〔**連合会に対する監督**〕

第五十七条の四の二　連合会について国民健康保険法第百六条及び第百八条の規定を適用する場合において、同法第百六条第一項中「事業」とあるのは「事業（児童福祉法（昭和二十二年法律第百六十四号）第五十六条の五の三に規定する児童福祉法関係業務を含む。第百八条第一項及び第五項において同じ。）」と、同項第一号及び同法第百八条中「厚生労働大臣」とあるのは「内閣総理大臣」とする。

〔**課税の除外及び差押の禁止**〕

第五十七条の五　租税その他の公課は、この法律により支給を受けた金品を標準として、これを課することができない。

②　小児慢性特定疾病医療費、障害児通所給付費等及び障害児入所給付費等を受ける権利は、譲り渡し、担保に供し、又は差し押さえることができない。

③　前項に規定するもののほか、この法律による支給金品は、既に支給を受けたものであるとないとにかかわらず、これを差し押さえることができない。

〔**認可の取消**〕

第五十八条　第三十五条第四項の規定により設置した児童福祉施設が、この法律若しくはこの法律に基づいて発する命令又はこれらに基づいてなす処分に違反したときは、都道府県知事は、同項の認可を取り消すことができる。

②　第三十四条の十五第二項の規定により開始した家庭的保育事業等が、この法律若しくはこの法律に基づいて発する命令又はこれらに基づいてなす処分に違反したときは、市町村長は、同項の認可を取り消すことができる。

〔**認可外施設に係る調査、事業停止命令等**〕

第五十九条　都道府県知事は、児童の福祉のため必要があると認めるときは、第六条の三第九項から第十二項まで若しくは第三十六条から第四十四条まで（第三十九条の二を除く。）に規定する業務を目的とする施設であつて第三十五条第三項の届出若しくは認定こども園法第十六条の届出をしていないもの又は第三十四条の十五第二項若しくは第三十五条第四項の認可若しくは認定こども園法第十七条第一項の認可を受けていないもの（前条の規定により児童福祉施設若しくは家庭的保育事業等の認可を取り消されたもの又は認定こども園法第二十二条第一項の規定により幼保連携型認定こども園の認可を取り消されたものを含む。）については、その施設の設置者若しくは管理者に対し、必要と認める事項の報告を求め、又は当該職員をして、その事務所若しくは施設に立ち入り、その施設の設備若しくは運営について必要な調査若しくは質問をさせることができる。この場合において

児福法

は、その身分を証明する証票を携帯させなければならない。

② 第十八条の十六第三項の規定は、前項の場合について準用する。

③ 都道府県知事は、児童の福祉のため必要があると認めるときは、第一項に規定する施設の設置者に対し、その施設の設備又は運営の改善その他の勧告をすることができる。

④ 都道府県知事は、前項の勧告を受けた施設の設置者がその勧告に従わなかつたときは、その旨を公表することができる。

⑤ 都道府県知事は、第一項に規定する施設について、児童の福祉のため必要があると認めるときは、都道府県児童福祉審議会の意見を聴き、その事業の停止又は施設の閉鎖を命ずることができる。

⑥ 都道府県知事は、児童の生命又は身体の安全を確保するため緊急を要する場合で、あらかじめ都道府県児童福祉審議会の意見を聴くいとまがないときは、当該手続を経ないで前項の命令をすることができる。

⑦ 都道府県知事は、第三項の勧告又は第五項の命令をするために必要があると認めるときは、他の都道府県知事に対し、その勧告又は命令の対象となるべき施設の設置者に関する情報その他の参考となるべき情報の提供を求めることができる。

⑧ 都道府県知事は、第三項の勧告又は第五項の命令をした場合には、その旨を当該施設の所在地の市町村長に通知するものとする。

⑨ 都道府県知事は、第五項の命令をした場合には、その旨を公表することができる。

〔認可外保育所の届出〕

第五十九条の二 第六条の三第九項から第十二項までに規定する業務又は第三十九条第一項に規定する業務を目的とする施設（少数の乳児又は幼児を対象とするものその他の内閣府令で定めるものを除く。）であつて第三十四条の十五第二項若しくは第三十五条第四項の認可又は認定こども園法第十七条第一項の認可を受けていないもの（第五十八条の規定により児童福祉施設若しくは家庭的保育事業等の認可を取り消されたもの又は認定こども園法第二十二条第一項の規定により幼保連携型認定こども園の認可を取り消されたものを含む。）については、その施設の設置者は、その事業の開始の日（第五十八条の規定により児童福祉施設若しくは家庭的保育事業等の認可を取り消された施設又は認定こども園法第二十二条第一項の規定により幼保連携型認定こども園の認可を取り消された施設にあつては、当該認可の取消しの日）から一月以内に、次に掲げる事項を都道府県知事に届け出なければならない。

一 施設の名称及び所在地
二 設置者の氏名及び住所又は名称及び所在地
三 建物その他の設備の規模及び構造
四 事業を開始した年月日
五 施設の管理者の氏名及び住所
六 その他内閣府令で定める事項

② 前項に規定する施設の設置者は、同項の規定により届け出た事項のうち内閣府令で定めるものに変更を生じたときは、変更の日から一月以内に、その旨を都道府県知事に届け出なければならない。その事業を廃止し、又は休止したときも、同様とする。

③ 都道府県知事は、前二項の規定による届出があつたときは、当該届出に係る事項を当該施設の所在地の市町村長に通知するものとする。

〔掲示〕

第五十九条の二の二 前条第一項に規定する施設の設置者は、次に掲げる事項について、当該施設において提供されるサービスを利用しようとする者の見やすい場所に掲示するとともに、内閣府令で定めるところにより、電気通信回線に接続して行う自動公衆送信（公衆によつて直接受信されることを目的として公衆からの求めに応じ自動的に送信を行うことをいい、放送又は有線放送に該当するものを除く。）により公衆の閲覧に供しなければならない。

一 設置者の氏名又は名称及び施設の管理者の氏名
二 建物その他の設備の規模及び構造
三 その他内閣府令で定める事項

〔契約内容等の説明〕

第五十九条の二の三 第五十九条の二第一項に規定する施設の設置者は、当該施設において提供されるサービスを利用しようとする者からの申込みがあつた場合には、その者に対し、当該サービスを利用するための契約の内容及びその履行に関する事項について説明するように努めなければならない。

〔契約書面の交付〕

第五十九条の二の四 第五十九条の二第一項に規定する施設の設置者は、当該施設において提供されるサービスを利用するための契約が成立したときは、その利用者に対し、遅滞なく、次に掲げる事項を記載した書面を交付しなければならない。

一 設置者の氏名及び住所又は名称及び所在地

二　当該サービスの提供につき利用者が支払うべき額に関する事項

三　その他内閣府令で定める事項

〔報告〕

第五十九条の二の五　第五十九条の二第一項に規定する施設の設置者は、毎年、内閣府令で定めるところにより、当該施設の運営の状況を都道府県知事に報告しなければならない。

②　都道府県知事は、毎年、前項の報告に係る施設の運営の状況その他第五十九条の二第一項に規定する施設に関し児童の福祉のため必要と認める事項を取りまとめ、これを各施設の所在地の市町村長に通知するとともに、公表するものとする。

〔市町村長への協力要請〕

第五十九条の二の六　都道府県知事は、第五十九条、第五十九条の二及び前条に規定する事務の執行及び権限の行使に関し、市町村長に対し、必要な協力を求めることができる。

〔町村の一部事務組合等〕

第五十九条の二の七　町村が一部事務組合又は広域連合を設けて福祉事務所を設置した場合には、この法律の適用については、その一部事務組合又は広域連合を福祉事務所を設置する町村とみなす。

〔助産の実施等に係る都道府県又は市町村に変更があつた場合の経過規定〕

第五十九条の三　町村の福祉事務所の設置又は廃止により助産の実施及び母子保護の実施に係る都道府県又は市町村に変更があつた場合においては、この法律又はこの法律に基づいて発する命令の規定により、変更前の当該助産の実施若しくは母子保護の実施に係る都道府県又は市町村の長がした行為は、変更後の当該助産の実施若しくは母子保護の実施に係る都道府県又は市町村の長がした行為とみなす。ただし、変更前に行われ、又は行われるべきであつた助産の実施若しくは母子保護の実施に関する費用の支弁及び負担については、変更がなかつたものとする。

〔指定都市等の事務処理〕

第五十九条の四　この法律中都道府県が処理することとされている事務で政令で定めるものは、指定都市及び中核市並びに児童相談所を設置する市（特別区を含む。以下この項において同じ。）として政令で定める市（以下「児童相談所設置市」という。）においては、政令で定めるところにより、指定都市若しくは中核市又は児童相談所設置市（以下「指定都市等」という。）が処理するものとする。この場合においては、この法律中都道府県に関する規定は、指定都市等に関する規定として指定都市等に適用があるものとする。

②　前項の規定により指定都市等の長がした処分（地方自治法第二条第九項第一号に規定する第一号法定受託事務（次項及び第五十九条の六において「第一号法定受託事務」という。）に係るものに限る。）に係る審査請求についての都道府県知事の裁決に不服がある者は、内閣総理大臣に対して再審査請求をすることができる。

③　指定都市等の長が第一項の規定によりその処理することとされた事務のうち第一号法定受託事務に係る処分をする権限をその補助機関である職員又はその管理に属する行政機関の長に委任した場合において、委任を受けた職員又は行政機関の長がその委任に基づいてした処分につき、地方自治法第二百五十五条の二第二項の再審査請求の裁決があつたときは、当該裁決に不服がある者は、同法第二百五十二条の十七の四第五項から第七項までの規定の例により、内閣総理大臣に対して再々審査請求をすることができる。

④　都道府県知事は、児童相談所設置市の長に対し、当該児童相談所の円滑な運営が確保されるように必要な勧告、助言又は援助をすることができる。

⑤　この法律に定めるもののほか、児童相談所設置市に関し必要な事項は、政令で定める。

〔緊急時における内閣総理大臣の事務執行〕

第五十九条の五　第二十一条の三第一項、第三十四条の五第一項、第三十四条の六、第四十六条及び第五十九条の規定により都道府県知事の権限に属するものとされている事務は、児童の利益を保護する緊急の必要があると内閣総理大臣が認める場合にあつては、内閣総理大臣又は都道府県知事が行うものとする。

②　前項の場合においては、この法律の規定中都道府県知事に関する規定（当該事務に係るものに限る。）は、内閣総理大臣に関する規定として内閣総理大臣に適用があるものとする。この場合において、第四十六条第四項中「都道府県児童福祉審議会の意見を聴き、その施設の」とあるのは「その施設の」と、第五十九条第五項中「都道府県児童福祉審議会の意見を聴き、その事業の」とあるのは「その事業の」とする。

③　第一項の場合において、内閣総理大臣又は都道府県知事が当該事務を行うときは、相互に密接な連携の下に行うものとする。

④　第一項、第二項前段及び前項の規定は、第十

九条の十六第一項の規定により都道府県知事の権限に属するものとされている事務について準用する。この場合において、第一項、第二項前段及び前項中「内閣総理大臣」とあるのは、「厚生労働大臣」と読み替えるものとする。

〔事務の区分〕
第五十九条の六　第五十六条第一項の規定により都道府県が処理することとされている事務は、第一号法定受託事務とする。

〔主務省令〕
第五十九条の七　この法律における主務省令は、内閣府令とする。ただし、第二十一条の九各号に掲げる事業に該当する事業のうち内閣総理大臣以外の大臣が所管するものに関する事項については、内閣総理大臣及びその事業を所管する大臣の発する命令とする。

〔こども家庭庁長官等への委任〕
第五十九条の八　内閣総理大臣は、この法律に規定する内閣総理大臣の権限（政令で定めるものを除く。）をこども家庭庁長官に委任する。
② こども家庭庁長官は、政令で定めるところにより、前項の規定により委任された権限の一部を地方厚生局長又は地方厚生支局長に委任することができる。
③ 厚生労働大臣は、厚生労働省令で定めるところにより、第十六条第三項、第五十七条の三の三第二項及び第五項並びに第五十九条の五第四項において読み替えて準用する同条第一項に規定する厚生労働大臣の権限を地方厚生局長に委任することができる。
④ 前項の規定により地方厚生局長に委任された権限は、厚生労働省令で定めるところにより、地方厚生支局長に委任することができる。

第八章　罰則

第六十条　第三十四条第一項第六号の規定に違反したときは、当該違反行為をした者は、十年以下の拘禁刑若しくは三百万円以下の罰金に処し、又はこれを併科する。
② 第三十四条第一項第一号から第五号まで又は第七号から第九号までの規定に違反したときは、当該違反行為をした者は、三年以下の拘禁刑若しくは百万円以下の罰金に処し、又はこれを併科する。
③ 第三十四条第二項の規定に違反したときは、当該違反行為をした者は、一年以下の拘禁刑又は五十万円以下の罰金に処する。
④ 児童を使用する者は、児童の年齢を知らないことを理由として、前三項の規定による処罰を免れることができない。ただし、過失のないときは、この限りでない。
⑤ 第一項及び第二項（第三十四条第一項第七号又は第九号の規定に違反した者に係る部分に限る。）の罪は、刑法第四条の二の例に従う。

第六十条の二　小児慢性特定疾病審査会の委員又はその委員であつた者が、正当な理由がないのに、職務上知り得た小児慢性特定疾病医療支援を行つた者の業務上の秘密又は個人の秘密を漏らしたときは、一年以下の拘禁刑又は百万円以下の罰金に処する。
② 第五十六条の五の五第二項において準用する障害者の日常生活及び社会生活を総合的に支援するための法律第九十八条第一項に規定する不服審査会の委員若しくは連合会の役員若しくは職員又はこれらの者であつた者が、正当な理由がないのに、職務上知り得た障害児通所支援、障害児入所支援又は障害児相談支援を行つた者の業務上の秘密又は個人の秘密を漏らしたときは、一年以下の拘禁刑又は百万円以下の罰金に処する。
③ 第十九条の二十三第三項、第二十一条の五の六第四項（第二十一条の五の八第三項において準用する場合を含む。）又は第五十七条の三の四第二項の規定に違反した者は、一年以下の拘禁刑又は百万円以下の罰金に処する。

第六十条の三　次の各号のいずれかに該当する場合には、当該違反行為をした者は、一年以下の拘禁刑若しくは五十万円以下の罰金に処し、又はこれを併科する。
一　第二十一条の四の六の規定に違反して、匿名小児慢性特定疾病関連情報の利用に関して知り得た匿名小児慢性特定疾病関連情報の内容をみだりに他人に知らせ、又は不当な目的に利用したとき。
二　第二十一条の四の八又は第三十三条の二十三の九の規定による命令に違反したとき。
三　第三十三条の二十三の七の規定に違反して、匿名障害児福祉等関連情報の利用に関して知り得た匿名障害児福祉等関連情報の内容をみだりに他人に知らせ、又は不当な目的に利用したとき。

第六十一条　児童相談所において、相談、調査及び判定に従事した者が、正当な理由なく、その職務上取り扱つたことについて知得した人の秘密を漏らしたときは、これを一年以下の拘禁刑又は五十万円以下の罰金に処する。

第六十一条の二　第十八条の二十二の規定に違反した者は、一年以下の拘禁刑又は五十万円以下の罰金に処する。

② 前項の罪は、告訴がなければ公訴を提起することができない。

第六十一条の三 第十一条第五項、第十八条の八第四項、第十八条の十二第一項、第二十一条の十の二第四項、第二十一条の十二、第二十五条の五又は第二十七条の四の規定に違反した者は、一年以下の拘禁刑又は五十万円以下の罰金に処する。

第六十一条の四 第四十六条第四項又は第五十九条第五項の規定による事業の停止又は施設の閉鎖の命令に違反した者は、六月以下の拘禁刑又は五十万円以下の罰金に処する。

第六十一条の五 正当な理由がないのに、第二十一条の四の七第一項若しくは第三十三条の二十三の八第一項の規定による報告若しくは帳簿書類の提出若しくは提示をせず、若しくは虚偽の報告若しくは虚偽の帳簿書類の提出若しくは提示をし、又はこれらの規定による質問に対して答弁をせず、若しくは虚偽の答弁をし、若しくはこれらの規定による立入り若しくは検査を拒み、妨げ、若しくは忌避したときは、当該違反行為をした者は、五十万円以下の罰金に処する。

② 正当な理由がないのに、第二十九条の規定による児童委員若しくは児童の福祉に関する事務に従事する職員の職務の執行を拒み、妨げ、若しくは忌避し、又はその質問に対して答弁をせず、若しくは虚偽の答弁をし、若しくは児童に答弁をさせず、若しくは虚偽の答弁をさせた者は、五十万円以下の罰金に処する。

第六十一条の六 正当な理由がないのに、第十八条の十六第一項の規定による報告をせず、若しくは虚偽の報告をし、又は同項の規定による質問に対して答弁をせず、若しくは虚偽の答弁をし、若しくは同項の規定による立入り若しくは検査を拒み、妨げ、若しくは忌避したときは、その違反行為をした指定試験機関の役員又は職員は、三十万円以下の罰金に処する。

第六十二条 正当な理由がないのに、第十九条の十六第一項、第二十一条の五の二十二第一項、第二十一条の五の二十七第一項（第二十四条の十九の二において準用する場合を含む。）、第二十四条の十五第一項、第二十四条の三十四第一項若しくは第二十四条の三十九第一項の規定による報告若しくは物件の提出若しくは提示をせず、若しくは虚偽の報告若しくは虚偽の物件の提出若しくは提示をし、又はこれらの規定による質問に対して答弁をせず、若しくは虚偽の答弁をし、若しくはこれらの規定による立入り若しくは検査を拒み、妨げ、若しくは忌避したときは、当該違反行為をした者は、三十万円以下の罰金に処する。

② 次の各号のいずれかに該当する者は、三十万円以下の罰金に処する。

一 第十八条の十九第二項の規定により保育士の名称の使用の停止を命ぜられた者で、当該停止を命ぜられた期間中に、保育士の名称を使用したもの

二 第十八条の二十三の規定に違反した者

三 正当な理由がないのに、第二十一条の十四第一項の規定による報告をせず、若しくは虚偽の報告をし、又は同項の規定による質問に対して答弁をせず、若しくは虚偽の答弁をし、若しくは同項の規定による立入り若しくは検査を拒み、妨げ、若しくは忌避した者

四 第三十条第一項に規定する届出を怠つた者

五 正当な理由がないのに、第五十七条の三の三第一項から第三項までの規定による報告若しくは物件の提出若しくは提示をせず、若しくは虚偽の報告若しくは虚偽の物件の提出若しくは提示をし、又はこれらの規定による当該職員の質問若しくは第五十七条の三の四第一項の規定により委託を受けた指定事務受託法人の職員の第五十七条の三の三第一項の規定による質問に対して、答弁せず、若しくは虚偽の答弁をした者

六 正当な理由がないのに、第五十九条第一項の規定による報告をせず、若しくは虚偽の報告をし、又は同項の規定による立入調査を拒み、妨げ、若しくは忌避し、若しくは同項の規定による質問に対して答弁をせず、若しくは虚偽の答弁をした者

第六十二条の二 正当な理由がないのに、第五十六条の五の五第二項において準用する障害者の日常生活及び社会生活を総合的に支援するための法律第百三条第一項の規定による処分に違反して、出頭せず、陳述をせず、報告をせず、若しくは虚偽の陳述若しくは報告をし、又は診断その他の調査をしなかつた者は、三十万円以下の罰金に処する。ただし、第五十六条の五の五第二項において準用する同法第九十八条第一項に規定する不服審査会の行う審査の手続における請求人又は第五十六条の五の五第二項において準用する同法第百二条の規定により通知を受けた市町村その他の利害関係人は、この限りでない。

第六十二条の三 第六十条の三の罪は、日本国外において同条の罪を犯した者にも適用する。

第六十二条の四 法人の代表者又は法人若しくは人の代理人、使用人その他の従業者が、その法

人又は人の業務に関して、第六十条第一項から第三項まで、第六十条の三、第六十一条の五第一項又は第六十二条第一項の違反行為をしたときは、行為者を罰するほか、その法人又は人に対しても、各本条の罰金刑を科する。

第六十二条の五　第五十九条の二第一項又は第二項の規定による届出をせず、又は虚偽の届出をした者は、五十万円以下の過料に処する。

第六十二条の六　次の各号のいずれかに該当する者は、十万円以下の過料に処する。

一　正当な理由がなく、第五十六条第三項（同条第二項の規定による第五十条第五号、第六号、第六号の二若しくは第七号の三又は第五十一条第三号に規定する費用の徴収に関する部分を除く。）の規定による報告をせず、又は虚偽の報告をした者

二　第五十七条の三の三第四項から第六項までの規定による報告若しくは物件の提出若しくは提示をせず、若しくは虚偽の報告若しくは虚偽の物件の提出若しくは提示をし、又はこれらの規定による当該職員の質問に対して、答弁せず、若しくは虚偽の答弁をした者

三　第五十七条の三の四第一項の規定により委託を受けた指定事務受託法人の職員の第五十七条の三の三第四項の規定による質問に対して、答弁せず、又は虚偽の答弁をした者

第六十二条の七　都道府県は、条例で、次の各号のいずれかに該当する者に対し十万円以下の過料を科する規定を設けることができる。

一　第十九条の六第二項の規定による医療需給者証又は第二十四条の四第二項の規定による入所受給者証の返還を求められてこれに応じない者

二　正当の理由がないのに、第五十七条の三第二項若しくは第三項の規定による報告若しくは物件の提出若しくは提示をせず、若しくは虚偽の報告若しくは虚偽の物件の提出若しくは提示をし、又はこれらの規定による当該職員の質問若しくは第五十七条の三の四第一項の規定により委託を受けた指定事務受託法人の職員の第五十七条の三第三項の規定による質問に対して答弁をせず、若しくは虚偽の答弁をした者

第六十二条の八　市町村は、条例で、次の各号のいずれかに該当する者に対し十万円以下の過料を科する規定を設けることができる。

一　第二十一条の五の八第二項又は第二十一条の五の九第二項の規定による通所受給者証の提出又は返還を求められてこれに応じない者

二　正当の理由がないのに、第五十七条の三第一項の規定による報告若しくは物件の提出若しくは提示をせず、若しくは虚偽の報告若しくは虚偽の物件の提出若しくは提示をし、又は同項の規定による当該職員の質問若しくは第五十七条の三の四第一項の規定により委託を受けた指定事務受託法人の職員の第五十七条の三第一項の規定による質問に対して、答弁せず、若しくは虚偽の答弁をした者

三　正当の理由がないのに、第五十七条の三の二第一項の規定による報告若しくは物件の提出若しくは提示をせず、若しくは虚偽の報告若しくは虚偽の物件の提出若しくは提示をし、又は同項の規定による当該職員の質問若しくは第五十七条の三の四第一項の規定により委託を受けた指定事務受託法人の職員の第五十七条の三の二第一項の規定による質問に対して、答弁せず、若しくは虚偽の答弁をし、若しくは同項の規定による検査を拒み、妨げ、若しくは忌避した者

附　則（抄）

第六十三条　この法律は、昭和二十三年一月一日から、これを施行する。〔後略〕

第七十三条　第二十四条第三項の規定の適用については、当分の間、同項中「市町村は、保育の需要に応ずるに足りる保育所、認定こども園（子ども・子育て支援法第二十七条第一項の確認を受けたものに限る。以下この項及び第四十六条の二第二項において同じ。）又は家庭的保育事業等が不足し、又は不足するおそれがある場合その他必要と認められる場合には、保育所、認定こども園」とあるのは、「市町村は、保育所、認定こども園（子ども・子育て支援法第二十七条第一項の確認を受けたものに限る。以下この項及び第四十六条の二第二項において同じ。）」とするほか、必要な技術的読替えは、政令で定める。

②　第四十六条の二第一項の規定の適用については、当分の間、同項中「第二十四条第五項」とあるのは「保育所における保育を行うことの権限及び第二十四条第五項」と、「母子保護の実施のための委託」とあるのは「母子保護の実施のための委託若しくは保育所における保育を行うことの委託」とするほか、必要な技術的読替えは、政令で定める。

附　則（令和四法六六）（抄）

（施行期日）

第一条　この法律は、令和六年四月一日から施行

する。ただし、次の各号に掲げる規定は、当該各号に定める日から施行する。

一～四　［略］

五　［略］　公布の日から起算して三年を超えない範囲内において政令で定める日［令7・6・1］［条文中傍線┄┄］

（保育士の欠格事由等に関する経過措置）

第三条　第一条の規定（附則第一条第三号に掲げる改正規定に限る。）による改正後の児童福祉法（以下この条において「第三号改正後児童福祉法」という。）第十八条の五（第一号を除く。）の規定は、附則第一条第三号に掲げる規定の施行の日（以下この条及び附則第十五条において「第三号施行日」という。）以後の行為により第三号改正後児童福祉法第十八条の五各号（第一号を除く。）に該当する者について適用し、第三号施行日前の行為に係る欠格事由については、なお従前の例による。

2　第三号改正後児童福祉法第十八条の十九第一項（第一号及び第三号に限る。）の規定は、第三号施行日以後の行為により同項第一号又は第三号に該当する者について適用し、第三号施行日前の行為に係る登録の取消しについては、なお従前の例による。

3　第三号改正後児童福祉法第十八条の二十の二の規定は、第三号施行日以後の行為により同条第一項各号に該当する者について適用し、第三号施行日前の行為により同項各号に該当する者については、適用しない。

附　則（令和四法六八）（抄）

（施行期日）

1　この法律は、刑法等一部改正法施行日［令7・6・1］から施行する。［略］［条文中傍線┄┄］

附　則（令和四法一〇四）（抄）

（施行期日）

第一条　この法律は、令和六年四月一日から施行する。ただし、次の各号に掲げる規定は、当該各号に定める日から施行する。

一～三　［略］

四　［略］　公布の日から起算して三年を超えない範囲内において政令で定める日［令7・12・15まで］［条文中傍線┄┄］

（検討）

第二条　政府は、この法律の施行後五年を目途として、この法律による改正後の障害者の日常生活及び社会生活を総合的に支援するための法律、児童福祉法、精神保健福祉法、障害者雇用促進法及び難病の患者に対する医療等に関する法律の規定について、その施行の状況等を勘案しつつ検討を加え、必要があると認めるときは、その結果に基づいて必要な措置を講ずるものとする。

8 児童福祉法施行令（抄）

（昭和二三年三月三一日 政令第七四号）

改正　令和五・七・五政二三六

第二章　保育士

（欠格事由）

第四条　法第十八条の五第三号の政令で定める法律の規定は、次のとおりとする。

一　刑法（明治四十年法律第四十五号）第百八十二条の規定

二　社会福祉法（昭和二十六年法律第四十五号）第百六十一条及び第百六十四条の規定

三　児童扶養手当法（昭和三十六年法律第二百三十八号）第三十五条の規定

四　特別児童扶養手当等の支給に関する法律（昭和三十九年法律第百三十四号）第四十一条の規定

五　児童手当法（昭和四十六年法律第七十三号）第三十一条の規定

六　児童買春、児童ポルノに係る行為等の規制及び処罰並びに児童の保護等に関する法律（平成十一年法律第五十二号）第四条から第七条まで及び第十一条の規定

七　児童虐待の防止等に関する法律第十七条及び第十八条の規定

八　就学前の子どもに関する教育、保育等の総合的な提供の推進に関する法律（平成十八年法律第七十七号。以下「認定こども園法」という。）第六章の規定

九　平成二十二年度等における子ども手当の支給に関する法律（平成二十二年法律第十九号）第三十三条の規定

十　平成二十三年度における子ども手当の支給等に関する特別措置法（平成二十三年法律第百七号）第三十七条の規定

十一　子ども・子育て支援法（平成二十四年法律第六十五号）第七十八条から第八十条までの規定

十二　国家戦略特別区域法（平成二十五年法律第百七号。以下「特区法」という。）第十二条の五第十五項及び第十七項から第十九項までの規定

十三　民間あっせん機関による養子縁組のあっせんに係る児童の保護等に関する法律（平成二十八年法律第百十号）第五章の規定

十四　性的な姿態を撮影する行為等の処罰及び押収物に記録された性的な姿態の影像に係る電磁的記録の消去等に関する法律（令和五年法律第六十七号）第二条第一項（第四号に係る部分に限る。）及び第二項（同条第一項（第四号に係る部分に限る。）の罪に係る部分に限る。）、第三条及び第四条（これらの規定のうち、同法第三条第一項に規定する性的影像記録であつて、同法第二条第一項第四号に掲げる行為により生成され、若しくは同法第五条第一項第四号に掲げる行為により影像送信（同項第一号に規定する影像送信をいう。以下この号において同じ。）をされた影像を記録する行為により生成された同法第三条第一項に規定する電磁的記録その他の記録又は当該記録の全部若しくは一部（同法第二条第一項第一号に規定する性的姿態等の影像が記録された部分に限る。）を複写したものに係る部分に限る。）、第五条第一項（第四号に係る部分に限る。）、同条第二項及び第六条第一項（これらの規定のうち、同法第五条第一項第四号に掲げる行為により影像送信をされた影像に係る部分に限る。以下この号において同じ。）並びに第六条第二項（同条第一項の罪に係る部分に限る。）の規定

〔指定保育士養成施設の指定〕

第五条　法第十八条の六第一号の指定保育士養成施設（以下「指定保育士養成施設」という。）の指定は、内閣府令で定める基準に適合する施設について行うものとする。

②　指定保育士養成施設の指定を受けようとする施設の設置者は、内閣府令で定める事項を記載した申請書を、当該施設の所在地の都道府県知事に提出しなければならない。この場合において、設置者が法人（地方公共団体を除く。）であるときは、申請書に定款、寄付行為その他の規約を添えなければならない。

③　指定保育士養成施設の設置者は、前項の申請書の記載事項（内閣府令で定めるものに限る。）を変更しようとするときは、当該施設の所在地の都道府県知事に申請し、その承認を得なければならない。

④　指定保育士養成施設の設置者は、第二項の申請書の記載事項（前項の内閣府令で定めるもの以外のものであつて内閣府令で定めるものに限る。）に変更が生じたときは、変更のあつた日から起算して一月以内に、当該施設の所在地の都道府県知事に届け出なければならない。

⑤　指定保育士養成施設の長は、毎学年開始後三月以内に、内閣府令で定める事項を、当該施設の所在地の都道府県知事に報告しなければならない。

⑥　都道府県知事は、指定保育士養成施設につき、第一項の規定に基づく内閣府令で定める基準に該当しなくなつたと認めるとき、若しくは法第十八条の七第一項に規定する指導に従わないとき、又は次項の規定による申請があつたときは、その指定を取り消すことができる。

⑦　指定保育士養成施設の設置者は、指定の取消しを求めようとするときは、学年の開始月二月前までに、内閣府令で定める事項を、当該施設の所在地の都道府県知事に提出しなければならない。

〔保育士試験委員の選任〕

第六条　都道府県知事は、法第十八条の八第三項の保育士試験委員を選任しようとするときは、内閣府令で定める要件を備える者のうちから選任しなければならない。

〔指定試験機関の指定〕

第七条　法第十八条の九第一項の指定試験機関（以下「指定試験機関」という。）の指定は、内閣府令で定めるところにより、同項の試験事務（以下「試験事務」という。）を行おうとする者の申請により行う。

②　都道府県知事は、前項の申請が次の要件を満たしていると認めるときでなければ、指定試験機関の指定をしてはならない。

一　職員、設備、試験事務の実施の方法その他の事項についての試験事務の実施に関する計画が、試験事務の適正かつ確実な実施のために適切なものであること。

二　前号の試験事務の実施に関する計画の適正かつ確実な実施に必要な経理的及び技術的な

基礎を有するものであること。

③　都道府県知事は、第一項の申請が次のいずれかに該当するときは、指定試験機関の指定をしてはならない。

一　申請者が、一般社団法人又は一般財団法人以外の者であること。

二　申請者が、その行う試験事務以外の業務により試験事務を公正に実施することができないおそれがあること。

三　申請者が、第十二条の規定により指定を取り消され、その取消しの日から起算して二年を経過しない者であること。

四　申請者が、国家戦略特別区域法施行令（平成二十六年政令第九十九号。以下「特区法施行令」という。）第八条第一項又は第二項（第七号に係る部分を除く。）の規定により指定を取り消され、その取消しの日から起算して二年を経過しない者であること。

五　申請者の役員のうちに、次のいずれかに該当する者があること。

イ　法に違反して、又は特区法第十二条の五第十五項若しくは第十七項から第十九項までの規定により、刑に処せられ、その執行を終わり、又は執行を受けることがなくなつた日から起算して二年を経過しない者

ロ　法第十八条の十第二項の規定による命令により解任され、その解任の日から起算して二年を経過しない者

ハ　特区法第十二条の五第八項において準用する法第十八条の十第二項の規定による命令により解任され、その解任の日から起算して二年を経過しない者

〔保育士試験委員の選任〕

第八条　指定試験機関は、法第十八条の十一第一項の保育士試験委員を選任しようとするときは、内閣府令で定める要件を備える者のうちから選任しなければならない。

〔事業報告書等の作成〕

第九条　指定試験機関は、毎事業年度の経過後三月以内に、その事業年度の事業報告書及び収支決算書を作成し、都道府県知事に提出しなければならない。

〔帳簿の備え付け等〕

第十条　指定試験機関は、内閣府令で定めるところにより、試験事務に関する事項で内閣府令で定めるものを記載した帳簿を備え、これを保存しなければならない。

〔試験事務の休廃止〕

第十一条　指定試験機関は、都道府県知事の許可を受けなければ、試験事務の全部又は一部を休止し、又は廃止してはならない。

〔指定の取消し等〕

第十二条　都道府県知事は、指定試験機関が第七条第三項各号（第三号及び第四号を除く。）のいずれかに該当するに至つたときは、その指定を取り消さなければならない。

②　都道府県知事は、指定試験機関が次のいずれかに該当するに至つたときは、その指定を取り消し、又は期間を定めて試験事務の全部若しくは一部の停止を命ずることができる。

一　法第十八条の十第二項（法第十八条の十一第二項において準用する場合を含む。）、法第十八条の十三第二項又は法第十八条の十五の規定による命令に違反したとき。

二　法第十八条の十一第一項又は第十八条の十四の規定に違反したとき。

三　法第十八条の十三第一項の認可を受けた試験事務規程によらないで試験事務を行つたとき。

四　第七条第二項各号の要件を満たさなくなつたと認められるとき。

五　第八条、第九条又は第十一条の規定に違反したとき。

六　次条第一項の条件に違反したとき。

七　特区法施行令第八条第一項又は第二項（第七号に係る部分を除く。）の規定により指定を取り消されたとき。

〔指定等の条件〕

第十三条　法第十八条の九第一項、法第十八条の十第一項、法第十八条の十三第一項若しくは法第十八条の十四又は第十一条の規定による指定、認可又は許可には、条件を付し、及びこれを変更することができる。

②　前項の条件は、当該指定、認可又は許可に係る事項の確実な実施を図るため必要な最小限度のものに限り、かつ、当該指定、認可又は許可を受ける者に不当な義務を課することとなるものであつてはならない。

〔都道府県知事による試験事務の実施等〕

第十四条　都道府県知事は、指定試験機関が第十一条の規定による許可を受けて試験事務の全部若しくは一部を休止したとき、第十二条第二項の規定により指定試験機関に対し試験事務の全部若しくは一部の停止を命じたとき、又は指定試験機関が天災その他の事由により試験事務の全部若しくは一部を実施することが困難となつた場合において必要があると認めるときは、試験事務の全部又は一部を自ら行うものとする。

〔公示〕

第十五条　都道府県知事は、次の場合には、その旨を公示しなければならない。
一　法第十八条の九第一項の規定による指定をしたとき。
二　第十一条の規定による許可をしたとき。
三　第十二条の規定により指定を取り消し、又は試験事務の全部若しくは一部の停止を命じたとき。
四　前条の規定により試験事務の全部若しくは一部を自ら行うこととするとき、又は自ら行つていた試験事務の全部若しくは一部を行わないこととするとき。

〔**登録**〕
第十六条　保育士の登録を受けようとする者は、申請書に法第十八条の六各号のいずれかに該当することを証する書類を添え、その者が同条第一号に該当する場合は住所地の都道府県知事に、同条第二号に該当する場合は当該保育士試験を行つた都道府県知事（指定試験機関が行つた保育士試験を受けた場合にあつては、当該保育士試験の実施に関する事務の全部又は一部を当該指定試験機関に行わせることとした都道府県知事）に提出しなければならない。

〔**登録証の書換え交付**〕
第十七条　保育士は、保育士登録証（以下「登録証」という。）の記載事項に変更を生じたときは、遅滞なく、登録証の書換え交付を申請しなければならない。
②　前項の申請をするには、申請書に申請の原因となる事実を証する書類及び登録証を添え、これを登録を行つた都道府県知事に提出しなければならない。

〔**登録証の再交付**〕
第十八条　保育士は、登録証を破り、汚し、又は失つたときは、登録証の再交付を申請することができる。
②　前項の申請をするには、申請書を登録を行つた都道府県知事に提出しなければならない。
③　登録証を破り、又は汚した保育士が第一項の申請をするには、申請書にその登録証を添えなければならない。
④　保育士は、第一項の申請をした後、失つた登録証を発見したときは、速やかに、これを登録を行つた都道府県知事に返納しなければならない。

〔**登録証の返納**〕
第十九条　保育士は、登録を取り消されたときは、遅滞なく、登録証を登録を行つた都道府県知事に返納しなければならない。

〔**登録取消の通知**〕
第二十条　都道府県知事は、他の都道府県知事の登録を受けた保育士について、登録の取消しを適当と認めるときは、理由を付して、登録を行つた都道府県知事に、その旨を通知しなければならない。

〔**省令への委任**〕
第二十一条　この章に定めるもののほか、指定保育士養成施設、保育士試験、指定試験機関、保育士の登録その他保育士に関し必要な事項は、内閣府令で定める。

第三章　福祉の保障

〔**保育の実施等若しくは措置の解除等の方式**〕
第二十八条　市町村長（特別区の区長を含む。以下同じ。）又は都道府県知事は、法第二十五条の八第三号に規定する保育の利用等又は法第二十七条第一項第三号若しくは第二項の措置を解除し、停止し、又は他の保育の利用等若しくは措置に変更する場合においては、現にその保護に当たつている児童福祉施設の長、家庭的保育事業等を行う者又は法第六条の二の二第三項に規定する指定発達支援医療機関の長の意見を参考としなければならない。法第三十一条第一項から第三項までに規定する児童について、これらの規定により、満二十歳に達するまで、又はその者が社会生活に順応することができるようになるまで、引き続きその者を児童福祉施設に在所させ、若しくは法第二十七条第二項の規定による委託を継続し、又はこれらの措置を相互に変更する措置を採る場合においても、同様とする。

第七章　雑則

〔**権限の委任**〕
第四十六条の四　内閣総理大臣は、この政令に規定する内閣総理大臣の権限をこども家庭庁長官に委任する。

附　則（抄）

第四十八条　この政令は、昭和二十三年一月一日から、これを適用する。〔後略〕

9 児童福祉法施行規則（抄）

（昭和二三年三月三一日 厚生省令第一一号）

改正　令和五・一二・二一内令八〇

第一章の四　保育士

〔欠格事由〕

第六条の二の二　法第十八条の五第一号の内閣府令で定める者は、精神の機能の障害により保育士の業務を適正に行うに当たつて必要な認知、判断及び意思疎通を適切に行うことができない者とする。

〔指定保育士養成施設〕

第六条の二の三　令第五条第一項に規定する内閣府令で定める基準は、次のとおりとする。

一　入所資格を有する者は、学校教育法による高等学校若しくは中等教育学校を卒業した者、指定保育士養成施設の指定を受けようとする学校が大学である場合における当該大学が同法第九十条第二項の規定により当該大学に入学させた者若しくは通常の課程による十二年の学校教育を修了した者（通常の課程以外の課程によりこれに相当する学校教育を修了した者を含む。）又は文部科学大臣においてこれと同等以上の資格を有すると認定した者であること。

二　修業年限は、二年以上であること。

三　こども家庭庁長官の定める修業教科目及び単位数を有し、かつ、こども家庭庁長官の定める方法により履修させるものであること。

四　保育士の養成に適当な建物及び設備を有すること。

五　学生の定員は、百人以上であること。

六　一学級の学生数は、五十人以下であること。

七　専任の教員は、おおむね、学生数四十人につき一人以上を置くものであること。

八　教員は、その担当する科目に関し、学校教育法第百四条に規定する修士若しくは博士の学位を有する者又はこれと同等以上の学識経験若しくは教育上の能力を有すると認められる者であること。

九　管理及び維持の方法が確実であること。

②　都道府県知事は、前項第一号に規定する者のほか、満十八歳以上の者であつて児童福祉施設において二年以上児童の保護に従事した者に入所資格を与える学校その他の施設につき、当該学校その他の施設が同項各号（第一号を除く。）に該当する場合に限り、同項第一号の規定にかかわらず、指定保育士養成施設の指定をすることができる。

③　都道府県知事は、その経営の状況等から見て、保育士の養成に支障を生じさせるおそれがないと認められる学校その他の施設につき、当該学校その他の施設が第一項各号（第五号（前項に規定する学校その他の施設にあつては、第一号及び第五号。以下この項において同じ。）を除く。）に該当する場合に限り、同項第五号の規定にかかわらず、指定保育士養成施設の指定をすることができる。

〔指定保育士養成施設の指定の申請〕

第六条の三　令第五条第二項に規定する内閣府令で定める事項は、次のとおりとする。

一　設置者の氏名及び住所又は名称及び主たる事務所の所在地

二　名称及び位置

三　設置年月日

四　学則

五　学校その他の施設の長の氏名及び履歴

六　教員の氏名、履歴、担当科目及び専任兼任の別

七　建物その他設備の規模及び構造並びにその図面

八　実習に利用する施設の名称及び利用の概要

九　当該年度経費収支予算の細目

十　設置者が国又は地方公共団体以外のときは、設置者の資産状況

②　令第五条第三項に規定する内閣府令で定める事項は、前項第四号に掲げる事項（こども家庭庁長官の定める修業教科目並びにその単位数及び履修方法並びに学生の定員に関する事項に限る。）とする。

③　令第五条第四項に規定する内閣府令で定める事項は、第一項第一号及び第二号に掲げる事項、同項第四号に掲げる事項（入所資格、修業年限、前項のこども家庭庁長官の定める修業教科目以外の修業教科目並びにその単位数及び履修方法並びに単位の算定方法に関する事項に限る。）並びに同項第七号に掲げる事項（学校に係る事項を除く。）とする。

〔毎学年度の報告〕

第六条の四　令第五条第五項に規定する内閣府令で定める事項は、次のとおりとする。

一　前学年度卒業者数（学校教育法に規定する専門職大学の前期課程の修了者数を含む。）

二　前年度における経営の状況及び収支決算の細目

三　前学年度教授科目別時間数及び実習の実施状況
四　学生の現在数

（指定の取消）
第六条の五　令第五条第七項に規定する内閣府令で定める事項は、次のとおりとする。
一　その指定保育士養成施設をやめようとする理由
二　入所している学生の処置
三　その指定保育士養成施設をやめようとする年月日

（卒業証明書の交付）
第六条の六　指定保育士養成施設の長は、第六条の二の三第一項第三号の規定による修業教科目及び単位数を同号の規定による方法により履修して卒業する者に対し、第一号様式により、指定保育士養成施設卒業証明書を交付しなければならない。

（立入検査の身分証明書）
第六条の七　法第十八条の七第二項の規定により当該職員が携帯すべき証明書は、第二号様式によるものとする。
②　法第十八条の十六第二項（法第三十四条の五第二項、第三十四条の十四第二項、第三十四条の十八の二第二項及び第四十六条第二項において準用する場合を含む。）の規定により当該職員が携帯すべき証明書は、第三号様式によるものとする。
③　法第五十九条の五第二項の規定により内閣総理大臣に適用があるものとされた法第三十四条の五第二項及び第四十六条第二項の規定において準用する法第十八条の十六第二項に規定する証明書は、第四号様式によるものとする。

（児童福祉司等養成施設の指定の申請）
第六条の八　児童福祉施設の設備及び運営に関する基準第二十八条第一号、第三十八条第二項第一号、第四十三条第一号及び第八十二条第一号の指定の申請は、学校又は施設の設置者が第六条の三第一項各号に掲げる事項を記載した申請書を都道府県知事に提出することにより行うものとする。
②　都道府県知事は、前項の規定により指定のあつた学校その他の施設（以下この条において「指定養成施設」という。）の長に対し、教育方法、設備その他の内容に関し必要な報告を求め、又は必要な指導をすることができる。
③　都道府県知事は、指定養成施設につき、前項の規定による指導に従わないとき又は次項において準用する令第五条第七項の規定による指定の取消しの申請があつたときは、その指定を取り消すことができる。
④　令第五条第三項から第七項まで（第六項を除く。）及び令第二十一条並びに第六条の三から第六条の五まで（第六条の三第一項を除く。）の規定は、指定養成施設について準用する。この場合において、次の表の上欄に掲げる規定中同表中欄に掲げる字句は、それぞれ同表下欄に掲げる字句に読み替えるものとする。

令第五条第三項から第五項まで及び第七項	指定保育士養成施設	指定養成施設
令第二十一条	指定保育士養成施設、保育士試験、指定試験機関、保育士の登録その他保育士	指定養成施設
第六条の五	指定保育士養成施設	指定養成施設

（受験資格）
第六条の九　保育士試験を受けようとする者は、次の各号のいずれかに該当する者でなければならない。
一　学校教育法による大学に二年以上在学して六十二単位以上修得した者又は高等専門学校を卒業した者その他その者に準ずるものとしてこども家庭庁長官の定める者
二　学校教育法による高等学校若しくは中等教育学校を卒業した者、同法第九十条第二項の規定により大学への入学を認められた者若しくは通常の課程による十二年の学校教育を修了した者（通常の課程以外の課程によりこれに相当する学校教育を修了した者を含む。）又は文部科学大臣においてこれと同等以上の資格を有すると認定した者であつて、児童福祉施設において、二年以上児童の保護に従事した者
三　児童福祉施設において、五年以上児童の保護に従事した者
四　前各号に掲げる者のほか、こども家庭庁長官の定める基準に従い、都道府県知事において適当な資格を有すると認めた者

（試験の科目）
第六条の十　保育士試験は、筆記試験及び実技試験によつて行い、実技試験は、筆記試験の全てに合格した者について行う。
②　筆記試験は、次の科目について行う。
一　保育原理
二　教育原理及び社会的養護
三　子ども家庭福祉
四　社会福祉
五　保育の心理学

六　子どもの保健
七　子どもの食と栄養
八　保育実習理論

③　実技試験は、保育実習実技について行う。

〔受験科目の一部免除〕

第六条の十一　都道府県知事は、前条第二項各号に規定する科目のうち、既に合格した科目（国家戦略特別区域限定保育士試験において合格した科目を含む。）のある者に対しては、その申請により、当該科目に合格した日の属する年度の翌々年度までに限り当該科目の受験を免除することができる。ただし、次の表の上欄に掲げる者に対しては、その申請により、それぞれ同表の下欄に掲げる期間に限り当該科目の受験を延長して免除することができる。

免除の期間を延長することができる者	延長することができる期間
当該科目に合格した日の属する年度の翌々年度までの間に、保育所、幼稚園、認定こども園その他の場所において、児童の保育又は法第三十九条の二第一項に規定する満三歳以上の幼児に対する教育に直接従事する職員として一年以上かつ千四百四十時間以上勤務した経験を有する者	一年間
当該科目に合格した日の属する年度から起算して三年度を経過した年度までの間に、保育所、幼稚園、認定こども園その他の場所において、児童の保育又は法第三十九条の二第一項に規定する満三歳以上の幼児に対する教育に直接従事する職員として二年以上かつ二千八百八十時間以上勤務した経験を有する者	二年間

②　都道府県知事は、前条第二項各号に規定する科目のうち、こども家庭庁長官の指定する学校その他の施設において、その指定する科目を専修した者に対しては、その申請により、当該科目の受験を免除することができる。

③　都道府県知事は、社会福祉士、介護福祉士又は精神保健福祉士であつて、保育士試験を受けようとする者に対しては、その申請により、前条第二項第二号（社会的養護に限る。）、第三号及び第四号に規定する科目の受験を免除することができる。

④　前三項の規定により、前条第二項各号に規定する科目の免除を受けようとする者は、前三項に該当することを証する書類を添えて、都道府県知事に申請しなければならない。

〔全部免除〕

第六条の十一の二　都道府県知事は、こども家庭庁長官が定める基準に該当する者に対しては、その者の申請により、筆記試験及び実技試験の全部を免除することができる。

②　前項の免除を受けようとする者は、前項に規定する基準に該当することを証する書類を添えて、都道府県知事に申請しなければならない。

〔受験の申請〕

第六条の十二　保育士試験を受けようとする者は、本籍地都道府県名（日本国籍を有していない者については、その国籍）、連絡先、氏名及び生年月日を記載した申請書に次に掲げる書類を添えて、都道府県知事に提出しなければならない。

一　第六条の九各号のいずれかに該当することを証する書類
二　写真

〔合格の通知〕

第六条の十三　都道府県知事は、保育士試験又はその科目の一部に合格した者に対し、その旨を通知しなければならない。

〔不正受験者〕

第六条の十四　都道府県知事は、不正の方法によつて保育士試験を受け若しくは受けようとした者又は保育士試験若しくは国家戦略特別区域限定保育士試験に関する規定に違反した者に対しては、保育士試験の受験を停止し、又はその合格を無効とするものとする。

②　都道府県知事は、前項の規定に該当する者に対しては、三年以内において期間を定め、保育士試験を受けさせないことができる。

〔都道府県知事の選任する保育士試験委員の要件〕

第六条の十五　令第六条に規定する内閣府令で定める要件は、次のいずれかに該当する者であることとする。

一　学校教育法に基づく大学において、児童の保護、保健若しくは福祉に関する科目を担当する教授若しくは准教授の職にあり、又はあつた者
二　都道府県知事が前号に掲げる者と同等以上の知識及び経験を有すると認めた者

〔指定試験機関の試験事務の範囲〕

第六条の十六　都道府県知事は、法第十八条の九第一項の規定により指定試験機関に試験事務の全部又は一部を行わせようとするときは、あらかじめ、当該指定試験機関に行わせる試験事務の範囲を定めなければならない。

〔指定試験機関の指定申請書〕

第六条の十七　指定試験機関の指定を受けようとする者は、次に掲げる事項を記載した申請書を

都道府県知事に提出しなければならない。
一　名称及び主たる事務所の所在地
二　試験事務を行おうとする事務所の名称及び所在地
三　試験事務のうち、行おうとするものの範囲
四　試験事務を開始しようとする年月日
② 前項の申請書には、次に掲げる書類を添付しなければならない。
一　定款又は寄附行為及び登記事項証明書
二　申請の日の属する事業年度の直前の事業年度の貸借対照表及び当該事業年度末の財産目録（申請の日を含む事業年度に設立された法人にあつては、その設立時における財産目録）
三　申請の日の属する事業年度及び翌事業年度における事業計画書及び収支予算書
四　指定の申請に関する意思の決定を証する書類
五　試験事務に従事する役員の氏名及び略歴を記載した書類
六　現に行つている業務の概要を記載した書類
七　試験事務の実施の方法に関する計画を記載した書類

〔**指定試験機関の名称等の変更**〕
第六条の十八　指定試験機関は、その名称若しくは主たる事務所の所在地又は試験事務を行う事務所の名称若しくは所在地を変更しようとするときは、次に掲げる事項を記載した届出書を都道府県知事に提出しなければならない。
一　変更後の指定試験機関の名称若しくは主たる事務所の所在地又は試験事務を行う事務所の名称若しくは所在地
二　変更しようとする年月日
三　変更の理由

② 指定試験機関は、試験事務を行う事務所を新設し、又は廃止しようとするときは、次に掲げる事項を記載した届出書を都道府県知事に提出しなければならない。
一　新設し、又は廃止しようとする事務所の名称及び所在地
二　新設し、又は廃止しようとする事務所において試験事務を開始し、又は終了しようとする年月日
三　新設又は廃止の理由

〔**指定試験機関の役員の認可の申請**〕
第六条の十九　指定試験機関は、法第十八条の十第一項（法第十八条の十一第二項の規定により保育士試験委員について準用する場合を含む。）の認可を受けようとするときは、次に掲げる事項を記載した申請書を都道府県知事に提出しなければならない。
一　選任に係る者の氏名及び略歴又は解任に係る者の氏名
二　選任又は解任の理由

〔**試験事務規程の認可等の申請**〕
第六条の二十　指定試験機関は、法第十八条の十三第一項前段の認可を受けようとするときは、その旨を記載した申請書に試験事務規程を添えて、都道府県知事に提出しなければならない。
② 指定試験機関は、法第十八条の十三第一項後段の認可を受けようとするときは、次に掲げる事項を記載した申請書を都道府県知事に提出しなければならない。
一　変更しようとする事項
二　変更しようとする年月日
三　変更の理由

〔**試験事務規程**〕
第六条の二十一　法第十八条の十三第一項に規定する試験事務規程には、次に掲げる事項を定めなければならない。
一　試験事務の実施の方法に関する事項
二　受験手数料の収納の方法に関する事項
三　試験事務に関して知り得た秘密の保持に関する事項
四　試験事務に関する帳簿及び書類の保存に関する事項
五　その他試験事務の実施に関し必要な事項

〔**指定試験機関の選任する保育士試験委員の要件**〕
第六条の二十二　令第八条に規定する内閣府令で定める要件は、第六条の十五各号のいずれかに該当する者であることとする。

〔**事業計画の認可の申請等**〕
第六条の二十三　指定試験機関は、法第十八条の十四前段の認可を受けようとするときは、その旨を記載した申請書に事業計画書及び収支予算書を添えて、都道府県知事に提出しなければならない。
② 指定試験機関は、法第十八条の十四後段の認可を受けようとするときは、次に掲げる事項を記載した申請書を都道府県知事に提出しなければならない。
一　変更しようとする事項
二　変更しようとする年月日
三　変更の理由

〔**試験事務の帳簿の保存**〕
第六条の二十四　指定試験機関は、試験事務を実施したときは、受験者の氏名、生年月日、試験科目ごとの成績及びその合否を記載した帳簿を作成し、試験事務を廃止するまで保存しなければならない。

〔試験事務の報告〕

第六条の二十五　指定試験機関は、試験事務を実施したときは、遅滞なく、受験申込者数及び受験者数を記載した試験結果報告書並びに合格者の氏名、生年月日及び試験科目ごとの成績を記載した合格者一覧表を都道府県知事に提出しなければならない。

〔指定試験機関が行う試験事務〕

第六条の二十六　法第十八条の九第一項の規定に基づき、都道府県は第六条の十一から第六条の十四第一項までに掲げる試験事務の全部又は一部を指定試験機関に行わせることができる。この場合において、これらの規定中「都道府県知事」とあるのは、「指定試験機関」とする。

②　指定試験機関は、前項の規定により読み替えて適用される第六条の十四第一項の規定により、不正の方法によつて保育士試験若しくは国家戦略特別区域限定保育士試験を受けようとした者又は保育士試験若しくは国家戦略特別区域限定保育士試験に関する規定に違反した者に対して、保育士試験の受験を停止し、又はその合格を無効としたときは、遅滞なく、次に掲げる事項を記載した報告書を都道府県知事に提出しなければならない。

一　処分を受けた者の氏名及び生年月日

二　処分の内容及び処分を行つた年月日

三　不正の行為の内容

〔処分の通知〕

第六条の二十七　都道府県知事は、第六条の十四第二項の処分を行つたときは、次に掲げる事項を指定試験機関に通知するものとする。

一　処分を受けた者の氏名及び生年月日

二　処分の内容及び処分を行つた年月日

〔試験事務の休廃止の申請〕

第六条の二十八　指定試験機関は、令第十一条の許可を受けようとするときは、次に掲げる事項を記載した申請書を都道府県知事に提出しなければならない。

一　休止し、又は廃止しようとする試験事務の範囲

二　休止し、又は廃止しようとする年月日

三　休止しようとする場合にあつては、その期間

四　休止又は廃止の理由

〔試験事務の引継〕

第六条の二十九　指定試験機関は、令第十一条の規定による許可を受けて試験事務の全部若しくは一部を廃止する場合、令第十二条の規定により指定を取り消された場合又は令第十四条の規定により都道府県知事が試験事務の全部若しくは一部を自ら行う場合には、次に掲げる事項を行わなければならない。

一　試験事務を都道府県知事に引き継ぐこと。

二　試験事務に関する帳簿及び書類を都道府県知事に引き継ぐこと。

三　その他都道府県知事が必要と認める事項

〔登録〕

第六条の三十　法第十八条の十八第一項の内閣府令で定める事項は、次のとおりとする。

一　登録番号及び登録年月日

二　本籍地都道府県名（日本国籍を有しない者については、その国籍）

三　法第十八条の六各号のいずれに該当するかの別及び当該要件に該当するに至つた年月

四　特定登録取消者（法第十八条の二十の二第一項に規定する特定登録取消者をいう。）に該当するときはその旨

〔登録申請書〕

第六条の三十一　令第十六条の申請書は、第五号様式によるものとする。

〔登録審査〕

第六条の三十二　都道府県知事は、令第十六条の申請があつたときは、申請書の記載事項を審査し、当該申請者が保育士となる資格を有すると認めたときは、保育士登録簿に登録し、かつ、当該申請者に第六号様式による保育士登録証（以下「登録証」という。）を交付する。

②　都道府県知事は、前項の審査の結果、当該申請者が保育士となる資格を有しないと認めたときは、理由を付し、申請書を当該申請者に返却する。

〔登録証の書換交付、再交付申請〕

第六条の三十三　令第十七条第二項の申請書は、第七号様式によるものとし、令第十八条第二項の申請書は、第八号様式によるものとする。

〔届出の義務〕

第六条の三十四　保育士が次の各号のいずれかに該当するに至つた場合は、当該各号に掲げる者は、遅滞なく、登録証を添え、その旨を登録を行つた都道府県知事に届け出なければならない。

一　死亡し、又は失踪の宣告を受けた場合　戸籍法（昭和二十二年法律第二百二十四号）に規定する届出義務者

二　法第十八条の五第一号に該当するに至つた場合　当該保育士又は同居の親族若しくは法定代理人

三　法第十八条の五第二号、第三号又は第五号に該当するに至つた場合　当該保育士又は法定代理人

〔欠格事由の確認〕

第六条の三十四の二　都道府県知事は、保育士が法第十八条の五各号若しくは第十八条の十九第一項第二号若しくは第三号のいずれかに該当するおそれ又は法第十八条の二十一若しくは法第十八条の二十二の規定に違反しているおそれがあると認めるときは、関係地方公共団体の長その他の者に書類の提示その他の必要な情報の提供を求める方法によって、当該保育士が当該各号の該当の有無又は当該各条の規定の違反の有無を確認するものとする。

〔処分の通知等〕

第六条の三十五　都道府県知事は、法第十八条の十九第一項又は第二項の規定により、保育士の登録を取り消し、又は保育士の名称の使用の停止を命じたときは、理由を付し、その旨を登録の取消し又は名称の使用の停止の処分を受けた者に通知しなければならない。

②　法第十八条の十九第一項又は第二項の規定により保育士の登録を取り消された者は、遅滞なく、登録証を登録を行った都道府県知事に返納しなければならない。

〔登録簿の訂正、消除〕

第六条の三十六　都道府県知事は、第六条の三十四の届出があったとき、令第十七条第一項の申請があったとき又は法第十八条の十九第一項若しくは第二項の規定により保育士の登録を取り消し、若しくは保育士の名称の使用の停止を命じたときは、保育士登録簿の当該保育士に関する登録を訂正し、若しくは消除し、又は当該保育士の名称の使用の停止をした旨を保育士登録簿に記載するとともに、それぞれ登録の訂正若しくは消除又は名称の使用の停止の理由及びその年月日を記載するものとする。

〔施行細目〕

第六条の三十七　この章で定めるもののほか、保育士試験、指定試験機関及び保育士の登録に関し必要な事項は、都道府県知事が定める。

第三章　事業、養育里親及び養子縁組里親並びに施設

〔親子再統合支援事業等の届出〕

第三十六条の三十二の二　法第三十四条の七の二第二項に規定する内閣府令で定める事項は、次のとおりとする。

一　事業の種類及び内容
二　経営者の氏名及び住所（法人であるときは、その名称及び主たる事務所の所在地）
三　定款その他の基本約款
四　職員の定数及び職務の内容
五　主な職員の氏名及び経歴
六　当該事業の用に供する施設の名称、種類及び所在地
七　事業開始の予定年月日

②　法第三十四条の七の二第二項の規定による届出を行おうとする者は、収支予算書及び事業計画書を都道府県知事に提出しなければならない。ただし、都道府県知事が、インターネットを利用してこれらの内容を閲覧することができる場合は、この限りでない。

〔親子再統合支援事業等の廃止・休止〕

第三十六条の三十二の三　法第三十四条の七の二第四項に規定する内閣府令で定める事項は、次のとおりとする。

一　廃止又は休止しようとする年月日
二　廃止又は休止の理由
三　現に便宜を受けている者に対する措置
四　休止しようとする場合にあっては、休止の予定期間

〔一時預かり事業の基準〕

第三十六条の三十五　法第三十四条の十三に規定する内閣府令で定める基準は、次の各号に掲げる場合に応じ、当該各号に定めるところによる。

一　保育所、幼稚園、認定こども園その他の場所（以下この号において「保育所等」という。）において、主として保育所等に通っていない、又は在籍していない乳幼児に対して一時預かり事業を行う場合（次号から第四号までに掲げる場合を除く。以下この号において「一般型一時預かり事業」という。）　次に掲げる全ての要件を満たすこと。

イ　児童福祉施設の設備及び運営に関する基準第三十二条の規定に準じ、一般型一時預かり事業の対象とする乳幼児の年齢及び人数に応じて、必要な設備（医務室、調理室及び屋外遊戯場を除く。）を設けること。

ロ　児童福祉施設の設備及び運営に関する基準第三十三条第二項の規定に準じ、一般型一時預かり事業の対象とする乳幼児の年齢及び人数に応じて、当該乳幼児の処遇を行う職員として保育士（特区法第十二条の五第五項に規定する事業実施区域内にある一般型一時預かり事業を行う場所にあっては、保育士又は当該事業実施区域に係る国家戦略特別区域限定保育士。以下このロ及びハにおいて同じ。）その他市町村長が行う研修（市町村長が指定する都道府県知事その他の機関が行う研修を含む。）を修了した者を置くこととし、そのうち半数以上

は保育士（当該一般型一時預かり事業を利用している乳幼児の人数が一日当たり平均三人以下である場合にあつては、第一条の三十二に規定する研修と同等以上の内容を有すると認められるものを修了した者を含む。ハにおいて同じ。）であること。ただし、当該職員の数は、二人を下ることはできないこと。

ハ　ロに規定する職員は、専ら当該一般型一時預かり事業に従事するものでなければならないこと。ただし、次のいずれかに該当する場合は、専ら当該一般型一時預かり事業に従事する職員を一人とすることができること。

(1)　当該一般型一時預かり事業と保育所等とが一体的に運営されている場合であつて、当該一般型一時預かり事業を行うに当たつて当該保育所等の職員（保育その他の子育て支援に従事する職員に限る。）による支援を受けることができ、かつ、専ら当該一般型一時預かり事業に従事する職員が保育士であるとき

(2)　当該一般型一時預かり事業を利用している乳幼児の人数が一日当たり平均三人以下である場合であつて、保育所等を利用している乳幼児の保育が現に行われている乳児室、ほふく室、保育室又は遊戯室において当該一般型一時預かり事業が実施され、かつ、当該一般型一時預かり事業を行うに当たつて当該保育所等の保育士による支援を受けることができるとき

ニ　児童福祉施設の設備及び運営に関する基準第三十五条の規定に準じ、事業を実施すること。

ホ　食事の提供を行う場合（施設外で調理し運搬する方法により行う場合を含む。次号ホにおいて同じ。）においては、当該施設において行うことが必要な調理のための加熱、保存等の調理機能を有する設備を備えること。

二　幼稚園又は認定こども園（以下この号において「幼稚園等」という。）において、主として幼稚園等に在籍している満三歳以上の幼児に対して一時預かり事業を行う場合（以下この号において「幼稚園型一時預かり事業」という。）次に掲げる全ての要件を満たすこと。

イ　児童福祉施設の設備及び運営に関する基準第三十二条の規定に準じ、幼稚園型一時預かり事業の対象とする幼児の年齢及び人数に応じて、必要な設備（調理室及び屋外遊戯場を除く。）を設けること。

ロ　児童福祉施設の設備及び運営に関する基準第三十三条第二項の規定に準じ、幼稚園型一時預かり事業の対象とする幼児の年齢及び人数に応じて、当該幼児の処遇を行う職員として保育士（特区法第十二条の五第五項に規定する事業実施区域内にある幼稚園型一時預かり事業を行う場所にあつては、保育士又は当該事業実施区域に係る国家戦略特別区域限定保育士。以下このロ及びハただし書において同じ。）、幼稚園の教諭の普通免許状（教育職員免許法に規定する普通免許状をいう。）を有する者（以下この号において「幼稚園教諭普通免許状所有者」という。）その他市町村長が行う研修（市町村長が指定する都道府県知事その他の機関が行う研修を含む。）を修了した者を置くこととし、そのうち半数以上は保育士又は幼稚園教諭普通免許状所有者であること。ただし、当該職員の数は、二人を下ることはできないこと。

ハ　ロに規定する職員は、専ら当該幼稚園型一時預かり事業に従事するものでなければならないこと。ただし、当該幼稚園型一時預かり事業と幼稚園等とが一体的に運営されている場合であつて、当該幼稚園型一時預かり事業を行うに当たつて当該幼稚園等の職員（保育士又は幼稚園教諭普通免許状所有者に限る。）による支援を受けることができるときは、専ら当該幼稚園型一時預かり事業に従事する職員を一人とすることができること。

ニ　次に掲げる施設の区分に応じ、それぞれ次に定めるものに準じ、事業を実施すること。

(1)　幼稚園又は幼保連携型認定こども園以外の認定こども園　学校教育法第二十五条の規定に基づき文部科学大臣が定める幼稚園の教育課程その他の教育内容に関する事項

(2)　幼保連携型認定こども園　認定こども園法第十条第一項の規定に基づき主務大臣が定める幼保連携型認定こども園の教育課程その他の教育及び保育の内容に関する事項

ホ　食事の提供を行う場合においては、当該施設において行うことが必要な調理のための加熱、保存等の調理機能を有する設備を

備えること。

三　保育所、認定こども園又は家庭的保育事業等（居宅訪問型保育事業を除く。以下この号において同じ。）を行う事業所において、当該施設又は事業を利用する児童の数（以下この号において「利用児童数」という。）が当該施設又は事業に係る利用定員の総数に満たない場合であつて、当該利用定員の総数から当該利用児童数を除いた数の乳幼児を対象として一時預かり事業を行うとき　次に掲げる施設又は事業所の区分に応じ、それぞれ次に定めるものに準じ、事業を実施すること。

イ　保育所　児童福祉施設の設備及び運営に関する基準（保育所に係るものに限る。）

ロ　幼保連携型認定こども園以外の認定こども園　認定こども園法第三条第二項に規定する主務大臣が定める施設の設備及び運営に関する基準

ハ　幼保連携型認定こども園　幼保連携型認定こども園の学級の編制、職員、設備及び運営に関する基準（平成二十六年内閣府・文部科学省・厚生労働省令第一号）

ニ　家庭的保育事業等を行う事業所　家庭的保育事業等の設備及び運営に関する基準（平成二十六年厚生労働省令第六十一号）（居宅訪問型保育事業に係るものを除く。）

四　乳幼児の居宅において一時預かり事業を行う場合　家庭的保育事業等の設備及び運営に関する基準（居宅訪問型保育事業に係るものに限る。）に準じ、事業を実施すること。

②　一時預かり事業を行う者は、当該事業の実施による事故の発生又はその再発の防止に努めるとともに、事故が発生した場合は、速やかに当該事実を都道府県知事に報告しなければならない。

〔家庭的保育事業等の認可〕

第三十六条の三十六　法第三十四条の十五第二項の認可を受けようとする者は、次の各号に掲げる事項を具し、これを市町村長に申請しなければならない。

一　名称、種類及び位置

二　建物その他設備の規模及び構造並びにその図面

三　事業の運営についての重要事項に関する規程

四　経営の責任者及び福祉の実務に当たる幹部職員の氏名及び経歴

五　収支予算書

六　事業開始の予定年月日

②　前項の申請をしようとする者は、次に掲げる書類を提出しなければならない。

一　家庭的保育事業等を行う者の履歴及び資産状況を明らかにする書類

二　家庭的保育事業等を行おうとする者が法人である場合にあつては、その法人格を有することを証する書類

三　法人又は団体においては定款、寄附行為その他の規約

③　法第三十四条の十五第二項の認可を受けた者は、第一項第一号又は前項第三号に掲げる事項に変更があつたときは、変更のあつた日から起算して一月以内に、市町村長に届け出なければならない。

④　法第三十四条の十五第二項の認可を受けた者は、第一項第二号若しくは第三号に掲げる事項又は経営の責任者若しくは福祉の実務に当たる幹部職員を変更しようとするときは、市町村長にあらかじめ届け出なければならない。

〔家庭的保育事業等の廃止・休止〕

第三十六条の三十七　法第三十四条の十五第七項の規定により、家庭的保育事業等を廃止又は休止しようとするときは、次の各号に掲げる事項を具し、市町村長の承認を受けなければならない。

一　廃止又は休止の理由

二　現に保育を受けている児童に対する措置

三　廃止しようとする者にあつては廃止の期日及び財産の処分

四　休止しようとする者にあつては休止の予定期間

②　前項の承認の申請を受けた市町村長は、必要な条件を付して承認を与えることができる。

〔児童育成支援拠点事業の届出〕

第三十六条の三十七の三　法第三十四条の十七の二第二項に規定する内閣府令で定める事項は、次のとおりとする。

一　事業の種類及び内容

二　経営者の氏名及び住所（法人であるときは、その名称及び主たる事務所の所在地）

三　定款その他の基本約款

四　運営規程

五　職員の定数及び職務の内容

六　主な職員の氏名及び経歴

七　当該事業の用に供する施設の名称、種類及び所在地

八　建物その他設備の規模及び構造並びにその図面

九　事業開始の予定年月日

②　法第三十四条の十七の二第二項の規定による

届出を行おうとする者は、収支予算書及び事業計画書を市町村長に提出しなければならない。ただし、市町村長が、インターネットを利用してこれらの内容を閲覧することができる場合は、この限りでない。

〔児童育成支援拠点事業の廃止・休止〕

第三十六条の三十七の四　法第三十四条の十七の二第四項に規定する内閣府令で定める事項は、次のとおりとする。

一　廃止又は休止しようとする年月日

二　廃止又は休止の理由

三　現に便宜を受けている者に対する措置

四　休止しようとする場合にあつては、休止の予定期間

〔児童育成支援拠点事業における事故の発生・再発防止等〕

第三十六条の三十七の五　児童育成支援拠点事業を行う者は、当該事業の実施による事故の発生又はその再発の防止に努めるとともに、事故が発生した場合は、速やかに当該事実を市町村長に報告しなければならない。

〔病児保育事業の届出〕

第三十六条の三十八　法第三十四条の十八第一項に規定する内閣府令で定める事項は、次のとおりとする。

一　事業の種類及び内容

二　経営者の氏名及び住所(法人であるときは、その名称及び主たる事務所の所在地)

三　条例、定款その他の基本約款

四　職員の定数及び職務の内容

五　主な職員の氏名及び経歴

六　事業を行おうとする区域(市町村の委託を受けて事業を行おうとする者にあつては、当該市町村の名称を含む。)

七　事業の用に供する施設の名称、種類、所在地及び利用定員

八　建物その他設備の規模及び構造並びにその図面

九　事業開始の予定年月日

②　法第三十四条の十八第一項の規定による届出を行おうとする者は、収支予算書及び事業計画書を都道府県知事に提出しなければならない。ただし、都道府県知事が、インターネットを利用してこれらの内容を閲覧することができる場合は、この限りでない。

〔病児保育事業の廃止・休止〕

第三十六条の三十九　法第三十四条の十八第三項に規定する内閣府令で定める事項は、次のとおりとする。

一　廃止又は休止しようとする年月日

二　廃止又は休止の理由

三　現に便宜を受けている児童に対する措置

四　休止しようとする場合にあつては、休止の予定期間

〔病児保育事業における事故の発生・再発防止等〕

第三十六条の三十九の二　病児保育事業を行う者は、当該事業の実施による事故の発生又はその再発の防止に努めるとともに、事故が発生した場合は、速やかに当該事実を都道府県知事に報告しなければならない。

〔子育て援助活動支援事業における事故の発生・再発防止等〕

第三十六条の三十九の三　子育て援助活動支援事業を行う者は、当該事業の実施による事故の発生又はその再発の防止に努めるとともに、事故が発生した場合は、これを早期に把握するために必要な措置を講じなければならない。また、当該事業を行う者は、当該事業の実施により事故が発生した場合は、速やかに当該事実を都道府県知事に報告しなければならない。

〔養育里親名簿及び養子縁組里親名簿〕

第三十六条の四十　法第三十四条の十九に規定する養育里親名簿には、次に掲げる事項を登録しなければならない。

一　登録番号及び登録年月日

二　住所、氏名、性別、生年月日、個人番号、職業及び健康状態

三　同居人の氏名、性別、生年月日、個人番号、職業及び健康状態

四　養育里親研修を修了した年月日

五　一年以内の期間を定めて、要保護児童を養育することを希望する場合にはその旨

六　専門里親の場合にはその旨

七　その他都道府県知事が必要と認める事項

②　法第三十四条の十九に規定する養子縁組里親名簿には、次に掲げる事項を登録しなければならない。

一　登録番号及び登録年月日

二　住所、氏名、性別、生年月日、個人番号、職業及び健康状態

三　同居人の氏名、性別、生年月日、個人番号、職業及び健康状態

四　養子縁組里親研修を修了した年月日

五　その他都道府県知事が必要と認める事項

〔養育里親等の申請〕

第三十六条の四十一　養育里親となることを希望する者(以下「養育里親希望者」という。)は、その居住地の都道府県知事に、次に掲げる事項を記載した申請書を提出しなければならない。

一　養育里親希望者の住所、氏名、性別、生年月日、個人番号、職業及び健康状態
二　養育里親希望者の同居人の氏名、性別、生年月日、個人番号、職業及び健康状態
三　養育里親研修を修了した年月日又は修了する見込みの年月日
四　養育里親になることを希望する理由
五　一年以内の期間を定めて、要保護児童を養育することを希望する場合にはその旨
六　従前に里親であつたことがある者はその旨及び他の都道府県において里親であつた場合には当該都道府県名
七　その他都道府県知事が必要と認める事項
② 専門里親希望者は、前項各号に掲げる事項のほか、次に掲げる事項を記載した申請書を提出しなければならない。
一　第一条の三十七第一号に掲げるいずれかの要件及び第三号の要件に該当する事実
二　専門里親研修を修了した年月日又は修了する見込みの年月日
③ 養子縁組里親となることを希望する者（以下「養子縁組里親希望者」という。）は、その居住地の都道府県知事に、次に掲げる事項を記載した申請書を提出しなければならない。
一　養子縁組里親希望者の住所、氏名、性別、生年月日、個人番号、職業及び健康状態
二　養子縁組里親希望者の同居人の氏名、性別、生年月日、個人番号、職業及び健康状態
三　養子縁組里親研修を修了した年月日又は修了する見込みの年月日
四　養子縁組里親になることを希望する理由
五　従前に里親であつたことがある者はその旨及び他の都道府県において里親であつた場合には当該都道府県名
六　その他都道府県知事が必要と認める事項
④ 第一項の申請書には、次に掲げる書類を添えなければならない。ただし、都道府県知事は、第五号に掲げる書類により証明すべき事実を公簿等によつて確認することができるときは、当該書類を省略させることができる。
一　養育里親希望者及びその同居人の履歴書
二　養育里親希望者の居住する家屋の平面図
三　養育里親研修を修了したこと又は修了する見込みであることを証する書類
四　法第三十四条の二十第一項各号のいずれにも該当しない者であることを証する書類
五　その他都道府県知事が必要と認めるもの
⑤ 専門里親希望者は、前項各号（第三号を除く。）に掲げる書類のほか、次に掲げる書類を添えなければならない。ただし、都道府県知事は、前項第五号に掲げる書類により証明すべき事実を公簿等によつて確認することができるときは、当該書類を省略させることができる。
一　第一条の三十七第一号に掲げるいずれかの要件に該当することを証する書類
二　専門里親研修を修了したこと又は修了する見込みであることを証する書類
⑥ 第三項の申請書には、次に掲げる書類を添えなければならない。ただし、都道府県知事は、第五号に掲げる書類により証明すべき事実を公簿等によつて確認することができるときは、当該書類を省略させることができる。
一　養子縁組里親希望者及びその同居人の履歴書
二　養子縁組里親希望者の居住する家屋の平面図
三　養子縁組里親研修を修了したこと又は修了する見込みであることを証する書類
四　法第三十四条の二十第一項各号のいずれにも該当しない者であることを証する書類
五　その他都道府県知事が必要と認めるもの

〔**児童福祉施設の設置認可の申請**〕

第三十七条　法第三十五条第三項に規定する内閣府令で定める事項は、次のとおりとする。
一　名称、種類及び位置
二　建物その他設備の規模及び構造並びにその図面
三　運営の方法（保育所にあつては事業の運営についての重要事項に関する規程）
三の二　経営の責任者及び福祉の実務に当る幹部職員の氏名及び経歴
四　収支予算書
五　事業開始の予定年月日
② 法第三十五条第四項の認可を受けようとする者は、前項各号に掲げる事項を具し、これを都道府県知事に申請しなければならない。
③ 前項の申請をしようとする者は、次に掲げる書類を提出しなければならない。
一　設置する者の履歴及び資産状況を明らかにする書類
二　保育所を設置しようとする者が法人である場合にあつては、その法人格を有することを証する書類
三　法人又は団体においては定款、寄附行為その他の規約
④ 法第三十五条第三項の届出を行つた市町村は、第一項第二号若しくは第三号に掲げる事項又は経営の責任者若しくは福祉の実務に当たる幹部職員を変更しようとするときは、あらかじ

め、都道府県知事に届け出なければならない。

⑤　法第三十五条第三項の届出を行つた市町村又は同条第四項の認可を受けた者は、第一項第一号又は第三項第三号に掲げる事項に変更があつたときは、変更のあつた日から起算して一月以内に、都道府県知事に届け出なければならない。

⑥　法第三十五条第四項の認可を受けた者は、第一項第二号若しくは第三号に掲げる事項又は経営の責任者若しくは福祉の実務に当たる幹部職員を変更しようとするときは、都道府県知事にあらかじめ届け出なければならない。

〔児童福祉施設の廃止・休止の申請〕

第三十八条　法第三十五条第十一項に規定する命令で定める事項は、次のとおりとする。

一　廃止又は休止の理由

二　入所させている者の処置

三　廃止しようとする者にあつては廃止の期日及び財産の処分

四　休止しようとする者にあつては休止の予定期間

②　法第三十五条第十二項の規定により、児童福祉施設を廃止又は休止しようとするときは、前項各号に掲げる事項を具し、都道府県知事の承認を受けなければならない。

③　前項の承認の申請を受けた都道府県知事は、必要な条件を附して承認を与えることができる。

〔児童家庭支援センターが行う援助〕

第三十八条の二　法第四十四条の二第一項に規定する内閣府令で定める援助は、訪問等の方法による児童及び家庭に係る状況把握、当該児童及び家庭に係る援助計画の作成その他の児童又はその保護者等に必要な援助とする。

附　則（抄）

第五十一条　この省令は、昭和二十三年一月一日から、これを適用する。〔後略〕

第一号様式（第六条の六関係）

指定保育士養成施設卒業証明書

氏　名
生年月日

児童福祉法第十八条の六第一号の規定により指定された指定保育士養成施設において児童福祉法施行規則第六条の二の二第一項第三号の規定による修業教科目及び単位数を同号の規定により履修して卒業した者であることを証明する。

年　月　日

学校（施設）所在地
学校（施設）名称長名　㊞
（　年　月　日　第　号指定）

第六号様式（第六条の三十二第一項関係）

保　育　士　証

本籍地都道府県名（国籍）
氏　　名
生年月日
登録番号
登録年月日
年　　月
指定保育士養成校卒業
も　し　く　は
保育士試験全科目合格

児童福祉法（昭和22年法律第164号）の保育士として登録したことを証する。

年　月　日

都道府県知事　㊞

（日本産業規格 A4）

備考　1　登録の申請時等に旧姓又は通称名の併記の希望があった場合には、氏名と併せて記載する。

2　特定登録取消者（児童福祉法第18条の20の2第1項に規定する特定登録取消者をいう。）であって、同項の規定による保育士の登録を受けた者に該当するときは

「(児童福祉法第18条の20の2第1項の規定による登録)」を「指定保育士養成校卒業もしくは保育士試験全科目合格」の下部に記載する。

10 児童福祉施設の設備及び運営に関する基準（抄）

（昭和二三年一二月二九日 厚生省令第六三号）
題名改正 平成二三厚労令一二七
改正 令和五・一一・一四内令七二

第一章 総則

（趣旨）

第一条 児童福祉法（昭和二十二年法律第百六十四号。以下「法」という。）第四十五条第二項の内閣府令で定める基準（以下「設備運営基準」という。）は、次の各号に掲げる基準に応じ、それぞれ当該各号に定める規定による基準とする。

一 法第四十五条第一項の規定により、同条第二項第一号に掲げる事項について都道府県が条例を定めるに当たつて従うべき基準 第八条第二項（入所している者の保護に直接従事する職員に係る部分に限る。）、第十七条、第二十一条、第二十二条、第二十二条の二第一項、第二十七条、第二十七条の二第一項、第二十八条、第三十条第二項、第三十三条第一項（第三十条第一項において準用する場合を含む。）及び第二項、第三十八条、第四十二条、第四十二条の二第一項、第四十三条、第四十九条、第五十八条、第六十三条、第六十九条、第七十三条、第七十四条第一項、第八十条、第八十一条第一項、第八十二条、第八十三条、第八十八条の三、第八十八条の六、第八十八条の七、第九十条並びに第九十四条から第九十七条までの規定による基準

二 法第四十五条第一項の規定により、同条第二項第二号に掲げる事項について都道府県が条例を定めるに当たつて従うべき基準 第八条第二項（入所している者の居室及び各施設に特有の設備に係る部分に限る。）、第十九条第一号（寝室及び観察室に係る部分に限る。）、第二号及び第三号、第二十条第一号（乳幼児の養育のための専用の室に係る部分に限る。）及び第二号、第二十六条第一号（母子室に係る部分に限る。）、第二号（母子室を一世帯につき一室以上とする部分に限る。）及び第三号、第三十二条第一号（乳児室及びほふく室に係る部分に限る。）（第三十条第一項において準用する場合を含む。）、第二号（第三十条第一項において準用する場合を含む。）、第三号（第三十条第一項において準用する場合を含む。）、第五号（保育室及び遊戯室に係る部分に限る。）（第三十条第一項において準用する場合を含む。）及び第六号（保育室及び遊戯室に係る部分に限る。）（第三十条第一項において準用する場合を含む。）、第四十一条第一号（居室に係る部分に限る。）（第七十九条第二項において準用する場合を含む。）及び第二号（面積に係る部分に限る。）（第七十九条第二項において準用する場合を含む。）、第四十八条第一号（居室に係る部分に限る。）及び第七号（面積に係る部分に限る。）、第五十七条第一号（病室に係る部分に限る。）、第六十二条第一号（指導訓練室及び遊戯室に係る部分に限る。）、第二号（面積に係る部分に限る。）及び第三号、第六十八条第一号（病

室に係る部分に限る。）並びに第七十二条第一号（居室に係る部分に限る。）及び第二号（面積に係る部分に限る。）の規定による基準

三　法第四十五条第一項の規定により、同条第二項第三号に掲げる事項について都道府県が条例を定めるに当たつて従うべき基準　第六条の三、第六条の四、第九条、第九条の二、第九条の四、第十条第三項、第十一条、第十四条の二、第十五条、第十九条第一号（調理室に係る部分に限る。）、第二十六条第二号（調理設備に係る部分に限る。）、第三十二条第一号（調理室に係る部分に限る。）（第三十条第一項において準用する場合を含む。）及び第五号（調理室に係る部分に限る。）（第三十条第一項において準用する場合を含む。）、第三十二条の二（第三十条第一項において準用する場合を含む。）、第三十五条、第四十一条第一号（調理室に係る部分に限る。）（第七十九条第二項において準用する場合を含む。）、第四十八条第一号（調理室に係る部分に限る。）、第五十七条第一号（給食施設に係る部分に限る。）、第六十二条第一号（調理室に係る部分に限る。）及び第六号（調理室に係る部分に限る。）、第六十八条第一号（調理室に係る部分に限る。）並びに第七十二条第一号（調理室に係る部分に限る。）の規定による基準

四　法第四十五条第一項の規定により、同条第二項各号に掲げる事項以外の事項について都道府県が条例を定めるに当たつて参酌すべき基準　この府令に定める基準のうち、前三号に定める規定による基準以外のもの

２　設備運営基準は、都道府県知事の監督に属する児童福祉施設に入所している者が、明るくて、衛生的な環境において、素養があり、かつ、適切な訓練を受けた職員（児童福祉施設の長を含む。以下同じ。）の指導により、心身ともに健やかにして、社会に適応するように育成されることを保障するものとする。

３　内閣総理大臣は、設備運営基準を常に向上させるように努めるものとする。

（最低基準の目的）

第二条　法第四十五条第一項の規定により都道府県が条例で定める基準（以下「最低基準」という。）は、都道府県知事の監督に属する児童福祉施設に入所している者が、明るくて、衛生的な環境において、素養があり、かつ、適切な訓練を受けた職員の指導により、心身ともに健やかにして、社会に適応するように育成されることを保障するものとする。

（最低基準の向上）

第三条　都道府県知事は、その管理に属する法第八条第二項に規定する都道府県児童福祉審議会（社会福祉法（昭和二十六年法律第四十五号）第十二条第一項の規定により同法第七条第一項に規定する地方社会福祉審議会（以下この項において「地方社会福祉審議会」という。）に児童福祉に関する事項を調査審議させる都道府県にあつては、地方社会福祉審議会）の意見を聴き、その監督に属する児童福祉施設に対し、最低基準を超えて、その設備及び運営を向上させるように勧告することができる。

２　都道府県は、最低基準を常に向上させるように努めるものとする。

（最低基準と児童福祉施設）

第四条　児童福祉施設は、最低基準を超えて、常に、その設備及び運営を向上させなければならない。

２　最低基準を超えて、設備を有し、又は運営をしている児童福祉施設においては、最低基準を理由として、その設備又は運営を低下させてはならない。

（児童福祉施設の一般原則）

第五条　児童福祉施設は、入所している者の人権に十分配慮するとともに、一人一人の人格を尊重して、その運営を行わなければならない。

２　児童福祉施設は、地域社会との交流及び連携を図り、児童の保護者及び地域社会に対し、当該児童福祉施設の運営の内容を適切に説明するよう努めなければならない。

３　児童福祉施設は、その運営の内容について、自ら評価を行い、その結果を公表するよう努めなければならない。

４　児童福祉施設には、法に定めるそれぞれの施設の目的を達成するために必要な設備を設けなければならない。

５　児童福祉施設の構造設備は、採光、換気等入所している者の保健衛生及びこれらの者に対する危害防止に十分な考慮を払つて設けられなければならない。

（児童福祉施設と非常災害）

第六条　児童福祉施設（障害児入所施設及び児童発達支援センター（次条、第九条の四及び第十条第三項において「障害児入所施設等」という。）を除く。第九条の三及び第十条第二項において同じ。）においては、軽便消火器等の消火用具、非常口その他非常災害に必要な設備を設けるとともに、非常災害に対する具体的計画を立て、これに対する不断の注意と訓練をするように努めなければならない。

2　前項の訓練のうち、避難及び消火に対する訓練は、少なくとも毎月一回は、これを行わなければならない。

（非常災害対策）

第六条の二　障害児入所施設等は、消火設備その他非常災害の際に必要な設備を設けるとともに、非常災害に対する具体的計画を立て、非常災害の発生時の関係機関への通報及び連絡体制を整備し、それらを定期的に職員に周知しなければならない。

2　障害児入所施設等は、非常災害に備えるため、避難及び消火に対する訓練にあつては毎月一回、救出その他必要な訓練にあつては定期的に行わなければならない。

3　障害児入所施設等は、前項に規定する訓練の実施に当たつて、地域住民の参加が得られるよう連携に努めなければならない。

（安全計画の策定等）

第六条の三　児童福祉施設（助産施設、児童遊園、児童家庭支援センター及び里親支援センターを除く。以下この条及び次条において同じ。）は、児童の安全の確保を図るため、当該児童福祉施設の設備の安全点検、職員、児童等に対する施設外での活動、取組等を含めた児童福祉施設での生活その他の日常生活における安全に関する指導、職員の研修及び訓練その他児童福祉施設における安全に関する事項についての計画（以下この条において「安全計画」という。）を策定し、当該安全計画に従い必要な措置を講じなければならない。

2　児童福祉施設は、職員に対し、安全計画について周知するとともに、前項の研修及び訓練を定期的に実施しなければならない。

3　保育所及び児童発達支援センターは、児童の安全の確保に関して保護者との連携が図られるよう、保護者に対し、安全計画に基づく取組の内容等について周知しなければならない。

4　児童福祉施設は、定期的に安全計画の見直しを行い、必要に応じて安全計画の変更を行うものとする。

（自動車を運行する場合の所在の確認）

第六条の四　児童福祉施設は、児童の施設外での活動、取組等のための移動その他の児童の移動のために自動車を運行するときは、児童の乗車及び降車の際に、点呼その他の児童の所在を確実に把握することができる方法により、児童の所在を確認しなければならない。

2　保育所及び児童発達支援センターは、児童の送迎を目的とした自動車（運転者席及びこれと並列の座席並びにこれらより一つ後方に備えられた前向きの座席以外の座席を有しないものその他利用の態様を勘案してこれと同程度に児童の見落としのおそれが少ないと認められるものを除く。）を日常的に運行するときは、当該自動車にブザーその他の車内の児童の見落としを防止する装置を備え、これを用いて前項に定める所在の確認（児童の降車の際に限る。）を行わなければならない。

（児童福祉施設における職員の一般的要件）

第七条　児童福祉施設に入所している者の保護に従事する職員は、健全な心身を有し、豊かな人間性と倫理観を備え、児童福祉事業に熱意のある者であつて、できる限り児童福祉事業の理論及び実際について訓練を受けた者でなければならない。

（児童福祉施設の職員の知識及び技能の向上等）

第七条の二　児童福祉施設の職員は、常に自己研鑽《さん》に励み、法に定めるそれぞれの施設の目的を達成するために必要な知識及び技能の修得、維持及び向上に努めなければならない。

2　児童福祉施設は、職員に対し、その資質の向上のための研修の機会を確保しなければならない。

（他の社会福祉施設を併せて設置するときの設備及び職員の基準）

第八条　児童福祉施設は、他の社会福祉施設を併せて設置するときは、必要に応じ当該児童福祉施設の設備及び職員の一部を併せて設置する社会福祉施設の設備及び職員に兼ねることができる。

2　前項の規定は、入所している者の居室及び各施設に特有の設備並びに入所している者の保護に直接従事する職員については、適用しない。ただし、保育所の設備及び職員については、その行う保育に支障がない場合は、この限りでない。

（入所した者を平等に取り扱う原則）

第九条　児童福祉施設においては、入所している者の国籍、信条、社会的身分又は入所に要する費用を負担するか否かによつて、差別的取扱いをしてはならない。

（虐待等の禁止）

第九条の二　児童福祉施設の職員は、入所中の児童に対し、法第三十三条の十各号に掲げる行為その他当該児童の心身に有害な影響を与える行為をしてはならない。

（業務継続計画の策定等）

第九条の三　児童福祉施設は、感染症や非常災害の発生時において、利用者に対する支援の提供を継続的に実施するための、及び非常時の体制で早期の業務再開を図るための計画（以下この条において「業務継続計画」という。）を策定し、当該業務継続計画に従い必要な措置を講ずるよう努めなければならない。

2　児童福祉施設は、職員に対し、業務継続計画について周知するとともに、必要な研修及び訓練を定期的に実施するよう努めなければならない。

3　児童福祉施設は、定期的に業務継続計画の見直しを行い、必要に応じて業務継続計画の変更を行うよう努めるものとする。

第九条の四　障害児入所施設等は、感染症や非常災害の発生時において、利用者に対する障害児入所支援又は児童発達支援の提供を継続的に実施するための、及び非常時の体制で早期の業務再開を図るための計画（以下この条において「業務継続計画」という。）を策定し、当該業務継続計画に従い必要な措置を講じなければならない。

2　障害児入所施設等は、職員に対し、業務継続計画について周知するとともに、必要な研修及び訓練を定期的に実施しなければならない。

3　障害児入所施設等は、定期的に業務継続計画の見直しを行い、必要に応じて業務継続計画の変更を行うものとする。

（衛生管理等）

第十条　児童福祉施設に入所している者の使用する設備、食器等又は飲用に供する水については、衛生的な管理に努め、又は衛生上必要な措置を講じなければならない。

2　児童福祉施設は、当該児童福祉施設において感染症又は食中毒が発生し、又はまん延しないように、職員に対し、感染症及び食中毒の予防及びまん延の防止のための研修並びに感染症の予防及びまん延の防止のための訓練を定期的に実施するよう努めなければならない。

3　障害児入所施設等は、当該障害児入所施設等において感染症又は食中毒が発生し、又はまん延しないように、次の各号に掲げる措置を講じなければならない。

一　当該障害児入所施設等における感染症及び食中毒の予防及びまん延の防止のための対策を検討する委員会（テレビ電話装置その他の情報通信機器を活用して行うことができるものとする。）を定期的に開催するとともに、その結果について、職員に周知徹底を図ること。

二　当該障害児入所施設等における感染症及び食中毒の予防及びまん延の防止のための指針を整備すること。

三　当該障害児入所施設等において、職員に対し、感染症及び食中毒の予防及びまん延の防止のための研修並びに感染症の予防及びまん延の防止のための訓練を定期的に実施すること。

4　児童福祉施設（助産施設、保育所及び児童厚生施設を除く。）においては、入所している者の希望等を勘案し、清潔を維持することができるよう適切に、入所している者を入浴させ、又は清拭しなければならない。

5　児童福祉施設には、必要な医薬品その他の医療品を備えるとともに、それらの管理を適正に行わなければならない。

（食事）

第十一条　児童福祉施設（助産施設を除く。以下この項において同じ。）において、入所している者に食事を提供するときは、当該児童福祉施設内で調理する方法（第八条の規定により、当該児童福祉施設の調理室を兼ねている他の社会福祉施設の調理室において調理する方法を含む。）により行わなければならない。

2　児童福祉施設において、入所している者に食事を提供するときは、その献立は、できる限り、変化に富み、入所している者の健全な発育に必要な栄養量を含有するものでなければならない。

3　食事は、前項の規定によるほか、食品の種類及び調理方法について栄養並びに入所している者の身体的状況及び嗜好を考慮したものでなければならない。

4　調理は、あらかじめ作成された献立に従つて行わなければならない。ただし、少数の児童を対象として家庭的な環境の下で調理するときは、この限りでない。

5　児童福祉施設は、児童の健康な生活の基本としての食を営む力の育成に努めなければならない。

（入所した者及び職員の健康診断）

第十二条　児童福祉施設（児童厚生施設、児童家庭支援センター及び里親支援センターを除く。第四項を除き、以下この条において同じ。）の長は、入所した者に対し、入所時の健康診断、少なくとも一年に二回の定期健康診断及び臨時の健康診断を、学校保健安全法（昭和三十三年法律第五十六号）に規定する健康診断に準じて行わなければならない。

2　児童福祉施設の長は、前項の規定にかかわらず、次の表の上欄に掲げる健康診断が行われた場合であつて、当該健康診断がそれぞれ同表の下欄に掲げる健康診断の全部又は一部に相当すると認められるときは、同欄に掲げる健康診断の全部又は一部を行わないことができる。この場合において、児童福祉施設の長は、それぞれ同表の上欄に掲げる健康診断の結果を把握しなければならない。

児童相談所等における児童の入所前の健康診断	入所した児童に対する入所時の健康診断
児童が通学する学校における健康診断	定期の健康診断又は臨時の健康診断

3　第一項の健康診断をした医師は、その結果必要な事項を母子健康手帳又は入所した者の健康を記録する表に記入するとともに、必要に応じ入所の措置又は助産の実施、母子保護の実施若しくは保育の提供若しくは法第二十四条第五項若しくは第六項の規定による措置を解除又は停止する等必要な手続をとることを、児童福祉施設の長に勧告しなければならない。

4　児童福祉施設の職員の健康診断に当たつては、特に入所している者の食事を調理する者につき、綿密な注意を払わなければならない。

（給付金として支払を受けた金銭の管理）

第十二条の二　乳児院、児童養護施設、障害児入所施設、児童心理治療施設及び児童自立支援施設は、当該施設の設置者が入所中の児童に係るこども家庭庁長官が定める給付金（以下この条において「給付金」という。）の支給を受けたときは、給付金として支払を受けた金銭を次に掲げるところにより管理しなければならない。

一　当該児童に係る当該金銭及びこれに準ずるもの（これらの運用により生じた収益を含む。以下この条において「児童に係る金銭」という。）をその他の財産と区分すること。

二　児童に係る金銭を給付金の支給の趣旨に従つて用いること。

三　児童に係る金銭の収支の状況を明らかにする帳簿を整備すること。

四　当該児童が退所した場合には、速やかに、児童に係る金銭を当該児童に取得させること。

（児童福祉施設内部の規程）

第十三条　児童福祉施設（保育所を除く。）においては、次に掲げる事項のうち必要な事項につき規程を設けなければならない。

一　入所する者の援助に関する事項

二　その他施設の管理についての重要事項

2　保育所は、次の各号に掲げる施設の運営についての重要事項に関する規程を定めておかなければならない。

一　施設の目的及び運営の方針

二　提供する保育の内容

三　職員の職種、員数及び職務の内容

四　保育の提供を行う日及び時間並びに提供を行わない日

五　保護者から受領する費用の種類、支払を求める理由及びその額

六　乳児、満三歳に満たない幼児及び満三歳以上の幼児の区分ごとの利用定員

七　保育所の利用の開始、終了に関する事項及び利用に当たつての留意事項

八　緊急時等における対応方法

九　非常災害対策

十　虐待の防止のための措置に関する事項

十一　保育所の運営に関する重要事項

（児童福祉施設に備える帳簿）

第十四条　児童福祉施設には、職員、財産、収支及び入所している者の処遇の状況を明らかにする帳簿を整備しておかなければならない。

（秘密保持等）

第十四条の二　児童福祉施設の職員は、正当な理由がなく、その業務上知り得た利用者又はその家族の秘密を漏らしてはならない。

2　児童福祉施設は、職員であつた者が、正当な理由がなく、その業務上知り得た利用者又はその家族の秘密を漏らすことがないよう、必要な措置を講じなければならない。

（苦情への対応）

第十四条の三　児童福祉施設は、その行つた援助に関する入所している者又はその保護者等からの苦情に迅速かつ適切に対応するために、苦情を受け付けるための窓口を設置する等の必要な措置を講じなければならない。

2　乳児院、児童養護施設、障害児入所施設、児童発達支援センター、児童心理治療施設及び児童自立支援施設は、前項の必要な措置として、苦情の公正な解決を図るために、苦情の解決に当たつて当該児童福祉施設の職員以外の者を関与させなければならない。

3　児童福祉施設は、その行つた援助に関し、当該措置又は助産の実施、母子保護の実施若しくは保育の提供若しくは法第二十四条第五項若しくは第六項の規定による措置に係る都道府県又は市町村から指導又は助言を受けた場合は、当該指導又は助言に従つて必要な改善を行わなければならない。

4　児童福祉施設は、社会福祉法第八十三条に規定する運営適正化委員会が行う同法第八十五条第一項の規定による調査にできる限り協力しなければならない。

第二章　助産施設

（種類）
第十五条　助産施設は、第一種助産施設及び第二種助産施設とする。
2　第一種助産施設とは、医療法（昭和二十三年法律第二百五号）の病院又は診療所である助産施設をいう。
3　第二種助産施設とは、医療法の助産所である助産施設をいう。

（入所させる妊産婦）
第十六条　助産施設には、法第二十二条第一項に規定する妊産婦を入所させて、なお余裕のあるときは、その他の妊産婦を入所させることができる。

第三章　乳児院

（設備の基準）
第十九条　乳児院（乳児又は幼児（以下「乳幼児」という。）十人未満を入所させる乳児院を除く。）の設備の基準は、次のとおりとする。
一　寝室、観察室、診察室、病室、ほふく室、相談室、調理室、浴室及び便所を設けること。
二　寝室の面積は、乳幼児一人につき二・四七平方メートル以上であること。
三　観察室の面積は、乳児一人につき一・六五平方メートル以上であること。

第二十条　乳幼児十人未満を入所させる乳児院の設備の基準は、次のとおりとする。
一　乳幼児の養育のための専用の室及び相談室を設けること。
二　乳幼児の養育のための専用の室の面積は、一室につき九・九一平方メートル以上とし、乳幼児一人につき二・四七平方メートル以上であること。

（職員）
第二十一条　乳児院（乳幼児十人未満を入所させる乳児院を除く。）には、小児科の診療に相当の経験を有する医師又は嘱託医、看護師、個別対応職員、家庭支援専門相談員、栄養士及び調理員を置かなければならない。ただし、調理業務の全部を委託する施設にあつては調理員を置かないことができる。
2　家庭支援専門相談員は、社会福祉士若しくは精神保健福祉士の資格を有する者、乳児院において乳幼児の養育に五年以上従事した者又は法第十三条第三項各号のいずれかに該当する者でなければならない。
3　心理療法を行う必要があると認められる乳幼児又はその保護者十人以上に心理療法を行う場合には、心理療法担当職員を置かなければならない。
4　心理療法担当職員は、学校教育法（昭和二十二年法律第二十六号）の規定による大学（短期大学を除く。）若しくは大学院において、心理学を専修する学科、研究科若しくはこれに相当する課程を修めて卒業した者であつて、個人及び集団心理療法の技術を有するもの又はこれと同等以上の能力を有すると認められる者でなければならない。
5　看護師の数は、乳児及び満二歳に満たない幼児おおむね一・六人につき一人以上、満二歳以上満三歳に満たない幼児おおむね二人につき一人以上、満三歳以上の幼児おおむね四人につき一人以上（これらの合計数が七人未満であるときは、七人以上）とする。
6　看護師は、保育士（国家戦略特別区域法（平成二十五年法律第百七号。以下「特区法」という。）第十二条の五第五項に規定する事業実施区域内にある乳児院にあつては、保育士又は当該事業実施区域に係る国家戦略特別区域限定保育士。次項及び次条第二項において同じ。）又は児童指導員（児童の生活指導を行う者をいう。以下同じ。）をもつてこれに代えることができる。ただし、乳幼児十人の乳児院には二人以上、乳幼児が十人を超える場合は、おおむね十人増すごとに一人以上看護師を置かなければならない。
7　前項に規定する保育士のほか、乳幼児二十人以下を入所させる施設には、保育士を一人以上置かなければならない。

第二十二条　乳幼児十人未満を入所させる乳児院には、嘱託医、看護師、家庭支援専門相談員及び調理員又はこれに代わるべき者を置かなければならない。
2　看護師の数は、七人以上とする。ただし、その一人を除き、保育士又は児童指導員をもつてこれに代えることができる。

（乳児院の長の資格等）
第二十二条の二　乳児院の長は、次の各号のいずれかに該当し、かつ、こども家庭庁長官が指定する者が行う乳児院の運営に関し必要な知識を習得させるための研修を受けた者であつて、人格が高潔で識見が高く、乳児院を適切に運営する能力を有するものでなければならない。
一　医師であつて、小児保健に関して学識経験を有する者
二　社会福祉士の資格を有する者
三　乳児院の職員として三年以上勤務した者

四　都道府県知事（指定都市にあつては指定都市の市長とし、児童相談所設置市にあつては児童相談所設置市の長とする。第二十七条の二第一項第四号、第二十八条第一号、第三十八条第二項第一号、第四十三条第一号、第八十二条第三号、第九十四条及び第九十六条を除き、以下同じ。）が前各号に掲げる者と同等以上の能力を有すると認める者であつて、次に掲げる期間の合計が三年以上であるもの又はこども家庭庁長官が指定する講習会の課程を修了したもの

イ　法第十二条の三第二項第六号に規定する児童福祉司（以下「児童福祉司」という。）となる資格を有する者にあつては、相談援助業務（法第十三条第三項第二号に規定する相談援助業務をいう。以下同じ。）（国、都道府県又は市町村の内部組織における相談援助業務を含む。）に従事した期間

ロ　社会福祉主事となる資格を有する者にあつては、相談援助業務に従事した期間

ハ　社会福祉施設の職員として勤務した期間（イ又はロに掲げる期間に該当する期間を除く。）

2　乳児院の長は、二年に一回以上、その資質の向上のためのこども家庭庁長官が指定する者が行う研修を受けなければならない。ただし、やむを得ない理由があるときは、この限りでない。

（養育）

第二十三条　乳児院における養育は、乳幼児の心身及び社会性の健全な発達を促進し、その人格の形成に資することとなるものでなければならない。

2　養育の内容は、乳幼児の年齢及び発達の段階に応じて必要な授乳、食事、排泄《せつ》、沐《もく》浴、入浴、外気浴、睡眠、遊び及び運動のほか、健康状態の把握、第十二条第一項に規定する健康診断及び必要に応じ行う感染症等の予防処置を含むものとする。

3　乳児院における家庭環境の調整は、乳幼児の家庭の状況に応じ、親子関係の再構築等が図られるように行わなければならない。

（乳児の観察）

第二十四条　乳児院（乳幼児十人未満を入所させる乳児院を除く。）においては、乳児が入所した日から、医師又は嘱託医が適当と認めた期間、これを観察室に入室させ、その心身の状況を観察しなければならない。

（自立支援計画の策定）

第二十四条の二　乳児院の長は、第二十三条第一項の目的を達成するため、入所中の個々の乳幼児について、年齢、発達の状況その他の当該乳幼児の事情に応じ意見聴取その他の措置をとることにより、乳幼児の意見又は意向、乳幼児やその家庭の状況等を勘案して、その自立を支援するための計画を策定しなければならない。

（業務の質の評価等）

第二十四条の三　乳児院は、自らその行う法第三十七条に規定する業務の質の評価を行うとともに、定期的に外部の者による評価を受けて、それらの結果を公表し、常にその改善を図らなければならない。

（関係機関との連携）

第二十五条　乳児院の長は、児童相談所及び必要に応じ児童家庭支援センター、里親支援センター、児童委員、保健所、市町村保健センター等関係機関と密接に連携して乳幼児の養育及び家庭環境の調整に当たらなければならない。

第四章　母子生活支援施設

（設備の基準）

第二十六条　母子生活支援施設の設備の基準は、次のとおりとする。

一　母子室、集会、学習等を行う室及び相談室を設けること。

二　母子室は、これに調理設備、浴室及び便所を設けるものとし、一世帯につき一室以上とすること。

三　母子室の面積は、三十平方メートル以上であること。

四　乳幼児を入所させる母子生活支援施設には、付近にある保育所又は児童厚生施設が利用できない等必要があるときは、保育所に準ずる設備を設けること。

五　乳幼児三十人未満を入所させる母子生活支援施設には、静養室を、乳幼児三十人以上を入所させる母子生活支援施設には、医務室及び静養室を設けること。

（職員）

第二十七条　母子生活支援施設には、母子支援員（母子生活支援施設において母子の生活支援を行う者をいう。以下同じ。）、嘱託医、少年を指導する職員及び調理員又はこれに代わるべき者を置かなければならない。

2　心理療法を行う必要があると認められる母子十人以上に心理療法を行う場合には、心理療法担当職員を置かなければならない。

3　心理療法担当職員は、学校教育法の規定による大学（短期大学を除く。）若しくは大学院において、心理学を専修する学科、研究科若しく

はこれに相当する課程を修めて卒業した者であつて、個人及び集団心理療法の技術を有するもの又はこれと同等以上の能力を有すると認められる者でなければならない。

4　配偶者からの暴力を受けたこと等により個別に特別な支援を行う必要があると認められる母子に当該支援を行う場合には、個別対応職員を置かなければならない。

5　母子支援員の数は、母子十世帯以上二十世帯未満を入所させる母子生活支援施設においては二人以上、母子二十世帯以上を入所させる母子生活支援施設においては三人以上とする。

6　少年を指導する職員の数は、母子二十世帯以上を入所させる母子生活支援施設においては、二人以上とする。

（母子生活支援施設の長の資格等）

第二十七条の二　母子生活支援施設の長は、次の各号のいずれかに該当し、かつ、こども家庭庁長官が指定する者が行う母子生活支援施設の運営に関し必要な知識を習得させるための研修を受けた者であつて、人格が高潔で識見が高く、母子生活支援施設を適切に運営する能力を有するものでなければならない。

一　医師であつて、精神保健又は小児保健に関して学識経験を有する者

二　社会福祉士の資格を有する者

三　母子生活支援施設の職員として三年以上勤務した者

四　都道府県知事（指定都市にあつては指定都市の市長とし、中核市にあつては中核市の市長とする。）が前各号に掲げる者と同等以上の能力を有すると認める者であつて、次に掲げる期間の合計が三年以上であるもの又はこども家庭庁長官が指定する講習会の課程を修了したもの

イ　児童福祉司となる資格を有する者にあつては、相談援助業務（国、都道府県又は市町村の内部組織における相談援助業務を含む。）に従事した期間

ロ　社会福祉主事となる資格を有する者にあつては、相談援助業務に従事した期間

ハ　社会福祉施設の職員として勤務した期間（イ又はロに掲げる期間に該当する期間を除く。）

2　母子生活支援施設の長は、二年に一回以上、その資質の向上のためのこども家庭庁長官が指定する者が行う研修を受けなければならない。ただし、やむを得ない理由があるときは、この限りでない。

（母子支援員の資格）

第二十八条　母子支援員は、次の各号のいずれかに該当する者でなければならない。

一　都道府県知事の指定する児童福祉施設の職員を養成する学校その他の養成施設を卒業した者（学校教育法の規定による専門職大学の前期課程を修了した者を含む。第三十八条第二項第一号及び第四十三条第一項第一号において同じ。）

二　保育士（特区法第十二条の五第五項に規定する事業実施区域内にある母子生活支援施設にあつては、保育士又は当該事業実施区域に係る国家戦略特別区域限定保育士。第三十条第二項において同じ。）の資格を有する者

三　社会福祉士の資格を有する者

四　精神保健福祉士の資格を有する者

五　学校教育法の規定による高等学校若しくは中等教育学校を卒業した者、同法第九十条第二項の規定により大学への入学を認められた者若しくは通常の課程による十二年の学校教育を修了した者（通常の課程以外の課程によりこれに相当する学校教育を修了した者を含む。）又は文部科学大臣がこれと同等以上の資格を有すると認定した者であつて、二年以上児童福祉事業に従事したもの

（生活支援）

第二十九条　母子生活支援施設における生活支援は、母子を共に入所させる施設の特性を生かしつつ、親子関係の再構築等及び退所後の生活の安定が図られるよう、個々の母子の家庭生活及び稼働の状況に応じ、就労、家庭生活及び児童の養育に関する相談、助言及び指導並びに関係機関との連絡調整を行う等の支援により、その自立の促進を目的とし、かつ、その私生活を尊重して行わなければならない。

（自立支援計画の策定）

第二十九条の二　母子生活支援施設の長は、前条の目的を達成するため、入所中の個々の母子について、年齢、発達の状況その他の当該母子の事情に応じ意見聴取その他の措置をとることにより、母子それぞれの意見又は意向、母子やその家庭の状況等を勘案して、その自立を支援するための計画を策定しなければならない。

（業務の質の評価等）

第二十九条の三　母子生活支援施設は、自らその行う法第三十八条に規定する業務の質の評価を行うとともに、定期的に外部の者による評価を受けて、それらの結果を公表し、常にその改善を図らなければならない。

（保育所に準ずる設備）

第三十条 第二十六条第四号の規定により、母子生活支援施設に、保育所に準ずる設備を設けるときは、保育所に関する規定（第三十三条第二項を除く。）を準用する。

2 保育所に準ずる設備の保育士の数は、乳幼児おおむね三十人につき一人以上とする。ただし、一人を下ることはできない。

（関係機関との連携）

第三十一条 母子生活支援施設の長は、福祉事務所、母子・父子自立支援員、児童の通学する学校、児童相談所、母子・父子福祉団体及び公共職業安定所並びに必要に応じ児童家庭支援センター、里親支援センター、女性相談支援センター等関係機関と密接に連携して、母子の保護及び生活支援に当たらなければならない。

第五章 保育所

（設備の基準）

第三十二条 保育所の設備の基準は、次のとおりとする。

一 乳児又は満二歳に満たない幼児を入所させる保育所には、乳児室又はほふく室、医務室、調理室及び便所を設けること。

二 乳児室の面積は、乳児又は前号の幼児一人につき一・六五平方メートル以上であること。

三 ほふく室の面積は、乳児又は第一号の幼児一人につき三・三平方メートル以上であること。

四 乳児室又はほふく室には、保育に必要な用具を備えること。

五 満二歳以上の幼児を入所させる保育所には、保育室又は遊戯室、屋外遊戯場（保育所の付近にある屋外遊戯場に代わるべき場所を含む。次号において同じ。）、調理室及び便所を設けること。

六 保育室又は遊戯室の面積は、前号の幼児一人につき一・九八平方メートル以上、屋外遊戯場の面積は、前号の幼児一人につき三・三平方メートル以上であること。

七 保育室又は遊戯室には、保育に必要な用具を備えること。

八 乳児室、ほふく室、保育室又は遊戯室（以下「保育室等」という。）を二階に設ける建物は、次のイ、ロ及びハの要件に、保育室等を三階以上に設ける建物は、次に掲げる要件に該当するものであること。

イ 耐火建築物（建築基準法（昭和二十五年法律第二百一号）第二条第九号の二に規定する耐火建築物をいう。以下この号において同じ。）又は準耐火建築物（同条第九号の三に規定する準耐火建築物をいい、同号ロに該当するものを除く。）（保育室等を三階以上に設ける建物にあつては、耐火建築物）であること。

ロ 保育室等が設けられている次の表の上欄に掲げる階に応じ、同表の中欄に掲げる区分ごとに、それぞれ同表の下欄に掲げる施設又は設備が一以上設けられていること。

階	区分	施設又は設備
二階	常用	1 屋内階段 2 屋外階段
	避難用	1 建築基準法施行令（昭和二十五年政令第三百三十八号）第百二十三条第一項各号又は同条第三項各号に規定する構造の屋内階段（ただし、同条第一項の場合においては、当該階段の構造は、建築物の一階から二階までの部分に限り、屋内と階段室とは、バルコニー又は付室を通じて連絡することとし、かつ、同条第三項第三号、第四号及び第十号を満たすものとする。） 2 待避上有効なバルコニー 3 建築基準法第二条第七号の二に規定する準耐火構造の屋外傾斜路又はこれに準ずる設備 4 屋外階段
三階	常用	1 建築基準法施行令第百二十三条第一項各号又は同条第三項各号に規定する構造の屋内階段 2 屋外階段
	避難用	1 建築基準法施行令第百二十三条第一項各号又は同条第三項各号に規定する構造の屋内階段（ただし、同条第一項の場合においては、当該階段の構造は、建築物の一階から三階までの部分に限り、屋内と階段室とは、バルコニー又は付室を通じて連絡することとし、かつ、同条第三項第三号、第四号及び第十号を満たすものとする。） 2 建築基準法第二条第七号に規定する耐火構造の屋外傾斜路又はこれに準ずる設備 3 屋外階段
四階以上	常用	1 建築基準法施行令第百二十三条第一項各号又は同条第三項各号に規定する構造の屋内階段 2 建築基準法施行令第百二十三条第二項各号に規定する構造の屋外階段
	避難用	1 建築基準法施行令第百二十三条第一項各号又は同条第三項各号に規定する構造の屋内階段（ただし、同条第一項の場合においては、当該階段の構造は、建築物の一階から保育室等が設けられている階までの部分に限り、屋内と階段室とは、バルコニー又は付室（階段室が同条第三項第二号に規定する構造を有する場合を除き、同号に規定する構造を有するものに限

る。）を通じて連絡することとし、かつ、同条第三項第三号、第四号及び第十号を満たすものとする。）
2　建築基準法第二条第七号に規定する耐火構造の屋外傾斜路
3　建築基準法施行令第百二十三条第二項各号に規定する構造の屋外階段

ハ　ロに掲げる施設及び設備が避難上有効な位置に設けられ、かつ、保育室等の各部分からその一に至る歩行距離が三十メートル以下となるように設けられていること。

ニ　保育所の調理室（次に掲げる要件のいずれかに該当するものを除く。ニにおいて同じ。）以外の部分と保育所の調理室の部分が建築基準法第二条第七号に規定する耐火構造の床若しくは壁又は建築基準法施行令第百十二条第一項に規定する特定防火設備で区画されていること。この場合において、換気、暖房又は冷房の設備の風道が、当該床若しくは壁を貫通する部分又はこれに近接する部分に防火上有効にダンパーが設けられていること。

(1)　スプリンクラー設備その他これに類するもので自動式のものが設けられていること。

(2)　調理用器具の種類に応じて有効な自動消火装置が設けられ、かつ、当該調理室の外部への延焼を防止するために必要な措置が講じられていること。

ホ　保育所の壁及び天井の室内に面する部分の仕上げを不燃材料でしていること。

ヘ　保育室等その他乳幼児が出入し、又は通行する場所に、乳幼児の転落事故を防止する設備が設けられていること。

ト　非常警報器具又は非常警報設備及び消防機関へ火災を通報する設備が設けられていること。

チ　保育所のカーテン、敷物、建具等で可燃性のものについて防災処理が施されていること。

（保育所の設備の基準の特例）

第三十二条の二　次の各号に掲げる要件を満たす保育所は、第十一条第一項の規定にかかわらず、当該保育所の満三歳以上の幼児に対する食事の提供について、当該保育所外で調理し搬入する方法により行うことができる。この場合において、当該保育所は、当該食事の提供について当該方法によることとしてもなお当該保育所において行うことが必要な調理のための加熱、保存等の調理機能を有する設備を備えるものとする。

一　幼児に対する食事の提供の責任が当該保育所にあり、その管理者が、衛生面、栄養面等業務上必要な注意を果たし得るような体制及び調理業務の受託者との契約内容が確保されていること。

二　当該保育所又は他の施設、保健所、市町村等の栄養士により、献立等について栄養の観点からの指導が受けられる体制にある等、栄養士による必要な配慮が行われること。

三　調理業務の受託者を、当該保育所における給食の趣旨を十分に認識し、衛生面、栄養面等、調理業務を適切に遂行できる能力を有する者とすること。

四　幼児の年齢及び発達の段階並びに健康状態に応じた食事の提供や、アレルギー、アトピー等への配慮、必要な栄養素量の給与等、幼児の食事の内容、回数及び時機に適切に応じることができること。

五　食を通じた乳幼児の健全育成を図る観点から、乳幼児の発育及び発達の過程に応じて食に関し配慮すべき事項を定めた食育に関する計画に基づき食事を提供するよう努めること。

（職員）

第三十三条　保育所には、保育士（特区法第十二条の五第五項に規定する事業実施区域内にある保育所にあつては、保育士又は当該事業実施区域に係る国家戦略特別区域限定保育士。次項において同じ。）、嘱託医及び調理員を置かなければならない。ただし、調理業務の全部を委託する施設にあつては、調理員を置かないことができる。

2　保育士の数は、乳児おおむね三人につき一人以上、満一歳以上満三歳に満たない幼児おおむね六人につき一人以上、満三歳以上満四歳に満たない幼児おおむね二十人につき一人以上、満四歳以上の幼児おおむね三十人につき一人以上とする。ただし、保育所一につき二人を下ることはできない。

（保育時間）

第三十四条　保育所における保育時間は、一日につき八時間を原則とし、その地方における乳幼児の保護者の労働時間その他家庭の状況等を考慮して、保育所の長がこれを定める。

（保育の内容）

第三十五条　保育所における保育は、養護及び教育を一体的に行うことをその特性とし、その内容については、内閣総理大臣が定める指針に従う。

（保護者との連絡）

第三十六条　保育所の長は、常に入所している乳幼児の保護者と密接な連絡をとり、保育の内容等につき、その保護者の理解及び協力を得るよう努めなければならない。

（業務の質の評価等）

第三十六条の二　保育所は、自らその行う法第三十九条に規定する業務の質の評価を行い、常にその改善を図らなければならない。

2　保育所は、定期的に外部の者による評価を受けて、それらの結果を公表し、常にその改善を図るよう努めなければならない。

第六章　児童厚生施設

（設備の基準）

第三十七条　児童厚生施設の設備の基準は、次のとおりとする。

一　児童遊園等屋外の児童厚生施設には、広場、遊具及び便所を設けること。

二　児童館等屋内の児童厚生施設には、集会室、遊戯室、図書室及び便所を設けること。

（職員）

第三十八条　児童厚生施設には、児童の遊びを指導する者を置かなければならない。

2　児童の遊びを指導する者は、次の各号のいずれかに該当する者でなければならない。

一　都道府県知事の指定する児童福祉施設の職員を養成する学校その他の養成施設を卒業した者

二　保育士（特区法第十二条の五第五項に規定する事業実施区域内にある児童厚生施設にあつては、保育士又は当該事業実施区域に係る国家戦略特別区域限定保育士）の資格を有する者

三　社会福祉士の資格を有する者

四　学校教育法の規定による高等学校若しくは中等教育学校を卒業した者、同法第九十条第二項の規定により大学への入学を認められた者若しくは通常の課程による十二年の学校教育を修了した者（通常の課程以外の課程によりこれに相当する学校教育を修了した者を含む。）又は文部科学大臣がこれと同等以上の資格を有すると認定した者であつて、二年以上児童福祉事業に従事したもの

五　教育職員免許法（昭和二十四年法律第百四十七号）に規定する幼稚園、小学校、中学校、義務教育学校、高等学校、又は中等教育学校の教諭の免許状を有する者

六　次のいずれかに該当する者であつて、児童厚生施設の設置者（地方公共団体以外の者が設置する児童厚生施設にあつては、都道府県知事）が適当と認めたもの

イ　学校教育法の規定による大学において、社会福祉学、心理学、教育学、社会学、芸術学若しくは体育学を専修する学科又はこれらに相当する課程を修めて卒業した者（当該学科又は当該課程を修めて同法の規定による専門職大学の前期課程を修了した者を含む。）

ロ　学校教育法の規定による大学において、社会福祉学、心理学、教育学、社会学、芸術学若しくは体育学を専修する学科又はこれらに相当する課程において優秀な成績で単位を修得したことにより、同法第百二条第二項の規定により大学院への入学が認められた者

ハ　学校教育法の規定による大学院において、社会福祉学、心理学、教育学、社会学、芸術学若しくは体育学を専攻する研究科又はこれらに相当する課程を修めて卒業した者

ニ　外国の大学において、社会福祉学、心理学、教育学、社会学、芸術学若しくは体育学を専修する学科又はこれらに相当する課程を修めて卒業した者

（遊びの指導を行うに当たつて遵守すべき事項）

第三十九条　児童厚生施設における遊びの指導は、児童の自主性、社会性及び創造性を高め、もつて地域における健全育成活動の助長を図るようこれを行うものとする。

（保護者との連絡）

第四十条　児童厚生施設の長は、必要に応じ児童の健康及び行動につき、その保護者に連絡しなければならない。

第七章　児童養護施設

（設備の基準）

第四十一条　児童養護施設の設備の基準は、次のとおりとする。

一　児童の居室、相談室、調理室、浴室及び便所を設けること。

二　児童の居室の一室の定員は、これを四人以下とし、その面積は、一人につき四・九五平方メートル以上とすること。ただし、乳幼児のみの居室の一室の定員は、これを六人以下とし、その面積は、一人につき三・三平方メートル以上とする。

三　入所している児童の年齢等に応じ、男子と女子の居室を別にすること。

四　便所は、男子用と女子用とを別にすること。

ただし、少数の児童を対象として設けるときは、この限りでない。

五　児童三十人以上を入所させる児童養護施設には、医務室及び静養室を設けること。

六　入所している児童の年齢、適性等に応じ職業指導に必要な設備（以下「職業指導に必要な設備」という。）を設けること。

（職員）

第四十二条　児童養護施設には、児童指導員、嘱託医、保育士（特区法第十二条の五第五項に規定する事業実施区域内にある児童養護施設にあつては、保育士又は当該事業実施区域に係る国家戦略特別区域限定保育士。第六項及び第四十六条において同じ。）、個別対応職員、家庭支援専門相談員、栄養士及び調理員並びに乳児が入所している施設にあつては看護師を置かなければならない。ただし、児童四十人以下を入所させる施設にあつては栄養士を、調理業務の全部を委託する施設にあつては調理員を置かないことができる。

2　家庭支援専門相談員は、社会福祉士若しくは精神保健福祉士の資格を有する者、児童養護施設において児童の指導に五年以上従事した者又は法第十三条第三項各号のいずれかに該当する者でなければならない。

3　心理療法を行う必要があると認められる児童十人以上に心理療法を行う場合には、心理療法担当職員を置かなければならない。

4　心理療法担当職員は、学校教育法の規定による大学（短期大学を除く。）若しくは大学院において、心理学を専修する学科、研究科若しくはこれに相当する課程を修めて卒業した者であつて、個人及び集団心理療法の技術を有するもの又はこれと同等以上の能力を有すると認められる者でなければならない。

5　実習設備を設けて職業指導を行う場合には、職業指導員を置かなければならない。

6　児童指導員及び保育士の総数は、通じて、満二歳に満たない幼児おおむね一・六人につき一人以上、満二歳以上満三歳に満たない幼児おおむね二人につき一人以上、満三歳以上の幼児おおむね四人につき一人以上、少年おおむね五・五人につき一人以上とする。ただし、児童四十五人以下を入所させる施設にあつては、更に一人以上を加えるものとする。

7　看護師の数は、乳児おおむね一・六人につき一人以上とする。ただし、一人を下ることはできない。

（児童養護施設の長の資格等）

第四十二条の二　児童養護施設の長は、次の各号のいずれかに該当し、かつ、こども家庭庁長官が指定する者が行う児童養護施設の運営に関し必要な知識を習得させるための研修を受けた者であつて、人格が高潔で識見が高く、児童養護施設を適切に運営する能力を有するものでなければならない。

一　医師であつて、精神保健又は小児保健に関して学識経験を有する者

二　社会福祉士の資格を有する者

三　児童養護施設の職員として三年以上勤務した者

四　都道府県知事が前各号に掲げる者と同等以上の能力を有すると認める者であつて、次に掲げる期間の合計が三年以上であるもの又はこども家庭庁長官が指定する講習会の課程を修了したもの

イ　児童福祉司となる資格を有する者にあつては、相談援助業務（国、都道府県又は市町村の内部組織における相談援助業務を含む。）に従事した期間

ロ　社会福祉主事となる資格を有する者にあつては、相談援助業務に従事した期間

ハ　社会福祉施設の職員として勤務した期間（イ又はロに掲げる期間に該当する期間を除く。）

2　児童養護施設の長は、二年に一回以上、その資質の向上のためのこども家庭庁長官が指定する者が行う研修を受けなければならない。ただし、やむを得ない理由があるときは、この限りでない。

（児童指導員の資格）

第四十三条　児童指導員は、次の各号のいずれかに該当する者でなければならない。

一　都道府県知事の指定する児童福祉施設の職員を養成する学校その他の養成施設を卒業した者

二　社会福祉士の資格を有する者

三　精神保健福祉士の資格を有する者

四　学校教育法の規定による大学（短期大学を除く。次号において同じ。）において、社会福祉学、心理学、教育学若しくは社会学を専修する学科又はこれらに相当する課程を修めて卒業した者

五　学校教育法の規定による大学において、社会福祉学、心理学、教育学又は社会学に関する科目の単位を優秀な成績で修得したことにより、同法第百二条第二項の規定により大学院への入学を認められた者

六　学校教育法の規定による大学院において、

社会福祉学、心理学、教育学若しくは社会学を専攻する研究科又はこれらに相当する課程を修めて卒業した者

七　外国の大学において、社会福祉学、心理学、教育学若しくは社会学を専修する学科又はこれらに相当する課程を修めて卒業した者

八　学校教育法の規定による高等学校若しくは中等教育学校を卒業した者、同法第九十条第二項の規定により大学への入学を認められた者若しくは通常の課程による十二年の学校教育を修了した者（通常の課程以外の課程によりこれに相当する学校教育を修了した者を含む。）又は文部科学大臣がこれと同等以上の資格を有すると認定した者であつて、二年以上児童福祉事業に従事したもの

九　教育職員免許法に規定する幼稚園、小学校、中学校、義務教育学校、高等学校又は中等教育学校の教諭の免許状を有する者であつて、都道府県知事が適当と認めたもの

十　三年以上児童福祉事業に従事した者であつて、都道府県知事が適当と認めたもの

2　前項第一号の指定は、児童福祉法施行規則（昭和二十三年厚生省令第十一号）別表に定める教育内容に適合する学校又は施設について行うものとする。

（養護）

第四十四条　児童養護施設における養護は、児童に対して安定した生活環境を整えるとともに、生活指導、学習指導、職業指導及び家庭環境の調整を行いつつ児童を養育することにより、児童の心身の健やかな成長とその自立を支援することを目的として行わなければならない。

（生活指導、学習指導、職業指導及び家庭環境の調整）

第四十五条　児童養護施設における生活指導は、児童の自主性を尊重しつつ、基本的生活習慣を確立するとともに豊かな人間性及び社会性を養い、かつ、将来自立した生活を営むために必要な知識及び経験を得ることができるように行わなければならない。

2　児童養護施設における学習指導は、児童がその適性、能力等に応じた学習を行うことができるよう、適切な相談、助言、情報の提供等の支援により行わなければならない。

3　児童養護施設における職業指導は、勤労の基礎的な能力及び態度を育てるとともに、児童がその適性、能力等に応じた職業選択を行うことができるよう、適切な相談、助言、情報の提供等及び必要に応じ行う実習、講習等の支援により行わなければならない。

4　児童養護施設における家庭環境の調整は、児童の家庭の状況に応じ、親子関係の再構築等が図られるように行わなければならない。

（自立支援計画の策定）

第四十五条の二　児童養護施設の長は、第四十四条の目的を達成するため、入所中の個々の児童について、年齢、発達の状況その他の当該児童の事情に応じ意見聴取その他の措置をとることにより、児童の意見又は意向、児童やその家庭の状況等を勘案して、その自立を支援するための計画を策定しなければならない。

（業務の質の評価等）

第四十五条の三　児童養護施設は、自らその行う法第四十一条に規定する業務の質の評価を行うとともに、定期的に外部の者による評価を受けて、それらの結果を公表し、常にその改善を図らなければならない。

（児童と起居を共にする職員）

第四十六条　児童養護施設の長は、児童指導員及び保育士のうち少なくとも一人を児童と起居を共にさせなければならない。

（関係機関との連携）

第四十七条　児童養護施設の長は、児童の通学する学校及び児童相談所並びに必要に応じ児童家庭支援センター、里親支援センター、児童委員、公共職業安定所等関係機関と密接に連携して児童の指導及び家庭環境の調整に当たらなければならない。

第八章　福祉型障害児入所施設

（設備の基準）

第四十八条　福祉型障害児入所施設の設備の基準は、次のとおりとする。

一　児童の居室、調理室、浴室、便所、医務室及び静養室を設けること。ただし、児童三十人未満を入所させる施設であつて主として知的障害のある児童を入所させるものにあつては医務室を、児童三十人未満を入所させる施設であつて主として盲児又はろうあ児（以下「盲ろうあ児」という。）を入所させるものにあつては医務室及び静養室を設けないことができる。

二　主として知的障害のある児童を入所させる福祉型障害児入所施設には、職業指導に必要な設備を設けること。

三　主として盲児を入所させる福祉型障害児入所施設には、次の設備を設けること。

イ　遊戯室、訓練室、職業指導に必要な設備

及び音楽に関する設備
ロ　浴室及び便所の手すり並びに特殊表示等身体の機能の不自由を助ける設備
四　主としてろうあ児を入所させる福祉型障害児入所施設には、遊戯室、訓練室、職業指導に必要な設備及び映像に関する設備を設けること。
五　主として肢体不自由のある児童を入所させる福祉型障害児入所施設には、次の設備を設けること。
イ　訓練室及び屋外訓練場
ロ　浴室及び便所の手すり等身体の機能の不自由を助ける設備
六　主として盲児を入所させる福祉型障害児入所施設又は主として肢体不自由のある児童を入所させる福祉型障害児入所施設においては、階段の傾斜を緩やかにすること。
七　児童の居室の一室の定員は、これを四人以下とし、その面積は、一人につき四・九五平方メートル以上とすること。ただし、乳幼児のみの居室の一室の定員は、これを六人以下とし、その面積は、一人につき三・三平方メートル以上とする。
八　入所している児童の年齢等に応じ、男子と女子の居室を別にすること。
九　便所は、男子用と女子用とを別にすること。

（職員）
第四十九条　主として知的障害のある児童（自閉症を主たる症状とする児童（以下「自閉症児」という。）を除く。次項及び第三項において同じ。）を入所させる福祉型障害児入所施設には、嘱託医、児童指導員、保育士（特区法第十二条の五第五項に規定する事業実施区域内にある福祉型障害児入所施設にあつては、保育士又は当該事業実施区域に係る国家戦略特別区域限定保育士。以下この条において同じ。）、栄養士、調理員及び児童発達支援管理責任者（障害児通所支援又は障害児入所支援の提供の管理を行う者としてこども家庭庁長官が定めるものをいう。以下同じ。）を置かなければならない。ただし、児童四十人以下を入所させる施設にあつては栄養士を、調理業務の全部を委託する施設にあつては調理員を置かないことができる。
2　主として知的障害のある児童を入所させる福祉型障害児入所施設の嘱託医は、精神科又は小児科の診療に相当の経験を有する者でなければならない。
3　主として知的障害のある児童を入所させる福祉型障害児入所施設の児童指導員及び保育士の総数は、通じておおむね児童の数を四で除して得た数以上とする。ただし、児童三十人以下を入所させる施設にあつては、更に一以上を加えるものとする。
4　主として自閉症児を入所させる福祉型障害児入所施設には、第一項に規定する職員並びに医師及び看護職員（保健師、助産師、看護師又は准看護師をいう。以下この条及び第六十三条において同じ。）を置かなければならない。ただし、児童四十人以下を入所させる施設にあつては栄養士を、調理業務の全部を委託する施設にあつては調理員を置かないことができる。
5　主として自閉症児を入所させる福祉型障害児入所施設の嘱託医については、第二項の規定を準用する。
6　主として自閉症児を入所させる福祉型障害児入所施設の児童指導員及び保育士の総数については、第三項の規定を準用する。
7　主として自閉症児を入所させる福祉型障害児入所施設の医師は、児童を対象とする精神科の診療に相当の経験を有する者でなければならない。
8　主として自閉症児を入所させる福祉型障害児入所施設の看護職員の数は、児童おおむね二十人につき一人以上とする。
9　主として盲ろうあ児を入所させる福祉型障害児入所施設については、第一項の規定を準用する。
10　主として盲ろうあ児を入所させる福祉型障害児入所施設の嘱託医は、眼科又は耳鼻咽喉科の診療に相当の経験を有する者でなければならない。
11　主として盲ろうあ児を入所させる福祉型障害児入所施設の児童指導員及び保育士の総数は、通じて、児童おおむね四人につき一人以上とする。ただし、児童三十五人以下を入所させる施設にあつては、更に一人以上を加えるものとする。
12　主として肢体不自由のある児童を入所させる福祉型障害児入所施設には、第一項に規定する職員及び看護職員を置かなければならない。ただし、児童四十人以下を入所させる施設にあつては栄養士を、調理業務の全部を委託する施設にあつては調理員を置かないことができる。
13　主として肢体不自由のある児童を入所させる福祉型障害児入所施設の児童指導員及び保育士の総数は、通じておおむね児童の数を三・五で除して得た数以上とする。
14　心理指導を行う必要があると認められる児童五人以上に心理指導を行う場合には心理指導担

当職員を、職業指導を行う場合には職業指導員を置かなければならない。

15 心理指導担当職員は、学校教育法の規定による大学（短期大学を除く。）若しくは大学院において、心理学を専修する学科、研究科若しくはこれに相当する課程を修めて卒業した者であつて、個人及び集団心理療法の技術を有するもの又はこれと同等以上の能力を有すると認められる者でなければならない。

（生活指導及び学習指導）

第五十条 福祉型障害児入所施設における生活指導は、児童が日常の起居の間に、当該福祉型障害児入所施設を退所した後、できる限り社会に適応するようこれを行わなければならない。

2 福祉型障害児入所施設における学習指導については、第四十五条第二項の規定を準用する。

（職業指導を行うに当たつて遵守すべき事項）

第五十一条 福祉型障害児入所施設における職業指導は、児童の適性に応じ、児童が将来できる限り健全な社会生活を営むことができるようこれを行わなければならない。

2 前項に規定するほか、福祉型障害児入所施設における職業指導については、第四十五条第三項の規定を準用する。

（入所支援計画の作成）

第五十二条 福祉型障害児入所施設の長は、児童の保護者及び児童の意向、児童の適性、児童の障害の特性その他の事情を踏まえた計画を作成し、これに基づき児童に対して障害児入所支援を提供するとともに、その効果について継続的な評価を実施することその他の措置を講ずることにより児童に対して適切かつ効果的に障害児入所支援を提供しなければならない。

（児童と起居を共にする職員）

第五十三条 福祉型障害児入所施設（主として盲ろうあ児を入所させる福祉型障害児入所施設を除く。）については、第四十六条の規定を準用する。

（保護者等との連絡）

第五十四条 福祉型障害児入所施設の長は、児童の保護者に児童の性質及び能力を説明するとともに、児童の通学する学校及び必要に応じ当該児童を取り扱つた児童福祉司又は児童委員と常に密接な連絡をとり、児童の生活指導、学習指導及び職業指導につき、その協力を求めなければならない。

（心理学的及び精神医学的診査）

第五十五条 主として知的障害のある児童を入所させる福祉型障害児入所施設においては、入所している児童を適切に保護するため、随時心理学的及び精神医学的診査を行わなければならない。ただし、児童の福祉に有害な実験にわたつてはならない。

（入所した児童に対する健康診断）

第五十六条 主として盲ろうあ児を入所させる福祉型障害児入所施設においては、第十二条第一項に規定する入所時の健康診断に当たり、特に盲ろうあの原因及び機能障害の状況を精密に診断し、治療可能な者については、できる限り治療しなければならない。

2 主として肢体不自由のある児童を入所させる福祉型障害児入所施設においては、第十二条第一項に規定する入所時の健康診断に当たり、整形外科的診断により肢体の機能障害の原因及びその状況を精密に診断し、入所を継続するか否かを考慮しなければならない。

第八章の二 医療型障害児入所施設

（設備の基準）

第五十七条 医療型障害児入所施設の設備の基準は、次のとおりとする。

一 医療型障害児入所施設には、医療法に規定する病院として必要な設備のほか、訓練室及び浴室を設けること。

二 主として自閉症児を入所させる医療型障害児入所施設には、静養室を設けること。

三 主として肢体不自由のある児童を入所させる医療型障害児入所施設には、屋外訓練場、ギブス室、特殊手工芸等の作業を指導するに必要な設備、義肢装具を製作する設備を設けること。ただし、義肢装具を製作する設備は、他に適当な設備がある場合は、これを設けることを要しないこと。

四 主として肢体不自由のある児童を入所させる医療型障害児入所施設においては、階段の傾斜を緩やかにするほか、浴室及び便所の手すり等身体の機能の不自由を助ける設備を設けること。

（職員）

第五十八条 主として自閉症児を入所させる医療型障害児入所施設には、医療法に規定する病院として必要な職員のほか、児童指導員、保育士（特区法第十二条の五第五項に規定する事業実施区域内にある医療型障害児入所施設にあつては、保育士又は当該事業実施区域に係る国家戦略特別区域限定保育士。次項及び第五項において同じ。）及び児童発達支援管理責任者を置かなければならない。

2 主として自閉症児を入所させる医療型障害児

入所施設の児童指導員及び保育士の総数は、通じておおむね児童の数を六・七で除して得た数以上とする。

3　主として肢体不自由のある児童を入所させる医療型障害児入所施設には、第一項に規定する職員及び理学療法士又は作業療法士を置かなければならない。

4　主として肢体不自由のある児童を入所させる医療型障害児入所施設の長及び医師は、肢体の機能の不自由な者の療育に関して相当の経験を有する医師でなければならない。

5　主として肢体不自由のある児童を入所させる医療型障害児入所施設の児童指導員及び保育士の総数は、通じて、乳幼児おおむね十人につき一人以上、少年おおむね二十人につき一人以上とする。

6　主として重症心身障害児（法第七条第二項に規定する重症心身障害児をいう。以下同じ。）を入所させる医療型障害児入所施設には、第三項に規定する職員及び心理指導を担当する職員を置かなければならない。

7　主として重症心身障害児を入所させる医療型障害児入所施設の長及び医師は、内科、精神科、医療法施行令（昭和二十三年政令第三百二十六号）第三条の二第一項第一号ハ及びニ(2)の規定により神経と組み合わせた名称を診療科名とする診療科、小児科、外科、整形外科又はリハビリテーション科の診療に相当の経験を有する医師でなければならない。

（心理学的及び精神医学的診査）

第五十九条　主として自閉症児を入所させる医療型障害児入所施設における心理学的及び精神医学的診査については、第五十五条の規定を準用する。

（入所した児童に対する健康診断）

第六十条　主として肢体不自由のある児童を入所させる医療型障害児入所施設においては、第十二条第一項に規定する入所時の健康診断に当たり、整形外科的診断により肢体の機能障害の原因及びその状況を精密に診断し、入所を継続するか否かを考慮しなければならない。

（児童と起居を共にする職員等）

第六十一条　医療型障害児入所施設（主として重症心身障害児を入所させる施設を除く。以下この項において同じ。）における児童と起居を共にする職員、生活指導、学習指導及び職業指導並びに医療型障害児入所施設の長の保護者等との連絡については、第四十六条、第五十条、第五十一条及び第五十四条の規定を準用する。

2　医療型障害児入所施設の長の計画の作成については、第五十二条の規定を準用する。

第八章の三　福祉型児童発達支援センター

（設備の基準）

第六十二条　福祉型児童発達支援センターの設備の基準は、次のとおりとする。

一　福祉型児童発達支援センター（主として重症心身障害児を通わせる福祉型児童発達支援センターを除く。以下この号において同じ。）には、指導訓練室、遊戯室、屋外遊戯場（福祉型児童発達支援センターの付近にある屋外遊戯場に代わるべき場所を含む。）、医務室、相談室、調理室、便所並びに児童発達支援の提供に必要な設備及び備品を設けること。

二　福祉型児童発達支援センター（主として難聴児を通わせる福祉型児童発達支援センター及び主として重症心身障害児を通わせる福祉型児童発達支援センターを除く。次号において同じ。）の指導訓練室の一室の定員は、これをおおむね十人とし、その面積は、児童一人につき二・四七平方メートル以上とすること。

三　福祉型児童発達支援センターの遊戯室の面積は、児童一人につき一・六五平方メートル以上とすること。

四　主として知的障害のある児童を通わせる福祉型児童発達支援センターには、静養室を設けること。

五　主として難聴児を通わせる福祉型児童発達支援センターには、聴力検査室を設けること。

六　主として重症心身障害児を通わせる福祉型児童発達支援センターには、指導訓練室、調理室、便所並びに児童発達支援の提供に必要な設備及び備品を設けること。

（職員）

第六十三条　福祉型児童発達支援センター（主として難聴児を通わせる福祉型児童発達支援センター及び主として重症心身障害児を通わせる福祉型児童発達支援センターを除く。次項において同じ。）には、嘱託医、児童指導員、保育士（特区法第十二条の五第五項に規定する事業実施区域内にある福祉型児童発達支援センターにあっては、保育士又は当該事業実施区域に係る国家戦略特別区域限定保育士。以下この条において同じ。）、栄養士、調理員及び児童発達支援管理責任者のほか、日常生活を営むのに必要な機能訓練を行う場合には機能訓練担当職員（日常生活を営むのに必要な機能訓練を担当する職員をいう。以下同じ。）を、日常生活及び社会生活を営むために医療的ケア（人工呼吸器による呼吸管理、喀痰《かくたん》吸引その他こども家庭庁長官が定める医療行為をいう。以下同じ。）を恒常的に受けることが不可欠である障害児に医療的ケアを行う場合には看護職員を、それぞれ置かなければならない。ただし、次に掲げる施設及び場合に応じ、それぞれ当該各号に定める職員を置かないことができる。

一　児童四十人以下を通わせる施設　栄養士

二　調理業務の全部を委託する施設　調理員

三　医療機関等との連携により、看護職員を福祉型児童発達支援センターに訪問させ、当該看護職員が障害児に対して医療的ケアを行う場合　看護職員

四　当該福祉型児童発達支援センター（社会福祉士及び介護福祉士法（昭和六十二年法律第三十号）第四十八条の三第一項の登録に係る事業所である場合に限る。）において、医療的ケアのうち喀痰《かくたん》吸引等（同法第二条第二項に規定する喀痰《かくたん》吸引等をいう。）のみを必要とする障害児に対し、当該登録を受けた者が自らの事業又はその一環として喀痰《かくたん》吸引等業務（同法第四十八条の三第一項に規定する喀《かく》痰《たん》吸引等業務をいう。）を行う場合　看護職員

五　当該福祉型児童発達支援センター（社会福祉士及び介護福祉士法附則第二十七条第一項の登録に係る事業所である場合に限る。）において、医療的ケアのうち特定行為（同法附則第十条第一項に規定する特定行為をいう。）のみを必要とする障害児に対し、当該登録を受けた者が自らの事業又はその一環として特定行為業務（同法附則第二十七条第一項に規定する特定行為業務をいう。）を行う場合　看護職員

2　福祉型児童発達支援センターの児童指導員、保育士、機能訓練担当職員及び看護職員の総数は、通じておおむね児童の数を四で除して得た数以上とし、そのうち半数以上は児童指導員又は保育士でなければならない。

3　主として知的障害のある児童を通わせる福祉型児童発達支援センターの嘱託医は、精神科又は小児科の診療に相当の経験を有する者でなければならない。

4　主として難聴児を通わせる福祉型児童発達支援センターには、第一項に規定する職員及び言語聴覚士を置かなければならない。ただし、第一項各号に掲げる施設及び場合に応じ、それぞれ当該各号に定める職員を置かないことができる。

5　主として難聴児を通わせる福祉型児童発達支援センターの嘱託医は、眼科又は耳鼻咽喉科の診療に相当の経験を有する者でなければならない。

6　主として難聴児を通わせる福祉型児童発達支援センターの児童指導員、保育士、言語聴覚士、機能訓練担当職員及び看護職員の総数は、通じておおむね児童の数を四で除して得た数以上とする。ただし、言語聴覚士の数は、四人以上でなければならない。

7　主として重症心身障害児を通わせる福祉型児童発達支援センターには、嘱託医、児童指導員、保育士、栄養士、調理員、児童発達支援管理責任者及び看護職員のほか、日常生活を営むのに必要な機能訓練を行う場合には、機能訓練担当職員を置かなければならない。ただし、児童四十人以下を通わせる施設にあつては栄養士を、調理業務の全部を委託する施設にあつては調理員を置かないことができる。

8　主として重症心身障害児を通わせる福祉型児童発達支援センターの嘱託医は、内科、精神科、医療法施行令第三条の二第一項第一号ハ及びニ(2)の規定により神経と組み合わせた名称を診療科名とする診療科、小児科、外科、整形外科又はリハビリテーション科の診療に相当の経験を有する者でなければならない。

9　主として重症心身障害児を通わせる福祉型児童発達支援センターの児童指導員、保育士、看護職員及び機能訓練担当職員の数は、通じておおむね児童の数を四で除して得た数以上とする。ただし、機能訓練担当職員の数は、一人以上でなければならない。

10　第八条第二項の規定にかかわらず、保育所若しくは家庭的保育事業所等（家庭的保育事業等の設備及び運営に関する基準（平成二十六年厚生労働省令第六十一号）第一条第二項に規定する家庭的保育事業所等（居宅訪問型保育事業を行う場所を除く。）をいう。第六十九条第二項において同じ。）に入所し、又は幼保連携型認定こども園に入園している児童と福祉型児童発達支援センターに入所している障害児を交流させるときは、障害児の支援に支障がない場合に限り、障害児の支援に直接従事する職員については、これら児童への保育に併せて従事させることができる。

（**生活指導及び計画の作成**）

第六十四条　福祉型児童発達支援センターにおける生活指導及び福祉型児童発達支援センターの長の計画の作成については、第五十条第一項及

び第五十二条の規定を準用する。

（保護者等との連絡）

第六十五条 福祉型児童発達支援センターの長は、児童の保護者に児童の性質及び能力を説明するとともに、必要に応じ当該児童を取り扱つた児童福祉司又は児童委員と常に密接な連絡をとり、児童の生活指導につき、その協力を求めなければならない。

（入所した児童に対する健康診断）

第六十六条 主として難聴児を通わせる福祉型児童発達支援センターにおいては、第十二条第一項に規定する入所時の健康診断に当たり、特に難聴の原因及び機能障害の状況を精密に診断し、治療可能な者については、できる限り治療しなければならない。

（心理学的及び精神医学的診査）

第六十七条 主として知的障害のある児童を通わせる福祉型児童発達支援センターにおける心理学的及び精神医学的診査については、第五十五条の規定を準用する。

第八章の四　医療型児童発達支援センター

（設備の基準）

第六十八条 医療型児童発達支援センターの設備の基準は、次のとおりとする。

一　医療法に規定する診療所として必要な設備のほか、指導訓練室、屋外訓練場、相談室及び調理室を設けること。

二　階段の傾斜を緩やかにするほか、浴室及び便所の手すり等身体の機能の不自由を助ける設備を設けること。

（職員）

第六十九条 医療型児童発達支援センターには、医療法に規定する診療所として必要な職員のほか、児童指導員、保育士（特区法第十二条の五第五項に規定する事業実施区域内にある医療型児童発達支援センターにあつては、保育士又は当該事業実施区域に係る国家戦略特別区域限定保育士）、看護師、理学療法士又は作業療法士及び児童発達支援管理責任者を置かなければならない。

2　第八条第二項の規定にかかわらず、保育所若しくは家庭的保育事業所等に入所し、又は幼保連携型認定こども園に入園している児童と医療型児童発達支援センターに入所している障害児を交流させるときは、障害児の支援に支障がない場合に限り、障害児の支援に直接従事する職員については、これら児童への保育に併せて従事させることができる。

（入所した児童に対する健康診断）

第七十条 医療型児童発達支援センターにおいては、第十二条第一項に規定する入所時の健康診断に当たり、整形外科的診断により肢体の機能障害の原因及びその状況を精密に診断し、入所を継続するか否かを考慮しなければならない。

（生活指導等）

第七十一条 医療型児童発達支援センターにおける生活指導並びに医療型児童発達支援センターの長の保護者等との連絡及び計画の作成については、第五十条第一項、第五十二条及び第六十五条の規定を準用する。

第九章　児童心理治療施設

（設備の基準）

第七十二条 児童心理治療施設の設備の基準は、次のとおりとする。

一　児童の居室、医務室、静養室、遊戯室、観察室、心理検査室、相談室、工作室、調理室、浴室及び便所を設けること。

二　児童の居室の一室の定員は、これを四人以下とし、その面積は、一人につき四・九五平方メートル以上とすること。

三　男子と女子の居室は、これを別にすること。

四　便所は、男子用と女子用とを別にすること。ただし、少数の児童を対象として設けるときは、この限りでない。

（職員）

第七十三条 児童心理治療施設には、医師、心理療法担当職員、児童指導員、保育士（特区法第十二条の五第五項に規定する事業実施区域内にある児童心理治療施設にあつては、保育士又は当該事業実施区域に係る国家戦略特別区域限定保育士。第六項において同じ。）、看護師、個別対応職員、家庭支援専門相談員、栄養士及び調理員を置かなければならない。ただし、調理業務の全部を委託する施設にあつては、調理員を置かないことができる。

2　医師は、精神科又は小児科の診療に相当の経験を有する者でなければならない。

3　心理療法担当職員は、学校教育法の規定による大学（短期大学を除く。以下この項において同じ。）若しくは大学院において、心理学を専修する学科、研究科若しくはこれに相当する課程を修めて卒業した者又は同法の規定による大学において、心理学に関する科目の単位を優秀な成績で修得したことにより、同法第百二条第二項の規定により大学院への入学を認められた者であつて、個人及び集団心理療法の技術を有し、かつ、心理療法に関する一年以上の経験を有するものでなければならない。

4 家庭支援専門相談員は、社会福祉士若しくは精神保健福祉士の資格を有する者、児童心理治療施設において児童の指導に五年以上従事した者又は法第十三条第三項各号のいずれかに該当する者でなければならない。

5 心理療法担当職員の数は、おおむね児童十人につき一人以上とする。

6 児童指導員及び保育士の総数は、通じておおむね児童四・五人につき一人以上とする。

（児童心理治療施設の長の資格等）

第七十四条 児童心理治療施設の長は、次の各号のいずれかに該当し、かつ、こども家庭庁長官が指定する者が行う児童心理治療施設の運営に関し必要な知識を習得させるための研修を受けた者であつて、人格が高潔で識見が高く、児童心理治療施設を適切に運営する能力を有するものでなければならない。

一 医師であつて、精神保健又は小児保健に関して学識経験を有する者

二 社会福祉士の資格を有する者

三 児童心理治療施設の職員として三年以上勤務した者

四 都道府県知事が前各号に掲げる者と同等以上の能力を有すると認める者であつて、次に掲げる期間の合計が三年以上であるもの又はこども家庭庁長官が指定する講習会の課程を修了したもの

イ 児童福祉司となる資格を有する者にあつては、相談援助業務（国、都道府県又は市町村の内部組織における相談援助業務を含む。）に従事した期間

ロ 社会福祉主事となる資格を有する者にあつては、相談援助業務に従事した期間

ハ 社会福祉施設の職員として勤務した期間（イ又はロに掲げる期間に該当する期間を除く。）

2 児童心理治療施設の長は、二年に一回以上、その資質の向上のためのこども家庭庁長官が指定する者が行う研修を受けなければならない。ただし、やむを得ない理由があるときは、この限りでない。

（心理療法、生活指導及び家庭環境の調整）

第七十五条 児童心理治療施設における心理療法及び生活指導は、児童の社会的適応能力の回復を図り、児童が、当該児童心理治療施設を退所した後、健全な社会生活を営むことができるようにすることを目的として行わなければならない。

2 児童心理治療施設における家庭環境の調整は、児童の保護者に児童の状態及び能力を説明するとともに、児童の家庭の状況に応じ、親子関係の再構築等が図られるように行わなければならない。

（自立支援計画の策定）

第七十六条 児童心理治療施設の長は、前条第一項の目的を達成するため、入所中の個々の児童について、年齢、発達の状況その他の当該児童の事情に応じ意見聴取その他の措置をとることにより、児童の意見又は意向、児童やその家庭の状況等を勘案して、その自立を支援するための計画を策定しなければならない。

（業務の質の評価等）

第七十六条の二 児童心理治療施設は、自らその行う法第四十三条の二に規定する業務の質の評価を行うとともに、定期的に外部の者による評価を受けて、それらの結果を公表し、常にその改善を図らなければならない。

（児童と起居を共にする職員）

第七十七条 児童心理治療施設については、第四十六条の規定を準用する。

（関係機関との連携）

第七十八条 児童心理治療施設の長は、児童の通学する学校及び児童相談所並びに必要に応じ児童家庭支援センター、里親支援センター、児童委員、保健所、市町村保健センター等関係機関と密接に連携して児童の指導及び家庭環境の調整に当たらなければならない。

第十章 児童自立支援施設

（設備の基準）

第七十九条 児童自立支援施設の学科指導に関する設備については、小学校、中学校又は特別支援学校の設備の設置基準に関する学校教育法の規定を準用する。ただし、学科指導を行わない場合にあつてはこの限りでない。

2 前項に規定する設備以外の設備については、第四十一条（第二号ただし書を除く。）の規定を準用する。ただし、男子と女子の居室は、これを別にしなければならない。

（職員）

第八十条 児童自立支援施設には、児童自立支援専門員（児童自立支援施設において児童の自立支援を行う者をいう。以下同じ。）、児童生活支援員（児童自立支援施設において児童の生活支援を行う者をいう。以下同じ。）、嘱託医及び精神科の診療に相当の経験を有する医師又は嘱託医、個別対応職員、家庭支援専門相談員、栄養士並びに調理員を置かなければならない。ただ

し、児童四十人以下を入所させる施設にあつては栄養士を、調理業務の全部を委託する施設にあつては調理員を置かないことができる。

2　家庭支援専門相談員は、社会福祉士若しくは精神保健福祉士の資格を有する者、児童自立支援施設において児童の指導に五年以上従事した者又は法第十三条第三項各号のいずれかに該当する者でなければならない。

3　心理療法を行う必要があると認められる児童十人以上に心理療法を行う場合には、心理療法担当職員を置かなければならない。

4　心理療法担当職員は、学校教育法の規定による大学（短期大学を除く。以下この項において同じ。）若しくは大学院において、心理学を専修する学科、研究科若しくはこれに相当する課程を修めて卒業した者又は同法の規定による大学において、心理学に関する科目の単位を優秀な成績で修得したことにより、同法第百二条第二項の規定により大学院への入学を認められた者であつて、個人及び集団心理療法の技術を有し、かつ、心理療法に関する一年以上の経験を有するものでなければならない。

5　実習設備を設けて職業指導を行う場合には、職業指導員を置かなければならない。

6　児童自立支援専門員及び児童生活支援員の総数は、通じておおむね児童四・五人につき一人以上とする。

（児童自立支援施設の長の資格等）

第八十一条　児童自立支援施設の長は、次の各号のいずれかに該当し、かつ、こども家庭庁組織規則（令和五年内閣府令第三十八号）第十六条に規定する人材育成センターが行う児童自立支援施設の運営に関し必要な知識を習得させるための研修又はこれに相当する研修を受けた者であつて、人格が高潔で識見が高く、児童自立支援施設を適切に運営する能力を有するものでなければならない。

一　医師であつて、精神保健に関して学識経験を有する者

二　社会福祉士の資格を有する者

三　児童自立支援専門員の職にあつた者等児童自立支援事業に五年以上（人材育成センターが行う児童自立支援専門員として必要な知識及び技能を習得させるための講習の課程（以下「講習課程」という。）を修了した者にあつては、三年以上）従事した者

四　都道府県知事が前各号に掲げる者と同等以上の能力を有すると認める者であつて、次に掲げる期間の合計が五年以上（人材育成センターが行う講習課程を修了した者にあつては、三年以上）であるもの

イ　児童福祉司となる資格を有する者にあつては、相談援助業務（国、都道府県又は市町村の内部組織における相談援助業務を含む。）に従事した期間

ロ　社会福祉主事となる資格を有する者にあつては、相談援助業務に従事した期間

ハ　社会福祉施設の職員として勤務した期間（イ又はロに掲げる期間に該当する期間を除く。）

2　児童自立支援施設の長は、二年に一回以上、その資質の向上のためのこども家庭庁長官が指定する者が行う研修を受けなければならない。ただし、やむを得ない理由があるときは、この限りでない。

（児童自立支援専門員の資格）

第八十二条　児童自立支援専門員は、次の各号のいずれかに該当する者でなければならない。

一　医師であつて、精神保健に関して学識経験を有する者

二　社会福祉士の資格を有する者

三　都道府県知事の指定する児童自立支援専門員を養成する学校その他の養成施設を卒業した者（学校教育法の規定による専門職大学の前期課程を修了した者を含む。）

四　学校教育法の規定による大学（短期大学を除く。以下この号において同じ。）において、社会福祉学、心理学、教育学若しくは社会学を専修する学科若しくはこれらに相当する課程を修めて卒業した者又は同法の規定による大学において、社会福祉学、心理学、教育学若しくは社会学に関する科目の単位を優秀な成績で修得したことにより、同法第百二条第二項の規定により大学院への入学を認められた者であつて、一年以上児童自立支援事業に従事したもの又は前条第一項第四号イからハまでに掲げる期間の合計が二年以上であるもの

五　学校教育法の規定による大学院において、社会福祉学、心理学、教育学若しくは社会学を専攻する研究科又はこれらに相当する課程を修めて卒業した者であつて、一年以上児童自立支援事業に従事したもの又は前条第一項第四号イからハまでに掲げる期間の合計が二年以上であるもの

六　外国の大学において、社会福祉学、心理学、教育学若しくは社会学を専修する学科又はこれらに相当する課程を修めて卒業した者であつて、一年以上児童自立支援事業に従事した

もの又は前条第一項第四号イからハまでに掲げる期間の合計が二年以上であるもの
七　学校教育法の規定による高等学校若しくは中等教育学校を卒業した者、同法第九十条第二項の規定により大学への入学を認められた者若しくは通常の課程による十二年の学校教育を修了した者（通常の課程以外の課程によりこれに相当する学校教育を修了した者を含む。）又は文部科学大臣がこれと同等以上の資格を有すると認定した者であつて、三年以上児童自立支援事業に従事したもの又は前条第一項第四号イからハまでに掲げる期間の合計が五年以上であるもの
八　教育職員免許法に規定する小学校、中学校、義務教育学校、高等学校又は中等教育学校の教諭の免許状を有する者であつて、一年以上児童自立支援事業に従事したもの又は二年以上教員としてその職務に従事したもの
2　前項第三号の指定については、第四十三条第二項の規定を準用する。

（**児童生活支援員の資格**）
第八十三条　児童生活支援員は、次の各号のいずれかに該当する者でなければならない。
一　保育士（特区法第十二条の五第五項に規定する事業実施区域内にある児童自立支援施設にあつては、保育士又は当該事業実施区域に係る国家戦略特別区域限定保育士）の資格を有する者
二　社会福祉士の資格を有する者
三　三年以上児童自立支援事業に従事した者

（**生活指導、職業指導、学科指導及び家庭環境の調整**）
第八十四条　児童自立支援施設における生活指導及び職業指導は、すべて児童がその適性及び能力に応じて、自立した社会人として健全な社会生活を営んでいくことができるよう支援することを目的として行わなければならない。
2　学科指導については、学校教育法の規定による学習指導要領を準用する。ただし、学科指導を行わない場合にあつてはこの限りでない。
3　生活指導、職業指導及び家庭環境の調整については、第四十五条（第二項を除く。）の規定を準用する。

（**自立支援計画の策定**）
第八十四条の二　児童自立支援施設の長は、前条第一項の目的を達成するため、入所中の個々の児童について、年齢、発達の状況その他の当該児童の事情に応じ意見聴取その他の措置をとることにより、児童の意見又は意向、児童やその家庭の状況等を勘案して、その自立を支援するための計画を策定しなければならない。

（**業務の質の評価等**）
第八十四条の三　児童自立支援施設は、自らその行う法第四十四条に規定する業務の質の評価を行うとともに、定期的に外部の者による評価を受けて、それらの結果を公表し、常にその改善を図らなければならない。

（**児童と起居を共にする職員**）
第八十五条　児童自立支援施設の長は、児童自立支援専門員及び児童生活支援員のうち少なくとも一人を児童と起居を共にさせなければならない。

（**関係機関との連携**）
第八十七条　児童自立支援施設の長は、児童の通学する学校及び児童相談所並びに必要に応じ児童家庭支援センター、里親支援センター、児童委員、公共職業安定所等関係機関と密接に連携して児童の指導及び家庭環境の調整に当たらなければならない。

（**心理学的及び精神医学的診査等**）
第八十八条　児童自立支援施設においては、入所している児童の自立支援のため、随時心理学的及び精神医学的診査並びに教育評価（学科指導を行う場合に限る。）を行わなければならない。

第十一章　児童家庭支援センター

（**設備の基準**）
第八十八条の二　児童家庭支援センターには相談室を設けなければならない。

（**職員**）
第八十八条の三　児童家庭支援センターには、法第四十四条の二第一項に規定する業務（次条において「支援」という。）を担当する職員を置かなければならない。
2　前項の職員は、法第十三条第三項各号のいずれかに該当する者でなければならない。

（**支援を行うに当たつて遵守すべき事項**）
第八十八条の四　児童家庭支援センターにおける支援に当たつては、児童、保護者その他の意向の把握に努めるとともに、懇切を旨としなければならない。
2　児童家庭支援センターにおいて、児童相談所、福祉事務所、児童福祉施設、民生委員、児童委員、母子・父子自立支援員、母子・父子福祉団体、公共職業安定所、女性相談支援員、保健所、市町村保健センター、精神保健福祉センター、学校等との連絡調整を行うに当たつては、その他の支援を迅速かつ的確に行うことができるよう円滑にこれを行わなければならない。

3　児童家庭支援センターにおいては、その附置されている施設との緊密な連携を行うとともに、その支援を円滑に行えるよう必要な措置を講じなければならない。

第十一章の二　里親支援センター

（設備の基準）

第八十八条の五　里親支援センターには事務室、相談室等の里親及び里親に養育される児童並びに里親になろうとする者（次条第三項第三号において「里親等」という。）が訪問できる設備その他事業を実施するために必要な設備を設けなければならない。

（職員）

第八十八条の六　里親支援センターには、里親制度等普及促進担当者、里親等支援員及び里親研修等担当者を置かなければならない。

2　里親制度等普及促進担当者は、次の各号のいずれかに該当する者でなければならない。

一　法第十三条第三項各号のいずれかに該当する者

二　里親として五年以上の委託児童（法第二十七条第一項第三号の規定により里親に委託された児童をいう。以下この条及び次条第二号において同じ。）の養育の経験を有する者又は小規模住居型児童養育事業の養育者等（児童福祉法施行規則第一条の十に規定する養育者等をいう。以下この条及び次条において同じ。）若しくは児童養護施設、乳児院、児童心理治療施設若しくは児童自立支援施設の職員として、児童の養育に五年以上従事した者であつて、里親制度その他の児童の養育に必要な制度への理解及びソーシャルワークの視点を有する者

三　里親制度その他の児童の養育に必要な制度の普及促進及び新たに里親になることを希望する者の開拓に関して、都道府県知事が前二号に該当する者と同等以上の能力を有すると認める者

3　里親等支援員は、次の各号のいずれかに該当する者でなければならない。

一　法第十三条第三項各号のいずれかに該当する者

二　里親として五年以上の委託児童の養育の経験を有する者又は小規模住居型児童養育事業の養育者等若しくは児童養護施設、乳児院、児童心理治療施設若しくは児童自立支援施設の職員として、児童の養育に五年以上従事した者であつて、里親制度その他の児童の養育に必要な制度への理解及びソーシャルワークの視点を有する者

三　里親等への支援の実施に関して、都道府県知事が前二号に該当する者と同等以上の能力を有すると認める者

4　里親研修等担当者は、次の各号のいずれかに該当する者でなければならない。

一　法第十三条第三項各号のいずれかに該当する者

二　里親として五年以上の委託児童の養育の経験を有する者又は小規模住居型児童養育事業の養育者等若しくは児童養護施設、乳児院、児童心理治療施設若しくは児童自立支援施設の職員として、児童の養育に五年以上従事した者であつて、里親制度その他の児童の養育に必要な制度への理解及びソーシャルワークの視点を有する者

三　里親及び里親になろうとする者への研修の実施に関して、都道府県知事が前二号に該当する者と同等以上の能力を有すると認める者

（里親支援センターの長の資格等）

第八十八条の七　里親支援センターの長は、次の各号のいずれかに該当し、かつ、法第十一条第四項に規定する里親支援事業の業務の十分な経験を有する者であつて、里親支援センターを適切に運営する能力を有するものでなければならない。

一　法第十三条第三項各号のいずれかに該当する者

二　里親として五年以上の委託児童の養育の経験を有する者又は小規模住居型児童養育事業の養育者等若しくは児童養護施設、乳児院、児童心理治療施設若しくは児童自立支援施設の職員として、児童の養育に五年以上従事した者であつて、里親制度その他の児童の養育に必要な制度への理解及びソーシャルワークの視点を有する者

三　都道府県知事が前二号に該当する者と同等以上の能力を有すると認める者

（里親支援）

第八十八条の八　里親支援センターにおける支援は、里親制度その他の児童の養育に必要な制度の普及促進、新たに里親になることを希望する者の開拓、里親、小規模住居型児童養育事業に従事する者及び里親になろうとする者への研修の実施、法第二十七条第一項第三号の規定による児童の委託の推進、里親、小規模住居型児童養育事業に従事する者、里親又は小規模住居型児童養育事業に従事する者に養育される児童及び里親になろうとする者への支援その他の必要

な支援を包括的に行うことにより、里親に養育される児童が心身ともに健やかに育成されるよう、その最善の利益を実現することを目的として行わなければならない。

（業務の質の評価等）

第八十八条の九　里親支援センターは、自らその行う法第四十四条の三第一項に規定する業務の質の評価を行うとともに、定期的に外部の者による評価を受けて、それらの結果を公表し、常にその改善を図らなければならない。

（関係機関との連携）

第八十八条の十　里親支援センターの長は、都道府県、市町村、児童相談所及び里親に養育される児童の通学する学校並びに必要に応じ児童福祉施設、児童委員等関係機関と密接に連携して、里親等への支援に当たらなければならない。

附　則　（抄）

（施行の期日）

第八十九条　この省令は、公布の日〔昭23・12・29〕から施行する。

（保育所の職員配置に係る特例）

第九十四条　保育の需要に応ずるに足りる保育所、認定こども園（子ども・子育て支援法（平成二十四年法律第六十五号）第二十七条第一項の確認を受けたものに限る。）又は家庭的保育事業等が不足していることに鑑み、当分の間、第三十三条第二項ただし書の規定を適用しないことができる。この場合において、同項本文の規定により必要な保育士が一人となる時は、当該保育士に加えて、都道府県知事（指定都市にあつては当該指定都市の市長とし、中核市にあつては当該中核市の市長とする。）が保育士と同等の知識及び経験を有すると認める者を置かなければならない。

第九十五条　前条の事情に鑑み、当分の間、第三十三条第二項に規定する保育士の数の算定については、幼稚園教諭若しくは小学校教諭又は養護教諭の普通免許状（教育職員免許法第四条第二項に規定する普通免許状をいう。）を有する者を、保育士とみなすことができる。

第九十六条　第九十四条の事情に鑑み、当分の間、一日につき八時間を超えて開所する保育所において、開所時間を通じて必要となる保育士の総数が、当該保育所に係る利用定員の総数に応じて置かなければならない保育士の数を超えるときは、第三十三条第二項に規定する保育士の数の算定については、都道府県知事（指定都市にあつては当該指定都市の市長とし、中核市にあつては当該中核市の市長とする。）が保育士と同等の知識及び経験を有すると認める者を、開所時間を通じて必要となる保育士の総数から利用定員の総数に応じて置かなければならない保育士の数を差し引いて得た数の範囲で、保育士とみなすことができる。

第九十七条　前二条の規定を適用する時は、保育士（法第十八条の十八第一項の登録を受けた者をいい、児童福祉施設最低基準の一部を改正する省令（平成十年厚生省令第五十一号）附則第二項又は前二条の規定により保育士とみなされる者を除く。）を、保育士の数（前二条の規定の適用がないとした場合の第三十三条第二項により算定されるものをいう。）の三分の二以上、置かなければならない。

11 家庭的保育事業等の設備及び運営に関する基準

（平成二六年四月三〇日厚生労働省令第六一号）

改正　令和五・三・三一厚労令四八

第一章　総則

（趣旨）

第一条　児童福祉法（昭和二十二年法律第百六十四号。以下「法」という。）第三十四条の十六第二項の内閣府令で定める基準（以下「設備運営基準」という。）は、次の各号に掲げる基準に応じ、それぞれ当該各号に定める規定による基準とする。

一　法第三十四条の十六第一項の規定により、同条第二項第一号に掲げる事項について市町村（特別区を含む。以下同じ。）が条例を定めるに当たつて従うべき基準　第十条（当該家庭的保育事業者等の職員に係る部分に限る。）、第二十三条、第二十九条、第三十一条、第三十四条、第三十九条、第四十四条、第四十七条及び附則第六条から第九条までの規定による基準

二　法第三十四条の十六第一項の規定により、同条第二項第二号に掲げる事項について市町村が条例を定めるに当たつて従うべき基準　第六条、第七条の二、第七条の三、第十一条から第十三条まで、第十五条、第十六条、第二十条、第二十二条第四号（調理設備に係る部分に限る。）、第二十五条（第三十条、第三

十二条、第三十六条、第四十一条、第四十六条及び第四十八条において準用する場合を含む。）、第二十七条、第二十八条第一号（調理設備に係る部分に限る。）（第三十二条及び第四十八条において準用する場合を含む。）及び第四号（調理設備に係る部分に限る。）（第三十二条及び第四十八条において準用する場合を含む。）、第三十三条第一号（調理設備に係る部分に限る。）及び第四号（調理設備に係る部分に限る。）、第三十五条、第三十七条、第四十条、第四十三条第一号（調理室に係る部分に限る。）及び第五号（調理室に係る部分に限る。）、第四十五条並びに附則第二条から第五条までの規定による基準

三　法第三十四条の十六第一項の規定により、同条第二項第一号及び第二号に掲げる事項以外の事項について市町村が条例を定めるに当たって参酌すべき基準　この府令に定める基準のうち、前二号に定める規定による基準以外のもの

2　設備運営基準は、市町村長（特別区の長を含む。以下同じ。）の監督に属する家庭的保育事業等（法第二十四条第二項に規定する家庭的保育事業等をいう。以下同じ。）を利用している乳児又は幼児（満三歳に満たない者に限り、法第六条の三第九項第二号、同条第十項第二号、同条第十一項第二号又は同条第十二項第二号の規定に基づき保育が必要と認められる児童であって満三歳以上のものについて保育を行う場合にあっては、当該児童を含む。以下同じ。）（以下「利用乳幼児」という。）が、明るくて、衛生的な環境において、素養があり、かつ、適切な訓練を受けた職員（家庭的保育事業等を行う事業所（以下「家庭的保育事業所等」という。）の管理者を含む。以下同じ。）が保育を提供することにより、心身ともに健やかに育成されることを保障するものとする。

3　内閣総理大臣は、設備運営基準を常に向上させるように努めるものとする。

（最低基準の目的）

第二条　法第三十四条の十六第一項の規定により市町村が条例で定める基準（以下「最低基準」という。）は、利用乳幼児が、明るくて、衛生的な環境において、素養があり、かつ、適切な訓練を受けた職員が保育を提供することにより、心身ともに健やかに育成されることを保障するものとする。

（最低基準の向上）

第三条　市町村長は、その管理に属する法第八条第四項に規定する市町村児童福祉審議会を設置している場合にあってはその意見を、その他の場合にあっては児童の保護者その他児童福祉に係る当事者の意見を聴き、その監督に属する家庭的保育事業等を行う者（以下「家庭的保育事業者等」という。）に対し、最低基準を超えて、その設備及び運営を向上させるように勧告することができる。

2　市町村は、最低基準を常に向上させるように努めるものとする。

（最低基準と家庭的保育事業者等）

第四条　家庭的保育事業者等は、最低基準を超えて、常に、その設備及び運営を向上させなければならない。

2　最低基準を超えて、設備を有し、又は運営をしている家庭的保育事業者等においては、最低基準を理由として、その設備又は運営を低下させてはならない。

（家庭的保育事業者等の一般原則）

第五条　家庭的保育事業者等は、利用乳幼児の人権に十分配慮するとともに、一人一人の人格を尊重して、その運営を行わなければならない。

2　家庭的保育事業者等は、地域社会との交流及び連携を図り、利用乳幼児の保護者及び地域社会に対し、当該家庭的保育事業等の運営の内容を適切に説明するよう努めなければならない。

3　家庭的保育事業者等は、自らその行う保育の質の評価を行い、常にその改善を図らなければならない。

4　家庭的保育事業者等は、定期的に外部の者による評価を受けて、それらの結果を公表し、常にその改善を図るよう努めなければならない。

5　家庭的保育事業所等（居宅訪問型保育事業を行う場所を除く。次項、次条第二号、第十四条第二項及び第三項、第十五条第一項並びに第十六条において同じ。）には、法に定めるそれぞれの事業の目的を達成するために必要な設備を設けなければならない。

6　家庭的保育事業所等の構造設備は、採光、換気等利用乳幼児の保健衛生及び利用乳幼児に対する危害防止に十分な考慮を払って設けられなければならない。

（保育所等との連携）

第六条　家庭的保育事業者等（居宅訪問型保育事業を行う者（以下「居宅訪問型保育事業者」という。）を除く。以下この条、第七条第一項、第十四条第一項及び第二項、第十五条第一項、第二項及び第五項、第十六条並びに第十七条第一項から第三項までにおいて同じ。）は、利用乳幼児に対する保育が適正かつ確実に行われ、

及び、家庭的保育事業者等による保育の提供の終了後も満三歳以上の児童に対して必要な教育（教育基本法（平成十八年法律第百二十号）第六条第一項に規定する法律に定める学校において行われる教育をいう。以下この条において同じ。）又は保育が継続的に提供されるよう、次に掲げる事項（国家戦略特別区域法（平成二十五年法律第百七号。以下「特区法」という。）第十二条の四第一項に規定する国家戦略特別区域小規模保育事業を行う事業者（以下「国家戦略特別区域小規模保育事業者」という。）にあっては、第一号及び第二号に掲げる事項）に係る連携協力を行う保育所、幼稚園又は認定こども園（以下「連携施設」という。）を適切に確保しなければならない。ただし、離島その他の地域であって、連携施設の確保が著しく困難であると市町村が認めるものにおいて家庭的保育事業等（居宅訪問型保育事業を除く。第十六条第二項第三号において同じ。）を行う家庭的保育事業者等については、この限りでない。

一　利用乳幼児に集団保育を体験させるための機会の設定、保育の適切な提供に必要な家庭的保育事業者等に対する相談、助言その他の保育の内容に関する支援を行うこと。

二　必要に応じて、代替保育（家庭的保育事業所等の職員の病気、休暇等により保育を提供することができない場合に、当該家庭的保育事業者等に代わって提供する保育をいう。以下この条において同じ。）を提供すること。

三　当該家庭的保育事業者等により保育の提供を受けていた利用乳幼児（事業所内保育事業（法第六条の三第十二項に規定する事業所内保育事業をいう。以下同じ。）の利用乳幼児にあっては、第四十二条に規定するその他の乳児又は幼児に限る。以下この号及び第四項第一号において同じ。）を、当該保育の提供の終了に際して、当該利用乳幼児に係る保護者の希望に基づき、引き続き当該連携施設において受け入れて教育又は保育を提供すること。

2　市町村長は、家庭的保育事業者等による代替保育の提供に係る連携施設の確保が著しく困難であると認める場合であって、次の各号に掲げる要件の全てを満たすと認めるときは、前項第二号の規定を適用しないこととすることができる。

一　家庭的保育事業者等と次項の連携協力を行う者との間でそれぞれの役割の分担及び責任の所在が明確化されていること。

二　次項の連携協力を行う者の本来の業務の遂行に支障が生じないようにするための措置が講じられていること。

3　前項の場合において、家庭的保育事業者等は、次の各号に掲げる場合の区分に応じ、それぞれ当該各号に定める者を第一項第二号に掲げる事項に係る連携協力を行う者として適切に確保しなければならない。

一　当該家庭的保育事業者等が家庭的保育事業等を行う場所又は事業所（次号において「事業実施場所」という。）以外の場所又は事業所において代替保育が提供される場合　第二十七条に規定する小規模保育事業A型若しくは小規模保育事業B型又は事業所内保育事業を行う者（次号において「小規模保育事業A型事業者等」という。）

二　事業実施場所において代替保育が提供される場合　事業の規模等を勘案して小規模保育事業A型事業者等と同等の能力を有すると市町村が認める者

4　市町村長は、次のいずれかに該当するときは、第一項第三号の規定を適用しないこととすることができる。

一　市町村長が、法第二十四条第三項の規定による調整を行うに当たって、家庭的保育事業者等による保育の提供を受けていた利用乳幼児を優先的に取り扱う措置その他の家庭的保育事業者等による保育の提供の終了に際して、利用乳幼児に係る保護者の希望に基づき、引き続き必要な教育又は保育が提供されるよう必要な措置を講じているとき

二　家庭的保育事業者等による第一項第三号に掲げる事項に係る連携施設の確保が、著しく困難であると認めるとき（前号に該当する場合を除く。）

5　前項（第二号に該当する場合に限る。）の場合において、家庭的保育事業者等は、法第五十九条第一項に規定する施設のうち次に掲げるもの（入所定員が二十人以上のものに限る。）又は特区法第十二条の四第一項に規定する国家戦略特別区域小規模保育事業を行う事業所であって、市町村長が適当と認めるものを第一項第三号に掲げる事項に係る連携協力を行う施設又は事業所として適切に確保しなければならない。

一　子ども・子育て支援法（平成二十四年法律第六十五号）第五十九条の二第一項の規定による助成を受けている者の設置する施設（法第六条の三第十二項に規定する業務を目的とするものに限る。）

二　法第六条の三第十二項及び第三十九条第一項に規定する業務を目的とする施設であって、法第六条の三第九項第一号に規定する保

育を必要とする乳児・幼児の保育を行うことに要する費用に係る地方公共団体の補助を受けているもの

（家庭的保育事業者等と非常災害）

第七条　家庭的保育事業者等は、軽便消火器等の消火用具、非常口その他非常災害に必要な設備を設けるとともに、非常災害に対する具体的計画を立て、これに対する不断の注意と訓練をするように努めなければならない。

2　前項の訓練のうち、避難及び消火に対する訓練は、少なくとも毎月一回は、これを行わなければならない。

（安全計画の策定等）

第七条の二　家庭的保育事業者等は、利用乳幼児の安全の確保を図るため、家庭的保育事業所等ごとに、当該家庭的保育事業所等の設備の安全点検、職員、利用乳幼児等に対する事業所外での活動、取組等を含めた家庭的保育事業所等での生活その他の日常生活における安全に関する指導、職員の研修及び訓練その他家庭的保育事業所等における安全に関する事項についての計画（以下この条において「安全計画」という。）を策定し、当該安全計画に従い必要な措置を講じなければならない。

2　家庭的保育事業者等は、職員に対し、安全計画について周知するとともに、前項の研修及び訓練を定期的に実施しなければならない。

3　家庭的保育事業者等は、利用乳幼児の安全の確保に関して保護者との連携が図られるよう、保護者に対し、安全計画に基づく取組の内容等について周知しなければならない。

4　家庭的保育事業者等は、定期的に安全計画の見直しを行い、必要に応じて安全計画の変更を行うものとする。

（自動車を運行する場合の所在の確認）

第七条の三　家庭的保育事業者等は、利用乳幼児の事業所外での活動、取組等のための移動その他の利用乳幼児の移動のために自動車を運行するときは、利用乳幼児の乗車及び降車の際に、点呼その他の利用乳幼児の所在を確実に把握することができる方法により、利用乳幼児の所在を確認しなければならない。

2　家庭的保育事業者等（居宅訪問型保育事業者を除く。）は、利用乳幼児の送迎を目的とした自動車（運転者席及びこれと並列の座席並びにこれらより一つ後方に備えられた前向きの座席以外の座席を有しないものその他利用の態様を勘案してこれと同程度に利用乳幼児の見落としのおそれが少ないと認められるものを除く。）を日常的に運行するときは、当該自動車にブザーその他の車内の利用乳幼児の見落としを防止する装置を備え、これを用いて前項に定める所在の確認（利用乳幼児の降車の際に限る。）を行わなければならない。

（家庭的保育事業者等の職員の一般的要件）

第八条　家庭的保育事業等において利用乳幼児の保育に従事する職員は、健全な心身を有し、豊かな人間性と倫理観を備え、児童福祉事業に熱意のある者であって、できる限り児童福祉事業の理論及び実際について訓練を受けた者でなければならない。

（家庭的保育事業者等の職員の知識及び技能の向上等）

第九条　家庭的保育事業者等の職員は、常に自己研鑽《さん》に励み、法に定めるそれぞれの事業の目的を達成するために必要な知識及び技能の修得、維持及び向上に努めなければならない。

2　家庭的保育事業者等は、職員に対し、その資質の向上のための研修の機会を確保しなければならない。

（他の社会福祉施設等を併せて設置するときの設備及び職員の基準）

第十条　家庭的保育事業所等は、他の社会福祉施設等を併せて設置するときは、その行う保育に支障がない場合に限り、必要に応じ当該家庭的保育事業所等の設備及び職員の一部を併せて設置する他の社会福祉施設等の設備及び職員に兼ねることができる。

（利用乳幼児を平等に取り扱う原則）

第十一条　家庭的保育事業者等は、利用乳幼児の国籍、信条、社会的身分又は利用に要する費用を負担するか否かによって、差別的取扱いをしてはならない。

（虐待等の禁止）

第十二条　家庭的保育事業者等の職員は、利用乳幼児に対し、法第三十三条の十各号に掲げる行為その他当該利用乳幼児の心身に有害な影響を与える行為をしてはならない。

第十三条　削除

（衛生管理等）

第十四条　家庭的保育事業者等は、利用乳幼児の使用する設備、食器等又は飲用に供する水について、衛生的な管理に努め、又は衛生上必要な措置を講じなければならない。

2　家庭的保育事業者等は、家庭的保育事業所等において感染症又は食中毒が発生し、又はまん延しないように、職員に対し、感染症及び食中毒の予防及びまん延の防止のための研修並びに感染症の予防及びまん延の防止のための訓練を定期的に実施するよう努めなければならない。

3　家庭的保育事業所等には、必要な医薬品その他の医療品を備えるとともに、それらの管理を適正に行わなければならない。

4　居宅訪問型保育事業者は、保育に従事する職員の清潔の保持及び健康状態について、必要な管理を行わなければならない。

5　居宅訪問型保育事業者は、居宅訪問型保育事業所の設備及び備品について、衛生的な管理に努めなければならない。

（食事）

第十五条　家庭的保育事業者等は、利用乳幼児に食事を提供するときは、家庭的保育事業所等内で調理する方法（第十条の規定により、当該家庭的保育事業所等の調理設備又は調理室を兼ねている他の社会福祉施設等の調理室において調理する方法を含む。）により行わなければならない。

2　家庭的保育事業者等は、利用乳幼児に食事を提供するときは、その献立は、できる限り、変化に富み、利用乳幼児の健全な発育に必要な栄養量を含有するものでなければならない。

3　食事は、前項の規定によるほか、食品の種類及び調理方法について栄養並びに利用乳幼児の身体的状況及び嗜好を考慮したものでなければならない。

4　調理は、あらかじめ作成された献立に従つて行わなければならない。

5　家庭的保育事業者等は、利用乳幼児の健康な生活の基本としての食を営む力の育成に努めなければならない。

（食事の提供の特例）

第十六条　次の各号に掲げる要件を満たす家庭的保育事業者等は、前条第一項の規定にかかわらず、当該家庭的保育事業者等の利用乳幼児に対する食事の提供について、次項に規定する施設（以下「搬入施設」という。）において調理し家庭的保育事業所等に搬入する方法により行うことができる。この場合において、当該家庭的保育事業者等は、当該食事の提供について当該方法によることとしてもなお当該家庭的保育事業所等において行うことが必要な調理のための加熱、保存等の調理機能を有する設備を備えなければならない。

一　利用乳幼児に対する食事の提供の責任が当該家庭的保育事業者等にあり、その管理者が、衛生面、栄養面等業務上必要な注意を果たし得るような体制及び調理業務の受託者との契約内容が確保されていること。

二　当該家庭的保育事業所等又はその他の施設、保健所、市町村等の栄養士により、献立等について栄養の観点からの指導が受けられる体制にある等、栄養士による必要な配慮が行われること。

三　調理業務の受託者を、当該家庭的保育事業者等による給食の趣旨を十分に認識し、衛生面、栄養面等、調理業務を適切に遂行できる能力を有する者とすること。

四　利用乳幼児の年齢及び発達の段階並びに健康状態に応じた食事の提供や、アレルギー、アトピー等への配慮、必要な栄養素量の給与等、利用乳幼児の食事の内容、回数及び時機に適切に応じることができること。

五　食を通じた利用乳幼児の健全育成を図る観点から、利用乳幼児の発育及び発達の過程に応じて食に関し配慮すべき事項を定めた食育に関する計画に基づき食事を提供するよう努めること。

2　搬入施設は、次の各号に掲げるいずれかの施設とする。

一　連携施設

二　当該家庭的保育事業者等と同一の法人又は関連法人が運営する小規模保育事業（法第六条の三第十項に規定する小規模保育事業をいう。以下同じ。）若しくは事業所内保育事業を行う事業所、社会福祉施設、医療機関等

三　学校給食法（昭和二十九年法律第百六十号）第三条第二項に規定する義務教育諸学校又は同法第六条に規定する共同調理場（家庭的保育事業者等が離島その他の地域であって、第一号及び第二号に掲げる搬入施設の確保が著しく困難であると市町村が認めるものにおいて家庭的保育事業等を行う場合に限る。）

四　保育所、幼稚園、認定こども園等から調理業務を受託している事業者のうち、当該家庭的保育事業者等による給食の趣旨を十分に認識し、衛生面、栄養面等、調理業務を適切に遂行できる能力を有するとともに、利用乳幼児の年齢及び発達の段階並びに健康状態に応じた食事の提供や、アレルギー、アトピー等への配慮、必要な栄養素量の給与等、利用乳幼児の食事の内容、回数及び時機に適切に応じることができる者として市町村が適当と認めるもの（家庭的保育事業者が第二十二条に規定する家庭的保育事業を行う場所（第二十三条第二項に規定する家庭的保育者の居宅に限る。）において家庭的保育事業を行う場合に限る。）

（利用乳幼児及び職員の健康診断）

第十七条　家庭的保育事業者等は、利用乳幼児に対し、利用開始時の健康診断、少なくとも一年に二回の定期健康診断及び臨時の健康診断を、学校保健安全法（昭和三十三年法律第五十六号）に規定する健康診断に準じて行わなければならない。

2　家庭的保育事業者等は、前項の規定にかかわらず、児童相談所等における乳児又は幼児（以下「乳幼児」という。）の利用開始前の健康診断が行われた場合であって、当該健康診断が利用乳幼児に対する利用開始時の健康診断の全部又は一部に相当すると認められるときは、利用開始時の健康診断の全部又は一部を行わないことができる。この場合において、家庭的保育事業者等は、児童相談所等における乳幼児の利用開始前の健康診断の結果を把握しなければならない。

3　第一項の健康診断をした医師は、その結果必要な事項を母子健康手帳又は利用乳幼児の健康を記録する表に記入するとともに、必要に応じ保育の提供又は法第二十四条第六項の規定による措置を解除又は停止する等必要な手続をとることを、家庭的保育事業者等に勧告しなければならない。

4　家庭的保育事業等の職員の健康診断に当たっては、特に利用乳幼児の食事を調理する者につき、綿密な注意を払わなければならない。

（**家庭的保育事業所等内部の規程**）

第十八条　家庭的保育事業者等は、次の各号に掲げる事業の運営についての重要事項に関する規程を定めておかなければならない。

一　事業の目的及び運営の方針

二　提供する保育の内容

三　職員の職種、員数及び職務の内容

四　保育の提供を行う日及び時間並びに提供を行わない日

五　保護者から受領する費用の種類、支払を求める理由及びその額

六　乳児、幼児の区分ごとの利用定員（国家戦略特別区域小規模保育事業者にあっては、乳児、満三歳に満たない幼児及び満三歳以上の幼児の区分ごとの利用定員）

七　家庭的保育事業等の利用の開始、終了に関する事項及び利用に当たっての留意事項

八　緊急時等における対応方法

九　非常災害対策

十　虐待の防止のための措置に関する事項

十一　その他家庭的保育事業等の運営に関する重要事項

（**家庭的保育事業所等に備える帳簿**）

第十九条　家庭的保育事業所等には、職員、財産、収支及び利用乳幼児の処遇の状況を明らかにする帳簿を整備しておかなければならない。

（**秘密保持等**）

第二十条　家庭的保育事業者等の職員は、正当な理由がなく、その業務上知り得た利用乳幼児又はその家族の秘密を漏らしてはならない。

2　家庭的保育事業者等は、職員であった者が、正当な理由がなく、その業務上知り得た利用乳幼児又はその家族の秘密を漏らすことがないよう、必要な措置を講じなければならない。

（**苦情への対応**）

第二十一条　家庭的保育事業者等は、その行った保育に関する利用乳幼児又はその保護者等からの苦情に迅速かつ適切に対応するために、苦情を受け付けるための窓口を設置する等の必要な措置を講じなければならない。

2　家庭的保育事業者等は、その行った保育に関し、当該保育の提供又は法第二十四条第六項の規定による措置に係る市町村から指導又は助言を受けた場合は、当該指導又は助言に従って必要な改善を行わなければならない。

第二章　家庭的保育事業

（**設備の基準**）

第二十二条　家庭的保育事業は、次条第二項に規定する家庭的保育者の居宅その他の場所（保育を受ける乳幼児の居宅を除く。）であって、次の各号に掲げる要件を満たすものとして、市町村長が適当と認める場所（次条において「家庭的保育事業を行う場所」という。）で実施するものとする。

一　乳幼児の保育を行う専用の部屋を設けること。

二　前号に掲げる専用の部屋の面積は、九・九平方メートル（保育する乳幼児が三人を超える場合は、九・九平方メートルに三人を超える人数一人につき三・三平方メートルを加えた面積）以上であること。

三　乳幼児の保健衛生上必要な採光、照明及び換気の設備を有すること。

四　衛生的な調理設備及び便所を設けること。

五　同一の敷地内に乳幼児の屋外における遊戯等に適した広さの庭（付近にあるこれに代わるべき場所を含む。次号において同じ。）があること。

六　前号に掲げる庭の面積は、満二歳以上の幼児一人につき、三・三平方メートル以上であること。

七　火災報知器及び消火器を設置するとともに、消火訓練及び避難訓練を定期的に実施すること。

（職員）
第二十三条　家庭的保育事業を行う場所には、次項に規定する家庭的保育者、嘱託医及び調理員を置かなければならない。ただし、次の各号のいずれかに該当する場合には、調理員を置かないことができる。
一　調理業務の全部を委託する場合
二　第十六条第一項の規定により搬入施設から食事を搬入する場合
2　家庭的保育者（法第六条の三第九項第一号に規定する家庭的保育者をいう。以下同じ。）は、市町村長が行う研修（市町村長が指定する都道府県知事その他の機関が行う研修を含む。）を修了した保育士（特区法第十二条の五第五項に規定する事業実施区域内にある家庭的保育事業を行う場所にあっては、保育士又は当該事業実施区域に係る国家戦略特別区域限定保育士）又は保育士と同等以上の知識及び経験を有すると市町村長が認める者であって、次の各号のいずれにも該当する者とする。
一　保育を行っている乳幼児の保育に専念できる者
二　法第十八条の五各号及び法第三十四条の二十第一項第三号のいずれにも該当しない者
3　家庭的保育者一人が保育することができる乳幼児の数は、三人以下とする。ただし、家庭的保育者が、家庭的保育補助者（市町村長が行う研修（市町村長が指定する都道府県知事その他の機関が行う研修を含む。）を修了した者であって、家庭的保育者を補助するものをいう。第三十四条第二項において同じ。）とともに保育する場合には、五人以下とする。

（保育時間）
第二十四条　家庭的保育事業における保育時間は、一日につき八時間を原則とし、乳幼児の保護者の労働時間その他家庭の状況等を考慮して、家庭的保育事業を行う者（次条及び第二十六条において「家庭的保育事業者」という。）が定めるものとする。

（保育の内容）
第二十五条　家庭的保育事業者は、児童福祉施設の設備及び運営に関する基準（昭和二十三年厚生省令第六十三号）第三十五条に規定する内閣総理大臣が定める指針に準じ、家庭的保育事業の特性に留意して、保育する乳幼児の心身の状況等に応じた保育を提供しなければならない。

（保護者との連絡）
第二十六条　家庭的保育事業者は、常に保育する乳幼児の保護者と密接な連絡をとり、保育の内容等につき、その保護者の理解及び協力を得るよう努めなければならない。

第三章　小規模保育事業

第一節　通則

（小規模保育事業の区分）
第二十七条　小規模保育事業は、小規模保育事業A型、小規模保育事業B型及び小規模保育事業C型とする。

第二節　小規模保育事業A型

（設備の基準）
第二十八条　小規模保育事業A型を行う事業所（以下「小規模保育事業所A型」という。）の設備の基準は、次のとおりとする。
一　乳児又は満二歳に満たない幼児を利用させる小規模保育事業所A型には、乳児室又はほふく室、調理設備及び便所を設けること。
二　乳児室又はほふく室の面積は、乳児又は前号の幼児一人につき三・三平方メートル以上であること。
三　乳児室又はほふく室には、保育に必要な用具を備えること。
四　満二歳以上の幼児を利用させる小規模保育事業所A型には、保育室又は遊戯室、屋外遊戯場（当該事業所の付近にある屋外遊戯場に代わるべき場所を含む。次号並びに第三十三条第四号及び第五号において同じ。）、調理設備及び便所を設けること。
五　保育室又は遊戯室の面積は、前号の幼児一人につき一・九八平方メートル以上、屋外遊戯場の面積は、前号の幼児一人につき三・三平方メートル以上であること。
六　保育室又は遊戯室には、保育に必要な用具を備えること。
七　乳児室、ほふく室、保育室又は遊戯室（以下「保育室等」という。）を二階に設ける建物は、次のイ、ロ及びへの要件に、保育室等を三階以上に設ける建物は、次の各号に掲げる要件に該当するものであること。
イ　建築基準法（昭和二十五年法律第二百一号）第二条第九号の二に規定する耐火建築物又は同条第九号の三に規定する準耐火建築物であること。
ロ　保育室等が設けられている次の表の上欄に掲げる階に応じ、同表の中欄に掲げる区分ごとに、それぞれ同表の下欄に掲げる施設又は設備が一以上設けられていること。

階	区分	施設又は設備
二階	常用	1 屋内階段 2 屋外階段
	避難用	1 建築基準法施行令（昭和二十五年政令第三百三十八号）第百二十三条第一項各号又は同条第三項各号に規定する構造の屋内階段 2 待避上有効なバルコニー 3 建築基準法第二条第七号の二に規定する準耐火構造の屋外傾斜路又はこれに準ずる設備 4 屋外階段
三階	常用	1 建築基準法施行令第百二十三条第一項各号又は同条第三項各号に規定する構造の屋内階段 2 屋外階段
	避難用	1 建築基準法施行令第百二十三条第一項各号又は同条第三項各号に規定する構造の屋内階段 2 建築基準法第二条第七号に規定する耐火構造の屋外傾斜路又はこれに準ずる設備 3 屋外階段
四階以上の階	常用	1 建築基準法施行令第百二十三条第一項各号又は同条第三項各号に規定する構造の屋内階段 2 建築基準法施行令第百二十三条第二項各号に規定する構造の屋外階段
	避難用	1 建築基準法施行令第百二十三条第一項各号又は同条第三項各号に規定する構造の屋内階段（ただし、同条第一項の場合においては、当該階段の構造は、建築物の一階から保育室等が設けられている階までの部分に限り、屋内と階段室とは、バルコニー又は付室（階段室が同条第三項第二号に規定する構造を有する場合を除き、同号に規定する構造を有するものに限る。）を通じて連絡することとし、かつ、同条第三項第三号、第四号及び第十号を満たすものとする。） 2 建築基準法第二条第七号に規定する耐火構造の屋外傾斜路 3 建築基準法施行令第百二十三条第二項各号に規定する構造の屋外階段

ハ ロに掲げる施設及び設備が避難上有効な位置に設けられ、かつ、保育室等の各部分からその一に至る歩行距離が三十メートル以下となるように設けられていること。

ニ 小規模保育事業所A型の調理設備（次に掲げる要件のいずれかに該当するものを除く。以下このニにおいて同じ。）以外の部分と小規模保育事業所A型の調理設備の部分が建築基準法第二条第七号に規定する耐火構造の床若しくは壁又は建築基準法施行令第百十二条第一項に規定する特定防火設備で区画されていること。この場合において、換気、暖房又は冷房の設備の風道が、当該床若しくは壁を貫通する部分又はこれに近接する部分に防火上有効にダンパーが設けられていること。

(1) スプリンクラー設備その他これに類するもので自動式のものが設けられていること。

(2) 調理用器具の種類に応じて有効な自動消火装置が設けられ、かつ、当該調理設備の外部への延焼を防止するために必要な措置が講じられていること。

ホ 小規模保育事業所A型の壁及び天井の室内に面する部分の仕上げを不燃材料でしていること。

ヘ 保育室等その他乳幼児が出入し、又は通行する場所に、乳幼児の転落事故を防止する設備が設けられていること。

ト 非常警報器具又は非常警報設備及び消防機関へ火災を通報する設備が設けられていること。

チ 小規模保育事業所A型のカーテン、敷物、建具等で可燃性のものについて防炎処理が施されていること。

（職員）

第二十九条 小規模保育事業所A型には、保育士（特区法第十二条の五第五項に規定する事業実施区域内にある小規模保育事業所A型にあっては、保育士又は当該事業実施区域に係る国家戦略特別区域限定保育士。次項において同じ。）、嘱託医及び調理員を置かなければならない。ただし、調理業務の全部を委託する小規模保育事業所A型又は第十六条第一項の規定により搬入施設から食事を搬入する小規模保育事業所A型にあっては、調理員を置かないことができる。

2 保育士の数は、次の各号に掲げる区分に応じ、当該各号に定める数の合計数に一を加えた数以上とする。

一 乳児 おおむね三人につき一人

二 満一歳以上満三歳に満たない幼児 おおむね六人につき一人

三 満三歳以上満四歳に満たない児童 おおむね二十人につき一人（法第六条の三第十項第二号又は特区法第十二条の四第一項の規定に基づき受け入れる場合に限る。次号において同じ。）

四 満四歳以上の児童 おおむね三十人につき一人

3 前項に規定する保育士の数の算定に当たっては、当該小規模保育事業所A型に勤務する保健師、看護師又は准看護師を、一人に限り、保育士とみなすことができる。

（準用）

第三十条　第二十四条から第二十六条までの規定は、小規模保育事業A型について準用する。この場合において、第二十四条中「家庭的保育事業を行う者（次条及び第二十六条において「家庭的保育事業者」という。）」とあるのは「小規模保育事業A型を行う者（第三十条において準用する次条及び第二十六条において「小規模保育事業者（A型）」という。）」と、第二十五条及び第二十六条中「家庭的保育事業者」とあるのは「小規模保育事業者（A型）」とする。

第三節　小規模保育事業B型

（職員）

第三十一条　小規模保育事業B型を行う事業所（以下「小規模保育事業所B型」という。）には、保育士（特区法第十二条の五第五項に規定する事業実施区域内にある小規模保育事業所B型にあっては、保育士又は当該事業実施区域に係る国家戦略特別区域限定保育士。次項において同じ。）その他保育に従事する職員として市町村長が行う研修（市町村長が指定する都道府県知事その他の機関が行う研修を含む。）を修了した者（以下この条において「保育従事者」という。）、嘱託医及び調理員を置かなければならない。ただし、調理業務の全部を委託する小規模保育事業所B型又は第十六条第一項の規定により搬入施設から食事を搬入する小規模保育事業所B型にあっては、調理員を置かないことができる。

2　保育従事者の数は、次の各号に掲げる乳幼児の区分に応じ、当該各号に定める数の合計数に一を加えた数以上とし、そのうち半数以上は保育士とする。

一　乳児　おおむね三人につき一人

二　満一歳以上満三歳に満たない幼児　おおむね六人につき一人

三　満三歳以上満四歳に満たない児童　おおむね二十人につき一人（法第六条の三第十項第二号又は特区法第十二条の四第一項の規定に基づき受け入れる場合に限る。次号において同じ。）

四　満四歳以上の児童　おおむね三十人につき一人

3　前項に規定する保育士の数の算定に当たっては、当該小規模保育事業所B型に勤務する保健師、看護師又は准看護師を、一人に限り、保育士とみなすことができる。

（準用）

第三十二条　第二十四条から第二十六条まで及び第二十八条の規定は、小規模保育事業B型について準用する。この場合において、第二十四条中「家庭的保育事業を行う者（次条及び第二十六条において「家庭的保育事業者」という。）」とあるのは「小規模保育事業B型を行う者（第三十二条において準用する次条及び第二十六条において「小規模保育事業者（B型）」という。）」と、第二十五条及び第二十六条中「家庭的保育事業者」とあるのは「小規模保育事業者（B型）」と、第二十八条中「小規模保育事業所A型」とあるのは「小規模保育事業所B型」とする。

第四節　小規模保育事業C型

（設備の基準）

第三十三条　小規模保育事業C型を行う事業所（以下「小規模保育事業所C型」という。）の設備の基準は、次のとおりとする。

一　乳児又は満二歳に満たない幼児を利用させる小規模保育事業所C型には、乳児室又はほふく室、調理設備及び便所を設けること。

二　乳児室又はほふく室の面積は、乳児又は前号の幼児一人につき三・三平方メートル以上であること。

三　乳児室又はほふく室には、保育に必要な用具を備えること。

四　満二歳以上の幼児を利用させる小規模保育事業所C型には、保育室又は遊戯室、屋外遊戯場、調理設備及び便所を設けること。

五　保育室又は遊戯室の面積は、満二歳以上の幼児一人につき三・三平方メートル以上、屋外遊戯場の面積は、前号の幼児一人につき三・三平方メートル以上であること。

六　保育室又は遊戯室には、保育に必要な用具を備えること。

七　保育室等を二階以上に設ける建物は、第二十八条第七号に掲げる要件に該当するものであること。

（職員）

第三十四条　小規模保育事業所C型には、家庭的保育者、嘱託医及び調理員を置かなければならない。ただし、調理業務の全部を委託する小規模保育事業所C型又は第十六条第一項の規定により搬入施設から食事を搬入する小規模保育事業所C型にあっては、調理員を置かないことができる。

2　家庭的保育者一人が保育することができる乳幼児の数は、三人以下とする。ただし、家庭的保育者が、家庭的保育補助者とともに保育する場合には、五人以下とする。

（利用定員）

第三十五条 小規模保育事業所C型は、法第六条の三第十項の規定にかかわらず、その利用定員を六人以上十人以下とする。

（準用）

第三十六条 第二十四条から第二十六条までの規定は、小規模保育事業C型について準用する。この場合において、第二十四条中「家庭的保育事業を行う者（次条及び第二十六条において「家庭的保育事業者」という。）」とあるのは「小規模保育事業C型を行う者（第三十六条において準用する次条及び第二十六条において「小規模保育事業者（C型）」という。）」と、第二十五条及び第二十六条中「家庭的保育事業者」とあるのは「小規模保育事業者（C型）」とする。

第四章 居宅訪問型保育事業

（居宅訪問型保育事業）

第三十七条 居宅訪問型保育事業者は、次の各号に掲げる保育を提供するものとする。

一 障害、疾病等の程度を勘案して集団保育が著しく困難であると認められる乳幼児に対する保育

二 子ども・子育て支援法第三十四条第五項又は第四十六条第五項の規定による便宜の提供に対応するために行う保育

三 法第二十四条第六項に規定する措置に対応するために行う保育

四 母子家庭等（母子及び父子並びに寡婦福祉法（昭和三十九年法律第百二十九号）第六条第五項に規定する母子家庭等をいう。）の乳幼児の保護者が夜間及び深夜の勤務に従事する場合又は保護者の疾病、疲労その他の身体上、精神上若しくは環境上の理由により家庭において乳幼児を養育することが困難な場合への対応等、保育の必要の程度及び家庭等の状況を勘案し、居宅訪問型保育を提供する必要性が高いと市町村が認める乳幼児に対する保育

五 離島その他の地域であって、居宅訪問型保育事業以外の家庭的保育事業等の確保が困難であると市町村が認めるものにおいて行う保育

（設備及び備品）

第三十八条 居宅訪問型保育事業者が当該事業を行う事業所には、事業の運営を行うために必要な広さを有する専用の区画を設けるほか、保育の実施に必要な設備及び備品等を備えなければならない。

（職員）

第三十九条 居宅訪問型保育事業において家庭的保育者一人が保育することができる乳幼児の数は一人とする。

（居宅訪問型保育連携施設）

第四十条 居宅訪問型保育事業者は、第三十七条第一号に規定する乳幼児に対する保育を行う場合にあっては、当該乳幼児の障害、疾病等の状態に応じ、適切な専門的な支援その他の便宜の供与を受けられるよう、あらかじめ、連携する障害児入所施設（法第四十二条に規定する障害児入所施設をいう。）その他の市町村の指定する施設（この条において「居宅訪問型保育連携施設」という。）を適切に確保しなければならない。ただし、離島その他の地域であって、居宅訪問型保育連携施設の確保が著しく困難であると市町村が認めるものにおいて居宅訪問型保育事業を行う居宅訪問型保育事業者については、この限りでない。

（準用）

第四十一条 第二十四条から第二十六条までの規定は、居宅訪問型保育事業について準用する。この場合において、第二十四条中「家庭的保育事業を行う者（次条及び第二十六条において「家庭的保育事業者」という。）」とあるのは「居宅訪問型保育事業者」と、第二十五条及び第二十六条中「家庭的保育事業者」とあるのは「居宅訪問型保育事業者」とする。

第五章 事業所内保育事業

（利用定員の設定）

第四十二条 事業所内保育事業を行う者（以下この章において「事業所内保育事業者」という。）は、次の表の上欄に掲げる利用定員の区分に応じ、それぞれ同表の下欄に定めるその他の乳児又は幼児（法第六条の三第十二項第一号イ、ロ又はハに規定するその他の乳児又は幼児をいう。）の数を踏まえて市町村が定める乳幼児数以上の定員枠を設けなくてはならない。

利用定員数	その他の乳児又は幼児の数
一人以上五人以下	一人
六人以上七人以下	二人
八人以上十人以下	三人
十一人以上十五人以下	四人
十六人以上二十人以下	五人
二十一人以上二十五人以下	六人
二十六人以上三十人以下	七人

三十一人以上四十人以下	十人
四十一人以上五十人以下	十二人
五十一人以上六十人以下	十五人
六十一人以上七十人以下	二十人
七十一人以上	二十人

（設備の基準）

第四十三条　事業所内保育事業（利用定員が二十人以上のものに限る。以下この条、第四十五条及び第四十六条において「保育所型事業所内保育事業」という。）を行う事業所（以下「保育所型事業所内保育事業所」という。）の設備の基準は、次のとおりとする。

一　乳児又は満二歳に満たない幼児を入所させる保育所型事業所内保育事業所には、乳児室又はほふく室、医務室、調理室（当該保育所型事業所内保育事業所を設置及び管理する事業主が事業場に附属して設置する炊事場を含む。第五号において同じ。）及び便所を設けること。

二　乳児室の面積は、乳児又は前号の幼児一人につき一・六五平方メートル以上であること。

三　ほふく室の面積は、乳児又は第一号の幼児一人につき三・三平方メートル以上であること。

四　乳児室又はほふく室には、保育に必要な用具を備えること。

五　満二歳以上の幼児（法第六条の三第十二項第二号の規定に基づき保育が必要と認められる児童であって満三歳以上のものを受け入れる場合にあっては、当該児童を含む。以下この章において同じ。）を入所させる保育所型事業所内保育事業所には、保育室又は遊戯室、屋外遊戯場（保育所型事業所内保育事業所の付近にある屋外遊戯場に代わるべき場所を含む。次号において同じ。）、調理室及び便所を設けること。

六　保育室又は遊戯室の面積は、前号の幼児一人につき一・九八平方メートル以上、屋外遊戯場の面積は、前号の幼児一人につき三・三平方メートル以上であること。

七　保育室又は遊戯室には、保育に必要な用具を備えること。

八　保育室等を二階に設ける建物は、次のイ、ロ及びヘの要件に、保育室等を三階以上に設ける建物は、次の各号に掲げる要件に該当するものであること。

イ　建築基準法第二条第九号の二に規定する耐火建築物又は同条第九号の三に規定する準耐火建築物であること。

ロ　保育室等が設けられている次の表の上欄に掲げる階に応じ、同表の中欄に掲げる区分ごとに、それぞれ同表の下欄に掲げる施設又は設備が一以上設けられていること。

階	区分	施設又は設備
二階	常用	1　屋内階段 2　屋外階段
	避難用	1　建築基準法施行令第百二十三条第一項各号又は同条第三項各号に規定する構造の屋内階段 2　待避上有効なバルコニー 3　建築基準法第二条第七号の二に規定する準耐火構造の屋外傾斜路又はこれに準ずる設備 4　屋外階段
三階	常用	1　建築基準法施行令第百二十三条第一項各号又は同条第三項各号に規定する構造の屋内階段 2　屋外階段
	避難用	1　建築基準法施行令第百二十三条第一項各号又は同条第三項各号に規定する構造の屋内階段 2　建築基準法第二条第七号に規定する耐火構造の屋外傾斜路又はこれに準ずる設備 3　屋外階段
四階以上の階	常用	1　建築基準法施行令第百二十三条第一項各号又は同条第三項各号に規定する構造の屋内階段 2　建築基準法施行令第百二十三条第二項各号に規定する構造の屋外階段
	避難用	1　建築基準法施行令第百二十三条第一項各号又は同条第三項各号に規定する構造の屋内階段（ただし、同条第一項の場合においては、当該階段の構造は、建築物の一階から保育室等が設けられている階までの部分に限り、屋内と階段室とは、バルコニー又は付室（階段室が同条第三項第二号に規定する構造を有する場合を除き、同号に規定する構造を有するものに限る。）を通じて連絡することとし、かつ、同条第三項第三号、第四号及び第十号を満たすものとする。） 2　建築基準法第二条第七号に規定する耐火構造の屋外傾斜路 3　建築基準法施行令第百二十三条第二項各号に規定する構造の屋外階段

ハ　ロに掲げる施設及び設備が避難上有効な位置に設けられ、かつ、保育室等の各部分からその一に至る歩行距離が三十メートル以下となるように設けられていること。

ニ　保育所型事業所内保育事業所の調理室（次に掲げる要件のいずれかに該当するも

のを除く。以下この二において同じ。）以外の部分と保育所型事業所内保育事業所の調理室の部分が建築基準法第二条第七号に規定する耐火構造の床若しくは壁又は建築基準法施行令第百十二条第一項に規定する特定防火設備で区画されていること。この場合において、換気、暖房又は冷房の設備の風道が、当該床若しくは壁を貫通する部分又はこれに近接する部分に防火上有効にダンパーが設けられていること。

(1) スプリンクラー設備その他これに類するもので自動式のものが設けられていること。

(2) 調理用器具の種類に応じて有効な自動消火装置が設けられ、かつ、当該調理室の外部への延焼を防止するために必要な措置が講じられていること。

ホ 保育所型事業所内保育事業所の壁及び天井の室内に面する部分の仕上げを不燃材料でしていること。

ヘ 保育室等その他乳幼児が出入し、又は通行する場所に、乳幼児の転落事故を防止する設備が設けられていること。

ト 非常警報器具又は非常警報設備及び消防機関へ火災を通報する設備が設けられていること。

チ 保育所型事業所内保育事業所のカーテン、敷物、建具等で可燃性のものについて防炎処理が施されていること。

（職員）

第四十四条 保育所型事業所内保育事業所には、保育士（特区法第十二条の五第五項に規定する事業実施区域内にある保育所型事業所内保育事業所にあっては、保育士又は当該事業実施区域に係る国家戦略特別区域限定保育士。次項において同じ。）、嘱託医及び調理員を置かなければならない。ただし、調理業務の全部を委託する保育所型事業所内保育事業所又は第十六条第一項の規定により搬入施設から食事を搬入する保育所型事業所内保育事業所にあっては、調理員を置かないことができる。

2 保育士の数は、次の各号に掲げる区分に応じ、当該各号に定める数の合計数以上とする。ただし、保育所型事業所内保育事業所一につき二人を下回ることはできない。

一 乳児 おおむね三人につき一人

二 満一歳以上満三歳に満たない幼児 おおむね六人につき一人

三 満三歳以上満四歳に満たない児童 おおむね二十人につき一人（法第六条の三第十二項第二号の規定に基づき受け入れる場合に限る。次号において同じ。）

四 満四歳以上の児童 おおむね三十人につき一人

3 前項に規定する保育士の数の算定に当たっては、当該保育所型事業所内保育事業所に勤務する保健師、看護師又は准看護師を一人に限り、保育士とみなすことができる。

（連携施設に関する特例）

第四十五条 保育所型事業所内保育事業を行う者にあっては、連携施設の確保に当たって、第六条第一項第一号及び第二号に係る連携協力を求めることを要しない。

2 保育所型事業所内保育事業を行う者のうち、法第六条の三第十二項第二号に規定する事業を行うものであって、市町村長が適当と認めるもの（附則第三条において「特例保育所型事業所内保育事業者」という。）については、第六条第一項本文の規定にかかわらず、連携施設の確保をしないことができる。

（準用）

第四十六条 第二十四条から第二十六条までの規定は、保育所型事業所内保育事業について準用する。この場合において、第二十四条中「家庭的保育事業を行う者（次条及び第二十六条において「家庭的保育事業者」という。）」とあるのは「保育所型事業所内保育事業を行う者（第四十六条において準用する次条及び第二十六条において「保育所型事業所内保育事業者」という。）」と、第二十五条及び第二十六条中「家庭的保育事業者」とあるのは「保育所型事業所内保育事業者」とする。

（職員）

第四十七条 事業所内保育事業（利用定員が十九人以下のものに限る。以下この条及び次条において「小規模型事業所内保育事業」という。）を行う事業所（以下この条及び次条において「小規模型事業所内保育事業所」という。）には、保育士（特区法第十二条の五第五項に規定する事業実施区域内にある小規模型事業所内保育事業所にあっては、保育士又は当該事業実施区域に係る国家戦略特別区域限定保育士。次項において同じ。）その他保育に従事する職員として市町村長が行う研修（市町村長が指定する都道府県知事その他の機関が行う研修を含む。）を修了した者（以下この条において「保育従事者」という。）、嘱託医及び調理員を置かなければならない。ただし、調理業務の全部を委託する小規模型事業所内保育事業所又は第十六条第一項の規定により搬入施設から食事を搬入する小規模型事業所内保育事業所にあっては、調理員を置かないことができる。

2　保育従事者の数は、次の各号に掲げる区分に応じ、当該各号に定める数の合計数に一を加えた数以上とし、そのうち半数以上は保育士とする。

一　乳児　おおむね三人につき一人

二　満一歳以上満三歳に満たない幼児　おおむね六人につき一人

三　満三歳以上満四歳に満たない児童　おおむね二十人につき一人（法第六条の三第十二項第二号の規定に基づき受け入れる場合に限る。次号において同じ。）

四　満四歳以上の児童　おおむね三十人につき一人

3　前項に規定する保育士の数の算定に当たっては、当該小規模型事業所内保育事業所に勤務する保健師、看護師又は准看護師を、一人に限り、保育士とみなすことができる。

（準用）

第四十八条　第二十四条から第二十六条まで及び第二十八条の規定は、小規模型事業所内保育事業について準用する。この場合において、第二十四条中「家庭的保育事業を行う者（次条及び第二十六条において「家庭的保育事業者」という。）」とあるのは「小規模型事業所内保育事業を行う者（第四十八条において準用する次条及び第二十六条において「小規模型事業所内保育事業者」という。）」と、第二十五条及び第二十六条中「家庭的保育事業者」とあるのは「小規模型事業所内保育事業者」と、第二十八条中「小規模保育事業所A型」とあるのは「小規模型事業所内保育事業所」と、同条第一号中「調理設備」とあるのは「調理設備（当該小規模型事業所内保育事業所を設置及び管理する事業主が事業場に附属して設置する炊事場を含む。第四号において同じ。）」と、同条第四号中「次号」とあるのは「第四十八条において準用する第二十八条第五号」とする。

第六章　雑則

（電磁的記録）

第四十九条　家庭的保育事業者等及びその職員は、記録、作成その他これらに類するもののうち、この府令の規定において書面（書面、書類、文書、謄本、抄本、正本、副本、複本その他文字、図形等人の知覚によって認識することができる情報が記載された紙その他の有体物をいう。以下この条において同じ。）で行うことが規定されている又は想定されるものについては、書面に代えて、当該書面に係る電磁的記録（電子的方式、磁気的方式その他人の知覚によっては認識することができない方式で作られる記録であって、電子計算機による情報処理の用に供されるものをいう。）により行うことができる。

附　則（抄）

（施行期日）

第一条　この省令は、子ども・子育て支援法及び就学前の子どもに関する教育、保育等の総合的な提供の推進に関する法律の一部を改正する法律の施行に伴う関係法律の整備等に関する法律（平成二十四年法律第六十七号）の施行の日〔平27・4・1〕（以下「施行日」という。）から施行する。

12 児童福祉法に基づく指定通所支援の事業等の人員、設備及び運営に関する基準（抄）

（平成二四年二月三日厚生労働省令第一五号）

題名改正　平成二四厚労令一二六

改正　令和五・三・三一厚労令四八

第一章　総則

（趣旨）

第一条　児童福祉法（昭和二十二年法律第百六十四号。以下「法」という。）第二十一条の五の四第二項、第二十一条の五の十七第二項及び第二十一条の五の十九第三項の内閣府令で定める基準は、次の各号に掲げる基準に応じ、それぞれ当該各号に定める規定による基準とする。

一　法第二十一条の五の四第一項第二号の規定により、同条第二項第一号に掲げる事項について都道府県（地方自治法（昭和二十二年法律第六十七号）第二百五十二条の十九第一項の指定都市（第五十条第三項において「指定都市」という。）及び法第五十九条の四第一項の児童相談所設置市（第五十条第三項において「児童相談所設置市」という。）を含む。以下同じ。）が条例を定めるに当たって従うべき基準　第七条（第五十四条の九及び第七十一条の六において準用する場合に限る。）、第三十条第四項（第五十四条の九及び第七十一条の六において準用する場合に限る。）、第五十四条の六、第五十四条の十第一号（第七十一条の六において準用する場合を含む。）、第五十四条の十一第二号（第七十一条の六において準用する場合を含む。）、第五十四条の十二第四号（第七十一条の六において準用する場合を含む。）及び第七十一条の三の規定による基準

二　法第二十一条の五の四第一項第二号の規定により、同条第二項第三号に掲げる事項について都道府県が条例を定めるに当たって従うべき基準　第十二条（第五十四条の九及び第七十一条の六において準用する場合に限る。）、第十四条（第五十四条の九及び第七十一条の六において準用する場合に限る。）、第三十八条の二（第五十四条の九及び第七十一条の六において準用する場合に限る。）、第四十一条第二項（第五十四条の九及び第七十一条の六において準用する場合に限る。）、第四十四条（第五十四条の九及び第七十一条の六において準用する場合に限る。）、第四十五条（第五十四条の九及び第七十一条の六において準用する場合に限る。）、第四十七条（第五十四条の九及び第七十一条の六において準用する場合に限る。）及び第五十二条（第五十四条の九及び第七十一条の六において準用する場合に限る。）の規定による基準

三　法第二十一条の五の四第一項第二号の規定により、同条第二項第四号に掲げる事項について都道府県が条例を定めるに当たって標準とすべき基準　第五十四条の八、第五十四条の十二第二号（第七十一条の六において準用する場合を含む。）、第六十九条（第七十一条の六において準用する場合に限る。）及び第七十一条の五の規定による基準

四　法第二十一条の五の十七第一項第一号の規定により、同条第二項第一号に掲げる事項について都道府県が条例を定めるに当たって従うべき基準　第七条（第五十四条の五及び第七十一条の二において準用する場合に限る。）、第八条第二項（第五十四条の五及び第七十一条の二において準用する場合に限る。）、第三十条第四項（第五十四条の五及び第七十一条の二において準用する場合を含む。）、第五十四条の二第一号（第七十一条の二において準用する場合を含む。）、第五十四条の三第二号（第七十一条の二において準用する場合を含む。）及び第五十四条の四第四号（第七十一条の二において準用する場合を含む。）の規定による基準

五　法第二十一条の五の十七第一項第二号の規定により、同条第二項第二号に掲げる事項について都道府県が条例を定めるに当たって従うべき基準　第五十四条の三第一号（第七十一条の二において準用する場合を含む。）及び第五十四条の四第三号（第七十一条の二において準用する場合を含む。）の規定による基準

六　法第二十一条の五の十七第一項第二号の規定により、同条第二項第三号に掲げる事項について都道府県が条例を定めるに当たって従うべき基準　第十二条（第五十四条の五及び第七十一条の二において準用する場合に限る。）、第十四条（第五十四条の五及び第七十一条の二において準用する場合に限る。）、第三十八条の二（第五十四条の五及び第七十一条の二において準用する場合に限る。）、第四十一条第二項（第五十四条の五及び第七十一条の二において準用する場合に限る。）、第四十四条（第五十四条の五及び第七十一条の二において準用する場合に限る。）、第四十五条（第五十四条の五及び第七十一条の二において準用する場合に限る。）、第四十七条（第五十四条の五及び第七十一条の二において準用する場合に限る。）及び第五十二条（第五十四条の五及び第七十一条の二において準用する場合に限る。）の規定による基準

七　法第二十一条の五の十七第一項第二号の規定により、同条第二項第四号に掲げる事項について都道府県が条例を定めるに当たって標準とすべき基準　第五十四条の四第二号（第七十一条の二において準用する場合を含む。）の規定による基準

八　法第二十一条の五の十九第一項の規定により、同条第三項第一号に掲げる事項について都道府県が条例を定めるに当たって従うべき基準　第五条、第六条、第七条（第五十七条、第六十七条、第七十一条の九及び第七十四条において準用する場合を含む。）、第八条第二項（第六十七条において準用する場合を含む。）、第三十条第四項（第六十四条、第七十一条、第七十一条の十四及び第七十九条において準用する場合を含む。）、第五十六条、第六十六条、第七十一条の八、第七十三条、第八十条並びに附則第二条（置くべき従業者及びその員数に係る部分に限る。）及び第三条の規定による基準

九　法第二十一条の五の十九第二項の規定により、同条第三項第二号に掲げる事項について都道府県が条例を定めるに当たって従うべき基準　第十条第一項（指導訓練室及び遊戯室

に係る部分に限る。）並びに第二項第一号ロ及び第二号並びに第五十八条第一項第一号（病室に係る部分に限る。）の規定による基準

十　法第二十一条の五の十九第二項の規定により、同条第三項第三号に掲げる事項について都道府県が条例を定めるに当たって従うべき基準　第十二条（第六十四条、第七十一条、第七十一条の十四及び第七十九条において準用する場合を含む。）、第十四条（第六十四条、第七十一条、第七十一条の十四及び第七十九条において準用する場合を含む。）、第三十八条の二（第六十四条、第七十一条、第七十一条の十四及び第七十九条において準用する場合を含む。）、第四十条の二（第五十四条の五、第五十四条の九、第六十四条、第七十一条、第七十一条の二、第七十一条の六、第七十一条の十四及び第七十九条において準用する場合を含む。）、第四十条の三第一項（第五十四条の五、第五十四条の九、第六十四条、第七十一条、第七十一条の二、第七十一条の六、第七十一条の十四及び第七十九条において準用する場合を含む。）、第四十条の三第二項（第五十四条の五、第五十四条の九、第六十四条、第七十一条、第七十一条の二及び第七十一条の六において準用する場合を含む。）、第四十一条第二項（第六十四条、第七十一条、第七十一条の十四及び第七十九条において準用する場合を含む。）、第四十四条（第六十四条、第七十一条、第七十一条の十四及び第七十九条において準用する場合を含む。）、第四十五条（第六十四条、第七十一条、第七十一条の十四及び第七十九条において準用する場合を含む。）、第四十七条（第六十四条、第七十一条、第七十一条の十四及び第七十九条において準用する場合を含む。）及び第五十二条（第六十四条、第七十一条、第七十一条の十四及び第七十九条において準用する場合を含む。）の規定による基準

十一　法第二十一条の五の十九第二項の規定により、同条第三項第四号に掲げる事項について都道府県が条例を定めるに当たって標準とすべき基準　第十一条、第五十九条、第六十九条及び第八十二条の規定による基準

十二　法第二十一条の五の四第一項第二号、法第二十一条の五の十七第一項又は法第二十一条の五の十九第一項若しくは第二項の規定により、法第二十一条の五の四第二項各号、法第二十一条の五の十七第二項各号及び法第二十一条の五の十九第三項各号に掲げる事項以外の事項について都道府県が条例を定めるに当たって参酌すべき基準　この府令に定める基準のうち、前各号に定める規定による基準以外のもの

（定義）

第二条　この府令において、次の各号に掲げる用語の定義は、それぞれ当該各号に定めるところによる。

一　通所給付決定保護者　法第六条の二の二第九項に規定する通所給付決定保護者をいう。

二　指定障害児通所支援事業者等　法第二十一条の五の三第一項に規定する指定障害児通所支援事業者等をいう。

三　指定通所支援　法第二十一条の五の三第一項に規定する指定通所支援をいう。

四　指定通所支援費用基準額　法第二十一条の五の三第二項第一号（法第二十一条の五の十三第二項の規定により、同条第一項に規定する放課後等デイサービス障害児通所給付費等の支給について適用する場合を含む。）に掲げる額をいう。

五　通所利用者負担額　法第二十一条の五の三第二項第二号（法第二十一条の五の十三第二項の規定により、同条第一項に規定する放課後等デイサービス障害児通所給付費等の支給について適用する場合を含む。）に掲げる額及び肢体不自由児通所医療（法第二十一条の五の二十九第一項に規定する肢体不自由児通所医療をいう。以下同じ。）につき健康保険の療養に要する費用の額の算定方法の例により算定した費用の額から当該肢体不自由児通所医療につき支給された肢体不自由児通所医療費の額を控除して得た額の合計額をいう。

六　通所給付決定　法第二十一条の五の五第一項に規定する通所給付決定をいう。

七　支給量　法第二十一条の五の七第七項に規定する支給量をいう。

八　通所給付決定の有効期間　法第二十一条の五の七第八項に規定する通所給付決定の有効期間をいう。

九　通所受給者証　法第二十一条の五の七第九項に規定する通所受給者証をいう。

十　法定代理受領　法第二十一条の五の七第十一項（法第二十一条の五の十三第二項の規定により、同条第一項に規定する放課後等デイサービス障害児通所給付費等の支給について適用する場合を含む。）の規定により通所給付決定保護者に代わり市町村（特別区を含む。以下同じ。）が支払う指定通所支援に要した費用の額又は法第二十一条の五の二十九第三

項の規定により通所給付決定保護者に代わり市町村が支払う肢体不自由児通所医療に要した費用の額の一部を指定障害児通所支援事業者等が受けることをいう。

十一　共生型通所支援　法第二十一条の五の十七第一項の申請に係る法第二十一条の五の三第一項の指定を受けた者による指定通所支援をいう。

十二　児童発達支援センター　法第四十三条に規定する児童発達支援センターをいう。

十三　多機能型事業所　第四条に規定する指定児童発達支援の事業、第五十五条に規定する指定医療型児童発達支援の事業、第六十五条に規定する指定放課後等デイサービスの事業、第七十一条の七に規定する指定居宅訪問型児童発達支援の事業及び第七十二条に規定する指定保育所等訪問支援の事業並びに障害者の日常生活及び社会生活を総合的に支援するための法律に基づく指定障害福祉サービスの事業等の人員、設備及び運営に関する基準（平成十八年厚生労働省令第百七十一号。以下「指定障害福祉サービス等基準」という。）第七十七条に規定する指定生活介護の事業、指定障害福祉サービス等基準第百五十五条に規定する指定自立訓練（機能訓練）の事業、指定障害福祉サービス等基準第百六十五条に規定する指定自立訓練（生活訓練）の事業、指定障害福祉サービス等基準第百七十四条に規定する指定就労移行支援の事業、指定障害福祉サービス等基準第百八十五条に規定する指定就労継続支援Ａ型の事業及び指定障害福祉サービス等基準第百九十八条に規定する指定就労継続支援Ｂ型の事業のうち二以上の事業を一体的に行う事業所（指定障害福祉サービス等基準に規定する事業のみを行う事業所を除く。）のことをいう。

（指定障害児通所支援事業者等の一般原則）

第三条　指定障害児通所支援事業者等は、通所給付決定保護者及び障害児の意向、障害児の適性、障害の特性その他の事情を踏まえた計画（第二十七条第一項において「通所支援計画」という。）を作成し、これに基づき障害児に対して指定通所支援を提供するとともに、その効果について継続的な評価を実施することその他の措置を講ずることにより障害児に対して適切かつ効果的に指定通所支援を提供しなければならない。

２　指定障害児通所支援事業者等は、当該指定障害児通所支援事業者等を利用する障害児の意思及び人格を尊重して、常に当該障害児の立場に立った指定通所支援の提供に努めなければならない。

３　指定障害児通所支援事業者等は、地域及び家庭との結び付きを重視した運営を行い、都道府県、市町村、障害者の日常生活及び社会生活を総合的に支援するための法律（平成十七年法律第百二十三号）第五条第一項に規定する障害福祉サービス（以下「障害福祉サービス」という。）を行う者、児童福祉施設その他の保健医療サービス又は福祉サービスを提供する者との連携に努めなければならない。

４　指定障害児通所支援事業者等は、当該指定障害児通所支援事業者等を利用する障害児の人権の擁護、虐待の防止等のため、必要な体制の整備を行うとともに、その従業者に対し、研修を実施する等の措置を講じなければならない。

第二章　児童発達支援

第一節　基本方針

第四条　児童発達支援に係る指定通所支援（以下「指定児童発達支援」という。）の事業は、障害児が日常生活における基本的動作及び知識技能を習得し、並びに集団生活に適応することができるよう、当該障害児の身体及び精神の状況並びにその置かれている環境に応じて適切かつ効果的な指導及び訓練を行うものでなければならない。

第二節　人員に関する基準

（従業者の員数）

第五条　指定児童発達支援の事業を行う者（以下「指定児童発達支援事業者」という。）が当該事業を行う事業所（以下「指定児童発達支援事業所」という。）（児童発達支援センターであるものを除く。以下この条において同じ。）に置くべき従業者及びその員数は、次のとおりとする。

一　児童指導員（児童福祉施設の設備及び運営に関する基準（昭和二十三年厚生省令第六十三号）第二十一条第六項に規定する児童指導員をいう。以下同じ。）又は保育士（国家戦略特別区域法（平成二十五年法律第百七号。以下「特区法」という。）第十二条の五第五項に規定する事業実施区域内にある指定児童発達支援事業所にあっては、保育士又は当該事業実施区域に係る国家戦略特別区域限定保育士。以下この条において同じ。）　指定児童発達支援の単位ごとにその提供を行う時間帯を通じて専ら当該指定児童発達支援の提供に当たる児童指導員又は保育士の合計数が、イ

又はロに掲げる障害児の数の区分に応じ、それぞれイ又はロに定める数以上

イ　障害児の数が十までのもの　二以上

ロ　障害児の数が十を超えるもの　二に、障害児の数が十を超えて五又はその端数を増すごとに一を加えて得た数以上

二　児童発達支援管理責任者（児童福祉施設の設備及び運営に関する基準第四十九条第一項に規定する児童発達支援管理責任者をいう。以下同じ。）一以上

2　前項各号に掲げる従業者のほか、指定児童発達支援事業所において、日常生活を営むのに必要な機能訓練を行う場合には機能訓練担当職員（日常生活を営むのに必要な機能訓練を担当する職員をいう。以下同じ。）を、日常生活及び社会生活を営むために医療的ケア（人工呼吸器による呼吸管理、喀痰《かくたん》吸引その他こども家庭庁長官が定める医療行為をいう。以下同じ。）を恒常的に受けることが不可欠である障害児に医療的ケアを行う場合には看護職員（保健師、助産師、看護師又は准看護師をいう。以下同じ。）を、それぞれ置かなければならない。ただし、次の各号のいずれかに該当する場合には、看護職員を置かないことができる。

一　医療機関等との連携により、看護職員を指定児童発達支援事業所に訪問させ、当該看護職員が障害児に対して医療的ケアを行う場合

二　当該指定児童発達支援事業所（社会福祉士及び介護福祉士法（昭和六十二年法律第三十号）第四十八条の三第一項の登録に係る事業所である場合に限る。）において、医療的ケアのうち喀痰《かくたん》吸引等（同法第二条第二項に規定する喀痰《かくたん》吸引等をいう。次条及び第六十六条において同じ。）のみを必要とする障害児に対し、当該登録を受けた者が自らの事業又はその一環として喀痰《かくたん》吸引等業務（同法第四十八条の三第一項に規定する喀痰《かくたん》吸引等業務をいう。次条及び第六十六条において同じ。）を行う場合

三　当該指定児童発達支援事業所（社会福祉士及び介護福祉士法附則第二十七条第一項の登録に係る事業所である場合に限る。）において、医療的ケアのうち特定行為（同法附則第十条第一項に規定する特定行為をいう。次条及び第六十六条において同じ。）のみを必要とする障害児に対し、当該登録を受けた者が自らの事業又はその一環として特定行為業務（同法附則第二十七条第一項に規定する特定行為業務をいう。次条及び第六十六条において同じ。）を行う場合

3　前項の規定に基づき、機能訓練担当職員又は看護職員（以下この条、次条及び第六十六条において「機能訓練担当職員等」という。）を置いた場合において、当該機能訓練担当職員等が指定児童発達支援の単位ごとにその提供を行う時間帯を通じて専ら当該指定児童発達支援の提供に当たる場合には、当該機能訓練担当職員等の数を児童指導員又は保育士の合計数に含めることができる。

4　第一項から前項までの規定にかかわらず、主として重症心身障害児（法第七条第二項に規定する重症心身障害児をいう。以下同じ。）を通わせる指定児童発達支援事業所に置くべき従業者及びその員数は、次のとおりとする。ただし、指定児童発達支援の単位ごとにその提供を行う時間帯のうち日常生活を営むのに必要な機能訓練を行わない時間帯については、第四号の機能訓練担当職員を置かないことができる。

一　嘱託医　一以上

二　看護職員　一以上

三　児童指導員又は保育士　一以上

四　機能訓練担当職員　一以上

五　児童発達支援管理責任者　一以上

5　第一項第一号及び前二項の指定児童発達支援の単位は、指定児童発達支援であって、その提供が同時に一又は複数の障害児に対して一体的に行われるものをいう。

6　第一項第一号の児童指導員又は保育士のうち、一人以上は、常勤でなければならない。

7　第三項の規定により機能訓練担当職員等の数を含める場合における第一項第一号の児童指導員又は保育士の合計数の半数以上は、児童指導員又は保育士でなければならない。

8　第一項第二号に掲げる児童発達支援管理責任者のうち、一人以上は、専任かつ常勤でなければならない。

9　第一項の規定にかかわらず、保育所若しくは家庭的保育事業所等（家庭的保育事業等の設備及び運営に関する基準（平成二十六年厚生労働省令第六十一号）第一条第二項に規定する家庭的保育事業所等（居宅訪問型保育事業を行う場所を除く。）をいう。以下同じ。）に入所し、又は幼保連携型認定こども園に入園している児童と指定児童発達支援事業所に通所している障害児を交流させるときは、障害児の支援に支障がない場合に限り、障害児の支援に直接従事する従業者については、これら児童への保育に併せて従事させることができる。

第六条　指定児童発達支援事業者が指定児童発達

支援事業所（児童発達支援センターであるものに限る。以下この条において同じ。）に置くべき従業者及びその員数は、次のとおりとする。ただし、四十人以下の障害児を通わせる指定児童発達支援事業所にあっては第三号の栄養士を、調理業務の全部を委託する指定児童発達支援事業所にあっては第四号の調理員を置かないことができる。

一　嘱託医　一以上

二　児童指導員及び保育士（特区法第十二条の五第五項に規定する事業実施区域内にある指定児童発達支援事業所にあっては、保育士又は当該事業実施区域に係る国家戦略特別区域限定保育士。以下この条において同じ。）

イ　児童指導員及び保育士の総数　指定児童発達支援の単位ごとに、通じておおむね障害児の数を四で除して得た数以上

ロ　児童指導員　一以上

ハ　保育士　一以上

三　栄養士　一以上

四　調理員　一以上

五　児童発達支援管理責任者　一以上

2　前項各号に掲げる従業者のほか、指定児童発達支援事業所において、日常生活を営むのに必要な機能訓練を行う場合には機能訓練担当職員を、日常生活及び社会生活を営むために医療的ケアを恒常的に受けることが不可欠である障害児に医療的ケアを行う場合には看護職員を、それぞれ置かなければならない。ただし、次の各号のいずれかに該当する場合には、看護職員を置かないことができる。

一　医療機関等との連携により、看護職員を指定児童発達支援事業所に訪問させ、当該看護職員が障害児に対して医療的ケアを行う場合

二　当該指定児童発達支援事業所（社会福祉士及び介護福祉士法第四十八条の三第一項の登録に係る事業所である場合に限る。）において、医療的ケアのうち喀痰《かくたん》吸引等のみを必要とする障害児に対し、当該登録を受けた者が自らの事業又はその一環として喀痰《かくたん》吸引等業務を行う場合

三　当該指定児童発達支援事業所（社会福祉士及び介護福祉士法附則第二十七条第一項の登録に係る事業所である場合に限る。）において、医療的ケアのうち特定行為のみを必要とする障害児に対し、当該登録を受けた者が自らの事業又はその一環として特定行為業務を行う場合

3　前項の規定に基づき、機能訓練担当職員等を置いた場合においては、当該機能訓練担当職員等の数を児童指導員及び保育士の総数に含めることができる。

4　前二項の規定にかかわらず、主として難聴児を通わせる指定児童発達支援事業所には、第一項各号に掲げる従業者のほか、次の各号に掲げる従業者（第二項ただし書各号のいずれかに該当する場合にあっては、第三号に掲げる看護職員を除く。）を置かなければならない。この場合において、当該各号に掲げる従業者については、その数を児童指導員及び保育士の総数に含めることができる。

一　言語聴覚士　指定児童発達支援の単位ごとに四以上

二　機能訓練担当職員（日常生活を営むのに必要な機能訓練を行う場合に限る。）　機能訓練を行うために必要な数

三　看護職員（日常生活及び社会生活を営むために医療的ケアを恒常的に受けることが不可欠である障害児に医療的ケアを行う場合に限る。）　医療的ケアを行うために必要な数

5　第二項及び第三項の規定にかかわらず、主として重症心身障害児を通わせる指定児童発達支援事業所には、第一項各号に掲げる従業者のほか、次の各号に掲げる従業者を置かなければならない。この場合において、当該各号に掲げる従業者については、その数を児童指導員及び保育士の総数に含めることができる。

一　看護職員　一以上

二　機能訓練担当職員　一以上

6　第三項の規定により機能訓練担当職員等の数を含める場合における第一項第二号イの児童指導員及び保育士の総数の半数以上は、児童指導員又は保育士でなければならない。

7　第一項第二号イ、第四項第一号及び次項の指定児童発達支援の単位は、指定児童発達支援であって、その提供が同時に一又は複数の障害児に対して一体的に行われるものをいう。

8　第一項から第五項まで（第一項第一号を除く。）に規定する従業者は、専ら当該指定児童発達支援事業所の職務に従事する者又は指定児童発達支援の単位ごとに専ら当該指定児童発達支援の提供に当たる者でなければならない。ただし、障害児の支援に支障がない場合は、第一項第三号の栄養士及び同項第四号の調理員については、併せて設置する他の社会福祉施設の職務に従事させることができる。

9　前項の規定にかかわらず、保育所若しくは家庭的保育事業所等に入所し、又は幼保連携型認定こども園に入園している児童と指定児童発達

支援事業所に通所している障害児を交流させるときは、障害児の支援に支障がない場合に限り、障害児の支援に直接従事する従業者については、これら児童への保育に併せて従事させることができる。

第三節　設備に関する基準

（設備）

第九条　指定児童発達支援事業所（児童発達支援センターであるものを除く。）は、指導訓練室のほか、指定児童発達支援の提供に必要な設備及び備品等を備えなければならない。

2　前項に規定する指導訓練室は、訓練に必要な機械器具等を備えなければならない。

3　第一項に規定する設備及び備品等は、専ら当該指定児童発達支援の事業の用に供するものでなければならない。ただし、障害児の支援に支障がない場合は、この限りでない。

第十条　指定児童発達支援事業所（児童発達支援センターであるものに限る。以下この条において同じ。）は、指導訓練室、遊戯室、屋外遊戯場（指定児童発達支援事業所の付近にある屋外遊戯場に代わるべき場所を含む。以下この項において同じ。）、医務室、相談室、調理室及び便所並びに指定児童発達支援の提供に必要な設備及び備品等を設けなければならない。ただし、主として重症心身障害児を通わせる指定児童発達支援事業所にあっては、遊戯室、屋外遊戯場、医務室及び相談室は、障害児の支援に支障がない場合は、設けないことができる。

2　前項に規定する設備の基準は、次のとおりとする。ただし、主として難聴児を通わせる指定児童発達支援事業所又は主として重症心身障害児を通わせる指定児童発達支援事業所にあっては、この限りでない。

一　指導訓練室

イ　定員は、おおむね十人とすること。

ロ　障害児一人当たりの床面積は、二・四七平方メートル以上とすること。

二　遊戯室　障害児一人当たりの床面積は、一・六五平方メートル以上とすること。

3　第一項に規定する設備のほか、主として知的障害のある児童を通わせる指定児童発達支援事業所は静養室を、主として難聴児を通わせる指定児童発達支援事業所は聴力検査室を設けなければならない。

4　第一項及び前項に規定する設備は、専ら当該指定児童発達支援の事業の用に供するものでなければならない。ただし、障害児の支援に支障がない場合は、併せて設置する他の社会福祉施設の設備に兼ねることができる。

第四節　運営に関する基準

（利用定員）

第十一条　指定児童発達支援事業所は、その利用定員を十人以上とする。ただし、主として重症心身障害児を通わせる指定児童発達支援事業所にあっては、利用定員を五人以上とすることができる。

（提供拒否の禁止）

第十四条　指定児童発達支援事業者は、正当な理由がなく、指定児童発達支援の提供を拒んではならない。

（指定児童発達支援の取扱方針）

第二十六条　指定児童発達支援事業者は、次条第一項に規定する児童発達支援計画に基づき、障害児の心身の状況等に応じて、その者の支援を適切に行うとともに、指定児童発達支援の提供が漫然かつ画一的なものとならないよう配慮しなければならない。

2　指定児童発達支援事業所の従業者は、指定児童発達支援の提供に当たっては、懇切丁寧を旨とし、通所給付決定保護者及び障害児に対し、支援上必要な事項について、理解しやすいように説明を行わなければならない。

3　指定児童発達支援事業者は、その提供する指定児童発達支援の質の評価を行い、常にその改善を図らなければならない。

4　指定児童発達支援事業者は、前項の規定により、その提供する指定児童発達支援の質の評価及び改善を行うに当たっては、次に掲げる事項について、自ら評価を行うとともに、当該指定児童発達支援事業者を利用する障害児の保護者による評価を受けて、その改善を図らなければならない。

一　当該指定児童発達支援事業者を利用する障害児及びその保護者の意向、障害児の適性、障害の特性その他の事情を踏まえた支援を提供するための体制の整備の状況

二　従業者の勤務の体制及び資質の向上のための取組の状況

三　指定児童発達支援の事業の用に供する設備及び備品等の状況

四　関係機関及び地域との連携、交流等の取組の状況

五　当該指定児童発達支援事業者を利用する障害児及びその保護者に対する必要な情報の提供、助言その他の援助の実施状況

六　緊急時等における対応方法及び非常災害対

策

七　指定児童発達支援の提供に係る業務の改善を図るための措置の実施状況

5　指定児童発達支援事業者は、おおむね一年に一回以上、前項の評価及び改善の内容をインターネットの利用その他の方法により公表しなければならない。

（児童発達支援計画の作成等）

第二十七条　指定児童発達支援事業所の管理者は、児童発達支援管理責任者に指定児童発達支援に係る通所支援計画（以下この条及び第五十四条第二項第二号において「児童発達支援計画」という。）の作成に関する業務を担当させるものとする。

2　児童発達支援管理責任者は、児童発達支援計画の作成に当たっては、適切な方法により、障害児について、その有する能力、その置かれている環境及び日常生活全般の状況等の評価を通じて通所給付決定保護者及び障害児の希望する生活並びに課題等の把握（以下この条において「アセスメント」という。）を行い、障害児の発達を支援する上での適切な支援内容の検討をしなければならない。

3　児童発達支援管理責任者は、アセスメントに当たっては、通所給付決定保護者及び障害児に面接しなければならない。この場合において、児童発達支援管理責任者は、面接の趣旨を通所給付決定保護者及び障害児に対して十分に説明し、理解を得なければならない。

4　児童発達支援管理責任者は、アセスメント及び支援内容の検討結果に基づき、通所給付決定保護者及び障害児の生活に対する意向、障害児に対する総合的な支援目標及びその達成時期、生活全般の質を向上させるための課題、指定児童発達支援の具体的内容、指定児童発達支援を提供する上での留意事項その他必要な事項を記載した児童発達支援計画の原案を作成しなければならない。この場合において、障害児の家族に対する援助及び当該指定児童発達支援事業所が提供する指定児童発達支援以外の保健医療サービス又は福祉サービスとの連携も含めて児童発達支援計画の原案に位置付けるよう努めなければならない。

5　児童発達支援管理責任者は、児童発達支援計画の作成に当たっては、障害児に対する指定児童発達支援の提供に当たる担当者等を招集して行う会議（テレビ電話装置その他の情報通信機器（以下「テレビ電話装置等」という。）を活用して行うことができるものとする。）を開催し、児童発達支援計画の原案について意見を求めるものとする。

6　児童発達支援管理責任者は、児童発達支援計画の作成に当たっては、通所給付決定保護者及び障害児に対し、当該児童発達支援計画について説明し、文書によりその同意を得なければならない。

7　児童発達支援管理責任者は、児童発達支援計画を作成した際には、当該児童発達支援計画を通所給付決定保護者に交付しなければならない。

8　児童発達支援管理責任者は、児童発達支援計画の作成後、児童発達支援計画の実施状況の把握（障害児についての継続的なアセスメントを含む。次項において「モニタリング」という。）を行うとともに、障害児について解決すべき課題を把握し、少なくとも六月に一回以上、児童発達支援計画の見直しを行い、必要に応じて、当該児童発達支援計画の変更を行うものとする。

9　児童発達支援管理責任者は、モニタリングに当たっては、通所給付決定保護者との連絡を継続的に行うこととし、特段の事情のない限り、次に定めるところにより行わなければならない。

一　定期的に通所給付決定保護者及び障害児に面接すること。

二　定期的にモニタリングの結果を記録すること。

10　第二項から第七項までの規定は、第八項に規定する児童発達支援計画の変更について準用する。

（児童発達支援管理責任者の責務）

第二十八条　児童発達支援管理責任者は、前条に規定する業務のほか、次に掲げる業務を行うものとする。

一　次条に規定する相談及び援助を行うこと。

二　他の従業者に対する技術指導及び助言を行うこと。

（相談及び援助）

第二十九条　指定児童発達支援事業者は、常に障害児の心身の状況、その置かれている環境等の的確な把握に努め、障害児又はその家族に対し、その相談に適切に応じるとともに、必要な助言その他の援助を行わなければならない。

（指導、訓練等）

第三十条　指定児童発達支援事業者は、障害児の心身の状況に応じ、障害児の自立の支援と日常生活の充実に資するよう、適切な技術をもって指導、訓練等を行わなければならない。

2　指定児童発達支援事業者は、障害児が日常生活における適切な習慣を確立するとともに、社会生活への適応性を高めるよう、あらゆる機会を通じて支援を行わなければならない。

3 指定児童発達支援事業者は、障害児の適性に応じ、障害児ができる限り健全な社会生活を営むことができるよう、より適切に指導、訓練等を行わなければならない。

4 指定児童発達支援事業者は、常時一人以上の従業者を指導、訓練等に従事させなければならない。

5 指定児童発達支援事業者は、障害児に対して、当該障害児に係る通所給付決定保護者の負担により、指定児童発達支援事業所の従業者以外の者による指導、訓練等を受けさせてはならない。

（**食事**）

第三十一条 指定児童発達支援事業所（児童発達支援センターであるものに限る。第四項において同じ。）において、障害児に食事を提供するときは、その献立は、できる限り、変化に富み、障害児の健全な発育に必要な栄養量を含有するものでなければならない。

2 食事は、前項の規定によるほか、食品の種類及び調理方法について栄養並びに障害児の身体的状況及び嗜《し》好を考慮したものでなければならない。

3 調理は、あらかじめ作成された献立に従って行わなければならない。

4 指定児童発達支援事業所においては、障害児の健康な生活の基本としての食を営む力の育成に努めなければならない。

（**社会生活上の便宜の供与等**）

第三十二条 指定児童発達支援事業者は、教養娯楽設備等を備えるほか、適宜障害児のためのレクリエーション行事を行わなければならない。

2 指定児童発達支援事業者は、常に障害児の家族との連携を図るよう努めなければならない。

（**健康管理**）

第三十三条 指定児童発達支援事業者（児童発達支援センターである指定児童発達支援事業所において、指定児童発達支援の事業を行う者に限る。）は、常に障害児の健康の状況に注意するとともに、通所する障害児に対し、通所開始時の健康診断、少なくとも一年に二回の定期健康診断及び臨時の健康診断を、学校保健安全法（昭和三十三年法律第五十六号）に規定する健康診断に準じて行わなければならない。

2 前項の指定児童発達支援事業者は、同項の規定にかかわらず、次の表の上欄に掲げる健康診断が行われた場合であって、当該健康診断がそれぞれ同表の下欄に掲げる健康診断の全部又は一部に相当すると認められるときは、同欄に掲げる健康診断の全部又は一部を行わないことができる。この場合において、指定児童発達支援事業者は、それぞれ同表の上欄に掲げる健康診断の結果を把握しなければならない。

児童相談所等における障害児の通所開始前の健康診断	通所する障害児に対する障害児の通所開始時の健康診断
障害児が通学する学校における健康診断	定期の健康診断又は臨時の健康診断

3 指定児童発達支援事業所（児童発達支援センターであるものに限る。）の従業者の健康診断に当たっては、綿密な注意を払わなければならない。

（**緊急時等の対応**）

第三十四条 指定児童発達支援事業所の従業者は、現に指定児童発達支援の提供を行っているときに障害児に病状の急変が生じた場合その他必要な場合は、速やかに医療機関への連絡を行う等の必要な措置を講じなければならない。

（**運営規程**）

第三十七条 指定児童発達支援事業者は、指定児童発達支援事業所ごとに、次の各号に掲げる事業の運営についての重要事項に関する運営規程（第四十三条第一項において「運営規程」という。）を定めておかなければならない。

一 事業の目的及び運営の方針
二 従業者の職種、員数及び職務の内容
三 営業日及び営業時間
四 利用定員
五 指定児童発達支援の内容並びに通所給付決定保護者から受領する費用の種類及びその額
六 通常の事業の実施地域
七 サービスの利用に当たっての留意事項
八 緊急時等における対応方法
九 非常災害対策
十 事業の主たる対象とする障害の種類を定めた場合には当該障害の種類
十一 虐待の防止のための措置に関する事項
十二 その他運営に関する重要事項

（**定員の遵守**）

第三十九条 指定児童発達支援事業者は、利用定員及び指導訓練室の定員を超えて、指定児童発達支援の提供を行ってはならない。ただし、災害、虐待その他のやむを得ない事情がある場合は、この限りでない。

（**非常災害対策**）

第四十条 指定児童発達支援事業者は、消火設備その他の非常災害に際して必要な設備を設けるとともに、非常災害に関する具体的計画を立て、非常災害時の関係機関への通報及び連絡体制を整備し、それらを定期的に従業者に周知しなければならない。

2　指定児童発達支援事業者は、非常災害に備えるため、定期的に避難、救出その他必要な訓練を行わなければならない。

3　指定児童発達支援事業者は、前項に規定する訓練の実施に当たって、地域住民の参加が得られるよう連携に努めなければならない。

（安全計画の策定等）

第四十条の二　指定児童発達支援事業者は、障害児の安全の確保を図るため、指定児童発達支援事業所ごとに、当該指定児童発達支援事業所の設備の安全点検、従業者、障害児等に対する事業所外での活動、取組等を含めた指定児童発達支援事業所での生活その他の日常生活における安全に関する指導、従業者の研修及び訓練その他指定児童発達支援事業所における安全に関する事項についての計画（以下この条において「安全計画」という。）を策定し、当該安全計画に従い必要な措置を講じなければならない。

2　指定児童発達支援事業者は、従業者に対し、安全計画について周知するとともに、前項の研修及び訓練を定期的に実施しなければならない。

3　指定児童発達支援事業者は、障害児の安全の確保に関して保護者との連携が図られるよう、保護者に対し、安全計画に基づく取組の内容等について周知しなければならない。

4　指定児童発達支援事業者は、定期的に安全計画の見直しを行い、必要に応じて安全計画の変更を行うものとする。

（自動車を運行する場合の所在の確認）

第四十条の三　指定児童発達支援事業者は、障害児の事業所外での活動、取組等のための移動その他の障害児の移動のために自動車を運行するときは、障害児の乗車及び降車の際に、点呼その他の障害児の所在を確実に把握することができる方法により、障害児の所在を確認しなければならない。

2　指定児童発達支援事業者は、障害児の送迎を目的とした自動車（運転者席及びこれと並列の座席並びにこれらより一つ後方に備えられた前向きの座席以外の座席を有しないものその他利用の態様を勘案してこれと同程度に障害児の見落としのおそれが少ないと認められるものを除く。）を日常的に運行するときは、当該自動車にブザーその他の車内の障害児の見落としを防止する装置を備え、これを用いて前項に定める所在の確認（障害児の降車の際に限る。）を行わなければならない。

（衛生管理等）

第四十一条　指定児童発達支援事業者は、障害児の使用する設備及び飲用に供する水について、衛生的な管理に努め、又は衛生上必要な措置を講ずるとともに、健康管理等に必要となる機械器具等の管理を適正に行わなければならない。

2　指定児童発達支援事業者は、当該指定児童発達支援事業所において感染症又は食中毒が発生し、又はまん延しないように、次の各号に掲げる措置を講じなければならない。

一　当該指定児童発達支援事業所における感染症及び食中毒の予防及びまん延の防止のための対策を検討する委員会（テレビ電話装置等を活用して行うことができるものとする。）を定期的に開催するとともに、その結果について、従業者に周知徹底を図ること。

二　当該指定児童発達支援事業所における感染症及び食中毒の予防及びまん延の防止のための指針を整備すること。

三　当該指定児童発達支援事業所において、従業者に対し、感染症及び食中毒の予防及びまん延の防止のための研修並びに感染症の予防及びまん延の防止のための訓練を定期的に実施すること。

（協力医療機関）

第四十二条　指定児童発達支援事業者は、障害児の病状の急変等に備えるため、あらかじめ、協力医療機関を定めておかなければならない。

（身体拘束等の禁止）

第四十四条　指定児童発達支援事業者は、指定児童発達支援の提供に当たっては、障害児又は他の障害児の生命又は身体を保護するため緊急やむを得ない場合を除き、身体的拘束その他障害児の行動を制限する行為（以下この条において「身体拘束等」という。）を行ってはならない。

2　指定児童発達支援事業者は、やむを得ず身体拘束等を行う場合には、その態様及び時間、その際の障害児の心身の状況並びに緊急やむを得ない理由その他必要な事項を記録しなければならない。

3　指定児童発達支援事業者は、身体拘束等の適正化を図るため、次に掲げる措置を講じなければならない。

一　身体拘束等の適正化のための対策を検討する委員会（テレビ電話装置等を活用して行うことができるものとする。）を定期的に開催するとともに、その結果について、従業者に周知徹底を図ること。
二　身体拘束等の適正化のための指針を整備すること。
三　従業者に対し、身体拘束等の適正化のための研修を定期的に実施すること。

（虐待等の禁止）
第四十五条　指定児童発達支援事業所の従業者は、障害児に対し、児童虐待の防止等に関する法律（平成十二年法律第八十二号）第二条各号に掲げる行為その他当該障害児の心身に有害な影響を与える行為をしてはならない。
2　指定児童発達支援事業者は、虐待の発生又はその再発を防止するため、次の各号に掲げる措置を講じなければならない。
一　当該指定児童発達支援事業所における虐待の防止のための対策を検討する委員会（テレビ電話装置等を活用して行うことができるものとする。）を定期的に開催するとともに、その結果について、従業者に周知徹底を図ること。
二　当該指定児童発達支援事業所において、従業者に対し、虐待の防止のための研修を定期的に実施すること。
三　前二号に掲げる措置を適切に実施するための担当者を置くこと。

第三章　医療型児童発達支援

第一節　基本方針

第五十五条　医療型児童発達支援に係る指定通所支援（以下「指定医療型児童発達支援」という。）の事業は、障害児が日常生活における基本的動作及び知識技能を習得し、並びに集団生活に適応することができるよう、当該障害児の身体及び精神の状況並びにその置かれている環境に応じて適切かつ効果的な指導及び訓練並びに治療を行うものでなければならない。

第二節　人員に関する基準

（従業者の員数）
第五十六条　指定医療型児童発達支援の事業を行う者（以下「指定医療型児童発達支援事業者」という。）が当該事業を行う事業所（以下「指定医療型児童発達支援事業所」という。）に置くべき従業者及びその員数は、次のとおりとする。
一　医療法（昭和二十三年法律第二百五号）に規定する診療所として必要とされる従業者　同法に規定する診療所として必要とされる数
二　児童指導員　一以上
三　保育士（特区法第十二条の五第五項に規定する事業実施区域内にある指定医療型児童発達支援事業所にあっては、保育士又は当該事業実施区域に係る国家戦略特別区域限定保育士）　一以上
四　看護職員　一以上
五　理学療法士又は作業療法士　一以上
六　児童発達支援管理責任者　一以上
2　前項各号に掲げる従業者のほか、指定医療型児童発達支援事業所において日常生活を営むのに必要な言語訓練等を行う場合には、機能訓練担当職員を置かなければならない。
3　第一項各号及び前項に規定する従業者は、専ら当該指定医療型児童発達支援事業所の職務に従事する者でなければならない。ただし、障害児の支援に支障がない場合は、障害児の保護に直接従事する従業者を除き、併せて設置する他の社会福祉施設の職務に従事させることができる。
4　前項の規定にかかわらず、保育所若しくは家庭的保育事業所等に入所し、又は幼保連携型認定こども園に入園している児童と指定医療型児童発達支援事業所に通所している障害児を交流させるときは、障害児の支援に支障がない場合に限り、障害児の支援に直接従事する従業者については、これら児童への保育に併せて従事させることができる。

第三節　設備に関する基準

（設備）
第五十八条　指定医療型児童発達支援事業所の設備の基準は、次のとおりとする。
一　医療法に規定する診療所として必要とされる設備を有すること。
二　指導訓練室、屋外訓練場、相談室及び調理室を有すること。
三　浴室及び便所の手すり等身体の機能の不自由を助ける設備を有すること。
2　指定医療型児童発達支援事業所は、その階段の傾斜を緩やかにしなければならない。
3　第一項各号に掲げる設備は、専ら当該指定医療型児童発達支援の事業の用に供するものでなければならない。ただし、障害児の支援に支障がない場合は、同項第一号に掲げる設備を除き、併せて設置する他の社会福祉施設の設備に兼ねることができる。

第四節　運営に関する基準

（利用定員）
第五十九条　指定医療型児童発達支援事業所は、その利用定員を十人以上とする。

第四章　放課後等デイサービス

第一節　基本方針

第六十五条　放課後等デイサービスに係る指定通所支援（以下「指定放課後等デイサービス」という。）の事業は、障害児が生活能力の向上のために必要な訓練を行い、及び社会との交流を図ることができるよう、当該障害児の身体及び精神の状況並びにその置かれている環境に応じて適切かつ効果的な指導及び訓練を行うものでなければならない。

第二節　人員に関する基準

（従業者の員数）

第六十六条　指定放課後等デイサービスの事業を行う者（以下「指定放課後等デイサービス事業者」という。）が当該事業を行う事業所（以下「指定放課後等デイサービス事業所」という。）に置くべき従業者及びその員数は、次のとおりとする。

一　児童指導員又は保育士（特区法第十二条の五第五項に規定する事業実施区域内にある指定放課後等デイサービス事業所にあっては、保育士又は当該事業実施区域に係る国家戦略特別区域限定保育士。以下この条において同じ。）　指定放課後等デイサービスの単位ごとにその提供を行う時間帯を通じて専ら当該指定放課後等デイサービスの提供に当たる児童指導員又は保育士の合計数が、イ又はロに掲げる障害児の数の区分に応じ、それぞれイ又はロに定める数以上

イ　障害児の数が十までのもの　二以上

ロ　障害児の数が十を超えるもの　二に、障害児の数が十を超えて五又はその端数を増すごとに一を加えて得た数以上

二　児童発達支援管理責任者　一以上

2　前項各号に掲げる従業者のほか、指定放課後等デイサービス事業所において、日常生活を営むのに必要な機能訓練を行う場合には機能訓練担当職員を、日常生活及び社会生活を営むために医療的ケアを恒常的に受けることが不可欠である障害児に医療的ケアを行う場合には看護職員を、それぞれ置かなければならない。ただし、次の各号のいずれかに該当する場合には、看護職員を置かないことができる。

一　医療機関等との連携により、看護職員を指定放課後等デイサービス事業所に訪問させ、当該看護職員が障害児に対して医療的ケアを行う場合

二　当該指定放課後等デイサービス事業所（社会福祉士及び介護福祉士法第四十八条の三第一項の登録に係る事業所である場合に限る。）において、医療的ケアのうち喀痰《かくたん》吸引等のみを必要とする障害児に対し、当該登録を受けた者が自らの事業又はその一環として喀痰《かくたん》吸引等業務を行う場合

三　当該指定放課後等デイサービス事業所（社会福祉士及び介護福祉士法附則第二十七条第一項の登録に係る事業所である場合に限る。）において、医療的ケアのうち特定行為のみを必要とする障害児に対し、当該登録を受けた者が自らの事業又はその一環として特定行為業務を行う場合

3　前項に基づき、機能訓練担当職員等を置いた場合において、当該機能訓練担当職員等が指定放課後等デイサービスの単位ごとにその提供を行う時間帯を通じて専ら当該指定放課後等デイサービスの提供に当たる場合には、当該機能訓練担当職員等の数を児童指導員又は保育士の合計数に含めることができる。

4　第一項から前項までの規定にかかわらず、主として重症心身障害児を通わせる指定放課後等デイサービス事業所に置くべき従業者及びその員数は、次のとおりとする。ただし、指定放課後等デイサービスの単位ごとにその提供を行う時間帯のうち日常生活を営むのに必要な機能訓練を行わない時間帯については、第四号の機能訓練担当職員を置かないことができる。

一　嘱託医　一以上

二　看護職員　一以上

三　児童指導員又は保育士　一以上

四　機能訓練担当職員　一以上

五　児童発達支援管理責任者　一以上

5　第一項第一号及び前二項の指定放課後等デイサービスの単位は、指定放課後等デイサービスであって、その提供が同時に一又は複数の障害児に対して一体的に行われるものをいう。

6　第一項第一号の児童指導員又は保育士のうち、一人以上は、常勤でなければならない。

7　第三項の規定により機能訓練担当職員等の数を含める場合における第一項第一号の児童指導員又は保育士の合計数の半数以上は、児童指導員又は保育士でなければならない。

8　第一項第二号に掲げる児童発達支援管理責任者のうち、一人以上は、専任かつ常勤でなければならない。

第三節　設備に関する基準

（設備）

第六十八条　指定放課後等デイサービス事業所は、指導訓練室のほか、指定放課後等デイサービスの提供に必要な設備及び備品等を設けなければならない。

2　前項に規定する指導訓練室は、訓練に必要な機械器具等を備えなければならない。

3　第一項に規定する設備及び備品等は、専ら当該指定放課後等デイサービスの事業の用に供するものでなければならない。ただし、障害児の支援に支障がない場合は、この限りでない。

第四節　運営に関する基準

（利用定員）

第六十九条　指定放課後等デイサービス事業所は、その利用定員を十人以上とする。ただし、主として重症心身障害児を通わせる指定放課後等デイサービス事業所にあっては、利用定員を五人以上とすることができる。

（通所利用者負担額の受領）

第七十条　指定放課後等デイサービス事業者は、指定放課後等デイサービスを提供した際は、通所給付決定保護者から当該指定放課後等デイサービスに係る通所利用者負担額の支払を受けるものとする。

2　指定放課後等デイサービス事業者は、法定代理受領を行わない指定放課後等デイサービスを提供した際は、通所給付決定保護者から、当該指定放課後等デイサービスに係る指定通所支援費用基準額の支払を受けるものとする。

3　指定放課後等デイサービス事業者は、前二項の支払を受ける額のほか、指定放課後等デイサービスにおいて提供される便宜に要する費用のうち、日常生活においても通常必要となるものに係る費用であって、通所給付決定保護者に負担させることが適当と認められるものの額の支払を通所給付決定保護者から受けることができる。

4　指定放課後等デイサービス事業者は、前三項の費用の額の支払を受けた場合は、当該費用に係る領収証を当該費用の額を支払った通所給付決定保護者に対し交付しなければならない。

5　指定放課後等デイサービス事業者は、第三項の費用に係るサービスの提供に当たっては、あらかじめ、通所給付決定保護者に対し、当該サービスの内容及び費用について説明を行い、通所給付決定保護者の同意を得なければならない。

第五章　居宅訪問型児童発達支援

第一節　基本方針

第七十一条の七　居宅訪問型児童発達支援に係る指定通所支援（以下「指定居宅訪問型児童発達支援」という。）の事業は、障害児が日常生活における基本的動作及び知識技能を習得し、並びに生活能力の向上を図ることができるよう、当該障害児の身体及び精神の状況並びにその置かれている環境に応じて適切かつ効果的な支援を行うものでなければならない。

第二節　人員に関する基準

（従業者の員数）

第七十一条の八　指定居宅訪問型児童発達支援の事業を行う者（以下「指定居宅訪問型児童発達支援事業者」という。）が当該事業を行う事業所（以下「指定居宅訪問型児童発達支援事業所」という。）に置くべき従業者及びその員数は、次のとおりとする。

一　訪問支援員　事業規模に応じて訪問支援を行うために必要な数

二　児童発達支援管理責任者　一以上

2　前項第一号に掲げる訪問支援員は、理学療法士、作業療法士、言語聴覚士、看護職員若しくは保育士（特区法第十二条の五第五項に規定する事業実施区域内にある指定居宅訪問型児童発達支援事業所にあっては、保育士又は当該事業実施区域に係る国家戦略特別区域限定保育士）の資格を取得後又は児童指導員若しくは心理指導担当職員（学校教育法の規定による大学（短期大学を除く。）若しくは大学院において、心理学を専修する学科、研究科若しくはこれに相当する課程を修めて卒業した者であって、個人及び集団心理療法の技術を有するもの又はこれと同等以上の能力を有すると認められる者をいう。）として配置された日以後、障害児について、入浴、排せつ、食事その他の介護を行い、及び当該障害児の介護を行う者に対して介護に関する指導を行う業務又は日常生活における基本的な動作の指導、知識技能の付与、生活能力の向上のために必要な訓練その他の支援（以下「訓練等」という。）を行い、及び当該障害児の訓練等を行う者に対して訓練等に関する指導を行う業務その他職業訓練又は職業教育に係る業務に三年以上従事した者でなければならない。

3　第一項第二号に掲げる児童発達支援管理責任者のうち一人以上は、専ら当該指定居宅訪問型児童発達支援事業所の職務に従事する者でなければならない。

第三節　設備に関する基準

（設備）

第七十一条の十　指定居宅訪問型児童発達支援事業所には、事業の運営を行うために必要な広さを有する専用の区画を設けるほか、指定居宅訪問型児童発達支援の提供に必要な設備及び備品等を備えなければならない。

2　前項に規定する設備及び備品等は、専ら当該指定居宅訪問型児童発達支援の事業の用に供するものでなければならない。ただし、障害児の支援に支障がない場合は、この限りでない。

第四節　運営に関する基準

（身分を証する書類の携行）

第七十一条の十一　指定居宅訪問型児童発達支援事業者は、従業者に身分を証する書類を携行させ、初回訪問時及び障害児又は通所給付決定保護者その他の当該障害児の家族から求められたときは、これを提示すべき旨を指導しなければならない。

第六章　保育所等訪問支援

第一節　基本方針

第七十二条　保育所等訪問支援に係る指定通所支援（以下「指定保育所等訪問支援」という。）の事業は、障害児が障害児以外の児童との集団生活に適応することができるよう、当該障害児の身体及び精神の状況並びにその置かれている環境に応じて適切かつ効果的な支援を行うものでなければならない。

第二節　人員に関する基準

（従業者の員数）

第七十三条　指定保育所等訪問支援の事業を行う者（以下「指定保育所等訪問支援事業者」という。）が当該事業を行う事業所（以下「指定保育所等訪問支援事業所」という。）に置くべき従業者及びその員数は、次のとおりとする。

一　訪問支援員　事業規模に応じて訪問支援を行うために必要な数

二　児童発達支援管理責任者　一以上

2　前項第二号に掲げる児童発達支援管理責任者のうち一人以上は、専ら当該指定保育所等訪問支援事業所の職務に従事する者でなければならない。

第三節　設備に関する基準

（準用）

第七十五条　第七十一条の十の規定は、指定保育所等訪問支援の事業について準用する。

附　則　（抄）

（施行期日）

第一条　この省令は、平成二十四年四月一日から施行する。

13 児童福祉法に基づく指定障害児入所施設等の人員、設備及び運営に関する基準（抄）

（平成二四年二月三日厚生労働省令第一六号）

改正　令和五・三・三一厚労令四八

第一章　総則

（趣旨）

第一条　児童福祉法（昭和二十二年法律第百六十四号。以下「法」という。）第二十四条の十二第三項の内閣府令で定める基準は、次の各号に掲げる基準に応じ、それぞれ当該各号に定める規定による基準とする。

一　法第二十四条の十二第一項の規定により、同条第三項第一号に掲げる事項について都道府県（地方自治法（昭和二十二年法律第六十七号）第二百五十二条の十九第一項の指定都市（第四十七条第三項において「指定都市」という。）及び法第五十九条の四第一項の児童相談所設置市（第四十七条第三項において「児童相談所設置市」という。）を含む。以下同じ。）が条例を定めるに当たって従うべき基準　第四条、第二十五条第四項（第五十七条において準用する場合を含む。）、第三十三条第一項（第五十七条において準用する場合を含む。）及び第五十二条の規定による基準

二　法第二十四条の十二第二項の規定により、同条第三項第二号に掲げる事項について都道府県が条例を定めるに当たって従うべき基準

第五条第一項（居室に係る部分に限る。）並びに第三項第二号及び第三号（面積に係る部分に限る。）、第五十三条第一項第一号（病室に係る部分に限る。）並びに附則第二条（面積に係る部分に限る。）及び第三条（面積に係る部分に限る。）の規定による基準

三　法第二十四条の十二第二項の規定により、同条第三項第三号に掲げる事項について都道府県が条例を定めるに当たって従うべき基準　第六条（第五十七条において準用する場合を含む。）、第七条（第五十七条において準用する場合を含む。）、第二十五条第五項（第五十七条において準用する場合を含む。）、第三十条（第五十七条において準用する場合を含む。）、第三十五条の二（第五十七条において準用する場合を含む。）、第三十七条の二（第五十七条において準用する場合を含む。）、第三十七条の三（第五十七条において準用する場合を含む。）、第三十八条第二項（第五十七条において準用する場合を含む。）、第四十一条から第四十四条まで（第五十七条において準用する場合を含む。）及び第四十九条（第五十七条において準用する場合を含む。）の規定による基準

四　法第二十四条の十二第一項又は第二項の規定により、同条第三項各号に掲げる事項以外の事項について都道府県が条例を定めるに当たって参酌すべき基準　この府令に定める基準のうち、前三号に定める規定による基準以外のもの

（**定義**）

第二条　この府令において、次の各号に掲げる用語の定義は、それぞれ当該各号に定めるところによる。

一　指定福祉型障害児入所施設　法第二十四条の二第一項に規定する指定障害児入所施設のうち法第四十二条第一号に規定する福祉型障害児入所施設であるものをいう。

二　指定医療型障害児入所施設　法第二十四条の二第一項に規定する指定障害児入所施設のうち法第四十二条第二号に規定する医療型障害児入所施設であるものをいう。

三　指定障害児入所施設等　法第二十四条の二第一項に規定する指定障害児入所施設等をいう。

四　指定入所支援　法第二十四条の二第一項に規定する指定入所支援をいう。

五　指定入所支援費用基準額　指定入所支援に係る法第二十四条の二第二項第一号（法第二十四条の二十四第二項の規定により、同条第一項に規定する障害児入所給付費等の支給について適用する場合を含む。）に掲げる額をいう。

六　入所利用者負担額　法第二十四条の二第二項第二号（法第二十四条の二十四第二項の規定により、同条第一項に規定する障害児入所給付費等の支給について適用する場合を含む。）に掲げる額及び障害児入所医療（法第二十四条の二十第一項に規定する障害児入所医療をいう。以下同じ。）につき健康保険の療養に要する費用の額の算定方法の例により算定した費用の額から当該障害児入所医療につき支給された障害児入所医療費の額を控除して得た額の合計額をいう。

七　入所給付決定　法第二十四条の三第四項に規定する入所給付決定をいう。

八　入所給付決定保護者　法第二十四条の三第六項に規定する入所給付決定保護者をいう。

九　給付決定期間　法第二十四条の三第六項に規定する給付決定期間をいう。

十　入所受給者証　法第二十四条の三第六項に規定する入所受給者証をいう。

十一　法定代理受領　法第二十四条の三第八項（法第二十四条の七第二項において準用する場合及び法第二十四条の二十四第二項の規定により同条第一項に規定する障害児入所給付費等の支給について適用する場合を含む。）の規定により入所給付決定保護者に代わり都道府県が支払う指定入所支援に要した費用の額又は法第二十四条の二十第三項（法第二十四条の二十四第二項の規定により、同条第一項に規定する障害児入所給付費等の支給について適用する場合を含む。）の規定により入所給付決定保護者に代わり都道府県が支払う指定入所医療に要した費用の額の一部を指定障害児入所施設等が受けることをいう。

（**指定障害児入所施設等の一般原則**）

第三条　指定障害児入所施設等は、入所給付決定保護者及び障害児の意向、障害児の適性、障害の特性その他の事情を踏まえた計画（以下「入所支援計画」という。）を作成し、これに基づき障害児に対して指定入所支援を提供するとともに、その効果について継続的な評価を実施することその他の措置を講ずることにより障害児に対して適切かつ効果的に指定入所支援を提供しなければならない。

2　指定障害児入所施設等は、当該指定障害児入所施設等を利用する障害児の意思及び人格を尊重して、常に当該障害児の立場に立った指定入所支援の提供に努めなければならない。

3　指定障害児入所施設等は、地域及び家庭との結び付きを重視した運営を行い、都道府県、市町村（特別区を含む。以下同じ。）、障害者の日常生活及び社会生活を総合的に支援するための法律（平成十七年法律第百二十三号）第五条第一項に規定する障害福祉サービス（第四十六条において「障害福祉サービス」という。）を行う者、他の児童福祉施設その他の保健医療サービス又は福祉サービスを提供する者との密接な連携に努めなければならない。

4　指定障害児入所施設等は、当該指定障害児入所施設等を利用する障害児の人権の擁護、虐待の防止等のため、必要な体制の整備を行うとともに、その従業者に対し、研修を実施する等の措置を講じなければならない。

第二章　指定福祉型障害児入所施設の人員、設備及び運営に関する基準

第一節　人員に関する基準

（従業者の員数）

第四条　指定福祉型障害児入所施設に置くべき従業者及びその員数は、次のとおりとする。ただし、四十人以下の障害児を入所させる指定福祉型障害児入所施設にあっては第四号の栄養士を、調理業務の全部を委託する指定福祉型障害児入所施設にあっては第五号の調理員を置かないことができる。

一　嘱託医　一以上

二　看護職員（保健師、助産師、看護師又は准看護師をいう。）　イ又はロに掲げる指定福祉型障害児入所施設の区分に応じ、それぞれイ又はロに定める数

イ　主として自閉症を主たる症状とする知的障害のある児童（以下「自閉症児」という。）を入所させる指定福祉型障害児入所施設　おおむね障害児の数を二十で除して得た数以上

ロ　主として肢体不自由（法第六条の二の二第三項に規定する肢体不自由をいう。以下同じ。）のある児童を入所させる指定福祉型障害児入所施設　一以上

三　児童指導員（児童福祉施設の設備及び運営に関する基準（昭和二十三年厚生省令第六十三号）第二十一条第六項に規定する児童指導員をいう。以下同じ。）及び保育士（国家戦略特別区域法（平成二十五年法律第百七号。以下「特区法」という。）第十二条の五第五項に規定する事業実施区域内にある指定福祉型障害児入所施設にあっては、保育士又は当該事業実施区域に係る国家戦略特別区域限定保育士。以下この号において同じ。）

イ　児童指導員及び保育士の総数　(1)から(3)までに掲げる指定福祉型障害児入所施設の区分に応じ、それぞれ(1)から(3)までに定める数

(1)　主として知的障害のある児童を入所させる指定福祉型障害児入所施設　通じておおむね障害児の数を四で除して得た数以上（三十人以下の障害児を入所させる指定福祉型障害児入所施設にあっては、当該数に一を加えた数以上）

(2)　主として盲児（強度の弱視児を含む。次条第二項第二号及び第四項において同じ。）又はろうあ児（強度の難聴児を含む。次条第二項第三号において同じ。）（次条第一項において「盲ろうあ児」という。）を入所させる指定福祉型障害児入所施設　通じておおむね障害児の数を四で除して得た数以上（三十五人以下の障害児を入所させる指定福祉型障害児入所施設にあっては、当該数に一を加えた数以上）

(3)　主として肢体不自由のある児童を入所させる指定福祉型障害児入所施設　通じておおむね障害児の数を三・五で除して得た数以上

ロ　児童指導員　一以上

ハ　保育士　一以上

四　栄養士　一以上

五　調理員　一以上

六　児童発達支援管理責任者（児童福祉施設の設備及び運営に関する基準第四十九条第一項に規定する児童発達支援管理責任者をいう。以下同じ。）　一以上

2　前項各号に掲げる従業者のほか、主として自閉症児を入所させる指定福祉型障害児入所施設である場合には医師を、指定福祉型障害児入所施設において、心理指導を行う必要があると認められる障害児五人以上に心理指導を行う場合には心理指導担当職員を、職業指導を行う場合には職業指導員を置かなければならない。

3　前項に規定する心理指導担当職員は、学校教育法の規定による大学（短期大学を除く。）若しくは大学院において、心理学を専修する学科、研究科若しくはこれに相当する課程を修めて卒業した者であって、個人及び集団心理療法の技術を有するもの又はこれと同等以上の能力を有すると認められる者でなければならない。

4　第一項各号（第一号を除く。）及び第二項に規定する従業者は、専ら当該指定福祉型障害児

入所施設の職務に従事する者でなければならない。ただし、障害児の支援に支障がない場合は、第一項第四号の栄養士及び同項第五号の調理員については、併せて設置する他の社会福祉施設の職務に従事させることができる。

第二節　設備に関する基準

（設備）

第五条　指定福祉型障害児入所施設は、居室、調理室、浴室、便所、医務室及び静養室を設けなければならない。ただし、三十人未満の障害児を入所させる指定福祉型障害児入所施設であって主として知的障害のある児童を入所させるものにあっては医務室を、三十人未満の障害児を入所させる指定福祉型障害児入所施設であって主として盲ろうあ児を入所させるものにあっては医務室及び静養室を設けないことができる。

2　次の各号に掲げる指定福祉型障害児入所施設は、前項に規定する設備のほか、当該指定福祉型障害児入所施設の区分に応じ、当該各号に定める設備を設けなければならない。

一　主として知的障害のある児童を入所させる指定福祉型障害児入所施設　入所している障害児の年齢、適性等に応じた職業指導に必要な設備（以下この項において「職業指導に必要な設備」という。）

二　主として盲児を入所させる指定福祉型障害児入所施設　遊戯室、訓練室、職業指導に必要な設備、音楽に関する設備並びに浴室及び便所の手すり、特殊表示等身体の機能の不自由を助ける設備

三　主としてろうあ児を入所させる指定福祉型障害児入所施設　遊戯室、訓練室、職業指導に必要な設備及び映像に関する設備

四　主として肢体不自由のある児童を入所させる指定福祉型障害児入所施設　訓練室、屋外訓練場並びに浴室及び便所の手すり等身体の機能の不自由を助ける設備

3　第一項の居室の基準は、次のとおりとする。

一　一の居室の定員は、四人以下とすること。

二　障害児一人当たりの床面積は、四・九五平方メートル以上とすること。

三　前二号の規定にかかわらず、乳児又は幼児（第五十二条第一項第二号において「乳幼児」という。）のみの一の居室の定員は六人以下とし、一人当たりの床面積は三・三平方メートル以上とすること。

四　入所している障害児の年齢等に応じ、男子と女子の居室を別にすること。

4　主として盲児又は肢体不自由のある児童を入所させる指定福祉型障害児入所施設は、その階段の傾斜を緩やかにしなければならない。

5　第一項及び第二項各号に規定する設備は、専ら当該指定福祉型障害児入所施設の用に供するものでなければならない。ただし、障害児の支援に支障がない場合は、第一項及び第二項各号に規定する設備（居室を除く。）については、併せて設置する他の社会福祉施設の設備に兼ねることができる。

第三節　運営に関する基準

（内容及び手続の説明及び同意）

第六条　指定福祉型障害児入所施設は、入所給付決定保護者が指定入所支援の利用の申込みを行ったときは、当該利用申込を行った入所給付決定保護者（以下「利用申込者」という。）に係る障害児の障害の特性に応じた適切な配慮をしつつ、当該利用申込者に対し、第三十四条に規定する運営規程の概要、従業者の勤務体制その他の利用申込者のサービスの選択に資すると認められる重要事項を記した文書を交付して説明を行い、当該指定入所支援の提供の開始について当該利用申込者の同意を得なければならない。

2　指定福祉型障害児入所施設は、社会福祉法（昭和二十六年法律第四十五号）第七十七条の規定に基づき書面の交付を行う場合は、利用申込者に係る障害児の障害の特性に応じた適切な配慮をしなければならない。

（提供拒否の禁止）

第七条　指定福祉型障害児入所施設は、正当な理由がなく、指定入所支援の提供を拒んではならない。

（指定入所支援の取扱方針）

第二十条　指定福祉型障害児入所施設は、入所支援計画に基づき、障害児の心身の状況等に応じて、その者の支援を適切に行うとともに、指定入所支援の提供が漫然かつ画一的なものとならないよう配慮しなければならない。

2　指定福祉型障害児入所施設の従業者は、指定入所支援の提供に当たっては、懇切丁寧を旨とし、入所給付決定保護者及び障害児に対し、支援上必要な事項について、理解しやすいように説明を行わなければならない。

3　指定福祉型障害児入所施設は、その提供する指定入所支援の質の評価を行い、常にその改善を図らなければならない。

（入所支援計画の作成等）

第二十一条　指定福祉型障害児入所施設の管理者は、児童発達支援管理責任者に入所支援計画の

作成に関する業務を担当させるものとする。

2　児童発達支援管理責任者は、入所支援計画の作成に当たっては、適切な方法により、障害児について、その有する能力、その置かれている環境及び日常生活全般の状況等の評価を通じて入所給付決定保護者及び障害児の希望する生活並びに課題等の把握（以下この条において「アセスメント」という。）を行い、障害児の発達を支援する上での適切な支援内容の検討をしなければならない。

3　児童発達支援管理責任者は、アセスメントに当たっては、入所給付決定保護者及び障害児に面接しなければならない。この場合において、児童発達支援管理責任者は、面接の趣旨を入所給付決定保護者及び障害児に対して十分に説明し、理解を得なければならない。

4　児童発達支援管理責任者は、アセスメント及び支援内容の検討結果に基づき、入所給付決定保護者及び障害児の生活に対する意向、障害児に対する総合的な支援目標及びその達成時期、生活全般の質を向上させるための課題、指定入所支援の具体的内容、指定入所支援を提供する上での留意事項その他必要な事項を記載した入所支援計画の原案を作成しなければならない。

5　児童発達支援管理責任者は、入所支援計画の作成に当たっては、障害児に対する指定入所支援の提供に当たる担当者等を招集して行う会議（テレビ電話装置その他の情報通信機器（以下「テレビ電話装置等」という。）を活用して行うことができるものとする。）を開催し、入所支援計画の原案について意見を求めるものとする。

6　児童発達支援管理責任者は、入所支援計画の作成に当たっては、入所給付決定保護者及び障害児に対し、当該入所支援計画について説明し、文書によりその同意を得なければならない。

7　児童発達支援管理責任者は、入所支援計画を作成した際には、当該入所支援計画を入所給付決定保護者に交付しなければならない。

8　児童発達支援管理責任者は、入所支援計画の作成後、入所支援計画の実施状況の把握（障害児についての継続的なアセスメントを含む。次項において「モニタリング」という。）を行うとともに、障害児について解決すべき課題を把握し、少なくとも六月に一回以上、入所支援計画の見直しを行い、必要に応じて入所支援計画の変更を行うものとする。

9　児童発達支援管理責任者は、モニタリングに当たっては、入所給付決定保護者との連絡を継続的に行うこととし、特段の事情のない限り、次に定めるところにより行わなければならない。

一　定期的に入所給付決定保護者及び障害児に面接すること。

二　定期的にモニタリングの結果を記録すること。

10　第二項から第七項までの規定は、第八項に規定する入所支援計画の変更について準用する。

（児童発達支援管理責任者の責務）

第二十二条　児童発達支援管理責任者は、前条に規定する業務のほか、次に掲げる業務を行うものとする。

一　次条に規定する検討及び必要な援助並びに第二十四条に規定する相談及び援助を行うこと。

二　他の従業者に対する技術指導及び助言を行うこと。

（検討等）

第二十三条　指定福祉型障害児入所施設は、障害児について、その心身の状況等に照らし、法第二十一条の五の三第一項に規定する指定通所支援、障害者の日常生活及び社会生活を総合的に支援するための法律第二十九条第一項に規定する指定障害福祉サービスその他の保健医療サービス又は福祉サービスを利用することにより、当該障害児が居宅において日常生活を営むことができるよう定期的に検討するとともに、居宅において日常生活を営むことができると認められる障害児に対し、入所給付決定保護者及び障害児の希望等を勘案し、必要な援助を行わなければならない。

（相談及び援助）

第二十四条　指定福祉型障害児入所施設は、常に障害児の心身の状況、その置かれている環境等の的確な把握に努め、障害児又はその家族に対し、その相談に適切に応じるとともに、必要な助言その他の援助を行わなければならない。

（指導、訓練等）

第二十五条　指定福祉型障害児入所施設は、障害児の心身の状況に応じ、障害児の自立の支援と日常生活の充実に資するよう、適切な技術をもって指導、訓練等を行わなければならない。

2　指定福祉型障害児入所施設は、障害児が日常生活における適切な習慣を確立するとともに、社会生活への適応性を高めるよう、あらゆる機会を通じて生活指導を行わなければならない。

3　指定福祉型障害児入所施設は、障害児の適性に応じ、障害児ができる限り健全な社会生活を営むことができるよう、より適切に指導、訓練等を行わなければならない。

4　指定福祉型障害児入所施設は、常時一人以上の従業者を指導、訓練等に従事させなければならない。

5　指定福祉型障害児入所施設は、障害児に対して、当該障害児に係る入所給付決定保護者の負担により、当該指定福祉型障害児入所施設の従業者以外の者による指導、訓練等を受けさせてはならない。

（食事）

第二十六条　指定福祉型障害児入所施設においては、障害児に食事を提供するときは、その献立は、できる限り、変化に富み、障害児の健全な発育に必要な栄養量を含有するものでなければならない。

2　食事は、前項の規定によるほか、食品の種類及び調理方法について栄養並びに障害児の身体的状況及び嗜《し》好を考慮したものでなければならない。

3　調理は、あらかじめ作成された献立に従って行わなければならない。

4　指定福祉型障害児入所施設は、障害児の健康な生活の基本としての食を営む力の育成に努めなければならない。

（社会生活上の便宜の供与等）

第二十七条　指定福祉型障害児入所施設は、教養娯楽設備等を備えるほか、適宜障害児のためのレクリエーション行事を行わなければならない。

2　指定福祉型障害児入所施設は、障害児が日常生活を営む上で必要な行政機関に対する手続等について、当該障害児又はその家族が行うことが困難である場合は、入所給付決定保護者の同意を得て代わって行わなければならない。

3　指定福祉型障害児入所施設は、常に障害児の家族との連携を図るとともに、障害児とその家族との交流等の機会を確保するよう努めなければならない。

（健康管理）

第二十八条　指定福祉型障害児入所施設は、常に障害児の健康の状況に注意するとともに、入所した障害児に対し、入所時の健康診断、少なくとも一年に二回の定期健康診断及び臨時の健康診断を、学校保健安全法（昭和三十三年法律第五十六号）に規定する健康診断に準じて行わなければならない。

2　指定福祉型障害児入所施設は、前項の規定にかかわらず、次の表の上欄に掲げる健康診断がそれぞれ同表の下欄に掲げる健康診断の全部又は一部に相当すると認められるときは、同欄に掲げる健康診断の全部又は一部を行わないことができる。この場合において、指定福祉型障害児入所施設は、それぞれ同表の上欄に掲げる健康診断の結果を把握しなければならない。

児童相談所等における障害児の入所前の健康診断	入所した障害児に対する障害児の入所時の健康診断
障害児が通学する学校における健康診断	定期の健康診断又は臨時の健康診断

3　指定福祉型障害児入所施設の従業者の健康診断に当たっては、特に入所している者の食事を調理する者につき、綿密な注意を払わなければならない。

（緊急時等の対応）

第二十九条　指定福祉型障害児入所施設の従業者は、現に指定入所支援の提供を行っているときに障害児に病状の急変が生じた場合その他必要な場合は、速やかに医療機関への連絡を行う等の必要な措置を講じなければならない。

（障害児の入院期間中の取扱い）

第三十条　指定福祉型障害児入所施設は、障害児について、病院又は診療所に入院する必要が生じた場合であって、入院後おおむね三月以内に退院することが見込まれるときは、当該障害児及び当該障害児に係る入所給付決定保護者の希望等を勘案し、必要に応じて適切な便宜を供与するとともに、やむを得ない事情がある場合を除き、退院後再び当該指定福祉型障害児入所施設に円滑に入所することができるようにしなければならない。

（運営規程）

第三十四条　指定福祉型障害児入所施設は、次の各号に掲げる施設の運営についての重要事項に関する運営規程（第四十条第一項において「運営規程」という。）を定めておかなければならない。

一　施設の目的及び運営の方針
二　従業者の職種、員数及び職務の内容
三　入所定員
四　指定入所支援の内容並びに入所給付決定保護者から受領する費用の種類及びその額
五　施設の利用に当たっての留意事項
六　緊急時等における対応方法
七　非常災害対策
八　主として入所させる障害児の障害の種類
九　虐待の防止のための措置に関する事項
十　その他施設の運営に関する重要事項

（定員の遵守）

第三十六条　指定福祉型障害児入所施設は、入所定員及び居室の定員を超えて入所させてはならない。ただし、災害、虐待その他のやむを得ない事情がある場合は、この限りでない。

（非常災害対策）

第三十七条 指定福祉型障害児入所施設は、消火設備その他の非常災害に際して必要な設備を設けるとともに、非常災害に関する具体的計画を立て、非常災害時の関係機関への通報及び連絡体制を整備し、それらを定期的に従業者に周知しなければならない。

2 指定福祉型障害児入所施設は、非常災害に備えるため、定期的に避難、救出その他必要な訓練を行わなければならない。

3 指定福祉型障害児入所施設は、前項に規定する訓練の実施に当たって、地域住民の参加が得られるよう連携に努めなければならない。

（安全計画の策定等）

第三十七条の二 指定福祉型障害児入所施設は、障害児の安全の確保を図るため、当該指定福祉型障害児入所施設の設備の安全点検、従業者、障害児等に対する施設外での活動、取組等を含めた指定福祉型障害児入所施設での生活その他の日常生活における安全に関する指導、従業者の研修及び訓練その他指定福祉型障害児入所施設における安全に関する事項についての計画（以下この条において「安全計画」という。）を策定し、当該安全計画に従い必要な措置を講じなければならない。

2 指定福祉型障害児入所施設は、従業者に対し、安全計画について周知するとともに、前項の研修及び訓練を定期的に実施しなければならない。

3 指定福祉型障害児入所施設は、定期的に安全計画の見直しを行い、必要に応じて安全計画の変更を行うものとする。

（自動車を運行する場合の所在の確認）

第三十七条の三 指定福祉型障害児入所施設は、障害児の施設外での活動、取組等のための移動その他の障害児の移動のために自動車を運行するときは、障害児の乗車及び降車の際に、点呼その他の障害児の所在を確実に把握することができる方法により、障害児の所在を確認しなければならない。

（衛生管理等）

第三十八条 指定福祉型障害児入所施設は、障害児の使用する設備及び飲用に供する水について、衛生的な管理に努め、又は衛生上必要な措置を講ずるとともに、健康管理等に必要となる機械器具等の管理を適正に行わなければならない。

2 指定福祉型障害児入所施設は、当該指定福祉型障害児入所施設において感染症又は食中毒が発生し、又はまん延しないように、次の各号に掲げる措置を講じなければならない。

一 当該指定福祉型障害児入所施設における感染症及び食中毒の予防及びまん延の防止のための対策を検討する委員会（テレビ電話装置等を活用して行うことができるものとする。）を定期的に開催するとともに、その結果について、従業者に周知徹底を図ること。

二 当該指定福祉型障害児入所施設における感染症及び食中毒の予防及びまん延の防止のための指針を整備すること。

三 当該指定福祉型障害児入所施設において、従業者に対し、感染症及び食中毒の予防及びまん延の防止のための研修並びに感染症の予防及びまん延の防止のための訓練を定期的に実施すること。

3 指定福祉型障害児入所施設は、障害児の希望等を勘案し、適切な方法により、障害児を入浴させ又は清しきしなければならない。

（協力医療機関等）

第三十九条 指定福祉型障害児入所施設は、障害児の病状の急変等に備えるため、あらかじめ、協力医療機関を定めておかなければならない。

2 指定福祉型障害児入所施設は、あらかじめ、協力歯科医療機関を定めておくよう努めなければならない。

（身体拘束等の禁止）

第四十一条 指定福祉型障害児入所施設は、指定入所支援の提供に当たっては、当該障害児又は他の障害児の生命又は身体を保護するため緊急やむを得ない場合を除き、身体的拘束その他障害児の行動を制限する行為（以下この条において「身体拘束等」という。）を行ってはならない。

2 指定福祉型障害児入所施設は、やむを得ず身体拘束等を行う場合には、その態様及び時間、その際の障害児の心身の状況並びに緊急やむを得ない理由その他必要な事項を記録しなければならない。

3 指定福祉型障害児入所施設は、身体拘束等の適正化を図るため、次に掲げる措置を講じなければならない。

一 身体拘束等の適正化のための対策を検討する委員会（テレビ電話装置等を活用して行うことができるものとする。）を定期的に開催するとともに、その結果について、従業者に周知徹底を図ること。

二 身体拘束等の適正化のための指針を整備すること。

三 従業者に対し、身体拘束等の適正化のための研修を定期的に実施すること。

（虐待等の禁止）

第四十二条　指定福祉型障害児入所施設の従業者は、障害児に対し、法第三十三条の十各号に掲げる行為その他当該障害児の心身に有害な影響を与える行為をしてはならない。

2　指定福祉型障害児入所施設は、虐待の発生又はその再発を防止するため、次の各号に掲げる措置を講じなければならない。

一　当該指定福祉型障害児入所施設における虐待の防止のための対策を検討する委員会（テレビ電話装置等を活用して行うことができるものとする。）を定期的に開催するとともに、その結果について、従業者に周知徹底を図ること。

二　当該指定福祉型障害児入所施設において、従業者に対し、虐待の防止のための研修を定期的に実施すること。

三　前二号に掲げる措置を適切に実施するための担当者を置くこと。

第三章　指定医療型障害児入所施設の人員、設備及び運営に関する基準

第一節　人員に関する基準

（従業者の員数）

第五十二条　指定医療型障害児入所施設に置くべき従業者及びその員数は、次のとおりとする。

一　医療法（昭和二十三年法律第二百五号）に規定する病院として必要とされる従業者　同法に規定する病院として必要とされる数

二　児童指導員及び保育士（特区法第十二条の五第五項に規定する事業実施区域内にある指定医療型障害児入所施設にあっては、保育士又は当該事業実施区域に係る国家戦略特別区域限定保育士。以下この号において同じ。）

イ　児童指導員及び保育士の総数　(1)又は(2)に掲げる指定医療型障害児入所施設の区分に応じ、それぞれ(1)又は(2)に定める数

(1)　主として自閉症児を入所させる指定医療型障害児入所施設　通じておおむね障害児の数を六・七で除して得た数以上

(2)　主として肢体不自由のある児童を入所させる指定医療型障害児入所施設　通じておおむね障害児である乳幼児の数を十で除して得た数及び障害児である少年の数を二十で除して得た数の合計数以上

ロ　児童指導員　一以上

ハ　保育士　一以上

三　心理指導を担当する職員　一以上（主として重症心身障害児（法第七条第二項に規定する重症心身障害児をいう。次号において同じ。）を入所させる指定医療型障害児入所施設に限る。）

四　理学療法士又は作業療法士　一以上（主として肢体不自由のある児童又は重症心身障害児を入所させる指定医療型障害児入所施設に限る。）

五　児童発達支援管理責任者　一以上

2　前項各号に掲げる従業者のほか、指定医療型障害児入所施設（主として肢体不自由のある児童を入所させるものに限る。）において職業指導を行う場合には、職業指導員を置かなければならない。

3　第一項各号に掲げる従業者は、専ら当該指定医療型障害児入所施設の職務に従事する者でなければならない。ただし、障害児の支援に支障がない場合は、障害児の保護に直接従事する従業者を除き、併せて設置する他の社会福祉施設の職務に従事させることができる。

4　指定医療型障害児入所施設が、療養介護（障害者の日常生活及び社会生活を総合的に支援するための法律第五条第六項に規定する療養介護をいう。以下この項及び次条第五項において同じ。）に係る指定障害福祉サービス事業者（同法第二十九条第一項に規定する指定障害福祉サービス事業者をいう。次条第五項において同じ。）の指定を受け、かつ、指定入所支援と療養介護とを同一の施設において一体的に提供している場合については、障害者の日常生活及び社会生活を総合的に支援するための法律に基づく指定障害福祉サービスの事業等の人員、設備及び運営に関する基準（平成十八年厚生労働省令第百七十一号。次条第五項において「指定障害福祉サービス基準」という。）第五十条に規定する人員に関する基準を満たすことをもって、前三項に規定する基準を満たしているものとみなすことができる。

第二節　設備に関する基準

（設備）

第五十三条　指定医療型障害児入所施設の設備は、次のとおりとする。

一　医療法に規定する病院として必要とされる設備を有すること。

二　訓練室及び浴室を有すること。

2　次の各号に掲げる指定医療型障害児入所施設にあっては、前項各号に掲げる設備のほか、それぞれ次の各号に掲げる設備を設けなければならない。ただし、第二号の義肢装具を製作する設備にあっては、他に適当な設備がある場合は、

これを置かないことができる。

一　主として自閉症児を入所させる指定医療型障害児入所施設　静養室

二　主として肢体不自由のある児童を入所させる指定医療型障害児入所施設　屋外訓練場、ギブス室、特殊手工芸等の作業を指導するのに必要な設備、義肢装具を製作する設備並びに浴室及び便所の手すり等身体の機能の不自由を助ける設備

3　主として肢体不自由のある児童を入所させる指定医療型障害児入所施設は、その階段の傾斜を緩やかにしなければならない。

4　第一項各号及び第二項各号に掲げる設備は、専ら当該指定医療型障害児入所施設が提供する指定入所支援の用に供するものでなければならない。ただし、障害児の支援に支障がない場合は、第一項第二号及び第二項各号に掲げる設備については、併せて設置する他の社会福祉施設の設備に兼ねることができる。

5　指定医療型障害児入所施設が、療養介護に係る指定障害福祉サービス事業者の指定を受け、かつ、指定入所支援と療養介護とを同一の施設において一体的に提供している場合については、指定障害福祉サービス基準第五十二条に規定する設備に関する基準を満たすことをもって、前各項に規定する基準を満たしているものとみなすことができる。

附　則（抄）

（施行期日）

第一条　この省令は、平成二十四年四月一日から施行する。

⑭児童福祉法に基づく指定障害児相談支援の事業の人員及び運営に関する基準（抄）

（平成二四年三月一三日厚生労働省令第二九号）

改正　令和五・三・三一厚労令四八

第一章　総則

（定義）

第一条　この府令において、次の各号に掲げる用語の意義は、それぞれ当該各号に定めるところによる。

一　障害児支援利用計画案　児童福祉法（昭和二十二年法律第百六十四号。以下「法」という。）第六条の二の二第八項に規定する障害児支援利用計画案をいう。

二　障害児支援利用計画　法第六条の二の二第八項に規定する障害児支援利用計画をいう。

三　指定障害児通所支援事業者等　法第二十一条の五の三第一項に規定する指定障害児通所支援事業者等をいう。

四　指定通所支援　法第二十一条の五の三第一項に規定する指定通所支援をいう。

五　通所給付決定　法第二十一条の五の五第一項に規定する通所給付決定をいう。

六　通所給付決定の有効期間　法第二十一条の五の七第八項に規定する通所給付決定の有効期間をいう。

七　指定障害児入所施設等　法第二十四条の二第一項に規定する指定障害児入所施設等をいう。

八　障害児相談支援対象保護者　法第二十四条の二十六第一項に規定する障害児相談支援対象保護者をいう。

九　指定障害児相談支援事業者　法第二十四条の二十六第一項第一号に規定する指定障害児相談支援事業者をいう。

十　指定障害児相談支援　法第二十四条の二十六第二項に規定する指定障害児相談支援をいう。

十一　法定代理受領　法第二十四条の二十六第三項の規定により障害児相談支援対象保護者に代わり市町村（特別区を含む。以下同じ。）が支払う指定障害児相談支援に要した費用の全部又は一部を指定障害児相談支援事業者が受けることをいう。

第二章　指定障害児相談支援の事業の人員及び運営に関する基準

第一節　基本方針

第二条　指定障害児相談支援の事業は、障害児又は障害児の保護者（以下「障害児等」という。）の意思及び人格を尊重し、常に当該障害児等の立場に立って、行われるものでなければならない。

2　指定障害児相談支援の事業は、障害児が自立した日常生活又は社会生活を営むことができるように配慮して行われるものでなければならない。

3　指定障害児相談支援の事業は、障害児の心身の状況、その置かれている環境等に応じて、障害児等の選択に基づき、適切な保健、医療、福祉、教育等のサービス（以下「福祉サービス等」という。）が、多様な事業者から、総合的かつ効率的に提供されるよう配慮して行われるものでなければならない。

4　指定障害児相談支援の事業は、当該障害児等

に提供される福祉サービス等が特定の種類又は特定の障害児通所支援事業を行う者に不当に偏ることのないよう、公正中立に行われるものでなければならない。

5　指定障害児相談支援事業者は、市町村、障害児通所支援事業を行う者等との連携を図り、地域において必要な社会資源の改善及び開発に努めなければならない。

6　指定障害児相談支援事業者は、自らその提供する指定障害児相談支援の評価を行い、常にその改善を図らなければならない。

7　指定障害児相談支援事業者は、当該指定障害児相談支援事業所を利用する障害児の人権の擁護、虐待の防止等のため、必要な体制の整備を行うとともに、その従業者に対し、研修を実施する等の措置を講じなければならない。

8　指定障害児相談支援事業者は、指定障害児相談支援の提供の終了に際しては、利用者又はその家族に対して適切な援助を行うとともに、福祉サービス等を提供する者との密接な連携に努めなければならない。

第二節　人員に関する基準

（従業者）

第三条　指定障害児相談支援事業者は、当該指定に係る障害児相談支援事業所（法第二十四条の二十八第一項に規定する障害児相談支援事業所をいう。）（以下「指定障害児相談支援事業所」という。）ごとに専らその職務に従事する相談支援専門員（指定障害児相談支援の提供に当たる者としてこども家庭庁長官が定めるものをいう。以下同じ。）を置かなければならない。ただし、指定障害児相談支援の業務に支障がない場合は、当該指定障害児相談支援事業所の他の職務に従事させ、又は他の事業所、施設等の職務に従事させることができるものとする。

2　前項に規定する相談支援専門員の員数の標準は、障害児相談支援対象保護者の数（当該指定障害児相談支援事業者が、指定特定相談支援事業者（障害者の日常生活及び社会生活を総合的に支援するための法律に基づく指定計画相談支援の事業の人員及び運営に関する基準（平成二十四年厚生労働省令第二十八号。以下「指定計画相談支援基準」という。）第一条第十四号に規定する指定特定相談支援事業者をいう。以下この条において同じ。）の指定を併せて受け、かつ、指定障害児相談支援の事業と指定計画相談支援（指定計画相談支援基準第一条第十五号に規定する指定計画相談支援をいう。以下この項において同じ。）の事業とを同一の事業所において一体的に運営している場合にあっては、当該事業所において一体的に運営している指定障害児相談支援の事業における障害児相談支援対象保護者の数及び指定特定相談支援の事業における計画相談支援対象障害者等（指定計画相談支援基準第一条第十三号に規定する計画相談支援対象障害者等をいう。）の数の合計数）が三十五又はその端数を増すごとに一とする。

3　前項に規定する障害児相談支援対象保護者の数は、前六月の平均値とする。ただし、新規に指定を受ける場合は、推定数とする。

第三節　運営に関する基準

（内容及び手続の説明及び同意）

第五条　指定障害児相談支援事業者は、障害児相談支援対象保護者が指定障害児相談支援の利用の申込みを行ったときは、当該利用の申込みを行った障害児相談支援対象保護者（以下「利用申込者」という。）に係る障害児の障害の特性に応じた適切な配慮をしつつ、当該利用申込者に対し、第十九条に規定する運営規程の概要その他の利用申込者のサービスの選択に資すると認められる重要事項を記した文書を交付して説明を行い、当該指定障害児相談支援の提供の開始について当該利用申込者の同意を得なければならない。

2　指定障害児相談支援事業者は、社会福祉法（昭和二十六年法律第四十五号）第七十七条の規定に基づき書面の交付を行う場合は、利用申込者に係る障害児の障害の特性に応じた適切な配慮をしなければならない。

（提供拒否の禁止）

第七条　指定障害児相談支援事業者は、正当な理由がなく、指定障害児相談支援の提供を拒んではならない。

（指定障害児相談支援の具体的取扱方針）

第十五条　指定障害児相談支援の方針は、第二条に規定する基本方針に基づき、次の各号に掲げるところによるものとする。

一　指定障害児相談支援事業所の管理者は、相談支援専門員に障害児支援利用計画の作成に関する業務を担当させるものとする。

二　指定障害児相談支援の提供に当たっては、障害児等の立場に立って懇切丁寧に行うことを旨とし、障害児又はその家族に対し、サービスの提供方法等について理解しやすいように説明を行うとともに、必要に応じ、同じ障害を有する障害児の家族による支援等適切な手法を通じて行うものとする。

2 指定障害児相談支援における指定障害児支援利用援助（法第二十四条の二十六第一項第一号に規定する指定障害児支援利用援助をいう。）の方針は、第二条に規定する基本方針及び前項に規定する方針に基づき、次に掲げるところによるものとする。

一 相談支援専門員は、障害児支援利用計画の作成に当たっては、障害児等の希望等を踏まえて作成するよう努めなければならない。

二 相談支援専門員は、障害児支援利用計画の作成に当たっては、障害児の自立した日常生活の支援を効果的に行うため、障害児の心身又は家族の状況等に応じ、継続的かつ計画的に適切な福祉サービス等の利用が行われるようにしなければならない。

三 相談支援専門員は、障害児支援利用計画の作成に当たっては、障害児の日常生活全般を支援する観点から、指定通所支援に加えて、指定通所支援以外の福祉サービス等、当該地域の住民による自発的な活動によるサービス等の利用も含めて障害児支援利用計画上に位置付けるよう努めなければならない。

四 相談支援専門員は、障害児支援利用計画の作成の開始に当たっては、障害児等によるサービスの選択に資するよう、当該地域における指定障害児通所支援事業者等に関するサービスの内容、利用料等の情報を適正に障害児又はその家族に対して提供しなければならない。

五 相談支援専門員は、障害児支援利用計画の作成に当たっては、適切な方法により、障害児について、その心身の状況、その置かれている環境及び日常生活全般の状況等の評価を通じて障害児の希望する生活や障害児が自立した日常生活を営むことができるよう支援する上で解決すべき課題等の把握（以下この項及び第三十条第二項第二号ロにおいて「アセスメント」という。）を行わなければならない。

六 相談支援専門員は、アセスメントに当たっては、障害児の居宅を訪問し、障害児及びその家族に面接しなければならない。この場合において、相談支援専門員は、面接の趣旨を障害児及びその家族に対して十分に説明し、理解を得なければならない。

七 相談支援専門員は、障害児についてのアセスメントに基づき、当該地域における指定通所支援が提供される体制を勘案して、当該アセスメントにより把握された解決すべき課題等に対応するための最も適切な福祉サービス等の組合せについて検討し、障害児及びその家族の生活に対する意向、総合的な援助の方針、生活全般の解決すべき課題、提供される福祉サービス等の目標及びその達成時期、福祉サービス等の種類、内容、量、福祉サービス等を提供する上での留意事項、法第六条の二の二第九項に規定する内閣府令で定める期間に係る提案等を記載した障害児支援利用計画案を作成しなければならない。

八 相談支援専門員は、障害児支援利用計画案に位置付けた福祉サービス等について、法第二十一条の五の五第一項に規定する障害児通所給付費等の対象となるかどうかを区分した上で、当該障害児支援利用計画案の内容について、障害児及びその家族に対して説明し、文書により障害児等の同意を得なければならない。

九 相談支援専門員は、障害児支援利用計画案を作成した際には、当該障害児支援利用計画案を障害児等に交付しなければならない。

十 相談支援専門員は、通所給付決定を踏まえて障害児支援利用計画案の変更を行い、指定障害児通所支援事業者等その他の者との連絡調整等を行うとともに、サービス担当者会議（相談支援専門員が障害児支援利用計画の作成のために当該変更を行った障害児支援利用計画案に位置付けた福祉サービス等の担当者（以下この条において「担当者」という。）を招集して行う会議をいい、テレビ電話装置その他の情報機器（第二十二条第三項第一号及び第二十八条の二第一号において「テレビ電話装置等」という。）を活用して行うことができるものとする。以下同じ。）の開催等により、当該障害児支援利用計画案の内容について説明を行うとともに、担当者から、専門的な見地からの意見を求めなければならない。

十一 相談支援専門員は、サービス担当者会議を踏まえた障害児支援利用計画案の内容について、障害児及びその家族に対して説明し、文書により障害児等の同意を得なければならない。

十二 相談支援専門員は、障害児支援利用計画を作成した際には、当該障害児支援利用計画を障害児等及び担当者に交付しなければならない。

3 指定障害児相談支援における指定継続障害児支援利用援助（法第二十四条の二十六第一項第二号に規定する指定継続障害児支援利用援助をいう。）の方針は、第二条に規定する基本方針及び前二項に規定する方針に基づき、次に掲げるところによるものとする。
一　相談支援専門員は、障害児支援利用計画の作成後、障害児支援利用計画の実施状況の把握（障害児についての継続的な評価を含む。次号及び第三十条第二号ニにおいて「モニタリング」という。）を行い、必要に応じて障害児支援利用計画の変更、福祉サービス等の事業を行う者等との連絡調整その他の便宜の提供を行うとともに、新たな通所給付決定が必要であると認められる場合には、障害児等に対し、通所給付決定に係る申請の勧奨を行うものとする。
二　相談支援専門員は、モニタリングに当たっては、障害児及びその家族、福祉サービス等の事業を行う者等との連絡を継続的に行うこととし、法第六条の二の二第九項に規定する内閣府令で定める期間ごとに障害児の居宅を訪問し、障害児等に面接するほか、その結果を記録しなければならない。
三　前項第一号から第七号まで及び第十号から第十二号までの規定は、第一号に規定する障害児支援利用計画の変更について準用する。
四　相談支援専門員は、適切な福祉サービス等が総合的かつ効率的に提供された場合においても、障害児がその居宅において日常生活を営むことが困難となったと認める場合又は障害児等が指定障害児入所施設等への入所又は入院を希望する場合には、指定障害児入所施設等への紹介その他の便宜の提供を行うものとする。
五　相談支援専門員は、指定障害児入所施設等から退所又は退院しようとする障害児又はその家族から依頼があった場合には、居宅における生活へ円滑に移行できるよう、あらかじめ、必要な情報の提供及び助言を行う等の援助を行うものとする。

（障害児等に対する障害児支援利用計画等の書類の交付）
第十六条　指定障害児相談支援事業者は、障害児等が他の指定障害児相談支援事業者の利用を希望する場合その他障害児等から申出があった場合には、当該障害児等に対し、直近の障害児支援利用計画及びその実施状況に関する書類を交付しなければならない。

（運営規程）
第十九条　指定障害児相談支援事業者は、指定障害児相談支援事業所ごとに、次の各号に掲げる事業の運営についての重要事項に関する運営規程（第二十三条第一項において「運営規程」という。）を定めておかなければならない。
一　事業の目的及び運営の方針
二　従業者の職種、員数及び職務の内容
三　営業日及び営業時間
四　指定障害児相談支援の提供方法及び内容並びに障害児相談支援対象保護者から受領する費用及びその額
五　通常の事業の実施地域
六　事業の主たる対象とする障害の種類を定めた場合には当該障害の種類
七　虐待の防止のための措置に関する事項
八　その他運営に関する重要事項

（虐待の防止）
第二十八条の二　指定障害児相談支援事業者は、虐待の発生又はその再発を防止するため、次の各号に掲げる措置を講じなければならない。
一　当該指定障害児相談支援事業所における虐待の防止のための対策を検討する委員会（テレビ電話装置等を活用して行うことができるものとする。）を定期的に開催するとともに、その結果について、従業者に周知徹底を図ること。
二　当該指定障害児相談支援事業所において、従業者に対し、虐待の防止のための研修を定期的に実施すること。
三　前二号に掲げる措置を適切に実施するための担当者を置くこと。

附　則

この省令は、平成二十四年四月一日から施行する。

15 児童福祉法施行規則第六条の二の二第一項第三号の指定保育士養成施設の修業教科目及び単位数並びに履修方法

（平成一三年五月二三日　厚生労働省告示第一九八号）

題名改正　平成一五厚労告三六八、令和四厚労告三〇八
改正　令和四・九・三〇厚労告三〇八

（修業教科目及び単位数）

第一条　児童福祉法施行規則第六条の二の二第一項第三号に規定する修業教科目及び単位数は、次の各号に掲げる教科目及び単位数とする。

一　必修科目　別表第一の教科目の欄に掲げるすべての教科目について、それぞれ同表の単位数の欄に掲げる単位数

二　選択必修科目　別表第二に掲げる系列のうちから十八単位以上（うち保育実習Ⅱ（実習）又は保育実習Ⅲ（実習）二単位以上、保育実習指導Ⅱ（演習）又は保育実習指導Ⅲ（演習）一単位以上）

三　教養科目　十単位以上（うち外国語に関する演習　二単位以上、体育に関する講義及び実技　それぞれ一単位、これら以外の科目六単位以上）

（任意開設教科目及び単位数）

第二条　児童福祉法（昭和二十二年法律第百六十四号）第十八条の六第一号に規定する指定保育士養成施設（以下「指定保育士養成施設」という。）は、必要があると認めるときは、前条各号に掲げる教科目及び単位数以外の教科目及び単位数を設けることができる。

（単位の算定方法）

第三条　各教科目に対する単位数は、短期大学設置基準（昭和五十年文部省令第二十一号）第七条の例により算定するものとする。この場合において、実験、実習又は実技による授業に係る単位の計算方法については、同条第二項中「第十一条第一項に規定する」とあるのは「実験、実習又は実技の」と、「おおむね十五時間」とあるのは「三十時間」と読み替えるものとする。

（履修方法）

第四条　指定保育士養成施設は、入所者に対して、次の各号に掲げる教科目及び単位数を履修させるものとする。

一　必修科目　別表第一の教科目の欄に掲げるすべての教科目について、それぞれ同表の単位数の欄に掲げる単位数

二　選択必修科目　別表第二に掲げる系列のうちから九単位以上（うち保育実習Ⅱ（実習）又は保育実習Ⅲ（実習）二単位以上、保育実習指導Ⅱ（演習）又は保育実習指導Ⅲ（演習）一単位以上）

三　教養科目　八単位以上（うち体育に関する講義及び実技　それぞれ一単位）

2　前項の規定にかかわらず、指定保育士養成施設は、社会福祉士及び介護福祉士法（昭和六十二年法律第三十号）第四十条第二項第一号から第三号まで若しくは第五号の規定により指定された学校若しくは養成施設又は同項第四号の規定により指定された高等学校若しくは中等教育学校を卒業した入所者については、次の各号に掲げる教科目の履修を免除することができる。

一　別表第一の教科目の欄に掲げる教科目のうち、子ども家庭福祉（講義）、社会福祉（講義）、子ども家庭支援論（講義）、社会的養護Ⅰ（講義）及び社会的養護Ⅱ（演習）

二　選択必修科目の一部又は全部（保育実習Ⅱ（実習）又は保育実習指導Ⅱ（演習）を除き、保育実習Ⅱ（実習）、保育実習Ⅲ（実習）、保育実習指導Ⅱ（演習）又は保育実習指導Ⅲ（演習）以外の教科目については、指定保育士養成施設が認めた教科目に限る。）

三　教養科目の一部又は全部（指定保育士養成施設が認めた教科目に限る。）

（選択履修科目）

第五条　指定保育士養成施設は、入所者に対して、前条第一項各号に掲げる教科目及び単位数以外の教科目及び単位数を選択して履修させることができる。

別表第一

系列	教科目	単位数
保育の本質・目的に関する科目	保育原理（講義）	2
	教育原理（講義）	2
	子ども家庭福祉（講義）	2
	社会福祉（講義）	2
	子ども家庭支援論（講義）	2
	社会的養護Ⅰ（講義）	2
	保育者論（講義）	2
保育の対象の理解に関する科目	保育の心理学（講義）	2
	子ども家庭支援の心理学（講義）	2
	子どもの理解と援助（演習）	1
	子どもの保健（講義）	2
	子どもの食と栄養（演習）	2
保育の内容・方法に関する科目	保育の計画と評価（講義）	2
	保育内容総論（演習）	1
	保育内容演習（演習）	5
	保育内容の理解と方法（演習）	4

	乳児保育Ⅰ（講義）	2
	乳児保育Ⅱ（演習）	1
	子どもの健康と安全（演習）	1
	障害児保育（演習）	2
	社会的養護Ⅱ（演習）	1
	子育て支援（演習）	1
保育実習	保育実習Ⅰ（実習）	4
	保育実習指導Ⅰ（演習）	2
総合演習	保育実践演習（演習）	2

別表第二

一　保育の本質・目的に関する科目
二　保育の対象の理解に関する科目
三　保育の内容・方法に関する科目
四　保育実習

16 学校教育法（抄）

（昭和二二年三月三一日
法律第二六号）

改正　令和四・六・二二法七六

〔編集部注〕未施行分は傍線を付した。

第一章　総則

〔学校の範囲〕

第一条　この法律で、学校とは、幼稚園、小学校、中学校、義務教育学校、高等学校、中等教育学校、特別支援学校、大学及び高等専門学校とする。

〔学校設置者〕

第二条　学校は、国（国立大学法人法（平成十五年法律第百十二号）第二条第一項に規定する国立大学法人及び独立行政法人国立高等専門学校機構を含む。以下同じ。）、地方公共団体（地方独立行政法人法（平成十五年法律第百十八号）第六十八条第一項に規定する公立大学法人（以下「公立大学法人」という。）を含む。次項及び第百二十七条において同じ。）及び私立学校法（昭和二十四年法律第二百七十号）第三条に規定する学校法人（以下「学校法人」という。）のみが、これを設置することができる。

②　この法律で、国立学校とは、国の設置する学校を、公立学校とは、地方公共団体の設置する学校を、私立学校とは、学校法人の設置する学校をいう。

〔設置基準〕

第三条　学校を設置しようとする者は、学校の種類に応じ、文部科学大臣の定める設備、編制その他に関する設置基準に従い、これを設置しなければならない。

〔設置廃止等の認可〕

第四条　次の各号に掲げる学校の設置廃止、設置者の変更その他政令で定める事項（次条において「設置廃止等」という。）は、それぞれ当該各号に定める者の認可を受けなければならない。これらの学校のうち、高等学校（中等教育学校の後期課程を含む。）の通常の課程（以下「全日制の課程」という。）、夜間その他特別の時間又は時期において授業を行う課程（以下「定時制の課程」という。）及び通信による教育を行う課程（以下「通信制の課程」という。）、大学の学部、大学院及び大学院の研究科並びに第百八条第二項の大学の学科についても、同様とする。

一　公立又は私立の大学及び高等専門学校　文部科学大臣

二　市町村（市町村が単独で又は他の市町村と共同して設立する公立大学法人を含む。次条、第十三条第二項、第十四条、第百三十条第一項及び第百三十一条において同じ。）の設置する高等学校、中等教育学校及び特別支援学校　都道府県の教育委員会

三　私立の幼稚園、小学校、中学校、義務教育学校、高等学校、中等教育学校及び特別支援学校　都道府県知事

②　前項の規定にかかわらず、同項第一号に掲げる学校を設置する者は、次に掲げる事項を行うときは、同項の認可を受けることを要しない。この場合において、当該学校を設置する者は、文部科学大臣の定めるところにより、あらかじめ、文部科学大臣に届け出なければならない。

一　大学の学部若しくは大学院の研究科又は第百八条第二項の大学の学科の設置であつて、当該大学が授与する学位の種類及び分野の変更を伴わないもの

二　大学の学部若しくは大学院の研究科又は第百八条第二項の大学の学科の廃止

三　前二号に掲げるもののほか、政令で定める事項

③　文部科学大臣は、前項の届出があつた場合において、その届出に係る事項が、設備、授業その他の事項に関する法令の規定に適合しないと認めるときは、その届出をした者に対し、必要な措置をとるべきことを命ずることができる。

④　地方自治法（昭和二十二年法律第六十七号）第二百五十二条の十九第一項の指定都市（以下「指定都市」という。）（指定都市が単独で又は他の市町村と共同して設立する公立大学法人を含む。）の設置する高等学校、中等教育学校及び特別支援学校については、第一項の規定は、適用しない。この場合において、当該高等学校、中等教育学校及び特別支援学校を設置する者は、同項の規定により認可を受けなければならないとされている事項を行おうとするときは、あらかじめ、都道府県の教育委員会に届け出なければならない。

⑤　第二項第一号の学位の種類及び分野の変更に関する基準は、文部科学大臣が、これを定める。

〔幼稚園の設置廃止等の届出〕

第四条の二　市町村は、その設置する幼稚園の設置廃止等を行おうとするときは、あらかじめ、都道府県の教育委員会に届け出なければならない。

学教法

〔学校の管理、経費の負担〕
第五条　学校の設置者は、その設置する学校を管理し、法令に特別の定のある場合を除いては、その学校の経費を負担する。

〔授業料の徴収〕
第六条　学校においては、授業料を徴収することができる。ただし、国立又は公立の小学校及び中学校、義務教育学校、中等教育学校の前期課程又は特別支援学校の小学部及び中学部における義務教育については、これを徴収することができない。

〔校長・教員〕
第七条　学校には、校長及び相当数の教員を置かなければならない。

〔校長・教員の資格〕
第八条　校長及び教員（教育職員免許法（昭和二十四年法律第百四十七号）の適用を受ける者を除く。）の資格に関する事項は、別に法律で定めるもののほか、文部科学大臣がこれを定める。

〔校長・教員の欠格事由〕
第九条　次の各号のいずれかに該当する者は、校長又は教員となることができない。
一　拘禁刑以上の刑に処せられた者
二　教育職員免許法第十条第一項第二号又は第三号に該当することにより免許状がその効力を失い、当該失効の日から三年を経過しない者
三　教育職員免許法第十一条第一項から第三項までの規定により免許状取上げの処分を受け、三年を経過しない者
四　日本国憲法施行の日以後において、日本国憲法又はその下に成立した政府を暴力で破壊することを主張する政党その他の団体を結成し、又はこれに加入した者

〔私立学校長の届出〕
第十条　私立学校は、校長を定め、大学及び高等専門学校にあつては文部科学大臣に、大学及び高等専門学校以外の学校にあつては都道府県知事に届け出なければならない。

〔児童・生徒等の懲戒〕
第十一条　校長及び教員は、教育上必要があると認めるときは、文部科学大臣の定めるところにより、児童、生徒及び学生に懲戒を加えることができる。ただし、体罰を加えることはできない。

〔健康診断等〕
第十二条　学校においては、別に法律で定めるところにより、幼児、児童、生徒及び学生並びに職員の健康の保持増進を図るため、健康診断を行い、その他その保健に必要な措置を講じなければならない。

〔学校閉鎖命令〕
第十三条　第四条第一項に掲げる学校が次の各号のいずれかに該当する場合においては、それぞれ同項各号に定める者は、当該学校の閉鎖を命ずることができる。
一　法令の規定に故意に違反したとき
二　法令の規定によりその者がした命令に違反したとき
三　六箇月以上授業を行わなかつたとき
② 前項の規定は、市町村の設置する幼稚園に準用する。この場合において、同項中「それぞれ同項各号に定める者」とあり、及び同項第二号中「その者」とあるのは、「都道府県の教育委員会」と読み替えるものとする。

〔設備・授業等の変更命令〕
第十四条　大学及び高等専門学校以外の市町村の設置する学校については都道府県の教育委員会、大学及び高等専門学校以外の私立学校については都道府県知事は、当該学校が、設備、授業その他の事項について、法令の規定又は都道府県の教育委員会若しくは都道府県知事の定める規程に違反したときは、その変更を命ずることができる。

第二章　義務教育

〔教育を受けさせる義務〕
第十六条　保護者（子に対して親権を行う者（親権を行う者のないときは、未成年後見人）をいう。以下同じ。）は、次条に定めるところにより、子に九年の普通教育を受けさせる義務を負う。

〔就学させる義務〕
第十七条　保護者は、子の満六歳に達した日の翌日以後における最初の学年の初めから、満十二歳に達した日の属する学年の終わりまで、これを小学校、義務教育学校の前期課程又は特別支援学校の小学部に就学させる義務を負う。ただし、子が、満十二歳に達した日の属する学年の終わりまでに小学校の課程、義務教育学校の前期課程又は特別支援学校の小学部の課程を修了しないときは、満十五歳に達した日の属する学年の終わり（それまでの間においてこれらの課程を修了したときは、その修了した日の属する学年の終わり）までとする。
② 保護者は、子が小学校の課程、義務教育学校の前期課程又は特別支援学校の小学部の課程を修了した日の翌日以後における最初の学年の初めから、満十五歳に達した日の属する学年の終わりまで、これを中学校、義務教育学校の後期課程、中等教育学校の前期課程又は特別支援学

校の中学部に就学させる義務を負う。

③　前二項の義務の履行の督促その他これらの義務の履行に関し必要な事項は、政令で定める。

〔就学させる義務の猶予・免除〕

第十八条　前条第一項又は第二項の規定によつて、保護者が就学させなければならない子（以下それぞれ「学齢児童」又は「学齢生徒」という。）で、病弱、発育不完全その他やむを得ない事由のため、就学困難と認められる者の保護者に対しては、市町村の教育委員会は、文部科学大臣の定めるところにより、同条第一項又は第二項の義務を猶予又は免除することができる。

〔就学の援助〕

第十九条　経済的理由によつて、就学困難と認められる学齢児童又は学齢生徒の保護者に対しては、市町村は、必要な援助を与えなければならない。

〔学齢児童等使用者の義務〕

第二十条　学齢児童又は学齢生徒を使用する者は、その使用によつて、当該学齢児童又は学齢生徒が、義務教育を受けることを妨げてはならない。

〔普通教育の目標〕

第二十一条　義務教育として行われる普通教育は、教育基本法（平成十八年法律第百二十号）第五条第二項に規定する目的を実現するため、次に掲げる目標を達成するよう行われるものとする。

一　学校内外における社会的活動を促進し、自主、自律及び協同の精神、規範意識、公正な判断力並びに公共の精神に基づき主体的に社会の形成に参画し、その発展に寄与する態度を養うこと。

二　学校内外における自然体験活動を促進し、生命及び自然を尊重する精神並びに環境の保全に寄与する態度を養うこと。

三　我が国と郷土の現状と歴史について、正しい理解に導き、伝統と文化を尊重し、それらをはぐくんできた我が国と郷土を愛する態度を養うとともに、進んで外国の文化の理解を通じて、他国を尊重し、国際社会の平和と発展に寄与する態度を養うこと。

四　家族と家庭の役割、生活に必要な衣、食、住、情報、産業その他の事項について基礎的な理解と技能を養うこと。

五　読書に親しませ、生活に必要な国語を正しく理解し、使用する基礎的な能力を養うこと。

六　生活に必要な数量的な関係を正しく理解し、処理する基礎的な能力を養うこと。

七　生活にかかわる自然現象について、観察及び実験を通じて、科学的に理解し、処理する基礎的な能力を養うこと。

八　健康、安全で幸福な生活のために必要な習慣を養うとともに、運動を通じて体力を養い、心身の調和的発達を図ること。

九　生活を明るく豊かにする音楽、美術、文芸その他の芸術について基礎的な理解と技能を養うこと。

十　職業についての基礎的な知識と技能、勤労を重んずる態度及び個性に応じて将来の進路を選択する能力を養うこと。

第三章　幼稚園

〔目的〕

第二十二条　幼稚園は、義務教育及びその後の教育の基礎を培うものとして、幼児を保育し、幼児の健やかな成長のために適当な環境を与えて、その心身の発達を助長することを目的とする。

〔教育の目標〕

第二十三条　幼稚園における教育は、前条に規定する目的を実現するため、次に掲げる目標を達成するよう行われるものとする。

一　健康、安全で幸福な生活のために必要な基本的な習慣を養い、身体諸機能の調和的発達を図ること。

二　集団生活を通じて、喜んでこれに参加する態度を養うとともに家族や身近な人への信頼感を深め、自主、自律及び協同の精神並びに規範意識の芽生えを養うこと。

三　身近な社会生活、生命及び自然に対する興味を養い、それらに対する正しい理解と態度及び思考力の芽生えを養うこと。

四　日常の会話や、絵本、童話等に親しむことを通じて、言葉の使い方を正しく導くとともに、相手の話を理解しようとする態度を養うこと。

五　音楽、身体による表現、造形等に親しむことを通じて、豊かな感性と表現力の芽生えを養うこと。

〔家庭及び地域への支援〕

第二十四条　幼稚園においては、第二十二条に規定する目的を実現するための教育を行うほか、幼児期の教育に関する各般の問題につき、保護者及び地域住民その他の関係者からの相談に応じ、必要な情報の提供及び助言を行うなど、家庭及び地域における幼児期の教育の支援に努めるものとする。

〔教育課程等に関する事項〕
第二十五条　幼稚園の教育課程その他の保育内容に関する事項は、第二十二条及び第二十三条の規定に従い、文部科学大臣が定める。
② 文部科学大臣は、前項の規定により幼稚園の教育課程その他の保育内容に関する事項を定めるに当たつては、児童福祉法（昭和二十二年法律第百六十四号）第四十五条第二項の規定により児童福祉施設に関して内閣府令で定める基準（同項第三号の保育所における保育の内容に係る部分に限る。）並びに就学前の子どもに関する教育、保育等の総合的な提供の推進に関する法律（平成十八年法律第七十七号）第十条第一項の規定により主務大臣が定める幼保連携型認定こども園の教育課程その他の教育及び保育の内容に関する事項との整合性の確保に配慮しなければならない。
③ 文部科学大臣は、第一項の幼稚園の教育課程その他の保育内容に関する事項を定めるときは、あらかじめ、内閣総理大臣に協議しなければならない。

〔入園資格〕
第二十六条　幼稚園に入園することのできる者は、満三歳から、小学校就学の始期に達するまでの幼児とする。

〔園長・教頭・教諭その他の職員〕
第二十七条　幼稚園には、園長、教頭及び教諭を置かなければならない。
② 幼稚園には、前項に規定するもののほか、副園長、主幹教諭、指導教諭、養護教諭、栄養教諭、事務職員、養護助教諭その他必要な職員を置くことができる。
③ 第一項の規定にかかわらず、副園長を置くときその他特別の事情のあるときは、教頭を置かないことができる。
④ 園長は、園務をつかさどり、所属職員を監督する。
⑤ 副園長は、園長を助け、命を受けて園務をつかさどる。
⑥ 教頭は、園長（副園長を置く幼稚園にあつては、園長及び副園長）を助け、園務を整理し、及び必要に応じ幼児の保育をつかさどる。
⑦ 主幹教諭は、園長（副園長を置く幼稚園にあつては、園長及び副園長）及び教頭を助け、命を受けて園務の一部を整理し、並びに幼児の保育をつかさどる。
⑧ 指導教諭は、幼児の保育をつかさどり、並びに教諭その他の職員に対して、保育の改善及び充実のために必要な指導及び助言を行う。
⑨ 教諭は、幼児の保育をつかさどる。
⑩ 特別の事情のあるときは、第一項の規定にかかわらず、教諭に代えて助教諭又は講師を置くことができる。
⑪ 学校の実情に照らし必要があると認めるときは、第七項の規定にかかわらず、園長（副園長を置く幼稚園にあつては、園長及び副園長）及び教頭を助け、命を受けて園務の一部を整理し、並びに幼児の養護又は栄養の指導及び管理をつかさどる主幹教諭を置くことができる。

〔準用規定〕
第二十八条　第三十七条第六項、第八項及び第十二項から第十七項まで並びに第四十二条から第四十四条までの規定は、幼稚園に準用する。

第四章　小学校

〔目的〕
第二十九条　小学校は、心身の発達に応じて、義務教育として行われる普通教育のうち基礎的なものを施すことを目的とする。

〔教育の目標〕
第三十条　小学校における教育は、前条に規定する目的を実現するために必要な程度において第二十一条各号に掲げる目標を達成するよう行われるものとする。
② 前項の場合においては、生涯にわたり学習する基盤が培われるよう、基礎的な知識及び技能を習得させるとともに、これらを活用して課題を解決するために必要な思考力、判断力、表現力その他の能力をはぐくみ、主体的に学習に取り組む態度を養うことに、特に意を用いなければならない。

〔児童の体験活動の充実〕
第三十一条　小学校においては、前条第一項の規定による目標の達成に資するよう、教育指導を行うに当たり、児童の体験的な学習活動、特にボランティア活動など社会奉仕体験活動、自然体験活動その他の体験活動の充実に努めるものとする。この場合において、社会教育関係団体その他の関係団体及び関係機関との連携に十分配慮しなければならない。

〔修業年限〕
第三十二条　小学校の修業年限は、六年とする。

〔教育課程に関する事項〕
第三十三条　小学校の教育課程に関する事項は、第二十九条及び第三十条の規定に従い、文部科学大臣が定める。

〔教科用図書〕
第三十四条　小学校においては、文部科学大臣の検定を経た教科用図書又は文部科学省が著作の名義を有する教科用図書を使用しなければならない。

② 前項に規定する教科用図書（以下この条において「教科用図書」という。）の内容を文部科学大臣の定めるところにより記録した電磁的記録（電子的方式、磁気的方式その他人の知覚によつては認識することができない方式で作られる記録であつて、電子計算機による情報処理の用に供されるものをいう。）である教材がある場合には、同項の規定にかかわらず、文部科学大臣の定めるところにより、児童の教育の充実を図るため必要があると認められる教育課程の一部において、教科用図書に代えて当該教材を使用することができる。

③ 前項に規定する場合において、視覚障害、発達障害その他の文部科学大臣の定める事由により教科用図書を使用して学習することが困難な児童に対し、教科用図書に用いられた文字、図形等の拡大又は音声への変換その他の同項に規定する教材を電子計算機において用いることにより可能となる方法で指導することにより当該児童の学習上の困難の程度を低減させる必要があると認められるときは、文部科学大臣の定めるところにより、教育課程の全部又は一部において、教科用図書に代えて当該教材を使用することができる。

④ 教科用図書及び第二項に規定する教材以外の教材で、有益適切なものは、これを使用することができる。

⑤ 第一項の検定の申請に係る教科用図書に関し調査審議させるための審議会等（国家行政組織法（昭和二十三年法律第百二十号）第八条に規定する機関をいう。以下同じ。）については、政令で定める。

〔児童の出席停止〕

第三十五条 市町村の教育委員会は、次に掲げる行為の一又は二以上を繰り返し行う等性行不良であつて他の児童の教育に妨げがあると認める児童があるときは、その保護者に対して、児童の出席停止を命ずることができる。

一 他の児童に傷害、心身の苦痛又は財産上の損失を与える行為

二 職員に傷害又は心身の苦痛を与える行為

三 施設又は設備を損壊する行為

四 授業その他の教育活動の実施を妨げる行為

② 市町村の教育委員会は、前項の規定により出席停止を命ずる場合には、あらかじめ保護者の意見を聴取するとともに、理由及び期間を記載した文書を交付しなければならない。

③ 前項に規定するもののほか、出席停止の命令の手続に関し必要な事項は、教育委員会規則で定めるものとする。

④ 市町村の教育委員会は、出席停止の命令に係る児童の出席停止の期間における学習に対する支援その他の教育上必要な措置を講ずるものとする。

〔学齢未満の子の入学禁止〕

第三十六条 学齢に達しない子は、小学校に入学させることができない。

〔校長・教頭・教諭その他の職員〕

第三十七条 小学校には、校長、教頭、教諭、養護教諭及び事務職員を置かなければならない。

② 小学校には、前項に規定するもののほか、副校長、主幹教諭、指導教諭、栄養教諭その他必要な職員を置くことができる。

③ 第一項の規定にかかわらず、副校長を置くときその他特別の事情のあるときは教頭を、養護をつかさどる主幹教諭を置くときは養護教諭を、特別の事情のあるときは事務職員を、それぞれ置かないことができる。

④ 校長は、校務をつかさどり、所属職員を監督する。

⑤ 副校長は、校長を助け、命を受けて校務をつかさどる。

⑥ 副校長は、校長に事故があるときはその職務を代理し、校長が欠けたときはその職務を行う。この場合において、副校長が二人以上あるときは、あらかじめ校長が定めた順序で、その職務を代理し、又は行う。

⑦ 教頭は、校長（副校長を置く小学校にあつては、校長及び副校長）を助け、校務を整理し、及び必要に応じ児童の教育をつかさどる。

⑧ 教頭は、校長（副校長を置く小学校にあつては、校長及び副校長）に事故があるときは校長の職務を代理し、校長（副校長を置く小学校にあつては、校長及び副校長）が欠けたときは校長の職務を行う。この場合において、教頭が二人以上あるときは、あらかじめ校長が定めた順序で、校長の職務を代理し、又は行う。

⑨ 主幹教諭は、校長（副校長を置く小学校にあつては、校長及び副校長）及び教頭を助け、命を受けて校務の一部を整理し、並びに児童の教育をつかさどる。

⑩ 指導教諭は、児童の教育をつかさどり、並びに教諭その他の職員に対して、教育指導の改善及び充実のために必要な指導及び助言を行う。

⑪ 教諭は、児童の教育をつかさどる。

⑫ 養護教諭は、児童の養護をつかさどる。

⑬ 栄養教諭は、児童の栄養の指導及び管理をつ

かさどる。

⑭ 事務職員は、事務をつかさどる。

⑮ 助教諭は、教諭の職務を助ける。

⑯ 講師は、教諭又は助教諭に準ずる職務に従事する。

⑰ 養護助教諭は、養護教諭の職務を助ける。

⑱ 特別の事情のあるときは、第一項の規定にかかわらず、教諭に代えて助教諭又は講師を、養護教諭に代えて養護助教諭を置くことができる。

⑲ 学校の実情に照らし必要があると認めるときは、第九項の規定にかかわらず、校長（副校長を置く小学校にあつては、校長及び副校長）及び教頭を助け、命を受けて校務の一部を整理し、並びに児童の養護又は栄養の指導及び管理をつかさどる主幹教諭を置くことができる。

〔設置義務〕

第三十八条　市町村は、その区域内にある学齢児童を就学させるに必要な小学校を設置しなければならない。ただし、教育上有益かつ適切であると認めるときは、義務教育学校の設置をもつてこれに代えることができる。

〔学校運営についての評価〕

第四十二条　小学校は、文部科学大臣の定めるところにより当該小学校の教育活動その他の学校運営の状況について評価を行い、その結果に基づき学校運営の改善を図るため必要な措置を講ずることにより、その教育水準の向上に努めなければならない。

〔学校運営に関する情報提供〕

第四十三条　小学校は、当該小学校に関する保護者及び地域住民その他の関係者の理解を深めるとともに、これらの者との連携及び協力の推進に資するため、当該小学校の教育活動その他の学校運営の状況に関する情報を積極的に提供するものとする。

〔私立小学校の所管〕

第四十四条　私立の小学校は、都道府県知事の所管に属する。

第五章の二　義務教育学校

〔目的〕

第四十九条の二　義務教育学校は、心身の発達に応じて、義務教育として行われる普通教育を基礎的なものから一貫して施すことを目的とする。

〔教育の目標〕

第四十九条の三　義務教育学校における教育は、前条に規定する目的を実現するため、第二十一条各号に掲げる目標を達成するよう行われるものとする。

〔修業年限〕

第四十九条の四　義務教育学校の修業年限は、九年とする。

〔課程〕

第四十九条の五　義務教育学校の課程は、これを前期六年の前期課程及び後期三年の後期課程に区分する。

〔各課程の目標〕

第四十九条の六　義務教育学校の前期課程における教育は、第四十九条の二に規定する目的のうち、心身の発達に応じて、義務教育として行われる普通教育のうち基礎的なものを施すことを実現するために必要な程度において第二十一条各号に掲げる目標を達成するよう行われるものとする。

② 義務教育学校の後期課程における教育は、第四十九条の二に規定する目的のうち、前期課程における教育の基礎の上に、心身の発達に応じて、義務教育として行われる普通教育を施すことを実現するため、第二十一条各号に掲げる目標を達成するよう行われるものとする。

〔教育課程に関する事項〕

第四十九条の七　義務教育学校の前期課程及び後期課程の教育課程に関する事項は、第四十九条の二、第四十九条の三及び前条の規定並びに次条において読み替えて準用する第三十条第二項の規定に従い、文部科学大臣が定める。

〔準用規定〕

第四十九条の八　第三十条第二項、第三十一条、第三十四条から第三十七条まで及び第四十二条から第四十四条までの規定は、義務教育学校に準用する。この場合において、第三十条第二項中「前項」とあるのは「第四十九条の三」と、第三十一条中「前条第一項」とあるのは「第四十九条の三」と読み替えるものとする。

第八章　特別支援教育

〔特別支援学校の目的〕

第七十二条　特別支援学校は、視覚障害者、聴覚障害者、知的障害者、肢体不自由者又は病弱者（身体虚弱者を含む。以下同じ。）に対して、幼稚園、小学校、中学校又は高等学校に準ずる教育を施すとともに、障害による学習上又は生活上の困難を克服し自立を図るために必要な知識技能を授けることを目的とする。

〔特別支援学校の教育内容〕

第七十三条　特別支援学校においては、文部科学大臣の定めるところにより、前条に規定する者に対する教育のうち当該学校が行うものを明らかにするものとする。

〔特別支援学校による助言等〕

第七十四条　特別支援学校においては、第七十二条に規定する目的を実現するための教育を行うほか、幼稚園、小学校、中学校、義務教育学校、高等学校又は中等教育学校の要請に応じて、第八十一条第一項に規定する幼児、児童又は生徒の教育に関し必要な助言又は援助を行うよう努めるものとする。

〔障害の程度〕

第七十五条　第七十二条に規定する視覚障害者、聴覚障害者、知的障害者、肢体不自由者又は病弱者の障害の程度は、政令で定める。

〔小学部・中学部・幼稚部・高等部〕

第七十六条　特別支援学校には、小学部及び中学部を置かなければならない。ただし、特別の必要のある場合においては、そのいずれかのみを置くことができる。

②　特別支援学校には、小学部及び中学部のほか、幼稚部又は高等部を置くことができ、また、特別の必要のある場合においては、前項の規定にかかわらず、小学部及び中学部を置かないで幼稚部又は高等部のみを置くことができる。

〔教育課程等に関する事項〕

第七十七条　特別支援学校の幼稚部の教育課程その他の保育内容、小学部及び中学部の教育課程又は高等部の学科及び教育課程に関する事項は、幼稚園、小学校、中学校又は高等学校に準じて、文部科学大臣が定める。

〔寄宿舎の設置〕

第七十八条　特別支援学校には、寄宿舎を設けなければならない。ただし、特別の事情のあるときは、これを設けないことができる。

〔寄宿舎指導員〕

第七十九条　寄宿舎を設ける特別支援学校には、寄宿舎指導員を置かなければならない。

②　寄宿舎指導員は、寄宿舎における幼児、児童又は生徒の日常生活上の世話及び生活指導に従事する。

〔特別支援学校の設置義務〕

第八十条　都道府県は、その区域内にある学齢児童及び学齢生徒のうち、視覚障害者、聴覚障害者、知的障害者、肢体不自由者又は病弱者で、その障害が、第七十五条の政令で定める程度のものを就学させるに必要な特別支援学校を設置しなければならない。

〔特別支援学級〕

第八十一条　幼稚園、小学校、中学校、義務教育学校、高等学校及び中等教育学校においては、次項各号のいずれかに該当する幼児、児童及び生徒その他教育上特別の支援を必要とする幼児、児童及び生徒に対し、文部科学大臣の定めるところにより、障害による学習上又は生活上の困難を克服するための教育を行うものとする。

②　小学校、中学校、義務教育学校、高等学校及び中等教育学校には、次の各号のいずれかに該当する児童及び生徒のために、特別支援学級を置くことができる。

一　知的障害者
二　肢体不自由者
三　身体虚弱者
四　弱視者
五　難聴者
六　その他障害のある者で、特別支援学級において教育を行うことが適当なもの

③　前項に規定する学校においては、疾病により療養中の児童及び生徒に対して、特別支援学級を設け、又は教員を派遣して、教育を行うことができる。

附　則（抄）

第一条　この法律は、昭和二十二年四月一日から、これを施行する。〔後略〕

第六条　私立の幼稚園は、第二条第一項の規定にかかわらず、当分の間、学校法人によつて設置されることを要しない。

附　則（令和四法六八）（抄）

〔施行期日〕

1　この法律は、刑法等一部改正法施行日〔令7・6・1〕から施行する。〔略〕〔条文中傍線……〕

17学校教育法施行令（抄）

（昭和二八年一〇月三一日
政令第三四〇号）

改正　令和四・一二・二八政四〇三

第一章　就学義務

第一節　学齢簿

（学齢簿の編製）

第一条　市（特別区を含む。以下同じ。）町村の教育委員会は、当該市町村の区域内に住所を有する学齢児童及び学齢生徒（それぞれ学校教育法（以下「法」という。）第十八条に規定する学齢児童及び学齢生徒をいう。以下同じ。）について、学齢簿を編製しなければならない。

2　前項の規定による学齢簿の編製は、当該市町村の住民基本台帳に基づいて行なうものとする。

3　市町村の教育委員会は、文部科学省令で定めるところにより、第一項の学齢簿を磁気ディスク（これに準ずる方法により一定の事項を確実に記録しておくことができる物を含む。以下同じ。）をもつて調製することができる。

4　第一項の学齢簿に記載（前項の規定により磁気ディスクをもつて調製する学齢簿にあつては、記録。以下同じ。）をすべき事項は、文部科学省令で定める。

（学齢簿の作成期日）

第二条　市町村の教育委員会は、毎学年の初めから五月前までに、文部科学省令で定める日現在において、当該市町村に住所を有する者で前学年の初めから終わりまでの間に満六歳に達する者について、あらかじめ、前条第一項の学齢簿を作成しなければならない。この場合においては、同条第二項から第四項までの規定を準用する。

第二節　小学校、中学校、義務教育学校及び中等教育学校

（入学期日等の通知、学校の指定）

第五条　市町村の教育委員会は、就学予定者（法第十七条第一項又は第二項の規定により、翌学年の初めから小学校、中学校、義務教育学校、中等教育学校又は特別支援学校に就学させるべき者をいう。以下同じ。）のうち、認定特別支援学校就学者（視覚障害者、聴覚障害者、知的障害者、肢体不自由者又は病弱者（身体虚弱者を含む。）で、その障害が、第二十二条の三の表に規定する程度のもの（以下「視覚障害者等」という。）のうち、当該市町村の教育委員会が、その者の障害の状態、その者の教育上必要な支援の内容、地域における教育の体制の整備の状況その他の事情を勘案して、その住所の存する都道府県の設置する特別支援学校に就学させることが適当であると認める者をいう。以下同じ。）以外の者について、その保護者に対し、翌学年の初めから二月前までに、小学校、中学校又は義務教育学校の入学期日を通知しなければならない。

2　市町村の教育委員会は、当該市町村の設置する小学校及び義務教育学校の数の合計数が二以上である場合又は当該市町村の設置する中学校（法第七十一条の規定により高等学校における教育と一貫した教育を施すもの（以下「併設型中学校」という。）を除く。以下この項、次条第七号、第六条の三第一項、第七条及び第八条において同じ。）及び義務教育学校の数の合計数が二以上である場合においては、前項の通知において当該就学予定者の就学すべき小学校、中学校又は義務教育学校を指定しなければならない。

3　前二項の規定は、第九条第一項又は第十七条の届出のあつた就学予定者については、適用しない。

（視覚障害者等でなくなつた者についての通知）

第六条の二　特別支援学校に在学する学齢児童又は学齢生徒で視覚障害者等でなくなつたものがあるときは、当該学齢児童又は学齢生徒の在学する特別支援学校の校長は、速やかに、当該学齢児童又は学齢生徒の住所の存する都道府県の教育委員会に対し、その旨を通知しなければならない。

2　都道府県の教育委員会は、前項の通知を受けた学齢児童又は学齢生徒について、当該学齢児童又は学齢生徒の住所の存する市町村の教育委員会に対し、速やかに、その氏名及び視覚障害者等でなくなつた旨を通知しなければならない。

（小学校等への就学が適当な者についての通知）

第六条の三　特別支援学校に在学する学齢児童又は学齢生徒でその障害の状態、その者の教育上必要な支援の内容、地域における教育の体制の整備の状況その他の事情の変化により当該学齢児童又は学齢生徒の住所の存する市町村の設置する小学校、中学校又は義務教育学校に就学することが適当であると思料するもの（視覚障害者等でなくなつた者を除く。）があるときは、

当該学齢児童又は学齢生徒の在学する特別支援学校の校長は、速やかに、当該学齢児童又は学齢生徒の住所の存する都道府県の教育委員会に対し、その旨を通知しなければならない。

2 都道府県の教育委員会は、前項の通知を受けた学齢児童又は学齢生徒について、当該学齢児童又は学齢生徒の住所の存する市町村の教育委員会に対し、速やかに、その氏名及び同項の通知があつた旨を通知しなければならない。

3 市町村の教育委員会は、前項の通知を受けた学齢児童又は学齢生徒について、当該特別支援学校に引き続き就学させることが適当であると認めたときは、都道府県の教育委員会に対し、速やかにその旨を通知しなければならない。

4 都道府県の教育委員会は、前項の通知を受けたときは、第一項の校長に対し、速やかに、その旨を通知しなければならない。

〔小学校等に在学する者で視覚障害者等でなくなった者についての通知〕

第六条の四 学齢児童及び学齢生徒のうち視覚障害者等で小学校、中学校、義務教育学校又は中等教育学校に在学するもののうち視覚障害者等でなくなつたものがあるときは、その在学する小学校、中学校、義務教育学校又は中等教育学校の校長は、速やかに、当該学齢児童又は学齢生徒の住所の存する市町村の教育委員会に対し、その旨を通知しなければならない。

〔就学児童生徒の学校長への通知〕

第七条 市町村の教育委員会は、第五条第一項（第六条において準用する場合を含む。）の通知と同時に、当該児童生徒等を就学させるべき小学校、中学校又は義務教育学校の校長に対し、当該児童生徒等の氏名及び入学期日を通知しなければならない。

〔就学校の変更の学校長等への通知〕

第八条 市町村の教育委員会は、第五条第二項（第六条において準用する場合を含む。）の場合において、相当と認めるときは、保護者の申立てにより、その指定した小学校、中学校又は義務教育学校を変更することができる。この場合においては、速やかに、その保護者及び前条の通知をした小学校、中学校又は義務教育学校の校長に対し、その旨を通知するとともに、新たに指定した小学校、中学校又は義務教育学校の校長に対し、同条の通知をしなければならない。

〔区域外就学等〕

第九条 児童生徒等をその住所の存する市町村の設置する小学校、中学校（併設型中学校を除く。）又は義務教育学校以外の小学校、中学校、義務教育学校又は中等教育学校に就学させようとする場合には、その保護者は、就学させようとする小学校、中学校、義務教育学校又は中等教育学校が市町村又は都道府県の設置するものであるときは当該市町村又は都道府県の教育委員会の、その他のものであるときは当該小学校、中学校、義務教育学校又は中等教育学校における就学を承諾する権限を有する者の承諾を証する書面を添え、その旨をその児童生徒等の住所の存する市町村の教育委員会に届け出なければならない。

2 市町村の教育委員会は、前項の承諾（当該市町村の設置する小学校、中学校（併設型中学校を除く。）又は義務教育学校への就学に係るものに限る。）を与えようとする場合には、あらかじめ、児童生徒等の住所の存する市町村の教育委員会に協議するものとする。

〔中途退学した児童生徒についての通知〕

第十条 学齢児童及び学齢生徒でその住所の存する市町村の設置する小学校、中学校（併設型中学校を除く。）又は義務教育学校以外の小学校、中学校若しくは義務教育学校又は中等教育学校に在学するものが、小学校、中学校若しくは義務教育学校又は中等教育学校の前期課程の全課程を修了する前に退学したときは、当該小学校、中学校若しくは義務教育学校又は中等教育学校の校長は、速やかに、その旨を当該学齢児童又は学齢生徒の住所の存する市町村の教育委員会に通知しなければならない。

第三節 特別支援学校

〔特別支援学校への就学についての通知〕

第十一条 市町村の教育委員会は、第二条に規定する者のうち認定特別支援学校就学者について、都道府県の教育委員会に対し、翌学年の初めから三月前までに、その氏名及び特別支援学校に就学させるべき旨を通知しなければならない。

2 市町村の教育委員会は、前項の通知をするときは、都道府県の教育委員会に対し、同項の通知に係る者の学齢簿の謄本（第一条第三項の規定により磁気ディスクをもつて学齢簿を調製している市町村の教育委員会にあつては、その者の学齢簿に記録されている事項を記載した書類）を送付しなければならない。

3 前二項の規定は、第九条第一項又は第十七条の届出のあつた者については、適用しない。

〔視覚障害者等となった者についての通知〕

第十二条 小学校、中学校、義務教育学校又は中等教育学校に在学する学齢児童又は学齢生徒で視覚障害者等になつたものがあるときは、当該学齢児童又は学齢生徒の在学する小学校、中学校、義務教育学校又は中等教育学校の校長は、速やかに、当該学齢児童又は学齢生徒の住所の存する市町村の教育委員会に対し、その旨を通知しなければならない。

2　第十一条の規定は、前項の通知を受けた学齢児童又は学齢生徒のうち認定特別支援学校就学者の認定をした者について準用する。この場合において、同条第一項中「翌学年の初めから三月前までに」とあるのは、「速やかに」と読み替えるものとする。

3　第一項の規定による通知を受けた市町村の教育委員会は、同項の通知を受けた学齢児童又は学齢生徒について現に在学する小学校、中学校、義務教育学校又は中等教育学校に引き続き就学させることが適当であると認めたときは、同項の校長に対し、その旨を通知しなければならない。

（視覚障害者等のうち小学校等への就学が適当でなくなった者についての通知）

第十二条の二　学齢児童及び学齢生徒のうち視覚障害者等で小学校、中学校、義務教育学校又は中等教育学校に在学するもののうち、その障害の状態、その者の教育上必要な支援の内容、地域における教育の体制の整備の状況その他の事情の変化によりこれらの小学校、中学校、義務教育学校又は中等教育学校に就学させることが適当でなくなつたと思料するものがあるときは、当該学齢児童又は学齢生徒の在学する小学校、中学校、義務教育学校又は中等教育学校の校長は、当該学齢児童又は学齢生徒の住所の存する市町村の教育委員会に対し、速やかに、その旨を通知しなければならない。

2　第十一条の規定は、前項の通知を受けた学齢児童又は学齢生徒のうち認定特別支援学校就学者の認定をした者について準用する。この場合において、同条第一項中「翌学年の初めから三月前までに」とあるのは、「速やかに」と読み替えるものとする。

3　第一項の規定による通知を受けた市町村の教育委員会は、同項の通知を受けた学齢児童又は学齢生徒について現に在学する小学校、中学校、義務教育学校又は中等教育学校に引き続き就学させることが適当であると認めたときは、同項の校長に対し、その旨を通知しなければならない。

（特別支援学校の入学期日等の通知、学校の指定）

第十四条　都道府県の教育委員会は、第十一条第一項（第十一条の二、第十一条の三、第十二条第二項及び第十二条の二第二項において準用する場合を含む。）の通知を受けた児童生徒等及び特別支援学校の新設、廃止等によりその就学させるべき特別支援学校を変更する必要を生じた児童生徒等について、その保護者に対し、第十一条第一項（第十一条の二において準用する場合を含む。）の通知を受けた児童生徒等にあつては翌学年の初めから二月前までに、その他の児童生徒等にあつては速やかに特別支援学校の入学期日を通知しなければならない。

2　都道府県の教育委員会は、当該都道府県の設置する特別支援学校が二校以上ある場合においては、前項の通知において当該児童生徒等を就学させるべき特別支援学校を指定しなければならない。

3　前二項の規定は、前条の通知を受けた児童生徒等については、適用しない。

（当該児童生徒等についての通知）

第十五条　都道府県の教育委員会は、前条第一項の通知と同時に、当該児童生徒等を就学させるべき特別支援学校の校長及び当該児童生徒等の住所の存する市町村の教育委員会に対し、当該児童生徒等の氏名及び入学期日を通知しなければならない。

2　都道府県の教育委員会は、前条第二項の規定により当該児童生徒等を就学させるべき特別支援学校を指定したときは、前項の市町村の教育委員会に対し、同項に規定する事項のほか、その指定した特別支援学校を通知しなければならない。

（視覚障害者等の就学の変更の通知）

第十六条　都道府県の教育委員会は、第十四条第二項の場合において、相当と認めるときは、保護者の申立により、その指定した特別支援学校を変更することができる。この場合においては、速やかに、その保護者並びに前条の通知をした特別支援学校の校長及び市町村の教育委員会に対し、その旨を通知するとともに、新たに指定した特別支援学校の校長に対し、同条第一項の通知をしなければならない。

（区域外就学等）

第十七条　児童生徒等のうち視覚障害者等をその住所の存する都道府県の設置する特別支援学校以外の特別支援学校に就学させようとする場合には、その保護者は、就学させようとする特別支援学校が他の都道府県の設置するものであるときは当該都道府県の教育委員会の、その他のものであるときは当該特別支援学校における就学を承諾する権限を有する者の就学を承諾する書面を添え、その旨をその児童生徒等の住所の存する市町村の教育委員会に届け出なければならない。

（**中途退学した視覚障害者等についての通知**）

第十八条　学齢児童及び学齢生徒のうち視覚障害者等でその住所の存する都道府県の設置する特別支援学校以外の特別支援学校に在学するものが、特別支援学校の小学部又は中学部の全課程を修了する前に退学したときは、当該特別支援学校の校長は、速やかに、その旨を当該学齢児童又は学齢生徒の住所の存する市町村の教育委員会に通知しなければならない。

第三節の二　保護者及び視覚障害者等の就学に関する専門的知識を有する者の意見聴取

第十八条の二　市町村の教育委員会は、児童生徒等のうち視覚障害者等について、第五条（第六条（第二号を除く。）において準用する場合を含む。）又は第十一条第一項（第十一条の二、第十一条の三、第十二条第二項及び第十二条の二第二項において準用する場合を含む。）の通知をしようとするときは、その保護者及び教育学、医学、心理学その他の障害のある児童生徒等の就学に関する専門的知識を有する者の意見を聴くものとする。

第五節　就学義務の終了

（**全課程修了者の通知**）

第二十二条　小学校、中学校、義務教育学校、中等教育学校及び特別支援学校の校長は、毎学年の終了後、速やかに、小学校、中学校、義務教育学校の前期課程若しくは後期課程、中等教育学校の前期課程又は特別支援学校の小学部若しくは中学部の全課程を修了した者の氏名をその者の住所の存する市町村の教育委員会に通知しなければならない。

第六節　行政手続法の適用除外

（**行政手続法第三章の規定を適用しない処分**）

第二十二条の二　法第百三十八条の政令で定める処分は、第五条第一項及び第二項（これらの規定を第六条において準用する場合を含む。）並びに第十四条第一項及び第二項の規定による処分とする。

第二章　視覚障害者等の障害の程度

第二十二条の三　法第七十五条の政令で定める視覚障害者、聴覚障害者、知的障害者、肢《し》体不自由者又は病弱者の障害の程度は、次の表に掲げるとおりとする。

区分	障害の程度
視覚障害者	両眼の視力がおおむね〇・三未満のもの又は視力以外の視機能障害が高度のもののうち、拡大鏡等の使用によつても通常の文字、図形等の視覚による認識が不可能又は著しく困難な程度のもの
聴覚障害者	両耳の聴力レベルがおおむね六〇デシベル以上のもののうち、補聴器等の使用によつても通常の話声を解することが不可能又は著しく困難な程度のもの
知的障害者	一　知的発達の遅滞があり、他人との意思疎通が困難で日常生活を営むのに頻繁に援助を必要とする程度のもの 二　知的発達の遅滞の程度が前号に掲げる程度に達しないもののうち、社会生活への適応が著しく困難なもの
肢体不自由者	一　肢体不自由の状態が補装具の使用によつても歩行、筆記等日常生活における基本的な動作が不可能又は困難な程度のもの 二　肢体不自由の状態が前号に掲げる程度に達しないもののうち、常時の医学的観察指導を必要とする程度のもの
病弱者	一　慢性の呼吸器疾患、腎臓疾患及び神経疾患、悪性新生物その他の疾患の状態が継続して医療又は生活規制を必要とする程度のもの 二　身体虚弱の状態が継続して生活規制を必要とする程度のもの

備考
一　視力の測定は、万国式試視力表によるものとし、屈折異常があるものについては、矯正視力によつて測定する。
二　聴力の測定は、日本産業規格によるオージオメータによる。

第三章　認可、届出等

第一節　認可及び届出等

（**法第四条第一項の政令で定める事項**）

第二十三条　法第四条第一項（法第百三十四条第二項において準用する場合を含む。）の政令で定める事項（法第四条の二に規定する幼稚園に係るものを除く。）は、次のとおりとする。

一・二　［略］
三　特別支援学校の幼稚部、小学部、中学部又は高等部の設置及び廃止
四〜九　［略］
十　市町村の設置する高等学校、中等教育学校又は特別支援学校の分校の設置及び廃止
十一〜十三　［略］

2　法第四条の二に規定する幼稚園に係る法第四

条第一項の政令で定める事項は、分校の設置及び廃止とする。

第二節　学期、休業日及び学校廃止後の書類の保存

（学期及び休業日）

第二十九条　公立の学校（大学を除く。以下この条において同じ。）の学期並びに夏季、冬季、学年末、農繁期等における休業日又は家庭及び地域における体験的な学習活動その他の学習活動のための休業日（次項において「体験的学習活動等休業日」という。）は、市町村又は都道府県の設置する学校にあつては当該市町村又は都道府県の教育委員会が、公立大学法人の設置する学校にあつては当該公立大学法人の理事長が定める。

2　市町村又は都道府県の教育委員会は、体験的学習活動等休業日を定めるに当たつては、家庭及び地域における幼児、児童、生徒又は学生の体験的な学習活動その他の学習活動の体験的学習活動等休業日における円滑な実施及び充実を図るため、休業日の時期を適切に分散させて定めることその他の必要な措置を講ずるよう努めるものとする。

附　則

この政令は、公布の日［昭28・10・31］から施行する。

18 学校教育法施行規則（抄）

（昭和二二年五月二三日文部省令第一一号）

改正　令和五・一二・二八文科令四二

第一章　総則

第一節　設置廃止等

（学校の設備・位置）

第一条　学校には、その学校の目的を実現するために必要な校地、校舎、校具、運動場、図書館又は図書室、保健室その他の設備を設けなければならない。

②　学校の位置は、教育上適切な環境に、これを定めなければならない。

第三節　管理

（指導要録）

第二十四条　校長は、その学校に在学する児童等の指導要録（学校教育法施行令第三十一条に規定する児童等の学習及び健康の状況を記録した書類の原本をいう。以下同じ。）を作成しなければならない。

②　校長は、児童等が進学した場合においては、その作成に係る当該児童等の指導要録の抄本又は写しを作成し、これを進学先の校長に送付しなければならない。

③　校長は、児童等が転学した場合においては、その作成に係る当該児童等の指導要録の写しを作成し、その写し（転学してきた児童等については転学により送付を受けた指導要録（就学前の子どもに関する教育、保育等の総合的な提供の推進に関する法律施行令（平成二十六年政令第二百三号）第八条に規定する園児の学習及び健康の状況を記録した書類の原本を含む。）の写しを含む。）及び前項の抄本又は写しを転学先の校長、保育所の長又は認定こども園の長に送付しなければならない。

（懲戒）

第二十六条　校長及び教員が児童等に懲戒を加えるに当つては、児童等の心身の発達に応ずる等教育上必要な配慮をしなければならない。

②　懲戒のうち、退学、停学及び訓告の処分は、校長（大学にあつては、学長の委任を受けた学部長を含む。）が行う。

③　前項の退学は、市町村立の小学校、中学校（学校教育法第七十一条の規定により高等学校における教育と一貫した教育を施すもの（以下「併設型中学校」という。）を除く。）若しくは義務教育学校又は公立の特別支援学校に在学する学齢児童又は学齢生徒を除き、次の各号のいずれかに該当する児童等に対して行うことができる。

一　性行不良で改善の見込がないと認められる者

二　学力劣等で成業の見込がないと認められる者

三　正当の理由がなくて出席常でない者

四　学校の秩序を乱し、その他学生又は生徒としての本分に反した者

④　第二項の停学は、学齢児童又は学齢生徒に対しては、行うことができない。

⑤　学長は、学生に対する第二項の退学、停学及び訓告の処分の手続を定めなければならない。

（備付表簿）

第二十八条　学校において備えなければならない表簿は、概ね次のとおりとする。
一〜三　〔略〕
四　指導要録、その写し及び抄本並びに出席簿及び健康診断に関する表簿
五〜七　〔略〕
② 前項の表簿（第二十四条第二項の抄本又は写しを除く。）は、別に定めるもののほか、五年間保存しなければならない。ただし、指導要録及びその写しのうち入学、卒業等の学籍に関する記録については、その保存期間は、二十年間とする。
③ 学校教育法施行令第三十一条の規定により指導要録及びその写しを保存しなければならない期間は、前項のこれらの書類の保存期間から当該学校においてこれらの書類を保存していた期間を控除した期間とする。

第二章　義務教育

〔学齢簿の記録・保存〕
第二十九条　市町村の教育委員会は、学校教育法施行令第一条第三項（同令第二条において準用する場合を含む。）の規定により学齢簿を磁気ディスク（これに準ずる方法により一定の事項を確実に記録しておくことができる物を含む。以下同じ。）をもつて調製する場合には、電子計算機（電子計算機による方法に準ずる方法により一定の事項を確実に記録しておくことができる機器を含む。以下同じ。）の操作によるものとする。
2　市町村の教育委員会は、前項に規定する場合においては、当該学齢簿に記録されている事項が当該市町村の学齢児童又は学齢生徒に関する事務に従事している者以外の者に同項の電子計算機に接続された電気通信回線を通じて知られること及び当該学齢簿が滅失し又はき損することを防止するために必要な措置を講じなければならない。

〔学齢簿の記載事項〕
第三十条　学校教育法施行令第一条第一項の学齢簿に記載（同条第三項の規定により磁気ディスクをもつて調製する学齢簿にあつては、記録。以下同じ。）をすべき事項は、次の各号に掲げる区分に応じ、当該各号に掲げる事項とする。
一　学齢児童又は学齢生徒に関する事項　氏名、現住所、生年月日及び性別
二　保護者に関する事項　氏名、現住所及び保護者と学齢児童又は学齢生徒との関係
三　就学する学校に関する事項
イ　当該市町村の設置する小学校、中学校（併設型中学校を除く。）又は義務教育学校に就学する者について、当該学校の名称並びに当該学校に係る入学、転学及び卒業の年月日
ロ　学校教育法施行令第九条に定める手続により当該市町村の設置する小学校、中学校（併設型中学校を除く。）又は義務教育学校以外の小学校、中学校、義務教育学校又は中等教育学校に就学する者について、当該学校及びその設置者の名称並びに当該学校に係る入学、転学、退学及び卒業の年月日
ハ　特別支援学校の小学部又は中学部に就学する者について、当該学校及び部並びに当該学校の設置者の名称並びに当該部に係る入学、転学、退学及び卒業の年月日
四　就学の督促等に関する事項　学校教育法施行令第二十条又は第二十一条の規定に基づき就学状況が良好でない者等について、校長から通知を受けたとき、又は就学義務の履行を督促したときは、その旨及び通知を受け、又は督促した年月日
五　就学義務の猶予又は免除に関する事項　学校教育法第十八条の規定により保護者が就学させる義務を猶予又は免除された者について、猶予の年月日、事由及び期間又は免除の年月日及び事由並びに猶予又は免除された者のうち復学した者については、その年月日
六　その他必要な事項　市町村の教育委員会が学齢児童又は学齢生徒の就学に関し必要と認める事項
2　学校教育法施行令第二条に規定する者について作成する学齢簿に記載をすべき事項については、前項第一号、第二号及び第六号の規定を準用する。

〔学齢簿の作成期日〕
第三十一条　学校教育法施行令第二条の規定による学齢簿の作成は、十月一日現在において行うものとする。

〔就学校の指定〕
第三十二条　市町村の教育委員会は、学校教育法施行令第五条第二項（同令第六条において準用する場合を含む。次項において同じ。）の規定により就学予定者の就学すべき小学校、中学校又は義務教育学校（次項において「就学校」という。）を指定する場合には、あらかじめ、その保護者の意見を聴取することができる。この場合においては、意見の聴取の手続に関し必要な事項を定め、公表するものとする。
2　市町村の教育委員会は、学校教育法施行令第

五条第二項の規定による就学校の指定に係る通知において、その指定の変更についての同令第八条に規定する保護者の申立ができる旨を示すものとする。

〔就学校の指定の変更〕

第三十三条 市町村の教育委員会は、学校教育法施行令第八条の規定により、その指定した小学校、中学校又は義務教育学校を変更することができる場合の要件及び手続に関し必要な事項を定め、公表するものとする。

〔就学義務の猶予免除〕

第三十四条 学齢児童又は学齢生徒で、学校教育法第十八条に掲げる事由があるときは、その保護者は、就学義務の猶予又は免除を市町村の教育委員会に願い出なければならない。この場合においては、当該市町村の教育委員会の指定する医師その他の者の証明書等その事由を証するに足る書類を添えなければならない。

〔猶予・免除の取消〕

第三十五条 学校教育法第十八条の規定により保護者が就学させる義務を猶予又は免除された子について、当該猶予の期間が経過し、又は当該猶予若しくは免除が取り消されたときは、校長は、当該子を、その年齢及び心身の発達状況を考慮して、相当の学年に編入することができる。

第三章　幼稚園

〔設置基準〕

第三十六条 幼稚園の設備、編制その他設置に関する事項は、この章に定めるもののほか、幼稚園設置基準（昭和三十一年文部省令第三十二号）の定めるところによる。

〔教育週数〕

第三十七条 幼稚園の毎学年の教育週数は、特別の事情のある場合を除き、三十九週を下つてはならない。

〔教育課程等の基準〕

第三十八条 幼稚園の教育課程その他の保育内容については、この章に定めるもののほか、教育課程その他の保育内容の基準として文部科学大臣が別に公示する幼稚園教育要領によるものとする。

〔準用規定〕

第三十九条 第四十八条、第四十九条、第五十四条、第五十九条から第六十八条までの規定は、幼稚園に準用する。

第四章　小学校

第一節　設備編制

〔設置基準〕

第四十条 小学校の設備、編制その他設置に関する事項は、この節に定めるもののほか、小学校設置基準（平成十四年文部科学省令第十四号）の定めるところによる。

〔学級数〕

第四十一条 小学校の学級数は、十二学級以上十八学級以下を標準とする。ただし、地域の実態その他により特別の事情のあるときは、この限りでない。

〔分校の学級数〕

第四十二条 小学校の分校の学級数は、特別の事情のある場合を除き、五学級以下とし、前条の学級数に算入しないものとする。

〔校務分掌〕

第四十三条 小学校においては、調和のとれた学校運営が行われるためにふさわしい校務分掌の仕組みを整えるものとする。

〔職員会議〕

第四十八条 小学校には、設置者の定めるところにより、校長の職務の円滑な執行に資するため、職員会議を置くことができる。

2　職員会議は、校長が主宰する。

〔学校評議員〕

第四十九条 小学校には、設置者の定めるところにより、学校評議員を置くことができる。

2　学校評議員は、校長の求めに応じ、学校運営に関し意見を述べることができる。

3　学校評議員は、当該小学校の職員以外の者で教育に関する理解及び識見を有するもののうちから、校長の推薦により、当該小学校の設置者が委嘱する。

第二節　教育課程

〔教育課程の編成〕

第五十条 小学校の教育課程は、国語、社会、算数、理科、生活、音楽、図画工作、家庭、体育及び外国語の各教科（以下この節において「各教科」という。）、特別の教科である道徳、外国語活動、総合的な学習の時間並びに特別活動によつて編成するものとする。

② 私立の小学校の教育課程を編成する場合は、前項の規定にかかわらず、宗教を加えることができる。この場合においては、宗教をもつて前項の特別の教科である道徳に代えることができる。

〔授業時数〕

第五十一条 小学校（第五十二条の二第二項に規定する中学校連携型小学校及び第七十九条の九第二項に規定する中学校併設型小学校を除く。）の各学年における各教科、特別の教科である道徳、外国語活動、総合的な学習の時間及び特別活動のそれぞれの授業時数並びに各学年におけるこれらの総授業時数は、別表第一に定める授業時数を標準とする。

〔教育課程の基準〕

第五十二条 小学校の教育課程については、この節に定めるもののほか、教育課程の基準として文部科学大臣が別に公示する小学校学習指導要領によるものとする。

〔教育課程編成の特例〕

第五十三条 小学校においては、必要がある場合には、一部の各教科について、これらを合わせて授業を行うことができる。

〔履修困難な教科の学習〕

第五十四条 児童が心身の状況によつて履修することが困難な各教科は、その児童の心身の状況に適合するように課さなければならない。

〔教育課程の研究開発のための特例〕

第五十五条 小学校の教育課程に関し、その改善に資する研究を行うため特に必要があり、かつ、児童の教育上適切な配慮がなされていると文部科学大臣が認める場合においては、文部科学大臣が別に定めるところにより、第五十条第一項、第五十一条（中学校連携型小学校にあつては第五十二条の三、第七十九条の九第二項に規定する中学校併設型小学校にあつては第七十九条の十二において準用する第七十九条の五第一項）又は第五十二条の規定によらないことができる。

〔特色ある教育課程編成の特例〕

第五十五条の二 文部科学大臣が、小学校において、当該小学校又は当該小学校が設置されている地域の実態に照らし、より効果的な教育を実施するため、当該小学校又は当該地域の特色を生かした特別の教育課程を編成して教育を実施する必要があり、かつ、当該特別の教育課程について、教育基本法（平成十八年法律第百二十号）及び学校教育法第三十条第一項の規定等に照らして適切であり、児童の教育上適切な配慮がなされているものとして文部科学大臣が定める基準を満たしていると認める場合においては、文部科学大臣が別に定めるところにより、第五十条第一項、第五十一条（中学校連携型小学校にあつては第五十二条の三、第七十九条の九第二項に規定する中学校併設型小学校にあつては第七十九条の十二において準用する第七十九条の五第一項）又は第五十二条の規定の全部又は一部によらないことができる。

〔長期欠席児童に配慮した教育課程編成の特例〕

第五十六条 小学校において、学校生活への適応が困難であるため相当の期間小学校を欠席し引き続き欠席すると認められる児童を対象として、その実態に配慮した特別の教育課程を編成して教育を実施する必要があると文部科学大臣が認める場合においては、文部科学大臣が別に定めるところにより、第五十条第一項、第五十一条（中学校連携型小学校にあつては第五十二条の三、第七十九条の九第二項に規定する中学校併設型小学校にあつては第七十九条の十二において準用する第七十九条の五第一項）又は第五十二条の規定によらないことができる。

〔日本語指導が必要な児童のための特別の教育課程〕

第五十六条の二 小学校において、日本語に通じない児童のうち、当該児童の日本語を理解し、使用する能力に応じた特別の指導を行う必要があるものを教育する場合には、文部科学大臣が別に定めるところにより、第五十条第一項、第五十一条（中学校連携型小学校にあつては第五十二条の三、第七十九条の九第二項に規定する中学校併設型小学校にあつては第七十九条の十二において準用する第七十九条の五第一項）及び第五十二条の規定にかかわらず、特別の教育課程によることができる。

〔日本語指導が必要な児童についての特例〕

第五十六条の三 前条の規定により特別の教育課程による場合においては、校長は、児童が設置者の定めるところにより他の小学校、義務教育学校の前期課程又は特別支援学校の小学部において受けた授業を、当該児童の在学する小学校において受けた当該特別の教育課程に係る授業とみなすことができる。

〔成績評価〕

第五十七条 小学校において、各学年の課程の修了又は卒業を認めるに当たつては、児童の平素の成績を評価して、これを定めなければならない。

〔卒業証書〕

第五十八条 校長は、小学校の全課程を修了したと認めた者には、卒業証書を授与しなければならない。

第三節　学年及び授業日

〔学年〕

第五十九条 小学校の学年は、四月一日に始まり、翌年三月三十一日に終わる。

〔授業終始の時刻〕

第六十条 授業終始の時刻は、校長が定める。

〔公立小学校の休業日〕

第六十一条 公立小学校における休業日は、次のとおりとする。ただし、第三号に掲げる日を除き、当該学校を設置する地方公共団体の教育委員会（公立大学法人の設置する小学校にあつては、当該公立大学法人の理事長。第三号において同じ。）が必要と認める場合は、この限りでない。

一　国民の祝日に関する法律（昭和二十三年法律第百七十八号）に規定する日

二　日曜日及び土曜日

三　学校教育法施行令第二十九条第一項の規定により教育委員会が定める日

〔私立小学校の休業日〕

第六十二条　私立小学校における学期及び休業日は、当該学校の学則で定める。

〔臨時休業〕

第六十三条　非常変災その他急迫の事情があるときは、校長は、臨時に授業を行わないことができる。この場合において、公立小学校についてはこの旨を当該学校を設置する地方公共団体の教育委員会（公立大学法人の設置する小学校にあつては、当該公立大学法人の理事長）に報告しなければならない。

第四節　職員

〔講師〕

第六十四条　講師は、常時勤務に服しないことができる。

〔学校用務員〕

第六十五条　学校用務員は、学校の環境の整備その他の用務に従事する。

〔医療的ケア看護職員〕

第六十五条の二　医療的ケア看護職員は、小学校における日常生活及び社会生活を営むために恒常的に医療的ケア（人工呼吸器による呼吸管理、喀痰《かくたん》吸引その他の医療行為をいう。）を受けることが不可欠である児童の療養上の世話又は診療の補助に従事する。

〔スクールカウンセラー〕

第六十五条の三　スクールカウンセラーは、小学校における児童の心理に関する支援に従事する。

〔スクールソーシャルワーカー〕

第六十五条の四　スクールソーシャルワーカーは、小学校における児童の福祉に関する支援に従事する。

〔情報通信技術支援員〕

第六十五条の五　情報通信技術支援員は、教育活動その他の学校運営における情報通信技術の活用に関する支援に従事する。

〔特別支援教育支援員〕

第六十五条の六　特別支援教育支援員は、教育上特別の支援を必要とする児童の学習上又は生活上必要な支援に従事する。

〔教員業務支援員〕

第六十五条の七　教員業務支援員は、教員の業務の円滑な実施に必要な支援に従事する。

第五節　学校評価

〔自己評価〕

第六十六条　小学校は、当該小学校の教育活動その他の学校運営の状況について、自ら評価を行い、その結果を公表するものとする。

2　前項の評価を行うに当たつては、小学校は、その実情に応じ、適切な項目を設定して行うものとする。

〔関係者による評価〕

第六十七条　小学校は、前条第一項の規定による評価の結果を踏まえた当該小学校の児童の保護者その他の当該小学校の関係者（当該小学校の職員を除く。）による評価を行い、その結果を公表するよう努めるものとする。

〔報告〕

第六十八条　小学校は、第六十六条第一項の規定による評価の結果及び前条の規定により評価を行つた場合はその結果を、当該小学校の設置者に報告するものとする。

第八章　特別支援教育

〔設置基準〕

第百十八条　特別支援学校の設備、編制その他設置に関する事項及び特別支援学級の設備編制は、この章及び特別支援学校設置基準（令和三年文部科学省令第四十五号）に定めるもののほか、別に定める。

〔学則等〕

第百十九条　特別支援学校においては、学校教育法第七十二条に規定する者に対する教育のうち当該特別支援学校が行うものを学則その他の設置者の定める規則（次項において「学則等」という。）で定めるとともに、これについて保護者等に対して積極的に情報を提供するものとする。

2　前項の学則等を定めるに当たつては、当該特別支援学校の施設及び設備等の状況並びに当該特別支援学校の所在する地域における障害のある児童等の状況について考慮しなければならない。

〔教育課程の編成〕

第百二十六条　特別支援学校の小学部の教育課程

は、国語、社会、算数、理科、生活、音楽、図画工作、家庭、体育及び外国語の各教科、特別の教科である道徳、外国語活動、総合的な学習の時間、特別活動並びに自立活動によつて編成するものとする。

２　前項の規定にかかわらず、知的障害者である児童を教育する場合は、生活、国語、算数、音楽、図画工作及び体育の各教科、特別の教科である道徳、特別活動並びに自立活動によつて教育課程を編成するものとする。ただし、必要がある場合には、外国語活動を加えて教育課程を編成することができる。

〔**教育課程の基準**〕

第百二十九条　特別支援学校の幼稚部の教育課程その他の保育内容並びに小学部、中学部及び高等部の教育課程については、この章に定めるもののほか、教育課程その他の保育内容又は教育課程の基準として文部科学大臣が別に公示する特別支援学校幼稚部教育要領、特別支援学校小学部・中学部学習指導要領及び特別支援学校高等部学習指導要領によるものとする。

〔**合科指導の特例**〕

第百三十条　特別支援学校の小学部、中学部又は高等部においては、特に必要がある場合は、第百二十六条から第百二十八条までに規定する各教科（次項において「各教科」という。）又は別表第三及び別表第五に定める各教科に属する科目の全部又は一部について、合わせて授業を行うことができる。

２　特別支援学校の小学部、中学部又は高等部においては、知的障害者である児童若しくは生徒又は複数の種類の障害を併せ有する児童若しくは生徒を教育する場合において特に必要があるときは、各教科、特別の教科である道徳、外国語活動、特別活動及び自立活動の全部又は一部について、合わせて授業を行うことができる。

〔**重複障害児童等のための特別の教育課程**〕

第百三十一条　特別支援学校の小学部、中学部又は高等部において、複数の種類の障害を併せ有する児童若しくは生徒を教育する場合又は教員を派遣して教育を行う場合において、特に必要があるときは、第百二十六条から第百二十九条までの規定にかかわらず、特別の教育課程によることができる。

２　前項の規定により特別の教育課程による場合において、文部科学大臣の検定を経た教科用図書又は文部科学省が著作の名義を有する教科用図書を使用することが適当でないときは、当該学校の設置者の定めるところにより、他の適切な教科用図書を使用することができる。

３　第五十六条の五の規定は、学校教育法附則第九条第二項において準用する同法第三十四条第二項又は第三項の規定により前項の他の適切な教科用図書に代えて使用する教材について準用する。

〔**個別の教育支援計画**〕

第百三十四条の二　校長は、特別支援学校に在学する児童等について個別の教育支援計画（学校と医療、保健、福祉、労働等に関する業務を行う関係機関及び民間団体（次項において「関係機関等」という。）との連携の下に行う当該児童等に対する長期的な支援に関する計画をいう。）を作成しなければならない。

２　校長は、前項の規定により個別の教育支援計画を作成するに当たつては、当該児童等又はその保護者の意向を踏まえつつ、あらかじめ、関係機関等と当該児童等の支援に関する必要な情報の共有を図らなければならない。

〔**特別支援学級の児童生徒の数**〕

第百三十六条　小学校、中学校若しくは義務教育学校又は中等教育学校の前期課程における特別支援学級の一学級の児童又は生徒の数は、法令に特別の定めのある場合を除き、十五人以下を標準とする。

〔**特別支援学級の設置区分**〕

第百三十七条　特別支援学級は、特別の事情のある場合を除いては、学校教育法第八十一条第二項各号に掲げる区分に従つて置くものとする。

〔**特別支援学級における特別の教育課程**〕

第百三十八条　小学校、中学校若しくは義務教育学校又は中等教育学校の前期課程における特別支援学級に係る教育課程については、特に必要がある場合は、第五十条第一項（第七十九条の六第一項において準用する場合を含む。）、第五十一条、第五十二条（第七十九条の六第一項において準用する場合を含む。）、第五十二条の三、第七十二条（第七十九条の六第二項及び第百八条第一項において準用する場合を含む。）、第七十三条、第七十四条（第七十九条の六第二項及び第百八条第一項において準用する場合を含む。）、第七十四条の三、第七十六条、第七十九条の五（第七十九条の十二において準用する場合を含む。）及び第百七条（第百十七条において準用する場合を含む。）の規定にかかわらず、特別の教育課程によることができる。

〔**教科用図書に関する特例**〕

第百三十九条　前条の規定により特別の教育課程による特別支援学級においては、文部科学大臣の検定を経た教科用図書を使用することが適当でない場合には、当該特別支援学級を置く学校の設置者の定めるところにより、他の適切な教科用図書を使用することができる。

2　第五十六条の五の規定は、学校教育法附則第九条第二項において準用する同法第三十四条第二項又は第三項の規定により前項の他の適切な教科用図書に代えて使用する教材について準用する。

〔準用規定〕

第百三十九条の二　第百三十四条の二の規定は、小学校、中学校若しくは義務教育学校又は中等教育学校の前期課程における特別支援学級の児童又は生徒について準用する。

〔通級による指導〕

第百四十条　小学校、中学校、義務教育学校、高等学校又は中等教育学校において、次の各号のいずれかに該当する児童又は生徒（特別支援学級の児童及び生徒を除く。）のうち当該障害に応じた特別の指導を行う必要があるものを教育する場合には、文部科学大臣が別に定めるところにより、第五十条第一項（第七十九条の六第一項において準用する場合を含む。）、第五十一条、第五十二条（第七十九条の六第一項において準用する場合を含む。）、第五十二条の三、第七十二条（第七十九条の六第二項及び第百八条第一項において準用する場合を含む。）、第七十三条、第七十四条（第七十九条の六第二項及び第百八条第一項において準用する場合を含む。）、第七十四条の三、第七十六条、第七十九条の五（第七十九条の十二において準用する場合を含む。）、第八十三条及び第八十四条（第百八条第二項において準用する場合を含む。）並びに第百七条（第百十七条において準用する場合を含む。）の規定にかかわらず、特別の教育課程によることができる。

一　言語障害者
二　自閉症者
三　情緒障害者
四　弱視者
五　難聴者
六　学習障害者
七　注意欠陥多動性障害者
八　その他障害のある者で、この条の規定により特別の教育課程による教育を行うことが適当なもの

〔通級による指導の特例〕

第百四十一条　前条の規定により特別の教育課程による場合においては、校長は、児童又は生徒が、当該小学校、中学校、義務教育学校、高等学校又は中等教育学校の設置者の定めるところにより他の小学校、中学校、義務教育学校、高等学校、中等教育学校又は特別支援学校の小学部、中学部若しくは高等部において受けた授業を、当該小学校、中学校、義務教育学校、高等学校又は中等教育学校において受けた当該特別の教育課程に係る授業とみなすことができる。

〔準用規定〕

第百四十一条の二　第百三十四条の二の規定は、第百四十条の規定により特別の指導が行われている児童又は生徒について準用する。

附　則（抄）

第一条　この省令は、昭和二十二年四月一日から、これを適用する。

別表　〔略〕

19 幼稚園設置基準

（昭和三一年一二月一三日文部省令第三二号）

改正　平成二六・七・三一文科令二三

第一章　総則

〔趣旨〕

第一条　幼稚園設置基準は、学校教育法施行規則（昭和二十二年文部省令第十一号）に定めるもののほか、この省令の定めるところによる。

〔基準の向上〕

第二条　この省令で定める設置基準は、幼稚園を設置するのに必要な最低の基準を示すものであるから、幼稚園の設置者は、幼稚園の水準の向上を図ることに努めなければならない。

第二章　編制

〔一学級の幼児数〕

第三条　一学級の幼児数は、三十五人以下を原則とする。

〔学級の編制〕

第四条　学級は、学年の初めの日の前日において同じ年齢にある幼児で編制することを原則とする。

〔教職員〕

第五条　幼稚園には、園長のほか、各学級ごとに少なくとも専任の主幹教諭、指導教諭又は教諭（次項において「教諭等」という。）を一人置かなければならない。

2　特別の事情があるときは、教諭等は、専任の

副園長又は教頭が兼ね、又は当該幼稚園の学級数の三分の一の範囲内で、専任の助教諭若しくは講師をもつて代えることができる。

3　専任でない園長を置く幼稚園にあつては、前二項の規定により置く主幹教諭、指導教諭、教諭、助教諭又は講師のほか、副園長、教頭、主幹教諭、指導教諭、教諭、助教諭又は講師を一人置くことを原則とする。

4　幼稚園に置く教員等は、教育上必要と認められる場合は、他の学校の教員等と兼ねることができる。

第六条　幼稚園には、養護をつかさどる主幹教諭、養護教諭又は養護助教諭及び事務職員を置くように努めなければならない。

第三章　施設及び設備

（一般的基準）

第七条　幼稚園の位置は、幼児の教育上適切で、通園の際安全な環境にこれを定めなければならない。

2　幼稚園の施設及び設備は、指導上、保健衛生上、安全上及び管理上適切なものでなければならない。

（園地、園舎及び運動場）

第八条　園舎は、二階建以下を原則とする。園舎を二階建とする場合及び特別の事情があるため園舎を三階建以上とする場合にあつては、保育室、遊戯室及び便所の施設は、第一階に置かなければならない。ただし、園舎が耐火建築物で、幼児の待避上必要な施設を備えるものにあつては、これらの施設を第二階に置くことができる。

2　園舎及び運動場は、同一の敷地内又は隣接する位置に設けることを原則とする。

3　園地、園舎及び運動場の面積は、別に定める。

（施設及び設備等）

第九条　幼稚園には、次の施設及び設備を備えなければならない。ただし、特別の事情があるときは、保育室と遊戯室及び職員室と保健室とは、それぞれ兼用することができる。

一　職員室
二　保育室
三　遊戯室
四　保健室
五　便所
六　飲料水用設備、手洗用設備、足洗用設備

2　保育室の数は、学級数を下つてはならない。

3　飲料水用設備は、手洗用設備又は足洗用設備と区別して備えなければならない。

4　飲料水の水質は、衛生上無害であることが証明されたものでなければならない。

第十条　幼稚園には、学級数及び幼児数に応じ、教育上、保健衛生上及び安全上必要な種類及び数の園具及び教具を備えなければならない。

2　前項の園具及び教具は、常に改善し、補充しなければならない。

第十一条　幼稚園には、次の施設及び設備を備えるように努めなければならない。

一　放送聴取設備
二　映写設備
三　水遊び場
四　幼児清浄用設備
五　給食施設
六　図書室
七　会議室

（他の施設及び設備の使用）

第十二条　幼稚園は、特別の事情があり、かつ、教育上及び安全上支障がない場合は、他の学校等の施設及び設備を使用することができる。

第四章　雑則

（保育所等との合同活動等に関する特例）

第十三条　幼稚園は、次に掲げる場合においては、各学級の幼児と当該幼稚園に在籍しない者を共に保育することができる。

一　当該幼稚園及び保育所等（就学前の子どもに関する教育、保育等の総合的な提供の推進に関する法律（平成十八年法律第七十七号）第二条第五項に規定する保育所等をいう。以下同じ。）のそれぞれの用に供される建物及びその附属設備が一体的に設置されている場合における当該保育所等において、満三歳以上の子どもに対し学校教育法第二十三条各号に掲げる目標が達成されるよう保育を行うに当たり、当該幼稚園との緊密な連携協力体制を確保する必要があると認められる場合

二　前号に掲げる場合のほか、経済的社会的条件の変化に伴い幼児の数が減少し、又は幼児が他の幼児と共に活動する機会が減少したことその他の事情により、学校教育法第二十三条第二号に掲げる目標を達成することが困難であると認められることから、幼児の心身の発達を助長するために特に必要があると認められる場合

2　前項の規定により各学級の幼児と当該幼稚園に在籍しない者を共に保育する場合においては、第三条中「一学級の幼児数」とあるのは「一学級の幼児数（当該幼稚園に在籍しない者であつて当該学級の幼児と共に保育されるものの数を含む。）」と、第五条第四項中「他の学校の教

員等」とあるのは「他の学校の教員等又は保育所等の保育士等」と、第十条第一項中「幼児数」とあるのは「幼児数（当該幼稚園に在籍しない者であつて各学級の幼児と共に保育されるものの数を含む。）」と読み替えて、これらの規定を適用する。

附　則（抄）

1　この省令は、昭和三十二年二月一日から施行する。

2　園地、園舎及び運動場の面積は、第八条第三項の規定に基き別に定められるまでの間、園地についてはなお従前の例により、園舎及び運動場については別表第一及び別表第二に定めるところによる。ただし、この省令施行の際現に存する幼稚園については、特別の事情があるときは、当分の間、園舎及び運動場についてもなお従前の例によることができる。

3　第十三条第一項の規定により幼稚園の幼児と保育所等に入所している児童を共に保育し、かつ、当該保育所等と保育室を共用する場合においては、別表第一及び別表第二中「面積」とあるのは、「面積（保育所等の施設及び設備のうち幼稚園と共用する部分の面積を含む。）」と読み替えて、これらの表の規定を適用する。

別表第1（園舎の面積）

学級数	1　学　級	2 学 級 以 上
面　積	180平方メートル	320＋100×（学級数－2）平方メートル

別表第2（運動場の面積）

学級数	2 学 級 以 下	3 学 級 以 上
面　積	330＋30×（学級数－1）平方メートル	400＋80×（学級数－3）平方メートル

20 特別支援学校設置基準（抄）

（令和三年九月二四日文部科学省令第四五号）

第一章　総則

（趣旨）
第一条　特別支援学校は、学校教育法（昭和二十二年法律第二十六号）その他の法令の規定によるほか、この省令の定めるところにより設置するものとする。

2　この省令で定める設置基準は、特別支援学校を設置するのに必要な最低の基準とする。

3　特別支援学校の設置者は、特別支援学校の編制、施設及び設備等がこの省令で定める設置基準より低下した状態にならないようにすることはもとより、これらの水準の向上を図ることに努めなければならない。

第三章　編制

（一学級の幼児、児童又は生徒の数）
第五条　幼稚部の一学級の幼児数は、五人（視覚障害、聴覚障害、知的障害、肢体不自由又は病弱（身体虚弱を含む。以下この条及び別表において同じ。）のうち二以上併せ有する幼児で学級を編制する場合にあっては、三人）以下とする。ただし、特別の事情があり、かつ、教育上支障がない場合は、この限りでない。

2　小学部又は中学部の一学級の児童又は生徒の数は、六人（視覚障害、聴覚障害、知的障害、肢体不自由又は病弱のうち二以上併せ有する児童又は生徒で学級を編制する場合にあっては、三人）以下とする。ただし、特別の事情があり、かつ、教育上支障がない場合は、この限りでない。

3 ［略］

（学級の編制）

第六条 特別支援学校の学級は、特別の事情がある場合を除いては、幼稚部にあっては、学年の初めの日の前日において同じ年齢にある幼児で編制するものとし、小学部、中学部及び高等部にあっては、同学年の児童又は生徒で編制するものとする。

2 特別支援学校の学級は、特別の事情がある場合を除いては、視覚障害者、聴覚障害者、知的障害者、肢体不自由者又は病弱者の別ごとに編制するものとする。

（教諭等の数等）

第七条 複数の部又は学科を設置する特別支援学校には、相当数の副校長又は教頭を置くものとする。

2 特別支援学校に置く主幹教諭、指導教諭又は教諭（次項において「教諭等」という。）の数は、一学級当たり一人以上とする。

3 教諭等は、特別の事情があり、かつ、教育上支障がない場合は、副校長若しくは教頭が兼ね、又は助教諭若しくは講師をもって代えることができる。

（養護教諭等）

第八条 特別支援学校には、幼児、児童及び生徒（以下「児童等」という。）の数等に応じ、相当数の養護をつかさどる主幹教諭、養護教諭その他の児童等の養護をつかさどる職員を置くよう努めなければならない。

（事務職員の数）

第十条 特別支援学校には、部の設置の状況、児童等の数等に応じ、相当数の事務職員を置かなければならない。

（寄宿舎指導員の数）

第十一条 寄宿舎を設ける特別支援学校には、寄宿する児童等の数等に応じ、相当数の寄宿舎指導員を置かなければならない。

（他の学校の教員等との兼務）

第十二条 特別支援学校に置く教員等は、教育上必要と認められる場合は、他の学校の教員等と兼ねることができることとする。

附 則（抄）

（施行期日等）

1 この省令は、令和四年四月一日から施行する。ただし、第三章［略］の規定は、令和五年四月一日から施行する。

21 児童福祉法第二十一条の九に規定する主務省令で定める事業等のうち文部科学大臣の所管するものを定める省令

（平成一五年八月二二日 文部科学省・厚生労働省令第三号）

題名改正 平成二七文科・厚労令三

改正 平成二七・三・三一文科・厚労令三

（趣旨）

第一条 児童福祉法（以下「法」という。）第二十一条の九に規定する主務省令で定める事業等のうち文部科学大臣の所管するものについては、この省令の定めるところによる。

（法第二十一条の九に規定する主務省令で定める事業）

第二条 法第二十一条の九に規定する主務省令で定める事業のうち文部科学大臣の所管するものは、次のとおりとする。

一 学校教育法（昭和二十二年法律第二十六号）に規定する幼稚園（以下「幼稚園」という。）に在籍している幼児につき、当該幼稚園において、適当な設備を備える等により、教育課程に係る教育時間の終了後に教育活動を行う事業

二 幼稚園において、幼児教育に関する各般の問題につき、保護者からの相談に応じ、必要な情報の提供及び助言を行い、その他必要な援助を行う事業

附　則

この省令は、平成十七年四月一日から施行する。

22 教育職員免許法（抄）

（昭和二四年五月三一日　法律第一四七号）

改正　令和四・六・一七法六八

［編集部注］未施行分は傍線を付した。

第一章　総則

（この法律の目的）

第一条　この法律は、教育職員の免許に関する基準を定め、教育職員の資質の保持と向上を図ることを目的とする。

（定義）

第二条　この法律において「教育職員」とは、学校（学校教育法（昭和二十二年法律第二十六号）第一条に規定する幼稚園、小学校、中学校、義務教育学校、高等学校、中等教育学校及び特別支援学校（第三項において「第一条学校」という。）並びに就学前の子どもに関する教育、保育等の総合的な提供の推進に関する法律（平成十八年法律第七十七号）第二条第七項に規定する幼保連携型認定こども園（以下「幼保連携型認定こども園」という。）をいう。以下同じ。）の主幹教諭（幼保連携型認定こども園の主幹養護教諭及び主幹栄養教諭を含む。以下同じ。）、指導教諭、教諭、助教諭、養護教諭、養護助教諭、栄養教諭、主幹保育教諭、指導保育教諭、保育教諭、助保育教諭及び講師（以下「教員」という。）をいう。

2　この法律で「免許管理者」とは、免許状を有する者が教育職員及び文部科学省令で定める教育の職にある者である場合にあつてはその者の勤務地の都道府県の教育委員会、これらの者以外の者である場合にあつてはその者の住所地の都道府県の教育委員会をいう。

3　この法律において「所轄庁」とは、大学附置の国立学校（国（国立大学法人法（平成十五年法律第百十二号）第二条第一項に規定する国立大学法人を含む。以下この項において同じ。）が設置する学校をいう。以下同じ。）又は公立学校（地方公共団体（地方独立行政法人法（平成十五年法律第百十八号）第六十八条第一項に規定する公立大学法人（以下単に「公立大学法人」という。）を含む。）が設置する学校をいう。以下同じ。）の教員にあつてはその大学の学長、大学附置の学校以外の公立学校（第一条学校に限る。）の教員にあつてはその学校を所管する教育委員会、大学附置の学校以外の公立学校（幼保連携型認定こども園に限る。）の教員にあつてはその学校を所管する地方公共団体の長、私立学校（国及び地方公共団体（公立大学法人を含む。）以外の者が設置する学校をいう。以下同じ。）の教員にあつては都道府県知事（地方自治法（昭和二十二年法律第六十七号）第二百五十二条の十九第一項の指定都市又は同法第二百五十二条の二十二第一項の中核市（以下この項において「指定都市等」という。）の区域内の幼保連携型認定こども園の教員にあつては、当該指定都市等の長）をいう。

4　この法律で「自立教科等」とは、理療（あん摩、マッサージ、指圧等に関する基礎的な知識技能の修得を目標とした教科をいう。）、理学療法、理容その他の職業についての知識技能の修得に関する教科及び学習上又は生活上の困難を克服し自立を図るために必要な知識技能の修得を目的とする教育に係る活動（以下「自立活動」という。）をいう。

5　この法律で「特別支援教育領域」とは、学校教育法第七十二条に規定する視覚障害者、聴覚障害者、知的障害者、肢体不自由者又は病弱者（身体虚弱者を含む。）に関するいずれかの教育の領域をいう。

（免許）

第三条　教育職員は、この法律により授与する各相当の免許状を有する者でなければならない。

2　前項の規定にかかわらず、主幹教諭（養護又は栄養の指導及び管理をつかさどる主幹教諭を除く。）及び指導教諭については各相当学校の教諭の免許状を有する者を、養護をつかさどる主幹教諭については養護教諭の免許状を有する者を、栄養の指導及び管理をつかさどる主幹教諭については栄養教諭の免許状を有する者を、講師については各相当学校の教員の相当免許状を有する者を、それぞれ充てるものとする。

3　特別支援学校の教員（養護又は栄養の指導及び管理をつかさどる主幹教諭、養護教諭、養護助教諭、栄養教諭並びに特別支援学校において自立教科等の教授を担任する教員を除く。）については、第一項の規定にかかわらず、特別支援学校の教員の免許状のほか、特別支援学校の各部に相当する学校の教員の免許状を有する者でなければならない。

4　義務教育学校の教員（養護又は栄養の指導及び管理をつかさどる主幹教諭、養護教諭、養護助教諭並びに栄養教諭を除く。）については、第一項の規定にかかわらず、小学校の教員の免許状及び中学校の教員の免許状を有する者でなければならない。

5　中等教育学校の教員（養護又は栄養の指導及び管理をつかさどる主幹教諭、養護教諭、養護助教諭並びに栄養教諭を除く。）については、第一項の規定にかかわらず、中学校の教員の免許状及び高等学校の教員の免許状を有する者でなければならない。

6　幼保連携型認定こども園の教員の免許については、第一項の規定にかかわらず、就学前の子どもに関する教育、保育等の総合的な提供の推進に関する法律の定めるところによる。

（免許状を要しない非常勤の講師）

第三条の二　次に掲げる事項の教授又は実習を担任する非常勤の講師については、前条の規定にかかわらず、各相当学校の教員の相当免許状を有しない者を充てることができる。

一　小学校における次条第六項第一号に掲げる教科の領域の一部に係る事項

二　中学校における次条第五項第一号に掲げる教科及び第十六条の三第一項の文部科学省令で定める教科の領域の一部に係る事項

三　義務教育学校における前二号に掲げる事項

四　高等学校における次条第五項第二号に掲げる教科及び第十六条の三第一項の文部科学省令で定める教科の領域の一部に係る事項

五　中等教育学校における第二号及び前号に掲げる事項

六　特別支援学校（幼稚部を除く。）における第一号、第二号及び第四号に掲げる事項並びに自立教科等の領域の一部に係る事項

七　教科に関する事項で文部科学省令で定めるもの

2　前項の場合において、非常勤の講師に任命し、又は雇用しようとする者は、文部科学省令で定めるところにより、その旨を第五条第六項に規定する授与権者に届け出なければならない。

第二章　免許状

（種類）

第四条　免許状は、普通免許状、特別免許状及び臨時免許状とする。

2　普通免許状は、学校（義務教育学校、中等教育学校及び幼保連携型認定こども園を除く。）の種類ごとの教諭の免許状、養護教諭の免許状及び栄養教諭の免許状とし、それぞれ専修免許状、一種免許状及び二種免許状（高等学校教諭の免許状にあつては、専修免許状及び一種免許状）に区分する。

3　特別免許状は、学校（幼稚園、義務教育学校、中等教育学校及び幼保連携型認定こども園を除く。）の種類ごとの教諭の免許状とする。

4　臨時免許状は、学校（義務教育学校、中等教育学校及び幼保連携型認定こども園を除く。）の種類ごとの助教諭の免許状及び養護助教諭の免許状とする。

5・6　［略］

第四条の二　特別支援学校の教員の普通免許状及び臨時免許状は、一又は二以上の特別支援教育領域について授与するものとする。

2　特別支援学校において専ら自立教科等の教授を担任する教員の普通免許状及び臨時免許状は、前条第二項の規定にかかわらず、文部科学省令で定めるところにより、障害の種類に応じて文部科学省令で定める自立教科等について授与するものとする。

3　特別支援学校教諭の特別免許状は、前項の文

部科学省令で定める自立教科等について授与するものとする。

（授与）

第五条　普通免許状は、別表第一、別表第二若しくは別表第二の二に定める基礎資格を有し、かつ、大学若しくは文部科学大臣の指定する養護教諭養成機関において別表第一、別表第二若しくは別表第二の二に定める単位を修得した者又はその免許状を授与するため行う教育職員検定に合格した者に授与する。ただし、次の各号のいずれかに該当する者には、授与しない。

一　十八歳未満の者

二　高等学校を卒業しない者（通常の課程以外の課程におけるこれに相当するものを修了しない者を含む。）。ただし、文部科学大臣において高等学校を卒業した者と同等以上の資格を有すると認めた者を除く。

三　拘禁刑以上の刑に処せられた者

四　第十条第一項第二号又は第三号に該当することにより免許状がその効力を失い、当該失効の日から三年を経過しない者

五　第十一条第一項から第三項までの規定により免許状取上げの処分を受け、当該処分の日から三年を経過しない者

六　日本国憲法施行の日以後において、日本国憲法又はその下に成立した政府を暴力で破壊することを主張する政党その他の団体を結成し、又はこれに加入した者

2　特別免許状は、教育職員検定に合格した者に授与する。ただし、前項各号のいずれかに該当する者には、授与しない。

3　前項の教育職員検定は、次の各号のいずれにも該当する者について、教育職員に任命し、又は雇用しようとする者が、学校教育の効果的な実施に特に必要があると認める場合において行う推薦に基づいて行うものとする。

一　担当する教科に関する専門的な知識経験又は技能を有する者

二　社会的信望があり、かつ、教員の職務を行うのに必要な熱意と識見を持つている者

4　第六項に規定する授与権者は、第二項の教育職員検定において合格の決定をしようとするときは、学校教育に関し学識経験を有する者その他の文部科学省令で定める者の意見を聴かなければならない。

5　臨時免許状は、普通免許状を有する者を採用することができない場合に限り、第一項各号のいずれにも該当しない者で教育職員検定に合格したものに授与する。ただし、高等学校助教諭の臨時免許状は、次の各号のいずれかに該当する者以外の者には授与しない。

一　短期大学士の学位（学校教育法第百四条第二項に規定する文部科学大臣の定める学位（専門職大学を卒業した者に対して授与されるものを除く。）又は同条第六項に規定する文部科学大臣の定める学位を含む。）又は準学士の称号を有する者

二　文部科学大臣が前号に掲げる者と同等以上の資格を有すると認めた者

6　免許状は、都道府県の教育委員会（以下「授与権者」という。）が授与する。

（免許状の授与の手続等）

第五条の二　免許状の授与を受けようとする者は、申請書に授与権者が定める書類を添えて、授与権者に申し出るものとする。

2　特別支援学校の教員の免許状の授与に当たつては、当該免許状の授与を受けようとする者の別表第一の第三欄に定める特別支援教育に関する科目（次項において「特別支援教育科目」という。）の修得の状況又は教育職員検定の結果に応じて、文部科学省令で定めるところにより、一又は二以上の特別支援教育領域を定めるものとする。

3　特別支援学校の教員の免許状の授与を受けた者が、その授与を受けた後、当該免許状に定められている特別支援教育領域以外の特別支援教育領域（以下「新教育領域」という。）に関して特別支援教育科目を修得し、申請書に当該免許状を授与した授与権者が定める書類を添えて当該授与権者にその旨を申し出た場合、又は当該授与権者が行う教育職員検定に合格した場合には、当該授与権者は、前項に規定する文部科学省令で定めるところにより、当該免許状に当該新教育領域を追加して定めるものとする。

（教育職員検定）

第六条　教育職員検定は、受検者の人物、学力、実務及び身体について、授与権者が行う。

2　学力及び実務の検定は、第五条第二項及び第五項、前条第三項並びに第十八条の場合を除くほか、別表第三又は別表第五から別表第八までに定めるところによつて行わなければならない。

3　一以上の教科についての教諭の免許状を有する者に他の教科についての教諭の免許状を授与するため行う教育職員検定は、第一項の規定にかかわらず、受検者の人物、学力及び身体について行う。この場合における学力の検定は、前項の規定にかかわらず、別表第四の定めるところによつて行わなければならない。

（証明書の発行）

第七条　大学（文部科学大臣の指定する教員養成機関、並びに文部科学大臣の認定する講習及び通信教育の開設者を含む。）は、免許状の授与、新教育領域の追加の定め（第五条の二第三項の規定による新教育領域の追加の定めをいう。）又は教育職員検定を受けようとする者から請求があつたときは、その者の学力に関する証明書を発行しなければならない。

2　国立学校又は公立学校の教員にあつては所轄庁、私立学校の教員にあつてはその私立学校を設置する学校法人等（学校法人（私立学校法（昭和二十四年法律第二百七十号）第三条に規定する学校法人をいう。以下同じ。）又は社会福祉法人（社会福祉法（昭和二十六年法律第四十五号）第二十二条に規定する社会福祉法人をいう。以下同じ。）をいう。以下同じ。）の理事長は、教育職員検定を受けようとする者から請求があつたときは、その者の人物、実務及び身体に関する証明書を発行しなければならない。

3　所轄庁が前項の規定による証明書を発行する場合において、所轄庁が大学の学長で、その証明書の発行を請求した者が大学附置の国立学校又は公立学校の教員であるときは、当該所轄庁は、その学校の校長（幼稚園及び幼保連携型認定こども園の園長を含む。）の意見を聞かなければならない。

4　第一項及び第二項の証明書の様式その他必要な事項は、文部科学省令で定める。

（授与の場合の原簿記入等）

第八条　授与権者は、免許状を授与したときは、免許状の種類、その者の氏名及び本籍地、授与の日その他文部科学省令で定める事項を原簿に記入しなければならない。

2　前項の原簿は、その免許状を授与した授与権者において作製し、保存しなければならない。

3　第五条の二第三項の規定により免許状に新教育領域を追加して定めた授与権者は、その旨を第一項の原簿に記入しなければならない。

（効力）

第九条　普通免許状は、全ての都道府県（中学校及び高等学校の教員の宗教の教科についての免許状にあつては、国立学校又は公立学校の場合を除く。以下この条において同じ。）において効力を有する。

2　特別免許状は、その免許状を授与した授与権者の置かれる都道府県においてのみ効力を有する。

3　臨時免許状は、その免許状を授与したときから三年間、その免許状を授与した授与権者の置かれる都道府県においてのみ効力を有する。

（二種免許状を有する者の一種免許状の取得に係る努力義務）

第九条の二　教育職員で、その有する相当の免許状（主幹教諭（養護又は栄養の指導及び管理をつかさどる主幹教諭を除く。）及び指導教諭についてはその有する相当学校の教諭の免許状、養護をつかさどる主幹教諭についてはその有する養護教諭の免許状、栄養の指導及び管理をつかさどる主幹教諭についてはその有する栄養教諭の免許状、講師については、その有する相当学校の教員の相当免許状）が二種免許状であるものは、相当の一種免許状の授与を受けるように努めなければならない。

第三章　免許状の失効及び取上げ

（失効）

第十条　免許状を有する者が次の各号のいずれかに該当する場合には、その免許状は効力を失う。

一　第五条第一項第三号又は第六号に該当するに至つたとき。

二　公立学校の教員であつて懲戒免職の処分を受けたとき。

三　公立学校の教員（地方公務員法（昭和二十五年法律第二百六十一号）第二十九条の二第一項各号に掲げる者に該当する者を除く。）であつて同法第二十八条第一項第一号又は第三号に該当するとして分限免職の処分を受けたとき。

2　前項の規定により免許状が失効した者は、速やかに、その免許状を免許管理者に返納しなければならない。

（取上げ）

第十一条　国立学校、公立学校（公立大学法人が設置するものに限る。次項第一号において同じ。）又は私立学校の教員が、前条第一項第二号に規定する者の場合における懲戒免職の事由に相当する事由により解雇されたと認められるときは、免許管理者は、その免許状を取り上げなければならない。

2　免許状を有する者が、次の各号のいずれかに該当する場合には、免許管理者は、その免許状を取り上げなければならない。

一　国立学校、公立学校又は私立学校の教員（地方公務員法第二十九条の二第一項各号に掲げる者に相当する者を含む。）であつて、前条第一項第三号に規定する者の場合における同法第二十八条第一項第一号又は第三号に掲げる分限免職の事由に相当する事由により解雇

別表第一（第五条、第五条の二関係）

第一欄		第二欄	第三欄	
免許状の種類	所要資格	基礎資格	大学において修得することを必要とする最低単位数	
			教科及び教職に関する科目	特別支援教育に関する科目
幼稚園教諭	専修免許状	修士の学位を有すること。	七五	
	一種免許状	学士の学位を有すること。	五一	
	二種免許状	短期大学士の学位を有すること。	三一	
小学校教諭	専修免許状	修士の学位を有すること。	八三	
	一種免許状	学士の学位を有すること。	五九	
	二種免許状	短期大学士の学位を有すること。	三七	
中学校教諭	専修免許状	修士の学位を有すること。	八三	
	一種免許状	学士の学位を有すること。	五九	
	二種免許状	短期大学士の学位を有すること。	三五	
高等学校教諭	専修免許状	修士の学位を有すること。	八三	
	一種免許状	学士の学位を有すること。	五九	
特別支援学校教諭	専修免許状	修士の学位を有すること及び小学校、中学校、高等学校又は幼稚園の教諭の普通免許状を有すること。		五〇
	一種免許状	学士の学位を有すること及び小学校、中学校、高等学校又は幼稚園の教諭の普通免許状を有すること。		二六
	二種免許状	小学校、中学校、高等学校又は幼稚園の教諭の普通免許状を有すること。		一六

備考

一　この表における単位の修得方法については、文部科学省令で定める（別表第二から別表第八までの場合においても同様とする。）。

一の二　文部科学大臣は、前号の文部科学省令を定めるに当たつては、単位の修得方法が教育職員として必要な知識及び技能を体系的かつ効果的に修得させるものとなるよう配慮するとともに、あらかじめ、第十六条の三第三項の政令で定める審議会等の意見を聴かなければならない（別表第二から別表第八までの場合においても同様とする。）。

二　第二欄の「修士の学位を有すること」には、学校教育法第百四条第三項に規定する文部科学大臣の定める学位を有する場合又は大学（短期大学を除く。第六号及び第七号において同じ。）の専攻科若しくは文部科学大臣の指定するこれに相当する課程に一年以上在学し、三十単位以上修得した場合を含むものとする（別表第二及び別表第二の二の場合においても同様とする。）。

二の二　第二欄の「学士の学位を有すること」には、学校教育法第百四条第二項に規定する文部科学大臣の定める学位（専門職大学を卒業した者に対して授与されるものに限る。）を有する場合又は文部科学大臣が学士の学位を有することと同等以上の資格を有すると認めた場合を含むものとする（別表第二の場合においても同様とする。）。

二の三　第二欄の「短期大学士の学位を有すること」には、学校教育法第百四条第二項に規定する文部科学大臣の定める学位（専門職大学を卒業した者に対して授与されるものを除く。）若しくは同条第六項に規定する文部科学大臣の定める学位を有する場合、文部科学大臣の指定する教員養成機関を卒業した場合又は文部科学大臣が短期大学士の学位を有することと同等以上の資格を有すると認めた場合を含むものとする（別表第二の二の場合においても同様とする。）。

三　高等学校教諭以外の教諭の二種免許状の授与の所要資格に関しては、第三欄の「大学」には、文部科学大臣の指定する教員養成機関を含むものとする。

四　この表の規定により幼稚園、小学校、中学校若しくは高等学校の教諭の専修免許状若しくは一種免許状又は幼稚園、小学校若しくは中学校の教諭の二種免許状の授与を受けようとする者については、特に必要なものとして文部科学省令で定める科目の単位を大学又は文部科学大臣の指定する教員養成機関において修得していることを要するものとする（別表第二及び別表第二の二の場合においても同様とする。）。

五　第三欄に定める科目の単位は、次のいずれかに該当するものでなければならない（別表第二及び別表第二の二の場合においても同様とする。）。

イ　文部科学大臣が第十六条の三第三項の政令で定める審議会等に諮問して免許状の授与の所要資格を得させるために適当と認める課程（以下「認定課程」という。）において修得したもの

ロ　免許状の授与を受けようとする者が認定課程以外の大学の課程又は文部科学大臣が大学の課程に相当するものとして指定する課程において修得したもので、文部科学省令で定めるところにより当該者の在学する認定課程を有する大学が免許状の授与の所要資格を得させるための教科及び教職に関する科目として適当であると認めるもの

六　前号の認定課程には、第三欄に定める科目の単位のうち、教科及び教職に関する科目（教員の職務の遂行に必要な基礎的な知識技能を修得させるためのものとして文部科学省令で定めるものに限る。）又は特別支援教育に関する科目の単位を修得させるために大学が設置する修業年限を一年以上とする課程を含むものとする。

七　専修免許状に係る第三欄に定める科目の単位数のうち、その単位数からそれぞれの一種免許状に係る同欄に定める科目の単位数を差し引いた単位数については、大学院の課程又は大学の専攻科の課程において修得するものとする（別表第二の二の場合においても同様とする。）。

八　一種免許状（高等学校教諭の一種免許状を除く。）に係る第三欄に定める科目の単位数は、短期大学の課程及び短期大学の専攻科で文部科学大臣が指定するものの課程において修得することができる。この場合において、その単位数からそれぞれの二種免許状に係る同欄に定める科目の単位数を差し引いた単位数については、短期大学の専攻科の課程において修得するものとする。

別表第三（第六条関係）

第一欄		第二欄	第三欄	第四欄
所要資格 受けようとする免許状の種類		有することを必要とする第一欄に掲げる教員（当該学校の助教諭を含む。第三欄において同じ。）の免許状の種類	第二欄に定める各免許状を取得した後、第一欄に掲げる教員又は当該学校の主幹教諭（養護又は栄養の指導及び管理をつかさどる主幹教諭を除く。）、指導教諭若しくは講師（これらに相当する義務教育学校の前期課程又は後期課程、中等教育学校の前期課程又は後期課程及び特別支援学校の各部の教員を含み、幼稚園教諭の専修免許状、一種免許状又は二種免許状の授与を受けようとする場合にあつては、幼保連携型認定こども園の主幹保育教諭、指導保育教諭、保育教諭又は講師を含む。）として良好な成績で勤務した旨の実務証明責任者の証明を有することを必要とする最低在職年数	第二欄に定める各免許状を取得した後、大学において修得することを必要とする最低単位数
幼稚園教諭	専修免許状	一種免許状	三	一五
	一種免許状	二種免許状	五	四五
	二種免許状	臨時免許状	六	四五
小学校教諭	専修免許状	一種免許状	三	一五
		特別免許状	三	四一
	一種免許状	二種免許状	五	四五
		特別免許状	三	二六
	二種免許状	臨時免許状	六	四五
中学校教諭	専修免許状	一種免許状	三	一五
		特別免許状	三	二五
	一種免許状	二種免許状	五	四五
	二種免許状	臨時免許状	六	四五
高等学校教諭	専修免許状	一種免許状	三	一五
		特別免許状	三	二五
	一種免許状	臨時免許状	五	四五

備考

一　実務の検定は第三欄により、学力の検定は第四欄によるものとする（別表第六、別表第六の二、別表第七及び別表第八の場合においても同様とする。）。

二　第三欄の学校の教員についての同欄の実務証明責任者は、国立学校又は公立学校の教員にあつては所轄庁と、私立学校の教員にあつてはその私立学校を設置する学校法人等の理事長とする（別表第五の第二欄並びに別表第六、別表第六の二、別表第七及び別表第八の第三欄の場合においても同様とする。）。

三　第三欄の「第一欄に掲げる教員」には、これに相当するものとして文部科学省令で定める学校以外の教育施設において教育に従事する者を含むものとし、その者についての第三欄の実務証明責任者については、文部科学省令で定める。

四　専修免許状に係る第四欄に定める単位数のうち十五単位については、大学院の課程又は大学（短期大学を除く。）の専攻科の課程において修得するものとする（別表第五の第三欄並びに別表第六、別表第六の二及び別表第七の第四欄の場合においても同様とする。）。

五　一種免許状（高等学校教諭の一種免許状を除く。）に係る第四欄に定める単位数は、短期大学の専攻科で文部科学大臣が指定するものの課程において修得することができる（別表第五の第三欄並びに別表第六、別表第六の二及び別表第七の第四欄の場合においても同様とする。）。

六　第四欄の単位数（第四号に規定するものを含む。）は、文部科学大臣の指定する養護教諭養成機関において修得した単位、文部科学大臣の認定する講習、大学の公開講座若しくは通信教育において修得した単位又は文部科学大臣が大学に委嘱して行う試験の合格により修得した単位をもつて替えることができる（別表第四及び別表第五の第三欄並びに別表第六、別表第六の二、別表第七及び別表第八の第四欄の場合においても同様とする。）。

七　この表の規定により一種免許状又は二種免許状の授与を受けようとする者（小学校教諭の特別免許状を有する者でこの表の規定により小学校教諭の一種免許状の授与を受けようとするものを除く。）について、第三欄に定める最低在職年数を超える在職年数があるときは、五単位にその超える在職年数を乗じて得た単位数（第四欄に定める最低単位数から十単位を控除した単位数を限度とする。）を当該最低単位数から差し引くものとする。この場合における最低在職年数を超える在職年数には、文部科学省令で定める教育の職における在職年数を通算することができる（別表第六及び別表第六の二の場合においても同様とする。）。

八　二種免許状を有する者で教育職員に任命され、又は雇用された日から起算して十二年を経過したもの（幼稚園及び幼保連携型認定こども園の教員を除く。）の免許管理者は、当該十二年を経過した日（第十号において「経過日」という。）から起算して三年の間において、当該者の意見を聴いて、一種免許状を取得するのに必要とする単位を修得することができる大学の課程、文部科学大臣の認定する講習、大学の公開講座若しくは通信教育又は文部科学大臣が大学に委嘱して行う試験（次号及び第十号において「大学の課程等」という。）の指定を行う。

九　前号に規定する者を任命し、又は雇用する者は、前号の規定により指定される大学の課程等において当該者が単位を修得することができる機会を与えるように努めなければならない。

十　第八号の規定により大学の課程等の指定を受けた者で経過日から起算して三年を経過する日までに一種免許状を取得していないものについては、第七号の規定にかかわらず、当該日の翌日以後は、第四欄に定める最低単位数は同欄に定める単位数とする。

十一　文部科学大臣は、第六号の規定による認定に関する事務を機構に行わせるものとする（別表第四から別表第八までの場合においても同様とする。）。

別表第七（第六条関係）

第一欄 所要資格 受けようとする免許状の種類		第二欄 有することを必要とする特別支援学校の教員（二種免許状の授与を受けようとする場合にあつては、幼稚園、小学校、中学校又は高等学校の教員）の免許状の種類	第三欄 第二欄に定める各免許状を取得した後、特別支援学校の教員（二種免許状の授与を受けようとする場合にあつては、幼稚園、小学校、中学校、義務教育学校、高等学校、中等教育学校又は幼保連携型認定こども園の教員を含む。）として良好な成績で勤務した旨の実務証明責任者の証明を有することを必要とする最低在職年数	第四欄 第二欄に定める各免許状を取得した後、大学において修得することを必要とする最低単位数
特別支援学校教諭	専修免許状	一種免許状	三	一五
	一種免許状	二種免許状	三	六
	二種免許状	幼稚園、小学校、中学校又は高等学校の教諭の普通免許状	三	六

備考　この表の規定により専修免許状又は一種免許状の授与を受けようとする者に係る第三欄に定める最低在職年数については、その授与を受けようとする免許状に定められることとなる特別支援教育領域を担任する教員として在職した年数とする。

されたと認められるとき。

二　地方公務員法第二十九条の二第一項各号に掲げる者に該当する公立学校の教員であつて、前条第一項第三号に規定する者の場合における同法第二十八条第一項第一号又は第三号に掲げる分限免職の事由に相当する事由により免職の処分を受けたと認められるとき。

3　免許状を有する者（教育職員以外の者に限る。）が、法令の規定に故意に違反し、又は教育職員たるにふさわしくない非行があつて、その情状が重いと認められるときは、免許管理者は、その免許状を取り上げることができる。

4　前三項の規定により免許状取上げの処分を行つたときは、免許管理者は、その旨を直ちにその者に通知しなければならない。この場合において、当該免許状は、その通知を受けた日に効力を失うものとする。

5　前条第二項の規定は、前項の規定により免許状が失効した者について準用する。

（聴聞の方法の特例）

第十二条　免許管理者は、前条の規定による免許状取上げの処分に係る聴聞を行おうとするときは、聴聞の期日の三十日前までに、行政手続法（平成五年法律第八十八号）第十五条第一項の規定による通知をしなければならない。

2　前項の聴聞の期日における審理は、当該聴聞の当事者から請求があつたときは、公開により行わなければならない。

3　第一項の聴聞に際しては、利害関係人（同項の聴聞の参加人を除く。）は、当該聴聞の主宰者に対し、当該聴聞の期日までに証拠書類又は証拠物を提出することができる。

4　第一項の聴聞の主宰者は、当該聴聞の期日における証人の出席について、当該聴聞の当事者から請求があつたときは、これを認めなければならない。

（失効等の場合の公告等）

第十三条　免許管理者は、この章の規定により免許状が失効したとき、又は免許状取上げの処分を行つたときは、その免許状の種類及び失効又は取上げの事由並びにその者の氏名及び本籍地を官報に公告するとともに、その旨をその者の所轄庁及びその免許状を授与した授与権者に通知しなければならない。

2　この章の規定により免許状が失効し、若しくは免許状取上げの処分を行い、又はその旨の通知を受けたときは、その免許状を授与した授与権者は、この旨を第八条第一項の原簿に記入しなければならない。

（通知）

第十四条　所轄庁（免許管理者を除く。）は、教育職員が、次の各号のいずれかに該当すると認めたときは、速やかにその旨を免許管理者に通知しなければならない。

一　第五条第一項第三号又は第六号に該当するとき。

二　第十条第一項第二号又は第三号に該当するとき（懲戒免職又は分限免職の処分を行つた者が免許管理者である場合を除く。）。

三　第十一条第一項又は第二項に該当する事実があると思料するとき（同項第二号に規定する免職の処分を行つた者が免許管理者である場合を除く。）。

（報告）

第十四条の二　学校法人等は、その設置する私立学校の教員について、第五条第一項第三号若しくは第六号に該当すると認めたとき、又は当該教員を解雇した場合において、当該解雇の事由が第十一条第一項若しくは第二項第一号に定める事由に該当すると思料するときは、速やかにその旨を所轄庁に報告しなければならない。

第四章　雑則

（特別支援学校の教諭等の免許状に関する特例）

第十七条　第四条の二第二項に規定する免許状は、第五条第一項本文、同項第二号及び第五項並びに第五条の二第二項の規定にかかわらず、その免許状に係る教員資格認定試験に合格した者又は文部科学省令で定める資格を有する者に授与する。

第十七条の三　特別支援学校の教諭の普通免許状のほか、幼稚園、小学校、中学校又は高等学校のいずれかの学校の教諭の普通免許状を有する者は、第三条第一項から第三項までの規定にかかわらず、特別支援学校において自立教科等以外の教科（幼稚部にあつては、自立教科等以外の事項）の教授又は実習（専ら知的障害者に対するものに限る。）を担任する主幹教諭、指導教諭、教諭又は講師となることができる。

（外国において授与された免許状を有する者等の特例）

第十八条　外国（本州、北海道、四国、九州及び文部科学省令で定めるこれらに附属する島以外の地域をいう。以下同じ。）において授与された教育職員に関する免許状を有する者又は外国の学校を卒業し、若しくは修了した者については、この法律及びこの法律施行のために発する法令の規定に準じ、教育職員検定により、各相当の免許状を授与することができる。

2　前項の規定は、第五条の二第三項の規定により特別支援学校の教員の免許状に新教育領域を追加して定める場合について準用する。この場合において、前項中「外国（」とあるのは「特別支援学校の教員の免許状を有する者であつて、当該免許状の授与を受けた後、外国（」と、「各相当の免許状を授与する」とあるのは「その有する特別支援学校の教員の免許状に各相当の新教育領域を追加して定める」と読み替えるものとする。

第五章　罰則

第二十一条　次の各号のいずれかに該当する場合には、その違反行為をした者は、一年以下の拘禁刑又は五十万円以下の罰金に処する。

一　第五条第一項、第二項若しくは第五項、第五条の二第二項若しくは第三項又は第六条の規定に違反して、免許状を授与し、若しくは特別支援教育領域を定め、又は教育職員検定を行つたとき。

二　第七条第一項又は第二項の請求があつた場合に、虚偽の証明書を発行したとき。

2　偽りその他不正の手段により、免許状の授与若しくは特別支援教育領域の定め又は教育職員検定を受けた者も、前項と同様とする。

第二十二条　第三条の規定に違反して、相当の免許状を有しない者を教育職員（幼保連携型認定こども園の教員を除く。次項において同じ。）に任命し、又は雇用した場合には、その違反行為をした者は、三十万円以下の罰金に処する。

2　第三条の規定に違反して、相当の免許状を有しないにもかかわらず教育職員となつた者も、前項と同様とする。

附　則（抄）

1　この法律は、昭和二十四年九月一日から施行する。

18　児童福祉法（昭和二十二年法律第百六十四号）第十八条の十八第一項に規定する保育士の登録をしている者であつて学士の学位又は短期大学士の学位その他の文部科学省令で定める基礎資格を有するものに対して教育職員検定により幼稚園の教諭の一種免許状又は二種免許状を授与する場合における学力及び実務の検定は、認定こども園法一部改正法の施行の日から起算して十年を経過するまでの間は、第六条第二項の規定にかかわらず、当該基礎資格を取得した後文部科学省令で定める職員として良好な成績で勤務した旨の実務証明責任者の証明を有することを必要とする最低在職年数及び当該基礎資格を取得した後大学その他の文部科学省令で定める機関において修得することを必要とする最低単位数として文部科学省令で定めるものによるものとする。

附　則（令和四法四〇）（抄）

（施行期日）
第一条　この法律は、令和四年七月一日から施行する。〔略〕

（教育職員免許法の一部改正に伴う経過措置）
第三条　この法律の施行の際現に効力を有する普通免許状及び特別免許状であって、第二条の規定による改正前の教育職員免許法第九条第一項及び第二項の規定により有効期間が定められたものについては、この法律の施行の日（附則第十二条において「施行日」という。）以後は、有効期間の定めがないものとする。

附　則（令和四法六八）（抄）

（施行期日）
1　この法律は、刑法等一部改正法施行日〔令7・6・1〕から施行する。〔略〕〔条文中傍線……〕

23 教育職員免許法施行規則（抄）

（昭和二九年一〇月二七日　文部省令第二六号）

改正　令和五・九・二七文科令三一

第一章　単位の修得方法等

第一条　教育職員免許法（昭和二十四年法律第百四十七号。以下「免許法」という。）別表第一から別表第八までにおける単位の修得方法等に関しては、この章の定めるところによる。

第一条の二　免許法別表第一から別表第八までにおける単位の計算方法は、大学設置基準（昭和三十一年文部省令第二十八号）第二十一条第二項及び第三項（大学院設置基準（昭和四十九年文部省令第二十八号）第十五条において準用する場合を含む。）、専門職大学設置基準（平成二十九年文部科学省令第三十三号）第十四条第二項及び第三項、大学通信教育設置基準（昭和五十年文部省令第三十三号）第五条、短期大学設置基準（昭和五十年文部省令第二十一号）第七条第二項及び第三項、専門職短期大学設置基準（平成二十九年文部科学省令第三十四号）第十一条第二項及び第三項並びに短期大学通信教育設置基準（昭和五十七年文部省令第三号）第五条に定める基準によるものとする。

第一条の三　免許法別表第一備考第二号の規定により専修免許状に係る基礎資格を取得する場合の単位の修得方法は、大学院における単位の修得方法の例によるものとする。

第二条　免許法別表第一に規定する幼稚園教諭の普通免許状の授与を受ける場合の教科及び教職に関する科目の単位の修得方法は、次の表〔二二四～二二五頁〕の定めるところによる。

2　学生が前項の科目の単位を修得するに当たつては、大学は、各科目についての学生の知識及び技能の修得状況に応じ適切な履修指導を行うよう努めるものとする。

3　大学は、第一項に規定する各科目の開設に当たつては、各科目の内容の整合性及び連続性を確保するとともに、効果的な教育方法を確保するよう努めるものとする。

第三条　免許法別表第一に規定する小学校教諭の普通免許状の授与を受ける場合の教科及び教職に関する科目の単位の修得方法は、次の表〔二二六頁〕の定めるところによる。

2　学生が前項の科目の単位を修得するに当たつては、大学は、各科目についての学生の知識及び技能の修得状況に応じ適切な履修指導を行うよう努めるものとする。

3　大学は、第一項に規定する各科目の開設に当たつては、各科目の内容の整合性及び連続性を確保するとともに、効果的な教育方法を確保するよう努めるものとする。

第十条の二　幼稚園、小学校、中学校若しくは特別支援学校の教諭、養護教諭若しくは栄養教諭の一種免許状若しくは二種免許状を有する者若しくは高等学校教諭の一種免許状を有する者又はこれらの免許状に係る所要資格を得ている者が、免許法別表第一、別表第二又は別表第二の二の規定により、それぞれの専修免許状又は一種免許状の授与を受けようとするときは、これらの別表の専修免許状又は一種免許状に係る第三欄に定める単位数のうちその者が有し又は所要資格を得ている一種免許状又は二種免許状に係る第三欄に定める単位数は、既に修得したものとみなす。

2　前項の規定の適用を受ける場合（一種免許状を有している者又は一種免許状に係る所要資格を得ている者が専修免許状の授与を受けようとする場合を除く。）の各教科の指導法に関する科目（幼稚園教諭の普通免許状の授与を受ける場合にあつては保育内容の指導法に関する科目。第二十条第一項、第二十二条第四項及び第六十六条の八において同じ。）、教諭の教育の基礎的理解に関する科目等若しくは養護教諭・栄養教諭の教育の基礎的理解に関する科目等（第二十二条第四項において「教育の基礎的理解に関する科目等」という。）、特別支援教育に関する科目、養護に関する科目又は栄養に係る教育に関する科目の単位の修得方法は、第二条から第五条まで、第七条、第九条及び第十条に規定する授与を受けようとする専修免許状又は一種免許状に係る各科目の単位数から二種免許状に係る各科目の単位数を差し引いた単位数について修得するものとする。

3　免許法別表第一、別表第二又は別表第二の二の規定により幼稚園、小学校、中学校若しくは特別支援学校の教諭、養護教諭又は栄養教諭の専修免許状若しくは一種免許状の授与を受けようとする者又は高等学校教諭の専修免許状の授与を受けようとする者は、それぞれの一種免許状又は二種免許状（高等学校教諭の普通免許状の授与を受けようとする場合にあつては一種免許状）の授与を受けるために修得した科目の単位をこれらの別表の専修免許状又は一種免許状（高等学校教諭の普通免許状の授与を受けようとする場合にあつては専修免許状）に係る第三欄に掲げる単位数に含めることができる。ただし、第二条から前条までに規定する一種免許状又は二種免許状（高等学校教諭の普通免許状の授与を受けようとする場合にあつては一種免許状）に係る各科目の単位数を上限とする。

4　第七条第四項又は第六項の規定により一種免許状に新教育領域の追加の定めを受けようとする者が、当該領域を定めた二種免許状を所持している場合、当該領域を定めた二種免許状に係る所要資格を得ている場合又は特別支援学校教諭の二種免許状に当該新教育領域の追加の定めを受けることができる者である場合には、同条第四項又は第六項に定める単位数のうち二種免許状に当該領域の追加の定めを受けるためにそれぞれ必要な単位数は、既に修得したものとみなす。

5　第七条第四項又は第六項の規定により一種免許状に新教育領域の追加の定めを受けようとする者は、当該新教育領域を定めた二種免許状の授与を受けるため、又は二種免許状に当該新教育領域の追加の定めを受けるために修得した科目の単位を同条第四項又は第六項に定める一種免許状に係る単位数に含めることができる。ただし、同条第四項又は第六項に定める単位数のうち、二種免許状に当該新教育領域の追加の定めを受けるためにそれぞれ必要な単位数を上限とする。

第十条の三　免許法別表第一、別表第二又は別表第二の二の規定により普通免許状の授与を受けようとする者は、認定課程（第十九条に規定する認定過程をいう。以下この条において同じ。）を有する他の大学において修得した科目の単位のうち、大学設置基準第二十七条の三（大学院設置基準第十五条において準用する場合を含む。）、専門職大学設置基準第二十三条、短期大学設置基準第十三条の三、専門職短期大学設置基準第二十条又は専門職大学院設置基準（平成十五年文部科学省令第十六号）第十二条の規定により認定課程を有する大学における授業科目の履修により修得したものとみなされるものについては、当該大学が有する認定課程に係る免許状の授与を受けるための科目の単位に含めることができる。

2　免許法別表第一、別表第二又は別表第二の二の規定により普通免許状の授与を受けようとする者は、認定課程を有する大学の認めるところにより、認定課程を有する他の大学（授与を受けようとする普通免許状に係る学校に相当する学校の教員を養成する外国の大学を含む。）において修得した科目の単位のうち、大学設置基準第二十八条（大学院設置基準第十五条において準用する場合を含む。）、専門職大学設置基準第二十四条、短期大学設置基準第十四条、専門職短期大学設置基準第二十一条又は専門職大学院設置基準第十三条、第二十一条若しくは第二十七条の規定により当該大学における授業科目の履修により修得したものとみなされるものについては、当該大学が有する認定課程に係る免許状の授与を受けるための科目の単位に含めることができる。

3　認定課程を有する大学に入学した者は、当該大学の認めるところにより、当該大学に入学する前に大学（認定課程を有する大学（授与を受けようとする普通免許状に係る学校に相当する学校の教員を養成する外国の大学を含む。）に

第二条第一項

第一欄	最低修得単位数													
	第二欄		第三欄						第四欄			第五欄		第六欄
教科及び教職に関する科目	領域及び保育内容の指導法に関する科目		教育の基礎的理解に関する科目						道徳、総合的な学習の時間等の指導法及び生徒指導、教育相談等に関する科目			教育実践に関する科目		大学が独自に設定する科目
前項の各科目に含めることが必要な事項	領域に関する専門的事項	保育内容の指導法（情報機器及び教材の活用を含む。）	教育の理念並びに教育に関する歴史及び思想	教職の意義及び教員の役割・職務内容（チーム学校運営への対応を含む。）	教育に関する社会的、制度的又は経営的事項（学校と地域との連携及び学校安全への対応を含む。）	幼児、児童及び生徒の心身の発達及び学習の過程	特別の支援を必要とする幼児、児童及び生徒に対する理解	教育課程の意義及び編成の方法（カリキュラム・マネジメントを含む。）	教育の方法及び技術（情報機器及び教材の活用を含む。）	幼児理解の理論及び方法	教育相談（カウンセリングに関する基礎的な知識を含む。）の理論及び方法	教育実習	教職実践演習	
専修免許状	一六		一〇						四			五	二	三八
一種免許状	一六		一〇						四			五	二	一四
二種免許状	一二		六						四			五	二	二

備考

一　領域及び保育内容の指導法に関する科目（領域に関する専門的事項に係る部分に限る。以下「領域に関する専門的事項に関する科目」という。）の単位の修得方法は、学校教育法施行規則（昭和二十二年文部省令第十一号）第三十八条に規定する幼稚園教育要領で定める健康、人間関係、環境、言葉及び表現の領域に関する専門的事項を含む科目のうち一以上の科目について修得するものとする。

二　保育内容の指導法（情報機器及び教材の活用を含む。）、教育課程の意義及び編成の方法（カリキュラム・マネジメントを含む。）並びに教育の方法及び技術（情報機器及び教材の活用を含む。）は、学校教育法施行規則第三十八条に規定する幼稚園教育要領に掲げる事項に即し、育成を目指す資質・能力を育むための主体的・対話的で深い学びの実現に向けた授業改善に資する内容並びに包括的な内容を含むものとする。

三　教育の基礎的理解に関する科目（特別の支援を必要とする幼児、児童及び生徒に対する理解に係る部分に限る。第九条の表備考第七号及び第八号において、「特別の支援を必要とする幼児、児童及び生徒に対する理解に関する科目」という。）は一単位以上を修得するものとする（次条第一項、第四条第一項、第五条第一項、第九条及び第十条の表の場合においても同様とする。）。

四　道徳、総合的な学習の時間等の指導法及び生徒指導、教育相談等に関する科目に教育課程の意義及び編成の方法（カリキュラム・マネジメントを含む。）の内容を含む場合にあつては、教育の基礎的理解に関する科目に教育課程の意義及び編成の方法（カリキュラム・マネジメントを含む。）の内容を含むことを要しない（次条第一項、第四条第一項及び第五条第一項の表の場合においても同様とする。）。

五　カリキュラム・マネジメントは、次に掲げる事項を通じて、教育課程に基づき組織的かつ計画的に学校教育の質の向上を図っていくことを取り扱うものとする（次条第一項、第四条第一項、第五条第一項、第七条第一項、第九条及び第十条の表の場合においても同様とする。）。

イ　幼児、児童又は生徒、学校及び地域の実態を適切に把握し、教育の目的や目標の実現に必要な教育の内容等を教科等横断的な視点で組み立てていくこと。

ロ　教育課程の実施状況を評価し、その改善を図っていくこと。

ハ　教育課程の実施に必要な体制を確保するとともにその改善を図っていくこと。

六　教育実習は、幼稚園（特別支援学校の幼稚部を含む。次条第一項の表備考第五号において同じ。）、小学校（義務教育学校の前期課程、特別支援学校の小学部及び海外に在留する邦人の子女のための在外教育施設で、文部科学大臣が小学校の課程と同等の課程を有するものとして認定したものを含む。次条第一項の表備考第五号及び第四条第一項の表備考第七号において同じ。）及び就学前の子どもに関する教育、保育等の総合的な提供の推進に関する法律（平成十八年法律第七十七号）第二条第七項に規定する幼保連携型認定こども園（以下「幼保連携型認定こども園」という。）の教育を中心とするものとする。

七　教育実習の単位数には、教育実習に係る事前及び事後の指導（授与を受けようとする普通免許状に係る学校以外の学校、専修学校、社会教育に関する施設、社会福祉施設、児童自立支援施設及びボランティア団体における教育実習に準ずる経験を含むことができる。）の一単位を含むものとする（次条第一項、第四条第一項、第五条第一項、第七条第一項、第九条及び第十条の表の場合においても同様とする。）。

八　教育実習の単位数には、二単位まで、学校体験活動（学校における授業、部活動等の教育活動その他の校務に関する補助又は幼児、児童若しくは生徒に対して学校の授業の終了後若しくは休業日において学校その他適切な施設を利用して行う学習その他の活動に関する補助を体験する活動であつて教育実習以外のものをいう。）の単位を含むことができる（次条第一項、第四条第一項、第五条第一項、第七条第一項及び第九条の表の場合においても同様とする。この場合において、高等学校教諭又は特別支援学校教諭の普通免許状の授与を受ける場合にあつては、「二単位」とあるのは「一単位」と読み替えるものとする。）。この場合において、教育実習に他の学校の教諭の普通免許状の授与を受ける場合のそれぞれの科目の単位をもつてあてることができない（次条第一項、第四条第一項及び第五条第一項の表の場合においても同様とする。）。

九　教育実習の単位は、幼稚園（特別支援学校の幼稚部及び附則第二十二項第四号に規定する幼稚園に相当する旧令による学校を含む。次号において同じ。）、小学校（義務教育学校の前期課程、特別支援学校の小学部、海外に在留する邦人の子女のための在外教育施設で、文部科学大臣が小学校の課程と同等の課程を有するものとして認定したもの及び同項第一号に規定する小学校に相当する旧令による学校を含む。）又は幼保連携型認定こども園において、教員（海外に在留する邦人の子女のための在外教育施設で、文部科学大臣が小学校の課程と同等の課程を有するものとして認定したものにおいて教育に従事する者を含む。）として一年以上良好な成績で勤務した旨の実務証明責任者の証明を有する者については、経験年数一年について一単位の割合で、領域及び保育内容の指導法（情報機器及び教材の活用を含む。）に係る部分に限る。以下「保育内容の指導法に関する科目」という。）又は教育の基礎的理解に関する科目、道徳、総合的な学習の時間等の指導法及び生徒指導、教育相談等に関する科目若しくは教育実践に関する科目（以下「教諭の教育の基礎的理解に関する科目等」という。）（教育実習を除く。）の単位をもつて、これに替えることができる（次条第一項の表の場合においても同様とする。）。

九の二　前号に規定する実務証明責任者は、幼稚園、小学校（義務教育学校の前期課程、特別支援学校の小学部及び附則第二十二項第一号に規定する小学校に相当する旧令による学校を含む。）又は幼保連携型認定こども園の教員にあつてはその者の勤務する学校の教員についての免許法別表第三の第三欄に規定する実務証明責任者と同様とし、海外に在留する邦人の子女のための在外教育施設で、文部科学大臣が小学校の課程と同等の課程を有するものとして認定したものにおいて教育に従事する者にあつてはその者についての第六十七条の表第三欄に規定する実務証明責任者と同様とする（次条第一項の表の場合においても同様とする。）。

十　教職実践演習は、当該演習を履修する者の教科及び教職に関する科目（教職実践演習を除く。）の履修状況を踏まえ、教員として必要な知識技能を修得したことを確認するものとする（次条第一項、第四条第一項、第五条第一項、第九条及び第十条の表の場合においても同様とする。）。

十一　教諭の教育の基礎的理解に関する科目等の単位は、教育の基礎的理解に関する科目にあつては八単位（二種免許状の授与を受ける場合にあつては六単位）まで、道徳、総合的な学習の時間等の指導法及び生徒指導、教育相談等に関する科目にあつては二単位まで、教育実習にあつては三単位まで、教職実践演習にあつては二単位まで、小学校、中学校又は高等学校の教諭の普通免許状の授与を受ける場合のそれぞれの科目の単位をもつてあてることができる（次条第一項及び第四条第一項の表の場合においても同様とする。）。

十二　教育の基礎的理解に関する科目（教育課程の意義及び編成の方法（カリキュラム・マネジメントを含む。）に係る部分に限る。次条第一項、第四条第一項、第五条第一項、第九条及び第十条の表（表の部分に限る。）を除き、以下「教育課程の意義及び編成の方法に関する科目」という。）並びに道徳、総合的な学習の時間等の指導法及び生徒指導、教育相談等に関する科目（教育の方法及び技術（情報機器及び教材の活用を含む。）に係る部分に限る。附則第十項の表備考第二号イにおいて「教育の方法及び技術に関する科目」という。）の単位のうち、二単位（二種免許状の授与を受ける場合にあつては一単位）までは、小学校教諭の普通免許状の授与を受ける場合の単位をもつてあてることができる（次条第一項の表の場合においても同様とする。）。

十三　保育内容の指導法に関する科目の単位のうち、半数までは、小学校教諭の普通免許状の授与を受ける場合の教科及び教科の指導法に関する科目（各教科の指導法（情報通信技術の活用を含む。）に係る部分に限る。次条第一項、第四条第一項及び第五条第一項の表（表の部分に限る。）を除き、以下「各教科の指導法に関する科目」という。）又は道徳、総合的な学習の時間等の指導法及び生徒指導、教育相談等に関する科目（特別活動の指導法に係る部分に限る。次条第一項、第四条第一項、第五条第一項の表（表の部分に限る。）を除き、以下「特別活動の指導法に関する科目」という。）の単位をもつてあてることができる。

十四　大学が独自に設定する科目の単位の修得方法は、領域に関する専門的事項に関する科目、保育内容の指導法に関する科目等、大学が加えるこれらに準ずる科目又は第二十一条の二第一項の規定により文部科学大臣が指定した大学（以下「指定大学」という。）が加える科目について修得するものとする（次条第一項、第四条第一項及び第五条第一項の表の場合においても同様とする。）。

十五　専修免許状又は一種免許状授与の所要資格を得るために必要な科目の単位のうち、専修免許状又は一種免許状に係る第二欄から第四欄に掲げる科目の単位数から二種免許状に係る同欄に掲げる科目の単位数を差し引いた単位数までは、指定大学が加える科目の単位をもつてあてることができる（次条第一項及び第四条第一項の表の場合においても同様とする。）。

第三条第一項

第一欄			最低修得単位数		
教科及び教職に関する科目		前項の各科目に含めることが必要な事項	専修免許状	一種免許状	二種免許状
第二欄	教科及び教科の指導法に関する科目	教科に関する専門的事項	三〇	三〇	一六
		各教科の指導法（情報通信技術の活用を含む。）			
第三欄	教育の基礎的理解に関する科目	教育の理念並びに教育に関する歴史及び思想	一〇	一〇	六
		教職の意義及び教員の役割・職務内容（チーム学校運営への対応を含む。）			
		教育に関する社会的、制度的又は経営的事項（学校と地域との連携及び学校安全への対応を含む。）			
		幼児、児童及び生徒の心身の発達及び学習の過程			
		特別の支援を必要とする幼児、児童及び生徒に対する理解			
		教育課程の意義及び編成の方法（カリキュラム・マネジメントを含む。）			
第四欄	道徳、総合的な学習の時間等の指導法及び生徒指導、教育相談等に関する科目	道徳の理論及び指導法	一〇	一〇	六
		総合的な学習の時間の指導法			
		特別活動の指導法			
		教育の方法及び技術			
		情報通信技術を活用した教育の理論及び方法			
		生徒指導の理論及び方法			
		教育相談（カウンセリングに関する基礎的な知識を含む。）の理論及び方法			
		進路指導及びキャリア教育の理論及び方法			
第五欄	教育実践に関する科目	教育実習	五	五	五
		教職実践演習	二	二	二
第六欄	大学が独自に設定する科目		二六	二	二

備考

一　教科及び教科の指導法に関する科目（教科に関する専門的事項に係る部分に限る。次条第一項及び第五条第一項の表（表の部分に限る。）を除き、以下「教科に関する専門的事項に関する科目」という。）の単位の修得方法は、国語（書写を含む。）、社会、算数、理科、生活、音楽、図画工作、家庭、体育及び外国語（英語、ドイツ語、フランス語その他の各外国語に分ける。）（第三号及び第十一条の二の表備考第二号において「国語等」という。）の教科に関する専門的事項を含む科目のうち一以上の科目について修得するものとする。

二　各教科の指導法（情報通信技術の活用を含む。）、教育課程の意義及び編成の方法（カリキュラム・マネジメントを含む。）、道徳の理論及び指導法、総合的な学習の時間の指導法、特別活動の指導法、教育の方法及び技術並びに情報通信技術を活用した教育の理論及び方法は、学校教育法施行規則第五十二条に規定する小学校学習指導要領に掲げる事項に即し、育成を目指す資質・能力を育むための主体的・対話的で深い学びの実現に向けた授業改善に資する内容並びに包括的な内容を含むものとする。

三　各教科の指導法に関する科目の単位の修得方法は、専修免許状又は一種免許状の授与を受ける場合にあつては、国語等の教科の指導法に関する科目についてそれぞれ一単位以上を、二種免許状の授与を受ける場合にあつては、六以上の教科の指導法に関する科目（音楽、図画工作又は体育の教科の指導法に関する科目のうち二以上を含む。）についてそれぞれ一単位以上を修得するものとする。

四　道徳、総合的な学習の時間等の指導法及び生徒指導、教育相談等に関する科目（道徳の理論及び指導法に係る部分に限る。）の単位の修得方法は、専修免許状又は一種免許状の場合は二単位以上、二種免許状の場合は一単位以上修得するものとする（次条第一項の表の場合においても同様とする。）。

四の二　道徳、総合的な学習の時間等の指導法及び生徒指導、教育相談等に関する科目（情報通信技術を活用した教育の理論及び方法に係る部分に限る。）の単位の修得方法は、一単位以上修得するものとする（次条第一項及び第五条第一項の表の場合においても同様とする。）。

五　教育実習は、小学校、幼稚園、中学校（義務教育学校の後期課程、中等教育学校の前期課程、特別支援学校の中学部及び海外に在留する邦人の子女のための在外教育施設で、文部科学大臣が中学校の課程と同等の課程を有するものとして認定したものを含む。次条第一項の表備考第七号及び第五条第一項の表備考第三号において同じ。）及び幼保連携型認定こども園の教育を中心とするものとする。

六　各教科の指導法に関する科目の単位のうち、生活の教科の指導法に関する科目の単位にあつては二単位まで、特別活動の指導法に関する科目の単位にあつては一単位まで、幼稚園の教諭の普通免許状の授与を受ける場合の保育内容の指導法に関する科目の単位をもつてあてることができる。

限る。）において修得した科目の単位のうち、大学設置基準第三十条第一項（大学院設置基準第十五条において準用する場合を含む。）、専門職大学設置基準第二十六条第一項、短期大学設置基準第十六条第一項、専門職短期大学設置基準第二十三条第一項又は専門職大学院設置基準第十四条第一項、第二十二条第一項若しくは第二十八条第一項の規定により当該大学における授業科目の履修により修得したものとみなされるものについては、当該大学が有する認定課程に係る免許状の授与を受けるための科目の単位に含めることができる。この場合において、当該大学に入学する前の大学が短期大学である場合にあつては、第二条から第五条まで、第七条、第九条及び第十条に規定する二種免許状（高等学校教諭の普通免許状の授与を受ける場合にあつては、中学校教諭の二種免許状）に係る各科目の単位数を上限とする。

第十一条　免許法別表第三の規定により普通免許状の授与を受ける場合（特別免許状を有する者で免許法別表第三の規定により普通免許状の授与を受ける場合を除く。）の単位の修得方法は、次の表［二二八～二二九頁］の第一欄に掲げる免許状の種類に応じ、それぞれ第二欄に掲げる科目の単位を含めて第三欄に掲げる単位を修得するものとする。

2　免許法別表第三の規定により一種免許状又は二種免許状の授与を受けようとする者は、前項の表の第二欄に掲げる各科目以外の科目の単位を修得するに当たつては、幅広く深い教養を身に付けるよう努めなければならない。

第十二条　第十一条第一項の表備考第三号又は第四号に規定する者の免許法別表第三の第三欄に定める最低在職年数の通算については、その者の大学又は旧国立養護教諭養成所における在学年数が三年以上である場合は在職年数二年とみなして取り扱うことができる。第十七条第一項の表備考に規定する者の免許法別表第六の第三欄に定める最低在職年数の通算についても、同様とする。

第十三条　免許法別表第三の規定により一種免許状又は二種免許状の授与を受けようとする者が、同表備考第七号の規定により十単位の修得をもつて足りる場合における単位の修得方法は、次の表［二二九頁］の定めるところによる。

第十四条　免許法別表第三の規定により一種免許状又は二種免許状の授与を受けようとする者で、同表備考第七号の規定の適用を受けるもの（十単位の修得をもつて足りる者を除く。）の単位の修得方法は、第十一条及び前条に定める修得方法を参酌して、都道府県の教育委員会規則で定める。

第五章　免許法認定講習

第三十四条　免許法別表第三備考第六号に規定する文部科学大臣の認定する講習に関しては、この章の定めるところによる。

第三十五条　この章の規定により認定を受けた講習は、免許法認定講習と称する。

第三十六条　免許法認定講習を開設することのできる者は、次の各号のいずれかに掲げるものとする。

一　開設しようとする講習の課程に相当する課程を有する大学（前章に規定する特別支援学校の教員養成機関を含む。第三十九条第三項、第四十六条第一項第一号及び第四十八条第二項において同じ。）

二　免許法に定める授与権者

三　独立行政法人国立特別支援教育総合研究所

四　指定都市（地方自治法（昭和二十二年法律第六十七号）第二百五十二条の十九第一項の指定都市をいう。第四十六条第一項第四号において同じ。）の教育委員会

五　中核市（地方自治法第二百五十二条の二十二第一項の中核市をいう。第四十六条第一項第五号において同じ。）の教育委員会

2　前項第二号、第四号及び第五号に掲げるものの開設する免許法認定講習は、大学（開設しようとする講習の課程に相当する課程を有するものに限るものとし、養護教諭、特別支援学校教諭及び栄養教諭の普通免許状の授与を受けようとするために必要とする単位を修得させることを目的として開設しようとする講習の課程の場合には、当分の間、教員養成に関する学部を置く大学とすることができる。）の指導の下に、運営されなければならない。

3　免許法認定講習を開設する者は、その適切な水準の確保に努めなければならない。

第五章の二　免許法認定公開講座

第四十三条の二　免許法別表第三備考第六号に規定する文部科学大臣の認定する大学の公開講座に関しては、この章の定めるところによる。

第四十三条の三　この章の規定により認定を受けた大学の公開講座は、免許法認定公開講座と称する。

第四十三条の四　免許法認定公開講座は、開設しようとする公開講座の課程に相当する課程を有する大学に限り開設することができる。

第十一条第一項

第一欄		第二欄					第三欄
受けようとする免許状の種類		領域に関する専門的事項に関する科目	教科に関する専門的事項に関する科目	保育内容の指導法に関する科目又は教諭の教育の基礎的理解に関する科目等	各教科の指導法に関する科目又は教諭の教育の基礎的理解に関する科目等	大学が独自に設定する科目	最低修得単位数
幼稚園教諭	専修免許状					一五	一五
	一種免許状	四		二〇		六	四五
	二種免許状	五		三〇			四五
小学校教諭	専修免許状					一五	一五
	一種免許状		四		二一	五	四五
	二種免許状		四		二九	二	四五
中学校教諭	専修免許状					一五	一五
	一種免許状		一〇		一六	四	四五
	二種免許状		一〇		二一	四	四五
高等学校教諭	専修免許状					一五	一五
	一種免許状		一〇		二一	八	四五

備考

一　第二欄に掲げる各科目の単位の修得方法は、それぞれ第二条から第五条までに定める修得方法の例にならうものとする。

二　高等学校教諭の一種免許状の授与を受けようとする者が、大学に二年以上在学し、六十二単位以上を修得した者又は高等専門学校を卒業した者で、免許法第五条第五項の規定により高等学校助教諭の臨時免許状の授与を受けたものであり、かつ、大学又は高等専門学校において各教科の指導法に関する科目又は教諭の教育の基礎的理解に関する科目等について四単位以上を修得していないものであるときは、四単位に不足する単位数に十二単位を加えた単位数を、各教科の指導法に関する科目又は教諭の教育の基礎的理解に関する科目等の単位として修得しなければならない。

三　幼稚園、小学校、中学校又は高等学校の教諭の一種免許状の授与を受けようとする者が大学に三年以上在学し、かつ、九十三単位以上を修得したもの又は大学に二年以上及び大学の専攻科に一年以上在学し、かつ、九十三単位以上を修得したものであるときは、その者は、次に掲げる免許状の授与を受ける場合に応じ、この表の当該一種免許状の項の第三欄に掲げる最低修得単位数のうち、第二欄に掲げる科目の単位数を修得したものとみなして、この表を適用する。

イ　幼稚園教諭の一種免許状　領域に関する専門的事項に関する科目二単位及び保育内容の指導法に関する科目又は教諭の教育の基礎的理解に関する科目等八単位を含めて二十単位

ロ　小学校教諭の一種免許状　教科に関する専門的事項に関する科目二単位及び各教科の指導法に関する科目又は教諭の教育の基礎的理解に関する科目等八単位を含めて二十単位

ハ　中学校教諭の一種免許状　教科に関する専門的事項に関する科目四単位及び各教科の指導法に関する科目又は教諭の教育の基礎的理解に関する科目等六単位を含めて二十単位

第四十三条の五　第三十九条の規定は公開講座について認定を受けようとする大学に、第三十六条第三項、第三十八条及び第四十条から第四十二条までの規定は公開講座について認定を受けた大学に準用する。

第四十三条の六　免許法認定公開講座の実施に関する基準は、この章に規定するもののほか、別に文部科学大臣が定める。

第六章　免許法認定通信教育

第四十四条　免許法別表第三備考第六号に規定する文部科学大臣の認定する通信教育に関しては、この章の定めるところによる。

第四十五条　この章の規定により認定を受けた通信教育は、免許法認定通信教育と称する。

第四十六条　免許法認定通信教育を開設することのできる者は、次の各号のいずれかに掲げるものとする。

一　開設しようとする通信教育の課程に相当する課程を有する大学

二　免許法に定める授与権者

三　独立行政法人国立特別支援教育総合研究所

四　指定都市の教育委員会

五　中核市の教育委員会

2　前項第二号、第四号及び第五号に掲げるものの開設する免許法認定通信教育は、大学（開設しようとする通信教育の課程に相当する課程を有するものに限るものとし、養護教諭、特別支援学校教諭及び栄養教諭の普通免許状の授与を受けようとするために必要とする単位を修得させることを目的として開設しようとする認定通信教育の課程の場合には、当分の間、教員養成に関する学部を置く大学とすることができる。）

二　高等学校教諭の一種免許状　教科に関する専門的事項に関する科目五単位及び各教科の指導法に関する科目又は教諭の教育の基礎的理解に関する科目等五単位を含めて二十単位

四　保健の教科についての中学校教諭の一種免許状の授与を受けようとする者が旧国立養護教諭養成所を卒業したものであるときは、その者は、この表の中学校教諭の一種免許状の項の第三欄に掲げる最低修得単位数のうち、第二欄に掲げる教科に関する専門的事項に関する科目四単位及び各教科の指導法に関する科目又は教諭の教育の基礎的理解に関する科目等六単位を含めて二十単位を修得したものとみなして、この表を適用する。

第十三条

受けようとする免許状の種類		最低修得単位数				
		領域に関する専門的事項に関する科目	教科に関する専門的事項に関する科目	保育内容の指導法に関する科目又は教諭の教育の基礎的理解に関する科目等	各教科の指導法に関する科目又は教諭の教育の基礎的理解に関する科目等	大学が独自に設定する科目
幼稚園教諭	一種免許状	一		七		二
	二種免許状	一		九		
小学校教諭	一種免許状		一		七	二
	二種免許状		一		八	一
中学校教諭	一種免許状		三		五	二
	二種免許状		三		六	一
高等学校教諭	一種免許状		三		四	三

備考　この表各項の各科目の単位の修得方法は、それぞれ第二条から第五条までに定める修得方法の例にならうものとする。

の指導の下に、運営されなければならない。

3　免許法認定通信教育を開設する者は、その適切な水準の確保に努めなければならない。

第四十六条の二　免許法認定通信教育の講師は、次の各号のいずれかに該当する者でなければならない。

一　大学の教員

二　その他前号に準ずる者（免許法第五条第一項ただし書各号のいずれかに該当する者を除く。）

2　前条第一項第二号、第四号及び第五号に掲げるものが開設する免許法認定通信教育の講師の半数以上は、大学の教員でなければならない。

3　前条第一項第二号、第四号及び第五号に掲げるものが、第一項第二号に掲げる者を講師として委嘱しようとするときは、指導を受ける大学の意見を聞かなければならない。

第四十七条　免許法認定通信教育における単位は、第一条の二の定めるところに準じて行う通信教育の課程を修了し、開設者の行う試験、論文、報告書その他による成績審査に合格した者に授与するものとする。

第七章　単位修得試験

第五十一条　免許法別表第三備考第六号に規定する文部科学大臣が大学に委嘱して行う試験に関しては、この章の定めるところによる。

第五十二条　この章の規定により行う試験は、単位修得試験（以下「試験」という。）と称する。

第五十三条　試験の問題は、試験の委嘱を受けた大学（以下この章において「大学」という。）が作成するものとする。

第五十四条　大学、試験の科目、場所及び期日並びに出願期日その他の試験の実施細目については、そのつど文部科学大臣が、官報で告示する。ただし、特別の事情のある場合には、適宜な方法によつて公示するものとする。

第五十五条 試験は、原則として、筆記試験によるものとする。ただし、大学において必要があると認める場合には、口述又は実地の試験を加えることができる。

第五十六条 大学は、科目ごとに、試験の合格者の決定を行い、その者に対して単位を授与しなければならない。

2 前項の単位は、原則として、一科目について二単位とする。

第八章 教員資格認定試験

第六十一条の二 免許法第十六条第一項の教員資格認定試験（以下「教員資格認定試験」という。）の受験資格、実施の方法その他試験に関し必要な事項は、教員資格認定試験規程（昭和四十八年文部省令第十七号）の定めるところによる。

附 則（抄）

1 この省令は、昭和二十九年十二月三日から施行する。

7 免許法附則第十八項に規定する文部科学省令で定める基礎資格は、次の各号に掲げる免許状の区分に応じ、当該各号に定めるものとする。

一 幼稚園教諭の一種免許状 学士の学位を有すること（学校教育法第百二条第二項の規定により大学院への入学を認められる場合を含む。）、かつ、児童福祉法（昭和二十二年法律第百六十四号）第十八条の六第一号に規定する指定保育士養成施設を卒業していること又は同法第十八条の八第一項に規定する保育士試験若しくは国家戦略特別区域法（平成二十五年法律第百七号）第十二条の四第六項に規定する国家戦略特別区域限定保育士試験に合格していること。

二 幼稚園教諭の二種免許状 児童福祉法第十八条の六第一号に規定する指定保育士養成施設を卒業していること又は同法第十八条の八第一項に規定する保育士試験若しくは国家戦略特別区域法第十二条の四第六項に規定する国家戦略特別区域限定保育士試験に合格していること。

8 免許法附則第十八項に規定する文部科学省令で定める職員は、次に掲げる者とする。

一 幼稚園（特別支援学校の幼稚部を含む。附則第十項の表備考第一号において同じ。）において専ら幼児の保育に従事する職員

二 幼保連携型認定こども園において園児の教育及び保育に従事する職員

三 次に掲げる施設の保育士（国家戦略特別区域法第十二条の四第五項に規定する事業実施区域内にある施設にあつては、保育士又は当該事業実施区域に係る国家戦略特別区域限定保育士）

イ 児童福祉法第三十九条第一項に規定する保育所

ロ 児童福祉法第五十九条第一項に規定する施設のうち同法第三十九条第一項に規定する業務を目的とするものであつて就学前の子どもに関する教育、保育等の総合的な提供の推進に関する法律（平成十八年法律第七十七号）第三条第一項又は第三項の認定を受けたもの及び同条第十項の規定による公示がされたもの

ハ イ及びロに掲げるものに準ずる施設として文部科学大臣が厚生労働大臣と協議して定めるもの

9 免許法附則第十八項に規定する文部科学省令で定める機関は、大学とする。

10 免許法附則第十八項に規定する最低在職年数及び最低単位数として文部科学省令で定めるものは、次の表［二三一頁］に定めるところによる。

附 則（令和四文科令二二）（抄）

（施行期日）

第一条 この省令は、令和四年七月一日から施行する。

（免許状更新講習の評価及び当該評価に関する報告についての経過措置）

第二条 この省令の施行前に行われた免許状更新講習に係る第五条の規定による廃止前の免許状更新講習規則第七条第一項に規定する運営状況、効果等についての評価及び同条第三項に規定する当該評価結果の文部科学大臣への報告については、なお従前の例による。

別記様式 ［略］

附則第十項

第一欄 受けようとする免許状の種類		第二欄 附則第七項各号に掲げる免許状の区分に応じそれぞれ当該各号に定める基礎資格を取得した後、附則第八項に規定する職員として良好な成績で勤務した旨の実務証明責任者の証明を有することを必要とする最低在職年数	第三欄 附則第七項各号に掲げる免許状の区分に応じそれぞれ当該各号に定める基礎資格を取得した後、前項に規定する機関において修得することを必要とする最低単位数
幼稚園教諭	一種免許状	三 （勤務時間の合計が四千三百二十時間以上の場合に限る。）	八
	二種免許状	三 （勤務時間の合計が四千三百二十時間以上の場合に限る。）	八

備考

一　第二欄の実務証明責任者は、附則第八項第一号及び第二号に掲げる者にあつては幼稚園の教員についての免許法別表第三の第三欄に規定する実務証明責任者と同様とし、同項第三号に掲げる者にあつてはその者が勤務した施設の設置者とする。

二　第三欄に定める単位の修得方法は、次に掲げる第二条第一項に定める科目について、それぞれ規定する単位数を修得するものとする。

イ　保育内容の指導法に関する科目並びに教育の方法及び技術に関する科目　二単位以上

ロ　教育の基礎的理解に関する科目（教職の意義及び教員の役割・職務内容（チーム学校運営への対応を含む。）に係る部分に限る。）　二単位以上

ハ　教育の基礎的理解に関する科目（教育に関する社会的、制度的又は経営的事項（学校と地域との連携及び学校安全への対応を含む。）に係る部分に限る。）　二単位以上

ニ　教育課程の意義及び編成の方法に関する科目　一単位以上

ホ　道徳、総合的な学習の時間等の指導法及び生徒指導、教育相談等に関する科目（幼児理解の理論及び方法に係る部分に限る。）　一単位以上

三　この表により免許状の授与を受けようとする者が前号の規定により修得するものとされる科目の単位を修得したものであるときは、その者は、その修得した科目の単位を第三欄に掲げる単位数に含めることができる。

四　一種免許状に係る第三欄に定める単位数は、学位規則第六条第一項に規定する独立行政法人大学改革支援・学位授与機構が定める要件を満たす短期大学の専攻科の課程において修得することができる。

五　第三欄の単位数は、文部科学大臣の指定する養護教諭養成機関において修得した単位、文部科学大臣の認定する講習、大学の公開講座若しくは通信教育において修得した単位又は文部科学大臣が大学に委嘱して行う試験の合格により修得した単位をもつて替えることができる。

六　前号に規定する文部科学大臣の指定する養護教諭養成機関、文部科学大臣の認定する講習、大学の公開講座若しくは通信教育又は文部科学大臣が大学に委嘱して行う試験については、第四章、第五章、第五章の二、第六章又は第七章の規定を、第三欄に定める単位の計算方法については第一条の二の規定をそれぞれ準用する。

24 地方公務員法（抄）

（昭和二五年一二月一三日法律第二六一号）

改正　令和四・六・一七法六八

第一章　総則

（この法律の目的）

第一条　この法律は、地方公共団体の人事機関並びに地方公務員の任用、人事評価、給与、勤務時間その他の勤務条件、休業、分限及び懲戒、服務、退職管理、研修、福祉及び利益の保護並びに団体等人事行政に関する根本基準を確立することにより、地方公共団体の行政の民主的かつ能率的な運営並びに特定地方独立行政法人の事務及び事業の確実な実施を保障し、もつて地方自治の本旨の実現に資することを目的とする。

（この法律の効力）

第二条　地方公務員（地方公共団体のすべての公務員をいう。）に関する従前の法令又は条例、地方公共団体の規則若しくは地方公共団体の機関の定める規程の規定がこの法律の規定に抵触する場合には、この法律の規定が、優先する。

（一般職に属する地方公務員及び特別職に属する地方公務員）

第三条　地方公務員（地方公共団体及び特定地方独立行政法人（地方独立行政法人法（平成十五年法律第百十八号）第二条第二項に規定する特定地方独立行政法人をいう。以下同じ。）の全ての公務員をいう。以下同じ。）の職は、一般職と特別職とに分ける。

2　一般職は、特別職に属する職以外の一切の職とする。

3　特別職は、次に掲げる職とする。

一　就任について公選又は地方公共団体の議会の選挙、議決若しくは同意によることを必要とする職

一の二　地方公営企業の管理者及び企業団の企業長の職

二　法令又は条例、地方公共団体の規則若しくは地方公共団体の機関の定める規程により設けられた委員及び委員会（審議会その他これに準ずるものを含む。）の構成員の職で臨時又は非常勤のもの

二の二　都道府県労働委員会の委員の職で常勤のもの

三　臨時又は非常勤の顧問、参与、調査員、嘱託員及びこれらの者に準ずる者の職（専門的な知識経験又は識見を有する者が就く職であつて、当該知識経験又は識見に基づき、助言、調査、診断その他総務省令で定める事務を行うものに限る。）

三の二　投票管理者、開票管理者、選挙長、選挙分会長、審査分会長、国民投票分会長、投票立会人、開票立会人、選挙立会人、審査分会立会人、国民投票分会立会人その他総務省令で定める者の職

四　地方公共団体の長、議会の議長その他地方公共団体の機関の長の秘書の職で条例で指定するもの

五　非常勤の消防団員及び水防団員の職

六　特定地方独立行政法人の役員

（この法律の適用を受ける地方公務員）

第四条　この法律の規定は、一般職に属するすべての地方公務員（以下「職員」という。）に適用する。

2　この法律の規定は、法律に特別の定がある場合を除く外、特別職に属する地方公務員には適用しない。

（人事委員会及び公平委員会並びに職員に関する条例の制定）

第五条　地方公共団体は、法律に特別の定がある場合を除く外、この法律に定める根本基準に従い、条例で、人事委員会又は公平委員会の設置、職員に適用される基準の実施その他職員に関する事項について必要な規定を定めるものとする。但し、その条例は、この法律の精神に反するものであつてはならない。

2　第七条第一項又は第二項の規定により人事委員会を置く地方公共団体においては、前項の条例を制定し、又は改廃しようとするときは、当該地方公共団体の議会において、人事委員会の意見を聞かなければならない。

附　則（抄）

（施行期日）

1　［前略］この法律公布の日から起算して二月を経過した日［昭26・2・13］から施行する。

25 教育公務員特例法（抄）

（昭和二四年一月一二日　法律第一号）

改正　令和四・六・一七法六八

第一章　総則

（この法律の趣旨）

第一条　この法律は、教育を通じて国民全体に奉仕する教育公務員の職務とその責任の特殊性に基づき、教育公務員の任免、人事評価、給与、分限、懲戒、服務及び研修等について規定する。

（定義）

第二条　この法律において「教育公務員」とは、地方公務員のうち、学校（学校教育法（昭和二十二年法律第二十六号）第一条に規定する学校及び就学前の子どもに関する教育、保育等の総合的な提供の推進に関する法律（平成十八年法律第七十七号）第二条第七項に規定する幼保連携型認定こども園（以下「幼保連携型認定こども園」という。）をいう。以下同じ。）であつて地方公共団体が設置するもの（以下「公立学校」という。）の学長、校長（園長を含む。以下同じ。）、教員及び部局長並びに教育委員会の専門的教育職員をいう。

2　この法律において「教員」とは、公立学校の教授、准教授、助教、副校長（副園長を含む。以下同じ。）、教頭、主幹教諭（幼保連携型認定こども園の主幹養護教諭及び主幹栄養教諭を含む。以下同じ。）、指導教諭、教諭、助教諭、養護教諭、養護助教諭、栄養教諭、主幹保育教諭、

指導保育教諭、保育教諭、助保育教諭及び講師をいう。

3　この法律で「部局長」とは、大学（公立学校であるものに限る。第二十二条の六第三項、第二十二条の七第二項第二号及び第二十六条第一項を除き、以下同じ。）の副学長、学部長その他政令で指定する部局の長をいう。

4　この法律で「評議会」とは、大学に置かれる会議であつて当該大学を設置する地方公共団体の定めるところにより学長、学部長その他の者で構成するものをいう。

5　この法律で「専門的教育職員」とは、指導主事及び社会教育主事をいう。

第四章　研修

（研修実施者及び指導助言者）

第二十条　この章において「研修実施者」とは、次の各号に掲げる者の区分に応じ当該各号に定める者をいう。

一　市町村が設置する中等教育学校（後期課程に学校教育法第四条第一項に規定する定時制の課程のみを置くものを除く。次号において同じ。）の校長及び教員のうち県費負担教職員である者　当該市町村の教育委員会

二　地方自治法第二百五十二条の二十二第一項の中核市（以下この号及び次項第二号において「中核市」という。）が設置する小学校等（中等教育学校を除く。）の校長及び教員のうち県費負担教職員である者　当該中核市の教育委員会

三　前二号に掲げる者以外の教育公務員　当該教育公務員の任命権者

2　この章において「指導助言者」とは、次の各号に掲げる者の区分に応じ当該各号に定める者をいう。

一　前項第一号に掲げる者　同号に定める市町村の教育委員会

二　前項第二号に掲げる者　同号に定める中核市の教育委員会

三　公立の小学校等の校長及び教員のうち県費負担教職員である者（前二号に掲げる者を除く。）　当該校長及び教員の属する市町村の教育委員会

四　公立の小学校等の校長及び教員のうち県費負担教職員以外の者　当該校長及び教員の任命権者

（研修）

第二十一条　教育公務員は、その職責を遂行するために、絶えず研究と修養に努めなければならない。

2　教育公務員の研修実施者は、教育公務員（公立の小学校等の校長及び教員（臨時的に任用された者その他の政令で定める者を除く。以下この章において同じ。）を除く。）の研修について、それに要する施設、研修を奨励するための方途その他研修に関する計画を樹立し、その実施に努めなければならない。

（研修の機会）

第二十二条　教育公務員には、研修を受ける機会が与えられなければならない。

2　教員は、授業に支障のない限り、本属長の承認を受けて、勤務場所を離れて研修を行うことができる。

3　教育公務員は、任命権者（第二十条第一項第一号に掲げる者については、同号に定める市町村の教育委員会。以下この章において同じ。）の定めるところにより、現職のままで、長期にわたる研修を受けることができる。

（校長及び教員としての資質の向上に関する指標の策定に関する指針）

第二十二条の二　文部科学大臣は、公立の小学校等の校長及び教員の計画的かつ効果的な資質の向上を図るため、次条第一項に規定する指標の策定に関する指針（以下この条及び次条第一項において「指針」という。）を定めなければならない。

2　指針においては、次に掲げる事項を定めるものとする。

一　公立の小学校等の校長及び教員の資質の向上に関する基本的な事項

二　次条第一項に規定する指標の内容に関する事項

三　その他公立の小学校等の校長及び教員の資質の向上を図るに際し配慮すべき事項

3　文部科学大臣は、指針を定め、又はこれを変更したときは、遅滞なく、これを公表しなければならない。

（校長及び教員としての資質の向上に関する指標）

第二十二条の三　公立の小学校等の校長及び教員の任命権者は、指針を参酌し、その地域の実情に応じ、当該校長及び教員の職責、経験及び適性に応じて向上を図るべき校長及び教員としての資質に関する指標（以下この章において「指標」という。）を定めるものとする。

2　公立の小学校等の校長及び教員の任命権者は、指標を定め、又はこれを変更しようとするときは、第二十二条の七第一項に規定する協議会において協議するものとする。

3　公立の小学校等の校長及び教員の任命権者

は、指標を定め、又はこれを変更したときは、遅滞なく、これを公表するよう努めるものとする。

4　独立行政法人教職員支援機構は、指標を策定する者に対して、当該指標の策定に関する専門的な助言を行うものとする。

（教員研修計画）

第二十二条の四　公立の小学校等の校長及び教員の研修実施者は、指標を踏まえ、当該校長及び教員の研修について、毎年度、体系的かつ効果的に実施するための計画（以下この条及び第二十二条の六第二項において「教員研修計画」という。）を定めるものとする。

2　教員研修計画においては、おおむね次に掲げる事項を定めるものとする。

一　研修実施者が実施する第二十三条第一項に規定する初任者研修、第二十四条第一項に規定する中堅教諭等資質向上研修その他の研修（以下この項及び次条第二項第一号において「研修実施者実施研修」という。）に関する基本的な方針

二　研修実施者実施研修の体系に関する事項

三　研修実施者実施研修の時期、方法及び施設に関する事項

四　研修実施者が指導助言者として行う第二十二条の六第二項に規定する資質の向上に関する指導助言等の方法に関して必要な事項（研修実施者が都道府県の教育委員会である場合においては、県費負担教職員について第二十条第二項第三号に定める市町村の教育委員会が指導助言者として行う第二十二条の六第二項に規定する資質の向上に関する指導助言等に関する基本的な事項を含む。）

五　前号に掲げるもののほか、研修を奨励するための方途に関する事項

六　前各号に掲げるもののほか、研修の実施に関し必要な事項として文部科学省令で定める事項

3　公立の小学校等の校長及び教員の研修実施者は、教員研修計画を定め、又はこれを変更したときは、遅滞なく、これを公表するよう努めるものとする。

（研修等に関する記録）

第二十二条の五　公立の小学校等の校長及び教員の任命権者は、文部科学省令で定めるところにより、当該校長及び教員ごとに、研修の受講その他の当該校長及び教員の資質の向上のための取組の状況に関する記録（以下この条及び次条第二項において「研修等に関する記録」という。）を作成しなければならない。

2　研修等に関する記録には、次に掲げる事項を記載するものとする。

一　当該校長及び教員が受講した研修実施者実施研修に関する事項

二　第二十六条第一項に規定する大学院修学休業により当該教員が履修した同項に規定する大学院の課程等に関する事項

三　認定講習等（教育職員免許法（昭和二十四年法律第百四十七号）別表第三備考第六号の文部科学大臣の認定する講習又は通信教育をいう。次条第一項及び第三項において同じ。）のうち当該任命権者が開設したものであつて、当該校長及び教員が単位を修得したものに関する事項

四　前三号に掲げるもののほか、当該校長及び教員が行つた資質の向上のための取組のうち当該任命権者が必要と認めるものに関する事項

3　公立の小学校等の校長及び教員の任命権者が都道府県の教育委員会である場合においては、当該都道府県の教育委員会は、指導助言者（第二十条第二項第二号及び第三号に定める者に限る。）に対し、当該校長及び教員の研修等に関する記録に係る情報を提供するものとする。

（資質の向上に関する指導助言等）

第二十二条の六　公立の小学校等の校長及び教員の指導助言者は、当該校長及び教員がその職責、経験及び適性に応じた資質の向上のための取組を行うことを促進するため、当該校長及び教員からの相談に応じ、研修、認定講習等その他の資質の向上のための機会に関する情報を提供し、又は資質の向上に関する指導及び助言を行うものとする。

2　公立の小学校等の校長及び教員の指導助言者は、前項の規定による相談への対応、情報の提供並びに指導及び助言（次項において「資質の向上に関する指導助言等」という。）を行うに当たつては、当該校長及び教員に係る指標及び教員研修計画を踏まえるとともに、当該校長及び教員の研修等に関する記録に係る情報を活用するものとする。

3　指導助言者は、資質の向上に関する指導助言等を行うため必要があると認めるときは、独立行政法人教職員支援機構、認定講習等を開設する大学その他の関係者に対し、これらの者が行う研修、認定講習等その他の資質の向上のための機会に関する情報の提供その他の必要な協力を求めることができる。

（協議会）

第二十二条の七　公立の小学校等の校長及び教員の任命権者は、指標の策定に関する協議並びに当該指標に基づく当該校長及び教員の資質の向上に関して必要な事項についての協議を行うための協議会（以下この条において「協議会」という。）を組織するものとする。

2　協議会は、次に掲げる者をもつて構成する。

一　指標を策定する任命権者

二　公立の小学校等の校長及び教員の研修に協力する大学その他の当該校長及び教員の資質の向上に関係する大学として文部科学省令で定める者

三　その他当該任命権者が必要と認める者

3　協議会において協議が調つた事項については、協議会の構成員は、その協議の結果を尊重しなければならない。

4　前三項に定めるもののほか、協議会の運営に関し必要な事項は、協議会が定める。

（**初任者研修**）

第二十三条　公立の小学校等の教諭等の研修実施者は、当該教諭等（臨時的に任用された者その他の政令で定める者を除く。）に対して、その採用（現に教諭等の職以外の職に任命されている者を教諭等の職に任命する場合を含む。）の日から一年間の教諭又は保育教諭の職務の遂行に必要な事項に関する実践的な研修（次項において「初任者研修」という。）を実施しなければならない。

2　指導助言者は、初任者研修を受ける者（次項において「初任者」という。）の所属する学校の副校長、教頭、主幹教諭（養護又は栄養の指導及び管理をつかさどる主幹教諭を除く。）、指導教諭、教諭、主幹保育教諭、指導保育教諭、保育教諭又は講師のうちから、指導教員を命じるものとする。

3　指導教員は、初任者に対して教諭又は保育教諭の職務の遂行に必要な事項について指導及び助言を行うものとする。

（**中堅教諭等資質向上研修**）

第二十四条　公立の小学校等の教諭等（臨時的に任用された者その他の政令で定める者を除く。以下この項において同じ。）の研修実施者は、当該教諭等に対して、個々の能力、適性等に応じて、公立の小学校等における教育に関し相当の経験を有し、その教育活動その他の学校運営の円滑かつ効果的な実施において中核的な役割を果たすことが期待される中堅教諭等としての職務を遂行する上で必要とされる資質の向上を図るために必要な事項に関する研修（次項において「中堅教諭等資質向上研修」という。）を実施しなければならない。

2　指導助言者は、中堅教諭等資質向上研修を実施するに当たり、中堅教諭等資質向上研修を受ける者の能力、適性等について評価を行い、その結果に基づき、当該者ごとに中堅教諭等資質向上研修に関する計画書を作成しなければならない。

（**指導改善研修**）

第二十五条　公立の小学校等の教諭等の任命権者は、児童、生徒又は幼児（以下「児童等」という。）に対する指導が不適切であると認定した教諭等に対して、その能力、適性等に応じて、当該指導の改善を図るために必要な事項に関する研修（以下この条において「指導改善研修」という。）を実施しなければならない。

2　指導改善研修の期間は、一年を超えてはならない。ただし、特に必要があると認めるときは、任命権者は、指導改善研修を開始した日から引き続き二年を超えない範囲内で、これを延長することができる。

3　任命権者は、指導改善研修を実施するに当たり、指導改善研修を受ける者の能力、適性等に応じて、その者ごとに指導改善研修に関する計画書を作成しなければならない。

4　任命権者は、指導改善研修の終了時において、指導改善研修を受けた者の児童等に対する指導の改善の程度に関する認定を行わなければならない。

5　任命権者は、第一項及び前項の認定に当たつては、教育委員会規則（幼保連携型認定こども園にあつては、地方公共団体の規則。次項において同じ。）で定めるところにより、教育学、医学、心理学その他の児童等に対する指導に関する専門的知識を有する者及び当該任命権者の属する都道府県又は市町村の区域内に居住する保護者（親権を行う者及び未成年後見人をいう。）である者の意見を聴かなければならない。

6　前項に定めるもののほか、事実の確認の方法その他第一項及び第四項の認定の手続に関し必要な事項は、教育委員会規則で定めるものとする。

7　前各項に規定するもののほか、指導改善研修の実施に関し必要な事項は、政令で定める。

（**指導改善研修後の措置**）

第二十五条の二　任命権者は、前条第四項の認定において指導の改善が不十分でなお児童等に対する指導を適切に行うことができないと認める教諭等に対して、免職その他の必要な措置を講ずるものとする。

第五章　大学院修学休業

（大学院修学休業の許可及びその要件等）

第二十六条　公立の小学校等の主幹教諭、指導教諭、教諭、養護教諭、栄養教諭、主幹保育教諭、指導保育教諭、保育教諭又は講師（以下「主幹教諭等」という。）で次の各号のいずれにも該当するものは、任命権者（第二十条第一項第一号に掲げる者については、同号に定める市町村の教育委員会。次項及び第二十八条第二項において同じ。）の許可を受けて、三年を超えない範囲内で年を単位として定める期間、大学（短期大学を除く。）の大学院の課程若しくは専攻科の課程又はこれらの課程に相当する外国の大学の課程（次項及び第二十八条第二項において「大学院の課程等」という。）に在学してその課程を履修するための休業（以下「大学院修学休業」という。）をすることができる。

一　主幹教諭（養護又は栄養の指導及び管理をつかさどる主幹教諭を除く。）、指導教諭、教諭、主幹保育教諭、指導保育教諭、保育教諭又は講師にあつては教育職員免許法に規定する教諭の専修免許状、養護をつかさどる主幹教諭又は養護教諭にあつては同法に規定する養護教諭の専修免許状、栄養の指導及び管理をつかさどる主幹教諭又は栄養教諭にあつては同法に規定する栄養教諭の専修免許状の取得を目的としていること。

二　取得しようとする専修免許状に係る基礎となる免許状（教育職員免許法に規定する教諭の一種免許状若しくは特別免許状、養護教諭の一種免許状又は栄養教諭の一種免許状であつて、同法別表第三、別表第五、別表第六、別表第六の二又は別表第七の規定により専修免許状の授与を受けようとする場合には有することを必要とされるものをいう。次号において同じ。）を有していること。

三　取得しようとする専修免許状に係る基礎となる免許状について、教育職員免許法別表第三、別表第五、別表第六、別表第六の二又は別表第七に定める最低在職年数を満たしていること。

四　条件付採用期間中の者、臨時的に任用された者、第二十三条第一項に規定する初任者研修を受けている者その他政令で定める者でないこと。

2　大学院修学休業の許可を受けようとする主幹教諭等は、取得しようとする専修免許状の種類、在学しようとする大学院の課程等及び大学院修学休業をしようとする期間を明らかにして、任命権者に対し、その許可を申請するものとする。

（大学院修学休業の効果）

第二十七条　大学院修学休業をしている主幹教諭等は、地方公務員としての身分を保有するが、職務に従事しない。

2　大学院修学休業をしている期間については、給与を支給しない。

（大学院修学休業の許可の失効等）

第二十八条　大学院修学休業の許可は、当該大学院修学休業をしている主幹教諭等が休職又は停職の処分を受けた場合には、その効力を失う。

2　任命権者は、大学院修学休業をしている主幹教諭等が当該大学院修学休業の許可に係る大学院の課程等を退学したことその他政令で定める事由に該当すると認めるときは、当該大学院修学休業の許可を取り消すものとする。

附　則（抄）

（施行期日）

第一条　この法律は、公布の日〔昭24・1・12〕から施行する。

2　この法律中の規定が、国家公務員法又は地方公務員法の規定に矛盾し、又は抵触すると認められるに至つた場合は、国家公務員法又は地方公務員法の規定が優先する。

（指定都市以外の市町村の教育委員会及び長に係る協議会の特例）

第四条　地方自治法第二百五十二条の十九第一項の指定都市（以下「指定都市」という。）以外の市町村の教育委員会及び長については、当分の間、第二十二条の三第二項及び第二十二条の七の規定は、適用しない。この場合において、当該教育委員会及び長は、第二十二条の三第一項に規定する指標を定め、又はこれを変更しようとするときは、第二十二条の七第二項第二号に掲げる者、当該市町村を包括する都道府県の教育委員会若しくは知事又は独立行政法人教職員支援機構の意見を聴くよう努めるものとする。

（幼稚園等の教諭等に対する初任者研修等の特例）

第五条　幼稚園、特別支援学校の幼稚部及び幼保連携型認定こども園（以下この条及び次条において「幼稚園等」という。）の教諭等の研修実施者（第二十条第一項に規定する研修実施者をいう。以下この項において同じ。）については、当分の間、第二十三条第一項の規定は、適用しない。この場合において、幼稚園等の教諭等の研修実施者（指定都市以外の市町村の設置する幼稚園及び特別支援学校の幼稚部の教諭等については当該市町村を包括する都道府県の教育委員会、当該市町村の設置する幼保連携型認定こども園の教諭等については当該市町村を包括する都道府県の知事）は、採用（現に教諭等の職以外の職に任命されている者を教諭等の職に任命する場合を含む。）の日から起算して一年に満たない幼稚園等の教諭等（臨時的に任用された者その他の政令で定める者を除く。）に対して、幼稚園等の教諭又は保育教諭の職務の遂行に必要な事項に関する研修を実施しなければならない。

2　市（指定都市を除く。）町村の教育委員会及び長は、その所管に属する幼稚園等の教諭等に対して都道府県の教育委員会及び知事が行う前項後段の研修に協力しなければならない。

3　第十二条第一項の規定は、当分の間、幼稚園等の教諭等については、適用しない。

（幼稚園等の教諭等に対する中堅教諭等資質向上研修の特例）

第六条　指定都市以外の市町村の設置する幼稚園等の教諭等に対する中堅教諭等資質向上研修（第二十四条第一項に規定する中堅教諭等資質向上研修をいう。次項において同じ。）は、当分の間、同条第一項の規定にかかわらず、幼稚園及び特別支援学校の幼稚部の教諭等については当該市町村を包括する都道府県の教育委員会が、幼保連携型認定こども園の教諭等については当該市町村を包括する都道府県の知事が実施しなければならない。

2　指定都市以外の市町村の教育委員会及び長は、その所管に属する幼稚園等の教諭等に対して都道府県の教育委員会及び知事が行う中堅教諭等資質向上研修に協力しなければならない。

附　則（令和四法四〇）（抄）

（施行期日）

第一条　この法律は、令和四年七月一日から施行する。［略］

（教育公務員特例法の一部改正に伴う経過措置）

第二条　第一条の規定による改正後の教育公務員特例法第二十二条の五の規定は、同条第二項第一号に規定する校長及び教員が前条第二号に掲げる規定の施行の日以後に受講する同項第一号の研修実施者実施研修、同項第二号に規定する教員が同日以後に履修する同号の大学院の課程等、同項第三号に規定する任命権者が同日以後に開設する同号の認定講習等のうち同号に規定する校長及び教員が同日以後に単位を修得するもの並びに同項第四号に規定する校長及び教員が同日以後に行う同号の取組について適用する。

26 地方教育行政の組織及び運営に関する法律（抄）

（昭和三一年六月三〇日法律第一六二号）

改正　令和五・五・八法一九

第一章　総則

（この法律の趣旨）

第一条　この法律は、教育委員会の設置、学校その他の教育機関の職員の身分取扱その他地方公共団体における教育行政の組織及び運営の基本を定めることを目的とする。

（基本理念）

第一条の二　地方公共団体における教育行政は、教育基本法（平成十八年法律第百二十号）の趣旨にのつとり、教育の機会均等、教育水準の維持向上及び地域の実情に応じた教育の振興が図られるよう、国との適切な役割分担及び相互の協力の下、公正かつ適正に行われなければならない。

（大綱の策定等）

第一条の三　地方公共団体の長は、教育基本法第十七条第一項に規定する基本的な方針を参酌し、その地域の実情に応じ、当該地方公共団体の教育、学術及び文化の振興に関する総合的な施策の大綱（以下単に「大綱」という。）を定めるものとする。

2　地方公共団体の長は、大綱を定め、又はこれを変更しようとするときは、あらかじめ、次条第一項の総合教育会議において協議するものとする。

3 地方公共団体の長は、大綱を定め、又はこれを変更したときは、遅滞なく、これを公表しなければならない。

4 第一項の規定は、地方公共団体の長に対し、第二十一条に規定する事務を管理し、又は執行する権限を与えるものと解釈してはならない。

（総合教育会議）

第一条の四 地方公共団体の長は、大綱の策定に関する協議及び次に掲げる事項についての協議並びにこれらに関する次項各号に掲げる構成員の事務の調整を行うため、総合教育会議を設けるものとする。

一 教育を行うための諸条件の整備その他の地域の実情に応じた教育、学術及び文化の振興を図るため重点的に講ずべき施策

二 児童、生徒等の生命又は身体に現に被害が生じ、又はまさに被害が生ずるおそれがあると見込まれる場合等の緊急の場合に講ずべき措置

2 総合教育会議は、次に掲げる者をもつて構成する。

一 地方公共団体の長

二 教育委員会

3 総合教育会議は、地方公共団体の長が招集する。

第二章 教育委員会の設置及び組織

第一節 教育委員会の設置、教育長及び委員並びに会議

（設置）

第二条 都道府県、市（特別区を含む。以下同じ。）町村及び第二十一条に規定する事務の全部又は一部を処理する地方公共団体の組合に教育委員会を置く。

（組織）

第三条 教育委員会は、教育長及び四人の委員をもつて組織する。ただし、条例で定めるところにより、都道府県若しくは市又は地方公共団体の組合のうち都道府県若しくは市が加入するものの教育委員会にあつては教育長及び五人以上の委員、町村又は地方公共団体の組合のうち町村のみが加入するものの教育委員会にあつては教育長及び二人以上の委員をもつて組織することができる。

（任命）

第四条 教育長は、当該地方公共団体の長の被選挙権を有する者で、人格が高潔で、教育行政に関し識見を有するもののうちから、地方公共団体の長が、議会の同意を得て、任命する。

2 委員は、当該地方公共団体の長の被選挙権を有する者で、人格が高潔で、教育、学術及び文化（以下単に「教育」という。）に関し識見を有するもののうちから、地方公共団体の長が、議会の同意を得て、任命する。

（任期）

第五条 教育長の任期は三年とし、委員の任期は四年とする。ただし、補欠の教育長又は委員の任期は、前任者の残任期間とする。

2 教育長及び委員は、再任されることができる。

（教育長）

第十三条 教育長は、教育委員会の会務を総理し、教育委員会を代表する。

2 教育長に事故があるとき、又は教育長が欠けたときは、あらかじめその指名する委員がその職務を行う。

（会議）

第十四条 教育委員会の会議は、教育長が招集する。

2 教育長は、委員の定数の三分の一以上の委員から会議に付議すべき事件を示して会議の招集を請求された場合には、遅滞なく、これを招集しなければならない。

第二節 事務局

（事務局）

第十七条 教育委員会の権限に属する事務を処理させるため、教育委員会に事務局を置く。

2 教育委員会の事務局の内部組織は、教育委員会規則で定める。

（指導主事その他の職員）

第十八条 都道府県に置かれる教育委員会（以下「都道府県委員会」という。）の事務局に、指導主事、事務職員及び技術職員を置くほか、所要の職員を置く。

2 市町村に置かれる教育委員会（以下「市町村委員会」という。）の事務局に、前項の規定に準じて指導主事その他の職員を置く。

3 指導主事は、上司の命を受け、学校（学校教育法（昭和二十二年法律第二十六号）第一条に規定する学校及び就学前の子どもに関する教育、保育等の総合的な提供の推進に関する法律（平成十八年法律第七十七号）第二条第七項に規定する幼保連携型認定こども園（以下「幼保連携型認定こども園」という。）をいう。以下同じ。）における教育課程、学習指導その他学校教育に関する専門的事項の指導に関する事務に従事する。

4 指導主事は、教育に関し識見を有し、かつ、

学校における教育課程、学習指導その他学校教育に関する専門的事項について教養と経験がある者でなければならない。指導主事は、大学以外の公立学校（地方公共団体が設置する学校をいう。以下同じ。）の教員（教育公務員特例法（昭和二十四年法律第一号）第二条第二項に規定する教員をいう。以下同じ。）をもつて充てることができる。

5 事務職員は、上司の命を受け、事務に従事する。

6 技術職員は、上司の命を受け、技術に従事する。

第三章 教育委員会及び地方公共団体の長の職務権限

（教育委員会の職務権限）

第二十一条 教育委員会は、当該地方公共団体が処理する教育に関する事務で、次に掲げるものを管理し、及び執行する。

一 教育委員会の所管に属する第三十条に規定する学校その他の教育機関（以下「学校その他の教育機関」という。）の設置、管理及び廃止に関すること。

二 教育委員会の所管に属する学校その他の教育機関の用に供する財産（以下「教育財産」という。）の管理に関すること。

三 教育委員会及び教育委員会の所管に属する学校その他の教育機関の職員の任免その他の人事に関すること。

四 学齢生徒及び学齢児童の就学並びに生徒、児童及び幼児の入学、転学及び退学に関すること。

五 教育委員会の所管に属する学校の組織編制、教育課程、学習指導、生徒指導及び職業指導に関すること。

六 教科書その他の教材の取扱いに関すること。

七 校舎その他の施設及び教具その他の設備の整備に関すること。

八 校長、教員その他の教育関係職員の研修に関すること。

九 校長、教員その他の教育関係職員並びに生徒、児童及び幼児の保健、安全、厚生及び福利に関すること。

十 教育委員会の所管に属する学校その他の教育機関の環境衛生に関すること。

十一 学校給食に関すること。

十二 青少年教育、女性教育及び公民館の事業その他社会教育に関すること。

十三 スポーツに関すること。

十四 文化財の保護に関すること。

十五 ユネスコ活動に関すること。

十六 教育に関する法人に関すること。

十七 教育に係る調査及び基幹統計その他の統計に関すること。

十八 所掌事務に係る広報及び所掌事務に係る教育行政に関する相談に関すること。

十九 前各号に掲げるもののほか、当該地方公共団体の区域内における教育に関する事務に関すること。

（長の職務権限）

第二十二条 地方公共団体の長は、大綱の策定に関する事務のほか、次に掲げる教育に関する事務を管理し、及び執行する。

一 大学に関すること。

二 幼保連携型認定こども園に関すること。

三 私立学校に関すること。

四 教育財産を取得し、及び処分すること。

五 教育委員会の所掌に係る事項に関する契約を結ぶこと。

六 前号に掲げるもののほか、教育委員会の所掌に係る事項に関する予算を執行すること。

（幼保連携型認定こども園に関する意見聴取）

第二十七条 地方公共団体の長は、当該地方公共団体が設置する幼保連携型認定こども園に関する事務のうち、幼保連携型認定こども園における教育課程に関する基本的事項の策定その他の当該地方公共団体の教育委員会の権限に属する事務と密接な関連を有するものとして当該地方公共団体の規則で定めるものの実施に当たつては、当該教育委員会の意見を聴かなければならない。

2 地方公共団体の長は、前項の規則を制定し、又は改廃しようとするときは、あらかじめ、当該地方公共団体の教育委員会の意見を聴かなければならない。

（幼保連携型認定こども園に関する意見の陳述）

第二十七条の二 教育委員会は、当該地方公共団体が設置する幼保連携型認定こども園に関する事務の管理及び執行について、その職務に関して必要と認めるときは、当該地方公共団体の長に対し、意見を述べることができる。

（幼保連携型認定こども園に関する資料の提供等）

第二十七条の三 教育委員会は、前二条の規定による権限を行うため必要があるときは、当該地方公共団体の長に対し、必要な資料の提供その他の協力を求めることができる。

（幼保連携型認定こども園に関する事務に係る教育委員会の助言又は援助）

第二十七条の四 地方公共団体の長は、第二十二条第二号に掲げる幼保連携型認定こども園に関する事務を管理し、及び執行するに当たり、必要と認めるときは、当該地方公共団体の教育委員会に対し、学校教育に関する専門的事項について助言又は援助を求めることができる。

（私立学校に関する事務に係る都道府県委員会の助言又は援助）

第二十七条の五　都道府県知事は、第二十二条第三号に掲げる私立学校に関する事務を管理し、及び執行するに当たり、必要と認めるときは、当該都道府県委員会に対し、学校教育に関する専門的事項について助言又は援助を求めることができる。

第四章　教育機関

第一節　通則

（教育機関の設置）

第三十条　地方公共団体は、法律で定めるところにより、学校、図書館、博物館、公民館その他の教育機関を設置するほか、条例で、教育に関する専門的、技術的事項の研究又は教育関係職員の研修、保健若しくは福利厚生に関する施設その他の必要な教育機関を設置することができる。

（教育機関の職員）

第三十一条　前条に規定する学校に、法律で定めるところにより、学長、校長、園長、教員、事務職員、技術職員その他の所要の職員を置く。

2　前条に規定する学校以外の教育機関に、法律又は条例で定めるところにより、事務職員、技術職員その他の所要の職員を置く。

3　前二項に規定する職員の定数は、この法律に特別の定がある場合を除き、当該地方公共団体の条例で定めなければならない。ただし、臨時又は非常勤の職員については、この限りでない。

（教育機関の所管）

第三十二条　学校その他の教育機関のうち、大学及び幼保連携型認定こども園は地方公共団体の長が、その他のものは教育委員会が所管する。ただし、特定社会教育機関並びに第二十三条第一項第二号から第四号までに掲げる事務のうち同項の条例の定めるところにより地方公共団体の長が管理し、及び執行することとされたもののみに係る教育機関は、地方公共団体の長が所管する。

（学校等の管理）

第三十三条　教育委員会は、法令又は条例に違反しない限りにおいて、その所管に属する学校その他の教育機関の施設、設備、組織編制、教育課程、教材の取扱いその他の管理運営の基本的事項について、必要な教育委員会規則を定めるものとする。この場合において、当該教育委員会規則で定めようとする事項のうち、その実施のためには新たに予算を伴うこととなるものについては、教育委員会は、あらかじめ当該地方公共団体の長に協議しなければならない。

2　前項の場合において、教育委員会は、学校における教科書以外の教材の使用について、あらかじめ、教育委員会に届け出させ、又は教育委員会の承認を受けさせることとする定めを設けるものとする。

3　第二十三条第一項の条例の定めるところにより同項第一号に掲げる事務を管理し、及び執行することとされた地方公共団体の長は、法令又は条例に違反しない限りにおいて、特定社会教育機関の施設、設備、組織編制その他の管理運営の基本的事項について、必要な地方公共団体の規則を定めるものとする。この場合において、当該規則で定めようとする事項については、当該地方公共団体の長は、あらかじめ当該地方公共団体の教育委員会に協議しなければならない。

（教育機関の職員の任命）

第三十四条　教育委員会の所管に属する学校その他の教育機関の校長、園長、教員、事務職員、技術職員その他の職員は、この法律に特別の定めがある場合を除き、教育委員会が任命する。

第四節　学校運営協議会

第四十七条の五　教育委員会は、教育委員会規則で定めるところにより、その所管に属する学校ごとに、当該学校の運営及び当該運営への必要な支援に関して協議する機関として、学校運営協議会を置くように努めなければならない。ただし、二以上の学校の運営に関し相互に密接な連携を図る必要がある場合として文部科学省令で定める場合には、二以上の学校について一の学校運営協議会を置くことができる。

2　学校運営協議会の委員は、次に掲げる者について、教育委員会が任命する。

一　対象学校（当該学校運営協議会が、その運営及び当該運営への必要な支援に関して協議する学校をいう。以下この条において同じ。）の所在する地域の住民

二　対象学校に在籍する生徒、児童又は幼児の保護者

三　社会教育法（昭和二十四年法律第二百七号）第九条の七第一項に規定する地域学校協働活動推進員その他の対象学校の運営に資する活

動を行う者

四　その他当該教育委員会が必要と認める者

3　対象学校の校長は、前項の委員の任命に関する意見を教育委員会に申し出ることができる。

4　対象学校の校長は、当該対象学校の運営に関して、教育課程の編成その他教育委員会規則で定める事項について基本的な方針を作成し、当該対象学校の学校運営協議会の承認を得なければならない。

5　学校運営協議会は、前項に規定する基本的な方針に基づく対象学校の運営及び当該運営への必要な支援に関し、対象学校の所在する地域の住民、対象学校に在籍する生徒、児童又は幼児の保護者その他の関係者の理解を深めるとともに、対象学校とこれらの者との連携及び協力の推進に資するため、対象学校の運営及び当該運営への必要な支援に関する協議の結果に関する情報を積極的に提供するよう努めるものとする。

6　学校運営協議会は、対象学校の運営に関する事項（次項に規定する事項を除く。）について、教育委員会又は校長に対して、意見を述べることができる。

7　学校運営協議会は、対象学校の職員の採用その他の任用に関して教育委員会規則で定める事項について、当該職員の任命権者に対して意見を述べることができる。この場合において、当該職員が県費負担教職員（第五十五条第一項又は第六十一条第一項の規定により市町村委員会がその任用に関する事務を行う職員を除く。）であるときは、市町村委員会を経由するものとする。

8　対象学校の職員の任命権者は、当該職員の任用に当たつては、前項の規定により述べられた意見を尊重するものとする。

9　教育委員会は、学校運営協議会の運営が適正を欠くことにより、対象学校の運営に現に支障が生じ、又は生ずるおそれがあると認められる場合においては、当該学校運営協議会の適正な運営を確保するために必要な措置を講じなければならない。

10　学校運営協議会の委員の任免の手続及び任期、学校運営協議会の議事の手続その他学校運営協議会の運営に関し必要な事項については、教育委員会規則で定める。

第六章　雑則

（保健所との関係）

第五十七条　教育委員会は、健康診断その他学校における保健に関し、政令で定めるところにより、保健所を設置する地方公共団体の長に対し、保健所の協力を求めるものとする。

2　保健所は、学校の環境衛生の維持、保健衛生に関する資料の提供その他学校における保健に関し、政令で定めるところにより、教育委員会に助言と援助を与えるものとする。

附　則（抄）

（施行期日）

第一条　この法律は、昭和三十一年十月一日から施行する。ただし、第二章、第五十八条第三項、第六十条第一項及び第四項並びに附則第二条から第十三条まで及び第二十五条の規定（以下「教育委員会の設置関係規定」という。）は、公布の日［昭31・6・30］から施行する。

27 就学前の子どもに関する教育、保育等の総合的な提供の推進に関する法律

（平成一八年六月一五日 法律第七七号）

改正　令和五・六・一六法五八

［編集部注］未施行分は傍線を付した。

第一章　総則

（目的）

第一条　この法律は、幼児期の教育及び保育が生涯にわたる人格形成の基礎を培う重要なものであること並びに我が国における急速な少子化の進行並びに家庭及び地域を取り巻く環境の変化に伴い小学校就学前の子どもの教育及び保育に対する需要が多様なものとなっていることに鑑み、地域における創意工夫を生かしつつ、小学校就学前の子どもに対する教育及び保育並びに保護者に対する子育て支援の総合的な提供を推進するための措置を講じ、もって地域において子どもが健やかに育成される環境の整備に資することを目的とする。

（定義）

第二条　この法律において「子ども」とは、小学校就学の始期に達するまでの者をいう。

2　この法律において「幼稚園」とは、学校教育法（昭和二十二年法律第二十六号）第一条に規定する幼稚園をいう。

3　この法律において「保育所」とは、児童福祉法（昭和二十二年法律第百六十四号）第三十九条第一項に規定する保育所をいう。

4　この法律において「保育機能施設」とは、児童福祉法第五十九条第一項に規定する施設のうち同法第三十九条第一項に規定する業務を目的とするもの（少数の子どもを対象とするものその他の主務省令で定めるものを除く。）をいう。

5　この法律において「保育所等」とは、保育所又は保育機能施設をいう。

6　この法律において「認定こども園」とは、次条第一項又は第三項の認定を受けた施設、同条第十項の規定による公示がされた施設及び幼保連携型認定こども園をいう。

7　この法律において「幼保連携型認定こども園」とは、義務教育及びその後の教育の基礎を培うものとしての満三歳以上の子どもに対する教育並びに保育を必要とする子どもに対する保育を一体的に行い、これらの子どもの健やかな成長が図られるよう適当な環境を与えて、その心身の発達を助長するとともに、保護者に対する子育ての支援を行うことを目的として、この法律の定めるところにより設置される施設をいう。

8　この法律において「教育」とは、教育基本法（平成十八年法律第百二十号）第六条第一項に規定する法律に定める学校（第九条において単に「学校」という。）において行われる教育をいう。

9　この法律において「保育」とは、児童福祉法第六条の三第七項第一号に規定する保育をいう。

10　この法律において「保育を必要とする子ども」とは、児童福祉法第六条の三第九項第一号に規定する保育を必要とする乳児・幼児をいう。

11　この法律において「保護者」とは、児童福祉法第六条に規定する保護者をいう。

12　この法律において「子育て支援事業」とは、地域の子どもの養育に関する各般の問題につき保護者からの相談に応じ必要な情報の提供及び助言を行う事業、保護者の疾病その他の理由により家庭において養育を受けることが一時的に困難となった地域の子どもに対する保育を行う事業、地域の子どもの養育に関する援助を受けることを希望する保護者と当該援助を行うことを希望する民間の団体若しくは個人との連絡及び調整を行う事業又は地域の子どもの養育に関する援助を行う民間の団体若しくは個人に対する必要な情報の提供及び助言を行う事業であって主務省令で定めるものをいう。

第二章　幼保連携型認定こども園以外の認定こども園に関する認定手続等

（幼保連携型認定こども園以外の認定こども園の認定等）

第三条　幼稚園又は保育所等の設置者（都道府県及び地方自治法（昭和二十二年法律第六十七号）第二百五十二条の十九第一項の指定都市又は同法第二百五十二条の二十二第一項の中核市（以下「指定都市等」という。）を除く。）は、その設置する幼稚園又は保育所等が都道府県（当該幼稚園又は保育所等が指定都市等所在施設（指定都市等の区域内に所在する施設であって、都道府県が単独で又は他の地方公共団体と共同して設立する公立大学法人（地方独立行政法人法（平成十五年法律第百十八号）第六十八条第一項に規定する公立大学法人をいう。以下同じ。）が設置する施設以外のものをいう。以下同じ。）である場合にあっては、当該指定都市等）の条

例で定める要件に適合している旨の都道府県知事（当該幼稚園又は保育所等が指定都市等所在施設である場合にあっては、当該指定都市等の長）（保育所に係る児童福祉法の規定による認可その他の処分をする権限に係る事務を地方自治法第百八十条の二の規定に基づく都道府県知事又は指定都市等の長の委任を受けて当該都道府県又は指定都市等の教育委員会が行う場合その他の主務省令で定める場合にあっては、都道府県又は指定都市等の教育委員会。以下この章及び第四章において同じ。）の認定を受けることができる。

2 前項の条例で定める要件は、次に掲げる基準に従い、かつ、主務大臣が定める施設の設備及び運営に関する基準を参酌して定めるものとする。

一 当該施設が幼稚園である場合にあっては、幼稚園教育要領（学校教育法第二十五条第一項の規定に基づき幼稚園に関して文部科学大臣が定める事項をいう。第十条第二項において同じ。）に従って編成された教育課程に基づく教育を行うほか、当該教育のための時間の終了後、当該幼稚園に在籍している子どものうち保育を必要とする子どもに該当する者に対する教育を行うこと。

二 当該施設が保育所等である場合にあっては、保育を必要とする子どもに対する保育を行うほか、当該保育を必要とする子ども以外の満三歳以上の子ども（当該施設が保育所である場合にあっては、当該保育所が所在する市町村（特別区を含む。以下同じ。）における児童福祉法第二十四条第四項に規定する保育の利用に対する需要の状況に照らして適当と認められる数の子どもに限る。）を保育し、かつ、満三歳以上の子どもに対し学校教育法第二十三条各号に掲げる目標が達成されるよう保育を行うこと。

三 子育て支援事業のうち、当該施設の所在する地域における教育及び保育に対する需要に照らし当該地域において実施することが必要と認められるものを、保護者の要請に応じ適切に提供し得る体制の下で行うこと。

3 幼稚園及び保育機能施設のそれぞれの用に供される建物及びその附属設備が一体的に設置されている場合における当該幼稚園及び保育機能施設（以下「連携施設」という。）の設置者（都道府県及び指定都市等を除く。）は、その設置する連携施設が都道府県（当該連携施設が指定都市等所在施設である場合にあっては、当該指定都市等）の条例で定める要件に適合している旨の都道府県知事（当該連携施設が指定都市等所在施設である場合にあっては、当該指定都市等の長）の認定を受けることができる。

4 前項の条例で定める要件は、次に掲げる基準に従い、かつ、主務大臣が定める施設の設備及び運営に関する基準を参酌して定めるものとする。

一 次のいずれかに該当する施設であること。

イ 当該連携施設を構成する保育機能施設において、満三歳以上の子どもに対し学校教育法第二十三条各号に掲げる目標が達成されるよう保育を行い、かつ、当該保育を実施するに当たり当該連携施設を構成する幼稚園との緊密な連携協力体制が確保されていること。

ロ 当該連携施設を構成する保育機能施設に入所していた子どもを引き続き当該連携施設を構成する幼稚園に入園させて一貫した教育及び保育を行うこと。

二 子育て支援事業のうち、当該連携施設の所在する地域における教育及び保育に対する需要に照らし当該地域において実施することが必要と認められるものを、保護者の要請に応じ適切に提供し得る体制の下で行うこと。

5 都道府県知事（指定都市等所在施設である幼稚園若しくは保育所等又は連携施設については、当該指定都市等の長。第八項及び第九項、次条第一項、第七条第一項及び第二項並びに第八条第一項において同じ。）は、国（国立大学法人法（平成十五年法律第百十二号）第二条第一項に規定する国立大学法人を含む。以下同じ。）、市町村（指定都市等を除く。）及び公立大学法人以外の者から、第一項又は第三項の認定の申請があったときは、第一項又は第三項の条例で定める要件に適合するかどうかを審査するほか、次に掲げる基準（当該認定の申請をした者が学校法人（私立学校法（昭和二十四年法律第二百七十号）第三条に規定する学校法人をいう。以下同じ。）又は社会福祉法人（社会福祉法（昭和二十六年法律第四十五号）第二十二条に規定する社会福祉法人をいう。以下同じ。）である場合にあっては、第四号に掲げる基準に限る。）によって、その申請を審査しなければならない。

一 第一項若しくは第三項の条例で定める要件に適合する設備又はこれに要する資金及び当該申請に係る施設の経営に必要な財産を有すること。

二 当該申請に係る施設を設置する者（その者

が法人である場合にあっては、経営担当役員（業務を執行する社員、取締役、執行役又はこれらに準ずる者をいう。）とする。次号において同じ。）が当該施設を経営するために必要な知識又は経験を有すること。

三　当該申請に係る施設を設置する者が社会的信望を有すること。

四　次のいずれにも該当するものでないこと。

イ　申請者が、拘禁刑以上の刑に処せられ、その執行を終わり、又は執行を受けることがなくなるまでの者であるとき。

ロ　申請者が、この法律その他国民の福祉若しくは学校教育に関する法律で政令で定めるものの規定により罰金の刑に処せられ、その執行を終わり、又は執行を受けることがなくなるまでの者であるとき。

ハ　申請者が、労働に関する法律の規定であって政令で定めるものにより罰金の刑に処せられ、その執行を終わり、又は執行を受けることがなくなるまでの者であるとき。

ニ　申請者が、第七条第一項の規定により認定を取り消され、その取消しの日から起算して五年を経過しない者（当該認定を取り消された者が法人である場合においては、当該取消しの処分に係る行政手続法（平成五年法律第八十八号）第十五条の規定による通知があった日前六十日以内に当該法人の役員（業務を執行する社員、取締役、執行役又はこれらに準ずる者をいい、相談役、顧問その他いかなる名称を有する者であるかを問わず、法人に対し業務を執行する社員、取締役、執行役又はこれらに準ずる者と同等以上の支配力を有するものと認められる者を含む。ホ及び第十七条第二項第七号において同じ。）又はその事業を管理する者その他の政令で定める使用人（以下この号において「役員等」という。）であった者で当該取消しの日から起算して五年を経過しないものを含み、当該認定を取り消された者が法人でない場合においては、当該通知があった日前六十日以内に当該事業の管理者であった者で当該取消しの日から起算して五年を経過しないものを含む。）であるとき。ただし、当該認定の取消しが、認定こども園の認定の取消しのうち当該認定の取消しの処分の理由となった事実及び当該事実の発生を防止するための当該認定こども園の設置者による業務管理体制の整備についての取組の状況その他の当該事実に関して当該認定こども園の設置者が有していた責任の程度を考慮して、ニ本文に規定する認定の取消しに該当しないこととすることが相当であると認められるものとして主務省令で定めるものに該当する場合を除く。

ホ　申請者と密接な関係を有する者（申請者（法人に限る。以下ホにおいて同じ。）の役員に占めるその役員の割合が二分の一を超え、若しくは当該申請者の株式の所有その他の事由を通じて当該申請者の事業を実質的に支配し、若しくはその事業に重要な影響を与える関係にある者として主務省令で定めるもの（以下ホにおいて「申請者の親会社等」という。）、申請者の親会社等の役員と同一の者がその役員に占める割合が二分の一を超え、若しくは申請者の親会社等が株式の所有その他の事由を通じてその事業を実質的に支配し、若しくはその事業に重要な影響を与える関係にある者として主務省令で定めるもの又は当該申請者の役員と同一の者がその役員に占める割合が二分の一を超え、若しくは当該申請者が株式の所有その他の事由を通じてその事業を実質的に支配し、若しくはその事業に重要な影響を与える関係にある者として主務省令で定めるもののうち、当該申請者と主務省令で定める密接な関係を有する法人をいう。）が、第七条第一項の規定により認定を取り消され、その取消しの日から起算して五年を経過していないとき。ただし、当該認定の取消しが、認定こども園の認定の取消しのうち当該認定の取消しの処分の理由となった事実及び当該事実の発生を防止するための当該認定こども園の設置者による業務管理体制の整備についての取組の状況その他の当該事実に関して当該認定こども園の設置者が有していた責任の程度を考慮して、ホ本文に規定する認定の取消しに該当しないこととすることが相当であると認められるものとして主務省令で定めるものに該当する場合を除く。

ヘ　申請者が、認定の申請前五年以内に教育又は保育に関し不正又は著しく不当な行為をした者であるとき。

ト　申請者が、法人で、その役員等のうちにイからニまで又はヘのいずれかに該当する者のあるものであるとき。

チ　申請者が、法人でない者で、その管理者がイから二まで又はへのいずれかに該当する者であるとき。

6　都道府県知事は、第一項又は第三項の認定をしようとするときは、主務省令で定めるところにより、あらかじめ、当該認定の申請に係る施設が所在する市町村の長に協議しなければならない。

7　指定都市等の長は、第一項又は第三項の認定をしようとするときは、その旨及び次条第一項各号に掲げる事項を都道府県知事に通知しなければならない。

8　都道府県知事は、第一項又は第三項及び第五項に基づく審査の結果、その申請が第一項又は第三項の条例で定める要件に適合しており、かつ、その申請をした者が第五項各号に掲げる基準（その者が学校法人又は社会福祉法人である場合にあっては、同項第四号に掲げる基準に限る。）に該当すると認めるとき（その申請をした者が国、市町村（指定都市等を除く。）又は公立大学法人である場合にあっては、その申請が第一項又は第三項の条例で定める要件に適合していると認めるとき）は、第一項又は第三項の認定をするものとする。ただし、次に掲げる要件のいずれかに該当するとき、その他の都道府県子ども・子育て支援事業支援計画（子ども・子育て支援法（平成二十四年法律第六十五号）第六十二条第一項の規定により当該都道府県が定める都道府県子ども・子育て支援事業支援計画をいう。以下この項及び第十七条第六項において同じ。）（指定都市等の長が第一項又は第三項の認定を行う場合にあっては、同法第六十一条第一項の規定により当該指定都市等が定める市町村子ども・子育て支援事業計画。以下この項において同じ。）の達成に支障を生ずるおそれがある場合として主務省令で定める場合に該当すると認めるときは、第一項又は第三項の認定をしないことができる。

一　当該申請に係る施設の所在地を含む区域（子ども・子育て支援法第六十二条第二項第一号の規定により当該都道府県が定める区域（指定都市等の長が第一項又は第三項の認定を行う場合にあっては、同法第六十一条第二項第一号の規定により当該指定都市等が定める教育・保育提供区域）をいう。以下この項において同じ。）における特定教育・保育施設（同法第二十七条第一項に規定する特定教育・保育施設をいう。以下この項及び第十七条第六項において同じ。）の利用定員の総数（同法第十九条第一号に掲げる小学校就学前子どもに係るものに限る。）が、都道府県子ども・子育て支援事業支援計画において定める当該区域の特定教育・保育施設の必要利用定員総数（同号に掲げる小学校就学前子どもに係るものに限る。）に既に達しているか、又は当該申請に係る施設の認定によってこれを超えることになると認めるとき。

二　当該申請に係る施設の所在地を含む区域における特定教育・保育施設の利用定員の総数（子ども・子育て支援法第十九条第二号に掲げる小学校就学前子どもに係るものに限る。）が、都道府県子ども・子育て支援事業支援計画において定める当該区域の特定教育・保育施設の必要利用定員総数（同号に掲げる小学校就学前子どもに係るものに限る。）に既に達しているか、又は当該申請に係る施設の認定によってこれを超えることになると認めるとき。

三　当該申請に係る施設の所在地を含む区域における特定教育・保育施設の利用定員の総数（子ども・子育て支援法第十九条第三号に掲げる小学校就学前子どもに係るものに限る。）が、都道府県子ども・子育て支援事業支援計画において定める当該区域の特定教育・保育施設の必要利用定員総数（同号に掲げる小学校就学前子どもに係るものに限る。）に既に達しているか、又は当該申請に係る施設の認定によってこれを超えることになると認めるとき。

9　都道府県知事は、第一項又は第三項の認定をしない場合には、申請者に対し、速やかに、その旨及び理由を通知しなければならない。

10　都道府県知事又は指定都市等の長は、当該都道府県又は指定都市等が設置する施設のうち、第一項又は第三項の当該都道府県又は指定都市等の条例で定める要件に適合していると認めるものについては、これを公示するものとする。

11　指定都市等の長は、前項の規定による公示をしたときは、速やかに、次条第一項各号に掲げる事項を記載した書類を都道府県知事に提出しなければならない。

（**認定の申請**）

第四条　前条第一項又は第三項の認定を受けようとする者は、次に掲げる事項を記載した申請書に、その申請に係る施設が同条第一項又は第三項の条例で定める要件に適合していることを証する書類を添付して、これを都道府県知事に提出しなければならない。

一　氏名又は名称及び住所並びに法人にあっては、その代表者の氏名

二　施設の名称及び所在地
三　保育を必要とする子どもに係る利用定員（満三歳未満の者に係る利用定員及び満三歳以上の者に係る利用定員に区分するものとする。）
四　保育を必要とする子ども以外の子どもに係る利用定員（満三歳未満の者に係る利用定員及び満三歳以上の者に係る利用定員に区分するものとする。）
五　その他主務省令で定める事項
2　前条第三項の認定に係る前項の申請については、連携施設を構成する幼稚園の設置者と保育機能施設の設置者とが異なる場合には、これらの者が共同して行わなければならない。

第五条　削除

（**教育及び保育の内容**）
第六条　第三条第一項又は第三項の認定を受けた施設及び同条第十項の規定による公示がされた施設の設置者は、当該施設において教育又は保育を行うに当たっては、第十条第一項の幼保連携型認定こども園の教育課程その他の教育及び保育の内容に関する事項を踏まえて行わなければならない。

（**認定の取消し**）
第七条　都道府県知事は、次の各号のいずれかに該当するときは、第三条第一項又は第三項の認定を取り消すことができる。
一　第三条第一項又は第三項の認定を受けた施設がそれぞれ同条第一項又は第三項の条例で定める要件を欠くに至ったと認めるとき。
二　第三条第一項又は第三項の認定を受けた施設の設置者が第二十九条第一項の規定による届出をせず、又は虚偽の届出をしたとき。
三　第三条第一項又は第三項の認定を受けた施設の設置者が第三十条第一項又は第三項の規定による報告をせず、又は虚偽の報告をしたとき。
四　第三条第一項又は第三項の認定を受けた施設の設置者が同条第五項第四号イからハまで、ト又はチのいずれかに該当するに至ったとき。
五　第三条第一項又は第三項の認定を受けた施設の設置者が不正の手段により同条第一項又は第三項の認定を受けたとき。
六　その他第三条第一項又は第三項の認定を受けた施設の設置者がこの法律、学校教育法、児童福祉法、私立学校法、社会福祉法若しくは私立学校振興助成法（昭和五十年法律第六十一号）又はこれらの法律に基づく命令の規定に違反したとき。
2　都道府県知事は、前項の規定により認定を取り消したときは、その旨を公表しなければならない。
3　都道府県知事又は指定都市等の長は、第三条第十項の規定による公示がされた施設が同条第一項又は第三項の当該都道府県又は指定都市等の条例で定める要件を欠くに至ったと認めるときは、同条第十項の規定によりされた公示を取り消し、その旨を公示しなければならない。

（**関係機関の連携の確保**）
第八条　都道府県知事は、第三条第一項又は第三項の規定により認定を行おうとするとき及び前条第一項の規定により認定の取消しを行おうとするときは、あらかじめ、学校教育法又は児童福祉法の規定により当該認定又は取消しに係る施設の設置又は運営に関して認可その他の処分をする権限を有する地方公共団体の機関（当該機関が当該都道府県知事である場合を除く。）に協議しなければならない。
2　地方公共団体の長及び教育委員会は、認定こども園に関する事務が適切かつ円滑に実施されるよう、相互に緊密な連携を図りながら協力しなければならない。

第三章　幼保連携型認定こども園

（**教育及び保育の目標**）
第九条　幼保連携型認定こども園においては、第二条第七項に規定する目的を実現するため、子どもに対する学校としての教育及び児童福祉施設（児童福祉法第七条第一項に規定する児童福祉施設をいう。次条第二項において同じ。）としての保育並びにその実施する保護者に対する子育て支援事業の相互の有機的な連携を図りつつ、次に掲げる目標を達成するよう当該教育及び当該保育を行うものとする。
一　健康、安全で幸福な生活のために必要な基本的な習慣を養い、身体諸機能の調和的発達を図ること。
二　集団生活を通じて、喜んでこれに参加する態度を養うとともに家族や身近な人への信頼感を深め、自主、自律及び協同の精神並びに規範意識の芽生えを養うこと。
三　身近な社会生活、生命及び自然に対する興味を養い、それらに対する正しい理解と態度及び思考力の芽生えを養うこと。
四　日常の会話や、絵本、童話等に親しむことを通じて、言葉の使い方を正しく導くとともに、相手の話を理解しようとする態度を養うこと。

認定こども園法

五　音楽、身体による表現、造形等に親しむことを通じて、豊かな感性と表現力の芽生えを養うこと。

六　快適な生活環境の実現及び子どもと保育教諭その他の職員との信頼関係の構築を通じて、心身の健康の確保及び増進を図ること。

（教育及び保育の内容）

第十条　幼保連携型認定こども園の教育課程その他の教育及び保育の内容に関する事項は、第二条第七項に規定する目的及び前条に規定する目標に従い、主務大臣が定める。

2　主務大臣が前項の規定により幼保連携型認定こども園の教育課程その他の教育及び保育の内容に関する事項を定めるに当たっては、幼稚園教育要領及び児童福祉法第四十五条第二項の規定に基づき児童福祉施設に関して内閣府令で定める基準（同項第三号に規定する保育所における保育の内容に係る部分に限る。）との整合性の確保並びに小学校（学校教育法第一条に規定する小学校をいう。）及び義務教育学校（学校教育法第一条に規定する義務教育学校をいう。）における教育との円滑な接続に配慮しなければならない。

3　幼保連携型認定こども園の設置者は、第一項の教育及び保育の内容に関する事項を遵守しなければならない。

（入園資格）

第十一条　幼保連携型認定こども園に入園することのできる者は、満三歳以上の子ども及び満三歳未満の保育を必要とする子どもとする。

（設置者）

第十二条　幼保連携型認定こども園は、国、地方公共団体（公立大学法人を含む。第十七条第一項において同じ。）、学校法人及び社会福祉法人のみが設置することができる。

（設備及び運営の基準）

第十三条　都道府県（指定都市等所在施設である幼保連携型認定こども園（都道府県が設置するものを除く。）については、当該指定都市等。次項及び第二十五条において同じ。）は、幼保連携型認定こども園の設備及び運営について、条例で基準を定めなければならない。この場合において、その基準は、子どもの身体的、精神的及び社会的な発達のために必要な教育及び保育の水準を確保するものでなければならない。

2　都道府県が前項の条例を定めるに当たっては、次に掲げる事項については主務省令で定める基準に従い定めるものとし、その他の事項については主務省令で定める基準を参酌するものとする。

一　幼保連携型認定こども園における学級の編制並びに幼保連携型認定こども園に配置する園長、保育教諭その他の職員及びその員数

二　幼保連携型認定こども園に係る保育室の床面積その他幼保連携型認定こども園の設備に関する事項であって、子どもの健全な発達に密接に関連するものとして主務省令で定めるもの

三　幼保連携型認定こども園の運営に関する事項であって、子どもの適切な処遇の確保及び秘密の保持並びに子どもの健全な発達に密接に関連するものとして主務省令で定めるもの

3　主務大臣は、前項に規定する主務省令で定める基準を定め、又は変更しようとするとき、並びに同項第二号及び第三号の主務省令を定め、又は変更しようとするときは、こども家庭審議会の意見を聴かなければならない。

4　幼保連携型認定こども園の設置者は、第一項の基準を遵守しなければならない。

5　幼保連携型認定こども園の設置者は、幼保連携型認定こども園の設備及び運営についての水準の向上を図ることに努めるものとする。

（職員）

第十四条　幼保連携型認定こども園には、園長及び保育教諭を置かなければならない。

2　幼保連携型認定こども園には、前項に規定するもののほか、副園長、教頭、主幹保育教諭、指導保育教諭、主幹養護教諭、養護教諭、主幹栄養教諭、栄養教諭、事務職員、養護助教諭その他必要な職員を置くことができる。

3　園長は、園務をつかさどり、所属職員を監督する。

4　副園長は、園長を助け、命を受けて園務をつかさどる。

5　副園長は、園長に事故があるときはその職務を代理し、園長が欠けたときはその職務を行う。この場合において、副園長が二人以上あるときは、あらかじめ園長が定めた順序で、その職務を代理し、又は行う。

6　教頭は、園長（副園長を置く幼保連携型認定こども園にあっては、園長及び副園長）を助け、園務を整理し、並びに必要に応じ園児（幼保連携型認定こども園に在籍する子どもをいう。以下同じ。）の教育及び保育（満三歳未満の園児については、その保育。以下この条において同じ。）をつかさどる。

7　教頭は、園長（副園長を置く幼保連携型認定こども園にあっては、園長及び副園長）に事故があるときは園長の職務を代理し、園長（副園

長を置く幼保連携型認定こども園にあっては、園長及び副園長）が欠けたときは園長の職務を行う。この場合において、教頭が二人以上あるときは、あらかじめ園長が定めた順序で、園長の職務を代理し、又は行う。
8 主幹保育教諭は、園長（副園長又は教頭を置く幼保連携型認定こども園にあっては、園長及び副園長又は教頭。第十一項及び第十三項において同じ。）を助け、命を受けて園務の一部を整理し、並びに園児の教育及び保育をつかさどる。
9 指導保育教諭は、園児の教育及び保育をつかさどり、並びに保育教諭その他の職員に対して、教育及び保育の改善及び充実のために必要な指導及び助言を行う。
10 保育教諭は、園児の教育及び保育をつかさどる。
11 主幹養護教諭は、園長を助け、命を受けて園務の一部を整理し、及び園児（満三歳以上の園児に限る。以下この条において同じ。）の養護をつかさどる。
12 養護教諭は、園児の養護をつかさどる。
13 主幹栄養教諭は、園長を助け、命を受けて園務の一部を整理し、並びに園児の栄養の指導及び管理をつかさどる。
14 栄養教諭は、園児の栄養の指導及び管理をつかさどる。
15 事務職員は、事務をつかさどる。
16 助保育教諭は、保育教諭の職務を助ける。
17 講師は、保育教諭又は助保育教諭に準ずる職務に従事する。
18 養護助教諭は、養護教諭の職務を助ける。
19 特別の事情のあるときは、第一項の規定にかかわらず、保育教諭に代えて助保育教諭又は講師を置くことができる。

（職員の資格）

第十五条 主幹保育教諭、指導保育教諭、保育教諭及び講師（保育教諭に準ずる職務に従事するものに限る。）は、幼稚園の教諭の普通免許状（教育職員免許法（昭和二十四年法律第百四十七号）第四条第二項に規定する普通免許状をいう。以下この条において同じ。）を有し、かつ、児童福祉法第十八条の十八第一項の登録（第四項及び第四十条において単に「登録」という。）を受けた者でなければならない。
2 主幹養護教諭及び養護教諭は、養護教諭の普通免許状を有する者でなければならない。
3 主幹栄養教諭及び栄養教諭は、栄養教諭の普通免許状を有する者でなければならない。
4 助保育教諭及び講師（助保育教諭に準ずる職務に従事するものに限る。）は、幼稚園の助教諭の臨時免許状（教育職員免許法第四条第四項に規定する臨時免許状をいう。次項において同じ。）を有し、かつ、登録を受けた者でなければならない。
5 養護助教諭は、養護助教諭の臨時免許状を有する者でなければならない。
6 前各項に定めるもののほか、職員の資格に関する事項は、主務省令で定める。

（設置等の届出）

第十六条 市町村（指定都市等を除く。以下この条及び次条第五項において同じ。）（市町村が単独で又は他の市町村と共同して設立する公立大学法人を含む。）は、幼保連携型認定こども園を設置しようとするとき、又はその設置した幼保連携型認定こども園の廃止、休止若しくは設置者の変更その他政令で定める事項（同条第一項及び第三十四条第六項において「廃止等」という。）を行おうとするときは、あらかじめ、都道府県知事に届け出なければならない。

（設置等の認可）

第十七条 国及び地方公共団体以外の者は、幼保連携型認定こども園を設置しようとするとき、又はその設置した幼保連携型認定こども園の廃止等を行おうとするときは、都道府県知事（指定都市等の区域内に所在する幼保連携型認定こども園については、当該指定都市等の長。次項、第三項、第六項及び第七項並びに次条第一項において同じ。）の認可を受けなければならない。
2 都道府県知事は、前項の設置の認可の申請があったときは、第十三条第一項の条例で定める基準に適合するかどうかを審査するほか、次に掲げる基準によって、その申請を審査しなければならない。
一 申請者が、この法律その他国民の福祉若しくは学校教育に関する法律で政令で定めるものの規定により罰金の刑に処せられ、その執行を終わり、又は執行を受けることがなくなるまでの者であるとき。
二 申請者が、労働に関する法律の規定であって政令で定めるものにより罰金の刑に処せられ、その執行を終わり、又は執行を受けることがなくなるまでの者であるとき。
三 申請者が、第二十二条第一項の規定により認可を取り消され、その取消しの日から起算して五年を経過しない者であるとき。ただし、当該認可の取消しが、幼保連携型認定こども園の認可の取消しのうち当該認可の取消しの処分の理由となった事実及び当該事実の発生を防止するための当該幼保連携型認定こども園の設置者による業務管理体制の整備についての取組の状況その他の当該事実に関して当該幼保連携型認定こども園の設置者が有していた責任の程度を考慮して、この号本文に規定する認可の取消しに該当しないこととすることが相当であると認められるものとして主務省令で定めるものに該当する場合を除く。

四　申請者が、第二十二条第一項の規定による認可の取消しの処分に係る行政手続法第十五条の規定による通知があった日から当該処分をする日又は処分をしないことを決定する日までの間に前項の規定による幼保連携型認定こども園の廃止をした者（当該廃止について相当の理由がある者を除く。）で、当該幼保連携型認定こども園の廃止の認可の日から起算して五年を経過しないものであるとき。

五　申請者が、第十九条第一項の規定による検査が行われた日から聴聞決定予定日（当該検査の結果に基づき第二十二条第一項の規定による認可の取消しの処分に係る聴聞を行うか否かの決定をすることが見込まれる日として主務省令で定めるところにより都道府県知事が当該申請者に当該検査が行われた日から十日以内に特定の日を通知した場合における当該特定の日をいう。）までの間に前項の規定による幼保連携型認定こども園の廃止をした者（当該廃止について相当の理由がある者を除く。）で、当該幼保連携型認定こども園の廃止の認可の日から起算して五年を経過しないものであるとき。

六　申請者が、認可の申請前五年以内に教育又は保育に関し不正又は著しく不当な行為をした者であるとき。

七　申請者の役員又はその長のうちに次のいずれかに該当する者があるとき。

イ　拘禁刑以上の刑に処せられ、その執行を終わり、又は執行を受けることがなくなるまでの者

ロ　第一号、第二号又は前号に該当する者

ハ　第二十二条第一項の規定により認可を取り消された幼保連携型認定こども園において、当該取消しの処分に係る行政手続法第十五条の規定による通知があった日前六十日以内にその幼保連携型認定こども園の設置者の役員又はその園長であった者で当該取消しの日から起算して五年を経過しないもの（当該認可の取消しが、幼保連携型認定こども園の認可の取消しのうち当該認可の取消しの処分の理由となった事実及び当該事実の発生を防止するための当該幼保連携型認定こども園の設置者による業務管理体制の整備についての取組の状況その他の当該事実に関して当該幼保連携型認定こども園の設置者が有していた責任の程度を考慮して、この号に規定する認可の取消しに該当しないこととすることが相当であると認められるものとして主務省令で定めるものに該当する場合を除く。）

ニ　第四号に規定する期間内に前項の規定により廃止した幼保連携型認定こども園（当該廃止について相当の理由がある幼保連携型認定こども園を除く。）において、同号の通知の日前六十日以内にその設置者の役員又はその長であった者で当該廃止の認可の日から起算して五年を経過しないもの

3　都道府県知事は、第一項の認可をしようとするときは、あらかじめ、第二十五条に規定する審議会その他の合議制の機関の意見を聴かなければならない。

4　指定都市等の長は、第一項の認可をしようとするときは、その旨及び第四条第一項各号に掲げる事項を都道府県知事に通知しなければならない。

5　都道府県知事は、第一項の設置の認可をしようとするときは、主務省令で定めるところにより、あらかじめ、当該認可の申請に係る幼保連携型認定こども園を設置しようとする場所を管轄する市町村の長に協議しなければならない。

6　都道府県知事は、第一項及び第二項に基づく審査の結果、その申請が第十三条第一項の条例で定める基準に適合しており、かつ、第二項各号に掲げる基準に該当しないと認めるときは、第一項の設置の認可をするものとする。ただし、次に掲げる要件のいずれかに該当するとき、その他の都道府県子ども・子育て支援事業支援計画（指定都市等の長が同項の設置の認可を行う場合にあっては、子ども・子育て支援法第六十一条第一項の規定により当該指定都市等が定める市町村子ども・子育て支援事業計画。以下この項において同じ。）の達成に支障を生ずるおそれがある場合として主務省令で定める場合に該当すると認めるときは、第一項の設置の認可をしないことができる。

一　当該申請に係る幼保連携型認定こども園を設置しようとする場所を含む区域（子ども・子育て支援法第六十二条第二項第一号の規定により当該都道府県が定める区域（指定都市等の長が第一項の設置の認可を行う場合に

あっては、同法第六十一条第二項第一号の規定により当該指定都市等が定める教育・保育提供区域)をいう。以下この項において同じ。)における特定教育・保育施設の利用定員の総数（同法第十九条第一号に掲げる小学校就学前子どもに係るものに限る。）が、都道府県子ども・子育て支援事業支援計画において定める当該区域の特定教育・保育施設の必要利用定員総数（同号に掲げる小学校就学前子どもに係るものに限る。）に既に達しているか、又は当該申請に係る設置の認可によってこれを超えることになると認めるとき。

二　当該申請に係る幼保連携型認定こども園を設置しようとする場所を含む区域における特定教育・保育施設の利用定員の総数（子ども・子育て支援法第十九条第二号に掲げる小学校就学前子どもに係るものに限る。）が、都道府県子ども・子育て支援事業支援計画において定める当該区域の特定教育・保育施設の必要利用定員総数（同号に掲げる小学校就学前子どもに係るものに限る。）に既に達しているか、又は当該申請に係る設置の認可によってこれを超えることになると認めるとき。

三　当該申請に係る幼保連携型認定こども園を設置しようとする場所を含む区域における特定教育・保育施設の利用定員の総数（子ども・子育て支援法第十九条第三号に掲げる小学校就学前子どもに係るものに限る。）が、都道府県子ども・子育て支援事業支援計画において定める当該区域の特定教育・保育施設の必要利用定員総数（同号に掲げる小学校就学前子どもに係るものに限る。）に既に達しているか、又は当該申請に係る設置の認可によってこれを超えることになると認めるとき。

7　都道府県知事は、第一項の設置の認可をしない場合には、申請者に対し、速やかに、その旨及び理由を通知しなければならない。

（都道府県知事への情報の提供）

第十八条　第十六条の届出を行おうとする者又は前条第一項の認可を受けようとする者は、第四条第一項各号に掲げる事項を記載した書類を都道府県知事に提出しなければならない。

2　指定都市等の長は、当該指定都市等（当該指定都市等が単独で又は他の市町村と共同して設立する公立大学法人を含む。）が幼保連携型認定こども園を設置したときは、速やかに、第四条第一項各号に掲げる事項を記載した書類を都道府県知事に提出しなければならない。

（報告の徴収等）

第十九条　都道府県知事（指定都市等所在施設である幼保連携型認定こども園（都道府県が設置するものを除く。）については、当該指定都市等の長。第二十八条から第三十条まで並びに第三十四条第三項及び第九項を除き、以下同じ。）は、この法律を施行するため必要があると認めるときは、幼保連携型認定こども園の設置者若しくは園長に対して、必要と認める事項の報告を求め、又は当該職員に関係者に対して質問させ、若しくはその施設に立ち入り、設備、帳簿書類その他の物件を検査させることができる。

2　前項の規定による立入検査を行う場合においては、当該職員は、その身分を示す証明書を携帯し、関係者の請求があるときは、これを提示しなければならない。

3　第一項の規定による立入検査の権限は、犯罪捜査のために認められたものと解釈してはならない。

（改善勧告及び改善命令）

第二十条　都道府県知事は、幼保連携型認定こども園の設置者が、この法律又はこの法律に基づく命令若しくは条例の規定に違反したときは、当該設置者に対し、必要な改善を勧告し、又は当該設置者がその勧告に従わず、かつ、園児の教育上又は保育上有害であると認められるときは、必要な改善を命ずることができる。

（事業停止命令）

第二十一条　都道府県知事は、次の各号のいずれかに該当する場合においては、幼保連携型認定こども園の事業の停止又は施設の閉鎖を命ずることができる。

一　幼保連携型認定こども園の設置者が、この法律又はこの法律に基づく命令若しくは条例の規定に故意に違反し、かつ、園児の教育上又は保育上著しく有害であると認められるとき。

二　幼保連携型認定こども園の設置者が前条の規定による命令に違反したとき。

三　正当な理由がないのに、六月以上休止したとき。

2　都道府県知事は、前項の規定により事業の停止又は施設の閉鎖の命令をしようとするときは、あらかじめ、第二十五条に規定する審議会その他の合議制の機関の意見を聴かなければならない。

（認可の取消し）

第二十二条　都道府県知事は、幼保連携型認定こども園の設置者が、この法律若しくはこの法律に基づく命令若しくは条例の規定又はこれらに基づいてする処分に違反したときは、第十七条第一項の認可を取り消すことができる。

2　都道府県知事は、前項の規定による認可の取消しをしようとするときは、あらかじめ、第二十五条に規定する審議会その他の合議制の機関の意見を聴かなければならない。

（運営の状況に関する評価等）

第二十三条　幼保連携型認定こども園の設置者は、主務省令で定めるところにより当該幼保連携型認定こども園における教育及び保育並びに子育て支援事業（以下「教育及び保育等」という。）の状況その他の運営の状況について評価を行い、その結果に基づき幼保連携型認定こども園の運営の改善を図るため必要な措置を講ずるよう努めなければならない。

（運営の状況に関する情報の提供）

第二十四条　幼保連携型認定こども園の設置者は、当該幼保連携型認定こども園に関する保護者及び地域住民その他の関係者の理解を深めるとともに、これらの者との連携及び協力の推進に資するため、当該幼保連携型認定こども園における教育及び保育等の状況その他の当該幼保連携型認定こども園の運営の状況に関する情報を積極的に提供するものとする。

（都道府県における合議制の機関）

第二十五条　第十七条第三項、第二十一条第二項及び第二十二条第二項の規定によりその権限に属させられた事項を調査審議するため、都道府県に、条例で幼保連携型認定こども園に関する審議会その他の合議制の機関を置くものとする。

（学校教育法の準用）

第二十六条　学校教育法第五条、第六条本文、第七条、第九条、第十条、第八十一条第一項及び第百三十七条の規定は、幼保連携型認定こども園について準用する。この場合において、同法第十条中「私立学校」とあるのは「国（国立大学法人法第二条第一項に規定する国立大学法人を含む。）及び地方公共団体（公立大学法人を含む。）以外の者の設置する幼保連携型認定こども園（就学前の子どもに関する教育、保育等の総合的な提供の推進に関する法律第二条第七項に規定する幼保連携型認定こども園をいう。以下同じ。）」と、「大学及び高等専門学校にあつては文部科学大臣に、大学及び高等専門学校以外の学校にあつては都道府県知事」とあるのは「都道府県知事（指定都市等（同法第三条第一項に規定する指定都市等をいう。以下この条において同じ。）の区域内にあつては、当該指定都市等の長）」と、同法第八十一条第一項中「該当する幼児、児童及び生徒」とあるのは「該当する就学前の子どもに関する教育、保育等の総合的な提供の推進に関する法律第十四条第六項に規定する園児（以下この項において単に「園児」という。）」と、「必要とする幼児、児童及び生徒」とあるのは「必要とする園児」と、「文部科学大臣」とあるのは「同法第三十六条第一項に規定する主務大臣」と、「ものとする」とあるのは「ものとする。この場合において、特別支援学校においては、幼保連携型認定こども園の要請に応じて、園児の教育に関し必要な助言又は援助を行うよう努めるものとする」と、同法第百三十七条中「学校教育上」とあるのは「幼保連携型認定こども園の運営上」と読み替えるものとするほか、必要な技術的読替えは、政令で定める。

（学校保健安全法の準用）

第二十七条　学校保健安全法（昭和三十三年法律第五十六号）第三条から第十条まで、第十三条から第二十一条まで、第二十三条及び第二十六条から第三十一条までの規定は、幼保連携型認定こども園について準用する。この場合において、これらの規定中「文部科学省令」とあるのは「就学前の子どもに関する教育、保育等の総合的な提供の推進に関する法律第三十六条第二項に規定する主務省令」と読み替えるほか、同法第九条中「学校教育法第十六条」とあるのは「就学前の子どもに関する教育、保育等の総合的な提供の推進に関する法律第二条第十一項」と、「第二十四条及び第三十条」とあるのは「第三十条」と、同法第十七条第二項中「第十一条から」とあるのは「第十三条から」と、「第十一条の健康診断に関するものについては政令で、第十三条」とあるのは「第十三条」と読み替えるものとするほか、必要な技術的読替えは、政令で定める。

第四章　認定こども園に関する情報の提供等

（教育・保育等に関する情報の提供）

第二十八条　都道府県知事は、第三条第一項若しくは第三項の認定をしたとき、同条第七項の規定による通知を受けたとき、同条第十一項の書類の提出を受けたとき、第十六条の届出を受けたとき、第十七条第一項の認可をしたとき、同条第四項の規定による通知を受けたとき、又は第十八条第二項の書類の提出を受けたときは、インターネットの利用、印刷物の配布その他適切な方法により、これらに係る施設において提供されるサービスを利用しようとする者に対し、第四条第一項各号に掲げる事項及び教育保育概要（当該施設において行われる教育及び保育等の概要をいう。次条第一項において同じ。）についてその周知を図るものとする。第三条第十項の規定による公示を行う場合及び都道府県（都道府県が単独で又は他の地方公共団体と共同して設立する公立大学法人を含む。）が幼保連携型認定こども園を設置する場合も、同様とする。

（変更の届出）

第二十九条　認定こども園の設置者（都道府県及び指定都市等を除く。次条において同じ。）は、第四条第一項各号に掲げる事項及び教育保育概要として前条の規定により周知された事項の変更（主務省令で定める軽微な変更を除く。）をしようとするときは、あらかじめ、その旨を都道府県知事（当該認定こども園が指定都市等所在施設である場合にあっては当該指定都市等の長。次条第一項及び第三項において同じ。）に届け出なければならない。

2　指定都市等の長は、前項の規定による届出を受けたときは、速やかに、都道府県知事に、当該届出に係る書類の写しを送付しなければならない。

3　指定都市等の長は、当該指定都市等が設置する認定こども園について第一項に規定する変更を行ったときは、当該変更に係る事項を記載した書類を都道府県知事に提出しなければならない。

4　都道府県知事は、第一項の規定による届出があったとき、第二項の規定による書類の写しの送付を受けたとき、又は前項の規定による書類の提出を受けたときは、前条に規定する方法により、同条に規定する者に対し、第一項に規定する変更に係る事項についてその周知を図るものとする。都道府県が設置する認定こども園について同項に規定する変更を行う場合も、同様とする。

（報告の徴収等）

第三十条　認定こども園の設置者は、毎年、主務省令で定めるところにより、その運営の状況を都道府県知事に報告しなければならない。

2　指定都市等の長は、前項の規定による報告を受けたときは、速やかに、都道府県知事に、当該報告に係る書類の写しを送付しなければならない。

3　第十九条第一項に定めるもののほか、都道府県知事は、認定こども園の適正な運営を確保するため必要があると認めるときは、その設置者に対し、認定こども園の運営に関し必要な報告を求めることができる。

（名称の使用制限）

第三十一条　何人も、認定こども園でないものについて、認定こども園という名称又はこれと紛らわしい名称を用いてはならない。

2　何人も、幼保連携型認定こども園でないものについて、幼保連携型認定こども園という名称又はこれと紛らわしい名称を用いてはならない。

第五章　雑則

（学校教育法の特例）

第三十二条　認定こども園である幼稚園又は認定こども園である連携施設を構成する幼稚園に係る学校教育法第二十四条、第二十五条並びに第二十七条第四項から第七項まで及び第十一項の規定の適用については、同法第二十四条中「努めるものとする」とあるのは「努めるとともに、就学前の子どもに関する教育、保育等の総合的な提供の推進に関する法律（平成十八年法律第七十七号）第二条第十二項に規定する子育て支援事業（以下単に「子育て支援事業」という。）を行うものとする」と、同法第二十五条中「保育内容」とあるのは「保育内容（子育て支援事業を含む。）」と、同法第二十七条第四項から第七項まで及び第十一項中「園務」とあるのは「園務（子育て支援事業を含む。）」とする。

（児童福祉法の特例）

第三十三条　第三条第一項の認定を受けた公私連携型保育所（児童福祉法第五十六条の八第一項に規定する公私連携型保育所をいう。）に係る同法第五十六条の八の規定の適用については、同条第一項中「保育及び」とあるのは、「保育（満三歳以上の子どもに対し学校教育法第二十三条各号に掲げる目標が達成されるよう保育を行うことを含む。）及び」とする。

（公私連携幼保連携型認定こども園に関する特例）

第三十四条　市町村長（特別区の区長を含む。以下この条において同じ。）は、当該市町村における保育の実施に対する需要の状況等に照らし適当であると認めるときは、公私連携幼保連携型認定こども園（次項に規定する協定に基づき、当該市町村から必要な設備の貸付け、譲渡その他の協力を得て、当該市町村との連携の下に教育及び保育等を行う幼保連携型認定こども園をいう。以下この条において同じ。）の運営を継続的かつ安定的に行うことができる能力を有するものであると認められるもの（学校法人又は社会福祉法人に限る。）を、その申請により、公私連携幼保連携型認定こども園の設置及び運営を目的とする法人（以下この条において「公私連携法人」という。）として指定することができる。

2　市町村長は、前項の規定による指定（第十一項及び第十四項において単に「指定」という。）をしようとするときは、あらかじめ、当該指定をしようとする法人と、次に掲げる事項を定めた協定（以下この条において単に「協定」という。）を締結しなければならない。

一　協定の目的となる公私連携幼保連携型認定こども園の名称及び所在地

二　公私連携幼保連携型認定こども園における教育及び保育等に関する基本的事項

三　市町村による必要な設備の貸付け、譲渡その他の協力に関する基本的事項

四　協定の有効期間

五　協定に違反した場合の措置

六　その他公私連携幼保連携型認定こども園の設置及び運営に関し必要な事項

3　公私連携法人は、第十七条第一項の規定にかかわらず、市町村長を経由し、都道府県知事に届け出ることにより、公私連携幼保連携型認定こども園を設置することができる。

4　市町村長は、公私連携法人が前項の規定による届出をした際に、当該公私連携法人が協定に基づき公私連携幼保連携型認定こども園における教育及び保育等を行うために設備の整備を必要とする場合には、当該協定に定めるところにより、当該公私連携法人に対し、当該設備を無償若しくは時価よりも低い対価で貸し付け、又は譲渡するものとする。

5　前項の規定は、地方自治法第九十六条及び第二百三十七条から第二百三十八条の五までの規定の適用を妨げない。

6　公私連携法人は、第十七条第一項の規定による廃止等の認可の申請を行おうとするときは、市町村長を経由して行わなければならない。この場合において、当該市町村長は、当該申請に係る事項に関し意見を付すことができる。

7　市町村長は、公私連携幼保連携型認定こども園の運営を適切にさせるため必要があると認めるときは、公私連携法人若しくは園長に対して必要と認める事項の報告を求め、又は当該職員に関係者に対して質問させ、若しくはその施設に立ち入り、設備、帳簿書類その他の物件を検査させることができる。

8　第十九条第二項及び第三項の規定は、前項の規定による立入検査について準用する。

9　第七項の規定により、公私連携法人若しくは園長に対し報告を求め、又は当該職員に関係者に対し質問させ、若しくは公私連携幼保連携型認定こども園に立入検査をさせた市町村長（指定都市等の長を除く。）は、当該公私連携幼保連携型認定こども園につき、第二十条又は第二十一条第一項の規定による処分が行われる必要があると認めるときは、理由を付して、その旨を都道府県知事に通知しなければならない。

10　市町村長は、公私連携幼保連携型認定こども園が正当な理由なく協定に従って教育及び保育等を行っていないと認めるときは、公私連携法人に対し、協定に従って教育及び保育等を行うことを勧告することができる。

11　市町村長は、前項の規定により勧告を受けた公私連携法人が当該勧告に従わないときは、指定を取り消すことができる。

12　公私連携法人は、前項の規定による指定の取消しの処分を受けたときは、当該処分に係る公私連携幼保連携型認定こども園について、第十七条第一項の規定による廃止の認可を都道府県知事に申請しなければならない。

13　公私連携法人は、前項の規定による廃止の認可の申請をしたときは、当該申請の日前一月以内に教育及び保育等を受けていた者であって、当該廃止の日以後においても引き続き当該教育及び保育等に相当する教育及び保育等の提供を希望する者に対し、必要な教育及び保育等が継続的に提供されるよう、他の幼保連携型認定こども園その他関係者との連絡調整その他の便宜の提供を行わなければならない。

14　指定都市等の長が指定を行う公私連携法人に対する第三項の規定の適用については、同項中「市町村長を経由し、都道府県知事」とあるのは、「指定都市等の長」とし、第六項の規定は、適用しない。

（緊急時における主務大臣の事務執行）

第三十五条　第十九条第一項、第二十条及び第二十一条第一項の規定により都道府県知事の権限に属するものとされている事務は、園児の利益を保護する緊急の必要があると主務大臣が認める場合にあっては、主務大臣又は都道府県知事が行うものとする。この場合においては、この法律の規定中都道府県知事に関する規定（当該事務に係るもの（同条第二項を除く。）に限る。）は、主務大臣に関する規定として主務大臣に適用があるものとする。

2　前項の場合において、主務大臣又は都道府県知事が当該事務を行うときは、相互に密接な連

携の下に行うものとする。

（主務大臣等）

第三十六条　この法律における主務大臣は、内閣総理大臣及び文部科学大臣とする。

2　この法律における主務省令は、主務大臣の発する命令とする。

（権限の委任）

第三十七条　内閣総理大臣は、この法律に規定する内閣総理大臣の権限（政令で定めるものを除く。）をこども家庭庁長官に委任する。

2　こども家庭庁長官は、政令で定めるところにより、前項の規定により委任された権限の一部を地方厚生局長又は地方厚生支局長に委任することができる。

（政令等への委任）

第三十八条　この法律に規定するもののほか、この法律の施行のため必要な事項で、地方公共団体の機関が処理しなければならないものについては政令で、その他のものについては主務省令で定める。

第六章　罰則

第三十九条　第二十一条第一項の規定による事業の停止又は施設の閉鎖の命令に違反した者は、六月以下の拘禁刑又は五十万円以下の罰金に処する。

第四十条　次の各号のいずれかに該当する場合には、その違反行為をした者は、三十万円以下の罰金に処する。

一　第十五条第一項又は第四項の規定に違反して、相当の免許状を有しない者又は登録を受けていない者を主幹保育教諭、指導保育教諭、保育教諭、助保育教諭又は講師に任命し、又は雇用したとき。

二　第十五条第一項又は第四項の規定に違反して、相当の免許状を有せず、又は登録を受けていないにもかかわらず主幹保育教諭、指導保育教諭、保育教諭、助保育教諭又は講師となったとき。

三　第十五条第二項、第三項又は第五項の規定に違反して、相当の免許状を有しない者を主幹養護教諭、養護教諭、主幹栄養教諭、栄養教諭又は養護助教諭に任命し、又は雇用したとき。

四　第十五条第二項、第三項又は第五項の規定に違反して、相当の免許状を有しないにもかかわらず主幹養護教諭、養護教諭、主幹栄養教諭、栄養教諭又は養護助教諭となったとき。

五　第三十一条第一項の規定に違反して、認定こども園という名称又はこれと紛らわしい名称を用いたとき。

六　第三十一条第二項の規定に違反して、幼保連携型認定こども園という名称又はこれと紛らわしい名称を用いたとき。

附　則（抄）

（施行期日）

1　この法律は、平成十八年十月一日から施行する。

附　則（平成二四法六六）（抄）

（施行期日）

第一条　この法律は、子ども・子育て支援法（平成二十四年法律第六十五号）の施行の日［平27・4・1］から施行する。［後略］

（検討）

第二条　政府は、幼稚園の教諭の免許及び保育士の資格について、一体化を含め、その在り方について検討を加え、必要があると認めるときは、その結果に基づいて所要の措置を講ずるものとする。

2　政府は、前項に定める事項のほか、この法律の施行後五年を目途として、この法律の施行の状況を勘案し、必要があると認めるときは、この法律による改正後の就学前の子どもに関する教育、保育等の総合的な提供の推進に関する法律（以下「新認定こども園法」という。）の規定について検討を加え、その結果に基づいて所要の措置を講ずるものとする。

（保育教諭等の資格の特例）

第五条　施行日から起算して十年間は、新認定こども園法第十五条第一項の規定にかかわらず、幼稚園の教諭の普通免許状（教育職員免許法（昭和二十四年法律第百四十七号）第四条第二項に規定する普通免許状をいう。）を有する者又は児童福祉法（昭和二十二年法律第百六十四号）第十八条の十八第一項の登録を受けた者は、主幹保育教諭、指導保育教諭、保育教諭又は講師（保育教諭に準ずる職務に従事するものに限る。）となることができる。

2　施行日から起算して十年間は、新認定こども園法第十五条第四項の規定にかかわらず、幼稚園の助教諭の臨時免許状（教育職員免許法第四条第四項に規定する臨時免許状をいう。）を有する者は、助保育教諭又は講師（助保育教諭に準ずる職務に従事するものに限る。）となることができる。

附　則（令和四法六八）（抄）

（施行期日）
1　この法律は、刑法等一部改正法施行日〔令7・6・1〕から施行する。〔略〕　〔条文中傍線┆┆┆〕

[28] 就学前の子どもに関する教育、保育等の総合的な提供の推進に関する法律施行規則

（平成二六年七月二日　内閣府・文部科学省・厚生労働省令第二号）

改正　令和五・三・三一内・文科・厚労令二

（法第二条第四項の主務省令で定める施設）

第一条　就学前の子どもに関する教育、保育等の総合的な提供の推進に関する法律（以下「法」という。）第二条第四項の主務省令で定める施設は、次に掲げる施設とする。

一　一日に保育する子どもの数（次に掲げるものを除く。）が五人以下である施設であって、その旨が約款その他の書類により明らかであるもの

イ　事業主がその雇用する労働者の監護する子どもを保育するために自ら設置する施設又は事業主から委託を受けて当該事業主が雇用する労働者の監護する子どもの保育を実施する施設にあっては、当該労働者の監護する子どもの数

ロ　事業主団体がその構成員である事業主の雇用する労働者の監護する子どもを保育するために自ら設置する施設又は事業主団体から委託を受けてその構成員である事業主の雇用する労働者の監護する子どもの保育を実施する施設にあっては、当該労働者の監護する子どもの数

ハ　児童福祉法施行規則（昭和二十三年厚生省令第十一号）第一条の三十二の二第一項に規定する組合が当該組合の構成員の監護する子どもを保育するために自ら設置する施設又は同項に規定する組合から委託を受けて当該組合の構成員の監護する子どもの保育を実施する施設にあっては、当該構成員の監護する子どもの数

ニ　店舗その他の事業所において商品の販売又は役務の提供を行う事業者が商品の販売又は役務の提供を行う間に限り、その顧客の監護する子どもを保育するために自ら設置する施設又は当該事業者から委託を受けて当該顧客の監護する子どもを保育する施設にあっては、当該顧客の監護する子どもの数

ホ　設置者の四親等内の親族である子どもの数

二　半年を限度として臨時に設置される施設

（法第二条第十二項の主務省令で定める事業）

第二条　法第二条第十二項の主務省令で定める事業は、次に掲げる事業とする。

一　地域の子ども及びその保護者が相互の交流を行う場所を開設する等により、当該子どもの養育に関する各般の問題につき、その保護者からの相談に応じ、必要な情報の提供及び助言その他必要な援助を行う事業

二　地域の家庭において、当該家庭の子どもの養育に関する各般の問題につき、その保護者からの相談に応じ、必要な情報の提供及び助言その他必要な援助を行う事業

三　保護者の疾病その他の理由により、家庭において保育されることが一時的に困難となった地域の子どもにつき、認定こども園又はその居宅において保護を行う事業

四　地域の子どもの養育に関する援助を受けることを希望する保護者と当該援助を行うことを希望する民間の団体又は個人との連絡及び調整を行う事業

五　地域の子どもの養育に関する援助を行う民間の団体又は個人に対する必要な情報の提供及び助言を行う事業

（法第三条第一項の主務省令で定める場合）

第三条　法第三条第一項の主務省令で定める場合は、次に掲げる場合とする。

一　保育所に係る児童福祉法（昭和二十二年法律第百六十四号）の規定による認可その他の処分をする権限に係る事務を地方自治法（昭和二十二年法律第六十七号）第百八十条の二の規定に基づく都道府県知事又は指定都市等（法第三条第一項に規定する指定都市等をいう。以下同じ。）の長の委任を受けて当該都道府県又は指定都市等の教育委員会が行う場合

二　都道府県知事又は指定都市等の長が、前号に規定する事務を地方自治法第百八十条の二の規定に基づき当該都道府県又は指定都市等の教育委員会の職員が補助執行を行っていることその他の当該都道府県又は指定都市等における幼稚園及び保育所に関する事務の執行等の状況に照らして当該都道府県又は指定都市等の教育委員会が認定こども園の認定を行うことが適当と認めてその旨を定めた場合

（法第三条第五項第四号ニただし書の主務省令で定めるニ本文に規定する認定の取消しに該当しないこととすることが相当であると認められるもの）

第四条　法第三条第五項第四号ニただし書の主務省令で定めるニ本文に規定する認定の取消しに該当しないこととすることが相当であると認められるものは、都道府県知事（同条第一項に規定する指定都市等所在施設（以下単に「指定都市等所在施設」という。）である幼稚園若しくは保育所等又は同条第三項に規定する連携施設（以下単に「連携施設」という。）については、当該指定都市等の長。第七条第一項第一号、第二十八条第一号及び第二十九条第二号において同じ。）（法第三条第一項又は第三項の規定により都道府県又は指定都市等の教育委員会が認定こども園の認定を行う場合にあっては、都道府県又は指定都市等の教育委員会。第二十八条及び第二十九条において同じ。）が法第三十条第三項その他の規定による報告等の権限を適切に行使し、当該認定の取消しの処分の理由となった事実及び当該事実の発生を防止するための当該認定こども園の設置者による業務管理体制の整備についての取組の状況その他の当該事実に関して当該認定こども園の設置者が有していた責任の程度を確認した結果、当該認定こども園の設置者が当該認定の取消しの理由となった事実について組織的に関与していると認められない場合に係るものとする。

2　前項の規定は、法第三条第五項第四号ホただし書の主務省令で定めるホ本文に規定する認定の取消しに該当しないこととすることが相当であると認められるものについて準用する。

（法第三条第五項第四号ホの主務省令で定める申請者の親会社等）

第五条　法第三条第五項第四号ホに規定する申請者（以下この条において「申請者」という。）の親会社等（次項及び第四項第一号において「申請者の親会社等」という。）は、次に掲げる者とする。

一　申請者の役員に占めるその役員の割合が二分の一を超える者

二　申請者（株式会社である場合に限る。）の議決権の過半数を所有している者

三　申請者（持分会社（会社法（平成十七年法律第八十六号）第五百七十五条第一項に規定する持分会社をいう。次項第三号及び第三項第三号において同じ。）である場合に限る。）の資本金の過半数を出資している者

四　申請者の事業の方針の決定に関して、前三号に掲げる者と同等以上の支配力を有すると認められる者

2　法第三条第五項第四号ホの主務省令で定める申請者の親会社等がその事業を実質的に支配し、又はその事業に重要な影響を与える関係にある者は、次に掲げる者とする。

一　申請者の親会社等の役員と同一の者がその役員に占める割合が二分の一を超える者

二　申請者の親会社等（株式会社である場合に限る。）が議決権の過半数を所有している者

三　申請者の親会社等（持分会社である場合に限る。）が資本金の過半数を出資している者

四　事業の方針の決定に関する申請者の親会社等の支配力が前三号に掲げる者と同等以上と認められる者

3　法第三条第五項第四号ホの主務省令で定める申請者がその事業を実質的に支配し、又はその事業に重要な影響を与える関係にある者は、次に掲げる者とする。

一　申請者の役員と同一の者がその役員に占める割合が二分の一を超える者

二　申請者（株式会社である場合に限る。）が議決権の過半数を所有している者
三　申請者（持分会社である場合に限る。）が資本金の過半数を出資している者
四　事業の方針の決定に関する申請者の支配力が前三号に掲げる者と同等以上と認められる者

4　法第三条第五項第四号ホの主務省令で定める密接な関係を有する法人は、次の各号のいずれにも該当する法人とする。
一　申請者の重要な事項に係る意思決定に関与し、又は申請者若しくは申請者の親会社等が重要な事項に係る意思決定に関与している者であること。
二　法第三条第一項又は第三項の規定により認定を受けた施設の設置者であること。

（法第三条第六項の規定による協議手続）

第六条　法第三条第六項の規定による協議は、法第四条第一項各号に掲げる事項を記載した書類を市町村（特別区を含む。以下同じ。）の長に提出してするものとする。

（法第三条第八項ただし書の主務省令で定める場合）

第七条　法第三条第八項ただし書の主務省令で定める場合は、次に掲げる場合とする。
一　法第三条第一項又は第三項の認定の申請に係る施設の所在地を含む区域（子ども・子育て支援法（平成二十四年法律第六十五号）第六十二条第二項第一号の規定により都道府県が定める区域（指定都市等の長が法第三条第一項又は第三項の認定を行う場合にあっては、子ども・子育て支援法第六十一条第二項第一号の規定により当該指定都市等が定める教育・保育提供区域）をいう。以下この条において同じ。）における特定教育・保育施設（同法第二十七条第一項に規定する特定教育・保育施設をいい、同法第六十一条第一項に規定する市町村子ども・子育て支援事業計画（以下この項及び第二十二条第一項第一号において「市町村計画」という。）に基づき整備をしようとするものを含む。以下この項及び第二十二条第一項において同じ。）の利用定員の総数（当該申請に係る施設の事業の開始を予定する日の属する事業年度（以下この条において「申請施設事業開始年度」という。）に係るものであって、同法第十九条第一号に掲げる小学校就学前子どもに係るものに限る。）及び特定教育・保育施設以外の幼稚園の収容定員の総数（申請施設事業開始年度に係るものをいい、当該特定教育・保育施設以外の幼稚園に在籍している幼児の総数が当該収容定員の総数に満たない場合にあっては、当該在籍している幼児の総数を勘案して都道府県知事が定める数）の合計数が、同法第六十二条第一項に規定する都道府県子ども・子育て支援事業支援計画（以下この条及び第二十二条において「都道府県計画」という。）（指定都市等の長が法第三条第一項又は第三項の認定を行う場合にあっては、子ども・子育て支援法第六十一条第一項の規定により当該指定都市等が定める市町村計画。以下この条において同じ。）において定める当該区域の特定教育・保育施設の必要利用定員総数（申請施設事業開始年度に係るものであって、同法第十九条第一号に掲げる小学校就学前子どもに係るものに限る。）に既に達しているか、又は当該申請に係る施設の認定によってこれを超えることになると認める場合
二　法第三条第一項又は第三項の認定の申請に係る施設の所在地を含む区域における特定教育・保育施設及び国家戦略特別区域小規模保育事業（国家戦略特別区域法（平成二十五年法律第百七号）第十二条の四第一項に規定する国家戦略特別区域小規模保育事業をいう。以下同じ。）の利用定員の総数（申請施設事業開始年度に係るものであって、子ども・子育て支援法第十九条第二号に掲げる小学校就学前子どもに係るものに限る。）が、都道府県計画において定める当該区域の特定教育・保育施設及び国家戦略特別区域小規模保育事業の必要利用定員総数（申請施設事業開始年度に係るものであって、同号に掲げる小学校就学前子どもに係るものに限る。）に既に達しているか、又は当該申請に係る施設の認定によってこれを超えることになると認める場合
三　法第三条第一項又は第三項の認定の申請に係る施設の所在地を含む区域における特定教育・保育施設及び特定地域型保育事業所（子ども・子育て支援法第二十九条第三項第一号に規定する特定地域型保育事業所をいう。以下この号及び第二十二条第一項において同じ。）（同法第四十三条第一項に規定する事業所内保育事業所における同項に規定する労働者等の監護する小学校就学前子どもに係る部分を除き、市町村計画に基づき整備をしようとするものを含む。）の利用定員の総数（申請施設事業開始年度に係るものであって、同法第十九条第三号に掲げる小学校就学前子ど

もに係るものに限る。）が、都道府県計画において定める当該区域の特定教育・保育施設及び特定地域型保育事業所の必要利用定員総数（申請施設事業開始年度に係るものであって、同号に掲げる小学校就学前子どもに係るものに限る。）に既に達しているか、又は当該申請に係る施設の認定によってこれを超えることになると認める場合

2 前項各号の施設が保育所又は幼稚園（これらの施設の運営の実績その他により適正な運営が確保されていると認められるものに限る。）である場合における同項各号の規定の適用については、これらの規定中「必要利用定員総数（申請施設事業開始年度に係るものであって」とあるのは、「必要利用定員総数（申請施設事業開始年度に係るもの（都道府県計画で定める当該区域において実施しようとする教育又は保育の提供体制の確保に必要な数を加えて得た数を含む。）であって」とする。

（法第四条第一項第五号の主務省令で定める事項）

第八条 法第四条第一項第五号の主務省令で定める事項は、次に掲げる事項とする。

一 認定を受ける施設について幼稚園、保育所又は保育機能施設の別

二 認定こども園の名称

三 認定こども園の長（認定こども園の事業を管理する者をいう。）となるべき者の氏名

四 教育又は保育の目標及び主な内容

五 第二条各号に掲げる事業のうち認定こども園が実施するもの

第九条 削除

（幼保連携型認定こども園に置かれる講師）

第十条 講師は、常時勤務に服しないことができる。

（幼保連携型認定こども園に置かれる用務員）

第十一条 用務員は、幼保連携型認定こども園の環境の整備その他の用務に従事する。

（幼保連携型認定こども園の園長の資格）

第十二条 園長の資格は、教育職員免許法（昭和二十四年法律第百四十七号）による教諭の専修免許状又は一種免許状を有し、かつ、児童福祉法第十八条の十八第一項（国家戦略特別区域法第十二条の五第五項に規定する事業実施区域内にある幼保連携型認定こども園にあっては、同条第八項において準用する場合を含む。）の登録を受けており、及び、次に掲げる職に五年以上あることとする。

一 学校教育法（昭和二十二年法律第二十六号）第一条に規定する学校及び同法第百二十四条に規定する専修学校の校長（幼保連携型認定こども園の園長を含む。）の職

二 学校教育法第一条に規定する学校及び幼保連携型認定こども園の教授、准教授（学校教育法の一部を改正する法律（平成十七年法律第八十三号）による改正前の学校教育法第五十八条第一項及び第七十条第一項に規定する助教授を含む。）、助教、副校長（幼保連携型認定こども園の副園長を含む。）、教頭、主幹教諭（幼保連携型認定こども園の主幹養護教諭及び主幹栄養教諭を含む。）、指導教諭、教諭、助教諭、養護教諭、養護助教諭、栄養教諭、主幹保育教諭、指導保育教諭、保育教諭、助保育教諭、講師（常時勤務の者に限る。）及び同法第百二十四条に規定する専修学校の教員（以下この条において「教員」という。）の職

三 学校教育法第一条に規定する学校及び幼保連携型認定こども園の事務職員（単純な労務に雇用される者を除く。以下この条において同じ。）、実習助手、寄宿舎指導員（学校教育法の一部を改正する法律（平成十三年法律第百五号）による改正前の学校教育法第七十三条の三第一項に規定する寮母を含む。）及び学校栄養職員（学校給食法（昭和二十九年法律第百六十号）第七条に規定する職員のうち栄養教諭以外の者をいい、同法第六条に規定する施設の当該職員を含む。）の職

四 学校教育法等の一部を改正する法律（平成十九年法律第九十六号）第一条の規定による改正前の学校教育法第九十四条の規定により廃止された従前の法令の規定による学校及び旧教員養成諸学校官制（昭和二十一年勅令第二百八号）第一条の規定による教員養成諸学校の長の職

五 前号に掲げる学校及び教員養成諸学校における教員及び事務職員に相当する者の職

六 海外に在留する邦人の子女のための在外教育施設で、文部科学大臣が小学校、中学校又は高等学校の課程と同等の課程を有するものとして認定したものにおける第一号から第三号までに掲げる者に準ずるものの職

七 前号に規定する職のほか、外国の学校における第一号から第三号までに掲げる者に準ずるものの職

八 少年院法（平成二十六年法律第五十八号）による少年院又は児童福祉法による児童自立支援施設（児童福祉法等の一部を改正する法律（平成九年法律第七十四号）附則第七条第一項の規定により証明書を発行することがで

きるもので、同条第二項の規定によりその例によることとされた同法による改正前の児童福祉法(以下この号において「旧児童福祉法」という。)第四十八条第四項ただし書の規定による指定を受けたものを除く。)において矯正教育又は指導を担当する者(旧児童福祉法第四十四条に規定する救護院(旧児童福祉法第四十八条第四項ただし書の規定による指定を受けたものを除く。)において指導を担当する者を含む。)の職

九　児童福祉法第七条第一項に規定する児童福祉施設及び連携施設を構成する保育機能施設の長の職

十　児童福祉法第七条第一項に規定する児童福祉施設及び連携施設を構成する保育機能施設において児童の保育に直接従事する職員の職

十一　児童福祉法第七条第一項に規定する児童福祉施設及び連携施設を構成する保育機能施設の事務職員の職

十二　児童福祉法第六条の三第九項に規定する家庭的保育事業、同条第十項に規定する小規模保育事業、同条第十一項に規定する居宅訪問型保育事業及び同条第十二項に規定する事業所内保育事業(以下この条において「家庭的保育事業等」という。)の管理者の職

十三　家庭的保育事業等において児童の保育に直接従事する職員の職

十四　家庭的保育事業等における事務職員の職

十五　第一号から前号までに掲げるもののほか、国又は地方公共団体において教育(教育基本法(平成十八年法律第百二十号)第六条第一項に規定する法律に定める学校において行われる教育以外の教育を含む。以下この号において同じ。)若しくは児童福祉に関する事務又は教育若しくは児童福祉を担当する国家公務員又は地方公務員(単純な労務に雇用される者を除く。)の職

十六　外国の官公庁における前号に準ずるものの職

第十三条　国(国立大学法人法(平成十五年法律第百十二号)第二条第一項に規定する国立大学法人を含む。)及び地方公共団体(地方独立行政法人法(平成十五年法律第百十八号)第六十八条第一項に規定する公立大学法人(以下単に「公立大学法人」という。)を含む。以下この条及び第十八条において同じ。)が設置する幼保連携型認定こども園の園長の任命権者又は国及び地方公共団体以外の者が設置する幼保連携型認定こども園の設置者は、幼保連携型認定こども園の運営上特に必要がある場合には、前条の規定にかかわらず、法第二条第七項に規定する幼保連携型認定こども園の目的を実現するため、当該幼保連携型認定こども園を適切に管理及び運営する能力を有する者であって、前条に規定する資格を有する者と同等の資質を有すると認めるものを園長として任命し、又は採用することができる。

(幼保連携型認定こども園の副園長及び教頭の資格)

第十四条　前二条の規定は、副園長及び教頭の資格について準用する。

(幼保連携型認定こども園の設置の認可の申請又は届出等)

第十五条　幼保連携型認定こども園の設置についての認可の申請又は届出は、それぞれ認可申請書又は届出書に、次に掲げる事項を記載した書類及び法第十三条第一項の条例で定める要件に適合していることを証する書類を添えてしなければならない。

一　目的

二　名称

三　所在地

四　園地、園舎その他設備の規模及び構造並びにその図面

五　幼保連携型認定こども園の運営に関する規程(第三項及び次条において「園則」という。)

六　経費の見積り及び維持方法

七　開設の時期

2　法第十六条の届出を行った市町村(市町村が単独で又は他の市町村と共同して設立する公立大学法人を含む。以下この項において同じ。)又は法第十七条第一項の認可を受けた者は、前項各号に掲げる事項(市町村にあっては第一号及び第六号に掲げる事項を除く。)を変更しようとするときは、あらかじめ、都道府県知事(指定都市等の区域内に所在する幼保連携型認定こども園については、当該指定都市等の長)に届け出なければならない。

3　前項の規定による園則の変更は、次条に掲げる事項に係る園則の変更とする。

(幼保連携型認定こども園の園則に記載すべき事項)

第十六条　園則には、少なくとも、次に掲げる事項を記載しなければならない。

一　学年、学期、教育又は保育を行う日時数、教育又は保育を行わない日及び開園している時間に関する事項

二　教育課程その他の教育及び保育の内容に関する事項

三　保護者に対する子育ての支援の内容に関する事項
四　利用定員及び職員組織に関する事項
五　入園、退園、転園、休園及び卒園に関する事項
六　保育料その他の費用徴収に関する事項
七　その他施設の管理についての重要事項

（幼保連携型認定こども園の廃止又は休止の認可の申請又は届出）

第十七条　幼保連携型認定こども園の廃止又は休止についての認可の申請又は届出は、それぞれ認可申請書又は届出書に、次に掲げる事項（休止についての認可の申請又は届出の場合にあっては第四号に掲げる事項を除く。）を記載した書類を添えてしなければならない。

一　廃止又は休止の理由
二　園児の処置方法
三　廃止の期日又は休止の予定期間
四　財産の処分

（幼保連携型認定こども園の設置者の変更の認可の申請又は届出）

第十八条　幼保連携型認定こども園の設置者の変更についての認可の申請又は届出は、それぞれ認可申請書又は届出書に、当該設置者の変更に関係する者が連署して、変更前及び変更後の第十五条第一項第一号から第六号までに掲げる事項並びに変更の理由及び時期を記載した書類を添えてしなければならない。ただし、新たに設置者となろうとする者が成立前の地方公共団体である場合においては、当該成立前の地方公共団体の連署を要しない。

（法第十七条第二項第三号ただし書の主務省令で定める認可の取消しに該当しないこととすることが相当であると認められるもの）

第十九条　法第十七条第二項第三号ただし書の主務省令で定める同号本文に規定する認可の取消しに該当しないこととすることが相当であると認められるものは、都道府県知事（指定都市等の区域内に所在する幼保連携型認定こども園については当該指定都市等の長とし、法第三十四条第一項に規定する公私連携幼保連携型認定こども園にあっては市町村の長とし、法第三十五条第一項及び第三十七条第一項の規定により都道府県知事の権限に属するものとされている事務をこども家庭庁長官及び文部科学大臣が行う場合にあってはこども家庭庁長官及び文部科学大臣とする。）が法第十九条第一項その他の規定による報告等の権限を適切に行使し、当該認可の取消しの処分の理由となった事実及び当該事実の発生を防止するための当該幼保連携型認定こども園の設置者による業務管理体制の整備についての取組の状況その他の当該事実に関して当該幼保連携型認定こども園の設置者が有していた責任の程度を確認した結果、当該幼保連携型認定こども園の設置者が当該認可の取消しの理由となった事実について組織的に関与していると認められない場合に係るものとする。

2　前項の規定は、法第十七条第二項第七号ハの主務省令で定める同号に規定する認可の取消しに該当しないこととすることが相当であると認められるものについて準用する。

（法第十七条第二項第五号の規定による聴聞決定予定日の通知）

第二十条　法第十七条第二項第五号の規定による通知をするときは、法第十九条第一項の規定による検査が行われた日（以下この条において「検査日」という。）から十日以内に、検査日から起算して六十日以内の特定の日を通知するものとする。

（法第十七条第五項の規定による協議手続）

第二十一条　法第十七条第五項の規定による協議は、第十五条第一項各号に掲げる事項を記載した書類を市町村の長に提出してするものとする。

（法第十七条第六項ただし書の主務省令で定める場合）

第二十二条　法第十七条第六項ただし書の主務省令で定める場合は、次に掲げる場合とする。

一　法第十七条第一項の設置の認可の申請に係る幼保連携型認定こども園を設置しようとする場所を含む区域（子ども・子育て支援法第六十二条第二項第一号の規定により都道府県が定める区域（指定都市等の長が認可を行う場合にあっては、同法第六十一条第二項第一号の規定により当該指定都市等が定める教育・保育提供区域）をいう。以下この条において同じ。）における特定教育・保育施設の利用定員の総数（当該申請に係る幼保連携型認定こども園の事業の開始を予定する日の属する事業年度（以下この条において「申請幼保連携型認定こども園事業開始年度」という。）に係るものであって、同法第十九条第一号に掲げる小学校就学前子どもに係るものに限る。）及び特定教育・保育施設以外の幼稚園の収容定員の総数（申請幼保連携型認定こども園事業開始年度に係るものをいい、当該特定教育・保育施設以外の幼稚園に在籍し

ている幼児の総数が当該収容定員の総数に満たない場合にあっては、当該在籍している幼児の総数を勘案して都道府県知事（指定都市等の長が認可を行う場合にあっては指定都市等の長）が定める数）の合計数が、都道府県計画（指定都市等の長が認可を行う場合にあっては、同法第六十一条第一項の規定により当該指定都市等の長が定める市町村計画。以下この条において同じ。）において定める当該区域の特定教育・保育施設の必要利用定員総数（申請幼保連携型認定こども園事業開始年度に係るものであって、同法第十九条第一号に掲げる小学校就学前子どもに係るものに限る。）に既に達しているか、又は当該申請に係る設置の認可によってこれを超えることになると認める場合

二　法第十七条第一項の設置の認可の申請に係る幼保連携型認定こども園を設置しようとする場所を含む区域における特定教育・保育施設及び国家戦略特別区域小規模保育事業の利用定員の総数（申請幼保連携型認定こども園事業開始年度に係るものであって、子ども・子育て支援法第十九条第二号に掲げる小学校就学前子どもに係るものに限る。）が、都道府県計画において定める当該区域の特定教育・保育施設及び国家戦略特別区域小規模保育事業の必要利用定員総数（申請幼保連携型認定こども園事業開始年度に係るものであって、同号に掲げる小学校就学前子どもに係るものに限る。）に既に達しているか、又は当該申請に係る設置の認可によってこれを超えることになると認める場合

三　法第十七条第一項の設置の認可の申請に係る幼保連携型認定こども園を設置しようとする場所を含む区域における特定教育・保育施設及び特定地域型保育事業所（子ども・子育て支援法第四十三条第一項に規定する事業所内保育事業所における同項に規定する労働者等の監護する小学校就学前子どもに係る部分を除き、市町村計画に基づき整備をしようとするものを含む。）の利用定員の総数（申請幼保連携型認定こども園事業開始年度に係るものであって、同法第十九条第三号に掲げる小学校就学前子どもに係るものに限る。）が、都道府県計画において定める当該区域の特定教育・保育施設及び特定地域型保育事業所の必要利用定員総数（申請幼保連携型認定こども園事業開始年度に係るものであって、同号に掲げる小学校就学前子どもに係るものに限る。）に既に達しているか、又は当該申請に係る設置の認可によってこれを超えることになると認める場合

2　前項各号の申請に係る幼保連携型認定こども園が幼稚園又は保育所を廃止して設置しようとする場合における同項各号の規定の適用については、これらの規定中「必要利用定員総数（申請幼保連携型認定こども園事業開始年度に係るものであって」とあるのは、「必要利用定員総数（申請幼保連携型認定こども園事業開始年度に係るもの（都道府県計画で定める当該区域において実施しようとする教育又は保育の提供の確保体制に必要な数を加えて得た数を含む。）であって」とする。

（法第二十三条の規定による評価の方法）

第二十三条　幼保連携型認定こども園の設置者は、当該幼保連携型認定こども園における教育及び保育並びに子育て支援事業（第二十五条において「教育及び保育等」という。）の状況その他の運営の状況について、自ら評価を行い、その結果を公表するものとする。

2　前項の評価を行うに当たっては、幼保連携型認定こども園の設置者は、その実情に応じ、適切な項目を設定して行うものとする。

第二十四条　幼保連携型認定こども園の設置者は、前条第一項の規定による評価の結果を踏まえた当該幼保連携型認定こども園の園児の保護者その他の当該幼保連携型認定こども園の関係者（当該幼保連携型認定こども園の職員を除く。）による評価を行い、その結果を公表するよう努めるものとする。

第二十五条　幼保連携型認定こども園の設置者は、当該幼保連携型認定こども園における教育及び保育等の状況その他の運営の状況について、定期的に外部の者による評価を受けて、その結果を公表するよう努めるものとする。

（学校教育法施行規則の準用）

第二十六条　学校教育法施行規則（昭和二十二年文部省令第十一号）第二十五条、第二十七条、第二十八条第一項及び第二項前段、第四十八条、第四十九条、第五十九条、第六十条並びに第六十三条の規定は、幼保連携型認定こども園について準用する。この場合において、次の表の上欄に掲げる同令の規定中同表の中欄に掲げる字句は、それぞれ同表の下欄に掲げる字句に読み替えるものとする。

読み替える学校教育法施行規則の規定	読み替えられる字句	読み替える字句
第二十五条	校長（学長を除く。）	就学前の子どもに関する教育、保育等の総合的な提供の推進に関する法律第十四条第一項に規定する園長（以下「園長」という。）
	児童等	就学前の子どもに関する教育、保育等の総合的な提供の推進に関する法律第十四条第六項に規定する園児
第二十七条	私立学校	国（国立大学法人法（平成十五年法律第百十二号）第二条第一項に規定する国立大学法人を含む。）及び地方公共団体（公立大学法人を含む。第六十三条において同じ。）以外の者が設置する幼保連携型認定こども園（就学前の子どもに関する教育、保育等の総合的な提供の推進に関する法律第二条第七項に規定する幼保連携型認定こども園をいう。以下同じ。）
	大学及び高等専門学校にあつては文部科学大臣、大学及び高等専門学校以外の学校にあつては都道府県知事	都道府県知事（就学前の子どもに関する教育、保育等の総合的な提供の推進に関する法律第三条第一項に規定する指定都市等の区域内に所在する幼保連携型認定こども園については、当該指定都市等の長）
第二十七条、第四十八条、第四十九条第二項及び第三項、第六十条並びに第六十三条	校長	園長
第二十八条第一項	学則	園則
第二十八条第二項前段	表簿（第二十四条第二項の抄本又は写しを除く。）	表簿
第四十九条第三項	教育	教育、保育又は子育ての支援
第六十条	授業	教育の
第六十三条	授業	教育又は保育
	公立小学校	地方公共団体が設置する幼保連携型認定こども園
	教育委員会	長

（学校保健安全法施行規則の準用）

第二十七条 学校保健安全法施行規則（昭和三十三年文部省令第十八号）第一条、第二条、第五条第一項、第六条第一項（第八号を除く。）及び第二項、第七条第一項から第四項まで及び第六項から第八項まで、第八条第一項、第三項及び第四項本文、第九条第一項（第五号を除く。）、第十条から第二十四条まで並びに第二十八条から第二十九条の二までの規定は、幼保連携型認定こども園について準用する。この場合において、次の表の上欄に掲げる同令の規定中同表の中欄に掲げる字句は、それぞれ同表の下欄に掲げる字句に読み替えるものとする。

読み替える学校保健安全法施行規則の規定	読み替えられる字句	読み替える字句
第五条第一項	毎学年、六月三十日までに行うもの	入園時及び毎年度二回行う（そのうち一回は六月三十日までに行うものとする。）ことを原則
第七条第一項	法第十三条第一項	満三歳以上の就学前の子どもに関する教育、保育等の総合的な提供の推進に関する法律第十四条第六項に規定する園児（以下「園児」という。）に係る法第十三条第一項
	ものとする。	ものとする。また、満三歳未満の園児については、これに準ずるものとする。
第七条第六項	全幼児、小学校の第二学年以上の児童、中学校及び高等学校の第二学年以上の生徒、高等専門学校の	園児

	第二学年以上の学生並びに大学の全学生	
第八条第一項、第三項及び第四項、第十一条、第二十条、第二十一条第一項、第二十八条第一項並びに第二十九条の二	児童生徒等	園児
第八条第三項	校長は	就学前の子どもに関する教育、保育等の総合的な提供の推進に関する法律第十四条第一項に規定する園長（以下「園長」という。）は
第九条第一項	幼児、児童又は生徒にあつては当該幼児、児童又は生徒及びその保護者（学校教育法（昭和二十二年法律第二十六号）第十六条に規定する保護者をいう。）に、学生にあつては当該学生	園児及びその保護者（就学前の子どもに関する教育、保育等の総合的な提供の推進に関する法律第二条第十一項に規定する保護者をいう。）
第二十条	学年別	年齢別
第二十一条第一項及び第二項、第二十二条第一項第八号及び第二十三条第二項並びに第二十四条第二項	校長	園長

（法第二十九条第一項の主務省令で定める軽微な変更）

第二十八条　法第二十九条第一項の主務省令で定める軽微な変更は、次に掲げるものとする。

一　法第四条第一項第三号に規定する保育を必要とする子どもに係る利用定員又は同項第四号に規定する保育を必要とする子ども以外の子どもに係る利用定員の変更のうち都道府県知事が定める数を超えない範囲内で行われるもの（幼保連携型認定こども園の利用定員、幼稚園の収容定員又は保育所等の入所定員の変更を伴うものを除く。）

二　法第二十八条に規定する教育保育概要として同条の規定により周知された事項の変更のうち都道府県知事が定めるもの

（法第三十条第一項の規定による報告の方法等）

第二十九条　法第三十条第一項の規定による報告は、次に掲げる事項を記載した報告書を都道府県知事（指定都市等所在施設である認定こども園については当該指定都市等の長）の定める日までに提出することにより行うものとする。

一　報告年月日の前日において在籍している法第四条第一項第三号に規定する保育を必要とする子どもに係る利用定員（満三歳未満の者の数及び満三歳以上の者の数に区分するものとする。）及び同項第四号に規定する保育を必要とする子ども以外の子どもに係る利用定員（満三歳未満の者の数及び満三歳以上の者の数に区分するものとする。）

二　当該認定こども園が法第三条第一項又は第三項の都道府県（指定都市等所在施設である幼稚園若しくは保育所等又は連携施設については、当該指定都市等）の条例で定める要件に適合していることを確認するために必要な事項として都道府県知事が定める事項

三　法第二十八条の規定により周知された同条に規定する教育保育概要を確認するために必要な事項として都道府県知事が定める事項

（幼保連携型認定こども園の指導要録）

第三十条　園長は、その幼保連携型認定こども園に在籍する園児の指導要録（就学前の子どもに関する教育、保育等の総合的な提供の推進に関する法律施行令（以下「令」という。）第八条に規定する園児の学習及び健康の状況を記録した書類の原本をいう。以下この条において同じ。）を作成しなければならない。

2　園長は、園児が進学した場合においては、その作成に係る当該園児の指導要録の抄本又は写しを作成し、これを進学先の校長に送付しなければならない。

3　園長は、園児が転園した場合においては、その作成に係る当該園児の指導要録の写しを作成し、その写し（転園してきた園児については転園により送付を受けた指導要録（学校教育法施行令（昭和二十八年政令第三百四十号）第三十一条に規定する児童等の学習及び健康の状況を

記録した書類の原本を含む。）の写しを含む。）を転園先の幼稚園の園長、保育所の長又は認定こども園の長に送付しなければならない。

4　指導要録及びその写しのうち入園、卒園等の学籍に関する記録については、その保存期間は、二十年間とする。

5　令第八条の規定により指導要録及びその写しを保存しなければならない期間は、前項に規定する保存期間から当該幼保連携型認定こども園においてこれらの書類を保存していた期間を控除した期間とする。

（幼保連携型認定こども園の認可の申請等の細則）

第三十一条　法、令及びこの命令の規定に基づいてなすべき認可の申請及び届出の手続その他の細則については、都道府県知事（指定都市等所在施設である幼保連携型認定こども園（都道府県が設置するものを除く。）については、当該指定都市等の長）が、これを定める。

附　則（抄）

（施行期日）

第一条　この命令は、就学前の子どもに関する教育、保育等の総合的な提供の推進に関する法律の一部を改正する法律（以下「一部改正法」という。）の施行の日［平27・4・1］から施行する。

29 幼保連携型認定こども園の学級の編制、職員、設備及び運営に関する基準

（平成二六年四月三〇日
内閣府・文部科学省・厚生労働省令第一号）

改正　令和五・三・三一内・文科・厚労令二

（趣旨）

第一条　就学前の子どもに関する教育、保育等の総合的な提供の推進に関する法律（以下「法」という。）第十三条第二項の主務省令で定める基準は、次の各号に掲げる基準に応じ、それぞれ当該各号に定める規定による基準とする。

一　法第十三条第一項の規定により、同条第二項第一号に掲げる事項について都道府県（指定都市等所在施設（法第三条第一項に規定する指定都市等所在施設をいう。次項において同じ。）である幼保連携型認定こども園（都道府県が設置するものを除く。）については、当該指定都市等（法第三条第一項に規定する指定都市等をいう。次項において同じ。）。以下同じ。）が条例を定めるに当たって従うべき基準　第四条、第五条及び第十三条第二項（児童福祉施設の設備及び運営に関する基準（昭和二十三年厚生省令第六十三号）第八条第二項の規定を読み替えて準用する部分に限る。）並びに附則第二条第一項、第三条及び第五条から第九条までの規定による基準

二　法第十三条第一項の規定により、同条第二項第二号に掲げる事項について都道府県が条例を定めるに当たって従うべき基準　第六条、第七条第一項から第六項まで、第十三条第一項（児童福祉施設の設備及び運営に関する基準第三十二条第八号の規定を読み替えて準用する部分に限る。）及び第二項（同令第八条第二項の規定を読み替えて準用する部分に限る。）並びに第十四条並びに附則第二条第二項及び第四条の規定による基準

三　法第十三条第一項の規定により、同条第二項第三号に掲げる事項について都道府県が条例を定めるに当たって従うべき基準　第九条第一項（第一号及び第二号に係る部分に限る。）、第十二条及び第十三条第一項（児童福祉施設の設備及び運営に関する基準第九条、第九条の二、第十一条（第四項ただし書を除く。）、第十四条の二及び第三十二条の二（後段を除く。）の規定を読み替えて準用する部分に限る。）の規定による基準

四　法第十三条第一項の規定により、同条第二項各号に掲げる事項以外の事項について都道府県が条例を定めるに当たって参酌すべき基準　この命令に定める基準のうち、前三号に定める規定による基準以外のもの

2　法第十三条第二項の主務省令で定める基準は、都道府県知事（指定都市等所在施設である幼保連携型認定こども園（都道府県が設置するものを除く。）については、当該指定都市等の長。以下同じ。）の監督に属する幼保連携型認定こども園の園児（法第十四条第六項に規定する園児をいう。以下同じ。）が、明るくて、衛生的な環境において、素養があり、かつ、適切な養成又は訓練を受けた職員の指導により、心身ともに健やかに育成されることを保障するものとする。

3 内閣総理大臣及び文部科学大臣は、法第十三条第二項の主務省令で定める基準を常に向上させるように努めるものとする。

（設備運営基準の目的）

第二条 法第十三条第一項の規定により都道府県が条例で定める基準（次条において「設備運営基準」という。）は、都道府県知事の監督に属する幼保連携型認定こども園の園児が、明るくて、衛生的な環境において、素養があり、かつ、適切な養成又は訓練を受けた職員の指導により、心身ともに健やかに育成されることを保障するものとする。

（設備運営基準の向上）

第三条 都道府県知事は、その管理に属する法第二十五条に規定する審議会その他の合議制の機関の意見を聴き、その監督に属する幼保連携型認定こども園に対し、設備運営基準を超えて、その設備及び運営を向上させるように勧告することができる。

2 都道府県は、設備運営基準を常に向上させるように努めるものとする。

（学級の編制の基準）

第四条 満三歳以上の園児については、教育課程に基づく教育を行うため、学級を編制するものとする。

2 一学級の園児数は、三十五人以下を原則とする。

3 学級は、学年の初めの日の前日において同じ年齢にある園児で編制することを原則とする。

（職員の数等）

第五条 幼保連携型認定こども園には、各学級ごとに担当する専任の主幹保育教諭、指導保育教諭又は保育教諭（次項において「保育教諭等」という。）を一人以上置かなければならない。

2 特別の事情があるときは、保育教諭等は、専任の副園長若しくは教頭が兼ね、又は当該幼保連携型認定こども園の学級数の三分の一の範囲内で、専任の助保育教諭若しくは講師をもって代えることができる。

3 幼保連携型認定こども園に置く園児の教育及び保育（満三歳未満の園児については、その保育。以下同じ。）に直接従事する職員の数は、次の表の上欄に掲げる園児の区分に応じ、それぞれ同表の下欄に定める員数以上とする。ただし、当該職員の数は、常時二人を下ってはならない。

園児の区分	員数
一 満四歳以上の園児	おおむね三十人につき一人
二 満三歳以上満四歳未満の園児	おおむね二十人につき一人
三 満一歳以上満三歳未満の園児	おおむね六人につき一人
四 満一歳未満の園児	おおむね三人につき一人

備考

一 この表に定める員数は、副園長（幼稚園の教諭の普通免許状（教育職員免許法（昭和二十四年法律第百四十七号）第四条第二項に規定する普通免許状をいう。以下この号及び附則第六条において同じ。）を有し、かつ、児童福祉法（昭和二十二年法律第百六十四号）第十八条の十八第一項（国家戦略特別区域法（平成二十五年法律第百七号）第十二条の五第五項に規定する事業実施区域内にある幼保連携型認定こども園にあっては、同条第八項において準用する場合を含む。）の登録（以下この号において「登録」という。）を受けたものに限る。）、教頭（幼稚園の教諭の普通免許状を有し、かつ、登録を受けたものに限る。）、主幹保育教諭、指導保育教諭、保育教諭、助保育教諭又は講師であって、園児の教育及び保育に直接従事する者の数をいう。

二 この表に定める員数は、同表の上欄の園児の区分ごとに下欄の園児数に応じ定める数を合算した数とする。

三 この表の第一号及び第二号に係る員数が学級数を下るときは、当該学級数に相当する数を当該員数とする。

四 園長が専任でない場合は、原則としてこの表に定める員数を一人増加するものとする。

4 幼保連携型認定こども園には、調理員を置かなければならない。ただし、第十三条第一項において読み替えて準用する児童福祉施設の設備及び運営に関する基準第三十二条の二（後段を除く。第七条第三項において同じ。）の規定により、調理業務の全部を委託する幼保連携型認定こども園にあっては、調理員を置かないことができる。

5 幼保連携型認定こども園には、次に掲げる職員を置くよう努めなければならない。

一 副園長又は教頭

二 主幹養護教諭、養護教諭又は養護助教諭

三 事務職員

（園舎及び園庭）

第六条 幼保連携型認定こども園には、園舎及び園庭を備えなければならない。

2 園舎は、二階建以下を原則とする。ただし、特別の事情がある場合は、三階建以上とすることができる。

3 乳児室、ほふく室、保育室、遊戯室又は便所（以下この項及び次項において「保育室等」と

いう。）は一階に設けるものとする。ただし、園舎が第十三条第一項において読み替えて準用する児童福祉施設の設備及び運営に関する基準第三十二条第八号イ、ロ及びヘに掲げる要件を満たすときは保育室等を二階に、前項ただし書の規定により園舎を三階建以上とする場合であって、第十三条第一項において読み替えて準用する同令第三十二条第八号に掲げる要件を満たすときは、保育室等を三階以上の階に設けることができる。

4　前項ただし書の場合において、三階以上の階に設けられる保育室等は、原則として、満三歳未満の園児の保育の用に供するものでなければならない。

5　園舎及び園庭は、同一の敷地内又は隣接する位置に設けることを原則とする。

6　園舎の面積は、次に掲げる面積を合算した面積以上とする。

一　次の表の上欄に掲げる学級数に応じ、それぞれ同表の下欄に定める面積

学級数	面積（平方メートル）
一学級	180
二学級以上	320＋100×（学級数－2）

二　満三歳未満の園児数に応じ、次条第六項の規定により算定した面積

7　園庭の面積は、次に掲げる面積を合算した面積以上とする。

一　次に掲げる面積のうちいずれか大きい面積

イ　次の表の上欄に掲げる学級数に応じ、それぞれ同表の下欄に定める面積

学級数	面積（平方メートル）
二学級以下	330＋30×（学級数－1）
三学級以上	400＋80×（学級数－3）

ロ　三・三平方メートルに満三歳以上の園児数を乗じて得た面積

二　三・三平方メートルに満二歳以上満三歳未満の園児数を乗じて得た面積

（園舎に備えるべき設備）

第七条　園舎には、次に掲げる設備（第二号に掲げる設備については、満二歳未満の保育を必要とする子どもを入園させる場合に限る。）を備えなければならない。ただし、特別の事情があるときは、保育室と遊戯室及び職員室と保健室とは、それぞれ兼用することができる。

一　職員室
二　乳児室又はほふく室
三　保育室
四　遊戯室
五　保健室
六　調理室
七　便所
八　飲料水用設備、手洗用設備及び足洗用設備

2　保育室（満三歳以上の園児に係るものに限る。）の数は、学級数を下ってはならない。

3　満三歳以上の園児に対する食事の提供について、第十三条第一項において読み替えて準用する児童福祉施設の設備及び運営に関する基準第三十二条の二に規定する方法により行う幼保連携型認定こども園にあっては、第一項の規定にかかわらず、調理室を備えないことができる。この場合において、当該幼保連携型認定こども園においては、当該食事の提供について当該方法によることとしてもなお当該幼保連携型認定こども園において行うことが必要な調理のための加熱、保存等の調理機能を有する設備を備えなければならない。

4　園児に対する食事の提供について、幼保連携型認定こども園内で調理する方法により行う園児数が二十人に満たない場合においては、当該食事の提供を行う幼保連携型認定こども園は、第一項の規定にかかわらず、調理室を備えないことができる。この場合において、当該幼保連携型認定こども園においては、当該食事の提供について当該方法により行うために必要な調理設備を備えなければならない。

5　飲料水用設備は、手洗用設備又は足洗用設備と区別して備えなければならない。

6　次の各号に掲げる設備の面積は、当該各号に定める面積以上とする。

一　乳児室　一・六五平方メートルに満二歳未満の園児のうちほふくしないものの数を乗じて得た面積

二　ほふく室　三・三平方メートルに満二歳未満の園児のうちほふくするものの数を乗じて得た面積

三　保育室又は遊戯室　一・九八平方メートルに満二歳以上の園児数を乗じて得た面積

7　第一項に掲げる設備のほか、園舎には、次に掲げる設備を備えるよう努めなければならない。

一　放送聴取設備
二　映写設備
三　水遊び場
四　園児清浄用設備
五　図書室
六　会議室

（園具及び教具）

第八条　幼保連携型認定こども園には、学級数及び園児数に応じ、教育上及び保育上、保健衛生上並びに安全上必要な種類及び数の園具及び教具を備えなければならない。

2　前項の園具及び教具は、常に改善し、補充しなければならない。

（教育及び保育を行う期間及び時間）

第九条　幼保連携型認定こども園における教育及び保育を行う期間及び時間は、次に掲げる要件を満たすものでなければならない。

一　毎学年の教育週数は、特別の事情のある場合を除き、三十九週を下ってはならないこと。

二　教育に係る標準的な一日当たりの時間（次号において「教育時間」という。）は、四時間とし、園児の心身の発達の程度、季節等に適切に配慮すること。

三　保育を必要とする子どもに該当する園児に対する教育及び保育の時間（満三歳以上の保育を必要とする子どもに該当する園児については、教育時間を含む。）は、一日につき八時間を原則とすること。

2　前項第三号の時間については、その地方における園児の保護者の労働時間その他家庭の状況等を考慮して、園長がこれを定めるものとする。

（子育て支援事業の内容）

第十条　幼保連携型認定こども園における保護者に対する子育ての支援は、保護者が子育てについての第一義的責任を有するという基本認識の下に、子育てを自ら実践する力の向上を積極的に支援することを旨として、教育及び保育に関する専門性を十分に活用し、子育て支援事業のうち、その所在する地域における教育及び保育に対する需要に照らし当該地域において実施することが必要と認められるものを、保護者の要請に応じ適切に提供し得る体制の下で行うものとする。その際、地域の人材や社会資源の活用を図るよう努めるものとする。

（掲示）

第十一条　幼保連携型認定こども園は、その建物又は敷地の公衆の見やすい場所に、当該施設が幼保連携型認定こども園である旨を掲示しなければならない。

（学校教育法施行規則の準用）

第十二条　学校教育法施行規則（昭和二十二年文部省令第十一号）第五十四条の規定は、幼保連携型認定こども園について準用する。この場合において、同条中「児童が」とあるのは「就学前の子どもに関する教育、保育等の総合的な提供の推進に関する法律第十四条第六項に規定する園児（以下この条において「園児」という。）が」と、「児童の」とあるのは「園児の」と読み替えるものとする。

（児童福祉施設の設備及び運営に関する基準の準用）

第十三条　児童福祉施設の設備及び運営に関する基準第四条、第五条第一項、第二項及び第四項、第七条の二、第九条から第九条の三まで、第十一条（第四項ただし書を除く。）、第十四条の二、第十四条の三第一項、第三項及び第四項、第三十二条第八号、第三十二条の二（後段を除く。）並びに第三十六条の規定は、幼保連携型認定こども園について準用する。この場合において、次の表の上欄に掲げる同令の規定中同表の中欄に掲げる字句は、それぞれ同表の下欄に掲げる字句に読み替えるものとする。

読み替える児童福祉施設の設備及び運営に関する基準の規定	読み替えられる字句	読み替える字句
第四条の見出し及び同条第二項	最低基準	設備運営基準
第四条第一項	最低基準	就学前の子どもに関する教育、保育等の総合的な提供の推進に関する法律第十三条第一項の規定により都道府県（同法第三条第一項に規定する指定都市等所在施設である同法第二条第七項に規定する幼保連携型認定こども園（都道府県が設置するものを除く。）については、当該指定都市等（同法第三条第一項に規定する指定都市等をいう。））が条例で定める基準（以下この条において「設備運営基準」という。）
第五条第一項	入所している者	就学前の子どもに関する教育、保育等の総合的な提供の推進に関する法律第十四条第六項に規定する園児（以下「園児」という。）
第五条第二項及び第十一条第五項	児童の	園児の
第七条の二第一項	法	就学前の子どもに関する教育、保育等の総合

		的な提供の推進に関する法律
第九条の見出し	入所した者	園児
第九条並びに第十一条第二項及び第三項	入所している者	園児
第九条	又は入所	又は入園
第九条の二	入所中の児童	園児
	当該児童	当該園児
第九条の三第一項	利用者に対する支援の提供	園児の教育及び保育（満三歳未満の園児については、その保育。以下同じ。）
第十一条第一項	及び	並びに
	入所している者	保育を必要とする子どもに該当する園児
	第八条	幼保連携型認定こども園の学級の編制、職員、設備及び運営に関する基準第十三条第二項において読み替えて準用する第八条
	社会福祉施設	学校、社会福祉施設等
第十四条の二	利用者	園児
	援助	教育及び保育並びに子育ての支援
第十四条の三第一項	入所している者	園児
第十四条の三第三項	援助に関し、当該措置又は助産の実施、母子保護の実施若しくは保育の提供若しくは法第二十四条第五項若しくは第六項の規定による措置に係る	教育及び保育並びに子育ての支援について、
第三十二条第八号	又は遊戯室	、遊戯室又は便所
第三十二条第八号イ	耐火建築物（建築基準法（昭和二十五年法律第二百一号）第二条第九号の二に規定する耐火建築物をいう。以下この号において同じ。）又は準耐火建築物（同条第九号の三に規定する準耐火建築物をいい、同号ロに該当するものを除く。）（保育室等を三階以上に設ける建築物にあっては、	建築基準法（昭和二十五年法律第二百一号）第二条第九号の二に規定する耐火建築物
	耐火建築物）	
第三十二条第八号ロ	施設又は設備	設備
第三十二条第八号ハ	施設及び設備	設備
第三十二条第八号へ	乳幼児	園児
第三十二条の二	第十一条第一項	幼保連携型認定こども園の学級の編制、職員、設備及び運営に関する基準第十三条第一項において読み替えて準用する第十一条第一項
	幼児	園児
	乳幼児	園児
第三十六条	保育所の長	就学前の子どもに関する教育、保育等の総合的な提供の推進に関する法律第十四条第一項に規定する園長
	入所している乳幼児	園児
	保育	教育及び保育

2　児童福祉施設の設備及び運営に関する基準第八条の規定は、幼保連携型認定こども園の職員及び設備について準用する。この場合において、同条の見出し中「他の社会福祉施設を併せて設置する」とあるのは職員については「他の学校又は社会福祉施設の職員を兼ねる」と、設備については「他の学校、社会福祉施設等の設備を兼ねる」と、「設備及び職員」とあるのは職員については「職員」と、設備については「設備」と、同条第一項中「他の社会福祉施設を併せて設置するときは、必要に応じ」とあるのは「その運営上必要と認められる場合は」と、「設備

及び職員」とあるのは職員については「職員」と、設備については「設備」と、「併せて設置する社会福祉施設」とあるのは職員については「他の学校又は社会福祉施設」と、設備については「他の学校、社会福祉施設等」と、同条第二項中「入所している者の居室及び各施設に特有の設備並びに入所している者の保護に直接従事する職員」とあるのは職員については「就学前の子どもに関する教育、保育等の総合的な提供の推進に関する法律第十四条第六項に規定する園児の保育に直接従事する職員」と、設備については「乳児室、ほふく室、保育室、遊戯室又は便所」と、「保育所の設備及び職員については」とあるのは職員については「他の社会福祉施設の職員に兼ねる場合であって、」と、設備については「他の社会福祉施設の設備に兼ねる場合であって、」と読み替えるものとする。

（幼稚園設置基準の準用）

第十四条　幼稚園設置基準（昭和三十一年文部省令第三十二号）第七条の規定は、幼保連携型認定こども園について準用する。この場合において、同条第一項中「幼児の教育上」とあるのは「その運営上」と、同条第二項中「施設及び設備」とあるのは「設備」と読み替えるものとする。

附　則　（抄）

（施行期日）

第一条　この命令は、就学前の子どもに関する教育、保育等の総合的な提供の推進に関する法律の一部を改正する法律（平成二十四年法律第六十六号。以下「一部改正法」という。）の施行の日（以下「施行日」という。）〔平27・4・1〕から施行する。

（幼保連携型認定こども園の職員配置に係る特例）

第三条　施行日から起算して十年間は、副園長又は教頭を置く幼保連携型認定こども園についての第五条第三項の規定の適用については、同項の表備考第一号中「かつ、」とあるのは、「又は」とすることができる。

（幼保連携型認定こども園の設置に係る特例）

第四条　施行日の前日において現に幼稚園（その運営の実績その他により適正な運営が確保されていると認められるものに限る。以下この条において同じ。）を設置している者が、当該幼稚園を廃止し、当該幼稚園と同一の所在場所において、当該幼稚園の設備を用いて幼保連携型認定こども園を設置する場合における当該幼保連携型認定こども園に係る第六条第三項及び第七項並びに第七条第六項の規定の適用については、当分の間、次の表の上欄に掲げる規定中同表の中欄に掲げる字句は、それぞれ同表の下欄に掲げる字句に読み替えるものとする。

<table>
<tr><th>読み替える規定</th><th>読み替えられる字句</th><th>読み替える字句</th></tr>
<tr><td>第六条第三項</td><td>第十三条第一項において読み替えて準用する児童福祉施設の設備及び運営に関する基準第三十二条第八号イ、ロ及びへに掲げる要件を満たす</td><td>耐火建築物で、園児の待避上必要な設備を備える</td></tr>
<tr><td>第六条第七項</td><td>一　次に掲げる面積のうちいずれか大きい面積
イ　次の表の上欄に掲げる学級数に応じ、それぞれ同表の下欄に定める面積<table><tr><th>学級数</th><th>面積（平方メートル）</th></tr><tr><td>二学級以下</td><td>330＋30×（学級数－1）</td></tr><tr><td>三学級以上</td><td>400＋80×（学級数－3）</td></tr></table>ロ　三・三平方メートルに満三歳以上の園児数を乗じて得た面積</td><td>一　次の表の上欄に掲げる学級数に応じ、それぞれ同表の下欄に定める面積<table><tr><th>学級数</th><th>面積（平方メートル）</th></tr><tr><td>二学級以下</td><td>330＋30×（学級数－1）</td></tr><tr><td>三学級以上</td><td>400＋80×（学級数－3）</td></tr></table></td></tr>
<tr><td>第七条第六項</td><td>一　乳児室　一・六五平方メートルに満二歳未満の園児のうちほふくしないものの数を乗じて得た面積
二　ほふく室　三・三平方メートルに満二歳未満の園児のうちほふくするものの数を乗じて得た面積
三　保育室又は遊戯室　一・九八平方メートルに満二歳以上の園児数を乗じて得た面積</td><td>一　乳児室　一・六五平方メートルに満二歳未満の園児のうちほふくしないものの数を乗じて得た面積
二　ほふく室　三・三平方メートルに満二歳未満の園児のうちほふくするものの数を乗じて得た面積</td></tr>
</table>

2　施行日の前日において現に保育所（その運営の実績その他により適正な運営が確保されていると認められるものに限る。以下この条において同じ。）を設置している者が、当該保育所を廃止し、当該保育所と同一の所在場所において、当該保育所の設備を用いて幼保連携型認定こども園を設置する場合における当該幼保連携型認定

定こども園に係る第六条第三項、第六項及び第七項の規定の適用については、当分の間、次の表の上欄に掲げる規定中同表の中欄に掲げる字句は、それぞれ同表の下欄に掲げる字句に読み替えるものとする。

<table>
<tr><th>読み替える規定</th><th>読み替えられる字句</th><th>読み替える字句</th></tr>
<tr><td>第六条第三項</td><td>第十三条第一項において読み替えて準用する児童福祉施設の設備及び運営に関する基準</td><td>児童福祉施設の設備及び運営に関する基準</td></tr>
<tr><td>第六条第六項</td><td>一　次の表の上欄に掲げる学級数に応じ、それぞれ同表の下欄に定める面積<table><tr><th>学級数</th><th>面積（平方メートル）</th></tr><tr><td>一学級</td><td>180</td></tr><tr><td>二学級以上</td><td>320＋100×（学級数－2）</td></tr></table></td><td>一　満三歳以上の園児数に応じ、次条第六項の規定により算定した面積</td></tr>
<tr><td>第六条第七項</td><td>一　次に掲げる面積のうちいずれか大きい面積
イ　次の表の上欄に掲げる学級数に応じ、それぞれ同表の下欄に定める面積<table><tr><th>学級数</th><th>面積（平方メートル）</th></tr><tr><td>二学級以下</td><td>330＋30×（学級数－1）</td></tr><tr><td>三学級以上</td><td>400＋80×（学級数－3）</td></tr></table>ロ　三・三平方メートルに満三歳以上の園児数を乗じて得た面積</td><td>一　三・三平方メートルに満三歳以上の園児数を乗じて得た面積</td></tr>
</table>

3　施行日の前日において現に幼稚園又は保育所を設置している者が、当該幼稚園又は保育所と同一の所在場所において、当該幼稚園又は保育所の設備を用いて幼保連携型認定こども園を設置する場合における当該幼保連携型認定こども園であって、当該幼保連携型認定こども園の園舎と同一の敷地内又は隣接する位置に園庭（第六条第七項第一号の面積以上の面積のものに限る。）を設けるものは、当分の間、同条第五項の規定にかかわらず、次に掲げる要件の全てを満たす場所に園庭を設けることができる。この場合において、当該幼保連携型認定こども園は、満三歳以上の園児の教育及び保育に支障がないようにしなければならない。

一　園児が安全に移動できる場所であること。
二　園児が安全に利用できる場所であること。
三　園児が日常的に利用できる場所であること。
四　教育及び保育の適切な提供が可能な場所であること。

（幼保連携型認定こども園の職員の数等に係る特例）

第五条　園児の登園又は降園の時間帯その他の園児が少数である時間帯において、第五条第三項本文の規定により必要となる園児の教育及び保育に直接従事する職員（以下「職員」という。）の数が一人となる場合には、当分の間、同項の規定により置かなければならない職員のうち一人は、同項の表備考第一号の規定にかかわらず、都道府県知事が保育教諭と同等の知識及び経験を有すると認める者とすることができる。

第六条　第五条第三項の表備考第一号に定める者については、当分の間、小学校教諭又は養護教諭の普通免許状を有する者（現に当該施設において主幹養護教諭及び養護教諭として従事している者を除く。以下「小学校教諭等免許状所持者」という。）をもって代えることができる。

この場合において、当該小学校教諭等免許状所持者は補助者として従事する場合を除き、教育課程に基づく教育に従事してはならない。

第七条　一日につき八時間を超えて開所する幼保連携型認定こども園において、開所時間を通じて必要となる職員の総数が、利用定員に応じて置かなければならない職員の数を超える場合における第五条第三項の表備考第一号に定める者については、当分の間、開所時間を通じて必要となる職員の総数から、利用定員に応じて置かなければならない職員の数を差し引いて得た数の範囲で、都道府県知事が保育教諭と同等の知識及び経験を有すると認める者をもって代えることができる。この場合において、当該者は補助者として従事する場合を除き、教育課程に基づく教育に従事してはならない。

第八条　第五条第三項の表備考第一号に定める者については、当分の間、一人に限って、当該幼保連携型認定こども園に勤務する保健師、看護師又は准看護師（以下「看護師等」という。）をもって代えることができる。ただし、満一歳未満の園児の数が四人未満である幼保連携型認定こども園については、子育てに関する知識と経験を有する看護師等を配置し、かつ、当該看護師等が保育を行うに当たって第五条第三項の表備考第一号に定める者による支援を受けることができる体制を確保しなければならない。

2　前項の場合において、当該看護師等は補助者として従事する場合を除き、教育課程に基づく教育に従事してはならない。

第九条　前三条の規定により第五条第三項の表備考第一号に定める者を小学校教諭等免許状所持者、都道府県知事が保育教諭と同等の知識及び経験を有すると認める者又は看護師等をもって代える場合においては、当該小学校教諭等免許状所持者、都道府県知事が保育教諭と同等の知識及び経験を有すると認める者並びに看護師等の総数は、同項の規定により置かなければならない職員の数の三分の一を超えてはならない。

30 就学前の子どもに関する教育、保育等の総合的な提供の推進に関する法律第三条第二項及び第四項の規定に基づき内閣総理大臣及び文部科学大臣が定める施設の設備及び運営に関する基準

（平成二六年七月三一日 内閣府・文部科学省・厚生労働省告示第二号）

題名改正　内・文科・厚労告三

改正　令和五・三・三一内・文科・厚労告三

第一　趣旨

就学前の子どもに関する教育、保育等の総合的な提供の推進に関する法律（以下「法」という。）は、幼保連携型認定こども園の設置及び運営に関し必要な事項を定めるとともに、幼稚園及び保育所等のうち、就学前の子どもに対する教育及び保育並びに保護者に対する子育て支援を総合的に提供する機能を備える施設を認定こども園として認定する仕組みを設けるものである。

この幼保連携型認定こども園以外の認定こども園（以下「認定こども園」という。）については、地域の実情に応じた選択が可能となるよう、次に掲げる類型を認めるものである。

一　幼稚園型認定こども園

次のいずれかに該当する施設をいう。

1　幼稚園教育要領（平成二十九年文部科学省告示第六十二号）に従って編成された教育課程に基づく教育を行うほか、当該教育のための時間の終了後、在籍している子どものうち保育を必要とする子どもに該当する者に対する教育を行う幼稚園

2　幼稚園及び保育機能施設のそれぞれの用に供される建物及びその附属設備が一体的に設置されている施設であって、次のいずれかに該当するもの

イ　当該施設を構成する保育機能施設において、満三歳以上の子どもに対し学校教育法（昭和二十二年法律第二十六号）第二十三条各号に掲げる目標が達成されるよう保育を行い、かつ、当該保育を実施するに当たり当該施設を構成する幼稚園との緊密な連携協力体制が確保されていること。

ロ　当該施設を構成する保育機能施設に入所していた子どもを引き続き当該施設を構成する幼稚園に入園させて一貫した教育及び保育を行うこと。

二　保育所型認定こども園

保育を必要とする子どもに対する保育を行うほか、当該保育を必要とする子ども以外の満三歳以上の子どもを保育し、かつ、満三歳以上の子どもに対し学校教育法第二十三条各号に掲げる目標が達成されるよう保育を行う保育所

三　地方裁量型認定こども園

保育を必要とする子どもに対する保育を行うほか、当該保育を必要とする子ども以外の満三歳以上の子どもを保育し、かつ、満三歳以上の子どもに対し学校教育法第二十三条各号に掲げる目標が達成されるよう保育を行う保育機能施設

このように多様な類型の認定こども園を認めると同時に、いずれの類型の認定こども園においても、子どもの健やかな育ちを中心に置き、認定こども園に求められる機能の質を確保する必要があ

る。このため、法においては、認定こども園の認定の基準について、主務大臣が定める基準を参酌して都道府県（指定都市等所在施設である幼稚園若しくは保育所等又は連携施設については、当該指定都市等）の条例で定めることとしたものである。

第二　職員配置

一　認定こども園には、満一歳未満の子どもおおむね三人につき一人以上、満一歳以上満三歳未満の子どもおおむね六人につき一人以上、満三歳以上満四歳未満の子どもおおむね二十人につき一人以上、満四歳以上の子どもおおむね三十人につき一人以上の教育及び保育に従事する者を置かなければならない。ただし、常時二人を下回ってはならない。

二　満三歳以上の子どもであって、幼稚園と同様に一日に四時間程度利用するもの（以下「教育時間相当利用児」という。）及び保育所と同様に一日に八時間程度利用するもの（以下「教育及び保育時間相当利用児」という。）に共通の四時間程度の利用時間（以下「共通利用時間」という。）については、満三歳以上の子どもについて学級を編制し、各学級ごとに少なくとも一人の職員（以下「学級担任」という。）に担当させなければならない。この場合において、一学級の子どもの数は三十五人以下を原則とする。

第三　職員資格

一　第二の一により認定こども園に置くものとされる職員のうち満三歳未満の子どもの保育に従事する者は、保育士（当該認定こども園が国家戦略特別区域法（平成二十五年法律第百七号）第十二条の五第五項に規定する事業実施区域内にある場合にあっては、保育士又は国家戦略特別区域限定保育士。以下同じ。）の資格を有する者でなければならない。

二　第二の一により認定こども園に置くものとされる職員のうち満三歳以上の子どもの教育及び保育に従事する者は、幼稚園の教員免許状及び保育士の資格を併有する者であることが望ましいが、幼稚園の教員免許状及び保育士の資格を併有しない場合においては、そのいずれかを有する者でなければならない。

三　二の規定にかかわらず、学級担任は、幼稚園の教員免許状を有する者でなければならない。ただし、保育所型認定こども園又は地方裁量型認定こども園の認定を受ける場合であって学級担任を幼稚園の教員免許状を有する者とすることが困難であるときは、保育士の資格を有する者であって、その意欲、適性及び能力等を考慮して適当と認められるものを、その者が幼稚園の教員免許状の取得に向けた努力を行っている場合に限り、学級担任とすることができる。

四　二の規定にかかわらず、満三歳以上の子どものうち教育及び保育時間相当利用児の保育に従事する者は、保育士の資格を有する者でなければならない。ただし、幼稚園型認定こども園又は地方裁量型認定こども園の認定を受ける場合であって当該教育及び保育時間相当利用児の保育に従事する者を保育士の資格を有する者とすることが困難であるときは、幼稚園の教員免許状を有する者であって、その意欲、適性及び能力等を考慮して適当と認められるものを、その者が保育士の資格の取得に向けた努力を行っている場合に限り、当該教育及び保育時間相当利用児の保育に従事する者とすることができる。

五　認定こども園の長は、教育及び保育並びに子育て支援を提供する機能を総合的に発揮させるよう管理及び運営を行う能力を有しなければならない。

第四　施設設備

一　法第三条第三項の幼稚園及び保育機能施設については、それぞれの用に供される建物及びその附属設備（以下「建物等」という。）が同一の敷地内又は隣接する敷地内にあることが望ましいが、建物等が同一の敷地内又は隣接する敷地内にない場合においては、次に掲げる要件を満たさなければならない。

1　子どもに対する教育及び保育の適切な提供が可能であること。

2　子どもの移動時の安全が確保されていること。

二　認定こども園の園舎の面積（満三歳未満の子どもの保育を行う場合にあっては、満二歳以上満三歳未満の子どもの保育の用に供する保育室、遊戯室その他の施設設備の面積及び満二歳未満の子どもの保育の用に供する乳児室、ほふく室その他の施設設備の面積を除く。）は、次の表に掲げる基準を満たさなければならない。ただし、既存施設が保育所型認定こども園又は地方裁量型認定こども園の認定を受ける場合であって、四本文（満二歳未満の子どもの保育を行う場合にあっては四本文及び九）に規定する基準を満たすときは、この限りでない。

学級数	面積（平方メートル）
一学級	180
二学級以上	320＋100×（学級数－2）

三　認定こども園には、保育室又は遊戯室、屋外遊戯場及び調理室を設けなければならない。

四　三の保育室又は遊戯室の面積は、満二歳以上の子ども一人につき一・九八平方メートル以上でなければならない。ただし、満三歳以上の子どもについては、既存施設が幼稚園型認定こども園又は地方裁量型認定こども園の認定を受ける場合であって、その園舎の面積（満三歳未満の子どもの保育を行う場合にあっては、満二歳以上満三歳未満の子どもの保育の用に供する保育室、遊戯室その他の施設設備の面積及び満二歳未満の子どもの保育の用に供する乳児室、ほふく室その他の施設設備の面積を除く。）が二本文に規定する基準を満たすときは、この限りでない。

五　三の屋外遊戯場の面積は、次に掲げる基準を満たさなければならない。ただし、既存施設が保育所型認定こども園又は地方裁量型認定こども園の認定を受ける場合であって、1の基準を満たすときは、2の基準を満たすことを要しない。また、既存施設が幼稚園型認定こども園又は地方裁量型認定こども園の認定を受ける場合であって、2の基準を満たすときは、1の基準を満たすことを要しない。

1　満二歳以上の子ども一人につき三・三平方メートル以上であること。

2　次の表に掲げる面積に満二歳以上満三歳未満の子どもについて1により算定した面積を加えた面積以上であること。

学級数	面積（平方メートル）
二学級以下	330＋30×（学級数－1）
三学級以上	400＋80×（学級数－3）

六　保育所型認定こども園又は地方裁量型認定こども園にあっては、屋外遊戯場を次に掲げる要件を満たす当該認定こども園の付近にある適当な場所に代えることができる。

1　子どもが安全に利用できる場所であること。

2　利用時間を日常的に確保できる場所であること。

3　子どもに対する教育及び保育の適切な提供が可能な場所であること。

4　五による屋外遊戯場の面積を満たす場所であること。

七　認定こども園は、当該認定こども園の子どもに食事を提供するときは、当該認定こども園内で調理する方法により行わなければならない。ただし、満三歳以上の子どもに対する食事の提供については、次に掲げる要件を満たす場合に限り、当該認定こども園外で調理し搬入する方法により行うことができる。この場合において、当該認定こども園は、当該食事の提供について当該方法によることとしてもなお当該認定こども園において行うことが必要な調理のための加熱、保存等の調理機能を有する設備を備えるものとする。

1　子どもに対する食事の提供の責任が当該認定こども園にあり、その管理者が、衛生面や栄養面等業務上必要な注意を果たし得るような体制及び調理業務を受託する者との契約内容が確保されていること。

2　当該認定こども園又は他の施設、保健所、市町村等に配置されている栄養士により、献立等について栄養の観点からの指導が受けられる体制にある等、栄養士による必要な配慮が行われること。

3　受託業者については、認定こども園における給食の趣旨を十分に認識し、衛生面、栄養面等、調理業務を適切に遂行できる能力を有する者とすること。

4　子どもの年齢及び発達の段階並びに健康状態に応じた食事の提供や、アレルギー、アトピー等への配慮、必要な栄養素量の給与など、子どもの食事の内容、回数及び時機に適切に応じることができること。

5　食を通じた子どもの健全育成を図る観点から、子どもの発育及び発達の過程に応じて食に関し配慮すべき事項を定めた食育に関する計画に基づき食事を提供するよう努めること。

八　幼稚園型認定こども園の子どもに対する食事の提供について、当該幼稚園型認定こども園内で調理する方法により行う子どもの数が二十人に満たない場合においては、当該食事の提供を行う幼稚園型認定こども園は、三の規定にかかわらず、調理室を備えないことができる。この場合において、当該幼稚園型認定こども園においては、当該食事の提供について当該方法により行うために必要な調理設備を備えなければならない。

九　認定こども園において満二歳未満の子どもの保育を行う場合には、三により置くものとされる施設に加え、乳児室又はほふく室を設けなければならない。この場合において、乳児室の面積は満二歳未満の子ども一人につき一・六五平方メートル以上、ほふく室の面積は満二歳未満の子ども一人につき三・三平方メートル以上でなければならない。

第五　教育及び保育の内容

認定こども園における教育及び保育の内容は、法第六条に基づき、幼保連携型認定こども園教育・保育要領（平成二十九年内閣府・文部科学省・厚生労働省告示第一号）を踏まえるとともに、幼稚園教育要領及び保育所保育指針（平成二十九年厚生労働省告示第百十七号）に基づかなければならない。また、子どもの一日の生活のリズムや集団生活の経験年数が異なること等の認定こども園に固有の事情に配慮したものでなければならない。

一　教育及び保育の基本及び目標

認定こども園における教育及び保育は、〇歳から小学校就学前までの全ての子どもを対象とし、一人一人の子どもの発達の過程に即した援助の一貫性や生活の連続性を重視しつつ、満三歳以上の子どもに対する学校教育法第二十三条各号に掲げる目標の達成に向けた教育の提供と、家庭において養育されることが困難な子どもに対する保育の提供という二つの機能が一体として展開されなければならない。

このため、認定こども園は、次に掲げる幼稚園教育要領及び保育所保育指針の目標が達成されるように教育及び保育を提供しなければならない。

1　十分に養護の行き届いた環境の下に、くつろいだ雰囲気の中で子どもの様々な欲求を適切に満たし、生命の保持及び情緒の安定を図るようにすること。

2　健康、安全で幸福な生活のための基本的な生活習慣や態度を育て、健全な心身の基礎を培うようにすること。

3　人とのかかわりの中で、人に対する愛情と信頼感、そして人権を大切にする心を育てるとともに、自立と協同の態度及び道徳性の芽生えを培うようにすること。

4　自然などの身近な事象への興味や関心を育て、それらに対する豊かな心情や思考力の芽生えを培うようにすること。

5　日常生活の中で、言葉への興味や関心を育て、喜んで話したり、聞いたりする態度や豊かな言葉の感覚を養うようにすること。

6　多様な体験を通して豊かな感性を育て、創造性を豊かにするようにすること。

認定こども園は、この教育及び保育の目標を達成するため、子どもの発達の状況等に応じ、より具体化した教育及び保育のねらい及び内容を定め、子どもの主体的な活動を促し、乳幼児期にふさわしい生活が展開されるように環境を構成し、子どもが発達に必要な体験を得られるようにしなければならない。

二　認定こども園として配慮すべき事項

認定こども園において教育及び保育を行うに当たっては、次の事項について特に配慮しなければならない。

1　当該認定こども園の利用を始めた年齢により集団生活の経験年数が異なる子どもがいることに配慮する等、〇歳から小学校就学前までの一貫した教育及び保育を子どもの発達の連続性を考慮して展開していくこと。

2　子どもの一日の生活の連続性及びリズムの多様性に配慮するとともに、保護者の生活形態を反映した子どもの利用時間及び登園日数の違いを踏まえ、一人一人の子どもの状況に応じ、教育及び保育の内容やその展開について工夫をすること。

3　共通利用時間において、幼児期の特性を踏まえ、環境を通して行う教育活動の充実を図ること。

4　保護者及び地域の子育てを自ら実践する力を高める観点に立って子育て支援事業を実施すること。

三　教育及び保育の計画並びに指導計画

認定こども園における教育及び保育については、二に掲げる認定こども園として配慮すべき事項を踏まえつつ、園として目指すべき目標、理念や運営の方針を明確にしなければならない。

また、認定こども園においては、教育及び保育を一体的に提供するため、次に掲げる点に留意して、幼稚園における教育課程及び保育所における保育計画の双方の性格を併せ持つ教育及び保育の内容に関する全体的な計画を作成するとともに、年、学期、月、週、日々の指導計画を作成し、教育及び保育を適切に展開しなければならない。

1　教育時間相当利用児と教育及び保育時間相当利用児がいるため、指導計画の作成に当たり、子どもの一日の生活時間に配慮し、活動と休息、緊張感と解放感等の調和を図ること。

2　共通利用時間における教育及び保育の「ねらい及び内容」については、幼稚園教育要領及び保育所保育指針に基づき実施し、指導計画に定めた具体的なねらいを達成すること。

3　家庭や地域において異年齢の子どもとかかわる機会が減少していることを踏まえ、満三歳以上の子どもについては、学級による集団活動とともに、満三歳未満の子どもを含む異年齢の子どもによる活動を、発達の状況にも配慮しつつ適切に組み合わせて設定するなどの工夫をすること。

4　受験等を目的とした単なる知識や特別な技能の早期獲得のみを目指すような、いわゆる早期教育となることのないように配慮すること。

四　環境の構成

認定こども園における園舎、保育室、屋外遊戯場、遊具、教材等の環境の構成に当たっては、次に掲げる点に留意しなければならない。

1 〇歳から小学校就学前までの様々な年齢の子どもの発達の特性を踏まえ、満三歳未満の子どもについては特に健康、安全や発達の確保を十分に図るとともに、満三歳以上の子どもについては同一学年の子どもで編制される学級による集団活動の中で遊びを中心とする子どもの主体的な活動を通して発達を促す経験が得られるよう工夫をすること。

2 利用時間が異なる多様な子どもがいることを踏まえ、家庭や地域、認定こども園における生活の連続性を確保するため、子どもの生活が安定するよう一日の生活のリズムを整えるよう工夫をすること。特に満三歳未満の子どもについては睡眠時間等の個人差に配慮するとともに、満三歳以上の子どもについては集中して遊ぶ場と家庭的な雰囲気の中でくつろぐ場との適切な調和等の工夫をすること。

3 共通利用時間については、子ども一人一人の行動の理解と予測に基づき計画的に環境を構成するとともに、集団とのかかわりの中で、自己を発揮し、子ども同士の学びあいが深まり広がるように子どもの教育及び保育に従事する者のかかわりを工夫すること。

4 子どもの教育及び保育に従事する者が子どもにとって重要な環境となっていることを念頭に置き、子どもとその教育及び保育に従事する者の信頼関係を十分に築き、子どもとともによりよい教育及び保育の環境を創造すること。

五 日々の教育及び保育の指導における留意点

認定こども園における日々の教育及び保育の指導に際しては、次に掲げる点に留意しなければならない。

1 〇歳から小学校就学前までの子どもの発達の連続性を十分理解した上で、生活や遊びを通して総合的な指導を行うこと。

2 子どもの発達の個人差、施設の利用を始めた年齢の違いなどによる集団生活の経験年数の差、家庭環境等を踏まえ、一人一人の子どもの発達の特性や課題に十分留意すること。特に満三歳未満の子どもについては、大人への依存度が極めて高い等の特性があることから、個別的な対応を図ること。また、子どもの集団生活への円滑な接続について、家庭との連携及び協力を図る等十分留意すること。

3 一日の生活のリズムや利用時間が異なる子どもが共に過ごすことを踏まえ、子どもに不安や動揺を与えないようにする等の配慮を行うこと。

4 共通利用時間においては、同年代の子どもとの集団生活の中で遊びを中心とする子どもの主体的な活動を通して発達を促す経験が得られるように、環境の構成、子どもの教育及び保育に従事する者の指導等の工夫をすること。

5 乳幼児期の食事は、子どもの健やかな発育及び発達に欠かせない重要なものであることから、望ましい食習慣の定着を促すとともに、子ども一人一人の状態に応じた摂取法や摂取量のほか、食物アレルギー等への適切な対応に配慮すること。また、楽しく食べる経験や食に関する様々な体験活動等を通じて、食事をすることへの興味や関心を高め、健全な食生活を実践する力の基礎を培う食育の取組を行うこと。さらに、利用時間の相違により食事を摂る子どもと摂らない子どもがいることにも配慮すること。

6 午睡は生活のリズムを構成する重要な要素であり、安心して眠ることのできる環境を確保するとともに、利用時間が異なることや、睡眠時間は子どもの発達の状況や個人によって差があることから、一律とならないよう配慮すること。

7 健康状態、発達の状況、家庭環境等から特別に配慮を要する子どもについて、一人一人の状況を的確に把握し、専門機関との連携を含め、適切な環境の下で健やかな発達が図られるよう留意すること。

8 認定こども園の職員は、当該認定こども園の子どもに対し、児童福祉法（昭和二十二年法律第百六十四号）第三十三条の十各号に掲げる行為その他当該子どもの心身に有害な影響を与える行為をしてはならないこと。

9 家庭との連携においては、子どもの心身の健全な発達を図るために、日々の子どもの状況を的確に把握するとともに、家庭と認定こども園とで日常の子どもの様子を適切に伝え合い、十分な説明に努める等、日常的な連携を図ること。その際、職員間の連絡・協力体制を築き、家庭からの信頼を得られるようにすること。

また、教育及び保育活動に対する保護者の積極的な参加は、保護者の子育てを自ら実践する力の向上に寄与するだけでなく、地域社会における家庭や住民の子育てを自ら実践する力の向上及び子育ての経験の継承につながることから、これを促すこと。その際、保護者の生活形態が異なることを踏まえ、全ての保護者の相互理解が深まるように配慮すること。

六　小学校教育との連携

認定こども園は、次に掲げる点に留意して、小学校教育との連携を図らなければならない。

1　子どもの発達や学びの連続性を確保する観点から、小学校教育への円滑な接続に向けた教育及び保育の内容の工夫を図り、連携を通じた質の向上を図ること。

2　地域の小学校等との交流活動や合同の研修の実施等を通じ、認定こども園の子どもと小学校等の児童及び認定こども園と小学校等の職員同士の交流を積極的に進めること。

3　全ての子どもについて指導要録の抄本又は写し等の子どもの育ちを支えるための資料の送付により連携する等、教育委員会、小学校等との積極的な情報の共有と相互理解を深めること。

第六　保育者の資質向上等

認定こども園は、次に掲げる点に留意して、子どもの教育及び保育に従事する者の資質向上等を図らなければならない。

一　子どもの教育及び保育に従事する者の資質は教育及び保育の要であり、自らその向上に努めることが重要であること。

二　教育及び保育の質の確保及び向上を図るためには日々の指導計画の作成や教材準備、研修等が重要であり、これらに必要な時間について、午睡の時間や休業日の活用、非常勤職員の配置等、様々な工夫を行うこと。

三　幼稚園の教員免許状を有する者と保育士資格を有する者との相互理解を図ること。

四　認定こども園においては、教育及び保育に加え、保護者の子育てを自ら実践する力の向上につながるような子育て支援事業等多様な業務が展開されるため、認定こども園の長も含め、職員に対する当該認定こども園の内外の研修の幅を広げること。

その際、認定こども園の内外での適切な研修計画を作成し、研修を実施するとともに、当該認定こども園の内外での研修の機会を確保できるよう、勤務体制の組み立て等に配慮すること。

五　認定こども園の長には、認定こども園を一つの園として多様な機能を一体的に発揮させる能力や地域の人材及び資源を活用していく調整能力が求められるため、こうした能力を向上させること。

第七　子育て支援

認定こども園における子育て支援事業については、次に掲げる点に留意して実施されなければならない。

一　単に保護者の育児を代わって行うのではなく、教育及び保育に関する専門性を十分に活用し、子育て相談や親子の集いの場の提供等の保護者への支援を通して保護者自身の子育てを自ら実践する力の向上を積極的に支援すること。また、子育て世帯からの相談を待つだけでなく、認定こども園から地域の子育て世帯に対して働きかけていくような取組も有意義であること。

二　子育て支援事業としては、子育て相談や親子の集いの場の提供、家庭における養育が一時的に困難となった子どもに対する保育の提供等多様な事業が考えられるが、例えば子育て相談や親子の集う場を週三日以上開設する等保護者が利用を希望するときに利用可能な体制を確保すること。

三　子どもの教育及び保育に従事する者が研修等により子育て支援に必要な能力を涵養し、その専門性と資質を向上させていくとともに、地域の子育てを支援するボランティア、NPO、専門機関等と連携する等様々な地域の人材や社会資源を活かしていくこと。

第八　管理運営等

一　認定こども園は、多様な機能を一体的に提供するため、一人の認定こども園の長を置き、全ての職員の協力を得ながら一体的な管理運営を行わなければならない。この場合、幼稚園型認定こども園のうち第一の一の2に掲げるものにおいては、幼稚園又は保育機能施設の施設長とは別に認定こども園の長を置くこと又はこれらの施設長のいずれかが認定こども園の長を兼ねることが考えられる。

二　認定こども園における保育を必要とする子どもに対する教育及び保育の時間は、一日につき八時間を原則とし、子どもの保護者の労働時間その他の家庭の状況等を考慮して認定こども園の長が定めなければならない。

認定こども園の開園日数及び開園時間は、保育を必要とする子どもに対する教育及び保育を適切に提供できるよう、保護者の就労の状況等の地域の実情に応じて定めなければならない。

三　認定こども園は、保護者が多様な施設を適切に選択できるよう、情報開示に努めなければならない。

四　認定こども園は、児童虐待防止の観点から特別の支援を要する家庭、ひとり親家庭又は低所得家庭の子どもや、障害のある子どもなど特別な配慮が必要な子どもの利用が排除されることのないよう、入園する子どもの選考を公正に行わなければならない。

また、認定こども園は、地方公共団体との連携を図り、こうした子どもの受入れに適切に配慮しなければならない。

五 認定こども園は、耐震、防災、防犯等子どもの健康及び安全を確保する体制を整えなければならない。

また、認定こども園において事故等が発生した場合の補償を円滑に行うことができるよう、適切な保険や共済制度への加入を通じて、補償の体制を整えなければならない。

六 認定こども園は、子どもの通園、園外における学習のための移動その他の子どもの移動のために自動車を運行するときは、子どもの乗車及び降車の際に、点呼その他の子どもの所在を確実に把握することができる方法により、子どもの所在を確認しなければならない。

七 認定こども園は、通園を目的とした自動車（運転者席及びこれと並列の座席並びにこれらより一つ後方に備えられた前向きの座席以外の座席を有しないものその他利用の態様を勘案してこれと同程度に子どもの見落としのおそれが少ないと認められるものを除く。）を運行するときは、当該自動車にブザーその他の車内の子どもの見落としを防止する装置を備え、これを用いて六に定める所在の確認（子どもの自動車からの降車の際に限る。）を行わなければならない。

八 認定こども園は、自己評価、外部評価等において子どもの視点に立った評価を行い、その結果の公表等を通じて教育及び保育の質の向上に努めなければならない。

九 認定こども園は、その建物又は敷地の公衆の見やすい場所に、当該施設が認定こども園である旨の表示をしなければならない。

附　則（抄）

（施行期日）

1 この告示は、就学前の子どもに関する教育、保育等の総合的な提供の推進に関する法律の一部を改正する法律（平成二十四年法律第六十六号）の施行の日（以下「施行日」という。）［平27・4・1］から施行する。

31 少子化社会対策基本法

(平成一五年七月三〇日 法律第一三三号)

改正 令和四・六・二二法七七

我が国における急速な少子化の進展は、平均寿命の伸長による高齢者の増加とあいまって、我が国の人口構造にひずみを生じさせ、二十一世紀の国民生活に、深刻かつ多大な影響をもたらす。我らは、紛れもなく、有史以来の未曾《ぞ》有の事態に直面している。

しかしながら、我らはともすれば高齢社会に対する対応にのみ目を奪われ、少子化という、社会の根幹を揺るがしかねない事態に対する国民の意識や社会の対応は、著しく遅れている。少子化は、社会における様々なシステムや人々の価値観と深くかかわっており、この事態を克服するためには、長期的な展望に立った不断の努力の積重ねが不可欠で、極めて長い時間を要する。急速な少子化という現実を前にして、我らに残された時間は、極めて少ない。

もとより、結婚や出産は個人の決定に基づくものではあるが、こうした事態に直面して、家庭や子育てに夢を持ち、かつ、次代の社会を担う子どもを安心して生み、育てることができる環境を整備し、子どもがひとしく心身ともに健やかに育ち、子どもを生み、育てる者が真に誇りと喜びを感じることのできる社会を実現し、少子化の進展に歯止めをかけることが、今、我らに、強く求められている。生命を尊び、豊かで安心して暮らすことのできる社会の実現に向け、新たな一歩を踏み出すことは、我らに課せられている喫緊の課題である。

ここに、少子化社会において講ぜられる施策の基本理念を明らかにし、少子化に的確に対処するための施策を総合的に推進するため、この法律を制定する。

第一章 総則

(目的)

第一条 この法律は、我が国において急速に少子化が進展しており、その状況が二十一世紀の国民生活に深刻かつ多大な影響を及ぼすものであることにかんがみ、このような事態に対し、長期的な視点に立って的確に対処するため、少子化社会において講ぜられる施策の基本理念を明らかにするとともに、国及び地方公共団体の責務、少子化に対処するために講ずべき施策の基本となる事項その他の事項を定めることにより、少子化に対処するための施策を総合的に推進し、もって国民が豊かで安心して暮らすことのできる社会の実現に寄与することを目的とする。

(施策の基本理念)

第二条 少子化に対処するための施策は、父母その他の保護者が子育てについての第一義的責任を有するとの認識の下に、国民の意識の変化、生活様式の多様化等に十分留意しつつ、男女共同参画社会の形成とあいまって、家庭や子育てに夢を持ち、かつ、次代の社会を担う子どもを安心して生み、育てることができる環境を整備することを旨として講ぜられなければならない。

2 少子化に対処するための施策は、人口構造の変化、財政の状況、経済の成長、社会の高度化その他の状況に十分配意し、長期的な展望に立って講ぜられなければならない。

3 少子化に対処するための施策を講ずるに当たっては、子どもの安全な生活が確保されるとともに、子どもがひとしく心身ともに健やかに育つことができるよう配慮しなければならない。

4 社会、経済、教育、文化その他あらゆる分野における施策は、少子化の状況に配慮して、講ぜられなければならない。

(国の責務)

第三条 国は、前条の施策の基本理念(次条において「基本理念」という。)にのっとり、少子化に対処するための施策を総合的に策定し、及び実施する責務を有する。

(地方公共団体の責務)

第四条 地方公共団体は、基本理念にのっとり、少子化に対処するための施策に関し、国と協力しつつ、当該地域の状況に応じた施策を策定し、及び実施する責務を有する。

(事業主の責務)

第五条 事業主は、子どもを生み、育てる者が充実した職業生活を営みつつ豊かな家庭生活を享受することができるよう、国又は地方公共団体が実施する少子化に対処するための施策に協力するとともに、必要な雇用環境の整備に努めるものとする。

(国民の責務)

第六条 国民は、家庭や子育てに夢を持ち、かつ、安心して子どもを生み、育てることができる社会の実現に資するよう努めるものとする。

(施策の大綱)

第七条 政府は、少子化に対処するための施策の指針として、総合的かつ長期的な少子化に対処するための施策の大綱を定めなければならない。

2　こども基本法（令和四年法律第七十七号）第九条第一項の規定により定められた同項のこども大綱のうち前項に規定する総合的かつ長期的な少子化に対処するための施策に係る部分は、同項の規定により定められた大綱とみなす。

（法制上の措置等）

第八条　政府は、この法律の目的を達成するため、必要な法制上又は財政上の措置その他の措置を講じなければならない。

（年次報告）

第九条　政府は、毎年、国会に、少子化の状況及び少子化に対処するために講じた施策の概況に関する報告を提出するとともに、これを公表しなければならない。

2　こども基本法第八条第一項の規定による国会への報告及び公表がされたときは、前項の規定による国会への報告及び公表がされたものとみなす。

第二章　基本的施策

（雇用環境の整備）

第十条　国及び地方公共団体は、子どもを生み、育てる者が充実した職業生活を営みつつ豊かな家庭生活を享受することができるよう、育児休業制度等子どもを生み、育てる者の雇用の継続を図るための制度の充実、労働時間の短縮の促進、再就職の促進、情報通信ネットワークを利用した就労形態の多様化等による多様な就労の機会の確保その他必要な雇用環境の整備のための施策を講ずるものとする。

2　国及び地方公共団体は、前項の施策を講ずるに当たっては、子どもを養育する者がその有する能力を有効に発揮することの妨げとなっている雇用慣行の是正が図られるよう配慮するものとする。

（保育サービス等の充実）

第十一条　国及び地方公共団体は、子どもを養育する者の多様な需要に対応した良質な保育サービス等が提供されるよう、病児保育、低年齢児保育、休日保育、夜間保育、延長保育及び一時保育の充実、放課後児童健全育成事業等の拡充その他の保育等に係る体制の整備並びに保育サービスに係る情報の提供の促進に必要な施策を講ずるとともに、保育所、幼稚園その他の保育サービスを提供する施設の活用による子育てに関する情報の提供及び相談の実施その他の子育て支援が図られるよう必要な施策を講ずるものとする。

2　国及び地方公共団体は、保育において幼稚園の果たしている役割に配慮し、その充実を図るとともに、前項の保育等に係る体制の整備に必要な施策を講ずるに当たっては、幼稚園と保育所との連携の強化及びこれらに係る施設の総合化に配慮するものとする。

（地域社会における子育て支援体制の整備）

第十二条　国及び地方公共団体は、地域において子どもを生み、育てる者を支援する拠点の整備を図るとともに、安心して子どもを生み、育てることができる地域社会の形成に係る活動を行う民間団体の支援、地域における子どもと他の世代との交流の促進等について必要な施策を講ずることにより、子どもを生み、育てる者を支援する地域社会の形成のための環境の整備を行うものとする。

（母子保健医療体制の充実等）

第十三条　国及び地方公共団体は、妊産婦及び乳幼児に対する健康診査、保健指導等の母子保健サービスの提供に係る体制の整備、妊産婦及び乳幼児に対し良質かつ適切な医療（助産を含む。）が提供される体制の整備等安心して子どもを生み、育てることができる母子保健医療体制の充実のために必要な施策を講ずるものとする。

2　国及び地方公共団体は、不妊治療を望む者に対し良質かつ適切な保健医療サービスが提供されるよう、不妊治療に係る情報の提供、不妊相談、不妊治療に係る研究に対する助成等必要な施策を講ずるものとする。

（ゆとりのある教育の推進等）

第十四条　国及び地方公共団体は、子どもを生み、育てる者の教育に関する心理的な負担を軽減するため、教育の内容及び方法の改善及び充実、入学者の選抜方法の改善等によりゆとりのある学校教育の実現が図られるよう必要な施策を講ずるとともに、子どもの文化体験、スポーツ体験、社会体験その他の体験を豊かにするための多様な機会の提供、家庭教育に関する学習機会及び情報の提供、家庭教育に関する相談体制の整備等子どもが豊かな人間性をはぐくむことができる社会環境を整備するために必要な施策を講ずるものとする。

（生活環境の整備）

第十五条　国及び地方公共団体は、子どもの養育及び成長に適した良質な住宅の供給並びに安心して子どもを遊ばせることができる広場その他の場所の整備を促進するとともに、子どもが犯罪、交通事故その他の危害から守られ、子どもを生み、育てる者が豊かで安心して生活することができる地域環境を整備するためのまちづくりその他の必要な施策を講ずるものとする。

（経済的負担の軽減）

第十六条 国及び地方公共団体は、子どもを生み、育てる者の経済的負担の軽減を図るため、児童手当、奨学事業及び子どもの医療に係る措置、税制上の措置その他の必要な措置を講ずるものとする。

（教育及び啓発）

第十七条 国及び地方公共団体は、生命の尊厳並びに子育てにおいて家庭が果たす役割及び家庭生活における男女の協力の重要性について国民の認識を深めるよう必要な教育及び啓発を行うものとする。

2 国及び地方公共団体は、安心して子どもを生み、育てることができる社会の形成について国民の関心と理解を深めるよう必要な教育及び啓発を行うものとする。

附　則（抄）

（施行期日）

1 この法律は、公布の日から起算して六月を超えない範囲内において政令で定める日［平15・9・1］から施行する。

32 次世代育成支援対策推進法

（平成一五年七月一六日 法律第一二〇号）

改正　令和四・六・二二法七六

［編集部注］未施行分は傍線を付した。

第一章　総則

（目的）

第一条 この法律は、我が国における急速な少子化の進行並びに家庭及び地域を取り巻く環境の変化にかんがみ、次世代育成支援対策に関し、基本理念を定め、並びに国、地方公共団体、事業主及び国民の責務を明らかにするとともに、行動計画策定指針並びに地方公共団体及び事業主の行動計画の策定その他の次世代育成支援対策を推進するために必要な事項を定めることにより、次世代育成支援対策を迅速かつ重点的に推進し、もって次代の社会を担う子どもが健やかに生まれ、かつ、育成される社会の形成に資することを目的とする。

（定義）

第二条 この法律において「次世代育成支援対策」とは、次代の社会を担う子どもを育成し、又は育成しようとする家庭に対する支援その他の次代の社会を担う子どもが健やかに生まれ、かつ、育成される環境の整備のための国若しくは地方公共団体が講ずる施策又は事業主が行う雇用環境の整備その他の取組をいう。

（基本理念）

第三条 次世代育成支援対策は、父母その他の保護者が子育てについての第一義的責任を有するという基本的認識の下に、家庭その他の場において、子育ての意義についての理解が深められ、かつ、子育てに伴う喜びが実感されるように配慮して行われなければならない。

（国及び地方公共団体の責務）

第四条 国及び地方公共団体は、前条の基本理念（次条及び第七条第一項において「基本理念」という。）にのっとり、相互に連携を図りながら、次世代育成支援対策を総合的かつ効果的に推進するよう努めなければならない。

（事業主の責務）

第五条 事業主は、基本理念にのっとり、その雇用する労働者に係る多様な労働条件の整備その他の労働者の職業生活と家庭生活との両立が図られるようにするために必要な雇用環境の整備を行うことにより自ら次世代育成支援対策を実施するよう努めるとともに、国又は地方公共団体が講ずる次世代育成支援対策に協力しなければならない。

（国民の責務）

第六条 国民は、次世代育成支援対策の重要性に対する関心と理解を深めるとともに、国又は地方公共団体が講ずる次世代育成支援対策に協力しなければならない。

第二章　行動計画

第一節　行動計画策定指針

第七条 主務大臣は、次世代育成支援対策の総合的かつ効果的な推進を図るため、基本理念にのっとり、次条第一項の市町村行動計画及び第九条第一項の都道府県行動計画並びに第十二条第一項の一般事業主行動計画及び第十九条第一項の特定事業主行動計画（次項において「市町村行動計画等」という。）の策定に関する指針（以下「行動計画策定指針」という。）を定めなければならない。

2　行動計画策定指針においては、次に掲げる事項につき、市町村行動計画等の指針となるべきものを定めるものとする。

一　次世代育成支援対策の実施に関する基本的な事項

二　次世代育成支援対策の内容に関する事項

三　その他次世代育成支援対策の実施に関する重要事項

3　主務大臣は、少子化の動向、子どもを取り巻く環境の変化その他の事情を勘案して必要があると認めるときは、速やかに行動計画策定指針を変更するものとする。

4　主務大臣は、行動計画策定指針を定め、又はこれを変更しようとするときは、あらかじめ、こども家庭審議会の意見を聴くとともに、次条第一項の市町村行動計画及び第九条第一項の都道府県行動計画に係る部分について総務大臣に協議しなければならない。

5　主務大臣は、行動計画策定指針を定め、又はこれを変更したときは、遅滞なく、これを公表しなければならない。

第二節　市町村行動計画及び都道府県行動計画

（市町村行動計画）

第八条　市町村は、行動計画策定指針に即して、五年ごとに、当該市町村の事務及び事業に関し、五年を一期として、地域における子育ての支援、母性並びに乳児及び幼児の健康の確保及び増進、子どもの心身の健やかな成長に資する教育環境の整備、子どもを育成する家庭に適した良質な住宅及び良好な居住環境の確保、職業生活と家庭生活との両立の推進その他の次世代育成支援対策の実施に関する計画（以下「市町村行動計画」という。）を策定することができる。

2　市町村行動計画においては、次に掲げる事項を定めるものとする。

一　次世代育成支援対策の実施により達成しようとする目標

二　実施しようとする次世代育成支援対策の内容及びその実施時期

3　市町村は、市町村行動計画を策定し、又は変更しようとするときは、あらかじめ、住民の意見を反映させるために必要な措置を講ずるものとする。

4　市町村は、市町村行動計画を策定し、又は変更しようとするときは、あらかじめ、事業主、労働者その他の関係者の意見を反映させるために必要な措置を講ずるよう努めなければならない。

5　市町村は、市町村行動計画を策定し、又は変更したときは、遅滞なく、これを公表するよう努めるとともに、都道府県に提出しなければならない。

6　市町村は、市町村行動計画を策定したときは、おおむね一年に一回、市町村行動計画に基づく措置の実施の状況を公表するよう努めるものとする。

7　市町村は、市町村行動計画を策定したときは、定期的に、市町村行動計画に基づく措置の実施の状況に関する評価を行い、市町村行動計画に検討を加え、必要があると認めるときは、これを変更することその他の必要な措置を講ずるよう努めなければならない。

8　市町村は、市町村行動計画の策定及び市町村行動計画に基づく措置の実施に関して特に必要があると認めるときは、事業主その他の関係者に対して調査を実施するため必要な協力を求めることができる。

（都道府県行動計画）

第九条　都道府県は、行動計画策定指針に即して、五年ごとに、当該都道府県の事務及び事業に関し、五年を一期として、地域における子育ての支援、保護を要する子どもの養育環境の整備、母性並びに乳児及び幼児の健康の確保及び増進、子どもの心身の健やかな成長に資する教育環境の整備、子どもを育成する家庭に適した良質な住宅及び良好な居住環境の確保、職業生活と家庭生活との両立の推進その他の次世代育成支援対策の実施に関する計画（以下「都道府県行動計画」という。）を策定することができる。

2　都道府県行動計画においては、次に掲げる事項を定めるものとする。

一　次世代育成支援対策の実施により達成しようとする目標

二　実施しようとする次世代育成支援対策の内容及びその実施時期

三　次世代育成支援対策を実施する市町村を支援するための措置の内容及びその実施時期

3　都道府県は、都道府県行動計画を策定し、又は変更しようとするときは、あらかじめ、住民の意見を反映させるために必要な措置を講ずるものとする。

4　都道府県は、都道府県行動計画を策定し、又は変更しようとするときは、あらかじめ、事業主、労働者その他の関係者の意見を反映させるために必要な措置を講ずるよう努めなければならない。

5　都道府県は、都道府県行動計画を策定し、又は変更したときは、遅滞なく、これを公表するよう努めるとともに、主務大臣に提出しなければならない。

6　都道府県は、都道府県行動計画を策定したときは、おおむね一年に一回、都道府県行動計画に基づく措置の実施の状況を公表するよう努めるものとする。

7　都道府県は、都道府県行動計画を策定したときは、定期的に、都道府県行動計画に基づく措置の実施の状況に関する評価を行い、都道府県行動計画に検討を加え、必要があると認めるときは、これを変更することその他の必要な措置を講ずるよう努めなければならない。

8　都道府県は、都道府県行動計画の策定及び都道府県行動計画に基づく措置の実施に関して特に必要があると認めるときは、市町村、事業主その他の関係者に対して調査を実施するため必要な協力を求めることができる。

（**都道府県の助言等**）

第十条　都道府県は、市町村に対し、市町村行動計画の策定上の技術的事項について必要な助言その他の援助の実施に努めるものとする。

2　主務大臣は、都道府県に対し、都道府県行動計画の策定の手法その他都道府県行動計画の策定上重要な技術的事項について必要な助言その他の援助の実施に努めるものとする。

（**市町村及び都道府県に対する交付金の交付等**）

第十一条　国は、市町村又は都道府県に対し、市町村行動計画又は都道府県行動計画に定められた措置の実施に要する経費に充てるため、内閣府令で定めるところにより、予算の範囲内で、交付金を交付することができる。

2　国は、市町村又は都道府県が、市町村行動計画又は都道府県行動計画に定められた措置を実施しようとするときは、当該措置が円滑に実施されるように必要な助言その他の援助の実施に努めるものとする。

第三節　一般事業主行動計画

（**一般事業主行動計画の策定等**）

第十二条　国及び地方公共団体以外の事業主（以下「一般事業主」という。）であって、常時雇用する労働者の数が百人を超えるものは、行動計画策定指針に即して、一般事業主行動計画（一般事業主が実施する次世代育成支援対策に関する計画をいう。以下同じ。）を策定し、厚生労働省令で定めるところにより、厚生労働大臣にその旨を届け出なければならない。これを変更したときも同様とする。

2　一般事業主行動計画においては、次に掲げる事項を定めるものとする。

一　計画期間

二　次世代育成支援対策の実施により達成しようとする目標

三　実施しようとする次世代育成支援対策の内容及びその実施時期

3　第一項に規定する一般事業主は、一般事業主行動計画を策定し、又は変更したときは、厚生労働省令で定めるところにより、これを公表しなければならない。

4　一般事業主であって、常時雇用する労働者の数が百人以下のものは、行動計画策定指針に即して、一般事業主行動計画を策定し、厚生労働省令で定めるところにより、厚生労働大臣にその旨を届け出るよう努めなければならない。これを変更したときも同様とする。

5　前項に規定する一般事業主は、一般事業主行動計画を策定し、又は変更したときは、厚生労働省令で定めるところにより、これを公表するよう努めなければならない。

6　第一項に規定する一般事業主が同項の規定による届出又は第三項の規定による公表をしない場合には、厚生労働大臣は、当該一般事業主に対し、相当の期間を定めて当該届出又は公表をすべきことを勧告することができる。

（**一般事業主行動計画の労働者への周知等**）

第十二条の二　前条第一項に規定する一般事業主は、一般事業主行動計画を策定し、又は変更したときは、厚生労働省令で定めるところにより、これを労働者に周知させるための措置を講じなければならない。

2　前条第四項に規定する一般事業主は、一般事業主行動計画を策定し、又は変更したときは、厚生労働省令で定めるところにより、これを労働者に周知させるための措置を講ずるよう努めなければならない。

3　前条第六項の規定は、同条第一項に規定する一般事業主が第一項の規定による措置を講じない場合について準用する。

（**基準に適合する一般事業主の認定**）

第十三条　厚生労働大臣は、第十二条第一項又は第四項の規定による届出をした一般事業主からの申請に基づき、厚生労働省令で定めるところにより、当該事業主について、雇用環境の整備に関し、行動計画策定指針に照らし適切な一般事業主行動計画を策定したこと、当該一般事業主行動計画を実施し、当該一般事業主行動計画に定めた目標を達成したことその他の厚生労働省令で定める基準に適合するものである旨の認定を行うことができる。

（認定一般事業主の表示等）

第十四条 前条の認定を受けた一般事業主（以下「認定一般事業主」という。）は、商品又は役務、その広告又は取引に用いる書類若しくは通信その他の厚生労働省令で定めるもの（次項及び第十五条の四第一項において「広告等」という。）に厚生労働大臣の定める表示を付することができる。

2 何人も、前項の規定による場合を除くほか、広告等に同項の表示又はこれと紛らわしい表示を付してはならない。

（認定一般事業主の認定の取消し）

第十五条 厚生労働大臣は、認定一般事業主が次の各号のいずれかに該当するときは、第十三条の認定を取り消すことができる。

一 第十三条に規定する基準に適合しなくなったと認めるとき。

二 この法律又はこの法律に基づく命令に違反したとき。

三 前二号に掲げる場合のほか、認定一般事業主として適当でなくなったと認めるとき。

（基準に適合する認定一般事業主の認定）

第十五条の二 厚生労働大臣は、認定一般事業主からの申請に基づき、厚生労働省令で定めるところにより、当該認定一般事業主について、雇用環境の整備に関し、行動計画策定指針に照らし適切な一般事業主行動計画（その計画期間の末日が、当該認定一般事業主が第十三条の認定を受けた日以後であるものに限る。）を策定したこと、当該一般事業主行動計画を実施し、当該一般事業主行動計画に定めた目標を達成したこと、当該認定一般事業主の次世代育成支援対策の実施の状況が優良なものであることその他の厚生労働省令で定める基準に適合するものである旨の認定を行うことができる。

（特例認定一般事業主の特例等）

第十五条の三 前条の認定を受けた認定一般事業主（以下「特例認定一般事業主」という。）については、第十二条第一項及び第四項の規定は、適用しない。

2 特例認定一般事業主は、厚生労働省令で定めるところにより、毎年少なくとも一回、次世代育成支援対策の実施の状況を公表しなければならない。

3 特例認定一般事業主が前項の規定による公表をしない場合には、厚生労働大臣は、当該特例認定一般事業主に対し、相当の期間を定めて当該公表をすべきことを勧告することができる。

（特例認定一般事業主の表示等）

第十五条の四 特例認定一般事業主は、広告等に厚生労働大臣の定める表示を付することができる。

2 第十四条第二項の規定は、前項の表示について準用する。

（特例認定一般事業主の認定の取消し）

第十五条の五 厚生労働大臣は、特例認定一般事業主が次の各号のいずれかに該当するときは、第十五条の二の認定を取り消すことができる。

一 第十五条の規定により第十三条の認定を取り消すとき。

二 第十五条の二に規定する基準に適合しなくなったと認めるとき。

三 第十五条の三第二項の規定による公表をせず、又は虚偽の公表をしたとき。

四 前号に掲げる場合のほか、この法律又はこの法律に基づく命令に違反したとき。

五 前各号に掲げる場合のほか、特例認定一般事業主として適当でなくなったと認めるとき。

（委託募集の特例等）

第十六条 承認中小事業主団体の構成員である一般事業主であって、常時雇用する労働者の数が三百人以下のもの（以下この項及び次項において「中小事業主」という。）が、当該承認中小事業主団体をして次世代育成支援対策を推進するための措置の実施に関し必要な労働者の募集を行わせようとする場合において、当該承認中小事業主団体が当該募集に従事しようとするときは、職業安定法（昭和二十二年法律第百四十一号）第三十六条第一項及び第三項の規定は、当該構成員である中小事業主については、適用しない。

2 この条及び次条において「承認中小事業主団体」とは、事業協同組合、協同組合連合会その他の特別の法律により設立された組合若しくはその連合会であって厚生労働省令で定めるもの又は一般社団法人で中小事業主を直接又は間接の構成員とするもの（厚生労働省令で定める要件に該当するものに限る。以下この項において「事業協同組合等」という。）であって、その構成員である中小事業主に対し、次世代育成支援対策を推進するための人材確保に関する相談及び援助を行うものとして、当該事業協同組合等の申請に基づき厚生労働大臣がその定める基準により適当であると承認したものをいう。

3　厚生労働大臣は、承認中小事業主団体が前項の相談及び援助を行うものとして適当でなくなったと認めるときは、同項の承認を取り消すことができる。

4　承認中小事業主団体は、当該募集に従事しようとするときは、厚生労働省令で定めるところにより、募集時期、募集人員、募集地域その他の労働者の募集に関する事項で厚生労働省令で定めるものを厚生労働大臣に届け出なければならない。

5　職業安定法第三十七条第二項の規定は前項の規定による届出があった場合について、同法第五条の三第一項及び第四項、第五条の四第一項及び第二項、第五条の五、第三十九条、第四十一条第二項、第四十二条、第四十八条の三第一項、第四十八条の四、第五十条第一項及び第二項並びに第五十一条の規定は前項の規定による届出をして労働者の募集に従事する者について、同法第四十条の規定は同項の規定による届出をして労働者の募集に従事する者に対する報酬の供与について、同法第五十条第三項及び第四項の規定はこの項において準用する同条第二項に規定する職権を行う場合について準用する。この場合において、同法第三十七条第二項中「労働者の募集を行おうとする者」とあるのは「次世代育成支援対策推進法（平成十五年法律第百二十号）第十六条第四項の規定による届出をして労働者の募集に従事しようとする者」と、同法第四十一条第二項中「当該労働者の募集の業務の廃止を命じ、又は期間」とあるのは「期間」と読み替えるものとする。

6　職業安定法第三十六条第二項及び第四十二条の二の規定の適用については、同法第三十六条第二項中「前項の」とあるのは「被用者以外の者をして労働者の募集に従事させようとする者がその被用者以外の者に与えようとする」と、同法第四十二条の二中「第三十九条に規定する募集受託者」とあるのは「次世代育成支援対策推進法第十六条第四項の規定による届出をして労働者の募集に従事する者」と、「同項に」とあるのは「次項に」とする。

7　厚生労働大臣は、承認中小事業主団体に対し、第二項の相談及び援助の実施状況について報告を求めることができる。

第十七条　公共職業安定所は、前条第四項の規定による届出をして労働者の募集に従事する承認中小事業主団体に対して、雇用情報及び職業に関する調査研究の成果を提供し、かつ、これらに基づき当該募集の内容又は方法について指導することにより、当該募集の効果的かつ適切な実施の促進に努めなければならない。

（一般事業主に対する国の援助）

第十八条　国は、第十二条第一項又は第四項の規定により一般事業主行動計画を策定する一般事業主又はこれらの規定による届出をした一般事業主に対して、一般事業主行動計画の策定、公表若しくは労働者への周知又は当該一般事業主行動計画に基づく措置が円滑に実施されるように必要な助言、指導その他の援助の実施に努めるものとする。

第四節　特定事業主行動計画

第十九条　国及び地方公共団体の機関、それらの長又はそれらの職員で政令で定めるもの（以下「特定事業主」という。）は、政令で定めるところにより、行動計画策定指針に即して、特定事業主行動計画（特定事業主が実施する次世代育成支援対策に関する計画をいう。以下この条において同じ。）を策定するものとする。

2　特定事業主行動計画においては、次に掲げる事項を定めるものとする。

一　計画期間

二　次世代育成支援対策の実施により達成しようとする目標

三　実施しようとする次世代育成支援対策の内容及びその実施時期

3　特定事業主は、特定事業主行動計画を策定し、又は変更したときは、遅滞なく、これを公表しなければならない。

4　特定事業主は、特定事業主行動計画を策定し、又は変更したときは、遅滞なく、これを職員に周知させるための措置を講じなければならない。

5　特定事業主は、毎年少なくとも一回、特定事業主行動計画に基づく措置の実施の状況を公表しなければならない。

6　特定事業主は、特定事業主行動計画に基づく措置を実施するとともに、特定事業主行動計画に定められた目標を達成するよう努めなければならない。

第五節　次世代育成支援対策推進センター

第二十条　厚生労働大臣は、一般事業主の団体又はその連合団体（法人でない団体又は連合団体であって代表者の定めがないものを除く。）であって、次項に規定する業務を適正かつ確実に行うことができると認めるものを、その申請により、次世代育成支援対策推進センターとして指定することができる。

2　次世代育成支援対策推進センターは、一般事業主行動計画の策定及び実施に関し、一般事業主その他の関係者に対し、雇用環境の整備に関する相談その他の援助の業務を行うものとする。

3　厚生労働大臣は、次世代育成支援対策推進センターの財産の状況又はその業務の運営に関し改善が必要であると認めるときは、次世代育成支援対策推進センターに対し、その改善に必要な措置をとるべきことを命ずることができる。

4　厚生労働大臣は、次世代育成支援対策推進センターが前項の規定による命令に違反したときは、第一項の指定を取り消すことができる。

5　次世代育成支援対策推進センターの役員若しくは職員又はこれらの職にあった者は、第二項に規定する業務に関して知り得た秘密を漏らしてはならない。

6　第一項の指定の手続その他次世代育成支援対策推進センターに関し必要な事項は、厚生労働省令で定める。

第三章　次世代育成支援対策地域協議会

第二十一条　地方公共団体、事業主、住民その他の次世代育成支援対策の推進を図るための活動を行う者は、地域における次世代育成支援対策の推進に関し必要となるべき措置について協議するため、次世代育成支援対策地域協議会（以下「地域協議会」という。）を組織することができる。

2　前項の協議を行うための会議において協議が調った事項については、地域協議会の構成員は、その協議の結果を尊重しなければならない。

3　前二項に定めるもののほか、地域協議会の運営に関し必要な事項は、地域協議会が定める。

第四章　雑則

（主務大臣）

第二十二条　第七条第一項及び第三項から第五項までにおける主務大臣は、行動計画策定指針のうち、市町村行動計画及び都道府県行動計画に係る部分並びに一般事業主行動計画に係る部分（雇用環境の整備に関する部分を除く。）については内閣総理大臣、厚生労働大臣、国家公安委員会、文部科学大臣、農林水産大臣、経済産業大臣、国土交通大臣及び環境大臣とし、一般事業主行動計画に係る部分（雇用環境の整備に関する部分に限る。）については厚生労働大臣とし、その他の部分については内閣総理大臣とする。

2　第九条第五項及び第十条第二項における主務大臣は、内閣総理大臣、厚生労働大臣、国家公安委員会、文部科学大臣、農林水産大臣、経済産業大臣、国土交通大臣及び環境大臣とする。

（権限の委任）

第二十三条　第十二条から第十六条までに規定する厚生労働大臣の権限は、厚生労働省令で定めるところにより、その一部を都道府県労働局長に委任することができる。

第五章　罰則

第二十四条　第十六条第五項において準用する職業安定法第四十一条第二項の規定による業務の停止の命令に違反して、労働者の募集に従事した者は、一年以下の拘禁刑又は百万円以下の罰金に処する。

第二十五条　次の各号のいずれかに該当する者は、六月以下の拘禁刑又は三十万円以下の罰金に処する。

一　第十六条第四項の規定による届出をしないで、労働者の募集に従事した者

二　第十六条第五項において準用する職業安定法第三十七条第二項の規定による指示に従わなかった者

三　第十六条第五項において準用する職業安定法第三十九条又は第四十条の規定に違反した者

第二十六条　次の各号のいずれかに該当する者は、三十万円以下の罰金に処する。

一　第十四条第二項（第十五条の四第二項において準用する場合を含む。）の規定に違反した者

二　第十六条第五項において準用する職業安定法第五十条第一項の規定による報告をせず、又は虚偽の報告をした者

三　第十六条第五項において準用する職業安定法第五十条第二項の規定による立入り若しくは検査を拒み、妨げ、若しくは忌避し、又は質問に対して答弁をせず、若しくは虚偽の陳述をした者

四　第十六条第五項において準用する職業安定法第五十一条第一項の規定に違反して秘密を漏らした者

五　第二十条第五項の規定に違反して秘密を漏らした者

第二十七条　法人の代表者又は法人若しくは人の代理人、使用人その他の従業者が、その法人又は人の業務に関し、第二十四条、第二十五条又は前条第一号から第四号までの違反行為をした

ときは、行為者を罰するほか、その法人又は人に対しても、各本条の罰金刑を科する。

附　則（抄）

（施行期日）
第一条　この法律は、公布の日〔平15・7・16〕から施行する。〔後略〕

（この法律の失効）
第二条　この法律は、令和七年三月三十一日限り、その効力を失う。

2　次世代育成支援対策推進センターの役員又は職員であった者の第二十条第二項に規定する業務に関して知り得た秘密については、同条第五項の規定（同項に係る罰則を含む。）は、前項の規定にかかわらず、同項に規定する日後も、なおその効力を有する。

3　この法律の失効前にした行為に対する罰則の適用については、この法律は、第一項の規定にかかわらず、同項に規定する日後も、なおその効力を有する。

（検討）
第三条　政府は、この法律の施行後五年を経過した場合において、この法律の施行の状況を勘案し、必要があると認めるときは、この法律の規定について検討を加え、その結果に基づいて必要な措置を講ずるものとする。

附　則（令和四法六八）（抄）

（施行期日）
1　この法律は、刑法等一部改正法施行日〔令7・6・1〕から施行する。〔略〕〔条文中傍線┈┈〕

33 子ども・子育て支援法

（平成二四年八月二二日 法律第六五号）

改正　令和五・六・一六法五八

第一章　総則

（目的）
第一条　この法律は、我が国における急速な少子化の進行並びに家庭及び地域を取り巻く環境の変化に鑑み、児童福祉法（昭和二十二年法律第百六十四号）その他の子どもに関する法律による施策と相まって、子ども・子育て支援給付その他の子ども及び子どもを養育している者に必要な支援を行い、もって一人一人の子どもが健やかに成長することができる社会の実現に寄与することを目的とする。

（基本理念）
第二条　子ども・子育て支援は、父母その他の保護者が子育てについての第一義的責任を有するという基本的認識の下に、家庭、学校、地域、職域その他の社会のあらゆる分野における全ての構成員が、各々の役割を果たすとともに、相互に協力して行われなければならない。

2　子ども・子育て支援給付その他の子ども・子育て支援の内容及び水準は、全ての子どもが健やかに成長するように支援するものであって、良質かつ適切なものであり、かつ、子どもの保護者の経済的負担の軽減について適切に配慮されたものでなければならない。

3　子ども・子育て支援給付その他の子ども・子育て支援は、地域の実情に応じて、総合的かつ効率的に提供されるよう配慮して行われなければならない。

（市町村等の責務）
第三条　市町村（特別区を含む。以下同じ。）は、この法律の実施に関し、次に掲げる責務を有する。

一　子どもの健やかな成長のために適切な環境が等しく確保されるよう、子ども及びその保護者に必要な子ども・子育て支援給付及び地域子ども・子育て支援事業を総合的かつ計画的に行うこと。

二　子ども及びその保護者が、確実に子ども・子育て支援給付を受け、及び地域子ども・子育て支援事業その他の子ども・子育て支援を円滑に利用するために必要な援助を行うとともに、関係機関との連絡調整その他の便宜の提供を行うこと。

三　子ども及びその保護者が置かれている環境に応じて、子どもの保護者の選択に基づき、多様な施設又は事業者から、良質かつ適切な教育及び保育その他の子ども・子育て支援が総合的かつ効率的に提供されるよう、その提供体制を確保すること。

2　都道府県は、市町村が行う子ども・子育て支援給付及び地域子ども・子育て支援事業が適正かつ円滑に行われるよう、市町村に対する必要な助言及び適切な援助を行うとともに、子ども・子育て支援のうち、特に専門性の高い施策及び各市町村の区域を超えた広域的な対応が必要な施策を講じなければならない。

3　国は、市町村が行う子ども・子育て支援給付及び地域子ども・子育て支援事業その他この法律に基づく業務が適正かつ円滑に行われるよう、市町村及び都道府県と相互に連携を図りながら、子ども・子育て支援の提供体制の確保に関する施策その他の必要な各般の措置を講じなければならない。

（事業主の責務）

第四条 事業主は、その雇用する労働者に係る多様な労働条件の整備その他の労働者の職業生活と家庭生活との両立が図られるようにするために必要な雇用環境の整備を行うことにより当該労働者の子育ての支援に努めるとともに、国又は地方公共団体が講ずる子ども・子育て支援に協力しなければならない。

（国民の責務）

第五条 国民は、子ども・子育て支援の重要性に対する関心と理解を深めるとともに、国又は地方公共団体が講ずる子ども・子育て支援に協力しなければならない。

（定義）

第六条 この法律において「子ども」とは、十八歳に達する日以後の最初の三月三十一日までの間にある者をいい、「小学校就学前子ども」とは、子どものうち小学校就学の始期に達するまでの者をいう。

2 この法律において「保護者」とは、親権を行う者、未成年後見人その他の者で、子どもを現に監護する者をいう。

第七条 この法律において「子ども・子育て支援」とは、全ての子どもの健やかな成長のために適切な環境が等しく確保されるよう、国若しくは地方公共団体又は地域における子育ての支援を行う者が実施する子ども及び子どもの保護者に対する支援をいう。

2 この法律において「教育」とは、満三歳以上の小学校就学前子どもに対して義務教育及びその後の教育の基礎を培うものとして教育基本法（平成十八年法律第百二十号）第六条第一項に規定する法律に定める学校において行われる教育をいう。

3 この法律において「保育」とは、児童福祉法第六条の三第七項第一号に規定する保育をいう。

4 この法律において「教育・保育施設」とは、就学前の子どもに関する教育、保育等の総合的な提供の推進に関する法律（平成十八年法律第七十七号。以下「認定こども園法」という。）第二条第六項に規定する認定こども園（以下「認定こども園」という。）、学校教育法（昭和二十二年法律第二十六号）第一条に規定する幼稚園（認定こども園法第三条第一項又は第三項の認定を受けたもの及び同条第十項の規定による公示がされたものを除く。以下「幼稚園」という。）及び児童福祉法第三十九条第一項に規定する保育所（認定こども園法第三条第一項の認定を受けたもの及び同条第十項の規定による公示がされたものを除く。以下「保育所」という。）をいう。

5 この法律において「地域型保育」とは、家庭的保育、小規模保育、居宅訪問型保育及び事業所内保育をいい、「地域型保育事業」とは、地域型保育を行う事業をいう。

6 この法律において「家庭的保育」とは、児童福祉法第六条の三第九項に規定する家庭的保育事業として行われる保育をいう。

7 この法律において「小規模保育」とは、児童福祉法第六条の三第十項に規定する小規模保育事業として行われる保育をいう。

8 この法律において「居宅訪問型保育」とは、児童福祉法第六条の三第十一項に規定する居宅訪問型保育事業として行われる保育をいう。

9 この法律において「事業所内保育」とは、児童福祉法第六条の三第十二項に規定する事業所内保育事業として行われる保育をいう。

10 この法律において「子ども・子育て支援施設等」とは、次に掲げる施設又は事業をいう。

一 認定こども園（保育所等（認定こども園法第二条第五項に規定する保育所等をいう。第五号において同じ。）であるもの及び第二十七条第一項に規定する特定教育・保育施設であるものを除く。第三十条の十一第一項第一号、第五十八条の四第一項第一号、第五十八条の十第一項第二号、第五十九条第三号ロ及び第六章において同じ。）

二 幼稚園（第二十七条第一項に規定する特定教育・保育施設であるものを除く。第三十条の十一第一項第二号、第三章第二節（第五十八条の九第六項第三号ロを除く。）、第五十八条第三号ロ及び第六章において同じ。）

三 特別支援学校（学校教育法第一条に規定する特別支援学校をいい、同法第七十六条第二項に規定する幼稚部に限る。以下同じ。）

四 児童福祉法第五十九条の二第一項に規定する施設（同項の規定による届出がされたものに限り、次に掲げるものを除く。）のうち、当該施設に配置する従業者及びその員数その他の事項について内閣府令で定める基準を満たすもの

イ 認定こども園法第三条第一項又は第三項の認定を受けたもの

ロ 認定こども園法第三条第十項の規定によ

る公示がされたもの

ハ　第五十九条の二第一項の規定による助成を受けているもののうち政令で定めるもの

五　認定こども園、幼稚園又は特別支援学校において行われる教育・保育（教育又は保育をいう。以下同じ。）であって、次のイ又はロに掲げる当該施設の区分に応じそれぞれイ又はロに定める一日当たりの時間及び期間の範囲外において、家庭において保育を受けることが一時的に困難となった当該イ又はロに掲げる施設に在籍している小学校就学前子どもに対して行われるものを提供する事業のうち、その事業を実施するために必要なものとして内閣府令で定める基準を満たすもの

イ　認定こども園（保育所等であるものを除く。）、幼稚園又は特別支援学校　当該施設における教育に係る標準的な一日当たりの時間及び期間

ロ　認定こども園（保育所等であるものに限る。）　イに定める一日当たりの時間及び期間を勘案して内閣府令で定める一日当たりの時間及び期間

六　児童福祉法第六条の三第七項に規定する一時預かり事業（前号に掲げる事業に該当するものを除く。）

七　児童福祉法第六条の三第十三項に規定する病児保育事業のうち、当該事業に従事する従業者及びその員数その他の事項について内閣府令で定める基準を満たすもの

八　児童福祉法第六条の三第十四項に規定する子育て援助活動支援事業（同項第一号に掲げる援助を行うものに限る。）のうち、市町村が実施するものであることその他の内閣府令で定める基準を満たすもの

第二章　子ども・子育て支援給付

第一節　通則

（子ども・子育て支援給付の種類）

第八条　子ども・子育て支援給付は、子どものための現金給付、子どものための教育・保育給付及び子育てのための施設等利用給付とする。

第二節　子どものための現金給付

第九条　子どものための現金給付は、児童手当（児童手当法（昭和四十六年法律第七十三号）に規定する児童手当をいう。以下同じ。）の支給とする。

第十条　子どものための現金給付については、この法律に別段の定めがあるものを除き、児童手当法の定めるところによる。

第三節　子どものための教育・保育給付

第一款　通則

（子どものための教育・保育給付）

第十一条　子どものための教育・保育給付は、施設型給付費、特例施設型給付費、地域型保育給付費及び特例地域型保育給付費の支給とする。

（不正利得の徴収）

第十二条　市町村は、偽りその他不正の手段により子どものための教育・保育給付を受けた者があるときは、その者から、その子どものための教育・保育給付の額に相当する金額の全部又は一部を徴収することができる。

2　市町村は、第二十七条第一項に規定する特定教育・保育施設又は第二十九条第一項に規定する特定地域型保育事業者が、偽りその他不正の行為により第二十七条第五項（第二十八条第四項において準用する場合を含む。）又は第二十九条第五項（第三十条第四項において準用する場合を含む。）の規定による支払を受けたときは、当該特定教育・保育施設又は特定地域型保育事業者から、その支払った額につき返還させるべき額を徴収するほか、その返還させるべき額に百分の四十を乗じて得た額を徴収することができる。

3　前二項の規定による徴収金は、地方自治法（昭和二十二年法律第六十七号）第二百三十一条の三第三項に規定する法律で定める歳入とする。

（報告等）

第十三条　市町村は、子どものための教育・保育給付に関して必要があると認めるときは、この法律の施行に必要な限度において、小学校就学前子ども、小学校就学前子どもの保護者若しくは小学校就学前子どもの属する世帯の世帯主その他その世帯に属する者又はこれらの者であった者に対し、報告若しくは文書その他の物件の提出若しくは提示を命じ、又は当該職員に質問させることができる。

2　前項の規定による質問を行う場合においては、当該職員は、その身分を示す証明書を携帯し、かつ、関係人の請求があるときは、これを提示しなければならない。

3　第一項の規定による権限は、犯罪捜査のために認められたものと解釈してはならない。

第十四条　市町村は、子どものための教育・保育給付に関して必要があると認めるときは、この法律の施行に必要な限度において、当該子どものための教育・保育給付に係る教育・保育を行う者若しくはこれを使用する者若しくはこれら

の者であった者に対し、報告若しくは文書その他の物件の提出若しくは提示を命じ、又は当該職員に関係者に対して質問させ、若しくは当該教育・保育を行う施設若しくは事業所に立ち入り、その設備若しくは帳簿書類その他の物件を検査させることができる。

2　前条第二項の規定は前項の規定による質問又は検査について、同条第三項の規定は前項の規定による権限について、それぞれ準用する。

（内閣総理大臣又は都道府県知事の教育・保育に関する調査等）

第十五条　内閣総理大臣又は都道府県知事は、子どものための教育・保育給付に関して必要があると認めるときは、この法律の施行に必要な限度において、子どものための教育・保育給付に係る小学校就学前子ども若しくは小学校就学前子どもの保護者又はこれらの者であった者に対し、当該子どものための教育・保育給付に係る教育・保育の内容に関し、報告若しくは文書その他の物件の提出若しくは提示を命じ、又は当該職員に質問させることができる。

2　内閣総理大臣又は都道府県知事は、子どものための教育・保育給付に関して必要があると認めるときは、この法律の施行に必要な限度において、教育・保育を行った者若しくはこれを使用した者に対し、その行った教育・保育に関し、報告若しくは当該教育・保育の提供の記録、帳簿書類その他の物件の提出若しくは提示を命じ、又は当該職員に関係者に対して質問させることができる。

3　第十三条第二項の規定は前二項の規定による質問について、同条第三項の規定は前二項の規定による権限について、それぞれ準用する。

（資料の提供等）

第十六条　市町村は、子どものための教育・保育給付に関して必要があると認めるときは、この法律の施行に必要な限度において、小学校就学前子ども、小学校就学前子どもの保護者又は小学校就学前子どもの扶養義務者（民法（明治二十九年法律第八十九号）に規定する扶養義務者をいう。附則第六条において同じ。）の資産又は収入の状況につき、官公署に対し必要な文書の閲覧若しくは資料の提供を求め、又は銀行、信託会社その他の機関若しくは小学校就学前子どもの保護者の雇用主その他の関係人に報告を求めることができる。

（受給権の保護）

第十七条　子どものための教育・保育給付を受ける権利は、譲り渡し、担保に供し、又は差し押さえることができない。

（租税その他の公課の禁止）

第十八条　租税その他の公課は、子どものための教育・保育給付として支給を受けた金品を標準として、課することができない。

第二款　教育・保育給付認定等

（支給要件）

第十九条　子どものための教育・保育給付は、次に掲げる小学校就学前子どもの保護者に対し、その小学校就学前子どもの第二十七条第一項に規定する特定教育・保育、第二十八条第一項第二号に規定する特別利用保育、同項第三号に規定する特別利用教育、第二十九条第一項に規定する特定地域型保育又は第三十条第一項第四号に規定する特例保育の利用について行う。

一　満三歳以上の小学校就学前子ども（次号に掲げる小学校就学前子どもに該当するものを除く。）

二　満三歳以上の小学校就学前子どもであって、保護者の労働又は疾病その他の内閣府令で定める事由により家庭において必要な保育を受けることが困難であるもの

三　満三歳未満の小学校就学前子どもであって、前号の内閣府令で定める事由により家庭において必要な保育を受けることが困難であるもの

（市町村の認定等）

第二十条　前条各号に掲げる小学校就学前子どもの保護者は、子どものための教育・保育給付を受けようとするときは、内閣府令で定めるところにより、市町村に対し、その小学校就学前子どもごとに、子どものための教育・保育給付を受ける資格を有すること及びその該当する同条各号に掲げる小学校就学前子どもの区分についての認定を申請し、その認定を受けなければならない。

2　前項の認定は、小学校就学前子どもの保護者の居住地の市町村が行うものとする。ただし、小学校就学前子どもの保護者が居住地を有しないとき、又は明らかでないときは、その小学校就学前子どもの保護者の現在地の市町村が行うものとする。

3　市町村は、第一項の規定による申請があった場合において、当該申請に係る小学校就学前子どもが前条第二号又は第三号に掲げる小学校就学前子どもに該当すると認めるときは、政令で定めるところにより、当該小学校就学前子どもに係る保育必要量（月を単位として内閣府令で定める期間において施設型給付費、特例施設型

給付費、地域型保育給付費又は特例地域型保育給付費を支給する保育の量をいう。以下同じ。）の認定を行うものとする。

4　市町村は、第一項及び前項の認定（以下「教育・保育給付認定」という。）を行ったときは、その結果を当該教育・保育給付認定に係る保護者（以下「教育・保育給付認定保護者」という。）に通知しなければならない。この場合において、市町村は、内閣府令で定めるところにより、当該教育・保育給付認定に係る小学校就学前子ども（以下「教育・保育給付認定子ども」という。）の該当する前条各号に掲げる小学校就学前子どもの区分、保育必要量その他の内閣府令で定める事項を記載した認定証（以下「支給認定証」という。）を交付するものとする。

5　市町村は、第一項の規定による申請について、当該保護者が子どものための教育・保育給付を受ける資格を有すると認められないときは、理由を付して、その旨を当該申請に係る保護者に通知するものとする。

6　第一項の規定による申請に対する処分は、当該申請のあった日から三十日以内にしなければならない。ただし、当該申請に係る保護者の労働又は疾病の状況の調査に日時を要することその他の特別な理由がある場合には、当該申請のあった日から三十日以内に、当該保護者に対し、当該申請に対する処分をするためになお要する期間（次項において「処理見込期間」という。）及びその理由を通知し、これを延期することができる。

7　第一項の規定による申請をした日から三十日以内に当該申請に対する処分がされないとき、若しくは前項ただし書の規定による通知がないとき、又は処理見込期間が経過した日までに当該申請に対する処分がされないときは、当該申請に係る保護者は、市町村が当該申請を却下したものとみなすことができる。

（教育・保育給付認定の有効期間）

第二十一条　教育・保育給付認定は、内閣府令で定める期間（以下「教育・保育給付認定の有効期間」という。）内に限り、その効力を有する。

（届出）

第二十二条　教育・保育給付認定保護者は、教育・保育給付認定の有効期間内において、内閣府令で定めるところにより、市町村に対し、その労働又は疾病の状況その他の内閣府令で定める事項を届け出、かつ、内閣府令で定める書類その他の物件を提出しなければならない。

（教育・保育給付認定の変更）

第二十三条　教育・保育給付認定保護者は、現に受けている教育・保育給付認定に係る当該教育・保育給付認定子どもの該当する第十九条各号に掲げる小学校就学前子どもの区分、保育必要量その他の内閣府令で定める事項を変更する必要があるときは、内閣府令で定めるところにより、市町村に対し、教育・保育給付認定の変更の認定を申請することができる。

2　市町村は、前項の規定による申請により、教育・保育給付認定保護者につき、必要があると認めるときは、教育・保育給付認定の変更の認定を行うことができる。この場合において、市町村は、当該変更の認定に係る教育・保育給付認定保護者に対し、支給認定証の提出を求めるものとする。

3　第二十条第二項、第三項、第四項前段及び第五項から第七項までの規定は、前項の教育・保育給付認定の変更の認定について準用する。この場合において、必要な技術的読替えは、政令で定める。

4　市町村は、職権により、教育・保育給付認定保護者につき、第十九条第三号に掲げる小学校就学前子どもに該当する教育・保育給付認定子ども（以下「満三歳未満保育認定子ども」という。）が満三歳に達したときその他必要があると認めるときは、内閣府令で定めるところにより、教育・保育給付認定の変更の認定を行うことができる。この場合において、市町村は、内閣府令で定めるところにより、当該変更の認定に係る教育・保育給付認定保護者に対し、支給認定証の提出を求めるものとする。

5　第二十条第二項、第三項及び第四項前段の規定は、前項の教育・保育給付認定の変更の認定について準用する。この場合において、必要な技術的読替えは、政令で定める。

6　市町村は、第二項又は第四項の教育・保育給付認定の変更の認定を行った場合には、内閣府令で定めるところにより、支給認定証に当該変更の認定に係る事項を記載し、これを返還するものとする。

（教育・保育給付認定の取消し）

第二十四条　教育・保育給付認定を行った市町村は、次に掲げる場合には、当該教育・保育給付認定を取り消すことができる。

一　当該教育・保育給付認定に係る満三歳未満の小学校就学前子どもが、教育・保育給付認定の有効期間内に、第十九条第三号に掲げる小学校就学前子どもに該当しなくなったとき。

二　当該教育・保育給付認定保護者が、教育・保育給付認定の有効期間内に、当該市町村以

外の市町村の区域内に居住地を有するに至ったと認めるとき。
三　その他政令で定めるとき。
2　前項の規定により教育・保育給付認定の取消しを行った市町村は、内閣府令で定めるところにより、当該取消しに係る教育・保育給付認定保護者に対し支給認定証の返還を求めるものとする。

（都道府県による援助等）
第二十五条　都道府県は、市町村が行う第二十条、第二十三条及び前条の規定による業務に関し、その設置する福祉事務所（社会福祉法（昭和二十六年法律第四十五号）に定める福祉に関する事務所をいう。）、児童相談所又は保健所による技術的事項についての協力その他市町村に対する必要な援助を行うことができる。

（内閣府令への委任）
第二十六条　この款に定めるもののほか、教育・保育給付認定の申請その他の手続に関し必要な事項は、内閣府令で定める。

第三款　施設型給付費及び地域型保育給付費等の支給

（施設型給付費の支給）
第二十七条　市町村は、教育・保育給付認定子どもが、教育・保育給付認定の有効期間内において、市町村長（特別区の区長を含む。以下同じ。）が施設型給付費の支給に係る施設として確認する教育・保育施設（以下「特定教育・保育施設」という。）から当該確認に係る教育・保育（地域型保育を除き、第十九条第一号に掲げる小学校就学前子どもに該当する教育・保育給付認定子どもにあっては認定こども園において受ける教育・保育（保育にあっては、同号に掲げる小学校就学前子どもに該当する教育・保育給付認定子どもに対して提供される教育に係る標準的な一日当たりの時間及び期間を勘案して内閣府令で定める一日当たりの時間及び期間の範囲内において行われるものに限る。）又は幼稚園において受ける教育に限り、同条第二号に掲げる小学校就学前子どもに該当する教育・保育給付認定子どもにあっては認定こども園において受ける教育・保育又は保育所において受ける保育に限り、満三歳未満保育認定子どもにあっては認定こども園又は保育所において受ける保育に限る。以下「特定教育・保育」という。）を受けたときは、内閣府令で定めるところにより、当該教育・保育給付認定子どもに係る教育・保育給付認定保護者に対し、当該特定教育・保育（保育にあっては、保育必要量の範囲内のものに限る。以下「支給認定教育・保育」という。）に要した費用について、施設型給付費を支給する。
2　特定教育・保育施設から支給認定教育・保育を受けようとする教育・保育給付認定子どもに係る教育・保育給付認定保護者は、内閣府令で定めるところにより、特定教育・保育施設に支給認定証を提示して当該支給認定教育・保育を当該教育・保育給付認定子どもに受けさせるものとする。ただし、緊急の場合その他やむを得ない事由のある場合については、この限りでない。
3　施設型給付費の額は、一月につき、第一号に掲げる額から第二号に掲げる額を控除して得た額（当該額が零を下回る場合には、零とする。）とする。
一　第十九条各号に掲げる小学校就学前子どもの区分、保育必要量、当該特定教育・保育施設の所在する地域等を勘案して算定される特定教育・保育に通常要する費用の額を勘案して内閣総理大臣が定める基準により算定した費用の額（その額が現に当該支給認定教育・保育に要した費用の額を超えるときは、当該現に支給認定教育・保育に要した費用の額）
二　政令で定める額を限度として当該教育・保育給付認定保護者の属する世帯の所得の状況その他の事情を勘案して市町村が定める額
4　内閣総理大臣は、第一項の一日当たりの時間及び期間を定める内閣府令並びに前項第一号の基準を定め、又は変更しようとするときは、文部科学大臣に協議するとともに、こども家庭審議会の意見を聴かなければならない。
5　教育・保育給付認定子どもが特定教育・保育施設から支給認定教育・保育を受けたときは、市町村は、当該教育・保育給付認定子どもに係る教育・保育給付認定保護者が当該特定教育・保育施設に支払うべき当該支給認定教育・保育に要した費用について、施設型給付費として当該教育・保育給付認定保護者に支給すべき額の限度において、当該教育・保育給付認定保護者に代わり、当該特定教育・保育施設に支払うことができる。
6　前項の規定による支払があったときは、教育・保育給付認定保護者に対し施設型給付費の支給があったものとみなす。
7　市町村は、特定教育・保育施設から施設型給付費の請求があったときは、第三項第一号の内閣総理大臣が定める基準及び第三十四条第二項の市町村の条例で定める特定教育・保育施設の運営に関する基準（特定教育・保育の取扱いに関する部分に限る。）に照らして審査の上、支払うものとする。

8　前各項に定めるもののほか、施設型給付費の支給及び特定教育・保育施設の施設型給付費の請求に関し必要な事項は、内閣府令で定める。

（特例施設型給付費の支給）

第二十八条　市町村は、次に掲げる場合において、必要があると認めるときは、内閣府令で定めるところにより、第一号に規定する特定教育・保育に要した費用、第二号に規定する特別利用保育に要した費用又は第三号に規定する特別利用教育に要した費用について、特例施設型給付費を支給することができる。

一　教育・保育給付認定子どもが、当該教育・保育給付認定子どもに係る教育・保育給付認定保護者が第二十条第一項の規定による申請をした日から当該教育・保育給付認定の効力が生じた日の前日までの間に、緊急その他やむを得ない理由により特定教育・保育を受けたとき。

二　第十九条第一号に掲げる小学校就学前子どもに該当する教育・保育給付認定子どもが、特定教育・保育施設（保育所に限る。）から特別利用保育（同号に掲げる小学校就学前子どもに該当する教育・保育給付認定子どもに対して提供される教育に係る標準的な一日当たりの時間及び期間を勘案して内閣府令で定める一日当たりの時間及び期間の範囲内において行われる保育（地域型保育を除く。）をいう。以下同じ。）を受けたとき（地域における教育の体制の整備の状況その他の事情を勘案して必要があると市町村が認めるときに限る。）。

三　第十九条第二号に掲げる小学校就学前子どもに該当する教育・保育給付認定子どもが、特定教育・保育施設（幼稚園に限る。）から特別利用教育（教育のうち同号に掲げる小学校就学前子どもに該当する教育・保育給付認定子どもに対して提供されるものをいい、特定教育・保育を除く。以下同じ。）を受けたとき。

2　特例施設型給付費の額は、一月につき、次の各号に掲げる区分に応じ、当該各号に定める額とする。

一　特定教育・保育　前条第三項第一号の内閣総理大臣が定める基準により算定した費用の額（その額が現に当該特定教育・保育に要した費用の額を超えるときは、当該現に特定教育・保育に要した費用の額）から政令で定める額を限度として当該教育・保育給付認定保護者の属する世帯の所得の状況その他の事情を勘案して市町村が定める額を控除して得た額（当該額が零を下回る場合には、零とする。）を基準として市町村が定める額

二　特別利用保育　特別利用保育に通常要する費用の額を勘案して内閣総理大臣が定める基準により算定した費用の額（その額が現に当該特別利用保育に要した費用の額を超えるときは、当該現に特別利用保育に要した費用の額）から政令で定める額を限度として当該教育・保育給付認定保護者の属する世帯の所得の状況その他の事情を勘案して市町村が定める額を控除して得た額（当該額が零を下回る場合には、零とする。）

三　特別利用教育　特別利用教育に通常要する費用の額を勘案して内閣総理大臣が定める基準により算定した費用の額（その額が現に当該特別利用教育に要した費用の額を超えるときは、当該現に特別利用教育に要した費用の額）から政令で定める額を限度として当該教育・保育給付認定保護者の属する世帯の所得の状況その他の事情を勘案して市町村が定める額を控除して得た額（当該額が零を下回る場合には、零とする。）

3　内閣総理大臣は、第一項第二号の内閣府令並びに前項第二号及び第三号の基準を定め、又は変更しようとするときは、文部科学大臣に協議するとともに、こども家庭審議会の意見を聴かなければならない。

4　前条第二項及び第五項から第七項までの規定は、特例施設型給付費（第一項第一号に係るものを除く。第四十条第一項第四号において同じ。）の支給について準用する。この場合において、必要な技術的読替えは、政令で定める。

5　前各項に定めるもののほか、特例施設型給付費の支給及び特定教育・保育施設の特例施設型給付費の請求に関し必要な事項は、内閣府令で定める。

（地域型保育給付費の支給）

第二十九条　市町村は、満三歳未満保育認定子どもが、教育・保育給付認定の有効期間内において、市町村長が地域型保育給付費の支給に係る事業を行う者として確認する地域型保育を行う事業者（以下「特定地域型保育事業者」という。）から当該確認に係る地域型保育（以下「特定地域型保育」という。）を受けたときは、内閣府令で定めるところにより、当該満三歳未満保育認定子どもに係る教育・保育給付認定保護者に対し、当該特定地域型保育（保育必要量の範囲

内のものに限る。以下「満三歳未満保育認定地域型保育」という。）に要した費用について、地域型保育給付費を支給する。

2 特定地域型保育事業者から満三歳未満保育認定地域型保育を受けようとする満三歳未満保育認定子どもに係る教育・保育給付認定保護者は、内閣府令で定めるところにより、特定地域型保育事業者に支給認定証を提示して当該満三歳未満保育認定地域型保育を当該満三歳未満保育認定子どもに受けさせるものとする。ただし、緊急の場合その他やむを得ない事由のある場合については、この限りでない。

3 地域型保育給付費の額は、一月につき、第一号に掲げる額から第二号に掲げる額を控除して得た額（当該額が零を下回る場合には、零とする。）とする。

一 地域型保育の種類ごとに、保育必要量、当該地域型保育の種類に係る特定地域型保育の事業を行う事業所（以下「特定地域型保育事業所」という。）の所在する地域等を勘案して算定される当該特定地域型保育に通常要する費用の額を勘案して内閣総理大臣が定める基準により算定した費用の額（その額が現に当該満三歳未満保育認定地域型保育に要した費用の額を超えるときは、当該現に満三歳未満保育認定地域型保育に要した費用の額）

二 政令で定める額を限度として当該教育・保育給付認定保護者の属する世帯の所得の状況その他の事情を勘案して市町村が定める額

4 内閣総理大臣は、前項第一号の基準を定め、又は変更しようとするときは、こども家庭審議会の意見を聴かなければならない。

5 満三歳未満保育認定子どもが特定地域型保育事業者から満三歳未満保育認定地域型保育を受けたときは、市町村は、当該満三歳未満保育認定子どもに係る教育・保育給付認定保護者が当該特定地域型保育事業者に支払うべき当該満三歳未満保育認定地域型保育に要した費用について、地域型保育給付費として当該教育・保育給付認定保護者に支給すべき額の限度において、当該教育・保育給付認定保護者に代わり、当該特定地域型保育事業者に支払うことができる。

6 前項の規定による支払があったときは、教育・保育給付認定保護者に対し地域型保育給付費の支給があったものとみなす。

7 市町村は、特定地域型保育事業者から地域型保育給付費の請求があったときは、第三項第一号の内閣総理大臣が定める基準及び第四十六条第二項の市町村の条例で定める特定地域型保育事業の運営に関する基準（特定地域型保育の取扱いに関する部分に限る。）に照らして審査の上、支払うものとする。

8 前各項に定めるもののほか、地域型保育給付費の支給及び特定地域型保育事業者の地域型保育給付費の請求に関し必要な事項は、内閣府令で定める。

（**特例地域型保育給付費の支給**）

第三十条 市町村は、次に掲げる場合において、必要があると認めるときは、内閣府令で定めるところにより、当該特定地域型保育（第三号に規定する特定利用地域型保育にあっては、保育必要量の範囲内のものに限る。）に要した費用又は第四号に規定する特例保育（第十九条第二号又は第三号に掲げる小学校就学前子どもに該当する教育・保育給付認定子ども（以下「保育認定子ども」という。）に係るものにあっては、保育必要量の範囲内のものに限る。）に要した費用について、特例地域型保育給付費を支給することができる。

一 満三歳未満保育認定子どもが、当該満三歳未満保育認定子どもに係る教育・保育給付認定保護者が第二十条第一項の規定による申請をした日から当該教育・保育給付認定の効力が生じた日の前日までの間に、緊急その他やむを得ない理由により特定地域型保育を受けたとき。

二 第十九条第一号に掲げる小学校就学前子どもに該当する教育・保育給付認定子どもが、特定地域型保育事業者から特定地域型保育（同号に掲げる小学校就学前子どもに該当する教育・保育給付認定子どもに対して提供される教育に係る標準的な一日当たりの時間及び期間を勘案して内閣府令で定める一日当たりの時間及び期間の範囲内において行われるものに限る。次項及び附則第九条第一項第三号イにおいて「特別利用地域型保育」という。）を受けたとき（地域における教育の体制の整備の状況その他の事情を勘案して必要があると市町村が認めるときに限る。）。

三 第十九条第二号に掲げる小学校就学前子どもに該当する教育・保育給付認定子どもが、特定地域型保育事業者から特定利用地域型保育（特定地域型保育のうち同号に掲げる小学校就学前子どもに該当する教育・保育給付認定子どもに対して提供されるものをいう。次項において同じ。）を受けたとき（地域において同号に掲げる小学校就学前子どもに該当する教育・保育給付認定子どもに係る教育・保育の体制の整備の状況その他の事情を勘案して必要があると市町村が認めるときに限る。）。

四　特定教育・保育及び特定地域型保育の確保が著しく困難である離島その他の地域であって内閣総理大臣が定める基準に該当するものに居住地を有する教育・保育給付認定保護者に係る教育・保育給付認定子どもが、特例保育（特定教育・保育及び特定地域型保育以外の保育をいい、第十九条第一号に掲げる小学校就学前子どもに該当する教育・保育給付認定子どもに係るものにあっては、同号に掲げる小学校就学前子どもに該当する教育・保育給付認定子どもに対して提供される教育に係る標準的な一日当たりの時間及び期間を勘案して内閣府令で定める一日当たりの時間及び期間の範囲内において行われるものに限る。以下同じ。）を受けたとき。

2　特例地域型保育給付費の額は、一月につき、次の各号に掲げる区分に応じ、当該各号に定める額とする。

一　特定地域型保育（特別利用地域型保育及び特定利用地域型保育を除く。以下この号において同じ。）　前条第三項第一号の内閣総理大臣が定める基準により算定した費用の額（その額が現に当該特定地域型保育に要した費用の額を超えるときは、当該現に特定地域型保育に要した費用の額）から政令で定める額を限度として当該教育・保育給付認定保護者の属する世帯の所得の状況その他の事情を勘案して市町村が定める額を控除して得た額（当該額が零を下回る場合には、零とする。）を基準として市町村が定める額

二　特別利用地域型保育　特別利用地域型保育に通常要する費用の額を勘案して内閣総理大臣が定める基準により算定した費用の額（その額が現に当該特別利用地域型保育に要した費用の額を超えるときは、当該現に特別利用地域型保育に要した費用の額）から政令で定める額を限度として当該教育・保育給付認定保護者の属する世帯の所得の状況その他の事情を勘案して市町村が定める額を控除して得た額（当該額が零を下回る場合には、零とする。）

三　特定利用地域型保育　特定利用地域型保育に通常要する費用の額を勘案して内閣総理大臣が定める基準により算定した費用の額（その額が現に当該特定利用地域型保育に要した費用の額を超えるときは、当該現に特定利用地域型保育に要した費用の額）から政令で定める額を限度として当該教育・保育給付認定保護者の属する世帯の所得の状況その他の事情を勘案して市町村が定める額を控除して得た額（当該額が零を下回る場合には、零とする。）

四　特例保育　特例保育に通常要する費用の額を勘案して内閣総理大臣が定める基準により算定した費用の額（その額が現に当該特例保育に要した費用の額を超えるときは、当該現に特例保育に要した費用の額）から政令で定める額を限度として当該教育・保育給付認定保護者の属する世帯の所得の状況その他の事情を勘案して市町村が定める額を控除して得た額（当該額が零を下回る場合には、零とする。）を基準として市町村が定める額

3　内閣総理大臣は、第一項第二号及び第四号の内閣府令並びに前項第二号及び第四号の基準を定め、又は変更しようとするときは、文部科学大臣に協議するとともに、こども家庭審議会の意見を聴かなければならない。

4　前条第二項及び第五項から第七項までの規定は、特例地域型保育給付費（第一項第二号及び第三号に係るものに限る。第五十二条第一項第四号において同じ。）の支給について準用する。この場合において、必要な技術的読替えは、政令で定める。

5　前各項に定めるもののほか、特例地域型保育給付費の支給及び特定地域型保育事業者の特例地域型保育給付費の請求に関し必要な事項は、内閣府令で定める。

第四節　子育てのための施設等利用給付

第一款　通則

（子育てのための施設等利用給付）

第三十条の二　子育てのための施設等利用給付は、施設等利用費の支給とする。

（準用）

第三十条の三　第十二条から第十八条までの規定は、子育てのための施設等利用給付について準用する。この場合において、必要な技術的読替えは、政令で定める。

第二款　施設等利用給付認定等

（支給要件）

第三十条の四　子育てのための施設等利用給付は、次に掲げる小学校就学前子ども（保育認定子どもに係る教育・保育給付認定保護者が、現に施設型給付費、特例施設型給付費（第二十八条第一項第三号に係るものを除く。次条第七項において同じ。）、地域型保育給付費若しくは特

例地域型保育給付費の支給を受けている場合における当該保育認定子ども又は第七条第十項第四号ハの政令で定める施設を利用している小学校就学前子どもを除く。以下この節及び第五十八条の三において同じ。）の保護者に対し、その小学校就学前子どもの第三十条の十一第一項に規定する特定子ども・子育て支援の利用について行う。

一　満三歳以上の小学校就学前子ども（次号及び第三号に掲げる小学校就学前子どもに該当するものを除く。）

二　満三歳に達する日以後の最初の三月三十一日を経過した小学校就学前子どもであって、第十九条第二号の内閣府令で定める事由により家庭において必要な保育を受けることが困難であるもの

三　満三歳に達する日以後の最初の三月三十一日までの間にある小学校就学前子どもであって、第十九条第二号の内閣府令で定める事由により家庭において必要な保育を受けることが困難であるもののうち、その保護者及び当該保護者と同一の世帯に属する者が第三十条の十一第一項に規定する特定子ども・子育て支援のあった月の属する年度（政令で定める場合にあっては、前年度）分の地方税法（昭和二十五年法律第二百二十六号）の規定による市町村民税（同法の規定による特別区民税を含み、同法第三百二十八条の規定によって課する所得割を除く。以下この号において同じ。）を課されない者（これに準ずる者として政令で定める者を含むものとし、当該市町村民税の賦課期日において同法の施行地に住所を有しない者を除く。次条第七項第二号において「市町村民税世帯非課税者」という。）であるもの

（市町村の認定等）

第三十条の五　前条各号に掲げる小学校就学前子どもの保護者は、子育てのための施設等利用給付を受けようとするときは、内閣府令で定めるところにより、市町村に対し、その小学校就学前子どもごとに、子育てのための施設等利用給付を受ける資格を有すること及びその該当する同条各号に掲げる小学校就学前子どもの区分についての認定を申請し、その認定を受けなければならない。

2　前項の認定（以下「施設等利用給付認定」という。）は、小学校就学前子どもの保護者の居住地の市町村が行うものとする。ただし、小学校就学前子どもの保護者が居住地を有しないとき、又は明らかでないときは、その小学校就学前子どもの保護者の現在地の市町村が行うものとする。

3　市町村は、施設等利用給付認定を行ったときは、内閣府令で定めるところにより、その結果その他の内閣府令で定める事項を当該施設等利用給付認定に係る保護者（以下「施設等利用給付認定保護者」という。）に通知するものとする。

4　市町村は、第一項の規定による申請について、当該保護者が子育てのための施設等利用給付を受ける資格を有すると認められないときは、理由を付して、その旨を当該申請に係る保護者に通知するものとする。

5　第一項の規定による申請に対する処分は、当該申請のあった日から三十日以内にしなければならない。ただし、当該申請に係る保護者の労働又は疾病の状況の調査に日時を要することその他の特別な理由がある場合には、当該申請のあった日から三十日以内に、当該保護者に対し、当該申請に対する処分をするためになお要する期間（次項において「処理見込期間」という。）及びその理由を通知し、これを延期することができる。

6　第一項の規定による申請をした日から三十日以内に当該申請に対する処分がされないとき、若しくは前項ただし書の規定による通知がないとき、又は処理見込期間が経過した日までに当該申請に対する処分がされないときは、当該申請に係る保護者は、市町村が当該申請を却下したものとみなすことができる。

7　次の各号に掲げる教育・保育給付認定保護者であって、その保育認定子どもについて現に施設型給付費、特例施設型給付費、地域型保育給付費又は特例地域型保育給付費の支給を受けていないものは、第一項の規定にかかわらず、施設等利用給付認定の申請をすることを要しない。この場合において、当該教育・保育給付認定保護者は、子育てのための施設等利用給付を受ける資格を有すること及び当該保育認定子どもが当該各号に定める小学校就学前子どもの区分に該当することについての施設等利用給付認定を受けたものとみなす。

一　第十九条第二号に掲げる小学校就学前子どもに該当する教育・保育給付認定子ども（満三歳に達する日以後の最初の三月三十一日までの間にあるものを除く。）に係る教育・保育給付認定保護者　前条第二号に掲げる小学校就学前子ども

二　第十九条第二号に掲げる小学校就学前子どもに該当する教育・保育給付認定子ども（満

三歳に達する日以後の最初の三月三十一日までの間にあるものに限る。）又は満三歳未満保育認定子どもに係る教育・保育給付認定保護者（その者及びその者と同一の世帯に属する者が市町村民税世帯非課税者である場合に限る。）　前条第三号に掲げる小学校就学前子ども

（施設等利用給付認定の有効期間）

第三十条の六　施設等利用給付認定は、内閣府令で定める期間（以下「施設等利用給付認定の有効期間」という。）内に限り、その効力を有する。

（届出）

第三十条の七　施設等利用給付認定保護者は、施設等利用給付認定の有効期間内において、内閣府令で定めるところにより、市町村に対し、その労働又は疾病の状況その他の内閣府令で定める事項を届け出、かつ、内閣府令で定める書類その他の物件を提出しなければならない。

（施設等利用給付認定の変更）

第三十条の八　施設等利用給付認定保護者は、現に受けている施設等利用給付認定に係る小学校就学前子ども（以下「施設等利用給付認定子ども」という。）の該当する第三十条の四各号に掲げる小学校就学前子どもの区分その他の内閣府令で定める事項を変更する必要があるときは、内閣府令で定めるところにより、市町村に対し、施設等利用給付認定の変更の認定を申請することができる。

2　市町村は、前項の規定による申請により、施設等利用給付認定保護者につき、必要があると認めるときは、施設等利用給付認定の変更の認定を行うことができる。

3　第三十条の五第二項から第六項までの規定は、前項の施設等利用給付認定の変更の認定について準用する。この場合において、必要な技術的読替えは、政令で定める。

4　市町村は、職権により、施設等利用給付認定保護者につき、第三十条の四第三号に掲げる小学校就学前子どもに該当する施設等利用給付認定子どもが満三歳に達する日以後の最初の三月三十一日を経過した日以後引き続き同一の特定子ども・子育て支援施設等（第三十条の十一第一項に規定する特定子ども・子育て支援施設等をいう。）を利用するときその他必要があると認めるときは、内閣府令で定めるところにより、施設等利用給付認定の変更の認定を行うことができる。

5　第三十条の五第二項及び第三項の規定は、前項の施設等利用給付認定の変更の認定について準用する。この場合において、必要な技術的読替えは、政令で定める。

（施設等利用給付認定の取消し）

第三十条の九　施設等利用給付認定を行った市町村は、次に掲げる場合には、当該施設等利用給付認定を取り消すことができる。

一　当該施設等利用給付認定に係る満三歳未満の小学校就学前子どもが、施設等利用給付認定の有効期間内に、第三十条の四第三号に掲げる小学校就学前子どもに該当しなくなったとき。

二　当該施設等利用給付認定保護者が、施設等利用給付認定の有効期間内に、当該市町村以外の市町村の区域内に居住地を有するに至ったと認めるとき。

三　その他政令で定めるとき。

2　市町村は、前項の規定により施設等利用給付認定の取消しを行ったときは、理由を付して、その旨を当該取消しに係る施設等利用給付認定保護者に通知するものとする。

（内閣府令への委任）

第三十条の十　この款に定めるもののほか、施設等利用給付認定の申請その他の手続に関し必要な事項は、内閣府令で定める。

第三款　施設等利用費の支給

第三十条の十一　市町村は、施設等利用給付認定子どもが、施設等利用給付認定の有効期間内において、市町村長が施設等利用費の支給に係る施設又は事業として確認する子ども・子育て支援施設等（以下「特定子ども・子育て支援施設等」という。）から当該確認に係る教育・保育その他の子ども・子育て支援（次の各号に掲げる子ども・子育て支援施設等の区分に応じ、当該各号に定める小学校就学前子どもに該当する施設等利用給付認定子どもが受けるものに限る。以下「特定子ども・子育て支援」という。）を受けたときは、内閣府令で定めるところにより、当該施設等利用給付認定保護者に対し、当該特定子ども・子育て支援に要した費用（食事の提供に要する費用その他の日常生活に要する費用のうち内閣府令で定める費用を除く。）について、施設等利用費を支給する。

一　認定こども園　第三十条の四各号に掲げる小学校就学前子ども

二　幼稚園又は特別支援学校　第三十条の四第一号若しくは第二号に掲げる小学校就学前子ども又は同条第三号に掲げる小学校就学前子ども（満三歳以上のものに限る。）

三　第七条第十項第四号から第八号までに掲げる子ども・子育て支援施設等　第三十条の四第二号又は第三号に掲げる小学校就学前子ども

2　施設等利用費の額は、一月につき、第三十条の四各号に掲げる小学校就学前子どもの区分ごとに、子どものための教育・保育給付との均衡、子ども・子育て支援施設等の利用に要する標準的な費用の状況その他の事情を勘案して政令で定めるところにより算定した額とする。

3　施設等利用給付認定子どもが特定子ども・子育て支援施設等から特定子ども・子育て支援を受けたときは、市町村は、当該施設等利用給付認定子どもに係る施設等利用給付認定保護者が当該特定子ども・子育て支援施設等である施設の設置者又は事業を行う者（以下「特定子ども・子育て支援提供者」という。）に支払うべき当該特定子ども・子育て支援に要した費用について、施設等利用費として当該施設等利用給付認定保護者に支給すべき額の限度において、当該施設等利用給付認定保護者に代わり、当該特定子ども・子育て支援提供者に支払うことができる。

4　前項の規定による支払があったときは、施設等利用給付認定保護者に対し施設等利用費の支給があったものとみなす。

5　前各項に定めるもののほか、施設等利用費の支給に関し必要な事項は、内閣府令で定める。

第三章　特定教育・保育施設及び特定地域型保育事業者並びに特定子ども・子育て支援施設等

第一節　特定教育・保育施設及び特定地域型保育事業者

第一款　特定教育・保育施設

（特定教育・保育施設の確認）

第三十一条　第二十七条第一項の確認は、内閣府令で定めるところにより、教育・保育施設の設置者（国（国立大学法人法（平成十五年法律第百十二号）第二条第一項に規定する国立大学法人を含む。第五十八条の九第二項、第三項及び第六項、第六十五条第四号及び第五号並びに附則第七条において同じ。）及び公立大学法人（地方独立行政法人法（平成十五年法律第百十八号）第六十八条第一項に規定する公立大学法人をいう。第五十八条の四第一項第一号、第五十八条の九第二項並びに第六十五条第三号及び第四号において同じ。）を除き、法人に限る。以下同じ。）の申請により、次の各号に掲げる教育・保育施設の区分に応じ、当該各号に定める小学校就学前子どもの区分ごとの利用定員を定めて、市町村長が行う。

一　認定こども園　第十九条各号に掲げる小学校就学前子どもの区分

二　幼稚園　第十九条第一号に掲げる小学校就学前子どもの区分

三　保育所　第十九条第二号に掲げる小学校就学前子どもの区分及び同条第三号に掲げる小学校就学前子どもの区分

2　市町村長は、前項の規定により特定教育・保育施設の利用定員を定めようとするときは、第七十二条第一項の審議会その他の合議制の機関を設置している場合にあってはその意見を、その他の場合にあっては子どもの保護者その他子ども・子育て支援に係る当事者の意見を聴かなければならない。

3　市町村長は、第一項の規定により特定教育・保育施設の利用定員を定めたときは、内閣府令で定めるところにより、都道府県知事に届け出なければならない。

（特定教育・保育施設の確認の変更）

第三十二条　特定教育・保育施設の設置者は、利用定員（第二十七条第一項の確認において定められた利用定員をいう。第三十四条第三項第一号を除き、以下この款において同じ。）を増加しようとするときは、内閣府令で定めるところにより、当該特定教育・保育施設に係る第二十七条第一項の確認の変更を申請することができる。

2　前条第三項の規定は、前項の確認の変更の申請があった場合について準用する。この場合において、必要な技術的読替えは、政令で定める。

3　市町村長は、前項の規定により前条第三項の規定を準用する場合のほか、利用定員を変更したときは、内閣府令で定めるところにより、都道府県知事に届け出なければならない。

（特定教育・保育施設の設置者の責務）

第三十三条　特定教育・保育施設の設置者は、教育・保育給付認定保護者から利用の申込みを受けたときは、正当な理由がなければ、これを拒んではならない。

2　特定教育・保育施設の設置者は、第十九条各号に掲げる小学校就学前子どもの区分ごとの当該特定教育・保育施設における前項の申込みに係る教育・保育給付認定子ども及び当該特定教育・保育施設を現に利用している教育・保育給付認定子どもの総数が、当該区分に応ずる当該特定教育・保育施設の利用定員の総数を超える場合においては、内閣府令で定めるところにより、同項の申込みに係る教育・保育給付認定子どもを公正な方法で選考しなければならない。
3　内閣総理大臣は、前項の内閣府令を定め、又は変更しようとするときは、文部科学大臣に協議しなければならない。
4　特定教育・保育施設の設置者は、教育・保育給付認定子どもに対し適切な特定教育・保育を提供するとともに、市町村、児童相談所、児童福祉法第七条第一項に規定する児童福祉施設（第四十五条第三項及び第五十八条の三第一項において「児童福祉施設」という。）、教育機関その他の関係機関との緊密な連携を図りつつ、良質な特定教育・保育を小学校就学前子どもの置かれている状況その他の事情に応じ、効果的に行うように努めなければならない。
5　特定教育・保育施設の設置者は、その提供する特定教育・保育の質の評価を行うことその他の措置を講ずることにより、特定教育・保育の質の向上に努めなければならない。
6　特定教育・保育施設の設置者は、小学校就学前子どもの人格を尊重するとともに、この法律及びこの法律に基づく命令を遵守し、誠実にその職務を遂行しなければならない。

（**特定教育・保育施設の基準**）
第三十四条　特定教育・保育施設の設置者は、次の各号に掲げる教育・保育施設の区分に応じ、当該各号に定める基準（以下「教育・保育施設の認可基準」という。）を遵守しなければならない。
一　認定こども園　認定こども園法第三条第一項の規定により都道府県（地方自治法第二百五十二条の十九第一項の指定都市又は同法第二百五十二条の二十二第一項の中核市（以下「指定都市等」という。）の区域内に所在する認定こども園（都道府県が設置するものを除く。以下「指定都市等所在認定こども園」という。）については、当該指定都市等。以下この号において同じ。）の条例で定める要件（当該認定こども園が認定こども園法第三条第一項の認定を受けたものである場合又は同項の規定により都道府県の条例で定める要件に適合しているものとして同条第十項の規定による公示がされたものである場合に限る。）、認定こども園法第三条第三項の規定により都道府県の条例で定める要件（当該認定こども園が同項の認定を受けたものである場合又は同項の規定により都道府県の条例で定める要件に適合しているものとして同条第十項の規定による公示がされたものである場合に限る。）又は認定こども園法第十三条第一項の規定により都道府県の条例で定める設備及び運営についての基準（当該認定こども園が幼保連携型認定こども園（認定こども園法第二条第七項に規定する幼保連携型認定こども園をいう。）である場合に限る。）
二　幼稚園　学校教育法第三条に規定する学校の設備、編制その他に関する設置基準（第五十八条の四第一項第二号及び第三号並びに第五十八条の九第二項において「設置基準」という。）（幼稚園に係るものに限る。）
三　保育所　児童福祉法第四十五条第一項の規定により都道府県（指定都市等又は同法第五十九条の四第一項に規定する児童相談所設置市（以下「児童相談所設置市」という。）の区域内に所在する保育所（都道府県が設置するものを除く。第三十九条第二項及び第四十条第一項第二号において「指定都市等所在保育所」という。）については、当該指定都市等又は児童相談所設置市）の条例で定める児童福祉施設の設備及び運営についての基準（保育所に係るものに限る。）
2　特定教育・保育施設の設置者は、市町村の条例で定める特定教育・保育施設の運営に関する基準に従い、特定教育・保育（特定教育・保育施設が特別利用保育又は特別利用教育を行う場合にあっては、特別利用保育又は特別利用教育を含む。以下この款において同じ。）を提供しなければならない。
3　市町村が前項の条例を定めるに当たっては、次に掲げる事項については内閣府令で定める基準に従い定めるものとし、その他の事項については内閣府令で定める基準を参酌するものとする。
一　特定教育・保育施設に係る利用定員（第二十七条第一項の確認において定める利用定員をいう。第七十二条第一項第一号において同じ。）
二　特定教育・保育施設の運営に関する事項であって、小学校就学前子どもの適切な処遇の確保及び秘密の保持並びに小学校就学前子どもの健全な発達に密接に関連するものとして内閣府令で定めるもの
4　内閣総理大臣は、前項に規定する内閣府令で定める基準及び同項第二号の内閣府令を定め、又は変更しようとするときは、文部科学大臣に協議するとともに、特定教育・保育の取扱いに関する部分についてこども家庭審議会の意見を

聴かなければならない。

5　特定教育・保育施設の設置者は、次条第二項の規定による利用定員の減少の届出をしたとき又は第三十六条の規定による確認の辞退をするときは、当該届出の日又は同条に規定する予告期間の開始日の前一月以内に当該特定教育・保育を受けていた者であって、当該利用定員の減少又は確認の辞退の日以後においても引き続き当該特定教育・保育に相当する教育・保育の提供を希望する者に対し、必要な教育・保育が継続的に提供されるよう、他の特定教育・保育施設の設置者その他関係者との連絡調整その他の便宜の提供を行わなければならない。

（変更の届出等）

第三十五条　特定教育・保育施設の設置者は、設置者の住所その他の内閣府令で定める事項に変更があったときは、内閣府令で定めるところにより、十日以内に、その旨を市町村長に届け出なければならない。

2　特定教育・保育施設の設置者は、当該利用定員の減少をしようとするときは、内閣府令で定めるところにより、その利用定員の減少の日の三月前までに、その旨を市町村長に届け出なければならない。

（確認の辞退）

第三十六条　特定教育・保育施設の設置者は、三月以上の予告期間を設けて、当該特定教育・保育施設に係る第二十七条第一項の確認を辞退することができる。

（市町村長等による連絡調整又は援助）

第三十七条　市町村長は、特定教育・保育施設の設置者による第三十四条第五項に規定する便宜の提供が円滑に行われるため必要があると認めるときは、当該特定教育・保育施設の設置者及び他の特定教育・保育施設の設置者その他の関係者相互間の連絡調整又は当該特定教育・保育施設の設置者及び当該関係者に対する助言その他の援助を行うことができる。

2　都道府県知事は、同一の特定教育・保育施設の設置者について二以上の市町村長が前項の規定による連絡調整又は援助を行う場合において、当該特定教育・保育施設の設置者による第三十四条第五項に規定する便宜の提供が円滑に行われるため必要があると認めるときは、当該市町村長相互間の連絡調整又は当該特定教育・保育施設の設置者に対する市町村の区域を超えた広域的な見地からの助言その他の援助を行うことができる。

3　内閣総理大臣は、同一の特定教育・保育施設の設置者について二以上の都道府県知事が前項の規定による連絡調整又は援助を行う場合において、当該特定教育・保育施設の設置者による第三十四条第五項に規定する便宜の提供が円滑に行われるため必要があると認めるときは、当該都道府県知事相互間の連絡調整又は当該特定教育・保育施設の設置者に対する都道府県の区域を超えた広域的な見地からの助言その他の援助を行うことができる。

（報告等）

第三十八条　市町村長は、必要があると認めるときは、この法律の施行に必要な限度において、特定教育・保育施設若しくは特定教育・保育施設の設置者若しくは特定教育・保育施設の設置者であった者若しくは特定教育・保育施設の職員であった者（以下この項において「特定教育・保育施設の設置者であった者等」という。）に対し、報告若しくは帳簿書類その他の物件の提出若しくは提示を命じ、特定教育・保育施設の設置者若しくは特定教育・保育施設の職員若しくは特定教育・保育施設の設置者であった者等に対し出頭を求め、又は当該市町村の職員に関係者に対して質問させ、若しくは特定教育・保育施設、特定教育・保育施設の設置者の事務所その他特定教育・保育施設の運営に関係のある場所に立ち入り、その設備若しくは帳簿書類その他の物件を検査させることができる。

2　第十三条第二項の規定は前項の規定による質問又は検査について、同条第三項の規定は前項の規定による権限について、それぞれ準用する。

（勧告、命令等）

第三十九条　市町村長は、特定教育・保育施設の設置者が、次の各号に掲げる場合に該当すると認めるときは、当該特定教育・保育施設の設置者に対し、期限を定めて、当該各号に定める措置をとるべきことを勧告することができる。

一　第三十四条第二項の市町村の条例で定める特定教育・保育施設の運営に関する基準に従って施設型給付費の支給に係る施設として適正な特定教育・保育施設の運営をしていない場合　当該基準を遵守すること。

二　第三十四条第五項に規定する便宜の提供を施設型給付費の支給に係る施設として適正に行っていない場合　当該便宜の提供を適正に行うこと。

2　市町村長（指定都市等所在認定こども園については当該指定都市等の長を除き、指定都市等所在保育所については当該指定都市等又は児童相談所設置市の長を除く。第五項において同じ。）は、特定教育・保育施設（指定都市等所在認定こども園及び指定都市等所在保育所を除く。以下この項及び第五項において同じ。）の設置者が教育・保育施設の認可基準に従って施設型給付費の支給に係る施設として適正な教育・保育施設の運営をしていないと認めるときは、遅滞なく、その旨を、当該特定教育・保育施設に係る教育・保育施設の認可等（教育・保育施設に係る認定こども園法第十七条第一項、学校教育法第四条第一項若しくは児童福祉法第三十五条第四項の認可又は認定こども園法第三条第一項若しくは第三項の認定をいう。第五項及び次条第一項第二号において同じ。）を行った都道府県知事に通知しなければならない。

3　市町村長は、第一項の規定による勧告をした場合において、その勧告を受けた特定教育・保育施設の設置者が、同項の期限内にこれに従わなかったときは、その旨を公表することができる。

4　市町村長は、第一項の規定による勧告を受けた特定教育・保育施設の設置者が、正当な理由がなくてその勧告に係る措置をとらなかったときは、当該特定教育・保育施設の設置者に対し、期限を定めて、その勧告に係る措置をとるべきことを命ずることができる。

5　市町村長は、前項の規定による命令をしたときは、その旨を公示するとともに、遅滞なく、その旨を、当該特定教育・保育施設に係る教育・保育施設の認可等を行った都道府県知事に通知しなければならない。

（確認の取消し等）

第四十条　市町村長は、次の各号のいずれかに該当する場合においては、当該特定教育・保育施設に係る第二十七条第一項の確認を取り消し、又は期間を定めてその確認の全部若しくは一部の効力を停止することができる。

一　特定教育・保育施設の設置者が、第三十三条第六項の規定に違反したと認められるとき。

二　特定教育・保育施設の設置者が、教育・保育施設の認可基準に従って施設型給付費の支給に係る施設として適正な教育・保育施設の運営をすることができなくなったと当該特定教育・保育施設に係る教育・保育施設の認可等を行った都道府県知事（指定都市等所在認定こども園については当該指定都市等の長とし、指定都市等所在保育所については当該指定都市等又は児童相談所設置市の長とする。）が認めたとき。

三　特定教育・保育施設の設置者が、第三十四条第二項の市町村の条例で定める特定教育・保育施設の運営に関する基準に従って施設型給付費の支給に係る施設として適正な特定教育・保育施設の運営をすることができなくなったとき。

四　施設型給付費又は特例施設型給付費の請求に関し不正があったとき。

五　特定教育・保育施設の設置者が、第三十八条第一項の規定により報告若しくは帳簿書類その他の物件の提出若しくは提示を命ぜられてこれに従わず、又は虚偽の報告をしたとき。

六　特定教育・保育施設の設置者又はその職員が、第三十八条第一項の規定により出頭を求められてこれに応ぜず、同項の規定による質問に対して答弁せず、若しくは虚偽の答弁をし、又は同項の規定による検査を拒み、妨げ、若しくは忌避したとき。ただし、当該特定教育・保育施設の職員がその行為をした場合において、その行為を防止するため、当該特定教育・保育施設の設置者が相当の注意及び監督を尽くしたときを除く。

七　特定教育・保育施設の設置者が、不正の手段により第二十七条第一項の確認を受けたとき。

八　前各号に掲げる場合のほか、特定教育・保育施設の設置者が、この法律その他国民の福祉若しくは学校教育に関する法律で政令で定めるもの又はこれらの法律に基づく命令若しくは処分に違反したとき。

九　前各号に掲げる場合のほか、特定教育・保育施設の設置者が、教育・保育に関し不正又は著しく不当な行為をしたとき。

十　特定教育・保育施設の設置者の役員（業務を執行する社員、取締役、執行役又はこれらに準ずる者をいい、相談役、顧問その他いかなる名称を有する者であるかを問わず、法人に対し業務を執行する社員、取締役、執行役又はこれらに準ずる者と同等以上の支配力を有するものと認められる者を含む。以下同じ。）又はその長のうちに過去五年以内に教育・保育に関し不正又は著しく不当な行為をした者があるとき。

2　前項の規定により第二十七条第一項の確認を取り消された教育・保育施設の設置者（政令で定める者を除く。）及びこれに準ずる者として政令で定める者は、その取消しの日又はこれに準ずる日として政令で定める日から起算して五年を経過するまでの間は、第三十一条第一項の申請をすることができない。

（公示）

第四十一条　市町村長は、次に掲げる場合には、遅滞なく、当該特定教育・保育施設の設置者の名称、当該特定教育・保育施設の所在地その他の内閣府令で定める事項を都道府県知事に届け出るとともに、これを公示しなければならない。
一　第二十七条第一項の確認をしたとき。
二　第三十六条の規定による第二十七条第一項の確認の辞退があったとき。
三　前条第一項の規定により第二十七条第一項の確認を取り消し、又は同項の確認の全部若しくは一部の効力を停止したとき。

（市町村によるあっせん及び要請）
第四十二条　市町村は、特定教育・保育施設に関し必要な情報の提供を行うとともに、教育・保育給付認定保護者から求めがあった場合その他必要と認められる場合には、特定教育・保育施設を利用しようとする教育・保育給付認定子どもに係る教育・保育給付認定保護者の教育・保育に係る希望、当該教育・保育給付認定子どもの養育の状況、当該教育・保育給付認定保護者に必要な支援の内容その他の事情を勘案し、当該教育・保育給付認定子どもが適切に特定教育・保育施設を利用できるよう、相談に応じ、必要な助言又は特定教育・保育施設の利用についてのあっせんを行うとともに、必要に応じて、特定教育・保育施設の設置者に対し、当該教育・保育給付認定子どもの利用の要請を行うものとする。
2　特定教育・保育施設の設置者は、前項の規定により行われるあっせん及び要請に対し、協力しなければならない。

第二款　特定地域型保育事業者

（特定地域型保育事業者の確認）
第四十三条　第二十九条第一項の確認は、内閣府令で定めるところにより、地域型保育事業を行う者の申請により、地域型保育の種類及び当該地域型保育の種類に係る地域型保育事業を行う事業所（以下「地域型保育事業所」という。）ごとに、第十九条第三号に掲げる小学校就学前子どもに係る利用定員（事業所内保育の事業を行う事業所（以下「事業所内保育事業所」という。）にあっては、その雇用する労働者の監護する小学校就学前子どもを保育するため当該事業所内保育の事業を自ら施設を設置し、又は委託して行う事業主に係る当該小学校就学前子ども（当該事業所内保育の事業が、事業主団体に係るものにあっては事業主団体の構成員である事業主の雇用する労働者の監護する小学校就学前子どもとし、共済組合等（児童福祉法第六条の三第十二項第一号ハに規定する共済組合等をいう。）に係るものにあっては共済組合等の構成員（同号ハに規定する共済組合等の構成員をいう。）の監護する小学校就学前子どもとする。以下「労働者等の監護する小学校就学前子ども」という。）及びその他の小学校就学前子どもごとに定める第十九条第一項第三号に掲げる小学校就学前子どもに係る利用定員とする。）を定めて、市町村長が行う。
2　市町村長は、前項の規定により特定地域型保育事業（特定地域型保育を行う事業をいう。以下同じ。）の利用定員を定めようとするときは、第七十二条第一項の審議会その他の合議制の機関を設置している場合にあってはその意見を、その他の場合にあっては子どもの保護者その他子ども・子育て支援に係る当事者の意見を聴かなければならない。

（特定地域型保育事業者の確認の変更）
第四十四条　特定地域型保育事業者は、利用定員（第二十九条第一項の確認において定められた利用定員をいう。第四十六条第三項第一号を除き、以下この款において同じ。）を増加しようとするときは、内閣府令で定めるところにより、当該特定地域型保育事業者に係る第二十九条第一項の確認の変更を申請することができる。

（特定地域型保育事業者の責務）
第四十五条　特定地域型保育事業者は、教育・保育給付認定保護者から利用の申込みを受けたときは、正当な理由がなければ、これを拒んではならない。
2　特定地域型保育事業者は、前項の申込みに係る満三歳未満保育認定子ども及び当該特定地域型保育事業を現に利用している満三歳未満保育認定子どもの総数が、その利用定員の総数を超える場合においては、内閣府令で定めるところにより、同項の申込みに係る満三歳未満保育認定子どもを公正な方法で選考しなければならない。
3　特定地域型保育事業者は、満三歳未満保育認定子どもに対し適切な地域型保育を提供するとともに、市町村、教育・保育施設、児童相談所、児童福祉施設、教育機関その他の関係機関との緊密な連携を図りつつ、良質な地域型保育を小学校就学前子どもの置かれている状況その他の事情に応じ、効果的に行うように努めなければならない。
4　特定地域型保育事業者は、その提供する地域型保育の質の評価を行うことその他の措置を講ずることにより、地域型保育の質の向上に努めなければならない。

5　特定地域型保育事業者は、小学校就学前子どもの人格を尊重するとともに、この法律及びこの法律に基づく命令を遵守し、誠実にその職務を遂行しなければならない。

（特定地域型保育事業の基準）

第四十六条　特定地域型保育事業者は、地域型保育の種類に応じ、児童福祉法第三十四条の十六第一項の規定により市町村の条例で定める設備及び運営についての基準（以下「地域型保育事業の認可基準」という。）を遵守しなければならない。

2　特定地域型保育事業者は、市町村の条例で定める特定地域型保育事業の運営に関する基準に従い、特定地域型保育を提供しなければならない。

3　市町村が前項の条例を定めるに当たっては、次に掲げる事項については内閣府令で定める基準に従い定めるものとし、その他の事項については内閣府令で定める基準を参酌するものとする。

一　特定地域型保育事業に係る利用定員（第二十九条第一項の確認において定める利用定員をいう。第七十二条第一項第二号において同じ。）

二　特定地域型保育事業の運営に関する事項であって、小学校就学前子どもの適切な処遇の確保及び秘密の保持等並びに小学校就学前子どもの健全な発達に密接に関連するものとして内閣府令で定めるもの

4　内閣総理大臣は、前項に規定する内閣府令で定める基準及び同項第二号の内閣府令を定め、又は変更しようとするときは、特定地域型保育の取扱いに関する部分についてこども家庭審議会の意見を聴かなければならない。

5　特定地域型保育事業者は、次条第二項の規定による利用定員の減少の届出をしたとき又は第四十八条の規定による確認の辞退をするときは、当該届出の日又は同条に規定する予告期間の開始日の前一月以内に当該特定地域型保育を受けていた者であって、当該利用定員の減少又は確認の辞退の日以後においても引き続き当該特定地域型保育に相当する地域型保育の提供を希望する者に対し、必要な地域型保育が継続的に提供されるよう、他の特定地域型保育事業者その他関係者との連絡調整その他の便宜の提供を行わなければならない。

（変更の届出等）

第四十七条　特定地域型保育事業者は、当該特定地域型保育事業所の名称及び所在地その他内閣府令で定める事項に変更があったときは、内閣府令で定めるところにより、十日以内に、その旨を市町村長に届け出なければならない。

2　特定地域型保育事業者は、当該特定地域型保育事業の利用定員の減少をしようとするときは、内閣府令で定めるところにより、その利用定員の減少の日の三月前までに、その旨を市町村長に届け出なければならない。

（確認の辞退）

第四十八条　特定地域型保育事業者は、三月以上の予告期間を設けて、当該特定地域型保育事業者に係る第二十九条第一項の確認を辞退することができる。

（市町村長等による連絡調整又は援助）

第四十九条　市町村長は、特定地域型保育事業者による第四十六条第五項に規定する便宜の提供が円滑に行われるため必要があると認めるときは、当該特定地域型保育事業者及び他の特定地域型保育事業者その他の関係者相互間の連絡調整又は当該特定地域型保育事業者及び当該関係者に対する助言その他の援助を行うことができる。

2　都道府県知事は、同一の特定地域型保育事業者について二以上の市町村長が前項の規定による連絡調整又は援助を行う場合において、当該特定地域型保育事業者による第四十六条第五項に規定する便宜の提供が円滑に行われるため必要があると認めるときは、当該市町村長相互間の連絡調整又は当該特定地域型保育事業者に対する市町村の区域を超えた広域的な見地からの助言その他の援助を行うことができる。

3　内閣総理大臣は、同一の特定地域型保育事業者について二以上の都道府県知事が前項の規定による連絡調整又は援助を行う場合において、当該特定地域型保育事業者による第四十六条第五項に規定する便宜の提供が円滑に行われるため必要があると認めるときは、当該都道府県知事相互間の連絡調整又は当該特定地域型保育事業者に対する都道府県の区域を超えた広域的な見地からの助言その他の援助を行うことができる。

（報告等）

第五十条　市町村長は、必要があると認めるときは、この法律の施行に必要な限度において、特定地域型保育事業者若しくは特定地域型保育事業者であった者若しくは特定地域型保育事業所の職員であった者（以下この項において「特定地域型保育事業者であった者等」という。）に対し、報告若しくは帳簿書類その他の物件の提

出若しくは提示を命じ、特定地域型保育事業者若しくは特定地域型保育事業所の職員若しくは特定地域型保育事業者であった者等に対し出頭を求め、又は当該市町村の職員に関係者に対して質問させ、若しくは特定地域型保育事業者の特定地域型保育事業所、事務所その他特定地域型保育事業に関係のある場所に立ち入り、その設備若しくは帳簿書類その他の物件を検査させることができる。

2 第十三条第二項の規定は前項の規定による質問又は検査について、同条第三項の規定は前項の規定による権限について、それぞれ準用する。

（勧告、命令等）

第五十一条 市町村長は、特定地域型保育事業者が、次の各号に掲げる場合に該当すると認めるときは、当該特定地域型保育事業者に対し、期限を定めて、当該各号に定める措置をとるべきことを勧告することができる。

一 地域型保育事業の認可基準に従って地域型保育給付費の支給に係る事業を行う者として適正な地域型保育事業の運営をしていない場合 当該基準を遵守すること。

二 第四十六条第二項の市町村の条例で定める特定地域型保育事業の運営に関する基準に従って地域型保育給付費の支給に係る事業を行う者として適正な特定地域型保育事業の運営をしていない場合 当該基準を遵守すること。

三 第四十六条第五項に規定する便宜の提供を地域型保育給付費の支給に係る事業を行う者として適正に行っていない場合 当該便宜の提供を適正に行うこと。

2 市町村長は、前項の規定による勧告をした場合において、その勧告を受けた特定地域型保育事業者が、同項の期限内にこれに従わなかったときは、その旨を公表することができる。

3 市町村長は、第一項の規定による勧告を受けた特定地域型保育事業者が、正当な理由がなくてその勧告に係る措置をとらなかったときは、当該特定地域型保育事業者に対し、期限を定めて、その勧告に係る措置をとるべきことを命ずることができる。

4 市町村長は、前項の規定による命令をしたときは、その旨を公示しなければならない。

（確認の取消し等）

第五十二条 市町村長は、次の各号のいずれかに該当する場合においては、当該特定地域型保育事業者に係る第二十九条第一項の確認を取り消し、又は期間を定めてその確認の全部若しくは一部の効力を停止することができる。

一 特定地域型保育事業者が、第四十五条第五項の規定に違反したと認められるとき。

二 特定地域型保育事業者が、地域型保育事業の認可基準に従って地域型保育給付費の支給に係る事業を行う者として適正な地域型保育事業の運営をすることができなくなったとき。

三 特定地域型保育事業者が、第四十六条第二項の市町村の条例で定める特定地域型保育事業の運営に関する基準に従って地域型保育給付費の支給に係る事業を行う者として適正な特定地域型保育事業の運営をすることができなくなったとき。

四 地域型保育給付費又は特例地域型保育給付費の請求に関し不正があったとき。

五 特定地域型保育事業者が、第五十条第一項の規定により報告若しくは帳簿書類その他の物件の提出若しくは提示を命ぜられてこれに従わず、又は虚偽の報告をしたとき。

六 特定地域型保育事業者又はその特定地域型保育事業所の職員が、第五十条第一項の規定により出頭を求められてこれに応ぜず、同項の規定による質問に対して答弁せず、若しくは虚偽の答弁をし、又は同項の規定による検査を拒み、妨げ、若しくは忌避したとき。ただし、当該特定地域型保育事業所の職員がその行為をした場合において、その行為を防止するため、当該特定地域型保育事業者が相当の注意及び監督を尽くしたときを除く。

七 特定地域型保育事業者が、不正の手段により第二十九条第一項の確認を受けたとき。

八 前各号に掲げる場合のほか、特定地域型保育事業者が、この法律その他国民の福祉に関する法律で政令で定めるもの又はこれらの法律に基づく命令若しくは処分に違反したとき。

九 前各号に掲げる場合のほか、特定地域型保育事業者が、保育に関し不正又は著しく不当な行為をしたとき。

十 特定地域型保育事業者が法人である場合において、当該法人の役員又はその事業所を管理する者その他の政令で定める使用人のうちに過去五年以内に保育に関し不正又は著しく不当な行為をした者があるとき。

十一 特定地域型保育事業者が法人でない場合において、その管理者が過去五年以内に保育に関し不正又は著しく不当な行為をした者であるとき。

2 前項の規定により第二十九条第一項の確認を

取り消された地域型保育事業を行う者（政令で定める者を除く。）及びこれに準ずる者として政令で定める者は、その取消しの日又はこれに準ずる日として政令で定める日から起算して五年を経過するまでの間は、第四十三条第一項の申請をすることができない。

（公示）

第五十三条　市町村長は、次に掲げる場合には、遅滞なく、当該特定地域型保育事業者の名称、当該特定地域型保育事業所の所在地その他の内閣府令で定める事項を都道府県知事に届け出るとともに、これを公示しなければならない。

一　第二十九条第一項の確認をしたとき。

二　第四十八条の規定による第二十九条第一項の確認の辞退があったとき。

三　前条第一項の規定により第二十九条第一項の確認を取り消し、又は同項の確認の全部若しくは一部の効力を停止したとき。

（市町村によるあっせん及び要請）

第五十四条　市町村は、特定地域型保育事業に関し必要な情報の提供を行うとともに、教育・保育給付認定保護者から求めがあった場合その他必要と認められる場合には、特定地域型保育事業を利用しようとする満三歳未満保育認定子どもに係る教育・保育給付認定保護者の地域型保育に係る希望、当該満三歳未満保育認定子どもの養育の状況、当該教育・保育給付認定保護者に必要な支援の内容その他の事情を勘案し、当該満三歳未満保育認定子どもが適切に特定地域型保育事業を利用できるよう、相談に応じ、必要な助言又は特定地域型保育事業の利用についてのあっせんを行うとともに、必要に応じて、特定地域型保育事業者に対し、当該満三歳未満保育認定子どもの利用の要請を行うものとする。

2　特定地域型保育事業者は、前項の規定により行われるあっせん及び要請に対し、協力しなければならない。

第三款　業務管理体制の整備等

（業務管理体制の整備等）

第五十五条　特定教育・保育施設の設置者及び特定地域型保育事業者（以下「特定教育・保育提供者」という。）は、第三十三条第六項又は第四十五条第五項に規定する義務の履行が確保されるよう、内閣府令で定める基準に従い、業務管理体制を整備しなければならない。

2　特定教育・保育提供者は、次の各号に掲げる区分に応じ、当該各号に定める者に対し、内閣府令で定めるところにより、業務管理体制の整備に関する事項を届け出なければならない。

一　その確認に係る全ての教育・保育施設又は地域型保育事業所（その確認に係る地域型保育の種類が異なるものを含む。次号において同じ。）が一の市町村の区域に所在する特定教育・保育提供者　市町村長

二　その確認に係る教育・保育施設又は地域型保育事業所が二以上の都道府県の区域に所在する特定教育・保育提供者　内閣総理大臣

三　前二号に掲げる特定教育・保育提供者以外の特定教育・保育提供者　都道府県知事

3　前項の規定による届出を行った特定教育・保育提供者は、その届け出た事項に変更があったときは、内閣府令で定めるところにより、遅滞なく、その旨を当該届出を行った同項各号に定める者（以下この款において「市町村長等」という。）に届け出なければならない。

4　第二項の規定による届出を行った特定教育・保育提供者は、同項各号に掲げる区分の変更により、同項の規定により当該届出を行った市町村長等以外の市町村長等に届出を行うときは、内閣府令で定めるところにより、その旨を当該届出を行った市町村長等にも届け出なければならない。

5　市町村長等は、前三項の規定による届出が適正になされるよう、相互に密接な連携を図るものとする。

（報告等）

第五十六条　前条第二項の規定による届出を受けた市町村長等は、当該届出を行った特定教育・保育提供者（同条第四項の規定による届出を受けた市町村長等にあっては、同項の規定による届出を行った特定教育・保育提供者を除く。）における同条第一項の規定による業務管理体制の整備に関して必要があると認めるときは、この法律の施行に必要な限度において、当該特定教育・保育提供者に対し、報告若しくは帳簿書類その他の物件の提出若しくは提示を命じ、当該特定教育・保育提供者若しくは当該特定教育・保育提供者の職員に対し出頭を求め、又は当該市町村長等の職員に関係者に対し質問させ、若しくは当該特定教育・保育提供者の当該確認に係る教育・保育施設若しくは地域型保育事業所、事務所その他の教育・保育の提供に関係のある場所に立ち入り、その設備若しくは帳簿書類その他の物件を検査させることができる。

2　内閣総理大臣又は都道府県知事が前項の権限を行うときは、当該特定教育・保育提供者に係る確認を行った市町村長（次条第五項において

「確認市町村長」という。）と密接な連携の下に行うものとする。

3　市町村長は、その行った又はその行おうとする確認に係る特定教育・保育提供者における前条第一項の規定による業務管理体制の整備に関して必要があると認めるときは、内閣総理大臣又は都道府県知事に対し、第一項の権限を行うよう求めることができる。

4　内閣総理大臣又は都道府県知事は、前項の規定による市町村長の求めに応じて第一項の権限を行ったときは、内閣府令で定めるところにより、その結果を当該権限を行うよう求めた市町村長に通知しなければならない。

5　第十三条第二項の規定は第一項の規定による質問又は検査について、同条第三項の規定は第一項の規定による権限について、それぞれ準用する。

（勧告、命令等）

第五十七条　第五十五条第二項の規定による届出を受けた市町村長等は、当該届出を行った特定教育・保育提供者（同条第四項の規定による届出を受けた市町村長等にあっては、同項の規定による届出を行った特定教育・保育提供者を除く。）が、同条第一項に規定する内閣府令で定める基準に従って施設型給付費の支給に係る施設又は地域型保育給付費の支給に係る事業を行う者として適正な業務管理体制の整備をしていないと認めるときは、当該特定教育・保育提供者に対し、期限を定めて、当該内閣府令で定める基準に従って適正な業務管理体制を整備すべきことを勧告することができる。

2　市町村長等は、前項の規定による勧告をした場合において、その勧告を受けた特定教育・保育提供者が同項の期限内にこれに従わなかったときは、その旨を公表することができる。

3　市町村長等は、第一項の規定による勧告を受けた特定教育・保育提供者が、正当な理由がなくてその勧告に係る措置をとらなかったときは、当該特定教育・保育提供者に対し、期限を定めて、その勧告に係る措置をとるべきことを命ずることができる。

4　市町村長等は、前項の規定による命令をしたときは、その旨を公示しなければならない。

5　内閣総理大臣又は都道府県知事は、特定教育・保育提供者が第三項の規定による命令に違反したときは、内閣府令で定めるところにより、当該違反の内容を確認市町村長に通知しなければならない。

第四款　教育・保育に関する情報の報告及び公表

第五十八条　特定教育・保育提供者は、特定教育・保育施設又は特定地域型保育事業者（以下「特定教育・保育施設等」という。）の確認を受け、教育・保育の提供を開始しようとするときその他内閣府令で定めるときは、政令で定めるところにより、その提供する教育・保育に係る教育・保育情報（教育・保育の内容及び教育・保育を提供する施設又は事業者の運営状況に関する情報であって、小学校就学前子どもに教育・保育を受けさせ、又は受けさせようとする小学校就学前子どもの保護者が適切かつ円滑に教育・保育を小学校就学前子どもに受けさせる機会を確保するために公表されることが必要なものとして内閣府令で定めるものをいう。以下同じ。）を、教育・保育を提供する施設又は事業所の所在地の都道府県知事に報告しなければならない。

2　都道府県知事は、前項の規定による報告を受けた後、内閣府令で定めるところにより、当該報告の内容を公表しなければならない。

3　都道府県知事は、第一項の規定による報告に関して必要があると認めるときは、この法律の施行に必要な限度において、当該報告をした特定教育・保育提供者に対し、教育・保育情報のうち内閣府令で定めるものについて、調査を行うことができる。

4　都道府県知事は、特定教育・保育提供者が第一項の規定による報告をせず、若しくは虚偽の報告をし、又は前項の規定による調査を受けず、若しくは調査の実施を妨げたときは、期間を定めて、当該特定教育・保育提供者に対し、その報告を行い、若しくはその報告の内容を是正し、又はその調査を受けることを命ずることができる。

5　都道府県知事は、特定教育・保育提供者に対して前項の規定による処分をしたときは、遅滞なく、その旨を、当該特定教育・保育施設等の確認をした市町村長に通知しなければならない。

6　都道府県知事は、特定教育・保育提供者が、第四項の規定による命令に従わない場合において、当該特定教育・保育施設等の確認を取り消し、又は期間を定めてその確認の全部若しくは一部の効力を停止することが適当であると認めるときは、理由を付して、その旨をその確認をした市町村長に通知しなければならない。

7　都道府県知事は、小学校就学前子どもに教育・保育を受けさせ、又は受けさせようとする小学校就学前子どもの保護者が適切かつ円滑に教育・保育を小学校就学前子どもに受けさせる機会の確保に資するため、教育・保育の質及び教育・保育を担当する職員に関する情報（教育・保育情報に該当するものを除く。）であって内閣府令で定めるものの提供を希望する特定教育・保育提供者から提供を受けた当該情報について、公表を行うよう配慮するものとする。

第二節　特定子ども・子育て支援施設等

（特定子ども・子育て支援施設等の確認）
第五十八条の二　第三十条の十一第一項の確認は、内閣府令で定めるところにより、子ども・子育て支援施設等である施設の設置者又は事業を行う者の申請により、市町村長が行う。

（特定子ども・子育て支援提供者の責務）
第五十八条の三　特定子ども・子育て支援提供者は、施設等利用給付認定子どもに対し適切な特定子ども・子育て支援を提供するとともに、市町村、児童相談所、児童福祉施設、教育機関その他の関係機関との緊密な連携を図りつつ、良質な特定子ども・子育て支援を小学校就学前子どもの置かれている状況その他の事情に応じ、効果的に行うように努めなければならない。
2　特定子ども・子育て支援提供者は、小学校就学前子どもの人格を尊重するとともに、この法律及びこの法律に基づく命令を遵守し、誠実にその職務を遂行しなければならない。

（特定子ども・子育て支援施設等の基準）
第五十八条の四　特定子ども・子育て支援提供者は、次の各号に掲げる子ども・子育て支援施設等の区分に応じ、当該各号に定める基準を遵守しなければならない。
一　認定こども園　認定こども園法第三条第一項の規定により都道府県（指定都市等所在認定こども園（都道府県が単独で又は他の地方公共団体と共同して設立する公立大学法人が設置するものを除く。）については、当該指定都市等。以下この号において同じ。）の条例で定める要件（当該認定こども園が同項の認定を受けたものである場合に限る。）、同条第三項の規定により都道府県の条例で定める要件（当該認定こども園が同項の認定を受けたものである場合に限る。）又は認定こども園法第十三条第一項の規定により都道府県の条例で定める設備及び運営についての基準（当該認定こども園が幼保連携型認定こども園である場合に限る。）
二　幼稚園　設置基準（幼稚園に係るものに限る。）
三　特別支援学校　設置基準（特別支援学校に係るものに限る。）
四　第七条第十項第四号に掲げる施設　同号の内閣府令で定める基準
五　第七条第十項第五号に掲げる事業　同号の内閣府令で定める基準
六　第七条第十項第六号に掲げる事業　児童福祉法第三十四条の十三の内閣府令で定める基準（第五十八条の九第三項において「一時預かり事業基準」という。）
七　第七条第十項第七号に掲げる事業　同号の内閣府令で定める基準
八　第七条第十項第八号に掲げる事業　同号の内閣府令で定める基準
2　特定子ども・子育て支援提供者は、内閣府令で定める特定子ども・子育て支援施設等の運営に関する基準に従い、特定子ども・子育て支援を提供しなければならない。
3　内閣総理大臣は、前項の内閣府令で定める特定子ども・子育て支援施設等の運営に関する基準を定め、又は変更しようとするときは、文部科学大臣に協議しなければならない。

（変更の届出）
第五十八条の五　特定子ども・子育て支援提供者は、特定子ども・子育て支援を提供する施設又は事業所の名称及び所在地その他の内閣府令で定める事項に変更があったときは、内閣府令で定めるところにより、十日以内に、その旨を市町村長に届け出なければならない。

（確認の辞退）
第五十八条の六　特定子ども・子育て支援提供者は、三月以上の予告期間を設けて、当該特定子ども・子育て支援施設等に係る第三十条の十一第一項の確認を辞退することができる。
2　特定子ども・子育て支援提供者は、前項の規定による確認の辞退をするときは、同項に規定する予告期間の開始日の前一月以内に当該特定子ども・子育て支援を受けていた者であって、確認の辞退の日以後においても引き続き当該特定子ども・子育て支援に相当する教育・保育その他の子ども・子育て支援の提供を希望する者に対し、必要な教育・保育その他の子ども・子育て支援が継続的に提供されるよう、他の特定子ども・子育て支援提供者その他関係者との連絡調整その他の便宜の提供を行わなければならない。

（市町村長等による連絡調整又は援助）
第五十八条の七　市町村長は、特定子ども・子育て支援提供者による前条第二項に規定する便宜の提供が円滑に行われるため必要があると認めるときは、当該特定子ども・子育て支援提供者及び他の特定子ども・子育て支援提供者その他の関係者相互間の連絡調整又は当該特定子ども・子育て支援提供者及び当該関係者に対する助言その他の援助を行うことができる。

2　第三十七条第二項及び第三項の規定は、特定子ども・子育て支援提供者による前条第二項に規定する便宜の提供について準用する。

（報告等）

第五十八条の八　市町村長は、必要があると認めるときは、この法律の施行に必要な限度において、特定子ども・子育て支援を提供する施設若しくは特定子ども・子育て支援提供者若しくは特定子ども・子育て支援提供者であった者若しくは特定子ども・子育て支援を提供する施設若しくは事業所の職員であった者（以下この項において「特定子ども・子育て支援提供者であった者等」という。）に対し、報告若しくは帳簿書類その他の物件の提出若しくは提示を命じ、特定子ども・子育て支援提供者若しくは特定子ども・子育て支援を提供する施設若しくは事業所の職員若しくは特定子ども・子育て支援提供者であった者等に対し出頭を求め、又は当該市町村の職員に関係者に対して質問させ、若しくは特定子ども・子育て支援を提供する施設若しくは事業所、特定子ども・子育て支援提供者の事務所その他特定子ども・子育て支援施設等の運営に関係のある場所に立ち入り、その設備若しくは帳簿書類その他の物件を検査させることができる。

2　第十三条第二項の規定は前項の規定による質問又は検査について、同条第三項の規定は前項の規定による権限について、それぞれ準用する。

（勧告、命令等）

第五十八条の九　市町村長は、特定子ども・子育て支援提供者が、次の各号に掲げる場合に該当すると認めるときは、当該特定子ども・子育て支援提供者に対し、期限を定めて、当該各号に定める措置をとるべきことを勧告することができる。

一　第七条第十項各号（第一号から第三号まで及び第六号を除く。以下この号において同じ。）に掲げる施設又は事業の区分に応じ、当該各号の内閣府令で定める基準に従って施設等利用費の支給に係る施設又は事業として適正な特定子ども・子育て支援施設等の運営をしていない場合　当該基準を遵守すること。

二　第五十八条の四第二項の内閣府令で定める特定子ども・子育て支援施設等の運営に関する基準に従って施設等利用費の支給に係る施設又は事業として適正な特定子ども・子育て支援施設等の運営をしていない場合　当該基準を遵守すること。

三　第五十八条の六第二項に規定する便宜の提供を施設等利用費の支給に係る施設又は事業として適正に行っていない場合　当該便宜の提供を適正に行うこと。

2　市町村長は、特定子ども・子育て支援施設等である幼稚園又は特別支援学校の設置者（国及び地方公共団体（公立大学法人を含む。次項及び第六項において同じ。）を除く。）が設置基準（幼稚園又は特別支援学校に係るものに限る。）に従って施設等利用費の支給に係る施設として適正な子ども・子育て支援施設等の運営をしていないと認めるときは、遅滞なく、その旨を、当該幼稚園又は特別支援学校に係る学校教育法第四条第一項の認可を行った都道府県知事に通知しなければならない。

3　市町村長（指定都市等又は児童相談所設置市の長を除く。）は、特定子ども・子育て支援施設等である第七条第十項第六号に掲げる事業を行う者（国及び地方公共団体を除く。）が一時預かり事業基準に従って施設等利用費の支給に係る事業として適正な子ども・子育て支援施設等の運営をしていないと認めるときは、遅滞なく、その旨を、当該同号に掲げる事業に係る児童福祉法第三十四条の十二第一項の規定による届出を受けた都道府県知事に通知しなければならない。

4　市町村長は、第一項の規定による勧告をした場合において、その勧告を受けた特定子ども・子育て支援提供者が、同項の期限内にこれに従わなかったときは、その旨を公表することができる。

5　市町村長は、第一項の規定による勧告を受けた特定子ども・子育て支援提供者が、正当な理由がなくてその勧告に係る措置をとらなかったときは、当該特定子ども・子育て支援提供者に対し、期限を定めて、その勧告に係る措置をとるべきことを命ずることができる。

6　市町村長（指定都市等所在届出保育施設（指定都市等又は児童相談所設置市の区域内に所在する第七条第十項第四号に掲げる施設をいい、都道府県が設置するものを除く。第二号及び次条第一項第二号において同じ。）については当該指定都市等又は児童相談所設置市の長を除き、指定都市等所在認定こども園において行われる第七条第十項第五号に掲げる事業についてはは当該指定都市等の長を除き、指定都市等又は児童相談所設置市の区域内において行われる同項第六号又は第七号に掲げる事業については当該指定都市等又は児童相談所設置市の長を除く。）は、前項の規定による命令をしたときは、その旨を公示するとともに、遅滞なく、その旨を、次の各号に掲げる子ども・子育て支援施設等（国又は地方公共団体が設置し、又は行うものを除く。）の区分に応じ、当該各号に定める認可若しくは認定を行い、又は届出を受けた都道府県知事に通知しなければならない。

一　幼稚園又は特別支援学校　当該施設に係る学校教育法第四条第一項の認可

二　第七条第十項第四号に掲げる施設（指定都市等所在届出保育施設を除く。）当該施設に係る児童福祉法第五十九条の二第一項の規定による届出

三　第七条第十項第五号に掲げる事業　当該事業が行われる次のイ又はロに掲げる施設の区分に応じ、それぞれイ又はロに定める認可又は認定

イ　認定こども園（指定都市等所在認定こども園を除く。）当該施設に係る認定こども園法第十七条第一項の認可又は認定こども園法第三条第一項若しくは第三項の認定

ロ　幼稚園又は特別支援学校　当該施設に係る学校教育法第四条第一項の認可

四　第七条第十項第六号に掲げる事業（指定都市等又は児童相談所設置市の区域内において行われるものを除く。）当該事業に係る児童福祉法第三十四条の十二第一項の規定による届出

五　第七条第十項第七号に掲げる事業（指定都市等又は児童相談所設置市の区域内において行われるものを除く。）当該事業に係る児童福祉法第三十四条の十八第一項の規定による届出

（確認の取消し等）

第五十八条の十　市町村長は、次の各号のいずれかに該当する場合においては、当該特定子ども・子育て支援施設等に係る第三十条の十一第一項の確認を取り消し、又は期間を定めてその確認の全部若しくは一部の効力を停止することができる。

一　特定子ども・子育て支援提供者が、第五十八条の三第二項の規定に違反したと認められるとき。

二　特定子ども・子育て支援提供者（認定こども園の設置者及び第七条第十項第八号に掲げる事業を行う者を除く。）が、前条第六項各号に掲げる子ども・子育て支援施設等の区分に応じ、当該各号に定める認可若しくは認定を受け、又は届出を行った施設等利用費の支給に係る施設又は事業として適正な子ども・子育て支援施設等の運営をすることができなくなったと当該認可若しくは認定を行い、又は届出を受けた都道府県知事（指定都市等所在届出保育施設については当該指定都市等又は児童相談所設置市の長とし、指定都市等所在認定こども園において行われる第七条第十項第五号に掲げる事業については当該指定都市等の長とし、指定都市等又は児童相談所設置市の区域内において行われる同項第六号又は第七号に掲げる事業については当該指定都市等又は児童相談所設置市の長とする。）が認めたとき。

三　特定子ども・子育て支援提供者（第七条第十項第四号に掲げる施設の設置者又は同項第五号、第七号若しくは第八号に掲げる事業を行う者に限る。）が、それぞれ同項第四号、第五号、第七号又は第八号の内閣府令で定める基準に従って施設等利用費の支給に係る施設又は事業として適正な特定子ども・子育て支援施設等の運営をすることができなくなったとき。

四　特定子ども・子育て支援提供者が、第五十八条の四第二項の内閣府令で定める特定子ども・子育て支援施設等の運営に関する基準に従って施設等利用費の支給に係る施設又は事業として適正な特定子ども・子育て支援施設等の運営をすることができなくなったとき。

五　特定子ども・子育て支援提供者が、第五十八条の八第一項の規定により報告若しくは帳簿書類その他の物件の提出若しくは提示を命ぜられてこれに従わず、又は虚偽の報告をしたとき。

六　特定子ども・子育て支援提供者又は特定子ども・子育て支援を提供する施設若しくは事業所の職員が、第五十八条の八第一項の規定により出頭を求められてこれに応ぜず、同項の規定による質問に対して答弁せず、若しくは虚偽の答弁をし、又は同項の規定による検査を拒み、妨げ、若しくは忌避したとき。ただし、当該職員がその行為をした場合において、その行為を防止するため、当該特定子ども・子育て支援提供者が相当の注意及び監督を尽くしたときを除く。

七　特定子ども・子育て支援提供者が、不正の手段により第三十条の十一第一項の確認を受

けたとき。

八　前各号に掲げる場合のほか、特定子ども・子育て支援提供者が、この法律その他国民の福祉若しくは学校教育に関する法律で政令で定めるもの又はこれらの法律に基づく命令若しくは処分に違反したとき。

九　前各号に掲げる場合のほか、特定子ども・子育て支援提供者が、教育・保育その他の子ども・子育て支援に関し不正又は著しく不当な行為をしたとき。

十　特定子ども・子育て支援提供者が法人である場合において、当該法人の役員若しくはその事業所を管理する者その他の政令で定める使用人のうちに過去五年以内に教育・保育その他の子ども・子育て支援に関し不正又は著しく不当な行為をした者があるとき。

十一　特定子ども・子育て支援提供者が法人でない場合において、その管理者が過去五年以内に教育・保育その他の子ども・子育て支援に関し不正又は著しく不当な行為をした者であるとき。

2　前項の規定により第三十条の十一第一項の確認を取り消された子ども・子育て支援施設等である施設の設置者又は事業を行う者（政令で定める者を除く。）及びこれに準ずる者として政令で定める者は、その取消しの日又はこれに準ずる日として政令で定める日から起算して五年を経過するまでの間は、第五十八条の二の申請をすることができない。

（公示）

第五十八条の十一　市町村長は、次に掲げる場合には、遅滞なく、当該特定子ども・子育て支援を提供する施設又は事業所の名称及び所在地その他の内閣府令で定める事項を公示しなければならない。

一　第三十条の十一第一項の確認をしたとき。

二　第五十八条の六第一項の規定による第三十条の十一第一項の確認の辞退があったとき。

三　前条第一項の規定により第三十条の十一第一項の確認を取り消し、又は同項の確認の全部若しくは一部の効力を停止したとき。

（都道府県知事に対する協力要請）

第五十八条の十二　市町村長は、第三十条の十一第一項及び第五十八条の八から第五十八条の十までに規定する事務の執行及び権限の行使に関し、都道府県知事に対し、必要な協力を求めることができる。

第四章　地域子ども・子育て支援事業

第五十九条　市町村は、内閣府令で定めるところにより、第六十一条第一項に規定する市町村子ども・子育て支援事業計画に従って、地域子ども・子育て支援事業として、次に掲げる事業を行うものとする。

一　子ども及びその保護者が、確実に子ども・子育て支援給付を受け、及び地域子ども・子育て支援事業その他の子ども・子育て支援を円滑に利用できるよう、子ども及びその保護者の身近な場所において、地域の子ども・子育て支援に関する各般の問題につき、子ども又は子どもの保護者からの相談に応じ、必要な情報の提供及び助言を行うとともに、関係機関との連絡調整その他の内閣府令で定める便宜の提供を総合的に行う事業

二　教育・保育給付認定保護者であって、その保育認定子どもが、やむを得ない理由により利用日及び利用時間帯（当該教育・保育給付認定保護者が特定教育・保育施設等又は特例保育を行う事業者と締結した特定保育（特定教育・保育（保育に限る。）、特定地域型保育又は特例保育をいう。以下この号において同じ。）の提供に関する契約において、当該保育認定子どもが当該特定教育・保育施設等又は特例保育を行う事業者による特定保育を受ける日及び時間帯として定められた日及び時間帯をいう。）以外の日及び時間において当該特定教育・保育施設等又は特例保育を行う事業者による保育（保育必要量の範囲内のものを除く。以下この号において「時間外保育」という。）を受けたものに対し、内閣府令で定めるところにより、当該教育・保育給付認定保護者が支払うべき時間外保育の費用の全部又は一部の助成を行うことにより、必要な保育を確保する事業

三　教育・保育給付認定保護者又は施設等利用給付認定保護者のうち、その属する世帯の所得の状況その他の事情を勘案して市町村が定める基準に該当するものに対し、当該教育・保育給付認定保護者又は施設等利用給付認定保護者が支払うべき次に掲げる費用の全部又は一部を助成する事業

イ　当該教育・保育給付認定保護者に係る教育・保育給付認定子どもが特定教育・保育、特別利用保育、特別利用教育、特定地域型保育又は特例保育（以下このイにおいて「特定教育・保育等」という。）を受けた場合における日用品、文房具その他の特定教育・保育等に必要な物品の購入に要する費用又

は特定教育・保育等に係る行事への参加に要する費用その他これらに類する費用として市町村が定めるもの
ロ　当該施設等利用給付認定保護者に係る施設等利用給付認定子どもが特定子ども・子育て支援（特定子ども・子育て支援施設等である認定こども園又は幼稚園が提供するものに限る。）を受けた場合における食事の提供に要する費用として内閣府令で定めるもの
四　特定教育・保育施設等への民間事業者の参入の促進に関する調査研究その他多様な事業者の能力を活用した特定教育・保育施設等の設置又は運営を促進するための事業
五　児童福祉法第六条の三第二項に規定する放課後児童健全育成事業
六　児童福祉法第六条の三第三項に規定する子育て短期支援事業
七　児童福祉法第六条の三第四項に規定する乳児家庭全戸訪問事業
八　児童福祉法第六条の三第五項に規定する養育支援訪問事業その他同法第二十五条の二第一項に規定する要保護児童対策地域協議会その他の者による同法第二十五条の七第一項に規定する要保護児童等に対する支援に資する事業
九　児童福祉法第六条の三第六項に規定する地域子育て支援拠点事業
十　児童福祉法第六条の三第七項に規定する一時預かり事業
十一　児童福祉法第六条の三第十三項に規定する病児保育事業
十二　児童福祉法第六条の三第十四項に規定する子育て援助活動支援事業
十三　母子保健法（昭和四十年法律第百四十一号）第十三条第一項の規定に基づき妊婦に対して健康診査を実施する事業

第四章の二　仕事・子育て両立支援事業

第五十九条の二　政府は、仕事と子育てとの両立に資する子ども・子育て支援の提供体制の充実を図るため、仕事・子育て両立支援事業として、児童福祉法第五十九条の二第一項に規定する施設（同項の規定による届出がされたものに限る。）のうち同法第六条の三第十二項に規定する業務を目的とするものその他事業主と連携して当該事業主が雇用する労働者の監護する乳児又は幼児の保育を行う業務に係るものの設置者に対し、助成及び援助を行う事業を行うことができる。
2　全国的な事業主の団体は、仕事・子育て両立支援事業の内容に関し、内閣総理大臣に対して意見を申し出ることができる。

第五章　子ども・子育て支援事業計画

（**基本指針**）
第六十条　内閣総理大臣は、教育・保育及び地域子ども・子育て支援事業の提供体制を整備し、子ども・子育て支援給付並びに地域子ども・子育て支援事業及び仕事・子育て両立支援事業の円滑な実施の確保その他子ども・子育て支援のための施策を総合的に推進するための基本的な指針（以下「基本指針」という。）を定めるものとする。
2　基本指針においては、次に掲げる事項について定めるものとする。
一　子ども・子育て支援の意義並びに子どものための教育・保育給付に係る教育・保育を一体的に提供する体制その他の教育・保育を提供する体制の確保、子育てのための施設等利用給付の円滑な実施の確保並びに地域子ども・子育て支援事業及び仕事・子育て両立支援事業の実施に関する基本的事項
二　次条第一項に規定する市町村子ども・子育て支援事業計画において教育・保育及び地域子ども・子育て支援事業の量の見込みを定めるに当たって参酌すべき標準その他当該市町村子ども・子育て支援事業計画及び第六十二条第一項に規定する都道府県子ども・子育て支援事業支援計画の作成に関する事項
三　児童福祉法その他の関係法律による専門的な知識及び技術を必要とする児童の福祉増進のための施策との連携に関する事項
四　労働者の職業生活と家庭生活との両立が図られるようにするために必要な雇用環境の整備に関する施策との連携に関する事項
五　前各号に掲げるもののほか、子ども・子育て支援給付並びに地域子ども・子育て支援事業及び仕事・子育て両立支援事業の円滑な実施の確保その他子ども・子育て支援のための施策の総合的な推進のために必要な事項
3　内閣総理大臣は、基本指針を定め、又は変更しようとするときは、文部科学大臣その他の関係行政機関の長に協議するとともに、こども家庭審議会の意見を聴かなければならない。
4　内閣総理大臣は、基本指針を定め、又はこれを変更したときは、遅滞なく、これを公表しなければならない。
（**市町村子ども・子育て支援事業計画**）

第六十一条 市町村は、基本指針に即して、五年を一期とする教育・保育及び地域子ども・子育て支援事業の提供体制の確保その他この法律に基づく業務の円滑な実施に関する計画(以下「市町村子ども・子育て支援事業計画」という。)を定めるものとする。

2 市町村子ども・子育て支援事業計画においては、次に掲げる事項を定めるものとする。

一 市町村が、地理的条件、人口、交通事情その他の社会的条件、教育・保育を提供するための施設の整備の状況その他の条件を総合的に勘案して定める区域(以下「教育・保育提供区域」という。)ごとの当該教育・保育提供区域における各年度の特定教育・保育施設に係る必要利用定員総数(第十九条各号に掲げる小学校就学前子どもの区分ごとの必要利用定員総数とする。)、特定地域型保育事業所(事業所内保育事業所における労働者等の監護する小学校就学前子どもに係る部分を除く。)に係る必要利用定員総数(同条第三号に掲げる小学校就学前子どもに係るものに限る。)その他の教育・保育の量の見込み並びに実施しようとする教育・保育の提供体制の確保の内容及びその実施時期

二 教育・保育提供区域ごとの当該教育・保育提供区域における各年度の地域子ども・子育て支援事業の量の見込み並びに実施しようとする地域子ども・子育て支援事業の提供体制の確保の内容及びその実施時期

三 子どものための教育・保育給付に係る教育・保育の一体的提供及び当該教育・保育の推進に関する体制の確保の内容

四 子育てのための施設等利用給付の円滑な実施の確保の内容

3 市町村子ども・子育て支援事業計画においては、前項各号に規定するもののほか、次に掲げる事項について定めるよう努めるものとする。

一 産後の休業及び育児休業後における特定教育・保育施設等の円滑な利用の確保に関する事項

二 保護を要する子どもの養育環境の整備、児童福祉法第四条第二項に規定する障害児に対して行われる保護並びに日常生活上の指導及び知識技能の付与その他の子どもに関する専門的な知識及び技術を要する支援に関する都道府県が行う施策との連携に関する事項

三 労働者の職業生活と家庭生活との両立が図られるようにするために必要な雇用環境の整備に関する施策との連携に関する事項

四 地域子ども・子育て支援事業を行う市町村その他の当該市町村において子ども・子育て支援の提供を行う関係機関相互の連携の推進に関する事項

4 市町村子ども・子育て支援事業計画は、教育・保育提供区域における子どもの数、子どもの保護者の特定教育・保育施設等及び地域子ども・子育て支援事業の利用に関する意向その他の事情を勘案して作成されなければならない。

5 市町村は、教育・保育提供区域における子ども及びその保護者の置かれている環境その他の事情を正確に把握した上で、これらの事情を勘案して、市町村子ども・子育て支援事業計画を作成するよう努めるものとする。

6 市町村子ども・子育て支援事業計画は、社会福祉法第百七条第一項に規定する市町村地域福祉計画、教育基本法第十七条第二項の規定により市町村が定める教育の振興のための施策に関する基本的な計画(次条第四項において「教育振興基本計画」という。)その他の法律の規定による計画であって子どもの福祉又は教育に関する事項を定めるものと調和が保たれたものでなければならない。

7 市町村は、市町村子ども・子育て支援事業計画を定め、又は変更しようとするときは、第七十二条第一項の審議会その他の合議制の機関を設置している場合にあってはその意見を、その他の場合にあっては子どもの保護者その他子ども・子育て支援に係る当事者の意見を聴かなければならない。

8 市町村は、市町村子ども・子育て支援事業計画を定め、又は変更しようとするときは、インターネットの利用その他の内閣府令で定める方法により広く住民の意見を求めることその他の住民の意見を反映させるために必要な措置を講ずるよう努めるものとする。

9 市町村は、市町村子ども・子育て支援事業計画を定め、又は変更しようとするときは、都道府県に協議しなければならない。

10 市町村は、市町村子ども・子育て支援事業計画を定め、又は変更したときは、遅滞なく、これを都道府県知事に提出しなければならない。

(都道府県子ども・子育て支援事業支援計画)

第六十二条 都道府県は、基本指針に即して、五年を一期とする教育・保育及び地域子ども・子育て支援事業の提供体制の確保その他この法律に基づく業務の円滑な実施に関する計画(以下「都道府県子ども・子育て支援事業支援計画」という。)を定めるものとする。

2 都道府県子ども・子育て支援事業支援計画に

おいては、次に掲げる事項を定めるものとする。
一　都道府県が当該都道府県内の市町村が定める教育・保育提供区域を勘案して定める区域ごとの当該区域における各年度の特定教育・保育施設に係る必要利用定員総数（第十九条各号に掲げる小学校就学前子どもの区分ごとの必要利用定員総数とする。）その他の教育・保育の量の見込み並びに実施しようとする教育・保育の提供体制の確保の内容及びその実施時期
二　子どものための教育・保育給付に係る教育・保育の一体的提供及び当該教育・保育の推進に関する体制の確保の内容
三　子育てのための施設等利用給付の円滑な実施の確保を図るために必要な市町村との連携に関する事項
四　特定教育・保育及び特定地域型保育を行う者並びに地域子ども・子育て支援事業に従事する者の確保及び資質の向上のために講ずる措置に関する事項
五　保護を要する子どもの養育環境の整備、児童福祉法第四条第二項に規定する障害児に対して行われる保護並びに日常生活上の指導及び知識技能の付与その他の子どもに関する専門的な知識及び技術を要する支援に関する施策の実施に関する事項
六　前号の施策の円滑な実施を図るために必要な市町村との連携に関する事項
3　都道府県子ども・子育て支援事業支援計画においては、前項各号に掲げる事項のほか、次に掲げる事項について定めるよう努めるものとする。
一　市町村の区域を超えた広域的な見地から行う調整に関する事項
二　教育・保育情報の公表に関する事項
三　労働者の職業生活と家庭生活との両立が図られるようにするために必要な雇用環境の整備に関する施策との連携に関する事項
4　都道府県子ども・子育て支援事業支援計画は、社会福祉法第百八条第一項に規定する都道府県地域福祉支援計画、教育基本法第十七条第二項の規定により都道府県が定める教育振興基本計画その他の法律の規定による計画であって子どもの福祉又は教育に関する事項を定めるものと調和が保たれたものでなければならない。
5　都道府県は、都道府県子ども・子育て支援事業支援計画を定め、又は変更しようとするときは、第七十二条第四項の審議会その他の合議制の機関を設置している場合にあってはその意見を、その他の場合にあっては子どもの保護者その他子ども・子育て支援に係る当事者の意見を聴かなければならない。
6　都道府県は、都道府県子ども・子育て支援事業支援計画を定め、又は変更したときは、遅滞なく、これを内閣総理大臣に提出しなければならない。

（都道府県知事の助言等）
第六十三条　都道府県知事は、市町村に対し、市町村子ども・子育て支援事業計画の作成上の技術的事項について必要な助言その他の援助の実施に努めるものとする。
2　内閣総理大臣は、都道府県に対し、都道府県子ども・子育て支援事業支援計画の作成の手法その他都道府県子ども・子育て支援事業支援計画の作成上重要な技術的事項について必要な助言その他の援助の実施に努めるものとする。

（国の援助）
第六十四条　国は、市町村又は都道府県が、市町村子ども・子育て支援事業計画又は都道府県子ども・子育て支援事業支援計画に定められた事業を実施しようとするときは、当該事業が円滑に実施されるように必要な助言その他の援助の実施に努めるものとする。

第六章　費用等

（市町村の支弁）
第六十五条　次に掲げる費用は、市町村の支弁とする。
一　市町村が設置する特定教育・保育施設に係る施設型給付費及び特例施設型給付費の支給に要する費用
二　都道府県及び市町村以外の者が設置する特定教育・保育施設に係る施設型給付費及び特例施設型給付費並びに地域型保育給付費及び特例地域型保育給付費の支給に要する費用
三　市町村（市町村が単独で又は他の市町村と共同して設立する公立大学法人を含む。次号及び第五号において同じ。）が設置する特定子ども・子育て支援施設等（認定こども園、幼稚園及び特別支援学校に限る。）に係る施設等利用費の支給に要する費用
四　国、都道府県（都道府県が単独で又は他の地方公共団体と共同して設立する公立大学法人を含む。次号及び次条第二号において同じ。）又は市町村が設置し、又は行う特定子ども・子育て支援施設等（認定こども園、幼稚園及び特別支援学校を除く。）に係る施設等利用費の支給に要する費用
五　国、都道府県及び市町村以外の者が設置し、

又は行う特定子ども・子育て支援施設等に係る施設等利用費の支給に要する費用
六　地域子ども・子育て支援事業に要する費用

（都道府県の支弁）

第六十六条　次に掲げる費用は、都道府県の支弁とする。
一　都道府県が設置する特定教育・保育施設に係る施設型給付費及び特例施設型給付費の支給に要する費用
二　都道府県が設置する特定子ども・子育て支援施設等（認定こども園、幼稚園及び特別支援学校に限る。）に係る施設等利用費の支給に要する費用

（国の支弁）

第六十六条の二　国（国立大学法人法第二条第一項に規定する国立大学法人を含む。）が設置する特定子ども・子育て支援施設等（認定こども園、幼稚園及び特別支援学校に限る。）に係る施設等利用費の支給に要する費用は、国の支弁とする。

（拠出金の施設型給付費等支給費用への充当）

第六十六条の三　第六十五条の規定により市町村が支弁する同条第二号に掲げる費用のうち、国、都道府県その他の者が負担すべきものの算定の基礎となる額として政令で定めるところにより算定した額（以下「施設型給付費等負担対象額」という。）であって、満三歳未満保育認定子ども（第十九条第二号に掲げる小学校就学前子どもに該当する教育・保育給付認定子どものうち、満三歳に達する日以後の最初の三月三十一日までの間にある者を含む。第六十九条第一項及び第七十条第二項において同じ。）に係るものについては、その額の五分の一を超えない範囲内で政令で定める割合に相当する額（次条第一項及び第六十八条第一項において「拠出金充当額」という。）を第六十九条第一項に規定する拠出金をもって充てる。
2　全国的な事業主の団体は、前項の割合に関し、内閣総理大臣に対して意見を申し出ることができる。

（都道府県の負担等）

第六十七条　都道府県は、政令で定めるところにより、第六十五条の規定により市町村が支弁する同条第二号に掲げる費用のうち、施設型給付費等負担対象額から拠出金充当額を控除した額の四分の一を負担する。
2　都道府県は、政令で定めるところにより、第六十五条の規定により市町村が支弁する同条第四号及び第五号に掲げる費用のうち、国及び都道府県が負担すべきものの算定の基礎となる額として政令で定めるところにより算定した額の四分の一を負担する。
3　都道府県は、政令で定めるところにより、市町村に対し、第六十五条の規定により市町村が支弁する同条第六号に掲げる費用に充てるため、当該都道府県の予算の範囲内で、交付金を交付することができる。

（市町村に対する交付金の交付等）

第六十八条　国は、政令で定めるところにより、第六十五条の規定により市町村が支弁する同条第二号に掲げる費用のうち、施設型給付費等負担対象額から拠出金充当額を控除した額の二分の一を負担するものとし、市町村に対し、国が負担する額及び拠出金充当額を合算した額を交付する。
2　国は、政令で定めるところにより、第六十五条の規定により市町村が支弁する同条第四号及び第五号に掲げる費用のうち、前条第二項の政令で定めるところにより算定した額の二分の一を負担するものとし、市町村に対し、国が負担する額を交付する。
3　国は、政令で定めるところにより、市町村に対し、第六十五条の規定により市町村が支弁する同条第六号に掲げる費用に充てるため、予算の範囲内で、交付金を交付することができる。

（拠出金の徴収及び納付義務）

第六十九条　政府は、児童手当の支給に要する費用（児童手当法第十八条第一項に規定するものに限る。次条第二項において「拠出金対象児童手当費用」という。）、第六十五条の規定により市町村が支弁する同条第二号に掲げる費用（施設型給付費等負担対象額のうち、満三歳未満保育認定子どもに係るものに相当する費用に限る。次条第二項において「拠出金対象施設型給付費等費用」という。）、地域子ども・子育て支援事業（第五十九条第二号、第五号及び第十一号に掲げるものに限る。）に要する費用（次条第二項において「拠出金対象地域子ども・子育て支援事業費用」という。）及び仕事・子育て両立支援事業に要する費用（同項において「仕事・子育て両立支援事業費用」という。）に充てるため、次に掲げる者（次項において「一般事業主」という。）から、拠出金を徴収する。
一　厚生年金保険法（昭和二十九年法律第百十五号）第八十二条第一項に規定する事業主（次号から第四号までに掲げるものを除く。）
二　私立学校教職員共済法（昭和二十八年法律第二百四十五号）第二十八条第一項に規定する学校法人等

三　地方公務員等共済組合法（昭和三十七年法律第百五十二号）第百四十四条の三第一項に規定する団体その他同法に規定する団体で政令で定めるもの

四　国家公務員共済組合法（昭和三十三年法律第百二十八号）第百二十六条第一項に規定する連合会その他同法に規定する団体で政令で定めるもの

2　一般事業主は、拠出金を納付する義務を負う。

（拠出金の額）

第七十条　拠出金の額は、厚生年金保険法に基づく保険料の計算の基礎となる標準報酬月額及び標準賞与額（育児休業、介護休業等育児又は家族介護を行う労働者の福祉に関する法律（平成三年法律第七十六号）第二条第一号に規定する育児休業若しくは同法第二十三条第二項の育児休業に関する制度に準ずる措置若しくは同法第二十四条第一項（第二号に係る部分に限る。）の規定により同項第二号に規定する育児休業に関する制度に準じて講ずる措置による休業、国会職員の育児休業等に関する法律（平成三年法律第百八号）第三条第一項に規定する育児休業、国家公務員の育児休業等に関する法律（平成三年法律第百九号）第三条第一項（同法第二十七条第一項及び裁判所職員臨時措置法（昭和二十六年法律第二百九十九号）（第七号に係る部分に限る。）において準用する場合を含む。）に規定する育児休業若しくは地方公務員の育児休業等に関する法律（平成三年法律第百十号）第二条第一項に規定する育児休業又は厚生年金保険法第二十三条の三第一項に規定する産前産後休業をしている被用者について、当該育児休業若しくは休業又は当該産前産後休業をしたことにより、厚生年金保険法に基づき保険料の徴収を行わないこととされた場合にあっては、当該被用者に係るものを除く。次項において「賦課標準」という。）に拠出金率を乗じて得た額の総額とする。

2　前項の拠出金率は、拠出金対象児童手当費用、拠出金対象施設型給付費等費用及び拠出金対象地域子ども・子育て支援事業費用及び仕事・子育て両立支援事業費用の予定額、賦課標準の予想総額並びに第六十八条第一項の規定により国が負担する額（満三歳未満保育認定子どもに係るものに限る。）、同条第三項の規定により国が交付する額及び児童手当法第十八条第一項の規定により国庫が負担する額等の予想総額に照らし、おおむね五年を通じ財政の均衡を保つことができるものでなければならないものとし、千分の四・五以内において、政令で定める。

3　内閣総理大臣は、前項の規定により拠出金率を定めようとするときは、厚生労働大臣に協議しなければならない。

4　全国的な事業主の団体は、第一項の拠出金率に関し、内閣総理大臣に対して意見を申し出ることができる。

（拠出金の徴収方法）

第七十一条　拠出金の徴収については、厚生年金保険の保険料その他の徴収金の徴収の例による。

2　前項の拠出金及び当該拠出金に係る厚生年金保険の保険料その他の徴収金の例により徴収する徴収金（以下「拠出金等」という。）の徴収に関する政府の権限で政令で定めるものは、厚生労働大臣が行う。

3　前項の規定により厚生労働大臣が行う権限のうち、国税滞納処分の例による処分その他政令で定めるものに係る事務は、政令で定めるところにより、日本年金機構（以下この条において「機構」という。）に行わせるものとする。

4　厚生労働大臣は、前項の規定により機構に行わせるものとしたその権限に係る事務について、機構による当該権限に係る事務の実施が困難と認める場合その他政令で定める場合には、当該権限を自ら行うことができる。この場合において、厚生労働大臣は、その権限の一部を、政令で定めるところにより、財務大臣に委任することができる。

5　財務大臣は、政令で定めるところにより、前項の規定により委任された権限を、国税庁長官に委任する。

6　国税庁長官は、政令で定めるところにより、前項の規定により委任された権限の全部又は一部を当該権限に係る拠出金等を納付する義務を負う者（次項において「納付義務者」という。）の事業所又は事務所の所在地を管轄する国税局長に委任することができる。

7　国税局長は、政令で定めるところにより、前項の規定により委任された権限の全部又は一部を当該権限に係る納付義務者の事業所又は事務所の所在地を管轄する税務署長に委任することができる。

8　厚生労働大臣は、第三項で定めるもののほか、政令で定めるところにより、第二項の規定による権限のうち厚生労働省令で定めるものに係る事務（当該権限を行使する事務を除く。）を機構に行わせるものとする。

9　政府は、拠出金等の取立てに関する事務を、当該拠出金等の取立てについて便宜を有する法人で政令で定めるものに取り扱わせることができる。

10　第一項から第八項までの規定による拠出金等の徴収並びに前項の規定による拠出金等の取立て及び政府への納付について必要な事項は、政令で定める。

第七章　市町村等における合議制の機関

第七十二条　市町村は、条例で定めるところにより、次に掲げる事務を処理するため、審議会その他の合議制の機関を置くよう努めるものとする。

一　特定教育・保育施設の利用定員の設定に関し、第三十一条第二項に規定する事項を処理すること。

二　特定地域型保育事業の利用定員の設定に関し、第四十三条第二項に規定する事項を処理すること。

三　市町村子ども・子育て支援事業計画に関し、第六十一条第七項に規定する事項を処理すること。

四　当該市町村における子ども・子育て支援に関する施策の総合的かつ計画的な推進に関し必要な事項及び当該施策の実施状況を調査審議すること。

2　前項の合議制の機関は、同項各号に掲げる事務を処理するに当たっては、地域の子ども及び子育て家庭の実情を十分に踏まえなければならない。

3　前二項に定めるもののほか、第一項の合議制の機関の組織及び運営に関し必要な事項は、市町村の条例で定める。

4　都道府県は、条例で定めるところにより、次に掲げる事務を処理するため、審議会その他の合議制の機関を置くよう努めるものとする。

一　都道府県子ども・子育て支援事業支援計画に関し、第六十二条第五項に規定する事項を処理すること。

二　当該都道府県における子ども・子育て支援に関する施策の総合的かつ計画的な推進に関し必要な事項及び当該施策の実施状況を調査審議すること。

5　第二項及び第三項の規定は、前項の規定により都道府県に合議制の機関が置かれた場合に準用する。

第八章　雑則

（**時効**）

第七十三条　子どものための教育・保育給付及び子育てのための施設等利用給付を受ける権利並びに拠出金等その他この法律の規定による徴収金を徴収する権利は、これらを行使することができる時から二年を経過したときは、時効によって消滅する。

2　子どものための教育・保育給付及び子育てのための施設等利用給付の支給に関する処分についての審査請求は、時効の完成猶予及び更新に関しては、裁判上の請求とみなす。

3　拠出金等その他この法律の規定による徴収金の納入の告知又は催促は、時効の更新の効力を有する。

（**期間の計算**）

第七十四条　この法律又はこの法律に基づく命令に規定する期間の計算については、民法の期間に関する規定を準用する。

（**審査請求**）

第七十五条　第七十一条第二項から第七項までの規定による拠出金等の徴収に関する処分に不服がある者は、厚生労働大臣に対して審査請求をすることができる。

（**権限の委任**）

第七十六条　内閣総理大臣は、この法律に規定する内閣総理大臣の権限（政令で定めるものを除く。）をこども家庭庁長官に委任する。

2　こども家庭庁長官は、政令で定めるところにより、前項の規定により委任された権限の一部を地方厚生局長又は地方厚生支局長に委任することができる。

（**実施規定**）

第七十七条　この法律に特別の規定があるものを除くほか、この法律の実施のための手続その他その執行について必要な細則は、内閣府令で定める。

第九章　罰則

第七十八条　第十五条第一項（第三十条の三において準用する場合を含む。以下この条において同じ。）の規定による報告若しくは物件の提出若しくは提示をせず、若しくは虚偽の報告若しくは虚偽の物件の提出若しくは提示をし、又は同項の規定による当該職員の質問に対して、答弁せず、若しくは虚偽の答弁をした者は、三十万円以下の罰金に処する。

第七十九条　第三十八条第一項、第五十条第一項若しくは第五十八条の八第一項の規定による報告若しくは物件の提出若しくは提示をせず、若しくは虚偽の報告若しくは虚偽の物件の提出若しくは提示をし、又はこれらの規定による当該職員の質問に対して答弁をせず、若しくは虚偽の答弁をし、若しくはこれらの規定による検査を拒み、妨げ、若しくは忌避した者は、三十万円以下の罰金に処する。

第八十条 法人の代表者又は法人若しくは人の代理人、使用人その他の従業者が、その法人又は人の業務に関して前条の違反行為をしたときは、行為者を罰するほか、その法人又は人に対しても、同条の刑を科する。

第八十一条 第十五条第二項（第三十条の三において準用する場合を含む。以下この条において同じ。）の規定による報告若しくは物件の提出若しくは提示をせず、若しくは虚偽の報告若しくは虚偽の物件の提出若しくは提示をし、又は同項の規定による当該職員の質問に対して、答弁せず、若しくは虚偽の答弁をした者は、十万円以下の過料に処する。

第八十二条 市町村は、条例で、正当な理由なしに、第十三条第一項（第三十条の三において準用する場合を含む。以下この項において同じ。）の規定による報告若しくは物件の提出若しくは提示をせず、若しくは虚偽の報告若しくは虚偽の物件の提出若しくは提示をし、又は第十三条第一項の規定による当該職員の質問に対して、答弁せず、若しくは虚偽の答弁をした者に対し十万円以下の過料を科する規定を設けることができる。

2 市町村は、条例で、正当な理由なしに、第十四条第一項（第三十条の三において準用する場合を含む。以下この項において同じ。）の規定による報告若しくは物件の提出若しくは提示をせず、若しくは虚偽の報告若しくは虚偽の物件の提出若しくは提示をし、又は第十四条第一項の規定による当該職員の質問に対して、答弁せず、若しくは虚偽の答弁をし、若しくは同項の規定による検査を拒み、妨げ、若しくは忌避した者に対し十万円以下の過料を科する規定を設けることができる。

3 市町村は、条例で、第二十三条第二項若しくは第四項又は第二十四条第二項の規定による支給認定証の提出又は返還を求められてこれに応じない者に対し十万円以下の過料を科する規定を設けることができる。

附　則（抄）

（施行期日）

第一条 この法律は、社会保障の安定財源の確保等を図る税制の抜本的な改革を行うための消費税法の一部を改正する等の法律（平成二十四年法律第六十八号）附則第一条第二号に掲げる規定の施行の日の属する年の翌年の四月一日までの間において政令で定める日［平27・4・1］から施行する。［後略］

34 子ども・子育て支援法施行規則（抄）

（平成二六年六月九日内閣府令第四四号）

改正　令和五・一二・二六内令八六

第一章　総則

（法第七条第十項第四号の基準）

第一条 子ども・子育て支援法（以下「法」という。）第七条第十項第四号の内閣府令で定める基準は、次の各号に掲げる施設の区分に応じ、当該各号に定める基準とする。

一 法第七条第十項第四号に掲げる施設のうち、一日に保育する小学校就学前子どもの数が六人以上であるもの　次に掲げる全ての事項を満たすものであること。

イ 保育に従事する者の数及び資格

(1) 保育に従事する者の数が、施設の主たる開所時間である十一時間（開所時間が十一時間以内である場合にあっては、当該開所時間。以下同じ。）において、満一歳未満の小学校就学前子どもおおむね三人につき一人以上、満一歳以上満三歳に満たない小学校就学前子どもおおむね六人につき一人以上、満三歳以上満四歳に満たない小学校就学前子どもおおむね二十人につき一人以上、満四歳以上の小学校就学前子どもおおむね三十人につき一人以上、かつ、施設一につき二人以上であること。また、主たる開所時間である十一時間以外の時間帯については、常時二人（保育されている小学校就学前子どもの数が一人である時間帯にあっては、一人）以上であること。ただし、一日に保育する小学校就学前子どもの数が六人以上十九人以下の施設における、複数の満一歳未満の小学校就学前子どもを保育する時間帯以外の時間帯（安全面の配慮が行われた必要最小限の時間帯に限る。）については、一人以上とすればよいこと。

(2) 保育に従事する者のうち、その総数のおおむね三分の一（保育に従事する者が二人以下の場合にあっては、一人）以上に相当する数のものが、保育士（国家戦略特別区域法（平成二十五年法律第百七号）第十二条の五第五項に規定する事業実施区域内にある法第七条第十項第四号に掲げる施設又は同項第五号に掲げる事業を行う事業所にあっては、保育士又は当該事業実施区域に係る国家戦略特別区域限定保育士。以下同じ。）又は看護師（准看護師を含む。以下この条において同じ。）の資格を有するものであること。ただし、同法第二条第一項に規定する国家戦略特別区域内に所在する施設であって、次のいずれにも該当し、かつ、本文に規定する事項を満たす施設と同等以上に適切な保育の提供が可能である施設においては、この限りでない。

(i) 過去三年間に保育した小学校就学前子どものおおむね半数以上が外国人（日本の国籍を有しない者をいう。以下同じ。）であり、かつ、現に保育する小学校就学前子どものおおむね半数以上が外国人であること。

(ii) 外国の保育資格を有する者その他外国人である小学校就学前子どもの保育について十分な知識経験を有すると認められる者を十分な数配置していること。

(iii) 保育士の資格を有する者を一人以上配置していること。

(3) 保育士でない者について、保育士、保母、保父その他これらに紛らわしい名称が用いられていないこと。

(4) 国家戦略特別区域限定保育士が、その業務に関して国家戦略特別区域限定保育士の名称を表示するときに、その資格を得た事業実施区域を明示し、当該事業実施区域以外の区域を表示していないこと。

ロ 保育室等の構造、設備及び面積

(1) 小学校就学前子どもの保育を行う部屋（以下「保育室」という。）、調理室（給食を施設外で調理している場合、小学校就学前子どもが家庭からの弁当を持参している場合その他の場合にあっては、食品の加熱、保存、配膳等のために必要な調理機能を有する設備。以下同じ。）及び便所があること。

(2) 保育室の面積は、小学校就学前子ども一人当たりおおむね一・六五平方メートル以上であること。

(3) おおむね一歳未満の小学校就学前子どもの保育を行う場所は、おおむね一歳以上の小学校就学前子どもの保育を行う場所と区画され、かつ、安全性が確保されていること。

(4) 保育室は、採光及び換気が確保され、かつ、安全性が確保されていること。

(5) 便所用の手洗設備が設けられているとともに、便所は、保育室及び調理室と区画され、かつ、小学校就学前子どもが安全に使用できるものであること。

(6) 便器の数は、満一歳以上の小学校就学前子どもおおむね二十人につき一以上であること。

ハ 非常災害に対する措置

(1) 消火用具、非常口その他非常災害に際して必要な設備が設けられていること。

(2) 非常災害に対する具体的計画が立てられていること。

(3) 非常災害に備えた定期的な訓練が実施されていること。

(4) 保育室を二階に設ける場合は、保育室その他の小学校就学前子どもが出入りし又は通行する場所に小学校就学前子どもの転落事故を防止する設備が設けられていること。なお、当該建物が次の(i)及び(ii)のいずれも満たさないものである場合にあっては、(1)から(3)までに掲げる設備の設置及び訓練の実施を行うことに特に留意されていること。

(i) 建築基準法（昭和二十五年法律第二百一号）第二条第九号の二に規定する耐火建築物又は同条第九号の三に規定する準耐火建築物（同号ロに該当するものを除く。）であること。

(ii) 次の表の上欄に掲げる区分ごとに、同表の下欄に掲げる設備（小学校就学前子どもの避難に適した構造のものに限る。）のいずれかが、一以上設けられていること。

常用	1 屋内階段 2 屋外階段
避難用	1 建築基準法施行令（昭和二十五年政令第三百三十八号）第百二十三条第一項に規定する構造の屋内避難階段又は同条第三項に規定する構造の屋内特別避難階段 2 待避上有効なバルコニー 3 建築基準法第二条第七号の二に規定する準耐火構造の屋外傾斜路又はこれに準ずる設備 4 屋外階段

(5) 保育室を三階以上に設ける建物は、次に掲げる事項を全て満たすものであること。

(i) 建築基準法第二条第九号の二に規定する耐火建築物であること。

(ii) 次の表の上欄に掲げる保育室の階の区分に応じ、同表の中欄に掲げる区分ごとに、同表の下欄に掲げる設備（小学校就学前子どもの避難に適した構造のものに限る。）のいずれかが、一以上設けられていること。この場合において、当該設備は、避難上有効な位置に保育室の各部分から当該設備までの歩行距離が三十メートル以内となるように設けられていること。

三階	常用	1 建築基準法施行令第百二十三条第一項に規定する構造の屋内避難階段又は同条第三項に規定する構造の屋内特別避難階段 2 屋外階段
	避難用	1 建築基準法施行令第百二十三条第一項に規定する構造の屋内避難階段又は同条第三項に規定する構造の屋内特別避難階段 2 建築基準法第二条第七号に規定する耐火構造の屋外傾斜路又はこれに準ずる設備 3 屋外階段
四階以上	常用	1 建築基準法施行令第百二十三条第一項に規定する構造の屋内避難階段又は同条第三項に規定する構造の屋内特別避難階段 2 建築基準法施行令第百二十三条第二項に規定する構造の屋外避難階段
	避難用	1 建築基準法施行令第百二十三条第一項に規定する構造の屋内避難階段（ただし、当該屋内避難階段の構造は、建築物の一階から保育室が設けられている階までの部分に限り、屋内と階段室とは、バルコニー又は付室（階段室が同条第三項第二号に規定する構造を有する場合を除き、同号に規定する構造を有するものに限る。）を通じて連絡することとし、かつ、同条第三項第三号、第四号及び第十号を満たすものとする。）又は同条第三項に規定する構造の屋内特別避難階段 2 建築基準法第二条第七号に規定する耐火構造の屋外傾斜路 3 建築基準法施行令第百二十三条第二項に規定する構造の屋外避難階段

(iii) 調理室と調理室以外の部分とが建築基準法第二条第七号に規定する耐火構造の床若しくは壁又は建築基準法施行令第百十二条第一項に規定する特定防火設備によって区画されており、また、換気、暖房又は冷房の設備の風道の当該床若しくは壁を貫通する部分がある場合には、当該部分又はこれに近接する部分に防火上有効なダンパー（煙の排出量及び空気の流量を調節するための装置をいう。）が設けられていること。ただし、次のいずれかに該当する場合においては、この限りでない。

(イ) 調理室にスプリンクラー設備その他これに類するもので自動式のものが設けられていること。

(ロ) 調理室に調理用器具の種類に応じた有効な自動消火装置が設けられ、かつ、当該調理室の外部への延焼を防止するために必要な措置が講じられていること。

(iv) 壁及び天井の室内に面する部分の仕上げが不燃材料でなされていること。

(v) 保育室その他小学校就学前子どもが出入りし又は通行する場所に小学校就学前子どもの転落事故を防止する設備が設けられていること。

(vi) 非常警報器具又は非常警報設備及び消防機関へ火災を通報する設備が設けられていること。

(vii) カーテン、敷物、建具等で可燃性のものについて防炎処理が施されていること。

ニ　保育の内容等
(1)　小学校就学前子ども一人一人の心身の発育や発達の状況を把握し、保育内容が工夫されていること。
(2)　小学校就学前子どもが安全で清潔な環境の中で、遊び、運動、睡眠等がバランスよく組み合わされた健康的な生活リズムが保たれるように、十分に配慮がなされた保育の計画が定められていること。
(3)　小学校就学前子どもの生活リズムに沿ったカリキュラムが設定され、かつ、それが実施されていること。
(4)　小学校就学前子どもに対し漫然とテレビやビデオを見せ続ける等、小学校就学前子どもへの関わりが少ない放任的な保育内容でないこと。
(5)　必要な遊具、保育用品等が備えられていること。
(6)　小学校就学前子どもの最善の利益を考慮し、保育サービスを実施する者として適切な姿勢であること。特に、施設の運営管理の任にあたる施設長については、その職責に鑑み、資質の向上及び適格性の確保が図られていること。
(7)　保育に従事する者が保育所保育指針（平成二十九年厚生労働省告示第百十七号）を理解する機会を設ける等、保育に従事する者の人間性及び専門性の向上が図られていること。
(8)　小学校就学前子どもに身体的苦痛を与えること、人格を辱めること等がないよう、小学校就学前子どもの人権に十分配慮されていること。
(9)　小学校就学前子どもの身体、保育中の様子又は家族の態度等から虐待等不適切な養育が行われていることが疑われる場合には、児童相談所その他の専門的機関と連携する等の体制がとられていること。
(10)　保護者と密接な連絡を取り、その意向を考慮した保育が行われていること。
(11)　緊急時における保護者との連絡体制が整備されていること。
(12)　保護者や施設において提供されるサービスを利用しようとする者等から保育の様子や施設の状況を確認したい旨の要望があった場合には、小学校就学前子どもの安全確保等に配慮しつつ、保育室等の見学に応じる等適切に対応されていること。

ホ　給食
(1)　調理室、調理、配膳、食器等の衛生管理が適切に行われていること。
(2)　小学校就学前子どもの年齢や発達、健康状態（アレルギー疾患等の状態を含む。）等に配慮した食事内容とされていること。
(3)　調理があらかじめ作成した献立に従って行われていること。

ヘ　健康管理及び安全確保
(1)　小学校就学前子ども一人一人の健康状態の観察が小学校就学前子どもの登園及び降園の際に行われていること。
(2)　身長及び体重の測定等基本的な発育状態の観察が毎月定期的に行われていること。
(3)　継続して保育している小学校就学前子どもの健康診断が入所時及び一年に二回実施されていること。
(4)　職員の健康診断が採用時及び一年に一回実施されていること。
(5)　調理に携わる職員の検便がおおむね一月に一回実施されていること。
(6)　必要な医薬品その他の医療品が備えられていること。
(7)　小学校就学前子どもが感染症にかかっていることが分かった場合には、かかりつけ医の指示に従うよう保護者に対し指示が行われていること。
(8)　睡眠中の小学校就学前子どもの顔色や呼吸の状態のきめ細かい観察が行われていること。
(9)　満一歳未満の小学校就学前子どもを寝かせる場合には、仰向けに寝かせることとされていること。
(10)　保育室での禁煙が厳守されていること。
(11)　施設の設備の安全点検、職員、小学校就学前子ども等に対する施設外での活動、取組等を含めた施設での生活その他の日常生活における安全に関する指導、職員の研修及び訓練その他施設における安全に関する事項についての計画（以下「安全計画」という。）が策定され、当該安全計画に従い、小学校就学前子どもの安全確保に配慮した保育の実施が行われていること。
(12)　職員に対し、安全計画について周知されているとともに、安全計画に定める研修及び訓練が定期的に実施されていること。
(13) 保護者に対し、安全計画に基づく取組の内容等について周知されていること。
(14) 事故防止の観点から、施設内の危険な場所、設備等について適切な安全管理が図られていること。
(15) 不審者の施設への立入防止等の対策や緊急時における小学校就学前子どもの安全を確保する体制が整備されていること。
(16) 小学校就学前子どもの施設外での活動、取組等のための移動その他の小学校就学前子どもの移動のために自動車が運行されているときは、小学校就学前子どもの乗車及び降車の際に、点呼その他の小学校就学前子どもの所在を確実に把握することができる方法により、小学校就学前子どもの所在が確認されていること。
(17) 事故発生時に適切な救命処置が可能となるよう、訓練が実施されていること。
(18) 賠償責任保険に加入する等、保育中の事故の発生に備えた措置が講じられていること。
(19) 事故発生時に速やかに当該事故の事実を都道府県知事（地方自治法（昭和二十二年法律第六十七号）第二百五十二条の十九第一項の指定都市（第二十一条の二において「指定都市」という。）若しくは同法第二百五十二条の二十二第一項の中核市又は児童福祉法（昭和二十二年法律第百六十四号）第五十九条の四第一項の児童相談所設置市においては、それぞれの長。以下この条において「都道府県知事等」という。）に報告する体制がとられていること。
(20) 事故が発生した場合、当該事故の状況及び事故に際して採った処置について記録されていること。
(21) 死亡事故等の重大事故が発生した施設については、当該事故と同様の事故の再発防止策及び事故後の検証結果を踏まえた措置が講じられていること。
(22) 施設において提供される保育サービスの内容が、当該保育サービスを利用しようとする者の見やすいところに掲示されているとともに、電気通信回線に接続して行う自動公衆送信（公衆によって直接受信されることを目的として公衆からの求めに応じ自動的に送信を行うことをいい、放送又は有線放送に該当するものを除く。）により公衆の閲覧に供されていること。
(23) 施設において提供される保育サービスの利用に関する契約が成立したときは、その利用者に対し、当該契約の内容を記載した書面の交付が行われていること。
(24) 施設において提供される保育サービスを利用しようとする者からの利用の申込みがあったときは、その者に対し、当該保育サービスの利用に関する契約内容等についての説明が行われていること。
(25) 職員及び保育している小学校就学前子どもの状況を明らかにする帳簿等が整備されていること。

二　法第七条第十項第四号に掲げる施設のうち、一日に保育する小学校就学前子どもの数が五人以下であり、児童福祉法第六条の三第九項に規定する業務又は同条第十二項に規定する業務を目的とするもの　次に掲げる全ての事項を満たすものであること。

イ　保育に従事する者の数及び資格
(1) 保育に従事する者の数が、小学校就学前子ども三人につき一人以上であること。ただし、家庭的保育事業等の設備及び運営に関する基準（平成二十六年厚生労働省令第六十一号）第二十三条第三項に規定する家庭的保育補助者とともに保育する場合には、小学校就学前子ども五人につき一人以上であること。
(2) 保育に従事する者のうち、一人以上は、保育士若しくは看護師の資格を有するもの又は都道府県知事等が行う保育に従事する者に関する研修（都道府県知事等がこれと同等以上のものと認める市町村長（特別区の長を含む。）その他の機関が行う研修を含む。以下同じ。）を修了したものであること。

ロ　保育室等の構造、設備及び面積
(1) 保育室のほか、調理設備（施設外調理その他の場合にあっては必要な調理機能）及び便所があること。
(2) 保育室の面積は、家庭的保育事業等の設備及び運営に関する基準第二十二条第二号に規定する基準を参酌して、小学校就学前子どもの保育を適切に行うことができる広さが確保されていること。

ハ　その他
前号イ(3)及び(4)、ロ(4)及び(5)、ハ(1)から

⑶まで、ニからヘまでに掲げる全ての事項を満たしていること。この場合において、同号ロ⑸中「調理室」とあるのは「調理設備の部分」と、ホ⑴中「調理室」とあるのは「調理設備」と読み替えるものとする。

三　法第七条第十項第四号に掲げる施設のうち児童福祉法第六条の三第十一項に規定する業務を目的とするものであって、複数の保育に従事する者を雇用しているもの　次に掲げる全ての事項を満たすものであること。

イ　保育に従事する者の数が、小学校就学前子ども一人につき一人以上であること。ただし、当該小学校就学前子どもがその兄弟姉妹とともに利用している等の場合であって、保護者が契約において同意しているときは、これによらないことができること。

ロ　保育に従事する全ての者（採用した日から一年を超えていない者を除く。）が、保育士若しくは看護師の資格を有する者又は都道府県知事等が行う保育に従事する者に関する研修を修了した者であること。

ハ　防災上の必要な措置を講じていること。

ニ　第一号イ⑶及び⑷、ニ⑴から⑷まで及び⑹から⑾まで並びにヘ⑴、⑷及び⑺から㉕までに掲げる全ての事項を満たしていること。この場合において、同号ニ⑵中「なされた保育の計画が定められている」とあるのは「なされている」と、⑶中「カリキュラムが設定され、かつ、それが」とあるのは「保育が」と、⑹中「施設長」とあるのは「施設の設置者又は管理者」と、ヘ⑴中「登園及び降園」とあるのは「預かり及び引渡し」と、⑺中「小学校就学前子どもが感染症にかかっていることが分かった場合には、かかりつけ医の指示に従うよう保護者に対し指示が行われている」とあるのは「感染予防のための対策が行われている」と、⑽中「保育室での」とあるのは「保育中の」と、㉒中「の見やすいところに掲示」とあるのは「に対し書面等により提示等」と読み替えるものとする。また、食事の提供を行う場合においては、衛生面等必要な注意を払うこと。

四　法第七条第十項第四号に掲げる施設のうち児童福祉法第六条の三第十一項に規定する業務を目的とするものであって、前号に掲げる施設以外のもの　次に掲げる全ての事項を満たすこと。

イ　保育に従事する者の数が、小学校就学前子ども一人につき一人以上であること。ただし、当該小学校就学前子どもがその兄弟姉妹とともに利用している等の場合であって、保護者が契約において同意しているときは、これによらないことができること。

ロ　保育に従事する全ての者が、保育士若しくは看護師の資格を有する者又は都道府県知事等が行う保育に従事する者に関する研修を修了した者であること。

ハ　防災上の必要な措置を講じていること。

ニ　第一号イ⑶及び⑷、ニ⑴から⑷まで、⑹前段、⑺、⑻、⑽及び⑾並びにヘ⑴、⑷及び⑺から㉕までに掲げる全ての事項を満たしていること。この場合において、同号ニ⑵中「なされた保育の計画が定められている」とあるのは「なされている」と、⑶中「カリキュラムが設定され、かつ、それが」とあるのは「保育が」と、ヘ⑴中「登園及び降園」とあるのは「預かり及び引渡し」と、⑷中「採用時及び一年に一回」とあるのは「一年に一回」と、⑺中「小学校就学前子どもが感染症にかかっていることが分かった場合には、かかりつけ医の指示に従うよう保護者に対し指示が行われている」とあるのは「感染予防のための対策が行われている」と、⑽中「保育室での」とあるのは「保育中の」と、㉒中「の見やすいところに掲示」とあるのは「に対し書面等により提示等」、㉕中「職員及び保育」とあるのは「保育」と読み替えるものとする。また、食事の提供を行う場合においては、衛生面等必要な注意を払うこと。

（法第七条第十項第五号の基準等）

第一条の二　法第七条第十項第五号の内閣府令で定める基準は、次に掲げる要件を満たすものであることとする。

一　認定こども園（就学前の子どもに関する教育、保育等の総合的な提供の推進に関する法律（平成十八年法律第七十七号。以下「認定こども園法」という。）第二条第六項に規定する認定こども園をいう。以下同じ。）、幼稚園（学校教育法（昭和二十二年法律第二十六号）第一条の規定する幼稚園をいい、認定こども園法第三条第一項又は第三項の認定を受けたもの及び同条第十項の規定による公示がされたものを除く。以下同じ。）又は特別支援学校（学校教育法第一条に規定する特別支援学校をいい、同法第七十六条第二項に規定する幼稚部に限る。以下同じ。）に在籍する小学校就学前子ども（法第三十条の四に規定する場合における法第三十条第一項に規定する保育認定子どもを除く。）に対して教育・保育を行うこと。

二　児童福祉施設の設備及び運営に関する基準（昭和二十三年厚生省令第六十三号）第三十三条第二項の規定に準じ、法第七条第十項第五号に規定する事業の対象とする小学校就学前子どもの年齢及び人数に応じて、当該小学校就学前子どもの処遇を行う職員を置くこととし、そのうち半数以上は保育士又は幼稚園の教諭の普通免許状（教育職員免許法（昭和二十四年法律第百四十七号）に規定する普通免許状をいう。）を有する者（次号において「幼稚園教諭普通免許状所有者」という。）であること。ただし、当該職員の数は、二人を下ることはできないこと。

三　前号に規定する職員は、専ら法第七条第十項第五号に規定する事業に従事するものでなければならないこと。ただし、当該事業と幼稚園、認定こども園又は特別支援学校（以下この号において「幼稚園等」という。）とが一体的に運営されている場合であって、当該事業を行うに当たって当該幼稚園等の職員（保育士又は幼稚園教諭普通免許状所有者に限る。）による支援を受けることができるときは、専ら当該事業に従事する職員を一人とすることができること。

四　次に掲げる施設の区分に応じ、それぞれ次に定めるものに準じ、事業を実施すること。

イ　幼稚園又は幼保連携型認定こども園以外の認定こども園　学校教育法第二十五条第一項の規定に基づき文部科学大臣が定める幼稚園の教育課程その他の教育内容に関する事項

ロ　幼保連携型認定こども園　認定こども園法第十条第一項の規定に基づき主務大臣が定める幼保連携型認定こども園の教育課程その他の教育及び保育の内容に関する事項

ハ　特別支援学校　学校教育法第七十七条の規定に基づき文部科学大臣が定める特別支援学校の教育課程その他の教育内容に関する事項

五　食事の提供を行う場合においては、当該施設において行うことが必要な調理のための加熱、保存等の調理機能を有する設備を備えていること。

２　法第七条第十項第五号ロの内閣府令で定める一日当たりの時間及び期間は、第十七条に定めるものとする。

（法第七条第十項第七号の基準）

第一条の三　法第七条第十項第七号の内閣府令で定める基準は、次の各号に掲げる事業の類型に応じ、当該各号に定める基準とする。

一　病児（疾病にかかっている小学校就学前子どものうち、疾病の回復期に至らず、当面、病状が急変するおそれが少ない場合であって、かつ、保護者の労働その他の事由により家庭において保育を行うことが困難なものをいう。以下この条において同じ。）を病院、診療所、保育所その他の施設において一時的に保育する事業　次に掲げる全ての要件（事業を実施する場所が病院、診療所その他の医療機関である場合には、ホに掲げる要件を除く。）を満たすものであること。

イ　看護師、准看護師、保健師又は助産師（以下この条において「看護師等」という。）が、当該事業を利用する病児（ロ及びホにおいて「対象病児」という。）おおむね十人につき一人以上であること。

ロ　保育士の数が、対象病児おおむね三人につき一人以上であること。

ハ　保育室、病児の静養又は隔離の機能を持つ部屋及び調理室があること。

ニ　事故防止及び衛生面に配慮するなど病児の養育に適した場所であること。

ホ　対象病児等の病状が急変した場合に当該対象病児等を受け入れることができる医療機関（以下この条において「協力医療機関」という。）及び対象病児等の病状、心身の状況の把握、感染の防止その他の事項に関して指導又は助言を行う医師（以下この条において「指導医」という。）があらかじめ定められていること。

二　病後児（疾病にかかっている小学校就学前子どものうち、疾病の回復期であって、集団保育が困難であり、かつ、保護者の労働その他の事由により家庭において保育を行うことが困難なものをいう。以下この条において同じ。）を病院、診療所、保育所その他の施設において一時的に保育する事業　次に掲げる全ての要件（事業を実施する場所が病院、診療所その他の医療機関である場合には、ホに掲げる要件を除く。）を満たすものであること。

イ　看護師等が当該事業を利用する病後児（ロにおいて「対象病後児」という。）おおむね十人につき一人以上であること。

ロ　保育士の数が対象病後児おおむね三人につき一人以上であること。
ハ　保育室、病後児の静養又は隔離の機能を持つ部屋及び調理室があること。
ニ　事故防止及び衛生面に配慮するなど病後児の養育に適した場所であること。
ホ　協力医療機関があらかじめ定められていること。
三　保育所その他の施設において、当該施設に通園する小学校就学前子どもに対して緊急的な対応その他の保健的な対応を行う事業　次に掲げる全ての要件（事業を実施する場所が病院、診療所その他の医療機関である場合には、ハに掲げる要件を除く。）を満たすものであること。
イ　看護師等を当該事業を利用する小学校就学前子ども二人につき一人以上配置していること。
ロ　感染を予防するため、事業を実施する場所と保育室等の間に間仕切りを設けていること。
ハ　協力医療機関及び指導医があらかじめ定められていること。
四　病児又は病後児が当該病児又は病後児の居宅において一時的に保育する事業　イ及びロに掲げる要件（事業者が病院、診療所その他の医療機関である場合には、イに掲げる要件に限る。）を満たすものであること。
イ　一定の研修を修了した看護師等、保育士又は家庭的保育者（児童福祉法第六条の三第九項第一号に規定する家庭的保育者をいう。）を当該事業を利用する病児又は病後児一人につき一人以上配置していること。
ロ　協力医療機関及び指導医があらかじめ定められていること。

（法第七条第十項第八号の基準）

第一条の四　法第七条第十項第八号の内閣府令で定める基準は、次に掲げる要件を満たすものであることとする。
一　市町村（特別区を含む。以下同じ。）又はその委託等を受けた者が行うものであること。
二　当該事業を行う者が児童福祉法第六条の三第十四項に規定する援助希望者に対し講習を実施していること。

第一章の二　子どものための教育・保育給付

第一節　教育・保育給付認定等

（法第十九条第二号の内閣府令で定める事由）

第一条の五　法第十九条第二号の内閣府令で定める事由は、小学校就学前子どもの保護者のいずれもが次の各号のいずれかに該当することとする。
一　一月において、四十八時間から六十四時間までの範囲内で月を単位に市町村が定める時間以上労働することを常態とすること。
二　妊娠中であるか又は出産後間がないこと。
三　疾病にかかり、若しくは負傷し、又は精神若しくは身体に障害を有していること。
四　同居の親族（長期間入院等をしている親族を含む。）を常時介護又は看護していること。
五　震災、風水害、火災その他の災害の復旧に当たっていること。
六　求職活動（起業の準備を含む。）を継続的に行っていること。
七　次のいずれかに該当すること。
イ　学校教育法第一条に規定する学校、同法第百二十四条に規定する専修学校、同法第百三十四条第一項に規定する各種学校その他これらに準ずる教育施設に在学していること。
ロ　職業能力開発促進法（昭和四十四年法律第六十四号）第十五条の七第三項に規定する公共職業能力開発施設において行う職業訓練若しくは同法第二十七条第一項に規定する職業能力開発総合大学校において行う同項に規定する指導員訓練若しくは職業訓練又は職業訓練の実施等による特定求職者の就職の支援に関する法律（平成二十三年法律第四十七号）第四条第二項に規定する認定職業訓練その他の職業訓練を受けていること。
八　次のいずれかに該当すること。
イ　児童虐待の防止等に関する法律（平成十二年法律第八十二号）第二条に規定する児童虐待を行っている又は再び行われるおそれがあると認められること。
ロ　配偶者からの暴力の防止及び被害者の保護等に関する法律（平成十三年法律第三十一号）第一条に規定する配偶者からの暴力により小学校就学前子どもの保育を行うことが困難であると認められること（イに該当する場合を除く。）。
九　育児休業をする場合であって、当該保護者の当該育児休業に係る子ども以外の小学校就学前子どもが特定教育・保育施設、特定地域型保育事業又は特定子ども・子育て支援施設等（以下この号において「特定教育・保育施設等」という。）を利用しており、当該育児休業の間に当該特定教育・保育施設等を引き続き利用することが必要であると認められること。

十　前各号に掲げるもののほか、前各号に類するものとして市町村が認める事由に該当すること。

（認定の申請等）

第二条　法第二十条第一項の規定により同項に規定する認定を受けようとする小学校就学前子どもの保護者は、次に掲げる事項を記載した申請書を、市町村に提出しなければならない。

一　当該申請を行う保護者の氏名、居住地、生年月日、個人番号（行政手続における特定の個人を識別するための番号の利用等に関する法律（平成二十五年法律第二十七号）第二条第五項に規定する個人番号をいう。以下同じ。）及び連絡先（保護者が法人であるときは、法人の名称、代表者の氏名及び主たる事務所の所在地並びに当該申請に係る小学校就学前子どもの居住地）

二　当該申請に係る小学校就学前子どもの氏名、生年月日、個人番号及び当該小学校就学前子どもの保護者との続柄

三　認定を受けようとする法第十九条各号に掲げる小学校就学前子どもの区分

四　法第十九条第二号又は第三号に掲げる小学校就学前子どもの区分に係る認定を受けようとする場合には、その理由

2　前項の申請書には、次に掲げる書類を添付しなければならない。ただし、市町村は、当該書類により証明すべき事実を公簿等によって確認することができるときは、当該書類を省略させることができる。

一　法第二十七条第三項第二号、第二十八条第二項第一号、第二十九条第三項第二号並びに第三十条第二項第一号、第三号及び第四号の政令で定める額を限度として市町村が定める額（以下「利用者負担額」という。）の算定のために必要な事項に関する書類

二　前項第四号に掲げる事項を証する書類（当該事項が前条第一号に掲げる事由に係るものである場合にあっては、原則として様式第一号による。）

3　第一項の申請書（法第十九条第一号に掲げる小学校就学前子どもの区分に係る認定を受けようとする場合の申請書に限る。）は、特定教育・保育施設（認定こども園及び幼稚園に限る。）を経由して提出することができる。

4　第一項の申請書（法第十九条第二号又は第三号に掲げる小学校就学前子どもの区分に係る認定を受けようとする場合の申請書に限る。）は、特定教育・保育施設（認定こども園及び保育所に限る。）又は特定地域型保育事業者を経由して提出することができる。

5　特定教育・保育施設又は特定地域型保育事業者（以下「特定教育・保育施設等」という。）は、関係市町村等との連携に努めるとともに、前二項の申請書の提出を受けたときは、速やかに、当該申請書を提出した保護者の居住地の市町村に当該申請書を送付しなければならない。

（法第二十条第三項に規定する内閣府令で定める期間）

第三条　法第二十条第三項に規定する内閣府令で定める期間は、一月間とする。

（保育必要量の認定）

第四条　保育必要量の認定は、保育の利用について、一月当たり平均二百七十五時間まで（一日当たり十一時間までに限る。）又は平均二百時間まで（一日当たり八時間までに限る。）の区分に分けて行うものとする。ただし、申請を行う小学校就学前子どもの保護者が第一条の五第二号、第五号又は第八号に掲げる事由に該当する場合にあっては、当該保護者が一月当たり平均二百時間まで（一日当たり八時間までに限る。）の区分の認定を申請した場合を除き、一月当たり平均二百七十五時間まで（一日当たり十一時間までに限る。）とする。

2　市町村は、第一条の五第三号、第六号又は第九号に掲げる事由について、保育必要量の認定を前項本文に規定する区分に分けて行うことが適当でないと認める場合にあっては、同項の規定にかかわらず、当該区分に分けないで行うことができる。

（支給認定証の交付）

第四条の二　市町村は、法第二十条第一項の規定により同項に規定する認定を受けようとする小学校就学前子どもの保護者又は同条第四項に規定する教育・保育給付認定保護者（以下「教育・保育給付認定保護者」という。）の申請により、同項に規定する支給認定証（以下「支給認定証」という。）を交付する。

（特定教育・保育施設等を経由して申請書を提出した場合の支給認定証の交付）

第五条　第二条第三項又は第四項の規定により特定教育・保育施設等を経由して申請書が提出された場合における支給認定証の交付は、当該申請の際に経由した特定教育・保育施設等を経由して行うことができる。

（法第二十条第四項に規定する内閣府令で定める事項）

第六条　法第二十条第四項に規定する内閣府令で定める事項は、次に掲げる事項とする。

一　教育・保育給付認定保護者の氏名、居住地及び生年月日

二　当該教育・保育給付認定に係る小学校就学前子どもの氏名及び生年月日

三　交付の年月日及び支給認定証番号

四　該当する法第十九条各号に掲げる小学校就学前子どもの区分

五　教育・保育給付認定に係る第一条の五各号に掲げる事由及び保育必要量（法第十九条第二号又は第三号に掲げる小学校就学前子どもの区分に該当する場合に限る。）

六　教育・保育給付認定の有効期間

七　その他必要な事項

（利用者負担額等に関する事項の通知）

第七条　市町村は、教育・保育給付認定を行ったときは、当該教育・保育給付認定に係る教育・保育給付認定保護者及び当該教育・保育給付認定保護者が利用する特定教育・保育施設等に対して、当該教育・保育給付認定保護者に係る次に掲げる事項を通知するものとする。

一　利用者負担額（満三歳未満保育認定子ども（子ども・子育て支援法施行令（平成二十六年政令第二百十三号。以下「令」という。）第四条第二項に規定する満三歳未満保育認定子どもをいう。以下同じ。）に係る教育・保育給付認定保護者についての法第二十七条第三項第二号若しくは第二十九条第三項第二号に掲げる額又は法第三十条第二項第三号若しくは第四号の市町村が定める額に限る。）

二　食事の提供（特定教育・保育施設及び特定地域型保育事業並びに特定子ども・子育て支援施設等の運営に関する基準（平成二十六年内閣府令第三十九号）第十三条第四項第三号イ又はロに掲げるものに限る。）に要する費用の支払の免除に関する事項

2　教育・保育給付認定保護者が支給認定証の交付の申請をしていない場合において、前項の規定による通知をするときは、前条各号に掲げる事項を併せて通知するものとする。

（法第二十一条に規定する内閣府令で定める期間）

第八条　法第二十一条に規定する内閣府令で定める期間は、次の各号に掲げる小学校就学前子どもの区分に応じ、当該各号に定める期間とする。

一　法第十九条第一号に掲げる小学校就学前子どもの区分に該当する子ども　教育・保育給付認定が効力を生じた日（以下「効力発生日」という。）から当該小学校就学前子どもが小学校就学の始期に達するまでの期間

二　法第十九条第二号に掲げる小学校就学前子どもの区分に該当する子ども（当該小学校就学前子どもの保護者が第一条の五第二号、第六号、第七号、第九号及び第十号に掲げる事由に該当する場合を除く。）　効力発生日から当該小学校就学前子どもが小学校就学の始期に達するまでの期間

三　法第十九条第二号に掲げる小学校就学前子どもの区分に該当する子ども（当該小学校就学前子どもの保護者が第一条の五第二号に掲げる事由に該当する場合に限る。）　次に掲げる期間のうちいずれか短い期間

イ　前号に掲げる期間

ロ　効力発生日から、当該小学校就学前子どもの保護者の出産日から起算して八週間を経過する日の翌日が属する月の末日までの期間

四　法第十九条第二号に掲げる小学校就学前子どもの区分に該当する子ども（当該小学校就学前子どもの保護者が第一条の五第六号に掲げる事由に該当する場合に限る。）　次に掲げる期間のうちいずれか短い期間

イ　第二号に掲げる期間

ロ　効力発生日から、同日から起算して九十日を限度として市町村が定める期間を経過する日が属する月の末日までの期間

五　法第十九条第二号に掲げる小学校就学前子どもの区分に該当する子ども（当該小学校就学前子どもの保護者が第一条の五第七号に掲げる事由に該当する場合に限る。）　次に掲げる期間のうちいずれか短い期間

イ　第二号に掲げる期間

ロ　効力発生日から当該小学校就学前子どもの保護者の卒業予定日又は修了予定日が属する月の末日までの期間

六　法第十九条第二号に掲げる小学校就学前子どもの区分に該当する子ども（当該小学校就学前子どもの保護者が第一条の五第九号に掲げる事由に該当する場合に限る。）　第一条の五第九号に掲げる事由に該当するものとして認めた事情を勘案して市町村が定める期間

七　法第十九条第二号に掲げる小学校就学前子どもの区分に該当する子ども（当該小学校就学前子どもの保護者が第一条の五第十号に掲げる事由に該当する場合に限る。）　第一条の五第十号に掲げる事由に該当するものとして認めた事情を勘案して市町村が定める期間

八　法第十九条第三号に掲げる小学校就学前子どもの区分に該当する子ども（当該小学校就学前子どもの保護者が第一条の五第二号、第六号、第七号、第九号及び第十号に掲げる事由に該当する場合を除く。）　効力発生日から当該小学校就学前子どもが満三歳に達する日の前日までの期間

九　法第十九条第三号に掲げる小学校就学前子どもの区分に該当する子ども（当該小学校就学前子どもの保護者が第一条の五第二号に掲げる事由に該当する場合に限る。）　次に掲げる期間のうちいずれか短い期間

イ　前号に掲げる期間

ロ　第三号ロに掲げる期間

十　法第十九条第三号に掲げる小学校就学前子どもの区分に該当する子ども（当該小学校就学前子どもの保護者が第一条の五第六号に掲げる事由に該当する場合に限る。）　次に掲げる期間のうちいずれか短い期間

イ　第八号に掲げる期間

ロ　第四号ロに掲げる期間

十一　法第十九条第三号に掲げる小学校就学前子どもの区分に該当する子ども（当該小学校就学前子どもの保護者が第一条の五第七号に掲げる事由に該当する場合に限る。）　次に掲げる期間のうちいずれか短い期間

イ　第八号に掲げる期間

ロ　第五号ロに掲げる期間

十二　法第十九条第三号に掲げる小学校就学前子どもの区分に該当する子ども（当該小学校就学前子どもの保護者が第一条の五第九号に掲げる事由に該当する場合に限る。）　第一条の五第九号に掲げる事由に該当するものとして認めた事情を勘案して市町村が定める期間

十三　法第十九条第三号に掲げる小学校就学前子どもの区分に該当する子ども（当該小学校就学前子どもの保護者が第一条の五第十号に掲げる事由に該当する場合に限る。）　第一条の五第十号に掲げる事由に該当するものとして認めた事情を勘案して市町村が定める期間

（法第二十二条の届出）

第九条　教育・保育給付認定保護者は、毎年、次項に定める事項を記載した届書（当該教育・保育給付認定保護者に係る教育・保育給付認定子どもが保育認定子ども（法第三十条第一項に規定する保育認定子どもをいう。以下同じ。）である場合に限る。）及び第三項に掲げる書類を市町村に提出しなければならない。ただし、市町村は、当該書類により証明すべき事実を公簿等によって確認することができるときその他当該教育・保育給付認定保護者に対する施設型給付費、地域型保育給付費、特例施設型給付費又は特例地域型保育給付費の公正かつ適正な支給の確保に支障がないと認めるときは、当該書類を省略させることができる。

2　法第二十二条に規定する内閣府令で定める事項は、第一条の五各号に掲げる事由の状況とする。

3　法第二十二条に規定する内閣府令で定める書類は、第二条第二項の書類とする。

4　市町村は、第一項の届出を受け、当該教育・保育給付認定保護者に係る第七条第一項に掲げる事項を変更する必要があると認めるときは、当該教育・保育給付認定保護者及び当該教育・保育給付認定保護者が利用する特定教育・保育施設等に対して、変更後の当該事項を通知するものとする。

（法第二十三条第一項に規定する内閣府令で定める事項）

第十条　法第二十三条第一項に規定する内閣府令で定める事項は、次に掲げる事項とする。

一　該当する法第十九条各号に掲げる小学校就学前子どもの区分

二　保育必要量

三　教育・保育給付認定の有効期間

四　利用者負担額に関する事項

（教育・保育給付認定の変更の認定の申請）

第十一条　法第二十三条第一項の規定により教育・保育給付認定の変更の認定を申請しようとする教育・保育給付認定保護者は、次の各号に掲げる事項を記載した申請書を市町村に提出しなければならない。この場合において、教育・保育給付認定保護者が支給認定証の交付を受けているときは、当該支給認定証を添付しなければならない。

一　当該申請を行う教育・保育給付認定保護者の氏名、居住地、生年月日、個人番号及び連絡先（保護者が法人であるときは、法人の名称、代表者の氏名及び主たる事務所の所在地並びに当該申請に係る小学校就学前子どもの居住地）

二　当該申請に係る小学校就学前子どもの氏名、生年月日、個人番号及び教育・保育給付認定保護者との続柄

三　第一条の五各号に掲げる事由の状況の変化その他の当該申請を行う原因となった事由

四　その他必要な事項

2　前項の申請書には、次に掲げる書類を添付しなければならない。ただし、市町村は、当該書

類により証明すべき事実を公簿等によって確認することができるときは、当該書類を省略させることができる。

一　利用者負担額の算定のために必要な事項に関する書類（前条第四号に掲げる事項に係る変更の認定の申請を行う場合に限る。）

二　前項第三号に掲げる事項を証する書類（当該事項が第一条の五第一号に掲げる事由に係るものである場合にあっては、原則として様式第一号による。）

3　第九条第四項の規定は、第一項の規定による申請を受け、市町村が当該教育・保育給付認定保護者に係る第七条第一項に掲げる事項を変更する必要があると認める場合について準用する。

（市町村の職権により教育・保育給付認定の変更の認定を行う場合の手続）

第十二条　市町村は、法第二十三条第四項の規定により教育・保育給付認定の変更の認定を行おうとするときは、その旨を書面により教育・保育給付認定保護者に通知するものとする。ただし、法第十九条第三号に掲げる小学校就学前子どもに該当する教育・保育給付認定子どもが満三歳に達したときに当該認定を行う場合には、当該教育・保育給付認定子どもが満三歳に達した日の属する年度の末日までに通知すれば足りる。

2　前項の場合において、教育・保育給付認定保護者に支給認定証を交付しているときは、次の各号に掲げる事項を併せて通知し、当該支給認定証の提出を求めるものとする。ただし、教育・保育給付認定保護者の支給認定証が既に市町村に提出されているときは、この限りでない。

一　支給認定証を提出する必要がある旨

二　支給認定証の提出先及び提出期限

（準用等）

第十三条　第二条第三項から第五項まで、第三条から第五条まで及び第七条の規定は、法第二十三条第二項又は第四項の教育・保育給付認定の変更の認定について準用する。この場合において、第七条第一項中「とする。」とあるのは「とする。ただし、法第十九条第一項第三号に掲げる小学校就学前子どもに該当する教育・保育給付認定子どもが満三歳に達したときに法第二十三条第四項の規定により教育・保育給付認定の変更の認定を行う場合には、当該教育・保育給付認定子どもが満三歳に達した日の属する年度の末日までに通知すれば足りる。」と読み替えるものとする。

2　市町村は、法第二十三条第二項又は第四項の教育・保育給付認定の変更の認定を行った場合であって、教育・保育給付認定保護者に支給認定証を交付しているときは、支給認定証に第六条第四号から第六号までに掲げる事項を記載し、これを返還するものとする。ただし、教育・保育給付認定保護者から支給認定証の返還を要しない旨の申出があった場合は、この限りでない。

（教育・保育給付認定の取消しを行う場合の手続）

第十四条　市町村は、法第二十四条第一項の規定により教育・保育給付認定の取消しを行ったときは、その旨を書面により教育・保育給付認定保護者に通知するものとする。

2　前項の場合において、教育・保育給付認定保護者に支給認定証を交付しているときは、次に掲げる事項を併せて通知し、当該支給認定証の返還を求めるものとする。ただし、教育・保育給付認定保護者の支給認定証が既に市町村に提出されているときは、この限りでない。

一　支給認定証を返還する必要がある旨

二　支給認定証の返還先及び返還期限

（申請内容の変更の届出）

第十五条　教育・保育給付認定保護者は、教育・保育給付認定の有効期間内において、第二条第一項第一号及び第二号に掲げる事項（以下この条において「届出事項」という。）を変更する必要が生じたときは、速やかに、次の各号に掲げる事項を記載した届書を市町村に提出しなければならない。この場合において、教育・保育給付認定保護者が支給認定証の交付を受けているときは、当該支給認定証を添付しなければならない。

一　当該届出を行う教育・保育給付認定保護者の氏名、居住地、生年月日、個人番号及び連絡先（保護者が法人であるときは、法人の名称、代表者の氏名及び主たる事務所の所在地並びに当該届出に係る小学校就学前子どもの居住地）

二　当該届出に係る小学校就学前子どもの氏名、生年月日、個人番号及び教育・保育給付認定保護者との続柄

三　届出事項のうち変更が生じた事項とその変更内容

四　その他必要な事項

2　前項の届書には、同項第三号の事項を証する書類を添付しなければならない。ただし、市町村は、当該書類により証明すべき事実を公簿等によって確認することができるときは、当該書類を省略させることができる。

（支給認定証の再交付）
第十六条　市町村は、支給認定証を破り、汚し、又は失った教育・保育給付認定保護者から、教育・保育給付認定の有効期間内において、支給認定証の再交付の申請があったときは、支給認定証を交付するものとする。
2　前項の申請をしようとする教育・保育給付認定保護者は、次の各号に掲げる事項を記載した申請書を、市町村に提出しなければならない。
一　当該申請を行う教育・保育給付認定保護者の氏名、居住地、生年月日、個人番号及び連絡先（保護者が法人であるときは、法人の名称、代表者の氏名及び主たる事務所の所在地並びに当該申請に係る小学校就学前子どもの居住地）
二　当該申請に係る小学校就学前子どもの氏名、生年月日、個人番号及び教育・保育給付認定保護者との続柄
三　申請の理由
3　支給認定証を破り、又は汚した場合の前項の申請には、同項の申請書に、その支給認定証を添付しなければならない。
4　支給認定証の再交付を受けた後、失った支給認定証を発見したときは、速やかにこれを市町村に返還しなければならない。

第二節　施設型給付費及び地域型保育給付費等の支給

（法第二十七条第一項に規定する一日当たりの時間及び期間）
第十七条　法第二十七条第一項に規定する一日当たりの時間は四時間を標準とし、期間は三十九週以上として、教育・保育給付認定保護者が特定教育・保育施設（認定こども園に限る。）と締結した保育の提供に関する契約において定める時間及び期間とする。

（施設型給付費の支給）
第十八条　市町村は、法第二十七条第一項の規定に基づき、毎月、施設型給付費を支給するものとする。

（支給認定証の提示）
第十九条　教育・保育給付認定保護者は、法第二十七条第二項の規定に基づき、支給認定教育・保育を受けるに当たっては、特定教育・保育施設から求めがあった場合には、当該特定教育・保育施設に対して支給認定証を提示しなければならない。ただし、教育・保育給付認定保護者が支給認定証の交付を受けていない場合は、この限りでない。

（特例施設型給付費の支給）
第二十三条　市町村は、法第二十八条第一項の規定に基づき、毎月、特例施設型給付費（同項第一号に係るものを除く。）を支給するものとする。

（準用）
第二十四条　第十七条の規定は法第二十八条第一項第二号の内閣府令で定める一日当たりの時間及び期間について、第十九条の規定は特例施設型給付費（法第二十八条第一項第一号に係るものを除く。）の支給について準用する。この場合において、第十七条の規定中「認定こども園」とあるのは「保育所」と読み替えるものとする。

（地域型保育給付費の支給）
第二十五条　市町村は、法第二十九条第一項の規定に基づき、毎月、地域型保育給付費を支給するものとする。

（支給認定証の提示）
第二十六条　教育・保育給付認定保護者は、法第二十九条第二項の規定に基づき、満三歳未満保育認定地域型保育を受けるに当たっては、特定地域型保育事業者から求めがあった場合には、当該特定地域型保育事業者に対して支給認定証を提示しなければならない。ただし、教育・保育給付認定保護者が支給認定証の交付を受けていない場合は、この限りでない。

（特例地域型保育給付費の支給）
第二十七条　市町村は、法第三十条第一項の規定に基づき、毎月、特例地域型保育給付費（同項第一号に係るものを除く。）を支給するものとする。

（準用）
第二十八条　第十七条の規定は法第三十条第一項第二号及び第四号の内閣府令で定める一日当たりの時間及び期間について、第二十六条の規定は特例地域型保育給付費（法第三十条第一項第一号に係るものを除く。）の支給について準用する。この場合において、第十七条の規定中「特定教育・保育施設（認定こども園に限る。）」とあるのは「特定地域型保育事業者又は特例保育を行う事業者」と読み替えるものとする。

第一章の三　子育てのための施設等利用給付

第一節　施設等利用給付認定等

（認定の申請等）
第二十八条の三　法第三十条の五第一項の規定により同項に規定する認定（以下「施設等利用給付認定」という。）を受けようとする小学校就学前子どもの保護者は、次に掲げる事項を記載した申請書を、市町村に提出しなければならない。

一　当該申請を行う保護者の氏名、居住地、生年月日、個人番号及び連絡先（保護者が法人であるときは、法人の名称、代表者の氏名及び主たる事務所の所在地並びに当該申請に係る小学校就学前子どもの居住地）

二　当該申請に係る小学校就学前子どもの氏名、生年月日、個人番号及び当該小学校就学前子どもの保護者との続柄

三　認定を受けようとする法第三十条の四各号に掲げる小学校就学前子どもの区分

四　法第三十条の四第二号又は第三号に掲げる小学校就学前子どもの区分に係る認定を受けようとする場合には、その理由

五　法第三十条の四第三号に掲げる小学校就学前子どもの区分に係る認定を受けようとする場合には、市町村民税世帯非課税者（同号に規定する市町村民税世帯非課税者をいう。）に該当する旨

2　前項の申請書には、同項第四号及び第五号に掲げる事項を証する書類（同項第四号に掲げる事項が第一条の五第一号に掲げる事由に係るものである場合にあっては、原則として様式第一号による。）を添付しなければならない。ただし、市町村は、当該書類により証明すべき事実を公簿等によって確認することができるときは、当該書類を省略させることができる。

3　第一項の申請書は、特定子ども・子育て支援提供者（法第三十条の十一第三項に規定する特定子ども・子育て支援提供者をいう。以下同じ。）を経由して提出することができる。

4　特定子ども・子育て支援提供者は、関係市町村等との連携に努めるとともに、前項の申請書の提出を受けたときは、速やかに、当該申請書を提出した保護者の居住地の市町村に当該申請書を送付しなければならない。

（法第三十条の五第三項に規定する内閣府令で定める事項）

第二十八条の四　法第三十条の五第三項に規定する内閣府令で定める事項は、次に掲げる事項とする。

一　施設等利用給付認定保護者（法第三十条の五第三項に規定する施設等利用給付認定保護者をいう。以下同じ。）の氏名、居住地及び生年月日

二　施設等利用給付認定子ども（法第三十条の八第一項に規定する施設等利用給付認定子どもをいう。以下同じ。）の氏名及び生年月日

三　施設等利用給付認定の年月日及び認定番号

四　該当する法第三十条の四各号に掲げる小学校就学前子どもの区分

五　施設等利用給付認定に係る第一条の五各号に掲げる事由（法第三十条の四第二号又は第三号に掲げる小学校就学前子どもの区分に該当する場合に限る。）

六　次条に規定する施設等利用給付認定の有効期間

七　その他必要な事項

（法第三十条の六に規定する内閣府令で定める期間）

第二十八条の五　法第三十条の六に規定する内閣府令で定める期間（以下「施設等利用給付認定の有効期間」という。）は、次の各号に掲げる施設等利用給付認定子どもが該当する小学校就学前子どもの区分に応じ、当該各号に定める期間とする。

一　法第三十条の四第一号に掲げる小学校就学前子ども　施設等利用給付認定が効力を生じた日又は当該施設等利用給付認定保護者が法第三十条の五第一項の規定による申請をした日以後初めて特定子ども・子育て支援（法第三十条の十一第一項に規定する特定子ども・子育て支援をいう。以下同じ。）を受けた日のいずれか早い日（以下「認定起算日」という。）から当該施設等利用給付認定子どもが小学校就学の始期に達するまでの期間

二　法第三十条の四第二号又は第三号に掲げる小学校就学前子ども（当該施設等利用給付認定保護者が第一条の五第二号、第六号、第七号、第九号及び第十号に掲げる事由に該当する場合を除く。）　前号に定める期間（法第三十条の四第三号に掲げる小学校就学前子どもにあっては、認定起算日から当該施設等利用給付認定子どもが満三歳に達する日以後の最初の三月三十一日までの期間。以下この条において同じ。）

三　法第三十条の四第二号又は第三号に掲げる小学校就学前子ども（当該施設等利用給付認定子どもに係る施設等利用給付認定保護者が第一条の五第二号に掲げる事由に該当する場合に限る。）　次に掲げる期間のいずれか短い期間

イ　第一号に定める期間

ロ　認定起算日から、当該施設等利用給付認定保護者の出産日から起算して八週間を経過する日の翌日が属する月の末日までの期間

四　法第三十条の四第二号又は第三号に掲げる

小学校就学前子ども（当該施設等利用給付認定子どもに係る施設等利用給付認定保護者が第一条の五第六号に掲げる事由に該当する場合に限る。）次に掲げる期間のいずれか短い期間

イ　第一号に定める期間

ロ　認定起算日から、同日から起算して九十日を限度として市町村が定める期間を経過する日が属する月の末日までの期間

五　法第三十条の四第二号又は第三号に掲げる小学校就学前子ども（当該施設等利用給付認定子どもに係る施設等利用給付認定保護者が第一条の五第七号に掲げる事由に該当する場合に限る。）次に掲げる期間のいずれか短い期間

イ　第一号に定める期間

ロ　認定起算日から当該施設等利用給付認定保護者の卒業予定日又は修了予定日が属する月の末日までの期間

六　法第三十条の四第二号又は第三号に掲げる小学校就学前子ども（当該施設等利用給付認定子どもに係る施設等利用給付認定保護者が第一条の五第九号又は第十号に掲げる事由に該当する場合に限る。）当該事由に該当するものとして認めた事情を勘案して市町村が定める期間

（法第三十条の七の届出）

第二十八条の六　施設等利用給付認定保護者は、毎年、次項に定める事項を記載した届書（当該施設等利用給付認定子どもが法第三十条の四第二号又は第三号に掲げる小学校就学前子どもに該当する場合に限る。）及び第三項に掲げる書類を市町村に提出しなければならない。ただし、市町村は、当該書類により証明すべき事実を公簿等によって確認することができるときその他施設等利用給付認定保護者に対する施設等利用費の公正かつ適正な支給の確保に支障がないと認めるときは、当該書類を省略させることができる。

2　法第三十条の七に規定する内閣府令で定める事項は、第一条の五各号に掲げる事由の状況又は当該施設等利用給付認定保護者（法第三十条の四第三号に掲げる小学校就学前子どもに該当する施設等利用給付認定子どもに係る者に限る。）の属する世帯の所得の状況とする。

3　法第三十条の七に規定する内閣府令で定める書類は、第二十八条の三第二項の書類とする。

（法第三十条の八第一項に規定する内閣府令で定める事項）

第二十八条の七　法第三十条の八第一項に規定する内閣府令で定める事項は、次に掲げる事項とする。

一　該当する法第三十条の四各号に掲げる小学校就学前子どもの区分

二　施設等利用給付認定の有効期間

（施設等利用給付認定の変更の認定の申請）

第二十八条の八　法第三十条の八第一項の規定により施設等利用給付認定の変更の認定を申請しようとする施設等利用給付認定保護者は、次に掲げる事項を記載した申請書を市町村に提出しなければならない。

一　当該申請を行う施設等利用給付認定保護者の氏名、居住地、生年月日、個人番号及び連絡先（保護者が法人であるときは、法人の名称、代表者の氏名及び主たる事務所の所在地並びに当該申請に係る小学校就学前子どもの居住地）

二　当該申請に係る小学校就学前子どもの氏名、生年月日、個人番号及び施設等利用給付認定保護者との続柄

三　第一条の五各号に掲げる事由の状況の変化その他の当該申請を行う原因となった事由

四　その者の属する世帯の所得の状況（法第三十条の四第一号に掲げる小学校就学前子どもから同条第三号に掲げる小学校就学前子どもの区分への変更に係る申請に限る。）

五　その他必要な事項

2　前項の申請書には、同項第三号及び第四号に掲げる事項を証する書類（同項第三号に掲げる事項が第一条の五第一号に掲げる事由に係るものである場合にあっては、原則として様式第一号による。）を添付しなければならない。ただし、市町村は、当該書類により証明すべき事実を公簿等によって確認することができるときは、当該書類を省略させることができる。

（市町村の職権により施設等利用給付認定の変更の認定を行う場合の手続）

第二十八条の九　市町村は、法第三十条の八第四項の規定により施設等利用給付認定の変更の認定を行おうとするときは、その旨を書面により施設等利用給付認定保護者に通知するものとする。

（準用）

第二十八条の十　第二十八条の三第三項及び第四項の規定は、法第三十条の八第二項又は第四項の施設等利用給付認定の変更の認定について準用する。

（施設等利用給付認定の取消しを行う場合の手続）

第二十八条の十一　市町村は、法第三十条の九第

一項の規定により施設等利用給付認定の取消しを行ったときは、理由を付して、その旨を書面により当該取消しに係る施設等利用給付認定保護者に通知するものとする。

（申請内容の変更の届出）

第二十八条の十二　施設等利用給付認定保護者は、施設等利用給付認定の有効期間内において、第二十八条の三第一項第一号及び第二号に掲げる事項（第三号において「届出事項」という。）を変更する必要が生じたときは、速やかに、次に掲げる事項を記載した届書を、市町村に提出しなければならない。

一　当該届出を行う施設等利用給付認定保護者の氏名、居住地、生年月日、個人番号及び連絡先（保護者が法人であるときは、法人の名称、代表者の氏名及び主たる事務所の所在地並びに当該届出に係る小学校就学前子どもの居住地）

二　当該届出に係る小学校就学前子どもの氏名、生年月日、個人番号及び施設等利用給付認定保護者との続柄

三　届出事項のうち変更が生じた事項とその変更内容

四　その他必要な事項

2　前項の届書には、同項第三号の事項を証する書類を添付しなければならない。ただし、市町村は、当該書類により証明すべき事実を公簿等によって確認することができるときは、当該書類を省略させることができる。

（施設等利用給付認定の申請を行うことができない小学校就学前子どもの保護者）

第二十八条の十三　次の各号のいずれかに該当する小学校就学前子どもの保護者は、当該各号に定める小学校就学前子どもについて、法第三十条の五第一項の規定による申請を行うことができない。

一　その保育認定子どもについて現に施設型給付費、特例施設型給付費（法第二十八条第一項第三号に係るものを除く。）、地域型保育給付費若しくは特例地域型保育給付費の支給を受けている場合　当該保育認定子ども

二　その小学校就学前子どもが令第一条に規定する施設を現に利用している場合　当該小学校就学前子ども

（法第七条第十項第四号ハの政令で定める施設の利用状況の報告）

第二十八条の十四　前条第二号に該当する小学校就学前子どもの保護者は、当該小学校就学前子どもが令第一条に規定する施設を利用するに至ったときは、次に掲げる事項を記載した書類を当該小学校就学前子どもの保護者の居住地の市町村（次項において単に「市町村」という。）に提出しなければならない。

一　当該小学校就学前子どもの保護者の氏名、居住地、生年月日及び連絡先

二　当該小学校就学前子どもの氏名、生年月日及び当該保護者との続柄

三　当該令第一条に規定する施設の名称及び所在地

2　前条第二号に該当する小学校就学前子どもの保護者は、当該小学校就学前子どもが令第一条に規定する施設の利用をやめようとするときは、その旨及び前項に掲げる事項を記載した書類を市町村に提出しなければならない。ただし、当該小学校就学前子どもが小学校就学の始期に達する場合は、この限りでない。

3　前二項の書類は、当該小学校就学前子どもが現に利用している令第一条に規定する施設を経由して提出することができる。

第二節　施設等利用費の支給

（施設等利用費の支給）

第二十八条の十五　市町村は、施設等利用費の公正かつ適正な支給及び円滑な支給の確保、施設等利用給付認定保護者の経済的負担の軽減及び利便の増進その他地域の実情を勘案して定める方法により、法第三十条の十一第一項の規定による施設等利用費の支給又は同条第三項の規定による支払を行うものとする。

（法第三十条の十一第一項の内閣府令で定める費用）

第二十八条の十六　法第三十条の十一第一項に規定する内閣府令で定める費用は、次に掲げる費用とする。

一　日用品、文房具その他の特定子ども・子育て支援に必要な物品の購入に要する費用

二　特定子ども・子育て支援に係る行事への参加に要する費用

三　食事の提供に要する費用

四　特定子ども・子育て支援を提供する施設又は事業所に通う際に提供される便宜に要する費用

五　前四号に掲げるもののほか、特定子ども・子育て支援において提供される便宜に要する費用のうち、特定子ども・子育て支援の利用において通常必要とされるものに係る費用であって、施設等利用給付認定保護者に負担させることが適当と認められるもの

（施設等利用費の支給申請）

第二十八条の十九　施設等利用給付認定保護者は、法第三十条の十一第一項の規定により施設等利用費の支給を受けようとするときは、次に掲げる事項を記載した請求書を市町村に提出しなければならない。
一　施設等利用給付認定保護者の氏名、生年月日、居住地
二　施設等利用給付認定保護者に係る施設等利用給付認定子どもの氏名、生年月日
三　認定番号
四　特定子ども・子育て支援施設等（法第三十条の十一第一項に規定する特定子ども・子育て支援施設等をいう。以下同じ。）の名称
五　現に特定子ども・子育て支援に要した費用の額及び施設等利用費の請求金額
2　前項の請求書には、特定子ども・子育て支援提供証明書（特定教育・保育施設及び特定地域型保育事業並びに特定子ども・子育て支援施設等の運営に関する基準第五十六条第二項に規定する特定子ども・子育て支援提供証明書をいう。）その他前項第五号に掲げる事項に関する証拠書類を添付しなければならない。

第二章　特定教育・保育施設及び特定地域型保育事業者並びに特定子ども・子育て支援提供者

第一節　特定教育・保育施設及び特定地域型保育事業者

第一款　特定教育・保育施設

（**特定教育・保育施設の確認の申請等**）
第二十九条　法第三十一条第一項の規定に基づき特定教育・保育施設の確認を受けようとする者は、次に掲げる事項を記載した申請書又は書類を、当該確認の申請に係る施設の設置の場所を管轄する市町村長（特別区の長を含む。以下同じ。）に提出しなければならない。ただし、第四号に掲げる事項を記載した申請書又は書類（登記事項証明書を除く。）については、市町村長が、インターネットを利用して当該事項を閲覧することができる場合は、この限りでない。
一　施設の名称、教育・保育施設の種類及び設置の場所
二　設置者の名称及び主たる事務所の所在地並びに代表者の氏名、生年月日、住所及び職名
三　当該申請に係る事業の開始の予定年月日
四　設置者の定款、寄附行為等及びその登記事項証明書又は条例等
五　認定こども園、幼稚園又は保育所の認可証又は認定証等の写し
六　建物の構造概要及び図面（各室の用途を明示するものとする。）並びに設備の概要
七　法第十九条各号に掲げる小学校就学前子どもの区分（同条第三号に掲げる小学校就学前子どもの区分にあっては、満一歳に満たない小学校就学前子ども及び満一歳以上の小学校就学前子どもの区分）ごとの利用する小学校就学前子どもの数
八　施設の管理者の氏名、生年月日及び住所
九　運営規程
十　利用者又はその家族からの苦情を処理するために講ずる措置の概要
十一　当該申請に係る事業に係る従業者の勤務の体制及び勤務形態
十二　当該申請に係る事業に係る資産の状況
十三　法第三十三条第二項の規定により教育・保育給付認定子どもを選考する場合の基準
十四　当該申請に係る事業に係る施設型給付費及び特例施設型給付費の請求に関する事項
十五　法第四十条第二項に規定する申請をすることができない者に該当しないことを誓約する書面（第三十三条第二項において「誓約書」という。）
十六　役員の氏名、生年月日及び住所
十七　その他確認に関し必要と認める事項

（**特定教育・保育施設の利用定員の届出の手続**）
第三十条　法第三十一条第三項の規定による届出は、次の各号に掲げる事項を当該市町村の属する都道府県知事に提出してするものとする。
一　当該確認に係る施設の名称、教育・保育施設の種類及び設置の場所
二　当該確認に係る設置者の名称及び主たる事務所の所在地並びに代表者の氏名、生年月日、住所及び職名
三　当該確認に係る事業の開始の予定年月日
四　定めようとする法第十九条各号に掲げる小学校就学前子どもの区分（同条第三号に掲げる小学校就学前子どもの区分にあっては、満一歳に満たない小学校就学前子ども及び満一歳以上の小学校就学前子どもの区分）ごとの利用定員の数

（**特定教育・保育施設の確認の変更の申請**）
第三十一条　法第三十二条第一項の規定に基づき特定教育・保育施設の確認の変更を受けようとする者は、次に掲げる事項を記載した申請書又は書類を、当該変更に係る施設の所在地を管轄する市町村長に提出しなければならない。
一　施設の名称、教育・保育施設の種類及び所在地
二　設置者の名称及び主たる事務所の所在地並

びに代表者の氏名、生年月日、住所及び職名
三　建物の構造概要及び図面（各室の用途を明示するものとする。）並びに設備の概要
四　法第十九条各号に掲げる小学校就学前子どもの区分（同条第三号に掲げる小学校就学前子どもの区分にあっては、満一歳に満たない小学校就学前子ども及び満一歳以上の小学校就学前子どもの区分）ごとの利用する小学校就学前子どもの数
五　当該申請に係る事業に係る従業者の勤務の体制及び勤務形態
六　利用定員を増加しようとする理由

（準用）
第三十二条　第三十条の規定は、法第三十二条第一項の規定により法第二十七条第一項の確認の変更の申請があった場合及び法第三十二条第三項の規定により利用定員を変更しようとする場合における都道府県知事への届出について準用する。

（特定教育・保育施設の設置者の住所等の変更の届出等）
第三十三条　特定教育・保育施設の設置者は、第二十九条第一号（教育・保育施設の種類を除く。）、第二号、第四号（当該確認に係る事業に関するものに限る。）、第六号、第八号、第九号、第十四号及び第十六号に掲げる事項に変更があったときは、当該変更に係る事項について当該特定教育・保育施設の所在地を管轄する市町村長に届け出なければならない。ただし、同条第四号に掲げる事項（登記事項証明書を除く。）については、市町村長が、インターネットを利用して当該事項を閲覧することができる場合は、この限りでない。

2　前項の届出であって、特定教育・保育施設の設置者の役員又はその長の変更に伴うものは、誓約書を添付して行うものとする。

（特定教育・保育施設の利用定員の減少の届出）
第三十四条　法第三十五条第二項の規定による利用定員の減少の届出は、次に掲げる事項を記載した書類を提出することによって行うものとする。
一　利用定員を減少しようとする年月日
二　利用定員を減少する理由
三　現に利用している小学校就学前子どもに対する措置
四　法第十九条各号に掲げる小学校就学前子どもの区分（同条第三号に掲げる小学校就学前子どもの区分にあっては、満一歳に満たない小学校就学前子ども及び満一歳以上の小学校就学前子どもの区分）ごとの減少後の利用定員

（法第四十一条の内閣府令で定める事項）
第三十八条　法第四十一条の内閣府令で定める事項は、次に掲げる事項とする。
一　当該特定教育・保育施設の設置者の名称
二　当該特定教育・保育施設の名称及び所在地
三　確認をし、若しくは確認を取り消した場合又は確認の辞退があった場合にあっては、その年月日
四　確認の全部又は一部の効力を停止した場合にあっては、その内容及びその期間
五　教育・保育施設の種類

第二款　特定地域型保育事業者

（特定地域型保育事業者の確認の申請等）
第三十九条　法第四十三条第一項の規定に基づき特定地域型保育事業者の確認を受けようとする者は、次に掲げる事項を記載した申請書又は書類を、当該確認の申請に係る事業所の所在地を管轄する市町村長に提出しなければならない。ただし、第四号に掲げる事項を記載した申請書又は書類（登記事項証明書を除く。）については、市町村長が、インターネットを利用して当該事項を閲覧することができる場合は、この限りでない。
一　事業所（当該事業所の所在地以外の場所に当該事業所の一部として使用される事務所を有するときは、当該事務所を含む。）の名称及び所在地
二　申請者の名称及び主たる事務所の所在地並びに代表者の氏名、生年月日、住所及び職名
三　当該申請に係る事業の開始の予定年月日
四　申請者の定款、寄附行為等及びその登記事項証明書又は条例等
五　地域型保育事業の認可証等の写し
六　事業所の平面図（各室の用途を明示するものとする。）及び設備の概要
七　満一歳に満たない小学校就学前子ども及び満一歳以上の小学校就学前子どもの区分ごとの利用する小学校就学前子どもの数
八　事業所の管理者の氏名、生年月日、住所
九　運営規程
十　利用者又はその家族からの苦情を処理するために講ずる措置の概要
十一　当該申請に係る事業に係る従業者の勤務の体制及び勤務形態
十二　当該申請に係る事業に係る資産の状況
十三　法第四十五条第二項の規定により満三歳未満保育認定子どもを選考する場合の基準

十四　当該申請に係る事業に係る地域型保育給付費及び特例地域型保育給付費の請求に関する事項
十五　法第五十二条第二項に規定する申請をすることができない者に該当しないことを誓約する書面（第四十一条第二項において「誓約書」という。）
十六　役員の氏名、生年月日及び住所
十七　特定教育・保育施設及び特定地域型保育事業並びに特定子ども・子育て支援施設等の運営に関する基準（平成二十六年内閣府令第三十九号）第四十二条第一項及び第二項の規定により連携協力を行う特定教育・保育施設又は同項に規定する居宅訪問型保育連携施設（別表第一第二号トにおいて「居宅訪問型保育連携施設」という。）の名称
十八　その他確認に関し必要と認める事項

（特定地域型保育事業者の確認の変更の申請）
第四十条　法第四十四条の規定に基づき特定地域型保育事業者の確認の変更を受けようとする者は、次に掲げる事項を記載した申請書又は書類を、当該変更に係る事業所の所在地を管轄する市町村長に提出しなければならない。
一　事業所の名称及び所在地
二　申請者の名称及び主たる事務所の所在地並びに代表者の氏名、生年月日、住所及び職名
三　事業所の平面図（各室の用途を明示するものとする。）及び設備の概要
四　満一歳に満たない小学校就学前子ども及び満一歳以上の小学校就学前子どもの区分ごとの利用する小学校就学前子どもの数
五　当該申請に係る事業に係る従業者の勤務の体制及び勤務形態
六　利用定員を増加しようとする理由

（特定地域型保育事業者の名称等の変更の届出等）
第四十一条　特定地域型保育事業者は、第三十九条第一号、第二号、第四号（当該確認に係る事業に関するものに限る。）、第六号、第八号、第九号、第十四号、第十六号及び第十七号に掲げる事項に変更があったときは、当該変更に係る事項について当該特定地域型保育事業者の事業所の所在地を管轄する市町村長に届け出なければならない。ただし、同条第四号に掲げる事項（登記事項証明書を除く。）については、市町村長が、インターネットを利用して当該事項を閲覧することができる場合は、この限りでない。
2　前項の届出であって、特定地域型保育事業者に係る管理者の変更又は役員の変更に伴うものは、誓約書を添付して行うものとする。
3　第三十四条の規定は、法第四十七条第二項の規定により特定地域型保育事業の利用定員の減少をしようとするときについて準用する。この場合において、第三十四条第四号中「法第十九条各号に掲げる小学校就学前子どもの区分（同条第三号に掲げる小学校就学前子どもの区分にあっては、満一歳に満たない小学校就学前子ども及び満一歳以上の小学校就学前子どもの区分）」とあるのは、「満一歳に満たない小学校就学前子ども及び満一歳以上の小学校就学前子どもの区分」と読み替えるものとする。

（法第五十三条の内閣府令で定める事項）
第四十四条　法第五十三条の内閣府令で定める事項は、次に掲げる事項とする。
一　当該特定地域型保育事業者の名称
二　当該確認に係る事業所の名称及び所在地
三　確認をし、若しくは確認を取り消した場合又は確認の辞退があった場合にあっては、その年月日
四　確認の全部又は一部の効力を停止した場合にあっては、その内容及びその期間
五　地域型保育事業の種類

第三款　業務管理体制の整備等

（法第五十五条第一項の内閣府令で定める基準）
第四十五条　法第五十五条第一項の内閣府令で定める基準は、次の各号に掲げる者の区分に応じ、当該各号に定めるところによる。
一　確認を受けている施設又は事業所の数が一以上二十未満の事業者　法令を遵守するための体制の確保に係る責任者（以下「法令遵守責任者」という。）の選任をすること。
二　確認を受けている施設又は事業所の数が二十以上百未満の事業者　法令遵守責任者の選任をすること及び業務が法令に適合することを確保するための規程を整備すること。
三　確認を受けている施設又は事業所の数が百以上の事業者　法令遵守責任者の選任をすること、業務が法令に適合することを確保するための規程を整備すること及び業務執行の状況の監査を定期的に行うこと。

（業務管理体制の整備に関する事項の届出）
第四十六条　特定教育・保育提供者は、法第五十五条第一項の規定による業務管理体制の整備について、遅滞なく、次に掲げる事項を記載した届書を、同条第二項各号に掲げる区分に応じ、市町村長等に届け出なければならない。
一　事業者の名称又は氏名、主たる事務所の所在地並びにその代表者の氏名、生年月日、住所及び職名

二　法令遵守責任者の氏名及び生年月日
三　業務が法令に適合することを確保するための規程の概要（確認を受けている施設又は事業所の数が二十以上の事業者の場合に限る。）
四　業務執行の状況の監査の方法の概要（確認を受けている施設又は事業所の数が百以上の事業者の場合に限る。）

2　特定教育・保育提供者は、前項の規定により届け出た事項に変更があったときは、遅滞なく、当該変更に係る事項について、法第五十五条第二項各号に掲げる区分に応じ、市町村長等に届け出なければならない。

3　特定教育・保育提供者は、法第五十五条第二項各号に掲げる区分に変更があったときは、変更後の届書を、変更後の区分により届け出るべき市町村長等及び変更前の区分により届け出るべき市町村長等の双方に届け出なければならない。

（市町村長の求めに応じて法第五十六条第一項の権限を行った場合におけるこども家庭庁長官又は都道府県知事による通知）

第四十七条　法第五十六条第四項の規定によりこども家庭庁長官又は都道府県知事が同条第一項の権限を行った結果を通知するときは、権限を行使した年月日、結果の概要その他必要な事項を示さなければならない。

（法第五十七条第三項の規定による命令に違反した場合におけるこども家庭庁長官又は都道府県知事による通知）

第四十八条　こども家庭庁長官又は都道府県知事は、特定教育・保育提供者が法第五十七条第三項の規定による命令に違反したときは、その旨を当該特定教育・保育提供者の確認を行った市町村長に通知しなければならない。

第四款　教育・保育に関する情報の報告及び公表

（法第五十八条第一項の内閣府令で定めるとき）

第四十九条　法第五十八条第一項の内閣府令で定めるときは、災害その他都道府県知事に対し報告を行うことができないことにつき正当な理由がある特定教育・保育提供者以外のものについて、都道府県知事が定めるときとする。

（法第五十八条第一項の内閣府令で定める情報）

第五十条　法第五十八条第一項の内閣府令で定める情報は、教育・保育の提供を開始しようとするときにあっては別表第一に掲げる項目に関するものとし、同項の内閣府令で定めるときにあっては別表第一及び別表第二に掲げる項目に関するものとする。

（法第五十八条第二項の規定による公表の方法）

第五十一条　都道府県知事は、法第五十八条第一項の規定による報告を受けた後、当該報告の内容を公表するものとする。ただし、都道府県知事は、当該報告を受けた後に同条第三項の調査を行ったときは、当該調査の結果を公表することをもって、当該報告の内容を公表したものとすることができる。

（法第五十八条第三項の内閣府令で定める教育・保育情報）

第五十二条　法第五十八条第三項の内閣府令で定める教育・保育情報は、別表第一及び別表第二に掲げる項目に関する情報とする。

（法第五十八条第七項の内閣府令で定める情報）

第五十三条　法第五十八条第七項の内閣府令で定める情報は、教育・保育の質及び教育・保育に従事する従業者に関する情報（教育・保育情報に該当するものを除く。）として都道府県知事が定めるものとする。

第二節　特定子ども・子育て支援提供者

（特定子ども・子育て支援施設等の確認の申請等）

第五十三条の二　法第五十八条の二の規定に基づき特定子ども・子育て支援施設等の確認を受けようとする者は、次に掲げる事項を記載した申請書又は書類を、当該確認の申請に係る施設又は事業所の設置の場所を管轄する市町村長に提出しなければならない。ただし、第四号に掲げる事項を記載した申請書又は書類（登記事項証明書を除く。）については、市町村長が、インターネットを利用して当該事項を閲覧することができる場合は、この限りでない。
一　施設又は事業所（当該事業所の所在地以外の場所に当該事業所の一部として使用される事務所を有するときは、当該事務所を含む。）の名称、子ども・子育て支援施設等の種類及び設置の場所
二　設置者又は申請者の名称及び主たる事務所の所在地並びに代表者の氏名、生年月日、住所及び職名
三　当該申請に係る事業の開始の予定年月日
四　設置者又は申請者の定款、寄附行為等及びその登記事項証明書又は条例等
五　認定こども園、幼稚園又は特別支援学校の認可証の写しその他の子ども・子育て支援施設等であることを証する書類
六　施設又は事業所の管理者の氏名、生年月日及び住所
七　法第五十八条の十第二項に規定する申請を

することができない者に該当しないことを誓約する書面（次条第二項において「誓約書」という。）

八　役員の氏名、生年月日及び住所

九　その他確認に関し必要と認める事項

（特定子ども・子育て支援提供者の住所等の変更の届出等）

第五十三条の三　特定子ども・子育て支援提供者は、第五十三条の二第一号（子ども・子育て支援施設等の種類を除く。）、第二号、第四号（当該確認に係る事業に関するものに限る。）、第六号及び第八号に掲げる事項に変更があったときは、当該変更に係る事項について当該特定子ども・子育て支援を提供する施設又は事業所の所在地を管轄する市町村長に届け出なければならない。ただし、同条第四号に掲げる事項（登記事項証明書を除く。）については、市町村長が、インターネットを利用して当該事項を閲覧することができる場合は、この限りでない。

2　前項の届出であって、特定子ども・子育て支援施設等である施設の設置者の役員若しくはその長又は特定子ども・子育て支援施設等である事業を行う者に係る管理者若しくは役員の変更に伴うものは、誓約書を添付して行うものとする。

（法第五十八条の十一の内閣府令で定める事項）

第五十三条の六　法第五十八条の十一の内閣府令で定める事項は、次に掲げる事項とする。

一　当該特定子ども・子育て支援提供者の名称

二　当該特定子ども・子育て支援を提供する施設又は事業所の名称及び所在地

三　確認をし、若しくは確認を取り消した場合又は確認の辞退があった場合にあっては、その年月日

四　確認の全部又は一部の効力を停止した場合にあっては、その内容及びその期間

五　子ども・子育て支援施設等の種類

六　特定子ども・子育て支援施設等である法第七条第十項第五号に掲げる事業にあっては、第二十八条の十八第三項を満たしているか否かの別

第三章　地域子ども・子育て支援事業

（法第五十九条第一号に規定する内閣府令で定める便宜）

第五十四条　法第五十九条第一号に規定する内閣府令で定める便宜は、子ども及びその保護者に係る状況の把握、必要な情報の提供及び助言並びに相談及び指導、子ども及びその保護者と市町村、特定教育・保育施設、特定地域型保育事業者等との連絡調整その他の子ども及びその保護者に必要な支援とする。

（法第五十九条第三号ロに規定する内閣府令で定めるもの）

第五十四条の二　法第五十九条第三号ロに規定する内閣府令で定めるものは、食事の提供（副食の提供に限る。）に要する費用とする。

第四章　子ども・子育て支援事業計画

（市町村子ども・子育て支援事業計画に住民の意見を反映させるために必要な措置）

第五十五条　法第六十一条第八項の内閣府令で定める方法は、市町村子ども・子育て支援事業計画の案及び当該案に対する意見の提出方法、提出期限、提出先その他意見の提出に必要な事項を、インターネットの利用、印刷物の配布その他適切な手段により住民に周知する方法とする。

第六章　雑則

（身分を示す証明書の様式）

第六十条　法第十三条第二項（法第三十条の三において準用する場合を含む。）及び法第十四条第二項（法第三十条の三において準用する法第十三条第二項を含む。）において準用する法第十三条第二項の規定により当該職員が携帯すべき証明書の様式は、様式第二号のとおりとする。

2　法第十五条第三項（法第三十条の三において準用する場合を含む。）において準用する法第十三条第二項の規定により当該職員が携帯すべき証明書の様式は、様式第三号のとおりとする。

3　法第三十八条第二項及び第五十八条の八第二項において準用する法第十三条第二項、法第五十条第二項において準用する法第十三条第二項及び法第五十六条第五項において準用する法第十三条第二項の規定により当該職員が携帯すべき証明書の様式は、様式第四号のとおりとする。

（電磁的記録等）

第六十一条　記録、作成、保存その他これらに類するもののうち、この府令の規定において書面等（書面、書類、文書、謄本、抄本、正本、副本、複本その他文字、図形等人の知覚によって認識することができる情報が記載された紙その他の有体物をいう。以下この条において同じ。）で行うことが規定されているものについては、当該書面等に代えて、当該書面等に係る電磁的記録（電子的方式、磁気的方式その他人の知覚によっては認識することができない方式で作られる記録であって、電子計算機による情報処理

の用に供されるものをいう。次項において同じ。）により行うことができる。

2　この府令の規定による書面等の提出、届出、提示、通知及び交付（以下「提出等」という。以下この条において同じ。）については、当該書面等の提出等に代えて、次項で定めるところにより、当該書面等の提出等を受けるべき相手方の承諾を得て、当該書面等が電磁的記録により作成されている場合には、電磁的方法（電子情報処理組織を使用する方法その他の情報通信の技術を利用する方法をいう。以下この条において同じ。）により行うことができる。

3　前項の規定により書面等の提出等を電磁的方法により行おうとするときは、あらかじめ、当該相手方に対し、その用いる電磁的方法の種類及び内容を示し、文書又は電磁的方法による承諾を得なければならない。

4　前項の規定による承諾を得た場合であっても、当該相手方から文書又は電磁的方法により、電磁的方法による提出等を受けない旨の申出があったときは、当該相手方に対し、第二項に規定する書面等の提出等を電磁的方法によってしてはならない。ただし、当該相手方が再び前項の規定による承諾をした場合は、この限りでない。

5　第二項の規定により書面等の提出等が電磁的方法により行われたときは、当該相手方の使用に係る電子計算機に備えられたファイルへの記録がされた時に当該書面等の提出等を受けるべき者に到達したものとみなす。

附　則　（抄）

（施行期日）

第一条　この府令は、法の施行の日〔平27・4・1〕から施行する。〔後略〕

（就労時間に係る要件に関する特例）

第二条　施行日から起算して十年を経過する日までの間は、第一条の五第一号の規定の適用については、同号中「四十八時間から六十四時間までの範囲内で月を単位に市町村」とあるのは、「市町村」とする。

35 放課後児童健全育成事業の設備及び運営に関する基準（抄）

（平成二六年四月三〇日厚生労働省令第六三号）

改正　令和五・三・三一厚労令四八

（趣旨）

第一条　この府令は、児童福祉法（昭和二十二年法律第百六十四号。以下「法」という。）第三十四条の八の二第二項の放課後児童健全育成事業の設備及び運営に関する基準（以下「設備運営基準」という。）を市町村（特別区を含む。以下同じ。）が条例で定めるに当たって参酌すべき基準を定めるものとする。

2　設備運営基準は、市町村長（特別区の区長を含む。以下同じ。）の監督に属する放課後児童健全育成事業を利用している児童（以下「利用者」という。）が、明るくて、衛生的な環境において、素養があり、かつ、適切な訓練を受けた職員の支援により、心身ともに健やかに育成されることを保障するものとする。

3　内閣総理大臣は、設備運営基準を常に向上させるように努めるものとする。

（最低基準の目的）

第二条　法第三十四条の八の二第一項の規定により市町村が条例で定める基準（以下「最低基準」という。）は、利用者が、明るくて、衛生的な環境において、素養があり、かつ、適切な訓練を受けた職員の支援により、心身ともに健やかに育成されることを保障するものとする。

（最低基準の向上）

第三条　市町村長は、その管理に属する法第八条第四項に規定する市町村児童福祉審議会を設置している場合にあってはその意見を、その他の場合にあっては児童の保護者その他児童福祉に係る当事者の意見を聴き、その監督に属する放課後児童健全育成事業を行う者（以下「放課後児童健全育成事業者」という。）に対し、最低基準を超えて、その設備及び運営を向上させるように勧告することができる。

2　市町村は、最低基準を常に向上させるように努めるものとする。

（最低基準と放課後児童健全育成事業者）

第四条　放課後児童健全育成事業者は、最低基準を超えて、常に、その設備及び運営を向上させなければならない。

2　最低基準を超えて、設備を有し、又は運営をしている放課後児童健全育成事業者においては、最低基準を理由として、その設備又は運営を低下させてはならない。

（放課後児童健全育成事業の一般原則）

第五条　放課後児童健全育成事業における支援は、小学校に就学している児童であって、その保護者が労働等により昼間家庭にいないものにつき、家庭、地域等との連携の下、発達段階に応じた主体的な遊びや生活が可能となるよう、当該児童の自主性、社会性及び創造性の向上、基本的な生活習慣の確立等を図り、もって当該児童の健全な育成を図ることを目的として行われなければならない。

2　放課後児童健全育成事業者は、利用者の人権に十分配慮するとともに、一人一人の人格を尊重して、その運営を行わなければならない。

3　放課後児童健全育成事業者は、地域社会との交流及び連携を図り、児童の保護者及び地域社会に対し、当該放課後児童健全育成事業者が行う放課後児童健全育成事業の運営の内容を適切に説明するよう努めなければならない。

4　放課後児童健全育成事業者は、その運営の内容について、自ら評価を行い、その結果を公表するよう努めなければならない。

5　放課後児童健全育成事業を行う場所（以下「放課後児童健全育成事業所」という。）の構造設備は、採光、換気等利用者の保健衛生及び利用者に対する危害防止に十分な考慮を払って設けられなければならない。

（放課後児童健全育成事業者と非常災害対策）

第六条　放課後児童健全育成事業者は、軽便消火器等の消火用具、非常口その他非常災害に必要な設備を設けるとともに、非常災害に対する具体的計画を立て、これに対する不断の注意と訓練をするように努めなければならない。

2　前項の訓練のうち、避難及び消火に対する訓練は、定期的にこれを行わなければならない。

（安全計画の策定等）

第六条の二　放課後児童健全育成事業者は、利用者の安全の確保を図るため、放課後児童健全育成事業所ごとに、当該放課後児童健全育成事業所の設備の安全点検、職員、利用者等に対する事業所外での活動、取組等を含めた放課後児童健全育成事業所での生活その他の日常生活における安全に関する指導、職員の研修及び訓練その他放課後児童健全育成事業所における安全に関する事項についての計画（以下この条において「安全計画」という。）を策定し、当該安全計画に従い必要な措置を講じなければならない。

2　放課後児童健全育成事業者は、職員に対し、安全計画について周知するとともに、前項の研修及び訓練を定期的に実施しなければならない。

3　放課後児童健全育成事業者は、利用者の安全の確保に関して保護者との連携が図られるよう、保護者に対し、安全計画に基づく取組の内容等について周知しなければならない。

4　放課後児童健全育成事業者は、定期的に安全計画の見直しを行い、必要に応じて安全計画の変更を行うものとする。

（自動車を運行する場合の所在の確認）

第六条の三　放課後児童健全育成事業者は、利用者の事業所外での活動、取組等のための移動その他の利用者の移動のために自動車を運行するときは、利用者の乗車及び降車の際に、点呼その他の利用者の所在を確実に把握することができる方法により、利用者の所在を確認しなければならない。

（放課後児童健全育成事業者の職員の一般的要件）

第七条　放課後児童健全育成事業において利用者の支援に従事する職員は、健全な心身を有し、豊かな人間性と倫理観を備え、児童福祉事業に熱意のある者であって、できる限り児童福祉事業の理論及び実際について訓練を受けた者でなければならない。

（放課後児童健全育成事業者の職員の知識及び技能の向上等）

第八条　放課後児童健全育成事業者の職員は、常に自己研鑽《さん》に励み、児童の健全な育成を図るために必要な知識及び技能の修得、維持及び向上に努めなければならない。

2　放課後児童健全育成事業者は、職員に対し、その資質の向上のための研修の機会を確保しなければならない。

（**設備の基準**）

第九条　放課後児童健全育成事業所には、遊び及び生活の場としての機能並びに静養するための機能を備えた区画（以下この条において「専用区画」という。）を設けるほか、支援の提供に必要な設備及び備品等を備えなければならない。

2　専用区画の面積は、児童一人につきおおむね一・六五平方メートル以上でなければならない。

3　専用区画並びに第一項に規定する設備及び備品等（次項において「専用区画等」という。）は、放課後児童健全育成事業所を開所している時間帯を通じて専ら当該放課後児童健全育成事業の用に供するものでなければならない。ただし、利用者の支援に支障がない場合は、この限りでない。

4　専用区画等は、衛生及び安全が確保されたものでなければならない。

（**職員**）

第十条　放課後児童健全育成事業者は、放課後児童健全育成事業所ごとに、放課後児童支援員を置かなければならない。

2　放課後児童支援員の数は、支援の単位ごとに二人以上とする。ただし、その一人を除き、補助員（放課後児童支援員が行う支援について放課後児童支援員を補助する者をいう。第五項において同じ。）をもってこれに代えることができる。

3　放課後児童支援員は、次の各号のいずれかに該当する者であって、都道府県知事又は地方自治法（昭和二十二年法律第六十七号）第二百五十二条の十九第一項の指定都市若しくは同法第二百五十二条の二十二第一項の中核市の長が行う研修を修了したものでなければならない。

一　保育士（国家戦略特別区域法（平成二十五年法律第百七号）第十二条の五第五項に規定する事業実施区域内にある放課後児童健全育成事業所にあっては、保育士又は当該事業実施区域に係る国家戦略特別区域限定保育士）の資格を有する者

二　社会福祉士の資格を有する者

三　学校教育法（昭和二十二年法律第二十六号）の規定による高等学校（旧中等学校令（昭和十八年勅令第三十六号）による中等学校を含む。）若しくは中等教育学校を卒業した者、同法第九十条第二項の規定により大学への入学を認められた者若しくは通常の課程による十二年の学校教育を修了した者（通常の課程以外の課程によりこれに相当する学校教育を修了した者を含む。）又は文部科学大臣がこれと同等以上の資格を有すると認定した者（第九号において「高等学校卒業者等」という。）であって、二年以上児童福祉事業に従事したもの

四　教育職員免許法（昭和二十四年法律第百四十七号）第四条に規定する免許状を有する者

五　学校教育法の規定による大学（旧大学令（大正七年勅令第三百八十八号）による大学を含む。）において、社会福祉学、心理学、教育学、社会学、芸術学若しくは体育学を専修する学科又はこれらに相当する課程を修めて卒業した者（当該学科又は当該課程を修めて同法の規定による専門職大学の前期課程を修了した者を含む。）

六　学校教育法の規定による大学において、社会福祉学、心理学、教育学、社会学、芸術学若しくは体育学を専修する学科又はこれらに相当する課程において優秀な成績で単位を修得したことにより、同法第百二条第二項の規定により大学院への入学が認められた者

七　学校教育法の規定による大学院において、社会福祉学、心理学、教育学、社会学、芸術学若しくは体育学を専攻する研究科又はこれらに相当する課程を修めて卒業した者

八　外国の大学において、社会福祉学、心理学、教育学、社会学、芸術学若しくは体育学を専修する学科又はこれらに相当する課程を修めて卒業した者

九　高等学校卒業者等であり、かつ、二年以上放課後児童健全育成事業に類似する事業に従事した者であって、市町村長が適当と認めたもの

十　五年以上放課後児童健全育成事業に従事した者であって、市町村長が適当と認めたもの

4　第二項の支援の単位は、放課後児童健全育成事業における支援であって、その提供が同時に一又は複数の利用者に対して一体的に行われるものをいい、一の支援の単位を構成する児童の数は、おおむね四十人以下とする。

5　放課後児童支援員及び補助員は、支援の単位ごとに専ら当該支援の提供に当たる者でなければならない。ただし、利用者が二十人未満の放課後児童健全育成事業所であって、放課後児童支援員のうち一人を除いた者又は補助員が同一敷地内にある他の事業所、施設等の職務に従事している場合その他の利用者の支援に支障がない場合は、この限りでない。

（**利用者を平等に取り扱う原則**）

第十一条　放課後児童健全育成事業者は、利用者の国籍、信条又は社会的身分によって、差別的取扱いをしてはならない。

（虐待等の禁止）

第十二条　放課後児童健全育成事業者の職員は、利用者に対し、法第三十三条の十各号に掲げる行為その他当該利用者の心身に有害な影響を与える行為をしてはならない。

（業務継続計画の策定等）

第十二条の二　放課後児童健全育成事業者は、放課後児童健全育成事業所ごとに、感染症や非常災害の発生時において、利用者に対する支援の提供を継続的に実施するための、及び非常時の体制で早期の業務再開を図るための計画（以下この条において「業務継続計画」という。）を策定し、当該業務継続計画に従い必要な措置を講ずるよう努めなければならない。

2　放課後児童健全育成事業者は、職員に対し、業務継続計画について周知するとともに、必要な研修及び訓練を定期的に実施するよう努めなければならない。

3　放課後児童健全育成事業者は、定期的に業務継続計画の見直しを行い、必要に応じて業務継続計画の変更を行うよう努めるものとする。

（開所時間及び日数）

第十八条　放課後児童健全育成事業者は、放課後児童健全育成事業所を開所する時間について、次の各号に掲げる区分に応じ、それぞれ当該各号に定める時間以上を原則として、その地方における児童の保護者の労働時間、小学校の授業の終了の時刻その他の状況等を考慮して、当該事業所ごとに定める。

一　小学校の授業の休業日に行う放課後児童健全育成事業　一日につき八時間

二　小学校の授業の休業日以外の日に行う放課後児童健全育成事業　一日につき三時間

2　放課後児童健全育成事業者は、放課後児童健全育成事業所を開所する日数について、一年につき二百五十日以上を原則として、その地方における児童の保護者の就労日数、小学校の授業の休業日その他の状況等を考慮して、当該事業所ごとに定める。

附　則（抄）

（施行期日）

第一条　この省令は、子ども・子育て支援法及び就学前の子どもに関する教育、保育等の総合的な提供の推進に関する法律の一部を改正する法律の施行に伴う関係法律の整備等に関する法律（平成二十四年法律第六十七号）の施行の日［平24・8・22］から施行する。

36 育児休業、介護休業等育児又は家族介護を行う労働者の福祉に関する法律（抄）

（平成三年五月一五日　法律第七六号）

題名改正　平成七法一〇七
改正　令和四・六・一七法六八

第一章　総則

（目的）

第一条　この法律は、育児休業及び介護休業に関する制度並びに子の看護休暇及び介護休暇に関する制度を設けるとともに、子の養育及び家族の介護を容易にするため所定労働時間等に関し事業主が講ずべき措置を定めるほか、子の養育又は家族の介護を行う労働者等に対する支援措置を講ずること等により、子の養育又は家族の介護を行う労働者等の雇用の継続及び再就職の促進を図り、もってこれらの者の職業生活と家庭生活との両立に寄与することを通じて、これらの者の福祉の増進を図り、あわせて経済及び社会の発展に資することを目的とする。

（定義）

第二条　この法律（第一号に掲げる用語にあっては、第九条の七並びに第六十一条第三十三項及び第三十六項を除く。）において、次の各号に掲げる用語の意義は、当該各号に定めるところによる。

一　育児休業　労働者（日々雇用される者を除く。以下この条、次章から第八章まで、第二十一条から第二十四条まで、第二十五条第一項、第二十五条の二第一項及び第三項、第二十六条、第二十八条、第二十九条並びに第十一章において同じ。）が、次章に定めるところにより、その子（民法（明治二十九年法律第八十九号）第八百十七条の二第一項の規定により労働者が当該労働者との間における同項に規定する特別養子縁組の成立について家庭裁判所に請求した者（当該請求に係る家事審判事件が裁判所に係属している場合に限る。）であって、当該労働者が現に監護するもの、児童福祉法（昭和二十二年法律第百六十四号）第二十七条第一項第三号の規定により同法第六条の四第二号に規定する養子縁組里親である労働者に委託されている児童及びその他これらに準ずる者として厚生労働省令で定める者に、厚生労働省令で定めるところにより委託されている者を含む。第四号及び第六十一条第三項（同条第六項において準用する場合を含む。）を除き、以下同じ。）を養育するためにする休業をいう。

二　介護休業　労働者が、第三章に定めるところにより、その要介護状態にある対象家族を介護するためにする休業をいう。

三　要介護状態　負傷、疾病又は身体上若しくは精神上の障害により、厚生労働省令で定める期間にわたり常時介護を必要とする状態をいう。

四　対象家族　配偶者（婚姻の届出をしていないが、事実上婚姻関係と同様の事情にある者を含む。以下同じ。）、父母及び子（これらの者に準ずる者として厚生労働省令で定めるものを含む。）並びに配偶者の父母をいう。

五　家族　対象家族その他厚生労働省令で定める親族をいう。

（基本的理念）

第三条　この法律の規定による子の養育又は家族の介護を行う労働者等の福祉の増進は、これらの者がそれぞれ職業生活の全期間を通じてその能力を有効に発揮して充実した職業生活を営むとともに、育児又は介護について家族の一員としての役割を円滑に果たすことができるようにすることをその本旨とする。

2　子の養育又は家族の介護を行うための休業をする労働者は、その休業後における就業を円滑に行うことができるよう必要な努力をするようにしなければならない。

（関係者の責務）

第四条　事業主並びに国及び地方公共団体は、前条に規定する基本的理念に従って、子の養育又は家族の介護を行う労働者等の福祉を増進するように努めなければならない。

第二章　育児休業

（育児休業の申出）

第五条　労働者は、その養育する一歳に満たない子について、その事業主に申し出ることにより、育児休業（第九条の二第一項に規定する出生時育児休業を除く。以下この条から第九条までにおいて同じ。）をすることができる。ただし、期間を定めて雇用される者にあっては、その養育する子が一歳六か月に達する日までに、その労働契約（労働契約が更新される場合にあっては、更新後のもの。第三項、第九条の二第一項及び第十一条第一項において同じ。）が満了することが明らかでない者に限り、当該申出をすることができる。

2　前項の規定にかかわらず、労働者は、その養育する子が一歳に達する日（以下「一歳到達日」という。）までの期間（当該子を養育していない期間を除く。）内に二回の育児休業（第七項に規定する育児休業申出によりする育児休業を除く。）をした場合には、当該子については、厚生労働省令で定める特別の事情がある場合を除き、前項の規定による申出をすることができない。

3　労働者は、その養育する一歳から一歳六か月に達するまでの子について、次の各号のいずれにも該当する場合（厚生労働省令で定める特別の事情がある場合には、第二号に該当する場合）に限り、その事業主に申し出ることにより、育児休業をすることができる。ただし、期間を定めて雇用される者（当該子の一歳到達日において育児休業をしている者であって、その翌日を第六項に規定する育児休業開始予定日とする申出をするものを除く。）にあっては、当該子が一歳六か月に達する日までに、その労働契約が満了することが明らかでない者に限り、当該申出をすることができる。

一　当該申出に係る子について、当該労働者又はその配偶者が、当該子の一歳到達日において育児休業をしている場合

二　当該子の一歳到達日後の期間について休業することが雇用の継続のために特に必要と認められる場合として厚生労働省令で定める場合に該当する場合

三　当該子の一歳到達日後の期間において、この項の規定による申出により育児休業をしたことがない場合

4　労働者は、その養育する一歳六か月から二歳に達するまでの子について、次の各号のいずれにも該当する場合（前項の厚生労働省令で定める特別の事情がある場合には、第二号に該当する場合）に限り、その事業主に申し出ることにより、育児休業をすることができる。

一　当該申出に係る子について、当該労働者又はその配偶者が、当該子の一歳六か月に達する日（以下「一歳六か月到達日」という。）において育児休業をしている場合

二　当該子の一歳六か月到達日後の期間について休業することが雇用の継続のために特に必要と認められる場合として厚生労働省令で定める場合に該当する場合

三　当該子の一歳六か月到達日後の期間において、この項の規定による申出により育児休業をしたことがない場合

5　第一項ただし書の規定は、前項の規定による申出について準用する。この場合において、第一項ただし書中「一歳六か月」とあるのは、「二歳」と読み替えるものとする。

6　第一項、第三項及び第四項の規定による申出（以下「育児休業申出」という。）は、厚生労働省令で定めるところにより、その期間中は育児休業をすることとする一の期間について、その初日（以下「育児休業開始予定日」という。）及び末日（以下「育児休業終了予定日」という。）とする日を明らかにして、しなければならない。この場合において、次の各号に掲げる申出にあっては、第三項の厚生労働省令で定める特別の事情がある場合を除き、当該各号に定める日を育児休業開始予定日としなければならない。

一　第三項の規定による申出　当該申出に係る子の一歳到達日の翌日（当該申出をする労働者の配偶者が同項の規定による申出により育児休業をする場合には、当該育児休業に係る育児休業終了予定日の翌日以前の日）

二　第四項の規定による申出　当該申出に係る子の一歳六か月到達日の翌日（当該申出をする労働者の配偶者が同項の規定による申出により育児休業をする場合には、当該育児休業に係る育児休業終了予定日の翌日以前の日）

7　第一項ただし書、第二項、第三項（第一号及び第二号を除く。）、第四項（第一号及び第二号を除く。）、第五項及び前項後段の規定は、期間を定めて雇用される者であって、その締結する労働契約の期間の末日を育児休業終了予定日（第七条第三項の規定により当該育児休業終了予定日が変更された場合にあっては、その変更後の育児休業終了予定日とされた日）とする育児休業をしているものが、当該育児休業に係る子について、当該労働契約の更新に伴い、当該更新後の労働契約の期間の初日を育児休業開始予定日とする育児休業申出をする場合には、これを適用しない。

（育児休業申出があった場合における事業主の義務等）

第六条　事業主は、労働者からの育児休業申出があったときは、当該育児休業申出を拒むことができない。ただし、当該事業主と当該労働者が雇用される事業所の労働者の過半数で組織する労働組合があるときはその労働組合、その事業所の労働者の過半数で組織する労働組合がないときはその労働者の過半数を代表する者との書面による協定で、次に掲げる労働者のうち育児休業をすることができないものとして定められた労働者に該当する労働者からの育児休業申出があった場合は、この限りでない。

一　当該事業主に引き続き雇用された期間が一年に満たない労働者

二　前号に掲げるもののほか、育児休業をすることができないこととすることについて合理的な理由があると認められる労働者として厚生労働省令で定めるもの

2　前項ただし書の場合において、事業主にその育児休業申出を拒まれた労働者は、前条第一項、第三項及び第四項の規定にかかわらず、育児休業をすることができない。

3　事業主は、労働者からの育児休業申出があった場合において、当該育児休業申出に係る育児休業開始予定日とされた日が当該育児休業申出があった日の翌日から起算して一月（前条第三項の規定による申出（当該申出があった日が当該申出に係る子の一歳到達日以前の日であるものに限る。）又は同条第四項の規定による申出（当該申出があった日が当該申出に係る子の一歳六か月到達日以前の日であるものに限る。）にあっては二週間）を経過する日（以下この項において「一月等経過日」という。）前の日であるときは、厚生労働省令で定めるところにより、当該育児休業開始予定日とされた日から当該一月等経過日（当該育児休業申出があった日までに、出産予定日前に子が出生したことその他の厚生労働省令で定める事由が生じた場合にあっては、当該一月等経過日前の日で厚生労働省令で定める日）までの間のいずれかの日を当該育児休業開始予定日として指定することができる。

4　第一項ただし書及び前項の規定は、労働者が

前条第七項に規定する育児休業申出をする場合には、これを適用しない。

（育児休業開始予定日の変更の申出等）

第七条　第五条第一項の規定による申出をした労働者は、その後当該申出に係る育児休業開始予定日とされた日（前条第三項の規定による事業主の指定があった場合にあっては、当該事業主の指定した日。以下この項において同じ。）の前日までに、前条第三項の厚生労働省令で定める事由が生じた場合には、その事業主に申し出ることにより、当該申出に係る育児休業開始予定日を一回に限り当該育児休業開始予定日とされた日前の日に変更することができる。

2　事業主は、前項の規定による労働者からの申出があった場合において、当該申出に係る変更後の育児休業開始予定日とされた日が当該申出があった日の翌日から起算して一月を超えない範囲内で厚生労働省令で定める期間を経過する日（以下この項において「期間経過日」という。）前の日であるときは、厚生労働省令で定めるところにより、当該申出に係る変更後の育児休業開始予定日とされた日から当該期間経過日（その日が当該申出に係る変更前の育児休業開始予定日とされていた日（前条第三項の規定による事業主の指定があった場合にあっては、当該事業主の指定した日。以下この項において同じ。）以後の日である場合にあっては、当該申出に係る変更前の育児休業開始予定日とされていた日）までの間のいずれかの日を当該労働者に係る育児休業開始予定日として指定することができる。

3　育児休業申出をした労働者は、厚生労働省令で定める日までにその事業主に申し出ることにより、当該育児休業申出に係る育児休業終了予定日とされた日を一回に限り当該育児休業終了予定日とされた日後の日に変更することができる。

（育児休業申出の撤回等）

第八条　育児休業申出をした労働者は、当該育児休業申出に係る育児休業開始予定日とされた日（第六条第三項又は前条第二項の規定による事業主の指定があった場合にあっては当該事業主の指定した日、同条第一項の規定により育児休業開始予定日が変更された場合にあってはその変更後の育児休業開始予定日とされた日。以下同じ。）の前日までは、当該育児休業申出を撤回することができる。

2　前項の規定により第五条第一項の規定による申出を撤回した労働者は、同条第二項の規定の適用については、当該申出に係る育児休業をしたものとみなす。

3　第一項の規定により第五条第三項又は第四項の規定による申出を撤回した労働者は、当該申出に係る子については、厚生労働省令で定める特別の事情がある場合を除き、同条第三項及び第四項の規定にかかわらず、これらの規定による申出をすることができない。

4　育児休業申出がされた後育児休業開始予定日とされた日の前日までに、子の死亡その他の労働者が当該育児休業申出に係る子を養育しないこととなった事由として厚生労働省令で定める事由が生じたときは、当該育児休業申出は、されなかったものとみなす。この場合において、労働者は、その事業主に対して、当該事由が生じた旨を遅滞なく通知しなければならない。

（育児休業期間）

第九条　育児休業申出をした労働者がその期間中は育児休業をすることができる期間（以下「育児休業期間」という。）は、育児休業開始予定日とされた日から育児休業終了予定日とされた日（第七条第三項の規定により当該育児休業終了予定日が変更された場合にあっては、その変更後の育児休業終了予定日とされた日。次項において同じ。）までの間とする。

2　次の各号に掲げるいずれかの事情が生じた場合には、育児休業期間は、前項の規定にかかわらず、当該事情が生じた日（第三号に掲げる事情が生じた場合にあっては、その前日）に終了する。

一　育児休業終了予定日とされた日の前日までに、子の死亡その他の労働者が育児休業申出に係る子を養育しないこととなった事由として厚生労働省令で定める事由が生じたこと。

二　育児休業終了予定日とされた日の前日までに、育児休業申出に係る子が一歳（第五条第三項の規定による申出により育児休業をしている場合にあっては一歳六か月、同条第四項の規定による申出により育児休業をしている場合にあっては二歳）に達したこと。

三　育児休業終了予定日とされた日までに、育児休業申出をした労働者について、労働基準法（昭和二十二年法律第四十九号）第六十五条第一項若しくは第二項の規定により休業する期間、第九条の五第一項に規定する出生時育児休業期間、第十五条第一項に規定する介護休業期間又は新たな育児休業期間が始まったこと。

3　前条第四項後段の規定は、前項第一号の厚生労働省令で定める事由が生じた場合について準用する。

（出生時育児休業の申出）

第九条の二　労働者は、その養育する子について、その事業主に申し出ることにより、出生時育児休業（育児休業のうち、この条から第九条の五までに定めるところにより、子の出生の日から起算して八週間を経過する日の翌日まで（出産予定日前に当該子が出生した場合にあっては当該出生の日から当該出産予定日から起算して八週間を経過する日の翌日までとし、出産予定日後に当該子が出生した場合にあっては当該出産予定日から当該出生の日から起算して八週間を経過する日の翌日までとする。次項第一号において同じ。）の期間内に四週間以内の期間を定めてする休業をいう。以下同じ。）をすることができる。ただし、期間を定めて雇用される者にあっては、その養育する子の出生の日（出産予定日前に当該子が出生した場合にあっては、当該出産予定日）から起算して八週間を経過する日の翌日から六月を経過する日までに、その労働契約が満了することが明らかでない者に限り、当該申出をすることができる。

2　前項の規定にかかわらず、労働者は、その養育する子について次の各号のいずれかに該当する場合には、当該子については、同項の規定による申出をすることができない。

一　当該子の出生の日から起算して八週間を経過する日の翌日までの期間（当該子を養育していない期間を除く。）内に二回の出生時育児休業（第四項に規定する出生時育児休業申出によりする出生時育児休業を除く。）をした場合

二　当該子の出生の日（出産予定日後に当該子が出生した場合にあっては、当該出産予定日）以後に出生時育児休業をする日数（出生時育児休業を開始する日から出生時育児休業を終了する日までの日数とする。第九条の五第六項第三号において同じ。）が二十八日に達している場合

3　第一項の規定による申出（以下「出生時育児休業申出」という。）は、厚生労働省令で定めるところにより、その期間中は出生時育児休業をすることとする一の期間について、その初日（以下「出生時育児休業開始予定日」という。）及び末日（以下「出生時育児休業終了予定日」という。）とする日を明らかにして、しなければならない。

4　第一項ただし書及び第二項（第二号を除く。）の規定は、期間を定めて雇用される者であって、その締結する労働契約の期間の末日を出生時育児休業終了予定日（第九条の四において準用する第七条第三項の規定により当該出生時育児休業終了予定日が変更された場合にあっては、その変更後の出生時育児休業終了予定日とされた日）とする出生時育児休業をしているものが、当該出生時育児休業に係る子について、当該労働契約の更新に伴い、当該更新後の労働契約の期間の初日を出生時育児休業開始予定日とする出生時育児休業申出をする場合には、これを適用しない。

（出生時育児休業申出があった場合における事業主の義務等）

第九条の三　事業主は、労働者からの出生時育児休業申出があったときは、当該出生時育児休業申出を拒むことができない。ただし、労働者からその養育する子について出生時育児休業申出がなされた後に、当該労働者から当該出生時育児休業申出をした日に養育していた子について新たに出生時育児休業申出がなされた場合は、この限りでない。

2　第六条第一項ただし書及び第二項の規定は、労働者からの出生時育児休業申出があった場合について準用する。この場合において、同項中「前項ただし書」とあるのは「第九条の三第一項ただし書及び同条第二項において準用する前条第一項ただし書」と、「前条第一項、第三項及び第四項」とあるのは「第九条の二第一項」と読み替えるものとする。

3　事業主は、労働者からの出生時育児休業申出があった場合において、当該出生時育児休業開始予定日とされた日が当該出生時育児休業申出があった日の翌日から起算して二週間を経過する日（以下この項において「二週間経過日」という。）前の日であるときは、厚生労働省令で定めるところにより、当該出生時育児休業開始予定日とされた日から当該二週間経過日（当該出生時育児休業申出があった日までに、第六条第三項の厚生労働省令で定める事由が生じた場合にあっては、当該二週間経過日前の日で厚生労働省令で定める日）までの間のいずれかの日を当該出生時育児休業開始予定日として指定することができる。

4　事業主と労働者が雇用される事業所の労働者の過半数で組織する労働組合があるときはその労働組合、その事業所の労働者の過半数で組織する労働組合がないときはその労働者の過半数を代表する者との書面による協定で、次に掲げる事項を定めた場合における前項の規定の適用については、同項中「二週間を経過する日（以下この項において「二週間経過日」という。）」

とあるのは「次項第二号に掲げる期間を経過する日」と、「当該二週間経過日」とあるのは「同号に掲げる期間を経過する日」とする。

一　出生時育児休業申出が円滑に行われるようにするための雇用環境の整備その他の厚生労働省令で定める措置の内容

二　事業主が出生時育児休業申出に係る出生時育児休業開始予定日を指定することができる出生時育児休業申出があった日の翌日から出生時育児休業開始予定日とされた日までの期間（二週間を超え一月以内の期間に限る。）

5　第一項ただし書及び前三項の規定は、労働者が前条第四項に規定する出生時育児休業申出をする場合には、これを適用しない。

（準用）

第九条の四　第七条並びに第八条第一項、第二項及び第四項の規定は、出生時育児休業申出並びに出生時育児休業開始予定日及び出生時育児休業終了予定日について準用する。この場合において、第七条第一項中「（前条第三項」とあるのは「（第九条の三第三項（同条第四項の規定により読み替えて適用する場合を含む。）」と、同条第二項中「一月」とあるのは「二週間」と、「前条第三項」とあるのは「第九条の三第三項（同条第四項の規定により読み替えて適用する場合を含む。）」と、第八条第一項中「第六条第三項又は前条第二項」とあるのは「第九条の三第三項（同条第四項の規定により読み替えて適用する場合を含む。）又は第九条の四において準用する前条第二項」と、「同条第一項」とあるのは「第九条の四において準用する前条第一項」と、同条第二項中「同条第二項」とあるのは「第九条の二第二項」と読み替えるものとする。

（出生時育児休業期間等）

第九条の五　出生時育児休業申出をした労働者がその期間中は出生時育児休業をすることができる期間（以下「出生時育児休業期間」という。）は、出生時育児休業開始予定日とされた日（第九条の三第三項（同条第四項の規定により読み替えて適用する場合を含む。）又は前条において準用する第七条第二項の規定による事業主の指定があった場合にあっては当該事業主の指定した日、前条において準用する第七条第一項の規定により出生時育児休業開始予定日が変更された場合にあってはその変更後の出生時育児休業開始予定日とされた日。以下この条において同じ。）から出生時育児休業終了予定日とされた日（前条において準用する第七条第三項の規定により当該出生時育児休業終了予定日が変更された場合にあっては、その変更後の出生時育児休業終了予定日とされた日。第六項において同じ。）までの間とする。

2　出生時育児休業申出をした労働者（事業主と当該労働者が雇用される事業所の労働者の過半数で組織する労働組合があるときはその労働組合、その事業所の労働者の過半数で組織する労働組合がないときはその労働者の過半数を代表する者との書面による協定で、出生時育児休業期間中に就業させることができるものとして定められた労働者に該当するものに限る。）は、当該出生時育児休業申出に係る出生時育児休業開始予定日とされた日の前日までの間、事業主に対し、当該出生時育児休業申出に係る出生時育児休業期間において就業することができる日その他の厚生労働省令で定める事項（以下この条において「就業可能日等」という。）を申し出ることができる。

3　前項の規定による申出をした労働者は、当該申出に係る出生時育児休業開始予定日とされた日の前日までは、その事業主に申し出ることにより当該申出に係る就業可能日等を変更し、又は当該申出を撤回することができる。

4　事業主は、労働者から第二項の規定による申出（前項の規定による変更の申出を含む。）があった場合には、当該申出に係る就業可能日等（前項の規定により就業可能日等が変更された場合にあっては、その変更後の就業可能日等）の範囲内で日時を提示し、厚生労働省令で定めるところにより、当該申出に係る出生時育児休業開始予定日とされた日の前日までに当該労働者の同意を得た場合に限り、厚生労働省令で定める範囲内で、当該労働者を当該日時に就業させることができる。

5　前項の同意をした労働者は、当該同意の全部又は一部を撤回することができる。ただし、第二項の規定による申出に係る出生時育児休業開始予定日とされた日以後においては、厚生労働省令で定める特別の事情がある場合に限る。

6　次の各号に掲げるいずれかの事情が生じた場合には、出生時育児休業期間は、第一項の規定にかかわらず、当該事情が生じた日（第四号に掲げる事情が生じた場合にあっては、その前日）に終了する。

一　出生時育児休業終了予定日とされた日の前日までに、子の死亡その他の労働者が出生時育児休業申出に係る子を養育しないこととなった事由として厚生労働省令で定める事由が生じたこと。

二　出生時育児休業終了予定日とされた日の前

日までに、出生時育児休業申出に係る子の出生の日の翌日（出産予定日前に当該子が出生した場合にあっては、当該出産予定日の翌日）から起算して八週間を経過したこと。

三　出生時育児休業終了予定日とされた日の前日までに、出生時育児休業申出に係る子の出生の日（出産予定日後に当該子が出生した場合にあっては、当該出産予定日）以後に出生時育児休業をする日数が二十八日に達したこと。

四　出生時育児休業終了予定日とされた日までに、出生時育児休業申出をした労働者について、労働基準法第六十五条第一項若しくは第二項の規定により休業する期間、育児休業期間、第十五条第一項に規定する介護休業期間又は新たな出生時育児休業期間が始まったこと。

7　第八条第四項後段の規定は、前項第一号の厚生労働省令で定める事由が生じた場合について準用する。

（同一の子について配偶者が育児休業をする場合の特例）

第九条の六　労働者の養育する子について、当該労働者の配偶者が当該子の一歳到達日以前のいずれかの日において当該子を養育するために育児休業をしている場合における第二章から第五章まで、第二十四条第一項及び第十二章の規定の適用については、第五条第一項中「一歳に満たない子」とあるのは「一歳に満たない子（第九条の六第一項の規定により読み替えて適用するこの項の規定により育児休業をする場合にあっては、一歳二か月に満たない子）」と、同条第三項ただし書中「一歳到達日」とあるのは「一歳到達日（当該労働者が第九条の六第一項の規定により読み替えて適用する第一項の規定によりした申出に係る第九条第一項（第九条の六第一項の規定により読み替えて適用する場合を含む。）に規定する育児休業終了予定日とされた日が当該子の一歳到達日後である場合にあっては、当該育児休業終了予定日とされた日）」と、同項第一号中「又はその配偶者が、当該子の一歳到達日」とあるのは「が当該子の一歳到達日（当該労働者が第九条の六第一項の規定により読み替えて適用する第一項の規定によりした申出に係る第九条第一項（第九条の六第一項の規定により読み替えて適用する場合を含む。）に規定する育児休業終了予定日とされた日が当該子の一歳到達日後である場合にあっては、当該育児休業終了予定日とされた日）において育児休業をしている場合又は当該労働者の配偶者が当該子の一歳到達日（当該配偶者が第九条の六第一項の規定により読み替えて適用する第一項の規定によりした申出に係る第九条第一項（第九条の六第一項の規定により読み替えて適用する場合を含む。）に規定する育児休業終了予定日とされた日が当該子の一歳到達日後である場合にあっては、当該育児休業終了予定日とされた日）」と、同項第三号中「一歳到達日」とあるのは「一歳到達日（当該子を養育する労働者が第九条の六第一項の規定により読み替えて適用する第一項の規定によりした申出に係る第九条第一項（第九条の六第一項の規定により読み替えて適用する場合を含む。）に規定する育児休業終了予定日とされた日が当該子の一歳到達日後である場合にあっては、当該育児休業終了予定日とされた日）」と、同条第六項第一号中「一歳到達日」とあるのは「一歳到達日（当該子を養育する労働者又はその配偶者が第九条の六第一項の規定により読み替えて適用する第一項の規定によりした申出に係る第九条第一項（第九条の六第一項の規定により読み替えて適用する場合を含む。）に規定する育児休業終了予定日とされた日が当該子の一歳到達日後である場合にあっては、当該育児休業終了予定日とされた日（当該労働者に係る育児休業終了予定日とされた日と当該配偶者に係る育児休業終了予定日とされた日が異なるときは、そのいずれかの日）。次条第三項において同じ。）」と、第九条第一項中「変更後の育児休業終了予定日とされた日。次項」とあるのは「変更後の育児休業終了予定日とされた日。次項（第九条の六第一項の規定により読み替えて適用する場合を含む。）において同じ。）（当該育児休業終了予定日とされた日が当該育児休業開始予定日とされた日から起算して育児休業等可能日数（当該育児休業に係る子の出生した日から当該子の一歳到達日までの日数をいう。）から育児休業等取得日数（当該子の出生した日以後当該労働者が労働基準法（昭和二十二年法律第四十九号）第六十五条第一項又は第二項の規定により休業した日数と当該子について育児休業及び次条第一項に規定する出生時育児休業をした日数を合算した日数をいう。）を差し引いた日数を経過する日より後の日であるときは、当該経過する日。次項（第九条の六第一項の規定により読み替えて適用する場合を含む。）」と、同条第二項第二号中「第五条第三項」とあるのは「第九条の六第一項の規定により読み替えて適用する第五条第一項の規定による申出により育児休業をしている場合にあっては一歳二か月、同条第三項（第九条の六第一項の規定により読み替えて適用する場合を含む。）」と、「同条第四項」とあるのは「第五条第四項」と、第二十四条第一項第一号中「一歳（」とあるのは「一歳（当該労働者が第九条の六第一項の規定により読み替えて適用する第五条第一項の規定による申出をすることができる場合にあっては一歳二か月。」とするほか、必要な技術的読替えは、厚生労働省令で定める。

2　前項の規定は、同項の規定を適用した場合の第五条第一項の規定による申出に係る育児休業開始予定日とされた日が、当該育児休業に係る子の一歳到達日の翌日後である場合又は前項の場合における当該労働者の配偶者がしている育児休業に係る育児休業期間の初日前である場合には、これを適用しない。

（公務員である配偶者がする育児休業に関する規定の適用）

第九条の七　第五条第三項、第四項及び第六項並びに前条の規定の適用については、労働者の配偶者が国会職員の育児休業等に関する法律（平成三年法律第百八号）第三条第二項、国家公務員の育児休業等に関する法律（平成三年法律第百九号）第三条第二項（同法第二十七条第一項及び裁判所職員臨時措置法（昭和二十六年法律第二百九十九号）（第七号に係る部分に限る。）において準用する場合を含む。）、地方公務員の育児休業等に関する法律（平成三年法律第百十号）第二条第二項又は裁判官の育児休業に関する法律（平成三年法律第百十一号）第二条第二項の規定によりする請求及び当該請求に係る育児休業は、それぞれ第五条第一項、第三項又は第四項の規定によりする申出及び当該申出によりする育児休業とみなす。

（不利益取扱いの禁止）

第十条　事業主は、労働者が育児休業申出等（育児休業申出及び出生時育児休業申出をいう。以下同じ。）をし、若しくは育児休業をしたこと又は第九条の五第二項の規定による申出若しくは同条第四項の同意をしなかったことその他の同条第二項から第五項までの規定に関する事由であって厚生労働省令で定めるものを理由として、当該労働者に対して解雇その他不利益な取扱いをしてはならない。

第四章　子の看護休暇

（子の看護休暇の申出）

第十六条の二　小学校就学の始期に達するまでの子を養育する労働者は、その事業主に申し出ることにより、一の年度において五労働日（その養育する小学校就学の始期に達するまでの子が二人以上の場合にあっては、十労働日）を限度として、負傷し、若しくは疾病にかかった当該子の世話又は疾病の予防を図るために必要なものとして厚生労働省令で定める当該子の世話を行うための休暇（以下「子の看護休暇」という。）を取得することができる。

2　子の看護休暇は、一日の所定労働時間が短い労働者として厚生労働省令で定めるもの以外の者は、厚生労働省令で定めるところにより、厚生労働省令で定める一日未満の単位で取得することができる。

3　第一項の規定による申出は、厚生労働省令で定めるところにより、子の看護休暇を取得する日（前項の厚生労働省令で定める一日未満の単位で取得するときは子の看護休暇の開始及び終了の日時）を明らかにして、しなければならない。

4　第一項の年度は、事業主が別段の定めをする場合を除き、四月一日に始まり、翌年三月三十一日に終わるものとする。

（子の看護休暇の申出があった場合における事業主の義務等）

第十六条の三　事業主は、労働者からの前条第一項の規定による申出があったときは、当該申出を拒むことができない。

2　第六条第一項ただし書及び第二項の規定は、労働者からの前条第一項の規定による申出があった場合について準用する。この場合において、第六条第一項第一号中「一年」とあるのは「六月」と、同項第二号中「定めるもの」とあるのは「定めるもの又は業務の性質若しくは業務の実施体制に照らして、第十六条の二第二項の厚生労働省令で定める一日未満の単位で子の看護休暇を取得することが困難と認められる業務に従事する労働者（同項の規定による厚生労働省令で定める一日未満の単位で取得しようとする者に限る。）」と、同条第二項中「前項ただし書」とあるのは、「第十六条の三第二項において準用する前項ただし書」と、「前条第一項、第三項及び第四項」とあるのは「第十六条の二第一項」と読み替えるものとする。

（準用）

第十六条の四　第十六条の規定は、第十六条の二第一項の規定による申出及び子の看護休暇について準用する。

第六章　所定外労働の制限

第十六条の八　事業主は、三歳に満たない子を養育する労働者であって、当該事業主と当該労働者が雇用される事業所の労働者の過半数で組織する労働組合があるときはその労働組合、その事業所の労働者の過半数で組織する労働組合がないときはその労働者の過半数を代表する者との書面による協定で、次に掲げる労働者のうちこの項本文の規定による請求をできないものとして定められた労働者に該当しない労働者が当該子を養育するために請求した場合においては、所定労働時間を超えて労働させてはならない。ただし、事業の正常な運営を妨げる場合は、この限りでない。

一　当該事業主に引き続き雇用された期間が一年に満たない労働者

二　前号に掲げるもののほか、当該請求をできないこととすることについて合理的な理由があると認められる労働者として厚生労働省令で定めるもの

2　前項の規定による請求は、厚生労働省令で定めるところにより、その期間中は所定労働時間を超えて労働させてはならないこととなる一の期間（一月以上一年以内の期間に限る。第四項において「制限期間」という。）について、その初日（以下この条において「制限開始予定日」という。）及び末日（第四項において「制限終了予定日」という。）とする日を明らかにして、制限開始予定日の一月前までにしなければならない。この場合において、この項前段に規定する制限期間については、第十七条第二項前段（第十八条第一項において準用する場合を含む。）に規定する制限期間と重複しないようにしなければならない。

3　第一項の規定による請求がされた後制限開始予定日とされた日の前日までに、子の死亡その他の労働者が当該請求に係る子の養育をしないこととなった事由として厚生労働省令で定める事由が生じたときは、当該請求は、されなかったものとみなす。この場合において、労働者は、その事業主に対して、当該事由が生じた旨を遅滞なく通知しなければならない。

4　次の各号に掲げるいずれかの事情が生じた場合には、制限期間は、当該事情が生じた日（第三号に掲げる事情が生じた場合にあっては、その前日）に終了する。

一　制限終了予定日とされた日の前日までに、子の死亡その他の労働者が第一項の規定による請求に係る子を養育しないこととなった事由として厚生労働省令で定める事由が生じたこと。

二　制限終了予定日とされた日の前日までに、第一項の規定による請求に係る子が三歳に達したこと。

三　制限終了予定日とされた日までに、第一項の規定による請求をした労働者について、労働基準法第六十五条第一項若しくは第二項の規定により休業する期間、育児休業期間、出生時育児休業期間又は介護休業期間が始まったこと。

5　第三項後段の規定は、前項第一号の厚生労働省令で定める事由が生じた場合について準用する。

第十六条の十　事業主は、労働者が第十六条の八第一項（前条第一項において準用する場合を含む。以下この条において同じ。）の規定による請求をし、又は第十六条の八第一項の規定により当該事業主が当該請求をした労働者について所定労働時間を超えて労働させてはならない場合に当該労働者が所定労働時間を超えて労働しなかったことを理由として、当該労働者に対して解雇その他不利益な取扱いをしてはならない。

第七章　時間外労働の制限

第十七条　事業主は、労働基準法第三十六条第一項の規定により同項に規定する労働時間（以下この条において単に「労働時間」という。）を延長することができる場合において、小学校就学の始期に達するまでの子を養育する労働者であって次の各号のいずれにも該当しないものが当該子を養育するために請求したときは、制限時間（一月について二十四時間、一年について百五十時間をいう。次項及び第十八条の二において同じ。）を超えて労働時間を延長してはならない。ただし、事業の正常な運営を妨げる場合は、この限りでない。

一　当該事業主に引き続き雇用された期間が一年に満たない労働者

二　前号に掲げるもののほか、当該請求をできないこととすることについて合理的な理由があると認められる労働者として厚生労働省令で定めるもの

2　前項の規定による請求は、厚生労働省令で定めるところにより、その期間中は制限時間を超えて労働時間を延長してはならないこととなる一の期間（一月以上一年以内の期間に限る。第四項において「制限期間」という。）について、その初日（以下この条において「制限開始予定日」という。）及び末日（第四項において「制限終了予定日」という。）とする日を明らかにして、制限開始予定日の一月前までにしなければならない。この場合において、この項前段に規定する制限期間については、第十六条の八第二項前段（第十六条の九第一項において準用す

る場合を含む。）に規定する制限期間と重複しないようにしなければならない。

3 第一項の規定による請求がされた後制限開始予定日とされた日の前日までに、子の死亡その他の労働者が当該請求に係る子の養育をしないこととなった事由として厚生労働省令で定める事由が生じたときは、当該請求は、されなかったものとみなす。この場合において、労働者は、その事業主に対して、当該事由が生じた旨を遅滞なく通知しなければならない。

4 次の各号に掲げるいずれかの事情が生じた場合には、制限期間は、当該事情が生じた日（第三号に掲げる事情が生じた場合にあっては、その前日）に終了する。

一 制限終了予定日とされた日の前日までに、子の死亡その他の労働者が第一項の規定による請求に係る子を養育しないこととなった事由として厚生労働省令で定める事由が生じたこと。

二 制限終了予定日とされた日の前日までに、第一項の規定による請求に係る子が小学校就学の始期に達したこと。

三 制限終了予定日とされた日までに、第一項の規定による請求をした労働者について、労働基準法第六十五条第一項若しくは第二項の規定により休業する期間、育児休業期間、出生時育児休業期間又は介護休業期間が始まったこと。

5 第三項後段の規定は、前項第一号の厚生労働省令で定める事由が生じた場合について準用する。

第十八条の二 事業主は、労働者が第十七条第一項（前条第一項において準用する場合を含む。以下この条において同じ。）の規定による請求をし、又は第十七条第一項の規定により当該事業主が当該請求をした労働者について制限時間を超えて労働時間を延長してはならない場合に当該労働者が制限時間を超えて労働しなかったことを理由として、当該労働者に対して解雇その他不利益な取扱いをしてはならない。

第八章　深夜業の制限

第十九条 事業主は、小学校就学の始期に達するまでの子を養育する労働者であって次の各号のいずれにも該当しないものが当該子を養育するために請求した場合においては、午後十時から午前五時までの間（以下この条及び第二十条の二において「深夜」という。）において労働させてはならない。ただし、事業の正常な運営を妨げる場合は、この限りでない。

一 当該事業主に引き続き雇用された期間が一年に満たない労働者

二 当該請求に係る深夜において、常態として当該子を保育することができる当該子の同居の家族その他の厚生労働省令で定める者がいる場合における当該労働者

三 前二号に掲げるもののほか、当該請求をできないこととすることについて合理的な理由があると認められる労働者として厚生労働省令で定めるもの

2 前項の規定による請求は、厚生労働省令で定めるところにより、その期間中は深夜において労働させてはならないこととなる一の期間（一月以上六月以内の期間に限る。第四項において「制限期間」という。）について、その初日（以下この条において「制限開始予定日」という。）及び末日（同項において「制限終了予定日」という。）とする日を明らかにして、制限開始予定日の一月前までにしなければならない。

3 第一項の規定による請求がされた後制限開始予定日とされた日の前日までに、子の死亡その他の労働者が当該請求に係る子の養育をしないこととなった事由として厚生労働省令で定める事由が生じたときは、当該請求は、されなかったものとみなす。この場合において、労働者は、その事業主に対して、当該事由が生じた旨を遅滞なく通知しなければならない。

4 次の各号に掲げるいずれかの事情が生じた場合には、制限期間は、当該事情が生じた日（第三号に掲げる事情が生じた場合にあっては、その前日）に終了する。

一 制限終了予定日とされた日の前日までに、子の死亡その他の労働者が第一項の規定による請求に係る子を養育しないこととなった事由として厚生労働省令で定める事由が生じたこと。

二 制限終了予定日とされた日の前日までに、第一項の規定による請求に係る子が小学校就学の始期に達したこと。

三 制限終了予定日とされた日までに、第一項の規定による請求をした労働者について、労働基準法第六十五条第一項若しくは第二項の規定により休業する期間、育児休業期間、出生時育児休業期間又は介護休業期間が始まったこと。

5 第三項後段の規定は、前項第一号の厚生労働省令で定める事由が生じた場合について準用する。

第二十条の二 事業主は、労働者が第十九条第一項（前条第一項において準用する場合を含む。以下この条において同じ。）の規定による請求

をし、又は第十九条第一項の規定により当該事業主が当該請求をした労働者について深夜において労働させてはならない場合に当該労働者が深夜において労働しなかったことを理由として、当該労働者に対して解雇その他不利益な取扱いをしてはならない。

第九章　事業主が講ずべき措置等

（妊娠又は出産等についての申出があった場合における措置等）

第二十一条　事業主は、労働者が当該事業主に対し、当該労働者又はその配偶者が妊娠し、又は出産したことその他これに準ずるものとして厚生労働省令で定める事実を申し出たときは、厚生労働省令で定めるところにより、当該労働者に対して、育児休業に関する制度その他の厚生労働省令で定める事項を知らせるとともに、育児休業申出等に係る当該労働者の意向を確認するための面談その他の厚生労働省令で定める措置を講じなければならない。

2　事業主は、労働者が前項の規定による申出をしたことを理由として、当該労働者に対して解雇その他不利益な取扱いをしてはならない。

（育児休業等に関する定めの周知等の措置）

第二十一条の二　前条第一項に定めるもののほか、事業主は、育児休業及び介護休業に関して、あらかじめ、次に掲げる事項を定めるとともに、これを労働者に周知させるための措置（労働者若しくはその配偶者が妊娠し、若しくは出産したこと又は労働者が対象家族を介護していることを知ったときに、当該労働者に対し知らせる措置を含む。）を講ずるよう努めなければならない。

一　労働者の育児休業及び介護休業中における待遇に関する事項

二　育児休業及び介護休業後における賃金、配置その他の労働条件に関する事項

三　前二号に掲げるもののほか、厚生労働省令で定める事項

2　事業主は、労働者が育児休業申出等又は介護休業申出をしたときは、厚生労働省令で定めるところにより、当該労働者に対し、前項各号に掲げる事項に関する当該労働者に係る取扱いを明示するよう努めなければならない。

（雇用環境の整備及び雇用管理等に関する措置）

第二十二条　事業主は、育児休業申出等が円滑に行われるようにするため、次の各号のいずれかの措置を講じなければならない。

一　その雇用する労働者に対する育児休業に係る研修の実施

二　育児休業に関する相談体制の整備

三　その他厚生労働省令で定める育児休業に係る雇用環境の整備に関する措置

2　前項に定めるもののほか、事業主は、育児休業申出等及び介護休業申出並びに育児休業及び介護休業後における就業が円滑に行われるようにするため、育児休業又は介護休業をする労働者が雇用される事業所における労働者の配置その他の雇用管理、育児休業又は介護休業をしている労働者の職業能力の開発及び向上等に関して、必要な措置を講ずるよう努めなければならない。

（育児休業の取得の状況の公表）

第二十二条の二　常時雇用する労働者の数が千人を超える事業主は、厚生労働省令で定めるところにより、毎年少なくとも一回、その雇用する労働者の育児休業の取得の状況として厚生労働省令で定めるものを公表しなければならない。

（所定労働時間の短縮措置等）

第二十三条　事業主は、その雇用する労働者のうち、その三歳に満たない子を養育する労働者であって育児休業をしていないもの（一日の所定労働時間が短い労働者として厚生労働省令で定めるものを除く。）に関して、厚生労働省令で定めるところにより、労働者の申出に基づき所定労働時間を短縮することにより当該労働者が就業しつつ当該子を養育することを容易にするための措置（以下この条及び第二十四条第一項第三号において「育児のための所定労働時間の短縮措置」という。）を講じなければならない。ただし、当該事業主と当該労働者が雇用される事業所の労働者の過半数で組織する労働組合があるときはその労働組合、その事業所の労働者の過半数で組織する労働組合がないときはその労働者の過半数を代表する者との書面による協定で、次に掲げる労働者のうち育児のための所定労働時間の短縮措置を講じないものとして定められた労働者に該当する労働者については、この限りでない。

一　当該事業主に引き続き雇用された期間が一年に満たない労働者

二　前号に掲げるもののほか、育児のための所定労働時間の短縮措置を講じないこととすることについて合理的な理由があると認められる労働者として厚生労働省令で定めるもの

三　前二号に掲げるもののほか、業務の性質又は業務の実施体制に照らして、育児のための所定労働時間の短縮措置を講ずることが困難と認められる業務に従事する労働者

2　事業主は、その雇用する労働者のうち、前項ただし書の規定により同項第三号に掲げる労働者であってその三歳に満たない子を養育するものについて育児のための所定労働時間の短縮措置を講じないこととするときは、当該労働者に関して、厚生労働省令で定めるところにより、労働者の申出に基づく育児休業に関する制度に準ずる措置又は労働基準法第三十二条の三第一項の規定により労働させることその他の当該労働者が就業しつつ当該子を養育することを容易にするための措置（第二十四条第一項において「始業時刻変更等の措置」という。）を講じなければならない。

3　事業主は、その雇用する労働者のうち、その要介護状態にある対象家族を介護する労働者であって介護休業をしていないものに関して、厚生労働省令で定めるところにより、労働者の申出に基づく連続する三年の期間以上の期間における所定労働時間の短縮その他の当該労働者が就業しつつその要介護状態にある対象家族を介護することを容易にするための措置（以下この条及び第二十四条第二項において「介護のための所定労働時間の短縮等の措置」という。）を講じなければならない。ただし、当該事業主と当該労働者が雇用される事業所の労働者の過半数で組織する労働組合があるときはその労働組合、その事業所の労働者の過半数で組織する労働組合がないときはその労働者の過半数を代表する者との書面による協定で、次に掲げる労働者のうち介護のための所定労働時間の短縮等の措置を講じないものとして定められた労働者に該当する労働者については、この限りでない。

一　当該事業主に引き続き雇用された期間が一年に満たない労働者

二　前号に掲げるもののほか、介護のための所定労働時間の短縮等の措置を講じないこととすることについて合理的な理由があると認められる労働者として厚生労働省令で定めるもの

4　前項本文の期間は、当該労働者が介護のための所定労働時間の短縮等の措置の利用を開始する日として当該労働者が申し出た日から起算する。

第二十三条の二　事業主は、労働者が前条の規定による申出をし、又は同条の規定により当該労働者に措置が講じられたことを理由として、当該労働者に対して解雇その他不利益な取扱いをしてはならない。

（小学校就学の始期に達するまでの子を養育する労働者等に関する措置）

第二十四条　事業主は、その雇用する労働者のうち、その小学校就学の始期に達するまでの子を養育する労働者に関して、労働者の申出に基づく育児に関する目的のために利用することができる休暇（子の看護休暇、介護休暇及び労働基準法第三十九条の規定による年次有給休暇として与えられるものを除き、出産後の養育について出産前において準備することができる休暇を含む。）を与えるための措置及び次の各号に掲げる当該労働者の区分に応じ当該各号に定める制度又は措置に準じて、それぞれ必要な措置を講ずるよう努めなければならない。

一　その一歳（当該労働者が第五条第三項の規定による申出をすることができる場合にあっては一歳六か月、当該労働者が同条第四項の規定による申出をすることができる場合にあっては二歳。次号において同じ。）に満たない子を養育する労働者（第二十三条第二項に規定する労働者を除く。同号において同じ。）で育児休業をしていないもの　始業時刻変更等の措置

二　その一歳から三歳に達するまでの子を養育する労働者　育児休業に関する制度又は始業時刻変更等の措置

三　その三歳から小学校就学の始期に達するまでの子を養育する労働者　育児休業に関する制度、第十六条の八の規定による所定外労働の制限に関する制度、育児のための所定労働時間の短縮措置又は始業時刻変更等の措置

2　事業主は、その雇用する労働者のうち、その家族を介護する労働者に関して、介護休業若しくは介護休暇に関する制度又は介護のための所定労働時間の短縮等の措置に準じて、その介護を必要とする期間、回数等に配慮した必要な措置を講ずるように努めなければならない。

（職場における育児休業等に関する言動に起因する問題に関する雇用管理上の措置等）

第二十五条　事業主は、職場において行われるその雇用する労働者に対する育児休業、介護休業その他の子の養育又は家族の介護に関する厚生労働省令で定める制度又は措置の利用に関する言動により当該労働者の就業環境が害されることのないよう、当該労働者からの相談に応じ、適切に対応するために必要な体制の整備その他の雇用管理上必要な措置を講じなければならない。

2　事業主は、労働者が前項の相談を行ったこと又は事業主による当該相談への対応に協力した際に事実を述べたことを理由として、当該労働者に対して解雇その他不利益な取扱いをしてはならない。

（職場における育児休業等に関する言動に起因する問題に関する国、事業主及び労働者の責務）

第二十五条の二　国は、労働者の就業環境を害する前条第一項に規定する言動を行ってはならないことその他当該言動に起因する問題（以下この条において「育児休業等関係言動問題」という。）に対する事業主その他国民一般の関心と理解を深めるため、広報活動、啓発活動その他の措置を講ずるように努めなければならない。

2　事業主は、育児休業等関係言動問題に対するその雇用する労働者の関心と理解を深めるとともに、当該労働者が他の労働者に対する言動に必要な注意を払うよう、研修の実施その他の必要な配慮をするほか、国の講ずる前項の措置に協力するように努めなければならない。

3　事業主（その者が法人である場合にあっては、その役員）は、自らも、育児休業等関係言動問題に対する関心と理解を深め、労働者に対する言動に必要な注意を払うように努めなければならない。

4　労働者は、育児休業等関係言動問題に対する関心と理解を深め、他の労働者に対する言動に必要な注意を払うとともに、事業主の講ずる前条第一項の措置に協力するように努めなければならない。

（労働者の配置に関する配慮）

第二十六条　事業主は、その雇用する労働者の配置の変更で就業の場所の変更を伴うものをしようとする場合において、その就業の場所の変更により就業しつつその子の養育又は家族の介護を行うことが困難となることとなる労働者がいるときは、当該労働者の子の養育又は家族の介護の状況に配慮しなければならない。

（再雇用特別措置等）

第二十七条　事業主は、妊娠、出産若しくは育児又は介護を理由として退職した者（以下「育児等退職者」という。）について、必要に応じ、再雇用特別措置（育児等退職者であって、その退職の際に、その就業が可能となったときに当該退職に係る事業の事業主に再び雇用されることの希望を有する旨の申出をしていたものについて、当該事業主が、労働者の募集又は採用に当たって特別の配慮をする措置をいう。第三十条において同じ。）その他これに準ずる措置を実施するよう努めなければならない。

（指針）

第二十八条　厚生労働大臣は、第二十一条から第二十五条まで、第二十六条及び前条の規定に基づき事業主が講ずべき措置等並びに子の養育又は家族の介護を行い、又は行うこととなる労働者の職業生活と家庭生活との両立が図られるようにするために事業主が講ずべきその他の措置に関して、その適切かつ有効な実施を図るための指針となるべき事項を定め、これを公表するものとする。

（職業家庭両立推進者）

第二十九条　事業主は、厚生労働省令で定めるところにより、第二十一条第一項、第二十一条の二から第二十二条の二まで、第二十三条第一項から第三項まで、第二十四条、第二十五条第一項、第二十五条の二第二項、第二十六条及び第二十七条に定める措置等並びに子の養育又は家族の介護を行い、又は行うこととなる労働者の職業生活と家庭生活との両立が図られるようにするために講ずべきその他の措置の適切かつ有効な実施を図るための業務を担当する者を選任するように努めなければならない。

第十章　対象労働者等に対する国等による援助

（事業主等に対する援助）

第三十条　国は、子の養育又は家族の介護を行い、又は行うこととなる労働者（以下「対象労働者」という。）及び育児等退職者（以下「対象労働者等」と総称する。）の雇用の継続、再就職の促進その他これらの者の福祉の増進を図るため、事業主、事業主の団体その他の関係者に対して、対象労働者等の雇用される事業所における雇用管理、再雇用特別措置その他の措置についての相談及び助言、給付金の支給その他の必要な援助を行うことができる。

（相談、講習等）

第三十一条　国は、対象労働者に対して、その職業生活と家庭生活との両立の促進等に資するため、必要な指導、相談、講習その他の措置を講ずるものとする。

2　地方公共団体は、国が講ずる前項の措置に準じた措置を講ずるように努めなければならない。

（再就職の援助）

第三十二条　国は、育児等退職者に対して、その希望するときに再び雇用の機会が与えられるようにするため、職業指導、職業紹介、職業能力の再開発の措置その他の措置が効果的に関連して実施されるように配慮するとともに、育児等退職者の円滑な再就職を図るため必要な援助を行うものとする。

（職業生活と家庭生活との両立に関する理解を深めるための措置）

第三十三条　国は、対象労働者等の職業生活と家庭生活との両立を妨げている職場における慣行その他の諸要因の解消を図るため、対象労働者等の職業生活と家庭生活との両立に関し、事業主、労働者その他国民一般の理解を深めるために必要な広報活動その他の措置を講ずるものとする。

（勤労者家庭支援施設）

第三十四条　地方公共団体は、必要に応じ、勤労者家庭支援施設を設置するように努めなければならない。

2　勤労者家庭支援施設は、対象労働者等に対して、職業生活と家庭生活との両立に関し、各種の相談に応じ、及び必要な指導、講習、実習等を行い、並びに休養及びレクリエーションのための便宜を供与する等対象労働者等の福祉の増進を図るための事業を総合的に行うことを目的とする施設とする。

3　厚生労働大臣は、勤労者家庭支援施設の設置及び運営についての望ましい基準を定めるものとする。

4　国は、地方公共団体に対して、勤労者家庭支援施設の設置及び運営に関し必要な助言、指導その他の援助を行うことができる。

（勤労者家庭支援施設指導員）

第三十五条　勤労者家庭支援施設には、対象労働者等に対する相談及び指導の業務を担当する職員（次項において「勤労者家庭支援施設指導員」という。）を置くように努めなければならない。

2　勤労者家庭支援施設指導員は、その業務について熱意と識見を有し、かつ、厚生労働大臣が定める資格を有する者のうちから選任するものとする。

附　則（抄）

（施行期日）

第一条　この法律は、平成四年四月一日から施行する。

37 学校保健安全法

（昭和三三年四月一〇日
法律第五六号）

題名改正 平成二〇法七三
改正 平成二七・六・二四法四六

第一章 総則

（目的）
第一条 この法律は、学校における児童生徒等及び職員の健康の保持増進を図るため、学校における保健管理に関し必要な事項を定めるとともに、学校における教育活動が安全な環境において実施され、児童生徒等の安全の確保が図られるよう、学校における安全管理に関し必要な事項を定め、もつて学校教育の円滑な実施とその成果の確保に資することを目的とする。

（定義）
第二条 この法律において「学校」とは、学校教育法（昭和二十二年法律第二十六号）第一条に規定する学校をいう。

2 この法律において「児童生徒等」とは、学校に在学する幼児、児童、生徒又は学生をいう。

（国及び地方公共団体の責務）
第三条 国及び地方公共団体は、相互に連携を図り、各学校において保健及び安全に係る取組が確実かつ効果的に実施されるようにするため、学校における保健及び安全に関する最新の知見及び事例を踏まえつつ、財政上の措置その他の必要な施策を講ずるものとする。

2 国は、各学校における安全に係る取組を総合的かつ効果的に推進するため、学校安全の推進に関する計画の策定その他所要の措置を講ずるものとする。

3 地方公共団体は、国が講ずる前項の措置に準じた措置を講ずるように努めなければならない。

第二章 学校保健

第一節 学校の管理運営等

（学校保健に関する学校の設置者の責務）
第四条 学校の設置者は、その設置する学校の児童生徒等及び職員の心身の健康の保持増進を図るため、当該学校の施設及び設備並びに管理運営体制の整備充実その他の必要な措置を講ずるよう努めるものとする。

（学校保健計画の策定等）
第五条 学校においては、児童生徒等及び職員の心身の健康の保持増進を図るため、児童生徒等及び職員の健康診断、環境衛生検査、児童生徒等に対する指導その他保健に関する事項について計画を策定し、これを実施しなければならない。

（学校環境衛生基準）
第六条 文部科学大臣は、学校における換気、採光、照明、保温、清潔保持その他環境衛生に係る事項（学校給食法（昭和二十九年法律第百六十号）第九条第一項（夜間課程を置く高等学校における学校給食に関する法律（昭和三十一年法律第百五十七号）第七条及び特別支援学校の幼稚部及び高等部における学校給食に関する法律（昭和三十二年法律第百十八号）第六条において準用する場合を含む。）に規定する事項を除く。）について、児童生徒等及び職員の健康を保護する上で維持されることが望ましい基準（以下この条において「学校環境衛生基準」という。）を定めるものとする。

2 学校の設置者は、学校環境衛生基準に照らしてその設置する学校の適切な環境の維持に努めなければならない。

3 校長は、学校環境衛生基準に照らし、学校の環境衛生に関し適正を欠く事項があると認めた場合には、遅滞なく、その改善のために必要な措置を講じ、又は当該措置を講ずることができないときは、当該学校の設置者に対し、その旨を申し出るものとする。

（保健室）
第七条 学校には、健康診断、健康相談、保健指導、救急処置その他の保健に関する措置を行うため、保健室を設けるものとする。

第二節 健康相談等

（健康相談）
第八条 学校においては、児童生徒等の心身の健康に関し、健康相談を行うものとする。

（保健指導）
第九条 養護教諭その他の職員は、相互に連携して、健康相談又は児童生徒等の健康状態の日常的な観察により、児童生徒等の心身の状況を把握し、健康上の問題があると認めるときは、遅滞なく、当該児童生徒等に対して必要な指導を行うとともに、必要に応じ、その保護者（学校教育法第十六条に規定する保護者をいう。第二十四条及び第三十条において同じ。）に対して必要な助言を行うものとする。

（地域の医療機関等との連携）
第十条 学校においては、救急処置、健康相談又は保健指導を行うに当たつては、必要に応じ、当該学校の所在する地域の医療機関その他の関係機関との連携を図るよう努めるものとする。

第三節　健康診断

（就学時の健康診断）

第十一条　市（特別区を含む。以下同じ。）町村の教育委員会は、学校教育法第十七条第一項の規定により翌学年の初めから同項に規定する学校に就学させるべき者で、当該市町村の区域内に住所を有するものの就学に当たつて、その健康診断を行わなければならない。

第十二条　市町村の教育委員会は、前条の健康診断の結果に基づき、治療を勧告し、保健上必要な助言を行い、及び学校教育法第十七条第一項に規定する義務の猶予若しくは免除又は特別支援学校への就学に関し指導を行う等適切な措置をとらなければならない。

（児童生徒等の健康診断）

第十三条　学校においては、毎学年定期に、児童生徒等（通信による教育を受ける学生を除く。）の健康診断を行わなければならない。

2　学校においては、必要があるときは、臨時に、児童生徒等の健康診断を行うものとする。

第十四条　学校においては、前条の健康診断の結果に基づき、疾病の予防処置を行い、又は治療を指示し、並びに運動及び作業を軽減する等適切な措置をとらなければならない。

（職員の健康診断）

第十五条　学校の設置者は、毎学年定期に、学校の職員の健康診断を行わなければならない。

2　学校の設置者は、必要があるときは、臨時に、学校の職員の健康診断を行うものとする。

第十六条　学校の設置者は、前条の健康診断の結果に基き、治療を指示し、及び勤務を軽減する等適切な措置をとらなければならない。

（健康診断の方法及び技術的基準等）

第十七条　健康診断の方法及び技術的基準については、文部科学省令で定める。

2　第十一条から前条までに定めるもののほか、健康診断の時期及び検査の項目その他健康診断に関し必要な事項は、前項に規定するものを除き、第十一条の健康診断に関するものについては政令で、第十三条及び第十五条の健康診断に関するものについては文部科学省令で定める。

3　前二項の文部科学省令は、健康増進法（平成十四年法律第百三号）第九条第一項に規定する健康診査等指針と調和が保たれたものでなければならない。

（保健所との連絡）

第十八条　学校の設置者は、この法律の規定による健康診断を行おうとする場合その他政令で定める場合においては、保健所と連絡するものとする。

第四節　感染症の予防

（出席停止）

第十九条　校長は、感染症にかかつており、かかつている疑いがあり、又はかかるおそれのある児童生徒等があるときは、政令で定めるところにより、出席を停止させることができる。

（臨時休業）

第二十条　学校の設置者は、感染症の予防上必要があるときは、臨時に、学校の全部又は一部の休業を行うことができる。

（文部科学省令への委任）

第二十一条　前二条（第十九条の規定に基づく政令を含む。）及び感染症の予防及び感染症の患者に対する医療に関する法律（平成十年法律第百十四号）その他感染症の予防に関して規定する法律（これらの法律に基づく命令を含む。）に定めるもののほか、学校における感染症の予防に関し必要な事項は、文部科学省令で定める。

第五節　学校保健技師並びに学校医、学校歯科医及び学校薬剤師

（学校保健技師）

第二十二条　都道府県の教育委員会の事務局に、学校保健技師を置くことができる。

2　学校保健技師は、学校における保健管理に関する専門的事項について学識経験がある者でなければならない。

3　学校保健技師は、上司の命を受け、学校における保健管理に関し、専門的技術的指導及び技術に従事する。

（学校医、学校歯科医及び学校薬剤師）

第二十三条　学校には、学校医を置くものとする。

2　大学以外の学校には、学校歯科医及び学校薬剤師を置くものとする。

3　学校医、学校歯科医及び学校薬剤師は、それぞれ医師、歯科医師又は薬剤師のうちから、任命し、又は委嘱する。

4　学校医、学校歯科医及び学校薬剤師は、学校における保健管理に関する専門的事項に関し、技術及び指導に従事する。

5　学校医、学校歯科医及び学校薬剤師の職務執行の準則は、文部科学省令で定める。

第六節　地方公共団体の援助及び国の補助

（地方公共団体の援助）
第二十四条　地方公共団体は、その設置する小学校、中学校、義務教育学校、中等教育学校の前期課程又は特別支援学校の小学部若しくは中学部の児童又は生徒が、感染性又は学習に支障を生ずるおそれのある疾病で政令で定めるものにかかり、学校において治療の指示を受けたときは、当該児童又は生徒の保護者で次の各号のいずれかに該当するものに対して、その疾病の治療のための医療に要する費用について必要な援助を行うものとする。
一　生活保護法（昭和二十五年法律第百四十四号）第六条第二項に規定する要保護者
二　生活保護法第六条第二項に規定する要保護者に準ずる程度に困窮している者で政令で定めるもの

（国の補助）
第二十五条　国は、地方公共団体が前条の規定により同条第一号に掲げる者に対して援助を行う場合には、予算の範囲内において、その援助に要する経費の一部を補助することができる。
2　前項の規定により国が補助を行う場合の補助の基準については、政令で定める。

第三章　学校安全

（学校安全に関する学校の設置者の責務）
第二十六条　学校の設置者は、児童生徒等の安全の確保を図るため、その設置する学校において、事故、加害行為、災害等（以下この条及び第二十九条第三項において「事故等」という。）により児童生徒等に生ずる危険を防止し、及び事故等により児童生徒等に危険又は危害が現に生じた場合（同条第一項及び第二項において「危険等発生時」という。）において適切に対処することができるよう、当該学校の施設及び設備並びに管理運営体制の整備充実その他の必要な措置を講ずるよう努めるものとする。

（学校安全計画の策定等）
第二十七条　学校においては、児童生徒等の安全の確保を図るため、当該学校の施設及び設備の安全点検、児童生徒等に対する通学を含めた学校生活その他の日常生活における安全に関する指導、職員の研修その他学校における安全に関する事項について計画を策定し、これを実施しなければならない。

（学校環境の安全の確保）
第二十八条　校長は、当該学校の施設又は設備について、児童生徒等の安全の確保を図る上で支障となる事項があると認めた場合には、遅滞なく、その改善を図るために必要な措置を講じ、又は当該措置を講ずることができないときは、当該学校の設置者に対し、その旨を申し出るものとする。

（危険等発生時対処要領の作成等）
第二十九条　学校においては、児童生徒等の安全の確保を図るため、当該学校の実情に応じて、危険等発生時において当該学校の職員がとるべき措置の具体的内容及び手順を定めた対処要領（次項において「危険等発生時対処要領」という。）を作成するものとする。
2　校長は、危険等発生時対処要領の職員に対する周知、訓練の実施その他の危険等発生時において職員が適切に対処するために必要な措置を講ずるものとする。
3　学校においては、事故等により児童生徒等に危害が生じた場合において、当該児童生徒等及び当該事故等により心理的外傷その他の心身の健康に対する影響を受けた児童生徒等その他の関係者の心身の健康を回復させるため、これらの者に対して必要な支援を行うものとする。この場合においては、第十条の規定を準用する。

（地域の関係機関等との連携）
第三十条　学校においては、児童生徒等の安全の確保を図るため、児童生徒等の保護者との連携を図るとともに、当該学校が所在する地域の実情に応じて、当該地域を管轄する警察署その他の関係機関、地域の安全を確保するための活動を行う団体その他の関係団体、当該地域の住民その他の関係者との連携を図るよう努めるものとする。

第四章　雑則

（学校の設置者の事務の委任）
第三十一条　学校の設置者は、他の法律に特別の定めがある場合のほか、この法律に基づき処理すべき事務を校長に委任することができる。

（専修学校の保健管理等）
第三十二条　専修学校には、保健管理に関する専門的事項に関し、技術及び指導を行う医師を置くように努めなければならない。
2　専修学校には、健康診断、健康相談、保健指導、救急処置等を行うため、保健室を設けるように努めなければならない。
3　第三条から第六条まで、第八条から第十条まで、第十三条から第二十一条まで及び第二十六条から前条までの規定は、専修学校に準用する。

附　則（抄）

（施行期日）

1　この法律中第十七条及び第十八条第一項の規定は昭和三十三年十月一日から、その他の規定は同年六月一日から施行する。

38 学校保健安全法施行令（抄）

（昭和三三年六月一〇日 政令第一七四号）

題名改正　平成二一政五三

改正　平成二七・一二・一六政四二一

（就学時の健康診断の時期）

第一条　学校保健安全法（昭和三十三年法律第五十六号。以下「法」という。）第十一条の健康診断（以下「就学時の健康診断」という。）は、学校教育法施行令（昭和二十八年政令第三百四十号）第二条の規定により学齢簿が作成された後翌学年の初めから四月前（同令第五条、第七条、第十一条、第十四条、第十五条及び第十八条の二に規定する就学に関する手続の実施に支障がない場合にあつては、三月前）までの間に行うものとする。

2　前項の規定にかかわらず、市町村の教育委員会は、同項の規定により定めた就学時の健康診断の実施日の翌日以後に当該市町村の教育委員会が作成した学齢簿に新たに就学予定者（学校教育法施行令第五条第一項に規定する就学予定者をいう。以下この項において同じ。）が記載された場合において、当該就学予定者が他の市町村の教育委員会が行う就学時の健康診断を受けていないときは、当該就学予定者について、速やかに就学時の健康診断を行うものとする。

（検査の項目）

第二条　就学時の健康診断における検査の項目は、次のとおりとする。

一　栄養状態

二　脊《せき》柱及び胸郭の疾病及び異常の有無

三　視力及び聴力

四　眼の疾病及び異常の有無

五　耳鼻咽《いん》頭疾患及び皮膚疾患の有無

六　歯及び口腔《くう》の疾病及び異常の有無

七　その他の疾病及び異常の有無

（保護者への通知）

第三条　市（特別区を含む。以下同じ。）町村の教育委員会は、就学時の健康診断を行うに当たつて、あらかじめ、その日時、場所及び実施の要領等を法第十一条に規定する者の学校教育法（昭和二十二年法律第二十六号）第十六条に規定する保護者（以下「保護者」という。）に通知しなければならない。

（就学時健康診断票）

第四条　市町村の教育委員会は、就学時の健康診断を行つたときは、文部科学省令で定める様式により、就学時健康診断票を作成しなければならない。

2　市町村の教育委員会は、翌学年の初めから十五日前までに、就学時健康診断票を就学時の健康診断を受けた者の入学する学校の校長に送付しなければならない。

（保健所と連絡すべき場合）

第五条　法第十八条の政令で定める場合は、次に掲げる場合とする。

一　法第十九条の規定による出席停止が行われた場合

二　法第二十条の規定による学校の休業を行つた場合

（出席停止の指示）

第六条　校長は、法第十九条の規定により出席を停止させようとするときは、その理由及び期間を明らかにして、幼児、児童又は生徒（高等学校（中等教育学校の後期課程及び特別支援学校の高等部を含む。以下同じ。）の生徒を除く。）にあつてはその保護者に、高等学校の生徒又は学生にあつては当該生徒又は学生にこれを指示しなければならない。

2　出席停止の期間は、感染症の種類等に応じて、文部科学省令で定める基準による。

（出席停止の報告）

第七条　校長は、前条第一項の規定による指示をしたときは、文部科学省令で定めるところにより、その旨を学校の設置者に報告しなければならない。

（感染性又は学習に支障を生ずるおそれのある疾病）

第八条　法第二十四条の政令で定める疾病は、次に掲げるものとする。

一　トラコーマ及び結膜炎

二　白癬《せん》、疥癬《かいせん》及び膿痂疹《のうかしん》

三　中耳炎

四　慢性副鼻腔《くう》炎及びアデノイド

五　齲《う》歯

六　寄生虫病（虫卵保有を含む。）

附　則（抄）

（施行期日）

1　この政令中第七条、第八条及び第九条第一項から第三項までの規定は昭和三十三年十月一日から、その他の規定は公布の日［昭33・6・10］から施行する。

39 学校保健安全法施行規則（抄）

（昭和三三年六月一三日 文部省令第一八号）

題名改正　平成二一文科令一〇
改正　令和五・四・二八文科令二二

第一章　環境衛生検査等

（環境衛生検査）

第一条　学校保健安全法（昭和三十三年法律第五十六号。以下「法」という。）第五条の環境衛生検査は、他の法令に基づくもののほか、毎学年定期に、法第六条に規定する学校環境衛生基準に基づき行わなければならない。

2　学校においては、必要があるときは、臨時に、環境衛生検査を行うものとする。

（日常における環境衛生）

第二条　学校においては、前条の環境衛生検査のほか、日常的な点検を行い、環境衛生の維持又は改善を図らなければならない。

第二章　健康診断

第一節　就学時の健康診断

（方法及び技術的基準）

第三条　法第十一条の健康診断の方法及び技術的基準は、次の各号に掲げる検査の項目につき、当該各号に定めるとおりとする。

一　栄養状態は、皮膚の色沢、皮下脂肪の充実、筋骨の発達、貧血の有無等について検査し、栄養不良又は肥満傾向で特に注意を要する者の発見につとめる。

二　脊《せき》柱の疾病及び異常の有無は、形態等について検査し、側わん症等に注意する。

三　胸郭の異常の有無は、形態及び発育について検査する。

四　視力は、国際標準に準拠した視力表を用いて左右各別に裸眼視力を検査し、眼鏡を使用している者については、当該眼鏡を使用している場合の矯《きょう》正視力についても検査する。

五　聴力は、オージオメータを用いて検査し、左右各別に聴力障害の有無を明らかにする。

六　眼の疾病及び異常の有無は、感染性眼疾患その他の外眼部疾患及び眼位の異常等に注意する。

七　耳鼻咽《いん》頭疾患の有無は、耳疾患、鼻・副鼻腔《くう》疾患、口腔《くう》咽《いん》喉《こう》頭疾患及び音声言語異常等に注意する。

八　皮膚疾患の有無は、感染性皮膚疾患、アレルギー疾患等による皮膚の状態に注意する。

九　歯及び口腔《くう》の疾病及び異常の有無は、齲《う》歯、歯周疾患、不正咬《こう》合その他の疾病及び異常について検査する。

十　その他の疾病及び異常の有無は、知能及び呼吸器、循環器、消化器、神経系等について検査するものとし、知能については適切な検査によつて知的障害の発見につとめ、呼吸器、循環器、消化器、神経系等については臨床医学的検査その他の検査によつて結核疾患、心臓疾患、腎《じん》臓疾患、ヘルニア、言語障害、精神神経症その他の精神障害、骨、関節の異常及び四肢運動障害等の発見につとめる。

第二節　児童生徒等の健康診断

（時期）

第五条　法第十三条第一項の健康診断は、毎学年、六月三十日までに行うものとする。ただし、疾病その他やむを得ない事由によつて当該期日に健康診断を受けることのできなかつた者に対しては、その事由のなくなつた後すみやかに健康診断を行うものとする。

2　第一項の健康診断における結核の有無の検査において結核発病のおそれがあると診断された者（第六条第三項第四号に該当する者に限る。）については、おおむね六か月の後に再度結核の有無の検査を行うものとする。

（検査の項目）

第六条　法第十三条第一項の健康診断における検査の項目は、次のとおりとする。

一　身長及び体重
二　栄養状態
三　脊柱及び胸郭の疾病及び異常の有無並びに四肢の状態
四　視力及び聴力
五　眼の疾病及び異常の有無
六　耳鼻咽《いん》頭疾患及び皮膚疾患の有無
七　歯及び口腔《くう》の疾病及び異常の有無
八　結核の有無
九　心臓の疾病及び異常の有無
十　尿
十一　その他の疾病及び異常の有無

2　前項各号に掲げるもののほか、胸囲及び肺活量、背筋力、握力等の機能を、検査の項目に加えることができる。

3　第一項第八号に掲げるものの検査は、次の各号に掲げる学年において行うものとする。

一　小学校（義務教育学校の前期課程及び特別支援学校の小学部を含む。以下この条、第七条第六項及び第十一条において同じ。）の全学年
二　中学校（義務教育学校の後期課程、中等教育学校の前期課程及び特別支援学校の中学部を含む。以下この条、第七条第六項及び第十一条において同じ。）の全学年
三　高等学校（中等教育学校の後期課程及び特別支援学校の高等部を含む。以下この条、第七条第六項及び第十一条において同じ。）及び高等専門学校の第一学年
四　大学の第一学年

4　第一項各号に掲げる検査の項目のうち、小学校の第四学年及び第六学年、中学校及び高等学校の第二学年並びに高等専門学校の第二学年及び第四学年においては第四号に掲げるもののうち聴力を、大学においては第三号、第四号、第七号及び第十号に掲げるものを、それぞれ検査の項目から除くことができる。

（臨時の健康診断）

第十条　法第十三条第二項の健康診断は、次に掲げるような場合で必要があるときに、必要な検査の項目について行うものとする。

一　感染症又は食中毒の発生したとき。
二　風水害等により感染症の発生のおそれのあるとき。
三　夏季における休業日の直前又は直後。
四　結核、寄生虫病その他の疾病の有無について検査を行う必要のあるとき。
五　卒業のとき。

（保健調査）

第十一条　法第十三条の健康診断を的確かつ円滑に実施するため、当該健康診断を行うに当つては、小学校、中学校、高等学校及び高等専門学校においては全学年において、幼稚園及び大学においては必要と認めるときに、あらかじめ児童生徒等の発育、健康状態等に関する調査を行うものとする。

第三章　感染症の予防

（感染症の種類）

第十八条　学校において予防すべき感染症の種類は、次のとおりとする。

一　第一種　エボラ出血熱、クリミア・コンゴ出血熱、痘そう、南米出血熱、ペスト、マールブルグ病、ラッサ熱、急性灰白髄炎、ジフテリア、重症急性呼吸器症候群（病原体がベータコロナウイルス属SARSコロナウイルスであるものに限る。）、中東呼吸器症候群（病原体がベータコロナウイルス属MERSコロナウイルスであるものに限る。）及び特定鳥インフルエンザ（感染症の予防及び感染症の患者に対する医療に関する法律（平成十年法律第百十四号）第六条第三項第六号に規定する特定鳥インフルエンザをいう。次号及び第十九条第二号イにおいて同じ。）
二　第二種　インフルエンザ（特定鳥インフルエンザを除く。）、百日咳《せき》、麻しん、流行性耳下腺炎、風しん、水痘、咽頭結膜熱、新型コロナウイルス感染症（病原体がベータコロナウイルス属のコロナウイルス（令和二年一月に、中華人民共和国から

世界保健機関に対して、人に伝染する能力を有することが新たに報告されたものに限る。）であるものに限る。次条第二号チにおいて同じ。）結核及び髄膜炎菌性髄膜炎

三　第三種　コレラ、細菌性赤痢、腸管出血性大腸菌感染症、腸チフス、パラチフス、流行性角結膜炎、急性出血性結膜炎その他の感染症

2　感染症の予防及び感染症の患者に対する医療に関する法律第六条第七項から第九項までに規定する新型インフルエンザ等感染症、指定感染症及び新感染症は、前項の規定にかかわらず、第一種の感染症とみなす。

（出席停止の期間の基準）

第十九条　令第六条第二項の出席停止の期間の基準は、前条の感染症の種類に従い、次のとおりとする。

一　第一種の感染症にかかつた者については、治癒するまで。

二　第二種の感染症（結核及び髄膜炎菌性髄膜炎を除く。）にかかつた者については、次の期間。ただし、病状により学校医その他の医師において感染のおそれがないと認めたときは、この限りでない。

イ　インフルエンザ（特定鳥インフルエンザ及び新型インフルエンザ等感染症を除く。）にあつては、発症した後五日を経過し、かつ、解熱した後二日（幼児にあつては、三日）を経過するまで。

ロ　百日咳《せき》にあつては、特有の咳《せき》が消失するまで又は五日間の適正な抗菌性物質製剤による治療が終了するまで。

ハ　麻しんにあつては、解熱した後三日を経過するまで。

ニ　流行性耳下腺炎にあつては、耳下腺、顎下腺又は舌下腺の腫脹《ちょう》が発現した後五日を経過し、かつ、全身状態が良好になるまで。

ホ　風しんにあつては、発しんが消失するまで。

ヘ　水痘にあつては、すべての発しんが痂《か》皮化するまで。

ト　咽頭結膜熱にあつては、主要症状が消退した後二日を経過するまで。

チ　新型コロナウイルス感染症にあつては、発症した後五日を経過し、かつ、症状が軽快した後一日を経過するまで。

三　結核、髄膜炎菌性髄膜炎及び第三種の感染症にかかつた者については、病状により学校医その他の医師において感染のおそれがないと認めるまで。

四　第一種若しくは第二種の感染症患者のある家に居住する者又はこれらの感染症にかかつている疑いがある者については、予防処置の施行の状況その他の事情により学校医その他の医師において感染のおそれがないと認めるまで。

五　第一種又は第二種の感染症が発生した地域から通学する者については、その発生状況により必要と認めたとき、学校医の意見を聞いて適当と認める期間。

六　第一種又は第二種の感染症の流行地を旅行した者については、その状況により必要と認めたとき、学校医の意見を聞いて適当と認める期間。

（出席停止の報告事項）

第二十条　令第七条の規定による報告は、次の事項を記載した書面をもつてするものとする。

一　学校の名称

二　出席を停止させた理由及び期間

三　出席停止を指示した年月日

四　出席を停止させた児童生徒等の学年別人員数

五　その他参考となる事項

（感染症の予防に関する細目）

第二十一条　校長は、学校内において、感染症にかかつており、又はかかつている疑いがある児童生徒等を発見した場合において、必要と認めるときは、学校医に診断させ、法第十九条の規定による出席停止の指示をするほか、消毒その他適当な処置をするものとする。

2　校長は、学校内に、感染症の病毒に汚染し、又は汚染した疑いがある物件があるときは、消毒その他適当な処置をするものとする。

3　学校においては、その附近において、第一種又は第二種の感染症が発生したときは、その状況により適当な清潔方法を行うものとする。

第六章　安全点検等

（安全点検）

第二十八条　法第二十七条の安全点検は、他の法令に基づくもののほか、毎学期一回以上、児童生徒等が通常使用する施設及び設備の異常の有無について系統的に行わなければならない。

2　学校においては、必要があるときは、臨時に、安全点検を行うものとする。

（日常における環境の安全）

第二十九条　学校においては、前条の安全点検のほか、設備等について日常的な点検を行い、環境の安全の確保を図らなければならない。

（自動車を運行する場合の所在の確認）
第二十九条の二　学校においては、児童生徒等の通学、校外における学習のための移動その他の児童生徒等の移動のために自動車を運行するときは、児童生徒等の乗車及び降車の際に、点呼その他の児童生徒等の所在を確実に把握することができる方法により、児童生徒等の所在を確認しなければならない。
2　幼稚園及び特別支援学校においては、通学を目的とした自動車（運転者席及びこれと並列の座席並びにこれらより一つ後方に備えられた前向きの座席以外の座席を有しないものその他利用の態様を勘案してこれと同程度に児童生徒等の見落としのおそれが少ないと認められるものを除く。）を運行するときは、当該自動車にブザーその他の車内の児童生徒等の見落としを防止する装置を備え、これを用いて前項に定める所在の確認（児童生徒等の自動車からの降車の際に限る。）を行わなければならない。

附　則（抄）

（施行期日）
1　この省令［中略］は公布の日［昭33・6・13］から施行する。

40 母子保健法（抄）

（昭和四〇年八月一八日法律第一四一号）
改正　令和四・六・二二法七六

第一章　総則

（目的）
第一条　この法律は、母性並びに乳児及び幼児の健康の保持及び増進を図るため、母子保健に関する原理を明らかにするとともに、母性並びに乳児及び幼児に対する保健指導、健康診査、医療その他の措置を講じ、もつて国民保健の向上に寄与することを目的とする。

（母性の尊重）
第二条　母性は、すべての児童がすこやかに生まれ、かつ、育てられる基盤であることにかんがみ、尊重され、かつ、保護されなければならない。

（乳幼児の健康の保持増進）
第三条　乳児及び幼児は、心身ともに健全な人として成長してゆくために、その健康が保持され、かつ、増進されなければならない。

（母性及び保護者の努力）
第四条　母性は、みずからすすんで、妊娠、出産又は育児についての正しい理解を深め、その健康の保持及び増進に努めなければならない。
2　乳児又は幼児の保護者は、みずからすすんで、育児についての正しい理解を深め、乳児又は幼児の健康の保持及び増進に努めなければならない。

（国及び地方公共団体の責務）
第五条　国及び地方公共団体は、母性並びに乳児及び幼児の健康の保持及び増進に努めなければならない。
2　国及び地方公共団体は、母性並びに乳児及び幼児の健康の保持及び増進に関する施策を講ずるに当たつては、当該施策が乳児及び幼児に対する虐待の予防及び早期発見に資するものであることに留意するとともに、その施策を通じて、前三条に規定する母子保健の理念が具現されるように配慮しなければならない。

（用語の定義）
第六条　この法律において「妊産婦」とは、妊娠中又は出産後一年以内の女子をいう。
2　この法律において「乳児」とは、一歳に満たない者をいう。
3　この法律において「幼児」とは、満一歳から小学校就学の始期に達するまでの者をいう。
4　この法律において「保護者」とは、親権を行う者、未成年後見人その他の者で、乳児又は幼児を現に監護する者をいう。
5　この法律において「新生児」とは、出生後二十八日を経過しない乳児をいう。
6　この法律において「未熟児」とは、身体の発育が未熟のまま出生した乳児であつて、正常児が出生時に有する諸機能を得るに至るまでのものをいう。

第二章　母子保健の向上に関する措置

（知識の普及）
第九条　都道府県及び市町村は、母性又は乳児若しくは幼児の健康の保持及び増進のため、妊娠、出産又は育児に関し、個別的又は集団的に、必要な指導及び助言を行い、並びに地域住民の活動を支援すること等により、母子保健に関する知識の普及に努めなければならない。

（相談及び支援）

第九条の二　市町村は、母性又は乳児若しくは幼児の健康の保持及び増進のため、母子保健に関する相談に応じなければならない。

2　市町村は、母性並びに乳児及び幼児の心身の状態に応じ、健康の保持及び増進に関する支援を必要とする者について、母性並びに乳児及び幼児に対する支援に関する計画の作成その他の内閣府令で定める支援を行うものとする。

（保健指導）

第十条　市町村は、妊産婦若しくはその配偶者又は乳児若しくは幼児の保護者に対して、妊娠、出産又は育児に関し、必要な保健指導を行い、又は医師、歯科医師、助産師若しくは保健師について保健指導を受けることを勧奨しなければならない。

（健康診査）

第十二条　市町村は次に掲げる者に対し、内閣府令の定めるところにより、健康診査を行わなければならない。

一　満一歳六か月を超え満二歳に達しない幼児

二　満三歳を超え満四歳に達しない幼児

2　前項の内閣府令は、健康増進法（平成十四年法律第百三号）第九条第一項に規定する健康診査等指針（第十六条第四項において単に「健康診査等指針」という。）と調和が保たれたものでなければならない。

（妊娠の届出）

第十五条　妊娠した者は、内閣府令で定める事項につき、速やかに、市町村長に妊娠の届出をするようにしなければならない。

（母子健康手帳）

第十六条　市町村は、妊娠の届出をした者に対して、母子健康手帳を交付しなければならない。

2　妊産婦は、医師、歯科医師、助産師又は保健師について、健康診査又は保健指導を受けたときは、その都度、母子健康手帳に必要な事項の記載を受けなければならない。乳児又は幼児の健康診査又は保健指導を受けた当該乳児又は幼児の保護者についても同様とする。

3　母子健康手帳の様式は、内閣府令で定める。

4　前項の内閣府令は、健康診査等指針と調和が保たれたものでなければならない。

（妊産婦の訪問指導等）

第十七条　第十三条第一項の規定による健康診査を行つた市町村の長は、その結果に基づき、当該妊産婦の健康状態に応じ、保健指導を要する者については、医師、助産師、保健師又はその他の職員をして、その妊産婦を訪問させて必要な指導を行わせ、妊娠又は出産に支障を及ぼすおそれがある疾病にかかつている疑いのある者については、医師又は歯科医師の診療を受けることを勧奨するものとする。

2　市町村は、妊産婦が前項の勧奨に基づいて妊娠又は出産に支障を及ぼすおそれがある疾病につき医師又は歯科医師の診療を受けるために必要な援助を与えるように努めなければならない。

（低体重児の届出）

第十八条　体重が二千五百グラム未満の乳児が出生したときは、その保護者は、速やかに、その旨をその乳児の現在地の市町村に届け出なければならない。

（未熟児の訪問指導）

第十九条　市町村長は、その区域内に現在地を有する未熟児について、養育上必要があると認めるときは、医師、保健師、助産師又はその他の職員をして、その未熟児の保護者を訪問させ、必要な指導を行わせるものとする。

2　第十一条第二項の規定は、前項の規定による訪問指導に準用する。

（健康診査に関する情報の提供の求め）

第十九条の二　市町村は、妊産婦若しくは乳児若しくは幼児であつて、かつて当該市町村以外の市町村（以下この項において「他の市町村」という。）に居住していた者又は当該妊産婦の配偶者若しくは当該乳児若しくは幼児の保護者に対し、第九条の二第一項の相談、同条第二項の支援、第十条の保健指導、第十一条、第十七条第一項若しくは前条の訪問指導、第十二条第一項若しくは第十三条第一項の健康診査又は第二十二条第一項第二号から第五号までに掲げる事業を行うために必要があると認めるときは、当該他の市町村に対し、内閣府令で定めるところにより、当該妊産婦又は乳児若しくは幼児に対する第十二条第一項又は第十三条第一項の健康診査に関する情報の提供を求めることができる。

2　市町村は、前項の規定による情報の提供の求めについては、電子情報処理組織を使用する方法その他の情報通信の技術を利用する方法であつて内閣府令で定めるものにより行うよう努めなければならない。

（養育医療）

第二十条　市町村は、養育のため病院又は診療所に入院することを必要とする未熟児に対し、その養育に必要な医療（以下「養育医療」という。）の給付を行い、又はこれに代えて養育医療に要する費用を支給することができる。

2 前項の規定による費用の支給は、養育医療の給付が困難であると認められる場合に限り、行なうことができる。

3 養育医療の給付の範囲は、次のとおりとする。

一 診察

二 薬剤又は治療材料の支給

三 医学的処置、手術及びその他の治療

四 病院又は診療所への入院及びその療養に伴う世話その他の看護

五 移送

4 養育医療の給付は、都道府県知事が次項の規定により指定する病院若しくは診療所又は薬局(以下「指定養育医療機関」という。)に委託して行うものとする。

5 都道府県知事は、病院若しくは診療所又は薬局の開設者の同意を得て、第一項の規定による養育医療を担当させる機関を指定する。

6 第一項の規定により支給する費用の額は、次項の規定により準用する児童福祉法第十九条の十二の規定により指定養育医療機関が請求することができる診療報酬の例により算定した額のうち、本人及びその扶養義務者(民法(明治二十九年法律第八十九号)に定める扶養義務者をいう。第二十一条の四第一項において同じ。)が負担することができないと認められる額とする。

7 児童福祉法第十九条の十二、第十九条の二十及び第二十一条の三の規定は養育医療の給付について、同法第二十条第七項及び第八項並びに第二十一条の規定は指定養育医療機関について、それぞれ準用する。この場合において、同法第十九条の十二中「診療方針」とあるのは「診療方針及び診療報酬」と、同条第二項中「厚生労働大臣」とあるのは「内閣総理大臣」と、同法第十九条の二十(第二項を除く。)中「小児慢性特定疾病医療費の」とあるのは「診療報酬の」と、同条第一項中「第十九条の三第十項」とあるのは「母子保健法第二十条第七項において読み替えて準用する第十九条の十二」と、同条第四項中「都道府県」とあるのは「市町村」と、「厚生労働省令」とあるのは「内閣府令」と、同法第二十一条の三第二項中「都道府県の」とあるのは「市町村の」と読み替えるものとする。

(費用の支弁)

第二十一条 市町村が行う第十二条第一項の規定による健康診査に要する費用及び第二十条の規定による措置に要する費用は、当該市町村の支弁とする。

(都道府県の負担)

第二十一条の二 都道府県は、政令の定めるところにより、前条の規定により市町村が支弁する費用のうち、第二十条の規定による措置に要する費用については、その四分の一を負担するものとする。

(国の負担)

第二十一条の三 国は、政令の定めるところにより、第二十一条の規定により市町村が支弁する費用のうち、第二十条の規定による措置に要する費用については、その二分の一を負担するものとする。

(費用の徴収)

第二十一条の四 第二十条の規定による養育医療の給付に要する費用を支弁した市町村長は、当該措置を受けた者又はその扶養義務者から、その負担能力に応じて、当該措置に要する費用の全部又は一部を徴収することができる。

2 前項の規定による費用の徴収は、徴収されるべき者の居住地又は財産所在地の市町村に嘱託することができる。

3 第一項の規定により徴収される費用を、指定の期限内に納付しない者があるときは、地方税の滞納処分の例により処分することができる。この場合における徴収金の先取特権の順位は、国税及び地方税に次ぐものとする。

第三章 こども家庭センターの母子保健事業

第二十二条 こども家庭センターは、児童福祉法第十条の二第二項各号に掲げる業務のほか、母性並びに乳児及び幼児の健康の保持及び増進に関する包括的な支援を行うことを目的として、第一号から第四号までに掲げる事業又はこれらの事業に併せて第五号に掲げる事業を行うものとする。

一 母性並びに乳児及び幼児の健康の保持及び増進に関する支援に必要な実情の把握を行うこと。

二 母子保健に関する各種の相談に応ずること。

三 母性並びに乳児及び幼児に対する保健指導を行うこと。

四 母性及び児童の保健医療に関する機関との連絡調整並びに第九条の二第二項の内閣府令で定める支援を行うこと。

五 健康診査、助産その他の母子保健に関する事業を行うこと(前各号に掲げる事業を除く。)。

2 市町村は、こども家庭センターにおいて、第九条の指導及び助言、第九条の二第一項の相談並びに第十条の保健指導を行うに当たつては、児童福祉法第二十一条の十一第一項の情報の収集及び提供、相談並びに助言並びに同条第二項のあつせん、調整及び要請と一体的に行うように努めなければならない。

第四章　雑則

（権限の委任）

第二十八条　内閣総理大臣は、この法律に規定する内閣総理大臣の権限（政令で定めるものを除く。）をこども家庭庁長官に委任する。

2　こども家庭庁長官は、政令で定めるところにより、前項の規定により委任された権限の一部を地方厚生局長又は地方厚生支局長に委任することができる。

附　則（抄）

（施行期日）

第一条　この法律は、公布の日から起算して六箇月をこえない範囲内において政令で定める日［昭41・1・1］から施行する。

41 予防接種法（抄）

（昭和二三年六月三〇日 法律第六八号）

改正　令和五・五・一九法三一

［編集部注］未施行分は傍線を付した。

第一章　総則

（目的）

第一条　この法律は、伝染のおそれがある疾病の発生及びまん延を予防するために公衆衛生の見地から予防接種の実施その他必要な措置を講ずることにより、国民の健康の保持に寄与するとともに、予防接種による健康被害の迅速な救済を図ることを目的とする。

（定義）

第二条　この法律において「予防接種」とは、疾病に対して免疫の効果を得させるため、疾病の予防に有効であることが確認されているワクチンを、人体に注射し、又は接種することをいう。

2　この法律において「A類疾病」とは、次に掲げる疾病をいう。

一　ジフテリア

二　百日せき

三　急性灰白髄炎

四　麻しん

五　風しん

六　日本脳炎

七　破傷風

八　結核

九　Hib感染症

十　肺炎球菌感染症（小児がかかるものに限る。）

十一　ヒトパピローマウイルス感染症

十二　新型インフルエンザ等感染症（感染症の予防及び感染症の患者に対する医療に関する法律（平成十年法律第百十四号。以下「感染症法」という。）第六条第七項に規定する新型インフルエンザ等感染症をいう。次項第二号及び第五十三条第一項第一号において同じ。）、指定感染症（感染症法第六条第八項に規定する指定感染症をいう。次項第二号及び第五十三条第一項第二号において同じ。）又は新感染症（感染症法第六条第九項に規定する新感染症をいう。次項第二号及び第五十三条第一項第三号において同じ。）であつて、その全国的かつ急速なまん延により国民の生命及び健康に重大な影響を与えるおそれがあると認められる疾病として政令で定める疾病

十三　前各号に掲げる疾病のほか、人から人に伝染することによるその発生及びまん延を予防するため、又はかかつた場合の病状の程度が重篤になり、若しくは重篤になるおそれがあることからその発生及びまん延を予防するため特に予防接種を行う必要があると認められる疾病として政令で定める疾病

3　この法律において「B類疾病」とは、次に掲げる疾病をいう。

一　インフルエンザ

二　新型インフルエンザ等感染症、指定感染症又は新感染症であつて政令で定める疾病

三　前二号に掲げる疾病のほか、個人の発病又はその重症化を防止し、併せてこれによりそのまん延の予防に資するため特に予防接種を行う必要があると認められる疾病として政令で定める疾病

で定める疾病

4　この法律において「定期の予防接種」とは、第五条第一項の規定による予防接種をいう。

5　この法律において「臨時の予防接種」とは、第六条第一項から第三項までの規定による予防接種をいう。

6　この法律において「定期の予防接種等」とは、定期の予防接種又は臨時の予防接種をいう。

7　この法律において「保護者」とは、親権を行う者又は後見人をいう。

第三章　定期の予防接種等の実施

（市町村長が行う予防接種）

第五条　市町村長は、A類疾病及びB類疾病のうち政令で定めるものについて、当該市町村の区域内に居住する者であって政令で定めるものに対し、保健所長（特別区及び地域保健法（昭和二十二年法律第百一号）第五条第一項の規定に基づく政令で定める市（第十条において「保健所を設置する市」という。）にあっては、都道府県知事）の指示を受け期日又は期間を指定して、予防接種を行わなければならない。

2　都道府県知事は、前項に規定する疾病のうち政令で定めるものについて、当該疾病の発生状況等を勘案して、当該都道府県の区域のうち当該疾病に係る予防接種を行う必要がないと認められる区域を指定することができる。

3　前項の規定による指定があったときは、その区域の全部が当該指定に係る区域に含まれる市町村の長は、第一項の規定にかかわらず、当該指定に係る疾病について予防接種を行うことを要しない。

（臨時に行う予防接種）

第六条　都道府県知事は、A類疾病及びB類疾病のうち厚生労働大臣が定めるもののまん延予防上緊急の必要があると認めるときは、その対象者及びその期日又は期間を指定して、臨時に予防接種を行い、又は市町村長に行うよう指示することができる。

2　厚生労働大臣は、前項に規定する疾病のまん延予防上緊急の必要があると認めるときは、その対象者及びその期日又は期間を指定して、都道府県知事に対し、又は都道府県知事を通じて市町村長に対し、臨時に予防接種を行うよう指示することができる。

3　厚生労働大臣は、A類疾病のうち当該疾病の全国的かつ急速なまん延により国民の生命及び健康に重大な影響を与えるおそれがあると認められるものとして厚生労働大臣が定めるもののまん延予防上緊急の必要があると認めるときは、その対象者及びその期日又は期間を指定して、都道府県知事に対し、又は都道府県知事を通じて市町村長に対し、臨時に予防接種を行うよう指示することができる。

4　市町村長が前二項の規定による予防接種を行う場合において、都道府県知事は、当該都道府県の区域内で円滑に当該予防接種が行われるよう、当該市町村長に対し、必要な協力をするものとする。

（予防接種を受ける努力義務）

第九条　定期の予防接種であってA類疾病に係るもの又は臨時の予防接種（B類疾病のうち当該疾病にかかった場合の病状の程度を考慮して厚生労働大臣が定めるもの（第四十八条第六号及び第五十二条において「特定B類疾病」という。）に係るものを除く。次項及び次条において同じ。）の対象者は、これらの予防接種を受けるよう努めなければならない。

2　前項の対象者が十六歳未満の者又は成年被後見人であるときは、その保護者は、その者に定期の予防接種であってA類疾病に係るもの又は臨時の予防接種を受けさせるため必要な措置を講ずるよう努めなければならない。

附　則（抄）

（施行期日）

第一条　この法律は、昭和二十三年七月一日から、これを施行する。［後略］

附　則（令和四法九六）（抄）

（施行期日）

第一条　［略］次の各号に掲げる規定は、当該各号に定める日から施行する。

一～三　［略］

四　［略］公布の日から起算して三年六月を超えない範囲内において政令で定める日［令7・6・8まで］［条文中傍線┄┄］

42 食育基本法（抄）

（平成一七年六月一七日 法律第六三号）

改正 平成二七・九・一一法六六

二十一世紀における我が国の発展のためには、子どもたちが健全な心と身体を培い、未来や国際社会に向かって羽ばたくことができるようにするとともに、すべての国民が心身の健康を確保し、生涯にわたって生き生きと暮らすことができるようにすることが大切である。

子どもたちが豊かな人間性をはぐくみ、生きる力を身に付けていくためには、何よりも「食」が重要である。今、改めて、食育を、生きる上での基本であって、知育、徳育及び体育の基礎となるべきものと位置付けるとともに、様々な経験を通じて「食」に関する知識と「食」を選択する力を習得し、健全な食生活を実践することができる人間を育てる食育を推進することが求められている。もとより、食育はあらゆる世代の国民に必要なものであるが、子どもたちに対する食育は、心身の成長及び人格の形成に大きな影響を及ぼし、生涯にわたって健全な心と身体を培い豊かな人間性をはぐくんでいく基礎となるものである。

一方、社会経済情勢がめまぐるしく変化し、日々忙しい生活を送る中で、人々は、毎日の「食」の大切さを忘れがちである。国民の食生活においては、栄養の偏り、不規則な食事、肥満や生活習慣病の増加、過度の痩《そう》身志向などの問題に加え、新たな「食」の安全上の問題や、「食」の海外への依存の問題が生じており、「食」に関する情報が社会に氾《はん》濫する中で、人々は、食生活の改善の面からも、「食」の安全の確保の面からも、自ら「食」のあり方を学ぶことが求められている。また、豊かな緑と水に恵まれた自然の下で先人からはぐくまれてきた、地域の多様性と豊かな味覚や文化の香りあふれる日本の「食」が失われる危機にある。

こうした「食」をめぐる環境の変化の中で、国民の「食」に関する考え方を育て、健全な食生活を実現することが求められるとともに、都市と農山漁村の共生・対流を進め、「食」に関する消費者と生産者との信頼関係を構築して、地域社会の活性化、豊かな食文化の継承及び発展、環境と調和のとれた食料の生産及び消費の推進並びに食料自給率の向上に寄与することが期待されている。

国民一人一人が「食」について改めて意識を高め、自然の恩恵や「食」に関わる人々の様々な活動への感謝の念や理解を深めつつ、「食」に関して信頼できる情報に基づく適切な判断を行う能力を身に付けることによって、心身の健康を増進する健全な食生活を実践するために、今こそ、家庭、学校、保育所、地域等を中心に、国民運動として、食育の推進に取り組んでいくことが、我々に課せられている課題である。さらに、食育の推進に関する我が国の取組が、海外との交流等を通じて食育に関して国際的に貢献することにつながることも期待される。

ここに、食育について、基本理念を明らかにしてその方向性を示し、国、地方公共団体及び国民の食育の推進に関する取組を総合的かつ計画的に推進するため、この法律を制定する。

第一章 総則

（目的）

第一条 この法律は、近年における国民の食生活をめぐる環境の変化に伴い、国民が生涯にわたって健全な心身を培い、豊かな人間性をはぐくむための食育を推進することが緊要な課題となっていることにかんがみ、食育に関し、基本理念を定め、及び国、地方公共団体等の責務を明らかにするとともに、食育に関する施策の基本となる事項を定めることにより、食育に関する施策を総合的かつ計画的に推進し、もって現在及び将来にわたる健康で文化的な国民の生活と豊かで活力ある社会の実現に寄与することを目的とする。

（子どもの食育における保護者、教育関係者等の役割）

第五条 食育は、父母その他の保護者にあっては、家庭が食育において重要な役割を有していることを認識するとともに、子どもの教育、保育等を行う者にあっては、教育、保育等における食育の重要性を十分自覚し、積極的に子どもの食育の推進に関する活動に取り組むこととなるよう、行われなければならない。

（食に関する体験活動と食育推進活動の実践）

第六条 食育は、広く国民が家庭、学校、保育所、地域その他のあらゆる機会とあらゆる場所を利用して、食料の生産から消費等に至るまでの食に関する様々な体験活動を行うとともに、自ら食育の推進のための活動を実践することにより、食に関する理解を深めることを旨として、行われなければならない。

（教育関係者等及び農林漁業者等の責務）

第十一条 教育並びに保育、介護その他の社会福祉、医療及び保健（以下「教育等」という。）に関する職務に従事する者並びに教育等に関する関係機関及び関係団体（以下「教育関係者等」という。）は、食に関する関心及び理解の増進に果たすべき重要な役割にかんがみ、基本理念にのっとり、あらゆる機会とあらゆる場所を利用して、積極的に食育を推進するよう努めるとともに、他の者の行う食育の推進に関する活動に協力するよう努めるものとする。

2　農林漁業者及び農林漁業に関する団体（以下「農林漁業者等」という。）は、農林漁業に関する体験活動等が食に関する国民の関心及び理解を増進する上で重要な意義を有することにかんがみ、基本理念にのっとり、農林漁業に関する多様な体験の機会を積極的に提供し、自然の恩恵と食に関わる人々の活動の重要性について、国民の理解が深まるよう努めるとともに、教育関係者等と相互に連携して食育の推進に関する活動を行うよう努めるものとする。

（国民の責務）

第十三条　国民は、家庭、学校、保育所、地域その他の社会のあらゆる分野において、基本理念にのっとり、生涯にわたり健全な食生活の実現に自ら努めるとともに、食育の推進に寄与するよう努めるものとする。

第三章　基本的施策

（家庭における食育の推進）

第十九条　国及び地方公共団体は、父母その他の保護者及び子どもの食に対する関心及び理解を深め、健全な食習慣の確立に資するよう、親子で参加する料理教室その他の食事についての望ましい習慣を学びながら食を楽しむ機会の提供、健康美に関する知識の啓発その他の適切な栄養管理に関する知識の普及及び情報の提供、妊産婦に対する栄養指導又は乳幼児をはじめとする子どもを対象とする発達段階に応じた栄養指導その他の家庭における食育の推進を支援するために必要な施策を講ずるものとする。

（学校、保育所等における食育の推進）

第二十条　国及び地方公共団体は、学校、保育所等において魅力ある食育の推進に関する活動を効果的に促進することにより子どもの健全な食生活の実現及び健全な心身の成長が図られるよう、学校、保育所等における食育の推進のための指針の作成に関する支援、食育の指導にふさわしい教職員の設置及び指導的立場にある者の食育の推進において果たすべき役割についての意識の啓発その他の食育に関する指導体制の整備、学校、保育所等又は地域の特色を生かした学校給食等の実施、教育の一環として行われる農場等における実習、食品の調理、食品廃棄物の再生利用等様々な体験活動を通じた子どもの食に関する理解の促進、過度の痩《そう》身又は肥満の心身の健康に及ぼす影響等についての知識の啓発その他必要な施策を講ずるものとする。

附　則（抄）

（施行期日）

第一条　この法律は、公布の日から起算して一月を超えない範囲内において政令で定める日〔平17・7・15〕から施行する。

43 社会福祉法（抄）

（昭和二六年三月二九日 法律第四五号）

題名改正 平成一二法一一一
改正 令和四・六・二二法七六

第一章 総則

（目的）

第一条 この法律は、社会福祉を目的とする事業の全分野における共通的基本事項を定め、社会福祉を目的とする他の法律と相まつて、福祉サービスの利用者の利益の保護及び地域における社会福祉（以下「地域福祉」という。）の推進を図るとともに、社会福祉事業の公明かつ適正な実施の確保及び社会福祉を目的とする事業の健全な発達を図り、もつて社会福祉の増進に資することを目的とする。

（定義）

第二条 この法律において「社会福祉事業」とは、第一種社会福祉事業及び第二種社会福祉事業をいう。

2 次に掲げる事業を第一種社会福祉事業とする。

一 ［略］

二 児童福祉法（昭和二十二年法律第百六十四号）に規定する乳児院、母子生活支援施設、児童養護施設、障害児入所施設、児童心理治療施設又は児童自立支援施設を経営する事業

三〜七 ［略］

3 次に掲げる事業を第二種社会福祉事業とする。

一・一の二 ［略］

二 児童福祉法に規定する障害児通所支援事業、障害児相談支援事業、児童自立生活援助事業、放課後児童健全育成事業、子育て短期支援事業、乳児家庭全戸訪問事業、養育支援訪問事業、地域子育て支援拠点事業、一時預かり事業、小規模住居型児童養育事業、小規模保育事業、病児保育事業、子育て援助活動支援事業、親子再統合支援事業、社会的養護自立支援拠点事業、意見表明等支援事業、妊産婦等生活援助事業、子育て世帯訪問支援事業、児童育成支援拠点事業又は親子関係形成支援事業、同法に規定する助産施設、保育所、児童厚生施設、児童家庭支援センター又は里親支援センターを経営する事業及び児童の福祉の増進について相談に応ずる事業

二の二 就学前の子どもに関する教育、保育等の総合的な提供の推進に関する法律（平成十八年法律第七十七号）に規定する幼保連携型認定こども園を経営する事業

二の三 民間あつせん機関による養子縁組のあつせんに係る児童の保護等に関する法律（平成二十八年法律第百十号）に規定する養子縁組あつせん事業

三 母子及び父子並びに寡婦福祉法（昭和三十九年法律第百二十九号）に規定する母子家庭日常生活支援事業、父子家庭日常生活支援事業又は寡婦日常生活支援事業及び同法に規定する母子・父子福祉施設を経営する事業

四〜十三 ［略］

4 ［略］

（福祉サービスの基本的理念）

第三条 福祉サービスは、個人の尊厳の保持を旨とし、その内容は、福祉サービスの利用者が心身ともに健やかに育成され、又はその有する能力に応じ自立した日常生活を営むことができるように支援するものとして、良質かつ適切なものでなければならない。

（地域福祉の推進）

第四条 地域福祉の推進は、地域住民が相互に人格と個性を尊重し合いながら、参加し、共生する地域社会の実現を目指して行われなければならない。

2 地域住民、社会福祉を目的とする事業を経営する者及び社会福祉に関する活動を行う者（以下「地域住民等」という。）は、相互に協力し、福祉サービスを必要とする地域住民が地域社会を構成する一員として日常生活を営み、社会、経済、文化その他あらゆる分野の活動に参加する機会が確保されるように、地域福祉の推進に努めなければならない。

3 地域住民等は、地域福祉の推進に当たつては、福祉サービスを必要とする地域住民及びその世帯が抱える福祉、介護、介護予防（要介護状態若しくは要支援状態となることの予防又は要介護状態若しくは要支援状態の軽減若しくは悪化の防止をいう。）、保健医療、住まい、就労及び教育に関する課題、福祉サービスを必要とする地域住民の地域社会からの孤立その他の福祉サービスを必要とする地域住民が日常生活を営み、あらゆる分野の活動に参加する機会が確保される上での各般の課題（以下「地域生活課題」という。）を把握し、地域生活課題の解決に資する支援を行う関係機関（以下「支援関係機関」という。）との連携等によりその解決を図るよう特に留意するものとする。

（福祉サービスの提供の原則）

第五条 社会福祉を目的とする事業を経営する者

は、その提供する多様な福祉サービスについて、利用者の意向を十分に尊重し、地域福祉の推進に係る取組を行う他の地域住民等との連携を図り、かつ、保健医療サービスその他の関連するサービスとの有機的な連携を図るよう創意工夫を行いつつ、これを総合的に提供することができるようにその事業の実施に努めなければならない。

（福祉サービスの提供体制の確保等に関する国及び地方公共団体の責務）

第六条　国及び地方公共団体は、社会福祉を目的とする事業を経営する者と協力して、社会福祉を目的とする事業の広範かつ計画的な実施が図られるよう、福祉サービスを提供する体制の確保に関する施策、福祉サービスの適切な利用の推進に関する施策その他の必要な各般の措置を講じなければならない。

2　国及び地方公共団体は、地域生活課題の解決に資する支援が包括的に提供される体制の整備その他地域福祉の推進のために必要な各般の措置を講ずるよう努めるとともに、当該措置の推進に当たつては、保健医療、労働、教育、住まい及び地域再生に関する施策その他の関連施策との連携に配慮するよう努めなければならない。

3　国及び都道府県は、市町村（特別区を含む。以下同じ。）において第百六条の四第二項に規定する重層的支援体制整備事業その他地域生活課題の解決に資する支援が包括的に提供される体制の整備が適正かつ円滑に行われるよう、必要な助言、情報の提供その他の援助を行わなければならない。

第六章　社会福祉法人

第一節　通則

（定義）

第二十二条　この法律において「社会福祉法人」とは、社会福祉事業を行うことを目的として、この法律の定めるところにより設立された法人をいう。

（経営の原則等）

第二十四条　社会福祉法人は、社会福祉事業の主たる担い手としてふさわしい事業を確実、効果的かつ適正に行うため、自主的にその経営基盤の強化を図るとともに、その提供する福祉サービスの質の向上及び事業経営の透明性の確保を図らなければならない。

2　社会福祉法人は、社会福祉事業及び第二十六条第一項に規定する公益事業を行うに当たつては、日常生活又は社会生活上の支援を必要とする者に対して、無料又は低額な料金で、福祉サービスを積極的に提供するよう努めなければならない。

第七章　社会福祉事業

（経営主体）

第六十条　社会福祉事業のうち、第一種社会福祉事業は、国、地方公共団体又は社会福祉法人が経営することを原則とする。

（事業経営の準則）

第六十一条　国、地方公共団体、社会福祉法人その他社会福祉事業を経営する者は、次に掲げるところに従い、それぞれの責任を明確にしなければならない。

一　国及び地方公共団体は、法律に基づくその責任を他の社会福祉事業を経営する者に転嫁し、又はこれらの者の財政的援助を求めないこと。

二　国及び地方公共団体は、他の社会福祉事業を経営する者に対し、その自主性を重んじ、不当な関与を行わないこと。

三　社会福祉事業を経営する者は、不当に国及び地方公共団体の財政的、管理的援助を仰がないこと。

2　前項第一号の規定は、国又は地方公共団体が、その経営する社会福祉事業について、福祉サービスを必要とする者を施設に入所させることその他の措置を他の社会福祉事業を経営する者に委託することを妨げるものではない。

（社会福祉施設の基準）

第六十五条　都道府県は、社会福祉施設の設備の規模及び構造並びに福祉サービスの提供の方法、利用者等からの苦情への対応その他の社会福祉施設の運営について、条例で基準を定めなければならない。

2　都道府県が前項の条例を定めるに当たつては、第一号から第三号までに掲げる事項については厚生労働省令で定める基準に従い定めるものとし、第四号に掲げる事項については厚生労働省令で定める基準を標準として定めるものとし、その他の事項については厚生労働省令で定める基準を参酌するものとする。

一　社会福祉施設に配置する職員及びその員数

二　社会福祉施設に係る居室の床面積

三　社会福祉施設の運営に関する事項であつて、利用者の適切な処遇及び安全の確保並びに秘密の保持に密接に関連するものとして厚生労働省令で定めるもの

四　社会福祉施設の利用定員

3　社会福祉施設の設置者は、第一項の基準を遵守しなければならない。

第八章　福祉サービスの適切な利用

第一節　情報の提供等

（情報の提供）

第七十五条　社会福祉事業の経営者は、福祉サービス（社会福祉事業において提供されるものに限る。以下この節及び次節において同じ。）を利用しようとする者が、適切かつ円滑にこれを利用することができるように、その経営する社会福祉事業に関し情報の提供を行うよう努めなければならない。

2　国及び地方公共団体は、福祉サービスを利用しようとする者が必要な情報を容易に得られるように、必要な措置を講ずるよう努めなければならない。

（福祉サービスの質の向上のための措置等）

第七十八条　社会福祉事業の経営者は、自らその提供する福祉サービスの質の評価を行うことその他の措置を講ずることにより、常に福祉サービスを受ける者の立場に立つて良質かつ適切な福祉サービスを提供するよう努めなければならない。

2　国は、社会福祉事業の経営者が行う福祉サービスの質の向上のための措置を援助するために、福祉サービスの質の公正かつ適切な評価の実施に資するための措置を講ずるよう努めなければならない。

（誇大広告の禁止）

第七十九条　社会福祉事業の経営者は、その提供する福祉サービスについて広告をするときは、広告された福祉サービスの内容その他の厚生労働省令で定める事項について、著しく事実に相違する表示をし、又は実際のものよりも著しく優良であり、若しくは有利であると人を誤認させるような表示をしてはならない。

第二節　福祉サービスの利用の援助等

（社会福祉事業の経営者による苦情の解決）

第八十二条　社会福祉事業の経営者は、常に、その提供する福祉サービスについて、利用者等からの苦情の適切な解決に努めなければならない。

（運営適正化委員会）

第八十三条　都道府県の区域内において、福祉サービス利用援助事業の適正な運営を確保するとともに、福祉サービスに関する利用者等からの苦情を適切に解決するため、都道府県社会福祉協議会に、人格が高潔であつて、社会福祉に関する識見を有し、かつ、社会福祉、法律又は医療に関し学識経験を有する者で構成される運営適正化委員会を置くものとする。

（運営適正化委員会の行う苦情の解決のための相談等）

第八十五条　運営適正化委員会は、福祉サービスに関する苦情について解決の申出があつたときは、その相談に応じ、申出人に必要な助言をし、当該苦情に係る事情を調査するものとする。

2　運営適正化委員会は、前項の申出人及び当該申出人に対し福祉サービスを提供した者の同意を得て、苦情の解決のあつせんを行うことができる。

（運営適正化委員会から都道府県知事への通知）

第八十六条　運営適正化委員会は、苦情の解決に当たり、当該苦情に係る福祉サービスの利用者の処遇につき不当な行為が行われているおそれがあると認めるときは、都道府県知事に対し、速やかに、その旨を通知しなければならない。

第十章　地域福祉の推進

第一節　包括的な支援体制の整備

（地域子育て支援拠点事業等を経営する者の責務）

第百六条の二　社会福祉を目的とする事業を経営する者のうち、次に掲げる事業を行うもの（市町村の委託を受けてこれらの事業を行う者を含む。）は、当該事業を行うに当たり自らがその解決に資する支援を行うことが困難な地域生活課題を把握したときは、当該地域生活課題を抱える地域住民の心身の状況、その置かれている環境その他の事情を勘案し、支援関係機関による支援の必要性を検討するよう努めるとともに、必要があると認めるときは、支援関係機関に対し、当該地域生活課題の解決に資する支援を求めるよう努めなければならない。

一　児童福祉法第六条の三第六項に規定する地域子育て支援拠点事業又は同法第十条の二第二項に規定するこども家庭センターが行う同項に規定する支援に係る事業若しくは母子保健法（昭和四十年法律第百四十一号）第二十二条第一項に規定する事業

二　介護保険法第百十五条の四十五第二項第一号に掲げる事業

三　障害者の日常生活及び社会生活を総合的に支援するための法律第七十七条第一項第三号に掲げる事業

四　子ども・子育て支援法（平成二十四年法律第六十五号）第五十九条第一号に掲げる事業

（包括的な支援体制の整備）

第百六条の三　市町村は、次条第二項に規定する重層的支援体制整備事業をはじめとする地域の実情に応じた次に掲げる施策の積極的な実施その他の各般の措置を通じ、地域住民等及び支援関係機関による、地域福祉の推進のための相互の協力が円滑に行われ、地域生活課題の解決に資する支援が包括的に提供される体制を整備するよう努めるものとする。

一　地域福祉に関する活動への地域住民の参加を促す活動を行う者に対する支援、地域住民等が相互に交流を図ることができる拠点の整備、地域住民等に対する研修の実施その他の地域住民等が地域福祉を推進するために必要な環境の整備に関する施策

二　地域住民等が自ら他の地域住民が抱える地域生活課題に関する相談に応じ、必要な情報の提供及び助言を行い、必要に応じて、支援関係機関に対し、協力を求めることができる体制の整備に関する施策

三　生活困窮者自立支援法第三条第二項に規定する生活困窮者自立相談支援事業を行う者その他の支援関係機関が、地域生活課題を解決するために、相互の有機的な連携の下、その解決に資する支援を一体的かつ計画的に行う体制の整備に関する施策

2　厚生労働大臣は、次条第二項に規定する重層的支援体制整備事業をはじめとする前項各号に掲げる施策に関して、その適切かつ有効な実施を図るため必要な指針を公表するものとする。

附　則（抄）

（施行期日）

1　この法律は、昭和二十六年六月一日から施行する。［後略］

44 母子及び父子並びに寡婦福祉法（抄）

（昭和三九年七月一日　法律第一二九号）

題名改正　昭和五六法七九、平成二六法二八
改正　令和四・六・二二法七六

第一章　総則

（目的）

第一条　この法律は、母子家庭等及び寡婦の福祉に関する原理を明らかにするとともに、母子家庭等及び寡婦に対し、その生活の安定と向上のために必要な措置を講じ、もつて母子家庭等及び寡婦の福祉を図ることを目的とする。

（基本理念）

第二条　全て母子家庭等には、児童が、その置かれている環境にかかわらず、心身ともに健やかに育成されるために必要な諸条件と、その母子家庭の母及び父子家庭の父の健康で文化的な生活とが保障されるものとする。

2　寡婦には、母子家庭の母及び父子家庭の父に準じて健康で文化的な生活が保障されるものとする。

（国及び地方公共団体の責務）

第三条　国及び地方公共団体は、母子家庭等及び寡婦の福祉を増進する責務を有する。

2　国及び地方公共団体は、母子家庭等又は寡婦の福祉に関係のある施策を講ずるに当たつては、その施策を通じて、前条に規定する理念が具現されるように配慮しなければならない。

（関係機関の責務）

第三条の二　第八条第一項に規定する母子・父子自立支援員、福祉事務所（社会福祉法（昭和二十六年法律第四十五号）に定める福祉に関する事務所をいう。以下同じ。）その他母子家庭の福祉に関する機関、児童福祉法（昭和二十二年法律第百六十四号）に定める児童委員、困難な問題を抱える女性への支援に関する法律（令和四年法律第五十二号）第十一条第一項に規定する女性相談支援員、児童福祉法第四十四条の二第一項に規定する児童家庭支援センター、同法第三十八条に規定する母子生活支援施設、第十七条第一項、第三十条第三項又は第三十一条の五第二項の規定により都道府県又は市（特別区を含む。以下同じ。）町村から委託を受けている者、第三十八条に規定する母子・父子福祉施設、母子・父子福祉団体、公共職業安定所その他母子家庭の支援を行う関係機関は、母子家庭の母及び児童の生活の安定と向上のために相互に協力しなければならない。

2　第八条第一項に規定する母子・父子自立支援員、福祉事務所その他父子家庭の福祉に関する機関、児童福祉法に定める児童委員、同法第四十四条の二第一項に規定する児童家庭支援センター、第三十一条の七第一項、第三十一条の九第三項又は第三十一条の十一第二項の規定により都道府県又は市町村から委託を受けている者、第三十八条に規定する母子・父子福祉施設、母子・父子福祉団体、公共職業安定所その他父子家庭の支援を行う関係機関は、父子家庭の父及び児童の生活の安定と向上のために相互に協力しなければならない。

3　第八条第一項に規定する母子・父子自立支援

員、福祉事務所その他寡婦の福祉に関する機関、第三十三条第一項、第三十五条第三項又は第三十五条の二第二項の規定により都道府県又は市町村から委託を受けている者、第三十八条に規定する母子・父子福祉施設、母子・父子福祉団体、公共職業安定所その他寡婦の支援を行う関係機関は、寡婦の生活の安定と向上のために相互に協力しなければならない。

（自立への努力）

第四条 母子家庭の母及び父子家庭の父並びに寡婦は、自ら進んでその自立を図り、家庭生活及び職業生活の安定と向上に努めなければならない。

（扶養義務の履行）

第五条 母子家庭等の児童の親は、当該児童が心身ともに健やかに育成されるよう、当該児童の養育に必要な費用の負担その他当該児童についての扶養義務を履行するように努めなければならない。

2 母子家庭等の児童の親は、当該児童が心身ともに健やかに育成されるよう、当該児童を監護しない親の当該児童についての扶養義務の履行を確保するように努めなければならない。

3 国及び地方公共団体は、母子家庭等の児童が心身ともに健やかに育成されるよう、当該児童を監護しない親の当該児童についての扶養義務の履行を確保するために広報その他適切な措置を講ずるように努めなければならない。

（定義）

第六条 この法律において「配偶者のない女子」とは、配偶者（婚姻の届出をしていないが、事実上婚姻関係と同様の事情にある者を含む。以下同じ。）と死別した女子であつて、現に婚姻（婚姻の届出をしていないが、事実上婚姻関係と同様の事情にある場合を含む。以下同じ。）をしていないもの及びこれに準ずる次に掲げる女子をいう。

一 離婚した女子であつて現に婚姻をしていないもの

二 配偶者の生死が明らかでない女子

三 配偶者から遺棄されている女子

四 配偶者が海外にあるためその扶養を受けることができない女子

五 配偶者が精神又は身体の障害により長期にわたつて労働能力を失つている女子

六 前各号に掲げる者に準ずる女子であつて政令で定めるもの

2 この法律において「配偶者のない男子」とは、配偶者と死別した男子であつて、現に婚姻をしていないもの及びこれに準ずる次に掲げる男子をいう。

一 離婚した男子であつて現に婚姻をしていないもの

二 配偶者の生死が明らかでない男子

三 配偶者から遺棄されている男子

四 配偶者が海外にあるためその扶養を受けることができない男子

五 配偶者が精神又は身体の障害により長期にわたつて労働能力を失つている男子

六 前各号に掲げる者に準ずる男子であつて政令で定めるもの

3 この法律において「児童」とは、二十歳に満たない者をいう。

4 この法律において「寡婦」とは、配偶者のない女子であつて、かつて配偶者のない女子として民法（明治二十九年法律第八十九号）第八百七十七条の規定により児童を扶養していたことのあるものをいう。

5 この法律において「母子家庭等」とは、母子家庭及び父子家庭をいう。

6 この法律において「母子・父子福祉団体」とは、配偶者のない者で現に児童を扶養しているもの（配偶者のない女子であつて民法第八百七十七条の規定により現に児童を扶養しているもの（以下「配偶者のない女子で現に児童を扶養しているもの」という。）又は配偶者のない男子であつて同条の規定により現に児童を扶養しているもの（以下「配偶者のない男子で現に児童を扶養しているもの」という。）をいう。第八条第二項において同じ。）の福祉又はこれに併せて寡婦の福祉を増進することを主たる目的とする次の各号に掲げる法人であつて当該各号に定めるその役員の過半数が配偶者のない女子又は配偶者のない男子であるものをいう。

一 社会福祉法人 理事

二 前号に掲げるもののほか、営利を目的としない法人であつて内閣府令で定めるもの 内閣府令で定める役員

（都道府県児童福祉審議会等の権限）

第七条 次の各号に掲げる機関は、母子家庭等の福祉に関する事項につき、調査審議するほか、当該各号に定める者の諮問に答え、又は関係行政機関に意見を具申することができる。

一 児童福祉法第八条第二項に規定する都道府県児童福祉審議会（同条第一項ただし書に規定する都道府県にあつては、社会福祉法第七条第一項に規定する地方社会福祉審議会） 都道府県知事

二 児童福祉法第八条第四項に規定する市町村

児童福祉審議会　市町村長（特別区の区長を含む。以下同じ。）

（母子・父子自立支援員）

第八条　都道府県知事、市長（特別区の区長を含む。）及び福祉事務所を管理する町村長（以下「都道府県知事等」という。）は、社会的信望があり、かつ、次項に規定する職務を行うに必要な熱意と識見を持つている者のうちから、母子・父子自立支援員を委嘱するものとする。

2　母子・父子自立支援員は、この法律の施行に関し、主として次の業務を行うものとする。

一　配偶者のない者で現に児童を扶養しているもの及び寡婦に対し、相談に応じ、その自立に必要な情報提供及び指導を行うこと。

二　配偶者のない者で現に児童を扶養しているもの及び寡婦に対し、職業能力の向上及び求職活動に関する支援を行うこと。

3　都道府県、市及び福祉事務所を設置する町村（以下「都道府県等」という。）は、母子・父子自立支援員の研修の実施その他の措置を講ずることにより、母子・父子自立支援員その他の母子家庭の母及び父子家庭の父並びに寡婦の自立の支援に係る事務に従事する人材の確保及び資質の向上を図るよう努めるものとする。

（福祉事務所）

第九条　福祉事務所は、この法律の施行に関し、主として次の業務を行うものとする。

一　母子家庭等及び寡婦の福祉に関し、母子家庭等及び寡婦並びに母子・父子福祉団体の実情その他必要な実情の把握に努めること。

二　母子家庭等及び寡婦の福祉に関する相談に応じ、必要な調査及び指導を行うこと、並びにこれらに付随する業務を行うこと。

（児童委員の協力）

第十条　児童福祉法に定める児童委員は、この法律の施行について、福祉事務所の長又は母子・父子自立支援員の行う職務に協力するものとする。

（母子家庭等及び寡婦の生活の安定と向上のための措置の積極的かつ計画的な実施等）

第十条の二　都道府県等は、母子家庭等及び寡婦が母子家庭等及び寡婦の生活の安定と向上のために最も適切な支援を総合的に受けられるようにするため、地域の実情に応じた母子家庭等及び寡婦の生活の安定と向上のための措置の積極的かつ計画的な実施及び周知並びに母子家庭等及び寡婦の生活の安定と向上のための支援を行う者の活動の連携及び調整を図るよう努めなければならない。

第二章　基本方針等

（基本方針）

第十一条　内閣総理大臣は、母子家庭等及び寡婦の生活の安定と向上のための措置に関する基本的な方針（以下「基本方針」という。）を定めるものとする。

2　基本方針に定める事項は、次のとおりとする。

一　母子家庭等及び寡婦の家庭生活及び職業生活の動向に関する事項

二　母子家庭等及び寡婦の生活の安定と向上のため講じようとする施策の基本となるべき事項

三　都道府県等が、次条の規定に基づき策定する母子家庭等及び寡婦の生活の安定と向上のための措置に関する計画（以下「自立促進計画」という。）の指針となるべき基本的な事項

四　前三号に掲げるもののほか、母子家庭等及び寡婦の生活の安定と向上のための措置に関する重要事項

3　内閣総理大臣は、基本方針を定め、又は変更するときは、あらかじめ、関係行政機関の長に協議するものとする。

4　内閣総理大臣は、基本方針を定め、又は変更したときは、遅滞なく、これを公表するものとする。

（自立促進計画）

第十二条　都道府県等は、基本方針に即し、次に掲げる事項を定める自立促進計画を策定し、又は変更しようとするときは、法律の規定による計画であつて母子家庭等及び寡婦の福祉に関する事項を定めるものとの調和を保つよう努めなければならない。

一　当該都道府県等の区域における母子家庭等及び寡婦の家庭生活及び職業生活の動向に関する事項

二　当該都道府県等の区域において母子家庭及び寡婦の生活の安定と向上のため講じようとする施策の基本となるべき事項

三　福祉サービスの提供、職業能力の向上の支援その他母子家庭等及び寡婦の生活の安定と向上のために講ずべき具体的な措置に関する事項

四　前三号に掲げるもののほか、母子家庭等及び寡婦の生活の安定と向上のための措置に関する重要事項

2　都道府県等は、自立促進計画を策定し、又は変更するときは、あらかじめ、母子家庭等及び寡婦の置かれている環境、母子家庭等及び寡婦

に対する福祉の措置の利用に関する母子家庭等及び寡婦の意向その他の母子家庭等及び寡婦の事情を勘案するよう努めなければならない。

3 都道府県等は、自立促進計画を策定し、又は変更するときは、あらかじめ、第七条各号に掲げる機関、子ども・子育て支援法（平成二十四年法律第六十五号）第七十二条第一項又は第四項に規定する機関その他の母子家庭等及び寡婦の福祉に関する事項を調査審議する合議制の機関の意見を聴くよう努めなければならない。

4 都道府県等は、自立促進計画を策定し、又は変更するときは、あらかじめ、母子・父子福祉団体の意見を反映させるために必要な措置を講ずるものとする。

5 前項に定めるもののほか、都道府県等は、自立促進計画を策定し、又は変更するときは、あらかじめ、インターネットの利用その他の内閣府令で定める方法により広く母子家庭等及び寡婦の意見を求めることその他の住民の意見を反映させるために必要な措置を講ずるよう努めなければならない。

第三章 母子家庭に対する福祉の措置

（母子福祉資金の貸付け）

第十三条 都道府県は、配偶者のない女子で現に児童を扶養しているもの又はその扶養している児童（配偶者のない女子で現に児童を扶養しているものが同時に民法第八百七十七条の規定により二十歳以上である子その他これに準ずる者を扶養している場合におけるその二十歳以上である子その他これに準ずる者を含む。以下この項及び第三項において同じ。）に対し、配偶者のない女子の経済的自立の助成と生活意欲の助長を図り、あわせてその扶養している児童の福祉を増進するため、次に掲げる資金を貸し付けることができる。

一 事業を開始し、又は継続するのに必要な資金

二 配偶者のない女子が扶養している児童の修学に必要な資金

三 配偶者のない女子又はその者が扶養している児童が事業を開始し、又は就職するために必要な知識技能を習得するのに必要な資金

四 前三号に掲げるもののほか、配偶者のない女子及びその者が扶養している児童の福祉のために必要な資金であつて政令で定めるもの

2 都道府県は、前項に規定する資金のうち、その貸付けの目的を達成するために一定の期間継続して貸し付ける必要がある資金で政令で定めるものについては、その貸付けの期間中に当該配偶者のない女子が民法第八百七十七条の規定により扶養している全ての児童が二十歳に達した後でも、政令で定めるところにより、なお継続してその貸付けを行うことができる。

3 都道府県は、第一項に規定する資金のうち、その貸付けの目的が児童の修学又は知識技能の習得に係る資金であつて政令で定めるものを配偶者のない女子で現に児童を扶養しているものに貸し付けている場合において、その修学又は知識技能の習得の中途において当該配偶者のない女子が死亡したときは、政令で定めるところにより、当該児童（前項の規定による貸付けに係る二十歳以上である者を含む。）がその修学又は知識技能の習得を終了するまでの間、当該児童に対して、当該資金の貸付けを行うことができる。

（母子・父子福祉団体に対する貸付け）

第十四条 都道府県は、政令で定める事業を行う母子・父子福祉団体であつてその事業に使用される者が主として次の各号に掲げる者のいずれかであるもの又は第一号に掲げる者の自立の促進を図るための事業として政令で定めるものを行う母子・父子福祉団体に対し、これらの事業につき、前条第一項第一号に掲げる資金を貸し付けることができる。

一 配偶者のない女子で現に児童を扶養しているもの

二 前号に掲げる者及び配偶者のない男子で現に児童を扶養しているもの

三 第一号に掲げる者及び寡婦

四 第二号に掲げる者及び寡婦

（償還の免除）

第十五条 都道府県は、第十三条の規定による貸付金の貸付けを受けた者が死亡したとき、又は精神若しくは身体に著しい障害を受けたため、当該貸付金を償還することができなくなつたと認められるときは、議会の議決を経て、当該貸付金の償還未済額の全部又は一部の償還を免除することができる。ただし、政令で定める場合は、この限りでない。

2 都道府県は、第十三条第一項第四号に掲げる資金のうち政令で定めるものの貸付けを受けた者が、所得の状況その他政令で定める事由により当該貸付金を償還することができなくなつたと認められるときは、条例で定めるところにより、当該貸付金の償還未済額の一部の償還を免除することができる。

（政令への委任）

第十六条 前三条に定めるもののほか、第十三条

及び第十四条の規定による貸付金（以下「母子福祉資金貸付金」という。）の貸付金額の限度、貸付方法、償還その他母子福祉資金貸付金の貸付けに関して必要な事項は、政令で定める。

（母子家庭日常生活支援事業）

第十七条 都道府県又は市町村は、配偶者のない女子で現に児童を扶養しているものがその者の疾病その他の理由により日常生活に支障を生じたと認められるときは、政令で定める基準に従い、その者につき、その者の居宅その他内閣府令で定める場所において、乳幼児の保育若しくは食事の世話若しくは専門的知識をもつて行う生活及び生業に関する助言、指導その他の日常生活を営むのに必要な便宜であつて内閣府令で定めるものを供与し、又は当該都道府県若しくは市町村以外の者に当該便宜を供与することを委託する措置を採ることができる。

2 前項の規定による委託に係る事務に従事する者又は従事していた者は、正当な理由がなく、当該事務に関して知り得た秘密を漏らしてはならない。

（措置の解除に係る説明等）

第十八条 都道府県知事又は市町村長は、前条第一項の措置を解除する場合には、あらかじめ、当該措置に係る者に対し、当該措置の解除の理由について説明するとともに、その意見を聴かなければならない。ただし、当該措置に係る者から当該措置の解除の申出があつた場合その他内閣府令で定める場合においては、この限りでない。

（行政手続法の適用除外）

第十九条 第十七条第一項の措置を解除する処分については、行政手続法（平成五年法律第八十八号）第三章（第十二条及び第十七条第一項を除く。）の規定は、適用しない。

（事業の開始）

第二十条 国及び都道府県以外の者は、内閣府令で定めるところにより、あらかじめ、内閣府令で定める事項を都道府県知事に届け出て、母子家庭日常生活支援事業（第十七条第一項の措置に係る者につき同項の内閣府令で定める便宜を供与する事業をいう。以下同じ。）を行うことができる。

（廃止又は休止）

第二十一条 母子家庭日常生活支援事業を行う者は、その事業を廃止し、又は休止するときは、あらかじめ、内閣府令で定める事項を都道府県知事に届け出なければならない。

（報告の徴収等）

第二十二条 都道府県知事は、母子家庭の福祉のために必要があると認めるときは、母子家庭日常生活支援事業を行う者に対し、必要と認める事項の報告を求め、又は当該職員に、関係者に対して質問させ、若しくはその事務所に立ち入り、帳簿書類その他の物件を検査させることができる。

2 前項の規定による質問又は立入検査を行う場合においては、当該職員は、その身分を示す証明書を携帯し、関係者の請求があるときは、これを提示しなければならない。

3 第一項の規定による権限は、犯罪捜査のために認められたものと解釈してはならない。

（事業の停止等）

第二十三条 都道府県知事は、母子家庭日常生活支援事業を行う者が、この法律若しくはこれに基づく命令若しくはこれらに基づいてする処分に違反したとき、又はその事業に関し不当に営利を図り、若しくは第十七条第一項の措置に係る配偶者のない女子で現に児童を扶養しているもの等の処遇につき不当な行為をしたときは、その事業を行う者に対し、その事業の制限又は停止を命ずることができる。

（受託義務）

第二十四条 母子家庭日常生活支援事業を行う者は、第十七条第一項の規定による委託を受けたときは、正当な理由がなく、これを拒んではならない。

（売店等の設置の許可）

第二十五条 国又は地方公共団体の設置した事務所その他の公共的施設の管理者は、配偶者のない女子で現に児童を扶養しているもの又は母子・父子福祉団体からの申請があつたときは、その公共的施設内において、新聞、雑誌、たばこ、事務用品、食料品その他の物品を販売し、又は理容業、美容業等の業務を行うために、売店又は理容所、美容所等の施設を設置することを許すように努めなければならない。

2 前項の規定により売店その他の施設を設置することを許された者は、病気その他正当な理由がある場合のほかは、自らその業務に従事し、又は当該母子・父子福祉団体が使用する配偶者のない女子で現に児童を扶養しているものをその業務に従事させなければならない。

3 都道府県知事は、第一項に規定する売店その他の施設の設置及びその運営を円滑にするため、当該都道府県の区域内の公共的施設の管理者と協議を行い、かつ、公共的施設内における売店等の設置の可能な場所、販売物品の種類等を調査し、その結果を配偶者のない女子で現に児童を扶養しているもの及び母子・父子福祉団体に知らせる措置を講じなければならない。

（製造たばこの小売販売業の許可）

第二十六条　配偶者のない女子で現に児童を扶養しているものがたばこ事業法（昭和五十九年法律第六十八号）第二十二条第一項の規定による小売販売業の許可を申請した場合において同法第二十三条各号の規定に該当しないときは、財務大臣は、その者に当該許可を与えるように努めなければならない。

2　前条第二項の規定は、前項の規定によりたばこ事業法第二十二条第一項の許可を受けた者について準用する。

（公営住宅の供給に関する特別の配慮）

第二十七条　地方公共団体は、公営住宅法（昭和二十六年法律第百九十三号）による公営住宅の供給を行う場合には、母子家庭の福祉が増進されるように特別の配慮をしなければならない。

（特定教育・保育施設の利用等に関する特別の配慮）

第二十八条　市町村は、子ども・子育て支援法第二十七条第一項に規定する特定教育・保育施設（次項において「特定教育・保育施設」という。）又は同法第四十三条第二項に規定する特定地域型保育事業（次項において「特定地域型保育事業」という。）の利用について、同法第四十二条第一項若しくは第五十四条第一項の規定により相談、助言若しくはあつせん若しくは要請を行う場合又は児童福祉法第二十四条第三項の規定により調整若しくは要請を行う場合には、母子家庭の福祉が増進されるように特別の配慮をしなければならない。

2　特定教育・保育施設の設置者又は子ども・子育て支援法第二十九条第一項に規定する特定地域型保育事業者は、同法第三十三条第二項又は第四十五条第二項の規定により当該特定教育・保育施設を利用する児童（同法第十九条第二号又は第三号に該当する児童に限る。以下この項において同じ。）又は当該特定地域型保育事業者に係る特定地域型保育事業を利用する児童を選考するときは、母子家庭の福祉が増進されるように特別の配慮をしなければならない。

3　市町村は、児童福祉法第六条の三第二項に規定する放課後児童健全育成事業その他の内閣府令で定める事業を行う場合には、母子家庭の福祉が増進されるように特別の配慮をしなければならない。

（雇用の促進）

第二十九条　国及び地方公共団体は、就職を希望する母子家庭の母及び児童の雇用の促進を図るため、事業主その他国民一般の理解を高めるとともに、職業訓練の実施、就職のあつせん、公共的施設における雇入れの促進等必要な措置を講ずるように努めるものとする。

2　公共職業安定所は、母子家庭の母の雇用の促進を図るため、求人に関する情報の収集及び提供、母子家庭の母を雇用する事業主に対する援助その他必要な措置を講ずるように努めるものとする。

（母子家庭就業支援事業等）

第三十条　国は、前条第二項の規定に基づき公共職業安定所が講ずる措置のほか、次に掲げる業務を行うものとする。

一　母子家庭の母及び児童の雇用の促進に関する調査及び研究を行うこと。

二　母子家庭の母及び児童の雇用の促進に関する業務に従事する者その他の関係者に対する研修を行うこと。

三　都道府県が行う次項に規定する業務（以下「母子家庭就業支援事業」という。）について、都道府県に対し、情報の提供その他の援助を行うこと。

2　都道府県は、就職を希望する母子家庭の母及び児童の雇用の促進を図るため、母子・父子福祉団体と緊密な連携を図りつつ、次に掲げる業務を総合的かつ一体的に行うことができる。

一　母子家庭の母及び児童に対し、就職に関する相談に応じること。

二　母子家庭の母及び児童に対し、職業能力の向上のために必要な措置を講ずること。

三　母子家庭の母及び児童並びに事業主に対し、雇用情報及び就職の支援に関する情報の提供その他母子家庭の母及び児童の就職に関し必要な支援を行うこと。

3　都道府県は、母子家庭就業支援事業に係る事務の全部又は一部を内閣府令で定める者に委託することができる。

4　前項の規定による委託に係る事務に従事する者又は従事していた者は、正当な理由がなく、当該事務に関して知り得た秘密を漏らしてはならない。

（母子家庭自立支援給付金）

第三十一条　都道府県等は、配偶者のない女子で現に児童を扶養しているものの雇用の安定及び就職の促進を図るため、政令で定めるところにより、配偶者のない女子で現に児童を扶養しているもの又は事業主に対し、次に掲げる給付金（以下「母子家庭自立支援給付金」という。）を支給することができる。

一　配偶者のない女子で現に児童を扶養しているものが、内閣府令で定める教育訓練を受け、当該教育訓練を修了した場合に、その者に支給する給付金（以下「母子家庭自立支援教育訓練給付金」という。）

二　配偶者のない女子で現に児童を扶養しているものが、安定した職業に就くことを容易にするため必要な資格として内閣府令で定めるものを取得するため養成機関において修業する場合に、その修業と生活との両立を支援するためその者に支給する給付金（以下「母子家庭高等職業訓練促進給付金」という。）

三　前二号に掲げる給付金以外の給付金であつて、政令で定めるもの

（不正利得の徴収）

第三十一条の二　偽りその他不正の手段により母子家庭自立支援給付金の支給を受けた者があるときは、都道府県知事等は、受給額に相当する金額の全部又は一部をその者から徴収することができる。

（受給権の保護）

第三十一条の三　母子家庭自立支援教育訓練給付金又は母子家庭高等職業訓練促進給付金の支給を受ける権利は、譲り渡し、担保に供し、又は差し押えることができない。

（公課の禁止）

第三十一条の四　租税その他の公課は、母子家庭自立支援教育訓練給付金又は母子家庭高等職業訓練促進給付金として支給を受けた金銭を標準として、課することができない。

（母子家庭生活向上事業）

第三十一条の五　都道府県及び市町村は、母子家庭の母及び児童の生活の向上を図るため、母子・父子福祉団体と緊密な連携を図りつつ、次に掲げる業務（以下「母子家庭生活向上事業」という。）を行うことができる。

一　母子家庭の母及び児童に対し、家庭生活及び職業生活に関する相談に応じ、又は母子・父子福祉団体による支援その他の母子家庭の母及び児童に対する支援に係る情報の提供を行うこと。

二　母子家庭の児童に対し、生活に関する相談に応じ、又は学習に関する支援を行うこと。

三　母子家庭の母及び児童に対し、母子家庭相互の交流の機会を提供することその他の必要な支援を行うこと。

2　都道府県及び市町村は、母子家庭生活向上事業に係る事務の全部又は一部を内閣府令で定める者に委託することができる。

3　前項の規定による委託に係る事務に従事する者又は従事していた者は、正当な理由がなく、当該事務に関して知り得た秘密を漏らしてはならない。

第四章　父子家庭に対する福祉の措置

（父子福祉資金の貸付け）

第三十一条の六　都道府県は、配偶者のない男子で現に児童を扶養しているもの又はその扶養している児童（配偶者のない男子で現に児童を扶養しているものが同時に民法第八百七十七条の規定により二十歳以上である子その他これに準ずる者を扶養している場合におけるその二十歳以上である子その他これに準ずる者を含む。以下この項及び第三項において同じ。）に対し、配偶者のない男子の経済的自立の助成と生活意欲の助長を図り、あわせてその扶養している児童の福祉を増進するため、次に掲げる資金を貸し付けることができる。

一　事業を開始し、又は継続するのに必要な資金

二　配偶者のない男子が扶養している児童の修学に必要な資金

三　配偶者のない男子又はその者が扶養している児童が事業を開始し、又は就職するために必要な知識技能を習得するのに必要な資金

四　前三号に掲げるもののほか、配偶者のない男子及びその者が扶養している児童の福祉のために必要な資金であつて政令で定めるもの

2　都道府県は、前項に規定する資金のうち、その貸付けの目的を達成するために一定の期間継続して貸し付ける必要がある資金で政令で定めるものについては、その貸付けの期間中に当該配偶者のない男子が民法第八百七十七条の規定により扶養している全ての児童が二十歳に達した後でも、政令で定めるところにより、なお継続してその貸付けを行うことができる。

3　都道府県は、第一項に規定する資金のうち、その貸付けの目的が児童の修学又は知識技能の習得に係る資金であつて政令で定めるものを配偶者のない男子で現に児童を扶養しているものに貸し付けている場合において、その修学又は知識技能の習得の中途において当該配偶者のない男子が死亡したときは、政令で定めるところにより、当該児童（前項の規定による貸付けに係る二十歳以上である者を含む。）がその修学又は知識技能の習得を終了するまでの間、当該児童に対して、当該資金の貸付けを行うことができる。

4　第十四条（各号を除く。）の規定は、政令で

定める事業を行う母子・父子福祉団体であつてその事業に使用される者が主として次の各号に掲げる者のいずれかであるもの又は第一号に掲げる者の自立の促進を図るための事業として政令で定めるものを行う母子・父子福祉団体について準用する。この場合において、同条中「次の各号」とあるのは「第三十一条の六第四項各号」と、「又は第一号」とあるのは「又は同項第一号」と、「前条第一項第一号」とあるのは「同条第一項第一号」と読み替えるものとする。

一　配偶者のない男子で現に児童を扶養しているもの

二　前号に掲げる者及び寡婦

5　第十五条第一項の規定は第一項から第三項までの規定による貸付金の貸付けを受けた者について、同条第二項の規定は第一項第四号に掲げる資金のうち政令で定めるものの貸付けを受けた者について、それぞれ準用する。

6　都道府県は、母子福祉資金貸付金の貸付けを受けることができる母子・父子福祉団体については、第一項から第三項まで及び第四項において読み替えて準用する第十四条の規定による貸付金（以下「父子福祉資金貸付金」という。）の貸付けを行わない。

7　第一項から第三項まで、第四項において読み替えて準用する第十四条、第五項において準用する第十五条及び前項に定めるもののほか、父子福祉資金貸付金の貸付金額の限度、貸付方法、償還その他父子福祉資金貸付金の貸付けに関して必要な事項は、政令で定める。

（**父子家庭日常生活支援事業**）

第三十一条の七　都道府県又は市町村は、配偶者のない男子で現に児童を扶養しているものがその者の疾病その他の理由により日常生活に支障を生じたと認められるときは、政令で定める基準に従い、その者につき、その者の居宅その他内閣府令で定める場所において、乳幼児の保育若しくは食事の世話若しくは専門的知識をもつて行う生活及び生業に関する助言、指導その他の日常生活を営むのに必要な便宜であつて内閣府令で定めるものを供与し、又は当該都道府県若しくは市町村以外の者に当該便宜を供与することを委託する措置を採ることができる。

2　前項の規定による委託に係る事務に従事する者又は従事していた者は、正当な理由がなく、当該事務に関して知り得た秘密を漏らしてはならない。

3　第十八条及び第十九条の規定は、第一項の措置について準用する。

4　第二十条の規定は父子家庭日常生活支援事業（第一項の措置に係る配偶者のない男子で現に児童を扶養しているものにつき同項の内閣府令で定める便宜を供与する事業をいう。以下同じ。）について、第二十一条から第二十四条までの規定は父子家庭日常生活支援事業を行う者について、それぞれ準用する。この場合において、第二十二条第一項中「母子家庭の」とあるのは「父子家庭の」と、第二十三条中「第十七条第一項」とあるのは「第三十一条の七第一項」と、「配偶者のない女子で現に児童を扶養しているもの」とあるのは「配偶者のない男子で現に児童を扶養しているもの」と、第二十四条中「第十七条第一項」とあるのは「第三十一条の七第一項」と読み替えるものとする。

（**公営住宅の供給に関する特別の配慮等**）

第三十一条の八　第二十七条及び第二十八条の規定は父子家庭について、第二十九条第一項の規定は父子家庭の父及び児童について、同条第二項の規定は父子家庭の父について、それぞれ準用する。

（**父子家庭就業支援事業等**）

第三十一条の九　国は、前条において準用する第二十九条第二項の規定に基づき公共職業安定所が講ずる措置のほか、次に掲げる業務を行うものとする。

一　父子家庭の父及び児童の雇用の促進に関する調査及び研究を行うこと。

二　父子家庭の父及び児童の雇用の促進に関する業務に従事する者その他の関係者に対する研修を行うこと。

三　都道府県が行う次項に規定する業務（以下「父子家庭就業支援事業」という。）について、都道府県に対し、情報の提供その他の援助を行うこと。

2　都道府県は、就職を希望する父子家庭の父及び児童の雇用の促進を図るため、母子・父子福祉団体と緊密な連携を図りつつ、次に掲げる業務を総合的かつ一体的に行うことができる。

一　父子家庭の父及び児童に対し、就職に関する相談に応じること。

二　父子家庭の父及び児童に対し、職業能力の向上のために必要な措置を講ずること。

三　父子家庭の父及び児童並びに事業主に対し、雇用情報及び就職の支援に関する情報の提供その他父子家庭の父及び児童の就職に関し必要な支援を行うこと。

3　都道府県は、父子家庭就業支援事業に係る事務の全部又は一部を内閣府令で定める者に委託することができる。

4　前項の規定による委託に係る事務に従事する者又は従事していた者は、正当な理由がなく、当該事務に関して知り得た秘密を漏らしてはならない。

（父子家庭自立支援給付金）

第三十一条の十　第三十一条から第三十一条の四までの規定は、配偶者のない男子で現に児童を扶養しているものについて準用する。この場合において、第三十一条中「母子家庭自立支援給付金」とあるのは「父子家庭自立支援給付金」と、同条第一号中「母子家庭自立支援教育訓練給付金」とあるのは「父子家庭自立支援教育訓練給付金」と、同条第二号中「母子家庭高等職業訓練促進給付金」とあるのは「父子家庭高等職業訓練促進給付金」と、第三十一条の二中「母子家庭自立支援給付金」とあるのは「父子家庭自立支援給付金」と、第三十一条の三及び第三十一条の四中「母子家庭高等職業訓練促進給付金」とあるのは「父子家庭自立支援教育訓練給付金又は母子家庭高等職業訓練促進給付金」とあるのは「父子家庭自立支援教育訓練給付金又は父子家庭高等職業訓練促進給付金」と読み替えるものとする。

（父子家庭生活向上事業）

第三十一条の十一　都道府県及び市町村は、父子家庭の父及び児童の生活の向上を図るため、母子・父子福祉団体と緊密な連携を図りつつ、次に掲げる業務（以下「父子家庭生活向上事業」という。）を行うことができる。

一　父子家庭の父及び児童に対し、家庭生活及び職業生活に関する相談に応じ、又は母子・父子福祉団体による支援その他の父子家庭の父及び児童に対する支援に係る情報の提供を行うこと。

二　父子家庭の児童に対し、生活に関する相談に応じ、又は学習に関する支援を行うこと。

三　父子家庭の父及び児童に対し、父子家庭相互の交流の機会を提供することその他の必要な支援を行うこと。

2　都道府県及び市町村は、父子家庭生活向上事業に係る事務の全部又は一部を内閣府令で定める者に委託することができる。

3　前項の規定による委託に係る事務に従事する者又は従事していた者は、正当な理由がなく、当該事務に関して知り得た秘密を漏らしてはならない。

第五章　寡婦に対する福祉の措置

（寡婦福祉資金の貸付け）

第三十二条　都道府県は、寡婦又は寡婦が民法第八百七十七条の規定により扶養している二十歳以上である子その他これに準ずる者（以下この項及び次項において「寡婦の被扶養者」という。）に対し、寡婦の経済的自立の助成と生活意欲の助長を図り、あわせて寡婦の被扶養者の福祉を増進するため、次に掲げる資金を貸し付けることができる。

一　事業を開始し、又は継続するのに必要な資金

二　寡婦の被扶養者の修学に必要な資金

三　寡婦又は寡婦の被扶養者が事業を開始し、又は就職するために必要な知識技能を習得するのに必要な資金

四　前三号に掲げるもののほか、寡婦及び寡婦の被扶養者の福祉のために必要な資金であつて政令で定めるもの

2　都道府県は、前項に規定する資金のうち、その貸付けの目的が寡婦の被扶養者の修学又は知識技能の習得に係る資金であつて政令で定めるものを寡婦に貸し付けている場合において、当該寡婦の被扶養者の修学又は知識技能の習得の中途において当該寡婦が死亡したときは、政令で定めるところにより、当該寡婦の被扶養者であつた者が修学又は知識技能の習得を終了するまでの間、当該寡婦の被扶養者であつた者に対して、当該資金の貸付けを行うことができる。

3　民法第八百七十七条の規定により現に扶養する子その他これに準ずる者のない寡婦については、当該寡婦の収入が政令で定める基準を超えるときは、第一項の規定による貸付金の貸付けは、行わない。ただし、政令で定める特別の事情がある者については、この限りでない。

4　第十四条（各号を除く。）の規定は、政令で定める事業を行う母子・父子福祉団体であつてその事業に使用される者が主として寡婦であるもの又は寡婦の自立の促進を図るための事業として政令で定めるものを行う母子・父子福祉団体について準用する。この場合において、同条中「前条第一項第一号」とあるのは、「第三十二条第一項第一号に掲げる資金」と読み替えるものとする。

5　第十五条第一項の規定は、第一項及び第二項の規定による貸付金の貸付けを受けた者について準用する。

6　都道府県は、母子福祉資金貸付金の貸付けを受けることができる寡婦又は母子福祉資金貸付金若しくは父子福祉資金貸付金の貸付けを受けることができる母子・父子福祉団体については、第一項及び第二項並びに第四項において読み替えて準用する第十四条の規定による貸付金（以

下「寡婦福祉資金貸付金」という。）の貸付けを行わない。

7 第一項から第三項まで、第四項において読み替えて準用する第十四条、第五項において準用する第十五条第一項及び前項に定めるもののほか、寡婦福祉資金貸付金の貸付金額の限度、貸付方法、償還その他寡婦福祉資金貸付金の貸付けに関して必要な事項は、政令で定める。

（寡婦日常生活支援事業）

第三十三条 都道府県又は市町村は、寡婦がその者の疾病その他の理由により日常生活に支障を生じたと認められるときは、政令で定める基準に従い、その者につき、その者の居宅その他内閣府令で定める場所において、食事の世話若しくは専門的知識をもつて行う生活及び生業に関する助言、指導その他の日常生活を営むのに必要な便宜であつて内閣府令で定めるものを供与し、又は当該都道府県若しくは市町村以外の者に当該便宜を供与することを委託する措置を採ることができる。

2 前項の規定による委託に係る事務に従事する者又は従事していた者は、正当な理由がなく、当該事務に関して知り得た秘密を漏らしてはならない。

3 第十八条及び第十九条の規定は、第一項の措置について準用する。

4 母子家庭日常生活支援事業を行う者は、内閣府令で定めるところにより、あらかじめ、内閣府令で定める事項を都道府県知事に届け出て、寡婦日常生活支援事業（第一項の措置に係る寡婦につき同項の内閣府令で定める便宜を供与する事業をいう。以下同じ。）を行うことができる。

5 第二十一条から第二十四条までの規定は、寡婦日常生活支援事業を行う者について準用する。この場合において、第二十二条第一項中「母子家庭の」とあるのは「寡婦の」と、第二十三条第一項中「第十七条第一項」とあるのは「第三十三条第一項」と、「配偶者のない者で現に児童を扶養しているもの」とあるのは「寡婦」と、第二十四条中「第十七条第一項」とあるのは「第三十三条第一項」と読み替えるものとする。

（売店等の設置の許可等）

第三十四条 第二十五条、第二十六条及び第二十九条の規定は、寡婦について準用する。この場合において、第二十五条第一項中「配偶者のない女子で現に児童を扶養しているもの又は母子・父子福祉団体」とあり、及び同条第三項中「配偶者のない女子で現に児童を扶養しているもの及び母子・父子福祉団体」とあるのは、「寡婦」と読み替えるものとする。

2 第二十五条第一項の規定により売店その他の施設を設置することを許された母子・父子福祉団体は、同条第二項の規定にかかわらず、当該母子・父子福祉団体が使用する寡婦をその業務に従事させることができる。

（寡婦就業支援事業等）

第三十五条 国は、前条第一項において準用する第二十九条第二項の規定に基づき公共職業安定所が講ずる措置のほか、次に掲げる業務を行うものとする。

一 寡婦の雇用の促進に関する調査及び研究を行うこと。

二 寡婦の雇用の促進に関する業務に従事する者その他の関係者に対する研修を行うこと。

三 都道府県が行う次項に規定する業務（以下「寡婦就業支援事業」という。）について、都道府県に対し、情報の提供その他の援助を行うこと。

2 都道府県は、就職を希望する寡婦の雇用の促進を図るため、母子・父子福祉団体と緊密な連携を図りつつ、次に掲げる業務を総合的かつ一体的に行うことができる。

一 寡婦に対し、就職に関する相談に応じること。

二 寡婦に対し、職業能力の向上のために必要な措置を講ずること。

三 寡婦及び事業主に対し、雇用情報及び就職の支援に関する情報の提供その他寡婦の就職に関し必要な支援を行うこと。

3 都道府県は、寡婦就業支援事業に係る事務の全部又は一部を内閣府令で定める者に委託することができる。

4 前項の規定による委託に係る事務に従事する者又は従事していた者は、正当な理由がなく、当該事務に関して知り得た秘密を漏らしてはならない。

（寡婦生活向上事業）

第三十五条の二 都道府県及び市町村は、寡婦の生活の向上を図るため、母子・父子福祉団体と緊密な連携を図りつつ、寡婦に対し、家庭生活及び職業生活に関する相談に応じ、又は母子・父子福祉団体による支援に係る情報の提供その他の必要な支援を行うことができる。

2 都道府県及び市町村は、前項に規定する業務（以下「寡婦生活向上事業」という。）に係る事務の全部又は一部を内閣府令で定める者に委託することができる。

3 前項の規定による委託に係る事務に従事する者又は従事していた者は、正当な理由がなく、当該事務に関して知り得た秘密を漏らしてはならない。

第六章　福祉資金貸付金に関する特別会計等

（特別会計）

第三十六条　都道府県は、母子福祉資金貸付金、父子福祉資金貸付金及び寡婦福祉資金貸付金（以下「福祉資金貸付金」と総称する。）の貸付けを行うについては、特別会計を設けなければならない。

2　前項の特別会計においては、一般会計からの繰入金、次条第一項の規定による国からの借入金（以下「国からの借入金」という。）、福祉資金貸付金の償還金（当該福祉資金貸付金に係る政令で定める収入を含む。以下同じ。）及び附属雑収入をもつてその歳入とし、福祉資金貸付金、同条第二項及び第四項の規定による国への償還金、同条第五項の規定による一般会計への繰入金並びに貸付けに関する事務に要する費用をもつてその歳出とする。

3　都道府県は、毎年度の特別会計の決算上剰余金を生じたときは、これを当該年度の翌年度の特別会計の歳入に繰り入れなければならない。

4　第二項に規定する貸付けに関する事務に要する費用の額は、同項の規定に基づく政令で定める収入のうち収納済となつたものの額に政令で定める割合を乗じて得た額と、当該経費に充てるための一般会計からの繰入金の額との合計額を超えてはならない。

（国の貸付け等）

第三十七条　国は、都道府県が福祉資金貸付金の財源として特別会計に繰り入れる金額の二倍に相当する金額を、当該繰入れが行われる年度において、無利子で、当該都道府県に貸し付けるものとする。

2　都道府県は、毎年度、当該年度の前々年度の特別会計の決算上の剰余金の額が、政令で定める額を超えるときは、その超える額に第一号に掲げる金額の第二号に掲げる金額に対する割合を乗じて得た額に相当する金額を、政令で定めるところにより国に償還しなければならない。

一　当該年度の前々年度までの国からの借入金の総額（この項及び第四項の規定により国に償還した金額を除く。）

二　前号に掲げる額と当該都道府県が当該年度の前々年度までに福祉資金貸付金の財源として特別会計に繰り入れた金額の総額（第五項の規定により一般会計に繰り入れた金額を除く。）との合計額

3　前項の政令で定める額は、当該都道府県の福祉資金貸付金の貸付けの需要等の見通しからみて、同項の剰余金の額が著しく多額である都道府県について同項の規定が適用されるように定めるものとする。

4　都道府県は、第二項に規定するもののほか、毎年度、福祉資金貸付金の貸付業務に支障が生じない限りにおいて、国からの借入金の総額の一部に相当する金額を国に償還することができる。

5　都道府県は、毎年度、第二項又は前項の規定により国への償還を行つた場合に限り、政令で定める額を限度として、福祉資金貸付金の財源として特別会計に繰り入れた金額の総額の一部に相当する金額を、政令で定めるところにより一般会計に繰り入れることができる。

6　都道府県は、福祉資金貸付金の貸付業務を廃止したときは、その際における福祉資金貸付金の未貸付額及びその後において支払を受けた福祉資金貸付金の償還金の額に、それぞれ第一号に掲げる金額の第二号に掲げる金額に対する割合を乗じて得た額の合計額を、政令で定めるところにより国に償還しなければならない。

一　国からの借入金の総額（第二項及び第四項の規定により国に償還した金額を除く。）

二　前号に掲げる額と当該都道府県が福祉資金貸付金の財源として特別会計に繰り入れた金額の総額（前項の規定により一般会計に繰り入れた金額を除く。）との合計額

7　第一項の規定による国の貸付け並びに第二項、第四項及び前項の規定による国への償還の手続に関し必要な事項は、内閣府令で定める。

第七章　母子・父子福祉施設

（母子・父子福祉施設）

第三十八条　都道府県、市町村、社会福祉法人その他の者は、母子家庭の母及び父子家庭の父並びに児童が、その心身の健康を保持し、生活の向上を図るために利用する母子・父子福祉施設を設置することができる。

（施設の種類）

第三十九条　母子・父子福祉施設の種類は、次のとおりとする。

一　母子・父子福祉センター

二　母子・父子休養ホーム

2　母子・父子福祉センターは、無料又は低額な料金で、母子家庭等に対して、各種の相談に応ずるとともに、生活指導及び生業の指導を行う等母子家庭等の福祉のための便宜を総合的に供

与することを目的とする施設とする。

3 母子・父子休養ホームは、無料又は低額な料金で、母子家庭等に対して、レクリエーションその他休養のための便宜を供与することを目的とする施設とする。

（施設の設置）

第四十条 市町村、社会福祉法人その他の者が母子・父子福祉施設を設置する場合には、社会福祉法の定めるところによらなければならない。

（寡婦の施設の利用）

第四十一条 母子・父子福祉施設の設置者は、寡婦に、母子家庭等に準じて母子・父子福祉施設を利用させることができる。

附 則（抄）

（施行期日）

第一条 この法律は、公布の日［昭39・7・1］から施行する。ただし、第七条第四項ただし書の規定は、昭和四十年四月一日から施行する。

45 児童手当法（抄）

（昭和四六年五月二七日法律第七三号）

改正 令和五・五・八法一九

第一章 総則

（目的）

第一条 この法律は、子ども・子育て支援法（平成二十四年法律第六十五号）第七条第一項に規定する子ども・子育て支援の適切な実施を図るため、父母その他の保護者が子育てについての第一義的責任を有するという基本的認識の下に、児童を養育している者に児童手当を支給することにより、家庭等における生活の安定に寄与するとともに、次代の社会を担う児童の健やかな成長に資することを目的とする。

（受給者の責務）

第二条 児童手当の支給を受けた者は、児童手当が前条の目的を達成するために支給されるものである趣旨にかんがみ、これをその趣旨に従つて用いなければならない。

（定義）

第三条 この法律において「児童」とは、十八歳に達する日以後の最初の三月三十一日までの間にある者であつて、日本国内に住所を有するもの又は留学その他の内閣府令で定める理由により日本国内に住所を有しないものをいう。

2 この法律にいう「父」には、母が児童を懐胎した当時婚姻の届出をしていないが、その母と事実上婚姻関係と同様の事情にあつた者を含むものとする。

3 この法律において「施設入所等児童」とは、次に掲げる児童をいう。

一 児童福祉法（昭和二十二年法律第百六十四号）第二十七条第一項第三号の規定により同法第六条の三第八項に規定する小規模住居型児童養育事業（以下「小規模住居型児童養育事業」という。）を行う者又は同法第六条の四に規定する里親（以下「里親」という。）に委託されている児童（内閣府令で定める短期間の委託をされている者を除く。）

二 児童福祉法第二十四条の二第一項の規定により障害児入所給付費の支給を受けて若しくは同法第二十七条第一項第三号の規定により入所措置が採られて同法第四十二条に規定する障害児入所施設（以下「障害児入所施設」という。）に入所し、若しくは同法第二十七条第二項の規定により同法第七条第二項に規定する指定発達支援医療機関（次条第一項第四号において「指定発達支援医療機関」という。）に入院し、又は同法第二十七条第一項第三号若しくは第二十七条の二第一項の規定により入所措置が採られて同法第三十七条に規定する乳児院、同法第四十一条に規定する児童養護施設、同法第四十三条の二に規定する児童心理治療施設若しくは同法第四十四条に規定する児童自立支援施設（以下「乳児院等」という。）に入所している児童（当該児童心理治療施設又は児童自立支援施設に通う者及び内閣府令で定める短期間の入所をしている者を除く。）

三 障害者の日常生活及び社会生活を総合的に支援するための法律（平成十七年法律第百二

十三号）第二十九条第一項若しくは第三十条第一項の規定により同法第十九条第一項に規定する介護給付費等の支給を受けて又は身体障害者福祉法（昭和二十四年法律第二百八十三号）第十八条第二項若しくは知的障害者福祉法（昭和三十五年法律第三十七号）第十六条第一項第二号の規定により入所措置が採られて障害者支援施設（障害者の日常生活及び社会生活を総合的に支援するための法律第五条第十一項に規定する障害者支援施設をいう。以下同じ。）又はのぞみの園（独立行政法人国立重度知的障害者総合施設のぞみの園法（平成十四年法律第百六十七号）第十一条第一号の規定により独立行政法人国立重度知的障害者総合施設のぞみの園が設置する施設をいう。以下同じ。）に入所している児童（内閣府令で定める短期間の入所をしている者を除き、児童のみで構成する世帯に属している者（十五歳に達する日以後の最初の三月三十一日を経過した児童である父又は母がその子である児童と同一の施設に入所している場合における当該父又は母及びその子である児童を除く。）に限る。）

四　生活保護法（昭和二十五年法律第百四十四号）第三十条第一項ただし書の規定により同法第三十八条第二項に規定する救護施設（以下「救護施設」という。）、同条第三項に規定する更生施設（以下「更生施設」という。）若しくは同法第三十条第一項ただし書に規定する日常生活支援住居施設（次条第一項第四号において「日常生活支援住居施設」という。）に入所し、又は困難な問題を抱える女性への支援に関する法律（令和四年法律第五十二号）第十二条第一項に規定する女性自立支援施設（同号において「女性自立支援施設」という。）に入所している児童（内閣府令で定める短期間の入所をしている者を除き、児童のみで構成する世帯に属している者（十五歳に達する日以後の最初の三月三十一日を経過した児童である父又は母がその子である児童と同一の施設に入所している場合における当該父又は母及びその子である児童を除く。）に限る。）

第二章　児童手当の支給

（支給要件）

第四条　児童手当は、次の各号のいずれかに該当する者に支給する。

一　次のイ又はロに掲げる児童（以下「支給要件児童」という。）を監護し、かつ、これと生計を同じくするその父又は母（当該支給要件児童に係る未成年後見人があるときは、その未成年後見人とする。以下この項において「父母等」という。）であつて、日本国内に住所（未成年後見人が法人である場合にあつては、主たる事務所の所在地とする。）を有するもの

イ　十五歳に達する日以後の最初の三月三十一日までの間にある児童（施設入所等児童を除く。以下この章及び附則第二条第二項において「中学校修了前の児童」という。）

ロ　中学校修了前の児童を含む二人以上の児童（施設入所等児童を除く。）

二　日本国内に住所を有しない父母等がその生計を維持している支給要件児童と同居し、これを監護し、かつ、これと生計を同じくする者（当該支給要件児童と同居することが困難であると認められる場合にあつては、当該支給要件児童を監護し、かつ、これと生計を同じくする者とする。）のうち、当該支給要件児童の生計を維持している父母等が指定する者であつて、日本国内に住所を有するもの（当該支給要件児童の父母等を除く。以下「父母指定者」という。）

三　父母等又は父母指定者のいずれにも監護されず又はこれらと生計を同じくしない支給要件児童を監護し、かつ、その生計を維持する者であつて、日本国内に住所を有するもの

四　十五歳に達する日以後の最初の三月三十一日までの間にある施設入所等児童（以下「中学校修了前の施設入所等児童」という。）が委託されている小規模住居型児童養育事業を行う者若しくは里親又は中学校修了前の施設入所等児童が入所若しくは入院をしている障害児入所施設、指定発達支援医療機関、乳児院等、障害者支援施設、のぞみの園、救護施設、更生施設、日常生活支援住居施設若しくは女性自立支援施設（以下「障害児入所施設等」という。）の設置者

2　前項第一号の場合において、児童を監護し、かつ、これと生計を同じくするその未成年後見人が数人あるときは、当該児童は、当該未成年後見人のうちいずれか当該児童の生計を維持する程度の高い者によつて監護され、かつ、これと生計を同じくするものとみなす。

3　第一項第一号又は第二号の場合において、父及び母、未成年後見人並びに父母指定者のうちいずれか二以上の者が当該父及び母の子である児童を監護し、かつ、これと生計を同じくするときは、当該児童は、当該父若しくは母、未成

年後見人又は父母指定者のうちいずれか当該児童の生計を維持する程度の高い者によつて監護され、かつ、これと生計を同じくするものとみなす。

4　前二項の規定にかかわらず、児童を監護し、かつ、これと生計を同じくするその父若しくは母、未成年後見人又は父母指定者のうちいずれか一の者が当該児童と同居している場合（当該いずれか一の者が当該児童を監護し、かつ、これと生計を同じくするその他の父若しくは母、未成年後見人又は父母指定者と生計を同じくしない場合に限る。）は、当該児童は、当該同居している父若しくは母、未成年後見人又は父母指定者によつて監護され、かつ、これと生計を同じくするものとみなす。

第五条　児童手当（施設入所等児童に係る部分を除く。）は、前条第一項第一号から第三号までのいずれかに該当する者の前年の所得（一月から五月までの月分の児童手当については、前々年の所得とする。）が、その者の所得税法（昭和四十年法律第三十三号）に規定する同一生計配偶者及び扶養親族（施設入所等児童を除く。以下「扶養親族等」という。）並びに同項第一号から第三号までのいずれかに該当する者の扶養親族等でない児童で同項第一号から第三号までのいずれかに該当する者が前年の十二月三十一日において生計を維持したものの有無及び数に応じて、政令で定める額以上であるときは、支給しない。ただし、同項第一号に該当する者が未成年後見人であり、かつ、法人であるときは、この限りでない。

2　前項に規定する所得の範囲及びその額の計算方法は、政令で定める。

（児童手当の額）

第六条　児童手当は、月を単位として支給するものとし、その額は、一月につき、次の各号に掲げる児童手当の区分に応じ、それぞれ当該各号に定める額とする。

一　児童手当（中学校修了前の児童に係る部分に限る。）　次のイからハまでに掲げる場合の区分に応じ、それぞれイからハまでに定める額

イ　次条の認定を受けた受給資格に係る支給要件児童の全てが三歳に満たない児童（施設入所等児童を除き、月の初日に生まれた児童については、出生の日から三年を経過しない児童とする。以下この号において同じ。）、三歳以上の児童（月の初日に生まれた児童については、出生の日から三年を経過した児童とする。）であつて十二歳に達する日以後の最初の三月三十一日までの間にある者（施設入所等児童を除く。以下この号において「三歳以上小学校修了前の児童」という。）又は十二歳に達する日以後の最初の三月三十一日を経過した児童であつて十五歳に達する日以後の最初の三月三十一日までの間にある者（施設入所等児童を除く。以下この号において「小学校修了後中学校修了前の児童」という。）である場合（ハに掲げる場合に該当する場合を除く。）　次の(1)から(3)までに掲げる場合の区分に応じ、それぞれ(1)から(3)までに定める額

(1)　当該支給要件児童の全てが三歳に満たない児童又は三歳以上小学校修了前の児童である場合　次の(i)から(iii)までに掲げる場合の区分に応じ、それぞれ(i)から(iii)までに定める額

(i)　当該支給要件児童の全てが三歳に満たない児童である場合　一万五千円に当該三歳に満たない児童の数を乗じて得た額

(ii)　当該三歳以上小学校修了前の児童が一人又は二人いる場合　一万五千円に当該三歳に満たない児童の数を乗じて得た額と、一万円に当該三歳以上小学校修了前の児童の数を乗じて得た額とを合算した額

(iii)　当該三歳以上小学校修了前の児童が三人以上いる場合　一万五千円に当該三歳に満たない児童の数を乗じて得た額と、一万五千円に当該三歳以上小学校修了前の児童の数を乗じて得た額から一万円を控除して得た額とを合算した額

(2)　当該小学校修了後中学校修了前の児童が一人いる場合　次の(i)又は(ii)に掲げる場合の区分に応じ、それぞれ(i)又は(ii)に定める額

(i)　当該支給要件児童の全てが三歳に満たない児童又は小学校修了後中学校修了前の児童である場合　一万五千円に当該三歳に満たない児童の数を乗じて得た額と、一万円に当該小学校修了後中学校修了前の児童の数を乗じて得た額とを合算した額

(ii)　当該支給要件児童のうちに三歳以上小学校修了前の児童がいる場合　一万五千円に当該三歳に満たない児童の数を乗じて得た額、一万五千円に当該三歳以上小学校修了前の児童の数を乗じ

て得た額から五千円を控除して得た額及び一万円に当該小学校修了後中学校修了前の児童の数を乗じて得た額を合算した額

(3) 当該小学校修了後中学校修了前の児童が二人以上いる場合　一万五千円に当該三歳に満たない児童の数を乗じて得た額、一万五千円に当該三歳以上小学校修了前の児童の数を乗じて得た額及び一万円に当該小学校修了後中学校修了前の児童の数を乗じて得た額を合算した額

ロ　次条の認定を受けた受給資格に係る支給要件児童のうちに十五歳に達する日以後の最初の三月三十一日を経過した児童がいる場合（ハに掲げる場合に該当する場合を除く。）　次の(1)又は(2)に掲げる場合の区分に応じ、それぞれ(1)又は(2)に定める額

(1) 当該十五歳に達する日以後の最初の三月三十一日を経過した児童が一人いる場合　次の(i)又は(ii)に掲げる場合の区分に応じ、それぞれ(i)又は(ii)に定める額

(i) 当該支給要件児童の全てが三歳に満たない児童、三歳以上小学校修了前の児童又は十五歳に達する日以後の最初の三月三十一日を経過した児童である場合　一万五千円に当該三歳に満たない児童の数を乗じて得た額と、一万五千円に当該三歳以上小学校修了前の児童の数を乗じて得た額から五千円を控除して得た額（当該支給要件児童のうちに三歳以上小学校修了前の児童がいない場合には、零とする。）とを合算した額

(ii) 当該支給要件児童のうちに小学校修了後中学校修了前の児童がいる場合　一万五千円に当該三歳に満たない児童の数を乗じて得た額、一万五千円に当該三歳以上小学校修了前の児童の数を乗じて得た額及び一万円に当該小学校修了後中学校修了前の児童の数を乗じて得た額を合算した額

(2) 当該十五歳に達する日以後の最初の三月三十一日を経過した児童が二人以上いる場合　一万五千円に当該三歳に満たない児童の数を乗じて得た額、一万五千円に当該三歳以上小学校修了前の児童の数を乗じて得た額及び一万円に当該小学校修了後中学校修了前の児童の数を乗じて得た額を合算した額

ハ　児童手当の支給要件に該当する者（第四条第一項第一号に係るものに限る。）が未成年後見人であり、かつ、法人である場合　一万五千円に次条の認定を受けた受給資格に係る三歳に満たない児童の数を乗じて得た額、一万円に当該受給資格に係る三歳以上小学校修了前の児童の数を乗じて得た額及び一万円に当該受給資格に係る小学校修了後中学校修了前の児童の数を乗じて得た額を合算した額

二　児童手当（中学校修了前の施設入所等児童に係る部分に限る。）　一万五千円に次条の認定を受けた受給資格に係る三歳に満たない施設入所等児童（月の初日に生まれた施設入所等児童については、出生の日から三年を経過しない施設入所等児童とする。）の数を乗じて得た額と、一万円に当該受給資格に係る三歳以上の施設入所等児童（月の初日に生まれた施設入所等児童については、出生の日から三年を経過した施設入所等児童とする。）であつて十五歳に達する日以後の最初の三月三十一日までの間にある者の数を乗じて得た額とを合算した額

2　児童手当の額は、国民の生活水準その他の諸事情に著しい変動が生じた場合には、変動後の諸事情に応ずるため、速やかに改定の措置が講ぜられなければならない。

（認定）

第七条　児童手当の支給要件に該当する者（第四条第一項第一号から第三号までに係るものに限る。以下「一般受給資格者」という。）は、児童手当の支給を受けようとするときは、その受給資格及び児童手当の額について、内閣府令で定めるところにより、住所地（一般受給資格者が未成年後見人であり、かつ、法人である場合にあつては、主たる事務所の所在地とする。）の市町村長（特別区の区長を含む。以下同じ。）の認定を受けなければならない。

2　児童手当の支給要件に該当する者（第四条第一項第四号に係るものに限る。以下「施設等受給資格者」という。）は、児童手当の支給を受けようとするときは、その受給資格及び児童手当の額について、内閣府令で定めるところにより、次の各号に掲げる者の区分に応じ、当該各号に定める者の認定を受けなければならない。

一　小規模住居型児童養育事業を行う者　当該小規模住居型児童養育事業を行う住居の所在地の市町村長

二　里親　当該里親の住所地の市町村長

三　障害児入所施設等の設置者　当該障害児入

所施設等の所在地の市町村長

3　前二項の認定を受けた者が、他の市町村（特別区を含む。以下同じ。）の区域内に住所（一般受給資格者が未成年後見人であり、かつ、法人である場合にあつては主たる事務所の所在地とし、施設等受給資格者が小規模住居型児童養育事業を行う者である場合にあつては当該小規模住居型児童養育事業を行う住居の所在地とし、障害児入所施設等の設置者である場合にあつては当該障害児入所施設等の所在地とする。次条第三項において同じ。）を変更した場合において、その変更後の期間に係る児童手当の支給を受けようとするときも、前二項と同様とする。

（**支給及び支払**）

第八条　市町村長は、前条の認定をした一般受給資格者及び施設等受給資格者（以下「受給資格者」という。）に対し、児童手当を支給する。

2　児童手当の支給は、受給資格者が前条の規定による認定の請求をした日の属する月の翌月から始め、児童手当を支給すべき事由が消滅した日の属する月で終わる。

3　［略］

4　児童手当は、毎年二月、六月及び十月の三期に、それぞれの前月までの分を支払う。ただし、前支払期月に支払うべきであつた児童手当又は支給すべき事由が消滅した場合におけるその期の児童手当は、その支払期月でない月であつても、支払うものとする。

附　則（抄）

（**施行期日**）

第一条　この法律は、昭和四十七年一月一日から施行する。［後略］

46 児童扶養手当法（抄）

（昭和三六年一一月二九日法律第二三八号）

改正　令和四・六・二二法七六

第一章　総則

（**この法律の目的**）

第一条　この法律は、父又は母と生計を同じくしていない児童が育成される家庭の生活の安定と自立の促進に寄与するため、当該児童について児童扶養手当を支給し、もつて児童の福祉の増進を図ることを目的とする。

（**児童扶養手当の趣旨**）

第二条　児童扶養手当は、児童の心身の健やかな成長に寄与することを趣旨として支給されるものであつて、その支給を受けた者は、これをその趣旨に従つて用いなければならない。

2　児童扶養手当の支給を受けた父又は母は、自ら進んでその自立を図り、家庭の生活の安定と向上に努めなければならない。

3　児童扶養手当の支給は、婚姻を解消した父母等が児童に対して履行すべき扶養義務の程度又は内容を変更するものではない。

（**用語の定義**）

第三条　この法律において「児童」とは、十八歳に達する日以後の最初の三月三十一日までの間にある者又は二十歳未満で政令で定める程度の障害の状態にある者をいう。

2　この法律において「公的年金給付」とは、次の各号に掲げる給付をいう。

一　国民年金法（昭和三十四年法律第百四十一号）に基づく年金たる給付

二　厚生年金保険法（昭和二十九年法律第百十五号）に基づく年金たる給付（同法附則第二十八条に規定する共済組合が支給する年金たる給付を含む。）

三　船員保険法（昭和十四年法律第七十三号）に基づく年金たる給付（雇用保険法等の一部を改正する法律（平成十九年法律第三十号）附則第三十九条の規定によりなお従前の例によるものとされた年金たる給付に限る。）

四　恩給法（大正十二年法律第四十八号。他の法律において準用する場合を含む。）に基づく年金たる給付

五～十二　［略］

3　この法律にいう「婚姻」には、婚姻の届出をしていないが、事実上婚姻関係と同様の事情にある場合を含み、「配偶者」には、婚姻の届出をしていないが、事実上婚姻関係と同様の事情にある者を含み、「父」には、母が児童を懐胎した当時婚姻の届出をしていないが、その母と事実上婚姻関係と同様の事情にあつた者を含むものとする。

第二章　児童扶養手当の支給

（**支給要件**）

第四条　都道府県知事、市長（特別区の区長を含む。以下同じ。）及び福祉事務所（社会福祉法（昭和二十六年法律第四十五号）に定める福祉に関する事務所をいう。以下同じ。）を管理する町村長（以下「都道府県知事等」という。）は、次の各号に掲げる場合の区分に応じ、それぞれ当該各号に定める者に対し、児童扶養手当（以

下「手当」という。）を支給する。
一　次のイからホまでのいずれかに該当する児童の母が当該児童を監護する場合　当該母
イ　父母が婚姻を解消した児童
ロ　父が死亡した児童
ハ　父が政令で定める程度の障害の状態にある児童
ニ　父の生死が明らかでない児童
ホ　その他イからニまでに準ずる状態にある児童で政令で定めるもの
二　次のイからホまでのいずれかに該当する児童の父が当該児童を監護し、かつ、これと生計を同じくする場合　当該父
イ　父母が婚姻を解消した児童
ロ　母が死亡した児童
ハ　母が前号ハの政令で定める程度の障害の状態にある児童
ニ　母の生死が明らかでない児童
ホ　その他イからニまでに準ずる状態にある児童で政令で定めるもの
三　第一号イからホまでのいずれかに該当する児童を母が監護しない場合若しくは同号イからホまでのいずれかに該当する児童（同号ロに該当するものを除く。）の母がない場合であつて、当該母以外の者が当該児童を養育する（児童と同居して、これを監護し、かつ、その生計を維持することをいう。以下同じ。）とき、前号イからホまでのいずれかに該当する児童を父が監護しないか、若しくはこれと生計を同じくしない場合（父がない場合を除く。）若しくは同号イからホまでのいずれかに該当する児童（同号ロに該当するものを除く。）の父がない場合であつて、当該父以外の者が当該児童を養育するとき、又は父母がない場合であつて、当該父母以外の者が当該児童を養育するとき　当該養育者

2　前項の規定にかかわらず、手当は、母又は養育者に対する手当にあつては児童が第一号から第四号までのいずれかに該当するとき、父に対する手当にあつては児童が第一号、第二号、第五号又は第六号のいずれかに該当するときは、当該児童については、支給しない。
一　日本国内に住所を有しないとき。
二　児童福祉法（昭和二十二年法律第百六十四号）第六条の四に規定する里親に委託されているとき。
三　父と生計を同じくしているとき。ただし、その者が前項第一号ハに規定する政令で定める程度の障害の状態にあるときを除く。
四　母の配偶者（前項第一号ハに規定する政令で定める程度の障害の状態にある父を除く。）に養育されているとき。
五　母と生計を同じくしているとき。ただし、その者が前項第一号ハに規定する政令で定める程度の障害の状態にあるときを除く。
六　父の配偶者（前項第一号ハに規定する政令で定める程度の障害の状態にある母を除く。）に養育されているとき。

3　第一項の規定にかかわらず、手当は、母に対する手当にあつては当該母が、父に対する手当にあつては当該父が、養育者に対する手当にあつては当該養育者が、日本国内に住所を有しないときは、支給しない。

（支給の調整）
第四条の二　同一の児童について、父及び母のいずれもが手当の支給要件に該当するとき、又は父及び養育者のいずれもが手当の支給要件に該当するときは、当該父に対する手当は、当該児童については、支給しない。

2　同一の児童について、母及び養育者のいずれもが手当の支給要件に該当するときは、当該養育者に対する手当は、当該児童については、支給しない。

（手当額）
第五条　手当は、月を単位として支給するものとし、その額は、一月につき、四万千百円とする。

2　第四条に定める要件に該当する児童であつて、父が監護し、かつ、これと生計を同じくするもの、母が監護するもの又は養育者が養育するもの（以下「監護等児童」という。）が二人以上である父、母又は養育者に支給する手当の額は、前項の規定にかかわらず、同項に定める額（次条第一項において「基本額」という。）に監護等児童のうちの一人（以下この項において「基本額対象監護等児童」という。）以外の監護等児童につきそれぞれ次の各号に掲げる監護等児童の区分に応じ、当該各号に定める額（次条第二項において「加算額」という。）を加算した額とする。
一　第一加算額対象監護等児童（基本額対象監護等児童以外の監護等児童のうちの一人をいう。次号において同じ。）　一万円
二　第二加算額対象監護等児童（基本額対象監護等児童及び第一加算額対象監護等児童以外の監護等児童をいう。）　六千円

（手当額の自動改定）
第五条の二　基本額については、総務省において作成する年平均の全国消費者物価指数（以下「物価指数」という。）が平成五年（この項の規定

による基本額の改定の措置が講じられたときは、直近の当該措置が講じられた年の前年）の物価指数を超え、又は下るに至つた場合においては、その上昇し、又は低下した比率を基準として、その翌年の四月以降の基本額を改定する。

2　前項の規定は、加算額について準用する。この場合において、同項中「平成五年」とあるのは、「平成二十七年」と読み替えるものとする。

3　前二項の規定による手当の額の改定の措置は、政令で定める。

（認定）

第六条　手当の支給要件に該当する者（以下「受給資格者」という。）は、手当の支給を受けようとするときは、その受給資格及び手当の額について、都道府県知事等の認定を受けなければならない。

2　前項の認定を受けた者が、手当の支給要件に該当しなくなつた後再びその要件に該当するに至つた場合において、その該当するに至つた後の期間に係る手当の支給を受けようとするときも、同項と同様とする。

（**支給期間及び支払期月**）

第七条　手当の支給は、受給資格者が前条の規定による認定の請求をした日の属する月の翌月（第十三条の三第一項において「支給開始月」という。）から始め、手当を支給すべき事由が消滅した日の属する月で終わる。

2　受給資格者が災害その他やむを得ない理由により前条の規定による認定の請求をすることができなかつた場合において、その理由がやんだ後十五日以内にその請求をしたときは、手当の支給は、前項の規定にかかわらず、受給資格者がやむを得ない理由により認定の請求をすることができなくなつた日の属する月の翌月から始める。

3　手当は、毎年一月、三月、五月、七月、九月及び十一月の六期に、それぞれの前月までの分を支払う。ただし、前支払期月に支払うべきであつた手当又は支給すべき事由が消滅した場合におけるその期の手当は、その支払期月でない月であつても、支払うものとする。

（**手当の額の改定時期**）

第八条　手当の支給を受けている者につき、新たに監護等児童があるに至つた場合における手当の額の改定は、その者がその改定後の額につき認定の請求をした日の属する月の翌月から行う。

2　前条第二項の規定は、前項の改定について準用する。

3　手当の支給を受けている者につき、監護等児童の数が減じた場合における手当の額の改定は、その減じた日の属する月の翌月から行う。

（**支給の制限**）

第九条　手当は、受給資格者（第四条第一項第一号ロ又はニに該当し、かつ、母がない児童、同項第二号ロ又はニに該当し、かつ、父がない児童その他政令で定める児童の養育者を除く。以下この項において同じ。）の前年の所得が、その者の所得税法（昭和四十年法律第三十三号）に規定する同一生計配偶者及び扶養親族（以下「扶養親族等」という。）並びに当該受給資格者の扶養親族等でない児童で当該受給資格者が前年の十二月三十一日において生計を維持したものの有無及び数に応じて、政令で定める額以上であるときは、その年の十一月から翌年の十月までは、政令の定めるところにより、その全部又は一部を支給しない。

2　受給資格者が母である場合であつてその監護する児童が父から当該児童の養育に必要な費用の支払を受けたとき、又は受給資格者が父である場合であつてその監護し、かつ、これと生計を同じくする児童が母から当該児童の養育に必要な費用の支払を受けたときは、政令で定めるところにより、受給資格者が当該費用の支払を受けたものとみなして、前項の所得の額を計算するものとする。

第九条の二　手当は、受給資格者（前条第一項に規定する養育者に限る。以下この条において同じ。）の前年の所得が、その者の扶養親族等及び当該受給資格者の扶養親族等でない児童で当該受給資格者が前年の十二月三十一日において生計を維持したものの有無及び数に応じて、政令で定める額以上であるときは、その年の十一月から翌年の十月までは、支給しない。

第十条　父又は母に対する手当は、その父若しくは母の配偶者の前年の所得又はその父若しくは母の民法（明治二十九年法律第八十九号）第八百七十七条第一項に定める扶養義務者でその父若しくは母と生計を同じくするものの前年の所得が、その者の扶養親族等の有無及び数に応じて、政令で定める額以上であるときは、その年の十一月から翌年の十月までは、支給しない。

第十一条　養育者に対する手当は、その養育者の配偶者の前年の所得又はその養育者の民法第八百七十七条第一項に定める扶養義務者でその養育者の生計を維持するものの前年の所得が、その者の扶養親族等の有無及び数に応じて、前条に規定する政令で定める額以上であるときは、その年の十一月から翌年の十月までは、支給しない。

第十二条　震災、風水害、火災その他これらに類する災害により、自己又は所得税法に規定する同一生計配偶者若しくは扶養親族の所有に係る住宅、家財又は政令で定めるその他の財産につき被害金額（保険金、損害賠償金等により補充された金額を除く。）がその価格のおおむね二分の一以上である損害を受けた者（以下「被災者」という。）がある場合においては、その損害を受けた月から翌年の十月までの手当については、その損害を受けた年の前年又は前々年における当該被災者の所得に関しては、第九条から前条までの規定を適用しない。

2 前項の規定の適用により同項に規定する期間に係る手当が支給された場合において、次の各号に該当するときは、その支給を受けた者は、政令の定めるところにより、それぞれ当該各号に規定する手当で同項に規定する期間に係るものに相当する金額の全部又は一部を都道府県、市（特別区を含む。）又は福祉事務所を設置する町村（以下「都道府県等」という。）に返還しなければならない。

一 当該被災者（第九条第一項に規定する養育者を除く。以下この号において同じ。）の当該損害を受けた年の所得が、当該被災者の扶養親族等及び当該被災者の扶養親族等でない児童で当該被災者がその年の十二月三十一日において生計を維持したものの有無及び数に応じて、第九条第一項に規定する政令で定める額以上であること。　当該被災者に支給された手当

二 当該被災者（第九条第一項に規定する養育者に限る。以下この号において同じ。）の当該損害を受けた年の所得が、当該被災者の扶養親族等及び当該被災者の扶養親族等でない児童で当該被災者がその年の十二月三十一日において生計を維持したものの有無及び数に応じて、第九条の二に規定する政令で定める額以上であること。　当該被災者に支給された手当

三 当該被災者の当該損害を受けた年の所得が、当該被災者の扶養親族等の有無及び数に応じて、第十条に規定する政令で定める額以上であること。　当該被災者を配偶者又は扶養義務者とする者に支給された手当

第十三条 第九条から第十一条まで及び前条第二項各号に規定する所得の範囲及びその額の計算方法は、政令で定める。

第十三条の二 手当は、母又は養育者に対する手当にあつては児童が第一号、第二号又は第四号のいずれかに該当するとき、父に対する手当にあつては児童が第一号、第三号又は第四号のいずれかに該当するときは、当該児童については、政令で定めるところにより、その全部又は一部を支給しない。

一 父又は母の死亡について支給される公的年金給付を受けることができるとき。ただし、その全額につきその支給が停止されているときを除く。

二 父に支給される公的年金給付の額の加算の対象となつているとき。

三 母に支給される公的年金給付の額の加算の対象となつているとき。

四 父又は母の死亡について労働基準法（昭和二十二年法律第四十九号）の規定による遺族補償その他政令で定める法令によるこれに相当する給付（以下この条において「遺族補償等」という。）を受けることができる場合であつて、当該遺族補償等の給付事由が発生した日から六年を経過していないとき。

2 手当は、受給資格者が次に掲げる場合のいずれかに該当するときは、政令で定めるところにより、その全部又は一部を支給しない。

一 国民年金法の規定に基づく障害基礎年金その他障害を支給事由とする政令で定める給付（次項において「障害基礎年金等」という。）及び国民年金法等の一部を改正する法律（昭和六十年法律第三十四号）附則第三十二条第一項の規定によりなお従前の例によるものとされた同法第一条による改正前の国民年金法に基づく老齢福祉年金以外の公的年金給付を受けることができるとき。ただし、その全額につきその支給が停止されているときを除く。

二 遺族補償等（父又は母の死亡について支給されるものに限る。）を受けることができる場合であつて、当該遺族補償等の給付事由が発生した日から六年を経過していないとき。

3 手当は、受給資格者が障害基礎年金等の給付を受けることができるとき（その全額につきその支給が停止されているときを除く。）は、政令で定めるところにより、当該障害基礎年金等の給付（子を有する者に係る加算に係る部分に限る。）の額に相当する額を支給しない。

4 第一項各号列記以外の部分及び前項の政令を定めるに当たつては、監護等児童が二人以上である受給資格者に支給される手当の額が監護等児童が一人である受給資格者に支給される手当の額を下回ることのないようにするものとする。

第十三条の三 受給資格者（養育者を除く。以下この条において同じ。）に対する手当は、支給開始月の初日から起算して五年又は手当の支給要件に該当するに至つた日の属する月の初日から起算して七年を経過したとき（第六条第一項

の規定による認定の請求をした日において三歳未満の児童を監護する受給資格者にあつては、当該児童が三歳に達した日の属する月の翌月の初日から起算して五年を経過したとき）は、政令で定めるところにより、その一部を支給しない。ただし、当該支給しない額は、その経過した日の属する月の翌月に当該受給資格者に支払うべき手当の額の二分の一に相当する額を超えることができない。

2　受給資格者が、前項に規定する期間を経過した後において、身体上の障害がある場合その他の政令で定める事由に該当する場合には、当該受給資格者については、内閣府令で定めるところにより、その該当している期間は、同項の規定を適用しない。

第三章　不服申立て

（審査請求）

第十七条　都道府県知事のした手当の支給に関する処分に不服がある者は、都道府県知事に審査請求をすることができる。

附　則（抄）

（施行期日）

1　この法律は、昭和三十七年一月一日から施行する。[後略]

47 特別児童扶養手当等の支給に関する法律（抄）

（昭和三九年七月二日 法律第一三四号）

題名改正　昭和四一法一二八、昭和四九法八九
改正　令和四・六・一七法六八

第一章　総則

（この法律の目的）

第一条　この法律は、精神又は身体に障害を有する児童について特別児童扶養手当を支給し、精神又は身体に重度の障害を有する児童に障害児福祉手当を支給するとともに、精神又は身体に著しく重度の障害を有する者に特別障害者手当を支給することにより、これらの者の福祉の増進を図ることを目的とする。

（用語の定義）

第二条　この法律において「障害児」とは、二十歳未満であつて、第五項に規定する障害等級に該当する程度の障害の状態にある者をいう。

2　この法律において「重度障害児」とは、障害児のうち、政令で定める程度の重度の障害の状態にあるため、日常生活において常時の介護を必要とする者をいう。

3　この法律において「特別障害者」とは、二十歳以上であつて、政令で定める程度の著しく重度の障害の状態にあるため、日常生活において常時特別の介護を必要とする者をいう。

4　この法律にいう「配偶者」には、婚姻の届出をしていないが、事実上婚姻関係と同様の事情にある者を含み、「父」には、母が障害児を懐胎した当時婚姻の届出をしていないが、その母と事実上婚姻関係と同様の事情にあつた者を含むものとする。

5　障害等級は、障害の程度に応じて重度のものから一級及び二級とし、各級の障害の状態は、政令で定める。

第二章　特別児童扶養手当

（支給要件）

第三条　国は、障害児の父若しくは母がその障害児を監護するとき、又は父母がないか若しくは父母が監護しない場合において、当該障害児の父母以外の者がその障害児を養育する（その障害児と同居して、これを監護し、かつ、その生計を維持することをいう。以下同じ。）ときは、その父若しくは母又はその養育者に対し、特別児童扶養手当（以下この章において「手当」という。）を支給する。

2　前項の場合において、当該障害児を父及び母が監護するときは、当該父又は母のうち、主として当該障害児の生計を維持する者（当該父及び母がいずれも当該障害児の生計を維持しないものであるときは、当該父又は母のうち、主として当該障害児を介護する者）に支給するものとする。

3　第一項の規定にかかわらず、手当は、障害児が次の各号のいずれかに該当するときは、当該障害児については、支給しない。

一　日本国内に住所を有しないとき。

二　障害を支給事由とする年金たる給付で政令で定めるものを受けることができるとき。ただし、その全額につきその支給が停止されて

いるときを除く。

4　第一項の規定にかかわらず、手当は、父母に対する手当にあつては当該父母が、養育者に対する手当にあつては当該養育者が、日本国内に住所を有しないときは、支給しない。

5　手当の支給を受けた者は、手当が障害児の生活の向上に寄与するために支給されるものである趣旨にかんがみ、これをその趣旨に従つて用いなければならない。

（手当額）

第四条　手当は、月を単位として支給するものとし、その月額は、障害児一人につき三万三千三百円（障害の程度が第二条第五項に規定する障害等級の一級に該当する障害児にあつては、五万円）とする。

（認定）

第五条　手当の支給要件に該当する者（以下この章において「受給資格者」という。）は、手当の支給を受けようとするときは、その受給資格及び手当の額について、都道府県知事（地方自治法（昭和二十二年法律第六十七号）第二百五十二条の十九第一項の指定都市（以下「指定都市」という。）の区域内に住所を有する受給資格者については、当該指定都市の長）の認定を受けなければならない。

2　前項の認定を受けた者が、手当の支給要件に該当しなくなつた後再びその要件に該当するに至つた場合において、その該当するに至つた後の期間に係る手当の支給を受けようとするときも、同項と同様とする。

第三章　障害児福祉手当

（支給要件）

第十七条　都道府県知事、市長（特別区の区長を含む。以下同じ。）及び福祉事務所（社会福祉法（昭和二十六年法律第四十五号）に定める福祉に関する事務所をいう。以下同じ。）を管理する町村長は、その管理に属する福祉事務所の所管区域内に住所を有する重度障害児に対し、障害児福祉手当（以下この章において「手当」という。）を支給する。ただし、その者が次の各号のいずれかに該当するときは、この限りでない。

一　障害を支給事由とする給付で政令で定めるものを受けることができるとき。ただし、その全額につきその支給が停止されているときを除く。

二　児童福祉法（昭和二十二年法律第百六十四号）に規定する障害児入所施設その他これに類する施設で厚生労働省令で定めるものに収容されているとき。

（手当額）

第十八条　手当は、月を単位として支給するものとし、その月額は、一万四千百七十円とする。

（認定）

第十九条　手当の支給要件に該当する者（以下この章において「受給資格者」という。）は、手当の支給を受けようとするときは、その受給資格について、都道府県知事、市長又は福祉事務所を管理する町村長の認定を受けなければならない。

（費用の負担）

第二十五条　手当の支給に要する費用は、その四分の三に相当する額を国が負担し、その四分の一に相当する額を都道府県、市又は福祉事務所を設置する町村が負担する。

第三章の二　特別障害者手当

（支給要件）

第二十六条の二　都道府県知事、市長及び福祉事務所を管理する町村長は、その管理に属する福祉事務所の所管区域内に住所を有する特別障害者に対し、特別障害者手当（以下この章において「手当」という。）を支給する。ただし、その者が次の各号のいずれかに該当するときは、この限りでない。

一　障害者の日常生活及び社会生活を総合的に支援するための法律（平成十七年法律第百二十三号）に規定する障害者支援施設（次号において「障害者支援施設」という。）に入所しているとき（同法に規定する生活介護（次号において「生活介護」という。）を受けている場合に限る。）。

二　障害者支援施設（生活介護を行うものに限る。）に類する施設で厚生労働省令で定めるものに入所しているとき。

三　病院又は診療所（前号に規定する施設を除く。）に継続して三月を超えて入院するに至つたとき。

（手当額）

第二十六条の三　手当は、月を単位として支給するものとし、その月額は、二万六千五十円とする。

第四章　不服申立て

（審査請求）

第二十七条　都道府県知事のした特別児童扶養手当、障害児福祉手当又は特別障害者手当（以下「手当」という。）の支給に関する処分に不服がある者は、都道府県知事に審査請求をすることができる。

附　則（抄）

（施行期日）

1　この法律は、昭和三十九年九月一日から施行する。［後略］

48 里親が行う養育に関する最低基準（抄）

（平成一四年九月五日厚生労働省令第一一六号）

改正　令和五・一二・一四厚労令七二

（この府令の趣旨）

第一条　児童福祉法（昭和二十二年法律第百六十四号。以下「法」という。）第二十七条第一項第三号の規定により里親に委託された児童（以下「委託児童」という。）について里親が行う養育に関する最低基準（以下「最低基準」という。）は、この府令の定めるところによる。

（最低基準の向上）

第二条　都道府県知事は、その管理に属する法第八条第二項に規定する都道府県児童福祉審議会（社会福祉法（昭和二十六年法律第四十五号）第十二条第一項の規定により同法第七条第一項に規定する地方社会福祉審議会（以下この項において「地方社会福祉審議会」という。）に児童福祉に関する事項を調査審議させる都道府県にあっては、地方社会福祉審議会）の意見を聴いて、その監督に属する里親に対し、最低基準を超えて当該里親が行う養育の内容を向上させるよう、指導又は助言をすることができる。

2　地方自治法（昭和二十二年法律第六十七号）第二百五十二条の十九第一項の指定都市（以下「指定都市」という。）にあっては、前項中「都道府県知事」とあるのは「指定都市の市長」と、「都道府県」とあるのは「指定都市」と読み替えるものとする。

3　法第五十九条の四第一項の児童相談所設置市（以下「児童相談所設置市」という。）にあっては、第一項中「都道府県知事」とあるのは「児童相談所設置市の長」と、「法第八条第二項に規定する都道府県児童福祉審議会（社会福祉法（昭和二十六年法律第四十五号）第十二条第一項の規定により同法第七条第一項に規定する地方社会福祉審議会（以下この項において「地方社会福祉審議会」という。）に児童福祉に関する事務を調査審議させる都道府県にあっては、地方社会福祉審議会）」とあるのは「法第八条第三項に規定する児童福祉に関する審議会その他の合議制の機関」と読み替えるものとする。

4　内閣総理大臣は、最低基準を常に向上させるように努めるものとする。

（最低基準と里親）

第三条　里親は、最低基準を超えて、常に、その行う養育の内容を向上させるように努めなければならない。

（養育の一般原則）

第四条　里親が行う養育は、委託児童の自主性を尊重し、基本的な生活習慣を確立するとともに、豊かな人間性及び社会性を養い、委託児童の自立を支援することを目的として行われなければならない。

2　里親は、前項の養育を効果的に行うため、都道府県（指定都市及び児童相談所設置市を含む。）が行う研修を受け、その資質の向上を図るように努めなければならない。

（児童を平等に養育する原則）

第五条　里親は、委託児童に対し、自らの子若しくは他の児童と比して、又は委託児童の国籍、信条若しくは社会的身分によって、差別的な養育をしてはならない。

（虐待等の禁止）

第六条 里親は、委託児童に対し、法第三十三条の十各号に掲げる行為その他当該委託児童の心身に有害な影響を与える行為をしてはならない。

（教育）

第七条 里親は、委託児童に対し、学校教育法（昭和二十二年法律第二十六号）の規定に基づく義務教育のほか、必要な教育を受けさせるよう努めなければならない。

（自立支援計画の遵守）

第十条 里親は、児童相談所長があらかじめ作成する自立支援計画（法第十一条第一項第二号ト(5)に規定する計画をいう。）に従って、委託児童を養育しなければならない。

（秘密保持）

第十一条 里親は、正当な理由なく、その業務上知り得た委託児童又はその家族の秘密を漏らしてはならない。

（記録の整備）

第十二条 里親は、委託児童の養育の状況に関する記録を整備しておかなければならない。

（苦情等への対応）

第十三条 里親は、その行った養育に関する委託児童からの苦情その他の意思表示に対し、迅速かつ適切に対応しなければならない。

2 里親は、その行った養育に関し、都道府県知事（指定都市にあっては市長とし、児童相談所設置市にあっては児童相談所設置市の長とする。以下同じ。）から指導又は助言を受けたときは、当該指導又は助言に従って必要な改善を行わなければならない。

（養育する委託児童の年齢）

第十六条 里親が養育する委託児童は、十八歳未満（法第三十一条第四項に定める延長者にあっては二十歳未満）の者とする。

2 前項の規定にかかわらず、都道府県知事が委託児童、その保護者及び児童相談所長からの意見を勘案して必要と認めるときは、法第三十一条第二項の規定に基づき当該委託児童が満二十歳に達する日までの間、養育を継続することができる。

（養育する委託児童の人数の限度）

第十七条 里親が同時に養育する委託児童及び当該委託児童以外の児童の人数の合計は、六人（委託児童については四人）を超えることができない。

2 専門里親（児童福祉法施行規則（昭和二十三年厚生省令第十一号）第一条の三十六に規定する専門里親をいう。以下同じ。）が同時に養育する委託児童の人数は、同条各号に掲げる者については、二人を超えることができない。

（委託児童を養育する期間の限度）

第十八条 専門里親による委託児童（児童福祉法施行規則第一条の三十六各号に掲げる者に限る。）の養育は、当該養育を開始した日から起算して二年を超えることができない。ただし、都道府県知事が当該委託児童、その保護者及び児童相談所長からの意見を勘案して必要と認めるときは、当該期間を更新することができる。

（再委託の制限）

第十九条 里親は、次に掲げる場合を除き、委託児童を他の者に委託してはならない。

一 都道府県知事が、里親からの申請に基づき、児童相談所長と協議して、当該里親の心身の状況等にかんがみ、当該里親が養育する委託児童を一時的に他の者に委託することが適当であると認めるとき。

二 前号に掲げる場合のほか、特にやむを得ない事情があると都道府県知事が認めるとき。

（家庭環境の調整への協力）

第二十条 専門里親は、児童相談所長が児童家庭支援センター、里親支援センター、法第十一条第四項の規定により同条第一項第二号へに掲げる業務に係る事務の委託を受けた者、児童委員、福祉事務所等の関係機関と連携して行う委託児童の家庭環境の調整に協力しなければならない。

附　則

この省令は、平成十四年十月一日から施行する。

49 障害者の日常生活及び社会生活を総合的に支援するための法律（抄）

（平成一七年一一月七日
法律第一二三号）

題名改正　平成二四法五一
改正　令和四・一二・一六法一〇四
［編集部注］未施行分は傍線を付した。

第一章　総則

（目的）
第一条　この法律は、障害者基本法（昭和四十五年法律第八十四号）の基本的な理念にのっとり、身体障害者福祉法（昭和二十四年法律第二百八十三号）、知的障害者福祉法（昭和三十五年法律第三十七号）、精神保健及び精神障害者福祉に関する法律（昭和二十五年法律第百二十三号）、児童福祉法（昭和二十二年法律第百六十四号）その他障害者及び障害児の福祉に関する法律と相まって、障害者及び障害児が基本的人権を享有する個人としての尊厳にふさわしい日常生活又は社会生活を営むことができるよう、必要な障害福祉サービスに係る給付、地域生活支援事業その他の支援を総合的に行い、もって障害者及び障害児の福祉の増進を図るとともに、障害の有無にかかわらず国民が相互に人格と個性を尊重し安心して暮らすことのできる地域社会の実現に寄与することを目的とする。

（基本理念）
第一条の二　障害者及び障害児が日常生活又は社会生活を営むための支援は、全ての国民が、障害の有無にかかわらず、等しく基本的人権を享有するかけがえのない個人として尊重されるものであるとの理念にのっとり、全ての国民が、障害の有無によって分け隔てられることなく、相互に人格と個性を尊重し合いながら共生する社会を実現するため、全ての障害者及び障害児が可能な限りその身近な場所において必要な日常生活又は社会生活を営むための支援を受けられることにより社会参加の機会が確保されること及びどこで誰と生活するかについての選択の機会が確保され、地域社会において他の人々と共生することを妨げられないこと並びに障害者及び障害児にとって日常生活又は社会生活を営む上で障壁となるような社会における事物、制度、慣行、観念その他一切のものの除去に資することを旨として、総合的かつ計画的に行わなければならない。

（市町村等の責務）
第二条　市町村（特別区を含む。以下同じ。）は、この法律の実施に関し、次に掲げる責務を有する。
一　障害者が自ら選択した場所に居住し、又は障害者若しくは障害児（以下「障害者等」という。）が自立した日常生活又は社会生活を営むことができるよう、当該市町村の区域における障害者等の生活の実態を把握した上で、公共職業安定所、障害者職業センター（障害者の雇用の促進等に関する法律（昭和三十五年法律第百二十三号）第十九条第一項に規定する障害者職業センターをいう。以下同じ。）、障害者就業・生活支援センター（同法第二十七条第二項に規定する障害者就業・生活支援センターをいう。以下同じ。）その他の職業リハビリテーション（同法第二条第七号に規定する職業リハビリテーションをいう。以下同じ。）の措置を実施する機関、教育機関その他の関係機関との緊密な連携を図りつつ、必要な自立支援給付及び地域生活支援事業を総合的かつ計画的に行うこと。
二　障害者等の福祉に関し、必要な情報の提供を行い、並びに相談に応じ、必要な調査及び指導を行い、並びにこれらに付随する業務を行うこと。
三　意思疎通について支援が必要な障害者等が障害福祉サービスを円滑に利用することができるよう必要な便宜を供与すること、障害者等に対する虐待の防止及びその早期発見のために関係機関と連絡調整を行うことその他障害者等の権利の擁護のために必要な援助を行うこと。
2　都道府県は、この法律の実施に関し、次に掲げる責務を有する。
一　市町村が行う自立支援給付及び地域生活支援事業が適正かつ円滑に行われるよう、市町村に対する必要な助言、情報の提供その他の援助を行うこと。
二　市町村と連携を図りつつ、必要な自立支援医療費の支給及び地域生活支援事業を総合的に行うこと。
三　障害者等に関する相談及び指導のうち、専門的な知識及び技術を必要とするものを行うこと。
四　市町村と協力して障害者等の権利の擁護のために必要な援助を行うとともに、市町村が行う障害者等の権利の擁護のために必要な援助が適正かつ円滑に行われるよう、市町村に対する必要な助言、情報の提供その他の援助を行うこと。

3　国は、市町村及び都道府県が行う自立支援給付、地域生活支援事業その他この法律に基づく業務が適正かつ円滑に行われるよう、市町村及び都道府県に対する必要な助言、情報の提供その他の援助を行わなければならない。

4　国及び地方公共団体は、障害者等が自立した日常生活又は社会生活を営むことができるよう、必要な障害福祉サービス、相談支援及び地域生活支援事業の提供体制の確保に努めなければならない。

（国民の責務）

第三条　すべての国民は、その障害の有無にかかわらず、障害者等が自立した日常生活又は社会生活を営めるような地域社会の実現に協力するよう努めなければならない。

（定義）

第四条　この法律において「障害者」とは、身体障害者福祉法第四条に規定する身体障害者、知的障害者福祉法にいう知的障害者のうち十八歳以上である者及び精神保健及び精神障害者福祉に関する法律第五条第一項に規定する精神障害者（発達障害者支援法（平成十六年法律第百六十七号）第二条第二項に規定する発達障害者を含み、知的障害者福祉法にいう知的障害者を除く。以下「精神障害者」という。）のうち十八歳以上である者並びに治療方法が確立していない疾病その他の特殊の疾病であって政令で定めるものによる障害の程度が主務大臣が定める程度である者であって十八歳以上であるものをいう。

2　この法律において「障害児」とは、児童福祉法第四条第二項に規定する障害児をいう。

3　この法律において「保護者」とは、児童福祉法第六条に規定する保護者をいう。

4　この法律において「障害支援区分」とは、障害者等の障害の多様な特性その他の心身の状態に応じて必要とされる標準的な支援の度合を総合的に示すものとして主務省令で定める区分をいう。

第五条　この法律において「障害福祉サービス」とは、居宅介護、重度訪問介護、同行援護、行動援護、療養介護、生活介護、短期入所、重度障害者等包括支援、施設入所支援、自立訓練、就労選択支援、就労移行支援、就労継続支援、就労定着支援、自立生活援助及び共同生活援助をいい、「障害福祉サービス事業」とは、障害福祉サービス（障害者支援施設、独立行政法人国立重度知的障害者総合施設のぞみの園法（平成十四年法律第百六十七号）第十一条第一号の規定により独立行政法人国立重度知的障害者総合施設のぞみの園が設置する施設（以下「のぞみの園」という。）その他主務省令で定める施設において行われる施設障害福祉サービス（施設入所支援及び主務省令で定める障害福祉サービスをいう。以下同じ。）を除く。）を行う事業をいう。

2　この法律において「居宅介護」とは、障害者等につき、居宅において入浴、排せつ又は食事の介護その他の主務省令で定める便宜を供与することをいう。

3　［略］

4　この法律において「同行援護」とは、視覚障害により、移動に著しい困難を有する障害者等につき、外出時において、当該障害者等に同行し、移動に必要な情報を提供するとともに、移動の援護その他の主務省令で定める便宜を供与することをいう。

5　この法律において「行動援護」とは、知的障害又は精神障害により行動上著しい困難を有する障害者等であって常時介護を要するものにつき、当該障害者等が行動する際に生じ得る危険を回避するために必要な援護、外出時における移動中の介護その他の主務省令で定める便宜を供与することをいう。

6・7　［略］

8　この法律において「短期入所」とは、居宅においてその介護を行う者の疾病その他の理由により、障害者支援施設その他の主務省令で定める施設への短期間の入所を必要とする障害者等につき、当該施設に短期間の入所をさせ、入浴、排せつ又は食事の介護その他の主務省令で定める便宜を供与することをいう。

9　この法律において「重度障害者等包括支援」とは、常時介護を要する障害者等であって、その介護の必要の程度が著しく高いものとして主務省令で定めるものにつき、居宅介護その他の主務省令で定める障害福祉サービスを包括的に提供することをいう。

10～18　［略］

19　この法律において「相談支援」とは、基本相談支援、地域相談支援及び計画相談支援をいい、「地域相談支援」とは、地域移行支援及び地域定着支援をいい、「計画相談支援」とは、サービス利用支援及び継続サービス利用支援をいい、「一般相談支援事業」とは、基本相談支援及び地域相談支援のいずれも行う事業をいい、

「特定相談支援事業」とは、基本相談支援及び計画相談支援のいずれも行う事業をいう。

20 この法律において「基本相談支援」とは、地域の障害者等の福祉に関する各般の問題につき、障害者等、障害児の保護者又は障害者等の介護を行う者からの相談に応じ、必要な情報の提供及び助言を行い、併せてこれらの者と市町村及び第二十九条第二項に規定する指定障害福祉サービス事業者等との連絡調整（サービス利用支援及び継続サービス利用支援に関するものを除く。）その他の主務省令で定める便宜を総合的に供与することをいう。

21・22 〔略〕

23 この法律において「サービス利用支援」とは、第二十条第一項若しくは第二十四条第一項の申請に係る障害者等又は第五十一条の六第一項若しくは第五十一条の九第一項の申請に係る障害者の心身の状況、その置かれている環境、当該障害者等又は障害児の保護者の障害福祉サービス又は地域相談支援の利用に関する意向その他の事情を勘案し、利用する障害福祉サービス又は地域相談支援の種類及び内容その他の主務省令で定める事項を定めた計画（以下「サービス等利用計画案」という。）を作成し、第十九条第一項に規定する支給決定（次項において「支給決定」という。）、第二十四条第二項に規定する支給決定の変更の決定（次項において「支給決定の変更の決定」という。）、第五十一条の五第一項に規定する地域相談支援給付決定（次項において「地域相談支援給付決定」という。）又は第五十一条の九第二項に規定する地域相談支援給付決定の変更の決定（次項において「地域相談支援給付決定の変更の決定」という。）（以下「支給決定等」と総称する。）が行われた後に、第二十九条第二項に規定する指定障害福祉サービス事業者等、第五十一条の十四第一項に規定する指定一般相談支援事業者その他の者（次項において「関係者」という。）との連絡調整その他の便宜を供与するとともに、当該支給決定等に係る障害福祉サービス又は地域相談支援の種類及び内容、これを担当する者その他の主務省令で定める事項を記載した計画（以下「サービス等利用計画」という。）を作成することをいう。

24 この法律において「継続サービス利用支援」とは、第十九条第一項の規定により支給決定を受けた障害者若しくは障害児の保護者（以下「支給決定障害者等」という。）又は第五十一条の五第一項の規定により地域相談支援給付決定を受けた障害者（以下「地域相談支援給付決定障害者」という。）が、第二十三条に規定する支給決定の有効期間又は第五十一条の八に規定する地域相談支援給付決定の有効期間内において継続して障害福祉サービス又は地域相談支援を適切に利用することができるよう、当該支給決定障害者等又は地域相談支援給付決定障害者に係るサービス等利用計画（この項の規定により変更されたものを含む。以下同じ。）が適切であるかどうかにつき、主務省令で定める期間ごとに、当該支給決定障害者等の障害福祉サービス又は当該地域相談支援給付決定障害者の地域相談支援の利用状況を検証し、その結果及び当該支給決定に係る障害者等又は当該地域相談支援給付決定に係る障害者の心身の状況、その置かれている環境、当該障害者等又は障害児の保護者の障害福祉サービス又は地域相談支援の利用に関する意向その他の事情を勘案し、サービス等利用計画の見直しを行い、その結果に基づき、次のいずれかの便宜の供与を行うことをいう。

一 サービス等利用計画を変更するとともに、関係者との連絡調整その他の便宜の供与を行うこと。

二 新たな支給決定若しくは地域相談支援給付決定又は支給決定の変更の決定若しくは地域相談支援給付決定の変更の決定が必要であると認められる場合において、当該支給決定等に係る障害者又は障害児の保護者に対し、支給決定等に係る申請の勧奨を行うこと。

25 この法律において「自立支援医療」とは、障害者等につき、その心身の障害の状態の軽減を図り、自立した日常生活又は社会生活を営むために必要な医療であって政令で定めるものをいう。

26 この法律において「補装具」とは、障害者等の身体機能を補完し、又は代替し、かつ、長期間にわたり継続して使用されるものその他の主務省令で定める基準に該当するものとして、義肢、装具、車椅子その他の主務大臣が定めるものをいう。

27 この法律において「移動支援事業」とは、障害者等が円滑に外出することができるよう、障害者等の移動を支援する事業をいう。

28 この法律において「地域活動支援センター」とは、障害者等を通わせ、創作的活動又は生産活動の機会の提供、社会との交流の促進その他の主務省令で定める便宜を供与する施設をいう。

29 〔略〕

第三章　地域生活支援事業

（市町村の地域生活支援事業）

第七十七条　市町村は、主務省令で定めるところにより、地域生活支援事業として、次に掲げる事業を行うものとする。

一　障害者等の自立した日常生活及び社会生活に関する理解を深めるための研修及び啓発を行う事業

二　障害者等、障害者等の家族、地域住民等により自発的に行われる障害者等が自立した日常生活及び社会生活を営むことができるようにするための活動に対する支援を行う事業

三　障害者等が障害福祉サービスその他のサービスを利用しつつ、自立した日常生活又は社会生活を営むことができるよう、地域の障害者等の福祉に関する各般の問題につき、障害者等、障害児の保護者又は障害者等の介護を行う者からの相談に応じ、必要な情報の提供及び助言その他の主務省令で定める便宜を供与するとともに、障害者等に対する虐待の防止及びその早期発見のための関係機関との連絡調整その他の障害者等の権利の擁護のために必要な援助を行う事業（次号に掲げるものを除く。）

四　障害福祉サービスの利用の観点から成年後見制度を利用することが有用であると認められる障害者で成年後見制度の利用に要する費用について補助を受けなければ成年後見制度の利用が困難であると認められるものにつき、当該費用のうち主務省令で定める費用を支給する事業

五　障害者に係る民法（明治二十九年法律第八十九号）に規定する後見、保佐及び補助の業務を適正に行うことができる人材の育成及び活用を図るための研修を行う事業

六　聴覚、言語機能、音声機能その他の障害のため意思疎通を図ることに支障がある障害者等その他の日常生活を営むのに支障がある障害者等につき、意思疎通支援（手話その他主務省令で定める方法により当該障害者等とその他の者の意思疎通を支援することをいう。以下同じ。）を行う者の派遣、日常生活上の便宜を図るための用具であって主務大臣が定めるものの給付又は貸与その他の主務省令で定める便宜を供与する事業

七　意思疎通支援を行う者を養成する事業

八　移動支援事業

九　障害者等につき、地域活動支援センターその他の主務省令で定める施設に通わせ、創作的活動又は生産活動の機会の提供、社会との交流の促進その他の主務省令で定める便宜を供与する事業

2　都道府県は、市町村の地域生活支援事業の実施体制の整備の状況その他の地域の実情を勘案して、関係市町村の意見を聴いて、当該市町村に代わって前項各号に掲げる事業の一部を行うことができる。

3　市町村は、第一項各号に掲げる事業のほか、地域において生活する障害者等及び地域における生活に移行することを希望する障害者等（以下この項において「地域生活障害者等」という。）につき、地域において安心して自立した日常生活又は社会生活を営むことができるようにするため、次に掲げる事業を行うよう努めるものとする。

一　障害の特性に起因して生じる緊急の事態その他の主務省令で定める事態に対処し、又は当該事態に備えるため、地域生活障害者等、障害児（地域生活障害者等に該当するものに限る。次号において同じ。）の保護者又は地域生活障害者等の介護を行う者からの相談に応じるとともに、地域生活障害者等を支援するための体制の確保その他の必要な措置について、指定障害福祉サービス事業者等、医療機関、次条第一項に規定する基幹相談支援センターその他の関係機関（次号及び次項において「関係機関」という。）との連携及び調整を行い、又はこれに併せて当該事態が生じたときにおける宿泊場所の一時的な提供その他の必要な支援を行う事業

二　関係機関と協力して、地域生活障害者等に対し、地域における自立した日常生活又は社会生活を営むことができるよう、障害福祉サービスの利用の体験又は居宅における自立した日常生活若しくは社会生活の体験の機会を提供するとともに、これに伴う地域生活障害者等、障害児の保護者又は地域生活障害者等の介護を行う者からの相談に応じ、必要な情報の提供及び助言を行い、併せて関係機関との連携及び調整を行う事業

三　前二号に掲げる事業のほか、障害者等の保健又は福祉に関する専門的知識及び技術を有する人材の育成及び確保その他の地域生活障害者等が地域において安心して自立した日常生活又は社会生活を営むために必要な事業

4　市町村は、前項各号に掲げる事業を実施する場合には、これらの事業を効果的に実施するために、地域生活支援拠点等（これらの事業を実

施するために必要な機能を有する拠点又は複数の関係機関が相互の有機的な連携の下でこれらの事業を実施する体制をいう。）を整備するものとする。

5　市町村は、第一項各号及び第三項各号に掲げる事業のほか、現に住居を求めている障害者につき低額な料金で福祉ホームその他の施設において当該施設の居室その他の設備を利用させ、日常生活に必要な便宜を供与する事業その他の障害者等が自立した日常生活又は社会生活を営むために必要な事業を行うことができる。

（基幹相談支援センター）

第七十七条の二　基幹相談支援センターは、地域における相談支援の中核的な役割を担う機関として、次に掲げる事業及び業務を総合的に行うことを目的とする施設とする。

一　前条第一項第三号及び第四号に掲げる事業

二　身体障害者福祉法第九条第五項第二号及び第三号、知的障害者福祉法第九条第五項第二号及び第三号並びに精神保健及び精神障害者福祉に関する法律第四十九条第一項に規定する業務

三　地域における相談支援又は児童福祉法第六条の二の二第六項に規定する障害児相談支援に従事する者に対し、これらの者が行う一般相談支援事業若しくは特定相談支援事業又は同項に規定する障害児相談支援事業に関する運営について、相談に応じ、必要な助言、指導その他の援助を行う業務

四　第八十九条の三第一項に規定する関係機関等の連携の緊密化を促進する業務

2　市町村は、基幹相談支援センターを設置するよう務めるものとする。

3　市町村は、一般相談支援事業を行う者その他の主務省令で定める者に対し、第一項各号の事業及び業務の実施を委託することができる。

4　前項の委託を受けた者は、第一項各号の事業及び業務を実施するため、主務省令で定めるところにより、あらかじめ、主務省令で定める事項を市町村長に届け出て、基幹相談支援センターを設置することができる。

5　基幹相談支援センターを設置する者は、第一項各号の事業及び業務の効果的な実施のために、指定障害福祉サービス事業者等、医療機関、民生委員法（昭和二十三年法律第百九十八号）に定める民生委員、身体障害者福祉法第十二条の三第一項又は第二項の規定により委託を受けた身体障害者相談員、知的障害者福祉法第十五条の二第一項又は第二項の規定により委託を受けた知的障害者相談員、意思疎通支援を行う者を養成し、又は派遣する事業の関係者その他の関係者との連携に努めなければならない。

6　第三項の規定により委託を受けて第一項各号の事業及び業務を実施するため基幹相談支援センターを設置する者（その者が法人である場合にあっては、その役員）若しくはその職員又はこれらの職にあった者は、正当な理由なしに、その業務に関して知り得た秘密を漏らしてはならない。

7　都道府県は、市町村に対し、基幹相談支援センターの設置の促進及び適切な運営の確保のため、市町村の区域を超えた広域的な見地からの助言その他の援助を行うよう努めるものとする。

附　則（抄）

（施行期日）

第一条　この法律は、平成十八年四月一日から施行する。［後略］

（自立支援給付の特例）

第二条　児童福祉法第六十三条の二及び第六十三条の三の規定による通知に係る児童は、第十九条から第二十五条まで、第二十九条から第三十一条まで、第三十四条、第三十五条、第五十一条の五から第五十一条の十まで、第五十一条の十四、第五十一条の十五、第七十条、第七十一条、第七十六条の二、第九十二条、第九十四条及び第九十五条の規定の適用については、障害者とみなす。

2　前項の規定により障害者とみなされた障害児であって、特定施設へ入所又は入居をする前日において、児童福祉法第二十四条の二第一項の規定により障害児入所給付費の支給を受けて又は同法第二十七条第一項第三号若しくは第二項の規定により措置（同法第三十一条第五項の規定により同法第二十七条第一項第三号又は第二項の規定による措置とみなされる場合を含む。）が採られて第五条第一項の主務省令で定める施設に入所していた障害児に係る第十九条第四項の規定の適用については、同項中「当該障害者等が満十八歳となる日の前日に当該障害者等の保護者であった者（以下この項において「保護者であった者」という。）」とあるのは「当該障害児が特定施設へ入所又は入居をする日の前日に当該障害児の保護者」と、同項ただし書中「当該障害者等が満十八歳となる日の前日」とあるのは「当該障害児が特定施設へ入所又は入居をする日の前日」と、「保護者であった者」とあるのは「当該障害児の保護者」と読み替えるも

のとする。

附　則（令和四法一〇四）（抄）

（施行期日）

第一条　この法律は、令和六年四月一日から施行する。ただし、次の各号に掲げる規定は、当該各号に定める日から施行する。

一～三　［略］

四　［略］　公布の日から起算して三年を超えない範囲内において政令で定める日［令7・12・15まで］［条文中傍線┄┄］

（検討）

第二条　政府は、この法律の施行後五年を目途として、この法律による改正後の障害者の日常生活及び社会生活を総合的に支援するための法律、児童福祉法、精神保健福祉法、障害者雇用促進法及び難病の患者に対する医療等に関する法律の規定について、その施行の状況等を勘案しつつ検討を加え、必要があると認めるときは、その結果に基づいて必要な措置を講ずるものとする。

50 発達障害者支援法（抄）

（平成一六年一二月一〇日法律第一六七号）

改正　平成二八・六・三法六四

第一章　総則

（目的）

第一条　この法律は、発達障害者の心理機能の適正な発達及び円滑な社会生活の促進のために発達障害の症状の発現後できるだけ早期に発達支援を行うとともに、切れ目なく発達障害者の支援を行うことが特に重要であることに鑑み、障害者基本法（昭和四十五年法律第八十四号）の基本的な理念にのっとり、発達障害者が基本的人権を享有する個人としての尊厳にふさわしい日常生活又は社会生活を営むことができるよう、発達障害を早期に発見し、発達支援を行うことに関する国及び地方公共団体の責務を明らかにするとともに、学校教育における発達障害者への支援、発達障害者の就労の支援、発達障害者支援センターの指定等について定めることにより、発達障害者の自立及び社会参加のためのその生活全般にわたる支援を図り、もって全ての国民が、障害の有無によって分け隔てられることなく、相互に人格と個性を尊重し合いながら共生する社会の実現に資することを目的とする。

（定義）

第二条　この法律において「発達障害」とは、自閉症、アスペルガー症候群その他の広汎性発達障害、学習障害、注意欠陥多動性障害その他これに類する脳機能の障害であってその症状が通常低年齢において発現するものとして政令で定めるものをいう。

2　この法律において「発達障害者」とは、発達障害がある者であって発達障害及び社会的障壁により日常生活又は社会生活に制限を受けるものをいい、「発達障害児」とは、発達障害者のうち十八歳未満のものをいう。

3　この法律において「社会的障壁」とは、発達障害がある者にとって日常生活又は社会生活を営む上で障壁となるような社会における事物、制度、慣行、観念その他一切のものをいう。

4　この法律において「発達支援」とは、発達障害者に対し、その心理機能の適正な発達を支援し、及び円滑な社会生活を促進するため行う個々の発達障害者の特性に対応した医療的、福祉的及び教育的援助をいう。

（基本理念）

第二条の二　発達障害者の支援は、全ての発達障害者が社会参加の機会が確保されること及びどこで誰と生活するかについての選択の機会が確保され、地域社会において他の人々と共生することを妨げられないことを旨として、行われなければならない。

2　発達障害者の支援は、社会的障壁の除去に資することを旨として、行われなければならない。

3　発達障害者の支援は、個々の発達障害者の性別、年齢、障害の状態及び生活の実態に応じて、かつ、医療、保健、福祉、教育、労働等に関する業務を行う関係機関及び民間団体相互の緊密な連携の下に、その意思決定の支援に配慮しつつ、切れ目なく行われなければならない。

（国及び地方公共団体の責務）

第三条　国及び地方公共団体は、発達障害者の心理機能の適正な発達及び円滑な社会生活の促進のために発達障害の症状の発現後できるだけ早期に発達支援を行うことが特に重要であることに鑑み、前条の基本理念（次項及び次条において「基本理念」という。）にのっとり、発達障害の早期発見のため必要な措置を講じるものとする。

2　国及び地方公共団体は、基本理念にのっとり、発達障害児に対し、発達障害の症状の発現後できるだけ早期に、その者の状況に応じて適切に、就学前の発達支援、学校における発達支援その他の発達支援が行われるとともに、発達障害者に対する就労、地域における生活等に関する支援及び発達障害者の家族その他の関係者に対する支援が行われるよう、必要な措置を講じるものとする。

3　国及び地方公共団体は、発達障害者及びその家族その他の関係者からの各種の相談に対し、個々の発達障害者の特性に配慮しつつ総合的に応ずることができるようにするため、医療、保健、福祉、教育、労働等に関する業務を行う関係機関及び民間団体相互の有機的連携の下に必要な相談体制の整備を行うものとする。

4　発達障害者の支援等の施策が講じられるに当たっては、発達障害者及び発達障害児の保護者（親権を行う者、未成年後見人その他の者で、児童を現に監護するものをいう。以下同じ。）の意思ができる限り尊重されなければならないものとする。

5　国及び地方公共団体は、発達障害者の支援等の施策を講じるに当たっては、医療、保健、福祉、教育、労働等に関する業務を担当する部局の相互の緊密な連携を確保するとともに、発達障害者が被害を受けること等を防止するため、これらの部局と消費生活、警察等に関する業務を担当する部局その他の関係機関との必要な協力体制の整備を行うものとする。

（国民の責務）

第四条　国民は、個々の発達障害の特性その他発達障害に関する理解を深めるとともに、基本理念にのっとり、発達障害者の自立及び社会参加に協力するように努めなければならない。

第二章　児童の発達障害の早期発見及び発達障害者の支援のための施策

（児童の発達障害の早期発見等）

第五条　市町村は、母子保健法（昭和四十年法律第百四十一号）第十二条及び第十三条に規定する健康診査を行うに当たり、発達障害の早期発見に十分留意しなければならない。

2　市町村の教育委員会は、学校保健安全法（昭和三十三年法律第五十六号）第十一条に規定する健康診断を行うに当たり、発達障害の早期発見に十分留意しなければならない。

3　市町村は、児童に発達障害の疑いがある場合には、適切に支援を行うため、当該児童の保護者に対し、継続的な相談、情報の提供及び助言を行うよう努めるとともに、必要に応じ、当該児童が早期に医学的又は心理学的判定を受けることができるよう、当該児童の保護者に対し、第十四条第一項の発達障害者支援センター、第十九条の規定により都道府県が確保した医療機関その他の機関（次条第一項において「センター等」という。）を紹介し、又は助言を行うものとする。

4　市町村は、前三項の措置を講じるに当たっては、当該措置の対象となる児童及び保護者の意思を尊重するとともに、必要な配慮をしなければならない。

5　都道府県は、市町村の求めに応じ、児童の発達障害の早期発見に関する技術的事項についての指導、助言その他の市町村に対する必要な技術的援助を行うものとする。

（早期の発達支援）

第六条　市町村は、発達障害児が早期の発達支援を受けることができるよう、発達障害児の保護者に対し、その相談に応じ、センター等を紹介し、又は助言を行い、その他適切な措置を講じるものとする。

2　前条第四項の規定は、前項の措置を講じる場合について準用する。

3　都道府県は、発達障害児の早期の発達支援のために必要な体制の整備を行うとともに、発達障害児に対して行われる発達支援の専門性を確保するため必要な措置を講じるものとする。

（保育）

第七条　市町村は、児童福祉法（昭和二十二年法律第百六十四号）第二十四条第一項の規定により保育所における保育を行う場合又は同条第二項の規定による必要な保育を確保するための措置を講じる場合は、発達障害児の健全な発達が他の児童と共に生活することを通じて図られるよう適切な配慮をするものとする。

（教育）

第八条　国及び地方公共団体は、発達障害児（十八歳以上の発達障害者であって高等学校、中等教育学校及び特別支援学校並びに専修学校の高等課程に在学する者を含む。以下この項において同じ。）が、その年齢及び能力に応じ、かつ、その特性を踏まえた十分な教育を受けられるようにするため、可能な限り発達障害児が発達障害児でない児童と共に教育を受けられるよう配慮しつつ、適切な教育的支援を行うこと、個別の教育支援計画の作成（教育に関する業務を行う関係機関と医療、保健、福祉、労働等に関する業務を行う関係機関及び民間団体との連携の下に行う個別の長期的な支援に関する計画の作成をいう。）及び個別の指導に関する計画の作成の推進、いじめの防止等のための対策の推進その他の支援体制の整備を行うことその他必要な措置を講じるものとする。

2　大学及び高等専門学校は、個々の発達障害者の特性に応じ、適切な教育上の配慮をするものとする。

（放課後児童健全育成事業の利用）

第九条　市町村は、放課後児童健全育成事業について、発達障害児の利用の機会の確保を図るため、適切な配慮をするものとする。

（情報の共有の促進）

第九条の二　国及び地方公共団体は、個人情報の保護に十分配慮しつつ、福祉及び教育に関する業務を行う関係機関及び民間団体が医療、保健、労働等に関する業務を行う関係機関及び民間団体と連携を図りつつ行う発達障害者の支援に資する情報の共有を促進するため必要な措置を講じるものとする。

（就労の支援）

第十条　国及び都道府県は、発達障害者が就労することができるようにするため、発達障害者の就労を支援するため必要な体制の整備に努めるとともに、公共職業安定所、地域障害者職業センター（障害者の雇用の促進等に関する法律（昭和三十五年法律第百二十三号）第十九条第一項第三号の地域障害者職業センターをいう。）、障害者就業・生活支援センター（同法第二十七条第一項の規定による指定を受けた者をいう。）、社会福祉協議会、教育委員会その他の関係機関及び民間団体相互の連携を確保しつつ、個々の発達障害者の特性に応じた適切な就労の機会の確保、就労の定着のための支援その他の必要な支援に努めなければならない。

2　都道府県及び市町村は、必要に応じ、発達障害者が就労のための準備を適切に行えるようにするための支援が学校において行われるよう必要な措置を講じるものとする。

3　事業主は、発達障害者の雇用に関し、その有する能力を正当に評価し、適切な雇用の機会を確保するとともに、個々の発達障害者の特性に応じた適正な雇用管理を行うことによりその雇用の安定を図るよう努めなければならない。

（地域での生活支援）

第十一条　市町村は、発達障害者が、その希望に応じて、地域において自立した生活を営むことができるようにするため、発達障害者に対し、その性別、年齢、障害の状態及び生活の実態に応じて、社会生活への適応のために必要な訓練を受ける機会の確保、共同生活を営むべき住居その他の地域において生活を営むべき住居の確保その他必要な支援に努めなければならない。

（権利利益の擁護）

第十二条　国及び地方公共団体は、発達障害者が、その発達障害のために差別され、並びにいじめ及び虐待を受けること、消費生活における被害を受けること等権利利益を害されることがないようにするため、その差別の解消、いじめの防止等及び虐待の防止等のための対策を推進すること、成年後見制度が適切に行われ又は広く利用されるようにすることその他の発達障害者の権利利益の擁護のために必要な支援を行うものとする。

（司法手続における配慮）

第十二条の二　国及び地方公共団体は、発達障害者が、刑事事件若しくは少年の保護事件に関する手続その他これに準ずる手続の対象となった場合又は裁判所における民事事件、家事事件若しくは行政事件に関する手続の当事者その他の関係人となった場合において、発達障害者がその権利を円滑に行使できるようにするため、個々の発達障害者の特性に応じた意思疎通の手段の確保のための配慮その他の適切な配慮をするものとする。

（発達障害者の家族等への支援）

第十三条　都道府県及び市町村は、発達障害者の家族その他の関係者が適切な対応をすることができるようにすること等のため、児童相談所等関係機関と連携を図りつつ、発達障害者の家族その他の関係者に対し、相談、情報の提供及び助言、発達障害者の家族が互いに支え合うための活動の支援その他の支援を適切に行うよう努めなければならない。

第三章　発達障害者支援センター等

（発達障害者支援センター等）

第十四条　都道府県知事は、次に掲げる業務を、社会福祉法人その他の政令で定める法人であって当該業務を適正かつ確実に行うことができると認めて指定した者（以下「発達障害者支援センター」という。）に行わせ、又は自ら行うことができる。

一　発達障害の早期発見、早期の発達支援等に資するよう、発達障害者及びその家族その他の関係者に対し、専門的に、その相談に応じ、又は情報の提供若しくは助言を行うこと。

二　発達障害者に対し、専門的な発達支援及び就労の支援を行うこと。

三　医療、保健、福祉、教育、労働等に関する業務を行う関係機関及び民間団体並びにこれに従事する者に対し発達障害についての情報の提供及び研修を行うこと。

四　発達障害に関して、医療、保健、福祉、教育、労働等に関する業務を行う関係機関及び民間団体との連絡調整を行うこと。

五　前各号に掲げる業務に附帯する業務

2　前項の規定による指定は、当該指定を受けようとする者の申請により行う。

3　都道府県は、第一項に規定する業務を発達障害者支援センターに行わせ、又は自ら行うに当たっては、地域の実情を踏まえつつ、発達障害者及びその家族その他の関係者が可能な限りその身近な場所において必要な支援を受けられるよう適切な配慮をするものとする。

（**秘密保持義務**）

第十五条　発達障害者支援センターの役員若しくは職員又はこれらの職にあった者は、職務上知ることのできた個人の秘密を漏らしてはならない。

（**報告の徴収等**）

第十六条　都道府県知事は、発達障害者支援センターの第十四条第一項に規定する業務の適正な運営を確保するため必要があると認めるときは、当該発達障害者支援センターに対し、その業務の状況に関し必要な報告を求め、又はその職員に、当該発達障害者支援センターの事業所若しくは事務所に立ち入り、その業務の状況に関し必要な調査若しくは質問をさせることができる。

2　前項の規定により立入調査又は質問をする職員は、その身分を示す証明書を携帯し、関係者の請求があるときは、これを提示しなければならない。

3　第一項の規定による立入調査及び質問の権限は、犯罪捜査のために認められたものと解釈してはならない。

（**改善命令**）

第十七条　都道府県知事は、発達障害者支援センターの第十四条第一項に規定する業務の適正な運営を確保するため必要があると認めるときは、当該発達障害者支援センターに対し、その改善のために必要な措置をとるべきことを命ずることができる。

（**指定の取消し**）

第十八条　都道府県知事は、発達障害者支援センターが第十六条第一項の規定による報告をせず、若しくは虚偽の報告をし、若しくは同項の規定による立入調査を拒み、妨げ、若しくは忌避し、若しくは質問に対して答弁をせず、若しくは虚偽の答弁をした場合において、その業務の状況の把握に著しい支障が生じたとき、又は発達障害者支援センターが前条の規定による命令に違反したときは、その指定を取り消すことができる。

（**専門的な医療機関の確保等**）

第十九条　都道府県は、専門的に発達障害の診断及び発達支援を行うことができると認める病院又は診療所を確保しなければならない。

2　国及び地方公共団体は、前項の医療機関の相互協力を推進するとともに、同項の医療機関に対し、発達障害者の発達支援等に関する情報の提供その他必要な援助を行うものとする。

（**発達障害者支援地域協議会**）

第十九条の二　都道府県は、発達障害者の支援の体制の整備を図るため、発達障害者及びその家族、学識経験者その他の関係者並びに医療、保健、福祉、教育、労働等に関する業務を行う関係機関及び民間団体並びにこれに従事する者（次項において「関係者等」という。）により構成される発達障害者支援地域協議会を置くことができる。

2　前項の発達障害者支援地域協議会は、関係者等が相互の連絡を図ることにより、地域における発達障害者の支援体制に関する課題について情報を共有し、関係者等の連携の緊密化を図るとともに、地域の実情に応じた体制の整備について協議を行うものとする。

附　則（抄）

（**施行期日**）

1　この法律は、平成十七年四月一日から施行する。

51 医療的ケア児及びその家族に対する支援に関する法律（抄）

（令和三年六月一八日法律第八一号）

第一章　総則

（目的）

第一条　この法律は、医療技術の進歩に伴い医療的ケア児が増加するとともにその実態が多様化し、医療的ケア児及びその家族が個々の医療的ケア児の心身の状況等に応じた適切な支援を受けられるようにすることが重要な課題となっていることに鑑み、医療的ケア児及びその家族に対する支援に関し、基本理念を定め、国、地方公共団体等の責務を明らかにするとともに、保育及び教育の拡充に係る施策その他必要な施策並びに医療的ケア児支援センターの指定等について定めることにより、医療的ケア児の健やかな成長を図るとともに、その家族の離職の防止に資し、もって安心して子どもを生み、育てることができる社会の実現に寄与することを目的とする。

（定義）

第二条　この法律において「医療的ケア」とは、人工呼吸器による呼吸管理、喀痰《かくたん》吸引その他の医療行為をいう。

2　この法律において「医療的ケア児」とは、日常生活及び社会生活を営むために恒常的に医療的ケアを受けることが不可欠である児童（十八歳未満の者及び十八歳以上の者であって高等学校等（学校教育法（昭和二十二年法律第二十六号）に規定する高等学校、中等教育学校の後期課程及び特別支援学校の高等部をいう。次条第三項及び第十四条第一項第一号において同じ。）に在籍するものをいう。次条第二項において同じ。）をいう。

（基本理念）

第三条　医療的ケア児及びその家族に対する支援は、医療的ケア児の日常生活及び社会生活を社会全体で支えることを旨として行われなければならない。

2　医療的ケア児及びその家族に対する支援は、医療的ケア児が医療的ケア児でない児童と共に教育を受けられるよう最大限に配慮しつつ適切に教育に係る支援が行われる等、個々の医療的ケア児の年齢、必要とする医療的ケアの種類及び生活の実態に応じて、かつ、医療、保健、福祉、教育、労働等に関する業務を行う関係機関及び民間団体相互の緊密な連携の下に、切れ目なく行われなければならない。

3　医療的ケア児及びその家族に対する支援は、医療的ケア児が十八歳に達し、又は高等学校等を卒業した後も適切な保健医療サービス及び福祉サービスを受けながら日常生活及び社会生活を営むことができるようにすることにも配慮して行われなければならない。

4　医療的ケア児及びその家族に対する支援に係る施策を講ずるに当たっては、医療的ケア児及びその保護者（親権を行う者、未成年後見人その他の者で、医療的ケア児を現に監護するものをいう。第十条第二項において同じ。）の意思を最大限に尊重しなければならない。

5　医療的ケア児及びその家族に対する支援に係る施策を講ずるに当たっては、医療的ケア児及びその家族がその居住する地域にかかわらず等しく適切な支援を受けられるようにすることを旨としなければならない。

（保育所の設置者等の責務）

第六条　保育所（児童福祉法（昭和二十二年法律第百六十四号）第三十九条第一項に規定する保育所をいう。以下同じ。）の設置者、認定こども園（就学前の子どもに関する教育、保育等の総合的な提供の推進に関する法律（平成十八年法律第七十七号）第二条第六項に規定する認定こども園をいい、保育所又は学校教育法第一条に規定する幼稚園であるものを除く。以下同じ。）の設置者及び家庭的保育事業等（児童福祉法第六条の三第九項に規定する家庭的保育事業、同条第十項に規定する小規模保育事業及び同条第十二項に規定する事業所内保育事業をいう。以下この項及び第九条第二項において同じ。）を営む者は、基本理念にのっとり、その設置する保育所若しくは認定こども園に在籍し、又は当該家庭的保育事業等を利用している医療的ケア児に対し、適切な支援を行う責務を有する。

2　放課後児童健全育成事業（児童福祉法第六条の三第二項に規定する放課後児童健全育成事業をいう。以下この項及び第九条第三項において同じ。）を行う者は、基本理念にのっとり、当該放課後児童健全育成事業を利用している医療的ケア児に対し、適切な支援を行う責務を有する。

（学校の設置者の責務）

第七条　学校（学校教育法第一条に規定する幼稚園、小学校、中学校、義務教育学校、高等学校、

中等教育学校及び特別支援学校をいう。以下同じ。）の設置者は、基本理念にのっとり、その設置する学校に在籍する医療的ケア児に対し、適切な支援を行う責務を有する。

（法制上の措置等）

第八条　政府は、この法律の目的を達成するため、必要な法制上又は財政上の措置その他の措置を講じなければならない。

第二章　医療的ケア児及びその家族に対する支援に係る施策

（保育を行う体制の拡充等）

第九条　国及び地方公共団体は、医療的ケア児に対して保育を行う体制の拡充が図られるよう、子ども・子育て支援法（平成二十四年法律第六十五号）第五十九条の二第一項の仕事・子育て両立支援事業における医療的ケア児に対する支援についての検討、医療的ケア児が在籍する保育所、認定こども園等に対する支援その他の必要な措置を講ずるものとする。

2　保育所の設置者、認定こども園の設置者及び家庭的保育事業等を営む者は、その設置する保育所若しくは認定こども園に在籍し、又は当該家庭的保育事業等を利用している医療的ケア児が適切な医療的ケアその他の支援を受けられるようにするため、保健師、助産師、看護師若しくは准看護師（次項並びに次条第二項及び第三項において「看護師等」という。）又は喀痰吸引等（社会福祉士及び介護福祉士法（昭和六十二年法律第三十号）第二条第二項に規定する喀痰吸引等をいう。次条第三項において同じ。）を行うことができる保育士若しくは保育教諭の配置その他の必要な措置を講ずるものとする。

3　放課後児童健全育成事業を行う者は、当該放課後児童健全育成事業を利用している医療的ケア児が適切な医療的ケアその他の支援を受けられるようにするため、看護師等の配置その他の必要な措置を講ずるものとする。

（教育を行う体制の拡充等）

第十条　国及び地方公共団体は、医療的ケア児に対して教育を行う体制の拡充が図られるよう、医療的ケア児が在籍する学校に対する支援その他の必要な措置を講ずるものとする。

2　学校の設置者は、その設置する学校に在籍する医療的ケア児が保護者の付添いがなくても適切な医療的ケアその他の支援を受けられるようにするため、看護師等の配置その他の必要な措置を講ずるものとする。

3　国及び地方公共団体は、看護師等のほかに学校において医療的ケアを行う人材の確保を図るため、介護福祉士その他の喀痰吸引等を行うことができる者を学校に配置するための環境の整備その他の必要な措置を講ずるものとする。

（日常生活における支援）

第十一条　国及び地方公共団体は、医療的ケア児及びその家族が、個々の医療的ケア児の年齢、必要とする医療的ケアの種類及び生活の実態に応じて、医療的ケアの実施その他の日常生活において必要な支援を受けられるようにするため必要な措置を講ずるものとする。

（相談体制の整備）

第十二条　国及び地方公共団体は、医療的ケア児及びその家族その他の関係者からの各種の相談に対し、個々の医療的ケア児の特性に配慮しつつ総合的に応ずることができるようにするため、医療、保健、福祉、教育、労働等に関する業務を行う関係機関及び民間団体相互の緊密な連携の下に必要な相談体制の整備を行うものとする。

（情報の共有の促進）

第十三条　国及び地方公共団体は、個人情報の保護に十分配慮しつつ、医療、保健、福祉、教育、労働等に関する業務を行う関係機関及び民間団体が行う医療的ケア児に対する支援に資する情報の共有を促進するため必要な措置を講ずるものとする。

（医療的ケア児支援センター等）

第十四条　都道府県知事は、次に掲げる業務を、社会福祉法人その他の法人であって当該業務を適正かつ確実に行うことができると認めて指定した者（以下「医療的ケア児支援センター」という。）に行わせ、又は自ら行うことができる。

一　医療的ケア児（十八歳に達し、又は高等学校等を卒業したことにより医療的ケア児でなくなった後も医療的ケアを受ける者のうち引き続き雇用又は障害福祉サービスの利用に係る相談支援を必要とする者を含む。以下この条及び附則第二条第二項において同じ。）及びその家族その他の関係者に対し、専門的に、その相談に応じ、又は情報の提供若しくは助言その他の支援を行うこと。

二　医療、保健、福祉、教育、労働等に関する業務を行う関係機関及び民間団体並びにこれに従事する者に対し医療的ケアについての情報の提供及び研修を行うこと。

三　医療的ケア児及びその家族に対する支援に関して、医療、保健、福祉、教育、労働等に関する業務を行う関係機関及び民間団体との連絡調整を行うこと。

四　前三号に掲げる業務に附帯する業務

2　前項の規定による指定は、当該指定を受けようとする者の申請により行う。

3　都道府県知事は、第一項に規定する業務を医療的ケア児支援センターに行わせ、又は自ら行うに当たっては、地域の実情を踏まえつつ、医療的ケア児及びその家族その他の関係者がその身近な場所において必要な支援を受けられるよう適切な配慮をするものとする。

附　則

（施行期日）

第一条　この法律は、公布の日から起算して三月を経過した日〔令3・9・18〕から施行する。

（検討）

第二条　この法律の規定については、この法律の施行後三年を目途として、この法律の実施状況等を勘案して検討が加えられ、その結果に基づいて必要な措置が講ぜられるものとする。

2　政府は、医療的ケア児の実態を把握するための具体的な方策について検討を加え、その結果に基づいて必要な措置を講ずるものとする。

3　政府は、災害時においても医療的ケア児が適切な医療的ケアを受けることができるようにするため、災害時における医療的ケア児に対する支援の在り方について検討を加え、その結果に基づいて必要な措置を講ずるものとする。

52 児童虐待の防止等に関する法律

（平成一二年五月二四日　法律第八二号）

改正　令和四・一二・一六法一〇四

〔編集部注〕未施行分は傍線を付した。

（目的）

第一条　この法律は、児童虐待が児童の人権を著しく侵害し、その心身の成長及び人格の形成に重大な影響を与えるとともに、我が国における将来の世代の育成にも懸念を及ぼすことにかんがみ、児童に対する虐待の禁止、児童虐待の予防及び早期発見その他の児童虐待の防止に関する国及び地方公共団体の責務、児童虐待を受けた児童の保護及び自立の支援のための措置等を定めることにより、児童虐待の防止等に関する施策を促進し、もって児童の権利利益の擁護に資することを目的とする。

（児童虐待の定義）

第二条　この法律において、「児童虐待」とは、保護者（親権を行う者、未成年後見人その他の者で、児童を現に監護するものをいう。以下同じ。）がその監護する児童（十八歳に満たない者をいう。以下同じ。）について行う次に掲げる行為をいう。

一　児童の身体に外傷が生じ、又は生じるおそれのある暴行を加えること。

二　児童にわいせつな行為をすること又は児童をしてわいせつな行為をさせること。

三　児童の心身の正常な発達を妨げるような著しい減食又は長時間の放置、保護者以外の同居人による前二号又は次号に掲げる行為と同様の行為の放置その他の保護者としての監護を著しく怠ること。

四　児童に対する著しい暴言又は著しく拒絶的な対応、児童が同居する家庭における配偶者に対する暴力（配偶者（婚姻の届出をしていないが、事実上婚姻関係と同様の事情にある者を含む。）の身体に対する不法な攻撃であって生命又は身体に危害を及ぼすもの及びこれに準ずる心身に有害な影響を及ぼす言動をいう。）その他の児童に著しい心理的外傷を与える言動を行うこと。

（児童に対する虐待の禁止）

第三条　何人も、児童に対し、虐待をしてはならない。

（国及び地方公共団体の責務等）

第四条　国及び地方公共団体は、児童虐待の予防及び早期発見、迅速かつ適切な児童虐待を受けた児童の保護及び自立の支援（児童虐待を受けた後十八歳となった者に対する自立の支援を含む。第三項及び次条第二項において同じ。）並びに児童虐待を行った保護者に対する親子の再統合の促進への配慮その他の児童虐待を受けた児童が家庭（家庭における養育環境と同様の養育環境及び良好な家庭的環境を含む。）で生活するために必要な配慮をした適切な指導及び支援を行うため、関係省庁相互間又は関係地方公共団体相互間、市町村、児童相談所、福祉事務所、配偶者からの暴力の防止及び被害者の保護等に関する法律（平成十三年法律第三十一号）第三条第一項に規定する配偶者暴力相談支援センター（次条第一項において単に「配偶者暴力相談支援センター」という。）、学校及び医療機関の間その他関係機関及び民間団体の間の連携の強化、民間団体の支援、医療の提供体制の整備その他児童虐待の防止等のために必要な体制の整備に努めなければならない。

2　国及び地方公共団体は、児童相談所等関係機関の職員及び学校の教職員、児童福祉施設の職員、医師、歯科医師、保健師、助産師、看護師、弁護士その他児童の福祉に職務上関係のある者が児童虐待を早期に発見し、その他児童虐待の防止に寄与することができるよう、研修等必要な措置を講ずるものとする。

3　国及び地方公共団体は、児童虐待を受けた児童の保護及び自立の支援を専門的知識に基づき適切に行うことができるよう、児童相談所等関係機関の職員、学校の教職員、児童福祉施設の職員その他児童虐待を受けた児童の保護及び自立の支援の職務に携わる者の人材の確保及び資質の向上を図るため、研修等必要な措置を講ずるものとする。

4　国及び地方公共団体は、児童虐待の防止に資するため、児童の人権、児童虐待が児童に及ぼす影響、児童虐待に係る通告義務等について必要な広報その他の啓発活動に努めなければならない。

5　国及び地方公共団体は、児童虐待を受けた児童がその心身に著しく重大な被害を受けた事例の分析を行うとともに、児童虐待の予防及び早期発見のための方策、児童虐待を受けた児童のケア並びに児童虐待を行った保護者の指導及び支援のあり方、学校の教職員及び児童福祉施設の職員が児童虐待の防止に果たすべき役割その他児童虐待の防止等のために必要な事項についての調査研究及び検証を行うものとする。

6　児童相談所の所長は、児童虐待を受けた児童が住所又は居所を当該児童相談所の管轄区域外に移転する場合においては、当該児童の家庭環境その他の環境の変化による影響に鑑み、当該児童及び当該児童虐待を行った保護者について、その移転の前後において指導、助言その他の必要な支援が切れ目なく行われるよう、移転先の住所又は居所を管轄する児童相談所の所長に対し、速やかに必要な情報の提供を行うものとする。この場合において、当該情報の提供を受けた児童相談所長は、児童福祉法（昭和二十二年法律第百六十四号）第二十五条の二第一項に規定する要保護児童対策地域協議会が速やかに当該情報の交換を行うことができるための措置その他の緊密な連携を図るために必要な措置を講ずるものとする。

7　児童の親権を行う者は、児童を心身ともに健やかに育成することについて第一義的責任を有するものであって、親権を行うに当たっては、できる限り児童の利益を尊重するよう努めなければならない。

8　何人も、児童の健全な成長のために、家庭（家庭における養育環境と同様の養育環境及び良好な家庭的環境を含む。）及び近隣社会の連帯が求められていることに留意しなければならない。

（**児童虐待の早期発見等**）

第五条　学校、児童福祉施設、病院、都道府県警察、女性相談支援センター、教育委員会、配偶者暴力相談支援センターその他児童の福祉に業務上関係のある団体及び学校の教職員、児童福祉施設の職員、医師、歯科医師、保健師、助産師、看護師、弁護士、警察官、女性相談支援員その他児童の福祉に職務上関係のある者は、児童虐待を発見しやすい立場にあることを自覚し、児童虐待の早期発見に努めなければならない。

2　前項に規定する者は、児童虐待の予防その他の児童虐待の防止並びに児童虐待を受けた児童の保護及び自立の支援に関する国及び地方公共団体の施策に協力するよう努めなければならない。

3　第一項に規定する者は、正当な理由がなく、その職務に関して知り得た児童虐待を受けたと思われる児童に関する秘密を漏らしてはならない。

4　前項の規定その他の守秘義務に関する法律の規定は、第二項の規定による国及び地方公共団体の施策に協力するように努める義務の遵守を妨げるものと解釈してはならない。

5　学校及び児童福祉施設は、児童及び保護者に対して、児童虐待の防止のための教育又は啓発に努めなければならない。

（**児童虐待に係る通告**）

第六条　児童虐待を受けたと思われる児童を発見した者は、速やかに、これを市町村、都道府県の設置する福祉事務所若しくは児童相談所又は児童委員を介して市町村、都道府県の設置する福祉事務所若しくは児童相談所に通告しなければならない。

2　前項の規定による通告は、児童福祉法第二十五条第一項の規定による通告とみなして、同法の規定を適用する。

3　刑法（明治四十年法律第四十五号）の秘密漏示罪の規定その他の守秘義務に関する法律の規定は、第一項の規定による通告をする義務の遵守を妨げるものと解釈してはならない。

第七条　市町村、都道府県の設置する福祉事務所又は児童相談所が前条第一項の規定による通告を受けた場合においては、当該通告を受けた市町村、都道府県の設置する福祉事務所又は児童相談所の所長、所員その他の職員及び当該通告を仲介した児童委員は、その職務上知り得た事項であつて当該通告をした者を特定させるものを漏らしてはならない。

（**通告又は送致を受けた場合の措置**）

第八条　市町村又は都道府県の設置する福祉事務所が第六条第一項の規定による通告を受けたときは、市町村又は福祉事務所の長は、必要に応じ近隣住民、学校の教職員、児童福祉施設の職員その他の者の協力を得つつ、当該児童との面会その他の当該児童の安全の確認を行うための措置を講ずるとともに、必要に応じ次に掲げる措置を採るものとする。

一　児童福祉法第二十五条の七第一項第一号若しくは第二項第一号又は第二十五条の八第一号の規定により当該児童を児童相談所に送致すること。

二　当該児童のうち次条第一項の規定による出頭の求め及び調査若しくは質問、第九条第一項の規定による立入り及び調査若しくは質問又は児童福祉法第三十三条第一項若しくは第二項の規定による一時保護の実施が適当であると認めるものを都道府県知事又は児童相談所長へ通知すること。

2　児童相談所が第六条第一項の規定による通告又は児童福祉法第二十五条の七第一項第一号若しくは第二項第一号若しくは第二十五条の八第一号の規定による送致を受けたときは、児童相談所長は、必要に応じ近隣住民、学校の教職員、児童福祉施設の職員その他の者の協力を得つつ、当該児童との面会その他の当該児童の安全の確認を行うための措置を講ずるとともに、必要に応じ次に掲げる措置を採るものとする。

一　児童福祉法第三十三条第一項の規定により当該児童の一時保護を行い、又は適当な者に委託して、当該一時保護を行わせること。

二　児童福祉法第二十六条第一項第三号の規定により当該児童のうち第六条第一項の規定による通告を受けたものを市町村に送致すること。

三　当該児童のうち児童福祉法第六条の三第十八項に規定する妊産婦等生活援助事業の実施又は同法第二十五条の八第三号に規定する保育の利用等（以下この号において「保育の利用等」という。）が適当であると認めるものをその妊産婦等生活援助事業の実施又は保育の利用等に係る都道府県又は市町村の長へ報告し、又は通知すること。

四　当該児童のうち児童福祉法第六条の三第二項に規定する放課後児童健全育成事業、同条第三項に規定する子育て短期支援事業、同条第五項に規定する養育支援訪問事業、同条第六項に規定する地域子育て支援拠点事業、同条第七項に規定する一時預かり事業、同条第十四項に規定する子育て援助活動支援事業、同条第十九項に規定する子育て世帯訪問支援事業、同条第二十項に規定する児童育成支援拠点事業、同条第二十一項に規定する親子関係形成支援事業、子ども・子育て支援法（平成二十四年法律第六十五号）第五十九条第一号に掲げる事業その他市町村が実施する児童の健全な育成に資する事業の実施が適当であると認めるものをその事業の実施に係る市町村の長へ通知すること。

3　前二項の児童の安全の確認を行うための措置、市町村若しくは児童相談所への送致又は一時保護を行う者は、速やかにこれを行うものとする。

（**出頭要求等**）

第八条の二　都道府県知事は、児童虐待が行われているおそれがあると認めるときは、当該児童の保護者に対し、当該児童を同伴して出頭することを求め、児童委員又は児童の福祉に関する事務に従事する職員をして、必要な調査又は質問をさせることができる。この場合においては、その身分を証明する証票を携帯させ、関係者の請求があったときは、これを提示させなければならない。

2　都道府県知事は、前項の規定により当該児童の保護者の出頭を求めようとするときは、内閣府令で定めるところにより、当該保護者に対し、出頭を求める理由となった事実の内容、出頭を求める日時及び場所、同伴すべき児童の氏名その他必要な事項を記載した書面により告知しなければならない。

3　都道府県知事は、第一項の保護者が同項の規定による出頭の求めに応じない場合は、次条第一項の規定による児童委員又は児童の福祉に関する事務に従事する職員の立入り及び調査又は質問その他の必要な措置を講ずるものとする。

（**立入調査等**）

第九条　都道府県知事は、児童虐待が行われているおそれがあると認めるときは、児童委員又は児童の福祉に関する事務に従事する職員をして、児童の住所又は居所に立ち入り、必要な調査又は質問をさせることができる。この場合においては、その身分を証明する証票を携帯させ、関係者の請求があったときは、これを提示させなければならない。

2　前項の規定による児童委員又は児童の福祉に関する事務に従事する職員の立入り及び調査又は質問は、児童福祉法第二十九条の規定による児童委員又は児童の福祉に関する事務に従事する職員の立入り及び調査又は質問とみなして、同法第六十一条の五第二項の規定を適用する。

（再出頭要求等）

第九条の二　都道府県知事は、第八条の二第一項の保護者又は前条第一項の児童の保護者が正当な理由なく同項の規定による児童委員又は児童の福祉に関する事務に従事する職員の立入り又は調査を拒み、妨げ、又は忌避した場合において、児童虐待が行われているおそれがあると認めるときは、当該保護者に対し、当該児童を同伴して出頭することを求め、児童委員又は児童の福祉に関する事務に従事する職員をして、必要な調査又は質問をさせることができる。この場合においては、その身分を証明する証票を携帯させ、関係者の請求があったときは、これを提示させなければならない。

2　第八条の二第二項の規定は、前項の規定による出頭の求めについて準用する。

（臨検、捜索等）

第九条の三　都道府県知事は、第八条の二第一項の保護者又は第九条第一項の児童の保護者が正当な理由なく同項の規定による児童委員又は児童の福祉に関する事務に従事する職員の立入り又は調査を拒み、妨げ、又は忌避した場合において、児童虐待が行われている疑いがあるときは、当該児童の安全の確認を行い、又はその安全を確保するため、児童の福祉に関する事務に従事する職員をして、当該児童の住所又は居所の所在地を管轄する地方裁判所、家庭裁判所又は簡易裁判所の裁判官があらかじめ発する許可状により、当該児童の住所若しくは居所に臨検させ、又は当該児童を捜索させることができる。

2　都道府県知事は、前項の規定による臨検又は捜索をさせるときは、児童の福祉に関する事務に従事する職員をして、必要な調査又は質問をさせることができる。

3　都道府県知事は、第一項の許可状（以下「許可状」という。）を請求する場合においては、児童虐待が行われている疑いがあると認められる資料、臨検させようとする住所又は居所に当該児童が現在すると認められる資料及び当該児童の保護者が第九条第一項の規定による立入り又は調査を拒み、妨げ、又は忌避したことを証する資料を提出しなければならない。

4　前項の請求があった場合においては、地方裁判所、家庭裁判所又は簡易裁判所の裁判官は、臨検すべき場所又は捜索すべき児童の氏名並びに有効期間、その期間経過後は執行に着手することができずこれを返還しなければならない旨、交付の年月日及び裁判所名を記載し、自己の記名押印した許可状を都道府県知事に交付しなければならない。

5　都道府県知事は、許可状を児童の福祉に関する事務に従事する職員に交付して、第一項の規定による臨検又は捜索をさせるものとする。

6　第一項の規定による臨検又は捜索に係る制度は、児童虐待が保護者がその監護する児童に対して行うものであるために他人から認知されること及び児童がその被害から自ら逃れることが困難である等の特別の事情から児童の生命又は身体に重大な危険を生じさせるおそれがあることにかんがみ特に設けられたものであることを十分に踏まえた上で、適切に運用されなければならない。

（臨検又は捜索の夜間執行の制限）

第九条の四　前条第一項の規定による臨検又は捜索は、許可状に夜間でもすることができる旨の記載がなければ、日没から日の出までの間には、してはならない。

2　日没前に開始した前条第一項の規定による臨検又は捜索は、必要があると認めるときは、日没後まで継続することができる。

（許可状の提示）

第九条の五　第九条の三第一項の規定による臨検又は捜索の許可状は、これらの処分を受ける者に提示しなければならない。

（身分の証明）

第九条の六　児童の福祉に関する事務に従事する職員は、第九条の三第一項の規定による臨検若しくは捜索又は同条第二項の規定による調査若しくは質問（以下「臨検等」という。）をするときは、その身分を示す証票を携帯し、関係者の請求があったときは、これを提示しなければならない。

（臨検又は捜索に際しての必要な処分）

第九条の七　児童の福祉に関する事務に従事する職員は、第九条の三第一項の規定による臨検又は捜索をするに当たって必要があるときは、錠をはずし、その他必要な処分をすることができる。

（臨検等をする間の出入りの禁止）

第九条の八　児童の福祉に関する事務に従事する職員は、臨検等をする間は、何人に対しても、許可を受けないでその場所に出入りすることを禁止することができる。

（責任者等の立会い）

第九条の九　児童の福祉に関する事務に従事する職員は、第九条の三第一項の規定による臨検又は捜索をするときは、当該児童の住所若しくは居所の所有者若しくは管理者（これらの者の代表者、代理人その他これらの者に代わるべき者を含む。）又は同居の親族で成年に達した者を立ち会わせなければならない。

2　前項の場合において、同項に規定する者を立ち会わせることができないときは、その隣人で成年に達した者又はその地の地方公共団体の職員を立ち会わせなければならない。

（警察署長に対する援助要請等）

第十条　児童相談所長は、第八条第二項の児童の安全の確認を行おうとする場合、又は同項第一号の一時保護を行おうとし、若しくは行わせようとする場合において、これらの職務の執行に際し必要があると認めるときは、当該児童の住所又は居所の所在地を管轄する警察署長に対し援助を求めることができる。都道府県知事が、第九条第一項の規定による立入り及び調査若しくは質問をさせ、又は臨検等をさせようとする場合についても、同様とする。

2　児童相談所長又は都道府県知事は、児童の安全の確認及び安全の確保に万全を期する観点から、必要に応じ迅速かつ適切に、前項の規定により警察署長に対し援助を求めなければならない。

3　警察署長は、第一項の規定による援助の求めを受けた場合において、児童の生命又は身体の安全を確認し、又は確保するため必要と認めるときは、速やかに、所属の警察官に、同項の職務の執行を援助するために必要な警察官職務執行法（昭和二十三年法律第百三十六号）その他の法令の定めるところによる措置を講じさせるよう努めなければならない。

（調書）

第十条の二　児童の福祉に関する事務に従事する職員は、第九条の三第一項の規定による臨検又は捜索をしたときは、これらの処分をした年月日及びその結果を記載した調書を作成し、立会人に示し、当該立会人とともにこれに署名押印しなければならない。ただし、立会人が署名押印をせず、又は署名押印することができないときは、その旨を付記すれば足りる。

（都道府県知事への報告）

第十条の三　児童の福祉に関する事務に従事する職員は、臨検等を終えたときは、その結果を都道府県知事に報告しなければならない。

（行政手続法の適用除外）

第十条の四　臨検等に係る処分については、行政手続法（平成五年法律第八十八号）第三章の規定は、適用しない。

（審査請求の制限）

第十条の五　臨検等に係る処分については、審査請求をすることができない。

（行政事件訴訟の制限）

第十条の六　臨検等に係る処分については、行政事件訴訟法（昭和三十七年法律第百三十九号）第三十七条の四の規定による差止めの訴えを提起することができない。

（児童虐待を行った保護者に対する指導等）

第十一条　都道府県知事又は児童相談所長は、児童虐待を行った保護者について児童福祉法第二十七条第一項第二号又は第二十六条第一項第二号の規定により指導を行う場合は、当該保護者について、児童虐待の再発を防止するため、医学的又は心理学的知見に基づく指導を行うよう努めるものとする。

2　児童虐待を行った保護者について児童福祉法第二十七条第一項第二号の規定により行われる指導は、親子の再統合への配慮その他の児童虐待を受けた児童が家庭（家庭における養育環境と同様の養育環境及び良好な家庭的環境を含む。）で生活するために必要な配慮の下に適切に行われなければならない。

3　児童虐待を行った保護者について児童福祉法第二十七条第一項第二号の措置が採られた場合においては、当該保護者は、同号の指導を受けなければならない。

4　前項の場合において保護者が同項の指導を受けないときは、都道府県知事は、当該保護者に対し、同項の指導を受けるよう勧告することができる。

5　都道府県知事は、前項の規定による勧告を受けた保護者が当該勧告に従わない場合において必要があると認めるときは、児童相談所長をして児童福祉法第三十三条第二項の規定により児童虐待を受けた児童の一時保護を行わせ、又は適当な者に当該一時保護を行うことを委託させ、同法第二十七条第一項第三号又は第二十八条第一項の規定による措置を採る等の必要な措置を講ずるものとする。

6　児童相談所長は、第四項の規定による勧告を受けた保護者が当該勧告に従わず、その監護する児童に対し親権を行わせることが著しく当該児童の福祉を害する場合には、必要に応じて、適切に、児童福祉法第三十三条の七の規定による請求を行うものとする。

7 都道府県は、保護者への指導（第二項の指導及び児童虐待を行った保護者に対する児童福祉法第十一条第一項第二号ニの規定による指導をいう。以下この項において同じ。）を効果的に行うため、同法第十三条第五項に規定する指導教育担当児童福祉司に同項に規定する指導及び教育のほか保護者への指導を行う者に対する専門的技術に関する指導及び教育を行わせるとともに、第八条の二第一項の規定による調査若しくは質問、第九条第一項の規定による立入り及び調査若しくは質問、第九条の二第一項の規定による調査若しくは質問、第九条の三第一項の規定による臨検若しくは捜索又は同条第二項の規定による調査若しくは質問をした児童の福祉に関する事務に従事する職員並びに同法第三十三条第一項又は第二項の規定による児童の一時保護を行った児童福祉司以外の者に当該児童に係る保護者への指導を行わせることその他の必要な措置を講じなければならない。

（面会等の制限等）

第十二条 児童虐待を受けた児童について児童福祉法第二十七条第一項第三号の措置（以下「施設入所等の措置」という。）が採られ、又は同法第三十三条第一項若しくは第二項の規定による一時保護が行われた場合において、児童虐待の防止及び児童虐待を受けた児童の保護のため必要があると認めるときは、児童相談所長及び当該児童について施設入所等の措置が採られている場合における当該施設入所等の措置に係る同号に規定する施設の長は、内閣府令で定めるところにより、当該児童虐待を行った保護者について、次に掲げる行為の全部又は一部を制限することができる。

一 当該児童との面会

二 当該児童との通信

2 前項の施設の長は、同項の規定による制限を行った場合又は行わなくなった場合は、その旨を児童相談所長に通知するものとする。

3 児童虐待を受けた児童について施設入所等の措置（児童福祉法第二十八条の規定によるものに限る。）が採られ、又は同法第三十三条第一項若しくは第二項の規定による一時保護が行われた場合において、当該児童虐待を行った保護者に対し当該児童の住所又は居所を明らかにしたとすれば、当該保護者が当該児童を連れ戻すおそれがある等再び児童虐待が行われるおそれがあり、又は当該児童の保護に支障をきたすと認めるときは、児童相談所長は、当該保護者に対し、当該児童の住所又は居所を明らかにしないものとする。

第十二条の二 児童虐待を受けた児童について施設入所等の措置（児童福祉法第二十八条の規定によるものを除く。以下この項において同じ。）が採られた場合において、当該児童虐待を行った保護者に当該児童を引き渡した場合には再び児童虐待が行われるおそれがあると認められるにもかかわらず、当該保護者が当該児童の引渡しを求めること、当該保護者が前条第一項の規定による制限に従わないことその他の事情から当該児童について当該施設入所等の措置を採ることが当該保護者の意に反し、これを継続することが困難であると認めるときは、児童相談所長は、次項の報告を行うに至るまで、同法第三十三条第一項の規定により当該児童の一時保護を行い、又は適当な者に委託して、当該一時保護を行わせることができる。

2 児童相談所長は、前項の一時保護を行った、又は行わせた場合には、速やかに、児童福祉法第二十六条第一項第一号の規定に基づき、同法第二十八条の規定による施設入所等の措置を要する旨を都道府県知事に報告しなければならない。

第十二条の三 児童相談所長は、児童福祉法第三十三条第一項の規定により、児童虐待を受けた児童について一時保護を行っている、又は適当な者に委託して、一時保護を行わせている場合（前条第一項の一時保護を行っている、又は行わせている場合を除く。）において、当該児童について施設入所等の措置を要すると認めるときであって、当該児童虐待を行った保護者に当該児童を引き渡した場合には再び児童虐待が行われるおそれがあると認められるにもかかわらず、当該保護者が当該児童の引渡しを求めること、当該保護者が第十二条第一項の規定による制限に従わないことその他の事情から当該児童について施設入所等の措置を採ることが当該保護者の意に反すると認めるときは、速やかに、同法第二十六条第一項第一号の規定に基づき、同法第二十八条の規定による施設入所等の措置を要する旨を都道府県知事に報告しなければならない。

第十二条の四 都道府県知事又は児童相談所長は、児童虐待を受けた児童について施設入所等の措置が採られ、又は児童福祉法第三十三条第一項若しくは第二項の規定による一時保護が行われ、かつ、第十二条第一項の規定により、当該児童虐待を行った保護者について、同項各号に掲げる行為の全部が制限されている場合において、児童虐待の防止及び児童虐待を受けた児童の保護のため特に必要があると認めるときは、内閣府令で定めるところにより、六月を超えない期間を定めて、当該保護者に対し、当該児童の住所若しくは居所、就学する学校その他の場所において当該児童の身辺につきまとい、又は当該児童の住所若しくは居所、就学する学校その他その通常所在する場所（通学路その他の当該児童が日常生活又は社会生活を営むために通常移動する経路を含む。）の付近をはいかいしてはならないことを命ずることができる。

2　都道府県知事又は児童相談所長は、前項に規定する場合において、引き続き児童虐待の防止及び児童虐待を受けた児童の保護のため特に必要があると認めるときは、六月を超えない期間を定めて、同項の規定による命令に係る期間を更新することができる。

3　都道府県知事又は児童相談所長は、第一項の規定による命令をしようとするとき（前項の規定により第一項の規定による命令に係る期間を更新しようとするときを含む。）は、行政手続法第十三条第一項の規定による意見陳述のための手続の区分にかかわらず、聴聞を行わなければならない。

4　第一項の規定による命令をするとき（第二項の規定により第一項の規定による命令に係る期間を更新するときを含む。）は、内閣府令で定める事項を記載した命令書を交付しなければならない。

5　第一項の規定による命令が発せられた後に施設入所等の措置が解除され、停止され、若しくは他の措置に変更された場合、児童福祉法第三十三条第一項若しくは第二項の規定による一時保護が解除された場合又は第十二条第一項の規定による制限の全部若しくは一部が行われなくなった場合は、当該命令は、その効力を失う。同法第二十八条第三項の規定により引き続き施設入所等の措置が採られ、又は同法第三十三条第十五項の規定により引き続き一時保護が行われている場合において、第一項の規定による命令が発せられたときであって、当該命令に係る期間が経過する前に同法第二十八条第二項の規定による当該施設入所等の措置の期間の更新に係る承認の申立てに対する審判又は同法第三十三条第十四項本文の規定による引き続いての一時保護に係る承認の申立てに対する審判が確定したときも、同様とする。

6　都道府県知事又は児童相談所長は、第一項の規定による命令をした場合において、その必要がなくなったと認めるときは、内閣府令で定めるところにより、その命令を取り消さなければならない。

（施設入所等の措置の解除等）

第十三条　都道府県知事は、児童虐待を受けた児童について施設入所等の措置が採られ、及び当該児童の保護者について児童福祉法第二十七条第一項第二号の措置が採られた場合において、当該児童について採られた施設入所等の措置を解除しようとするときは、当該児童の保護者について同号の指導を行うこととされた児童福祉司等の意見を聴くとともに、当該児童の保護者に対し採られた当該指導の効果、当該児童に対し再び児童虐待が行われることを予防するために採られる措置について見込まれる効果、当該児童の家庭環境その他内閣府令で定める事項を勘案しなければならない。

2　都道府県知事は、児童虐待を受けた児童について施設入所等の措置が採られ、又は児童福祉法第三十三条第二項の規定による一時保護が行われた場合において、当該児童について採られた施設入所等の措置又は行われた一時保護を解除するときは、当該児童の保護者に対し、親子の再統合の促進その他の児童虐待を受けた児童が家庭で生活することを支援するために必要な助言を行うことができる。

3　都道府県知事は、前項の助言に係る事務の全部又は一部を内閣府令で定める者に委託することができる。

4　前項の規定により行われる助言に係る事務に従事する者又は従事していた者は、正当な理由がなく、その事務に関して知り得た秘密を漏らしてはならない。

（施設入所等の措置の解除時の安全確認等）

第十三条の二　都道府県は、児童虐待を受けた児童について施設入所等の措置が採られ、又は児童福祉法第三十三条第二項の規定による一時保護が行われた場合において、当該児童について採られた施設入所等の措置若しくは行われた一時保護を解除するとき又は当該児童が一時的に帰宅するときは、必要と認める期間、市町村、児童福祉施設その他の関係機関との緊密な連携を図りつつ、当該児童の家庭を継続的に訪問することにより当該児童の安全の確認を行うとともに、当該児童の保護者からの相談に応じ、当該児童の養育に関する指導、助言その他の必要な支援を行うものとする。

（児童虐待を受けた児童等に対する支援）

第十三条の三　市町村は、子ども・子育て支援法第二十七条第一項に規定する特定教育・保育施設（次項において「特定教育・保育施設」という。）又は同法第四十三条第二項に規定する特定地域型保育事業（次項において「特定地域型保育事業」という。）の利用について、同法第四十二条第一項若しくは第五十四条第一項の規定により相談、助言若しくはあっせん若しくは要請を行う場合又は児童福祉法第二十四条第三項の規定により調整若しくは要請を行う場合には、児童虐待の防止に寄与するため、特別の支援を要する家庭の福祉に配慮をしなければならない。

2　特定教育・保育施設の設置者又は子ども・子育て支援法第二十九条第一項に規定する特定地域型保育事業者は、同法第三十三条第二項又は第四十五条第二項の規定により当該特定教育・保育施設を利用する児童（同法第十九条第二号又は第三号に該当する児童に限る。以下この項において同じ。）又は当該特定地域型保育事業者に係る特定地域型保育事業を利用する児童を選考するときは、児童虐待の防止に寄与するため、特別の支援を要する家庭の福祉に配慮をしなければならない。

3　国及び地方公共団体は、児童虐待を受けた児童がその年齢及び能力に応じ充分な教育が受けられるようにするため、教育の内容及び方法の改善及び充実を図る等必要な施策を講じなければならない。

4　国及び地方公共団体は、居住の場所の確保、進学又は就業の支援その他の児童虐待を受けた者の自立の支援のための施策を講じなければならない。

（資料又は情報の提供）

第十三条の四　地方公共団体の機関及び病院、診療所、児童福祉施設、学校その他児童の医療、福祉又は教育に関係する機関（地方公共団体の機関を除く。）並びに医師、歯科医師、保健師、助産師、看護師、児童福祉施設の職員、学校の教職員その他児童の医療、福祉又は教育に関連する職務に従事する者は、市町村長、都道府県の設置する福祉事務所の長又は児童相談所長から児童虐待に係る児童又はその保護者の心身の状況、これらの者の置かれている環境その他児童虐待の防止等に係る当該児童、その保護者その他の関係者に関する資料又は情報の提供を求められたときは、当該資料又は情報について、当該市町村長、都道府県の設置する福祉事務所の長又は児童相談所長が児童虐待の防止等に関する事務又は業務の遂行に必要な限度で利用し、かつ、利用することに相当の理由があるときは、これを提供することができる。ただし、当該資料又は情報を提供することによって、当該資料又は情報に係る児童、その保護者その他の関係者又は第三者の権利利益を不当に侵害するおそれがあると認められるときは、この限りでない。

（都道府県児童福祉審議会等への報告）

第十三条の五　都道府県知事は、児童福祉法第八条第二項に規定する都道府県児童福祉審議会（同条第一項ただし書に規定する都道府県にあっては、地方社会福祉審議会）に、第九条第一項の規定による立入り及び調査又は質問、臨検等並びに児童虐待を受けた児童に行われた同法第三十三条第一項又は第二項の規定による一時保護の実施状況、児童の心身に著しく重大な被害を及ぼした児童虐待の事例その他の内閣府令で定める事項を報告しなければならない。

（児童の人格の尊重等）

第十四条　児童の親権を行う者は、児童のしつけに際して、児童の人格を尊重するとともに、その年齢及び発達の程度に配慮しなければならず、かつ、体罰その他の児童の心身の健全な発達に有害な影響を及ぼす言動をしてはならない。

2　児童の親権を行う者は、児童虐待に係る暴行罪、傷害罪その他の犯罪について、当該児童の親権を行う者であることを理由として、その責めを免れることはない。

（親権の喪失の制度の適切な運用）

第十五条　民法（明治二十九年法律第八十九号）に規定する親権の喪失の制度は、児童虐待の防止及び児童虐待を受けた児童の保護の観点からも、適切に運用されなければならない。

（大都市等の特例）

第十六条　この法律中都道府県が処理することとされている事務で政令で定めるものは、地方自治法（昭和二十二年法律第六十七号）第二百五十二条の十九第一項の指定都市（以下「指定都市」という。）及び同法第二百五十二条の二十二第一項の中核市（以下「中核市」という。）並びに児童福祉法第五十九条の四第一項に規定する児童相談所設置市においては、政令で定めるところにより、指定都市若しくは中核市又は児童相談所設置市（以下「指定都市等」という。）が処理するものとする。この場合においては、この法律中都道府県に関する規定は、指定都市等に関する規定として指定都市等に適用があるものとする。

（罰則）

第十七条　第十二条の四第一項の規定による命令（同条第二項の規定により同条第一項の規定による命令に係る期間が更新された場合における当該命令を含む。）に違反した者は、一年以下の拘禁刑又は百万円以下の罰金に処する。

第十八条　第十三条第四項の規定に違反した者は、一年以下の拘禁刑又は五十万円以下の罰金に処する。

附　則（抄）

（施行期日）

第一条　この法律は、公布の日から起算して六月を超えない範囲内において政令で定める日［平12・11・20］から施行する。［後略］

附　則（令和四法六六）（抄）

（施行期日）

第一条　この法律は、令和六年四月一日から施行する。ただし、次の各号に掲げる規定は、当該各号に定める日から施行する。

一～四　［略］

五　［略］公布の日から起算して三年を超えない範囲内において政令で定める日［令7・6・1］［条文中傍線┈┈］

附　則（令和四法六八）（抄）

（施行期日）

1　この法律は、刑法等一部改正法施行日［令7・6・1］から施行する。［略］［条文中傍線┈┈］

53 配偶者からの暴力の防止及び被害者の保護等に関する法律（抄）

（平成一三年四月一三日　法律第三一号）

題名改正　平成二五法七二

改正　令和五・六・一四法五三

我が国においては、日本国憲法に個人の尊重と法の下の平等がうたわれ、人権の擁護と男女平等の実現に向けた取組が行われている。

ところが、配偶者からの暴力は、犯罪となる行為をも含む重大な人権侵害であるにもかかわらず、被害者の救済が必ずしも十分に行われてこなかった。また、配偶者からの暴力の被害者は、多くの場合女性であり、経済的自立が困難である女性に対して配偶者が暴力を加えることは、個人の尊厳を害し、男女平等の実現の妨げとなっている。

このような状況を改善し、人権の擁護と男女平等の実現を図るためには、配偶者からの暴力を防止し、被害者を保護するための施策を講ずることが必要である。このことは、女性に対する暴力を根絶しようと努めている国際社会における取組にも沿うものである。

ここに、配偶者からの暴力に係る通報、相談、保護、自立支援等の体制を整備することにより、配偶者からの暴力の防止及び被害者の保護を図るため、この法律を制定する。

第一章　総則

（定義）

第一条　この法律において「配偶者からの暴力」とは、配偶者からの身体に対する暴力（身体に対する不法な攻撃であって生命又は身体に危害を及ぼすものをいう。以下同じ。）又はこれに準ずる心身に有害な影響を及ぼす言動（以下この項及び第二十八条の二において「身体に対する暴力等」と総称する。）をいい、配偶者からの身体に対する暴力等を受けた後に、その者が離婚をし、又はその婚姻が取り消された場合にあっては、当該配偶者であった者から引き続き受ける身体に対する暴力等を含むものとする。

2　この法律において「被害者」とは、配偶者からの暴力を受けた者をいう。

3　この法律にいう「配偶者」には、婚姻の届出をしていないが事実上婚姻関係と同様の事情にある者を含み、「離婚」には、婚姻の届出をしていないが事実上婚姻関係と同様の事情にあった者が、事実上離婚したと同様の事情に入ることを含むものとする。

第三章　被害者の保護

（配偶者からの暴力の発見者による通報等）

第六条　配偶者からの身体に対する暴力（配偶者又は配偶者であった者からの身体に対する暴力に限る。以下この章において同じ。）を受けている者を発見した者は、その旨を配偶者暴力相談支援センター又は警察官に通報するよう努めなければならない。

2　医師その他の医療関係者は、その業務を行うに当たり、配偶者からの暴力によって負傷し又は疾病にかかったと認められる者を発見したときは、その旨を配偶者暴力相談支援センター又は警察官に通報することができる。この場合において、その者の意思を尊重するよう努めるものとする。

3　刑法（明治四十年法律第四十五号）の秘密漏示罪の規定その他の守秘義務に関する法律の規定は、前二項の規定により通報することを妨げるものと解釈してはならない。

4　医師その他の医療関係者は、その業務を行うに当たり、配偶者からの暴力によって負傷し又は疾病にかかったと認められる者を発見したときは、その者に対し、配偶者暴力相談支援センター等の利用について、その有する情報を提供するよう努めなければならない。

（配偶者暴力相談支援センターによる保護についての説明等）

第七条　配偶者暴力相談支援センターは、被害者に関する通報又は相談を受けた場合には、必要に応じ、被害者に対し、第三条第三項の規定により配偶者暴力相談支援センターが行う業務の内容について説明及び助言を行うとともに、必要な保護を受けることを勧奨するものとする。

（福祉事務所による自立支援）

第八条の三　社会福祉法（昭和二十六年法律第四十五号）に定める福祉に関する事務所（次条において「福祉事務所」という。）は、生活保護法（昭和二十五年法律第百四十四号）、児童福祉法（昭和二十二年法律第百六十四号）、母子及び父子並びに寡婦福祉法（昭和三十九年法律第百二十九号）その他の法令の定めるところにより、被害者の自立を支援するために必要な措置を講ずるよう努めなければならない。

（被害者の保護のための関係機関の連携協力）

第九条　配偶者暴力相談支援センター、都道府県警察、福祉事務所、児童相談所その他の都道府県又は市町村の関係機関その他の関係機関は、被害者の保護を行うに当たっては、その適切な保護が行われるよう、相互に連携を図りながら協力するよう努めるものとする。

（苦情の適切かつ迅速な処理）

第九条の二　前条の関係機関は、被害者の保護に係る職員の職務の執行に関して被害者から苦情の申出を受けたときは、適切かつ迅速にこれを処理するよう努めるものとする。

第四章　保護命令

（接近禁止命令等）

第十条　被害者（配偶者からの身体に対する暴力又は生命、身体、自由、名誉若しくは財産に対し害を加える旨を告知してする脅迫（以下この章において「身体に対する暴力等」という。）を受けた者に限る。以下この条並びに第十二条第一項第三号及び第四号において同じ。）が、配偶者（配偶者からの身体に対する暴力等を受けた後に、被害者が離婚をし、又はその婚姻が取り消された場合にあっては、当該配偶者であった者。以下この条及び第十二条第一項第二号から第四号までにおいて同じ。）からの更なる身体に対する暴力等により、その生命又は心身に重大な危害を受けるおそれが大きいときは、裁判所は、被害者の申立てにより、当該配偶者に対し、命令の効力が生じた日から起算して一年間、被害者の住居（当該配偶者と共に生活の本拠としている住居を除く。以下この項において同じ。）その他の場所において被害者の身辺につきまとい、又は被害者の住居、勤務先その他その通常所在する場所の付近をはいかいしてはならないことを命ずるものとする。

一　命令の効力が生じた日から起算して六月間、被害者の住居（当該配偶者と共に生活の本拠としている住居を除く。以下この号において同じ。）その他の場所において被害者の身辺につきまとい、又は被害者の住居、勤務先その他その通常所在する場所の付近をはいかいしてはならないこと。

二　命令の効力が生じた日から起算して二月間、被害者と共に生活の本拠としている住居から退去すること及び当該住居の付近をはいかいしてはならないこと。

2　前項の場合において、同項の規定による命令（以下「接近禁止命令」という。）を発する裁判所又は発した裁判所は、被害者の申立てにより、当該配偶者に対し、命令の効力が生じた日以後、接近禁止命令の効力が生じた日から起算して一年を経過する日までの間、被害者に対して次に掲げる行為をしてはならないことを命ずるものとする。

一　面会を要求すること。

二　その行動を監視していると思わせるような事項を告げ、又はその知り得る状態に置くこと。

三　著しく粗野又は乱暴な言動をすること。

四　電話をかけて何も告げず、又は緊急やむを得ない場合を除き、連続して、電話をかけ、文書を送付し、通信文その他の情報（電気通信（電気通信事業法（昭和五十九年法律第八十六号）第二条第一号に規定する電気通信をいう。以下この号及び第六項第一号において同じ。）の送信元、送信先、通信日時その他の電気通信を行うために必要な情報を含む。以下この条において「通信文等」という。）をファクシミリ装置を用いて送信し、若しくは電子メールの送信等をすること。

五～十 ［略］

3 第一項の場合において、被害者がその成年に達しない子（以下この項及び次項並びに第十二条第一項第三号において単に「子」という。）と同居しているときであって、配偶者が幼年の子を連れ戻すと疑うに足りる言動を行っていることその他の事情があることから被害者がその同居している子に関して配偶者と面会することを余儀なくされることを防止するため必要があると認めるときは、接近禁止命令を発する裁判所又は発した裁判所は、被害者の申立てにより、当該配偶者に対し、命令の効力が生じた日以後、接近禁止命令の効力が生じた日から起算して一年を経過する日までの間、当該子の住居（当該配偶者と共に生活の本拠としている住居を除く。以下この項において同じ。）、就学する学校その他の場所において当該子の身辺につきまとい、又は当該子の住居、就学する学校その他その通常所在する場所の付近をはいかいしてはならないこと及び当該子に対して前項第二号から第十号までに掲げる行為（同項第五号に掲げる行為にあっては、電話をかけること及び通信文等をファクシミリ装置を用いて送信することに限る。）をしてはならないことを命ずるものとする。ただし、当該子が十五歳以上であるときは、その同意がある場合に限る。

4 第一項の場合において、配偶者が被害者の親族その他被害者と社会生活において密接な関係を有する者（被害者と同居している子及び配偶者と同居している者を除く。以下この項及び次項並びに第十二条第一項第四号において「親族等」という。）の住居に押し掛けて著しく粗野又は乱暴な言動を行っていることその他の事情があることから被害者がその親族等に関して配偶者と面会することを余儀なくされることを防止するため必要があると認めるときは、接近禁止命令を発する裁判所又は発した裁判所は、被害者の申立てにより、当該配偶者に対し、命令の効力が生じた日以後、接近禁止命令の効力が生じた日から起算して一年を経過する日までの間、当該親族等の住居（当該配偶者と共に生活の本拠としている住居を除く。以下この項において同じ。）その他の場所において当該親族等の身辺につきまとい、又は当該親族等の住居、勤務先その他その通常所在する場所の付近をはいかいしてはならないことを命ずるものとする。

5 前項の申立ては、当該親族等（被害者の十五歳未満の子を除く。以下この項において同じ。）の同意（当該親族等が十五歳未満の者又は成年被後見人である場合にあっては、その法定代理人の同意）がある場合に限り、することができる。

6 第二項第四号及び第五号の「電子メールの送信等」とは、次の各号のいずれかに掲げる行為（電話をかけること及び通信文等をファクシミリ装置を用いて送信することを除く。）をいう。

一 電子メール（特定電子メールの送信の適正化等に関する法律（平成十四年法律第二十六号）第二条第一号に規定する電子メールをいう。）その他のその受信をする者を特定して情報を伝達するために用いられる電気通信の送信を行うこと。

二 前号に掲げるもののほか、電子情報処理組織を使用する方法その他の情報通信の技術を利用する方法であって、内閣府令で定めるものを用いて通信文等の送信を行うこと。

附 則（抄）

（施行期日）

第一条 この法律は、公布の日から起算して六月を経過した日［平13・10・13］から施行する。［略］

54子どもの貧困対策の推進に関する法律

（平成二五年六月二六日法律第六四号）

改正　令和四・六・二二法七七

第一章　総則

（目的）

第一条　この法律は、子どもの現在及び将来がその生まれ育った環境によって左右されることのないよう、全ての子どもが心身ともに健やかに育成され、及びその教育の機会均等が保障され、子ども一人一人が夢や希望を持つことができるようにするため、子どもの貧困の解消に向けて、児童の権利に関する条約の精神にのっとり、子どもの貧困対策に関し、基本理念を定め、国等の責務を明らかにし、及び子どもの貧困対策の基本となる事項を定めることにより、子どもの貧困対策を総合的に推進することを目的とする。

（基本理念）

第二条　子どもの貧困対策は、社会のあらゆる分野において、子どもの年齢及び発達の程度に応じて、その意見が尊重され、その最善の利益が優先して考慮され、子どもが心身ともに健やかに育成されることを旨として、推進されなければならない。

2　子どもの貧困対策は、子ども等に対する教育の支援、生活の安定に資するための支援、職業生活の安定と向上に資するための就労の支援、経済的支援等の施策を、子どもの現在及び将来がその生まれ育った環境によって左右されることのない社会を実現することを旨として、子ども等の生活及び取り巻く環境の状況に応じて包括的かつ早期に講ずることにより、推進されなければならない。

3　子どもの貧困対策は、子どもの貧困の背景に様々な社会的な要因があることを踏まえ、推進されなければならない。

4　子どもの貧困対策は、国及び地方公共団体の関係機関相互の密接な連携の下に、関連分野における総合的な取組として行われなければならない。

（国の責務）

第三条　国は、前条の基本理念（次条において「基本理念」という。）にのっとり、子どもの貧困対策を総合的に策定し、及び実施する責務を有する。

（地方公共団体の責務）

第四条　地方公共団体は、基本理念にのっとり、子どもの貧困対策に関し、国と協力しつつ、当該地域の状況に応じた施策を策定し、及び実施する責務を有する。

（国民の責務）

第五条　国民は、国又は地方公共団体が実施する子どもの貧困対策に協力するよう努めなければならない。

（法制上の措置等）

第六条　政府は、この法律の目的を達成するため、必要な法制上又は財政上の措置その他の措置を講じなければならない。

（年次報告）

第七条　政府は、毎年、国会に、子どもの貧困の状況及び子どもの貧困対策の実施の状況に関する報告を提出するとともに、これを公表しなければならない。

2　こども基本法（令和四年法律第七十七号）第八条第一項の規定による国会への報告及び公表がされたときは、前項の規定による国会への報告及び公表がされたものとみなす。

第二章　基本的施策

（子どもの貧困対策に関する大綱）

第八条　政府は、子どもの貧困対策を総合的に推進するため、子どもの貧困対策に関する大綱（以下「大綱」という。）を定めなければならない。

2　大綱は、次に掲げる事項について定めるものとする。

一　子どもの貧困対策に関する基本的な方針

二　子どもの貧困率、一人親世帯の貧困率、生活保護世帯に属する子どもの高等学校等進学率、生活保護世帯に属する子どもの大学等進学率等子どもの貧困に関する指標及び当該指標の改善に向けた施策

三　教育の支援、生活の安定に資するための支援、保護者に対する職業生活の安定と向上に資するための就労の支援、経済的支援その他の子どもの貧困対策に関する事項

四　子どもの貧困に関する調査及び研究に関する事項

五　子どもの貧困対策に関する施策の実施状況についての検証及び評価その他の子どもの貧困対策に関する施策の推進体制に関する事項

3　こども基本法第九条第一項の規定により定められた同項のこども大綱のうち前項各号に掲げる事項に係る部分は、第一項の規定により定め

られた大綱とみなす。

4　第二項第二号の「子どもの貧困率」、「一人親世帯の貧困率」、「生活保護世帯に属する子どもの高等学校等進学率」及び「生活保護世帯に属する子どもの大学等進学率」の定義は、政令で定める。

（**都道府県計画等**）

第九条　都道府県は、大綱を勘案して、当該都道府県における子どもの貧困対策についての計画（次項及び第三項において「都道府県計画」という。）を定めるよう努めるものとする。

2　市町村は、大綱（都道府県計画が定められているときは、大綱及び都道府県計画）を勘案して、当該市町村における子どもの貧困対策についての計画（次項において「市町村計画」という。）を定めるよう努めるものとする。

3　都道府県又は市町村は、都道府県計画又は市町村計画を定め、又は変更したときは、遅滞なく、これを公表しなければならない。

（**教育の支援**）

第十条　国及び地方公共団体は、教育の機会均等が図られるよう、就学の援助、学資の援助、学習の支援その他の貧困の状況にある子どもの教育に関する支援のために必要な施策を講ずるものとする。

（**生活の安定に資するための支援**）

第十一条　国及び地方公共団体は、貧困の状況にある子ども及びその保護者に対する生活に関する相談、貧困の状況にある子どもに対する社会との交流の機会の提供その他の貧困の状況にある子どもの生活の安定に資するための支援に関し必要な施策を講ずるものとする。

（**保護者に対する職業生活の安定と向上に資するための就労の支援**）

第十二条　国及び地方公共団体は、貧困の状況にある子どもの保護者に対する職業訓練の実施及び就職のあっせんその他の貧困の状況にある子どもの保護者の所得の増大その他の職業生活の安定と向上に資するための就労の支援に関し必要な施策を講ずるものとする。

（**経済的支援**）

第十三条　国及び地方公共団体は、各種の手当等の支給、貸付金の貸付けその他の貧困の状況にある子どもに対する経済的支援のために必要な施策を講ずるものとする。

（**調査研究**）

第十四条　国及び地方公共団体は、子どもの貧困対策を適正に策定し、及び実施するため、子どもの貧困に関する指標に関する研究その他の子どもの貧困に関する調査及び研究その他の必要な施策を講ずるものとする。

附　則（抄）

（**施行期日**）

第一条　この法律は、公布の日から起算して一年を超えない範囲内において政令で定める日［平26・1・17］から施行する。

55 児童買春、児童ポルノに係る行為等の規制及び処罰並びに児童の保護等に関する法律（抄）

（平成一一年五月二六日法律第五二号）

題名改正　平成二六法七九
改正　令和四・六・二二法七六

第一章　総則

（**目的**）

第一条　この法律は、児童に対する性的搾取及び性的虐待が児童の権利を著しく侵害することの重大性に鑑み、あわせて児童の権利の擁護に関する国際的動向を踏まえ、児童買春、児童ポルノに係る行為等を規制し、及びこれらの行為等を処罰するとともに、これらの行為等により心身に有害な影響を受けた児童の保護のための措置等を定めることにより、児童の権利を擁護することを目的とする。

（**定義**）

第二条　この法律において「児童」とは、十八歳に満たない者をいう。

2　この法律において「児童買春」とは、次の各号に掲げる者に対し、対償を供与し、又はその供与の約束をして、当該児童に対し、性交等（性交若しくは性交類似行為をし、又は自己の性的好奇心を満たす目的で、児童の性器等（性器、肛門又は乳首をいう。以下同じ。）を触り、若しくは児童に自己の性器等を触らせることをいう。以下同じ。）をすることをいう。

一　児童
二　児童に対する性交等の周旋をした者
三　児童の保護者（親権を行う者、未成年後見人その他の者で、児童を現に監護するものをいう。以下同じ。）又は児童をその支配下に置いている者

3　この法律において「児童ポルノ」とは、写真、電磁的記録（電子的方式、磁気的方式その他人の知覚によっては認識することができない方式で作られる記録であって、電子計算機による情報処理の用に供されるものをいう。以下同じ。）に係る記録媒体その他の物であって、次の各号のいずれかに掲げる児童の姿態を視覚により認識することができる方法により描写したものをいう。
一　児童を相手方とする又は児童による性交又は性交類似行為に係る児童の姿態
二　他人が児童の性器等を触る行為又は児童が他人の性器等を触る行為に係る児童の姿態であって性欲を興奮させ又は刺激するもの
三　衣服の全部又は一部を着けない児童の姿態であって、殊更に児童の性的な部位（性器等若しくはその周辺部、臀《でん》部又は胸部をいう。）が露出され又は強調されているものであり、かつ、性欲を興奮させ又は刺激するもの

（**適用上の注意**）
第三条　この法律の適用に当たっては、学術研究、文化芸術活動、報道等に関する国民の権利及び自由を不当に侵害しないように留意し、児童に対する性的搾取及び性的虐待から児童を保護しその権利を擁護するとの本来の目的を逸脱して他の目的のためにこれを濫用するようなことがあってはならない。

（**児童買春、児童ポルノの所持その他児童に対する性的搾取及び性的虐待に係る行為の禁止**）
第三条の二　何人も、児童買春をし、又はみだりに児童ポルノを所持し、若しくは第二条第三項各号のいずれかに掲げる児童の姿態を視覚により認識することができる方法により描写した情報を記録した電磁的記録を保管することその他児童に対する性的搾取又は性的虐待に係る行為をしてはならない。

第三章　心身に有害な影響を受けた児童の保護のための措置

（**心身に有害な影響を受けた児童の保護**）
第十五条　こども家庭庁、法務省、都道府県警察、児童相談所、福祉事務所その他の国、都道府県又は市町村の関係行政機関は、児童買春の相手方となったこと、児童ポルノに描写されたこと等により心身に有害な影響を受けた児童に対し、相互に連携を図りつつ、その心身の状況、その置かれている環境等に応じ、当該児童がその受けた影響から身体的及び心理的に回復し、個人の尊厳を保って成長することができるよう、相談、指導、一時保護、施設への入所その他の必要な保護のための措置を適切に講ずるものとする。
2　前項の関係行政機関は、同項の措置を講ずる場合において、同項の児童の保護のため必要があると認めるときは、その保護者に対し、相談、指導その他の措置を講ずるものとする。

（**心身に有害な影響を受けた児童の保護のための体制の整備**）
第十六条　国及び地方公共団体は、児童買春の相手方となったこと、児童ポルノに描写されたこと等により心身に有害な影響を受けた児童について専門的知識に基づく保護を適切に行うことができるよう、これらの児童の保護に関する調査研究の推進、これらの児童の保護を行う者の資質の向上、これらの児童が緊急に保護を必要とする場合における関係機関の連携協力体制の強化、これらの児童の保護を行う民間の団体との連携協力体制の整備等必要な体制の整備に努めるものとする。

附　則（抄）

（**施行期日**）
第一条　この法律は、公布の日から起算して六月を超えない範囲内において政令で定める日［平11・11・1］から施行する。

第 2 部

指針・要領

56 保育所保育指針

（平成二九年三月三一日 厚生労働省告示第一一七号 平成三〇年四月一日施行）

第一章　総　則

この指針は、児童福祉施設の設備及び運営に関する基準（昭和二十三年厚生省令第六十三号。以下「設備運営基準」という。）第三十五条の規定に基づき、保育所における保育の内容に関する事項及びこれに関連する運営に関する事項を定めるものである。各保育所は、この指針において規定される保育の内容に係る基本原則に関する事項等を踏まえ、各保育所の実情に応じて創意工夫を図り、保育所の機能及び質の向上に努めなければならない。

1　保育所保育に関する基本原則

(1)　保育所の役割

ア　保育所は、児童福祉法（昭和二十二年法律第百六十四号）第三十九条の規定に基づき、保育を必要とする子どもの保育を行い、その健全な心身の発達を図ることを目的とする児童福祉施設であり、入所する子どもの最善の利益を考慮し、その福祉を積極的に増進することに最もふさわしい生活の場でなければならない。

イ　保育所は、その目的を達成するために、保育に関する専門性を有する職員が、家庭との緊密な連携の下に、子どもの状況や発達過程を踏まえ、保育所における環境を通して、養護及び教育を一体的に行うことを特性としている。

ウ　保育所は、入所する子どもを保育するとともに、家庭や地域の様々な社会資源との連携を図りながら、入所する子どもの保護者に対する支援及び地域の子育て家庭に対する支援等を行う役割を担うものである。

エ　保育所における保育士は、児童福祉法第十八条の四の規定を踏まえ、保育所の役割及び機能が適切に発揮されるように、倫理観に裏付けられた専門的知識、技術及び判断をもって、子どもを保育するとともに、子どもの保護者に対する保育に関する指導を行うものであり、その職責を遂行するための専門性の向上に絶えず努めなければならない。

(2)　保育の目標

ア　保育所は、子どもが生涯にわたる人間形成にとって極めて重要な時期に、その生活時間の大半を過ごす場である。このため、保育所の保育は、子どもが現在を最も良く生き、望ましい未来をつくり出す力の基礎を培うために、次の目標を目指して行わなければならない。

(ア)　十分に養護の行き届いた環境の下に、くつろいだ雰囲気の中で子どもの様々な欲求を満たし、生命の保持及び情緒の安定を図ること。

(イ)　健康、安全など生活に必要な基本的な習慣や態度を養い、心身の健康の基礎を培うこと。

(ウ)　人との関わりの中で、人に対する愛情と信頼感、そして人権を大切にする心を育てるとともに、自主、自立及び協調の態度を養い、道徳性の芽生えを培うこと。

(エ)　生命、自然及び社会の事象についての興味や関心を育て、それらに対する豊かな心情や思考力の芽生えを培うこと。

(オ)　生活の中で、言葉への興味や関心を育て、話したり、聞いたり、相手の話を理解しようとするなど、言葉の豊かさを養うこと。

(カ)　様々な体験を通して、豊かな感性や表現力を育み、創造性の芽生えを培うこと。

イ　保育所は、入所する子どもの保護者に対し、その意向を受け止め、子どもと保護者の安定した関係に配慮し、保育所の特性や保育士等の専門性を生かして、その援助に当たらなければならない。

(3)　保育の方法

保育の目標を達成するために、保育士等は、次の事項に留意して保育しなければならない。

ア　一人一人の子どもの状況や家庭及び地域社会での生活の実態を把握するとともに、子どもが安心感と信頼感をもって活動できるよう、子どもの主体としての思いや願いを受け止めること。

イ　子どもの生活のリズムを大切にし、健康、安全で情緒の安定した生活ができる環境や、自己を十分に発揮できる環境を整えること。

ウ　子どもの発達について理解し、一人一人の発達過程に応じて保育すること。その際、子どもの個人差に十分配慮すること。

エ　子ども相互の関係づくりや互いに尊重する心を大切にし、集団における活動を効果あるものにするよう援助すること。

オ　子どもが自発的・意欲的に関われるような

環境を構成し、子どもの主体的な活動や子ども相互の関わりを大切にすること。特に、乳幼児期にふさわしい体験が得られるように、生活や遊びを通して総合的に保育すること。

カ　一人一人の保護者の状況やその意向を理解、受容し、それぞれの親子関係や家庭生活等に配慮しながら、様々な機会をとらえ、適切に援助すること。

(4) 保育の環境

保育の環境には、保育士等や子どもなどの人的環境、施設や遊具などの物的環境、更には自然や社会の事象などがある。保育所は、こうした人、物、場などの環境が相互に関連し合い、子どもの生活が豊かなものとなるよう、次の事項に留意しつつ、計画的に環境を構成し、工夫して保育しなければならない。

ア　子ども自らが環境に関わり、自発的に活動し、様々な経験を積んでいくことができるよう配慮すること。

イ　子どもの活動が豊かに展開されるよう、保育所の設備や環境を整え、保育所の保健的環境や安全の確保などに努めること。

ウ　保育室は、温かな親しみとくつろぎの場となるとともに、生き生きと活動できる場となるように配慮すること。

エ　子どもが人と関わる力を育てていくため、子ども自らが周囲の子どもや大人と関わっていくことができる環境を整えること。

(5) 保育所の社会的責任

ア　保育所は、子どもの人権に十分配慮するとともに、子ども一人一人の人格を尊重して保育を行わなければならない。

イ　保育所は、地域社会との交流や連携を図り、保護者や地域社会に、当該保育所が行う保育の内容を適切に説明するよう努めなければならない。

ウ　保育所は、入所する子ども等の個人情報を適切に取り扱うとともに、保護者の苦情などに対し、その解決を図るよう努めなければならない。

2 養護に関する基本的事項

(1) 養護の理念

保育における養護とは、子どもの生命の保持及び情緒の安定を図るために保育士等が行う援助や関わりであり、保育所における保育は、養護及び教育を一体的に行うことをその特性とするものである。保育所における保育全体を通じて、養護に関するねらい及び内容を踏まえた保育が展開されなければならない。

(2) 養護に関わるねらい及び内容

ア　生命の保持

(ア) ねらい

① 一人一人の子どもが、快適に生活できるようにする。

② 一人一人の子どもが、健康で安全に過ごせるようにする。

③ 一人一人の子どもの生理的欲求が、十分に満たされるようにする。

④ 一人一人の子どもの健康増進が、積極的に図られるようにする。

(イ) 内　容

① 一人一人の子どもの平常の健康状態や発育及び発達状態を的確に把握し、異常を感じる場合は、速やかに適切に対応する。

② 家庭との連携を密にし、嘱託医等との連携を図りながら、子どもの疾病や事故防止に関する認識を深め、保健的で安全な保育環境の維持及び向上に努める。

③ 清潔で安全な環境を整え、適切な援助や応答的な関わりを通して子どもの生理的欲求を満たしていく。また、家庭と協力しながら、子どもの発達過程等に応じた適切な生活のリズムがつくられていくようにする。

④ 子どもの発達過程等に応じて、適度な運動と休息を取ることができるようにする。また、食事、排泄《せつ》、衣類の着脱、身の回りを清潔にすることなどについて、子どもが意欲的に生活できるよう適切に援助する。

イ　情緒の安定

(ア) ねらい

① 一人一人の子どもが、安定感をもって過ごせるようにする。

② 一人一人の子どもが、自分の気持ちを安心して表すことができるようにする。

③ 一人一人の子どもが、周囲から主体として受け止められ、主体として育ち、自分を肯定する気持ちが育まれていくようにする。

④ 一人一人の子どもがくつろいで共に過ごし、心身の疲れが癒されるようにする。

(イ) 内　容

① 一人一人の子どもの置かれている状態や発達過程などを的確に把握し、子どもの欲求を適切に満たしながら、応答的な触れ合いや言葉がけを行う。

② 一人一人の子どもの気持ちを受容し、共感しながら、子どもとの継続的な信頼関係を築いていく。

③ 保育士等との信頼関係を基盤に、一人一人の子どもが主体的に活動し、自発性や探索意欲などを高めるとともに、自分への自信をもつことができるよう成長の過程を見守り、適切に働きかける。

④ 一人一人の子どもの生活のリズム、発達過程、保育時間などに応じて、活動内容のバランスや調和を図りながら、適切な食事や休息が取れるようにする。

3 保育の計画及び評価

(1) 全体的な計画の作成

ア 保育所は、1の(2)に示した保育の目標を達成するために、各保育所の保育の方針や目標に基づき、子どもの発達過程を踏まえて、保育の内容が組織的・計画的に構成され、保育所の生活の全体を通して、総合的に展開されるよう、全体的な計画を作成しなければならない。

イ 全体的な計画は、子どもや家庭の状況、地域の実態、保育時間などを考慮し、子どもの育ちに関する長期的見通しをもって適切に作成されなければならない。

ウ 全体的な計画は、保育所保育の全体像を包括的に示すものとし、これに基づく指導計画、保健計画、食育計画等を通じて、各保育所が創意工夫して保育できるよう、作成されなければならない。

(2) 指導計画の作成

ア 保育所は、全体的な計画に基づき、具体的な保育が適切に展開されるよう、子どもの生活や発達を見通した長期的な指導計画と、それに関連しながら、より具体的な子どもの日々の生活に即した短期的な指導計画を作成しなければならない。

イ 指導計画の作成に当たっては、第二章及びその他の関連する章に示された事項のほか、子ども一人一人の発達過程や状況を十分に踏まえるとともに、次の事項に留意しなければならない。

(ア) 三歳未満児については、一人一人の子どもの生育歴、心身の発達、活動の実態等に即して、個別的な計画を作成すること。

(イ) 三歳以上児については、個の成長と、子ども相互の関係や協同的な活動が促されるよう配慮すること。

(ウ) 異年齢で構成される組やグループでの保育においては、一人一人の子どもの生活や経験、発達過程などを把握し、適切な援助や環境構成ができるよう配慮すること。

ウ 指導計画においては、保育所の生活における子どもの発達過程を見通し、生活の連続性、季節の変化などを考慮し、子どもの実態に即した具体的なねらい及び内容を設定すること。また、具体的なねらいが達成されるよう、子どもの生活する姿や発想を大切にして適切な環境を構成し、子どもが主体的に活動できるようにすること。

エ 一日の生活のリズムや在園時間が異なる子どもが共に過ごすことを踏まえ、活動と休息、緊張感と解放感等の調和を図るよう配慮すること。

オ 午睡は生活のリズムを構成する重要な要素であり、安心して眠ることのできる安全な睡眠環境を確保するとともに、在園時間が異なることや、睡眠時間は子どもの発達の状況や個人によって差があることから、一律とならないよう配慮すること。

カ 長時間にわたる保育については、子どもの発達過程、生活のリズム及び心身の状態に十分配慮して、保育の内容や方法、職員の協力体制、家庭との連携などを指導計画に位置付けること。

キ 障害のある子どもの保育については、一人一人の子どもの発達過程や障害の状態を把握し、適切な環境の下で、障害のある子どもが他の子どもとの生活を通して共に成長できるよう、指導計画の中に位置付けること。また、子どもの状況に応じた保育を実施する観点から、家庭や関係機関と連携した支援のための計画を個別に作成するなど適切な対応を図ること。

(3) 指導計画の展開

指導計画に基づく保育の実施に当たっては、次の事項に留意しなければならない。

ア 施設長、保育士など、全職員による適切な役割分担と協力体制を整えること。

イ 子どもが行う具体的な活動は、生活の中で様々に変化することに留意して、子どもが望ましい方向に向かって自ら活動を展開できるよう必要な援助を行うこと。

ウ 子どもの主体的な活動を促すためには、保育士等が多様な関わりをもつことが重要であることを踏まえ、子どもの情緒の安定や発達に必要な豊かな体験が得られるよう援助すること。

エ　保育士等は、子どもの実態や子どもを取り巻く状況の変化などに即して保育の過程を記録するとともに、これらを踏まえ、指導計画に基づく保育の内容の見直しを行い、改善を図ること。

(4) 保育内容等の評価

ア　保育士等の自己評価

(ア)　保育士等は、保育の計画や保育の記録を通して、自らの保育実践を振り返り、自己評価することを通して、その専門性の向上や保育実践の改善に努めなければならない。

(イ)　保育士等による自己評価に当たっては、子どもの活動内容やその結果だけでなく、子どもの心の育ちや意欲、取り組む過程などにも十分配慮するよう留意すること。

(ウ)　保育士等は、自己評価における自らの保育実践の振り返りや職員相互の話し合い等を通じて、専門性の向上及び保育の質の向上のための課題を明確にするとともに、保育所全体の保育の内容に関する認識を深めること。

イ　保育所の自己評価

(ア)　保育所は、保育の質の向上を図るため、保育の計画の展開や保育士等の自己評価を踏まえ、当該保育所の保育の内容等について、自ら評価を行い、その結果を公表するよう努めなければならない。

(イ)　保育所が自己評価を行うに当たっては、地域の実情や保育所の実態に即して、適切に評価の観点や項目等を設定し、全職員による共通理解をもって取り組むよう留意すること。

(ウ)　設備運営基準第三十六条の趣旨を踏まえ、保育の内容等の評価に関し、保護者及び地域住民等の意見を聴くことが望ましいこと。

(5) 評価を踏まえた計画の改善

ア　保育所は、評価の結果を踏まえ、当該保育所の保育の内容等の改善を図ること。

イ　保育の計画に基づく保育、保育の内容の評価及びこれに基づく改善という一連の取組により、保育の質の向上が図られるよう、全職員が共通理解をもって取り組むことに留意すること。

4 幼児教育を行う施設として共有すべき事項

(1) 育みたい資質・能力

ア　保育所においては、生涯にわたる生きる力の基礎を培うため、1の(2)に示す保育の目標を踏まえ、次に掲げる資質・能力を一体的に育むよう努めるものとする。

(ア)　豊かな体験を通じて、感じたり、気付いたり、分かったり、できるようになったりする「知識及び技能の基礎」

(イ)　気付いたことや、できるようになったことなどを使い、考えたり、試したり、工夫したり、表現したりする「思考力、判断力、表現力等の基礎」

(ウ)　心情、意欲、態度が育つ中で、よりよい生活を営もうとする「学びに向かう力、人間性等」

イ　アに示す資質・能力は、第二章に示すねらい及び内容に基づく保育活動全体によって育むものである。

(2) 幼児期の終わりまでに育ってほしい姿

次に示す「幼児期の終わりまでに育ってほしい姿」は、第二章に示すねらい及び内容に基づく保育活動全体を通して資質・能力が育まれている子どもの小学校就学時の具体的な姿であり、保育士等が指導を行う際に考慮するものである。

ア　健康な心と体

保育所の生活の中で、充実感をもって自分のやりたいことに向かって心と体を十分に働かせ、見通しをもって行動し、自ら健康で安全な生活をつくり出すようになる。

イ　自立心

身近な環境に主体的に関わり様々な活動を楽しむ中で、しなければならないことを自覚し、自分の力で行うために考えたり、工夫したりしながら、諦めずにやり遂げることで達成感を味わい、自信をもって行動するようになる。

ウ　協同性

友達と関わる中で、互いの思いや考えなどを共有し、共通の目的の実現に向けて、考えたり、工夫したり、協力したりし、充実感をもってやり遂げるようになる。

エ　道徳性・規範意識の芽生え

友達と様々な体験を重ねる中で、してよいことや悪いことが分かり、自分の行動を振り返ったり、友達の気持ちに共感したりし、相手の立場に立って行動するようになる。また、きまりを守る必要性が分かり、自分の気持ちを調整し、友達と折り合いを付けながら、きまりをつくったり、守ったりするようになる。

オ　社会生活との関わり

家族を大切にしようとする気持ちをもつとともに、地域の身近な人と触れ合う中で、人との様々な関わり方に気付き、相手の気持ちを考えて関わり、自分が役に立つ喜びを感じ、地域に親しみをもつようになる。また、保育所内外の様々な環境に関わる中で、遊びや生活に必要な情報を取り入れ、情報に基づき判断したり、情報を伝え合ったり、活用したりするなど、情報を役立てながら活動するようになるとともに、公共の施設を大切に利用するなどして、社会とのつながりなどを意識するようになる。

カ　思考力の芽生え

身近な事象に積極的に関わる中で、物の性質や仕組みなどを感じ取ったり、気付いたりし、考えたり、予想したり、工夫したりするなど、多様な関わりを楽しむようになる。また、友達の様々な考えに触れる中で、自分と異なる考えがあることに気付き、自ら判断したり、考え直したりするなど、新しい考えを生み出す喜びを味わいながら、自分の考えをよりよいものにするようになる。

キ　自然との関わり・生命尊重

自然に触れて感動する体験を通して、自然の変化などを感じ取り、好奇心や探究心をもって考え言葉などで表現しながら、身近な事象への関心が高まるとともに、自然への愛情や畏敬の念をもつようになる。また、身近な動植物に心を動かされる中で、生命の不思議さや尊さに気付き、身近な動植物への接し方を考え、命あるものとしていたわり、大切にする気持ちをもって関わるようになる。

ク　数量や図形、標識や文字などへの関心・感覚

遊びや生活の中で、数量や図形、標識や文字などに親しむ体験を重ねたり、標識や文字の役割に気付いたりし、自らの必要感に基づきこれらを活用し、興味や関心、感覚をもつようになる。

ケ　言葉による伝え合い

保育士等や友達と心を通わせる中で、絵本や物語などに親しみながら、豊かな言葉や表現を身に付け、経験したことや考えたことなどを言葉で伝えたり、相手の話を注意して聞いたりし、言葉による伝え合いを楽しむようになる。

コ　豊かな感性と表現

心を動かす出来事などに触れ感性を働かせる中で、様々な素材の特徴や表現の仕方などに気付き、感じたことや考えたことを自分で表現したり、友達同士で表現する過程を楽しんだりし、表現する喜びを味わい、意欲をもつようになる。

第二章　保育の内容

この章に示す「ねらい」は、第一章の1の⑵に示された保育の目標をより具体化したものであり、子どもが保育所において、安定した生活を送り、充実した活動ができるように、保育を通じて育みたい資質・能力を、子どもの生活する姿から捉えたものである。また、「内容」は、「ねらい」を達成するために、子どもの生活やその状況に応じて保育士等が適切に行う事項と、保育士等が援助して子どもが環境に関わって経験する事項を示したものである。

保育における「養護」とは、子どもの生命の保持及び情緒の安定を図るために保育士等が行う援助や関わりであり、「教育」とは、子どもが健やかに成長し、その活動がより豊かに展開されるための発達の援助である。本章では、保育士等が、「ねらい」及び「内容」を具体的に把握するため、主に教育に関わる側面からの視点を示しているが、実際の保育においては、養護と教育が一体となって展開されることに留意する必要がある。

1　乳児保育に関わるねらい及び内容

⑴　基本的事項

ア　乳児期の発達については、視覚、聴覚などの感覚や、座る、はう、歩くなどの運動機能が著しく発達し、特定の大人との応答的な関わりを通じて、情緒的な絆《きずな》が形成されるといった特徴がある。これらの発達の特徴を踏まえて、乳児保育は、愛情豊かに、応答的に行われることが特に必要である。

イ　本項においては、この時期の発達の特徴を踏まえ、乳児保育の「ねらい」及び「内容」については、身体的発達に関する視点「健やかに伸び伸びと育つ」、社会的発達に関する視点「身近な人と気持ちが通じ合う」及び精神的発達に関する視点「身近なものと関わり感性が育つ」としてまとめ、示している。

ウ　本項の各視点において示す保育の内容は、第一章の2に示された養護における「生命の保持」及び「情緒の安定」に関わる保育の内容と、一体となって展開されるものであることに留意が必要である。

⑵　ねらい及び内容

ア　健やかに伸び伸びと育つ

健康な心と体を育て、自ら健康で安全な生活をつくり出す力の基盤を培う。

㋐　ねらい

① 身体感覚が育ち、快適な環境に心地よさを感じる。
② 伸び伸びと体を動かし、はう、歩くなどの運動をしようとする。
③ 食事、睡眠等の生活のリズムの感覚が芽生える。

(イ) 内容

① 保育士等の愛情豊かな受容の下で、生理的・心理的欲求を満たし、心地よく生活をする。
② 一人一人の発育に応じて、はう、立つ、歩くなど、十分に体を動かす。
③ 個人差に応じて授乳を行い、離乳を進めていく中で、様々な食品に少しずつ慣れ、食べることを楽しむ。
④ 一人一人の生活のリズムに応じて、安全な環境の下で十分に午睡をする。
⑤ おむつ交換や衣服の着脱などを通じて、清潔になることの心地よさを感じる。

(ウ) 内容の取扱い

上記の取扱いに当たっては、次の事項に留意する必要がある。

① 心と体の健康は、相互に密接な関連があるものであることを踏まえ、温かい触れ合いの中で、心と体の発達を促すこと。特に、寝返り、お座り、はいはい、つかまり立ち、伝い歩きなど、発育に応じて、遊びの中で体を動かす機会を十分に確保し、自ら体を動かそうとする意欲が育つようにすること。
② 健康な心と体を育てるためには望ましい食習慣の形成が重要であることを踏まえ、離乳食が完了期へと徐々に移行する中で、様々な食品に慣れるようにするとともに、和やかな雰囲気の中で食べる喜びや楽しさを味わい、進んで食べようとする気持ちが育つようにすること。なお、食物アレルギーのある子どもへの対応については、嘱託医等の指示や協力の下に適切に対応すること。

イ 身近な人と気持ちが通じ合う

受容的・応答的な関わりの下で、何かを伝えようとする意欲や身近な大人との信頼関係を育て、人と関わる力の基盤を培う。

(ア) ねらい

① 安心できる関係の下で、身近な人と共に過ごす喜びを感じる。
② 体の動きや表情、発声等により、保育士等と気持ちを通わせようとする。
③ 身近な人と親しみ、関わりを深め、愛情や信頼感が芽生える。

(イ) 内容

① 子どもからの働きかけを踏まえた、応答的な触れ合いや言葉がけによって、欲求が満たされ、安定感をもって過ごす。
② 体の動きや表情、発声、喃《なん》語等を優しく受け止めてもらい、保育士等とのやり取りを楽しむ。
③ 生活や遊びの中で、自分の身近な人の存在に気付き、親しみの気持ちを表す。
④ 保育士等による語りかけや歌いかけ、発声や喃《なん》語等への応答を通じて、言葉の理解や発語の意欲が育つ。
⑤ 温かく、受容的な関わりを通じて、自分を肯定する気持ちが芽生える。

(ウ) 内容の取扱い

上記の取扱いに当たっては、次の事項に留意する必要がある。

① 保育士等との信頼関係に支えられて生活を確立していくことが人と関わる基盤となることを考慮して、子どもの多様な感情を受け止め、温かく受容的・応答的に関わり、一人一人に応じた適切な援助を行うようにすること。
② 身近な人に親しみをもって接し、自分の感情などを表し、それに相手が応答する言葉を聞くことを通して、次第に言葉が獲得されていくことを考慮して、楽しい雰囲気の中での保育士等との関わり合いを大切にし、ゆっくりと優しく話しかけるなど、積極的に言葉のやり取りを楽しむことができるようにすること。

ウ 身近なものと関わり感性が育つ

身近な環境に興味や好奇心をもって関わり、感じたことや考えたことを表現する力の基盤を培う。

(ア) ねらい

① 身の回りのものに親しみ、様々なものに興味や関心をもつ。
② 見る、触れる、探索するなど、身近な環境に自分から関わろうとする。
③ 身体の諸感覚による認識が豊かになり、表情や手足、体の動き等で表現する。

(イ) 内容

① 身近な生活用具、玩具や絵本などが用意された中で、身の回りのものに対する興味や好奇心をもつ。
② 生活や遊びの中で様々なものに触れ、音、形、色、手触りなどに気付き、感覚

の働きを豊かにする。

③ 保育士等と一緒に様々な色彩や形のものや絵本などを見る。

④ 玩具や身の回りのものを、つまむ、つかむ、たたく、引っ張るなど、手や指を使って遊ぶ。

⑤ 保育士等のあやし遊びに機嫌よく応じたり、歌やリズムに合わせて手足や体を動かして楽しんだりする。

(ウ) 内容の取扱い

上記の取扱いに当たっては、次の事項に留意する必要がある。

① 玩具などは、音質、形、色、大きさなど子どもの発達状態に応じて適切なものを選び、その時々の子どもの興味や関心を踏まえるなど、遊びを通して感覚の発達が促されるものとなるように工夫すること。なお、安全な環境の下で、子どもが探索意欲を満たして自由に遊べるよう、身の回りのものについては、常に十分な点検を行うこと。

② 乳児期においては、表情、発声、体の動きなどで、感情を表現することが多いことから、これらの表現しようとする意欲を積極的に受け止めて、子どもが様々な活動を楽しむことを通して表現が豊かになるようにすること。

(3) 保育の実施に関わる配慮事項

ア 乳児は疾病への抵抗力が弱く、心身の機能の未熟さに伴う疾病の発生が多いことから、一人一人の発育及び発達状態や健康状態についての適切な判断に基づく保健的な対応を行うこと。

イ 一人一人の子どもの生育歴の違いに留意しつつ、欲求を適切に満たし、特定の保育士が応答的に関わるように努めること。

ウ 乳児保育に関わる職員間の連携や嘱託医との連携を図り、第三章に示す事項を踏まえ、適切に対応すること。栄養士及び看護師等が配置されている場合は、その専門性を生かした対応を図ること。

エ 保護者との信頼関係を築きながら保育を進めるとともに、保護者からの相談に応じ、保護者への支援に努めていくこと。

オ 担当の保育士が替わる場合には、子どものそれまでの生育歴や発達過程に留意し、職員間で協力して対応すること。

2 一歳以上三歳未満児の保育に関わるねらい及び内容

(1) 基本的事項

ア この時期においては、歩き始めから、歩く、走る、跳ぶなどへと、基本的な運動機能が次第に発達し、排泄《せつ》の自立のための身体的機能も整うようになる。つまむ、めくるなどの指先の機能も発達し、食事、衣類の着脱なども、保育士等の援助の下で自分で行うようになる。発声も明瞭になり、語彙も増加し、自分の意思や欲求を言葉で表出できるようになる。このように自分でできることが増えてくる時期であることから、保育士等は、子どもの生活の安定を図りながら、自分でしようとする気持ちを尊重し、温かく見守るとともに、愛情豊かに、応答的に関わることが必要である。

イ 本項においては、この時期の発達の特徴を踏まえ、保育の「ねらい」及び「内容」について、心身の健康に関する領域「健康」、人との関わりに関する領域「人間関係」、身近な環境との関わりに関する領域「環境」、言葉の獲得に関する領域「言葉」及び感性と表現に関する領域「表現」としてまとめ、示している。

ウ 本項の各領域において示す保育の内容は、第一章の2に示された養護における「生命の保持」及び「情緒の安定」に関わる保育の内容と、一体となって展開されるものであることに留意が必要である。

(2) ねらい及び内容

ア 健康

健康な心と体を育て、自ら健康で安全な生活をつくり出す力を養う。

(ア) ねらい

① 明るく伸び伸びと生活し、自分から体を動かすことを楽しむ。

② 自分の体を十分に動かし、様々な動きをしようとする。

③ 健康、安全な生活に必要な習慣に気付き、自分でしてみようとする気持ちが育つ。

(イ) 内容

① 保育士等の愛情豊かな受容の下で、安定感をもって生活をする。

② 食事や午睡、遊びと休息など、保育所における生活のリズムが形成される。

③ 走る、跳ぶ、登る、押す、引っ張るなど全身を使う遊びを楽しむ。

④ 様々な食品や調理形態に慣れ、ゆったりとした雰囲気の中で食事や間食を楽し

む。

⑤ 身の回りを清潔に保つ心地よさを感じ、その習慣が少しずつ身に付く。

⑥ 保育士等の助けを借りながら、衣類の着脱を自分でしようとする。

⑦ 便器での排泄《せつ》に慣れ、自分で排泄《せつ》ができるようになる。

(ウ) 内容の取扱い

上記の取扱いに当たっては、次の事項に留意する必要がある。

① 心と体の健康は、相互に密接な関連があるものであることを踏まえ、子どもの気持ちに配慮した温かい触れ合いの中で、心と体の発達を促すこと。特に、一人一人の発育に応じて、体を動かす機会を十分に確保し、自ら体を動かそうとする意欲が育つようにすること。

② 健康な心と体を育てるためには望ましい食習慣の形成が重要であることを踏まえ、ゆったりとした雰囲気の中で食べる喜びや楽しさを味わい、進んで食べようとする気持ちが育つようにすること。なお、食物アレルギーのある子どもへの対応については、嘱託医等の指示や協力の下に適切に対応すること。

③ 排泄《せつ》の習慣については、一人一人の排尿間隔等を踏まえ、おむつが汚れていないときに便器に座らせるなどにより、少しずつ慣れさせるようにすること。

④ 食事、排泄《せつ》、睡眠、衣類の着脱、身の回りを清潔にすることなど、生活に必要な基本的な習慣については、一人一人の状態に応じ、落ち着いた雰囲気の中で行うようにし、子どもが自分でしようとする気持ちを尊重すること。また、基本的な生活習慣の形成に当たっては、家庭での生活経験に配慮し、家庭との適切な連携の下で行うようにすること。

イ 人間関係

他の人々と親しみ、支え合って生活するために、自立心を育て、人と関わる力を養う。

(ア) ねらい

① 保育所での生活を楽しみ、身近な人と関わる心地よさを感じる。

② 周囲の子ども等への興味や関心が高まり、関わりをもとうとする。

③ 保育所の生活の仕方に慣れ、きまりの大切さに気付く。

(イ) 内　容

① 保育士等や周囲の子ども等との安定した関係の中で、共に過ごす心地よさを感じる。

② 保育士等の受容的・応答的な関わりの中で、欲求を適切に満たし、安定感をもって過ごす。

③ 身の回りに様々な人がいることに気付き、徐々に他の子どもと関わりをもって遊ぶ。

④ 保育士等の仲立ちにより、他の子どもとの関わり方を少しずつ身につける。

⑤ 保育所の生活の仕方に慣れ、きまりがあることや、その大切さに気付く。

⑥ 生活や遊びの中で、年長児や保育士等の真似をしたり、ごっこ遊びを楽しんだりする。

(ウ) 内容の取扱い

上記の取扱いに当たっては、次の事項に留意する必要がある。

① 保育士等との信頼関係に支えられて生活を確立するとともに、自分で何かをしようとする気持ちが旺盛になる時期であることに鑑み、そのような子どもの気持ちを尊重し、温かく見守るとともに、愛情豊かに、応答的に関わり、適切な援助を行うようにすること。

② 思い通りにいかない場合等の子どもの不安定な感情の表出については、保育士等が受容的に受け止めるとともに、そうした気持ちから立ち直る経験や感情をコントロールすることへの気付き等につなげていけるように援助すること。

③ この時期は自己と他者との違いの認識がまだ十分ではないことから、子どもの自我の育ちを見守るとともに、保育士等が仲立ちとなって、自分の気持ちを相手に伝えることや相手の気持ちに気付くことの大切さなど、友達の気持ちや友達との関わり方を丁寧に伝えていくこと。

ウ 環　境

周囲の様々な環境に好奇心や探究心をもって関わり、それらを生活に取り入れていこうとする力を養う。

(ア) ねらい

① 身近な環境に親しみ、触れ合う中で、様々なものに興味や関心をもつ。

② 様々なものに関わる中で、発見を楽しんだり、考えたりしようとする。

③ 見る、聞く、触るなどの経験を通して、感覚の働きを豊かにする。

(イ) 内容

① 安全で活動しやすい環境での探索活動等を通して、見る、聞く、触れる、嗅ぐ、味わうなどの感覚の働きを豊かにする。

② 玩具、絵本、遊具などに興味をもち、それらを使った遊びを楽しむ。

③ 身の回りの物に触れる中で、形、色、大きさ、量などの物の性質や仕組みに気付く。

④ 自分の物と人の物の区別や、場所的感覚など、環境を捉える感覚が育つ。

⑤ 身近な生き物に気付き、親しみをもつ。

⑥ 近隣の生活や季節の行事などに興味や関心をもつ。

(ウ) 内容の取扱い

上記の取扱いに当たっては、次の事項に留意する必要がある。

① 玩具などは、音質、形、色、大きさなど子どもの発達状態に応じて適切なものを選び、遊びを通して感覚の発達が促されるように工夫すること。

② 身近な生き物との関わりについては、子どもが命を感じ、生命の尊さに気付く経験へとつながるものであることから、そうした気付きを促すような関わりとなるようにすること。

③ 地域の生活や季節の行事などに触れる際には、社会とのつながりや地域社会の文化への気付きにつながるものとなることが望ましいこと。その際、保育所内外の行事や地域の人々との触れ合いなどを通して行うこと等も考慮すること。

エ 言 葉

経験したことや考えたことなどを自分なりの言葉で表現し、相手の話す言葉を聞こうとする意欲や態度を育て、言葉に対する感覚や言葉で表現する力を養う。

(ア) ねらい

① 言葉遊びや言葉で表現する楽しさを感じる。

② 人の言葉や話などを聞き、自分でも思ったことを伝えようとする。

③ 絵本や物語等に親しむとともに、言葉のやり取りを通じて身近な人と気持ちを通わせる。

(イ) 内 容

① 保育士等の応答的な関わりや話しかけにより、自ら言葉を使おうとする。

② 生活に必要な簡単な言葉に気付き、聞き分ける。

③ 親しみをもって日常の挨拶に応じる。

④ 絵本や紙芝居を楽しみ、簡単な言葉を繰り返したり、模倣をしたりして遊ぶ。

⑤ 保育士等とごっこ遊びをする中で、言葉のやり取りを楽しむ。

⑥ 保育士等を仲立ちとして、生活や遊びの中で友達との言葉のやり取りを楽しむ。

⑦ 保育士等や友達の言葉や話に興味や関心をもって、聞いたり、話したりする。

(ウ) 内容の取扱い

上記の取扱いに当たっては、次の事項に留意する必要がある。

① 身近な人に親しみをもって接し、自分の感情などを伝え、それに相手が応答し、その言葉を聞くことを通して、次第に言葉が獲得されていくものであることを考慮して、楽しい雰囲気の中で保育士等との言葉のやり取りができるようにすること。

② 子どもが自分の思いを言葉で伝えるとともに、他の子どもの話などを聞くことを通して、次第に話を理解し、言葉による伝え合いができるようになるよう、気持ちや経験等の言語化を行うことを援助するなど、子ども同士の関わりの仲立ちを行うようにすること。

③ この時期は、片言から、二語文、ごっこ遊びでのやり取りができる程度へと、大きく言葉の習得が進む時期であることから、それぞれの子どもの発達の状況に応じて、遊びや関わりの工夫など、保育の内容を適切に展開することが必要であること。

オ 表 現

感じたことや考えたことを自分なりに表現することを通して、豊かな感性や表現する力を養い、創造性を豊かにする。

(ア) ねらい

① 身体の諸感覚の経験を豊かにし、様々な感覚を味わう。

② 感じたことや考えたことなどを自分なりに表現しようとする。

③ 生活や遊びの様々な体験を通して、イメージや感性が豊かになる。

(イ) 内 容

① 水、砂、土、紙、粘土など様々な素材に触れて楽しむ。

② 音楽、リズムやそれに合わせた体の動

きを楽しむ。

③ 生活の中で様々な音、形、色、手触り、動き、味、香りなどに気付いたり、感じたりして楽しむ。

④ 歌を歌ったり、簡単な手遊びや全身を使う遊びを楽しんだりする。

⑤ 保育士等からの話や、生活や遊びの中での出来事を通して、イメージを豊かにする。

⑥ 生活や遊びの中で、興味のあることや経験したことなどを自分なりに表現する。

(ウ) 内容の取扱い

上記の取扱いに当たっては、次の事項に留意する必要がある。

① 子どもの表現は、遊びや生活の様々な場面で表出されているものであることから、それらを積極的に受け止め、様々な表現の仕方や感性を豊かにする経験となるようにすること。

② 子どもが試行錯誤しながら様々な表現を楽しむことや、自分の力でやり遂げる充実感などに気付くよう、温かく見守るとともに、適切に援助を行うようにすること。

③ 様々な感情の表現等を通じて、子どもが自分の感情や気持ちに気付くようになる時期であることに鑑み、受容的な関わりの中で自信をもって表現をすることや、諦めずに続けた後の達成感等を感じられるような経験が蓄積されるようにすること。

④ 身近な自然や身の回りの事物に関わる中で、発見や心が動く経験が得られるよう、諸感覚を働かせることを楽しむ遊びや素材を用意するなど保育の環境を整えること。

(3) **保育の実施に関わる配慮事項**

ア 特に感染症にかかりやすい時期であるので、体の状態、機嫌、食欲などの日常の状態の観察を十分に行うとともに、適切な判断に基づく保健的な対応を心がけること。

イ 探索活動が十分できるように、事故防止に努めながら活動しやすい環境を整え、全身を使う遊びなど様々な遊びを取り入れること。

ウ 自我が形成され、子どもが自分の感情や気持ちに気付くようになる重要な時期であることに鑑み、情緒の安定を図りながら、子どもの自発的な活動を尊重するとともに促していくこと。

エ 担当の保育士が替わる場合には、子どものそれまでの経験や発達過程に留意し、職員間で協力して対応すること。

3 三歳以上児の保育に関するねらい及び内容

(1) **基本的事項**

ア この時期においては、運動機能の発達により、基本的な動作が一通りできるようになるとともに、基本的な生活習慣もほぼ自立できるようになる。理解する語彙数が急激に増加し、知的興味や関心も高まってくる。仲間と遊び、仲間の中の一人という自覚が生じ、集団的な遊びや協同的な活動も見られるようになる。これらの発達の特徴を踏まえて、この時期の保育においては、個の成長と集団としての活動の充実が図られるようにしなければならない。

イ 本項においては、この時期の発達の特徴を踏まえ、保育の「ねらい」及び「内容」について、心身の健康に関する領域「健康」、人との関わりに関する領域「人間関係」、身近な環境との関わりに関する領域「環境」、言葉の獲得に関する領域「言葉」及び感性と表現に関する領域「表現」としてまとめ、示している。

ウ 本項の各領域において示す保育の内容は、第一章の2に示された養護における「生命の保持」及び「情緒の安定」に関わる保育の内容と、一体となって展開されるものであることに留意が必要である。

(2) **ねらい及び内容**

ア 健 康

健康な心と体を育て、自ら健康で安全な生活をつくり出す力を養う。

(ア) ねらい

① 明るく伸び伸びと行動し、充実感を味わう。

② 自分の体を十分に動かし、進んで運動しようとする。

③ 健康、安全な生活に必要な習慣や態度を身に付け、見通しをもって行動する。

(イ) 内 容

① 保育士等や友達と触れ合い、安定感をもって行動する。

② いろいろな遊びの中で十分に体を動かす。

③ 進んで戸外で遊ぶ。

④ 様々な活動に親しみ、楽しんで取り組む。

⑤ 保育士等や友達と食べることを楽しみ、食べ物への興味や関心をもつ。
⑥ 健康な生活のリズムを身に付ける。
⑦ 身の回りを清潔にし、衣服の着脱、食事、排泄《せつ》などの生活に必要な活動を自分でする。
⑧ 保育所における生活の仕方を知り、自分たちで生活の場を整えながら見通しをもって行動する。
⑨ 自分の健康に関心をもち、病気の予防などに必要な活動を進んで行う。
⑩ 危険な場所、危険な遊び方、災害時などの行動の仕方が分かり、安全に気を付けて行動する。

(ウ) 内容の取扱い

上記の取扱いに当たっては、次の事項に留意する必要がある。

① 心と体の健康は、相互に密接な関連があるものであることを踏まえ、子どもが保育士等や他の子どもとの温かい触れ合いの中で自己の存在感や充実感を味わうことなどを基盤として、しなやかな心と体の発達を促すこと。特に、十分に体を動かす気持ちよさを体験し、自ら体を動かそうとする意欲が育つようにすること。
② 様々な遊びの中で、子どもが興味や関心、能力に応じて全身を使って活動することにより、体を動かす楽しさを味わい、自分の体を大切にしようとする気持ちが育つようにすること。その際、多様な動きを経験する中で、体の動きを調整するようにすること。
③ 自然の中で伸び伸びと体を動かして遊ぶことにより、体の諸機能の発達が促されることに留意し、子どもの興味や関心が戸外にも向くようにすること。その際、子どもの動線に配慮した園庭や遊具の配置などを工夫すること。
④ 健康な心と体を育てるためには食育を通じた望ましい食習慣の形成が大切であることを踏まえ、子どもの食生活の実情に配慮し、和やかな雰囲気の中で保育士等や他の子どもと食べる喜びや楽しさを味わったり、様々な食べ物への興味や関心をもったりするなどし、食の大切さに気付き、進んで食べようとする気持ちが育つようにすること。
⑤ 基本的な生活習慣の形成に当たっては、家庭での生活経験に配慮し、子どもの自立心を育て、子どもが他の子どもと関わりながら主体的な活動を展開する中で、生活に必要な習慣を身に付け、次第に見通しをもって行動できるようにすること。
⑥ 安全に関する指導に当たっては、情緒の安定を図り、遊びを通して安全についての構えを身に付け、危険な場所や事物などが分かり、安全についての理解を深めるようにすること。また、交通安全の習慣を身に付けるようにするとともに、避難訓練などを通して、災害などの緊急時に適切な行動がとれるようにすること。

イ 人間関係

他の人々と親しみ、支え合って生活するために、自立心を育て、人と関わる力を養う。

(ア) ねらい

① 保育所の生活を楽しみ、自分の力で行動することの充実感を味わう。
② 身近な人と親しみ、関わりを深め、工夫したり、協力したりして一緒に活動する楽しさを味わい、愛情や信頼感をもつ。
③ 社会生活における望ましい習慣や態度を身に付ける。

(イ) 内容

① 保育士等や友達と共に過ごすことの喜びを味わう。
② 自分で考え、自分で行動する。
③ 自分でできることは自分でする。
④ いろいろな遊びを楽しみながら物事をやり遂げようとする気持ちをもつ。
⑤ 友達と積極的に関わりながら喜びや悲しみを共感し合う。
⑥ 自分の思ったことを相手に伝え、相手の思っていることに気付く。
⑦ 友達のよさに気付き、一緒に活動する楽しさを味わう。
⑧ 友達と楽しく活動する中で、共通の目的を見いだし、工夫したり、協力したりなどする。
⑨ よいことや悪いことがあることに気付き、考えながら行動する。
⑩ 友達との関わりを深め、思いやりをもつ。
⑪ 友達と楽しく生活する中できまりの大切さに気付き、守ろうとする。
⑫ 共同の遊具や用具を大切にし、皆で使う。
⑬ 高齢者をはじめ地域の人々などの自分

の生活に関係の深いいろいろな人に親しみをもつ。

(ウ) 内容の取扱い

上記の取扱いに当たっては、次の事項に留意する必要がある。

① 保育士等との信頼関係に支えられて自分自身の生活を確立していくことが人と関わる基盤となることを考慮し、子どもが自ら周囲に働き掛けることにより多様な感情を体験し、試行錯誤しながら諦めずにやり遂げることの達成感や、前向きな見通しをもって自分の力で行うことの充実感を味わうことができるよう、子どもの行動を見守りながら適切な援助を行うようにすること。

② 一人一人を生かした集団を形成しながら人と関わる力を育てていくようにすること。その際、集団の生活の中で、子どもが自己を発揮し、保育士等や他の子どもに認められる体験をし、自分のよさや特徴に気付き、自信をもって行動できるようにすること。

③ 子どもが互いに関わりを深め、協同して遊ぶようになるため、自ら行動する力を育てるとともに、他の子どもと試行錯誤しながら活動を展開する楽しさや共通の目的が実現する喜びを味わうことができるようにすること。

④ 道徳性の芽生えを培うに当たっては、基本的な生活習慣の形成を図るとともに、子どもが他の子どもとの関わりの中で他人の存在に気付き、相手を尊重する気持ちをもって行動できるようにし、また、自然や身近な動植物に親しむことなどを通して豊かな心情が育つようにすること。特に、人に対する信頼感や思いやりの気持ちは、葛藤やつまずきをも体験し、それらを乗り越えることにより次第に芽生えてくることに配慮すること。

⑤ 集団の生活を通して、子どもが人との関わりを深め、規範意識の芽生えが培われることを考慮し、子どもが保育士等との信頼関係に支えられて自己を発揮する中で、互いに思いを主張し、折り合いを付ける体験をし、きまりの必要性などに気付き、自分の気持ちを調整する力が育つようにすること。

⑥ 高齢者をはじめ地域の人々などの自分の生活に関係の深いいろいろな人と触れ合い、自分の感情や意志を表現しながら共に楽しみ、共感し合う体験を通して、これらの人々などに親しみをもち、人と関わることの楽しさや人の役に立つ喜びを味わうことができるようにすること。また、生活を通して親や祖父母などの家族の愛情に気付き、家族を大切にしようとする気持ちが育つようにすること。

ウ 環 境

周囲の様々な環境に好奇心や探究心をもって関わり、それらを生活に取り入れていこうとする力を養う。

(ア) ねらい

① 身近な環境に親しみ、自然と触れ合う中で様々な事象に興味や関心をもつ。

② 身近な環境に自分から関わり、発見を楽しんだり、考えたりし、それを生活に取り入れようとする。

③ 身近な事象を見たり、考えたり、扱ったりする中で、物の性質や数量、文字などに対する感覚を豊かにする。

(イ) 内 容

① 自然に触れて生活し、その大きさ、美しさ、不思議さなどに気付く。

② 生活の中で、様々な物に触れ、その性質や仕組みに興味や関心をもつ。

③ 季節により自然や人間の生活に変化のあることに気付く。

④ 自然などの身近な事象に関心をもち、取り入れて遊ぶ。

⑤ 身近な動植物に親しみをもって接し、生命の尊さに気付き、いたわったり、大切にしたりする。

⑥ 日常生活の中で、我が国や地域社会における様々な文化や伝統に親しむ。

⑦ 身近な物を大切にする。

⑧ 身近な物や遊具に興味をもって関わり、自分なりに比べたり、関連付けたりしながら考えたり、試したりして工夫して遊ぶ。

⑨ 日常生活の中で数量や図形などに関心をもつ。

⑩ 日常生活の中で簡単な標識や文字などに関心をもつ。

⑪ 生活に関係の深い情報や施設などに興味や関心をもつ。

⑫ 保育所内外の行事において国旗に親しむ。

(ウ) 内容の取扱い

上記の取扱いに当たっては、次の事項に

留意する必要がある。

① 子どもが、遊びの中で周囲の環境と関わり、次第に周囲の世界に好奇心を抱き、その意味や操作の仕方に関心をもち、物事の法則性に気付き、自分なりに考えることができるようになる過程を大切にすること。また、他の子どもの考えなどに触れて新しい考えを生み出す喜びや楽しさを味わい、自分の考えをよりよいものにしようとする気持ちが育つようにすること。

② 幼児期において自然のもつ意味は大きく、自然の大きさ、美しさ、不思議さなどに直接触れる体験を通して、子どもの心が安らぎ、豊かな感情、好奇心、思考力、表現力の基礎が培われることを踏まえ、子どもが自然との関わりを深めることができるよう工夫すること。

③ 身近な事象や動植物に対する感動を伝え合い、共感し合うことなどを通して自分から関わろうとする意欲を育てるとともに、様々な関わり方を通してそれらに対する親しみや畏敬の念、生命を大切にする気持ち、公共心、探究心などが養われるようにすること。

④ 文化や伝統に親しむ際には、正月や節句など我が国の伝統的な行事、国歌、唱歌、わらべうたや我が国の伝統的な遊びに親しんだり、異なる文化に触れる活動に親しんだりすることを通じて、社会とのつながりの意識や国際理解の意識の芽生えなどが養われるようにすること。

⑤ 数量や文字などに関しては、日常生活の中で子ども自身の必要感に基づく体験を大切にし、数量や文字などに関する興味や関心、感覚が養われるようにすること。

エ 言 葉

経験したことや考えたことなどを自分なりの言葉で表現し、相手の話す言葉を聞こうとする意欲や態度を育て、言葉に対する感覚や言葉で表現する力を養う。

(ア) ねらい

① 自分の気持ちを言葉で表現する楽しさを味わう。

② 人の言葉や話などをよく聞き、自分の経験したことや考えたことを話し、伝え合う喜びを味わう。

③ 日常生活に必要な言葉が分かるようになるとともに、絵本や物語などに親しみ、言葉に対する感覚を豊かにし、保育士等や友達と心を通わせる。

(イ) 内 容

① 保育士等や友達の言葉や話に興味や関心をもち、親しみをもって聞いたり、話したりする。

② したり、見たり、聞いたり、感じたり、考えたりなどしたことを自分なりに言葉で表現する。

③ したいこと、してほしいことを言葉で表現したり、分からないことを尋ねたりする。

④ 人の話を注意して聞き、相手に分かるように話す。

⑤ 生活の中で必要な言葉が分かり、使う。

⑥ 親しみをもって日常の挨拶をする。

⑦ 生活の中で言葉の楽しさや美しさに気付く。

⑧ いろいろな体験を通じてイメージや言葉を豊かにする。

⑨ 絵本や物語などに親しみ、興味をもって聞き、想像をする楽しさを味わう。

⑩ 日常生活の中で、文字などで伝える楽しさを味わう。

(ウ) 内容の取扱い

上記の取扱いに当たっては、次の事項に留意する必要がある。

① 言葉は、身近な人に親しみをもって接し、自分の感情や意志などを伝え、それに相手が応答し、その言葉を聞くことを通して次第に獲得されていくものであることを考慮して、子どもが保育士等や他の子どもと関わることにより心を動かされるような体験をし、言葉を交わす喜びを味わえるようにすること。

② 子どもが自分の思いを言葉で伝えるとともに、保育士等や他の子どもなどの話を興味をもって注意して聞くことを通して次第に話を理解するようになっていき、言葉による伝え合いができるようにすること。

③ 絵本や物語などで、その内容と自分の経験とを結び付けたり、想像を巡らせたりするなど、楽しみを十分に味わうことによって、次第に豊かなイメージをもち、言葉に対する感覚が養われるようにすること。

④ 子どもが生活の中で、言葉の響きやリズム、新しい言葉や表現などに触れ、こ

れらを使う楽しさを味わえるようにすること。その際、絵本や物語に親しんだり、言葉遊びなどをしたりすることを通して、言葉が豊かになるようにすること。

⑤ 子どもが日常生活の中で、文字などを使いながら思ったことや考えたことを伝える喜びや楽しさを味わい、文字に対する興味や関心をもつようにすること。

オ 表 現

感じたことや考えたことを自分なりに表現することを通して、豊かな感性や表現する力を養い、創造性を豊かにする。

(ア) ねらい

① いろいろなものの美しさなどに対する豊かな感性をもつ。

② 感じたことや考えたことを自分なりに表現して楽しむ。

③ 生活の中でイメージを豊かにし、様々な表現を楽しむ。

(イ) 内 容

① 生活の中で様々な音、形、色、手触り、動きなどに気付いたり、感じたりするなどして楽しむ。

② 生活の中で美しいものや心を動かす出来事に触れ、イメージを豊かにする。

③ 様々な出来事の中で、感動したことを伝え合う楽しさを味わう。

④ 感じたこと、考えたことなどを音や動きなどで表現したり、自由にかいたり、つくったりなどする。

⑤ いろいろな素材に親しみ、工夫して遊ぶ。

⑥ 音楽に親しみ、歌を歌ったり、簡単なリズム楽器を使ったりなどする楽しさを味わう。

⑦ かいたり、つくったりすることを楽しみ、遊びに使ったり、飾ったりなどする。

⑧ 自分のイメージを動きや言葉などで表現したり、演じて遊んだりするなどの楽しさを味わう。

(ウ) 内容の取扱い

上記の取扱いに当たっては、次の事項に留意する必要がある。

① 豊かな感性は、身近な環境と十分に関わる中で美しいもの、優れたもの、心を動かす出来事などに出会い、そこから得た感動を他の子どもや保育士等と共有し、様々に表現することなどを通して養われるようにすること。その際、風の音や雨の音、身近にある草や花の形や色など自然の中にある音、形、色などに気付くようにすること。

② 子どもの自己表現は素朴な形で行われることが多いので、保育士等はそのような表現を受容し、子ども自身の表現しようとする意欲を受け止めて、子どもが生活の中で子どもらしい様々な表現を楽しむことができるようにすること。

③ 生活経験や発達に応じ、自ら様々な表現を楽しみ、表現する意欲を十分に発揮させることができるように、遊具や用具などを整えたり、様々な素材や表現の仕方に親しんだり、他の子どもの表現に触れられるよう配慮したりし、表現する過程を大切にして自己表現を楽しめるように工夫すること。

(3) 保育の実施に関わる配慮事項

ア 第一章の4の(2)に示す「幼児期の終わりまでに育ってほしい姿」が、ねらい及び内容に基づく活動全体を通して資質・能力が育まれている子どもの小学校就学時の具体的な姿であることを踏まえ、指導を行う際には適宜考慮すること。

イ 子どもの発達や成長の援助をねらいとした活動の時間については、意識的に保育の計画等において位置付けて、実施することが重要であること。なお、そのような活動の時間については、保護者の就労状況等に応じて子どもが保育所で過ごす時間がそれぞれ異なることに留意して設定すること。

ウ 特に必要な場合には、各領域に示すねらいの趣旨に基づいて、具体的な内容を工夫し、それを加えても差し支えないが、その場合には、それが第一章の1に示す保育所保育に関する基本原則を逸脱しないよう慎重に配慮する必要があること。

4 保育の実施に関して留意すべき事項

(1) 保育全般に関わる配慮事項

ア 子どもの心身の発達及び活動の実態などの個人差を踏まえるとともに、一人一人の子どもの気持ちを受け止め、援助すること。

イ 子どもの健康は、生理的・身体的な育ちとともに、自主性や社会性、豊かな感性の育ちとがあいまってもたらされることに留意すること。

ウ 子どもが自ら周囲に働きかけ、試行錯誤しつつ自分の力で行う活動を見守りながら、適切に援助すること。

エ　子どもの入所時の保育に当たっては、できるだけ個別的に対応し、子どもが安定感を得て、次第に保育所の生活になじんでいくようにするとともに、既に入所している子どもに不安や動揺を与えないようにすること。

オ　子どもの国籍や文化の違いを認め、互いに尊重する心を育てるようにすること。

カ　子どもの性差や個人差にも留意しつつ、性別などによる固定的な意識を植え付けることがないようにすること。

(2)　**小学校との連携**

ア　保育所においては、保育所保育が、小学校以降の生活や学習の基盤の育成につながることに配慮し、幼児期にふさわしい生活を通じて、創造的な思考や主体的な生活態度などの基礎を培うようにすること。

イ　保育所保育において育まれた資質・能力を踏まえ、小学校教育が円滑に行われるよう、小学校教師との意見交換や合同の研究の機会などを設け、第一章の4の(2)に示す「幼児期の終わりまでに育ってほしい姿」を共有するなど連携を図り、保育所保育と小学校教育との円滑な接続を図るよう努めること。

ウ　子どもに関する情報共有に関して、保育所に入所している子どもの就学に際し、市町村の支援の下に、子どもの育ちを支えるための資料が保育所から小学校へ送付されるようにすること。

(3)　**家庭及び地域社会との連携**

子どもの生活の連続性を踏まえ、家庭及び地域社会と連携して保育が展開されるよう配慮すること。その際、家庭や地域の機関及び団体の協力を得て、地域の自然、高齢者や異年齢の子ども等を含む人材、行事、施設等の地域の資源を積極的に活用し、豊かな生活体験をはじめ保育内容の充実が図られるよう配慮すること。

第三章　健康及び安全

保育所保育において、子どもの健康及び安全の確保は、子どもの生命の保持と健やかな生活の基本であり、一人一人の子どもの健康の保持及び増進並びに安全の確保とともに、保育所全体における健康及び安全の確保に努めることが重要となる。

また、子どもが、自らの体や健康に関心をもち、心身の機能を高めていくことが大切である。

このため、第一章及び第二章等の関連する事項に留意し、次に示す事項を踏まえ、保育を行うこととする。

1　子どもの健康支援

(1)　**子どもの健康状態並びに発育及び発達状態の把握**

ア　子どもの心身の状態に応じて保育するために、子どもの健康状態並びに発育及び発達状態について、定期的・継続的に、また、必要に応じて随時、把握すること。

イ　保護者からの情報とともに、登所時及び保育中を通じて子どもの状態を観察し、何らかの疾病が疑われる状態や傷害が認められた場合には、保護者に連絡するとともに、嘱託医と相談するなど適切な対応を図ること。看護師等が配置されている場合には、その専門性を生かした対応を図ること。

ウ　子どもの心身の状態等を観察し、不適切な養育の兆候が見られる場合には、市町村や関係機関と連携し、児童福祉法第二十五条に基づき、適切な対応を図ること。また、虐待が疑われる場合には、速やかに市町村又は児童相談所に通告し、適切な対応を図ること。

(2)　**健康増進**

ア　子どもの健康に関する保健計画を全体的な計画に基づいて作成し、全職員がそのねらいや内容を踏まえ、一人一人の子どもの健康の保持及び増進に努めていくこと。

イ　子どもの心身の健康状態や疾病等の把握のために、嘱託医等により定期的に健康診断を行い、その結果を記録し、保育に活用するとともに、保護者が子どもの状態を理解し、日常生活に活用できるようにすること。

(3)　**疾病等への対応**

ア　保育中に体調不良や傷害が発生した場合には、その子どもの状態等に応じて、保護者に連絡するとともに、適宜、嘱託医や子どものかかりつけ医等と相談し、適切な処置を行うこと。看護師等が配置されている場合には、その専門性を生かした対応を図ること。

イ　感染症やその他の疾病の発生予防に努め、その発生や疑いがある場合には、必要に応じて嘱託医、市町村、保健所等に連絡し、その指示に従うとともに、保護者や全職員に連絡し、予防等について協力を求めること。また、感染症に関する保育所の対応方法等について、あらかじめ関係機関の協力を得ておくこと。看護師等が配置されている場合には、その専門性を生かした対応を図ること。

ウ　アレルギー疾患を有する子どもの保育については、保護者と連携し、医師の診断及び指示に基づき、適切な対応を行うこと。また、食物アレルギーに関して、関係機関と連携して、当該保育所の体制構築など、安全な環境の整備を行うこと。看護師や栄養士等が配置されている場合には、その専門性を生かした対応を図ること。

エ　子どもの疾病等の事態に備え、医務室等の環境を整え、救急用の薬品、材料等を適切な管理の下に常備し、全職員が対応できるようにしておくこと。

2　食育の推進

(1)　保育所の特性を生かした食育

ア　保育所における食育は、健康な生活の基本としての「食を営む力」の育成に向け、その基礎を培うことを目標とすること。

イ　子どもが生活と遊びの中で、意欲をもって食に関わる体験を積み重ね、食べることを楽しみ、食事を楽しみ合う子どもに成長していくことを期待するものであること。

ウ　乳幼児期にふさわしい食生活が展開され、適切な援助が行われるよう、食事の提供を含む食育計画を全体的な計画に基づいて作成し、その評価及び改善に努めること。栄養士が配置されている場合は、専門性を生かした対応を図ること。

(2)　食育の環境の整備等

ア　子どもが自らの感覚や体験を通して、自然の恵みとしての食材や食の循環・環境への意識、調理する人への感謝の気持ちが育つように、子どもと調理員等との関わりや、調理室など食に関わる保育環境に配慮すること。

イ　保護者や地域の多様な関係者との連携及び協働の下で、食に関する取組が進められること。また、市町村の支援の下に、地域の関係機関等との日常的な連携を図り、必要な協力が得られるよう努めること。

ウ　体調不良、食物アレルギー、障害のある子どもなど、一人一人の子どもの心身の状態等に応じ、嘱託医、かかりつけ医等の指示や協力の下に適切に対応すること。栄養士が配置されている場合は、専門性を生かした対応を図ること。

3　環境及び衛生管理並びに安全管理

(1)　環境及び衛生管理

ア　施設の温度、湿度、換気、採光、音などの環境を常に適切な状態に保持するとともに、施設内外の設備及び用具等の衛生管理に努めること。

イ　施設内外の適切な環境の維持に努めるとともに、子ども及び全職員が清潔を保つようにすること。また、職員は衛生知識の向上に努めること。

(2)　事故防止及び安全対策

ア　保育中の事故防止のために、子どもの心身の状態等を踏まえつつ、施設内外の安全点検に努め、安全対策のために全職員の共通理解や体制づくりを図るとともに、家庭や地域の関係機関の協力の下に安全指導を行うこと。

イ　事故防止の取組を行う際には、特に、睡眠中、プール活動・水遊び中、食事中等の場面では重大事故が発生しやすいことを踏まえ、子どもの主体的な活動を大切にしつつ、施設内外の環境の配慮や指導の工夫を行うなど、必要な対策を講じること。

ウ　保育中の事故の発生に備え、施設内外の危険箇所の点検や訓練を実施するとともに、外部からの不審者等の侵入防止のための措置や訓練など不測の事態に備えて必要な対応を行うこと。また、子どもの精神保健面における対応に留意すること。

4　災害への備え

(1)　施設・設備等の安全確保

ア　防火設備、避難経路等の安全性が確保されるよう、定期的にこれらの安全点検を行うこと。

イ　備品、遊具等の配置、保管を適切に行い、日頃から、安全環境の整備に努めること。

(2)　災害発生時の対応体制及び避難への備え

ア　火災や地震などの災害の発生に備え、緊急時の対応の具体的内容及び手順、職員の役割分担、避難訓練計画等に関するマニュアルを作成すること。

イ　定期的に避難訓練を実施するなど、必要な対応を図ること。

ウ　災害の発生時に、保護者等への連絡及び子どもの引渡しを円滑に行うため、日頃から保護者との密接な連携に努め、連絡体制や引渡し方法等について確認をしておくこと。

(3)　地域の関係機関等との連携

ア　市町村の支援の下に、地域の関係機関との日常的な連携を図り、必要な協力が得られるよう努めること。

イ　避難訓練については、地域の関係機関や保護者との連携の下に行うなど工夫すること。

第四章　子育て支援

保育所における保護者に対する子育て支援は、

全ての子どもの健やかな育ちを実現することができるよう、第一章及び第二章等の関連する事項を踏まえ、子どもの育ちを家庭と連携して支援していくとともに、保護者及び地域が有する子育てを自ら実践する力の向上に資するよう、次の事項に留意するものとする。

1 保育所における子育て支援に関する基本的事項

(1) 保育所の特性を生かした子育て支援

ア 保護者に対する子育て支援を行う際には、各地域や家庭の実態等を踏まえるとともに、保護者の気持ちを受け止め、相互の信頼関係を基本に、保護者の自己決定を尊重すること。

イ 保育及び子育てに関する知識や技術など、保育士等の専門性や、子どもが常に存在する環境など、保育所の特性を生かし、保護者が子どもの成長に気付き子育ての喜びを感じられるように努めること。

(2) 子育て支援に関して留意すべき事項

ア 保護者に対する子育て支援における地域の関係機関等との連携及び協働を図り、保育所全体の体制構築に努めること。

イ 子どもの利益に反しない限りにおいて、保護者や子どものプライバシーを保護し、知り得た事柄の秘密を保持すること。

2 保育所を利用している保護者に対する子育て支援

(1) 保護者との相互理解

ア 日常の保育に関連した様々な機会を活用し子どもの日々の様子の伝達や収集、保育所保育の意図の説明などを通じて、保護者との相互理解を図るよう努めること。

イ 保育の活動に対する保護者の積極的な参加は、保護者の子育てを自ら実践する力の向上に寄与することから、これを促すこと。

(2) 保護者の状況に配慮した個別の支援

ア 保護者の就労と子育ての両立等を支援するため、保護者の多様化した保育の需要に応じ、病児保育事業など多様な事業を実施する場合には、保護者の状況に配慮するとともに、子どもの福祉が尊重されるよう努め、子どもの生活の連続性を考慮すること。

イ 子どもに障害や発達上の課題が見られる場合には、市町村や関係機関と連携及び協力を図りつつ、保護者に対する個別の支援を行うよう努めること。

ウ 外国籍家庭など、特別な配慮を必要とする家庭の場合には、状況等に応じて個別の支援を行うよう努めること。

(3) 不適切な養育等が疑われる家庭への支援

ア 保護者に育児不安等が見られる場合には、保護者の希望に応じて個別の支援を行うよう努めること。

イ 保護者に不適切な養育等が疑われる場合には、市町村や関係機関と連携し、要保護児童対策地域協議会で検討するなど適切な対応を図ること。また、虐待が疑われる場合には、速やかに市町村又は児童相談所に通告し、適切な対応を図ること。

3 地域の保護者等に対する子育て支援

(1) 地域に開かれた子育て支援

ア 保育所は、児童福祉法第四十八条の四の規定に基づき、その行う保育に支障がない限りにおいて、地域の実情や当該保育所の体制等を踏まえ、地域の保護者等に対して、保育所保育の専門性を生かした子育て支援を積極的に行うよう努めること。

イ 地域の子どもに対する一時預かり事業などの活動を行う際には、一人一人の子どもの心身の状態などを考慮するとともに、日常の保育との関連に配慮するなど、柔軟に活動を展開できるようにすること。

(2) 地域の関係機関等との連携

ア 市町村の支援を得て、地域の関係機関等との積極的な連携及び協働を図るとともに、子育て支援に関する地域の人材と積極的に連携を図るよう努めること。

イ 地域の要保護児童への対応など、地域の子どもを巡る諸課題に対し、要保護児童対策地域協議会など関係機関等と連携及び協力して取り組むよう努めること。

第五章　職員の資質向上

第一章から前章までに示された事項を踏まえ、保育所は、質の高い保育を展開するため、絶えず、一人一人の職員についての資質向上及び職員全体の専門性の向上を図るよう努めなければならない。

1 職員の資質向上に関する基本的事項

(1) 保育所職員に求められる専門性

子どもの最善の利益を考慮し、人権に配慮した保育を行うためには、職員一人一人の倫理観、人間性並びに保育所職員としての職務及び責任の理解と自覚が基盤となる。

各職員は、自己評価に基づく課題等を踏まえ、保育所内外の研修等を通じて、保育士・看護師・調理員・栄養士等、それぞれの職務内容に応じた専門性を高めるため、必要な知識及び技術の修得、維持及び向上に努めなければならない。

(2) **保育の質の向上に向けた組織的な取組**

保育所においては、保育の内容等に関する自己評価等を通じて把握した、保育の質の向上に向けた課題に組織的に対応するため、保育内容の改善や保育士等の役割分担の見直し等に取り組むとともに、それぞれの職位や職務内容等に応じて、各職員が必要な知識及び技能を身につけられるよう努めなければならない。

2 施設長の責務

(1) **施設長の責務と専門性の向上**

施設長は、保育所の役割や社会的責任を遂行するために、法令等を遵守し、保育所を取り巻く社会情勢等を踏まえ、施設長としての専門性等の向上に努め、当該保育所における保育の質及び職員の専門性向上のために必要な環境の確保に努めなければならない。

(2) **職員の研修機会の確保等**

施設長は、保育所の全体的な計画や、各職員の研修の必要性等を踏まえて、体系的・計画的な研修機会を確保するとともに、職員の勤務体制の工夫等により、職員が計画的に研修等に参加し、その専門性の向上が図られるよう努めなければならない。

3 職員の研修等

(1) **職場における研修**

職員が日々の保育実践を通じて、必要な知識及び技術の修得、維持及び向上を図るとともに、保育の課題等への共通理解や協働性を高め、保育所全体としての保育の質の向上を図っていくためには、日常的に職員同士が主体的に学び合う姿勢と環境が重要であり、職場内での研修の充実が図られなければならない。

(2) **外部研修の活用**

各保育所における保育の課題への的確な対応や、保育士等の専門性の向上を図るためには、職場内での研修に加え、関係機関等による研修の活用が有効であることから、必要に応じて、こうした外部研修への参加機会が確保されるよう努めなければならない。

4 研修の実施体制等

(1) **体系的な研修計画の作成**

保育所においては、当該保育所における保育の課題や各職員のキャリアパス等も見据えて、初任者から管理職員までの職位や職務内容等を踏まえた体系的な研修計画を作成しなければならない。

(2) **組織内での研修成果の活用**

外部研修に参加する職員は、自らの専門性の向上を図るとともに、保育所における保育の課題を理解し、その解決を実践できる力を身に付けることが重要である。また、研修で得た知識及び技能を他の職員と共有することにより、保育所全体としての保育実践の質及び専門性の向上につなげていくことが求められる。

(3) **研修の実施に関する留意事項**

施設長等は保育所全体としての保育実践の質及び専門性の向上のために、研修の受講は特定の職員に偏ることなく行われるよう、配慮する必要がある。また、研修を修了した職員については、その職務内容等において、当該研修の成果等が適切に勘案されることが望ましい。

57 幼稚園教育要領

（平成二九年三月三一日
文部科学省告示第六二号
平成三〇年四月一日施行）

教育は、教育基本法第一条に定めるとおり、人格の完成を目指し、平和で民主的な国家及び社会の形成者として必要な資質を備えた心身ともに健康な国民の育成を期すという目的のもと、同法第二条に掲げる次の目標を達成するよう行われなければならない。

1　幅広い知識と教養を身に付け、真理を求める態度を養い、豊かな情操と道徳心を培うとともに、健やかな身体を養うこと。

2　個人の価値を尊重して、その能力を伸ばし、創造性を培い、自主及び自律の精神を養うとともに、職業及び生活との関連を重視し、勤労を重んずる態度を養うこと。

3　正義と責任、男女の平等、自他の敬愛と協力を重んずるとともに、公共の精神に基づき、主体的に社会の形成に参画し、その発展に寄与する態度を養うこと。

4　生命を尊び、自然を大切にし、環境の保全に寄与する態度を養うこと。

5　伝統と文化を尊重し、それらをはぐくんできた我が国と郷土を愛するとともに、他国を尊重し、国際社会の平和と発展に寄与する態度を養うこと。

また、幼児期の教育については、同法第十一条に掲げるとおり、生涯にわたる人格形成の基礎を培う重要なものであることにかんがみ、国及び地方公共団体は、幼児の健やかな成長に資する良好な環境の整備その他適当な方法によって、その振興に努めなければならないこととされている。

これからの幼稚園には、学校教育の始まりとして、こうした教育の目的及び目標の達成を目指しつつ、一人一人の幼児が、将来、自分のよさや可能性を認識するとともに、あらゆる他者を価値のある存在として尊重し、多様な人々と協働しながら様々な社会的変化を乗り越え、豊かな人生を切り拓《ひら》き、持続可能な社会の創り手となることができるようにするための基礎を培うことが求められる。このために必要な教育の在り方を具体化するのが、各幼稚園において教育の内容等を組織的かつ計画的に組み立てた教育課程である。

教育課程を通して、これからの時代に求められる教育を実現していくためには、よりよい学校教育を通してよりよい社会を創るという理念を学校と社会とが共有し、それぞれの幼稚園において、幼児期にふさわしい生活をどのように展開し、どのような資質・能力を育むようにするのかを教育課程において明確にしながら、社会との連携及び協働によりその実現を図っていくという、社会に開かれた教育課程の実現が重要となる。

幼稚園教育要領とは、こうした理念の実現に向けて必要となる教育課程の基準を大綱的に定めるものである。幼稚園教育要領が果たす役割の一つは、公の性質を有する幼稚園における教育水準を全国的に確保することである。また、各幼稚園がその特色を生かして創意工夫を重ね、長年にわたり積み重ねられてきた教育実践や学術研究の蓄積を生かしながら、幼児や地域の現状や課題を捉え、家庭や地域社会と協力して、幼稚園教育要領を踏まえた教育活動の更なる充実を図っていくことも重要である。

幼児の自発的な活動としての遊びを生み出すために必要な環境を整え、一人一人の資質・能力を育んでいくことは、教職員をはじめとする幼稚園関係者はもとより、家庭や地域の人々も含め、様々な立場から幼児や幼稚園に関わる全ての大人に期待される役割である。家庭との緊密な連携の下、小学校以降の教育や生涯にわたる学習とのつながりを見通しながら、幼児の自発的な活動としての遊びを通しての総合的な指導をする際に広く活用されるものとなることを期待して、ここに幼稚園教育要領を定める。

第一章　総　則

第1　幼稚園教育の基本

幼児期の教育は、生涯にわたる人格形成の基礎を培う重要なものであり、幼稚園教育は、学校教育法に規定する目的及び目標を達成するため、幼児期の特性を踏まえ、環境を通して行うものであることを基本とする。

このため教師は、幼児との信頼関係を十分に築き、幼児が身近な環境に主体的に関わり、環境との関わり方や意味に気付き、これらを取り込もうとして、試行錯誤したり、考えたりするようになる幼児期の教育における見方・考え方を生かし、幼児と共によりよい教育環境を創造するように努めるものとする。これらを踏まえ、次に示す事項を重視して教育を行わなければならない。

1　幼児は安定した情緒の下で自己を十分に発揮することにより発達に必要な体験を得ていくものであることを考慮して、幼児の主体的な活動を促し、幼児期にふさわしい生活が展開されるようにすること。

2 幼児の自発的な活動としての遊びは、心身の調和のとれた発達の基礎を培う重要な学習であることを考慮して、遊びを通しての指導を中心として第二章に示すねらいが総合的に達成されるようにすること。

3 幼児の発達は、心身の諸側面が相互に関連し合い、多様な経過をたどって成し遂げられていくものであること、また、幼児の生活経験がそれぞれ異なることなどを考慮して、幼児一人一人の特性に応じ、発達の課題に即した指導を行うようにすること。

その際、教師は、幼児の主体的な活動が確保されるよう幼児一人一人の行動の理解と予想に基づき、計画的に環境を構成しなければならない。この場合において、教師は、幼児と人やものとの関わりが重要であることを踏まえ、教材を工夫し、物的・空間的環境を構成しなければならない。また、幼児一人一人の活動の場面に応じて、様々な役割を果たし、その活動を豊かにしなければならない。

第2 幼稚園教育において育みたい資質・能力及び「幼児期の終わりまでに育ってほしい姿」

1 幼稚園においては、生きる力の基礎を育むため、この章の第1に示す幼稚園教育の基本を踏まえ、次に掲げる資質・能力を一体的に育むよう努めるものとする。

(1) 豊かな体験を通じて、感じたり、気付いたり、分かったり、できるようになったりする「知識及び技能の基礎」

(2) 気付いたことや、できるようになったことなどを使い、考えたり、試したり、工夫したり、表現したりする「思考力、判断力、表現力等の基礎」

(3) 心情、意欲、態度が育つ中で、よりよい生活を営もうとする「学びに向かう力、人間性等」

2 1に示す資質・能力は、第二章に示すねらい及び内容に基づく活動全体によって育むものである。

3 次に示す「幼児期の終わりまでに育ってほしい姿」は、第二章に示すねらい及び内容に基づく活動全体を通して資質・能力が育まれている幼児の幼稚園修了時の具体的な姿であり、教師が指導を行う際に考慮するものである。

(1) 健康な心と体
幼稚園生活の中で、充実感をもって自分のやりたいことに向かって心と体を十分に働かせ、見通しをもって行動し、自ら健康で安全な生活をつくり出すようになる。

(2) 自立心
身近な環境に主体的に関わり様々な活動を楽しむ中で、しなければならないことを自覚し、自分の力で行うために考えたり、工夫したりしながら、諦めずにやり遂げることで達成感を味わい、自信をもって行動するようになる。

(3) 協同性
友達と関わる中で、互いの思いや考えなどを共有し、共通の目的の実現に向けて、考えたり、工夫したり、協力したりし、充実感をもってやり遂げるようになる。

(4) 道徳性・規範意識の芽生え
友達と様々な体験を重ねる中で、してよいことや悪いことが分かり、自分の行動を振り返ったり、友達の気持ちに共感したりし、相手の立場に立って行動するようになる。また、きまりを守る必要性が分かり、自分の気持ちを調整し、友達と折り合いを付けながら、きまりをつくったり、守ったりするようになる。

(5) 社会生活との関わり
家族を大切にしようとする気持ちをもつとともに、地域の身近な人と触れ合う中で、人との様々な関わり方に気付き、相手の気持ちを考えて関わり、自分が役に立つ喜びを感じ、地域に親しみをもつようになる。また、幼稚園内外の様々な環境に関わる中で、遊びや生活に必要な情報を取り入れ、情報に基づき判断したり、情報を伝え合ったり、活用したりするなど、情報を役立てながら活動するようになるとともに、公共の施設を大切に利用するなどして、社会とのつながりなどを意識するようになる。

(6) 思考力の芽生え
身近な事象に積極的に関わる中で、物の性質や仕組みなどを感じ取ったり、気付いたりし、考えたり、予想したり、工夫したりするなど、多様な関わりを楽しむようになる。また、友達の様々な考えに触れる中で、自分と異なる考えがあることに気付き、自ら判断したり、考え直したりするなど、新しい考えを生み出す喜びを味わいながら、自分の考えをよりよいものにするようになる。

(7) 自然との関わり・生命尊重
自然に触れて感動する体験を通して、自然の変化などを感じ取り、好奇心や探究心をもって考え言葉などで表現しながら、身近な事象への関心が高まるとともに、自然への愛情や畏敬の念をもつようになる。また、身近な動植物に心を動かされる中で、生命の不思議さや尊さに気付き、身近な動植物への接し方を考え、命あるものとしていたわり、大切にする気持ちをもって関わるようになる。

(8) 数量や図形、標識や文字などへの関心・感覚

遊びや生活の中で、数量や図形、標識や文字などに親しむ体験を重ねたり、標識や文字の役割に気付いたりし、自らの必要感に基づきこれらを活用し、興味や関心、感覚をもつようになる。

(9) 言葉による伝え合い

先生や友達と心を通わせる中で、絵本や物語などに親しみながら、豊かな言葉や表現を身に付け、経験したことや考えたことなどを言葉で伝えたり、相手の話を注意して聞いたりし、言葉による伝え合いを楽しむようになる。

(10) 豊かな感性と表現

心を動かす出来事などに触れ感性を働かせる中で、様々な素材の特徴や表現の仕方などに気付き、感じたことや考えたことを自分で表現したり、友達同士で表現する過程を楽しんだりし、表現する喜びを味わい、意欲をもつようになる。

第3 教育課程の役割と編成等

1 教育課程の役割

各幼稚園においては、教育基本法及び学校教育法その他の法令並びにこの幼稚園教育要領の示すところに従い、創意工夫を生かし、幼児の心身の発達と幼稚園及び地域の実態に即応した適切な教育課程を編成するものとする。

また、各幼稚園においては、6に示す全体的な計画にも留意しながら、「幼児期の終わりまでに育ってほしい姿」を踏まえ教育課程を編成すること、教育課程の実施状況を評価してその改善を図っていくこと、教育課程の実施に必要な人的又は物的な体制を確保するとともにその改善を図っていくことなどを通して、教育課程に基づき組織的かつ計画的に各幼稚園の教育活動の質の向上を図っていくこと(以下「カリキュラム・マネジメント」という。)に努めるものとする。

2 各幼稚園の教育目標と教育課程の編成

教育課程の編成に当たっては、幼稚園教育において育みたい資質・能力を踏まえつつ、各幼稚園の教育目標を明確にするとともに、教育課程の編成についての基本的な方針が家庭や地域とも共有されるよう努めるものとする。

3 教育課程の編成上の基本的事項

(1) 幼稚園生活の全体を通して第二章に示すねらいが総合的に達成されるよう、教育課程に係る教育期間や幼児の生活経験や発達の過程などを考慮して具体的なねらいと内容を組織するものとする。この場合においては、特に、自我が芽生え、他者の存在を意識し、自己を抑制しようとする気持ちが生まれる幼児期の発達の特性を踏まえ、入園から修了に至るまでの長期的な視野をもって充実した生活が展開できるように配慮するものとする。

(2) 幼稚園の毎学年の教育課程に係る教育週数は、特別の事情のある場合を除き、三九週を下ってはならない。

(3) 幼稚園の一日の教育課程に係る教育時間は、四時間を標準とする。ただし、幼児の心身の発達の程度や季節などに適切に配慮するものとする。

4 教育課程の編成上の留意事項

教育課程の編成に当たっては、次の事項に留意するものとする。

(1) 幼児の生活は、入園当初の一人一人の遊びや教師との触れ合いを通して幼稚園生活に親しみ、安定していく時期から、他の幼児との関わりの中で幼児の主体的な活動が深まり、幼児が互いに必要な存在であることを認識するようになり、やがて幼児同士や学級全体で目的をもって協同して幼稚園生活を展開し、深めていく時期などに至るまでの過程を様々に経ながら広げられていくものであることを考慮し、活動がそれぞれの時期にふさわしく展開されるようにすること。

(2) 入園当初、特に、三歳児の入園については、家庭との連携を緊密にし、生活のリズムや安全面に十分配慮すること。また、満三歳児については、学年の途中から入園することを考慮し、幼児が安心して幼稚園生活を過ごすことができるよう配慮すること。

(3) 幼稚園生活が幼児にとって安全なものとなるよう、教職員による協力体制の下、幼児の主体的な活動を大切にしつつ、園庭や園舎などの環境の配慮や指導の工夫を行うこと。

5 小学校教育との接続に当たっての留意事項

(1) 幼稚園においては、幼稚園教育が、小学校以降の生活や学習の基盤の育成につながることに配慮し、幼児期にふさわしい生活を通して、創造的な思考や主体的な生活態度などの基礎を培うようにするものとする。

(2) 幼稚園教育において育まれた資質・能力を踏まえ、小学校教育が円滑に行われるよう、

小学校の教師との意見交換や合同の研究の機会などを設け、「幼児期の終わりまでに育ってほしい姿」を共有するなど連携を図り、幼稚園教育と小学校教育との円滑な接続を図るよう努めるものとする。

6　全体的な計画の作成

各幼稚園においては、教育課程を中心に、第三章に示す教育課程に係る教育時間の終了後等に行う教育活動の計画、学校保健計画、学校安全計画などとを関連させ、一体的に教育活動が展開されるよう全体的な計画を作成するものとする。

第4　指導計画の作成と幼児理解に基づいた評価

1　指導計画の考え方

幼稚園教育は、幼児が自ら意欲をもって環境と関わることによりつくり出される具体的な活動を通して、その目標の達成を図るものである。

幼稚園においてはこのことを踏まえ、幼児期にふさわしい生活が展開され、適切な指導が行われるよう、それぞれの幼稚園の教育課程に基づき、調和のとれた組織的、発展的な指導計画を作成し、幼児の活動に沿った柔軟な指導を行わなければならない。

2　指導計画の作成上の基本的事項

(1)　指導計画は、幼児の発達に即して一人一人の幼児が幼児期にふさわしい生活を展開し、必要な体験を得られるようにするために、具体的に作成するものとする。

(2)　指導計画の作成に当たっては、次に示すところにより、具体的なねらい及び内容を明確に設定し、適切な環境を構成することなどにより活動が選択・展開されるようにするものとする。

ア　具体的なねらい及び内容は、幼稚園生活における幼児の発達の過程を見通し、幼児の生活の連続性、季節の変化などを考慮して、幼児の興味や関心、発達の実情などに応じて設定すること。

イ　環境は、具体的なねらいを達成するために適切なものとなるように構成し、幼児が自らその環境に関わることにより様々な活動を展開しつつ必要な体験を得られるようにすること。その際、幼児の生活する姿や発想を大切にし、常にその環境が適切なものとなるようにすること。

ウ　幼児の行う具体的な活動は、生活の流れの中で様々に変化するものであることに留意し、幼児が望ましい方向に向かって自ら活動を展開していくことができるよう必要な援助をすること。

その際、幼児の実態及び幼児を取り巻く状況の変化などに即して指導の過程についての評価を適切に行い、常に指導計画の改善を図るものとする。

3　指導計画の作成上の留意事項

指導計画の作成に当たっては、次の事項に留意するものとする。

(1)　長期的に発達を見通した年、学期、月などにわたる長期の指導計画やこれとの関連を保ちながらより具体的な幼児の生活に即した週、日などの短期の指導計画を作成し、適切な指導が行われるようにすること。特に、週、日などの短期の指導計画については、幼児の生活のリズムに配慮し、幼児の意識や興味の連続性のある活動が相互に関連して幼稚園生活の自然な流れの中に組み込まれるようにすること。

(2)　幼児が様々な人やものとの関わりを通して、多様な体験をし、心身の調和のとれた発達を促すようにしていくこと。その際、幼児の発達に即して主体的・対話的で深い学びが実現するようにするとともに、心を動かされる体験が次の活動を生み出すことを考慮し、一つ一つの体験が相互に結び付き、幼稚園生活が充実するようにすること。

(3)　言語に関する能力の発達と思考力等の発達が関連していることを踏まえ、幼稚園生活全体を通して、幼児の発達を踏まえた言語環境を整え、言語活動の充実を図ること。

(4)　幼児が次の活動への期待や意欲をもつことができるよう、幼児の実態を踏まえながら、教師や他の幼児と共に遊びや生活の中で見通しをもったり、振り返ったりするよう工夫すること。

(5)　行事の指導に当たっては、幼稚園生活の自然の流れの中で生活に変化や潤いを与え、幼児が主体的に楽しく活動できるようにすること。なお、それぞれの行事についてはその教育的価値を十分検討し、適切なものを精選し、幼児の負担にならないようにすること。

(6)　幼児期は直接的な体験が重要であることを踏まえ、視聴覚教材やコンピュータなど情報機器を活用する際には、幼稚園生活では得難い体験を補完するなど、幼児の体験との関連を考慮すること。

(7)　幼児の主体的な活動を促すためには、教師が多様な関わりをもつことが重要であることを踏まえ、教師は、理解者、共同作業者など様々な役割を果たし、幼児の発達に必要な豊かな体験が得られるよう、活動の場面に応じて、適切な指導を行うようにすること。

(8) 幼児の行う活動は、個人、グループ、学級全体などで多様に展開されるものであることを踏まえ、幼稚園全体の教師による協力体制を作りながら、一人一人の幼児が興味や欲求を十分に満足させるよう適切な援助を行うようにすること。

4 幼児理解に基づいた評価の実施

幼児一人一人の発達の理解に基づいた評価の実施に当たっては、次の事項に配慮するものとする。

(1) 指導の過程を振り返りながら幼児の理解を進め、幼児一人一人のよさや可能性などを把握し、指導の改善に生かすようにすること。その際、他の幼児との比較や一定の基準に対する達成度についての評定によって捉えるものではないことに留意すること。

(2) 評価の妥当性や信頼性が高められるよう創意工夫を行い、組織的かつ計画的な取組を推進するとともに、次年度又は小学校等にその内容が適切に引き継がれるようにすること。

第5 特別な配慮を必要とする幼児への指導

1 障害のある幼児などへの指導

障害のある幼児などへの指導に当たっては、集団の中で生活することを通して全体的な発達を促していくことに配慮し、特別支援学校などの助言又は援助を活用しつつ、個々の幼児の障害の状態などに応じた指導内容や指導方法の工夫を組織的かつ計画的に行うものとする。また、家庭、地域及び医療や福祉、保健等の業務を行う関係機関との連携を図り、長期的な視点で幼児への教育的支援を行うために、個別の教育支援計画を作成し活用することに努めるとともに、個々の幼児の実態を的確に把握し、個別の指導計画を作成し活用することに努めるものとする。

2 海外から帰国した幼児や生活に必要な日本語の習得に困難のある幼児の幼稚園生活への適応

海外から帰国した幼児や生活に必要な日本語の習得に困難のある幼児については、安心して自己を発揮できるよう配慮するなど個々の幼児の実態に応じ、指導内容や指導方法の工夫を組織的かつ計画的に行うものとする。

第6 幼稚園運営上の留意事項

1 各幼稚園においては、園長の方針の下に、園務分掌に基づき教職員が適切に役割を分担しつつ、相互に連携しながら、教育課程や指導の改善を図るものとする。また、各幼稚園が行う学校評価については、教育課程の編成、実施、改善が教育活動や幼稚園運営の中核となることを踏まえ、カリキュラム・マネジメントと関連付けながら実施するよう留意するものとする。

2 幼児の生活は、家庭を基盤として地域社会を通じて次第に広がりをもつものであることに留意し、家庭との連携を十分に図るなど、幼稚園における生活が家庭や地域社会と連続性を保ちつつ展開されるようにするものとする。その際、地域の自然、高齢者や異年齢の子供などを含む人材、行事や公共施設などの地域の資源を積極的に活用し、幼児が豊かな生活体験を得られるように工夫するものとする。また、家庭との連携に当たっては、保護者との情報交換の機会を設けたり、保護者と幼児との活動の機会を設けたりなどすることを通じて、保護者の幼児期の教育に関する理解が深まるよう配慮するものとする。

3 地域や幼稚園の実態等により、幼稚園間に加え、保育所、幼保連携型認定こども園、小学校、中学校、高等学校及び特別支援学校などとの間の連携や交流を図るものとする。特に、幼稚園教育と小学校教育の円滑な接続のため、幼稚園の幼児と小学校の児童との交流の機会を積極的に設けるようにするものとする。また、障害のある幼児児童生徒との交流及び共同学習の機会を設け、共に尊重し合いながら協働して生活していく態度を育むよう努めるものとする。

第7 教育課程に係る教育時間終了後等に行う教育活動など

幼稚園は、第三章に示す教育課程に係る教育時間の終了後等に行う教育活動について、学校教育法に規定する目的及び目標並びにこの章の第1に示す幼稚園教育の基本を踏まえ実施するものとする。また、幼稚園の目的の達成に資するため、幼児の生活全体が豊かなものとなるよう家庭や地域における幼児期の教育の支援に努めるものとする。

第二章　ねらい及び内容

この章に示すねらいは、幼稚園教育において育みたい資質・能力を幼児の生活する姿から捉えたものであり、内容は、ねらいを達成するために指導する事項である。各領域は、これらを幼児の発達の側面から、心身の健康に関する領域「健康」、人との関わりに関する領域「人間関係」、身近な環境との関わりに関する領域「環境」、言葉の獲得に関する領域「言葉」及び感性と表現に関する領域「表現」としてまとめ、示したものである。内容の取扱いは、幼児の発達を踏まえた指導を行うに当たって留意すべき事項である。

各領域に示すねらいは、幼稚園における生活の全体を通じ、幼児が様々な体験を積み重ねる中で相互に関連をもちながら次第に達成に向かうものであること、内容は、幼児が環境に関わって展開する具体的な活動を通して総合的に指導されるものであることに留意しなければならない。

また、「幼児期の終わりまでに育ってほしい姿」が、ねらい及び内容に基づく活動全体を通して資質・能力が育まれている幼児の幼稚園修了時の具体的な姿であることを踏まえ、指導を行う際に考慮するものとする。

なお、特に必要な場合には、各領域に示すねらいの趣旨に基づいて適切な、具体的な内容を工夫し、それを加えても差し支えないが、その場合には、それが第一章の第1に示す幼稚園教育の基本を逸脱しないよう慎重に配慮する必要がある。

健康

〔健康な心と体を育て、自ら健康で安全な生活をつくり出す力を養う。〕

1 ねらい

(1) 明るく伸び伸びと行動し、充実感を味わう。
(2) 自分の体を十分に動かし、進んで運動しようとする。
(3) 健康、安全な生活に必要な習慣や態度を身に付け、見通しをもって行動する。

2 内容

(1) 先生や友達と触れ合い、安定感をもって行動する。
(2) いろいろな遊びの中で十分に体を動かす。
(3) 進んで戸外で遊ぶ。
(4) 様々な活動に親しみ、楽しんで取り組む。
(5) 先生や友達と食べることを楽しみ、食べ物への興味や関心をもつ。
(6) 健康な生活のリズムを身に付ける。
(7) 身の回りを清潔にし、衣服の着脱、食事、排泄《せつ》などの生活に必要な活動を自分でする。
(8) 幼稚園における生活の仕方を知り、自分たちで生活の場を整えながら見通しをもって行動する。
(9) 自分の健康に関心をもち、病気の予防などに必要な活動を進んで行う。
(10) 危険な場所、危険な遊び方、災害時などの行動の仕方が分かり、安全に気を付けて行動する。

3 内容の取扱い

上記の取扱いに当たっては、次の事項に留意する必要がある。

(1) 心と体の健康は、相互に密接な関連があるものであることを踏まえ、幼児が教師や他の幼児との温かい触れ合いの中で自己の存在感や充実感を味わうことなどを基盤として、しなやかな心と体の発達を促すこと。特に、十分に体を動かす気持ちよさを体験し、自ら体を動かそうとする意欲が育つようにすること。

(2) 様々な遊びの中で、幼児が興味や関心、能力に応じて全身を使って活動することにより、体を動かす楽しさを味わい、自分の体を大切にしようとする気持ちが育つようにすること。その際、多様な動きを経験する中で、体の動きを調整するようにすること。

(3) 自然の中で伸び伸びと体を動かして遊ぶことにより、体の諸機能の発達が促されることに留意し、幼児の興味や関心が戸外にも向くようにすること。その際、幼児の動線に配慮した園庭や遊具の配置などを工夫すること。

(4) 健康な心と体を育てるためには食育を通じた望ましい食習慣の形成が大切であることを踏まえ、幼児の食生活の実情に配慮し、和やかな雰囲気の中で教師や他の幼児と食べる喜びや楽しさを味わったり、様々な食べ物への興味や関心をもったりするなどし、食の大切さに気付き、進んで食べようとする気持ちが育つようにすること。

(5) 基本的な生活習慣の形成に当たっては、家庭での生活経験に配慮し、幼児の自立心を育て、幼児が他の幼児と関わりながら主体的な活動を展開する中で、生活に必要な習慣を身に付け、次第に見通しをもって行動できるようにすること。

(6) 安全に関する指導に当たっては、情緒の安定を図り、遊びを通して安全についての構えを身に付け、危険な場所や事物などが分かり、安全についての理解を深めるようにすること。また、交通安全の習慣を身に付けるようにするとともに、避難訓練などを通して、災害などの緊急時に適切な行動がとれるようにすること。

人間関係

〔他の人々と親しみ、支え合って生活するために、自立心を育て、人と関わる力を養う。〕

1 ねらい

(1) 幼稚園生活を楽しみ、自分の力で行動することの充実感を味わう。
(2) 身近な人と親しみ、関わりを深め、工夫したり、協力したりして一緒に活動する楽しさを味わい、愛情や信頼感をもつ。
(3) 社会生活における望ましい習慣や態度を身に付ける。

2 内 容

(1) 先生や友達と共に過ごすことの喜びを味わう。
(2) 自分で考え、自分で行動する。
(3) 自分でできることは自分でする。
(4) いろいろな遊びを楽しみながら物事をやり遂げようとする気持ちをもつ。
(5) 友達と積極的に関わりながら喜びや悲しみを共感し合う。
(6) 自分の思ったことを相手に伝え、相手の思っていることに気付く。
(7) 友達のよさに気付き、一緒に活動する楽しさを味わう。
(8) 友達と楽しく活動する中で、共通の目的を見いだし、工夫したり、協力したりなどする。
(9) よいことや悪いことがあることに気付き、考えながら行動する。
(10) 友達との関わりを深め、思いやりをもつ。
(11) 友達と楽しく生活する中できまりの大切さに気付き、守ろうとする。
(12) 共同の遊具や用具を大切にし、皆で使う。
(13) 高齢者をはじめ地域の人々などの自分の生活に関係の深いいろいろな人に親しみをもつ。

3 内容の取扱い

上記の取扱いに当たっては、次の事項に留意する必要がある。

(1) 教師との信頼関係に支えられて自分自身の生活を確立していくことが人と関わる基盤となることを考慮し、幼児が自ら周囲に働き掛けることにより多様な感情を体験し、試行錯誤しながら諦めずにやり遂げることの達成感や、前向きな見通しをもって自分の力で行うことの充実感を味わうことができるよう、幼児の行動を見守りながら適切な援助を行うようにすること。

(2) 一人一人を生かした集団を形成しながら人と関わる力を育てていくようにすること。その際、集団の生活の中で、幼児が自己を発揮し、教師や他の幼児に認められる体験をし、自分のよさや特徴に気付き、自信をもって行動できるようにすること。

(3) 幼児が互いに関わりを深め、協同して遊ぶようになるため、自ら行動する力を育てるようにするとともに、他の幼児と試行錯誤しながら活動を展開する楽しさや共通の目的が実現する喜びを味わうことができるようにすること。

(4) 道徳性の芽生えを培うに当たっては、基本的な生活習慣の形成を図るとともに、幼児が他の幼児との関わりの中で他人の存在に気付き、相手を尊重する気持ちをもって行動できるようにし、また、自然や身近な動植物に親しむことなどを通して豊かな心情が育つようにすること。特に、人に対する信頼感や思いやりの気持ちは、葛藤やつまずきをも体験し、それらを乗り越えることにより次第に芽生えてくることに配慮すること。

(5) 集団の生活を通して、幼児が人との関わりを深め、規範意識の芽生えが培われることを考慮し、幼児が教師との信頼関係に支えられて自己を発揮する中で、互いに思いを主張し、折り合いを付ける体験をし、きまりの必要性などに気付き、自分の気持ちを調整する力が育つようにすること。

(6) 高齢者をはじめ地域の人々などの自分の生活に関係の深いいろいろな人と触れ合い、自分の感情や意志を表現しながら共に楽しみ、共感し合う体験を通して、これらの人々などに親しみをもち、人と関わることの楽しさや人の役に立つ喜びを味わうことができるようにすること。また、生活を通して親や祖父母などの家族の愛情に気付き、家族を大切にしようとする気持ちが育つようにすること。

環 境

〔周囲の様々な環境に好奇心や探究心をもって関わり、それらを生活に取り入れていこうとする力を養う。〕

1 ねらい

(1) 身近な環境に親しみ、自然と触れ合う中で様々な事象に興味や関心をもつ。
(2) 身近な環境に自分から関わり、発見を楽しんだり、考えたりし、それを生活に取り入れようとする。
(3) 身近な事象を見たり、考えたり、扱ったりする中で、物の性質や数量、文字などに対する感覚を豊かにする。

2 内 容

(1) 自然に触れて生活し、その大きさ、美しさ、不思議さなどに気付く。
(2) 生活の中で、様々な物に触れ、その性質や仕組みに興味や関心をもつ。
(3) 季節により自然や人間の生活に変化のあることに気付く。
(4) 自然などの身近な事象に関心をもち、取り入れて遊ぶ。

(5) 身近な動植物に親しみをもって接し、生命の尊さに気付き、いたわったり、大切にしたりする。
(6) 日常生活の中で、我が国や地域社会における様々な文化や伝統に親しむ。
(7) 身近な物を大切にする。
(8) 身近な物や遊具に興味をもって関わり、自分なりに比べたり、関連付けたりしながら考えたり、試したりして工夫して遊ぶ。
(9) 日常生活の中で数量や図形などに関心をもつ。
(10) 日常生活の中で簡単な標識や文字などに関心をもつ。
(11) 生活に関係の深い情報や施設などに興味や関心をもつ。
(12) 幼稚園内外の行事において国旗に親しむ。

3 内容の取扱い

上記の取扱いに当たっては、次の事項に留意する必要がある。

(1) 幼児が、遊びの中で周囲の環境と関わり、次第に周囲の世界に好奇心を抱き、その意味や操作の仕方に関心をもち、物事の法則性に気付き、自分なりに考えることができるようになる過程を大切にすること。また、他の幼児の考えなどに触れて新しい考えを生み出す喜びや楽しさを味わい、自分の考えをよりよいものにしようとする気持ちが育つようにすること。
(2) 幼児期において自然のもつ意味は大きく、自然の大きさ、美しさ、不思議さなどに直接触れる体験を通して、幼児の心が安らぎ、豊かな感情、好奇心、思考力、表現力の基礎が培われることを踏まえ、幼児が自然との関わりを深めることができるよう工夫すること。
(3) 身近な事象や動植物に対する感動を伝え合い、共感し合うことなどを通して自分から関わろうとする意欲を育てるとともに、様々な関わり方を通してそれらに対する親しみや畏敬の念、生命を大切にする気持ち、公共心、探究心などが養われるようにすること。
(4) 文化や伝統に親しむ際には、正月や節句など我が国の伝統的な行事、国歌、唱歌、わらべうたや我が国の伝統的な遊びに親しんだり、異なる文化に触れる活動に親しんだりすることを通じて、社会とのつながりの意識や国際理解の意識の芽生えなどが養われるようにすること。
(5) 数量や文字などに関しては、日常生活の中で幼児自身の必要感に基づく体験を大切にし、数量や文字などに関する興味や関心、感覚が養われるようにすること。

言葉

〔経験したことや考えたことなどを自分なりの言葉で表現し、相手の話す言葉を聞こうとする意欲や態度を育て、言葉に対する感覚や言葉で表現する力を養う。〕

1 ねらい

(1) 自分の気持ちを言葉で表現する楽しさを味わう。
(2) 人の言葉や話などをよく聞き、自分の経験したことや考えたことを話し、伝え合う喜びを味わう。
(3) 日常生活に必要な言葉が分かるようになるとともに、絵本や物語などに親しみ、言葉に対する感覚を豊かにし、先生や友達と心を通わせる。

2 内容

(1) 先生や友達の言葉や話に興味や関心をもち、親しみをもって聞いたり、話したりする。
(2) したり、見たり、聞いたり、感じたり、考えたりなどしたことを自分なりに言葉で表現する。
(3) したいこと、してほしいことを言葉で表現したり、分からないことを尋ねたりする。
(4) 人の話を注意して聞き、相手に分かるように話す。
(5) 生活の中で必要な言葉が分かり、使う。
(6) 親しみをもって日常の挨拶をする。
(7) 生活の中で言葉の楽しさや美しさに気付く。
(8) いろいろな体験を通じてイメージや言葉を豊かにする。
(9) 絵本や物語などに親しみ、興味をもって聞き、想像をする楽しさを味わう。
(10) 日常生活の中で、文字などで伝える楽しさを味わう。

3 内容の取扱い

上記の取扱いに当たっては、次の事項に留意する必要がある。

(1) 言葉は、身近な人に親しみをもって接し、自分の感情や意志などを伝え、それに相手が応答し、その言葉を聞くことを通して次第に獲得されていくものであることを考慮して、幼児が教師や他の幼児と関わることにより心を動かされるような体験をし、言葉を交わす喜びを味わえるようにすること。
(2) 幼児が自分の思いを言葉で伝えるとともに、教師や他の幼児などの話を興味をもって注意して聞くことを通して次第に話を理解するようになっていき、言葉による伝え合いが

教育要領

できるようにすること。

(3) 絵本や物語などで、その内容と自分の経験とを結び付けたり、想像を巡らせたりするなど、楽しみを十分に味わうことによって、次第に豊かなイメージをもち、言葉に対する感覚が養われるようにすること。

(4) 幼児が生活の中で、言葉の響きやリズム、新しい言葉や表現などに触れ、これらを使う楽しさを味わえるようにすること。その際、絵本や物語に親しんだり、言葉遊びなどをしたりすることを通して、言葉が豊かになるようにすること。

(5) 幼児が日常生活の中で、文字などを使いながら思ったことや考えたことを伝える喜びや楽しさを味わい、文字に対する興味や関心をもつようにすること。

表　現

〔感じたことや考えたことを自分なりに表現することを通して、豊かな感性や表現する力を養い、創造性を豊かにする。〕

1　ねらい

(1) いろいろなものの美しさなどに対する豊かな感性をもつ。

(2) 感じたことや考えたことを自分なりに表現して楽しむ。

(3) 生活の中でイメージを豊かにし、様々な表現を楽しむ。

2　内　容

(1) 生活の中で様々な音、形、色、手触り、動きなどに気付いたり、感じたりするなどして楽しむ。

(2) 生活の中で美しいものや心を動かす出来事に触れ、イメージを豊かにする。

(3) 様々な出来事の中で、感動したことを伝え合う楽しさを味わう。

(4) 感じたこと、考えたことなどを音や動きなどで表現したり、自由にかいたり、つくったりなどする。

(5) いろいろな素材に親しみ、工夫して遊ぶ。

(6) 音楽に親しみ、歌を歌ったり、簡単なリズム楽器を使ったりなどする楽しさを味わう。

(7) かいたり、つくったりすることを楽しみ、遊びに使ったり、飾ったりなどする。

(8) 自分のイメージを動きや言葉などで表現したり、演じて遊んだりするなどの楽しさを味わう。

3　内容の取扱い

上記の取扱いに当たっては、次の事項に留意する必要がある。

(1) 豊かな感性は、身近な環境と十分に関わる中で美しいもの、優れたもの、心を動かす出来事などに出会い、そこから得た感動を他の幼児や教師と共有し、様々に表現することなどを通して養われるようにすること。その際、風の音や雨の音、身近にある草や花の形や色など自然の中にある音、形、色などに気付くようにすること。

(2) 幼児の自己表現は素朴な形で行われることが多いので、教師はそのような表現を受容し、幼児自身の表現しようとする意欲を受け止めて、幼児が生活の中で幼児らしい様々な表現を楽しむことができるようにすること。

(3) 生活経験や発達に応じ、自ら様々な表現を楽しみ、表現する意欲を十分に発揮させることができるように、遊具や用具などを整えたり、様々な素材や表現の仕方に親しんだり、他の幼児の表現に触れられるよう配慮したりし、表現する過程を大切にして自己表現を楽しめるように工夫すること。

第三章　教育課程に係る教育時間の終了後等に行う教育活動などの留意事項

1　地域の実態や保護者の要請により、教育課程に係る教育時間の終了後等に希望する者を対象に行う教育活動については、幼児の心身の負担に配慮するものとする。また、次の点にも留意するものとする。

(1) 教育課程に基づく活動を考慮し、幼児期にふさわしい無理のないものとなるようにすること。その際、教育課程に基づく活動を担当する教師と緊密な連携を図るようにすること。

(2) 家庭や地域での幼児の生活も考慮し、教育課程に係る教育時間の終了後等に行う教育活動の計画を作成するようにすること。その際、地域の人々と連携するなど、地域の様々な資源を活用しつつ、多様な体験ができるようにすること。

(3) 家庭との緊密な連携を図るようにすること。その際、情報交換の機会を設けたりするなど、保護者が、幼稚園と共に幼児を育てるという意識が高まるようにすること。

(4) 地域の実態や保護者の事情とともに幼児の生活のリズムを踏まえつつ、例えば実施日数や時間などについて、弾力的な運用に配慮すること。

(5) 適切な責任体制と指導体制を整備した上で行うようにすること。

2　幼稚園の運営に当たっては、子育ての支援のために保護者や地域の人々に機能や施設を開放して、園内体制の整備や関係機関との連携及び協力に配慮しつつ、幼児期の教育に関する相談に応じたり、情報を提供したり、幼児と保護者との登園を受け入れたり、保護者同士の交流の機会を提供したりするなど、幼稚園と家庭が一体となって幼児と関わる取組を進め、地域における幼児期の教育のセンターとしての役割を果たすよう努めるものとする。その際、心理や保健の専門家、地域の子育て経験者等と連携・協働しながら取り組むよう配慮するものとする。

58 幼保連携型認定こども園教育・保育要領

（平成二九年三月三一日
内閣府・文部科学省・厚生労働省告示第一号
平成三〇年四月一日施行）

第一章　総　則

第1　幼保連携型認定こども園における教育及び保育の基本及び目標等

1　幼保連携型認定こども園における教育及び保育の基本

乳幼児期の教育及び保育は、子どもの健全な心身の発達を図りつつ生涯にわたる人格形成の基礎を培う重要なものであり、幼保連携型認定こども園における教育及び保育は、就学前の子どもに関する教育、保育等の総合的な提供の推進に関する法律（平成十八年法律第七十七号。以下「認定こども園法」という。）第二条第七項に規定する目的及び第九条に掲げる目標を達成するため、乳幼児期全体を通して、その特性及び保護者や地域の実態を踏まえ、環境を通して行うものであることを基本とし、家庭や地域での生活を含めた園児の生活全体が豊かなものとなるように努めなければならない。

このため保育教諭等は、園児との信頼関係を十分に築き、園児が自ら安心して身近な環境に主体的に関わり、環境との関わり方や意味に気付き、これらを取り込もうとして、試行錯誤したり、考えたりするようになる幼児期の教育における見方・考え方を生かし、その活動が豊かに展開されるよう環境を整え、園児と共によりよい教育及び保育の環境を創造するように努めるものとする。これらを踏まえ、次に示す事項を重視して教育及び保育を行わなければならない。

(1)　乳幼児期は周囲への依存を基盤にしつつ自立に向かうものであることを考慮して、周囲との信頼関係に支えられた生活の中で、園児一人一人が安心感と信頼感をもっていろいろな活動に取り組む体験を十分に積み重ねられるようにすること。

(2)　乳幼児期においては生命の保持が図られ安定した情緒の下で自己を十分に発揮することにより発達に必要な体験を得ていくものであることを考慮して、園児の主体的な活動を促し、乳幼児期にふさわしい生活が展開されるようにすること。

(3)　乳幼児期における自発的な活動としての遊びは、心身の調和のとれた発達の基礎を培う重要な学習であることを考慮して、遊びを通しての指導を中心として第二章に示すねらいが総合的に達成されるようにすること。

(4)　乳幼児期における発達は、心身の諸側面が相互に関連し合い、多様な経過をたどって成し遂げられていくものであること、また、園児の生活経験がそれぞれ異なることなどを考慮して、園児一人一人の特性や発達の過程に応じ、発達の課題に即した指導を行うようにすること。

その際、保育教諭等は、園児の主体的な活動が確保されるよう、園児一人一人の行動の理解と予想に基づき、計画的に環境を構成しなければならない。この場合において、保育教諭等は、園児と人やものとの関わりが重要であることを踏まえ、教材を工夫し、物的・空間的環境を構成しなければならない。また、園児一人一人の活動の場面に応じて、様々な役割を果たし、その活動を豊かにしなければならない。

なお、幼保連携型認定こども園における教育及び保育は、園児が入園してから修了するまでの在園期間全体を通して行われるものであり、この章の第3に示す幼保連携型認定こども園として特に配慮すべき事項を十分に踏まえて行うものとする。

2 幼保連携型認定こども園における教育及び保育の目標

幼保連携型認定こども園は、家庭との連携を図りながら、この章の第1の1に示す幼保連携型認定こども園における教育及び保育の基本に基づいて一体的に展開される幼保連携型認定こども園における生活を通して、生きる力の基礎を育成するよう認定こども園法第九条に規定する幼保連携型認定こども園の教育及び保育の目標の達成に努めなければならない。幼保連携型認定こども園は、このことにより、義務教育及びその後の教育の基礎を培うとともに、子どもの最善の利益を考慮しつつ、その生活を保障し、保護者と共に園児を心身ともに健やかに育成するものとする。

なお、認定こども園法第九条に規定する幼保連携型認定こども園の教育及び保育の目標については、発達や学びの連続性及び生活の連続性の観点から、小学校就学の始期に達するまでの時期を通じ、その達成に向けて努力すべき目当てとなるものであることから、満三歳未満の園児の保育にも当てはまることに留意するものとする。

3 幼保連携型認定こども園の教育及び保育において育みたい資質・能力及び「幼児期の終わりまでに育ってほしい姿」

(1) 幼保連携型認定こども園においては、生きる力の基礎を育むため、この章の1に示す幼保連携型認定こども園の教育及び保育の基本を踏まえ、次に掲げる資質・能力を一体的に育むよう努めるものとする。

ア 豊かな体験を通じて、感じたり、気付いたり、分かったり、できるようになったりする「知識及び技能の基礎」

イ 気付いたことや、できるようになったことなどを使い、考えたり、試したり、工夫したり、表現したりする「思考力、判断力、表現力等の基礎」

ウ 心情、意欲、態度が育つ中で、よりよい生活を営もうとする「学びに向かう力、人間性等」

(2) (1)に示す資質・能力は、第二章に示すねらい及び内容に基づく活動全体によって育むものである。

(3) 次に示す「幼児期の終わりまでに育ってほしい姿」は、第二章に示すねらい及び内容に基づく活動全体を通して資質・能力が育まれている園児の幼保連携型認定こども園修了時の具体的な姿であり、保育教諭等が指導を行う際に考慮するものである。

ア 健康な心と体

幼保連携型認定こども園における生活の中で、充実感をもって自分のやりたいことに向かって心と体を十分に働かせ、見通しをもって行動し、自ら健康で安全な生活をつくり出すようになる。

イ 自立心

身近な環境に主体的に関わり様々な活動を楽しむ中で、しなければならないことを自覚し、自分の力で行うために考えたり、工夫したりしながら、諦めずにやり遂げることで達成感を味わい、自信をもって行動するようになる。

ウ 協同性

友達と関わる中で、互いの思いや考えなどを共有し、共通の目的の実現に向けて、考えたり、工夫したり、協力したりし、充実感をもってやり遂げるようになる。

エ 道徳性・規範意識の芽生え

友達と様々な体験を重ねる中で、してよいことや悪いことが分かり、自分の行動を振り返ったり、友達の気持ちに共感したりし、相手の立場に立って行動するようになる。また、きまりを守る必要性が分かり、自分の気持ちを調整し、友達と折り合いを付けながら、きまりをつくったり、守ったりするようになる。

オ 社会生活との関わり

家族を大切にしようとする気持ちをもつとともに、地域の身近な人と触れ合う中で、人との様々な関わり方に気付き、相手の気持ちを考えて関わり、自分が役に立つ喜びを感じ、地域に親しみをもつようになる。また、幼保連携型認定こども園内外の様々な環境に関わる中で、遊びや生活に必要な情報を取り入れ、情報に基づき判断したり、情報を伝え合ったり、活用したりするなど、情報を役立てながら活動するようになるとともに、公共の施設を大切に利用するなどして、社会とのつながりなどを意識するようになる。

カ　思考力の芽生え

身近な事象に積極的に関わる中で、物の性質や仕組みなどを感じ取ったり、気付いたりし、考えたり、予想したり、工夫したりするなど、多様な関わりを楽しむようになる。また、友達の様々な考えに触れる中で、自分と異なる考えがあることに気付き、自ら判断したり、考え直したりするなど、新しい考えを生み出す喜びを味わいながら、自分の考えをよりよいものにするようになる。

キ　自然との関わり・生命尊重

自然に触れて感動する体験を通して、自然の変化などを感じ取り、好奇心や探究心をもって考え言葉などで表現しながら、身近な事象への関心が高まるとともに、自然への愛情や畏敬の念をもつようになる。また、身近な動植物に心を動かされる中で、生命の不思議さや尊さに気付き、身近な動植物への接し方を考え、命あるものとしていたわり、大切にする気持ちをもって関わるようになる。

ク　数量や図形、標識や文字などへの関心・感覚

遊びや生活の中で、数量や図形、標識や文字などに親しむ体験を重ねたり、標識や文字の役割に気付いたりし、自らの必要感に基づきこれらを活用し、興味や関心、感覚をもつようになる。

ケ　言葉による伝え合い

保育教諭等や友達と心を通わせる中で、絵本や物語などに親しみながら、豊かな言葉や表現を身に付け、経験したことや考えたことなどを言葉で伝えたり、相手の話を注意して聞いたりし、言葉による伝え合いを楽しむようになる。

コ　豊かな感性と表現

心を動かす出来事などに触れ感性を働かせる中で、様々な素材の特徴や表現の仕方などに気付き、感じたことや考えたことを自分で表現したり、友達同士で表現する過程を楽しんだりし、表現する喜びを味わい、意欲をもつようになる。

第2　教育及び保育の内容並びに子育ての支援等に関する全体的な計画等

1　教育及び保育の内容並びに子育ての支援等に関する全体的な計画の作成等

(1) 教育及び保育の内容並びに子育ての支援等に関する全体的な計画の役割

各幼保連携型認定こども園においては、教育基本法（平成十八年法律第百二十号）、児童福祉法（昭和二十二年法律第百六十四号）及び認定こども園法その他の法令並びにこの幼保連携型認定こども園教育・保育要領の示すところに従い、教育と保育を一体的に提供するため、創意工夫を生かし、園児の心身の発達と幼保連携型認定こども園、家庭及び地域の実態に即応した適切な教育及び保育の内容並びに子育ての支援等に関する全体的な計画を作成するものとする。

教育及び保育の内容並びに子育ての支援等に関する全体的な計画とは、教育と保育を一体的に捉え、園児の入園から修了までの在園期間の全体にわたり、幼保連携型認定こども園の目標に向かってどのような過程をたどって教育及び保育を進めていくかを明らかにするものであり、子育ての支援と有機的に連携し、園児の園生活全体を捉え、作成する計画である。

各幼保連携型認定こども園においては、「幼児期の終わりまでに育ってほしい姿」を踏まえ教育及び保育の内容並びに子育ての支援等に関する全体的な計画を作成すること、その実施状況を評価して改善を図っていくこと、また実施に必要な人的又は物的な体制を確保するとともにその改善を図っていくことなどを通して、教育及び保育の内容並びに子育ての支援等に関する全体的な計画に基づき組織的かつ計画的に各幼保連携型認定こども園の教育及び保育活動の質の向上を図っていくこと（以下「カリキュラム・マネジメント」という。）に努めるものとする。

(2) 各幼保連携型認定こども園の教育及び保育の目標と教育及び保育の内容並びに子育ての支援等に関する全体的な計画の作成

教育及び保育の内容並びに子育ての支援等に関する全体的な計画の作成に当たっては、幼保連携型認定こども園の教育及び保育において育みたい資質・能力を踏まえつつ、各幼保連携型認定こども園の教育及び保育の目標を明確にするとともに、教育及び保育の内容並びに子育ての支援等に関する全体的な計画の作成についての基本的な方針が家庭や地域とも共有されるよう努めるものとする。

(3) 教育及び保育の内容並びに子育ての支援等に関する全体的な計画の作成上の基本的事項

ア　幼保連携型認定こども園における生活の全体を通して第二章に示すねらいが総合的に達成されるよう、教育課程に係る教育期間や園児の生活経験や発達の過程などを考慮して具体的なねらいと内容を組織するものとする。この場合においては、特に、自我が芽生え、他者の存在を意識し、自己を抑制しようとする気持ちが生まれるなどの乳幼児期の発達の特性を踏まえ、入園から修了に至るまでの長期的な視野をもって充実した生活が展開できるように配慮するものとする。

イ　幼保連携型認定こども園の満三歳以上の園児の教育課程に係る教育週数は、特別の事情のある場合を除き、三九週を下ってはならない。

ウ　幼保連携型認定こども園の一日の教育課程に係る教育時間は、四時間を標準とする。ただし、園児の心身の発達の程度や季節などに適切に配慮するものとする。

エ　幼保連携型認定こども園の保育を必要とする子どもに該当する園児に対する教育及び保育の時間（満三歳以上の保育を必要とする子どもに該当する園児については、この章の第２の１の(3)ウに規定する教育時間を含む。）は、一日につき八時間を原則とし、園長がこれを定める。ただし、その地方における園児の保護者の労働時間その他家庭の状況等を考慮するものとする。

(4)　教育及び保育の内容並びに子育ての支援等に関する全体的な計画の実施上の留意事項

各幼保連携型認定こども園においては、園長の方針の下に、園務分掌に基づき保育教諭等職員が適切に役割を分担しつつ、相互に連携しながら、教育及び保育の内容並びに子育ての支援等に関する全体的な計画や指導の改善を図るものとする。また、各幼保連携型認定こども園が行う教育及び保育等に係る評価については、教育及び保育の内容並びに子育ての支援等に関する全体的な計画の作成、実施、改善が教育及び保育活動や園運営の中核となることを踏まえ、カリキュラム・マネジメントと関連付けながら実施するよう留意するものとする。

(5)　小学校教育との接続に当たっての留意事項

ア　幼保連携型認定こども園においては、その教育及び保育が、小学校以降の生活や学習の基盤の育成につながることに配慮し、乳幼児期にふさわしい生活を通して、創造的な思考や主体的な生活態度などの基礎を培うようにするものとする。

イ　幼保連携型認定こども園の教育及び保育において育まれた資質・能力を踏まえ、小学校教育が円滑に行われるよう、小学校の教師との意見交換や合同の研究の機会などを設け、「幼児期の終わりまでに育ってほしい姿」を共有するなど連携を図り、幼保連携型認定こども園における教育及び保育と小学校教育との円滑な接続を図るよう努めるものとする。

2　指導計画の作成と園児の理解に基づいた評価

(1)　指導計画の考え方

幼保連携型認定こども園における教育及び保育は、園児が自ら意欲をもって環境と関わることによりつくり出される具体的な活動を通して、その目標の達成を図るものである。

幼保連携型認定こども園においてはこのことを踏まえ、乳幼児期にふさわしい生活が展開され、適切な指導が行われるよう、調和のとれた組織的、発展的な指導計画を作成し、園児の活動に沿った柔軟な指導を行わなければならない。

(2)　指導計画の作成上の基本的事項

ア　指導計画は、園児の発達に即して園児一人一人が乳幼児期にふさわしい生活を展開し、必要な体験を得られるようにするために、具体的に作成するものとする。

イ　指導計画の作成に当たっては、次に示すところにより、具体的なねらい及び内容を明確に設定し、適切な環境を構成することなどにより活動が選択・展開されるようにするものとする。

(ア)　具体的なねらい及び内容は、幼保連携型認定こども園の生活における園児の発達の過程を見通し、園児の生活の連続性、季節の変化などを考慮して、園児の興味や関心、発達の実情などに応じて設定すること。

(イ)　環境は、具体的なねらいを達成するために適切なものとなるように構成し、園児が自らその環境に関わることにより様々な活動を展開しつつ必要な体験を得られるようにすること。その際、園児の生活する姿や発想を大切にし、常にその環境が適切なものとなるようにすること。

(ウ)　園児の行う具体的な活動は、生活の流れの中で様々に変化するものであることに留意し、園児が望ましい方向に向かって自ら活動を展開していくことができるよう必要な援助をすること。

その際、園児の実態及び園児を取り巻く状況の変化などに即して指導の過程についての評価を適切に行い、常に指導計画の改善を図るものとする。

(3) 指導計画の作成上の留意事項

指導計画の作成に当たっては、次の事項に留意するものとする。

ア　園児の生活は、入園当初の一人一人の遊びや保育教諭等との触れ合いを通して幼保連携型認定こども園の生活に親しみ、安定していく時期から、他の園児との関わりの中で園児の主体的な活動が深まり、園児が互いに必要な存在であることを認識するようになる。その後、園児同士や学級全体で目的をもって協同して幼保連携型認定こども園の生活を展開し、深めていく時期などに至るまでの過程を様々に経ながら広げられていくものである。これらを考慮し、活動がそれぞれの時期にふさわしく展開されるようにすること。

また、園児の入園当初の教育及び保育に当たっては、既に在園している園児に不安や動揺を与えないようにしつつ、可能な限り個別的に対応し、園児が安定感を得て、次第に幼保連携型認定こども園の生活になじんでいくよう配慮すること。

イ　長期的に発達を見通した年、学期、月などにわたる長期の指導計画やこれとの関連を保ちながらより具体的な園児の生活に即した週、日などの短期の指導計画を作成し、適切な指導が行われるようにすること。特に、週、日などの短期の指導計画については、園児の生活のリズムに配慮し、園児の意識や興味の連続性のある活動が相互に関連して幼保連携型認定こども園の生活の自然な流れの中に組み込まれるようにすること。

ウ　園児が様々な人やものとの関わりを通して、多様な体験をし、心身の調和のとれた発達を促すようにしていくこと。その際、園児の発達に即して主体的・対話的で深い学びが実現するようにするとともに、心を動かされる体験が次の活動を生み出すことを考慮し、一つ一つの体験が相互に結び付き、幼保連携型認定こども園の生活が充実するようにすること。

エ　言語に関する能力の発達と思考力等の発達が関連していることを踏まえ、幼保連携型認定こども園における生活全体を通して、園児の発達を踏まえた言語環境を整え、言語活動の充実を図ること。

オ　園児が次の活動への期待や意欲をもつことができるよう、園児の実態を踏まえながら、保育教諭等や他の園児と共に遊びや生活の中で見通しをもったり、振り返ったりするよう工夫すること。

カ　行事の指導に当たっては、幼保連携型認定こども園の生活の自然な流れの中で生活に変化や潤いを与え、園児が主体的に楽しく活動できるようにすること。なお、それぞれの行事については教育及び保育における価値を十分検討し、適切なものを精選し、園児の負担にならないようにすること。

キ　乳幼児期は直接的な体験が重要であることを踏まえ、視聴覚教材やコンピュータなど情報機器を活用する際には、幼保連携型認定こども園の生活では得難い体験を補完するなど、園児の体験との関連を考慮すること。

ク　園児の主体的な活動を促すためには、保育教諭等が多様な関わりをもつことが重要であることを踏まえ、保育教諭等は、理解者、共同作業者など様々な役割を果たし、園児の情緒の安定や発達に必要な豊かな体験が得られるよう、活動の場面に応じて、園児の人権や園児一人一人の個人差等に配慮した適切な指導を行うようにすること。

ケ　園児の行う活動は、個人、グループ、学級全体などで多様に展開されるものであることを踏まえ、幼保連携型認定こども園全体の職員による協力体制を作りながら、園児一人一人が興味や欲求を十分に満足させるよう適切な援助を行うようにすること。

コ　園児の生活は、家庭を基盤として地域社会を通じて次第に広がりをもつものであることに留意し、家庭との連携を十分に図るなど、幼保連携型認定こども園における生活が家庭や地域社会と連続性を保ちつつ展開されるようにするものとする。その際、地域の自然、高齢者や異年齢の子どもなどを含む人材、行事や公共施設などの地域の資源を積極的に活用し、園児が豊かな生活体験を得られるように工夫するものとする。また、家庭との連携に当たっては、保護者との情報交換の機会を設けたり、保護者と園児との活動の機会を設けたりなどすることを通じて、保護者の乳幼児期の教育及び保育に関する理解が深まるよう配慮す

教育・保育要領

るものとする。

サ　地域や幼保連携型認定こども園の実態等により、幼保連携型認定こども園間に加え、幼稚園、保育所等の保育施設、小学校、中学校、高等学校及び特別支援学校などとの間の連携や交流を図るものとする。特に、小学校教育との円滑な接続のため、幼保連携型認定こども園の園児と小学校の児童との交流の機会を積極的に設けるようにするものとする。また、障害のある園児児童生徒との交流及び共同学習の機会を設け、共に尊重し合いながら協働して生活していく態度を育むよう努めるものとする。

(4) 園児の理解に基づいた評価の実施

園児一人一人の発達の理解に基づいた評価の実施に当たっては、次の事項に配慮するものとする。

ア　指導の過程を振り返りながら園児の理解を進め、園児一人一人のよさや可能性などを把握し、指導の改善に生かすようにすること。その際、他の園児との比較や一定の基準に対する達成度についての評定によって捉えるものではないことに留意すること。

イ　評価の妥当性や信頼性が高められるよう創意工夫を行い、組織的かつ計画的な取組を推進するとともに、次年度又は小学校等にその内容が適切に引き継がれるようにすること。

3　特別な配慮を必要とする園児への指導

(1) 障害のある園児などへの指導

障害のある園児などへの指導に当たっては、集団の中で生活することを通して全体的な発達を促していくことに配慮し、適切な環境の下で、障害のある園児が他の園児との生活を通して共に成長できるよう、特別支援学校などの助言又は援助を活用しつつ、個々の園児の障害の状態などに応じた指導内容や指導方法の工夫を組織的かつ計画的に行うものとする。また、家庭、地域及び医療や福祉、保健等の業務を行う関係機関との連携を図り、長期的な視点で園児への教育及び保育的支援を行うために、個別の教育及び保育支援計画を作成し活用することに努めるとともに、個々の園児の実態を的確に把握し、個別の指導計画を作成し活用することに努めるものとする。

(2) 海外から帰国した園児や生活に必要な日本語の習得に困難のある園児の幼保連携型認定こども園の生活への適応

海外から帰国した園児や生活に必要な日本語の習得に困難のある園児については、安心して自己を発揮できるよう配慮するなど個々の園児の実態に応じ、指導内容や指導方法の工夫を組織的かつ計画的に行うものとする。

第3　幼保連携型認定こども園として特に配慮すべき事項

幼保連携型認定こども園における教育及び保育を行うに当たっては、次の事項について特に配慮しなければならない。

1　当該幼保連携型認定こども園に入園した年齢により集団生活の経験年数が異なる園児がいることに配慮する等、〇歳から小学校就学前までの一貫した教育及び保育を園児の発達や学びの連続性を考慮して展開していくこと。特に満三歳以上については入園する園児が多いことや同一学年の園児で編制される学級の中で生活することなどを踏まえ、家庭や他の保育施設等との連携や引継ぎを円滑に行うとともに、環境の工夫をすること。

2　園児の一日の生活の連続性及びリズムの多様性に配慮するとともに、保護者の生活形態を反映した園児の在園時間の長短、入園時期や登園日数の違いを踏まえ、園児一人一人の状況に応じ、教育及び保育の内容やその展開について工夫をすること。特に入園及び年度当初においては、家庭との連携の下、園児一人一人の生活の仕方やリズムに十分に配慮して一日の自然な生活の流れをつくり出していくようにすること。

3　環境を通して行う教育及び保育の活動の充実を図るため、幼保連携型認定こども園における教育及び保育の環境の構成に当たっては、乳幼児期の特性及び保護者や地域の実態を踏まえ、次の事項に留意すること。

(1) 〇歳から小学校就学前までの様々な年齢の園児の発達の特性を踏まえ、満三歳未満の園児については特に健康、安全や発達の確保を十分に図るとともに、満三歳以上の園児については同一学年の園児で編制される学級による集団活動の中で遊びを中心とする園児の主体的な活動を通して発達や学びを促す経験が得られるよう工夫をすること。特に、満三歳以上の園児同士が共に育ち、学び合いながら、豊かな体験を積み重ねることができるよう工夫をすること。

(2) 在園時間が異なる多様な園児がいることを踏まえ、園児の生活が安定するよう、家庭や地域、幼保連携型認定こども園における生活の連続性を確保するとともに、一日の生活のリズムを整えるよう工夫をすること。特に満三歳未満の園児については睡眠時間等の個人差に配慮するとともに、満三歳以上の園児については集中して遊ぶ場と家庭的な雰囲気の中でくつろぐ場との適切な調和等の工夫をすること。

(3) 家庭や地域において異年齢の子どもと関わる機会が減少していることを踏まえ、満三歳以上の園児については、学級による集団活動とともに、満三歳未満の園児を含む異年齢の園児による活動を、園児の発達の状況にも配慮しつつ適切に組み合わせて設定するなどの工夫をすること。

(4) 満三歳以上の園児については、特に長期的な休業中、園児が過ごす家庭や園などの生活の場が異なることを踏まえ、それぞれの多様な生活経験が長期的な休業などの終了後等の園生活に生かされるよう工夫をすること。

4 指導計画を作成する際には、この章に示す指導計画の作成上の留意事項を踏まえるとともに、次の事項にも特に配慮すること。

(1) 園児の発達の個人差、入園した年齢の違いなどによる集団生活の経験年数の差、家庭環境等を踏まえ、園児一人一人の発達の特性や課題に十分留意すること。特に満三歳未満の園児については、大人への依存度が極めて高い等の特性があることから、個別的な対応を図ること。また、園児の集団生活への円滑な接続について、家庭等との連携及び協力を図る等十分留意すること。

(2) 園児の発達の連続性を考慮した教育及び保育を展開する際には、次の事項に留意すること。

ア 満三歳未満の園児については、園児一人一人の生育歴、心身の発達、活動の実態等に即して、個別的な計画を作成すること。

イ 満三歳以上の園児については、個の成長と、園児相互の関係や協同的な活動が促されるよう考慮すること。

ウ 異年齢で構成されるグループ等での指導に当たっては、園児一人一人の生活や経験、発達の過程などを把握し、適切な指導や環境の構成ができるよう考慮すること。

(3) 一日の生活のリズムや在園時間が異なる園児が共に過ごすことを踏まえ、活動と休息、緊張感と解放感等の調和を図るとともに、園児に不安や動揺を与えないようにする等の配慮を行うこと。その際、担当の保育教諭等が替わる場合には、園児の様子等引継ぎを行い、十分な連携を図ること。

(4) 午睡は生活のリズムを構成する重要な要素であり、安心して眠ることのできる安全な午睡環境を確保するとともに、在園時間が異なることや、睡眠時間は園児の発達の状況や個人によって差があることから、一律とならないよう配慮すること。

(5) 長時間にわたる教育及び保育については、園児の発達の過程、生活のリズム及び心身の状態に十分配慮して、保育の内容や方法、職員の協力体制、家庭との連携などを指導計画に位置付けること。

5 生命の保持や情緒の安定を図るなど養護の行き届いた環境の下、幼保連携型認定こども園における教育及び保育を展開すること。

(1) 園児一人一人が、快適にかつ健康で安全に過ごせるようにするとともに、その生理的欲求が十分に満たされ、健康増進が積極的に図られるようにするため、次の事項に留意すること。

ア 園児一人一人の平常の健康状態や発育及び発達の状態を的確に把握し、異常を感じる場合は、速やかに適切に対応すること。

イ 家庭との連携を密にし、学校医等との連携を図りながら、園児の疾病や事故防止に関する認識を深め、保健的で安全な環境の維持及び向上に努めること。

ウ 清潔で安全な環境を整え、適切な援助や応答的な関わりを通して、園児の生理的欲求を満たしていくこと。また、家庭と協力しながら、園児の発達の過程等に応じた適切な生活のリズムがつくられていくようにすること。

エ 園児の発達の過程等に応じて、適度な運動と休息をとることができるようにすること。また、食事、排泄《せつ》、睡眠、衣類の着脱、身の回りを清潔にすることなどについて、園児が意欲的に生活できるよう適切に援助すること。

(2) 園児一人一人が安定感をもって過ごし、自分の気持ちを安心して表すことができるようにするとともに、周囲から主体として受け止められ主体として育ち、自分を肯定する気持ちが育まれていくようにし、くつろいで共に過ごし、心身の疲れが癒やされるようにするため、次の事項に留意すること。

ア 園児一人一人の置かれている状態や発達の過程などを的確に把握し、園児の欲求を適切に満たしながら、応答的な触れ合いや言葉掛けを行うこと。

イ　園児一人一人の気持ちを受容し、共感しながら、園児との継続的な信頼関係を築いていくこと。

ウ　保育教諭等との信頼関係を基盤に、園児一人一人が主体的に活動し、自発性や探索意欲などを高めるとともに、自分への自信をもつことができるよう成長の過程を見守り、適切に働き掛けること。

エ　園児一人一人の生活のリズム、発達の過程、在園時間などに応じて、活動内容のバランスや調和を図りながら、適切な食事や休息がとれるようにすること。

6　園児の健康及び安全は、園児の生命の保持と健やかな生活の基本であり、幼保連携型認定こども園の生活全体を通して健康や安全に関する管理や指導、食育の推進等に十分留意すること。

7　保護者に対する子育ての支援に当たっては、この章に示す幼保連携型認定こども園における教育及び保育の基本及び目標を踏まえ、子どもに対する学校としての教育及び児童福祉施設としての保育並びに保護者に対する子育ての支援について相互に有機的な連携が図られるようにすること。また、幼保連携型認定こども園の目的の達成に資するため、保護者が子どもの成長に気付き子育ての喜びが感じられるよう、幼保連携型認定こども園の特性を生かした子育ての支援に努めること。

第二章　ねらい及び内容並びに配慮事項

この章に示すねらいは、幼保連携型認定こども園の教育及び保育において育みたい資質・能力を園児の生活する姿から捉えたものであり、内容は、ねらいを達成するために指導する事項である。各視点や領域は、この時期の発達の特徴を踏まえ、教育及び保育のねらい及び内容を乳幼児の発達の側面から、乳児は三つの視点として、幼児は五つの領域としてまとめ、示したものである。内容の取扱いは、園児の発達を踏まえた指導を行うに当たって留意すべき事項である。

各視点や領域に示すねらいは、幼保連携型認定こども園における生活の全体を通じ、園児が様々な体験を積み重ねる中で相互に関連をもちながら次第に達成に向かうものであること、内容は、園児が環境に関わって展開する具体的な活動を通して総合的に指導されるものであることに留意しなければならない。

また、「幼児期の終わりまでに育ってほしい姿」が、ねらい及び内容に基づく活動全体を通して資質・能力が育まれている園児の幼保連携型認定こども園修了時の具体的な姿であることを踏まえ、指導を行う際に考慮するものとする。

なお、特に必要な場合には、各視点や領域に示すねらいの趣旨に基づいて適切な、具体的な内容を工夫し、それを加えても差し支えないが、その場合には、それが第一章の第1に示す幼保連携型認定こども園の教育及び保育の基本及び目標を逸脱しないよう慎重に配慮する必要がある。

第1　乳児期の園児の保育に関するねらい及び内容

基本的事項

1　乳児期の発達については、視覚、聴覚などの感覚や、座る、はう、歩くなどの運動機能が著しく発達し、特定の大人との応答的な関わりを通じて、情緒的な絆《きずな》が形成されるといった特徴がある。これらの発達の特徴を踏まえて、乳児期の園児の保育は、愛情豊かに、応答的に行われることが特に必要である。

2　本項においては、この時期の発達の特徴を踏まえ、乳児期の園児の保育のねらい及び内容については、身体的発達に関する視点「健やかに伸び伸びと育つ」、社会的発達に関する視点「身近な人と気持ちが通じ合う」及び精神的発達に関する視点「身近なものと関わり感性が育つ」としてまとめ、示している。

ねらい及び内容

健やかに伸び伸びと育つ

〔健康な心と体を育て、自ら健康で安全な生活をつくり出す力の基盤を培う。〕

1　**ねらい**

(1)　身体感覚が育ち、快適な環境に心地よさを感じる。

(2)　伸び伸びと体を動かし、はう、歩くなどの運動をしようとする。

(3)　食事、睡眠等の生活のリズムの感覚が芽生える。

2　**内　容**

(1)　保育教諭等の愛情豊かな受容の下で、生理的・心理的欲求を満たし、心地よく生活をする。

(2)　一人一人の発育に応じて、はう、立つ、歩くなど、十分に体を動かす。

(3)　個人差に応じて授乳を行い、離乳を進めていく中で、様々な食品に少しずつ慣れ、食べることを楽しむ。

(4)　一人一人の生活のリズムに応じて、安全な環境の下で十分に午睡をする。

(5)　おむつ交換や衣服の着脱などを通じて、清

教育・保育要領

潔になることの心地よさを感じる。

3 内容の取扱い

上記の取扱いに当たっては、次の事項に留意する必要がある。

(1) 心と体の健康は、相互に密接な関連があるものであることを踏まえ、温かい触れ合いの中で、心と体の発達を促すこと。特に、寝返り、お座り、はいはい、つかまり立ち、伝い歩きなど、発育に応じて、遊びの中で体を動かす機会を十分に確保し、自ら体を動かそうとする意欲が育つようにすること。

(2) 健康な心と体を育てるためには望ましい食習慣の形成が重要であることを踏まえ、離乳食が完了期へと徐々に移行する中で、様々な食品に慣れるようにするとともに、和やかな雰囲気の中で食べる喜びや楽しさを味わい、進んで食べようとする気持ちが育つようにすること。なお、食物アレルギーのある園児への対応については、学校医等の指示や協力の下に適切に対応すること。

身近な人と気持ちが通じ合う

〔受容的・応答的な関わりの下で、何かを伝えようとする意欲や身近な大人との信頼関係を育て、人と関わる力の基盤を培う。〕

1 ねらい

(1) 安心できる関係の下で、身近な人と共に過ごす喜びを感じる。

(2) 体の動きや表情、発声等により、保育教諭等と気持ちを通わせようとする。

(3) 身近な人と親しみ、関わりを深め、愛情や信頼感が芽生える。

2 内容

(1) 園児からの働き掛けを踏まえた、応答的な触れ合いや言葉掛けによって、欲求が満たされ、安定感をもって過ごす。

(2) 体の動きや表情、発声、喃《なん》語等を優しく受け止めてもらい、保育教諭等とのやり取りを楽しむ。

(3) 生活や遊びの中で、自分の身近な人の存在に気付き、親しみの気持ちを表す。

(4) 保育教諭等による語り掛けや歌い掛け、発声や喃《なん》語等への応答を通じて、言葉の理解や発語の意欲が育つ。

(5) 温かく、受容的な関わりを通じて、自分を肯定する気持ちが芽生える。

3 内容の取扱い

上記の取扱いに当たっては、次の事項に留意する必要がある。

(1) 保育教諭等との信頼関係に支えられて生活を確立していくことが人と関わる基盤となることを考慮して、園児の多様な感情を受け止め、温かく受容的・応答的に関わり、一人一人に応じた適切な援助を行うようにすること。

(2) 身近な人に親しみをもって接し、自分の感情などを表し、それに相手が応答する言葉を聞くことを通して、次第に言葉が獲得されていくことを考慮して、楽しい雰囲気の中での保育教諭等との関わり合いを大切にし、ゆっくりと優しく話し掛けるなど、積極的に言葉のやり取りを楽しむことができるようにすること。

身近なものと関わり感性が育つ

〔身近な環境に興味や好奇心をもって関わり、感じたことや考えたことを表現する力の基盤を培う。〕

1 ねらい

(1) 身の回りのものに親しみ、様々なものに興味や関心をもつ。

(2) 見る、触れる、探索するなど、身近な環境に自分から関わろうとする。

(3) 身体の諸感覚による認識が豊かになり、表情や手足、体の動き等で表現する。

2 内容

(1) 身近な生活用具、玩具や絵本などが用意された中で、身の回りのものに対する興味や好奇心をもつ。

(2) 生活や遊びの中で様々なものに触れ、音、形、色、手触りなどに気付き、感覚の働きを豊かにする。

(3) 保育教諭等と一緒に様々な色彩や形のものや絵本などを見る。

(4) 玩具や身の回りのものを、つまむ、つかむ、たたく、引っ張るなど、手や指を使って遊ぶ。

(5) 保育教諭等のあやし遊びに機嫌よく応じたり、歌やリズムに合わせて手足や体を動かして楽しんだりする。

3 内容の取扱い

上記の取扱いに当たっては、次の事項に留意する必要がある。

(1) 玩具などは、音質、形、色、大きさなど園児の発達状態に応じて適切なものを選び、その時々の園児の興味や関心を踏まえるなど、遊びを通して感覚の発達が促されるものとなるように工夫すること。なお、安全な環境の下で、園児が探索意欲を満たして自由に遊べるよう、身の回りのものについては常に十分な点検を行うこと。

(2) 乳児期においては、表情、発声、体の動きなどで、感情を表現することが多いことから、これらの表現しようとする意欲を積極的に受け止めて、園児が様々な活動を楽しむことを通して表現が豊かになるようにすること。

第2　満一歳以上満三歳未満の園児の保育に関するねらい及び内容

基本的事項

1　この時期においては、歩き始めから、歩く、走る、跳ぶなどへと、基本的な運動機能が次第に発達し、排泄《せつ》の自立のための身体的機能も整うようになる。つまむ、めくるなどの指先の機能も発達し、食事、衣類の着脱なども、保育教諭等の援助の下で自分で行うようになる。発声も明瞭になり、語彙も増加し、自分の意思や欲求を言葉で表出できるようになる。このように自分でできることが増えてくる時期であることから、保育教諭等は、園児の生活の安定を図りながら、自分でしようとする気持ちを尊重し、温かく見守るとともに、愛情豊かに、応答的に関わることが必要である。

2　本項においては、この時期の発達の特徴を踏まえ、保育のねらい及び内容について、心身の健康に関する領域「健康」、人との関わりに関する領域「人間関係」、身近な環境との関わりに関する領域「環境」、言葉の獲得に関する領域「言葉」及び感性と表現に関する領域「表現」としてまとめ、示している。

ねらい及び内容

健康

〔健康な心と体を育て、自ら健康で安全な生活をつくり出す力を養う。〕

1　ねらい

(1)　明るく伸び伸びと生活し、自分から体を動かすことを楽しむ。

(2)　自分の体を十分に動かし、様々な動きをしようとする。

(3)　健康、安全な生活に必要な習慣に気付き、自分でしてみようとする気持ちが育つ。

2　内容

(1)　保育教諭等の愛情豊かな受容の下で、安定感をもって生活をする。

(2)　食事や午睡、遊びと休息など、幼保連携型認定こども園における生活のリズムが形成される。

(3)　走る、跳ぶ、登る、押す、引っ張るなど全身を使う遊びを楽しむ。

(4)　様々な食品や調理形態に慣れ、ゆったりとした雰囲気の中で食事や間食を楽しむ。

(5)　身の回りを清潔に保つ心地よさを感じ、その習慣が少しずつ身に付く。

(6)　保育教諭等の助けを借りながら、衣類の着脱を自分でしようとする。

(7)　便器での排泄《せつ》に慣れ、自分で排泄《せつ》ができるようになる。

3　内容の取扱い

上記の取扱いに当たっては、次の事項に留意する必要がある。

(1)　心と体の健康は、相互に密接な関連があるものであることを踏まえ、園児の気持ちに配慮した温かい触れ合いの中で、心と体の発達を促すこと。特に、一人一人の発育に応じて、体を動かす機会を十分に確保し、自ら体を動かそうとする意欲が育つようにすること。

(2)　健康な心と体を育てるためには望ましい食習慣の形成が重要であることを踏まえ、ゆったりとした雰囲気の中で食べる喜びや楽しさを味わい、進んで食べようとする気持ちが育つようにすること。なお、食物アレルギーのある園児への対応については、学校医等の指示や協力の下に適切に対応すること。

(3)　排泄《せつ》の習慣については、一人一人の排尿間隔等を踏まえ、おむつが汚れていないときに便器に座らせるなどにより、少しずつ慣れさせるようにすること。

(4)　食事、排泄《せつ》、睡眠、衣類の着脱、身の回りを清潔にすることなど、生活に必要な基本的な習慣については、一人一人の状態に応じ、落ち着いた雰囲気の中で行うようにし、園児が自分でしようとする気持ちを尊重すること。また、基本的な生活習慣の形成に当たっては、家庭での生活経験に配慮し、家庭との適切な連携の下で行うようにすること。

人間関係

〔他の人々と親しみ、支え合って生活するために、自立心を育て、人と関わる力を養う。〕

1　ねらい

(1)　幼保連携型認定こども園での生活を楽しみ、身近な人と関わる心地よさを感じる。

(2)　周囲の園児等への興味・関心が高まり、関わりをもとうとする。

(3)　幼保連携型認定こども園の生活の仕方に慣れ、きまりの大切さに気付く。

2　内容

(1)　保育教諭等や周囲の園児等との安定した関係の中で、共に過ごす心地よさを感じる。

(2)　保育教諭等の受容的・応答的な関わりの中で、欲求を適切に満たし、安定感をもって過ごす。

(3) 身の回りに様々な人がいることに気付き、徐々に他の園児と関わりをもって遊ぶ。

(4) 保育教諭等の仲立ちにより、他の園児との関わり方を少しずつ身につける。

(5) 幼保連携型認定こども園の生活の仕方に慣れ、きまりがあることや、その大切さに気付く。

(6) 生活や遊びの中で、年長児や保育教諭等の真似をしたり、ごっこ遊びを楽しんだりする。

3 内容の取扱い

上記の取扱いに当たっては、次の事項に留意する必要がある。

(1) 保育教諭等との信頼関係に支えられて生活を確立するとともに、自分で何かをしようとする気持ちが旺盛になる時期であることに鑑み、そのような園児の気持ちを尊重し、温かく見守るとともに、愛情豊かに、応答的に関わり、適切な援助を行うようにすること。

(2) 思い通りにいかない場合等の園児の不安定な感情の表出については、保育教諭等が受容的に受け止めるとともに、そうした気持ちから立ち直る経験や感情をコントロールすることへの気付き等につなげていけるように援助すること。

(3) この時期は自己と他者との違いの認識がまだ十分ではないことから、園児の自我の育ちを見守るとともに、保育教諭等が仲立ちとなって、自分の気持ちを相手に伝えることや相手の気持ちに気付くことの大切さなど、友達の気持ちや友達との関わり方を丁寧に伝えていくこと。

環　境

〔周囲の様々な環境に好奇心や探究心をもって関わり、それらを生活に取り入れていこうとする力を養う。〕

1 ねらい

(1) 身近な環境に親しみ、触れ合う中で、様々なものに興味や関心をもつ。

(2) 様々なものに関わる中で、発見を楽しんだり、考えたりしようとする。

(3) 見る、聞く、触るなどの経験を通して、感覚の働きを豊かにする。

2 内　容

(1) 安全で活動しやすい環境での探索活動等を通して、見る、聞く、触れる、嗅ぐ、味わうなどの感覚の働きを豊かにする。

(2) 玩具、絵本、遊具などに興味をもち、それらを使った遊びを楽しむ。

(3) 身の回りの物に触れる中で、形、色、大きさ、量などの物の性質や仕組みに気付く。

(4) 自分の物と人の物の区別や、場所的感覚など、環境を捉える感覚が育つ。

(5) 身近な生き物に気付き、親しみをもつ。

(6) 近隣の生活や季節の行事などに興味や関心をもつ。

3 内容の取扱い

上記の取扱いに当たっては、次の事項に留意する必要がある。

(1) 玩具などは、音質、形、色、大きさなど園児の発達状態に応じて適切なものを選び、遊びを通して感覚の発達が促されるように工夫すること。

(2) 身近な生き物との関わりについては、園児が命を感じ、生命の尊さに気付く経験へとつながるものであることから、そうした気付きを促すような関わりとなるようにすること。

(3) 地域の生活や季節の行事などに触れる際には、社会とのつながりや地域社会の文化への気付きにつながるものとなることが望ましいこと。その際、幼保連携型認定こども園内外の行事や地域の人々との触れ合いなどを通して行うこと等も考慮すること。

言　葉

〔経験したことや考えたことなどを自分なりの言葉で表現し、相手の話す言葉を聞こうとする意欲や態度を育て、言葉に対する感覚や言葉で表現する力を養う。〕

1 ねらい

(1) 言葉遊びや言葉で表現する楽しさを感じる。

(2) 人の言葉や話などを聞き、自分でも思ったことを伝えようとする。

(3) 絵本や物語等に親しむとともに、言葉のやり取りを通じて身近な人と気持ちを通わせる。

2 内　容

(1) 保育教諭等の応答的な関わりや話し掛けにより、自ら言葉を使おうとする。

(2) 生活に必要な簡単な言葉に気付き、聞き分ける。

(3) 親しみをもって日常の挨拶に応じる。

(4) 絵本や紙芝居を楽しみ、簡単な言葉を繰り返したり、模倣をしたりして遊ぶ。

(5) 保育教諭等とごっこ遊びをする中で、言葉のやり取りを楽しむ。

(6) 保育教諭等を仲立ちとして、生活や遊びの中で友達との言葉のやり取りを楽しむ。

(7) 保育教諭等や友達の言葉や話に興味や関心

をもって、聞いたり、話したりする。

3 内容の取扱い

上記の取扱いに当たっては、次の事項に留意する必要がある。

(1) 身近な人に親しみをもって接し、自分の感情などを伝え、それに相手が応答し、その言葉を聞くことを通して、次第に言葉が獲得されていくものであることを考慮して、楽しい雰囲気の中で保育教諭等との言葉のやり取りができるようにすること。

(2) 園児が自分の思いを言葉で伝えるとともに、他の園児の話などを聞くことを通して、次第に話を理解し、言葉による伝え合いができるようになるよう、気持ちや経験等の言語化を行うことを援助するなど、園児同士の関わりの仲立ちを行うようにすること。

(3) この時期は、片言から、二語文、ごっこ遊びでのやり取りができる程度へと、大きく言葉の習得が進む時期であることから、それぞれの園児の発達の状況に応じて、遊びや関わりの工夫など、保育の内容を適切に展開することが必要であること。

表現

〔感じたことや考えたことを自分なりに表現することを通して、豊かな感性や表現する力を養い、創造性を豊かにする。〕

1 ねらい

(1) 身体の諸感覚の経験を豊かにし、様々な感覚を味わう。

(2) 感じたことや考えたことなどを自分なりに表現しようとする。

(3) 生活や遊びの様々な体験を通して、イメージや感性が豊かになる。

2 内容

(1) 水、砂、土、紙、粘土など様々な素材に触れて楽しむ。

(2) 音楽、リズムやそれに合わせた体の動きを楽しむ。

(3) 生活の中で様々な音、形、色、手触り、動き、味、香りなどに気付いたり、感じたりして楽しむ。

(4) 歌を歌ったり、簡単な手遊びや全身を使う遊びを楽しんだりする。

(5) 保育教諭等からの話や、生活や遊びの中での出来事を通して、イメージを豊かにする。

(6) 生活や遊びの中で、興味のあることや経験したことなどを自分なりに表現する。

3 内容の取扱い

上記の取扱いに当たっては、次の事項に留意する必要がある。

(1) 園児の表現は、遊びや生活の様々な場面で表出されているものであることから、それらを積極的に受け止め、様々な表現の仕方や感性を豊かにする経験となるようにすること。

(2) 園児が試行錯誤しながら様々な表現を楽しむことや、自分の力でやり遂げる充実感などに気付くよう、温かく見守るとともに、適切に援助を行うようにすること。

(3) 様々な感情の表現等を通じて、園児が自分の感情や気持ちに気付くようになる時期であることに鑑み、受容的な関わりの中で自信をもって表現をすることや、諦めずに続けた後の達成感等を感じられるような経験が蓄積されるようにすること。

(4) 身近な自然や身の回りの事物に関わる中で、発見や心が動く経験が得られるよう、諸感覚を働かせることを楽しむ遊びや素材を用意するなど保育の環境を整えること。

第3 満三歳以上の園児の教育及び保育に関するねらい及び内容

基本的事項

1 この時期においては、運動機能の発達により、基本的な動作が一通りできるようになるとともに、基本的な生活習慣もほぼ自立できるようになる。理解する語彙数が急激に増加し、知的興味や関心も高まってくる。仲間と遊び、仲間の中の一人という自覚が生じ、集団的な遊びや協同的な活動も見られるようになる。これらの発達の特徴を踏まえて、この時期の教育及び保育においては、個の成長と集団としての活動の充実が図られるようにしなければならない。

2 本項においては、この時期の発達の特徴を踏まえ、教育及び保育のねらい及び内容について、心身の健康に関する領域「健康」、人との関わりに関する領域「人間関係」、身近な環境との関わりに関する領域「環境」、言葉の獲得に関する領域「言葉」及び感性と表現に関する領域「表現」としてまとめ、示している。

ねらい及び内容

健康

〔健康な心と体を育て、自ら健康で安全な生活をつくり出す力を養う。〕

1 ねらい

(1) 明るく伸び伸びと行動し、充実感を味わう。

(2) 自分の体を十分に動かし、進んで運動しようとする。

教育・保育要領

(3) 健康、安全な生活に必要な習慣や態度を身に付け、見通しをもって行動する。

2 内容

(1) 保育教諭等や友達と触れ合い、安定感をもって行動する。
(2) いろいろな遊びの中で十分に体を動かす。
(3) 進んで戸外で遊ぶ。
(4) 様々な活動に親しみ、楽しんで取り組む。
(5) 保育教諭等や友達と食べることを楽しみ、食べ物への興味や関心をもつ。
(6) 健康な生活のリズムを身に付ける。
(7) 身の回りを清潔にし、衣服の着脱、食事、排泄《せつ》などの生活に必要な活動を自分でする。
(8) 幼保連携型認定こども園における生活の仕方を知り、自分たちで生活の場を整えながら見通しをもって行動する。
(9) 自分の健康に関心をもち、病気の予防などに必要な活動を進んで行う。
(10) 危険な場所、危険な遊び方、災害時などの行動の仕方が分かり、安全に気を付けて行動する。

3 内容の取扱い

上記の取扱いに当たっては、次の事項に留意する必要がある。

(1) 心と体の健康は、相互に密接な関連があるものであることを踏まえ、園児が保育教諭等や他の園児との温かい触れ合いの中で自己の存在感や充実感を味わうことなどを基盤として、しなやかな心と体の発達を促すこと。特に、十分に体を動かす気持ちよさを体験し、自ら体を動かそうとする意欲が育つようにすること。
(2) 様々な遊びの中で、園児が興味や関心、能力に応じて全身を使って活動することにより、体を動かす楽しさを味わい、自分の体を大切にしようとする気持ちが育つようにすること。その際、多様な動きを経験する中で、体の動きを調整するようにすること。
(3) 自然の中で伸び伸びと体を動かして遊ぶことにより、体の諸機能の発達が促されることに留意し、園児の興味や関心が戸外にも向くようにすること。その際、園児の動線に配慮した園庭や遊具の配置などを工夫すること。
(4) 健康な心と体を育てるためには食育を通じた望ましい食習慣の形成が大切であることを踏まえ、園児の食生活の実情に配慮し、和やかな雰囲気の中で保育教諭等や他の園児と食べる喜びや楽しさを味わったり、様々な食べ物への興味や関心をもったりするなどし、食の大切さに気付き、進んで食べようとする気持ちが育つようにすること。
(5) 基本的な生活習慣の形成に当たっては、家庭での生活経験に配慮し、園児の自立心を育て、園児が他の園児と関わりながら主体的な活動を展開する中で、生活に必要な習慣を身に付け、次第に見通しをもって行動できるようにすること。
(6) 安全に関する指導に当たっては、情緒の安定を図り、遊びを通して安全についての構えを身に付け、危険な場所や事物などが分かり、安全についての理解を深めるようにすること。また、交通安全の習慣を身に付けるようにするとともに、避難訓練などを通して、災害などの緊急時に適切な行動がとれるようにすること。

人間関係

〔他の人々と親しみ、支え合って生活するために、自立心を育て、人と関わる力を養う。〕

1 ねらい

(1) 幼保連携型認定こども園の生活を楽しみ、自分の力で行動することの充実感を味わう。
(2) 身近な人と親しみ、関わりを深め、工夫したり、協力したりして一緒に活動する楽しさを味わい、愛情や信頼感をもつ。
(3) 社会生活における望ましい習慣や態度を身に付ける。

2 内容

(1) 保育教諭等や友達と共に過ごすことの喜びを味わう。
(2) 自分で考え、自分で行動する。
(3) 自分でできることは自分でする。
(4) いろいろな遊びを楽しみながら物事をやり遂げようとする気持ちをもつ。
(5) 友達と積極的に関わりながら喜びや悲しみを共感し合う。
(6) 自分の思ったことを相手に伝え、相手の思っていることに気付く。
(7) 友達のよさに気付き、一緒に活動する楽しさを味わう。
(8) 友達と楽しく活動する中で、共通の目的を見いだし、工夫したり、協力したりなどする。
(9) よいことや悪いことがあることに気付き、考えながら行動する。
(10) 友達との関わりを深め、思いやりをもつ。
(11) 友達と楽しく生活する中できまりの大切さに気付き、守ろうとする。
(12) 共同の遊具や用具を大切にし、皆で使う。
(13) 高齢者をはじめ地域の人々などの自分の生

活に関係の深いいろいろな人に親しみをもつ。

3 内容の取扱い

上記の取扱いに当たっては、次の事項に留意する必要がある。

(1) 保育教諭等との信頼関係に支えられて自分自身の生活を確立していくことが人と関わる基盤となることを考慮し、園児が自ら周囲に働き掛けることにより多様な感情を体験し、試行錯誤しながら諦めずにやり遂げることの達成感や、前向きな見通しをもって自分の力で行うことの充実感を味わうことができるよう、園児の行動を見守りながら適切な援助を行うようにすること。

(2) 一人一人を生かした集団を形成しながら人と関わる力を育てていくようにすること。その際、集団の生活の中で、園児が自己を発揮し、保育教諭等や他の園児に認められる体験をし、自分のよさや特徴に気付き、自信をもって行動できるようにすること。

(3) 園児が互いに関わりを深め、協同して遊ぶようになるため、自ら行動する力を育てるようにするとともに、他の園児と試行錯誤しながら活動を展開する楽しさや共通の目的が実現する喜びを味わうことができるようにすること。

(4) 道徳性の芽生えを培うに当たっては、基本的な生活習慣の形成を図るとともに、園児が他の園児との関わりの中で他人の存在に気付き、相手を尊重する気持ちをもって行動できるようにし、また、自然や身近な動植物に親しむことなどを通して豊かな心情が育つようにすること。特に、人に対する信頼感や思いやりの気持ちは、葛藤やつまずきをも体験し、それらを乗り越えることにより次第に芽生えてくることに配慮すること。

(5) 集団の生活を通して、園児が人との関わりを深め、規範意識の芽生えが培われることを考慮し、園児が保育教諭等との信頼関係に支えられて自己を発揮する中で、互いに思いを主張し、折り合いを付ける体験をし、きまりの必要性などに気付き、自分の気持ちを調整する力が育つようにすること。

(6) 高齢者をはじめ地域の人々などの自分の生活に関係の深いいろいろな人と触れ合い、自分の感情や意志を表現しながら共に楽しみ、共感し合う体験を通して、これらの人々などに親しみをもち、人と関わることの楽しさや人の役に立つ喜びを味わうことができるようにすること。また、生活を通して親や祖父母などの家族の愛情に気付き、家族を大切にしようとする気持ちが育つようにすること。

環境

〔周囲の様々な環境に好奇心や探究心をもって関わり、それらを生活に取り入れていこうとする力を養う。〕

1 ねらい

(1) 身近な環境に親しみ、自然と触れ合う中で様々な事象に興味や関心をもつ。

(2) 身近な環境に自分から関わり、発見を楽しんだり、考えたりし、それを生活に取り入れようとする。

(3) 身近な事象を見たり、考えたり、扱ったりする中で、物の性質や数量、文字などに対する感覚を豊かにする。

2 内容

(1) 自然に触れて生活し、その大きさ、美しさ、不思議さなどに気付く。

(2) 生活の中で、様々な物に触れ、その性質や仕組みに興味や関心をもつ。

(3) 季節により自然や人間の生活に変化のあることに気付く。

(4) 自然などの身近な事象に関心をもち、取り入れて遊ぶ。

(5) 身近な動植物に親しみをもって接し、生命の尊さに気付き、いたわったり、大切にしたりする。

(6) 日常生活の中で、我が国や地域社会における様々な文化や伝統に親しむ。

(7) 身近な物を大切にする。

(8) 身近な物や遊具に興味をもって関わり、自分なりに比べたり、関連付けたりしながら考えたり、試したりして工夫して遊ぶ。

(9) 日常生活の中で数量や図形などに関心をもつ。

(10) 日常生活の中で簡単な標識や文字などに関心をもつ。

(11) 生活に関係の深い情報や施設などに興味や関心をもつ。

(12) 幼保連携型認定こども園内外の行事において国旗に親しむ。

3 内容の取扱い

上記の取扱いに当たっては、次の事項に留意する必要がある。

(1) 園児が、遊びの中で周囲の環境と関わり、次第に周囲の世界に好奇心を抱き、その意味や操作の仕方に関心をもち、物事の法則性に気付き、自分なりに考えることができるようになる過程を大切にすること。また、他の園児の考えなどに触れて新しい考えを生み出す喜びや楽しさを味わい、自分の考えをよりよいものにしようとする気持ちが育つようにすること。

(2) 幼児期において自然のもつ意味は大きく、自然の大きさ、美しさ、不思議さなどに直接触れる体験を通して、園児の心が安らぎ、豊かな感情、好奇心、思考力、表現力の基礎が培われることを踏まえ、園児が自然との関わりを深めることができるよう工夫すること。

(3) 身近な事象や動植物に対する感動を伝え合い、共感し合うことなどを通して自分から関わろうとする意欲を育てるとともに、様々な関わり方を通してそれらに対する親しみや畏敬の念、生命を大切にする気持ち、公共心、探究心などが養われるようにすること。

(4) 文化や伝統に親しむ際には、正月や節句など我が国の伝統的な行事、国歌、唱歌、わらべうたや我が国の伝統的な遊びに親しんだり、異なる文化に触れる活動に親しんだりすることを通じて、社会とのつながりの意識や国際理解の意識の芽生えなどが養われるようにすること。

(5) 数量や文字などに関しては、日常生活の中で園児自身の必要感に基づく体験を大切にし、数量や文字などに関する興味や関心、感覚が養われるようにすること。

言葉

〔経験したことや考えたことなどを自分なりの言葉で表現し、相手の話す言葉を聞こうとする意欲や態度を育て、言葉に対する感覚や言葉で表現する力を養う。〕

1 ねらい

(1) 自分の気持ちを言葉で表現する楽しさを味わう。

(2) 人の言葉や話などをよく聞き、自分の経験したことや考えたことを話し、伝え合う喜びを味わう。

(3) 日常生活に必要な言葉が分かるようになるとともに、絵本や物語などに親しみ、言葉に対する感覚を豊かにし、保育教諭等や友達と心を通わせる。

2 内容

(1) 保育教諭等や友達の言葉や話に興味や関心をもち、親しみをもって聞いたり、話したりする。

(2) したり、見たり、聞いたり、感じたり、考えたりなどしたことを自分なりに言葉で表現する。

(3) したいこと、してほしいことを言葉で表現したり、分からないことを尋ねたりする。

(4) 人の話を注意して聞き、相手に分かるように話す。

(5) 生活の中で必要な言葉が分かり、使う。

(6) 親しみをもって日常の挨拶をする。

(7) 生活の中で言葉の楽しさや美しさに気付く。

(8) いろいろな体験を通じてイメージや言葉を豊かにする。

(9) 絵本や物語などに親しみ、興味をもって聞き、想像をする楽しさを味わう。

(10) 日常生活の中で、文字などで伝える楽しさを味わう。

3 内容の取扱い

上記の取扱いに当たっては、次の事項に留意する必要がある。

(1) 言葉は、身近な人に親しみをもって接し、自分の感情や意志などを伝え、それに相手が応答し、その言葉を聞くことを通して次第に獲得されていくものであることを考慮して、園児が保育教諭等や他の園児と関わることにより心を動かされるような体験をし、言葉を交わす喜びを味わえるようにすること。

(2) 園児が自分の思いを言葉で伝えるとともに、保育教諭等や他の園児などの話を興味をもって注意して聞くことを通して次第に話を理解するようになっていき、言葉による伝え合いができるようにすること。

(3) 絵本や物語などで、その内容と自分の経験とを結び付けたり、想像を巡らせたりするなど、楽しみを十分に味わうことによって、次第に豊かなイメージをもち、言葉に対する感覚が養われるようにすること。

(4) 園児が生活の中で、言葉の響きやリズム、新しい言葉や表現などに触れ、これらを使う楽しさを味わえるようにすること。その際、絵本や物語に親しんだり、言葉遊びなどをしたりすることを通して、言葉が豊かになるようにすること。

(5) 園児が日常生活の中で、文字などを使いながら思ったことや考えたことを伝える喜びや楽しさを味わい、文字に対する興味や関心をもつようにすること。

表現

〔感じたことや考えたことを自分なりに表現することを通して、豊かな感性や表現する力を養い、創造性を豊かにする。〕

1 ねらい

(1) いろいろなものの美しさなどに対する豊かな感性をもつ。

(2) 感じたことや考えたことを自分なりに表現して楽しむ。
(3) 生活の中でイメージを豊かにし、様々な表現を楽しむ。

2 内 容

(1) 生活の中で様々な音、形、色、手触り、動きなどに気付いたり、感じたりするなどして楽しむ。
(2) 生活の中で美しいものや心を動かす出来事に触れ、イメージを豊かにする。
(3) 様々な出来事の中で、感動したことを伝え合う楽しさを味わう。
(4) 感じたこと、考えたことなどを音や動きなどで表現したり、自由にかいたり、つくったりなどする。
(5) いろいろな素材に親しみ、工夫して遊ぶ。
(6) 音楽に親しみ、歌を歌ったり、簡単なリズム楽器を使ったりなどする楽しさを味わう。
(7) かいたり、つくったりすることを楽しみ、遊びに使ったり、飾ったりなどする。
(8) 自分のイメージを動きや言葉などで表現したり、演じて遊んだりするなどの楽しさを味わう。

3 内容の取扱い

上記の取扱いに当たっては、次の事項に留意する必要がある。

(1) 豊かな感性は、身近な環境と十分に関わる中で美しいもの、優れたもの、心を動かす出来事などに出会い、そこから得た感動を他の園児や保育教諭等と共有し、様々に表現することなどを通して養われるようにすること。その際、風の音や雨の音、身近にある草や花の形や色など自然の中にある音、形、色などに気付くようにすること。
(2) 幼児期の自己表現は素朴な形で行われることが多いので、保育教諭等はそのような表現を受容し、園児自身の表現しようとする意欲を受け止めて、園児が生活の中で園児らしい様々な表現を楽しむことができるようにすること。
(3) 生活経験や発達に応じ、自ら様々な表現を楽しみ、表現する意欲を十分に発揮させることができるように、遊具や用具などを整えたり、様々な素材や表現の仕方に親しんだり、他の園児の表現に触れられるよう配慮したりし、表現する過程を大切にして自己表現を楽しめるように工夫すること。

第4 教育及び保育の実施に関する配慮事項

1 満三歳未満の園児の保育の実施については、以下の事項に配慮するものとする。

(1) 乳児は疾病への抵抗力が弱く、心身の機能の未熟さに伴う疾病の発生が多いことから、一人一人の発育及び発達状態や健康状態についての適切な判断に基づく保健的な対応を行うこと。また、一人一人の園児の生育歴の違いに留意しつつ、欲求を適切に満たし、特定の保育教諭等が応答的に関わるように努めること。更に、乳児期の園児の保育に関わる職員間の連携や学校医との連携を図り、第三章に示す事項を踏まえ、適切に対応すること。栄養士及び看護師等が配置されている場合は、その専門性を生かした対応を図ること。乳児期の園児の保育においては特に、保護者との信頼関係を築きながら保育を進めるとともに、保護者からの相談に応じ支援に努めていくこと。なお、担当の保育教諭等が替わる場合には、園児のそれまでの生育歴や発達の過程に留意し、職員間で協力して対応すること。
(2) 満一歳以上満三歳未満の園児は、特に感染症にかかりやすい時期であるので、体の状態、機嫌、食欲などの日常の状態の観察を十分に行うとともに、適切な判断に基づく保健的な対応を心掛けること。また、探索活動が十分できるように、事故防止に努めながら活動しやすい環境を整え、全身を使う遊びなど様々な遊びを取り入れること。更に、自我が形成され、園児が自分の感情や気持ちに気付くようになる重要な時期であることに鑑み、情緒の安定を図りながら、園児の自発的な活動を尊重するとともに促していくこと。なお、担当の保育教諭等が替わる場合には、園児のそれまでの経験や発達の過程に留意し、職員間で協力して対応すること。

2 幼保連携型認定こども園における教育及び保育の全般において以下の事項に配慮するものとする。

(1) 園児の心身の発達及び活動の実態などの個人差を踏まえるとともに、一人一人の園児の気持ちを受け止め、援助すること。
(2) 園児の健康は、生理的・身体的な育ちとともに、自主性や社会性、豊かな感性の育ちとがあいまってもたらされることに留意すること。
(3) 園児が自ら周囲に働き掛け、試行錯誤しつつ自分の力で行う活動を見守りながら、適切に援助すること。
(4) 園児の入園時の教育及び保育に当たって

は、できるだけ個別的に対応し、園児が安定感を得て、次第に幼保連携型認定こども園の生活になじんでいくようにするとともに、既に入園している園児に不安や動揺を与えないようにすること。

(5) 園児の国籍や文化の違いを認め、互いに尊重する心を育てるようにすること。

(6) 園児の性差や個人差にも留意しつつ、性別などによる固定的な意識を植え付けることがないようにすること。

第三章　健康及び安全

幼保連携型認定こども園における園児の健康及び安全は、園児の生命の保持と健やかな生活の基本となるものであり、第一章及び第二章の関連する事項と併せ、次に示す事項について適切に対応するものとする。その際、養護教諭や看護師、栄養教諭や栄養士等が配置されている場合には、学校医等と共に、これらの者がそれぞれの専門性を生かしながら、全職員が相互に連携し、組織的かつ適切な対応を行うことができるような体制整備や研修を行うことが必要である。

第1　健康支援

1 健康状態や発育及び発達の状態の把握

(1) 園児の心身の状態に応じた教育及び保育を行うために、園児の健康状態や発育及び発達の状態について、定期的・継続的に、また、必要に応じて随時、把握すること。

(2) 保護者からの情報とともに、登園時及び在園時に園児の状態を観察し、何らかの疾病が疑われる状態や傷害が認められた場合には、保護者に連絡するとともに、学校医と相談するなど適切な対応を図ること。

(3) 園児の心身の状態等を観察し、不適切な養育の兆候が見られる場合には、市町村（特別区を含む。以下同じ。）や関係機関と連携し、児童福祉法第二十五条に基づき、適切な対応を図ること。また、虐待が疑われる場合には、速やかに市町村又は児童相談所に通告し、適切な対応を図ること。

2 健康増進

(1) 認定こども園法第二十七条において準用する学校保健安全法（昭和三十三年法律第五十六号）第五条の学校保健計画を作成する際は、教育及び保育の内容並びに子育ての支援等に関する全体的な計画に位置づくものとし、全ての職員がそのねらいや内容を踏まえ、園児一人一人の健康の保持及び増進に努めていくこと。

(2) 認定こども園法第二十七条において準用する学校保健安全法第十三条第一項の健康診断を行ったときは、認定こども園法第二十七条において準用する学校保健安全法第十四条の措置を行い、教育及び保育に活用するとともに、保護者が園児の状態を理解し、日常生活に活用できるようにすること。

3 疾病等への対応

(1) 在園時に体調不良や傷害が発生した場合には、その園児の状態等に応じて、保護者に連絡するとともに、適宜、学校医やかかりつけ医等と相談し、適切な処置を行うこと。

(2) 感染症やその他の疾病の発生予防に努め、その発生や疑いがある場合には必要に応じて学校医、市町村、保健所等に連絡し、その指示に従うとともに、保護者や全ての職員に連絡し、予防等について協力を求めること。また、感染症に関する幼保連携型認定こども園の対応方法等について、あらかじめ関係機関の協力を得ておくこと。

(3) アレルギー疾患を有する園児に関しては、保護者と連携し、医師の診断及び指示に基づき、適切な対応を行うこと。また、食物アレルギーに関して、関係機関と連携して、当該幼保連携型認定こども園の体制構築など、安全な環境の整備を行うこと。

(4) 園児の疾病等の事態に備え、保健室の環境を整え、救急用の薬品、材料等を適切な管理の下に常備し、全ての職員が対応できるようにしておくこと。

第2　食育の推進

1 幼保連携型認定こども園における食育は、健康な生活の基本としての食を営む力の育成に向け、その基礎を培うことを目標とすること。

2 園児が生活と遊びの中で、意欲をもって食に関わる体験を積み重ね、食べることを楽しみ、食事を楽しみ合う園児に成長していくことを期待するものであること。

3 乳幼児期にふさわしい食生活が展開され、適切な援助が行われるよう、教育及び保育の内容並びに子育ての支援等に関する全体的な計画に基づき、食事の提供を含む食育の計画を作成し、指導計画に位置付けるとともに、その評価及び改善に努めること。

4 園児が自らの感覚や体験を通して、自然の恵みとしての食材や食の循環・環境への意識、調理する人への感謝の気持ちが育つように、園児と調理員等との関わりや、調理室など食に関する環境に配慮すること。

5　保護者や地域の多様な関係者との連携及び協働の下で、食に関する取組が進められること。また、市町村の支援の下に、地域の関係機関等との日常的な連携を図り、必要な協力が得られるよう努めること。

6　体調不良、食物アレルギー、障害のある園児など、園児一人一人の心身の状態等に応じ、学校医、かかりつけ医等の指示や協力の下に適切に対応すること。

第3　環境及び衛生管理並びに安全管理

1　環境及び衛生管理

(1)　認定こども園法第二十七条において準用する学校保健安全法第六条の学校環境衛生基準に基づき幼保連携型認定こども園の適切な環境の維持に努めるとともに、施設内外の設備、用具等の衛生管理に努めること。

(2)　認定こども園法第二十七条において準用する学校保健安全法第六条の学校環境衛生基準に基づき幼保連携型認定こども園の施設内外の適切な環境の維持に努めるとともに、園児及び全職員が清潔を保つようにすること。また、職員は衛生知識の向上に努めること。

2　事故防止及び安全対策

(1)　在園時の事故防止のために、園児の心身の状態等を踏まえつつ、認定こども園法第二十七条において準用する学校保健安全法第二十七条の学校安全計画の策定等を通じ、全職員の共通理解や体制づくりを図るとともに、家庭や地域の関係機関の協力の下に安全指導を行うこと。

(2)　事故防止の取組を行う際には、特に、睡眠中、プール活動・水遊び中、食事中等の場面では重大事故が発生しやすいことを踏まえ、園児の主体的な活動を大切にしつつ、施設内外の環境の配慮や指導の工夫を行うなど、必要な対策を講じること。

(3)　認定こども園法第二十七条において準用する学校保健安全法第二十九条の危険等発生時対処要領に基づき、事故の発生に備えるとともに施設内外の危険箇所の点検や訓練を実施すること。また、外部からの不審者等の侵入防止のための措置や訓練など不測の事態に備え必要な対応を行うこと。更に、園児の精神保健面における対応に留意すること。

第4　災害への備え

1　施設・設備等の安全確保

(1)　認定こども園法第二十七条において準用する学校保健安全法第二十九条の危険等発生時対処要領に基づき、災害等の発生に備えるとともに、防火設備、避難経路等の安全性が確保されるよう、定期的にこれらの安全点検を行うこと。

(2)　備品、遊具等の配置、保管を適切に行い、日頃から、安全環境の整備に努めること。

2　災害発生時の対応体制及び避難への備え

(1)　火災や地震などの災害の発生に備え、認定こども園法第二十七条において準用する学校保健安全法第二十九条の危険等発生時対処要領を作成する際には、緊急時の対応の具体的内容及び手順、職員の役割分担、避難訓練計画等の事項を盛り込むこと。

(2)　定期的に避難訓練を実施するなど、必要な対応を図ること。

(3)　災害の発生時に、保護者等への連絡及び子どもの引渡しを円滑に行うため、日頃から保護者との密接な連携に努め、連絡体制や引渡し方法等について確認をしておくこと。

3　地域の関係機関等との連携

(1)　市町村の支援の下に、地域の関係機関との日常的な連携を図り、必要な協力が得られるよう努めること。

(2)　避難訓練については、地域の関係機関や保護者との連携の下に行うなど工夫すること。

第四章　子育ての支援

幼保連携型認定こども園における保護者に対する子育ての支援は、子どもの利益を最優先して行うものとし、第一章及び第二章等の関連する事項を踏まえ、子どもの育ちを家庭と連携して支援していくとともに、保護者及び地域が有する子育てを自ら実践する力の向上に資するよう、次の事項に留意するものとする。

第1　子育ての支援全般に関わる事項

1　保護者に対する子育ての支援を行う際には、各地域や家庭の実態等を踏まえるとともに、保護者の気持ちを受け止め、相互の信頼関係を基本に、保護者の自己決定を尊重すること。

2　教育及び保育並びに子育ての支援に関する知識や技術など、保育教諭等の専門性や、園児が常に存在する環境など、幼保連携型認定こども園の特性を生かし、保護者が子どもの成長に気付き子育ての喜びを感じられるように努めること。

3　保護者に対する子育ての支援における地域の関係機関等との連携及び協働を図り、園全体の体制構築に努めること。

4　子どもの利益に反しない限りにおいて、保護者や子どものプライバシーを保護し、知り得た事柄の秘密を保持すること。

第2　幼保連携型認定こども園の園児の保護者に対する子育ての支援

1　日常の様々な機会を活用し、園児の日々の様子の伝達や収集、教育及び保育の意図の説明などを通じて、保護者との相互理解を図るよう努めること。

2　教育及び保育の活動に対する保護者の積極的な参加は、保護者の子育てを自ら実践する力の向上に寄与するだけでなく、地域社会における家庭や住民の子育てを自ら実践する力の向上及び子育ての経験の継承につながるきっかけとなる。これらのことから、保護者の参加を促すとともに、参加しやすいよう工夫すること。

3　保護者の生活形態が異なることを踏まえ、全ての保護者の相互理解が深まるように配慮すること。その際、保護者同士が子育てに対する新たな考えに出会い気付き合えるよう工夫すること。

4　保護者の就労と子育ての両立等を支援するため、保護者の多様化した教育及び保育の需要に応じて病児保育事業など多様な事業を実施する場合には、保護者の状況に配慮するとともに、園児の福祉が尊重されるよう努め、園児の生活の連続性を考慮すること。

5　地域の実態や保護者の要請により、教育を行う標準的な時間の終了後等に希望する園児を対象に一時預かり事業などとして行う活動については、保育教諭間及び家庭との連携を密にし、園児の心身の負担に配慮すること。その際、地域の実態や保護者の事情とともに園児の生活のリズムを踏まえつつ、必要に応じて、弾力的な運用を行うこと。

6　園児に障害や発達上の課題が見られる場合には、市町村や関係機関と連携及び協力を図りつつ、保護者に対する個別の支援を行うよう努めること。

7　外国籍家庭など、特別な配慮を必要とする家庭の場合には、状況等に応じて個別の支援を行うよう努めること。

8　保護者に育児不安等が見られる場合には、保護者の希望に応じて個別の支援を行うよう努めること。

9　保護者に不適切な養育等が疑われる場合には、市町村や関係機関と連携し、要保護児童対策地域協議会で検討するなど適切な対応を図ること。また、虐待が疑われる場合には、速やかに市町村又は児童相談所に通告し、適切な対応を図ること。

第3　地域における子育て家庭の保護者等に対する支援

1　幼保連携型認定こども園において、認定こども園法第二条第十二項に規定する子育て支援事業を実施する際には、当該幼保連携型認定こども園がもつ地域性や専門性などを十分に考慮して当該地域において必要と認められるものを適切に実施すること。また、地域の子どもに対する一時預かり事業などの活動を行う際には、一人一人の子どもの心身の状態などを考慮するとともに、教育及び保育との関連に配慮するなど、柔軟に活動を展開できるようにすること。

2　市町村の支援を得て、地域の関係機関等との積極的な連携及び協働を図るとともに、子育ての支援に関する地域の人材の積極的な活用を図るよう努めること。また、地域の要保護児童への対応など、地域の子どもを巡る諸課題に対し、要保護児童対策地域協議会など関係機関等と連携及び協力して取り組むよう努めること。

3　幼保連携型認定こども園は、地域の子どもが健やかに育成される環境を提供し、保護者に対する総合的な子育ての支援を推進するため、地域における乳幼児期の教育及び保育の中心的な役割を果たすよう努めること。

59 小学校学習指導要領（抄）

（平成二九年三月三一日文部科学省告示第六三号
平成三二年四月一日施行）

教育は、教育基本法第一条に定めるとおり、人格の完成を目指し、平和で民主的な国家及び社会の形成者として必要な資質を備えた心身ともに健康な国民の育成を期すという目的のもと、同法第二条に掲げる次の目標を達成するよう行われなければならない。

1 幅広い知識と教養を身に付け、真理を求める態度を養い、豊かな情操と道徳心を培うとともに、健やかな身体を養うこと。

2 個人の価値を尊重して、その能力を伸ばし、創造性を培い、自主及び自律の精神を養うとともに、職業及び生活との関連を重視し、勤労を重んずる態度を養うこと。

3 正義と責任、男女の平等、自他の敬愛と協力を重んずるとともに、公共の精神に基づき、主体的に社会の形成に参画し、その発展に寄与する態度を養うこと。

4 生命を尊び、自然を大切にし、環境の保全に寄与する態度を養うこと。

5 伝統と文化を尊重し、それらをはぐくんできた我が国と郷土を愛するとともに、他国を尊重し、国際社会の平和と発展に寄与する態度を養うこと。

これからの学校には、こうした教育の目的及び目標の達成を目指しつつ、一人一人の児童が、自分のよさや可能性を認識するとともに、あらゆる他者を価値のある存在として尊重し、多様な人々と協働しながら様々な社会的変化を乗り越え、豊かな人生を切り拓《ひら》き、持続可能な社会の創り手となることができるようにすることが求められる。このために必要な教育の在り方を具体化するのが、各学校において教育の内容等を組織的かつ計画的に組み立てた教育課程である。

教育課程を通して、これからの時代に求められる教育を実現していくためには、よりよい学校教育を通してよりよい社会を創るという理念を学校と社会とが共有し、それぞれの学校において、必要な学習内容をどのように学び、どのような資質・能力を身に付けられるようにするのかを教育課程において明確にしながら、社会との連携及び協働によりその実現を図っていくという、社会に開かれた教育課程の実現が重要となる。

学習指導要領とは、こうした理念の実現に向けて必要となる教育課程の基準を大綱的に定めるものである。学習指導要領が果たす役割の一つは、公の性質を有する学校における教育水準を全国的に確保することである。また、各学校がその特色を生かして創意工夫を重ね、長年にわたり積み重ねられてきた教育実践や学術研究の蓄積を生かしながら、児童や地域の現状や課題を捉え、家庭や地域社会と協力して、学習指導要領を踏まえた教育活動の更なる充実を図っていくことも重要である。

児童が学ぶことの意義を実感できる環境を整え、一人一人の資質・能力を伸ばせるようにしていくことは、教職員をはじめとする学校関係者はもとより、家庭や地域の人々も含め、様々な立場から児童や学校に関わる全ての大人に期待される役割である。幼児期の教育の基礎の上に、中学校以降の教育や生涯にわたる学習とのつながりを見通しながら、児童の学習の在り方を展望していくために広く活用されるものとなることを期待して、ここに小学校学習指導要領を定める。

第一章 総則

第1 小学校教育の基本と教育課程の役割

1 各学校においては、教育基本法及び学校教育法その他の法令並びにこの章以下に示すところに従い、児童の人間として調和のとれた育成を目指し、児童の心身の発達の段階や特性及び学校や地域の実態を十分考慮して、適切な教育課程を編成するものとし、これらに掲げる目標を達成するよう教育を行うものとする。

2 学校の教育活動を進めるに当たっては、各学校において、第3の1に示す主体的・対話的で深い学びの実現に向けた授業改善を通して、創意工夫を生かした特色ある教育活動を展開する中で、次の(1)から(3)までに掲げる事項の実現を図り、児童に生きる力を育むことを目指すものとする。

(1) 基礎的・基本的な知識及び技能を確実に習得させ、これらを活用して課題を解決するために必要な思考力、判断力、表現力等を育むとともに、主体的に学習に取り組む態度を養い、個性を生かし多様な人々との協働を促す教育の充実に努めること。その際、児童の発達の段階を考慮して、児童の言語活動など、学習の基盤をつくる活動を充実するとともに、家庭との連携を図りながら、児童の学習習慣が確立するよう配慮すること。

(2) 道徳教育や体験活動、多様な表現や鑑賞の活動等を通して、豊かな心や創造性の涵《かん》養を目指した教育の充実に努めること。

学校における道徳教育は、特別の教科である道徳（以下「道徳科」という。）を要として学校の教育活動全体を通じて行うものであり、道徳科はもとより、各教科、外国語活動、総合的な学習の時間及び特別活動のそれぞれの特質に応じて、児童の発達の段階を考慮して、適切な指導を行うこと。

道徳教育は、教育基本法及び学校教育法に定められた教育の根本精神に基づき、自己の生き方を考え、主体的な判断の下に行動し、自立した人間として他者と共によりよく生きるための基盤となる道徳性を養うことを目標とすること。

道徳教育を進めるに当たっては、人間尊重の精神と生命に対する畏敬の念を家庭、学校、その他社会における具体的な生活の中に生かし、豊かな心をもち、伝統と文化を尊重し、それらを育んできた我が国と郷土を愛し、個性豊かな文化の創造を図るとともに、平和で民主的な国家及び社会の形成者として、公共の精神を尊び、社会及び国家の発展に努め、他国を尊重し、国際社会の平和と発展や環境の保全に貢献し未来を拓《ひら》く主体性のある日本人の育成に資することとなるよう特に留意すること。

(3) 学校における体育・健康に関する指導を、児童の発達の段階を考慮して、学校の教育活動全体を通じて適切に行うことにより、健康で安全な生活と豊かなスポーツライフの実現を目指した教育の充実に努めること。特に、学校における食育の推進並びに体力の向上に関する指導、安全に関する指導及び心身の健康の保持増進に関する指導については、体育科、家庭科及び特別活動の時間はもとより、各教科、道徳科、外国語活動及び総合的な学習の時間などにおいてもそれぞれの特質に応じて適切に行うよう努めること。また、それらの指導を通して、家庭や地域社会との連携を図りながら、日常生活において適切な体育・健康に関する活動の実践を促し、生涯を通じて健康・安全で活力ある生活を送るための基礎が培われるよう配慮すること。

3 2の(1)から(3)までに掲げる事項の実現を図り、豊かな創造性を備え持続可能な社会の創り手となることが期待される児童に、生きる力を育むことを目指すに当たっては、学校教育全体並びに各教科、道徳科、外国語活動、総合的な学習の時間及び特別活動（以下「各教科等」という。ただし、第2の3の(2)のア及びウにおいて、特別活動については学級活動（学校給食に係るものを除く。）に限る。）の指導を通してどのような資質・能力の育成を目指すのかを明確にしながら、教育活動の充実を図るものとする。その際、児童の発達の段階や特性等を踏まえつつ、次に掲げることが偏りなく実現できるようにするものとする。

(1) 知識及び技能が習得されるようにすること。

(2) 思考力、判断力、表現力等を育成すること。

(3) 学びに向かう力、人間性等を涵《かん》養すること。

4 各学校においては、児童や学校、地域の実態を適切に把握し、教育の目的や目標の実現に必要な教育の内容等を教科等横断的な視点で組み立てていくこと、教育課程の実施状況を評価してその改善を図っていくこと、教育課程の実施に必要な人的又は物的な体制を確保するとともにその改善を図っていくことなどを通して、教育課程に基づき組織的かつ計画的に各学校の教育活動の質の向上を図っていくこと（以下「カリキュラム・マネジメント」という。）に努めるものとする。

第2 教育課程の編成

1 各学校の教育目標と教育課程の編成

教育課程の編成に当たっては、学校教育全体や各教科等における指導を通して育成を目指す資質・能力を踏まえつつ、各学校の教育目標を明確にするとともに、教育課程の編成についての基本的な方針が家庭や地域とも共有されるよう努めるものとする。その際、第五章総合的な学習の時間の第2の1に基づき定められる目標との関連を図るものとする。

2 教科等横断的な視点に立った資質・能力の育成

(1) 各学校においては、児童の発達の段階を考慮し、言語能力、情報活用能力（情報モラルを含む。）、問題発見・解決能力等の学習の基盤となる資質・能力を育成していくことができるよう、各教科等の特質を生かし、教科等横断的な視点から教育課程の編成を図るものとする。

(2) 各学校においては、児童や学校、地域の実態及び児童の発達の段階を考慮し、豊かな人生の実現や災害等を乗り越えて次代の社会を形成することに向けた現代的な諸課題に対応して求められる資質・能力を、教科等横断的な視点で育成していくことができるよう、各学校の特色を生かした教育課程の編成を図るものとする。

3 教育課程の編成における共通的事項

(1) 内容等の取扱い

ア 第二章以下に示す各教科、道徳科、外国語活動及び特別活動の内容に関する事項は、特に示す場合を除き、いずれの学校においても取り扱わなければならない。

イ 学校において特に必要がある場合には、第二章以下に示していない内容を加えて指導することができる。また、第二章以下に示す内容の取扱いのうち内容の範囲や程度等を示す事項は、全ての児童に対して指導するものとする内容の範囲や程度等を示したものであり、学校において特に必要がある場合には、この事項にかかわらず加えて指導することができる。ただし、これらの場合には、第二章以下に示す各教科、道徳科、外国語活動及び特別活動の目標や内容の趣旨を逸脱したり、児童の負担過重となったりすることのないようにしなければならない。

ウ 第二章以下に示す各教科、道徳科、外国語活動及び特別活動の内容に掲げる事項の順序は、特に示す場合を除き、指導の順序を示すものではないので、学校においては、その取扱いについて適切な工夫を加えるものとする。

エ 学年の内容を二学年まとめて示した教科及び外国語活動の内容は、二学年間かけて指導する事項を示したものである。各学校においては、これらの事項を児童や学校、地域の実態に応じ、二学年間を見通して計画的に指導することとし、特に示す場合を除き、いずれかの学年に分けて、又はいずれの学年においても指導するものとする。

オ 学校において二以上の学年の児童で編制する学級について特に必要がある場合には、各教科及び道徳科の目標の達成に支障のない範囲内で、各教科及び道徳科の目標及び内容について学年別の順序によらないことができる。

カ 道徳科を要として学校の教育活動全体を通じて行う道徳教育の内容は、第三章特別の教科道徳の第2に示す内容とし、その実施に当たっては、第6に示す道徳教育に関する配慮事項を踏まえるものとする。

(2) 授業時数等の取扱い

ア 各教科等の授業は、年間三五週（第一学年については三四週）以上にわたって行うよう計画し、週当たりの授業時数が児童の負担過重にならないようにするものとする。ただし、各教科等や学習活動の特質に応じ効果的な場合には、夏季、冬季、学年末等の休業日の期間に授業日を設定する場合を含め、これらの授業を特定の期間に行うことができる。

イ 特別活動の授業のうち、児童会活動、クラブ活動及び学校行事については、それらの内容に応じ、年間、学期ごと、月ごとなどに適切な授業時数を充てるものとする。

ウ 各学校の時間割については、次の事項を踏まえ適切に編成するものとする。

(ア) 各教科等のそれぞれの授業の一単位時間は、各学校において、各教科等の年間授業時数を確保しつつ、児童の発達の段階及び各教科等や学習活動の特質を考慮して適切に定めること。

(イ) 各教科等の特質に応じ、一〇分から一五分程度の短い時間を活用して特定の教科等の指導を行う場合において、教師が、単元や題材など内容や時間のまとまりを見通した中で、その指導内容の決定や指導の成果の把握と活用等を責任を持って行う体制が整備されているときは、その時間を当該教科等の年間授業時数に含めることができること。

(ウ) 給食、休憩などの時間については、各学校において工夫を加え、適切に定めること。

(エ) 各学校において、児童や学校、地域の実態、各教科等や学習活動の特質等に応じて、創意工夫を生かした時間割を弾力的に編成できること。

エ 総合的な学習の時間における学習活動により、特別活動の学校行事に掲げる各行事の実施と同様の成果が期待できる場合においては、総合的な学習の時間における学習活動をもって相当する特別活動の学校行事に掲げる各行事の実施に替えることができる。

(3) 指導計画の作成等に当たっての配慮事項

各学校においては、次の事項に配慮しながら、学校の創意工夫を生かし、全体として、調和のとれた具体的な指導計画を作成するものとする。

ア 各教科等の指導内容については、(1)のアを踏まえつつ、単元や題材など内容や時間のまとまりを見通しながら、そのまとめ方や重点の置き方に適切な工夫を加え、第3

の1に示す主体的・対話的で深い学びの実現に向けた授業改善を通して資質・能力を育む効果的な指導ができるようにすること。

イ　各教科等及び各学年相互間の関連を図り，系統的，発展的な指導ができるようにすること。

ウ　学年の内容を二学年まとめて示した教科及び外国語活動については，当該学年間を見通して，児童や学校，地域の実態に応じ，児童の発達の段階を考慮しつつ，効果的，段階的に指導するようにすること。

エ　児童の実態等を考慮し，指導の効果を高めるため，児童の発達の段階や指導内容の関連性等を踏まえつつ，合科的・関連的な指導を進めること。

4　学校段階等間の接続

教育課程の編成に当たっては，次の事項に配慮しながら，学校段階等間の接続を図るものとする。

(1)　幼児期の終わりまでに育ってほしい姿を踏まえた指導を工夫することにより，幼稚園教育要領等に基づく幼児期の教育を通して育まれた資質・能力を踏まえて教育活動を実施し，児童が主体的に自己を発揮しながら学びに向かうことが可能となるようにすること。

また，低学年における教育全体において，例えば生活科において育成する自立し生活を豊かにしていくための資質・能力が，他教科等の学習においても生かされるようにするなど，教科等間の関連を積極的に図り，幼児期の教育及び中学年以降の教育との円滑な接続が図られるよう工夫すること。特に，小学校入学当初においては，幼児期において自発的な活動としての遊びを通して育まれてきたことが，各教科等における学習に円滑に接続されるよう，生活科を中心に，合科的・関連的な指導や弾力的な時間割の設定など，指導の工夫や指導計画の作成を行うこと。

(2)　中学校学習指導要領及び高等学校学習指導要領を踏まえ，中学校教育及びその後の教育との円滑な接続が図られるよう工夫すること。特に，義務教育学校，中学校連携型小学校及び中学校併設型小学校においては，義務教育九年間を見通した計画的かつ継続的な教育課程を編成すること。

第3　教育課程の実施と学習評価

1　主体的・対話的で深い学びの実現に向けた授業改善

各教科等の指導に当たっては，次の事項に配慮するものとする。

(1)　第1の3の(1)から(3)までに示すことが偏りなく実現されるよう，単元や題材など内容や時間のまとまりを見通しながら，児童の主体的・対話的で深い学びの実現に向けた授業改善を行うこと。

特に，各教科等において身に付けた知識及び技能を活用したり，思考力，判断力，表現力等や学びに向かう力，人間性等を発揮させたりして，学習の対象となる物事を捉え思考することにより，各教科等の特質に応じた物事を捉える視点や考え方（以下「見方・考え方」という。）が鍛えられていくことに留意し，児童が各教科等の特質に応じた見方・考え方を働かせながら，知識を相互に関連付けてより深く理解したり，情報を精査して考えを形成したり，問題を見いだして解決策を考えたり，思いや考えを基に創造したりすることに向かう過程を重視した学習の充実を図ること。

(2)　第2の2の(1)に示す言語能力の育成を図るため，各学校において必要な言語環境を整えるとともに，国語科を要としつつ各教科等の特質に応じて，児童の言語活動を充実すること。あわせて，(7)に示すとおり読書活動を充実すること。

(3)　第2の2の(1)に示す情報活用能力の育成を図るため，各学校において，コンピュータや情報通信ネットワークなどの情報手段を活用するために必要な環境を整え，これらを適切に活用した学習活動の充実を図ること。また，各種の統計資料や新聞，視聴覚教材や教育機器などの教材・教具の適切な活用を図ること。

あわせて，各教科等の特質に応じて，次の学習活動を計画的に実施すること。

ア　児童がコンピュータで文字を入力するなどの学習の基盤として必要となる情報手段の基本的な操作を習得するための学習活動

イ　児童がプログラミングを体験しながら，コンピュータに意図した処理を行わせるために必要な論理的思考力を身に付けるための学習活動

(4)　児童が学習の見通しを立てたり学習したことを振り返ったりする活動を，計画的に取り入れるように工夫すること。

(5)　児童が生命の有限性や自然の大切さ，主体的に挑戦してみることや多様な他者と協働することの重要性などを実感しながら理解する

ことができるよう、各教科等の特質に応じた体験活動を重視し、家庭や地域社会と連携しつつ体系的・継続的に実施できるよう工夫すること。

(6) 児童が自ら学習課題や学習活動を選択する機会を設けるなど、児童の興味・関心を生かした自主的、自発的な学習が促されるよう工夫すること。

(7) 学校図書館を計画的に利用しその機能の活用を図り、児童の主体的・対話的で深い学びの実現に向けた授業改善に生かすとともに、児童の自主的、自発的な学習活動や読書活動を充実すること。また、地域の図書館や博物館、美術館、劇場、音楽堂等の施設の活用を積極的に図り、資料を活用した情報の収集や鑑賞等の学習活動を充実すること。

2 学習評価の充実

学習評価の実施に当たっては、次の事項に配慮するものとする。

(1) 児童のよい点や進歩の状況などを積極的に評価し、学習したことの意義や価値を実感できるようにすること。また、各教科等の目標の実現に向けた学習状況を把握する観点から、単元や題材など内容や時間のまとまりを見通しながら評価の場面や方法を工夫して、学習の過程や成果を評価し、指導の改善や学習意欲の向上を図り、資質・能力の育成に生かすようにすること。

(2) 創意工夫の中で学習評価の妥当性や信頼性が高められるよう、組織的かつ計画的な取組を推進するとともに、学年や学校段階を越えて児童の学習の成果が円滑に接続されるように工夫すること。

第4 児童の発達の支援

1 児童の発達を支える指導の充実

教育課程の編成及び実施に当たっては、次の事項に配慮するものとする。

(1) 学習や生活の基盤として、教師と児童との信頼関係及び児童相互のよりよい人間関係を育てるため、日頃から学級経営の充実を図ること。また、主に集団の場面で必要な指導や援助を行うガイダンスと、個々の児童の多様な実態を踏まえ、一人一人が抱える課題に個別に対応した指導を行うカウンセリングの双方により、児童の発達を支援すること。

あわせて、小学校の低学年、中学年、高学年の学年の時期の特長を生かした指導の工夫を行うこと。

(2) 児童が、自己の存在感を実感しながら、よりよい人間関係を形成し、有意義で充実した学校生活を送る中で、現在及び将来における自己実現を図っていくことができるよう、児童理解を深め、学習指導と関連付けながら、生徒指導の充実を図ること。

(3) 児童が、学ぶことと自己の将来とのつながりを見通しながら、社会的・職業的自立に向けて必要な基盤となる資質・能力を身に付けていくことができるよう、特別活動を要としつつ各教科等の特質に応じて、キャリア教育の充実を図ること。

(4) 児童が、基礎的・基本的な知識及び技能の習得も含め、学習内容を確実に身に付けることができるよう、児童や学校の実態に応じ、個別学習やグループ別学習、繰り返し学習、学習内容の習熟の程度に応じた学習、児童の興味・関心等に応じた課題学習、補充的な学習や発展的な学習などの学習活動を取り入れることや、教師間の協力による指導体制を確保することなど、指導方法や指導体制の工夫改善により、個に応じた指導の充実を図ること。その際、第3の1の(3)に示す情報手段や教材・教具の活用を図ること。

2 特別な配慮を必要とする児童への指導

(1) 障害のある児童などへの指導

ア 障害のある児童などについては、特別支援学校等の助言又は援助を活用しつつ、個々の児童の障害の状態等に応じた指導内容や指導方法の工夫を組織的かつ計画的に行うものとする。

イ 特別支援学級において実施する特別の教育課程については、次のとおり編成するものとする。

(ア) 障害による学習上又は生活上の困難を克服し自立を図るため、特別支援学校小学部・中学部学習指導要領第七章に示す自立活動を取り入れること。

(イ) 児童の障害の程度や学級の実態等を考慮の上、各教科の目標や内容を下学年の教科の目標や内容に替えたり、各教科を、知的障害者である児童に対する教育を行う特別支援学校の各教科に替えたりするなどして、実態に応じた教育課程を編成すること。

ウ 障害のある児童に対して、通級による指導を行い、特別の教育課程を編成する場合には、特別支援学校小学部・中学部学習指導要領第七章に示す自立活動の内容を参考とし、具体的な目標や内容を定め、指導を行うものとする。その際、効果的な指導が行われるよう、各教科等と通級による指導との関連を図るなど、教師間の連携に努めるものとする。

エ　障害のある児童などについては、家庭、地域及び医療や福祉、保健、労働等の業務を行う関係機関との連携を図り、長期的な視点で児童への教育的支援を行うために、個別の教育支援計画を作成し活用することに努めるとともに、各教科等の指導に当たって、個々の児童の実態を的確に把握し、個別の指導計画を作成し活用することに努めるものとする。特に、特別支援学級に在籍する児童や通級による指導を受ける児童については、個々の児童の実態を的確に把握し、個別の教育支援計画や個別の指導計画を作成し、効果的に活用するものとする。

(2) 海外から帰国した児童などの学校生活への適応や、日本語の習得に困難のある児童に対する日本語指導

ア　海外から帰国した児童などについては、学校生活への適応を図るとともに、外国における生活経験を生かすなどの適切な指導を行うものとする。

イ　日本語の習得に困難のある児童については、個々の児童の実態に応じた指導内容や指導方法の工夫を組織的かつ計画的に行うものとする。特に、通級による日本語指導については、教師間の連携に努め、指導についての計画を個別に作成することなどにより、効果的な指導に努めるものとする。

(3) 不登校児童への配慮

ア　不登校児童については、保護者や関係機関と連携を図り、心理や福祉の専門家の助言又は援助を得ながら、社会的自立を目指す観点から、個々の児童の実態に応じた情報の提供その他の必要な支援を行うものとする。

イ　相当の期間小学校を欠席し引き続き欠席すると認められる児童を対象として、文部科学大臣が認める特別の教育課程を編成する場合には、児童の実態に配慮した教育課程を編成するとともに、個別学習やグループ別学習など指導方法や指導体制の工夫改善に努めるものとする。

第5　学校運営上の留意事項

1　教育課程の改善と学校評価等

ア　各学校においては、校長の方針の下に、校務分掌に基づき教職員が適切に役割を分担しつつ、相互に連携しながら、各学校の特色を生かしたカリキュラム・マネジメントを行うよう努めるものとする。また、各学校が行う学校評価については、教育課程の編成、実施、改善が教育活動や学校運営の中核となることを踏まえ、カリキュラム・マネジメントと関連付けながら実施するよう留意するものとする。

イ　教育課程の編成及び実施に当たっては、学校保健計画、学校安全計画、食に関する指導の全体計画、いじめの防止等のための対策に関する基本的な方針など、各分野における学校の全体計画等と関連付けながら、効果的な指導が行われるように留意するものとする。

2　家庭や地域社会との連携及び協働と学校間の連携

教育課程の編成及び実施に当たっては、次の事項に配慮するものとする。

ア　学校がその目的を達成するため、学校や地域の実態等に応じ、教育活動の実施に必要な人的又は物的な体制を家庭や地域の人々の協力を得ながら整えるなど、家庭や地域社会との連携及び協働を深めること。また、高齢者や異年齢の子供など、地域における世代を越えた交流の機会を設けること。

イ　他の小学校や、幼稚園、認定こども園、保育所、中学校、高等学校、特別支援学校などとの間の連携や交流を図るとともに、障害のある幼児児童生徒との交流及び共同学習の機会を設け、共に尊重し合いながら協働して生活していく態度を育むようにすること。

第6　道徳教育に関する配慮事項

道徳教育を進めるに当たっては、道徳教育の特質を踏まえ、前項までに示す事項に加え、次の事項に配慮するものとする。

1　各学校においては、第1の2の(2)に示す道徳教育の目標を踏まえ、道徳教育の全体計画を作成し、校長の方針の下に、道徳教育の推進を主に担当する教師（以下「道徳教育推進教師」という。）を中心に、全教師が協力して道徳教育を展開すること。なお、道徳教育の全体計画の作成に当たっては、児童や学校、地域の実態を考慮して、学校の道徳教育の重点目標を設定するとともに、道徳科の指導方針、第三章特別の教科道徳の第2に示す内容との関連を踏まえた各教科、外国語活動、総合的な学習の時間及び特別活動における指導の内容及び時期並びに家庭や地域社会との連携の方法を示すこと。

2　各学校においては、児童の発達の段階や特性

等を踏まえ、指導内容の重点化を図ること。その際、各学年を通じて、自立心や自律性、生命を尊重する心や他者を思いやる心を育てることに留意すること。また、各学年段階においては、次の事項に留意すること。

(1) 第一学年及び第二学年においては、挨拶などの基本的な生活習慣を身に付けること、善悪を判断し、してはならないことをしないこと、社会生活上のきまりを守ること。

(2) 第三学年及び第四学年においては、善悪を判断し、正しいと判断したことを行うこと、身近な人々と協力し助け合うこと、集団や社会のきまりを守ること。

(3) 第五学年及び第六学年においては、相手の考え方や立場を理解して支え合うこと、法やきまりの意義を理解して進んで守ること、集団生活の充実に努めること、伝統と文化を尊重し、それらを育んできた我が国と郷土を愛するとともに、他国を尊重すること。

3 学校や学級内の人間関係や環境を整えるとともに、集団宿泊活動やボランティア活動、自然体験活動、地域の行事への参加などの豊かな体験を充実すること。また、道徳教育の指導内容が、児童の日常生活に生かされるようにすること。その際、いじめの防止や安全の確保等にも資することとなるよう留意すること。

4 学校の道徳教育の全体計画や道徳教育に関する諸活動などの情報を積極的に公表したり、道徳教育の充実のために家庭や地域の人々の積極的な参加や協力を得たりするなど、家庭や地域社会との共通理解を深め、相互の連携を図ること。

第 3 部

通　知

60 保育所保育指針の適用に際しての留意事項について

（平成三〇年三月三〇日 子保発〇三三〇第二号
各都道府県民生主管部（局）長 各指定都市・
中核市民生主管部（局）長宛
厚生労働省子ども家庭局保育課長通知）

平成三十年四月一日より保育所保育指針（平成二十九年厚生労働省告示第百十七号。以下「保育所保育指針」という。）が適用されるが、その適用に際しての留意事項は、下記のとおりであるため、十分御了知の上、貴管内の市区町村、保育関係者等に対して遅滞なく周知し、その運用に遺漏のないよう御配慮願いたい。

なお、本通知は、地方自治法（昭和二十二年法律第六十七号）第二百四十五条の四第一項の規定に基づく技術的助言である。

また、本通知をもって、「保育所保育指針の施行に際しての留意事項について」（平成二十年三月二十八日付け雇児保発第〇三二八〇〇一号厚生労働省雇用均等・児童家庭局保育課長通知）を廃止する。

記

1. 保育所保育指針の適用について

(1) 保育所保育指針の保育現場等への周知について

平成三十年四月一日より保育所保育指針が適用されるに当たり、その趣旨及び内容が、自治体の職員、保育所、家庭的保育事業者等及び認可外保育施設の保育関係者、指定保育士養成施設の関係者、子育て中の保護者等に十分理解され、保育現場における保育の実践、保育士養成課程の教授内容等に十分反映されるよう、改めて周知を図られたい。

なお、周知に当たっては、保育所保育指針の内容の解説、保育を行う上での留意点等を記載した「保育所保育指針解説」を厚生労働省のホームページに公開しているので、当該解説を活用されたい。

○ 保育所保育指針解説 ［略］

(2) 保育所保育指針に関する指導監査について

「児童福祉行政指導監査の実施について」（平成十二年四月二十五日付け児発第四七一号厚生省児童家庭局長通知）に基づき、保育所保育指針に関する保育所の指導監査を実施する際には、以下①から③までの内容に留意されたい。

①保育所保育指針において、具体的に義務や努力義務が課せられている事項を中心に実施すること。

②他の事項に関する指導監査とは異なり、保育の内容及び運営体制について、各保育所の創意工夫や取組を尊重しつつ、取組の結果のみではなく、取組の過程（※1）に着目して実施すること。

（※1. 保育所保育指針第1章の3(1)から(5)までに示す、全体的な計画の作成、指導計画の作成、指導計画の展開、保育の内容等の評価及び評価を踏まえた計画の改善等）

③保育所保育指針の参考資料として取りまとめた「保育所保育指針解説」のみを根拠とした指導等を行うことのないよう留意すること。

2. 小学校との連携について

保育所においては、保育士等が、自らの保育実践の過程を振り返り、子どもの心の育ち、意欲等について理解を深め、専門性の向上及び保育実践の改善に努めることが求められる。また、その内容が小学校（義務教育学校の前期課程及び特別支援学校の小学部を含む。以下同じ。）に適切に引き継がれ、保育所保育において育まれた資質・能力を踏まえて小学校教育が円滑に行われるよう、保育所と小学校との間で「幼児期の終わりまでに育ってほしい姿」を共有するなど、小学校との連携を図ることが重要である。

このような認識の下、保育所と小学校との連携を確保するという観点から、保育所から小学校に子どもの育ちを支えるための資料として、従前より保育所児童保育要録が送付されるよう求めているが、保育所保育指針第2章の4(2)「小学校との連携」に示す内容を踏まえ、今般、保育所児童保育要録について、

- 養護及び教育が一体的に行われるという保育所保育の特性を踏まえた記載事項
- 「幼児期の終わりまでに育ってほしい姿」の活用、特別な配慮を要する子どもに関する記載内容等の取扱い上の注意事項

等について見直し（※2）を行った。見直し後の保育所児童保育要録の取扱い等については、以下(1)及び(2)に示すとおりであるので留意されたい。

（※2. 見直しの趣旨等については、別添2「保育所児童保育要録の見直し等について（検討の整理）」（二〇一八（平成三十）年二月七日保育所児童保育要録の見直し検討会）」参照）

(1) 保育所児童保育要録の取扱いについて

ア 記載事項

保育所児童保育要録には、別添1「保育所児童保育要録に記載する事項」に示す事項を記載すること。

なお、各市区町村においては、地域の実情等を踏まえ、別紙資料を参考として様式を作成し、管内の保育所に配布すること。

イ　実施時期

本通知を踏まえた保育所児童保育要録の作成は、平成三十年度から実施すること。なお、平成三十年度の保育所児童保育要録の様式を既に用意している場合には、必ずしも新たな様式により保育所児童保育要録を作成する必要はないこと。

ウ　取扱い上の注意

(ア)　保育所児童保育要録の作成、送付及び保存については、以下①から③までの取扱いに留意すること。また、各市区町村においては、保育所児童保育要録が小学校に送付されることについて市区町村教育委員会にあらかじめ周知を行うなど、市区町村教育委員会との連携を図ること。

①　保育所児童保育要録は、最終年度の子どもについて作成すること。作成に当たっては、施設長の責任の下、担当の保育士が記載すること。

②　子どもの就学に際して、作成した保育所児童保育要録の抄本又は写しを就学先の小学校の校長に送付すること。

③　保育所においては、作成した保育所児童保育要録の原本等について、その子どもが小学校を卒業するまでの間保存することが望ましいこと。

(イ)　保育所児童保育要録の作成に当たっては、保護者との信頼関係を基盤として、保護者の思いを踏まえつつ記載するとともに、その送付について、入所時や懇談会等を通して、保護者に周知しておくことが望ましいこと。その際には、個人情報保護及び情報開示の在り方に留意すること。

(ウ)　障害や発達上の課題があるなど特別な配慮を要する子どもについて「保育の過程と子どもの育ちに関する事項」及び「最終年度に至るまでの育ちに関する事項」を記載する際には、診断名及び障害の特性のみではなく、その子どもが育ってきた過程について、その子どもの抱える生活上の課題、人との関わりにおける困難等に応じて行われてきた保育における工夫及び配慮を考慮した上で記載すること。

なお、地域の身近な場所で一貫して効果的に支援する体制を構築する観点から、保育所、児童発達支援センター等の関係機関で行われてきた支援が就学以降も継続するように、保護者の意向及び個人情報の取扱いに留意しながら、必要に応じて、保育所における支援の情報を小学校と共有することが考えられること。

(エ)　配偶者からの暴力の被害者と同居する子どもについては、保育所児童保育要録の記述を通じて就学先の小学校名や所在地等の情報が配偶者（加害者）に伝わることが懸念される場合がある。このような特別の事情がある場合には、「配偶者からの暴力の被害者の子どもの就学について（通知）」（平成二十一年七月十三日付け二一生参学第七号文部科学省生涯学習政策局男女共同参画学習課長・文部科学省初等中等教育局初等中等教育企画課長連名通知）を参考に、関係機関等との連携を図りながら、適切に情報を取り扱うこと。

(オ)　保育士等の専門性の向上や負担感の軽減を図る観点から、情報の適切な管理を図りつつ、情報通信技術の活用により保育所児童保育要録に係る事務の改善を検討することも重要であること。なお、保育所児童保育要録について、情報通信技術を活用して書面の作成、送付及び保存を行うことは、現行の制度上も可能であること。

(カ)　保育所児童保育要録は、児童の氏名、生年月日等の個人情報を含むものであるため、個人情報の保護に関する法律（平成十五年法律第五十七号）等を踏まえて適切に個人情報を取り扱うこと。なお、個人情報の保護に関する法令上の取扱いは以下の①及び②のとおりである。

①　公立の保育所については、各市区町村が定める個人情報保護条例に準じた取扱いとすること。

②　私立の保育所については、個人情報の保護に関する法律第二条第五項に規定する個人情報取扱事業者に該当し、原則として個人情報を第三者に提供する際には本人の同意が必要となるが、保育所保育指針第2章の4(2)ウに基づいて保育所児童保育要録を送付する場合においては、同法第二十三条第一項第一号に掲げる法令に基づく場合に該当するため、第三者提供について本人（保護者）の同意は不要であること。

エ　保育所型認定こども園における取扱い

保育所型認定こども園においては、「幼保連携型認定こども園園児指導要録の改善及び認定こども園こども要録の作成等に関する留意事項等について（通知）」（平成三十年三月三十日付け府子本第三一五号・二九初幼教第一七号・子保発〇三三〇第三号内閣府子ども・子育て本部参事官（認定こども園担当）・文部科学省初等中等教育局幼児教育課長・厚生労働省子ども家庭局保育課長連名通知）を参考にして、各市区町村と相談しつつ、各設置者等の創意工夫の下、同通知に基づく認定こども園こども要録（以下「認定こども園こども要録」という。）を作成することも可能であること。その際、送付及び保存についても同通知に準じて取り扱うこと。また、認定こども園こども要録を作成した場合には、同一の子どもについて、保育所児童保育要録を作成する必要はないこと。

(2)　保育所と小学校との間の連携の促進体制について

保育所と小学校との間の連携を一層促進するためには、地域における就学前後の子どもの育ち等について、地域の関係者が理解を共有することが重要であり、

- 保育所、幼稚園、認定こども園、小学校等の関係者が参加する合同研修会、連絡協議会等を設置するなど、関係者の交流の機会を確保すること、
- 保育所、幼稚園、認定こども園、小学校等の管理職が連携及び交流の意義及び重要性を理解し、組織として取組を進めること

等が有効と考えられるため、各自治体において、

別紙資料1

（様式の参考例）

保育所児童保育要録（入所に関する記録）

児　童	ふりがな 氏　名			性　別	
		年　　月　　日生			
	現住所				
保護者	ふりがな 氏　名				
	現住所				
入　所	年　　月　　日	卒　所	年　　月　　日		
就学先					
保育所名 及び所在地					
施　設　長 氏　名					
担当保育士 氏　名					

（様式の参考例）

保育所児童保育要録（保育に関する記録）

本資料は，就学に際して保育所と小学校（義務教育学校の前期課程及び特別支援学校の小学部を含む。）が子どもに関する情報を共有し，子どもの育ちを支えるための資料である。

		保育の過程と子どもの育ちに関する事項	最終年度に至るまでの育ちに関する事項
ふりがな		（最終年度の重点）	
氏　名			
生年月日	年　　月　　日		
性　別		（個人の重点）	
ねらい （発達を捉える視点）			
健康	明るく伸び伸びと行動し，充実感を味わう。	（保育の展開と子どもの育ち）	
	自分の体を十分に動かし，進んで運動しようとする。		
	健康，安全な生活に必要な習慣や態度を身に付け，見通しをもって行動する。		
人間関係	保育所の生活を楽しみ，自分の力で行動することの充実感を味わう。		
	身近な人と親しみ，関わりを深め，工夫したり，協力したりして一緒に活動する楽しさを味わい，愛情や信頼感をもつ。		
	社会生活における望ましい習慣や態度を身に付ける。		
環境	身近な環境に親しみ，自然と触れ合う中で様々な事象に興味や関心をもつ。		幼児期の終わりまでに育ってほしい姿 ※各項目の内容等については，別紙に示す「幼児期の終わりまでに育ってほしい姿について」を参照すること。
	身近な環境に自分から関わり，発見を楽しんだり，考えたりし，それを生活に取り入れようとする。		
	身近な事象を見たり，考えたり，扱ったりする中で，物の性質や数量，文字などに対する感覚を豊かにする。		健康な心と体
言葉	自分の気持ちを言葉で表現する楽しさを味わう。		自立心
	人の言葉や話などをよく聞き，自分の経験したことや考えたことを話し，伝え合う喜びを味わう。		協同性
	日常生活に必要な言葉が分かるようになるとともに，絵本や物語などに親しみ，言葉に対する感覚を豊かにし，保育士等や友達と心を通わせる。		道徳性・規範意識の芽生え 社会生活との関わり 思考力の芽生え
表現	いろいろなものの美しさなどに対する豊かな感性をもつ。		自然との関わり・生命尊重
	感じたことや考えたことを自分なりに表現して楽しむ。	（特に配慮すべき事項）	数量や図形，標識や文字などへの関心・感覚
	生活の中でイメージを豊かにし，様々な表現を楽しむ。		言葉による伝え合い 豊かな感性と表現

保育所における保育は，養護及び教育を一体的に行うことをその特性とするものであり，保育所における保育全体を通じて，養護に関するねらい及び内容を踏まえた保育が展開されることを念頭に置き，次の各事項を記入すること。

○保育の過程と子どもの育ちに関する事項

＊最終年度の重点：年度当初に，全体的な計画に基づき長期の見通しとして設定したものを記入すること。

＊個人の重点：１年間を振り返って，子どもの指導について特に重視してきた点を記入すること。

＊保育の展開と子どもの育ち：最終年度の１年間の保育における指導の過程と子どもの発達の姿（保育所保育指針第２章「保育の内容」に示された各領域のねらいを視点として，子どもの発達の実情から向上が著しいと思われるもの）を，保育所の生活を通して全体的，総合的に捉えて記入すること。その際，他の子どもとの比較や一定の基準に対する達成度についての評定によって捉えるものではないことに留意すること。あわせて，就学後の指導に必要と考えられる配慮事項等について記入すること。別紙を参照し，「幼児期の終わりまでに育ってほしい姿」を活用して子どもに育まれている資質・能力を捉え，指導の過程と育ちつつある姿をわかりやすく記入するように留意すること。

＊特に配慮すべき事項：子どもの健康の状況等，就学後の指導において配慮が必要なこととして，特記すべき事項がある場合に記入すること。

○最終年度に至るまでの育ちに関する事項

子どもの入所時から最終年度に至るまでの育ちに関し，最終年度における保育の過程と子どもの育ちの姿を理解する上で，特に重要と考えられることを記入すること。

関係部局と連携し、これらの取組を積極的に支援・推進すること。

別添1

保育所児童保育要録に記載する事項

（別紙資料1「様式の参考例」を参照）

○ 入所に関する記録
1 児童の氏名、性別、生年月日及び現住所
2 保護者の氏名及び現住所
3 児童の保育期間（入所及び卒所年月日）
4 児童の就学先（小学校名）
5 保育所名及び所在地
6 施設長及び担当保育士氏名

○ 保育に関する記録

保育に関する記録は、保育所において作成した様々な記録の内容を踏まえて、最終年度（小学校就学の始期に達する直前の年度）の一年間における保育の過程と子どもの育ちを要約し、就学に際して保育所と小学校が子どもに関する情報を共有し、子どもの育ちを支えるための資料としての性格を持つものとすること。

また、保育所における保育は、養護及び教育を一体的に行うことをその特性とするものであり、保育所における保育全体を通じて、養護に関するねらい及び内容を踏まえた保育が展開されることを念頭に置き、記載すること。

1 保育の過程と子どもの育ちに関する事項

最終年度における保育の過程及び子どもの育ちについて、次の視点から記入すること。

(1) 最終年度の重点

年度当初に、全体的な計画に基づき長期の見通しとして設定したものを記入すること。

(2) 個人の重点

一年間を振り返って、子どもの指導について特に重視してきた点を記入すること。

(3) 保育の展開と子どもの育ち

次の事項について記入すること。

① 最終年度の一年間の保育における指導の過程及び子どもの発達の姿について、以下の事項を踏まえ記入すること。

・保育所保育指針第2章「保育の内容」に示された各領域のねらいを視点として、子どもの発達の実情から向上が著しいと思われるもの。その際、他の子どもとの比較や一定の基準に対する達成度についての評定によって捉えるものではないことに留意すること。

・保育所の生活を通して全体的、総合的に捉えた子どもの発達の姿。

② 就学後の指導に必要と考えられる配慮事項等について記入すること。

③ 記入に当たっては、特に小学校における子どもの指導に生かされるよう、保育所保育指針第1章「総則」に示された「幼児期の終わりまでに育ってほしい姿」を活用して子どもに育まれている資質・能力を捉え、指導の過程と育ちつつある姿をわかりやすく記入するように留意すること。その際、別紙資料1に示す「幼児期の終わりまでに育ってほしい姿について」を参照するなどして、「幼児期の終わりまでに育ってほしい姿」の趣旨や内容を十分に理解するとともに、これらが到達すべき目標ではないことに留意し、項目別に子どもの育ちつつある姿を記入するのではなく、全体的かつ総合的に捉えて記入すること。

(4) 特に配慮すべき事項

子どもの健康の状況等、就学後の指導における配慮が必要なこととして、特記すべき事項がある場合に記入すること。

2 最終年度に至るまでの育ちに関する事項

子どもの入所時から最終年度に至るまでの育ちに関して、最終年度における保育の過程と子どもの育ちの姿を理解する上で、特に重要と考えられることを記入すること。

（様式の参考例）

（別紙） 幼児期の終わりまでに育ってほしい姿について ［略］

別添2 保育所児童保育要録の見直し等について（検討の整理） ［略］

61 幼稚園及び特別支援学校幼稚部における指導要録の改善について

（平成三〇年三月三〇日　二九文科初第一八一四号
各都道府県教育委員会教育長　各都道府県知事　附属幼稚園、小学校及び特別支援学校を置く各国立大学法人学長宛
文部科学省初等中等教育局長通知）

幼稚園及び特別支援学校幼稚部（以下「幼稚園等」という。）における指導要録は、幼児の学籍並びに指導の過程及びその結果の要約を記録し、その後の指導及び外部に対する証明等に役立たせるための原簿となるものです。

今般の幼稚園教育要領及び特別支援学校幼稚部教育要領の改訂に伴い、文部科学省では、各幼稚園等において幼児理解に基づいた評価が適切に行われるとともに、地域に根ざした主体的かつ積極的な教育の展開の観点から、各設置者等において指導要録の様式が創意工夫の下決定され、また、各幼稚園等により指導要録が作成されるよう、指導要録に記載する事項や様式の参考例についてとりまとめましたのでお知らせします。

つきましては、下記に示す幼稚園等における評価の基本的な考え方及び指導要録の改善の要旨等並びに別紙1及び2、別添資料1及び2（様式の参考例）に関して十分御了知の上、都道府県教育委員会におかれては所管の学校及び域内の市町村教育委員会に対し、都道府県知事におかれては所轄の学校に対し、各国立大学法人学長におかれてはその管下の学校に対して、この通知の趣旨を十分周知されるようお願いします。

また、幼稚園等と小学校、義務教育学校の前期課程及び特別支援学校の小学部（以下「小学校等」という。）との緊密な連携を図る観点から、小学校等においてもこの通知の趣旨の理解が図られるようお願いします。

なお、この通知により、平成二十一年一月二十八日付け二〇文科初第一一三七号「幼稚園幼児指導要録の改善について（通知）」、平成二十一年三月九日付け二〇文科初第一三一五号「特別支援学校幼稚部幼児指導要録の改善について（通知）」は廃止します。

記

1　幼稚園等における評価の基本的な考え方

幼児一人一人の発達の理解に基づいた評価の実施に当たっては、次の事項に配慮すること。

(1)　指導の過程を振り返りながら幼児の理解を進め、幼児一人一人のよさや可能性などを把握し、指導の改善に生かすようにすること。その際、他の幼児との比較や一定の基準に対する達成度についての評定によって捉えるものではないことに留意すること。

(2)　評価の妥当性や信頼性が高められるよう創意工夫を行い、組織的かつ計画的な取組を推進するとともに、次年度又は小学校等にその内容が適切に引き継がれるようにすること。

2　指導要録の改善の要旨

「指導上参考となる事項」について、これまでの記入の考え方を引き継ぐとともに、最終学年の記入に当たっては、特に小学校等における児童の指導に生かされるよう、「幼児期の終わりまでに育ってほしい姿」を活用して幼児に育まれている資質・能力を捉え、指導の過程と育ちつつある姿を分かりやすく記入することに留意するよう追記したこと。このことを踏まえ、様式の参考例を見直したこと。

3　実施時期

この通知を踏まえた指導要録の作成は、平成三十年度から実施すること。なお、平成三十年度に新たに入園、入学（転入園、転入学含む。）、進級する幼児のために指導要録の様式を用意している場合には様式についてはこの限りではないこと。

この通知を踏まえた指導要録を作成する場合、既に在園、在学している幼児の指導要録については、従前の指導要録に記載された事項を転記する必要はなく、この通知を踏まえて作成された指導要録と併せて保存すること。

4　取扱い上の注意

(1)　指導要録の作成、送付及び保存については、学校教育法施行規則（昭和二十二年文部省令第十一号）第二十四条及び第二十八条の規定によること。なお、同施行規則第二十四条第二項により小学校等の進学先に指導要録の抄本又は写しを送付しなければならないことに留意すること。

(2)　指導要録の記載事項に基づいて外部への証明等を作成する場合には、その目的に応じて必要な事項だけを記載するよう注意すること。

(3)　配偶者からの暴力の被害者と同居する幼児については、転園した幼児の指導要録の記述を通じて転園先、転学先の名称や所在地等の情報が配偶者（加害者）に伝わることが懸念される場合がある。このような特別の事情がある場合には、平成二十一年七月十三日付け二一生参学第七号「配偶者からの暴力の被害者の子どもの就学について（通知）」を参考に、関係機関等との連携を図りながら、適切に情報を取り扱うこと。

(4) 評価の妥当性や信頼性を高めるとともに、教師の負担感の軽減を図るため、情報の適切な管理を図りつつ、情報通信技術の活用により指導要録等に係る事務の改善を検討することも重要であること。なお、法令に基づく文書である指導要録について、書面の作成、保存、送付を情報通信技術を活用して行うことは、現行の制度上も可能であること。

(5) 別添資料1及び2（様式の参考例）の用紙や文字の大きさ等については、各設置者等の判断で適宜工夫できること。

5 幼稚園型認定こども園における取扱い上の注意

幼稚園型認定こども園においては、「幼保連携型認定こども園園児指導要録の改善及び認定こども園こども要録の作成等に関する留意事項等について（通知）」（平成三十年三月三十日付け府子本第三一五号・二九初幼教第一七号・子保発〇三三〇第三号）を踏まえ、認定こども園こども要録の作成を行うこと。なお、幼稚園幼児指導要録を作成することも可能であること。

別紙1

幼稚園幼児指導要録に記載する事項

○ **学籍に関する記録**

学籍に関する記録は、外部に対する証明等の原簿としての性格をもつものとし、原則として、入園時及び異動の生じたときに記入すること。

1 幼児の氏名、性別、生年月日及び現住所

2 保護者（親権者）氏名及び現住所

3 学籍の記録

(1) 入園年月日

(2) 転入園年月日

他の幼稚園や特別支援学校幼稚部、保育所、幼保連携型認定こども園等から転入園してきた幼児について記入する。

(3) 転・退園年月日

他の幼稚園や特別支援学校幼稚部、保育所、幼保連携型認定こども園等へ転園する幼児や退園する幼児について記入する。

(4) 修了年月日

4 入園前の状況

保育所等での集団生活の経験の有無等を記入すること。

5 進学先等

進学した小学校等や転園した幼稚園、保育所等の名称及び所在地等を記入すること。

6 園名及び所在地

7 各年度の入園（転入園）・進級時の幼児の年齢、園長の氏名及び学級担任の氏名

各年度に、園長の氏名、学級担任者の氏名を記入し、それぞれ押印する。（同一年度内に園長又は学級担任者が代わった場合には、その都度後任者の氏名を併記する。）

なお、氏名の記入及び押印については、電子署名（電子署名及び認証業務に関する法律（平成十二年法律第百二号）第二条第一項に定義する「電子署名」をいう。）を行うことで替えることも可能である。

○ **指導に関する記録**

指導に関する記録は、一年間の指導の過程とその結果を要約し、次の年度の適切な指導に資するための資料としての性格をもつものとすること。

1 指導の重点等

当該年度における指導の過程について次の視点から記入すること。

(1) 学年の重点

年度当初に、教育課程に基づき長期の見通しとして設定したものを記入すること。

(2) 個人の重点

一年間を振り返って、当該幼児の指導について特に重視してきた点を記入すること。

2 指導上参考となる事項

(1) 次の事項について記入すること。

① 一年間の指導の過程と幼児の発達の姿について以下の事項を踏まえ記入すること。

• 幼稚園教育要領第2章「ねらい及び内容」に示された各領域のねらいを視点として、当該幼児の発達の実情から向上が著しいと思われるもの。その際、他の幼児との比較や一定の基準に対する達成度についての評定によって捉えるものではないことに留意すること。

• 幼稚園生活を通して全体的、総合的に捉えた幼児の発達の姿。

② 次の年度の指導に必要と考えられる配慮事項等について記入すること。

③ 最終年度の記入に当たっては、特に小学校等における児童の指導に生かされるよう、幼稚園教育要領第1章総則に示された「幼児期の終わりまでに育ってほしい姿」を活用して幼児に育まれている資質・能力を捉え、指導の過程と育ちつつある姿を分かりやすく記入するように留意すること。その際、「幼児期の終わりまでに育ってほしい姿」が到達すべき目標ではないことに留意し、項目別に幼児の育ちつつある姿を記入するのではなく、全体的、総合的に捉えて記入すること。

別添資料1
（様式の参考例）

幼稚園幼児指導要録（学籍に関する記録）

区分＼年度	平成　年度	平成　年度	平成　年度	平成　年度
学　級				
整理番号				

幼　児	ふりがな 氏　名		性　別	
		平成　年　月　日生		
	現住所			
保護者	ふりがな 氏　名			
	現住所			

入　園	平成　年　月　日	入園前の 状　況	
転入園	平成　年　月　日		
転・退園	平成　年　月　日	進学先等	
修　了	平成　年　月　日		

幼稚園名 及び所在地	

年度及び入園(転入園)・ 進級時の幼児の年齢	平成　年度 歳　か月	平成　年度 歳　か月	平成　年度 歳　か月	平成　年度 歳　か月
園　長 氏名　印				
学級担任者 氏名　印				

（様式の参考例）

幼稚園幼児指導要録（指導に関する記録）

ふりがな		指導の重点等	平成　　年度	平成　　年度	平成　　年度
氏名	平成　年　月　日生		（学年の重点）	（学年の重点）	（学年の重点）
性別			（個人の重点）	（個人の重点）	（個人の重点）
ねらい（発達を捉える視点）					
健康	明るく伸び伸びと行動し，充実感を味わう。	指導上参考となる事項			
	自分の体を十分に動かし，進んで運動しようとする。				
	健康，安全な生活に必要な習慣や態度を身に付け，見通しをもって行動する。				
人間関係	幼稚園生活を楽しみ，自分の力で行動することの充実感を味わう。				
	身近な人と親しみ，関わりを深め，工夫したり，協力したりして一緒に活動する楽しさを味わい，愛情や信頼感をもつ。				
	社会生活における望ましい習慣や態度を身に付ける。				
環境	身近な環境に親しみ，自然と触れ合う中で様々な事象に興味や関心をもつ。				
	身近な環境に自分から関わり，発見を楽しんだり，考えたりし，それを生活に取り入れようとする。				
	身近な事象を見たり，考えたり，扱ったりする中で，物の性質や数量，文字などに対する感覚を豊かにする。				
言葉	自分の気持ちを言葉で表現する楽しさを味わう。				
	人の言葉や話などをよく聞き，自分の経験したことや考えたことを話し，伝え合う喜びを味わう。				
	日常生活に必要な言葉が分かるようになるとともに，絵本や物語などに親しみ，言葉に対する感覚を豊かにし，先生や友達と心を通わせる。				
表現	いろいろなものの美しさなどに対する豊かな感性をもつ。				
	感じたことや考えたことを自分なりに表現して楽しむ。				
	生活の中でイメージを豊かにし，様々な表現を楽しむ。				

出欠状況		年度	年度	年度	備考			
	教育日数							
	出席日数							

学年の重点：年度当初に，教育課程に基づき長期の見通しとして設定したものを記入
個人の重点：１年間を振り返って，当該幼児の指導について特に重視してきた点を記入
指導上参考となる事項：
(1)　次の事項について記入すること。
①１年間の指導の過程と幼児の発達の姿について以下の事項を踏まえ記入すること。
・幼稚園教育要領第２章「ねらい及び内容」に示された各領域のねらいを視点として，当該幼児の発達の実情から向上が著しいと思われるもの。その際，他の幼児との比較や一定の基準に対する達成度についての評定によって捉えるものではないことに留意すること。
・幼稚園生活を通して全体的，総合的に捉えた幼児の発達の姿。
②次の年度の指導に必要と考えられる配慮事項等について記入すること。
(2)　幼児の健康の状況等指導上特に留意する必要がある場合等について記入すること。
備考：教育課程に係る教育時間の終了後等に行う教育活動を行っている場合には，必要に応じて当該教育活動を通した幼児の発達の姿を記入すること。

（様式の参考例）

幼稚園幼児指導要録（最終学年の指導に関する記録）

ふりがな		指導の重点等	平成　　年度
氏名	平成　　年　　月　　日生		（学年の重点）
性別			（個人の重点）
ねらい（発達を捉える視点）			
健康	明るく伸び伸びと行動し，充実感を味わう。	指導上参考となる事項	
	自分の体を十分に動かし，進んで運動しようとする。		
	健康，安全な生活に必要な習慣や態度を身に付け，見通しをもって行動する。		
人間関係	幼稚園生活を楽しみ，自分の力で行動することの充実感を味わう。		
	身近な人と親しみ，関わりを深め，工夫したり，協力したりして一緒に活動する楽しさを味わい，愛情や信頼感をもつ。		
	社会生活における望ましい習慣や態度を身に付ける。		
環境	身近な環境に親しみ，自然と触れ合う中で様々な事象に興味や関心をもつ。		
	身近な環境に自分から関わり，発見を楽しんだり，考えたりし，それを生活に取り入れようとする。		
	身近な事象を見たり，考えたり，扱ったりする中で，物の性質や数量，文字などに対する感覚を豊かにする。		
言葉	自分の気持ちを言葉で表現する楽しさを味わう。		
	人の言葉や話などをよく聞き，自分の経験したことや考えたことを話し，伝え合う喜びを味わう。		
	日常生活に必要な言葉が分かるようになるとともに，絵本や物語などに親しみ，言葉に対する感覚を豊かにし，先生や友達と心を通わせる。		
表現	いろいろなものの美しさなどに対する豊かな感性をもつ。		
	感じたことや考えたことを自分なりに表現して楽しむ。		
	生活の中でイメージを豊かにし，様々な表現を楽しむ。		
出欠状況	年度	備考	
	教育日数		
	出席日数		

幼児期の終わりまでに育ってほしい姿	
「幼児期の終わりまでに育ってほしい姿」は，幼稚園教育要領第2章に示すねらい及び内容に基づいて，各幼稚園で，幼児期にふさわしい遊びや生活を積み重ねることにより，幼稚園教育において育みたい資質・能力が育まれている幼児の具体的な姿であり，特に5歳児後半に見られるようになる姿である。「幼児期の終わりまでに育ってほしい姿」は，とりわけ幼児の自発的な活動としての遊びを通して，一人一人の発達の特性に応じて，これらの姿が育っていくものであり，全ての幼児に同じように見られるものではないことに留意すること。	
健康な心と体	幼稚園生活の中で，充実感をもって自分のやりたいことに向かって心と体を十分に働かせ，見通しをもって行動し，自ら健康で安全な生活をつくり出すようになる。
自立心	身近な環境に主体的に関わり様々な活動を楽しむ中で，しなければならないことを自覚し，自分の力で行うために考えたり，工夫したりしながら，諦めずにやり遂げることで達成感を味わい，自信をもって行動するようになる。
協同性	友達と関わる中で，互いの思いや考えなどを共有し，共通の目的の実現に向けて，考えたり，工夫したり，協力したりし，充実感をもってやり遂げるようになる。
道徳性・規範意識の芽生え	友達と様々な体験を重ねる中で，してよいことや悪いことが分かり，自分の行動を振り返ったり，友達の気持ちに共感したりし，相手の立場に立って行動するようになる。また，きまりを守る必要性が分かり，自分の気持ちを調整し，友達と折り合いを付けながら，きまりをつくったり，守ったりするようになる。
社会生活との関わり	家族を大切にしようとする気持ちをもつとともに，地域の身近な人と触れ合う中で，人との様々な関わり方に気付き，相手の気持ちを考えて関わり，自分が役に立つ喜びを感じ，地域に親しみをもつようになる。また，幼稚園内外の様々な環境に関わる中で，遊びや生活に必要な情報を取り入れ，情報に基づき判断したり，情報を伝え合ったり，活用したりするなど，情報を役立てながら活動するようになるとともに，公共の施設を大切に利用するなどして，社会とのつながりなどを意識するようになる。
思考力の芽生え	身近な事象に積極的に関わる中で，物の性質や仕組みなどを感じ取ったり，気付いたりし，考えたり，予想したり，工夫したりするなど，多様な関わりを楽しむようになる。また，友達の様々な考えに触れる中で，自分と異なる考えがあることに気付き，自ら判断したり，考え直したりするなど，新しい考えを生み出す喜びを味わいながら，自分の考えをよりよいものにするようになる。
自然との関わり・生命尊重	自然に触れて感動する体験を通して，自然の変化などを感じ取り，好奇心や探究心をもって考え言葉などで表現しながら，身近な事象への関心が高まるとともに，自然への愛情や畏敬の念をもつようになる。また，身近な動植物に心を動かされる中で，生命の不思議さや尊さに気付き，身近な動植物への接し方を考え，命あるものとしていたわり，大切にする気持ちをもって関わるようになる。
数量や図形，標識や文字などへの関心・感覚	遊びや生活の中で，数量や図形，標識や文字などに親しむ体験を重ねたり，標識や文字の役割に気付いたりし，自らの必要感に基づきこれらを活用し，興味や関心，感覚をもつようになる。
言葉による伝え合い	先生や友達と心を通わせる中で，絵本や物語などに親しみながら，豊かな言葉や表現を身に付け，経験したことや考えたことなどを言葉で伝えたり，相手の話を注意して聞いたりし，言葉による伝え合いを楽しむようになる。
豊かな感性と表現	心を動かす出来事などに触れ感性を働かせる中で，様々な素材の特徴や表現の仕方などに気付き，感じたことや考えたことを自分で表現したり，友達同士で表現する過程を楽しんだりし，表現する喜びを味わい，意欲をもつようになる。

学年の重点：年度当初に，教育課程に基づき長期の見通しとして設定したものを記入
個人の重点：1年間を振り返って，当該幼児の指導について特に重視してきた点を記入
指導上参考となる事項：
(1)　次の事項について記入すること。
①1年間の指導の過程と幼児の発達の姿について以下の事項を踏まえ記入すること。
・幼稚園教育要領第2章「ねらい及び内容」に示された各領域のねらいを視点として，当該幼児の発達の実情から向上が著しいと思われるもの。
その際，他の幼児との比較や一定の基準に対する達成度についての評定によって捉えるものではないことに留意すること。
・幼稚園生活を通して全体的，総合的に捉えた幼児の発達の姿。
②次の年度の指導に必要と考えられる配慮事項等について記入すること。
③最終年度の記入に当たっては，特に小学校等における児童の指導に生かされるよう，幼稚園教育要領第1章総則に示された「幼児期の終わりまでに育ってほしい姿」を活用して幼児に育まれている資質･能力を捉え，指導の過程と育ちつつある姿を分かりやすく記入するように留意すること。また，「幼児期の終わりまでに育ってほしい姿」が到達すべき目標ではないことに留意し，項目別に幼児の育ちつつある姿を記入するのではなく，全体的，総合的に捉えて記入すること。
(2)　幼児の健康の状況等指導上特に留意する必要がある場合等について記入すること。
備考：教育課程に係る教育時間の終了後等に行う教育活動を行っている場合には，必要に応じて当該教育活動を通した幼児の発達の姿を記入すること。

(2) 幼児の健康の状況等指導上特に留意する必要がある場合等について記入すること。

3 出欠の状況

(1) 教育日数

一年間に教育した総日数を記入すること。この教育日数は、原則として、幼稚園教育要領に基づき編成した教育課程の実施日数と同日数であり、同一年齢の全ての幼児について同日数であること。ただし、転入園等をした幼児については、転入園等をした日以降の教育日数を記入し、転園又は退園をした幼児については、転園のため当該施設を去った日又は退園をした日までの教育日数を記入すること。

(2) 出席日数

教育日数のうち当該幼児が出席した日数を記入すること。

4 備考

教育課程に係る教育時間の終了後等に行う教育活動を行っている場合には、必要に応じて当該教育活動を通した幼児の発達の姿を記入すること。

別紙2　特別支援学校幼稚部幼児指導要録に記載する事項　[略]

別添資料2　（様式の参考例）特別支援学校幼稚部幼児指導要録（学籍に関する記録）　[略]

62 幼保連携型認定こども園園児指導要録の改善及び認定こども園こども要録の作成等に関する留意事項等について

（平成三〇年三月三〇日　府子本第三一五号　二九初幼教第一七号　子保発〇三三〇第三号
各都道府県認定こども園担当部局　各都道府県私立学校主管部（局）　各都道府県教育委員会　各指定都市、中核市子ども・子育て支援新制度担当部局　各指定都市、中核市教育委員会　附属幼稚園、小学校及び特別支援学校を置く各国公立大学法人宛
内閣府子ども・子育て本部参事官（認定こども園担当）　文部科学省初等中等教育局幼児教育課長　厚生労働省子ども家庭局保育課長通知）

幼保連携型認定こども園園児指導要録（以下「園児指導要録」という。）は、園児の学籍並びに指導の過程及びその結果の要約を記録し、その後の指導及び外部に対する証明等に役立たせるための原簿となるものです。

今般の幼保連携型認定こども園教育・保育要領（平成二十九年内閣府・文部科学省・厚生労働省告示第一号）の改訂に伴い、各幼保連携型認定こども園において園児の理解に基づいた評価が適切に行われるとともに、地域に根ざした主体的かつ積極的な教育及び保育の展開の観点から、各設置者等において園児指導要録の様式が創意工夫の下決定され、また、各幼保連携型認定こども園により園児指導要録が作成されるよう、園児指導要録に記載する事項や様式の参考例についてとりまとめましたのでお知らせします。

また、幼保連携型以外の認定こども園における、園児指導要録に相当する資料（以下「認定こども園こども要録」という。）の作成等に関しての留意事項も示しましたのでお知らせします。

つきましては、下記に示す幼保連携型認定こども園における評価の基本的な考え方及び園児指導要録の改善の要旨等並びに別紙及び別添資料（様式の参考例）に関して十分御了知の上、管内・域内の関係部局並びに幼保連携型認定こども園及び幼保連携型認定こども園以外の認定こども園の関係者に対して、この通知の趣旨を十分周知されるようお願いします。

また、幼保連携型認定こども園等と小学校、義務教育学校の前期課程及び特別支援学校の小学部（以下「小学校等」という。）との緊密な連携を図る観点から、小学校等においてもこの通知の趣旨の理解が図られるようお願いします。

なお、この通知により、「認定こども園こども要録について（通知）」（平成二十一年一月二十九日付け二〇初幼教第九号・雇児保発第〇一二九〇〇一号文部科学省初等中等教育局幼児教育課長・厚生労働省雇用均等・児童家庭局保育課長連名通知）及び「幼保連携型認定こども園園児指導要録について（通知）」（平成二十七年一月二十七日付け府政共生第七三号・二六初幼教第二九号・雇児保発〇一二七第一号内閣府政策統括官（共生社会政策担当）付参事官（少子化対策担当）・文部科学省初等中等教育局幼児教育課長・厚生労働省雇用均等・児童家庭局保育課長連名通知）は廃止します。

本通知は、地方自治法（昭和二十二年法律第六十七号）第二百四十五条の四第一項の規定に基づく技術的助言であることを申し添えます。

記

1　幼保連携型認定こども園における評価の基本的な考え方

園児一人一人の発達の理解に基づいた評価の実施に当たっては、次の事項に配慮すること。

(1) 指導の過程を振り返りながら園児の理解を進め、園児一人一人のよさや可能性などを把握し、指導の改善に生かすようにすること。その際、他の園児との比較や一定の基準に対する達成度についての評定によって捉えるものではないことに留意すること。

(2) 評価の妥当性や信頼性が高められるよう創意工夫を行い、組織的かつ計画的な取組を推進するとともに、次年度又は小学校等にその内容が適切に引き継がれるようにすること。

2 園児指導要録の改善の要旨

幼保連携型認定こども園における養護は教育及び保育を行う上での基盤となるものであるということを踏まえ、満三歳以上の園児に関する記録として、従前の「養護」に関わる事項は、「指導上参考となる事項」に、また、「園児の健康状態等」については、「特に配慮すべき事項」に記入するように見直したこと。さらに、従前の「園児の育ちに関わる事項」については、満三歳未満の園児に関する記録として、各年度ごとに、「養護（園児の健康の状態等も含む）」に関する事項も含め、「園児の育ちに関する事項」に記入するように見直したこと。

最終学年の記入に当たっては、これまでの記入の考え方を引き継ぐとともに、特に小学校等における児童の指導に生かされるよう、「幼児期の終わりまでに育ってほしい姿」を活用して園児に育まれている資質・能力を捉え、指導の過程と育ちつつある姿を分かりやすく記入することに留意するよう追記したこと。

以上のことなどを踏まえ、様式の参考例を見直したこと。

3 実施時期

この通知を踏まえた園児指導要録の作成は、平成三十年度から実施すること。なお、平成三十年度に新たに入園（転入園含む。）、進級する園児のために園児指導要録の様式を用意している場合には様式についてはこの限りではないこと。

この通知を踏まえた園児指導要録を作成する場合、既に在園している園児の園児指導要録については、従前の園児指導要録に記載された事項を転記する必要はなく、この通知を踏まえて作成された園児指導要録と併せて保存すること。

4 取扱い上の注意

(1) 園児指導要録の作成、送付及び保存については、就学前の子どもに関する教育、保育等の総合的な提供の推進に関する法律施行規則（平成二十六年内閣府・文部科学省・厚生労働省令第二号。以下「認定こども園法施行規則」という。）第三十条並びに認定こども園法施行規則第二十六条の規定により準用する学校教育法施行規則（昭和二十二年文部省令第十一号）第二十八条第一項及び第二項前段の規定によること。なお、認定こども園法施行規則第三十条第二項により小学校等の進学先に園児指導要録の抄本又は写しを送付しなければならないことに留意すること。

(2) 園児指導要録の記載事項に基づいて外部への証明等を作成する場合には、その目的に応じて必要な事項だけを記載するよう注意すること。

(3) 配偶者からの暴力の被害者と同居する園児については、転園した園児の園児指導要録の記述を通じて転園先の園名や所在地等の情報が配偶者（加害者）に伝わることが懸念される場合がある。このような特別の事情がある場合には、「配偶者からの暴力の被害者の子どもの就学について（通知）」（平成二十一年七月十三日付け二一生参学第七号文部科学省生涯学習政策局男女共同参画学習課長・文部科学省初等中等教育局初等中等教育企画課長連名通知）を参考に、関係機関等との連携を図りながら、適切に情報を取り扱うこと。

(4) 評価の妥当性や信頼性を高めるとともに、保育教諭等の負担感の軽減を図るため、情報通信技術の活用により園児指導要録等に係る事務の改善を検討することも重要であること。なお、法令に基づく文書である園児指導要録について、書面の作成、保存、送付を情報通信技術を活用して行うことは、現行の制度上も可能であること。

(5) 別添資料（様式の参考例）の用紙や文字の大きさ等については、各設置者等の判断で適宜工夫できること。

(6) 個人情報については、「個人情報の保護に関する法律」（平成十五年法律第五十七号）等を踏まえて適切に個人情報を取り扱うこと。なお、個人情報の保護に関する法令上の取扱いは以下の①及び②のとおりである。

① 公立の幼保連携型認定こども園については、各地方公共団体が定める個人情報保護条例に準じた取扱いとすること。

② 私立の幼保連携型認定こども園については、当該施設が個人情報の保護に関する法

律第二条第五項に規定する個人情報取扱事業者に該当し、原則として個人の同意が必要となるが、認定こども園法施行規則第三十条第二項及び第三項の規定に基づいて提供する場合においては、同法第二十三条第一項第一号に掲げる法令に基づく場合に該当するため、第三者提供について本人（保護者）の同意は不要であること。

5 幼保連携型認定こども園以外の認定こども園における認定こども園こども要録の作成等の留意事項

(1) 幼保連携型認定こども園以外の認定こども園（以下「認定こども園」という。）においては、本通知「1 幼保連携型認定こども園における評価の基本的な考え方」及び「2 園児指導要録の改善の要旨」を踏まえ、別紙及び別添資料を参考に、適宜「幼保連携型認定こども園園児指導要録」を「認定こども園こども要録」に読み替える等して、各設置者等の創意工夫の下、認定こども園こども要録を作成すること。

なお、幼稚園型認定こども園以外の認定こども園において認定こども園こども要録を作成する場合には、保育所では各市区町村が保育所児童保育要録（「保育所保育指針の適用に際しての留意事項について」（平成三十年三月三十日付け子保発〇三三〇第二号厚生労働省子ども家庭局保育課長通知）に基づく保育所児童保育要録をいう。以下同じ。）の様式を作成することとされていることを踏まえ、各市区町村と相談しつつ、その様式を各設置者等において定めることが可能であること。

(2) 5(1)に関わらず、幼稚園型認定こども園においては「幼稚園及び特別支援学校幼稚部における幼児指導要録の改善等について（通知）」（平成三十年三月三十日付け二九文科初第一八一四号文部科学省初等中等教育局長通知）に基づく幼稚園幼児指導要録を作成することが、また、保育所型認定こども園においては保育所児童保育要録を作成することが可能であること。その際、送付及び保存等についても、それぞれの通知に準じて取り扱うこと。

また、認定こども園こども要録を作成した場合には、同一の子どもについて、幼稚園幼児指導要録又は保育所児童保育要録を作成する必要はないこと。

(3) 認定こども園こども要録は、学級を編制している満三歳以上の子どもについて作成すること。なお、これは、満三歳未満に関する記録を残すことを妨げるものではないこと。

(4) 子どもの進学・就学に際して、作成した認定こども園こども要録の抄本又は写しを進学・就学先の小学校等の校長に送付すること。

(5) 認定こども園においては、作成した認定こども園こども要録の原本等について、その子どもが小学校等を卒業するまでの間保存することが望ましいこと。ただし、学籍等に関する記録については、二〇年間保存することが望ましいこと。

(6) 「3 実施時期」並びに「4 取扱い上の注意」の(2)、(3)及び(4)について、認定こども園においても同様の取扱いであること。

(7) 個人情報については、個人情報の保護に関する法律等を踏まえて適切に個人情報を取り扱うこと。なお、個人情報の保護に関する法令上の取扱いは以下の①及び②のとおりである。

① 公立の認定こども園については、各地方公共団体が定める個人情報保護条例に準じた取扱いとすること。

② 私立の認定こども園については、当該施設が個人情報の保護に関する法律第二条第五項に規定する個人情報取扱事業者に該当し、原則として個人情報を第三者に提供する際には本人の同意が必要となるが、学校教育法施行規則第二十四条第二項及び第三項又は保育所保育指針第2章の4(2)ウの規定に基づいて提供する場合においては、同法第二十三条第一項第一号に掲げる法令に基づく場合に該当するため、第三者提供について本人（保護者）の同意は不要であること。

別紙

幼保連携型認定こども園園児指導要録に記載する事項

○ **学籍等に関する記録**

学籍等に関する記録は、外部に対する証明等の原簿としての性格をもつものとし、原則として、入園時及び異動の生じたときに記入すること。

1 園児の氏名、性別、生年月日及び現住所
2 保護者（親権者）氏名及び現住所
3 学籍等の記録
(1) 入園年月日
(2) 転入園年月日

別添資料

（様式の参考例）

幼保連携型認定こども園園児指導要録（学籍等に関する記録）

区分＼年度	平成　年度	平成　年度	平成　年度	平成　年度
学　級				
整理番号				

園　児	ふりがな 氏　名		性　別	
		平成　年　月　日生		
	現住所			
保護者	ふりがな 氏　名			
	現住所			

入　園	平成　年　月　日	入園前の 状　況	
転入園	平成　年　月　日		
転・退園	平成　年　月　日	進学・ 就学先等	
修　了	平成　年　月　日		

園　名 及び所在地				
年度及び入園(転入園)・ 進級時等の園児の年齢	平成　年度 歳　か月	平成　年度 歳　か月	平成　年度 歳　か月	平成　年度 歳　か月
園　長 氏名　印				
担当者 氏名　印				
年度及び入園(転入園)・ 進級時等の園児の年齢	平成　年度 歳　か月	平成　年度 歳　か月	平成　年度 歳　か月	平成　年度 歳　か月
園　長 氏名　印				
学級担任者 氏名　印				

（様式の参考例）

幼保連携型認定こども園園児指導要録（指導等に関する記録）

ふりがな		性別	指導の重点等	平成　　年度	平成　　年度	平成　　年度
氏名				（学年の重点）	（学年の重点）	（学年の重点）
平成　　年　　月　　日生				（個人の重点）	（個人の重点）	（個人の重点）
ねらい（発達を捉える視点）						
健康	明るく伸び伸びと行動し，充実感を味わう。		指導上参考となる事項			
	自分の体を十分に動かし，進んで運動しようとする。					
	健康，安全な生活に必要な習慣や態度を身に付け，見通しをもって行動する。					
人間関係	幼保連携型認定こども園の生活を楽しみ，自分の力で行動することの充実感を味わう。					
	身近な人と親しみ，関わりを深め，工夫したり，協力したりして一緒に活動する楽しさを味わい，愛情や信頼感をもつ。					
	社会生活における望ましい習慣や態度を身に付ける。					
環境	身近な環境に親しみ，自然と触れ合う中で様々な事象に興味や関心をもつ。					
	身近な環境に自分から関わり，発見を楽しんだり，考えたりし，それを生活に取り入れようとする。					
	身近な事象を見たり，考えたり，扱ったりする中で，物の性質や数量，文字などに対する感覚を豊かにする。					
言葉	自分の気持ちを言葉で表現する楽しさを味わう。					
	人の言葉や話などをよく聞き，自分の経験したことや考えたことを話し，伝え合う喜びを味わう。					
	日常生活に必要な言葉が分かるようになるとともに，絵本や物語などに親しみ，言葉に対する感覚を豊かにし，保育教諭等や友達と心を通わせる。					
表現	いろいろなものの美しさなどに対する豊かな感性をもつ。					
	感じたことや考えたことを自分なりに表現して楽しむ。					
	生活の中でイメージを豊かにし，様々な表現を楽しむ。			（特に配慮すべき事項）	（特に配慮すべき事項）	（特に配慮すべき事項）

出欠状況		年度	年度	年度
	教育日数			
	出席日数			

【満3歳未満の園児に関する記録】

	平成　　年度	平成　　年度	平成　　年度	平成　　年度
園児の育ちに関する事項				

学年の重点：年度当初に，教育課程に基づき長期の見通しとして設定したものを記入
個人の重点：1年間を振り返って，当該園児の指導について特に重視してきた点を記入
指導上参考となる事項：
(1) 次の事項について記入
　①1年間の指導の過程と園児の発達の姿について以下の事項を踏まえ記入すること。
　・幼保連携型認定こども園教育・保育要領に示された養護に関する事項を踏まえ，第2章第3の「ねらい及び内容」に示された各領域のねらいを視点として，当該園児の発達の実情から向上が著しいと思われるもの。
　その際，他の園児との比較や一定の基準に対する達成度についての評定によって捉えるものではないことに留意すること。
　・園生活を通して全体的，総合的に捉えた園児の発達の姿。
　②次の年度の指導に必要と考えられる配慮事項等について記入すること。
(2) 「特に配慮すべき事項」には，園児の健康の状況等，指導上特記すべき事項がある場合に記入
園児の育ちに関する事項：当該園児の，次の年度の指導に特に必要と考えられる育ちに関する事項や配慮事項，健康の状況等の留意事項等について記入

（様式の参考例）

幼保連携型認定こども園園児指導要録（最終学年の指導に関する記録）

ふりがな		指導の重点等	平成　　年度
氏名	平成　　年　　月　　日生		（学年の重点）
性別			（個人の重点）
ねらい（発達を捉える視点）			
健康	明るく伸び伸びと行動し，充実感を味わう。	指導上参考となる事項	
	自分の体を十分に動かし，進んで運動しようとする。		
	健康，安全な生活に必要な習慣や態度を身に付け，見通しをもって行動する。		
人間関係	幼保連携型認定こども園の生活を楽しみ，自分の力で行動することの充実感を味わう。		
	身近な人と親しみ，関わりを深め，工夫したり，協力したりして一緒に活動する楽しさを味わい，愛情や信頼感をもつ。		
	社会生活における望ましい習慣や態度を身に付ける。		
環境	身近な環境に親しみ，自然と触れ合う中で様々な事象に興味や関心をもつ。		
	身近な環境に自分から関わり，発見を楽しんだり，考えたりし，それを生活に取り入れようとする。		
	身近な事象を見たり，考えたり，扱ったりする中で，物の性質や数量，文字などに対する感覚を豊かにする。		
言葉	自分の気持ちを言葉で表現する楽しさを味わう。		
	人の言葉や話などをよく聞き，自分の経験したことや考えたことを話し，伝え合う喜びを味わう。		
	日常生活に必要な言葉が分かるようになるとともに，絵本や物語などに親しみ，言葉に対する感覚を豊かにし，保育教諭等や友達と心を通わせる。		
表現	いろいろなものの美しさなどに対する豊かな感性をもつ。		
	感じたことや考えたことを自分なりに表現して楽しむ。		（特に配慮すべき事項）
	生活の中でイメージを豊かにし，様々な表現を楽しむ。		
出欠状況	年度		
	教育日数		
	出席日数		

幼児期の終わりまでに育ってほしい姿

「幼児期の終わりまでに育ってほしい姿」は，幼保連携型認定こども園教育・保育要領第２章に示すねらい及び内容に基づいて，各園で，幼児期にふさわしい遊びや生活を積み重ねることにより，幼保連携型認定こども園の教育及び保育において育みたい資質・能力が育まれている園児の具体的な姿であり，特に５歳児後半に見られるようになる姿である。「幼児期の終わりまでに育ってほしい姿」は，とりわけ園児の自発的な活動としての遊びを通して，一人一人の発達の特性に応じて，これらの姿が育っていくものであり，全ての園児に同じように見られるものではないことに留意すること。

健康な心と体	幼保連携型認定こども園における生活の中で，充実感をもって自分のやりたいことに向かって心と体を十分に働かせ，見通しをもって行動し，自ら健康で安全な生活をつくり出すようになる。
自立心	身近な環境に主体的に関わり様々な活動を楽しむ中で，しなければならないことを自覚し，自分の力で行うために考えたり，工夫したりしながら，諦めずにやり遂げることで達成感を味わい，自信をもって行動するようになる。
協同性	友達と関わる中で，互いの思いや考えなどを共有し，共通の目的の実現に向けて，考えたり，工夫したり，協力したりし，充実感をもってやり遂げるようになる。
道徳性・規範意識の芽生え	友達と様々な体験を重ねる中で，してよいことや悪いことが分かり，自分の行動を振り返ったり，友達の気持ちに共感したりし，相手の立場に立って行動するようになる。また，きまりを守る必要性が分かり，自分の気持ちを調整し，友達と折り合いを付けながら，きまりをつくったり，守ったりするようになる。
社会生活との関わり	家族を大切にしようとする気持ちをもつとともに，地域の身近な人と触れ合う中で，人との様々な関わり方に気付き，相手の気持ちを考えて関わり，自分が役に立つ喜びを感じ，地域に親しみをもつようになる。また，幼保連携型認定こども園内外の様々な環境に関わる中で，遊びや生活に必要な情報を取り入れ，情報に基づき判断したり，情報を伝え合ったり，活用したりするなど，情報を役立てながら活動するようになるとともに，公共の施設を大切に利用するなどして，社会とのつながりなどを意識するようになる。
思考力の芽生え	身近な事象に積極的に関わる中で，物の性質や仕組みなどを感じ取ったり，気付いたりし，考えたり，予想したり，工夫したりするなど，多様な関わりを楽しむようになる。また，友達の様々な考えに触れる中で，自分と異なる考えがあることに気付き，自ら判断したり，考え直したりするなど，新しい考えを生み出す喜びを味わいながら，自分の考えをよりよいものにするようになる。
自然との関わり・生命尊重	自然に触れて感動する体験を通して，自然の変化などを感じ取り，好奇心や探究心をもって考え言葉などで表現しながら，身近な事象への関心が高まるとともに，自然への愛情や畏敬の念をもつようになる。また，身近な動植物に心を動かされる中で，生命の不思議さや尊さに気付き，身近な動植物への接し方を考え，命あるものとしていたわり，大切にする気持ちをもって関わるようになる。
数量や図形，標識や文字などへの関心・感覚	遊びや生活の中で，数量や図形，標識や文字などに親しむ体験を重ねたり，標識や文字の役割に気付いたりし，自らの必要感に基づきこれらを活用し，興味や関心，感覚をもつようになる。
言葉による伝え合い	保育教諭等や友達と心を通わせる中で，絵本や物語などに親しみながら，豊かな言葉や表現を身に付け，経験したことや考えたことなどを言葉で伝えたり，相手の話を注意して聞いたりし，言葉による伝え合いを楽しむようになる。
豊かな感性と表現	心を動かす出来事などに触れ感性を働かせる中で，様々な素材の特徴や表現の仕方などに気付き，感じたことや考えたことを自分で表現したり，友達同士で表現する過程を楽しんだりし，表現する喜びを味わい，意欲をもつようになる。

学年の重点：年度当初に，教育課程に基づき長期の見通しとして設定したものを記入
個人の重点：１年間を振り返って，当該園児の指導について特に重視してきた点を記入
指導上参考となる事項：
⑴　次の事項について記入
　①１年間の指導の過程と園児の発達の姿について以下の事項を踏まえ記入すること。
　　・幼保連携型認定こども園教育・保育要領に示された養護に関する事項を踏まえ，第２章第３の「ねらい及び内容」に示された各領域のねらいを視点として，当該園児の発達の実情から向上が著しいと思われるもの。
　　　その際，他の園児との比較や一定の基準に対する達成度についての評定によって捉えるものではないことに留意すること。
　　・園生活を通して全体的，総合的に捉えた園児の発達の姿。
　②次の年度の指導に必要と考えられる配慮事項等について記入すること。
　③最終年度の記入に当たっては，特に小学校等における児童の指導に生かされるよう，幼保連携型認定こども園教育･保育要領第１章総則に示された「幼児期の終わりまでに育ってほしい姿」を活用して園児に育まれている資質・能力を捉え，指導の過程と育ちつつある姿を分かりやすく記入するように留意すること。その際，「幼児期の終わりまでに育ってほしい姿」が到達すべき目標ではないことに留意し，項目別に園児の育ちつつある姿を記入するのではなく，全体的，総合的に捉えて記入すること。
⑵　「特に配慮すべき事項」には，園児の健康の状況等，指導上特記すべき事項がある場合に記入すること。

他の幼保連携型認定こども園、幼稚園、特別支援学校幼稚部、保育所等から転入園してきた園児について記入すること。

(3) 転・退園年月日
他の幼保連携型認定こども園、幼稚園、特別支援学校幼稚部、保育所等へ転園する園児や退園する園児について記入すること。

(4) 修了年月日

4 入園前の状況
当該幼保連携型認定こども園に入園する前の集団生活の経験の有無等を記入すること。

5 進学・就学先等
当該幼保連携型認定こども園で修了した場合には進学・就学した小学校等について、また、当該幼保連携型認定こども園から他園等に転園した場合には転園した園等の名称及び所在地等を記入すること。

6 園名及び所在地

7 各年度の入園（転入園）・進級時等の園児の年齢、園長の氏名、担当・学級担任の氏名
各年度に、園長の氏名及び満三歳以上の園児については担当者の氏名、満三歳未満の園児については学級担任者の氏名を記入し、それぞれ押印すること。（同一年度内に園長、担当者又は学級担任者が代わった場合には、その都度後任者の氏名を併記、押印する。）
※ 満三歳以上の園児については、学級名、整理番号も記入すること。
なお、氏名の記入及び押印については、電子署名（電子署名及び認証業務に関する法律（平成十二年法律第百二号）第二条第一項に定義する「電子署名」をいう。）を行うことで替えることも可能である。

○ **指導等に関する記録**
指導等に関する記録は、一年間の指導の過程とその結果等を要約し、次の年度の適切な指導に資するための資料としての性格をもつものとすること。

【満三歳以上の園児に関する記録】

1 指導の重点等
当該年度における指導の過程について次の視点から記入すること。
① 学年の重点
年度当初に教育課程に基づき、長期の見通しとして設定したものを記入すること。
② 個人の重点
一年間を振り返って、当該園児の指導について特に重視してきた点を記入すること。

2 指導上参考となる事項
(1) 次の事項について記入すること。
① 一年間の指導の過程と園児の発達の姿について以下の事項を踏まえ記入すること。
・ 幼保連携型認定こども園教育・保育要領に示された養護に関する事項を踏まえ、第2章第3の「ねらい及び内容」に示された各領域のねらいを視点として、当該園児の発達の実情から向上が著しいと思われるもの。その際、他の園児との比較や一定の基準に対する達成度についての評定によって捉えるものではないことに留意すること。
・ 園生活を通して全体的、総合的に捉えた園児の発達の姿。
② 次の年度の指導に必要と考えられる配慮事項等について記入すること。
③ 最終年度の記入に当たっては、特に小学校等における児童の指導に生かされるよう、幼保連携型認定こども園教育・保育要領第1章総則に示された「幼児期の終わりまでに育ってほしい姿」を活用して園児に育まれている資質・能力を捉え、指導の過程と育ちつつある姿を分かりやすく記入するように留意すること。その際、「幼児期の終わりまでに育ってほしい姿」が到達すべき目標ではないことに留意し、項目別に園児の育ちつつある姿を記入するのではなく、全体的かつ総合的に捉えて記入すること。

(2) 「特に配慮すべき事項」には、園児の健康の状況等、指導上特記すべき事項がある場合に記入すること。

3 出欠状況
① 教育日数
一年間に教育した総日数を記入すること。この教育日数は、原則として、幼保連携型認定こども園教育・保育要領に基づき編成した教育課程の実施日数と同日数であり、同一学年の全ての園児について同日数であること。ただし、年度の途中で入園した園児については、入園した日以降の教育日数を記入し、退園した園児については、退園した日までの教育日数を記入すること。
② 出席日数
教育日数のうち当該園児が出席した日数を記入すること。

【満三歳未満の園児に関する記録】

4 園児の育ちに関する事項

満三歳未満の園児の、次の年度の指導に特に必要と考えられる育ちに関する事項、配慮事項、健康の状況等の留意事項等について記入すること。

63 指定保育士養成施設の指定及び運営の基準について

（平成一五年一二月九日 雇児発第一二〇九〇〇一号
各都道府県知事 各指定都市市長 各中核市市長宛
厚生労働省雇用均等・児童家庭局長通知）

改正 令和四年八月三一日 子発〇八三一第一号

保育士養成については、かねてより御配慮をいただいているところであるが、児童福祉法の一部を改正する法律（平成十三年法律第百三十五号）等によって整備された保育士関係規定が施行されたことに伴い、別紙1から3のとおり保育士養成施設の指定及び運営の基準を定めているところ。

先般、平成二十五年八月八日の一部改正により、指定保育士養成施設において幼稚園教諭免許状を有する者の保育士資格特例を実施するため別紙4を定めたが、今般、「児童福祉法施行規則第六条の十一の二第一項の規定に基づき厚生労働大臣が定める基準の一部を改正する件」（令和元年厚生労働省告示第百五号）が公布され、令和二年四月一日より適用となり、保育士資格取得のための特例期間が延長となったため、その適正な実施に特段の御配慮をお願いするとともに、管内の指定保育士養成施設の所長宛に通知されたい。

また、「指定保育士養成施設の指定基準について」（平成十三年六月二十九日雇児発第四三八号厚生労働省雇用均等・児童家庭局長通知）及び「指定保育士養成施設における保育実習の実施基準について」（平成十三年六月二十九日雇児発第四三九号厚生労働省雇用均等・児童家庭局長通知）は、廃止する。

なお、本通知は、地方自治法（昭和二十二年法律第六十七号）第二百四十五条の四第一項に規定する技術的助言として発出するものであることを申し添える。

（別紙1）

指定保育士養成施設指定基準

第1 性格

指定保育士養成施設は、児童の保育及び児童の保護者に対する保育に関する指導を行う専門的職業としての保育士を養成することを目的とする。

指定保育士養成施設は、保育に関する専門的知識及び技術を習得させるとともに、専門的知識及び技術を支える豊かな人格識見を養うために必要な幅広く深い教養を授ける高等専門職業教育機関としての性格を有する。

以上の目的及び性格に鑑み、その組織及び施設については、特にその機能が十分発揮できるように充実されなければならない。

第2 指定基準

1 共通事項

指定保育士養成施設の指定は、児童福祉法施行規則（昭和二十三年厚生省令第十一号。以下「規則」という。）第六条の二の規定に定める他、下記2から7に適合した場合に行うものであること。

授業等の開設方法は、昼間、昼夜開講制（短期大学設置基準（昭和五十年文部省令第二十一号）第十二条に規定する昼夜開講制をいう。以下同じ。）、夜間、昼間定時制又は通信制により実施するものであること。

なお、通信制による指定保育士養成施設（以下「通信教育部」とする）は、学校教育法（昭和二十二年法律第二十六号）に基づく大学、短期大学又は専修学校の専門課程であって、既に指定保育士養成施設として指定されていることを条件として指定する。

おって、昼間、昼夜開講制、夜間、昼間定時制を総称する場合には昼間部等とする。

2 修業年限

修業年限は、昼間部又は昼夜開講制をとる場合については二年以上とし、夜間部、昼間定時制部又は通信教育部については三年以上とすること。

3 学生定員

学生定員は、原則として一〇〇人以上とすること。

ただし、次のいずれにも該当する場合であって、当該指定保育士養成施設及び地域における保育士の養成に支障を生じさせるおそれがない場合については、学生定員を一〇〇人未満とすることができること。

(1) 当該指定保育士養成施設を含めた学校又は施設全体の経営が不安定なものでないこと。

(2) 当該指定保育士養成施設への入所希望者数に対して定員数が過度に少数でないこと。

(3) 地域における保育所等児童福祉施設の保育士の確保が困難とならないこと。

4 教職員組織及び教員の資格等

指定保育士養成施設は、所長、教科担当教員及び事務執行に必要な職員をもって組織すること。

(1) 所長

所長は、教育職又は社会福祉関係の職に従事した経験があり、所長としてふさわしい人格識見を有する者であること。

なお、所長が当該指定保育士養成施設の教科担当教員を兼ねることは差し支えないこと。

(2) 教科担当教員

ア 組織

(ア) 昼間部等

教科担当教員については、専任の教科担当教員（以下「教科担当専任教員」という。）を入学定員五〇人につき六人以上置き、その担当は、「児童福祉法施行規則第六条の二第一項第三号の指定保育士養成施設の修業教科目及び単位数並びに履修方法」（平成十三年厚生労働省告示第百九十八号。以下「告示」という。）別表第1の系列欄に掲げる五系列のうち「総合演習」を除く四系列については、それぞれ最低一人とすることが望ましいこと。

また、入学定員が五〇人増すごとに、教科担当専任教員を二人以上加えることが望ましいこと。

なお、併せて夜間部を置く指定保育士養成施設にあっては、教育に支障がない限度において、これらの数を減じることができること。

(イ) 通信教育部

通信教育部を置く場合は、昼間部等の教科担当専任教員の数に通信教育部に係る入学定員一、〇〇〇人につき二人の教科担当専任教員を加えるものとする。

ただし、当該加える教科担当専任教員の数が上記(ア)の規程による昼間部等の教科担当専任教員の数の二割に満たない場合には、昼間部等の教科担当専任教員の数の二割の数を加えたものとする。

イ 資格

教科担当専任教員は、次のいずれかに該当する者であって、教育の能力があると認められた者であること。

(ア) 博士又は修士の学位を有し、研究上の業績のある者

(イ) 研究上の業績が(ア)に掲げる者に準ずると認められる者

(ウ) 教育上、学問上の業績ある教育経験者

(エ) 学術技能に秀でた者

(オ) 児童福祉事業に関し特に業績のある者

ウ 非常勤教員を置く場合には、教科担当専任教員に準ずる者又は専門科目に関する実務に深い経験を有する者であること。

5 教育課程

(1) 基本的事項

① 指定保育士養成施設は、教育課程の編成に当たっては、保育に関する専門的知識及び技術を習得させるとともに、幅広く深い教養及び総合的な判断力を培い、豊かな人間性を涵養するよう適切に配慮すること。

② 告示別表第1の教科目の欄に掲げる教科目（以下「必修科目」という。）は、必ず履修させなければならないこと。

③ 保育所保育指針（平成二十九年三月三十一日厚生労働省告示第百十七号）において、「養護」の視点及び「養護と教育の一体性」が重要であるとされたことを踏まえ、指定保育士養成施設においては、これらに関する内容を個々の教科目のみではなく、養成

課程を構成する教科目全体を通じて教授すべきことについて、各教員の理解を促進させること。

④ 告示別表第1の教科目の欄に掲げる教科目のうち、アからエまでに掲げる教科目を開設する際には、それぞれに示す事項について留意すること。

ア 「保育者論」

保育士としてのキャリアアップの重要性、保育内容及び職員の質の向上に関する組織的な体制及び取組に関する内容、保育士として実践を振り返ること等を教授内容に含め、実効性をもって教育が展開されるよう配慮すること。

イ 「保育内容の理解と方法」

子どもの発達過程及び実態に即して、生活及び遊びに関する援助に必要な具体的な方法及び技術が習得されるよう、配慮すること。

なお、設置すべき単位をまとめて一科目として開設する必要はなく、必要な単位数に分割して教科目を開設しても差し支えないこと。

ウ 「保育内容総論」及び「保育内容演習」

保育所保育指針に示される保育の全体構造を理解した上で、子どもの発達過程を見通した保育内容を計画し、子どもの実態に即して展開するという保育の実践力を習得できるよう、配慮すること。

なお、「保育内容演習」については、設置すべき単位をまとめて一科目として開設する必要はなく、必要な単位数に分割して教科目を開設しても差し支えないこと。

エ 「子どもの健康と安全」

当該教科目の教授内容が、保育所保育指針、各種ガイドライン（※）等を踏まえた衛生管理・安全管理等の広範囲に渡ることに留意し、指定保育士養成施設においては、当該教科目を担当する教員を適切に確保すること。

（※）「保育所におけるアレルギー対応ガイドライン」（平成二十三年三月、厚生労働省）、「二〇一八年改訂版 保育所における感染症対策ガイドライン」（平成三十年三月、厚生労働省）、「教育・保育施設等における事故防止及び事故発生時の対応のためのガイドライン」（平成二十八年三月、内閣府・文部科学省・厚生労働省）等

⑤ 告示別表第2の選択必修科目（以下「選択必修科目」という。）については、別表①に掲げる系列及び教科目の中から一八単位以上を設け、九単位以上を必ず履修させなければならないこと。ただし、設置及び履修ともに、「保育実習Ⅱ」と「保育実習指導Ⅱ」又は「保育実習Ⅲ」と「保育実習指導Ⅲ」の三単位以上を含むこと。

なお、選択必修科目について、保育実習以外の系列の教科目及び単位数を各指定保育士養成施設で自主的に設定できるようにしたことの趣旨に鑑み、指定保育士養成施設毎に特色ある教科目及び単位数の編成を行うよう努めること。

⑥ 教養科目については、必修科目との関連に留意して教科目を設定する等学生の学習意欲を高めるための創意、工夫に努めること。

⑦ 必修科目又は選択必修科目以外の教科目を各指定保育士養成施設で設け、入所者に選択させて差し支えないこと。

⑧ 告示第一条各号及び第四条各号に定める教科目の名称については、各指定保育士養成施設において変更することもやむを得ないが、児童福祉法施行令（昭和二十三年政令第七十四号。以下「令」という。）第五条第二項に規定する指定に関する申請書の提出に当たっては、当該科目の相当科目及びその教授内容の概要を添付させること。なお、令第五条第三項及び規則に規定する学則変更の承認に当たっても同様とする。

⑨ 告示に定める教科目のうち、二科目以上を合わせて一科目とすることは、併合された科目の関連性が深いと考えられる場合は差し支えないが、教養科目と、必修科目又は選択必修科目とを併合することは不適当であること。

⑩ 指定保育士養成施設は、教育上有益と認めるときは、学生が入所中に他の指定保育士養成施設において履修した教科目又は入所前に指定保育士養成施設で履修した教科目について修得した単位を、三〇単位を超えない範囲で当該教科目に相当する教科目の履修により修得したものとみなすことができること。

また、指定保育士養成施設以外の学校等（学校教育法による大学、高等専門学校、高等学校の専攻科若しくは盲学校、聾学校

若しくは養護学校の専攻科、専修学校の専門課程又は同法第五十六条第一項に規定する者を入学資格とする各種学校）で履修した教科目について修得した単位については、指定保育士養成施設で設定する教養科目に相当する教科目について、三〇単位を超えない範囲で修得したものとみなす。

⑪ 指定保育士養成施設は、②、⑤及び⑩の規定にかかわらず、介護福祉士養成施設の卒業者（社会福祉士及び介護福祉士法（昭和六十二年法律第三十号）第四十条第二項第一号から第三号まで若しくは第五号の規定により指定された学校若しくは養成施設又は同項第四号の規定により指定された高等学校若しくは中等教育学校を卒業した者をいう。）に対しては、以下に掲げる教科目について、履修を免除することができること。

なお、社会福祉士及び介護福祉士法第四十条第二項第五号の規定により指定された学校若しくは養成施設を卒業した者については、三年以上介護等の業務に従事した場合に履修免除を行うこと。

ア 必修科目のうち、「子ども家庭福祉」、「社会福祉」、「子ども家庭支援論」、「社会的養護Ⅰ」及び「社会的養護Ⅱ」

イ 選択必修科目（「保育実習Ⅱ」又は「保育実習指導Ⅱ」を除く）の一部又は全部（「保育実習Ⅲ」、「保育実習指導Ⅲ」及び指定保育士養成施設が認めた教科目に限る。）

ウ 教養科目の一部又は全部（指定保育士養成施設が認めた教科目に限る。）

⑫ 指定保育士養成施設は、その定めるところにより、当該指定保育士養成施設の学生以外の者に一又は複数の教科目を履修させ、単位を授与することができること。

(2) 通信教育部の教育課程

① 通信教育部における授業は、教材を送付又は指定し、主としてこれにより学習させる授業（以下「通信授業」という。）及び指定保育士養成施設の校舎等における講義・演習・実験・実習又は実技による授業（以下「面接授業」という。）並びに保育実習により行う。

② 指定保育士養成施設においては、通信授業、添削指導及び面接授業について全体として調和がとれ、発展的、系統的に指導できるよう、通信課程に係る具体的な教育計画を策定し、これに基づき、定期試験等を含め、年間を通じて適切に授業を行う。

③ 通信授業

ア 通信授業の実施に当たっては、添削指導を併せ行う。

イ 通信授業における印刷教材は、次によるものであること。

(ア) 正確、公正であって、かつ、配列、分量、区分及び図表が適切であること。

(イ) 統計その他の資料が、新しく、かつ、信頼性のある適切なものであること。

(ウ) 自学自習についての便宜が適切に与えられていること。

ウ 生徒からの質問は随時適切な方法で受け付け、十分に指導を行うこと。

④ 面接授業

面接授業の内容は、別表②の教科目について行うものであること。

また、面接授業は、指定保育士養成施設の施設及び設備を使用することを原則とする。これ以外の場合には、都道府県知事に対して、他の施設等で実施する理由、実施場所、担当教員数、その他必要と考えられる事項を届け出ること。

6 施設設備

(1) 校地は、教育環境として適切な場所に所在し、校舎、敷地のほかに学生が休息、運動等に利用するための適当な空地を有すること。

(2) 校舎、諸施設について

ア 校舎には少なくとも次に掲げる各室を設けること。

(ア) 教室（講義室、演習室、実験室、実習室等とする。）

(イ) 所長室、会議室、事務室、研究室

(ウ) 図書室、保健室

イ 教室は教科目の種類及び学生数に応じ、必要な種類と数を備えること。

ウ 研究室は、専任教員に対しては、必ず備えること。

エ 図書室には、学生が図書を閲覧するために必要な閲覧席及び図書を格納するために必要な設備を設けること。

オ 保健室には、医務及び静養に必要な設備を設けること。

カ 指定保育士養成施設はアに掲げる施設のほか、学生自習室、クラブ室、更衣室を設けることが望ましいこと。

(3) 指定保育士養成施設には、教員数及び学生数に応じて、教育上、研究上必要な種類及び数の機械、器具及び標本その他の設備並びに図書及び学術雑誌を備えること。

(4) その他通信教育に係る校地の面積、諸設備等については、通信教育に支障のないものとする。

7 その他

(1) 昼夜開講制について

ア 指定保育士養成施設は、保育士の養成上必要と認められる場合には、昼夜開講制により授業を行うことができること。

イ 昼夜開講制を設ける場合には、昼間部の中に募集定員を別にする「夜間主コース」を設けること。この場合においては、学則で昼間コースと夜間主コースごとに学生定員を定めること。

ウ 昼夜開講制を実施する場合には、これに係る学生定員、履修方法、授業の開設状況等を考慮して、教育に支障がない限度において4-(2)-ア-(ア)に定める教員数を減ずることができるものとすること。

(2) 通信教育部に係る規定については、施行日以前に指定を受けている指定保育士養成施設にあっては平成十九年四月一日から適用する。

別表①・② [略]

(別紙2)

保育実習実施基準

第1 保育実習の目的

保育実習は、その習得した教科全体の知識、技能を基礎とし、これらを総合的に実践する応用能力を養うため、児童に対する理解を通じて保育の理論と実践の関係について習熟させることを目的とする。

第2 履修の方法

1 保育実習は、次表の第三欄に掲げる施設につき、同表第二欄に掲げる履修方法により行うものとする。

実習種別（第一欄）	履修方法（第二欄） 単位数	履修方法（第二欄） 施設におけるおおむねの実習日数	実習施設（第三欄）
保育実習Ⅰ（必修科目）	四単位	二〇日	(A)
保育実習Ⅱ（選択必修科目）	二	一〇日	(B)
保育実習Ⅲ（選択必修科目）	二	一〇日	(C)

備考1 第三欄に掲げる実習施設の種別は、次によるものであること。

(A)…保育所、幼保連携型認定こども園又は児童福祉法第六条の三第十項の小規模保育事業（ただし、「家庭的保育事業等の設備及び運営に関する基準」（平成二十六年厚生労働省令第六十一号）第三章第二節に規定する小規模保育事業A型及び同基準同章第三節に規定する小規模保育事業B型に限る）若しくは同条第十二項の事業所内保育事業であって同法第三十四条の十五第一項の事業及び同法同条第二項の認可を受けたもの（以下「小規模保育A・B型及び事業所内保育事業」という。）及び乳児院、母子生活支援施設、障害児入所施設、児童発達支援センター、障害者支援施設、指定障害福祉サービス事業所（生活介護、自立訓練、就労移行支援又は就労継続支援を行うものに限る）、児童養護施設、児童心理治療施設、児童自立支援施設、児童相談所一時保護施設又は独立行政法人国立重度知的障害者総合施設のぞみの園

(B)…保育所又は幼保連携型認定こども園或いは小規模保育A・B型及び事業所内保育事業

(C)…児童厚生施設又は児童発達支援センターその他社会福祉関係諸法令の規定に基づき設置されている施設であって保育実習を行う施設として適当と認められるもの（保育所及び幼保連携型認定こども園並びに小規模保育A・B型及び事業所内保育事業は除く。）

備考2 保育実習（必修科目）四単位の履修方法は、保育所又は幼保連携型認定こども園或いは小規模保育A・B型及び事業所内保育事業における実習二単位及び(A)に掲げる保育所又は幼保連携型認定こども園或いは小規模保育A・B型及び事業所内保育事業以外の施設における実習二単位とする。

備考3 児童福祉法（昭和二十二年法律第百六十四号。以下「法」という。）第六条の三第九項に規定する家庭的保育事業又は、「家庭的保育事業等の設備及び運営に関する基準」（平成二十六年厚生労働省令第六十一号）第三章第四節に規定する小規模保育事業C型において、家庭的保育者又は補助者として、二〇日以上従事している又は過去に従事していたことのある場合にあっては、当該事業に従事している又は過去に従事していたことをもって、保育実習Ⅰ（必修科目）のうち保育所又は幼保連携型認定こども園或いは小規模保育A・B型及び事業所内保育事業における実習二単位、保育実習Ⅱ（選択必修科目）及び保育実習指導Ⅱ（選択必修科目）を履修したものとすることができる。

2 保育実習を行う児童福祉施設等及びその配当単位数は、指定保育士養成施設の所長が定めるものとする。

3 保育実習を行う時期は、原則として、修業年限が二年の指定保育士養成施設については第二学年の期間内とし、修業年限が三年以上の指定保育士養成施設については第三学年以降の期間内とする。

4 実習施設に一回に派遣する実習生の数は、その実習施設の規模、人的組織等の指導能力を考慮して定めるものとし、多人数にわたらないよ

うに特に留意するものとする。

5　指定保育士養成施設の所長は、毎学年度の始めに実習施設その他の関係者と協議を行い、その学年度の保育実習計画を策定するものとし、この計画において、全体の方針、実習の段階、内容、施設別の期間、時間数、学生の数、実習前後の学習に対する指導方法、実習の記録、評価の方法等を明らかにし、指定保育士養成施設と実習施設との間で共有すること。

6　実習において知り得た個人の秘密の保持について、実習生が十分配慮するよう指導すること。

第3　実習施設の選定等

1　指定保育士養成施設の所長は、実習施設の選定に当たっては、実習の効果が指導者の能力に負うところが大きいことから、特に施設長、保育士、その他の職員の人的組織を通じて保育についての指導能力が充実している施設のうちから選定するように努めるものとする。

特に、保育所の選定に当たっては、乳児保育、障害児保育及び一時保育等の多様な保育サービスを実施しているところで総合的な実習を行うことが望ましいことから、この点に留意すること。

また、居住型の実習施設を希望する実習生に対しては、実習施設の選定に際して、配慮を行うこと。

2　指定保育士養成施設の所長は、児童福祉施設以外の施設を実習施設として選定する場合に当たっては、保育士が実習生の指導を行う施設を選定するものとする。なお、その施設の設備に比較的余裕があること、実習生の交通条件等についても配慮するものとする。

3　指定保育士養成施設の所長は、教員のうちから実習指導者を定め、実習に関する全般的な事項を担当させ、当該実習指導者は、他の教員と連携して実習指導を一体的に行うこと。また、実習施設においては、主任保育士又はこれに準ずる者を実習指導者と定めること。

4　保育実習の実施に当たっては、保育実習の目的を達成するため、指定保育士養成施設の主たる実習指導者のみに対応を委ねることのないよう、指定保育士養成施設の主たる実習指導者は、他の教員・実習施設の主たる実習指導者等とも緊密に連携し、また、実習施設の主たる実習指導者は、当該実習施設内の他の保育士等とも緊密に連携すること。

5　指定保育士養成施設の実習指導者は、実習期間中に少なくとも一回以上実習施設を訪問して学生を指導すること。なお、これにより難い場合は、それと同等の体制を確保すること。

6　指定保育士養成施設の実習指導者は、実習期間中に、学生に指導した内容をその都度、記録すること。また、実習施設の実習指導者に対しては、毎日、実習の記録の確認及び指導内容を記述するよう依頼する等、実習を効果的に進められるよう配慮すること。

（別紙3）　教科目の教授内容　［略］

（別紙4）

幼稚園教諭免許状を有する者の保育士資格取得特例における教科目の教授内容等

1　目的

「就学前の子どもに関する教育、保育等の総合的な提供の推進に関する法律の一部を改正する法律」（平成二十四年法律第六十六号。以下「改正認定こども園法」という。）により、「学校及び児童福祉施設としての法的位置づけを持つ単一の施設」として、新たな「幼保連携型認定こども園」が創設された。新たな「幼保連携型認定こども園」は学校教育と保育を一体的に提供する施設であるため、配置される職員としては「幼稚園教諭免許状」と「保育士資格」の両方の免許・資格を有する「保育教諭」が位置づけられた。新たな「幼保連携型認定こども園」への円滑な移行を進めるため、改正認定こども園法の施行後十年間は、「幼稚園教諭免許状」又は「保育士資格」のいずれかを有していれば、「保育教諭」として勤務できる経過措置を設けており、この間にもう一方の免許・資格を取得する必要がある。

このため、経過措置期間中に幼稚園教諭免許状を有する者における保育士資格の取得に必要な単位数等の特例（以下「特例教科目」という。）を設け、免許・資格の併有を促進することとした。

この特例については、幼稚園等において「三年以上かつ四三二〇時間以上」の実務経験を有する者の特例（以下「三年特例」という。）に加えて、更に幼保連携型認定こども園において「二年以上かつ二八八〇時間以上」の実務経験を有する者の特例（以下「幼保二年特例」という。）を令和五年度から適用することとした。

指定保育士養成施設において特例教科目を設ける場合には、「児童福祉法施行規則第六条の二第一項第三号の指定保育士養成施設の修業教科目及び単位数並びに履修方法」（平成十三年厚生労働省告示第百九十八号）第二条で定める任意開設科目として、以下に定める内容に基づき実施すること。

2 特例教科目、履修方法、単位数及び履修科目

特例教科目は、次に掲げる特例教科目及び単位数並びに履修方法によること。

なお、特例教科目の教授内容の標準的事項を示した「特例教科目の教授内容」を別添2（三年特例）及び別添3（幼保二年特例）のとおり定めたので、指定保育士養成施設の教授担当者が教授に当たる際の参考とすること。

(1) 三年特例による特例教科目

特例教科目	指定保育士養成施設において修得することを必要とする単位数	特例教科目に対応する告示に定める教科目
福祉と養護（講義）	二	社会福祉 子ども家庭福祉 社会的養護Ⅰ
子ども家庭支援論（講義）	二	子ども家庭支援論 子育て支援
保健と食と栄養（講義）	二	子どもの保健 子どもの食と栄養
乳児保育（演習）	二	乳児保育Ⅰ 乳児保育Ⅱ

※特例教科目を通信制により実施する場合、「乳児保育」については一単位以上を面接授業により履修させること。

※特例教科目の名称は本通知に定める名称によること。

※特例教科目のうち一科目の開設も可能。

(2) 幼保二年特例による特例教科目

特例教科目	指定保育士養成施設において修得することを必要とする単位数	特例教科目に対応する告示に定める教科目
福祉と養護（講義）	二	社会福祉 子ども家庭福祉 社会的養護Ⅰ
子ども家庭支援論（講義）	一	子ども家庭支援論 子育て支援
保健と食と栄養（講義）	二	子どもの保健 子どもの食と栄養
乳児保育（演習）	一	乳児保育Ⅰ 乳児保育Ⅱ

※特例教科目を通信制により実施する場合、「乳児保育」については授業時数の概ね半分以上は面接授業により履修させること。

※特例教科目の名称は基本的に本通知に定める名称によることとしつつ、「子ども家庭支援論」及び「乳児保育」については、三年特例の場合と単位数が異なるため、工夫して管理すること。

※特例教科目のうち一科目の開設も可能。

3 幼稚園教諭免許状を有する者の保育士資格取得特例による実務経験と対象施設

(1) 三年特例の場合

特例のうち三年特例の要件については、次に掲げる施設において「三年以上かつ四三二〇時間以上」の実務経験を有する者とする。

① 幼稚園（学校教育法第一条に規定する幼稚園（特別支援学校幼稚部含む））

② 認定こども園（就学前の子どもに関する教育、保育等の総合的な提供の推進に関する法律（平成十八年法律第七十七号）により認定された認定こども園）

③ 保育所（児童福祉法第三十九条第一項に規定する保育所）

④ 小規模保育事業（児童福祉法第六条の三第十項に規定する小規模保育事業（家庭的保育事業等の設備及び運営に関する基準（平成二十六年厚生労働省令第六十一号）第二十七条に規定する小規模保育事業A型及び小規模保育事業B型に限る。）を実施する施設

⑤ 事業所内保育事業（児童福祉法第六条の三第十二項に規定する事業所内保育事業（利用定員が六人以上の施設））を実施する施設

⑥ 公立施設（国、都道府県、市町村が設置する施設であって、児童福祉法第三十九条第一項に規定する業務を目的とする施設（同項に規定する保育所を除く））

⑦ 離島その他の地域において特例保育（子ども・子育て支援法第三十条第一項第四号に規定する特例保育）を実施する施設

⑧ 幼稚園併設型認可外保育施設（児童福祉法施行規則第四十九条の二第三号に規定する施設）

⑨ 認可外保育施設（認可外保育施設指導監督基準を満たす施設（「認可外保育施設指導監督基準を満たす旨の証明書の交付について」（平成十七年一月二十一日雇児発第〇一二一〇〇二号）による証明書の交付を受けた施設）（一日に保育する乳幼児の数が六人以上である施設））。ただし、次の施設を除く。

- 当該施設を利用する児童の半数以上が一時預かり（入所児童の保護者と日単位又は時間単位で不定期に契約し、保育サービスを提供するもの）による施設
- 当該施設を利用する児童の半数以上が二二時から翌日七時までの全部又は一部の利用による施設

(2) 幼保二年特例の場合

特例のうち幼保二年特例については、(1)に規定する施設における「三年以上かつ四三二〇時

間以上」の実務経験に加え、就学前の子どもに関する教育、保育等の総合的な提供の推進に関する法律第二条第七項に規定する幼保連携型認定こども園において「二年以上かつ二八八〇時間以上」の実務経験を有する者とする。

4　幼稚園教諭免許所有者保育士試験免除科目専修証明書（特例教科目）の交付

指定保育士養成施設の長は、特例教科目を修めた者の要請に対し、「保育士試験の実施について」（平成十五年十二月一日雇児発第一二〇一〇〇二号）に定める修得特例教科目に応じた試験免除科目について、「保育士養成課程修了証明書等について」（平成十五年十二月八日雇児発第一二〇八〇〇一号）に定める別紙様式(4)による証明書を交付すること。

5　留意事項

(1)　特例教科目による単位の修得は、平成二十五年八月八日から改正認定こども園法施行後十年の間とする。

(2)　特例教科目は、指定保育士養成施設における任意開設教科目として開設するものであるため、指定保育士養成施設は、特例教科目を開設した日から起算して一月以内に、都道府県知事に届出をすること（幼保二年特例において「子ども家庭支援論」及び「乳児保育」の一単位の特例教科目を開設する場合も含む）。

(3)　特例教科目の実施に当たっての教員等の体制は、本通知別紙1に準じて実施されることが望ましいこと。

(4)　幼稚園教諭免許状を有する者における保育士資格特例の具体的な運用については、別に示すので、留意し実施すること。

(5)　保育士資格取得後も、キャリアアップ研修を受講するなど、自己研鑽を行うことが重要であることに留意すること。

別添1～3　［略］

64 保育士試験の実施について

（平成一五年一二月一日　雇児発第一二〇一〇〇二号
各都道府県知事　各指定都市市長　各中核市市長宛
厚生労働省雇用均等・児童家庭局長通知）

改正　令和元年九月四日　子発〇九〇四第七号

保育士試験については、かねてより御配慮をいただいているところであるが、「児童福祉法の一部を改正する法律」（平成十三年法律第百三十五号）等によって整備された保育士関係規定が施行されたことに伴い保育士試験の実施基準を定めたので下記の事項に御留意のうえ、その適正な実施に特段の御配慮をお願いしているところ。

先般、保育を取り巻く社会情勢の変化、保育所保育指針の改定等を踏まえ、「児童福祉法施行規則及び厚生労働省関係国家戦略特別区域法施行規則の一部を改正する省令（平成三十年厚生労働省令第六十四号）」及び「児童福祉法施行規則第六条の二第一項第三号の指定保育士養成施設の修業教科目及び単位数並びに履修方法の一部を改正する件(平成三十年厚生労働省告示第二百十六号)」において、指定保育士養成施設の修業教科目（保育士養成課程）及び保育士試験の筆記試験科目の一部について、所要の改正を行ったところであり、本通知において当該改正に伴う保育士試験を行うに当たっての実務的な改正を行い、令和二年度からの保育士試験の実施について定めたところ。

今般、「児童福祉法施行規則第六条の十一の二第一項の規定に基づき厚生労働大臣が定める基準の一部を改正する件」（令和元年厚生労働省告示第百五号）が公布され、令和二年四月一日より適用となり、保育士資格取得のための特例期間が延長となったため、ご留意のうえ、適正な実施に特段のご配慮をお願いしたい。

なお、本通知は、地方自治法（昭和二十二年法律第六十七号）第二百四十五条の四第一項に規定する技術的助言として発出するものであることを申し添える。

記

1 保育士試験実施要領

保育士試験は、児童福祉法（昭和二十二年法律第百六十四号。以下「法」という。）及び関係法令の規定に基づき実施することとされたが、取扱いについては、別紙1「保育士試験実施要領」により実施するものとすること。

2 問題作成及び採点上の留意事項

試験委員（法第十八条の十一の規定による指定試験機関の試験委員を含む。）が具体的問題を作成し又は採点するに当たっては、別紙1「保育士試験実施要領」によるほか、指定保育士養成施設のカリキュラムと均衡を図るよう配慮すること。

3 受験資格について

受験資格を有する者は、児童福祉法施行規則（昭和二十三年厚生省令第十一号。以下「規則」という。）第六条の九各号に規定する者及び児童福祉法施行規則第六条の九第一号の規定に基づき厚生労働大臣の定める者（昭和六十三年厚生省告示第百六十三号）とする。

なお、規則第六条の九第四号に規定する「厚生労働大臣の定める基準」については、別紙2「保育士試験受験資格認定基準」のとおりとする。

4 受験申請

受験申請に際しては、規則第六条の十二に基づき、本籍地都道府県名（日本国籍を有していない者については、その国籍）、連絡先、氏名及び生年月日を記載した申請書に次の書類を添えて都道府県が定める期間内に提出させること。

(1) 規則第六条の九各号のいずれかに該当することを証する書類

(2) 写真

(3) 下記の7又は8に該当する者は、保育士試験受験科目免除願及び免除対象者であることを証する書類（下記の7(2)に該当する者は、これらの書類に加え、7(2)に掲げる実務経験を有することを証する書類）

(4) また、下記の7又は8に該当し、試験科目の一部の免除を受けることができる者であって、当該科目の受験を希望する者については、一部科目合格届及び一部科目合格を証する書類

なお、当該申請者については、当該年度の試験において届け出た科目の一部又は全部が不合格となった場合には、届出に従い試験判定を行うものであること。

5 試験実施後の報告

保育士試験を実施した場合においては、その合格者の発表を行った日から一〇日以内に各科目の試験問題を添付のうえ、別紙3「保育士試験実施状況」による報告書を提出すること。

6 合格通知について

(1) 保育士試験は、筆記試験及び実技試験により行い、実技試験は、筆記試験のすべてに合格した者について行うこととされたことに伴い、筆記試験終了後速やかに筆記試験の結果を通知すること。

(2) 実技試験の結果については、終了後速やかに通知すること。また、保育士試験合格者に対して、保育士となるには保育士登録が必要であることについて周知を行うこと。

(3) 都道府県は、合格者及び一部科目合格者の一覧表を作成し保存すること。保存年限については、各都道府県の文書保存規定等によること。

7 科目免除の取扱いについて

(1) 前年度又は前々年度の試験において合格した科目のある者については、一部科目合格通知の写しを添え（受験者の申請に基づき、都道府県においてその一部科目合格を確認できる場合は除く。）、保育士試験受験科目免除願を提出させることで、試験科目の一部を免除することができる。

(2) 当該年度の初日の属する年の三年前の年の四月一日の属する年度の試験において合格した科目のある者であって、同年度から前年度末までに次に掲げる施設において「一年以上かつ一、四四〇時間以上」の実務経験を有する者については一年間、当該年度の初日の属する年の四年前の年の四月一日の属する年度の試験において合格した科目のある者であって、同年度から前年度末までに次に掲げる施設において「二年以上かつ二、八八〇時間以上」の実務経験を有する者については二年間、その実務経験を有することを証する書類を提出させることで、当該免除の期間を延長することができる。

① 児童福祉施設（法第七条第一項に規定する児童福祉施設）

② 認定こども園（就学前の子どもに関する教育、保育等の総合的な提供の推進に関する法律（平成十八年法律第七十七号）第二条第六項に規定する認定こども園）

③ 幼稚園（学校教育法（昭和二十二年法律第二十六号）第一条に規定する幼稚園（特別支

援学校幼稚部を含む。）)
④　家庭的保育事業（法第六条の三第九項に規定する家庭的保育事業）
⑤　小規模保育事業（法第六条の三第十項に規定する小規模保育事業）
⑥　居宅訪問型保育事業（法第六条の三第十一項に規定する居宅訪問型保育事業）
⑦　事業所内保育事業（法第六条の三第十二項に規定する事業所内保育事業）
⑧　放課後児童健全育成事業（法第六条の三第二項に規定する放課後児童健全育成事業）
⑨　一時預かり事業（法第六条の三第七項に規定する一時預かり事業）
⑩　離島その他の地域において特例保育（子ども・子育て支援法（平成二十四年法律第六十五号）第三十条第一項第四号に規定する特例保育）を実施する施設
⑪　小規模住居型児童養育事業（法第六条の三第八項に規定する小規模住居型児童養育事業）
⑫　障害児通所支援事業（法第六条の二の二第一項に規定する障害児通所支援事業（保育所訪問支援事業を除く。））
⑬　一時保護施設（法第十二条の四に規定する一時保護施設）
⑭　一八歳未満の者が半数以上入所する次に掲げる施設等
ア　障害者支援施設（障害者の日常生活及び社会生活を総合的に支援するための法律（平成十七年法律第百二十三号）に規定する障害者支援施設）
イ　指定障害福祉サービス事業所（障害者の日常生活及び社会生活を総合的に支援するための法律に規定する指定障害福祉サービス事業所（生活介護、自立訓練、就労移行支援又は就労継続支援を行うものに限る。））
⑮　法第六条の三第九項から第十二項までに規定する業務又は法第三十九条第一項に規定する業務を目的とする施設であって法第三十五条第四項の認可又は認定こども園法第十七条第一項の認可を受けていないもの（認可外保育施設）のうち、次に掲げるもの
ア　法第五十九条の二の規定により届出をした施設
イ　アに掲げるもののほか、都道府県等が事業の届出をするものと定めた施設であって、当該届出をした施設
ウ　児童福祉法施行規則第四十九条の二第三号に規定する幼稚園併設型認可外保育施設
エ　国、都道府県又は市町村が設置する法第六条の三第九項から第十二項までに規定する業務又は法第三十九条第一項に規定する業務を目的とする施設

(3)　厚生労働大臣の指定する学校又は施設において、その指定する科目を専修した者であって、当該科目の受験の免除を受けようとする者については、別に定める保育士試験免除科目を専修したことを証する書類を添え、保育士試験受験科目免除願を提出させることで、試験科目の一部を免除することができる。

(4)　幼稚園教諭免許状を有する者については、保育士試験受験科目免除願に幼稚園教諭免許状を有することを証する書類又は幼稚園教諭免許状の写しを添えて提出させることで、筆記試験科目の保育の心理学及び教育原理並びに実技試験の保育実習実技を免除することができる。

また、指定保育士養成施設の科目等履修により教科目を修得した幼稚園教諭免許状を有する者においては、別表1①のとおり修得した教科目に応じ、指定保育士養成施設において保育士試験免除科目を専修したことを証する書類を添え、保育士試験受験科目免除願を提出させることで、筆記試験科目の一部又は全てを免除することができる。

(5)　幼稚園教諭免許状を有する者については、指定保育士養成施設において別表1のとおり修得した教科目に応じた保育士試験免除科目、(1)又は(2)による試験科目の一部免除の対象となる科目及び厚生労働大臣の指定する学校又は施設において専修した科目の全て又は一部を組み合わせる場合についても、規則第六条の十一の二第一項の規定に基づき、保育士試験の筆記試験及び実技試験の全部を免除することができる。

(6)　社会福祉士、介護福祉士又は精神保健福祉士である者については、保育士試験受験科目免除願にそれぞれの資格を有することを証する書類を添えて提出させることで、筆記試験科目の社会的養護、子ども家庭福祉及び社会福祉を免除することができる。

また、指定保育士養成施設の科目履修等により教科目を修得した社会福祉士、介護福祉士及び精神保健福祉士においては、別表2のとおり、修得した教科目に応じ、指定保育士養成施設において保育士試験免除科目を専修したことを証する書類を添え、保育士試験受験科目免除願を提出させることで、試験科目の一部又は全部を免除することができる。

8　幼稚園教諭免許状を有する者における保育士資格特例による受験について

幼稚園教諭免許状を有する者における保育士資格取得特例による保育士試験を受験する者（以下「特例対象者」という。）については、次の点に留意されたい。

(1) 特例対象者

特例対象者は、幼稚園教諭免許状を有する者であって、次に掲げる施設において「三年以上かつ四、三二〇時間以上」の実務経験を有する者とする。

① 幼稚園（学校教育法第一条に規定する幼稚園（特別支援学校幼稚部含む））

② 認定こども園（就学前の子どもに関する教育、保育等の総合的な提供の推進に関する法律により認定された認定こども園）

③ 保育所（法第三十九条第一項に規定する保育所）

④ 小規模保育事業（法第六条の三第十項に規定する小規模保育事業（家庭的保育事業等の設備及び運営に関する基準（平成二十六年厚生労働省令第六十一号）第二十七条に規定する小規模保育事業A型及び小規模保育事業B型に限る。））を実施する施設

⑤ 事業所内保育事業（法第六条の三第十二項に規定する事業所内保育事業（利用定員が六人以上の施設））を実施する施設

⑥ 公立施設（国、都道府県、市町村が設置する施設であって、法第三十九条第一項に規定する業務を目的とする施設（同項に規定する保育所を除く））

⑦ 離島その他の地域において特例保育（子ども・子育て支援法第三十条第一項第四号に規定する特例保育）を実施する施設

⑧ 幼稚園併設型認可外保育施設（規則第四十九条の二第三号に規定する施設）

⑨ 認可外保育施設（認可外保育施設指導監督基準を満たす施設（「認可外保育施設指導監督基準を満たす旨の証明書の交付について」（平成十七年一月二十一日雇児発第〇一二一〇〇二号）による証明書の交付を受けた施設）（一日に保育する乳幼児の数が六人以上である施設））。ただし、次の施設を除く。

- 当該施設を利用する児童の半数以上が一時預かり（入所児童の保護者と日単位又は時間単位で不定期に契約し、保育サービスを提供するもの）による施設
- 当該施設を利用する児童の半数以上が二十二時から翌日七時までの全部又は一部の利用による施設

(2) 実務証明書について

受験申請に当たっては、本通知8(1)に定める施設において必要な実務経験を有していることを証明する実務証明書を提出させること。なお、実務証明書の様式は別に定めることとする。

(3) 施設証明書について

8(1)⑨に定める施設において実務経験を有した者が受験申請するに当たっては、当該施設が特例の施設であることを都道府県知事、指定都市長又は中核市長が証明する施設証明書を提出させること。なお、施設証明書の様式は別に定めることとする。

(4) 科目免除の取り扱いについて

① 特例対象者については、保育士試験受験科目免除願に幼稚園教諭免許状を有することを証する書類又は幼稚園教諭免許状の写し及び実務証明書を添えて提出させることで、保育の心理学、教育原理及び保育実習理論並びに実技試験の保育実習実技を免除することができる。

② 特例対象者が指定保育士養成施設の科目等履修により特例教科目を修得した場合、別表1②のとおり修得した特例教科目に応じ、指定保育士養成施設において保育士試験免除科目を専修したことを証する書類、幼稚園教諭免許状の写し及び実務証明書並びに8(1)⑨に定める施設において実務経験を有した者については施設証明書を添え、保育士試験受験科目免除願を提出させることで、筆記試験科目の一部又は全てを免除することができる。

③ 特例対象者が指定保育士養成施設の科目等履修により教科目を修得した場合、別表1③のとおり修得した教科目に応じ、指定保育士養成施設において保育士試験免除科目を専修したことを証する書類、幼稚園教諭免許状の写し及び実務証明書並びに8(1)⑨に定める施設において実務経験を有した者については施設証明書を添え、保育士試験受験科目免除願を提出させることで、筆記試験科目の一部又は全てを免除することができる。

④ 特例対象者は、指定保育士養成施設において別表1のとおり修得した教科目に応じた保育士試験免除科目、前年又は前々年に合格した科目及び厚生労働大臣の指定する学校又は施設において専修した科目の全てもしくは一部を組み合わせる場合についても、規則第六条の十一の二第一項の規定に基づき、保育士試験の筆記試験及び実技試験の全部を免除することができる。

(5) 留意事項

① 別表1②と③の両方を組み合わせて筆記試

（別表１）

①幼稚園教諭免許を有する者における試験免除科目・修得教科目対応表

○試験免除科目		○指定保育士養成施設で修得した教科目		
社会福祉	←	社会福祉		
子ども家庭福祉	←	子ども家庭福祉	子ども家庭支援論	
子どもの保健	←	子どもの保健	子どもの健康と安全	
子どもの食と栄養	←	子どもの食と栄養		
保育原理	←	保育原理	乳児保育Ⅰ	乳児保育Ⅱ
		障害児保育	子育て支援	
社会的養護	←	社会的養護Ⅰ	社会的養護Ⅱ	
保育実習理論	←	保育内容総論	保育内容演習	保育内容の理解と方法

※　児童福祉法施行規則第６条の２第１項第３号の指定保育士養成施設の修業教科目及び単位数並びに履修方法（平成13年５月23日厚生労働省告示第198号）に定める必修科目

②特例教科目による試験免除科目・修得教科目対応表

○試験免除科目		○指定保育士養成施設で修得した特例教科目	
社会福祉	←	福祉と養護	
子ども家庭福祉	←	福祉と養護	子ども家庭支援論
子どもの保健 子どもの食と栄養	←	保健と食と栄養	
保育原理	←	乳児保育	子ども家庭支援論
社会的養護	←	福祉と養護	

※　「指定保育士養成施設の指定及び運営の基準について」（平成15年12月９日雇児発第1209001号）別紙４に定める特例教科目

③実務経験があって幼稚園教諭免許状を有する者における試験免除科目・修得教科目対応表

○試験免除科目		○指定保育士養成施設で修得した教科目		
社会福祉	←	社会福祉		
子ども家庭福祉	←	子ども家庭福祉	子ども家庭支援論	
子どもの保健	←	子どもの保健		
子どもの食と栄養	←	子どもの食と栄養		
保育原理	←	乳児保育Ⅰ	乳児保育Ⅱ	子育て支援
社会的養護	←	社会的養護Ⅰ		

※　児童福祉法施行規則第６条の２第１項第３号の指定保育士養成施設の修業教科目及び単位数並びに履修方法（平成13年５月23日厚生労働省告示第198号）に定める必修科目

（別表２）

社会福祉士、介護福祉士又は精神保健福祉士である者における試験免除科目・修得教科目対応表

○試験免除科目		○指定保育士養成施設で修得した教科目		
保育原理	←	保育原理	乳児保育Ⅰ	乳児保育Ⅱ
		障害児保育	子育て支援	
教育原理	←	教育原理		
保育の心理学	←	保育の心理学	子ども家庭支援の心理学	子どもの理解と援助
子どもの保健	←	子どもの保健	子どもの健康と安全	
子どもの食と栄養	←	子どもの食と栄養		
保育実習理論	←	保育内容総論	保育内容演習	保育の理解と方法
保育実習実技	←	保育内容の理解と方法		

※　児童福祉法施行規則第６条の２第１項第３号の指定保育士養成施設の修業教科目及び単位数並びに履修方法（平成13年５月23日厚生労働省告示第198号）に定める必修科目

験科目の一部又は全てを免除することも可能とする。

② 幼稚園教諭免許状を有する者における保育士資格特例による受験は、平成二十五年八月八日から「就学前の子どもに関する教育、保育等の総合的な提供の推進に関する法律の一部を改正する法律」（平成二十四年法律第六十六号。以下「改正認定こども園法」という。）施行後十年の間の保育士試験において適用することとする。

ただし、改正認定こども園法施行後十年の最終年に特例教科目を修得した者等は当該年の次の年の保育士試験において特例による受験を可能とする。なお、改正認定こども園法では、本法律の施行後十年間は、幼稚園教諭免許状又は保育士資格のいずれかを有していれば、「保育教諭」として勤務することができる経過措置期間を設けているため、当該者は保育士資格を取得するまでの間は、「保育教諭」として勤務することができないことに留意すること。

（別紙１）

保育士試験実施要領

第１　趣旨

児童福祉法（昭和二十二年法律第百六十四号）第十八条の八の規定に基づく保育士試験を適切に実施するために、試験実施に係る基準を定めるものとする。

第２　試験実施の方法

１　基本事項

保育士試験は、筆記試験及び実技試験によって行い、実技試験は、筆記試験のすべてに合格した者について行うものであること。

２　試験期間

毎年、適切な時期に筆記試験を実施、実技試験については筆記試験終了後速やかに実施することを原則とする。

３　科目の種類

保育原理、教育原理及び社会的養護、子ども家庭福祉、社会福祉、保育の心理学、子どもの保健、子どもの食と栄養、保育実習理論については筆記試験を行い、保育実習実技については実技試験を行う。

４　出題範囲

別添「保育士試験出題範囲」により出題する。

５　出題方式

(1)　筆記試験は、真偽式、完成方式、選択式、組合せ式等客観的に採点可能なものを原則とする。

なお、出題に当たっては、事例問題をできるだけ導入するよう努めること。

(2)　実技試験については、受験生は次の三分野から二分野選んで受験する。

ア　音楽に関する技術　イ　造形に関する技術　ウ　言語に関する技術

６　出題方針

出題に当たっては、各科目共通に次の事項に留意すること。また個々の科目の留意事項は、保育士試験出題範囲に定めるとおりとする。

ア　機械的記憶に頼るような出題は避け、理解の深さを試す出題を心がける。

イ　出題範囲から平均して出題し、一分野に偏ることは避ける。

ウ　試験時間内に八割以上の受験者が問題の内

容を理解し、解答を作成し得る程度の分量及び難易度とする。

エ　偏った特殊な学説に基づく解釈や理論に関する出題は避ける。

オ　常用漢字、現代かな使いを用いる。

7　試験時間、配点及び採点方法

(1)　試験時間及び配点

試験時間及び配点は、次のとおりとし、出題数は試験時間内に解答が作成できる程度の分量とすること。

科目	時間(分)	満点
保育原理	六〇	一〇〇
教育原理	三〇	五〇
社会的養護	三〇	五〇
子ども家庭福祉	六〇	一〇〇
社会福祉	六〇	一〇〇
保育の心理学	六〇	一〇〇
子どもの保健	六〇	一〇〇
子どもの食と栄養	六〇	一〇〇
保育実習理論	六〇	一〇〇
保育実習実技	（都道府県で定める）	一〇〇

(2)　採点方法

保育実習実技の採点は、正副二人の試験委員が別個に採点し、その平均点を得点とすること。

第3　合格基準

一科目の合格点は満点の六割以上とする。ただし、教育原理及び社会的養護については、教育原理及び社会的養護それぞれ満点の六割以上でなくてはならない。

また、保育実習実技についても、各分野において満点の六割以上でなくてはならない。

第4　児童福祉法施行規則第六条の十一の二第一項の規定に基づく者における試験実施の方法

毎年、保育士試験の受験申請時期に合わせて、年二回申請を受け付け、合格した者に対して、速やかにその旨を通知することを原則とする。

（別紙2）

保育士試験受験資格認定基準

都道府県知事は、次の各号のいずれかに該当する者について、児童福祉法施行規則（昭和二十三年厚生省令第十一号）第六条の九第四号の認定を行うものとする。

（注）法令等の改正により、根拠規定が変更になっている場合でも、これまで対象となっていた施設・事業に従事していた期間は、引き続き従事期間として算定して差し支えない。

1　学校教育法（昭和二十二年法律第二十六号）による高等学校を卒業した者若しくは通常の課程による一二年の学校教育を修了した者（通常の課程以外の課程によりこれに相当する学校教育を修了した者を含む。）又は文部科学大臣においてこれと同等以上の資格を有すると認定した者であって、以下に掲げる施設等において、二年以上かつ二、八八〇時間以上児童等の保護又は援護に従事した者

(1)　認定こども園（就学前の子どもに関する教育、保育等の総合的な提供の推進に関する法律（平成十八年法律第七十七号）第二条第六項に規定する認定こども園）

(2)　幼稚園（学校教育法第一条に規定する幼稚園（特別支援学校幼稚部を含む））

(3)　家庭的保育事業（児童福祉法（昭和二十二年法律第百六十四号。以下「法」という。）第六条の三第九項に規定する家庭的保育事業）

(4)　小規模保育事業（法第六条の三第十項に規定する小規模保育事業）

(5)　居宅訪問型保育事業（法第六条の三第十一項に規定する居宅訪問型保育事業）

(6)　事業所内保育事業（法第六条の三第十二項に規定する事業所内保育事業）

(7)　放課後児童健全育成事業（法第六条の三第二項に規定する放課後児童健全育成事業）

(8)　一時預かり事業（法第六条の三第七項に規定する一時預かり事業）

(9)　離島その他の地域において特例保育（子ども・子育て支援法第三十条第一項第四号に規定する特例保育）を実施する施設

(10)　小規模住居型児童養育事業（法第六条の三第八項に規定する小規模住居型児童養育事業）

(11)　障害児通所支援事業（法第六条の二の二第一項に規定する障害児通所支援事業（保育所訪問支援事業を除く））

(12)　一時保護施設（法第十二条の四に規定する一時保護施設）

(13)　一八歳未満の者が半数以上入所する次に掲げる施設等

ア　障害者支援施設（障害者の日常生活及び社会生活を総合的に支援するための法律（平成十七年法律第百二十三号）に規定する障害者支援施設）

イ　指定障害福祉サービス事業所（障害者の日常生活及び社会生活を総合的に支援するための法律に規定する指定障害福祉サービス事業所（生活介護、自立訓練、就労移行支援又は就労継続支援を行うものに限る））

(14)　法第六条の三第九項から第十二項までに規定する業務又は法第三十九条第一項に規定する

る業務を目的とする施設であって法第三十四条の十五第二項若しくは法第三十五条第四項の認可又は認定こども園法第十七条第一項の認可を受けていないもの（認可外保育施設）のうち、次に掲げるもの

ア　法第五十九条の二の規定により届出をした施設

イ　アに掲げるもののほか、都道府県等が事業の届出をするものと定めた施設であって、当該届出をした施設

ウ　児童福祉法施行規則第四十九条の二第三号に規定する幼稚園併設型認可外保育施設

エ　国、都道府県又は市町村が設置する法第六条の三第九項から第十二項までに規定する業務又は法第三十九条第一項に規定する業務を目的とする施設

2　1に掲げる施設等において五年以上かつ七、二〇〇時間以上児童等の保護又は援護に従事した者

3　前各号及び昭和六十三年五月二十八日厚生省告示第百六十三号に定める者に準ずる者であって、都道府県知事が適当と認めた者

（別紙3）　保育士試験実施状況報告書　［略］

（別添）

保育士試験出題範囲

保育原理

第1　出題の基本方針

保育の意義並びに保育の内容及び方法について体系的に理解しているかを問うことを基本とする。

問題選択に当たっては、保育所保育指針の内容並びに児童の保育及び保護者に対する保育に関する指導を担う保育士の役割及び責務について、また、子育て支援等を含む保育の社会的意義など、保育に関する現代的課題に関しても配慮が必要である。

第2　出題範囲

「指定保育士養成施設の指定及び運営の基準について」（平成十五年十二月九日付け雇児発第一二〇九〇〇一号厚生労働省雇用均等・児童家庭局長通知）別紙3「教科目の教授内容」（以下「平成十五年通知別紙」という。）に定める教科目「保育原理」、「乳児保育Ⅰ」、「乳児保育Ⅱ」、「障害児保育」及び「子育て支援」の内容とする。

第3　出題上の留意事項

1　保育所保育指針の内容と保育の実際との関連を重視した出題が望ましい。

2　教育原理、子ども家庭福祉、社会福祉及び社会的養護の出題と十分関連をとって出題する。

3　出題範囲の改正に伴う経過措置として、当分の間、保育原理の出題については、改正前の出題範囲における保育相談支援の内容全般を理解していることを前提とした出題とする。

教育原理

第1　出題の基本方針

教育に関する基本的概念、教育における実践原理を体系的に理解しているかを問うことを基本とする。

問題選択に当たっては、教育の思想及び制度について、また、子ども家庭福祉等との関連性及び教育を巡る現代的課題に関しても配慮が必要である。

第2　出題範囲

平成十五年通知別紙に定める教科目「教育原理」の内容とする。

第3　出題上の留意事項

1　保育の実践との関連を重視した出題が望ましい。

2　保育原理、子ども家庭福祉及び社会的養護の出題と十分関連をとって出題する。

社会的養護

第1　出題の基本方針

現代社会における社会的養護の意義及び役割について体系的に理解しているかを問うことを基本とする。

問題選択に当たっては、社会的養護の理念・制度の体系を概括的に理解しているかという点のほか、子ども及び社会的養護を取り巻く状況並びに家庭養護及び施設養護の援助の実際について、また、保育との関連性及び社会的養護に関する現代的課題に関しても配慮が必要である。

第2　出題範囲

平成十五年通知別紙に定める教科目「社会的養護Ⅰ」及び「社会的養護Ⅱ」の内容とする。

第3　出題上の留意事項

1　社会的養護の制度及び歴史的変遷の部分からは、歴史的に古いもの又は現在の制度体系と関連のないものは出題しない。

2　保育原理、子ども家庭福祉及び社会福祉の出題と十分関連をとって出題する。

子ども家庭福祉

第1　出題の基本方針

現代社会における子ども家庭福祉の意義及び役

割について体系的に理解しているかを問うことを基本とする。

問題選択に当たっては、子ども家庭福祉の理念・制度の体系を概括的に理解しているかという点のほか、児童及び家庭を取り巻く状況及び子ども家庭福祉の実際について、また、保育との関連性及び子ども家庭福祉に関する現代的課題に関しても配慮が必要である。

第2　出題範囲

平成十五年通知別紙に定める教科目「子ども家庭福祉」及び「子ども家庭支援論」の内容とする。

第3　出題上の留意事項

1　子どもの人権擁護及び子ども家庭福祉に関する現代的課題等について理解しているかという点についても出題し、その場合には具体的事例を設定して問う等工夫が必要である。

2　子ども家庭福祉の歴史的変遷の部分からは、歴史的に古いもの又は現在の制度体系と関連のないものは出題しない。

3　保育原理、社会福祉及び社会的養護の出題と十分関連をとって出題する。

4　出題範囲の改正に伴う経過措置として、当分の間、子ども家庭福祉の出題については、改正前の出題範囲となっている家庭支援論の内容を理解していることを前提とした出題とする。

社会福祉

第1　出題の基本方針

社会福祉全般に関して、その理念体系を理解しているかを問うことを基本とする。

問題選択に当たっては、社会福祉の理念・制度の体系を概括的に理解しているかという点のほか、その背景となっている社会の動向、社会保障等の関連制度の概要、利用者の保護に関わる仕組み、相談援助等について、また、子ども家庭福祉との関連性及び社会福祉に関する現代的課題に関しても配慮が必要である。

第2　出題範囲

平成十五年通知別紙に定める教科目「社会福祉」の内容とする。

第3　出題上の留意事項

1　社会福祉に関する法律、手続き及び歴史的変遷の部分からは、歴史的に古いもの又は現在の制度体系と関連のないものは出題しない。

2　保育原理、子ども家庭福祉及び社会的養護の出題と十分関連をとって出題する。

3　出題範囲の改正に伴う経過措置として、当分の間、社会福祉の出題については、改正前の出題範囲における相談援助の内容を理解していることを前提とした出題とする。

保育の心理学

第1　出題の基本方針

保育実践に関わる心理学の知識及び発達の基本原理について体系的に理解しているかを問うことを基本とする。

問題選択に当たっては、子どもの発達過程における心理及び発達の特徴を理解しているかという点のほか、生活及び遊びを通して学ぶ子どもの経験及び学習の過程について、また、保育における発達援助、家庭の理解及び子どもの発達に関する現代的課題に関しても配慮が必要である。

第2　出題範囲

平成十五年通知別紙に定める教科目「保育の心理学」、「子ども家庭支援の心理学」及び「子どもの理解と援助」の内容とする。

第3　出題上の留意事項

1　児童の発達過程及び発達の特性について正しく理解し、保育（養護及び教育）との関連において把握することを主眼として出題する。

2　児童の発達課題、初期経験の重要性等、保育の実際において役立つような知識についても問わなければならない。

3　保育原理、子ども家庭福祉及び子どもの保健の出題と十分関連をとって出題する。

子どもの保健

第1　出題の基本方針

児童の健康及び安全に係る基本的知識、保育実践に係る児童の疾病及びその予防、事故防止並びに安全管理等についての理解を問うことを基本とする。

問題選択に当たっては、児童の健康増進を図る保健活動の意義、保育における環境及び衛生管理並びに安全管理について理解しているかという点のほか、母子保健対策、他職種との連携等に関しても配慮が必要である。

第2　出題範囲

平成十五年通知別紙に定める教科目「子どもの保健」及び「子どもの健康と安全」の内容とする。

第3　出題上の留意事項

1　子どもの疾病、事故等の予防及び適切な対応について、保育の実際において起こりうる事項に関して出題することが望ましい。

2　一人一人の子どもの保健とともに、集団の場における保健的対応及び対策についても問わなければならない。

3　保育の心理学及び子どもの食と栄養の出題と十分関連をとって出題する。

4　出題範囲の改正に伴う経過措置として、当分の間、子どもの保健の出題については、改正前の出題範囲となっている内容を理解していることを前提とした出題とする。

子どもの食と栄養

第1　出題の基本方針

子どもの食生活及び栄養に関する基本的知識並びに保育実践に係る食育の基本及び内容についての理解を問うことを基本とする。

問題選択に当たっては、子どもの健康な生活の基本としての食生活の意義、栄養の基本的概念、調理の基本、年齢及び発達過程における食生活について理解しているかという点のほか、食に係る特別な配慮を有する子どもへの対応、食を通した保護者への支援及び現代社会における食生活の課題に関しても配慮が必要である。

第2　出題範囲

平成十五年通知別紙に定める教科目「子どもの食と栄養」の内容とする。

第3　出題上の留意事項

1　子どもの食及び栄養に関する適切な対応について、保育の実際において必要な事項に関して出題することが望ましい。

2　子どもの保健の出題と十分関連をとって出題する。

保育実習（**保育実習理論及び保育実習実技**）

第1　出題の基本方針

保育に関する教科目全体の知識・技術を基礎とし、子どもの保育及び保護者への支援について総合的に理解し、実践する応用力を問うことを基本とする。

保育実習理論については、保育所を含む児童福祉施設の役割や機能について、また、保育士の職業倫理、資質の向上等について具体的に理解しているかという点のほか、保育実践に係る計画及びその評価並びに児童福祉施設における子どもの生活及び援助活動に関しても配慮が必要である。

第2　出題範囲

A　保育実習理論

平成十五年通知別紙に定める教科目「保育内容の理解と方法」、「保育内容総論」、「保育内容演習」、「保育実習Ⅰ」、「保育実習指導Ⅰ」、「保育実践演習」、「保育者論」、及び「保育の計画と評価」の内容とする。

B　保育実習実技

1　音楽に関する技術

課題に対する器楽・声楽等

2　造形に関する技術

課題に対する絵画・制作等

3　言語に関する技術

課題に対する言葉に関する遊びや表現等

第3　出題上の留意事項

1　保育に関する知識及び技術並びに受験者の思考力及び創意工夫が総合的に把握されやすい内容を選択する。

2　子どもの保育の実際において、必要度及び活用度の高い内容を重視する。

3　子どもの遊びを豊かに展開するための技術及びその応用力についても考慮する。

4　保育実習実技の受験者が多い場合、多人数が同一条件のもとに受験できるよう配慮する。

65 保育士登録の円滑な実施について

（平成一五年一二月一日　雇児発第一二〇一〇〇一号　各都道府県知事　各指定都市市長　各中核市市長宛　厚生労働省雇用均等・児童家庭局長通知）

保育行政の推進については、かねてより特段のご尽力を煩わしているところであるが、今般、「児童福祉法の一部を改正する法律（平成十三年法律第百三十五号）」等によって規定された保育士登録制度が施行されたことに伴い、保育士登録に関する取扱いを左記のように定めたので適正かつ円滑な実施を図られたく通知する。

保育士登録にあたっては、本通知によるほか「児童福祉法の一部を改正する法律等の公布について」（平成十三年十一月三十日雇児発第七六一号雇用均等・児童家庭局長通知）及び「児童福祉法の一部を改正する法律の施行に伴う児童福祉法施行令の一部を改正する政令等の施行について」（平成十四年七月十二日雇児発第〇七一二〇〇四号雇用均等・児童家庭局長通知）による取扱いをお願いする。

なお、本通知は、地方自治法（昭和二十二年法律第六十七号）第二百四十五条の四第一項の規定に基づく技術的助言である。

また、「保育士の登録について」（平成十五年四月四日雇児発第〇四〇四〇〇五号本職通知）は廃止する。

記

1　**趣旨**

この通知は、児童福祉法（昭和二十二年法律第百六十四号。以下「法」という。）第十八条の六各号のいずれかに該当する者が、法第十八条の十八第一項の規定に基づき都道府県に登録することにより、保育士の名称を用いて、専門的知識及び技術をもって、児童の保育及び児童の保護者に対する保育に関する指導を行うことを業とすることができるとされたことから、都道府県が保育士の登録事務を円滑に実施するための取扱いを定めるものである。

2 保育士登録申請

保育士の登録を受けようとする者は、児童福祉法施行令（昭和二十三年政令第七十四号。以下「令」という。）第十六条の規定に基づき、申請書（児童福祉法施行規則（昭和二十三年厚生省令第十一号。以下「規則」という。）第五号様式）に、法第十八条の六各号のいずれかに該当することを証する書類（令第十六条）を添付して申請を行うこと。

(1) 添付する書類

ア 平成十五年十一月二十八日以前に指定保育士養成施設を卒業した者

保育士資格証明書（「保育士養成課程修了証明書等について」（平成十五年十二月八日雇児発第一二〇八〇〇一号通知）により改正される前の「保育士資格証交付について」（平成十二年三月三十一日児発第三六四号児童家庭局長通知別紙様式(1)））

イ 平成十五年十一月二十九日以後に指定保育士養成施設を卒業した者

指定保育士養成施設卒業証明書（規則第一号様式）又は、保育士養成課程修了証明書（「保育士養成課程修了証明書等について」（平成十五年十二月八日雇児発第一二〇八〇〇一号通知別紙様式(1)））

なお、新卒者が保育士として円滑に就職できるよう、指定保育士養成施設の最終学年に在学する者であって当該年度中に卒業することが見込まれる者であると当該施設の長が認めた者については、当該施設の長が発行する卒業見込み証明書をもって申請が行えるものとする。

ウ 平成十五年十一月二十八日以前に実施した保育士試験に合格した者

保育士資格証明書（「児童福祉法施行規則及び児童福祉施設最低基準の一部を改正する省令」（平成十四年厚生労働省令第九十六号。以下「改正省令」という。）により改正される前の規則第四十三条の二第八号様式）。

エ 平成十五年十一月二十九日以後に実施した保育士試験に合格した者

保育士試験合格通知

オ 昭和二十四年六月十五日から昭和二十五年十二月三十一日までの間において当時の児童福祉法施行令に基づき厚生大臣が認定した者（いわゆる認定保母）

保母資格認定講習会終了後に交付された保母資格証明書

(2) 申請書の氏名と(1)のアからオに掲げる証明書の氏名が、婚姻等によって異なる場合には、戸籍抄本又は戸籍の一部事項証明書等が必要であること。

3 保育士登録申請書の記載要領

(1) 本籍地コード

別紙1「都道府県コード表」をもとに記入すること。日本国籍を有しない者は、その他(48)を記入すること。

(2) 合格通知番号

平成十五年十一月二十八日以前に実施した保育士試験に合格した者については、保育士資格証明書の発行番号を記載すること。

(3) 都道府県知事

都道府県知事欄には登録申請先の都道府県名を記入すること。なお、登録申請先の都道府県は、次のとおりであること。

ア 指定保育士養成施設を卒業した者

申請時点の住所地（住民票の所在地）の都道府県。なお、卒業見込み証明書をもって申請する場合も同様とする。

イ 保育士試験に合格した者

(ア) 平成十五年十一月二十八日以前に実施した保育士試験に合格した者

保育士資格証明書を交付した都道府県

(イ) 平成十五年十一月二十九日以後に実施した保育士試験に合格した者

保育士試験の合格通知書（規則第六条の十三）を交付した都道府県

4 保育士証（規則第六号様式）の記載要領

(1) 登録番号

登録番号は、「都道府県名—番号」とし、番号は、都道府県ごとに六桁の一連番号を付すものとする。

例えば、北海道の一番の番号は、「北海道—000001」と記載する。

(2) 年月

法第十八条の六各号の要件に該当するに至った年月（規則第六条の三十第三号）を記載すること。

(3) 指定保育士養成施設卒業もしくは保育士試験全科目合格

いわゆる認定保母については、「保母資格認定講習会修了」と記載すること。

5 保育士登録簿（法第十八条の十八、規則第六条の三十、規則第六条の三十六）

(1) 保育士登録簿に記載する事項は、次のとおりであること。

ア 氏名
イ 生年月日
ウ 登録番号
エ 登録年月日
オ 本籍地都道府県名（日本国籍を有しない者については、その国籍）
カ 指定保育士養成施設卒業・保育士試験合格の別
キ 卒業若しくは試験合格の年月
ク 訂正等に係る事項

(2) (1)のクの訂正等に係る事項は、次のとおりであること。

ア 法第十八条の十九第一項又は第二項の規定により保育士の登録を取り消した場合における登録の消除に係る理由及び年月日
イ 法第十八条の十九第二項の規定により保育士の名称の使用の停止を命じた場合における保育士の名称の使用の停止に係る停止期間、理由及び年月日
ウ 令第十七条第一項の申請があった場合における登録事項の書換えに係る変更前の登録事項、理由及び年月日
エ 令第十八条第一項の申請があった場合における保育士証の再交付年月日
オ 規則第六条の三十四の届出があった場合における登録の消除に係る理由及び年月日

6 保育士資格喪失届

規則第六条の三十四の届け出に係る様式は、別紙2のとおりである。

7 手数料

保育士登録に係る手数料については、適正な額に設定すること。

なお、保育士証の書換え交付及び再交付（令第十七条及び令第十八条）を併せて申請する者が納付すべき手数料の額は、保育士証の書換えに係る額とする。

別紙1・2 ［略］

66 保育士登録の取扱いについて

（平成一五年一二月一日 雇児保発第一二〇一〇〇一号
各都道府県 各指定都市 各中核市児童福祉主管部(局)長宛
厚生労働省雇用均等・児童家庭局保育課長通知）

保育士の登録については、「保育士登録の円滑な実施について」（平成十五年十二月一日雇児発第一二〇一〇〇一号。以下「雇児発第一二〇一〇〇一号通知」とする。）により通知されたところであるが、保育士登録の取扱い等については、左記の事項に留意の上、その運用に遺憾のないようにされたい。

なお、本通知は、地方自治法（昭和二十二年法律第六十七号）第二百四十五条の四第一項の規定に基づく技術的助言である。

また、「保育士登録の取扱いについて」（平成十五年四月四日雇児保発第〇四〇四〇〇二号本職通知）は廃止する。

記

1 指定保育士養成施設を卒業する者の取扱い

(1) 卒業見込みによる申請について

指定保育士養成施設を新たに卒業する者は、保育所等に就職するに際して保育士登録がなされている必要があることから、指定保育士養成施設の最終学年に在学する者であって当該年度中に卒業することが見込まれる者であると当該施設の長が認めた者（以下「卒業見込み者」という。）であるとの証明書をもって申請を行えるものとする。

(2) 申請先

申請先については、申請者が、申請時点に居

住している都道府県知事に対し行うものとする。

(3) 登録決定

保育士登録は、卒業の確定の確認をもって決定するものであること。

(4) 手続き中の対応

保育士登録簿に登録がなされた後、保育士証が送付されるまでの間に、保育士を証するために保育士登録済通知書（別紙様式）を交付すること。なお、通知書の証明の有効期限は、通知書作成日から三か月間とする。

(5) 指定保育士養成施設への協力要請

指定保育士養成施設に対して、保育士登録を迅速に行うために卒業見込み者のうち登録を申請する者の申請に関する指導及び取りまとめ並びに卒業者の取りまとめについて協力を依頼すること。

(6) その他

保育士試験を短期大学等の在学中に合格した者についても、卒業見込みである証明書及び試験に合格していることを証明する書類をもって保育士登録の申請ができるものであること。なお、この場合の申請については申請者本人が個々に行うこと。

2 ［略］

3 **保育士登録申請の添付書類の取扱いについて**

申請にあたっては、申請書の添付書類として保育士資格証明書等の資格を証する書類の原本を提出することとしているが、資格審査が終了した原本については都道府県の文書保存に関する規定等を勘案の上、返還を希望する者に対しては、返還しても差し支えないこととする。

別紙様式 ［略］

67 保育士等キャリアアップ研修の実施について

（平成二九年四月一日 雇児保発〇四〇一第一号
各都道府県 各指定都市 各中核市民生主管部(局)長宛
厚生労働省雇用均等・児童家庭局保育課長通知）

改正 令和元年六月二四日 子保発〇六二四第三号

保育士は、専門的知識及び技術をもって、児童の保育及び児童の保護者に対する保育に関する指導を行う専門職であり、その専門性の向上を図るため、児童福祉施設の設備及び運営に関する基準（昭和二十三年厚生省令第六十三号）第七条の二第一項では、「児童福祉施設の職員は、常に自己研鑽に励み、法に定めるそれぞれの施設の目的を達成するために必要な知識及び技能の修得、維持及び向上に努めなければならない」こととされており、同条第二項では、「児童福祉施設は、職員に対し、その資質の向上のための研修の機会を確保しなければならない」こととされているところです。

近年、子どもや子育てを取り巻く環境が変化し、保育所に求められる役割も多様化・複雑化する中で、保育士には、より高度な専門性が求められるようになっており、日々の保育士としての業務に加え、各種の研修機会の充実によって、その専門性を向上させていくことが重要となっています。

現在、保育現場においては、園長、主任保育士の下で、初任後から中堅までの職員が、多様な課題への対応や若手の指導等を行うリーダー的な役割を与えられて職務にあたっており、こうした職務内容に応じた専門性の向上を図るための研修機会の充実が特に重要な課題となっています。

今般、公示を行った保育所保育指針（平成二十九年厚生労働省告示第百十七号）では、「保育所においては、当該保育所における保育の課題や各職員のキャリアパス等も見据えて、初任者から管理職員までの職位や職務内容等を踏まえた体系的な研修計画を作成しなければならない」ことが盛り込まれたところです。

また、子ども・子育て支援法（平成二十四年法律第六十五号）に基づく特定教育・保育等に要する費用の額の算定において、平成二十九年度より、技能・経験を積んだ職員に対する処遇改善のための加算が創設されますが、今後、当該加算の要件に研修の受講が課されることとなっています。（平成二十九年度は研修要件を課さず、平成三十年度以降は職員の研修の受講状況等を踏まえ、決定。）

これらを踏まえ、今般、保育現場におけるリーダー的職員等に対する研修内容や研修の実施方法等について、別紙のとおり、「保育士等キャリアアップ研修ガイドライン」を定めましたので、通知します。

なお、本通知は、地方自治法（昭和二十二年法律第六十七号）第二百四十五条の四第一項に規定する技術的助言として発出するものであることを申し添えます。

（別紙）

保育士等キャリアアップ研修ガイドライン

1 目的

本ガイドラインは、保育現場におけるリーダー的職員の育成に関する研修である「保育士等キャリアアップ研修」（以下「研修」という。）について、一定の水準を確保するために必要な事項を定めるものである。

2　実施主体

研修の実施主体は、都道府県又は都道府県知事の指定した研修実施機関（市町村（特別区を含む。）、指定保育士養成施設又は就学前の子どもに対する保育に関する研修の実績を有する非営利団体に限る。）とする。

3　研修内容等

(1)　研修分野及び対象者

研修は、専門分野別研修、マネジメント研修及び保育実践研修とし、それぞれの研修の対象者は次のとおりとする。

ア　専門分野別研修（①乳児保育、②幼児教育、③障害児保育、④食育・アレルギー対応、⑤保健衛生・安全対策、⑥保護者支援・子育て支援）

保育所等（子ども・子育て支援法に基づく特定教育・保育施設及び特定地域型保育事業をいう。以下同じ。）の保育現場において、それぞれの専門分野に関してリーダー的な役割を担う者（当該役割を担うことが見込まれる者を含む。）

イ　マネジメント研修

アの分野におけるリーダー的な役割を担う者としての経験があり、主任保育士の下でミドルリーダーの役割を担う者（当該役割を担うことが見込まれる者を含む。）

ウ　保育実践研修

保育所等の保育現場における実習経験の少ない者（保育士試験合格者等）又は長期間、保育所等の保育現場で保育を行っていない者（潜在保育士等）

(2)　研修内容

研修内容は、別添1「分野別リーダー研修の内容」のとおりとし、「ねらい」欄及び「内容」欄に掲げる内容を満たしたものでなければならない。

(3)　研修時間

研修時間は、一分野一五時間以上とする。

なお、7(6)に定める園内研修を受講する場合は、一分野最大四時間の研修時間が短縮される。

(4)　講師

研修の講師は、指定保育士養成施設の教員又は研修内容に関して、十分な知識及び経験を有すると都道府県知事が認める者とする。

(5)　実施方法

研修の実施にあたっては、講義形式のほか、演習やグループ討議等を組み合わせることにより、より円滑、かつ、主体的に受講者が知識や技能を修得できるよう、工夫することが望ましい。また、eラーニングで実施する場合は、保育士等キャリアアップ研修をeラーニングで実施する方法等に関する調査研究（平成三十年度厚生労働省委託事業）を参考にすること。

4　研修修了の評価

研修修了の評価については、研修修了者の質の確保を図る観点から、適正に行われる必要があり、一五時間以上の研修（別添1の「ねらい」欄及び「内容」欄に掲げる内容を満たしたものに限る。）を全て受講していることを確認するとともに、研修の受講後にレポートを提出させるなど、各受講者の研修内容に関する知識及び技能の習得とそれを実践する際の基本的な考え方や心得の認識を確認するものとする。なお、7(6)に定める園内研修の場合は、園内研修修了の証明で受講を確認するとともに、園内研修の受講後にレポートを提出させるなど、研修内容に関する知識及び技能の習得とそれを実践する際の基本的な考え方や心得の認識を確認するものとする。

受講者が提出するレポートには、研修で学んだことや理解したこと、自らが担うこととなる保育内容と関連付け、今後、役に立つこと等を記載することを想定しており、レポート自体に理解度の評価（判定）を行って、修了の可否を決定することまでは想定していないことに留意すること。

なお、研修の受講において、都道府県又は研修実施機関の指示に従わないなど、受講者の態度が不適切な者や研修内容の理解を著しく欠いている者等については、修了の評価を行わないことができるものとする。

5〜7　［略］

（別添1）　分野別リーダー研修の内容　［略］

（別添2）　修了証番号について　［略］

68 子育て支援員研修事業の実施について

（平成二七年五月二一日 雇児発〇五二一第一八号
各都道府県知事宛
厚生労働省雇用均等・児童家庭局長通知）

改正 平成三一年三月二九日 子発〇三二九第一四号

標記の件について、今般、別紙のとおり「子育て支援員研修事業実施要綱」を定め、平成二十七年四月一日より適用することとしたので通知する。

ついては、管内市町村（特別区を含む。）に対して周知をお願いするとともに、本事業の適正かつ円滑な実施に期されたい。

別紙

子育て支援員研修事業実施要綱

1. 趣旨・目的

子ども・子育て支援法（平成二十四年法律第六十五号）に基づく給付又は事業として実施される小規模保育、家庭的保育、ファミリー・サポート・センター、一時預かり、放課後児童クラブ、地域子育て支援拠点、仕事・子育て両立支援等の事業や家庭的な養育環境が必要とされる社会的養護については、子どもが健やかに成長できる環境や体制が確保されるよう、地域の実情やニーズに応じて、これらの支援の担い手となる人材を確保することが必要である。

このため、地域において子育て支援の仕事に関心を持ち、子育て支援分野の各事業等に従事することを希望する者に対し、多様な子育て支援分野に関して必要となる知識や技能等を修得するための全国共通の子育て支援員研修制度を創設し、これらの支援の担い手となる子育て支援員の資質の確保を図ることを目的とする。

2. 子育て支援員

子育て支援員とは、本要綱に基づき、都道府県、市町村（特別区を含む。以下同じ。）又は子ども・子育て支援法第五十九条の二第一項で定める仕事・子育て両立支援事業のうち、企業主導型保育助成事業（「企業主導型保育事業等の実施について」（平成二十九年四月二七日府子本第三七〇号・雇児発〇四二七第二号）の別紙「企業主導型保育事業費補助金実施要綱」の第二の二に定める企業主導型保育助成事業をいう。以下同じ。）の実施主体（以下「都道府県等」という。）により実施される5の(3)で定める基本研修及び専門研修（5の(3)のイの(イ)に定める四コース（「地域保育コース」及び「地域子育て支援コース」については各分類）のいずれか一つ。ただし、企業主導型保育助成事業の実施主体が行うものについては4の(12)を対象とした「地域保育コース」のうちの「地域型保育」に限る。）（以下「子育て支援員研修」という。）の全科目を修了し、「子育て支援員研修修了証書」（以下「修了証書」という。）の交付を受けたことにより、子育て支援員として子育て支援分野の各事業等に従事する上で必要な知識や技術等を修得したと認められる者である。

3. 実施主体

実施主体は、都道府県等又は都道府県知事若しくは市町村長（以下「都道府県知事等」という。）の指定した研修事業者（以下「指定研修事業者」という。）とする。

都道府県知事等は子育て支援員研修事業を適切に実施できると認める指定保育士養成施設や社会福祉協議会、民間団体等（以下「委託研修事業者」という。）に委託できるものとする。

なお、5の(3)のイの(イ)に定める「放課後児童コース」の実施主体は、原則として都道府県又は都道府県知事の指定した研修事業者とし、都道府県知事が子育て支援員研修事業を適切に実施できると認める市町村や民間団体等に委託できるものとする。

4. 対象者

本事業の対象者は、育児経験や職業経験など多様な経験を有し、地域において子育て支援の仕事に関心を持ち、以下の子育て支援分野の各事業等の職務に従事することを希望する者及び現に従事する者とする。（(1)～(4)は「家庭的保育事業等の設備及び運営に関する基準」（平成二十六年厚生労働省令第六十一号）、(8)は「児童福祉法施行規則」（昭和二十三年厚生省令第十一号）において研修の修了が従事要件となっている職種）

(1) 家庭的保育事業（児童福祉法第六条の三第九項）の家庭的保育補助者

(2) 小規模保育事業（児童福祉法第六条の三第十項）B型の保育士以外の保育従事者

(3) 小規模保育事業（児童福祉法第六条の三第十項）C型の家庭的保育補助者

(4) 事業所内保育事業（児童福祉法第六条の三第十二項）（利用定員一九人以下）の保育士以外の保育従事者

(5) 利用者支援事業（子ども・子育て支援法第五十九条第一号）の専任職員（平成二十七年五月二十一日府子本第八三号、二七文科初第二七〇号、雇児発〇五二一第一号内閣府子ども・子育て本部統括官、文部科学省初等中等教育局長、

厚生労働省雇用均等・児童家庭局長連名通知「利用者支援事業の実施について」別紙「利用者支援事業実施要綱」4(3)に定める母子保健型に従事する者を除く。）

(6) 放課後児童健全育成事業（放課後児童クラブ）（児童福祉法第六条の三第二項）の補助員

(7) 地域子育て支援拠点事業（児童福祉法第六条の三第六項）の専任職員

(8) 一時預かり事業（児童福祉法第六条の三第七項）の一般型（平成二十七年七月十七日二七文科初第二三八号、雇児発〇七一七第一一号文部科学省初等中等教育局長、厚生労働省雇用均等・児童家庭局長連名通知「一時預かり事業の実施について」別紙「一時預かり事業実施要綱」（以下「一時預かり事業実施要綱」という。）4(1)の保育士以外の保育従事者

(9) 一時預かり事業（児童福祉法第六条の三第七項）の幼稚園型（一時預かり事業実施要綱4(2)④ア）の保育士及び幼稚園教諭普通免許状所有者以外の教育・保育従事者

(10) 子育て援助活動支援事業（ファミリー・サポート・センター）（児童福祉法第六条の三第十四項）の提供会員

(11) 社会的養護関係施設等（児童福祉法第六条の三第一項、第三項及び第八項、第六条の四並びに第七条第一項（助産施設、保育所、幼保連携型認定こども園、児童厚生施設、障害児入所施設及び児童発達支援センターを除く））の補助的職員等

(12) 仕事・子育て両立支援事業（子ども・子育て支援法第五十九条の二第一項）のうち、「企業主導型保育事業等の実施について」の別紙「企業主導型保育事業費補助金実施要綱」の第2の1に定める企業主導型保育事業の保育士以外の保育従事者

5．研修の実施方法及び内容

(1) 研修日程等

研修の開催日、時間帯等については、都道府県等、指定研修事業者又は委託研修事業者（以下「研修実施者」という。）が、地域の実情に応じて、受講者が受講しやすいよう適宜配慮して設定すること。

また、子育て支援分野の各事業等の従事者の充足状況や養成必要人数等を考慮して、適切な時期・回数の実施に努めること。

(2) 講師

講師については、略歴、資格、実務経験、学歴等に照らして選定し、各科目の研修を適切に実施するために必要な体制を確保すること。

(3) 研修内容

子育て支援員研修は以下のア及びイに掲げる研修とする。

ア 基本研修

(ア) 子育て支援員として、子育て支援分野の各事業等に共通して最低限度必要とされる子育て支援に関する基礎的な知識、原理、技術及び倫理などを修得するものとし、子育て支援員としての役割や子どもへの関わり方等を理解するとともに、子育て支援員としての自覚を持たせることを目的とする。

(イ) 研修の科目、区分、時間数、内容、目的等については、原則、別表1のとおりとする。

(ウ) 6の(2)に定める修了証書の交付を受けた者が、新たに、他のコース等の専門研修を受講する場合には、基本研修を再度受講することを要さない。

(エ) 以下に掲げる者については、基本研修を免除しても差し支えないこととする。

① 保育士

② 社会福祉士

③ その他国家資格（幼稚園教諭、看護師等）を有し、かつ日々子どもと関わる業務に携わるなど、実務経験により、基本研修で学ぶべき知識等が習得されていると都道府県知事等が認める者

イ 専門研修

(ア) アの基本研修を修了した者（以下「基本研修修了者」という。）が、子育て支援員として、子育て支援分野の各事業等に従事するために必要な子どもの年齢や発達、特性等に応じた分野毎の専門的な知識・原理・技術・倫理などの修得を行うことを目的とする。

(イ) 専門研修は、「地域保育コース」、「地域子育て支援コース」、「放課後児童コース」、「社会的養護コース」の別とする。

また、「地域保育コース」については、「地域型保育」、「一時預かり事業」、「ファミリー・サポート・センター」の分類を、また、「地域子育て支援コース」については、「利用者支援事業（基本型）」、「利用者支援事業（特定型）」、「地域子育て支援拠点事業」の分類をそれぞれ設けることとする。なお、「地域保育コース」の各分類には、「地域保育コース」の「共通科目」を含むものとする。

(ウ) 専門研修の受講については、基本研修の

修了を条件とする。ただし、「利用者支援事業（基本型）」の受講に当たっては、相談及びコーディネート等の業務内容を必須とする市町村長が認めた事業や業務（例：地域子育て支援拠点事業、保育所における主任保育士業務等）に一年以上の実務経験を予め有していることも併せて条件とする。

(エ) 研修の科目、区分、時間数、内容、目的等については、原則、別表2のとおりとする。

ウ 留意事項

(ア) 研修内容については、地域性、事業等の特性、受講者の希望等を考慮して時間数を延長することや必要な科目を追加することは差し支えない。

(イ) 受講者がやむを得ない理由により、研修の一部を欠席した場合等には、研修実施者は受講者に対して未履修科目のみを受講させることも可能とすること。

(ウ) 研修を実施する際には、研修内容を鑑みて、適切な定員を設定すること。

(エ) 基本研修及び専門研修の詳細については、別に定める「子育て支援員研修の研修内容等の留意点について」を参考に行うものとする。

[後略]

別紙様式例1～6 [略]

別添1・2 [略]

別表1～4 [略]

69 保育所等における常勤保育士及び短時間保育士の定義について

（令和五年四月二一日 こ成保二一 各都道府県知事 各指定都市市長 各中核市市長宛 こども家庭庁成育局長通知）

保育施策の推進につきましては、日頃より御尽力を賜り厚く御礼申し上げます。

児童福祉施設の設備及び運営に関する基準（昭和二十三年厚生省令第六十三号）及び家庭的保育事業等の設備及び運営に関する基準（平成二十六年厚生労働省令第六十一号）（以下「最低基準」という。）で規定されている定数上の保育士の取扱いに関し、これまで「保育所等における短時間勤務の保育士の取扱いについて」（令和三年三月十九日付け子発〇三一九第一号厚生労働省子ども家庭局長通知。以下「令和三年通知」という。）において、保育所等（保育所並びに小規模保育事業所A型、小規模保育事業所B型及び事業所内保育事業所をいう。以下同じ。）における短時間勤務の保育士の取扱いをお示ししてきました。今般、保育士の勤務形態の多様化に対応し、保育士確保を円滑に行う観点から、最低基準上の保育士定数は、こどもを長時間にわたり保育できる常勤の保育士であることが原則であるとの考え方は維持しつつ、短時間勤務の保育士の定義を見直し、併せて常勤の保育士の定義を明確化しましたので、十分御了知の上、貴管内の関係者に対して遺漏なく周知し、適切に運用いただくようお願いします。

なお、本通知は、地方自治法（昭和二十二年法律第六十七号）第二百四十五条の四第一項の規定に基づく技術的助言であることを申し添えます。

記

1 常勤の保育士及び短時間勤務の保育士の定義について

最低基準における定数上の保育士について、「常勤の保育士」とは、次に掲げる者をいい、「短時間勤務の保育士」とは次のいずれにも該当しない者をいうものとする。

① 当該保育所等の就業規則において定められている常勤の従業者が勤務すべき時間数（一か月に勤務すべき時間数が一二〇時間以上であるものに限る。）に達している者

② 上記以外の者であって、一日六時間以上かつ月二〇日以上勤務するもの

2 その他

本通知に伴い、令和三年通知の一部を別紙のとおり改正する。

以上

【添付資料】 [略]

70 保育所等における短時間勤務の保育士の取扱いについて

（令和三年三月一九日　子発〇三一九第一号
各都道府県民生主管部(局)長　各指定都市民生主管部(局)長　各中核市民生主管部(局)長宛
厚生労働省子ども家庭局長通知）

改正　令和五年四月二一日　こ成保二一

保育施策の推進につきましては、日頃より御尽力を賜り厚く御礼申し上げます。

児童福祉施設の設備及び運営に関する基準（昭和二十三年厚生省令第六十三号）及び家庭的保育事業等の設備及び運営に関する基準（平成二十六年厚生労働省令第六十一号）（以下「最低基準」という。）で規定されている定数上の保育士の取扱いに関し、これまで「保育所における短時間勤務の保育士の導入について」（平成十年二月十八日付け児発第八五号厚生省児童家庭局長通知。以下「平成十年通知」という。）において、短時間勤務の保育士の取扱いをお示ししてきました。今般、最低基準上の保育士定数は常勤の保育士をもって確保することが原則であり、望ましいという前提の下で、常勤の保育士の確保が困難であることにより、保育所等（保育所並びに小規模保育事業所A型、小規模保育事業所B型及び事業所内保育事業所をいう。以下同じ。）に空き定員があるにもかかわらず待機児童が発生している場合に限り、暫定的な措置として、短時間勤務の保育士（常勤の保育士（当該保育所等の就業規則において定められている常勤の従業者が勤務すべき時間数（一か月に勤務すべき時間数が一二〇時間以上であるものに限る。）に達している者又は当該者以外の者であって、一日六時間以上かつ月二〇日以上勤務するもの）以外の者。以下同じ。）が従事する業務に関する特例的な対応を取っても差し支えないこととするなど、短時間勤務の保育士に関する取扱いを下記のとおり改めて整理し、令和三年四月一日から適用することとしましたので、十分御了知の上、貴管内の関係者に対して遺漏なく周知し、適切に運用いただくようお願いします。

これに伴い、平成十年通知は、令和三年三月三十一日限りで廃止することとします。

なお、本通知は、地方自治法（昭和二十二年法律第六十七号）第二百四十五条の四第一項の規定に基づく技術的助言であることを申し添えます。

記

1．最低基準における定数上の保育士の取扱い

保育の基本は乳幼児が健康、安全で情緒の安定した生活ができる環境の中で、健全な心身の発達を図ることであり、また、保育所等の利用児童数が年々増加する中で従来にも増して保育士の関わりは重要であるばかりでなく、保護者との連携を十分に図るためにも、今後とも最低基準上の保育士定数は、子どもを長時間にわたって保育できる常勤の保育士をもって確保することが原則であり、望ましいこと。しかしながら、保育所等本来の事業の円滑な運営を阻害せず、保育時間や保育児童数の変化に柔軟に対応すること等により、入所児童に対する保育の質の確保が図られる場合であって、次の条件の全てを満たすときには、最低基準上の保育士定数の一部に短時間勤務の保育士を充てても差し支えないものであること。なお、この適用に当たっては、組やグループ編成を適切に行うとともにこれを明確にしておくこと。

(1)　常勤の保育士が各組・各グループに一名以上（乳児を含む各組・各グループであって当該組・グループに係る最低基準上の保育士定数が二名以上の場合は、一名以上ではなく二名以上）配置されていること。

ただし、令和二年度以降の各年四月一日時点のいずれかの待機児童数が一人以上であり、かつ、その要因が、管内の保育所等において空き定員があるにもかかわらず、常勤の保育士の確保が困難であることにより、当該保育所等の利用を希望する子どもを受け入れることができないためであることと判断している市町村（特別区を含む。以下同じ。）において、待機児童解消のために当該市町村がやむを得ないと認める場合に限り、当該保育所等の利用を希望する子どもを受け入れるのに不足する常勤の保育士数の限りにおいて、一名の常勤の保育士に代えて二名の短時間勤務の保育士を充てても差し支えないものであること。その際、当該市町村においては、上記の判断に当たり管内の保育関係者と認識の共有を図るとともに、当該保育所等において、適切に常勤の保育士の募集等常勤の保育士を確保するための取組を行っていることを確認すること。常勤の保育士の募集を適切に実施しているかを確認する際には、例えば、当該保育所等に勤務する常勤の保育士よりも著しく低い処遇水準での募集が行われていないことや、ハローワークや職業紹介事業者等を通じ広く求人活動を一定期間行っていることその他適切な方法により募集を行っていることを確認することが考えられること。

なお、常勤の保育士が各組・各グループに一名以上（乳児を含む各組・各グループであって当該組・グループに係る最低基準上の保育士定数が二名以上の場合は、一名以上ではなく二名以上）配置されていることが原則であり、望ましいことに変わりはないため、常勤の保育士の確保が可能となった場合には、各組・各グループに一名以上常勤の保育士を配置し、上記ただし書きの取扱いについては、早期に解消を図り、当該業務に当たっていた短時間勤務の保育士の業務内容の見直しを行うこと。

(2) 常勤の保育士に代えて短時間勤務の保育士を充てる場合の勤務時間数が、常勤の保育士を充てる場合の勤務時間数を上回ること。

2．留意すべき事項

(1) 保育所等の長は、職員会議等を通じて職員間の情報共有及び連携を十分に図るとともに、保育士の職務の重要性及び児童福祉法（昭和二十二年法律第百六十四号）第四十八条の四第二項の規定により保育士に資質向上に係る努力義務が課されていること等に鑑み、勤務形態を問わず各種研修への参加機会の確保等に努める必要があること。

特に、1(1)ただし書きの場合にあっては、複数の保育士が同一の組・グループの保育を共同で行うことが想定されることから、同一の組・グループを担当する短時間勤務の保育士が共同で指導計画及び保育の記録を作成することを通して、一貫した保育の提供及び保護者支援を可能とする機会を確保することや、保育士の交替に当たって、引継ぎを適切に行うための時間を確保することなど、利用児童に対する保育の質の確保や適切な保護者支援の実施に努めること。なお、利用児童に対し、安定的に保育を提供する観点から、同一の組・グループに対して、日によって異なる短時間勤務の保育士を配置することは適切ではないこと。あわせて、常勤職員など一部の職員に業務の負担が偏ることがないよう、周辺業務の効率化や分担を含めた保育所全体としての業務マネジメントが行われるよう留意すること。

(2) 短時間労働者及び有期雇用労働者の雇用管理の改善等に関する法律（平成五年法律第七十六号）や雇用保険法（昭和四十九年法律第百十六号）等の労働関係法規を遵守し、不安定な雇用形態や低処遇の保育士が生ずることのないよう留意すること。また、例えばグループの担任を務める短時間勤務の保育士の待遇に関し、同一労働同一賃金の観点から、同じくグループの担任を務める常勤の保育士の待遇との間に差を設けないなど、短時間勤務の保育士と常勤の保育士との間で不合理な待遇差を設けないこと。このため、短時間勤務の保育士を導入する保育所等にあっても導入しない保育所等と同様の保育単価とする取扱いとしている。

(3) 児童福祉法第四十八条の四第一項の規定に基づき、保育士の勤務形態の状況等について情報提供に努めること。

(4) 各都道府県知事及び各市町村の長は、管内の保育所等における1(1)ただし書きの適切な運用について、児童福祉法に基づき実施する指導監査において確認を行うこと。指導監査の実施に当たり、特に確認すべき事項としては、例えば、職員の確保及び定着化についての取組並びに労働基準法（昭和二十二年法律第四十九号）等関係法規の遵守状況の確認に際して、常勤の保育士を確保するための取組の状況や、短時間勤務の保育士に対する処遇の適正性を確認することや、指導計画等の作成に当たり、同一の組・グループを担当する短時間勤務保育士が共同で指導計画等を作成する機会が担保されているかを確認することが考えられること。その際、常勤の保育士を確保するための取組の状況については、1(1)ただし書きの適用に当たり、当該状況の確認を行っている市町村と、情報の共有を行うこと。

(5) 過去三年間の指導監査において、都道府県知事及び市町村の長から勧告や改善命令を受けている保育所等については、1(1)ただし書きの適用を認めないこととすること。

71 保育所の利用等におけるひとり親家庭の取扱いについて

（平成二六年九月三〇日　雇児発〇九三〇第二号
各都道府県　各指定都市　各中核市民生主管部（局）長宛
厚生労働省雇用均等・児童家庭局長通知）

改正　平成二七年三月三一日　雇児発〇三三一第一二号

母子及び父子並びに寡婦福祉法（以下「法」という。）第二十八条（第三十一条の八において準用する場合を含む。以下同じ。）において、市町村が保育の必要性の認定を受けた子どもの保育所、認定こども園又は地域型保育事業（以下「保育所等」という。）の利用に関して利用調整を行う際のひとり親家庭への特別の配慮義務が規定され、平成二十七年四月一日から施行されるところである。

また、ひとり親家庭の利用に関して特別の配慮が求められる事業として、母子及び父子並びに寡婦福祉法施行規則（昭和三十九年厚生省令第三十二号）第六条の二において、従来の放課後児童健全育成事業、子育て短期支援事業及び一時預かり事業に加え、新たに延長保育事業及び子育て援助活動支援事業を規定し、平成二十七年四月一日から施行することとしている。

各地方公共団体においては、法第二十八条の規定の趣旨を踏まえ、下記事項に御留意いただき、ひとり親家庭の子育てを支援するとともに、ひとり親家庭の児童の心身の健全な育成が図られるよう、格段の御配慮をお願いする。

なお、この通知は、地方自治法（昭和二十二年法律第六十七号）第二百四十五条の四第一項の規定に基づく技術的助言である。

おって、平成十五年三月三十一日雇児発第〇三三一〇一一号厚生労働省雇用均等・児童家庭局長通知「保育所の入所等の選考の際における母子家庭等の取扱いについて」は廃止する。

記

1　法第二十八条の規定の趣旨について

ひとり親家庭の親は、子育てと生計の担い手という二重の役割を一人で担っており、家庭内での児童のしつけや教育にかける時間や労力には制約があるため、ひとり親家庭の児童がその置かれている環境にかかわらず、心身ともに健やかに成長するために、その児童に対する保育や子育て支援を充実する必要がある。このため、保育所の入所等に関する特別の配慮義務が規定されたものであること。

2　保育所等の利用及び放課後児童クラブの利用に係る特別の配慮について

(1)　児童福祉法（昭和二十二年法律第百六十四号）第二十四条第三項の規定により、保育所等の利用調整を行う場合においては、ひとり親家庭を利用の必要性が高いものとして優先的に取り扱うこと。

特に、都市部等の待機児童の多い地域にあっては、ひとり親家庭の優先的取り扱いが徹底されるよう配慮すること。

また、児童福祉法第六条の三第二項の規定により、市町村が放課後児童健全育成事業を実施する場合においては、ひとり親家庭を放課後児童クラブの利用の必要性が高いものとして優先的に取り扱うこと。

(2)　ひとり親家庭のうち、離婚等の直後にある者であって生活の激変を緩和する必要があるなど、特に自立の促進を図ることが必要と認められるものについては、最優先的に取り扱うこと。

(3)　母子家庭をめぐる就労条件や就職環境が厳しいこと等を踏まえ、母子家庭が求職活動、職業訓練等を行っている場合にあっては、求職活動等を行っている日数、時間等に応じて、就労している場合と同等の事情にあるものとして、優先的に取り扱うこと。

(4)　市町村は、母子家庭に係る保育所等及び放課後児童クラブの利用の選考を行うに当たって、母子家庭の就労状況等の把握に努めること。

(5)　都道府県は、市町村が保育所等及び放課後児童クラブの利用の選考を行うに当たって、母子家庭の就労状況に関する情報提供に努めること。

3　母子及び父子並びに寡婦福祉法施行規則第六条の二に規定する事業の利用に係る特別の配慮について

市町村が次の事業を実施する場合においては、ひとり親家庭を事業の利用の必要性が高いものとして優先的に取り扱うなど特別の配慮をすること。

ア　子ども・子育て支援法（平成二十四年法律第六十五号）第五十九条第二号に規定する事業

イ　児童福祉法第六条の三第三項に規定する子育て短期支援事業

ウ　児童福祉法第六条の三第七項に規定する一時預かり事業

エ　児童福祉法第六条の三第十四項に規定する子育て援助活動支援事業

72 保育所の設置認可等について

（平成一二年三月三〇日　児発第二九五号
各都道府県知事　各指定都市市長　各中核市市長宛
厚生省児童家庭局長通知）

改正　平成二六年一二月一二日　雇児発一二一二第五号

保育所の設置認可等については、「保育所の設置認可等について」（昭和三十八年三月十九日児発第二七一号。以下「児発第二七一号通知」という。）により行ってきたところであるが、待機児童の解消等の課題に対して地域の実情に応じた取組みを容易にする観点も踏まえ、今般、保育所の設置認可の指針を下記のとおり改めたので、貴職において保育所の設置認可を行う際に適切に配意願いたい。

また、保育所の設置認可に係る申請があった際に、その内容が児童福祉法（昭和二十二年法律第百六十四号）第四十五条第一項の基準その他の関係法令に適合するものでなければ認可してはならないことは当然であり、この点については従来の取扱いと変更がないものであるので、念のため申し添える。

記

第1　保育所設置認可の指針

1　認可制度の見直しについて

今回、法第三十五条第五項各号に保育所の設置認可に関する審査基準等が定められるとともに、当該地域で保育需要が充足されていない場合には、設置主体を問わず審査基準に適合している者から保育所の設置に係る申請があった場合には、認可するものとするとされており、認可に当たっては、法の規定を踏まえて審査を行うこと。

2　地域の状況の把握及び保育所認可に係る基本的な需給調整の考え方

子ども・子育て支援新制度においては、教育・保育及び地域子ども・子育て支援事業の提供体制の整備並びに子ども・子育て支援給付及び地域子ども・子育て支援事業の円滑な実施を確保するための基本的な指針（平成二十六年七月二日内閣府告示第百五十九号。以下「基本指針」という。）に即し、市町村においては子ども・子育て支援事業計画を、都道府県においては、子ども・子育て支援事業支援計画を定めることとされており、都道府県知事（指定都市及び中核市においては市長。以下同じ。）においては、当該計画に基づき、基本指針第三の四の2の(二)の(2)「都道府県の認可及び認定に係る需給調整の考え方」を踏まえて、保育所設置認可申請への対応を行うこと。

3　認可申請に係る審査等

保育所設置認可申請については、2で把握した地域の状況を踏まえつつ、個別の申請の内容について、以下の点を踏まえ審査等を行うこと。

(1)　定員

保育所の定員は、二〇人以上とすること。

(2)　社会福祉法人又は学校法人による設置認可申請

認可の申請をした者が社会福祉法人又は学校法人である場合にあっては、都道府県知事は、法第四十五条第一項の条例で定める基準（保育所に係るものに限る。）に適合するかどうかを審査するほか、法第三十五条第五項第四号に掲げられた基準によって審査すること。

(3)　社会福祉法人及び学校法人（以下「社会福祉法人等」という。）以外の者による設置認可申請

①　審査の基準

社会福祉法人等以外の者から保育所の設置認可に関する申請があった場合には、法第四十五条第一項の条例で定める基準（保育所に係るものに限る。）に適合するかどうかを審査するほか、法第三十五条第五項各号に掲げられた基準によって審査すること。その際の基準については以下のとおりであること。

ア　保育所を経営するために必要な経済的基礎があること。

「必要な経済的基礎がある」とは、以下の(ア)及び(イ)のいずれも満たすものをいうこと。また、当該認可を受ける主体が他事業を行っている場合については(ウ)も満たすこと。

(ア)　原則として、保育所の経営を行うために直接必要なすべての物件について所有権を有しているか、又は国若しくは地方公共団体から貸与若しくは使用許可を受けていること。ただし、「不動産の貸与を受けて保育所を設置する場合の要件緩和について」（平成十六年五月二十四日雇児発第〇五二四〇〇二号、社援発第〇五二四〇〇八号）に定められた要件を満たしている場合には、「必要な経済的基礎がある」と取り扱って差し支えないこと。

(イ)　保育所の年間事業費の一二分の一以上に相当する資金を、普通預金、当座預金等により有していること。

(ウ)　直近の会計年度において、保育所を経

営する事業以外の事業を含む当該主体の全体の財務内容について、三年以上連続して損失を計上していないこと。

イ　当該保育所の経営担当役員（業務を執行する社員、取締役、執行役又はこれらに準ずる者をいう。以下同じ。）が社会的信望を有すること。

ウ　実務を担当する幹部職員が社会福祉事業に関する知識又は経験を有すること。

「実務を担当する幹部職員が社会福祉事業に関する知識又は経験を有すること」とは(ア)及び(イ)のいずれにも該当するか、又は(ウ)に該当すること。なお、この場合の「保育所等」とは、保育所並びに保育所以外の児童福祉施設、認定こども園、幼稚園、家庭的保育事業、小規模保育事業、居宅訪問型保育事業及び事業所内保育事業をいうこと。

(ア)　実務を担当する幹部職員が、保育所等において二年以上勤務した経験を有する者であるか、若しくはこれと同等以上の能力を有すると認められる者であるか、又は、経営担当役員者に社会福祉事業について知識経験を有する者を含むこと。

(イ)　社会福祉事業について知識経験を有する者、保育サービスの利用者（これに準ずる者を含む。）及び実務を担当する幹部職員を含む運営委員会（保育所の運営に関し、当該保育所の設置者の相談に応じ、又は意見を述べる委員会をいう。）を設置すること。

(ウ)　経営担当役員者に、保育サービスの利用者（これに準ずる者を含む。）及び実務を担当する幹部職員を含むこと。

エ　法第三十五条第五項第四号に掲げられた基準に該当しないこと。

② 社会福祉法人以外の者に対する設置認可の際の条件

社会福祉法人以外の者に対して保育所の設置認可を行う場合には、設置者の類型を勘案しつつ、以下の条件を付すことが望ましいこと。

ア　法第四十五条第一項の基準を維持するために、設置者に対して必要な報告を求めた場合には、これに応じること。

イ　特定教育・保育施設及び特定地域型保育事業の運営に関する基準（平成二十六年内閣府令第三十九号）第三十三条を踏まえ、収支計算書又は損益計算書において、保育所を経営する事業に係る区分を設けること。

ウ　保育所を経営する事業については、積立金・積立資産明細書を作成すること。

エ　学校法人会計基準及び企業会計の基準による会計処理を行っている者は、イに定める区分ごとに、別紙1の積立金・積立資産明細書を作成すること。

なお、企業会計の基準による会計処理を行っている者は、イに定める区分ごとに、企業会計の基準による貸借対照表（流動資産及び流動負債のみを記載）、及び別紙2の借入金明細書、及び別紙3の基本財産及びその他の固定資産（有形固定資産）の明細書を作成すること。

オ　毎会計年度終了後三か月以内に、次に掲げる書類に、保育所を経営する事業に係る現況報告書を添付して、都道府県知事に対して提出すること。

(ア)　前会計年度末における貸借対照表

(イ)　前会計年度の収支計算書又は損益計算書

(ウ)　保育所を経営する事業に係る前会計年度末における積立金・積立資産明細書

ただし、学校法人会計基準及び企業会計による会計処理を行っている者については、保育所を経営する事業に係る前会計年度末における別紙1の積立金・積立資産明細書

また、企業会計の基準による会計処理を行っている者は、保育所を経営する事業に係る前会計年度末における企業会計の基準による貸借対照表（流動資産及び流動負債のみを記載）、別紙2の借入金明細書、別紙3の基本財産及びその他の固定資産（有形固定資産）の明細書

③ 認可の取消しについて

都道府県知事は、法第五十八条第一項の規定を踏まえ、保育所が法若しくは法に基づいて発する命令又はこれらに基づいてなす処分に違反したときは、当該保育所に対し、期限を定めて必要な措置をとるべき旨を命じ、さらに当該保育所がその命令に従わないときは、期間を定めて事業の停止を命じることがあり、その際、当該保育所がその命令に従わず他の方法により運営の適正を期しがたいときは、認可の取消しを行うことがあること。

ただし、当該違反が、乳幼児の生命身体に著しい影響を与えるなど、社会通念上著しく悪質であり、改善の見込みがないと考えられ

る場合については、速やかな事業の停止や認可の取消しを検討すること。

④ 市町村との契約

社会福祉法人等以外の者と市町村との間で保育の実施に係る委託契約を締結する際には、以下の事項を当該契約の中に盛り込むことが望ましいこと。

ア 特定教育・保育施設及び特定地域型保育事業の運営に関する基準（平成二十六年内閣府令第三十九号）第三十三条を踏まえ、収支計算書又は損益計算書において、保育所を経営する事業に係る区分を設けること。

イ 保育所を経営する事業については、積立金・積立資産明細書を作成すること。

ウ 学校法人会計基準及び企業会計の基準による会計処理を行っている者は、区分ごとに、別紙1の積立金・積立資産明細書を作成すること。

なお、企業会計の基準による会計処理を行っている者は、区分ごとに、企業会計の基準による貸借対照表（流動資産及び流動負債のみを記載）、及び別紙2の借入金明細書、及び別紙3の基本財産及びその他の固定資産（有形固定資産）の明細書を作成すること。

エ 保育所の認可に対して付された条件を遵守すること。

第2 実施期日等

この通知は子ども・子育て支援法及び就学前の子どもに関する教育、保育等の総合的な提供の推進に関する法律の一部を改正する法律の施行に伴う関係法律の整備等に関する法律（平成二十四年法律第六十七号）の施行の日から施行する。なお、「保育所の設置認可等について」（平成十二年三月三十日児保第一〇号厚生省児童家庭局保育課長通知）はこの通知の施行に伴って廃止する。

なお、この通知は、地方自治法（昭和二十二年法律第六十七号）第二百四十五条の四に規定する技術的な勧告に当たるものである。

別紙1～3［略］

73 保育所分園の設置運営について

（平成一〇年四月九日 児発第三〇二号
各都道府県知事 各指定都市市長 各中核市市長宛
厚生省児童家庭局長通知）

改正 平成二一年七月九日 雇児発〇七〇九第六号

保育行政の推進については、かねてより特段のご配慮を煩わしているところであるが、今般、都市部等における待機児童の解消や過疎地域等における入所児童の減少等に対応するため、別紙のとおり「保育所分園設置運営要綱」を定めたので、その適正かつ円滑な運営を図られたく通知する。

なお、本通知（別紙の七を除く。）は地方自治法（昭和二十二年法律第六十七号）第二百四十五条の四に規定する技術的な勧告に当たるものである。また、分園を設置した場合は、設置した日から一月以内に、別紙様式により当省へ報告されるようお願いする。

本通知の施行に伴い、平成十二年六月八日児発第五八二号の五厚生省児童家庭局長通知「分園を設置した保育所に係る保育単価について」は平成二十一年三月三十一日限りで廃止する。

別紙

保育所分園設置運営要綱

1 目的

保育所分園は、児童福祉法（昭和二十二年法律第百六十四号）の規定に基づく保育所に分園を設置することにより、認可保育所の設置が困難な地域における保育の実施を図ることを目的とする。

2 設置経営主体

分園の設置及び経営主体は、本体となる保育所（以下、「中心保育所」という。）を設置経営する地方公共団体、社会福祉法人等とする。

なお、保育所を現に経営していない主体が分園を設置することは認められない。

3 定員規模

一分園の規模は原則として三〇人未満とするが、中心保育所の規模や中心保育所との距離等を勘案して一体的な運営が可能であれば三〇人以上とすることができる。

4 職員

中心保育所と分園のいずれもが、児童福祉施設最低基準（昭和二十三年厚生省令第六十三号。以下「最低基準」という。）第三十三条に規定する職員を配置することとするが、嘱託医及び調理員については、中心保育所に配置されていることから分園には置かないことができることとする。分園においても入所児童の安全を確保する観点から常時二名以上の保育士を配置することとする。

5 設置・管理・運営

(1) 設置について

分園の設置については、地域の実情を勘案し、一に定める目的に照らして適切に設置するものであること。なお、同一敷地内に設置されているものは分園とは認められないこと。

(2) 管理・運営について

① 分園の管理・運営は、中心保育所の所長のもとに中心保育所と一体的に施設運営が行われるものとし、中心保育所と分園との距離については、通常の交通手段により、三〇分以内の距離を目安とする。

なお、児童の処遇や保護者との連絡体制等を十分確保して、中心保育所と分園の開所時間に差を設けることが可能であること。

さらに、構造、設備及び職員配置の観点から十分な機能を有している、又は他の社会福祉施設等との連携体制が整備されている場合にあっては、分園が夜間保育（夜間保育所の設置認可等について（平成十二年三月三十日児発第二九八号）一㈥のとおり開所時間を原則として概ね一一時間とし、おおよそ午後一〇時までとすることをいう。）を行うことが可能であること。

② 「地方公共団体が設置する保育所に係る委託について」（平成十三年三月三十日雇児保第一〇号）に基づく委託に関する指針に即して公立保育所の分園を他の主体に委託することが可能であること。

③ 中心保育所において定員内の受入れ枠があるにもかかわらず、分園での受入れを意図的に行うことがないようにすること。

ただし、利用者の居住地付近に中心保育所がない等やむを得ない事由があるときは、前段で言う「分園での受け入れを意図的に行うこと」には該当しないこととする。

④ 分園を設置している保育所の入所の円滑化については、中心保育所と分園の定員規模を合算した定員により、「保育所への入所の円滑化について」（平成十年二月十三日児保第三号厚生省児童家庭局保育課長通知）を適用すること。

6 構造及び設備

(1) 最低基準における取扱い

構造及び設備は、中心保育所と分園のいずれもが、最低基準を満たしていることとするが、調理室及び医務室については中心保育所にあることから設けないことができることとする。

(2) 留意すべき事項

① 調理室及び医務室に関して㈠後段の取扱いとする場合にあっては、中心保育所の調理室の能力を十分勘案して衛生上及び防火上不備が生じることのないよう留意し、また分園において医薬品を備えること。

② 分園が夜間保育を行う場合は、仮眠のための設備及びその他夜間保育のために必要な設備、備品を備えていること。

③ これらに対応するため、各分園の運営に対して「特別保育事業の実施について」（平成二十年六月九日雇児発第〇六〇九〇〇一号）の「休日・夜間保育事業、「待機児童解消促進等事業実施要綱」により夜間保育推進事業、「待機児童解消促進等事業実施要綱」により保育所分園推進事業として補助できるものである。

7 費用の支弁及び費用徴収

分園を設置する保育所に係る費用の支弁については、中心保育所、分園それぞれの定員規模による定員区分を適用し、以下の通り行うものとする。

(1) 分園に係る費用の支弁について

定員規模二〇人及び二一人から三〇人の分園については、「小規模保育所の設置認可等について」（平成十二年三月三十日児発第二九六号厚生省児童家庭局長通知。以下、「児発第二九六号通知」という。）の第一の二ただし書において適用することとしている別途通知による小規模保育所に係る各々の「基本分保育単価」及び「民間施設給与等改善費加算額」にそれぞれ一〇〇分の八五を乗じた額（一〇円未満切り捨て）とし、定員規模三一人以上の分園については、「児童福祉法による保育所運営費国庫負担金について」（昭和五十一年四月十六日厚生省発児第五九号の二。以下「交付要綱」という。）の第三に定める各々の「基本分保育単価」及び「民間施設給与等改善費加算額」にそれぞれ一〇〇分の八五を乗じた額（一〇円未満切り捨て）により支弁を行うものとする。その他の加算については、中心保育所と分園の定員規模を合算した定員区分による加算額を基本分保育単価に加算する。

(2) 中心保育所に係る支弁について
　中心保育所の定員規模により「児発第二九六号通知」の第一の2ただし書において適用することとしている別途通知による小規模保育所に係る各々の「基本分保育単価」及び「民間施設給与等改善費加算額」又は、交付要綱の第三に定める各々の「基本分保育単価」及び「民間施設給与等改善費加算額」を適用し行うこととする。

　その他の加算については、中心保育所と分園の定員規模を合算した定員区分による加算額を基本分保育単価に加算する。

(3) 費用徴収について
　費用の徴収については、いずれの場合においても交付要綱の第四により行うものとする。

(4) 留意すべき事項
① (一)、(二)により算出した中心保育所と分園の「基本分保育単価」及び「民間施設給与等改善費加算額」の合計額が、中心保育所と分園の定員規模を合算した定員区分による「基本分保育単価」及び「民間施設給与等改善費加算額」を下回る場合は、中心保育所と分園の定員規模を合算した定員区分による「基本分保育単価」及び「民間施設給与等改善費加算額」を支弁することとする。
② 中心保育所、分園それぞれにおいて定員規模を超えて受入れた児童に係る費用の支弁については、中心保育所と分園の定員規模を合算した定員区分を適用し、交付要綱の第三により行うものとする。
③ 中心保育所、分園それぞれの定員規模による定員区分を適用した児童が、月途中において中心保育所と分園の間で異動した場合、中心保育所と分園それぞれにおいて交付要綱の第三の4算式2及び3により算定した額により行うものとする。
④ 定員が一九人以下の分園は、中心保育所と分園を合算した定員区分を適用し、交付要綱の第三により行うものとする。

8 土地及び建物の取扱い ［略］

別紙様式 ［略］

74 保育所等における子ども食堂等の地域づくりに資する取組の実施等について

（令和五年九月七日　こ成保一五一　五初幼教第二一号
各都道府県保育主管部（局）長　各市区町村保育主管部（局）長　各都道府県教育委員会教育長　各都道府県私立学校主管部（局）長　附属幼稚園を置く各国立大学法人の長宛
こども家庭庁成育局保育政策課長　文部科学省初等中等教育局幼児教育課長通知）

　昨今、地域のボランティアがこどもたちに対し、無料又は安価で栄養のある食事や温かな団らんを提供する取組を行う、いわゆる子ども食堂（子どもに限らず、その他の地域住民を含めて対象とする取組を含む。以下単に「子ども食堂」という。）が、各地で開設され、保育所や認定こども園等において子ども食堂を実施する事例も見受けられています。

　保育所、認可外保育施設及び地域型保育事業所並びに幼保連携型認定こども園並びに幼稚園（以下「保育所等」という。）は、現に入所・入園しているこどもに対して教育又は保育を行うことが本来の役割・業務ですが、その役割を全うすることを前提とした上で、保育所等の自発的意思に基づく地域貢献活動の一環として、保育所等において子ども食堂その他の地域の子育て世帯等が集う場等（以下「子ども食堂等」という。）を開設及び実施することも考えられます。

　子ども食堂の実施に係る取扱いについては「子ども食堂の活動に関する連携・協力の推進及び子ども食堂の運営上留意すべき事項の周知について」（平成三十年六月二十八日厚生労働省子ども

家庭局長等連名通知。以下「平成三十年通知」という。）等においてお示ししているところですが、地域づくりに資する取組を行いたいと考えている保育所等が、円滑にその取組を実施できるよう、保育所等において子ども食堂等の地域づくりに資する取組を実施する際に特に留意していただきたい事項等について、下記のとおり整理しました。

各都道府県・市区町村の保育主管部局長におかれては貴管内の保育所等（幼稚園を除く）に対して、各都道府県教育委員会教育長におかれては所管の幼稚園及び域内の市区町村教育委員会に対して、各都道府県私立学校主管部局長におかれては所轄の私立幼稚園に対して、附属幼稚園を置く国立大学法人の長におかれてはその設置する幼稚園に対して、当該内容を十分御了知の上、遺漏なく周知していただくようお願いします。

なお、食事を提供する際の衛生管理に係る内容については、厚生労働省健康・生活衛生局と協議済みであることを申し添えます。

記

1　保育所等において地域づくりに資する取組を行う意義

○　地域において保育所等は、現に利用しているこどもや保護者だけではなく、かつて保育所等を利用していたこどもや地域住民、保育所等において勤務していた職員その他保育所等と連携して活動する地域の主体とも関わり合う存在である。

○　そうした場において地域づくりに資する取組を行うことは、こども・子育て支援や生活困窮世帯に対する支援のみならず、高齢者、障害者その他の地域住民の交流拠点に発展することが期待されており、子育て世帯に限らない地域住民の居場所づくり、地域の賑わいの創出等の意味においても意義のあることであると考えられる。

○　特に人口減少地域においてこどもや子育て世帯その他の若い世代が集う場は貴重かつ重要なものであり、保育所等がその拠点となることは、保育所等の多機能化の一つの例である。

○　なお、地域づくりに資する取組は保育所等の自発的意思と創意工夫に基づくものであり、子ども食堂に限ったものではなく、例えば休日に保育所等において子育て世帯への相談会を実施することなどが挙げられる。

2　保育所等における子ども食堂等の実施について

○　子ども食堂等を含む多様な社会参加への支援については、「多様な社会参加への支援に向けた地域資源の活用について」（令和三年三月三十一日厚生労働省子ども家庭局長等連名通知。以下「令和三年通知」という。）において示されているが、保育所等において子ども食堂等を実施する場合には、次のように整理される。

・　施設等の業務時間外や休日を利用し、本来の事業に支障を及ぼさない範囲で一時的に子ども食堂等の実施のために保育所等の設備を使用する場合のほか、

・　保育の提供時間内であっても、令和三年通知1(2)の整理に基づき、定員に空きがある場合において、保育所等の運営に支障を及ぼさない範囲で子ども食堂等の実施のために保育所等の設備を一時的に使用する場合には、一時使用に該当するものであり、財産処分の手続は不要となるため、令和三年通知1(4)で示した取扱いも踏まえ適切な手続を行うこと。

○　なお、保育所等において子ども食堂等を実施する場合には、その旨を所轄庁に連絡し、必要な助言及び指導を受けること。

3　実施に当たっての具体的な留意事項等　〔略〕

別添資料1・2　〔略〕

75 家庭的保育事業等の認可等について

（平成二六年一二月一二日　雇児発一二一二第六号
各都道府県知事　各指定都市市長　各中核市市長宛
厚生労働省雇用均等・児童家庭局長通知）

平成二十四年八月に成立した子ども・子育て関連三法（注）において、家庭的保育事業、小規模保育事業、居宅訪問型保育事業及び事業所内保育事業（以下、「家庭的保育事業等」という。）が市町村（特別区を含む。以下同じ。）の認可事業とされ、児童福祉法（昭和二十二年法律第百六十四号。以下「法」という。）第三十四条の十五第三項各号に家庭的保育事業等の認可に関する審査基準等が定められるとともに、当該地域で保育需要が充足されていない場合には、設置主体を問わず、審査基準に適合している者から家庭的保育事業等の認可に係る申請があった場合には、認可するものとするとされたことから、今般、家庭的保育事業等の認可の指針を下記のとおり定めたので、貴職において家庭的保育事業等の認可を行う際に適切に配意願いたい。

（注）子ども・子育て関連三法…子ども・子育て支援法（平成二十四年法律第六十五号）、就学前の子どもに関する教育・保育等の総合的な提供の推進に関する法律の一部を改正する法律（平成二十四年法律第六十六号）及び子ども・子育て支援法及び就学前の子どもに関する教育・保育等の総合的な提供の推進に関する法律の一部を改正する法律の施行に伴う関係法律の整備等に関する法律（平成二十四年法律第六十七号）

記

第1　家庭的保育事業等の認可の指針

1　認可制度について

法第三十四条の十五第三項各号に家庭的保育事業等の認可に関する審査基準等が定められるとともに、当該地域で保育需要が充足されていない場合には、設置主体を問わず、審査基準に適合している者から家庭的保育事業等の認可に係る申請があった場合には、認可するものとするとされており、認可に当たっては、法の規定を踏まえて審査を行うこと。

2　地域の状況の把握及び家庭的保育事業等の認可に係る基本的な需給調整の考え方

子ども・子育て支援新制度においては、教育・保育及び地域子ども・子育て支援事業の提供体制の整備並びに子ども・子育て支援給付及び地域子ども・子育て支援事業の円滑な実施を確保するための基本的な指針（平成二十六年七月二日内閣府告示第百五十九号。以下「基本指針」という。）に即し、市町村（特別区を含む。以下同じ。）は、子ども・子育て支援事業計画を定めることとされており、市町村においては、当該計画を勘案し、基本指針第三の二の2の(二)の(2)「市町村の認可に係る需給調整の考え方」を踏まえて、家庭的保育事業等の認可申請への対応を検討すること。

3　家庭的保育事業等の認可申請に係る審査等

家庭的保育事業等認可申請については、2を踏まえつつ、個別の申請の内容について、以下の点を踏まえ審査等を行うこと。

(1)　定員

家庭的保育事業等の定員は、家庭的保育事業にあっては一人以上五人以下、小規模保育事業A型（家庭的保育事業等の設備及び運営に関する基準（平成二十六年厚生労働省令第六十一号）第二十八条に規定する小規模保育事業A型をいう。）及び小規模保育事業B型（同省令第三十一条に規定する小規模保育事業B型をいう。）にあっては六人以上一九人以下、小規模保育事業C型（同省令第三十三条に規定する小規模保育事業C型をいう。）にあっては六人以上一〇人以下（ただし、同省令附則第五条の規定に基づき、同省令の施行の日から起算して五年を経過する日までの間は、六人以上一五人以下とすることができる。）、居宅訪問型保育事業にあっては一人、事業所内保育事業にあっては、同省令第四十二条の規定を踏まえ、その雇用する労働者の監護する小学校就学前子どもを保育するため当該事業所内保育事業を自ら施設を設置して行う事業主に係る当該小学校就学前子ども（当該事業所内保育事業が、事業主団体に係るものにあっては事業主団体の構成員である事業主の雇用する労働者の監護する小学校就学前子どもとし、共済組合等（児童福祉法第六条の三第十二項第一号ハに規定する共済組合等をいう。）に係るものにあっては共済組合等の構成員（同号ハに規定する共済組合等の構成員をいう。）の監護する小学校就学前子どもとする。）及びその他の小学校就学前子どもごとに定める法第十九条第一項第三号に掲げる小学校就学前子どもの合計人数に係る定員枠を設けること。

(2)　社会福祉法人又は学校法人による認可申請

認可の申請をした者が社会福祉法人又は学校法人である場合にあっては、市町村長（特別区の区長を含む。以下同じ）は、法第三十四条の十六第一項の条例で定める基準に適合するかどうかを審査するほか、法第三十四条の十五第三項第四号に掲げられた基準によって審査すること。

(3) 社会福祉法人及び学校法人（以下「社会福祉法人等」という。）以外の者による認可申請

社会福祉法人等以外の者から家庭的保育事業等の認可に関する申請があった場合には、法第三十四条の十六第一項の条例で定める基準に適合するかどうかを審査するほか、法第三十四条の十五第三項各号に掲げられた基準によって審査すること。その際の基準については以下のとおりであること。

ア 当該家庭的保育事業等を経営するために、「不動産の貸与を受けて保育所を設置する場合の要件緩和について」（平成十六年五月二十四日付け雇児発第〇五二四〇〇二号・社援発第〇五二四〇〇八号厚生労働省雇用均等・児童家庭局長、社会・援護局長連名通知）も参考に、事業規模に応じた、必要な経済的基礎があると市町村が認めること。また、当該認可を受ける主体が他事業を行っている場合については、直近の会計年度において、家庭的保育事業等を経営する事業以外の事業を含む当該主体の全体の財務内容について、三年以上連続して損失を計上していないこと。

イ 当該家庭的保育事業等の経営者（その者が法人である場合にあっては、経営担当役員（業務を執行する社員、取締役、執行役又はこれらに準ずる者をいう。）とする。以下同じ。）が社会的信望を有すること。

ウ 実務を担当する幹部職員が社会福祉事業に関する知識又は経験を有すること。

「実務を担当する幹部職員が社会福祉事業に関する知識又は経験を有すること」とは、(ア)及び(イ)のいずれにも該当するか、又は(ウ)に該当すること。ただし、(イ)については、事業者の事業規模等に応じ、市町村が認める場合に必要に応じて要件を課すこととする。なお、この場合の「保育所等」とは、保育所並びに保育所以外の児童福祉施設、認定こども園、幼稚園及び家庭的保育事業等をいうこと。

(ア) 実務を担当する幹部職員が、保育所等において二年以上勤務した経験を有する者であるか、若しくはこれと同等以上の能力を有すると認められる者であるか、又は、経営者に社会福祉事業について知識経験を有する者を含むこと。

(イ) 社会福祉事業について知識経験を有する者、保育サービスの利用者（これに準ずる者を含む。）及び実務を担当する幹部職員を含む運営委員会（家庭的保育事業等の運営に関し、当該家庭的保育事業等の設置者の相談に応じ、又は意見を述べる委員会をいう。）を設置すること。

(ウ) 経営者に、保育サービスの利用者（これに準ずる者を含む。）及び実務を担当する幹部職員を含むこと。

エ 法第三十四条の十五第三項第四号に掲げられた基準に該当しないこと。

(4) 社会福祉法人等以外の者に対する認可の際の条件

社会福祉法人等以外の者に対して家庭的保育事業等の認可を行う場合については、以下の条件を付すことが望ましいこと。

ア 法第三十四条の十六第一項の基準を維持するために、設置者に対して必要な報告を求めた場合には、これに応じること。

イ 特定教育・保育施設及び特定地域型保育事業の運営に関する基準（平成二十六年内閣府令第三十九号）第五十条により準用された同令第三十三条を踏まえ、収支計算書又は損益計算書において、家庭的保育事業等を経営する事業に係る区分を設けること。

ウ 企業会計の基準による会計処理を行っている者は、イに定める区分ごとに、企業会計の基準による貸借対照表（流動資産及び流動負債のみを記載）、及び別紙1の借入金明細書、及び別紙2の基本財産及びその他の固定資産（有形固定資産）の明細書を作成すること。

エ 毎会計年度終了後三か月以内に、次に掲げる書類に、家庭的保育事業等を経営する事業に係る現況報告書を添付して、市町村長に対して提出すること。

(ア) 前会計年度末における貸借対照表、前会計年度の収支計算書又は損益計算書など会計に関し市町村が必要と認める書類

(イ) 企業会計の基準による会計処理を行っている者は、家庭的保育事業等を経営する事業に係る前会計年度末における企業会計の基準による貸借対照表（流動資産及び流動負債のみを記載）、別紙1の借入金明細書、別紙2の基本財産及びその他の固定資産（有形固定資産）の明細書

(5) 認可の取消しについて

市町村長は、法第五十八条第二項の規定を踏まえ、家庭的保育事業等が法若しくは法に基づいて発する命令又はこれらに基づいてなす処分に違反したときは、当該家庭的保育事業等に対

し、期限を定めて必要な措置をとるべき旨を命じ、さらに当該家庭的保育事業等がその命令に従わないときは、期間を定めて事業の停止を命じることがあり、その際、当該家庭的保育事業等がその命令に従わず他の方法により運営の適正を期しがたいときは、認可の取消しを検討すること。

ただし、当該違反が、乳幼児の生命身体に著しい影響を与えるなど、社会通念上著しく悪質であり、改善の見込みがないと考えられる場合については、速やかな事業の停止や認可の取消しを検討すること。

第2　実施期日等

この通知は、子ども・子育て支援法及び就学前の子どもに関する教育、保育等の総合的な提供の推進に関する法律の一部を改正する法律の施行に伴う関係法律の整備等に関する法律（平成二十四年法律第六十七号）の施行の日から施行する。

なお、この通知は、地方自治法（昭和二十二年法律第六十七号）第二百四十五条の四に規定する技術的な勧告に当たるものである。

別紙1・2　［略］

76 小規模保育事業における三歳以上児の受入れについて

（令和五年四月二一日　こ成保二二
各都道府県知事　各指定都市市長　各中核市市長宛
こども家庭庁成育局長通知）

保育施策の推進につきましては、日頃より御尽力を賜り厚く御礼申し上げます。

児童福祉法（昭和二十二年法律第百六十四号）における小規模保育事業については、保育施設（利用定員が六人以上一九人以下であるものに限る。）において、原則として、保育を必要とする〇～二歳までの乳児・幼児（以下「三歳未満児」という。）の保育を行う事業とされています（児童福祉法第六条の三第十項第一号）。また、国家戦略特別区域法（平成二十五年法律第百七号）第十二条の四における児童福祉法等の特例措置として、原則三歳未満児を対象とする小規模保育事業について、国家戦略特別区域においては、事業者の判断により小規模保育事業の対象年齢を〇～五歳の間で柔軟に定めることが可能となっているところです。

今般、小規模保育事業について、こどもの保育の選択肢を広げる観点から、全国において、三歳未満児を対象とする小規模保育事業において満三歳以上の幼児（以下「三歳以上児」という。）を受け入れることについて、市町村がニーズに応じて柔軟に判断できることとしましたので、十分御了知の上、貴管内の関係者に対して遺漏なく周知し、適切に運用いただくようお願いします。

なお、本通知は、地方自治法（昭和二十二年法律第六十七号）第二百四十五条の四第一項の規定に基づく技術的助言であることを申し添えます。

記

1　小規模保育事業における三歳以上児の受入れについて

小規模保育事業については、原則、保育を必要とする三歳未満児を対象としており、児童福祉法第六条の三第十項第二号の規定に基づき、「満三歳以上の幼児に係る保育の体制の整備の状況その他の地域の実情」を勘案して、三歳以上児を受け入れることができることとされている。

今般、同号の規定の解釈を示す事業者向けＦＡＱ（よくある質問）【第七版】（平成二十七年三月）について、別紙のとおり改正することとしているため、こどもの保育の選択肢を広げる観点から、各市町村においてニーズに応じて柔軟に判断していただきたい。

2　留意事項

小規模保育事業において三歳以上児を受け入れる場合には、集団での遊びの種類や機会に課題がある点に留意が必要であることから、「国家戦略特別区域法及び構造改革特別区域法の一部を改正する法律の施行に伴う関係政省令告示の改正等について（通知）」（平成二十九年九月二十二日内閣府子ども・子育て本部統括官、厚生労働省子ども家庭局長通知）の記3における「異なる年齢の乳幼児を集団で保育する場合における個々の乳幼児の発育及び発達の過程等に応じた適切な支援及び三歳以上児を保育する場合における集団保育の提供のための配慮等」も参照に、適切に配慮・工夫を行っていただきたい。

【添付資料】　［略］

77 幼稚園と保育所との関係について

（昭和三八年一〇月二八日　文初初第四〇〇号
児発第一〇四六号
各都道府県知事宛
文部省初等中等教育局長　厚生省児童局長通知）

幼児教育の充実振興については、かねてから種々御配慮を煩わしているところでありますが、近時、人間形成の基礎をつちかう幼児教育の重要性が認識され、幼稚園および保育所の普及と内容の改善充実の必要が強調されていることにかんがみ、文部、厚生両省においては、幼稚園と保育所との関係について協議を進めた結果、今後左記により、その適切な設置運営をはかることにいたしましたので、このことを貴管下の市町村長、市町村教育委員会等に周知徹底させ、幼児教育の振興について、今後いつそうの御配意を願います。

記

1　幼稚園は幼児に対し、学校教育を施すことを目的とし、保育所は、「保育に欠ける児童」の保育（この場合幼児の保育については、教育に関する事項を含み保育と分離することはできない。）を行なうことを、その目的とするもので、両者は明らかに機能を異にするものである。現状においては両者ともその普及の状況はふじゅうぶんであるから、それぞれがじゅうぶんその機能を果たしうるよう充実整備する必要があること。

2　幼児教育については、将来その義務化についても検討を要するので、幼稚園においては、今後五歳児および四歳児に重点をおいて、いつそうその普及充実を図るものとすること。この場合においても当該幼児の保育に欠ける状態があり得るので保育所は、その本来の機能をじゆうぶん果たし得るよう措置するものとすること。

3　保育所のもつ機能のうち、教育に関するものは、幼稚園教育要領に準ずることが望ましいこと。このことは、保育所に収容する幼児のうち幼稚園該当年齢の幼児のみを対象とすること。

4　幼稚園と保育所それぞれの普及については、じゆうぶん連絡のうえ計画的に進めるものとすること。この場合、必要に応じて都道府県または市町村の段階で緊密な連絡を保ち、それぞれ重複や偏在を避けて適正な配置が行なわれるようにすること。

5　保育所に入所すべき児童の決定にあたつては、今後いつそう厳正にこれを行なうようにするとともに、保育所に入所している「保育に欠ける幼児」以外の幼児については、将来幼稚園の普及に応じて幼稚園に入園するよう措置すること。

6　保育所における現職の保母試験合格保母については、幼稚園教育要領を扱いうるよう現職教育を計画するとともに、将来保母の資格等については、検討を加え、その改善を図るようにすること。

78 幼稚園を活用した子育て支援としての二歳児の受入れに係る留意点について

（平成一九年三月三一日　一八文科初第一二七五号
各都道府県知事・教育委員会教育長　各指定都市長・教育委員会教育長　附属幼稚園を置く各国立大学法人学長宛
文部科学省初等中等教育局長通知）

二歳児の幼稚園への入園については、これまで、構造改革特別区域法（平成十四年法律第一八九号）第十四条等の規定により、実施されてきたところです。

このたび、「構造改革特別区域基本方針の一部変更について」（平成十八年十二月一日閣議決定）を踏まえ、第一六六回通常国会において「構造改革特別区域法の一部を改正する法律」（平成十九年法律第十四号）（以下、「改正法」という。）が成立し、別添1のとおり、本日公布されました。

改正法においては、三歳未満児に係る幼稚園入園事業の関係規定を削除することとしています。満二歳に達した日の翌日以降における最初の学年の初めからの幼稚園での受入れについては、今後は、幼稚園児として受け入れ集団的な教育を行うことではなく、幼稚園の人的・物的環境を適切に活用し、個別のかかわりに重点を置いた子育て支援としての受入れという形態に変更することにより進めることとしています（学校教育法第八十条に規定する幼稚園児としての入園ではありません）。

なお、構造改革特別区域（以下、「特区」という。）においては平成十九年度の二歳児の入園契約等の手続が既に行われている等の事情を踏まえ、平成十九年度に限り、引き続き二歳児が幼稚園に入園・在籍することが出来るよう、改正法においては、関係規定の削除に係る施行日を平成二十年四月一日としています。

ついては、別添2の「幼稚園を活用した子育て支援としての二歳児の受入れに係る留意点」（以下、「留意点」という。）を踏まえ、各地域の創意工夫により、幼児の視点に立ち、家庭とも連携を図り、一人一人の幼児の発達段階に応じて適切に事業を実施するようお願いいたします。なお、この留意点は、これまでの特区における取組の事例や成果等も勘案して、よりよい形態で二歳児を受け入れることができるようにするための方策をまとめたものであり、留意点に準拠した取組を義務付けるなど新たな規制を付加するものではありません。

各都道府県知事及び教育委員会におかれましては、貴管内の市町村教育委員会及び幼稚園に対して、上記事項を周知されますようお願いいたします。

別添1 構造改革特別区域法の一部を改正する法律（抄）［略］

別添2 幼稚園を活用した子育て支援としての二歳児の受入れに係る留意点

1 基本的な考え方

○ 大人への依存度が高い二歳児について、幼稚園児としての集団的な教育を行うのではなく、幼稚園内の人的・物的環境を適切に活用し、個別のかかわりに重点を置いた子育て支援として受け入れる際には、幼児の主体的な活動を前提として行われる満三歳以上の幼児を対象とする幼稚園教育を当てはめていくのではなく、二歳児特有の発達を踏まえた受入れに配慮し、その成果を三歳児以降の幼稚園教育に円滑につなげていくことが大切である。

○ 幼稚園を活用した子育て支援としての二歳児の受入れについては、保育所とは異なり、幼稚園教育への円滑な接続の観点から行うものである。二歳児の発達段階上の特性を踏まえ、その基本的な考え方については、次のとおりである。

① 二歳児の受入れに従事する者は、幼児との一対一の関係を大切にして信頼関係を築き、幼児が安心して自分の気持ちを表したり、自分の思いで行動したりするように援助することが大切である。

② 幼児一人一人が、食事、排泄、衣服の着替えなどの健康で清潔な生活の習慣を身に付け、自立しようとする意欲を持つようにすることが大切である。

③ 二歳児の受入れに従事する者は、幼児と一緒にいろいろな遊びをしながら、ものや人などへの興味や関心を引き出し、幼児の世界を広げていくようにすることが大切である。

④ 二歳児の動き方や遊び方を踏まえ、健康や安全に十分に配慮した園舎内外の環境を整備するようにすることが大切である。

⑤ 親子で一緒に活動したりして、保護者が子育ての喜びや楽しみを味わう機会をつくりながら、親として成長できる場を提供していくようにすることが大切である。

○ 幼稚園で子育て支援として二歳児を受け入れることで、受入れに従事する職員が、二歳児の発育・発達への理解を深め、経験を重ねることで、実践力を高めていくことが期待される。その上で、幼稚園においては、さらにその機能を充実させて、認定こども園となることが考えられる。

2 満三歳以上の学級との関係等

○ 二歳児の特質を踏まえれば、満三歳以上の幼児とは別に二歳児のグループを編成して行うなど、工夫することが大切である。

○ 二歳児の場合、一人一人の発達、体力等の実情や家庭の状況により、毎日登園する幼児、定期的に週数回登園する幼児、不定期に登園する幼児などがいると想定される。こうしたことに配慮して、グループ等を工夫して編成することが大切である。

3 安全の確保

○（1） **園舎内の安全の確保**

保育室を中心に、園舎内の安全の点検は、職員全体で行い、安全に対する十分な配慮をすることが必要である。

特に、保育室や廊下などの施設や設備の設置に当たっては、非常時などの避難経路の確保などに十分に配慮する必要がある。

○（2） **園舎外の安全の確保**

二歳児は、興味を持ったものにすぐにかかわり遊び出すことが多く、危険を予測したり、安全に配慮したりすることは難しい。活発に動く四～五歳児に憧れの気持ちを抱きつつも、動きがぎこちないため、一緒に活動することで二歳児にとっては危険な動きに巻き込まれてしまう可能性もある。また四～五歳児と一緒では、二歳児が思うように遊具が使えなかったりして、十分遊べないこともある。

このような事情を踏まえ、園舎内と同様に園舎外の安全を確保する必要がある。

4 子育て支援としての受入れの内容等 ［略］

5 二歳児の受入れ体制にかかる園全体の協力と複数担当 ［略］

6 二歳児の受入れに従事する者の資質向上 ［略］

7 その他 ［略］

79 認定こども園における利用定員の適切な管理について

（令和四年三月二三日 府子本第三六四号
各都道府県・政令指定都市・中核市子ども・子育て支援新制度担当部局 各都道府県・政令指定都市・中核市認定こども園担当部局宛
内閣府子ども・子育て本部参事官（子ども・子育て支援担当） 内閣府子ども・子育て本部参事官（認定こども園担当）通知）

平素より、子ども・子育て支援施策の推進に御尽力いただき、厚く御礼申し上げます。

認定こども園をはじめとした特定教育・保育施設における利用定員の取扱いについては、「子ども・子育て支援法に基づく教育・保育給付認定等並びに特定教育・保育施設及び特定地域型保育事業者の確認に係る留意事項等について」（平成二十六年九月十日付け府政共生第八五九号・二六文科初第六五一号・雇児発〇九一〇第二号内閣府政策統括官（共生社会政策担当）、文部科学省初等中等教育局長、厚生労働省雇用均等・児童家庭局長連名通知。以下「留意事項通知」という。）等において、これまでお示ししているところですが、認定こども園における利用定員の適切な管理について、下記のとおり整理しましたので、改めてお知らせいたします。各都道府県の御担当部局におかれましては、十分御了知の上、市区町村（指定都市及び中核市を除く。）に対して遅滞なく周知するとともに、関係部局と連携の上、その運用に遺漏のないよう配意願います。

記

1 利用定員に関する基本的な考え方

(1) 利用定員の適切な設定及び見直し

利用定員は、確認を受けた教育・保育施設又は地域型保育事業において、質の高い教育・保育が提供されるよう設定する必要があります。このため、市区町村（指定都市及び中核市を含む。以下同じ。）においては、申請者との意思疎通を図り、その意向を十分に考慮しつつ、当該施設での実際の利用者数の実績や今後の見込みなどを踏まえ、適切に利用定員を設定していただく必要があります（留意事項通知第3の1(1)ア）。この点、実際の利用者数が利用定員を上回ることがあらかじめ見込まれる場合にも、適切に利用定員を見直すことが必要です。

(2) 利用定員の遵守

特定教育・保育施設における児童の受入れについては、特定教育・保育施設及び特定地域型保育事業並びに特定子ども・子育て支援施設等の運営に関する基準（平成二十六年内閣府令第三十九号。以下「運営基準」という。）第二十二条本文において「特定教育・保育施設は、利用定員を超えて特定教育・保育の提供を行ってはならない」と規定されているとおり、原則として利用定員の範囲内で行う必要があります。

一方で、運営基準第二十二条ただし書においては「年度中における特定教育・保育に対する需要の増大への対応、法第三十四条第五項に規定する便宜の提供への対応、児童福祉法第二十四条第五項又は第六項に規定する措置への対応、災害、虐待その他のやむを得ない事情がある場合は、この限りでない」とされており、この「やむを得ない事情がある場合」に該当するか否かについては、同条ただし書に規定される例示に限られるものではなく、留意事項通知第3の1(1)オ(ア)において、当該施設を利用する子どもの保護者の就労状況の変化等により、二号認定子どもが保育の必要性に係る事由に該当しなくなったこと又は一号認定子どもが保育の必要性に係る事由に該当するようになったことから、当該施設において子ども・子育て支援法（平成二十四年法律第六十五号。以下「法」という。）第十九条第一項第一号及び第二号の区分ごとの利用定員を超えた受入れを行う必要が生じた場合や、保護者と直接契約を締結する認定こども園、幼稚園等において、入園を辞退する者が想定よりも少ない等の理由により実際の利用者数が利用定員を超えることとなる場合が含まれる旨を示しております。

また、留意事項通知第3の1(1)オ(イ)において、特定教育・保育施設は、運営基準第二十二条ただし書に該当する場合には、一時的にその利用定員を超えて特定教育・保育の提供を行うことができますが、その場合であっても、実際の利用者数が当該利用定員を恒常的に上回っているときは、当該利用定員を適切に見直し、法第三十二条による確認の変更を行う必要がある点についても示しております。

2 認定こども園における利用定員の考え方

(1) 認定こども園の特長

認定こども園は、就学前の子どもに対して教育・保育を一体的に行う施設であり、保護者の就労状況等に関わらず利用でき、就労状況等が変わった場合でも、通い慣れた園で継続して教育・保育を受けることをその特長の一つとしています。

なお、留意事項通知第2の2(2)にあるとおり、保育の必要性に係る事由に該当する満三歳以上の子どもについては、教育標準時間認定を受けることとも保育の必要性の認定を受けることも可能です。

(2) 認定こども園は2(1)の特長を有しますが、その場合でも、教育・保育の提供は、1に記載のとおり、法第十九条第一項第一号、第二号又は第三号の区分ごとに設定された利用定員の範囲内で行われることが原則です。その上で、実際の利用者数が利用定員を上回ることがあらかじめ見込まれる場合には、1(1)のとおり、法第十九条第一項各号の区分ごとに利用定員を適切に見直すことが必要です。

「実際の利用者数が利用定員を上回ることがあらかじめ見込まれる場合」としては、例えば、自らの施設に通う二号認定子ども（満三歳となる誕生日を迎えた三号認定子どもを含む。）の保護者が一号認定への変更を希望する事例が同一年度内に複数発生し、実際の利用者数に即して利用定員を見直した際に本来適用されるべき公定価格上の定員区分に変更が生じる程度に利用者数が増大することが見込まれる場合などが考えられます。

市町村においては、例えば、実際の利用者数に即して利用定員を見直した際に本来適用されるべき公定価格上の定員区分に変更が生じる程度に利用者数が増大している場合等であって、施設型給付費等の適正な執行を確保する観点から必要と認められる場合には、「子ども・子育て支援法に基づく特定教育・保育施設等の指導監査について」（平成二十七年十二月七日付け府子本第三九〇号・二七文科初第一一三五号・雇児発一二〇七第二号内閣府子ども・子育て本部統括官、文部科学省初等中等教育局長、厚生労働省子ども家庭局長連名通知。以下「指導監査通知」という。）別添1「特定教育・保育施設等指導指針」を参考に、当該施設に対し、利用定員の遵守や利用定員の見直し等の利用定員の適切な管理について必要な指導をすることが考えられます。

さらに、市町村は、指導監査通知別添2「特定教育・保育施設等監査指針」を参考に、必要な場合には当該施設に対し監査を実施することなどが考えられます。

また、運営基準第二十二条は、市町村が条例策定するに当たり参酌すべき基準であるところ、各市町村において、必要な各種規定の整備を行うなど、引き続き、施設型給付費等の適正な執行の確保に努めるようお願いします。

【参考】〔略〕

80 幼保連携型認定こども園において新たに分園を設置する場合の取扱いについて

（平成二八年八月八日 府子本第五五五号 二八文科初第六八二号 雇児発〇八〇八第一号
各都道府県知事 各都道府県教育委員会 各指定都市・中核市市長 各指定都市・中核市教育委員会 附属幼稚園を置く各国立大学法人の長宛
内閣府子ども・子育て本部統括官 文部科学省初等中等教育局長 厚生労働省雇用均等・児童家庭局長通知）

幼保連携型認定こども園の運営等に関しては、幼保連携型認定こども園の学級の編制、職員、設備及び運営に関する基準（平成二十六年内閣府・文部科学省・厚生労働省令第一号。以下「基準省令」という。）及び幼保連携型認定こども園の学級編制、職員、設備及び運営に関する基準の運用上の取扱いについて（平成二十六年十一月二十八日内閣府政策統括官（共生社会政策担当）・文部科学省初等中等教育局長・厚生労働省雇用均等・児童家庭局長通知）等に定めているところですが、この度、下記のとおり、新たに分園を設置する場合等の取扱いを定めましたので、各都道府県等におかれては、十分に御了知の上、所轄の各幼保連携型認定こども園の設置者に対する指導及び助言その他の事務処理に遺漏のないようお願いします。

なお、本通知は、地方自治法（昭和二十二年法律第六十七号）第二百四十五条の四第一項の規定に基づく技術的助言であることを申し添えます。

記

1．幼保連携型認定こども園の分園について

(1) 基本的な考え方

幼保連携型認定こども園の分園は、都市部等における待機児童の解消や過疎地域等における入園児の減少に対応する必要がある等の場合に、規模が小さい独立した園を設置するよりも、本体となる幼保連携型認定こども園（以下「本園」という。）の下で一体的に運営する園と位置付けた方が、効果的・効率的に教育・保育を提供することが可能となる場合に設置されるものであること。

本園との距離や本園の体制等に応じて、分園において一定程度の独立性をもって種々の活動を行うことは妨げられないが、その場合であっても、本園と密接に連携して施設運営を行うこと。一定以上の規模を有し、本園との密接な連携なしに施設運営が行われている場合等、一体的に運営することが必要な分園とは認められない場合には、別途、独立した幼保連携型認定こども園として認可を受ける等の必要があること。

(2) 定員及び距離

分園の規模については、「保育所分園の設置運営について」（平成十年四月九日付け厚生省児童家庭局長通知）により設置される分園（以下「保育所分園」という。）の定員が原則として三〇人未満とされていることを踏まえ、適切な範囲に収まるよう留意すること。なお、分園において受け入れる子どもの年齢構成等については、地域の実情等に応じて柔軟に取扱うことが可能であること。

本園と分園の距離については、通常の交通手段により、三〇分以内の距離を目安とすること。ただし、離島その他の地域であって、当該地域の実情等に鑑み、特に必要があると認められる場合はこの限りではない。なお、本園と同一の敷地にあるものは分園とは認められないこと。

(3) 職員

分園においても、適切な体制の下、教育・保育の提供を行うことができるよう、その受入れ人数に応じて、分園単独で基準省令第五条に基づく職員配置に関する要件を充足すること。

なお、分園は、基本的に、本園の園長の監督の下で施設運営が行われるものであることから、別途、園長を配置することは想定されず、基準省令第五条第三項備考四の規定も適用されないこと。なお、分園の規模や施設運営の実態等に応じ、本園の園長の監督の下で、当該分園における種々の活動を実質的に統括する職員を適切に配置すること。

また、下記(4)により調理室を設けないこととする場合には調理員を置かないことができること。さらに、学校医、学校歯科医及び学校薬剤師については、本園と一括して委嘱して差し支えないこと。

(4) 設備

分園においても、適切な環境の下、教育・保育の提供を行うことができるよう、その受入れ人数に応じて、分園単独で基準省令第六条から第八条までに基づく設備に関する要件を充足すること。

調理室については、下記(5)により、満三歳以上の子ども及び満三歳未満の子どもの双方に対する食事の提供について、分園内において調理する方法によらない場合には、本園の調理室及び搬送の能力を十分勘案して衛生上及び防火上不備が生じることのないよう留意しつつ、設けないことができること。なお、この場合においても、当該分園において行うことが必要な調理のための加熱、保存等の調理機能を有する設備を備えなければならないこと。

園庭については、当該分園と同一の敷地内又は隣接する位置に設けることが原則であるが、当分

の間、地域の実情に応じて特に必要があると認められる場合には、園児が安全に移動できる場所にある本園の園庭であって、園児の日常的な利用及び教育・保育の適切な提供が可能なものを必要面積に算入することができること（この場合、本園の園庭は、本園及び分園の園児数・学級数の合計に対応した面積を有する必要がある）。

(5) 食事の提供

保育を必要とする子どもに対する食事の提供は、原則として、分園内において調理する方法により行わなければならないこと。

ただし、近接した本園から迅速かつ安全に搬入できる場合には、当該本園において調理し搬入する方法により食事を提供することができること。

なお、満三歳以上の子どもについては、基準省令第十三条第一項において読み替えて準用する児童福祉施設の設備及び運営に関する基準（昭和二十三年厚生省令第六十三号）第三十二条の二各号に掲げる要件を満たす場合に限り、外部搬入の方法により提供することができること。

［後略］

81 障害のある児童生徒等に対する早期からの一貫した支援について

（平成二五年一〇月四日　二五文科初第七五六号
各都道府県・指定都市教育委員会教育長　各都道府県知事　附属学校を置く各国立大学法人学長　構造改革特別区域法第十二条第一項の認定を受けた各地方公共団体の長　独立行政法人国立特別支援教育総合研究所理事長宛
文部科学省初等中等教育局長通知）

中央教育審議会初等中等教育分科会報告「共生社会の形成に向けたインクルーシブ教育システム構築のための特別支援教育の推進（平成二十四年七月）」における提言等を踏まえた、学校教育法施行令の一部改正の趣旨及び内容等については、「学校教育法施行令の一部改正について（通知）」（平成二十五年九月一日付け二五文科初第六五五号）をもってお知らせしました。この改正に伴う、障害のある児童生徒等に対する早期からの一貫した支援について留意すべき事項は下記のとおりですので、十分に御了知の上、適切に対処下さるようお願いします。

なお、「障害のある児童生徒の就学について（通知）」（平成十四年五月二十七日付け一四文科初第二九一号）は廃止します。

また、各都道府県教育委員会におかれては所管の学校及び域内の市町村教育委員会に対して、各指定都市教育委員会におかれては所管の学校に対して、各都道府県知事及び構造改革特別区域法第十二条第一項の認定を受けた各地方公共団体の長におかれては所轄の学校及び学校法人等に対して、各国立大学法人学長におかれては附属学校に対して、下記について周知を図るとともに、必要な指導、助言又は援助をお願いします。

記

第1　障害のある児童生徒等の就学先の決定

1　障害のある児童生徒等の就学先の決定に当たっての基本的な考え方

(1)　基本的な考え方

障害のある児童生徒等の就学先の決定に当たっては、障害のある児童生徒等が、その年齢及び能力に応じ、かつ、その特性を踏まえた十分な教育が受けられるようにするため、可能な限り障害のある児童生徒等が障害のない児童生徒等と共に教育を受けられるよう配慮しつつ、必要な施策を講じること。

(2)　就学に関する手続等についての情報の提供

市町村の教育委員会は、乳幼児期を含めた早期からの教育相談の実施や学校見学、認定こども園・幼稚園・保育所等の関係機関との連携等を通じて、障害のある児童生徒等及びその保護者に対し、就学に関する手続等についての十分な情報の提供を行うこと。

(3)　障害のある児童生徒等及びその保護者の意向の尊重

市町村の教育委員会は、改正後の学校教育法施行令第十八条の二に基づく意見の聴取について、最終的な就学先の決定を行う前に十分な時間的余裕をもって行うものとし、保護者の意見については、可能な限りその意向を尊重しなければならないこと。

2　特別支援学校への就学

(1)　就学先の決定

視覚障害者、聴覚障害者、知的障害者、肢体不自由者又は病弱者（身体虚弱者を含む。）で、その障害が、学校教育法施行令第二十二条の三に規定する程度のもののうち、市町村の教育委員会が、その者の障害の状態、その者の教育上必要な支援の内容、地域における教育の体制の整備の状況その他の事情を勘案して、特別支援学校に就学させることが適当であると認める者を対象として、適切な教育を行うこと。

(2) 障害の判断に当たっての留意事項

ア 視覚障害者

専門医による精密な診断に基づき総合的に判断を行うこと。なお、年少者、知的障害者等に対する視力及び視力以外の視機能の検査は困難な場合が多いことから、一人一人の状態に応じて、検査の手順や方法をわかりやすく説明するほか、検査時の反応をよく確認すること等により、その正確を期するように特に留意すること。

イ 聴覚障害者

専門医による精密な診断結果に基づき、失聴の時期を含む生育歴及び言語の発達の状態を考慮して総合的に判断を行うこと。

ウ 知的障害者

知的機能及び適応機能の発達の状態の両面から判断すること。標準化された知能検査等の知的機能の発達の遅滞を判断するために必要な検査、コミュニケーション、日常生活、社会生活等に関する適応機能の状態についての調査、本人の発達に影響がある環境の分析等を行った上で総合的に判断を行うこと。

エ 肢体不自由者

専門医の精密な診断結果に基づき、上肢、下肢等の個々の部位ごとにとらえるのでなく、身体全体を総合的に見て障害の状態を判断すること。その際、障害の状態の改善、機能の回復に要する時間等を併せ考慮して判断を行うこと。

オ 病弱者（身体虚弱者を含む。）

医師の精密な診断結果に基づき、疾患の種類、程度及び医療又は生活規制に要する期間等を考慮して判断を行うこと。

3 小学校、中学校又は中等教育学校の前期課程への就学

(1) 特別支援学級

学校教育法第八十一条第二項の規定に基づき特別支援学級を置く場合には、以下の各号に掲げる障害の種類及び程度の児童生徒のうち、その者の障害の状態、その者の教育上必要な支援の内容、地域における教育の体制の整備の状況その他の事情を勘案して、特別支援学級において教育を受けることが適当であると認める者を対象として、適切な教育を行うこと。

障害の判断に当たっては、障害のある児童生徒の教育の経験のある教員等による観察・検査、専門医による診断等に基づき教育学、医学、心理学等の観点から総合的かつ慎重に行うこと。

① 障害の種類及び程度

ア 知的障害者

知的発達の遅滞があり、他人との意思疎通に軽度の困難があり日常生活を営むのに一部援助が必要で、社会生活への適応が困難である程度のもの

イ 肢体不自由者

補装具によっても歩行や筆記等日常生活における基本的な動作に軽度の困難がある程度のもの

ウ 病弱者及び身体虚弱者

一 慢性の呼吸器疾患その他疾患の状態が持続的又は間欠的に医療又は生活の管理を必要とする程度のもの

二 身体虚弱の状態が持続的に生活の管理を必要とする程度のもの

エ 弱視者

拡大鏡等の使用によっても通常の文字、図形等の視覚による認識が困難な程度のもの

オ 難聴者

補聴器等の使用によっても通常の話声を解することが困難な程度のもの

カ 言語障害者

口蓋裂、構音器官のまひ等器質的又は機能的な構音障害のある者、吃音等話し言葉におけるリズムの障害のある者、話す、聞く等言語機能の基礎的事項に発達の遅れがある者、その他これに準じる者（これらの障害が主として他の障害に起因するものではない者に限る。）で、その程度が著しいもの

キ 自閉症・情緒障害者

一 自閉症又はそれに類するもので、他人との意思疎通及び対人関係の形成が困難である程度のもの

二 主として心理的な要因による選択性かん黙等があるもので、社会生活への適応が困難である程度のもの

② 留意事項

特別支援学級において教育を受けることが適当な児童生徒の障害の判断に当たっての留意事項は、ア～オについては2(2)と同様であり、また、カ及びキについては、その障害の

状態によっては、医学的な診断の必要性も十分に検討した上で判断すること。

(2) 通級による指導

学校教育法施行規則第百四十条及び第百四十一条の規定に基づき通級による指導を行う場合には、以下の各号に掲げる障害の種類及び程度の児童生徒のうち、その者の障害の状態、その者の教育上必要な支援の内容、地域における教育の体制の整備の状況その他の事情を勘案して、通級による指導を受けることが適当であると認める者を対象として、適切な教育を行うこと。

障害の判断に当たっては、障害のある児童生徒に対する教育の経験のある教員等による観察・検査、専門医による診断等に基づき教育学、医学、心理学等の観点から総合的かつ慎重に行うこと。その際、通級による指導の特質に鑑み、個々の児童生徒について、通常の学級での適応性、通級による指導に要する適正な時間等を十分考慮すること。

① 障害の種類及び程度

ア 言語障害者

口蓋裂、構音器官のまひ等器質的又は機能的な構音障害のある者、吃音等話し言葉におけるリズムの障害のある者、話す、聞く等言語機能の基礎的事項に発達の遅れがある者、その他これに準じる者（これらの障害が主として他の障害に起因するものではない者に限る。）で、通常の学級での学習におおむね参加でき、一部特別な指導を必要とする程度のもの

イ 自閉症者

自閉症又はそれに類するもので、通常の学級での学習におおむね参加でき、一部特別な指導を必要とする程度のもの

ウ 情緒障害者

主として心理的な要因による選択性かん黙等があるもので、通常の学級での学習におおむね参加でき、一部特別な指導を必要とする程度のもの

エ 弱視者

拡大鏡等の使用によっても通常の文字、図形等の視覚による認識が困難な程度の者で、通常の学級での学習におおむね参加でき、一部特別な指導を必要とするもの

オ 難聴者

補聴器等の使用によっても通常の話声を解することが困難な程度の者で、通常の学級での学習におおむね参加でき、一部特別な指導を必要とするもの

カ 学習障害者

全般的な知的発達に遅れはないが、聞く、話す、読む、書く、計算する又は推論する能力のうち特定のものの習得と使用に著しい困難を示すもので、一部特別な指導を必要とする程度のもの

キ 注意欠陥多動性障害者

年齢又は発達に不釣り合いな注意力、又は衝動性・多動性が認められ、社会的な活動や学業の機能に支障をきたすもので、一部特別な指導を必要とする程度のもの

ク 肢体不自由者、病弱者及び身体虚弱者

肢体不自由、病弱又は身体虚弱の程度が、通常の学級での学習におおむね参加でき、一部特別な指導を必要とする程度のもの

② 留意事項

通級による指導を受けることが適当な児童生徒の指導に当たっての留意事項は、以下の通りであること。

ア 学校教育法施行規則第百四十条の規定に基づき、通級による指導における特別の教育課程の編成、授業時数については平成五年文部省告示第七号により別に定められていること。同条の規定により特別の教育課程を編成して指導を行う場合には、特別支援学校小学部・中学部学習指導要領を参考として実施すること。

イ 通級による指導を受ける児童生徒の成長の状況を総合的にとらえるため、指導要録において、通級による指導を受ける学校名、通級による指導の授業時数、指導期間、指導内容や結果等を記入すること。他の学校の児童生徒に対し通級による指導を行う学校においては、適切な指導を行う上で必要な範囲で通級による指導の記録を作成すること。

ウ 通級による指導の実施に当たっては、通級による指導の担当教員が、児童生徒の在籍学級（他の学校で通級による指導を受ける場合にあっては、在学している学校の在籍学級）の担任教員との間で定期的な情報交換を行ったり、助言を行ったりする等、両者の連携協力が図られるよう十分に配慮すること。

エ 通級による指導を担当する教員は、基本的には、この通知に示されたうちの一の障害の種類に該当する児童生徒を指導することとなるが、当該教員が有する専門性や指導方法の類似性等に応じて、当該障害の種

類とは異なる障害の種類に該当する児童生徒を指導することができること。

オ　通級による指導を行うに際しては、必要に応じ、校長、教頭、特別支援教育コーディネーター、担任教員、その他必要と思われる者で構成する校内委員会において、その必要性を検討するとともに、各都道府県教育委員会等に設けられた専門家チームや巡回相談等を活用すること。

カ　通級による指導の対象とするか否かの判断に当たっては、医学的な診断の有無のみにとらわれることのないよう留意し、総合的な見地から判断すること。

キ　学習障害又は注意欠陥多動性障害の児童生徒については、通級による指導の対象とするまでもなく、通常の学級における教員の適切な配慮やティーム・ティーチングの活用、学習内容の習熟の程度に応じた指導の工夫等により、対応することが適切である者も多くみられることに十分留意すること。

4　その他

(1)　重複障害のある児童生徒等について

重複障害のある児童生徒等についても、その者の障害の状態、その者の教育上必要な支援の内容、地域における教育の体制の整備の状況その他の事情を勘案して、就学先の決定等を行うこと。

(2)　就学義務の猶予又は免除について

治療又は生命・健康の維持のため療養に専念することを必要とし、教育を受けることが困難又は不可能な者については、保護者の願い出により、就学義務の猶予又は免除の措置を慎重に行うこと。

第2　早期からの一貫した支援について

1　教育相談体制の整備

市町村の教育委員会は、医療、保健、福祉、労働等の関係機関と連携を図りつつ、乳幼児期から学校卒業後までの一貫した教育相談体制の整備を進めることが重要であること。また、都道府県の教育委員会は、専門家による巡回指導を行ったり、関係者に対する研修を実施する等、市町村の教育委員会における教育相談体制の整備を支援することが適当であること。

2　個別の教育支援計画等の作成

早期からの一貫した支援のためには、障害のある児童生徒等の成長記録や指導内容等に関する情報について、本人・保護者の了解を得た上で、その扱いに留意しつつ、必要に応じて関係機関が共有し活用していくことが求められること。

このような観点から、市町村の教育委員会においては、認定こども園・幼稚園・保育所において作成された個別の教育支援計画等や、障害児支援事業所で作成されている障害児支援利用計画や障害児通所支援事業所等で作成されている個別支援計画等を有効に活用しつつ、適宜資料の追加等を行った上で、障害のある児童生徒等に関する情報を一元化し、当該市町村における「個別の教育支援計画」「相談支援ファイル」等として小中学校等へ引き継ぐなどの取組を進めていくことが適当であること。

3　就学先等の見直し

就学時に決定した「学びの場」は、固定したものではなく、それぞれの児童生徒の発達の程度、適応の状況等を勘案しながら、柔軟に転学ができることを、すべての関係者の共通理解とすることが適当であること。このためには、2の個別の教育支援計画等に基づく関係者による会議等を定期的に実施し、必要に応じて個別の教育支援計画等を見直し、就学先等を変更できるようにしていくことが適当であること。

4　教育支援委員会（仮称）

現在、多くの市町村の教育委員会に設置されている「就学指導委員会」については、早期からの教育相談・支援や就学先決定時のみならず、その後の一貫した支援についても助言を行うという観点から機能の拡充を図るとともに、「教育支援委員会」（仮称）といった名称とすることが適当であること。

82 保育所に入所している障害のある児童が障害児通所支援を受ける場合の取扱いについて

（平成二四年七月三日　雇児保発〇七〇三第一号　障障発〇七〇三第一号
各都道府県　各指定都市　各中核市民生主管部（局）長宛
厚生労働省雇用均等・児童家庭局保育課長　厚生労働省社会・援護局障害保健福祉部障害福祉課長通知）

児童福祉行政及び障害福祉行政の推進については、かねてより特段のご配慮を煩わせているところであるが、今般、標記について、平成二十四年四月一日より下記のとおり取り扱うこととしたので、十分ご留意の上、遺漏のないようにされたい。

なお、本通知の施行に伴い、「保育所に入所している障害をもつ児童の専門的な治療・訓練を障害児通園施設で実施する場合の取扱いについて」（平成十年十一月二十日付児保第三一号厚生省大臣官房障害保健福祉部障害福祉課長・児童家庭局保育課長連名通知）は廃止するが、平成二十三年度以前の取扱いについては、従前の例によるものとする。

また、各都道府県におかれては、貴管内市区町村（指定都市、中核市を除く。）に周知徹底を図るようご配慮願いたい。

記

1．保育所入所児童が障害児通所支援を受ける場合の取扱いについて

保育所入所児童であって、当該児童が障害を有しているため、障害児支援利用計画及び個別支援計画（以下「障害児支援利用計画等」という。）に基づき、障害児通所支援を受ける必要がある場合には、保育所に入所していることが障害児通所支援を受けることを妨げるものではないこと。

なお、この場合にあっては、保育所と障害児通所支援事業所において、障害の状況等に合わせた一貫した支援を提供すること等が重要であることから、保育所の保育内容を踏まえた障害児支援利用計画等にするとともに、保育所と障害児通所支援事業所の担当者間で十分連携して取り組むなど、児童にとって効果的なものになるよう配慮すること。

（注1）　障害児通所支援とは、障がい者制度改革推進本部等における検討を踏まえて障害保健福祉施策を見直すまでの間において障害者等の地域生活を支援するための関係法律の整備に関する法律（平成二十二年法律第七十一号。以下「整備法」という。）による改正後の児童福祉法（以下「改正児童福祉法」という。）第六条の二第一項に規定する児童発達支援、医療型児童発達支援及び保育所等訪問支援をいう。

なお、平成二十四年四月一日から改正児童福祉法が施行されたことに伴い、整備法第四条による改正前の児童福祉法第七条第一項に規定する知的障害児通園施設、児童福祉施設の設備及び運営に関する基準の一部を改正する省令（平成二十四年厚生労働省令第十七号）による改正前の児童福祉施設の設備及び運営に関する基準（昭和二十三年厚生省令第六十三号。以下「旧基準」という。）第六十条第二項第一号に規定する難聴幼児通園施設、旧基準第六十八条第二号に規定する肢体不自由児通園施設及び整備法第二条による改正前の障害者自立支援法第五条第七項に規定する児童デイサービスが、障害児通所支援に一元化された。

（注2）　障害児支援利用計画とは、改正児童福祉法第六条の二第七項に基づき、障害児相談支援事業者が、障害児通所支援を利用する障害児に対し、心身の状況やその置かれている環境等を勘案し、利用する支援の種類や内容等を定めた計画をいう。

（注3）　個別支援計画とは、児童福祉法に基づく指定通所支援の人員、設備及び運営に関する基準（平成二十四年厚生労働省令第十五号）第二十七条及び第六十四条で準用する場合並びに第七十九条で準用する場合の規定に基づき、児童発達支援管理責任者が障害児通所支援を利用する障害児に対し、本人及びその家族のニーズ等を反映させて支援の内容等を定めた計画をいう。

2．費用の支弁等について

(1)　保育所運営費の支弁

保育所運営費の支弁については、「児童福祉法による保育所運営費国庫負担金について」（昭和五十一年四月十六日厚生省発児第五九号の二厚生事務次官通知、以下「保育所運営費交付要綱」という。）及び「「児童福祉法による保育所運営費国庫負担金について」通知の施行について」（昭和五十一年四月十六日厚生省発児第五九号の五厚生省児童家庭局長通知）により月額を支弁する。

(2)　障害児通所支援に係る給付費の支給

障害児通所支援に係る給付費については、契約による利用となることから、「児童福祉法に基づく指定通所支援及び基準該当通所支援に要する費用の額の算定に関する基準」別表の障害児通所給付費等単位数表により算定する単位数に「厚生労働大臣が定める一単位の単価」を乗じて得た額から、障害児の保護者が障害児通所支援事業所に支払う3の(2)に規定する額を控除して得た額とする。

3．費用の徴収について

(1) 保育所運営費の費用徴収

保育所運営費の国庫精算上の費用徴収については、保育所運営費交付要綱の第4で定める「保育所徴収金（保育料）基準額表」により、月額を徴収する。

(2) 障害児通所支援に係る費用負担

障害児通所支援の利用に係る費用負担については、障害児の保護者は、通常の契約利用と同様に原則改正児童福祉法第二十一条の五の二及び第二十一条の五の二十八に基づき障害児通所支援に要した費用の額等に応じ、算定された額を障害児通所支援事業所に支払うこと。

83 児童発達支援ガイドラインについて

（平成二九年七月二四日　障発〇七二四第一号
各都道府県知事　各指定都市市長　各児童相談所設置市市長宛
厚生労働省社会・援護局障害保健福祉部長通知）

児童発達支援の提供及び事業所運営については、児童福祉法（昭和二十二年法律第百六十四号）等の関係法令等に基づき行われているところですが、今般、児童発達支援の質の向上を図るため、別紙のとおり「児童発達支援ガイドライン」を定めたので、管内の児童発達支援センター及び児童発達支援事業所に対し周知徹底を図るとともに、事業所の指定、指導監査、人材育成の研修等のあらゆる機会において活用し、より一層の支援の質の向上に取り組まれるよう、格段のご配慮をお願いします。

なお、各都道府県におかれては、貴管内市町村（指定都市及び児童相談所設置市を除く。）に対する周知をお願いします。

この通知は、地方自治法（昭和二十二年法律第六十七号）第二百四十五条の四第一項の規定に基づく技術的な助言であることを申し添えます。

別紙

児童発達支援ガイドライン

第1章　総則

平成二十四年の児童福祉法改正において、障害のある子どもが身近な地域で適切な支援が受けられるように、従来の障害種別に分かれていた施設体系が一元化され、この際、児童発達支援は、主に未就学の障害のある子どもを対象に発達支援を提供するものとして位置づけられた。

この後、平成二十六年七月に取りまとめられた障害児支援の在り方に関する検討会報告書「今後の障害児支援の在り方について」において、「障害児支援の内容については、各事業所において理念や目標に基づく独自性や創意工夫も尊重されるものである。その一方で、支援の一定の質を担保するための全国共通の枠組みが必要であるため、障害児への支援の基本的事項や職員の専門性の確保等を定めたガイドラインの策定が必要」との提言を受けた。これを受けて、平成二十七年四月に、提供される支援の内容が多種多様で、支援の質の観点からも大きな開きがあるとの指摘がなされている状況にあった放課後等デイサービスについて、「放課後等デイサービスガイドライン」を策定した。

児童発達支援については、平成二十四年四月では、約一七〇〇カ所の事業所数であったが、平成二十九年一月には、約四七〇〇カ所となっており、この事業所数や利用者数は、放課後等デイサービスに次いで増加している状況にある。

このような状況にある中、児童発達支援についても、支援の質の確保及びその向上を図り、障害のある子ども本人やその家族のために児童発達支援を提供していく必要がある。このため、今般、児童発達支援が提供すべき支援の内容を示し、支援の一定の質を担保するための全国共通の枠組みを示すために、「児童発達支援ガイドライン」として策定し、公表するものである。

なお、本ガイドラインは、児童発達支援を実施するに当たって必要となる基本的事項を示すものである。各事業所には、本ガイドラインの内容を踏まえつつ、各事業所の実情や個々の子どもの状況に応じて不断に創意工夫を図り、提供する支援の質の向上に努めることが求められる。また、各事業所の不断の努力による支援の質の向上とあいまって、今後も本ガイドラインの見直しを行い、本ガイドラインの内容も向上させていくものである。

1　目的

(1)　この「児童発達支援ガイドライン」は、児童発達支援について、障害のある子ども本人やその家族に対して質の高い児童発達支援を提供するため、児童発達支援センター及び児童発達支援事業所（以下「児童発達支援センター等」という。）における児童発達支援の内容や運営及びこれに関連する事項を定めるものである。

(2)　各児童発達支援センター等は、このガイドラインにおいて規定される児童発達支援の内容等に係る基本的な事項等を踏まえ、各児童発達支援センター等の実情に応じて創意工夫を図り、その機能及び質の向上を図らなければならない。

2　障害児支援の基本理念

(1)　障害のある子ども本人の最善の利益の保障

児童福祉法（昭和二十二年法律第百六十四号）第一条において、「全て児童は、児童の権利に関する条約の精神にのっとり、適切に養育されること、その生活を保障されること、愛され、保護されること、その心身の健やかな成長及び発達並びにその自立が図られることその他の福祉を等しく保障される権利を有する。」と規定され、児童福祉法第二条第一項において、「全て国民は、児童が良好な環境において生まれ、かつ、社会のあらゆる分野において、児童の年齢及び発達の程度に応じて、その意見が尊重され、その最善の利益が優先して考慮され、心身ともに健やかに育成されるよう努めなければならない。」と規定されている。このように、障害のある子どもの支援を行うに当たっては、その気づきの段階から、障害の種別にかかわらず、子ども本人の意思を尊重し、子ども本人の最善の利益を考慮することが必要である。

(2)　地域社会への参加・包容（インクルージョン）の推進と合理的配慮

障害者権利条約では、障害を理由とするあらゆる差別（「合理的配慮」の不提供を含む。）の禁止や障害者の地域社会への参加・包容（インクルージョン）の促進等が定められており、障害のある子どもの支援に当たっては、子ども一人一人の障害の状態及び発達の過程・特性等に応じ、合理的な配慮が求められる。

また、地域社会で生活する平等の権利の享受と、地域社会への参加・包容（インクルージョン）の考え方に立ち、障害の有無にかかわらず、全ての子どもが共に成長できるようにしていくことが必要である。

障害のある子どもへの支援に当たっては、移行支援を含め、可能な限り、地域の保育、教育等の支援を受けられるようにしていくとともに、同年代の子どもとの仲間作りを図っていくことが求められる。

(3)　家族支援の重視

障害のある子どもへの支援を進めるに当たっては、障害のある子どもを育てる家族への支援が重要である。障害のある子どもに対する各種の支援自体が、家族への支援の意味を持つものであるが、子どもを育てる家族に対して、障害の特性や発達の各段階に応じて子どもの「育ち」や「暮らし」を安定させることを基本に置いて丁寧な支援を行うことにより、子ども本人にも良い影響を与えることが期待できる。

(4)　障害のある子どもの地域社会への参加・包容（インクルージョン）を子育て支援において推進するための後方支援としての専門的役割

障害のある子どもの地域社会への参加・包容（インクルージョン）を進めるため、障害のない子どもを含めた集団の中での育ちをできるだけ保障する視点が求められる。このため、専門的な知識・技術に基づく障害のある子どもに対する支援を、一般的な子育て支援をバックアップする後方支援として位置づけ、保育所等訪問支援等を積極的に活用し、子育て支援における育ちの場において、障害のある子どもの支援に協力できるような体制づくりを進めていくことが必要である。

また、障害のある子どもの健やかな育成のためには、子どものライフステージに沿って、地域の保健、医療、障害福祉、保育、教育、就労支援等の関係機関が連携を図り、切れ目の無い一貫した支援を提供する体制の構築を図る必要がある。

3　児童発達支援の役割

(1)　児童発達支援は、児童福祉法第六条の二の二第二項の規定に基づき、児童発達支援センター等において、障害のある子どもに対し、日常生活における基本的な動作の指導、知識技能の付与、集団生活への適応訓練その他の便宜を提供するものである。

(2) 児童発達支援センター等は、児童福祉法等の理念に基づき、障害のある子どもの最善の利益を考慮して、児童発達支援を提供しなければならない。

(3) 児童発達支援センター等は、主に未就学の障害のある子ども又はその可能性のある子どもに対し、個々の障害の状態及び発達の過程・特性等に応じた発達上の課題を達成させていくための本人への発達支援を行うほか、子どもの発達の基盤となる家族への支援に努めなければならない。また、地域社会への参加・包容（インクルージョン）を推進するため、保育所、認定こども園、幼稚園、小学校、特別支援学校（主に幼稚部及び小学部）等（以下「保育所等」という。）と連携を図りながら支援を行うとともに、専門的な知識・経験に基づき、保育所等の後方支援に努めなければならない。

(4) 特に、児童発達支援センターは、地域における中核的な支援機関として、保育所等訪問支援や障害児相談支援、地域生活支援事業における巡回支援専門員整備や障害児等療育支援事業等を実施することにより、地域の保育所等に対し、専門的な知識・技術に基づく支援を行うよう努めなければならない。

(5) 児童発達支援の目的を達成するため、専門性を有する職員が、保護者や地域の様々な社会資源との緊密な連携のもとで、障害のある子どもの状態等を踏まえて支援を行わなければならない。

4 児童発達支援の原則

(1) 児童発達支援の目標

ア 乳幼児期は、障害の有無に関わらず、子どもの生涯にわたる人間形成にとって極めて重要な時期である。このため、児童発達支援センター等においては、子どもが充実した毎日を過ごし、望ましい未来を作り出す力の基礎を培うために、子どもの障害の状態及び発達の過程・特性等に十分配慮しながら、子どもの成長を支援する必要がある。

イ 児童発達支援においては、障害の気づきの段階から継続的な支援を行い、将来の子どもの発達・成長の姿を見通しながら、日常生活や社会生活を円滑に営めるよう、今、どのような支援が必要かという視点を持ち、子どもの自尊心や主体性を育てつつ発達上の課題を達成させることが必要である。

ウ 児童発達支援センター等は、通所する子どもの保護者に対し、その意向を受け止め、子どもと保護者の安定した関係に配慮し、児童発達支援センター等の特性や児童発達支援に携わる職員の専門性を活かして、支援に当たる必要がある。

(2) 児童発達支援の方法

児童発達支援の目標を達成するために、児童発達支援に携わる職員は、次の事項に留意して、障害のある子どもに対し、児童発達支援を行わなければならない。

ア 一人一人の子どもの状況や家庭及び地域社会での生活の実態について、アセスメントを適切に行い、子どもと保護者のニーズや課題を客観的に分析した上で支援に当たるとともに、子どもが安心感と信頼感を持って活動できるよう、子どもの主体としての思いや願いを受け止めること。

イ 子どもの生活リズムを大切にし、健康、安全で情緒の安定した生活ができる環境や、自己を十分に発揮できる環境を整えること。

ウ 一人一人の子どもの発達や障害の特性について理解し、発達の過程に応じて、個別又は集団における活動を通して支援を行うこと。その際、子どもの個人差に十分配慮すること。

エ 子どもの相互の関係作りや互いに尊重する心を大切にし、集団における活動を効果あるものにするよう援助すること。

オ 子どもが自発的、意欲的に関われるような環境を構成し、子どもの主体的な活動や子ども相互の関わりを大切にすること。特に、乳幼児期にふさわしい体験が得られるように支援を行うこと。

カ 子どもの成長は、「遊び」を通して促されることから、周囲との関わりを深めたり、表現力を高めたりする「遊び」を通し、職員が適切に関わる中で、豊かな感性や表現する力を養い、創造性を豊かにできるように、具体的な支援を行うこと。

キ 単に運動機能や検査上に表される知的能力にとどまらず、「育つ上での自信や意欲」、「発話だけに限定されないコミュニケーション能力の向上」、「自己選択、自己決定」等も踏まえながら、子どものできること、得意なことに着目し、それを伸ばす支援を行うこと。

ク 一人一人の保護者の状況やその意向を理解し、受容し、それぞれの親子関係や家庭生活等に配慮しながら、様々な機会をとらえ、適切に援助すること。

(3) 児童発達支援の環境

児童発達支援の環境には、児童発達支援に携わる職員や子ども等の人的環境、施設や遊具等の物的環境、更には自然や社会の事象等がある。

児童発達支援センター等は、こうした人、物、場等の環境が相互に関連し合い、子どもの生活が豊かなものとなるよう、次の事項に留意しつつ、計画的に環境を構築し、工夫して児童発達支援を行わなければならない。

ア 子ども自らが環境に関わり、自発的に活動し、様々な経験を積んでいくことができるよう配慮すること。

イ 子どもの活動が豊かに展開されるよう、児童発達支援センター等の設備や環境を整え、児童発達支援センター等の保健的環境や安全の確保等に努めること。

ウ 子どもが生活する空間は、温かな親しみとくつろぎの場となるとともに、障害の特性を踏まえ、時間や空間を本人にわかりやすく構造化した環境の中で、生き生きと活動できる場となるように配慮すること。

エ 子どもが人と関わる力を育てていくため、子ども自らが周囲の子どもや大人と関わっていくことができる環境を整えること。

(4) 児童発達支援の社会的責任

ア 児童発達支援センター等は、子どもの人権に十分配慮することを徹底するとともに、子ども一人一人の人格を尊重して児童発達支援を行わなければならない。

イ 児童発達支援センター等は、地域社会との交流や連携を図り、保護者や地域社会に、当該児童発達支援センター等が行う児童発達支援の内容を適切に説明しなければならない。

ウ 児童発達支援センター等は、常に計画に基づいて提供される支援の内容や役割分担について定期的に点検し、その質の向上が図られるようにしなければならない。

エ 児童発達支援センター等は、通所する子ども等の個人情報を適切に取り扱うとともに、保護者の相談や申入れ等に対し、その解決を図らなければならない。

5 障害のある子どもへの支援

乳幼児期は、子どもの成長が著しく、障害の有無に関わらず、周囲との信頼関係に支えられた生活の中で、適切な環境や活動を通じて子どもの健全な心身の発達を図りつつ、生涯にわたる人間形成の基礎を培う極めて重要な時期である。

このため、児童発達支援に携わる職員は、子どもの障害の状態及び発達の過程・特性等を理解し、発達及び生活の連続性に配慮して児童発達支援を行わなければならない。また、子ども自身の力を十分に認め、一人一人の障害の状態及び発達の過程・特性等に応じた適切な援助及び環境構成を行うことが重要である。

また、乳児から三歳未満の障害のある子どもの場合には、健康状態や生活習慣の育成に十分な配慮を行いながら、子どもの心身の発達に即して支援を行うとともに、親子関係の形成期にあることを踏まえ、保護者の子どもの障害特性の理解等に配慮しながら支援を行う必要がある。

三歳以上の障害のある子どもの場合には、個の成長と、子ども相互の関係や協同的な活動が促されるよう配慮しながら支援を行うとともに、地域社会への参加・包容（インクルージョン）を推進する観点から、できる限り多くの子どもが、保育所や認定こども園、幼稚園の利用に移行し、障害の有無に関わらず成長できるように、児童発達支援センター等においては児童発達支援計画を組み立てる必要がある。

第2章 児童発達支援の提供すべき支援　[略]

第3章 児童発達支援計画の作成及び評価　[略]

第4章 関係機関との連携　[略]

第5章 児童発達支援の提供体制　[略]

第6章 支援の質の向上と権利擁護　[略]

別添　[略]

別紙1〜4　[略]

[84] 教育・保育施設等における事故防止及び事故発生時の対応のためのガイドラインについて

（平成二八年三月三一日　府子本第一九二号　二七文科初第一七八九号　雇児保発〇三三一第三号　各都道府県子ども・子育て支援新制度担当部局　各都道府県私立学校主管部（局）　各都道府県民生主管部（局）　各都道府県教育委員会　各指定都市・中核市子ども・子育て支援新制度担当部局　各指定都市・中核市民生主管部（局）の長宛　内閣府子ども・子育て本部参事官　文部科学省初等中等教育局幼児教育課長　厚生労働省雇用均等・児童家庭局保育課長通知）

［**編集部注**］本文中のＵＲＬはすべて省略した。

子ども・子育て支援新制度において、特定教育・保育施設及び特定地域型保育事業者は、事故の発生又は再発を防止するための措置及び事故が発生した場合に市町村、家族等に対する連絡等の措置を講ずることとされている。このことを踏まえ、国の子ども・子育て会議において、行政による再発防止に関する取組のあり方等について検討すべきとされた。

これを受け、平成二十六年九月八日「教育・保育施設等における重大事故の再発防止策に関する検討会」が設置され、昨年十二月に重大事故の発生防止のための今後の取組みについて最終取りまとめが行われたところである。

この取りまとめでは、各施設・事業者や地方自治体が事故発生の防止等や事故発生時の対応に取り組み、それぞれの施設・事業者や地方自治体ごとの実態に応じて教育・保育等の実施に当たっていくために参考とするガイドライン等を作成するよう提言を受けた。

今般、この取りまとめを踏まえ、特に重大事故が発生しやすい場面ごとの注意事項や、事故が発生した場合の具体的な対応方法等について、各施設・事業者、地方自治体における事故発生の防止等や事故発生時の対応の参考となるよう「教育・保育施設等における事故防止及び事故発生時の対応のためのガイドライン」を作成したので別添のとおり送付する。

ついては、本ガイドラインを内閣府、文部科学省、厚生労働省のホームページに掲載するので、管内の市町村（特別区を含む。）、関係機関及び施設・事業者等で広く活用されるよう周知を図られたい。

なお、本通知は地方自治法（昭和二十二年法律第六十七号）第二百四十五条の四第一項に規定する技術的助言として発出するものであることを申し添える。

（参考）［略］

教育・保育施設等における事故防止及び事故発生時の対応のためのガイドライン【事故防止のための取組み】～施設・事業者向け～

○はじめに　［略］

1　事故の発生防止（予防）のための取組み

(1)　安全な教育・保育環境を確保するための配慮点等

安全な教育・保育環境を確保するため、子どもの年齢（発達とそれに伴う危険等）、場所（保育室、園庭、トイレ、廊下などにおける危険等）、活動内容（遊具遊びや活動に伴う危険等）に留意し、事故の発生防止に取り組む。特に、以下の①で示すア～オの場面（睡眠中、プール活動・水遊び中、食事中等の場面）については、重大事故が発生しやすいため注意事項を踏まえて対応する。

①　重大事故が発生しやすい場面ごとの注意事項について

ア　睡眠中

○　乳児の窒息リスクの除去

以下の点を含む乳児の窒息リスクの除去を、睡眠前及び睡眠中に行う。

Point　窒息リスクの除去の方法

- 医学的な理由で医師からうつぶせ寝をすすめられている場合以外は、乳児の顔が見える仰向けに寝かせることが重要。何よりも、一人にしないこと、寝かせ方に配慮を行うこと、安全な睡眠環境を整えることは、窒息や誤飲、けがなどの事故を未然に防ぐことにつながる。
- やわらかい布団やぬいぐるみ等を使用しない。
- ヒモ、またはヒモ状のもの（例：よだれかけのヒモ、ふとんカバーの内側のヒモ、ベッドまわりのコード等）を置かない。
- 口の中に異物がないか確認する。
- ミルクや食べたもの等の嘔吐物がないか確認する。
- 子どもの数、職員の数に合わせ、定期的に子どもの呼吸・体位、睡眠状態を点検すること等により、呼吸停止等の異常が発生した場合の早期発見、重大事故の予防のための工夫をする。

※他にも窒息のリスクがあることに気づいた

場合には、留意点として記録し、施設・事業所内で共有する。

イ　プール活動・水遊び

○プール活動・水遊びを行う場合は、監視体制の空白が生じないように専ら監視を行う者とプール指導等を行う者を分けて配置し、また、その役割分担を明確にする。

○事故を未然に防止するため、プール活動に関わる職員に対して、子どものプール活動・水遊びの監視を行う際に見落としがちなリスクや注意すべきポイントについて事前教育を十分に行う。

Point　プール活動・水遊びの際に注意すべきポイント

- 監視者は監視に専念する。
- 監視エリア全域をくまなく監視する。
- 動かない子どもや不自然な動きをしている子どもを見つける。
- 規則的に目線を動かしながら監視する。
- 十分な監視体制の確保ができない場合については、プール活動の中止も選択肢とする。
- 時間的余裕をもってプール活動を行う。　等

○施設・事業者は、職員等に対し、心肺蘇生法を始めとした応急手当等及び119番通報を含めた緊急事態への対応について教育の場を設け、緊急時の体制を整理し共有しておくとともに、緊急時にこれらの知識や技術を活用することができるように日常において実践的な訓練を行う。

ウ　誤嚥（食事中）

○職員は、子どもの食事に関する情報（咀嚼・嚥下機能や食行動の発達状況、喫食状況）について共有する。また、食事の前には、保護者から聞き取った内容も含めた当日の子どもの健康状態等について情報を共有する。

○子どもの年齢月齢によらず、普段食べている食材が窒息につながる可能性があることを認識して、食事の介助及び観察をする。

○食事の介助をする際の注意としては、以下のことなどが挙げられる。

Point　食事の介助をする際に注意すべきポイント

- ゆっくり落ち着いて食べることができるよう子どもの意志に合ったタイミングで与える。
- 子どもの口に合った量で与える（一回で多くの量を詰めすぎない）。
- 食べ物を飲み込んだことを確認する（口の中に残っていないか注意する）。
- 汁物などの水分を適切に与える。
- 食事の提供中に驚かせない。
- 食事中に眠くなっていないか注意する。
- 正しく座っているか注意する。

○食事中に誤嚥が発生した場合、迅速な気付きと観察、救急対応が不可欠であることに留意し、施設・事業者の状況に応じた方法で、子ども（特に乳児）の食事の様子を観察する。特に食べている時には継続的に観察する。

○過去に、誤嚥、窒息などの事故が起きた食材（例：白玉風のだんご、丸のままのミニトマト等）は、誤嚥を引き起こす可能性について保護者に説明し、使用しないことが望ましい。

エ　誤嚥（玩具、小物等）

○口に入れると咽頭部や気管が詰まる等窒息の可能性のある大きさ、形状の玩具や物については、乳児のいる室内に置かないことや、手に触れない場所に置くこと等を徹底する。

○手先を使う遊びには、部品が外れない工夫をしたものを使用するとともに、その子どもの行動に合わせたものを与える。

○子どもが、誤嚥につながる物（例：髪ゴムの飾り、キーホルダー、ビー玉や石など）を身につけている場合もあり、これらの除去については、保護者を含めた協力を求める。

○窒息の危険性があった玩具やこれまでに窒息事例があるものと類似の形状の玩具等については、施設・事業所内で情報を共有し、除去することが望ましい。

オ　食物アレルギー

○アレルギーについて施設・事業所での配慮が必要な場合、保護者から申し出てもらい、幼稚園等の学校においては学校生活管理指導表を、保育所においてはアレルギー疾患生活管理指導表を配付し、提出してもらう。食物の除去については、医師の診断に基づいた同表を基に対応を行い、完全除去を基本とする。

○主要原因食物である鶏卵、牛乳、小麦は安価で重要な栄養源であるため、食事の献立に組み込まれる傾向にあることから、主要原因食物に対する食物アレルギーの子どもが施設・事業所にいる場合、除去食又は代替食による対応が必要。

○施設・事業所では、家庭で摂ったことのない食物は基本的に与えないことが望ましい。また、家で摂ったことがある食物を与えたときであっても、新規に症状を誘発する場合があることから、食事後に子どもがぐったりし

ている等の場合、アナフィラキシーショックの可能性を疑い、必要に応じて救急搬送を行うことが望ましい。

○ 除去食、代替食の提供の際には、食事提供のプロセスである献立、調理、配膳①（調理室から食事を出すときの配膳）、配膳②（保育室等での食事を準備するときの配膳）、食事の提供という一連の行動において、どこで人的エラーが起きても誤食につながることに注意する。

○ 自らの施設・事業所において、人的エラーが発生する可能性がある場面を明らかにし、人的エラーを減らす方法や気づく方法のマニュアル化を図ることが望ましい。

(ア) 食事提供の全過程の中で人的エラーが発生しそうになった事例、人的エラーが発生したがチェック体制により防ぐことができた事例を報告し、自らの施設・事業所で人的エラーが発生する可能性がある場面を明らかにする仕組みを作る。

(イ) 上記(ア)で明らかになった「人的エラーが発生する可能性がある場面」の情報をもとに、それぞれの場面における人的エラーを減らす方法を共有する。

Point　人的エラーを減らす方法の例

- 材料等の置き場所、調理する場所が紛らわしくないようにする。
- 食物アレルギーの子どもの食事を調理する担当者を明確にする。
- 材料を入れる容器、食物アレルギーの子どもに食事を提供する食器、トレイの色や形を明確に変える。
- 除去食、代替食は普通食と形や見た目が明らかに違うものにする。
- 食事内容を記載した配膳カードを作成し、食物アレルギーの子どもの調理、配膳、食事の提供までの間に二重、三重のチェック体制をとる。

(ウ) 上記(ア)で明らかになった場面のうち、特に重要な場面（例：調理室で代替食を調理する時、取り分けする時、ワゴンで調理室から他の職員に受け渡す時、保育室等で配膳する時）を決め、アレルギー表と現物等との突き合わせによる確認を行う。

○ 施設・事業者における食物アレルギーへの対応については、「保育所におけるアレルギー対応ガイドライン」（平成二十三年三月厚生労働省）及び「学校給食における食物アレルギー対応指針」（平成二十七年三月文部科学省）を参考に取り組む。

※食物アレルギーの子どもの食事提供の際の確認行動時、プール活動の際の監視時、子どもの移動等の際の人数確認時、睡眠の際の点検時などには、効果的な事故防止のために、声に出して指差し確認するなど確実な確認を実践する。

② **事故の発生防止に関する留意点**

本ガイドラインを参考に、以下について留意の上点検等を実施する。

○ 事故の発生防止の活動

子どもの特性を十分に理解した上で、事故の発生防止に係る行動の確認や事故に発展する可能性のある問題点を把握し、事故の発生防止に取り組む。

○ 事故の発生防止に向けた環境づくり

事故の発生防止に向けた環境づくりには、職員間のコミュニケーション、情報の共有化、苦情（意見・要望）解決への取組み、安全教育が不可欠であることに留意する。

○ 日常的な点検

施設・事業者は、あらかじめ点検項目を明確にし、定期的に点検を実施した上で、文書として記録するとともに、その結果に基づいて、問題のあるか所の改善を行い、また、その結果を職員に周知して情報の共有化を図る。

○ 教育・保育中の安全管理について

教育・保育中の安全管理には、施設・事業所の環境整備が不可欠であることから、施設・事業者は随時環境整備に取り組む。

○ 重大事故の発生防止、予防のための組織的な取組みについて

重大事故の発生防止、予防については、ヒヤリハット報告の収集及び分析が活用できる場合もあるため、以下の取組みを行うことが考えられる。

ア 職員は、重大事故が発生するリスクがあった場面に関わった場合には、ヒヤリハット報告を作成し、施設・事業者に提出する。

イ 施設・事業者は、集められたヒヤリハット報告の中から、上記①のア～オの重大事故が発生しやすい場面において、重大事故が発生するリスクに対しての要因分析を行い、事故防止対策を講じる。

ウ 施設・事業者は、事故防止対策について、下記(2)における研修を通じて職員に周知し、職員は、研修を踏まえて教育・保育の

実施に当たる。

(2) **職員の資質の向上**

各施設・事業者においては、子どもの安全確保に関する研修に参加することを基本とするとともに、全ての職員は、救急対応（心肺蘇生法、気道内異物除去、ＡＥＤ・エピペン®の使用等）の実技講習、事故発生時の対処方法を身につける実践的な研修を通じて、事故防止に係る職員の資質の向上に努める。

施設・事業所での研修や職員会議などの機会に、子どもの発育・発達と事故との関係、事故の生じやすい場所等を共有することで、事故への認識、危険に対する予知能力の向上を図る。

① **研修や訓練の内容**

○ 施設・事業者自らが企画、立案し、消防等の関係機関、保護者等の協力を得ながら、各種訓練を計画的に実施する。

○ 上記「(1)安全な教育・保育環境を確保するための配慮点等」について、自らの施設等の保育環境を考慮して施設・事業所内で研修を実施する。

○ その際、「ガイドライン【事故防止のための取組み】～施設・事業者向け～」や国及び地方自治体が行う再発防止に関する取組みを参考に、自らに適した取組みを行う。

○ 救急対応（心肺蘇生法、気道内異物除去、ＡＥＤ・エピペン®の使用等）について、実技講習を定期的に受講し、施設・事業者においても訓練を計画的に行う。

○ １１９番通報が円滑に行われるよう通報訓練を行う。その際、園庭での活動中、園外活動中、プールでの活動中等、場所や場面、職員の配置の状況を変え、実践的なものとなるよう工夫して実施する。

※１１９番通報のポイントと伝えるべきことや役割分担については、下記「(3)緊急時の対応体制の確認」を参照する。

② **研修への参加の促進**

○ 地方自治体等が実施する研修への参加については、積極的に対応する。

※公定価格には、代替要員等に係る経費が含まれていることを踏まえ、積極的に参加する。

※研修の参加費用について、地方自治体から補助が行われている場合があることも踏まえ、積極的に参加する。

○ インターネットで共有等されている事故予防に関する研修の動画等を活用する。

(3) **緊急時の対応体制の確認**

緊急時の対応体制として、以下のような準備をしておくことが望ましい。

① **緊急時の役割分担を決め、掲示する。**

○ 事故発生時に他の職員に指示を出す役割について、施設長・事業所長、副施設長・副事業所長、主任保育士など、順位を付け明確にするとともに、事故発生時の役割ごとに分担と担当する順番・順位を決め、事務室の見やすい場所に掲示する。

○ 緊急時の役割分担の主なものは、以下が考えられる。

Point　緊急時の役割分担の例

- 心肺蘇生、応急処置を行う。
- 救急車を呼ぶ。
- 病院に同行する。
- 事故直後、事故に遭った子どもの保護者、地方自治体関係部署に連絡する。
- 事故当日、事故に遭った子ども以外の子どもの教育・保育を行う。
- 事故直後、交代で事故の記録を書くよう職員に指示する。
- 施設・事業所全体の状況を把握しつつ、病院に同行している職員など、それぞれの役割の職員間の連絡をとる。
- 事故当日、必要に応じて、事故に遭った子ども以外の子どもの保護者に事故の概要について説明をする。
- 翌日以降の教育・保育の実施体制の確認を行う。

② **日常に準備しておくこと（受診医療機関のリスト、救急車の呼び方、受診時の持ち物、通報先の順番・連絡先等を示した図等）について**

○ 施設・事業者は、各職員の緊急連絡網、医療機関・関係機関（地方自治体、警察等）の一覧、保護者への連絡に関する緊急連絡先を事前に整理しておく。

○ １１９番通報のポイントと伝えるべきことを施設・事業者で作成し、事務室の見やすい場所に掲示、園外活動等の際に使用するかばんに携帯、プールでの活動中に見やすい場所等に掲示する。

(4) **保護者や地域住民等、関係機関との連携**

事故発生時の協力体制や連絡体制を整えるとともに関係づくりの必要性について日頃から認識しておく。

○ 地域の人など職員以外の力を借り、子どもの安全を守る必要が生じる場合もあり、常日頃から地域とのコミュニケーションを積極的にとる。あわせて、いざという時の協力・援助を依頼しておくことについて検討する。

(5) 子どもや保護者への安全教育

子どもや保護者に対する安全教育にも取り組むことが望ましい。

○ 子どもの発達や能力に応じた方法で、子ども自身が安全や危険を認識すること、事故発生時の約束事や行動の仕方について理解させるよう努める。

○ 家庭における保護者の行動や教育により、子どもが安全な生活習慣を身に付けることができるよう保護者と連携を図る。特に、上記「(1)安全な教育・保育環境を確保するための配慮点等」のうち①のプール活動・水遊び、誤嚥等の対応については、保護者の理解と連携が必要になることに留意する。

(6) 設備等の安全確保に関するチェックリスト

施設内の設備について、年齢別のチェックリスト等を作成する等により定期的にチェックし、その結果に基づいて問題のあるか所の改善を行い、また、その結果を職員に周知して情報の共有化を図る。

(7) 事故の発生防止のための体制整備

事故の発生防止は組織で対応することが重要であり、施設・事業所の長等のリーダーシップの下、組織的に対応できる体制を整備することとし、上記(1)～(6)の取組みに加え以下に取り組む。

① 重大事故の防止のための指針等を整備し、実践的な研修等を通じて全ての職員に周知する。

② 睡眠中、水遊び、食事中等の活動における危険の有無の確認や、万が一事故が発生した場合の検証ができるよう、必要に応じてビデオ等の記録機器の活用を検討する。

③ 以下の通知等（＊）を参考に、事故の発生防止に取り組む。

Point 事故防止に係る通知等

＊「教育・保育施設等における事故防止及び事故発生時の対応のためのガイドライン」（平成二十八年三月）

＊「特定教育・保育施設等における事故の報告等について」（平成二十七年二月十六日付け府政共生九六号、二六初幼教第三〇号、雇児保発〇二一六第一号）

＊「水泳等の事故防止について」（平成二十七年五月一日付け二七文科ス第一一九号）

＊「認定こども園においてプール活動・水遊びを行う場合の事故の防止について」（平成二十七年六月八日付け府子本第一五七号）

＊「児童福祉施設等においてプール活動・水遊びを行う場合の事故の防止について」（平成二十六年六月二十日付け雇児総発〇六二〇第一号）

＊「保育所及び認可外保育施設における事故防止の徹底等について」（平成二十五年一月十八日付け事務連絡）

＊「保育所保育指針」（平成二十年三月二十八日厚生労働省告示第一四一号）及び平成二十年三月「保育所保育指針解説書」（第五章　健康及び安全）

＊「保育所における感染症対策ガイドライン」（平成二十四年十一月厚生労働省）

＊「保育所における食事の提供ガイドライン」（平成二十四年三月厚生労働省）

＊「保育所におけるアレルギー対応ガイドライン」（平成二十三年三月厚生労働省）

＊「教育・保育施設等における重大事故防止策を考える有識者会議（仮称）」による再発防止の取組み

2 事故の再発防止のための取組み

施設・事業者及び地方自治体は、死亡事故等の重大事故が発生した場合に事故後の検証を行った上で、これまでの取組みについて改善すべき点を検討し、重大事故の再発防止の取組みについて、以下に留意し実施する。

(1) 再発防止策の策定

○ 「ガイドライン【事故発生時の対応】」の(8)の事故後の検証を踏まえて、既に発生した事故が防げるものだったのか、今後、類似事故の発生防止のために何をすべきか、という視点で具体的に再発防止策の検討を行う。

○ 策定した再発防止策については、既存の指針等に確実に反映させるとともに、その後の取り組み状況に応じて、随時見直しを図る。

(2) 職員等への周知徹底

○ 発生した事故について、再発防止策を職員全員に周知するとともに必要に応じて保護者とも共有を行う。

（参考例）［略］

（参考資料の一覧）［略］

（参考文献、地方自治体等の取組み例の一覧）［略］

教育・保育施設等における事故防止及び事故発生時の対応のためのガイドライン【事故防止のための取組み】～地方自治体向け～　［略］

教育・保育施設等における事故防止及び事故発生時の対応のためのガイドライン【事故発生時の対応】～施設・事業者、地方自治体共通～　［略］

85「就学前の子どもに関する教育、保育等の総合的な提供の推進に関する法律施行規則」等の一部改正について

（令和四年一二月二八日　府子本第一一〇七号　四文科初第一八四三号　子発一二二八第二号
各都道府県知事　各都道府県教育委員会教育長　各指定都市・中核市市長　各指定都市・中核市教育委員会教育長　附属幼稚園を置く各国立大学法人の長宛
内閣府子ども・子育て本部統括官　文部科学省初等中等教育局長　厚生労働省子ども家庭局長通知）

この度、「就学前の子どもに関する教育、保育等の総合的な提供の推進に関する法律施行規則の一部を改正する命令」（令和四年内閣府・文部科学省・厚生労働省令第四号）及び「就学前の子どもに関する教育、保育等の総合的な提供の推進に関する法律第三条第二項及び第四項の規定に基づき内閣総理大臣、文部科学大臣及び厚生労働大臣が定める施設の設備及び運営に関する基準の一部を改正する件」（令和四年内閣府・文部科学省・厚生労働省告示第二号）が別添のとおり公布・公示され、令和五年四月一日から施行されることとなりましたので通知します。

本改正の趣旨及び内容は下記のとおりですので、各都道府県知事、各指定都市・中核市市長におかれては、十分御了知の上、貴管内の関係者に対して遅滞なく周知し、教育委員会等の関係部局と連携の上、その運用に遺漏のないよう配意願います。

なお、本通知は、地方自治法（昭和二十二年法律第六十七号）第二百四十五条の四第一項の規定に基づく技術的助言であることを申し添えます。

記

第一　改正の趣旨

令和四年九月に静岡県牧之原市の幼保連携型認定こども園において、送迎用バスに園児が置き去りにされ、亡くなる事案が起きたことを受け、こども政策担当大臣を議長とする関係府省会議が開催され、幼児等の所在確認と安全装置の装備の義務付けを含む「こどものバス送迎・安全徹底プラン」が同年一〇月に取りまとめられた。

これを受け、認定こども園において、誰が運転・乗車するかにかかわらず、乗降車の際に園児の所在の確認が確実に行われるよう、園児の所在確認と安全装置の装備を義務付けるため、就学前の子どもに関する教育、保育等の総合的な提供の推進に関する法律施行規則（平成二十六年内閣府・文部科学省・厚生労働省令第二号）及び就学前の子どもに関する教育、保育等の総合的な提供の推進に関する法律第三条第二項及び第四項の規定に基づき内閣総理大臣、文部科学大臣及び厚生労働大臣が定める施設の設備及び運営に関する基準（平成二十六年内閣府・文部科学省・厚生労働省告示第二号）について、所要の改正を行うものである。

第二　改正の内容

1　本則

認定こども園に以下二点を義務付けるために、(1)及び(2)の改正を行う。

①　園児の通園や園外活動等のために自動車を運行する場合、園児の自動車への乗降車の際に、点呼等の方法により園児の所在を確認すること。

②　通園用の自動車を運行する場合は、当該自動車にブザーその他の車内の園児の見落としを防止する装置を装備し、当該装置を用いて、降車時の①の所在確認を行うこと。

(1)　就学前の子どもに関する教育、保育等の総合的な提供の推進に関する法律施行規則の一部を改正する命令関係

幼保連携型認定こども園について、本日公布される「学校保健安全法施行規則の一部を改正する省令（令和四年文部科学省令第四十一号）」により学校保健安全法施行規則（昭和三十三年文部省令第十八号）に新設される規定を準用する。

(2)　就学前の子どもに関する教育、保育等の総合的な提供の推進に関する法律第三条第二項及び第四項の規定に基づき内閣総理大臣、文部科学大臣及び厚生労働大臣が定める施設の設備及び運営に関する基準の一部を改正する件関係

幼保連携型認定こども園以外の認定こども園について、都道府県又は指定都市等の条例の改正によって適切に義務付けがなされるよう、参酌すべき基準に追加する。

2　附則

(1)　施行期日

令和五年四月一日とする。

(2)　経過措置

1②の規定については経過措置を設け、ブザーその他の車内の園児の見落としを防止する装置を備えることが困難である場合は、令和六年三月三十一日までの間、車内の園児の所在の見落としを防止するための代替的な措置を講ずることとして差し支えないこととする。

第三　留意事項　［略］

別添1・2　［略］

86 保育士による児童生徒性暴力等の防止等に関する基本的な指針について

（令和五年三月二七日　子発〇三二七第五号　各都道府県知事　各指定都市市長　各中核市市長宛　厚生労働省子ども家庭局長通知）

「児童福祉法等の一部を改正する法律」（令和四年法律第六十六号）により、「教育職員等による児童生徒性暴力等の防止等に関する法律」（令和三年法律第五十七号）第二条第三項に規定する児童生徒性暴力等を行った保育士について、登録取消しや再登録の制限などの資格管理の厳格化が行われることを踏まえ、その基本的な考え方等を示すとともに、保育士による児童生徒性暴力等の防止及び早期発見並びに児童生徒性暴力等への対処に関する施策を総合的かつ効果的に推進するため、別添のとおり「保育士による児童生徒性暴力等の防止等に関する基本的な指針」を策定し、令和五年四月一日より適用することとしたので通知する。

貴職におかれては、内容について御了知の上、その運用に遺漏なきよう期するとともに、管内市町村（特別区含む）、関係機関及び関係団体に対する周知を図られたい。

なお、本通知は、地方自治法（昭和二十二年法律第六十七号）第二百四十五条の四第一項の規定に基づく技術的助言であることを申し添える。

（別添）　**保育士による児童生徒性暴力等の防止等に関する基本的な指針**　［略］

87 昨年来の保育所等における不適切事案を踏まえた今後の対策について

（令和五年五月一二日　こ成保四四　五文科初第四二〇号　各都道府県知事　各指定都市・中核市市長　各都道府県教育委員会教育長　各指定都市・中核市教育委員会教育長　各国立大学法人の長宛　こども家庭庁成育局長　文部科学省初等中等教育局長通知）

保育所、地域型保育事業所、認可外保育施設、認定こども園（全類型。以下同じ。）、幼稚園及び特別支援学校幼稚部における虐待等の対応については、「保育所等における虐待等の不適切な保育への対応等に関する実態調査について」（令和四年十二月二十七日付け事務連絡）に基づき、保育所、地域型保育事業所、認可外保育施設及び認定こども園（以下「保育所等」という。）における実態や、各自治体等（都道府県、市町村（特別区を含む。以下同じ。）及び国立大学法人をいう。以下同じ。）における不適切な保育への対応の実態を把握するための実態調査を実施したところです。

今般、昨年来の保育所等における不適切事案を踏まえた今後の対策を行うことといたしましたので、下記のとおりお示しします。

つきましては、各都道府県知事におかれては所管・所轄の保育所等並びに幼稚園及び幼稚部を設置する特別支援学校（以下「幼稚園等」という。）に対して、各指定都市・中核市市長におかれては所管の保育所等及び幼稚園等に対して、各都道府県教育委員会教育長におかれては所管の幼稚園等及び域内の市区町村教育委員会（指定都市・中核市教育委員会を除く。）に対して、各指定都市・中核市教育委員会教育長におかれては所管の幼稚園等に対して、各国立大学法人の長におかれては、その設置する幼稚園等に対して、遺漏なく周知していただきますようお願いいたします。

記

○　昨年来、保育所等における不適切事案が多く明らかになったが、虐待等はあってはならないことである一方で、日々の保育実践の中で過度に萎縮し、安心して保育に当たれないといった不安もあるものと承知している。こうしたことを受け、今般の実態調査の結果も踏まえ、次の二点を基本的な考え方として、今後の対策を進めていくこととする。

①　一つ目は、こどもや保護者が不安を抱えることなく安心して保育所等に通う・こどもを預けられるようにすること、

②　二つ目は、保育所等、保育士等の皆様が日々の保育実践において安心して保育を担っていただくことである。

○　具体的には、以下及び別紙1のとおり、昨年来の保育所等における不適切事案を踏まえた今後の対策として、「保育所等における虐待等の防止及び発生時の対応等に関するガイドライン」（以下単に「ガイドライン」という。）を策定し、「不適切な保育」の考え方を明確化するなど、虐待等を未然に防止できるような環境・体制づくり、負担軽減策や保育実践における不安等に寄り添う巡回支援の強化を行うこととしている。

(1)　ガイドラインの策定

○　実態調査の結果、「不適切な保育」の捉え方、

保育所等、自治体等における取組・対応にばらつきが見られた。

○ こうした中で、保育現場において少しでも気になる行為が直ちに「虐待等」になってしまうのではないかと心配し、日々の保育実践の中での過度な萎縮につながってしまうことや、「不適切な保育」や「虐待等」それぞれで取るべき対応が必ずしも整理されていないことから各都道府県、市町村においても必要な対応の遅れにつながることなどの懸念も指摘されている。

○ こうしたことから、今般、国において、手引きの内容を整理し、

・「不適切な保育」の考え方の明確化を行うとともに、

・保育所等における虐待等の防止及び発生時の対応に関して、保育所等や各都道府県・市町村にそれぞれ求められる事項等

について、別紙2のとおりガイドラインとして改めて整理して示すこととした。

○ 各保育所等、各自治体等におかれては、本ガイドラインを踏まえて適切に対応いただくとともに、「不適切な保育の未然防止及び発生時の対応についての手引き」（令和三年三月株式会社キャンサースキャン）で示した自治体における先進的な取組事例や、各保育所等や各自治体等で策定されているチェックリストやガイドラインなども踏まえ、行政担当者と保育関係者が連携し、地域の実情に合わせた対応を検討・実施いただきたい。

○ その上で、各保育所等におかれては、本調査結果やガイドラインを踏まえ、より良い保育に向けて、改めて日々の保育実践を振り返っていただきたい。

○ また、各自治体等におかれては、ガイドラインを踏まえ、域内の保育所等に対しては、行政指導等の対応のほか、必要な相談・支援等を行うなど、事案に応じた適切な対応を行っていただきたい。また、各自治体等における虐待等の防止及び発生時の対応に関する体制等や未然防止の取組について、適切に振り返り、改善等を行っていただきたい。

(2) 児童福祉法の改正による制度的対応の検討

○ 児童養護施設等職員、障害者施設職員、高齢者施設職員による虐待に対する制度上の仕組みと比較して、保育所等の職員による虐待に対する制度上の仕組みは限定的である。

○ こうしたことから、国においては、保育所等の職員による虐待等の発見時の通報義務の創設を含め、保育所等における虐待等への対応として児童福祉法の改正による制度的対応を検討していきたいと考えている。

○ なお、各市町村におかれては、上記制度的対応に先立って、ガイドラインの「3 市区町村・都道府県における対応」の(4)虐待等と判断した場合に記載のとおり、虐待等に該当すると判断した場合には、こども家庭庁の下記連絡先に対しても情報共有を行っていただきたい。

［略］

(3) 虐待等の未然防止に向けた保育現場の負担軽減と巡回支援の強化

○ 保育所等において虐待等が起きる背景として、保育現場に余裕がないといったことも指摘されている。

○ このため、「虐待等の未然防止に向けた保育現場の負担軽減と巡回支援の強化について」（令和五年五月十二日付けこども家庭庁成育局成育基盤企画課、保育政策課、文部科学省初等中等教育局幼児教育課、特別支援教育課連名事務連絡）において、保育現場の負担軽減に資するよう、運用上で見直し・工夫が考えられる事項についてお示しするとともに、日々の保育実践における不安等にも寄り添えるような支援の取組を拡げていく観点から、巡回支援事業の更なる活用等についてもお示ししたところであるため、併せてご参照いただきたい。

(4) 幼稚園等について

○ 幼稚園等においても、体罰に準ずる行為はもちろんのこと、幼児の心身に悪影響を及ぼすような不適切な保育はあってはならず、こどもの安全・安心が最も配慮されるべきである。各幼稚園等におかれては、ガイドライン「2(1)より良い保育に向けた日々の保育実践の振り返り等」を参照しつつ、日頃から自らの指導の在り方を見直し、指導力の向上に取り組むとともに、不適切な保育の未然防止に取り組んでいただきたい。

○ また、ガイドライン「2(2)虐待等に該当するかどうかの確認」、「2(3)市町村等への相談」を参照しつつ、不適切な保育であると幼稚園等として確認した場合には、所轄庁等に対して、把握した状況等を速やかに情報提供・相談し、今後の対応について協議いただきたい。なお、幼稚園等が組織として適切な対応を行わない場合には、不適切な保育の発見者は一人で抱え込まずに速やかに所轄庁等に相談していただきたい。

○ 幼稚園等の所轄庁等におかれては、ガイドライン「3 市町村、都道府県における対応」を参照しつつ、対応窓口の設置や研修の実施など

によって不適切な保育の未然防止に取り組むとともに、不適切な保育の相談や通報を受けた場合には、事案の重大性によって初動対応や緊急性を速やかに判断し、事案に応じた適切な対応を行っていただきたい。

○ なお、現場の負担軽減に資するよう、各幼稚園等におかれても「虐待等の未然防止に向けた保育現場の負担軽減と巡回支援の強化について」（令和五年五月十二日付けこども家庭庁成育局成育基盤企画課、保育政策課、文部科学省初等中等教育局幼児教育課、特別支援教育課連名事務連絡）を併せてご参照いただきたい。

（別紙1） ［略］

（別紙2） 保育所等における虐待等の防止及び発生時の対応等に関するガイドライン ［略］

88 認可外保育施設に対する指導監督の実施について

（平成一三年三月二九日 雇児発第一七七号 各都道府県知事 各指定都市市長 各中核市市長宛 厚生労働省雇用均等・児童家庭局長通知）

改正 令和五年三月三一日 子発〇三三一第一七号

保育需要の増加や多様化等への対応については、新エンゼルプラン（平成十一年十二月十九日大蔵・文部・厚生・労働・建設・自治六大臣合意）等に基づき、保育施策の拡充に御尽力いただいているところである。

ベビーホテル等の認可外保育施設については、昭和五十六年の児童福祉法の改正により、行政庁の報告徴収及び立入調査の権限が規定され、これらに基づき、指導監督に配意願ってきたところであるが、今般、より効果的な指導監督を図る観点等から、別紙のとおり「認可外保育施設指導監督の指針」及び「指導監督基準」を策定したので、より適切な指導監督が図られるようお願いする。

なお、認可外保育施設、特にベビーホテルの問題は指導監督の問題だけではなく、認可保育所の整備状況や延長保育、夜間保育等の多様な保育サービスの提供と大きくかかわるものであり、特にベビーホテルの多い地域におかれては、地域の保育需要について適切な把握に努めるとともに、その需要に応じた保育施策の推進に御尽力いただきたい。

この通知は、平成十三年四月一日から施行し、これに伴い、「無認可保育施設に対する指導監督の実施について（昭和五十六年七月二日児発第五六十六号厚生省児童家庭局長通知）」及びこれに基づく通知（「認可外保育施設に対する指導監督の強化について（平成十二年四月十四日児保第十八号厚生省児童家庭局保育課長通知）」は、廃止する。

おって、この通知は、地方自治法（昭和二十二年法律第六十七号）第二百四十五条の四第一項に規定する技術的な助言に当たるものである。

（別紙） 認可外保育施設指導監督の指針 ［略］

（別添） 認可外保育施設指導監督基準 ［略］

89「福祉サービス第三者評価事業に関する指針について」の全部改正について

（平成二六年四月一日 雇児発〇四〇一第一二号 社援発〇四〇一第三三号 老発〇四〇一第一一号 各都道府県知事宛 厚生労働省雇用均等・児童家庭局長 社会・援護局長 老健局長通知）

改正 平成三〇年三月二六日 子発〇三二六第一〇号 社援発〇三二六第七号 老発〇三二六第七号

福祉サービス第三者評価（社会福祉法人等の提供する福祉サービスの質を事業者及び利用者以外の公正・中立な第三者機関が専門的かつ客観的な立場から行った評価をいう。以下同じ。）を行う事業（以下「福祉サービス第三者評価事業」という。）については、「福祉サービス第三者評価事業に関する指針について」（平成十六年五月七日付け雇児発第〇五〇七〇〇一号、社援発第〇五〇七〇〇一号、老発第〇五〇七〇〇一号。以下「旧指針」という。）により実施しているところであるが、

①サービスの種別にかかわらず共通的に取り組む項目（共通評価項目）に、ばらつきがみられる

②福祉サービス第三者評価事業の目的・趣旨が他制度との違いが明確でない等の要因により広く認識されていない

③第三者評価機関（以下「評価機関」という。）や評価調査者により、評価結果のばらつきがみられる

④受審件数が少ない

等の課題が各方面から指摘されているところである。

また、「規制改革実施計画（平成二十五年六月十四日閣議決定）」においても、「保育所に対する第三者評価について、評価機関と評価者の質の向上を図るための対応を平成二十五年度中に行う」こととされているところである。

このような現状を踏まえ、福祉サービス第三者評価事業の本来の目的である

①個々の事業者が事業運営における問題点を把握し、サービスの質の向上に結びつけること

②福祉サービス第三者評価を受けた結果が公表されることにより、結果として利用者の適切なサービス選択に資する情報となること

を強化し、本事業の質の向上を図るためには「評価機関及び評価調査者」、「評価基準」、「結果の報告・公表方法」について、一体的に見直すことが重要であるとの方向性のもと、本事業の全国推進組織である全国社会福祉協議会（以下「全社協」という。）に設けられた「福祉サービスの質の向上推進委員会」において検討することを要請し、見直しを行ったところである。

今般、同委員会報告を踏まえ、旧指針の別紙「福祉サービス第三者評価事業に関する指針」、同指針に示す「共通評価基準ガイドライン」並びに「公表ガイドライン」及び「福祉サービス第三者評価基準ガイドラインにおける各評価項目の判断基準に関するガイドライン」について」（平成十六年八月二十四日付け雇児総発第〇八二四〇〇一号、社援基発第〇八二四〇〇一号、障企発第〇八二四〇〇一号、老計発第〇八二四〇〇一号（以下「判断基準ガイドライン」という。））について別添のとおり改正し、福祉サービス第三者評価事業に関する指針として、平成二十六年四月一日から適用することとした。

各都道府県においては、下記に示した各ガイドラインの改正の趣旨・目的やその内容を十分に踏まえた上で、都道府県推進組織及び貴管内市町村並びに所管法人等関係者への周知はもちろんのこと、円滑に福祉サービス第三者評価事業の実施が図られるよう関係規定の見直し、評価調査者の養成研修及び現任研修の早期実施など適切に対応いただくようお願いしたい。

また、今般改正した各ガイドラインについては、福祉サービス第三者評価事業の更なる推進に向け、実施状況を検証した上で必要に応じて見直しを行うこととしているので、事業の実施に際しては、本指針を使用していただくことのほか、本指針に関する改善などの措置を講ずることが必要と思慮される事項がある場合にはご報告願いたい。

なお、本指針については、地方自治法（昭和二十二年法律第六十七号）第二百四十五条の四第一項の規定に基づく技術的助言として通知するものである。

本通知の発出により、旧指針及び判断基準ガイドラインについては廃止する。

※ 今般の改正については、施設・事業種別に関わりなく共通的に取り組む事項について整理したものであり、施設・事業種ごとの特性に応じた内容評価基準については、順次見直しを行うこととしている。

記

I 共通評価基準ガイドライン及び判断基準ガイドラインの見直し

福祉サービス第三者評価事業の実施に当たり、施設・事業所が主体的にかつ継続的に質の

向上に取り組めるよう、共通評価基準ガイドラインを見直すとともに、同ガイドラインの趣旨・目的及び評価内容の理解が促進されるよう、判断基準ガイドラインを見直し、本通知に含めることとした。

1　評価項目の整理・統合

評価項目について、法人の基本理念の明文化の有無と周知状況を分離して確認していたもの等の項目の整理・統合、運営の透明性を高める取組みに関する項目の追加、地域ニーズに対する公益的取組みや、福祉人材の育成、リスクマネジメントに関する項目を見直す等、評価項目の重点化を行った。その結果、項目数について、五三項目から四五項目に変更となった。

2　判断水準（a、b、c）の検討

判断水準（a、b、c）について定義が明確に示されていない、又「a」評価でなければ適切なサービスが提供されていないとの誤解を招くとの意見等を踏まえ、最低基準を満たしていることを前提として、「a評価」（よりよい福祉サービスの水準・状態、質の向上を目指す際に目安とする状態）、「b評価」（aに至らない状況、多くの施設・事業所の状態、「a」に向けた取組みの余地がある状態）、「c評価」（b以上の取組みとなることを期待する状態）と位置付けを改訂した。

3　評価項目の解説事項の整理・その他

解説事項については、施設・事業所及び評価機関に対して評価項目の理解の促進が図られるよう、体系的に整理されていなかった評価基準の考え方と評価の留意点について、(1)目的、(2)趣旨・解説、(3)評価の留意点を明確に区分し、内容の拡充を行うとともに、評価の着眼点についても再整理した。

その他、評価項目を見やすくするため、構成を見開き一枚で表現できるよう見直しを実施した。

Ⅱ　公表ガイドラインの見直し

利用者への適切な情報提供及び施設・事業所が質の向上・改善に取り組めるよう、評価結果の報告・公表様式を見直した。

1　評価結果を公表する意義を明確化し、従前からの特に評価すべき事項等に加え、施設・事業所の概要、特徴的な取組みを記載できるよう項目を追加。

2　評価結果の判定理由のコメントについて、評価対象毎から評価細目毎に詳細なコメントを付することができるよう変更。

（別紙）福祉サービス第三者評価事業に関する指針（略）

90 保育所における第三者評価の実施について

（平成二八年三月一日　雇児発〇三〇一第三号 社援発〇三〇一第二号
各都道府県知事宛
厚生労働省雇用均等・児童家庭局長　厚生労働省社会・援護局長通知）

改訂　令和二年四月一日　子発〇三三一第一号 社援発〇三三一第三四号

福祉サービス第三者評価事業については、平成二十六年四月一日付け雇児発〇四〇一第一二号、社援発〇四〇一第三三号、老発〇四〇一第一一号「福祉サービス第三者評価事業に関する指針について」の全部改正について」（以下「第三者評価指針改正通知」という。）により、平成十六年五月七日付け雇児発第〇五〇七〇〇一号、社援発第〇五〇七〇〇一号、老発第〇五〇七〇〇一号「福祉サービス第三者評価事業に関する指針について」（以下「第三者評価指針通知」という。）が全部改正され、施設及び事業所が主体的かつ継続的に質の向上に取り組めるよう、共通評価基準ガイドラインを見直すとともに、同ガイドラインの趣旨・目的及び評価内容の理解が促進されるよう、判断基準ガイドラインの見直し等がなされたところである。

一方、保育所における第三者評価事業については、平成十七年五月二十六日付け雇児保発第〇五二六〇〇一号、社援基発〇五二六〇〇一号「保育所版の「福祉サービス第三者評価基準ガイドラインにおける各評価項目の判断基準に関するガイドライン」及び「福祉サービス内容評価基準ガイドライン」等について」（以下「平成十七年通知」という。）により実施しているところであるが、第三者評価指針通知が全部改正されたことを受けて、福祉サービス第三者評価事業の全国推進組織である全国社会福祉協議会（以下「全社協」という。）に設けられた「福祉サービス質の向上推進委員会」で、見直しに向けた検討が行われてきたところである。

今般、同委員会での報告を踏まえて、新たに本通知を発出することとなった。

各都道府県においては、第三者評価指針改正通知のほか、下記に留意いただき、都道府県推進組織、貴管内市町村及び所管法人等の関係者に周知の上、適切な実施にご配意願いたい。

また、この通知は、地方自治法（昭和二十二年法律第六十七号）第二百四十五条の四第一項の規定に基づく技術的な助言であることを申し添える。

なお、本通知の発出に伴い、平成十七年通知は廃止する。

記

1. 改正の背景

社会福祉法（昭和二十六年法律第四十五号）第七十八条第一項において、「福祉サービスの質の向上のための措置等」として、「社会福祉事業の経営者は、自らその提供する福祉サービスの質の評価を行うことその他の措置を講ずることにより、常に福祉サービスを受ける者の立場に立って良質かつ適切な福祉サービスを提供するよう努めなければならない。」と定められており、これに基づき、社会福祉事業の共通の制度として、「福祉サービス第三者評価事業」が行われている。

この第三者評価事業は、社会福祉事業の事業者が任意で受ける仕組みであるが、保育サービスの質の向上を図り、安心して子どもを預けることができる環境を整備する必要があることから、「規制改革実施計画」（平成二十六年六月二十四日閣議決定）において、保育分野における第三者評価受審率の数値目標を定めることとされたほか、「日本再興戦略」改訂二〇一五」（平成二十七年六月三十日閣議決定）において、平成三十一年度末までにすべての保育事業者において第三者評価の受審が行われることを目指すこととされている。

2. 改正の概要

今般、第三者評価指針改正通知において、共通評価基準については、項目の統合や配置、文言の変更等を行い、五三項目を四五項目に改定しているが、保育所での評価が円滑に実施されるようにするため、本来の趣旨が変わらぬよう配慮しつつ、別紙のように「言葉の置き換え」や「内容の加筆・削除」、「保育所独自の内容の付加」を行い、共通評価基準及び判断基準並びに評価の着眼点、評価基準の考え方及び評価の留意点についての解説版を作成した。

共通評価基準の改定に合わせて、内容評価基準についても、項目の整理を行い、判断基準等の内容の見直しを行い、改定した。

言葉の置き換え等を行った共通評価基準ガイドライン及び共通評価基準ガイドラインにおける各項目の判断基準に関するガイドラインを別添1－1及び別添1－2のとおり、また、改定後の内容評価基準ガイドライン及び内容評価基準ガイドラインにおける各項目の判断基準に関するガイドラインを別添2－1及び別添2－2のとおり示す。

なお、地域型保育事業を行う事業所に係る第三者評価については、保育所における第三者評価に準じて行うこととする。

別紙［略］

別添1－1

第三者評価共通評価基準ガイドライン（保育所解説版）

Ⅰ　福祉サービスの基本方針と組織

Ⅰ－1　理念・基本方針

Ⅰ－1－(1)　理念、基本方針が確立・周知されている。

1 Ⅰ－1－(1)－①　理念、基本方針が明文化され周知が図られている。

Ⅰ－2　経営状況の把握

Ⅰ－2－(1)　経営環境の変化等に適切に対応している。

2 Ⅰ－2－(1)－①　事業経営をとりまく環境と経営状況が的確に把握・分析されている。

3 Ⅰ－2－(1)－②　経営課題を明確にし、具体的な取り組みを進めている。

Ⅰ－3　事業計画の策定

Ⅰ－3－(1)　中・長期的なビジョンと計画が明確にされている。

4 Ⅰ－3－(1)－①　中・長期的なビジョンを明確にした計画が策定されている。

5 Ⅰ－3－(1)－②　中・長期計画を踏まえた単年度の計画が策定されている。

Ⅰ－3－(2)　事業計画が適切に策定されている。

6 Ⅰ－3－(2)－①　事業計画の策定と実施状況の把

握や評価・見直しが組織的に行われ、職員が理解している。

7 Ⅰ-3-(2)-② 事業計画は、保護者等に周知され、理解を促している。

Ⅰ-4 福祉サービスの質の向上への組織的・計画的な取組

Ⅰ-4-(1) 質の向上に向けた取組が組織的・計画的に行われている。

8 Ⅰ-4-(1)-① 保育の質の向上に向けた取組が組織的に行われ、機能している。

9 Ⅰ-4-(1)-② 評価結果にもとづき保育所として取組むべき課題を明確にし、計画的な改善策を実施している。

Ⅱ 組織の運営管理

Ⅱ-1 管理者の責任とリーダーシップ

Ⅱ-1-(1) 管理者の責任が明確にされている。

10 Ⅱ-1-(1)-① 施設長は、自らの役割と責任を職員に対して表明し理解を図っている。

11 Ⅱ-1-(1)-② 遵守すべき法令等を正しく理解するための取組を行っている。

Ⅱ-1-(2) 管理者のリーダーシップが発揮されている。

12 Ⅱ-1-(2)-① 保育の質の向上に意欲をもち、その取組に指導力を発揮している。

13 Ⅱ-1-(2)-② 経営の改善や業務の実行性を高める取組に指導力を発揮している。

Ⅱ-2 福祉人材の確保・育成

Ⅱ-2-(1) 福祉人材の確保・育成計画、人事管理の体制が整備されている。

14 Ⅱ-2-(1)-① 必要な福祉人材の確保・定着等に関する具体的な計画が確立し、取組が実施されている。

15 Ⅱ-2-(1)-② 総合的な人事管理が行われている。

Ⅱ-2-(2) 職員の就業状況に配慮がなされている。

16 Ⅱ-2-(2)-① 職員の就業状況や意向を把握し、働きやすい職場づくりに取組んでいる。

Ⅱ-2-(3) 職員の質の向上に向けた体制が確立されている。

17 Ⅱ-2-(3)-① 職員一人ひとりの育成に向けた取組を行っている。

18 Ⅱ-2-(3)-② 職員の教育・研修に関する基本方針や計画が策定され、教育・研修が実施されている。

19 Ⅱ-2-(3)-③ 職員一人ひとりの教育・研修の機会が確保されている。

Ⅱ-2-(4) 実習生等の福祉サービスに関わる専門職の研修・育成が適切に行われている。

20 Ⅱ-2-(4)-① 実習生等の保育に関わる専門職の研修・育成について体制を整備し、積極的な取組をしている。

Ⅱ-3 運営の透明性の確保

Ⅱ-3-(1) 運営の透明性を確保するための取組が行われている。

21 Ⅱ-3-(1)-① 運営の透明性を確保するための情報公開が行われている。

22 Ⅱ-3-(1)-② 公正かつ透明性の高い適正な経営・運営のための取組が行われている。

Ⅱ-4 地域との交流、地域貢献

Ⅱ-4-(1) 地域との関係が適切に確保されている。

23 Ⅱ-4-(1)-① 子どもと地域との交流を広げるための取組を行っている。

24 Ⅱ-4-(1)-② ボランティア等の受入れに対する基本姿勢を明確にし体制を確立している。

Ⅱ-4-(2) 関係機関との連携が確保されている。

25 Ⅱ-4-(2)-① 保育所として必要な社会資源を明確にし、関係機関等との連携が適切に行われている。

Ⅱ-4-(3) 地域の福祉向上のための取組を行っている。

26 Ⅱ-4-(3)-① 地域の福祉ニーズ等を把握するための取組が行われている。

27 Ⅱ-4-(3)-② 地域の福祉ニーズにもとづく公益的な事業・活動が行われている。

Ⅲ 適切な福祉サービスの実施

Ⅲ-1 利用者本位の福祉サービス

Ⅲ-1-(1) 利用者を尊重する姿勢が明示されている。

28 Ⅲ-1-(1)-① 子どもを尊重した保育について共通の理解をもつための取組を行っている。

29 Ⅲ-1-(1)-② 子どものプライバシー保護に配慮した保育が行われている。

Ⅲ-1-(2) 福祉サービスの提供に関する説明と同意（自己決定）が適切に行われている。

30 Ⅲ-1-(2)-① 利用希望者に対して保育所選択

に必要な情報を積極的に提供している。

31 Ⅲ－1－(2)－② 保育の開始・変更にあたり保護者等にわかりやすく説明している。

32 Ⅲ－1－(2)－③ 保育所等の変更にあたり保育の継続性に配慮した対応を行っている。

Ⅲ－1－(3) 利用者満足の向上に努めている。

33 Ⅲ－1－(3)－① 利用者満足の向上を目的とする仕組みを整備し、取組を行っている。

Ⅲ－1－(4) 利用者が意見等を述べやすい体制が確保されている。

34 Ⅲ－1－(4)－① 苦情解決の仕組みが確立しており、周知・機能している。

35 Ⅲ－1－(4)－② 保護者が相談や意見を述べやすい環境を整備し、保護者等に周知している。

36 Ⅲ－1－(4)－③ 保護者からの相談や意見に対して、組織的かつ迅速に対応している。

Ⅲ－1－(5) 安心・安全な福祉サービスの提供のための組織的な取組が行われている。

37 Ⅲ－1－(5)－① 安心・安全な福祉サービスの提供を目的とするリスクマネジメント体制が構築されている。

38 Ⅲ－1－(5)－② 感染症の予防や発生時における子どもの安全確保のための体制を整備し、取組を行っている。

39 Ⅲ－1－(5)－③ 災害時における子どもの安全確保のための取組を組織的に行っている。

Ⅲ－2 福祉サービスの質の確保

Ⅲ－2－(1) 提供する福祉サービスの標準的な実施方法が確立している。

40 Ⅲ－2－(1)－① 保育について標準的な実施方法が文書化され保育が提供されている。

41 Ⅲ－2－(1)－② 標準的な実施方法について見直しをする仕組みが確立している。

Ⅲ－2－(2) 適切なアセスメントにより福祉サービス実施計画が策定されている。

42 Ⅲ－2－(2)－① アセスメントにもとづく指導計画を適切に策定している。

43 Ⅲ－2－(2)－② 定期的に指導計画の評価・見直しを行っている。

Ⅲ－2－(3) 福祉サービス実施の記録が適切に行われている。

44 Ⅲ－2－(3)－① 子どもに関する保育の実施状況の記録が適切に行われ、職員間で共有化されている。

45 Ⅲ－2－(3)－② 子どもに関する記録の管理体制が確立している。

別添1－2 第三者評価共通評価基準ガイドラインにおける各評価項目の判断基準に関するガイドライン ［略］

別添2－1 第三者評価内容評価基準ガイドライン（保育所版）

A－1 保育内容

A－1－(1) 全体的な計画の作成

A① A－1－(1)－① 保育所の理念、保育の方針や目標に基づき、子どもの心身の発達や家庭及び地域の実態に応じて全体的な計画を作成している。

A－1－(2) 環境を通して行う保育、養護と教育の一体的展開

A② A－1－(2)－① 生活にふさわしい場として、子どもが心地よく過ごすことのできる環境を整備している。

A③ A－1－(2)－② 一人ひとりの子どもを受容し、子どもの状態に応じた保育を行っている。

A④ A－1－(2)－③ 子どもが基本的な生活習慣を身につけることができる環境の整備、援助を行っている。

A⑤ A－1－(2)－④ 子どもが主体的に活動できる環境を整備し、子どもの生活と遊びを豊かにする保育を展開している。

A⑥ A－1－(2)－⑤ 乳児保育（〇歳児）において、養護と教育が一体的に展開されるよう適切な環境を整備し、保育の内容や方法に配慮している。

A⑦ A－1－(2)－⑥ 三歳未満児（一・二歳児）の保育において、養護と教育が一体的に展開されるよ

う適切な環境を整備し、保育の内容や方法に配慮している。

A⑧ A－1－(2)－⑦ 三歳以上児の保育において、養護と教育が一体的に展開されるよう適切な環境を整備し、保育の内容や方法に配慮している。

A⑨ A－1－(2)－⑧ 障害のある子どもが安心して生活できる環境を整備し、保育の内容や方法に配慮している。

A⑩ A－1－(2)－⑨ それぞれの子どもの在園時間を考慮した環境を整備し、保育の内容や方法に配慮している。

A⑪ A－1－(2)－⑩ 小学校との連携、就学を見通した計画に基づく、保育の内容や方法、保護者との関わりに配慮している。

A－1－(3) 健康管理

A⑫ A－1－(3)－① 子どもの健康管理を適切に行っている。

A⑬ A－1－(3)－② 健康診断・歯科健診の結果を保育に反映している。

A⑭ A－1－(3)－③ アレルギー疾患、慢性疾患等のある子どもについて、医師からの指示を受け適切な対応を行っている。

A－1－(4) 食事

A⑮ A－1－(4)－① 食事を楽しむことができるよう工夫をしている。

A⑯ A－1－(4)－② 子どもがおいしく安心して食べることのできる食事を提供している。

A－2 子育て支援

A－2－(1) 家庭との緊密な連携

A⑰ A－2－(1)－① 子どもの生活を充実させるために、家庭との連携を行っている。

A－2－(2) 保護者等の支援

A⑱ A－2－(2)－① 保護者が安心して子育てができるよう支援を行っている。

A⑲ A－2－(2)－② 家庭での虐待等権利侵害の疑いのある子どもの早期発見・早期対応及び虐待の予防に努めている。

A－3 保育の質の向上

A－3－(1) 保育実践の振り返り（保育士等の自己評価）

A⑳ A－3－(1)－① 保育士等が主体的に保育実践の振り返り（自己評価）を行い、保育実践の改善や専門性の向上に努めている。

別添2－2 第三者評価内容評価基準ガイドラインにおける各評価項目の判断基準に関するガイドライン ［略］

91 利用者支援事業の実施について

（平成二七年五月二一日 府子本第八三号 二七文科初第二七〇号 雇児発〇五二一第一号 各都道府県知事宛 内閣府子ども・子育て本部統括官 文部科学省初等中等教育局長 厚生労働省雇用均等・児童家庭局長通知）

改正 令和五年三月二九日 府子本第三二九号 四文科初第二五五二号 子発〇三二九第四号

標記については、今般、別紙のとおり「利用者支援事業実施要綱」を定め、平成二十七年四月一日から適用することとしたので通知する。

ついては、管内市町村（特別区及び一部事務組合を含む。）に対して周知をお願いするとともに、本事業の適正かつ円滑な実施に期されたい。

なお、本通知の適用に伴い、「利用者支援事業の実施について」（平成二十六年五月二十九日付け雇児発〇五二九第一六号厚生労働省雇用均等・児童家庭局長通知）は廃止する。

別紙

利用者支援事業実施要綱

1 事業の目的

一人一人の子どもが健やかに成長することができる地域社会の実現に寄与するため、子ども及びその保護者等、または妊娠している方がその選択に基づき、教育・保育・保健その他の子育て支援を円滑に利用できるよう、必要な支援を行うことを目的とする。

2 実施主体

実施主体は、市町村（特別区及び一部事務組合を含む。以下同じ。）とする。

なお、市町村が認めた者へ委託等を行うことができる。

3　事業の内容

子ども・子育て支援法第五十九条第一号に基づき、子ども又はその保護者の身近な場所で、教育・保育・保健その他の子育て支援の情報提供及び必要に応じ相談・助言等を行うとともに、関係機関との連絡調整等を実施する事業（以下「利用者支援事業」という。）。

4　実施方法

以下の(1)から(3)までの類型の一部又は全部を実施するものとする。

(1)　基本型

①　目的

子ども及びその保護者等が、教育・保育施設や地域の子育て支援事業等を円滑に利用できるよう、身近な場所において、当事者目線の寄り添い型の支援を実施する。

②　実施場所

主として身近な場所で、日常的に利用でき、かつ相談機能を有する施設での実施とする。

③　職員の配置等

ア　職員の要件等

以下の(ア)及び(イ)を満たさなければならない。

(ア)　「子育て支援員研修事業の実施について」（平成二十七年五月二十一日付雇児発〇五二一第一八号）の別紙「子育て支援員研修事業実施要綱」（以下「子育て支援員研修事業実施要綱」という。）別表1に定める「子育て支援員基本研修」に規定する内容の研修（以下、「基本研修」という。）及び別表2-2の1に定める子育て支援員専門研修（地域子育て支援コース）の「利用者支援事業（基本型）」に規定する内容の研修（以下「基本型専門研修」という。）を修了していること。

なお、以下の左欄［上段］に該当する場合については、右欄［下段］の研修の受講を要しない。ただし、中段及び下段［二列目及び三列目］に該当する場合には、事業に従事し始めた後に適宜受講することとする。

子育て支援員研修事業実施要綱5の(3)のアの(エ)に該当する場合	基本研修
本実施要綱が適用される際に、既に利用者支援事業に従事している場合	基本研修 基本型専門研修
事業を実施する必要があるが、子育て支援員研修事業実施要綱に定める研修をすぐに実施できないなどその他やむを得ない場合	基本研修 基本型専門研修

(イ)　以下に掲げる相談及びコーディネート等の業務内容を必須とする市町村長が認めた事業や業務（例：地域子育て支援拠点事業、保育所における主任保育士業務等）について、以下の区分ごとの期間を参酌して市町村長が定める実務経験の期間を有すること。

(a)　保育士、社会福祉士、その他対人援助に関する有資格者の場合　一年

(b)　(a)以外の者の場合　三年

イ　職員の配置

アを満たす専任職員を、一事業所一名以上配置するものとする。

ウ　その他

イを満たした上で、地域の実情により、適宜、業務を補助する職員を配置しても差し支えないものとする。

④　業務内容

以下の業務を実施するものとする。

ア　利用者の個別ニーズを把握し、それに基づいて情報の集約・提供、相談、利用支援等を行うことにより、教育・保育施設や地域の子育て支援事業等を円滑に利用できるよう実施することとする。

イ　教育・保育施設や地域の子育て支援事業等を提供している関係機関との連絡・調整、連携、協働の体制づくりを行うとともに、地域の子育て資源の育成、地域課題の発見・共有、地域で必要な社会資源の開発等に努めること。

ウ　利用者支援事業の実施に当たり、教育・保育施設や地域の子育て支援事業等に関する情報について、リーフレットその他の広告媒体を活用し、積極的な広報・啓発活動を実施し、広くサービス対象者に周知を図るものとする。

エ　その他利用者支援事業を円滑にするための必要な諸業務を行うものとする。

オ　夜間・休日の時間外相談

「「待機児童解消に向けて緊急的に対応する施策について」の対応方針について」（平成二十八年四月七日雇児発〇四〇七第二号雇用均等・児童家庭局長通知）に基づき、待機児童解消に向けて緊急的に対応する取組（以下「緊急対策」という。）を実施する市町村において、以下に掲げる取組を実

施する場合に別途加算の対象とする。

(ア) 夜間加算

原則として一日六時間を超えて開所し、かつ、週三日以上、一八時以降の時間帯に二時間以上開所し、相談・助言等を行う。

(イ) 休日加算

原則として週四日以上開所し、かつ、土曜日または日曜日・国民の祝日等に開所し、相談・助言等を行う。

カ 出張相談支援

両親（母親・父親）学級、乳幼児健康診査や地域で開催されている交流の場等に出向き、子育てに関する全般的な相談や子育てサービスに関する情報提供等の取組を以下の通り実施する場合に別途加算の対象とする。

(ア) ③のイの専任職員に加えて③のアを満たす職員を配置すること。

(イ) 実施に当たり、継続的かつ計画的な取組を行い、利用者ニーズに対応した支援を実施すること。

(ウ) 取組の実施に当たり、開催日や場所等について積極的に広報活動を行い、広くサービス対象者に周知を図ること。

キ 機能強化のための取組

オ(ア)、オ(イ)又はカの取組のいずれかを実施し、かつ、以下の要件のいずれも満たした場合に別途加算の対象とする。

(ア) 実施に当たり、一か所につき開所日一日当たり平均五件以上の相談等実績があること。なお、相談対応等を行った場合は相談記録簿等を作成し、適切に保管し、その後の支援に活用するために整理すること。

(イ) 緊急対策に参加している市町村であること。

(ウ) ③のアを満たす専任職員を二名以上配置すること。ただし、カを実施している場合については、カで配置する職員とは別に専任職員を二名以上配置すること。

(エ) オ(ア)、オ(イ)又はカの取組のいずれかの実施に当たり、事業計画書を作成し、周知・広報を行うとともに、具体的な実施状況をあわせて公表すること。

(オ) 各事業実施に必要となる人員配置の予定及び実績を明確に記録すること。

ク 多言語対応

外国人子育て家庭や妊産婦が、教育・保育施設や地域の子育て支援事業等を円滑に利用できるよう、通訳の配置や多言語音声翻訳システム等を導入することで、多言語対応への取組を実施した場合に別途加算の対象とする。

ケ 配慮が必要な子育て家庭等への支援

障害児、多胎児のいる家庭など、配慮が必要な子育て家庭等の状況に対応して、よりきめ細かい相談支援等ができるよう、次の(ア)、(イ)に掲げる実施方法により実施することができるものとし、この場合について別途加算の対象とする。

(ア) 開設日数は、週二日程度以上とすること。

(イ) 専門的な知識・経験を有する職員を配置すること。

コ 多機能型地域子育て支援の強化

子育て家庭が身近な地域で安全にかつ安心して子育てができるよう、利用者支援事業を核とした多機能型地域子育て支援の新たな展開を図るため、次の(ア)から(ウ)に掲げる実施方法により実施した場合について別途加算の対象とする。

(ア) ③のアと同程度の知識・経験を有する職員が、近隣の子育て支援又は母子保健等に関する事業を実施する各事業所等を巡回し、情報の収集及び共有を行うこと。

(イ) 連絡会議の開催等を行うこと。

(ウ) (ア)又は(イ)の取組を、実施日数は、週三日程度以上とすること。

サ 一体的相談支援機関連携等加算

地域の住民にとって、身近な相談機関の整備を推進するため、地域の住民と継続的につながる方法による相談・助言の実施や全ての妊産婦・子育て世帯・子どもを対象とする一体的相談支援機関（子育て世代包括支援センター（母子保健法第二十二条に規定する母子健康包括支援センターをいう。）及び子ども家庭総合支援拠点（児童福祉法第十条の二に規定する拠点をいう。）双方の機能を一体的に有する施設をいう。）との連携・調整など、身近な相談機関としての機能を果たすために必要な取組を実施した場合に、別途加算の対象とする。

(2) 特定型

① 目的

待機児童の解消等を図るため、行政が地域連携の機能を果たすことを前提に主として保育に関する施設や事業を円滑に利用できるよう支援を実施する。

②　実施要件

以下のいずれかの要件を満たす市町村が実施する施設であること。

ただし、一市町村当たりのか所数は、平成二十五年から令和四年の各年十月一日時点の〇～五歳児人口を一〇、〇〇〇で除して得られた数（小数点以下切上げ）のうち、最も多いものを上限とする。

ア　次の(ア)又は(イ)のいずれかの要件を満たし、かつ、「新子育て安心プラン実施計画」の採択を受けていること。

(ア)　平成二十七年から令和四年の各年四月一日時点のいずれかの待機児童数が一人以上であること。

(イ)　今後潜在的なニーズも含め保育ニーズの増大が見込まれること。

イ　緊急対策を実施していること。

③　実施場所

主として市町村窓口での実施とする。

④　職員の配置等

ア　職員の要件等

利用者支援事業に従事するにあたっては、子育て支援員研修実施要綱別表1に定める基本研修及び別表2－2の2に定める子育て支援員専門研修（地域子育て支援コース）の「利用者支援事業（特定型）」に規定する内容の研修を修了していることが望ましい。

イ　職員の配置等

アを満たす専任職員を、一事業所一名以上配置するものとする。

ウ　その他

イを満たした上で、地域の実情により、適宜、業務を補助する職員を配置しても差し支えないものとする。

⑤　業務内容

(1)④に準じることとする。ただし、(1)④のア、オ、カ、キ、ク及びケについては、主として地域における保育所等の保育の利用に向けた相談支援について実施し、(1)④のイについて必ずしも実施を要しない。

なお、(1)④のカ(ア)については、「(2)④のイの専任職員に加えて、④のアを満たす職員を配置すること」と読み替えるものとする。

(3)　母子保健型　［略］

5　関係機関等との連携

実施主体（委託先を含む。以下同じ。）は、教育・保育・保健その他の子育て支援を提供している機関のほか、児童相談所、保健所といった地域における保健・医療・福祉の行政機関、児童委員、教育委員会、医療機関、学校、警察、特定非営利活動法人等の関係機関・団体等に対しても利用者支援事業の周知等を積極的に図るとともに、連携を密にし、利用者支援事業が円滑かつ効果的に行われるよう努めなければならない。

6　留意事項

(1)　利用者支援事業に従事する者は、子どもの「最善の利益」を実現させる観点から、子ども及びその保護者等、または妊娠している方への対応に十分配慮するとともに、正当な理由なく、その業務上知り得た利用者又はその家族の秘密を漏らしてはならない。

さらに、このことにより、同じく守秘義務が課せられた地域子育て支援拠点や市町村の職員などと情報交換や共有し、連携を図ること。

(2)　利用者支援事業に従事する者は、利用者支援事業の実施場所の施設や市町村窓口などの担当者等と相互に協力し合うとともに、利用者支援事業の円滑な実施のために一体的な運営体制を構築すること。

(3)　4に定める各類型は、それぞれ特徴が異なり、いずれの機能も重要であることから、地域の実情に応じて、それぞれの充実に努めること。また、各類型の所管課が異なる場合には、日頃から各所管課同士の連携などに努めること。

(4)　対象者や既存の社会資源が少ない地域等において、複数の自治体が共同して利用者支援事業を実施する際には、都道府県は、広域調整等の機能を担い、全ての子育て家庭に必要な支援が行き届くよう努めること。

(5)　利用者支援事業に従事する者は、有する資格や知識・経験に応じて、本事業を実施するに当たり共通して必要となる知識や技術を身につけ、かつ常に資質、技能等を維持向上させるため、子育て支援員研修実施要綱別表3及び別表4に定めるフォローアップ研修及び現任研修その他必要な各種研修会、セミナー等の受講に努めること。

また、実施主体は、利用者支援事業に従事する者のための各種研修会、セミナー等に積極的に参加させるよう努めること。

(6)　利用者支援事業の実施に当たり、児童虐待の疑いがあるケースが把握された場合には、福祉事務所若しくは児童相談所又は児童委員、その他の関係機関と連携し、早期対応が図られるよう努めなければならない。

(7)　障害児等を養育する家庭からの相談等についても、市町村の所管部局、指定障害児相談支援事業所等と連携し、適切な対応が図られるよう努めるものとする。

(8) 教育・保育施設や地域の子育て支援事業等の選択については、利用者の判断によるものとする。

(9) 市町村は、利用者支援事業を利用した者からの苦情等に関する相談窓口を設置するとともに、その連絡先についても周知すること。

7 費用 ［略］

【別添】 ［略］

92 地域子育て支援拠点事業の実施について

（平成二六年五月二九日 雇児発〇五二九第一八号
各都道府県知事宛
厚生労働省雇用均等・児童家庭局長通知）

改正 令和三年三月二六日 子発〇三二六第七号

児童福祉法（昭和二十二年法律第六十四号。以下「法」という。）第六条の三第六項に基づき、市町村が実施する事業（以下「地域子育て支援拠点事業」という。）について、今般、別紙のとおり「地域子育て支援拠点事業実施要綱」を定め、平成二十六年四月一日から適用することとしたので通知する。

なお、管内市町村、関係機関、関係団体等に対して、周知徹底を図るとともに、その運用に遺憾のないようにされたい。

別紙

地域子育て支援拠点事業実施要綱

1 事業の目的

少子化や核家族化の進行、地域社会の変化など、子どもや子育てをめぐる環境が大きく変化する中で、家庭や地域における子育て機能の低下や子育て中の親の孤独感や不安感の増大等に対応するため、地域において子育て親子の交流等を促進する子育て支援拠点の設置を推進することにより、地域の子育て支援機能の充実を図り、子育ての不安感等を緩和し、子どもの健やかな育ちを支援することを目的とする。

2 実施主体

実施主体は、市町村（特別区及び一部事務組合を含む。以下同じ。）とする。

なお、市町村が認めた者へ委託等を行うことができる。

3 事業の内容

乳幼児及びその保護者が相互の交流を行う場所を開設し、子育てについての相談、情報の提供、助言その他の援助を行う事業。

4 実施方法

(1) 基本事業

次のア～エの取組を基本事業としてすべて実施すること。（ただし、(2)の⑦に定める小規模型指定施設を除く。）

ア 子育て親子の交流の場の提供と交流の促進

イ 子育て等に関する相談、援助の実施

ウ 地域の子育て関連情報の提供

エ 子育て及び子育て支援に関する講習等の実施（月一回以上）

(2) 一般型

① 事業内容

常設の地域子育て支援拠点（以下「拠点施設」という。）を開設し、子育て家庭の親とその子ども（主として概ね三歳未満の児童及び保護者）（以下「子育て親子」という。）を対象として(1)に定める基本事業を実施する。

② 実施場所

(ア) 公共施設、空き店舗、公民館、保育所等の児童福祉施設、小児科医院等の医療施設などの子育て親子が集う場として適した場所。

(イ) 複数の場所で実施するものではなく、拠点となる場所を定めて実施すること。

(ウ) 概ね一〇組の子育て親子が一度に利用しても差し支えない程度の広さを確保すること。

③ 実施方法

(ア) 原則として週三日以上、かつ一日五時間以上開設すること。

(イ) 子育て親子の支援に関して意欲のある者であって、子育ての知識と経験を有する専任の者を二名以上配置すること。（非常勤職員でも可。）

(ウ) 授乳コーナー、流し台、ベビーベッド、遊具その他乳幼児を連れて利用しても差し支えないような設備を有すること。

④ 地域の子育て拠点として地域の子育て支援活動の展開を図るための取組

市町村以外の者が(1)に定める基本事業に加えて、子育て支援活動の展開を図ることを目的として、次の(ア)～(エ)に掲げる取組のいずれかを実施するとともに、関係機関や子育て支援活動を行っているグループ等とネットワーク化を図り、連携しながら、地域の子育て家庭に対し、よりきめ細かな支援を実施する場合について、拠点施設の業務を円滑に実施するため、当事業の別途加算の対象とする。

なお、(1)に定める基本事業の運営主体が市町村であって、(ア)～(エ)の運営を市町村以外の者への委託等によって行っている場合も当該加算の対象とする。

(ア) 拠点施設の開設場所（近接施設を含む。）を活用した一時預かり事業（法第六条の三第七項に定める事業）またはこれに準じた事業の実施

(イ) 拠点施設の開設場所（近接施設を含む。）を活用した放課後児童健全育成事業（法第六条の三第二項に定める事業）またはこれに準じた事業の実施

(ウ) 拠点施設を拠点とした乳児家庭全戸訪問事業（法第六条の三第四項に定める事業）または養育支援訪問事業（法第六条の三第五項に定める事業）の実施

(エ) その他、拠点施設を拠点とした市町村独自の子育て支援事業（未就学児をもつ家庭への訪問活動等）の実施

⑤ 出張ひろば

地域の実情や利用者のニーズにより、親子が集う場を常設することが困難な地域にあっては、次の(ア)～(ウ)に掲げる実施方法により、公共施設等を活用した出張ひろばを実施することができるものとし、この場合について別途加算の対象とする。

(ア) 開設日数は、週一～二日、かつ一日五時間以上とすること。

(イ) 一般型の職員が、必ず一名以上、出張ひろばの職員を兼務すること。

(ウ) 実施場所は、年間を通して同じ場所で実施することが望ましい。

ただし、地域の実情に応じて、複数の場所において実施することも差し支えないが、その場合には、子育て親子のニーズや利便性に十分配慮すること。

⑥ 地域支援

地域全体で、子どもの育ち・親の育ちを支援するため、地域の実情に応じ、地域に開かれた運営を行い、関係機関や子育て支援活動を実施する団体等と連携の構築を図るための以下に掲げるいずれかの取組を実施する場合に別途加算の対象とする。

ただし、「利用者支援事業の実施について」（平成二十七年五月二十一日府子本第八三号、二七文科初第二七〇号、雇児発〇五二一第一号）に定める利用者支援事業を同一の事業所で併せて実施する場合には、同事業において措置することとし、加算の対象としない。

(ア) 高齢者・地域学生等地域の多様な世代との連携を継続的に実施する取組

(イ) 地域の団体と協働して伝統文化や習慣・行事を実施し、親子の育ちを継続的に支援する取組

(ウ) 地域ボランティアの育成、町内会、子育てサークルとの協働による地域団体の活性化等地域の子育て資源の発掘・育成を継続的に行う取組

(エ) 本事業を利用したくても利用できない家庭に対して訪問支援等を行うことで地域とのつながりを継続的に持たせる取組

⑦ 配慮が必要な子育て家庭等への支援

障害児、多胎児のいる家庭など、配慮が必要な子育て家庭等の状況に対応した交流の場の提供や相談・援助、講習の実施等ができるよう、次の(a)、(b)に掲げる実施方法により、支援を実施することができるものとし、この場合について別途加算の対象とする。

(a) 開設日数は、週一日程度以上とすること。

(b) 専門的な知識・経験を有する職員を配置等すること。

⑧ 休日における育児参加促進のための講習会の実施への支援

両親等が共に参加しやすくなるよう休日に

育児参加促進に関する講習会を実施した場合に別途加算の対象とする。

⑨ 経過措置（小規模型指定施設）

(ア) 内容

従来の地域子育て支援センター（小規模型指定施設）（以下「指定施設」という。）については、以下の通り事業の対象とする。

(イ) 実施方法

(a) 原則として週五日以上、かつ一日五時間以上開設すること。

(b) 開設時間は、子育て親子が利用しやすい時間帯とするよう配慮すること。

(c) 育児、保育に関する相談指導等について相当の知識・経験を有する専任の者を一名以上配置すること。（非常勤職員でも可。）

(d) 次のa～cの取組のうち二つ以上実施すること。

a 育児不安等についての相談指導

来所、電話及び家庭訪問など事前予約制の相談指導、指定施設内の交流スペースでの随時相談、公共的施設への出張相談など地域のニーズに応じた効果的な実施を工夫すること。

また、子育て親子の状況などに応じて適切な相談指導ができるよう実施計画を作成するとともに、定期又は随時の電話連絡などによりその家庭の状況などの把握に努め、児童虐待など指定施設単独での対応が困難な相談は、関係機関と連携を図り共通認識のもと適切な対応を図ること。

b 子育てサークルや子育てボランティアの育成・支援

子育てサークル及び子育てボランティアの育成のため、定期的に講習会などの企画、運営を行うこと。また、子育てサークル及び子育てボランティアの活動状況の把握に努め、効果的な活動ができるよう活動場所の提供、活動内容の支援に努めること。

c 地域の保育資源の情報提供、地域の保育資源との連携・協力体制の構築

ベビーシッターなど地域の保育資源の活動状況を把握し、子育て親子に対して様々な保育サービスに関する適切な情報の提供、紹介などを行うこと。また、地域の保育資源及び市町村と定期的に連絡を取り合うなど、連携・協力体制の確立に努めること。

(ウ) 保健相談

(イ)の(d)aの取組に加えて、実施可能な指定施設は、子育て親子の疾病の予防、健康の増進を図るため、看護師又は保健師等による保健相談を実施することとし、この場合において、週三回程度実施する場合については、別途加算の対象とする。

(3) 連携型 ［略］

5 留意事項

(1) 事業に従事する者（学生等ボランティアを含む。）は、子育て親子への対応に十分配慮するとともに、その業務を行うに当たって知り得た個人情報について、業務遂行以外に用いてはならないこと。

(2) 事業に従事する者は、事業に従事するにあたって、「子育て支援員研修事業の実施について」（平成二十七年五月二十一日付雇児発〇五二一第一八号）の別紙「子育て支援員研修事業実施要綱」（以下「子育て支援員研修事業実施要綱」という。）別表1に定める基本研修及び別表2-2の3に定める子育て支援員専門研修（地域子育て支援コース）の「地域子育て支援拠点事業」に規定する内容の研修を修了していることが望ましい。

(3) 実施主体（委託先を含む。）は、事業に従事する者を子育て支援員研修実施要綱別表3及び別表4に定めるフォローアップ研修及び現任研修その他各種研修会やセミナー等へ積極的に参加させ、事業に従事する者の資質、技能等の向上を図ること。

(4) 近隣地域の拠点施設は、互いに連携・協力し、情報の交換・共有を行うよう努めるとともに、保育所、福祉事務所、児童相談所、保健所、児童委員（主任児童委員）、医療機関等と連携を密にし、効果的かつ積極的に実施するよう努めること。

6 費用 ［略］

93 一時預かり事業の実施について

（平成二七年七月一七日 二七文科初第二三八号 雇児発〇七一七第一一号
各都道府県知事宛
文部科学省初等中等教育局長 厚生労働省雇用均等・児童家庭局長通知）

改正 令和四年二月一〇日 三文科初第二〇八〇号 子発〇二一〇一第六号

標記については、今般、別紙のとおり「一時預かり事業実施要綱」を定め、平成二十七年四月一日から適用することとしたので通知する。

ついては、管内市町村（特別区を含む。）に対して周知をお願いするとともに、本事業の適正かつ円滑な実施に期されたい。

なお、本通知の施行に伴い、平成二十六年五月二十九日雇児発〇五二九第二八号厚生労働省雇用均等・児童家庭局長通知「一時預かり事業の実施について」は、平成二十七年三月三十一日限りで廃止する。

別紙

一時預かり事業実施要綱

1 事業の目的

保育所等を利用していない家庭においても、日常生活上の突発的な事情や社会参加などにより、一時的に家庭での保育が困難となる場合がある。また、核家族化の進行や地域のつながりの希薄化などにより、育児疲れによる保護者の心理的・身体的負担を軽減するための支援が必要とされている。

こうした需要に対応するため、保育所、幼稚園、認定こども園その他の場所において児童を一時的に預かることで、安心して子育てができる環境を整備し、もって児童の福祉の向上を図ることを目的とする。

2 実施主体

実施主体は、市町村（特別区及び一部事務組合を含む。以下同じ。）とする。

なお、市町村が認めた者へ委託等を行うことができる。

3 事業の内容

家庭において保育を受けることが一時的に困難となった乳児又は幼児（以下「乳幼児」という。）について、主として昼間において、保育所、幼稚園、認定こども園その他の場所において、一時的に預かり、必要な保護を行う事業。

4 実施方法

(1) 一般型

① 実施場所

保育所、幼稚園、認定こども園、地域子育て支援拠点又は駅周辺等利便性の高い場所など、一定の利用児童が見込まれる場所で実施すること。

② 対象児童

主として保育所、幼稚園、認定こども園等に通っていない、又は在籍していない乳幼児とする。

また、当分の間、「『待機児童解消に向けて緊急的に対応する施策について』の対応方針について」（平成二十八年四月七日雇児発〇四〇七第二号）に基づき、待機児童解消に向けて緊急的に対応する施策（以下「緊急対策」という。）を実施する市町村に限り、子ども・子育て支援法（平成二十四年法律第六十五号）第十九条第一項第二号又は第三号に掲げる小学校就学前子どもに該当する支給認定子ども（以下「保育認定子ども」という。）であって、同法第二十七条に規定する特定教育・保育施設又は同法第二十九条に規定する特定地域型保育事業者（以下「保育所等」という。）を利用していない児童について、保育所等への入所が決まるまでの間、定期的に預かること（以下「緊急一時預かり」という。）も本事業の対象とし、この場合の補助単価については別に定めることとする。

さらに、職員配置基準に基づく職員配置以上に加配が必要な障害児や、多胎育児家庭の育児疲れ等による心理的・身体的負担の軽減を図るために多胎児（以下「特別な支援等を要する児童」という。）を預かる施設に対し、次の要件を満たす場合には、別に定める加算を適用する。

ア 障害児を受け入れる施設において、当該障害児が利用した場合に職員配置基準に基づく職員配置以上に保育従事者を配置する場合。なお、障害児とは、市町村が認める障害児とし、身体障害者手帳等の交付の有無は問わない。医師による診断書や巡回支援専門員等障害に関する専門的知見を有する者による意見提出など障害の事実が把握可能な資料をもって確認しても差し支えない。

イ 多胎児を受け入れる施設において、当該多胎児を受け入れるために、③「設備基準及び保育の内容」の設備基準及び「④職員の配置」を遵守した上で、定員を超えて受け入れる場合で、かつ職員配置基準に基づく職員配置以上に保育従事者を配置する場合。

③　設備基準及び保育の内容

児童福祉法施行規則（昭和二十三年厚生省令第十一号。以下「規則」という。）第三十六条の三十五第一項第一号イ、ニ及びホに定める設備及び保育の内容に関する基準を遵守すること。

④　職員の配置

規則第三十六条の三十五第一項第一号ロ及びハの規定に基づき、乳幼児の年齢及び人数に応じ、専ら当該一般型一時預かり事業に従事する職員として、当該乳幼児の処遇を行う者（以下「保育従事者」という。）を配置し、そのうち保育士を½以上とすること。

当該保育従事者の数は二名を下ることはできないこと。ただし、保育所等と一体的に事業を実施し、当該保育所等の職員（保育従事者に限る。）による支援を受けられる場合には、保育士一名で処遇ができる乳幼児数の範囲内において、保育従事者を保育士一名とすることができること。

また、一日当たり平均利用児童数（年間延べ利用児童数を年間開所日数で除して得た数をいう。以下同じ。）がおおむね三人以下である場合には、家庭的保育者（児童福祉法（昭和二十二年法律第百六十四号）第六条の三第九項第一号に規定する家庭的保育者をいう。以下同じ。）を、保育士とみなすことができる。これに加え、一日当たり平均利用児童数がおおむね三人以下であることに加え、保育所等と一体的に事業を運営し、当該保育所等を利用している乳幼児と同一の場所において当該一般型一時預かり事業を実施する場合であって、当該保育所等の保育士による支援を受けられる場合には、保育士一名で処遇ができる乳幼児数の範囲内において、保育従事者を「子育て支援員研修事業の実施について」（平成二十七年五月二十一日雇児発〇五二一第一八号厚生労働省雇用均等・児童家庭局長通知）の別紙「子育て支援員研修事業実施要綱」の5⑶アに定める基本研修及び5⑶イ(イ)に定める「一時預かり事業」又は「地域型保育」の専門研修を修了した者（以下「子育て支援員」という。）一名とすることができること。ただし、保育所等を利用している乳幼児と同一の場所において事業を実施する場合であっても、保育所等を利用する児童と当該事業の利用乳幼児数を合わせた乳幼児の人数に応じ、児童福祉施設の設備及び運営に関する基準（昭和二十三年厚生省令第六十三号）第三十三条第二項の規定に準じて職員を配置すること。なお、非定期利用が中心である一時預かり事業の特性に留意し、研修内容を設定すること。

（注）一時預かり事業を実施する保育所、幼稚園及び認定こども園を運営する法人が同一敷地内で放課後児童健全育成事業を実施する場合であって、放課後児童健全育成事業の利用児童数がおおむね二人以下であるときには、下記(ア)から(エ)までの要件を全て満たすことを条件として、一時預かり事業の実施場所において、両事業の対象児童を合同で保育することを可能とする。

(ア)　放課後児童健全育成事業の対象児童（以下「放課後児童」という。）の処遇の実施にあたっては、『放課後児童健全育成事業」の実施について』（平成二十七年五月二十一日雇児発〇五二一第八号厚生労働省雇用均等・児童家庭局長通知）の別紙「放課後児童健全育成事業実施要綱」によること。

(イ)　一時預かり事業に関する保育従事者の配置基準は、上記④の一段落目の記載に関わらず、乳児おおむね三人につき二名以上、満一歳以上満三歳に満たない幼児おおむね三人につき一名以上、満三歳以上満四歳に満たない幼児おおむね一〇人につき一名以上、満四歳以上の幼児おおむね一五人につき一名以上とすること。

(ウ)　一時預かり事業に関する保育従事者の数は二名を下ることはできないのが原則であるが、放課後児童の処遇に係る職員二名以上から支援を受けられることを前提に、上記(イ)の基準に基づき保育士一名で保育ができる乳幼児数の範囲内において、保育士一名とすることができることとする。

(エ)　一時預かり事業の対象児童に対する処遇に支障がないことに加え、低年齢児と小学生が同一場所で活動することを踏まえた安全な保育環境が確保されていると市町村が認めていること。

⑤　研修

保育士以外の保育従事者の配置は、以下の研修を修了した者とすること。

ア　「子育て支援員研修事業の実施について」（平成二十七年五月二十一日雇児発〇五二

一第一八号厚生労働省雇用均等・児童家庭局長通知）の別紙「子育て支援員研修事業実施要綱」の5(3)アに定める基本研修及び5(3)イ(イ)に定める「一時預かり事業」又は「地域型保育」の専門研修を修了した者。

イ　子育ての知識と経験及び熱意を有し、「家庭的保育事業の実施について」（平成二十一年十月三十日雇児発一〇三〇第二号厚生労働省雇用均等・児童家庭局長通知）の別紙「家庭的保育事業ガイドライン」（以下「ガイドライン」という。）の別添1の1に定める基礎研修と同等の研修を修了した者。ただし、令和五年三月三十一日までの間に修了した者とする。　なお、非定期利用が中心である一時預かり事業の特性に留意し、研修内容を設定すること。

⑥　基幹型施設

土曜日、日曜日、国民の祝日等の開所及び一日九時間以上の開所を行う施設について、基幹型施設とすることができる。

⑦　事務経費

子ども・子育て支援法第二十七条に規定する特定教育・保育施設、同法第二十九条に規定する特定地域型保育事業、特定教育・保育施設に該当しない幼稚園及び企業主導型保育事業と一体的に事業を実施している施設を除く事業所において、事務経費への対応として事務職員の配置等や賃貸物件における賃借料等に係る経費を必要とする事業所に対し、別に定める加算を適用する。

(2)　幼稚園型Ⅰ　（(3)を除く）

①　実施場所

幼稚園又は認定こども園（以下「幼稚園等」という。）で実施すること。

②　対象児童

主として、幼稚園等に在籍する満三歳以上の幼児で、教育時間の前後又は長期休業日等に当該幼稚園等において一時的に保護を受ける者。

③　設備基準及び教育・保育の内容

規則第三十六条の三十五第一項第二号イ、ニ及びホに定める設備及び教育・保育の内容に関する基準を遵守すること。

④　職員の配置

規則第三十六条の三十五第一項第二号ロ（附則第五十六条第一項において読替え）及びハに基づき、幼児の年齢及び人数に応じて当該幼児の処遇を行う者（以下「教育・保育従事者」という。）を配置し、そのうち保育士又は幼稚園教諭普通免許状所有者を½以上とすること（ただし、当分の間の措置として⅓以上とすることも可）。

当該教育・保育従事者の数は二名を下ることはできないこと。ただし、幼稚園等と一体的に事業を実施し、当該幼稚園等の職員（保育士又は幼稚園教諭免許状所有者に限る。）による支援を受けられる場合には、保育士又は幼稚園教諭普通免許状所有者一名で処遇ができる乳幼児数の範囲内において、教育・保育従事者を保育士又は幼稚園教諭普通免許状所有者一名とすることができること。また、保育士又は幼稚園免許状所有者以外の教育・保育従事者の配置は、アに掲げる者又はイからオまでに掲げる者で市町村が適切と認める者とすること。なお、イからオまでに掲げる者を配置する場合には、園内研修を定期的に実施することなどにより、預かり業務に従事する上で必要な知識・技術等を十分に身につけさせる必要があること。

ア　市町村長等が行う研修を修了した者

イ　小学校教諭普通免許状所有者

ウ　養護教諭普通免許状所有者

エ　幼稚園教諭教職課程又は保育士養成課程を履修中の学生で、幼児の心身の発達や幼児に対する教育・保育に係る基礎的な知識を習得していると認められる者

オ　幼稚園教諭、小学校教諭又は養護教諭の普通免許状を有していた者（教育職員免許法（昭和二十四年法律第百四十七号）第十条第一項又は第十一条第四項の規定により免許状が失効した者を除く。）

⑤　研修

4(2)④アの「市町村長等が行う研修を修了した者」は、以下の者とすること。

ア「子育て支援員研修事業の実施について」の別紙「子育て支援員研修事業実施要綱」の5(3)アに定める基本研修及び5(3)イ(イ)に定める「一時預かり事業」又は「地域型保育」の専門研修を修了した者。

イ　子育ての知識と経験及び熱意を有し、ガイドラインの別添1の1に定める基礎研修と同等の研修を修了した者。ただし、令和五年三月三十一日までの間に修了した者とする。なお、非定期利用が中心である一時預かり事業の特性に留意し、研修内容を設定すること。

⑥　特別な支援を要する児童

障害児を受け入れる幼稚園等において、当該幼稚園等が実施する一時預かり事業を当該

障害児が利用する際に、職員配置基準に基づく職員配置以上に教育・保育従事者を配置する場合、別に定める単価を適用する。

なお、障害児とは、在籍する幼稚園等における教育時間内において、健康面・発達面において特別な支援を要するとして、現に都道府県又は市町村による補助事業等の対象となっている児童その他市町村が認める障害児とする。障害児であることの確認にあたっては、現に都道府県又は市町村による補助事業等の対象となっていることを証する書類により確認できる場合には、新たな確認を行う必要はない。また新たに障害児であることの確認を行う場合であっても、身体障害者手帳等の交付の有無は問わず、医師による診断書の他、巡回支援専門員等障害に関する専門的知見を有する者による意見提出など障害の事実が把握可能な資料をもって確認しても差し支えない。

(3) 幼稚園型Ⅱ（当分の間の措置として、保育を必要とする〇～二歳児の受け皿として定期的な預かりを行うものをいう。以下同じ。）

Ⅰ．二歳児の受入れについて

① 対象自治体

「新子育て安心プラン」の実施方針について」（令和三年一月二十一日子保発〇一二一第一号）別添の1に定める市町村。

② 実施場所

幼稚園で実施すること。

③ 対象児童

満三歳未満の小学校就学前子ども（子ども・子育て支援法第六条第一項に規定する小学校就学前子どもをいう。以下同じ。）であって、子ども・子育て支援法施行規則（平成二十六年内閣府令第四十四号）第一条の五で定める事由により家庭において必要な保育を受けることが困難であるものとして市町村に認定を受けた二歳児（注）。なお、二歳の誕生日を迎えた時点から随時受け入れることや、当該二歳児が三歳の誕生日を迎えた年度末まで継続して受け入れることも妨げない。

（注）受入れ時点だけではなく、受入れ期間中においても同施行規則第一条の五で定める事由に該当し続けていることを要件とする。

④ 設備基準及び保育の内容

(2)③に同じ。なお、保育所保育指針等や「幼稚園を活用した子育て支援としての二歳児の受入れに係る留意点について」（平成十九年三月三十一日文部科学省初等中等教育局長通知）を踏まえ、二歳児の発達段階上の特性を踏まえた保育を行うよう留意すること。

⑤ 職員の配置

(2)④に同じ。ただし、当該幼児の処遇を行う者の中には、必ず保育士を配置すること。

⑥ 研修

(2)⑤に同じ。

⑦ 保育時間・開所時間・開所日数

児童福祉施設の設備及び運営に関する基準第三十四条の規定に準じ、保育時間は一日につき八時間を原則とすること。

開所時間・開所日数については、③の対象児童に対する保育を適切に提供できるよう、保護者の就労の状況等の地域の実情に応じて定めなければならないこと。

なお、③の対象児童が幼稚園に入園した後においても、引き続き受入れが可能となるよう、保護者の就労の状況等を踏まえて、適切に預かり保育を行うこと。

⑧ 実施方法

ア 市町村は、管内の幼稚園と相談のうえ、あらかじめ、各幼稚園における受入枠を設定すること。

イ 市町村は、三号認定を行う際に、保護者の本事業の利用希望を把握したうえで、保護者に対する情報提供等を丁寧に行うとともに、各幼稚園に対して適切な受入れの要請を行うこと。

ウ 要請を受けた各幼稚園は、保護者からの利用の申込みについて、受入枠の範囲では、正当な理由がなければ、これを拒んではならないこと。また、受入枠を超える申込みがあった場合には、保育の必要度の高い者から優先して受入れを行うこと（この場合において、保育の必要度が同順位の者がいるときは、それらの者のうちから、各施設において公正な方法により受入れ対象者を決定することとして差し支えないが、この方法によっても、保育の必要度に応じた順位は常に優先する）。

エ 幼稚園は、受入れ対象者が決定した段階で、市町村に報告すること（受入枠を超える申込みがあった場合には、受入れ対象者の決定方法を含めて報告すること）。

Ⅱ．〇・一歳児の受入れについて

① 対象自治体

(3)Ⅰ①に同じ。

② 実施場所

(3)Ⅰ②に同じ。

③ 対象児童

満三歳未満の小学校就学前子どもであって、子ども・子育て支援法施行規則第一条の五で定める事由により家庭において必要な保育を受けることが困難であるものとして市町村に認定を受けた〇・一歳児（注）。なお、受け入れた当該〇・一歳児が誕生日を迎えた場合でも、誕生日を迎えた年度末までは継続して誕生日を迎える前の年齢児として受け入れることとする。

（注）受入れ時点だけではなく、受入れ期間中においても同施行規則第一条の五で定める事由に該当し続けていることを要件とする。

④ 設備基準及び保育の内容

(2)③に同じ。ただし、乳児を利用させる場合は、規則第三十六条の三十五第一項第二号イの規定中「幼児」とあるのは「乳児及び幼児」と読み替えてその基準を遵守すること。なお、保育所保育指針等を踏まえ、〇・一歳児の発達段階上の特性を踏まえた保育を行うよう留意すること。

⑤ 職員の配置

(2)④に同じ。ただし、乳児を利用させる場合は、規則第三十六条の三十五第一項第二号ロの規定中「幼児」とあるのは「乳児及び幼児」と読み替えてその基準を遵守すること。また、教育・保育従事者の½以上を保育士とすること。

⑥ 研修

(2)⑤に同じ。

⑦ 保育時間・開所時間・開所日数

(3)Ⅰ⑦に同じ。

⑧ 実施方法

(3)Ⅰ⑧に同じ。

⑨ その他

児童福祉法第三十四条の十四の規定に基づく確認に当たっては、④～⑦に掲げる内容及び下記の点について留意するとともに、確認は、原則年一回以上行うなど、定期的に行うことが望ましいこと。

ア 非常災害に対する措置

・消火用具、非常口その他非常災害に必要な設備が設けられていること。
・非常災害に対する具体的計画を立て、これに対する定期的な訓練を実施すること。

イ 給食

・衛生管理の状況
調理室、調理、配膳、食器等の衛生管理を適切に行うこと。
・食事内容等の状況
児童の年齢や発達、健康状態（アレルギー疾患等を含む。）等に配慮した食事内容とすること。

調理は、あらかじめ作成した献立に従って行うこと。

ウ 健康管理・安全確保

・児童の健康状態の観察
登園、降園の際、児童一人一人の健康状態を観察すること。
・児童の発育チェック
身長や体重の測定など基本的な発育チェックを毎月定期的に行うこと。
・児童の健康診断
継続して保育している児童の健康診断を利用開始時及び一年に二回実施すること。
・職員の健康診断
職員の健康診断を採用時及び一年に一回実施すること。

調理に携わる職員には、概ね月一回検便を実施すること。
・医薬品等の整備必要な医薬品その他の医療品を備えること。
・感染症への対応
感染症にかかっていることが分かった児童については、かかりつけ医の指示に従うよう保護者に指示すること。
・乳幼児突然死症候群に対する注意
睡眠中の児童の顔色や呼吸の状態をきめ細かく観察すること。

乳児を寝かせる場合には、仰向けに寝かせること。

保育室では禁煙を厳守すること。
・安全確保
児童の安全確保に配慮した保育の実施を行うこと。

事故防止の観点から、施設内の危険な場所、設備等に対して適切な安全管理を図ること。

不審者の立入防止などの対策や緊急時における児童の安全を確保する体制を整備すること。

事故発生時に適切な救命処置が可能となるよう、訓練を実施すること。

賠償責任保険に加入するなど、保育中の万が一の事故に備えること。

死亡事故等の重大事故が発生した施設については、当該事故と同様の事故の再発防止策及び事故後の検証結果を踏まえた措置を取ること。

エ　利用者への情報提供
•提供するサービス内容を利用者の見やすいところに掲示しなければならないこと。

•利用者と利用契約が成立したときは、その利用者に対し、契約内容を記載した書面等を交付しなければならないこと。

•利用予定者から申込みがあった場合には、当該施設で提供されるサービスを利用するための契約の内容等について説明を行うこと。

(4)　余裕活用型
①　実施場所
下記の施設等のうち、当該施設等に係る利用児童数が利用定員総数に満たないもの。
ア　児童福祉法（昭和二十二年法律第百六十四号）第三十九条第一項に規定する保育所。
イ　就学前の子どもに関する教育、保育等の総合的な提供の推進に関する法律（平成十八年法律第七十七号）第二条第六項に規定する認定こども園。
ウ　家庭的保育事業等の設備運営基準第二十二条に規定する家庭的保育事業所。
エ　家庭的保育事業等の設備運営基準第二十八条、第三十一条及び第三十三条に規定する小規模保育事業所。
オ　家庭的保育事業等の設備運営基準第四十三条及び第四十七条に規定する事業所内保育事業所。
②　対象児童
4(1)②と同様とする。

ただし、特別な支援等を要する児童を預かる場合の実施基準は、以下の「③実施基準」によること。

③　実施基準
規則第三十六条の三十五第一項第三号に定める設備及び運営に関する基準等を遵守すること。

(5)　居宅訪問型
①　実施場所
利用児童の居宅において実施すること。
②　対象児童
家庭において保育を受けることが一時的に困難となった乳幼児で、以下のいずれかの要件に該当すること。
ア　障害、疾病等の程度を勘案して集団保育が著しく困難であると認められる場合。
イ　ひとり親家庭等で、保護者が一時的に夜間及び深夜の就労等を行う場合。
ウ　離島その他の地域において、保護者が一時的に就労等を行う場合。
また、当分の間、緊急一時預かりも本事業の対象とし、この場合の補助単価については別に定めることとする。

さらに、特別な支援等を要する児童を預かる施設に対し、(1)②の要件を満たす場合には、別に定める加算を適用する。ただし、実施基準は、以下の「③職員配置」及び「④実施要件」によること。
③　職員配置
職員の配置は次のとおりとする。なお、家庭的保育者一名が保育することができる児童の数は一人とする。

ア「職員の資質向上・人材確保等研修事業の実施について」（平成二十七年五月二十一日雇児発〇五二一第一九号雇用均等・児童家庭局長通知）に定める居宅訪問型保育研修を修了した保育士等を配置すること。
イ　都道府県又は市町村において、アの研修の実施体制が整っていない場合には、経過措置として、家庭的保育者基礎研修を修了した保育士、家庭的保育者認定研修及び基礎研修を修了した者又はこれらの者と同等以上と認められる者であって、アの研修体制が整い次第速やかに当該研修を受講し、修了することとしている者を、当該研修を修了するまでの間（おおむね二年程度）配置することができることとする。
④　実施要件
ア　利用にあたっては、市町村と協議のうえ利用の決定を行うこと。
イ　一時預かり事業の他の類型を実施することができない場合に実施すること。

(6)　地域密着Ⅱ型
①　実施場所
地域子育て支援拠点や駅周辺等利便性の高い場所などで実施するものとする。
②　対象児童
主として保育所、幼稚園、認定こども園等に通っていない、又は在籍していない乳幼児とする。

また、当分の間、緊急一時預かりも本事業の対象とし、この場合の補助単価については別に定めることとする。

さらに、特別な支援等を要する児童を預かる施設に対し、(1)②の要件を満たす場合には、別に定める加算を適用する。ただし、実施基準は、以下の「③設備基準及び保育の内容」及び「④職員の配置」によること。
③　設備基準及び保育の内容

規則第五十六条第一号、第四号及び第五号に定める設備及び保育の内容に関する基準に準じて行うこと。

④ 職員の配置

規則第五十六条第二号及び第三号の規定に準じ、乳幼児の年齢及び人数に応じて当該乳幼児の処遇を行う者(以下「担当者」という。)を配置すること。

担当者の数は二名を下ることはできないこと。

また、担当者のうち保育について経験豊富な保育士を一名以上配置すること。

⑤ 研修

保育士資格を有していない担当者の配置は、市町村が実施する研修を受講・修了することを要件とする。

(7) 新型コロナウイルス感染症特例型

① 実施場所

保育所、幼稚園、認定こども園、地域型保育事業所又は子ども・子育て支援法第三十条第一項第四号に規定する特例保育を行う施設(以下「特例保育施設」という。)並びに地域子育て支援拠点その他の場所(公民館、児童館等)で実施すること。

② 対象児童

ア 子ども・子育て支援法第二十条第四項に規定する認定を受けた子ども(同法第十九条第一項第一号に掲げる子どもに該当する認定を受けた子どもについては、保護者の労働等の事由により家庭において必要な保育を受けることが困難な子どもに限る。)であって、在籍する同法第二十七条第一項に規定する特定教育・保育施設、同法第二十九条第三項第一号に規定する特定地域型保育事業所又は特例保育施設(以下「特定教育・保育施設等」という。)が新型コロナウイルス感染症の影響により休園又は縮小したため、在籍する特定教育・保育施設等とは別の特定教育・保育施設等において実施する本事業を利用する乳幼児。

イ 在籍する施設・事業所が新型コロナウイルス感染症の影響により休園又は縮小したため、在籍する施設・事業所とは別の①に掲げる実施場所において本事業を利用する乳幼児(保護者の労働等の事由により家庭において必要な保育を受けることが困難な乳幼児に限る。)のうち、アに該当しない乳幼児。

③ 設備基準及び保育の内容、職員の配置及び研修

ア及びイに掲げる実施場所の区分に応じ、それぞれア及びイに定める事業類型に関して(1)、(2)、(5)及び(6)において定める基準に準じて行う。

ア 幼稚園以外又は居宅以外において実施する場合 一般型又は地域密着Ⅱ型

イ 幼稚園において実施する場合 幼稚園型Ⅰ

ウ 居宅において実施する場合 居宅訪問型(ただし、居宅訪問型の(5)②に掲げる対象児童の要件は適用しない。)

5 留意事項

(1) 事故の報告

保育中に事故が生じた場合には、「特定教育・保育施設等における事故の報告等について」(平成二十九年十一月十日付府子本第九一二号・二九初幼教第一一号・子保発一一一〇第一号・子子発一一一〇第一号・子家発一一一〇第一号通知)に従い、速やかに報告すること。

(2) 緊急一時預かり

緊急一時預かりを実施する場合は、積極的に地域の余裕スペース等の活用を検討するとともに、本来の一時預かり事業の利用者のニーズにも十分対応できるよう、供給拡大を図ること。

(3) 幼稚園型Ⅱ

本事業の対象児童について、施設型給付費等を重ねて支給することがないよう留意すること。

なお、本事業は待機児童対策として保育の受け皿確保が緊急に求められている状況を踏まえた当面の間の措置であるところ、今後、〇・一歳児の受入れが継続的になる場合には、将来的に認可施設として機能を充実させることも含めて検討されることが期待される。

(4) 里帰り出産等

出産や介護等により一時的に里帰りする場合において、里帰り先の市町村が適当であると判断した場合は、住所地市町村の保育所等に在籍している児童を里帰り先の市町村において、一時預かり事業の対象としても差し支えないこと。

(5) 新型コロナウイルス感染症特例型

① 代替保育の対象となる乳幼児の受入れに当たっては、感染防止に十分配慮した上で実施すること。

② 本事業の実施に当たっては、市町村の判断により、乳幼児の保護者が社会機能維持者である場合や、代替保育の必要性の高いひとり親世帯等に限定又はこれらの者の子どもを優

先的に利用させることができる。

6 保護者負担 ［略］

7 費用 ［略］

94 延長保育事業の実施について

（平成二七年七月一七日 雇児発〇七一七第一〇号
各都道府県知事 各指定都市市長 各中核市市長宛
厚生労働省雇用均等・児童家庭局長通知）

改正 令和二年四月一日 子発〇四〇一第二号

標記については、今般、別紙のとおり「延長保育事業実施要綱」を定め、平成二十七年四月一日から適用することとしたので通知する。

ついては、管内市町村（特別区を含む。）に対して周知をお願いするとともに、本事業の適正かつ円滑な実施に期されたい。

なお、本通知の施行に伴い、平成二十年六月九日雇児発第〇六〇九〇〇一号厚生労働省雇用均等・児童家庭局長通知「保育対策等促進事業の実施について」は、平成二十七年三月三十一日限りで廃止する。

別紙

延長保育事業実施要綱

1 事業の目的

就労形態の多様化等に伴い、やむを得ない理由により、保育時間を延長して児童を預けられる環境が必要とされている。

こうした需要に対応するため、保育認定を受けた児童について、通常の利用日及び利用時間帯以外の日及び時間において、保育所、認定こども園等で引き続き保育を実施することで、安心して子育てができる環境を整備し、もって児童の福祉の向上を図ることを目的とする。

2 実施主体

実施主体は、市町村（特別区及び一部事務組合を含む。以下同じ。）とする。

なお、市町村が認めた者へ委託等を行うことができる。

3 事業の内容

子ども・子育て支援法（平成二十四年法律第六十五号）第十九条第一項第二号又は第三号の支給要件を満たし、同法第二十条第一項により市町村の認定を受けた児童が、やむを得ない理由により通常の利用日及び利用時間帯以外の日及び時間において保育所や認定こども園等で保育を受けた際に、保護者が支払うべき時間外保育の費用の全部又は一部の助成を行うことにより、必要な保育を確保する事業。

4 実施方法

(1) 一般型

① 実施場所

都道府県及び市町村以外の者が設置する保育所又は認定こども園（以下「民間保育所等」という。）、小規模保育事業所、事業所内保育事業所、家庭的保育事業所、駅前等利便性の高い場所、公共的施設の空き部屋等適切に事業が実施できる施設等とする。

② 対象児童

子ども・子育て支援法第十九条第一項第二号又は第三号の支給要件を満たし、同法第二十条第一項により市町村の認定を受け、民間保育所等、小規模保育事業所、事業所内保育事業所、家庭的保育事業所を利用する児童。

③ 職員配置

配置する職員は、ア～ケの各類型において次のとおりとする。

また、配置する職員の数（以下「基準配置」という。）は、乳児おおむね三人につき一名以上、満一歳以上満三歳に満たない幼児おおむね六人につき一名以上、満三歳以上満四歳に満たない幼児おおむね二〇人につき一名以上、満四歳以上の幼児おおむね三〇人につき一名以上とする。

なお、保健師、看護師及び准看護師、幼稚園教諭、小学校教諭及び養護教諭並びに市町村長が保育士と同等の知識及び経験を有すると認める者については、次に掲げるア、イ及びオに限り、児童福祉施設の設備及び運営に関する基準（昭和二十三年厚生省令第六十三号）第九十四条から第九十七条まで、児童福祉施設最低基準の一部を改正する省令（平成十年厚生省令第五十一号）附則第二項並びに家庭的保育事業等の設備及び運営に関する基準（平成二十六年厚生労働省令第六十一号。以下「家庭的保育事業等の設備運営基準」という。）附則第六条から第九条までの規定に準じて保育士として配置することができることとする。

ア　民間保育所等

基準配置により保育士を配置すること。ただし、実施場所一につき保育士の数は二名を下ることはできない。

なお、開所時間内における「特定教育・保育、特別利用保育、特別利用教育、特定地域型保育、特別利用地域型保育、特定利用地域型保育及び特例保育に要する費用の額の算定に関する基準等」（平成二十七年内閣府告示第四十九号。以下「告示」という。）第一条第四十四号ロに定める短時間認定を受けた児童（以下「短時間認定児」という。）の延長保育について、告示第一条第四十四号イに定める標準時間認定を受けた児童（以下「標準時間認定児」という。）を保育する職員の支援を受けられる場合には、保育士一名で保育ができる乳幼児数の範囲内において、保育士一名とすることができる。

(注)　延長保育事業を実施する民間保育所等を運営する法人が同一敷地内で放課後児童健全育成事業を実施する場合であって、放課後児童健全育成事業の利用児童数がおおむね二人以下であるときには、下記(ア)から(エ)までの要件を全て満たすことを条件として、延長保育事業の実施場所において、両事業の対象児童を合同で保育することを可能とする。

(ア)　放課後児童健全育成事業の対象児童（以下「放課後児童」という。）の処遇の実施にあたっては、『「放課後児童健全育成事業」の実施について』（平成二十七年五月二十一日雇児発〇五二一第八号厚生労働省雇用均等・児童家庭局長通知）の別紙「放課後児童健全育成事業実施要綱」によること。

(イ)　延長保育事業の職員の基準配置は、上記③二段落目の記載に関わらず、乳児おおむね三人につき二名以上、満一歳以上満三歳に満たない幼児おおむね三人につき一名以上、満三歳以上満四歳に満たない幼児おおむね一〇人につき一名以上、満四歳以上の幼児おおむね一五人につき一名以上とすること。

(ウ)　延長保育事業の基準配置により配置する保育士の数は二名を下ることはできないのが原則であるが、放課後児童の処遇に係る職員二名以上から支援を受けられることを前提に、上記(イ)の基準に基づき保育士一名で保育ができる乳幼児数の範囲内において、保育士一名とすることができることとする。

(エ)　延長保育事業の対象児童に対する処遇に支障がないことに加え、低年齢児と小学生が同一場所で活動することを踏まえた安全な保育環境が確保されていると市町村が認めていること。

イ　小規模保育事業（A型）

基準配置により保育士を配置すること。

ウ　小規模保育事業（B型）

保育士その他の保育に従事する職員（家庭的保育事業等の設備運営基準第三十一条第一項に定める市町村長が行う研修を修了した者（以下「その他の保育従事者」という。））を基準配置により配置すること。ただし、そのうち保育士を$\frac{1}{2}$以上とする。

エ　小規模保育事業（C型）

家庭的保育事業等の設備運営基準第二十三条第二項に定める家庭的保育者（以下「家庭的保育者」という。）一名が保育することができる乳幼児の数は、三人以下とする。ただし、家庭的保育者が、家庭的保育事業等の設備運営基準第二十三条第三項に定める家庭的保育補助者（以下「家庭的保育補助者」という。）とともに保育する場合には、五人以下とする。

オ　事業所内保育事業（定員二〇人以上）

基準配置により保育士を配置すること。ただし、保育士の数は実施場所一につき二名を下ることはできない。

なお、開所時間内における短時間認定児の延長保育について、標準時間認定児を保育する職員の支援を受けられる場合には、保育士一名で保育ができる乳幼児数の範囲内において、保育士一名とすることができる。

カ　事業所内保育事業（定員一九人以下・A型）

基準配置により保育士を配置すること。

キ　事業所内保育事業（定員一九人以下・B型）

保育士その他の保育従事者を基準配置により配置すること。ただし、そのうち保育士を½以上とする。

ク　家庭的保育事業（定員四人以上）

家庭的保育者及び家庭的保育補助者を配置すること。

ケ　家庭的保育事業（定員三人以下）

家庭的保育者を配置すること。

④　実施要件

ア　短時間認定

(ア)　一時間延長

開所時間内で、各施設等が設定した短時間認定児の保育を行う時間を超えて一時間以上の延長保育を実施しており、延長時間内の一日当たり平均対象児童数（以下「平均対象児童数」という。）が一人以上いること。

(イ)　二時間延長

開所時間内で、各施設等が設定した短時間認定児の保育を行う時間を超えて二時間以上の延長保育を実施しており、延長時間内の平均対象児童数が一人以上いること。

(ウ)　三時間延長

開所時間内で、各施設等が設定した短時間認定児の保育を行う時間を超えて三時間以上の延長保育を実施しており、延長時間内の平均対象児童数が一人以上いること。

(エ)　開所時間を超えた延長

標準時間認定と同様の取扱いとし、各時間帯における平均対象児童数の算定については、標準時間認定児と合算して算出すること。

イ　標準時間認定（ウを除く）

(ア)　一時間延長

開所時間を超えて一時間以上の延長保育を実施しており、延長時間内の一日当たり平均対象児童数が六人以上いること。

(イ)　二時間延長

開所時間を超えて二時間以上の延長保育を実施しており、延長時間内の平均対象児童数が三人以上いること。

(ウ)　三時間以上の延長

(イ)と同様一時間毎に区分した延長時間以上の延長保育を実施しており、延長時間内の平均対象児童数が三人以上いること。

(エ)　三〇分延長

上記(ア)～(ウ)に該当しないもので、開所時間を超えて三〇分以上の延長保育を実施しており、延長時間内の平均対象児童数が一人以上いること。

ウ　標準時間認定（小規模保育事業、事業所内保育事業（定員一九人以下）及び家庭的保育事業並びに民間保育所等及び事業所内保育事業（定員二〇人以上）において、夜一〇時以降に行う延長保育）

(ア)　一時間延長

開所時間を超えて一時間以上の延長保育を実施しており、延長時間内の平均対象児童数が二人以上いること。

(イ)　二時間延長

開所時間を超えて二時間以上の延長保育を実施しており、延長時間内の平均対象児童数が一人以上いること。

(ウ)　三時間以上の延長

(イ)と同様一時間毎に区分した延長時間以上の延長保育を実施しており、延長時間内の平均対象児童数が一人以上いること。

(エ)　三〇分延長

上記(ア)～(ウ)に該当しないもので、開所時間を超えて三〇分以上の延長保育を実施しており、延長時間内の平均対象児童数が一人以上いること。

（注1）上記ア～ウにおいて、各施設等が設定した短時間認定児の保育を行う時間又は開所時間の前及び後ろで延長保育を実施する場合は、前後の延長保育時間及び平均対象児童数を合算することはせず、前後それぞれで延長時間を定めること。

ただし、上記アにおいて、各施設等が設定した短時間認定児の保育を行う時間上、前後それぞれで算出される延長時間に端数が生じる場合は、平均対象児童数が一人以上いる時間を前後合算して算出すること。

（注２）上記ア～ウの各(エ)を除き、複数の延長時間区分に該当する場合は、最も長い延長時間の区分を適用すること。

また、平均対象児童数は、年間の上記の延長時間区分における各週ごとの最も多い利用児童数をもって平均し、小数点以下第一位を四捨五入して得た数とすること。

エ　夜間保育所において夜一〇時以降に行う延長保育

「夜間保育所の設置認可等について（平成十二年三月三十日児発第二九八号厚生省児童家庭局長通知）」により設置認可された施設において、夜一〇時以降に延長保育を実施する場合の夜一〇時以降の交付基準額については、別に定めること。

(2)　訪問型　［略］

5　留意事項

(1)　一般型については、対象児童に対し、適宜、間食又は給食等を提供すること。

(2)　この実施要綱の要件に適合する保育所等である旨の必要な書類を整備しておくこと。

(3)　保育中に事故が生じた場合には、「特定教育・保育施設等における事故の報告等について（平成二十九年十一月十日付府子本第九一二号・二九初幼教第一一号・子保発一一一〇第一号・子子発一一一〇第一号・子家発一一一〇第一号通知）」に従い、速やかに報告すること。

6　保護者負担　［略］

7　費用　［略］

95 病児保育事業の実施について

（平成二七年七月一七日　雇児発〇七一七第一二号
各都道府県知事宛
厚生労働省雇用均等・児童家庭局長通知）
改正　令和五年三月二九日　子発〇三二九第七号

標記については、今般、別紙のとおり「病児保育事業実施要綱」を定め、平成二十七年四月一日から適用することとしたので通知する。

ついては、管内市町村（特別区を含む。）に対して周知をお願いするとともに、本事業の適正かつ円滑な実施に期されたい。

なお、本通知の施行に伴い、平成二十年六月九日雇児発第〇六〇九〇〇一号厚生労働省雇用均等・児童家庭局長通知「保育対策等促進事業の実施について」は、平成二十七年三月三十一日限りで廃止する。

別紙

病児保育事業実施要綱

1　事業の目的

保護者が就労している場合等において、子どもが病気の際に自宅での保育が困難な場合がある。

こうした保育需要に対応するため、病院・保育所等において病気の児童を一時的に保育するほか、保育中に体調不良となった児童への緊急対応並びに病気の児童の自宅に訪問するとともに、その安全性、安定性、効率性等について検証等を行うことで、安心して子育てができる環境を整備し、もって児童の福祉の向上を図ることを目的とする。

2　実施主体

実施主体は、市町村（特別区及び一部事務組合を含む。以下同じ。）とする。なお、市町村が認めた者へ委託等を行うことができる。

3　事業の内容

保育を必要とする乳児・幼児又は保護者の労働もしくは疾病その他の事由により家庭において保育を受けることが困難となった小学校に就学している児童であって、疾病にかかっているものについて、保育所、認定こども園、病院、診療所、その他の場所において、保育を行う事業。

4　事業類型

本事業の対象となる事業類型は、次に掲げるものとする。

(1)　病児対応型

児童が病気の「回復期に至らない場合」であり、かつ、当面の症状の急変が認められない場合において、当該児童を病院・診療所、保育所等に付設された専用スペース又は本事業のための専用施設で一時的に保育する事業。

(2)　病後児対応型

児童が病気の「回復期」であり、かつ、集団保育が困難な期間において、当該児童を病院・診療所、保育所等に付設された専用スペース又は本事業のための専用施設で一時的に保育する事業。

(3)　体調不良児対応型

児童が保育中に微熱を出すなど「体調不良」となった場合において、安心かつ安全な体制を確保することで、保育所等における緊急的な対応を図る事業及び保育所等に通所する児童に対して保健的な対応等を図る事業。

(4) 非施設型（訪問型）
児童が「回復期に至らない場合」又は、「回復期」であり、かつ、集団保育が困難な期間において、当該児童の自宅において一時的に保育する事業。

(5) 送迎対応
(1)、(2)及び(3)において、看護師、准看護師、保健師又は助産師（以下「看護師等」という。）又は保育士を配置し、保育所等において保育中に「体調不良」となった児童を送迎し、病院・診療所、保育所等に付設された専用スペース又は本事業のための専用施設で一時的に保育することを可能とする。

(6) 当日キャンセル対応（試行実施）
(1)及び(2)において、利用当日のキャンセルにより職員配置に余剰が生じた場合に、当日キャンセルした家庭への連絡等を行うことで、受入体制を維持していることを評価する。
本取組は、令和五年四月一日から令和六年三月三十一日までのキャンセルについて、試行的に運用するものとする。

5 対象児童
本事業の対象となる児童は、次のとおりとする。

(1) 病児対応型
当面症状の急変は認められないが、病気の回復期に至っていないことから、集団保育が困難であり、かつ、保護者の勤務等の都合により家庭で保育を行うことが困難な児童であって、市町村が必要と認めた乳児・幼児又は小学校に就学している児童（以下「病児」という。）。

(2) 病後児対応型
病気の回復期であり、集団保育が困難で、かつ、保護者の勤務等の都合により家庭で保育を行うことが困難な児童であって、市町村が必要と認めた乳児・幼児又は小学校に就学している児童（以下「病後児」という。）。

(3) 体調不良児対応型
事業実施保育所等に通所しており、保育中に微熱を出すなど体調不良となった児童であって、保護者が迎えに来るまでの間、緊急的な対応を必要とする児童（以下「体調不良児」という。）。

(4) 非施設型（訪問型）
病児及び病後児とする。

(5) 送迎対応
保育所等に通所しており、保育中に微熱を出すなど体調不良となった児童であって、保護者が迎えに来るまでの間、緊急的な対応を必要とする児童。

6 実施要件

(1) 病児対応型
① 実施場所
病院・診療所、保育所等に付設された専用スペース又は本事業のための専用施設であって、次のア～ウの基準を満たし、市町村が適当と認めたものとする。
ア 保育室及び児童の静養又は隔離の機能を持つ観察室又は安静室を有すること。
イ 調理室を有すること。なお、病児保育専用の調理室を設けることが望ましいが、本体施設等の調理室と兼用しても差し支えないこと。
ウ 事故防止及び衛生面に配慮されているなど、児童の養育に適した場所とすること。

② 職員の配置
病児の看護を担当する看護師等を利用児童おおむね一〇人につき一名以上配置するとともに、病児が安心して過ごせる環境を整えるために、保育士を利用児童おおむね三人につき一名以上配置すること。
（注1）保育士及び看護師等の職員配置については、常駐を原則とする。ただし、利用児童が見込まれる場合に近接病院等から保育士及び看護師等が駆けつけられる等の迅速な対応が可能であれば、以下のとおり常駐を要件としない。
ア 利用児童がいる時間帯の場合
(ア)～(エ)の要件を満たし、利用児童の安心・安全を確保できる体制を整えている場合には、看護師等の常駐を要件としない。
(ア) 病気からの回復過程を遅らせたり、二次感染を生じたりすることがないよう、利用児童の病状等を定期的に確認・把握した上で、適切な関わりとケアを行うこと。
(イ) 病児保育施設が医療機関内に設置されている場合等であり、病児保育施設と看護師等が病児保育以外の業務に従事している場所とが近接していること。
(ウ) 看護師等が病児保育以外の業務に従事している場合においても、緊急の場合には病児保育施設に速やかに駆けつけることができる職員体制が確保されていること。
(エ) 看護師等が常駐しない場合であっても、保育士等を複数配置することにより、常に複数人による保育体制を確保していること。

イ　利用児童がいない時間帯の場合

利用児童が発生した場合に、連絡を受けた保育士及び看護師等が速やかに出勤し、業務に従事するなど、柔軟な対応が可能となる職員体制が確保されていれば、利用児童がいない場合は保育士及び看護師等の常駐を要件としない。

（注2）　保育士及び看護師等の二名以上の体制で行うことを原則（必須条件）とするが、以下のア及びイの要件を満たす場合には、職員の配置要件を満たしているものとする。その際、本規定に基づき事業を実施する市町村は、事業実施に係る要綱等で定めるところにより、その提供する病児保育に係る情報を公表しなければならない。

ア　離島・中山間地その他の地域で病児保育の利用児童の見込みが少ないと市町村が認めた上で、医療機関併設型で定員二人以下の場合。

イ　「子育て支援員研修事業の実施について」（平成二十七年五月二十一日雇児発〇五二一第一八号厚生労働省雇用均等・児童家庭局長通知）の別紙「子育て支援員研修事業実施要綱」の5(3)アに定める基本研修及び5(3)イ(イ)に定める「地域型保育」の専門研修を修了している等、病児保育事業に従事する上で必要な知識や技術等を修得していると市町村が認めた看護師等を一名専従で配置した上で、病児保育以外の業務に従事している看護師等一名が、必要な場合に速やかに対応できる職員体制を確保し、利用児童の病状等を定期的に確認・把握した上で、適切な関わりとケアを行うこと。

③　その他

ア　集団保育が困難であり、かつ、保護者が家庭で保育を行うことができない期間内で対象児童の受け入れを行うこと。

イ　本事業を担当する職員は、利用の少ない日等において、感染症流行状況、予防策等の情報提供や巡回支援等を適宜実施すること。

ウ　市域内の病児保育施設の空き状況を見える化した予約システムを構築する等、利便性の確保に努めること。

(2)　病後児対応型

①　実施場所

病院・診療所、保育所等に付設された専用スペース又は本事業のための専用施設であって、次のア～ウの基準を満たし、市町村が適当と認めたものとする。

ア　保育室及び児童の静養又は隔離の機能を持つ観察室又は安静室を有すること。

イ　調理室を有すること。なお、病後児保育専用の調理室を設けることが望ましいが、本体施設等の調理室と兼用しても差し支えないこと。

ウ　事故防止及び衛生面に配慮されているなど、児童の養育に適した場所とすること。

②　職員の配置

病後児の看護を担当する看護師等を利用児童おおむね一〇人につき一名以上配置するとともに、病後児が安心して過ごせる環境を整えるために、保育士を利用児童おおむね三人につき一名以上配置すること。

（注1）　保育士及び看護師等の職員配置については、常駐を原則とする。ただし、利用児童が見込まれる場合に近接病院等から保育士及び看護師等が駆けつけられる等の迅速な対応が可能であれば、以下のとおり常駐を要件としない。

ア　利用児童がいる時間帯の場合

(ア)～(エ)の要件を満たし、利用児童の安心・安全を確保できる体制を整えている場合には、看護師等の常駐を要件としない。

(ア)　病気からの回復過程を遅らせたり、二次感染を生じたりすることがないよう、利用児童の病状等を定期的に確認・把握した上で、適切な関わりとケアを行うこと。

(イ)　病児保育施設が医療機関内に設置されている場合等であり、病児保育施設と看護師等が病児保育以外の業務に従事している場所とが近接していること。

(ウ)　看護師等が病児保育以外の業務に従事している場合においても、緊急の場合には病児保育施設に速やかに駆けつけることができる職員体制が確保されていること。

(エ)　看護師等が常駐しない場合であっても、保育士等を複数配置することにより、常に複数人による保育体制を確保していること。

イ　利用児童がいない時間帯の場合

利用児童が発生した場合に、連絡を受けた保育士及び看護師等が速やかに出勤し、業務に従事するなど、柔軟な対応が可能となる職員体制が確保されていれば、利用児童がいない場合は保育士及び看護師等の常駐を要件としない。

（注２）保育士及び看護師等の二名以上の体制で行うことを原則（必須条件）とするが、以下のア及びイの要件を満たしている場合には、職員の配置要件を満たしているものとする。その際、本規定に基づき事業を実施する市町村は、事業実施に係る要綱等で定めるところにより、その提供する病児保育に係る情報を公表しなければならない。

ア　離島・中山間地その他の地域で病児保育の利用児童の見込みが少ないと市町村が認めた上で、医療機関併設型で定員二人以下の場合。

イ　「子育て支援員研修事業の実施について」（平成二十七年五月二十一日雇児発〇五二一第一八号厚生労働省雇用均等・児童家庭局長通知）の別紙「子育て支援員研修事業実施要綱」の５⑶アに定める基本研修及び５⑶(イ)に定める「地域型保育」の専門研修を修了している等、病児保育事業に従事する上で必要な知識や技術等を修得していると市町村が認めた看護師等を一名専従で配置した上で、病児保育以外の業務に従事している看護師等一名が、必要な場合に速やかに対応できる職員体制を確保し、利用児童の病状等を定期的に確認・把握した上で、適切な関わりとケアを行うこと。

③　その他

ア　集団保育が困難であり、かつ、保護者が家庭で保育を行うことができない期間内で対象児童の受け入れを行うこと。

イ　本事業を担当する職員は、利用の少ない日等において、感染症流行状況、予防策等の情報提供や巡回支援等を適宜実施すること。

ウ　市域内の病児保育施設の空き状況を見える化した予約システムを構築する等、利便性の確保に努めること。

(3)　体調不良児対応型

①　実施場所

保育所又は医務室が設けられている認定こども園、小規模保育事業所、事業所内保育事業所の医務室、余裕スペース等で、衛生面に配慮されており、対象児童の安静が確保されている場所とすること。

②　職員の配置

看護師等を一名以上配置し、預かる体調不良児の人数は、看護師等一名に対して二人程度とすること。

③　本事業を担当する看護師等は、実施保育所等における児童全体の健康管理・衛生管理等の保健的な対応を日常的に行うこと。

④　本事業を担当する看護師等は、地域の子育て家庭や妊産婦等に対する相談支援を地域のニーズに応じて定期的に実施すること。

(4)　非施設型（訪問型）

①　実施場所

利用児童の居宅とする。

②　職員の配置

次のア～ウを満たすこと。

ア　病児（病後児）の看護を担当する一定の研修を修了した看護師等、保育士、研修により市町村長が認めた者（以下「家庭的保育者」という。）のいずれか一名以上配置すること。

イ　アに定める職員を配置する場合は、「職員の資質向上・人材確保等研修事業の実施について」（平成二十七年五月二十一日雇児発〇五二一第一九号厚生労働省雇用均等・児童家庭局長通知）に定める病児・病後児保育（訪問型）研修を修了した者とする。なお、令和六年三月三十一日までの間に、別紙１に掲げる研修（市町村等が実施する他の研修会が別紙１の内容を満たす場合には、その研修等の修了をもって代えることも差し支えない）を修了した者についても配置できることとする。

ウ　預かる病児（病後児）の人数は、一定の研修を修了した看護師等、保育士、家庭的保育者いずれか一名に対して、一人程度とする。

③　その他

集団保育が困難であり、かつ、保護者が家庭で保育を行うことができない期間内で対象児童宅への訪問を行うこと。

(5)　送迎対応

①　職員の配置

保育所等から体調不良児の送迎を行う際は、送迎用の自動車に同乗する看護師等又は保育士を配置すること。

②　その他

ア　保育所等から体調不良児の送迎を行う際には、送迎用の自動車に看護師又は保育士が同乗し、安全面に十分配慮した上で実施すること。

イ　送迎はタクシーによる送迎を原則とする。ただし、やむを得ない事由によりタクシーによる送迎対応が困難な場合には、その他自動車の借上げ等による実施も可能とする。

(6) 当日キャンセル対応（試行実施）

① 内容

利用者による当日キャンセルの結果、職員配置に余剰が生じた場合（利用予定児童四名に対して二名の保育士を配置していたが、一名の当日キャンセルにより保育士が一名余剰となる場合等。）に、当日キャンセルした家庭へ状況確認のための連絡等を行う。

なお、当日キャンセルのあった日時、当日キャンセルした者の氏名、当日の職員の配置状況、当日キャンセルのあった家庭への連絡等の対応状況について、別途帳簿等で管理し、補助金等の額の確定の日の属する年度の終了後五年間保存すること。

② 複数か所への予約を未然に防ぐ取組

域内に複数の病児保育施設が所在する場合は、ＩＣＴの活用等により域内の病児保育施設の空き状況を見える化する、予約受付システムや電話連絡等により利用前日に利用者に対して利用の有無を再度確認するなど、利用者が複数か所に予約を行うことがないよう対応策を講じること。（市域内に病児保育施設が一か所しかない場合であっても、同様の措置を講じるよう努めること。）

7 実施方法

(1) 病児対応型及び病後児対応型並びに非施設型（訪問型）については、対象児童をかかりつけ医に受診させた後、保護者と協議のうえ、受け入れ、訪問の決定を行うこと。

(2) 送迎対応については、保育所等から連絡を受けた保護者が、病児保育実施施設に連絡すること等により実施すること。また、送迎対応を行った上で、病児対応型及び病後児対応型の事業を実施する施設において保育を行うにあたっては、かかりつけ医等に受診すること。

(3) 医療機関でない施設が病児対応型及び非施設型（訪問型）を実施する場合は、保護者が児童の症状、処方内容等を記載した連絡票（別紙2様式例。児童を診察した医師が入院の必要性はない旨を署名したもの。）により、症状を確認し、受け入れ、訪問の決定を行うこと。

(4) 保育所等に登所する前からの体調不良児については、体調不良児対応型の事業を実施する保育所等及び送迎対応を利用するものでなく、地域の病児対応型又は病後児対応型の事業を実施する施設を優先的に利用することとし、児童の症状に応じた適切な利用が行われるよう、地域における連携体制の確保に努めること。

(5) 非施設型（訪問型）を実施する場合には、市町村は本事業の安全性や安定性、効率性等について検証を行い、別紙3の内容により報告すること。

(6) 非施設型（訪問型）を実施する場合には、市町村は本事業の安全性や安定性、効率性等について検証を行う観点から、年間を通して利用が見込まれるよう留意すること。

8 留意事項

(1) 医療機関との連携等

① 市町村長は、都道府県医師会・郡市医師会等（以下「地方医師会」という。）に対し、本事業への協力要請を行うとともに、本事業を実施する施設（非施設型（訪問型）を含む。以下同じ）に対し医療機関との連携体制を十分に整えるよう指導すること。

② 本事業を実施する施設は、緊急時に児童を受け入れてもらうための医療機関（以下「協力医療機関」という。）をあらかじめ選定し、事業運営への理解を求めるとともに、協力関係を構築すること。

③ 医療機関でない施設が病児対応型、非施設型（訪問型）及び送迎対応を実施する場合は、児童の病態の変化に的確に対応し、感染の防止を徹底するため、日常の医療面での指導、助言を行う医師（以下「指導医」という。）をあらかじめ選定すること。

④ 病児対応型、非施設型（訪問型）及び送迎対応を実施する場合においては、指導医又は協力医療機関（併設する医療機関の医師を含む。）との関係において、緊急時の対応についてあらかじめ文書により取り決めを行うこと。

⑤ 本事業を実施するに当たっては、指導医・嘱託医と相談のうえ、一定の目安（対応可能な症例、開所（訪問）時間等）を作成するとともに、保護者に対して周知し、理解を得ること。

(2) 書類の整備

この実施要綱の要件に適合する保育所等である旨の必要な書類を整備しておくこと。

(3) 事故の報告

保育中に事故が生じた場合には、「特定教育・保育施設等における事故の報告等について（平成二十九年十一月十日付府子本第九一二号・二九初幼教第一一号・子保発一一一〇第一号・子家発一一一〇第一号通知）」に従い、速やかに報告すること。

(4) 安全計画の策定

児童福祉施設の設備及び運営に関する基準第

六条の三に準じ、安全計画の策定及び必要な措置を講じること等に努めること。

(5) 自動車を運行する場合の所在の確認

児童福祉施設の設備及び運営に関する基準第六条の四に準じ、児童の送迎等のために自動車を運行する場合には、児童の自動車への乗降車の際に、点呼等の方法により児童の所在を確認すべきであること。

(6) 事業継続計画の策定

児童福祉施設の設備及び運営に関する基準第九条の三に準じ、事業継続計画の策定及び必要な措置を講じること等に努めること。

なお、本事業は、感染症に罹患した児童を含む病児を保育するものであることから、常時より次の感染防止のための対策を行うこと。

① 体温の管理等その他健康状態を適切に把握するとともに、複数の児童を受け入れる場合は、他児への感染に配慮すること。

② 手洗い等の設備を設置し、衛生面への十分な配慮を施すことで、他児及び職員への感染を防止すること。

③ 体調不良児対応型を実施する場合においては、他の健康な児童が感染しないよう、事業実施場所と保育室・遊戯室等の間に間仕切り等を設けることで、職員及び他児の往来を制限すること。

④ 児童の受け入れに際しては、予防接種の状況を確認するとともに、必要に応じて予防接種するよう助言すること。

9 研修

病児保育事業に従事する職員については、「職員の資質向上・人材確保等研修事業の実施について」に定める病児・病後児保育研修を受講し、資質の向上に努めること。

10 保護者負担 [略]

11 費用 [略]

別紙1〜3 [略]

96 企業主導型保育事業等の実施について

(令和五年六月二七日 こ成保第七〇号
公益財団法人児童育成協会理事長宛
こども家庭庁成育局長通知)

標記事業の実施については、「企業主導型保育事業等の実施について」(平成二十九年四月二十七日付け府子本第三七〇号、雇児第〇四二七第二号内閣府子ども・子育て本部統括官及び厚生労働省雇用均等・児童家庭局長連名通知)により行われているところであるが、同通知を廃止のうえ、標記事業の実施については、別添「企業主導型保育事業費補助金実施要綱」により行うこととし、令和五年四月一日から適用することとしたので通知する。

別添

企業主導型保育事業費補助金実施要綱

第1 事業の目的

この補助金は、企業主導型の事業所内保育事業を主軸として、多様な就労形態に対応する保育サービスの拡大を行い、保育所待機児童の解消を図り、仕事と子育てとの両立に資することを目的とする。

第2 事業の内容

1 企業主導型保育事業

児童福祉法(昭和二十二年法律第百六十四号)第五十九条の二第一項に規定する施設(同項の規定による届出がされたもののうち利用定員(児童

福祉法施行規則（昭和二十三年厚生省令第十一号）第四十九条の三第四号に定める入所定員をいう。以下単に「利用定員」という。）が六人以上のものに限る。）のうち、同法第六条の三第十二項に規定する業務を目的とするものの設置者が、「第3」に基づき行う保育事業

2 企業主導型保育助成事業

実施機関（事業の実施主体としてこども家庭庁から決定を受けた機関をいう。以下同じ。）が行う以下の事業

(1) 企業主導型保育事業（運営費）

企業主導型保育事業の実施者（以下「事業実施者」という。）に対し、当該事業に要する経費を助成する事業

(2) 企業主導型保育事業（整備費）

事業実施者に対し、企業主導型保育事業を行う施設（以下「企業主導型保育施設」という。）の整備に要する費用を助成する事業

(3) 企業主導型保育事業（施設利用給付費）

事業実施者に対し、企業主導型保育施設を利用する児童のうち、第3の2の(3)に規定する児童に係る利用者負担額（第3の4の(4)①に規定する利用者負担額をいう。以下同じ。）の軽減に要する費用を助成する事業

第3 企業主導型保育事業の実施方法等

1 事業の類型

(1) 事業の類型種別

次の①から④までのいずれかの類型により、事業を実施するものとする。

① 一般事業主（子ども・子育て支援法（平成二十四年法律第六十五号）第六十九条第一項に定める一般事業主をいい、一般事業主から構成される団体等（中小企業等協同組合法（昭和二十四年法律第百八十一号）第三条に掲げるものその他それに類するものをいう。）を含み、国及び地方公共団体を除く。以下同じ。）が、その雇用する労働者の監護する乳児若しくは幼児及びその他の乳児若しくは幼児を保育するために自ら設置する事業所内保育施設（児童福祉法第五十九条の二第一項に規定する施設のうち、同法第六条の三第十二項に規定する業務を目的とするもの（同法第五十九条の二第一項の規定による届出がなされ、かつ、利用定員が六人以上のものに限る。子ども・子育て支援法第二十七条第一項又は第二十九条第一項に基づく確認を受けているもの、事業所内保育施設設置・運営等支援助成金の助成を受けているもの及び地域医療介護総合確保基金の助成を受けているもの並びに市町村（特別区を含む。以下同じ。）又は都道府県が一定の施設基準に基づき運営費支援等を行っているものを除く。）以下、③において同じ）において、当該乳児又は幼児に対し、保育を行う事業

② 保育を実施する者が自ら設置する保育施設（児童福祉法第五十九条の二第一項に規定する施設（同項の規定による届出がなされ、かつ、利用定員が六人以上のものに限り、子ども・子育て支援法第二十七条第一項又は第二十九条第一項に基づく確認を受けているもの、事業所内保育施設設置・運営等支援助成金の助成を受けているもの及び地域医療介護総合確保基金の助成を受けているもの並びに市町村又は都道府県が一定の施設基準に基づき運営費支援等を行っているものを除く。））において、一般事業主と連携して、当該一般事業主が雇用する労働者の監護する乳児又は幼児の保育を行うとともに、必要に応じ、その他の乳児若しくは幼児を保育する事業（以下「保育事業者型事業」という。）

なお、保育事業者型事業の事業実施者は、以下のアからウまでに掲げる施設等の五年以上の運営実績（保育事業者型事業を実施しようとする時点における直近五年間において、以下のアからウまでに掲げるいずれかの施設等を継続して運営していることをいう。）がある者に限る。ただし、令和元年度までに本事業の助成を受けている保育事業者型事業を実施する施設については、従前の取扱いによることができるものとする。

ア 子ども・子育て支援法第七条第四項に定める教育・保育施設、同条第五項に定める地域型保育事業を行う事業所及び同法第三十条第一項第四号に定める特例保育を行う施設

イ 児童福祉法第七条に定める児童福祉施設、同法第六条の三第七項に定める一時預かり事業を行う事業所及び同条第十三項に定める病児保育事業を行う事業所

ウ 認可外保育施設（児童福祉法第五十九条第一項に定める認可外保育施設のうち、地方公共団体における単独保育施策による施設、認可外保育施設指導監督基準を満たす旨の証明書の交付された施設（企業主導型保育施設を含む。））

③ 事業所内保育施設（当該保育施設の設置事業主が雇用する労働者の監護する乳児又は幼児を保育するために設置する施設）の利用定員に余裕がある場合に、当該余裕部分（以下

「空き定員」という。）を活用し、乳児又は幼児（当該保育施設の設置事業主が雇用する労働者の監護する乳児又は幼児を除く。）を保育する事業

④　①から③までにより難いもので、実施機関が、当職と協議の上で必要と認めたもの

(2)　事業の類型変更

事業実施者において、(1)に定める事業の類型種別を変更する必要が生じた場合には、当該変更に関する実施機関の承認を必要とする。

2．事業の内容

(1)　利用定員

①　事業実施者は、次の区分ごとに応じて、施設の利用定員を定めるものとする。なお、事業実施者は、利用定員を超えて保育の提供を行ってはならない。

ア　従業員枠

a　自社従業員枠

事業実施者に雇用されている者の監護する児童

b　共同利用枠

事業実施者と連携した企業（4．(2)により、施設の定員の全部又は一部を利用する契約を締結した企業をいう。）に雇用されている者の監護する児童

イ　地域枠

ア以外の児童（施設の利用定員の五〇％以内。）

②　事業実施者（保育事業者型事業の事業実施者を除く。）は、施設の利用定員の一〇％（小数点以下切り上げ。以下同じ。）以上を自社従業員枠の定員（事業実施者が複数の一般事業主から構成されている場合にあっては、施設の利用定員の一〇％以上を当該一般事業主のいずれかに雇用されている者の監護する児童に係る定員。）として設けなければならない。

③　事業実施者（保育事業者型事業の事業実施者及び1(1)③の類型による事業実施者を除く。）は、自社従業員枠に空き定員がある場合に、当該空き定員を活用して①アa以外の児童を受け入れる場合には、施設の利用定員の一〇％以上を自社従業員枠の利用児童分として確保しなければならない。

④　①及び③の規定にかかわらず、従業員枠に空き定員がある場合は、以下のアからウまでの全ての要件を満たす場合に限り、施設の利用定員の五〇％を超過して①ア以外の児童を受け入れることができるものとする。ただし、事業実施者（保育事業者型事業の事業実施者を除く。）は、施設の利用定員の一〇％以上を自社従業員枠の利用児童分として確保しなければならない。

ア　児童福祉法第二十四条第三項に基づく市区町村の利用調整の結果、入所保留の通知を受けた児童の受入れであること

イ　原則として、従業員枠の当該年度中における空き定員を活用した一時的なものであること

ウ　施設の利用定員の全てを地域枠対象者としないこと

(2)　対象児童

①　従業員枠を利用する児童

全ての保護者が以下のアからエまでのいずれかの状態にある乳児及び幼児（保護者のいずれかはアの状態にあること。）

ア　事業実施者又は事業実施者と連携した一般事業主に雇用されていること

イ　子ども・子育て支援法第二十条に定める認定（同法第十九条第一項第二号又は第三号に掲げるものに限る。）を受けていること

ウ　子ども・子育て支援法施行規則（平成二十六年内閣府令第四十四号）第一条の五第一号、第二号及び第九号に定める事由に該当すると事業実施者が認めること（なお、第一号については、「一月において、月を単位に事業実施者が定める時間以上労働することを常態とすること。」と読み替えるものとする。）

エ　イ及びウに準じる状態にあると実施機関が認めること（上記に拠り難い特段の事由がある場合に限る。）

②　地域枠を利用する児童

全ての保護者が、以下のアからウまでのいずれかの状態にある乳児及び幼児

ア　一般事業主に雇用されていること

イ　子ども・子育て支援法第二十条に定める認定（同法第十九条第二号又は第三号に掲げるものに限る。）を受けていること

ウ　ア及びイに準じる状態にあると実施機関が認めること（上記に拠り難い特段の事由がある場合に限る。）

(3)　企業主導型保育事業（施設利用給付費）の対象児童

①　三歳から五歳（年度初日の前日における満年齢）

ア　従業員枠を利用する児童

全ての児童

イ　地域枠を利用する児童

(2)②イの認定を受けている児童

② ○歳から二歳（年度初日の前日における満年齢）

ア　従業員枠を利用する児童

従業員枠を利用する児童のうち、その保護者及び当該保護者と同一の世帯に属する者が保育の提供のあった月の属する年度（保育の提供のあった月が四月から八月までの場合にあっては、前年度）分の地方税法（昭和二十五年法律第二百二十六号）の規定による市町村民税を課されない者（これに準ずる者として、生活保護法（昭和二十五年法律第百四十四号）第六条第一項に規定する被保護者又は児童福祉法第六条の四に規定する里親である保護者を含む。以下「市町村民税世帯非課税者」という。）である児童

イ　地域枠を利用する児童

(2)②イの認定を受けている児童のうち、その保護者及び当該保護者と同一の世帯に属する者が市町村民税世帯非課税者である児童

(4)　職員

① 企業主導型保育事業を行う施設には、②に規定する保育従事者、嘱託医及び調理員を置かなければならない。ただし、調理業務の全部を委託する場合又は(6)の規定により食事を他施設から搬入する場合には、調理員を置かないことができる。

② 保育従事者は、保育士、子育て支援員（「子育て支援員研修事業の実施について」（平成二十七年五月二十一日付け雇児発〇五二一第一八号）」に規定する子育て支援員（地域保育コースのうち地域型保育の研修を修了した者に限る。）をいう。）その他保育に従事する職員として市町村が行う研修（市町村長が指定する都道府県知事その他の機関が行う研修を含む。）を修了した者等とし、保育従事者の数は、次のアからエまでに掲げる年齢（年度初日の前日における満年齢）区分に応じ、当該各号に定める数の合計数に一を加えた数以上とし、そのうち半数以上は保育士とする。ただし、利用定員二〇人以上の保育事業者型事業を実施する施設の場合、四分の三以上を保育士とする。また、当該数の算定に当たっては、保健師、看護師又は准看護師を、一人に限り、保育士とみなすことができる。

ア　乳児　おおむね三人につき一人

イ　満一歳以上満三歳に満たない幼児　おおむね六人につき一人

ウ　満三歳以上満四歳に満たない幼児　おおむね二〇人につき一人

エ　満四歳以上の幼児　おおむね三〇人につき一人

(5)　設備基準

利用定員二〇人以上の施設については、家庭的保育事業等の設備及び運営に関する基準（平成二十六年厚生労働省令第六十一号。以下「家庭的保育等基準」という。）第四十三条に定める基準を、また、利用定員一九人以下の施設については、家庭的保育等基準第四十八条により準用する家庭的保育等基準第二十八条に定める基準を遵守すること。

ただし、家庭的保育等基準に拠り難い特別の事情があると実施機関が認める場合においては、事業実施者と実施機関との間において個別に定める取扱規約によることができる。なお、実施機関は、当該取扱規約を作成する際には、事前に当職に協議することとし、また、当該取扱規約においては、家庭的保育等基準に定める基準に満たない点を補完するため事業実施者が講ずるべき措置等を盛り込むこととする。なお、建築物の用途に関わらず、建築関係法令に定める採光及び換気について認可保育所の基準を準用することが望ましい。

(6)　食事

事業実施者は、利用乳幼児に食事を提供するときは、家庭的保育等基準第十五条の規定に準じて行うこととし、家庭的保育等基準第十六条第一項各号に定める要件を満たす場合には、企業主導型保育施設外（満三歳未満の乳幼児に食事の提供を行う場合は、当該事業実施者若しくは関連事業者が運営する企業主導型保育施設、小規模保育事業若しくは事業所内保育事業を行う事業所、社会福祉施設、医療機関等又は学校給食法（昭和二十九年法律第百六十号）第三条第二項に規定する義務教育諸学校に限る。）で調理し搬入する方法により行うことができる。この場合、調理室の設置に代えて、調理のための加熱、保存等の調理機能を有する設備を設置することができる。

(7)　認可外保育施設指導監督基準

事業実施者は、「認可外保育施設に対する指導監督の実施について」（平成十三年三月二十九日付け厚生労働省雇児発第一七七号）に基づき、当該施設の所在する地方公共団体が定める「認可外保育施設指導監督基準」を遵守しなければならない。

(8)　その他の基準

事業実施者は、地方公共団体が定める建築関係条例（用途地域による用途の制限を含む。）その他の関係条例、規則を遵守しなければならない。

3．助成金の額

助成金の額は、実施機関が「第5の7．」により定める要領（以下「助成要領」という。）により決定するものとする。

4．実施に当たっての留意事項

(1) 事業実施者は、事業の実施に当たっては、児童福祉法第五十九条の二第一項の規定に基づき、都道府県知事に対し届出を行わなければならない。また、届け出た事項のうち内閣府令で定めるものに変更等が生じたときは同条第二項の規定に基づく届出を行わなければならない。

(2) 共同利用に当たっての、他の一般事業主との連携

① 事業実施者は、その定員の全部又は一部について、事業実施者以外の一般事業主との間において、当該一般事業主の被用者の児童に係る定員枠の契約を締結することができることとする。

② ①の契約の締結に当たっては、各企業が雇用する労働者の児童が利用できる定員数及び当該定員枠に関する契約企業（①により、設置者と利用定員枠の契約を締結した企業をいう。）の費用負担にかかる取扱いを明確にしなければならない。

(3) 「1．(1)③」の類型により事業を実施する場合

空き定員は、事業実施年度の各月初日ごとに、企業主導型保育事業の実施に係る利用定員から入所児童数（事業実施者に雇用されている者の監護する児童に限る。）を減じた数の範囲内で設定することとし、そのうち各月ごとに実際に利用した児童の数をもって、本事業の対象児童数とする。

(4) 利用者負担額の設定について

① 企業主導型保育施設を利用する児童に係る利用者負担額については、次のアからウに掲げる児童ごとに設定しなければならない。

ア 企業主導型保育事業（施設利用給付費）の対象児童以外の児童

当該児童に係る利用者負担額については、別紙1に定める基本分単価の総額から別紙4に定める金額（以下「利用者負担相当額」という。）の総額を控除した額が交付されることを踏まえ、具体的な利用者負担額を設定すること。その際、当該利用者負担相当額は利用者負担額の平均的な水準として設定しているものであることから、当該利用者負担相当額を利用者負担額として設定することを原則とし、その水準を必要以上に超えて高額にすることのないようにすること。なお、企業主導型保育事業は、従業員等に対する福利厚生等の側面があることを踏まえ、企業の負担により利用者負担を引き下げることは可能であること、また同様に従業員枠と地域枠との間で利用者負担に差を設けることは可能であるが、差異の程度については社会通念上合理的と考えられる範囲に収めること。

イ 企業主導型保育事業（施設利用給付費）の対象児童

当該児童に係る利用者負担額については、企業主導型保育事業（施設利用給付費）として利用者負担相当額が交付されることを踏まえ、アに掲げる児童に係る利用者負担額から、利用者負担相当額を減じた額（当該額が〇円を下回る場合には、〇円。）を利用者負担額として設定すること。

② ①により支払を受ける額のほか、保育の提供に当たって、保育の質の向上を図る上で特に必要であると認められる対価について、当該保育に要する費用として見込まれるものの額と利用者負担相当額との差額に相当する金額の範囲内で設定する額の支払を保護者から受けることができる。

③ ①、②の支払を受ける額のほか、保育において提供される便宜に要する費用のうち、次に掲げる費用について保護者から実費を徴収することができる。

ア 日用品、文房具その他の保育に必要な物品の購入に要する費用

イ 保育等に係る行事への参加に要する費用

ウ 三歳以上の児童の食事の提供に係る費用

エ 企業主導型保育施設に通う際に提供される便宜に要する費用

オ アからエまでに掲げるもののほか、保育において提供される便宜に要する費用のうち、保育施設の利用において通常必要とされるものに係る費用であって、保護者に負担させることが適当と認められるもの

④ ②又は③に定める金銭の支払を求める際は、あらかじめ、当該金銭の使途及び金額並びに保護者に金銭の支払を求める理由について書面によって明らかにするとともに、保護者に対して説明を行い、文書による同意を得なければならない。ただし、③の規定による

金銭の支払に係る同意については、文書によることを要しない。

(5) 市町村との連携について

事業実施者は都道府県に対して児童福祉法第五十九条の二第一項に基づく届出を行った際、市町村に対しても当該届出の写しを送付しなければならない。また、事業を実施するにあたっては、市町村と連携し、相互に協力するものとする。

(6) 業務の質の評価等

事業実施者は、定期的に外部の者による評価を受けて、それらの結果を公表し、常にその改善を図るよう努めなければならない。また、運営上、必要と認めるときは、国及び実施機関による助言及び指導に応じなければならない。

(7) 苦情への対応

事業実施者は、その施設を利用している者又はその保護者等からの苦情に迅速かつ適切に対応するために、苦情を受け付けるための窓口を設置する等の必要な措置を講じなければならない。

(8) 保育の実施及び事故の発生時の対応等

事業実施者は、児童福祉施設の設備及び運営に関する基準（昭和二十三年厚生省令第六十三号）第三十五条に規定する内閣総理大臣が定める指針（保育所保育指針）において規定される保育計画の作成など基本原則に関する事項等を踏まえ、乳幼児の心身の状況等に応じた保育を提供するとともに、「教育・保育施設等における事故防止及び事故発生時の対応のためのガイドライン【事故防止のための取組み】～施設・事業者向け～（平成二十七年度教育・保育施設等の事故防止のためのガイドライン等に関する調査研究事業検討委員会作成）」を参考に、事故の発生防止等のための取組を行うこととし、また万が一事故が発生した場合には「教育・保育施設等における事故防止及び事故発生時の対応のためのガイドライン【事故発生時の対応】～施設・事業者、地方自治体共通～（平成二十七年度教育・保育施設等の事故防止のためのガイドライン等に関する調査研究事業検討委員会作成）」を参考に適切な対応を行うとともに、「特定教育・保育施設等における事故の報告等について（平成二十七年二月十六日付け府政共生九六号・二六初幼教第三〇号・雇児保発〇二一六第一号）」に基づき、都道府県へ報告を行うことに加えて、実施機関へも併せて報告を行わなければならない。なお、必ず施設賠償責任保険及び傷害保険等（無過失保険）に加入し、賠償すべき事故が発生した場合は、損害賠償を速やかに行わなければならない。また、傷害保険等（無過失保険）については、独立行政法人日本スポーツ振興センターが行っている災害共済給付制度又はこれと同等以上の給付水準の保険に加入しなければならない。

(9) 利用者への情報提供等

事業実施者は、本事業を実施するにあたって、当該施設で提供する保育サービスの内容を明確にするとともに、当該施設利用者に対して情報を提供するよう、努めなければならない。

(10) 個人情報の取り扱い

事業実施者は、事業を実施する上で取得した当該施設利用者及び職員等の個人情報について、個人情報の保護に関する法律（平成十五年法律第五十七号）等を踏まえて適切に取扱うこと。また、取得した個人情報を事業目的以外に実施機関等の第三者に提供する必要がある場合には、その目的を明らかにし、同意を得なければならない。

(11) 指導・監査、研修、相談支援等業務への対応

事業実施者（保育施設の運営委託を受けた事業者を含む。）は、国及び国の委託を受けた事業者が実施する指導・監査、研修、相談支援等業務について協力しなければならない。実施機関は、当該業務の結果に基づき、必要と認めるときには、事業実施者に対し、指導又は勧告を行わなければならない。

(12) 助成決定の取消し

実施機関は、事業実施者が以下の①から③までのいずれかに該当する場合であって、必要と認めるときには、助成決定の取消しを行うものとする。

① 助成申込等において不正を行った事実が判明した場合

② 実施要綱又は助成要領等の定めに違反した場合

③ 指導又は勧告を受けても改善が見られない場合

(13) 保育施設の運営委託等の取扱い

企業主導型保育事業において、一般事業主が保育施設の運営を委託することができる保育事業者は、1．(1)②においてアからウまでに掲げる施設等の五年以上の運営実績（委託時点における直近五年間において、当該アからウまでに掲げるいずれかの施設等を継続して運営しているものをいう。）がある者に限る。ただし、令和元年度までに本事業の助成を受けている保育施設の運営を委託している保育事業者については、従前の取扱いによることができるも

のとする。この場合において、当該施設が保育施設の運営を委託する保育事業者を変更しようとする場合には、この限りではない。また、一般事業主から委託を受けた保育事業者や保育事業者設置型事業の実施者は、自ら雇用した保育従事者により、児童に対する保育を実施すること。ただし、保育従事者に急な欠員が生じる等の一時的な場合に派遣等を活用することについては、この限りでない。

第4　企業主導型保育助成事業（整備費）の取扱いについて　〔略〕

第5　企業主導型保育助成事業の実施方法　〔略〕

第6　その他　〔略〕

別紙1～10　〔略〕

97 児童相談所運営指針について

（平成二年三月五日　児発第一三三号　各都道府県知事　各指定都市市長宛　厚生省児童家庭局長通知）

改正　令和五年三月二九日　子発〇三二九第一四号

児童相談所の運営及び活動の要領については、昭和五十二年三月三日児発第一〇五号本職通知「児童相談所執務提要について」により行われてきたところですが、近年の児童問題の複雑化、多様化等に伴い、その一層効率的な運営が求められています。

このため、今般、新たに「児童相談所運営指針」を定めましたので、地域の実情に即した児童相談所の適切な運営及び相談援助活動の円滑な実施に努められるようお願いいたします。

また、相談援助の諸方法、関係書類の様式等若干の参考資料を添付したので御参照ください。

〔編集部注〕以下、参考のため目次のみ掲載する。

児童相談所運営指針

98 一時保護ガイドラインについて

（平成三〇年七月六日　子発〇七〇六第四号
各都道府県知事　各指定都市市長　児童相談所設置市市長宛
厚生労働省子ども家庭局長通知）

改正　令和四年一二月六日　子発一二〇六第六号

児童相談所の運営及び活動については、児童福祉法、児童福祉法施行令及び児童福祉法施行規則に定めるほか、一時保護を含む基本的な業務の在り方等については、従前より「児童相談所運営指針について」（平成二年三月五日付け児発第一三三号）において具体的に示しているところである。

現状において、一時保護に関して指摘されている問題解決に向け、自治体や関係者が進むべき方針を共有し、一時保護を適切に行い、実効ある見直しを進めることを目的として示すものとして、今般、児童相談所運営指針の一時保護に関連する記載を削り、別添のとおり一時保護ガイドラインを作成したので、内容について御了知いただくとともに、児童相談所はじめ管内の市区町村、関係機関、関係団体に対し周知を図られたい。

なお、本通知は、地方自治法（昭和二十二年法律第六十七号）第二百四十五条の四第一項の規定に基づく技術的助言である。

（別添）

一時保護ガイドライン

I　ガイドラインの目的

一時保護は、子どもの安全の迅速な確保、適切な保護を行い、子どもの心身の状況、置かれている環境などの状況を把握するために行うものであり、虐待を受けた子どもや非行の子ども、養護を必要とする子ども等の最善の利益を守るために行われるものである。しかしながら、子どもの安全確保のみならず、権利擁護も図られる必要があることに加え、子どもの安全確保に重きが置かれ、子ども一人一人の状態に合わせた個別的な対応が十分できていないことがあることや、ケアに関する自治体間格差、学校への通学ができないことが多いなど学習権保障の観点からの問題、一時保護期間の長期化などの問題が指摘されている。

このため、一時保護の基本的な考え方を一時保護に関わる職員や機関が共有し、適切に支援を行うことが重要である。

平成二十八年六月三日に公布された「児童福祉法等の一部を改正する法律」（平成二十八年法律第六十三号。以下「平成二十八年児童福祉法等改正法」という。）により、子どもが権利の主体であることや、家庭養育優先の理念とともに、一時保護の目的が、子どもの安全を迅速に確保し適切な保護を図るため、又は子どもの心身の状況、その置かれている環境その他の状況を把握するためであることが明確化された。

また、平成二十八年児童福祉法等改正法の理念を具体化するため、厚生労働大臣が参集し開催された有識者による「新たな社会的養育の在り方に関する検討会」で取りまとめられた「新しい社会的養育ビジョン」（平成二十九年八月二日）においては、平成二十八年児童福祉法等改正法の基本的な考え方を踏まえ、一時保護の見直しの必要性が提示された。

このような一時保護は子どもの最善の利益を守るため、子どもを一時的にその養育環境から離すものであるが、そうした中でも、子どもの権利擁護が図られ、安全・安心な環境で適切なケアが提供されることが重要である。本ガイドラインは、現状において、一時保護に関して指摘されている問題解決に向け、自治体や関係者が進むべき方針を共有し、一時保護を適切に行い、実効ある見直しを進めることを目的として示すものである。

なお、本ガイドラインに記載されていることにとどまらず、一時保護において子どもの状況等に最も適した環境等で生活やケアの質が確保され、子どもの最善の利益が図られるという観点から、また、「「児童虐待防止対策に関する関係閣僚会議」の開催について」（平成三十年六月十五日付け子発〇六一五第一号厚生労働省子ども家庭局長通知）でお示しした、児童虐待防止対策の強化に向けた更なる対応の検討結果等も含め、不断の見直しを進め、今後も一時保護の改善のため必要な内容を本ガイドラインに盛り込んでいくこととする。

Ⅱ　一時保護の目的と性格　［略］

Ⅲ　一時保護所の運営　［略］

Ⅳ　委託一時保護　［略］

Ⅴ　一時保護生活における子どもへのケア・アセスメント　［略］

別添1（様式例）〈**一時保護決定通知書**〉　［略］

別添2（様式例）〈**家事審判申立書**〉　［略］

別添3（様式例）　［略］

99 社会的養護施設運営指針及び里親及びファミリーホーム養育指針について

（平成二四年三月二九日　雇児発〇三二九第一号
各都道府県知事　各指定都市市長　各中核市市長・各児童相談所設置市市長宛
厚生労働省雇用均等・児童家庭局長通知）

社会的養護の充実については、児童養護施設等の社会的養護の課題に関する検討委員会及び社会保障審議会児童部会社会的養護専門委員会において、平成二十三年七月に「社会的養護の課題と将来像」をとりまとめ、その推進を図っているところである。このとりまとめにおいて、社会的養護の質の向上を図るため、施設等種別ごとの指針を作成することとしたことから、同年八月末より、六つの施設等種別ごとのワーキンググループを設けて検討を行い、社会的養護専門委員会での検討を経て、今般、別添1から別添6までのとおり、「児童養護施設運営指針」「乳児院運営指針」「情緒障害児短期治療施設運営指針」「児童自立支援施設運営指針」「母子生活支援施設運営指針」及び「里親及びファミリーホーム養育指針」を定めた。

ついては、これらの指針の趣旨を踏まえ、社会的養護施設及び里親等における養育、支援等の向上に努めていただけるようお願いする。

［**編集部注**］参考のため別添1「児童養護施設運営指針」のみ見出しを掲載する。

別添1

児童養護施設運営指針

第Ⅰ部　総論

1．目的
2．社会的養護の基本理念と原理
(1)社会的養護の基本理念
(2)社会的養護の原理
(3)社会的養護の基盤づくり
3．児童養護施設の役割と理念
4．対象児童
(1)子どもの特徴と背景
(2)子どもの年齢等
5．養育のあり方の基本
(1)関係性の回復をめざして
(2)養育のいとなみ
(3)養育を担う人の原則
(4)家族と退所者への支援
6．児童養護施設の将来像
(1)施設の小規模化と施設機能の地域分散化
(2)施設機能の高度化と地域支援

第Ⅱ部　各論

1．養育・支援
(1)養育・支援の基本
(2)食生活
(3)衣生活
(4)住生活
(5)健康と安全
(6)性に関する教育
(7)自己領域の確保
(8)主体性、自律性を尊重した日常生活
(9)学習・進学支援、就労支援
(10)行動上の問題及び問題状況への対応
(11)心理的ケア
(12)継続性とアフターケア
2．家族への支援
(1)家族とのつながり
(2)家族に対する支援
3．自立支援計画、記録
(1)アセスメントの実施と自立支援計画の策定
(2)子どもの養育・支援に関する適切な記録
4．権利擁護
(1)子ども尊重と最善の利益の考慮
(2)子どもの意向への配慮
(3)入所時の説明等
(4)権利についての説明
(5)子どもが意見や苦情を述べやすい環境
(6)被措置児童等虐待対応
(7)他者の尊重
5．事故防止と安全対策
6．関係機関連携・地域支援
(1)関係機関等の連携
(2)地域との交流
(3)地域支援
7．職員の資質向上
(1)職員の質の向上に向けた体制の確立
8．施設の運営
(1)運営理念、基本方針の確立と周知
(2)中・長期的なビジョンと計画の策定
(3)施設長の責任とリーダーシップ
(4)経営状況の把握
(5)人事管理の体制整備
(6)実習生の受入れ
(7)標準的な実施方法の確立
(8)評価と改善の取組

別添2　乳児院運営指針〔略〕
別添3　情緒障害児短期治療施設運営指針〔略〕
別添4　児童自立支援施設運営指針〔略〕
別添5　母子生活支援施設運営指針〔略〕
別添6　里親及びファミリーホーム養育指針
〔略〕
別添7　自立援助ホーム運営指針〔略〕

〔編集部注〕「平成二十八年改正児童福祉法の施行に伴う情緒障害児短期治療施設関係通知の取扱いについて」（平成二十九年三月三十一日雇児発〇三三一第四一号）において、「情緒障害児短期治療施設」とある部分については、「児童心理治療施設」と読替えを行った上で、引き続き適用することとされた。

100 里親制度の運営について

（平成一四年九月五日 雇児発第〇九〇五〇〇二号
各都道府県知事 各指定都市市長 各児童相談所設置市市長宛
厚生労働省雇用均等・児童家庭局長通知）

改正 平成二九年三月三一日 雇児発〇三三一第三五号

標記については、今後の里親制度の運営に関し留意すべき事項を、別紙のとおり里親制度運営要綱として定めたので、御了知の上、その取扱いに遺漏のないよう努められたい。

この通知は、地方自治法（昭和二十二年法律第六十七号）第二百四十五条の四第一項の規定に基づく技術的な助言であることを申し添える。

別紙

里親制度運営要綱

第1 里親制度の趣旨

里親制度は、家庭での養育に欠ける児童等に、その人格の完全かつ調和のとれた発達のための温かい愛情と正しい理解をもった家庭を与えることにより、愛着関係の形成など児童の健全な育成を図るものであること。

第2 里親制度の運営

1 里親制度は、都道府県知事（指定都市及び児童相談所設置市にあっては、その長とする。以下同じ。）、児童相談所長、福祉事務所長、児童委員及び児童福祉施設の長が、児童福祉法（昭和二十二年法律第百六十四号。以下「法」という。）、児童福祉法施行令（昭和二十三年政令第七十四号。以下「政令」という。）、児童福祉法施行規則（昭和二十三年厚生省令第十一号。以下「省令」という。）及び里親が行う養育に関する最低基準（平成十四年厚生労働省令第百十六号。以下「最低基準」という。）のほか、この「里親制度運営要綱」、平成二十三年三月三十日雇児発〇三三〇第九号厚生労働省雇用均等・児童家庭局長通知「里親委託ガイドラインについて」、平成二十四年三月二十九日雇児発〇三二九第一号厚生労働省雇用均等・児童家庭局長通知の別添6「里親及びファミリーホーム養育指針」等により、それぞれ運営し、関与するものであること。

2 法第三十二条の規定により都道府県知事から児童を里親に委託する権限の委任を受けた児童相談所長は、必要と思われる事項につき、都道府県知事に報告すること。

3 児童相談所長は、福祉事務所長、児童委員、児童福祉施設の長、市区町村、学校等をはじめ、里親支援機関、里親会その他の民間団体と緊密に連絡を保ち、里親制度が円滑に実施されるように努めること。

4 児童福祉施設の長は、里親とパートナーとして相互に連携をとり、協働して児童の健全育成を図るよう、里親制度の積極的な運用に努めること。特に、児童福祉施設に配置されている家庭支援専門相談員、里親支援専門相談員等は、児童相談所や里親支援機関等と連携し、里親への支援等に努めること。

第3 里親制度の概要

1 里親の種類

里親は、法第六条の四に定義されており、里親の種類は、養育里親、専門里親、養子縁組里親、親族里親であること。

(1) 養育里親

保護者のない児童又は保護者に監護させることが不適当であると認められる児童（以下「要保護児童」という。）を養育することを希望し、かつ、省令で定める要件を満たす者のうち、都道府県知事が要保護児童を委託する者として適当と認め、養育里親名簿に登録されたものをいう。［法第六条の四第一号］

なお、法令上、養育里親は、専門里親を含むものとして規定されているが、この要綱においては専門里親を除く養育里親を単に養育里親という。

(2) 専門里親

省令で定める要件に該当する養育里親であって、①児童虐待等の行為により心身に有害な影響を受けた児童、②非行のある若しくは非行に結び付くおそれのある行動をする児童、又は③身体障害、知的障害若しくは精神障害がある児童のうち、都道府県知事がその養育に関し特に支援が必要と認めたものを養育するものとして養育里親名簿に登録されたものをいう。［省令第一条の三十六］

(3) 養子縁組里親

要保護児童を養育すること及び養子縁組によって養親となることを希望し、かつ、省令で定めるところにより行う研修を修了した者のうち、養子縁組里親名簿に登録されたものをいう。［法第六条の四第二号］

(4) 親族里親

要保護児童の扶養義務者（民法（明治二十九年法律第八十九号）に定める扶養義務者をいう。以下同じ。）及びその配偶者である親族であって、要保護児童の両親その他要保護児童を現に監護する者が死亡、行方不明、拘禁、疾病による入院等の状態となったことにより、これらの者による養育が期待できない要保護児童の養育を希望する者のうち、都道府県知事が児童を委託する者として適当と認めるものをいう。［法第六条の四第三号、省令第一条の三十九］

2　里親登録又は認定の要件

都道府県知事は、養育里親（専門里親を含む。）又は養子縁組里親となることを希望する者からの申請に基づき、当該希望する者について養育里親名簿又は養子縁組里親名簿に登録し、又はしないことの決定を行う際には、都道府県児童福祉審議会（法第八条第一項ただし書に規定する都道府県にあっては、地方社会福祉審議会とする。以下同じ。）の意見を聴くこと。

また、都道府県知事は、都道府県児童福祉審議会（法第八条第一項ただし書に規定する都道府県にあっては、地方社会福祉審議会とする。以下同じ。）の意見を聴いて、要保護児童を委託する者として適当と認める者を親族里親として認定すること。［法第六条の四、政令第二十九条］

また、里親登録又は認定の要件は、次のとおりであること。

(1)　養育里親

①　要保護児童の養育についての理解及び熱意並びに児童に対する豊かな愛情を有していること。［省令第一条の三十五第一号］

②　経済的に困窮していないこと（要保護児童の親族である場合を除く。）。［省令第一条の三十五第二号］

③　都道府県知事が行う養育里親研修を修了していること。［法第六条の四第一号、省令第一条の三十五第三号］

④　里親本人又はその同居人が次の欠格事由に該当していないこと。［法第三十四条の二十第一項、政令第三十五条の五］

ア　成年被後見人又は被保佐人（同居人にあっては除く。）

イ　禁錮以上の刑に処せられ、その執行を終わり、又は執行を受けることがなくなるまでの者

ウ　法、児童買春・児童ポルノ禁止法（児童買春、児童ポルノに係る行為等の規制及び処罰並びに児童の保護等に関する法律）又は政令第三十五条の五で定める福祉関係法律の規定により罰金の刑に処され、その執行を終わり、又は執行を受けることがなくなるまでの者

エ　児童虐待又は被措置児童等虐待を行った者その他児童の福祉に関し著しく不適当な行為をした者

(2)　専門里親

①　(1)の①から④までのすべてに該当すること。

②　次の要件のいずれかに該当すること［省令第一条の三十七第一号］

ア　養育里親として三年以上の委託児童の養育の経験を有すること。

イ　三年以上児童福祉事業に従事した者であつて、都道府県知事が適当と認めたものであること。

ウ　都道府県知事がア又はイに該当する者と同等以上の能力を有すると認めた者であること。

③　専門里親研修を修了していること。［省令第一条の三十七第二号］

④　委託児童の養育に専念できること。［省令第一条の三十七第三号］

(3)　養子縁組里親

①　(1)の①、②及び④のすべてに該当すること。［法第三十四条の二十第一項、政令第三十五条の五、省令第三十六条の四十二第二項第一号及び第二号］

②　都道府県知事が実施する養子縁組里親研修を修了していること。［省令第三十六条の四十二第二項第三号］

(4)　親族里親

①　(1)の①及び④に該当すること。［省令第三十六条の四十七］

②　要保護児童の扶養義務者及びその配偶者である親族であること。［省令第一条の三十九］

③　要保護児童の両親その他要保護児童を現に監護する者が死亡、行方不明、拘禁、疾病による入院等の状態となったことにより、これらの者による養育が期待できない要保護児童の養育を希望する者であること。［省令第一条の三十九］

3　里親委託

(1)　法第二十七条第一項第三号の規定に基づき、都道府県（指定都市及び児童相談所設置市を含む。以下同じ。）は、要保護児童を里親に委託する措置を採るものであること。

(2)　児童を里親に委託したときは、都道府県は、里親手当及び児童の養育に要する一般生活費、教育費等の費用（養子縁組里親及び親族里親については里親手当を除く。）を、里親

に対する措置費として支払い、国はその二分の一を負担するものであること。［法第五十条第七号、第五十三条］

(3) 法において児童とは一八歳未満の者をいう（法第四条第一項）が、都道府県は、必要と認めるときは、満二〇歳に達するまで引き続き委託を継続する措置を採ることができること。［法第三十一条第二項］

第4 里親の登録又は認定等 ［略］

第5 里親への委託等 ［略］

第6 里親が行う児童の養育 ［略］

第7 里親が行う養育に関する最低基準 ［略］

第8 里親等への指導 ［略］

第9 里親への支援 ［略］

第10 里親への研修 ［略］

第11 被措置児童等虐待への対応 ［略］

第12 里親制度の普及 ［略］

第13 都道府県間の連絡 ［略］

第14 費用 ［略］

101 里親委託ガイドラインについて

（平成二三年三月三〇日 雇児発〇三三〇第九号 各都道府県知事 各指定都市市長 各児童相談所設置市市長宛 厚生労働省雇用均等・児童家庭局長通知）

改正 令和三年三月二九日 子発〇三二九第四号

里親制度の運営については、児童福祉法（昭和二十二年法律第百六十四号）等の関係法令及び平成十四年九月五日雇児発第〇九〇五〇〇二号厚生労働省雇用均等・児童家庭局長通知「里親制度の運営について」、平成二年三月五日児発第一三三号厚生省児童家庭局長通知「児童相談所運営指針」等に基づき行われているところであるが、今般、各都道府県、指定都市、児童相談所設置市及びその児童相談所並びに里親会、里親支援機関、児童福祉施設等の関係機関が協働し、より一層の里親委託の推進を図るため、別紙のとおり「里親委託ガイドライン」を定めたので、積極的な取組をお願いする。

なお、この通知は、地方自治法（昭和二十二年法律第六十七号）第二百四十五条の四第一項の規定に基づく技術的な助言であることを申し添える。

別紙

里親委託ガイドライン

1．里親委託の意義

里親制度は、何らかの事情により家庭での養育が困難又は受けられなくなった子ども等に、温かい愛情と正しい理解を持った家庭環境の下での養育を提供する制度である。家庭での生活を通じて、子どもが成長する上で極めて重要な特定の大人との愛着関係の中で養育を行うことにより、子どもの健全な育成を図る有意義な制度である。

近年、虐待を受けた子どもが増えている。社会的養護を必要とする子どもの多くは、保護者との愛着関係はもとより、他者との関係が適切に築けない、学校等への集団にうまく適応できない、自尊心を持てないなどの様々な課題を抱えている。また、予期せぬ妊娠で生まれて親が養育できない子どもの養育が課題である。子どもを養育者の家庭に迎え入れて養育を行う家庭養護である里親委託が、これまでよりさらに積極的に活用されるべきである。

児童福祉法（以下「法」という。）において、児童は適切な養育を受け、健やかな成長、発達や自立が図られる等を保障される権利を有することが位置付けられており、その上で国民、保護者、国、地方公共団体がそれぞれこれを支える形で、児童の福祉が保障されることが明記されている。このことを踏まえ、社会的養護を必要とする子どもの養育を進める必要がある。

また、法第三条の二において、「国及び地方公共団体は、児童が家庭において心身ともに健やかに養育されるよう、児童の保護者を支援しなければならない。ただし、児童及びその保護者の心身の状況、これらの者の置かれている環境その他の状況を勘案し、児童を家庭において養育することが困難であり又は適当でない場合にあつては児童が家庭における養育環境と同様の養育環境において継続的に養育されるよう、

（中略）必要な措置を講じなければならない。」と規定していることを十分に踏まえ、子どもを養育者の家庭に迎え入れて養育を行う家庭養護である特別養子縁組を含む養子縁組や里親委託を、原則として取り組んでいかなければならない。

しかし、現状においては、地域社会の変化や核家族化により、社会的養護を必要とする子どもが増加する中、虐待による影響など、様々な課題を抱えた子どもが多くなっている一方で、このような子どもに対応できる里親が少ないこと、里親家庭においても家庭環境が変化していたり、里親制度への社会の理解不足から、里親委託が進まない事情がある。多様な子どもに対応できる様々な里親家庭、例えば、乳幼児、中・高校生等の高年齢の子ども、障害のある子どもや非行児童などそれぞれに養育支援が可能な里親を開拓し、社会的養護の担い手として多くの里親を確保する必要がある。

さらに、民間あっせん機関による養子縁組のあっせんに係る児童の保護等に関する法律（平成二十八年法律第百十号）が平成二十八年十二月に成立し、民間あっせん機関が養子縁組のあっせんを行う上での様々な規制が設けられたところである。児童相談所は、同法の規制を直接受けるものではないが、同法の規定の趣旨に則り、養子縁組里親の選定や委託等の業務を行うことが求められる。

併せて、児童養護施設等においても、できる限り良好な家庭的環境における養育を目指して、子どもの個別のニーズに応ずることが可能となるような養育単位の小規模化や、地域社会に存在して、地域社会に子どもも養育者も参加できるような地域化を推進していくことが必要である。

2．里親委託の原則

家族は、社会の基本的集団であり、家族を基本とした家庭は子どもの成長、福祉及び保護にとって最も自然な環境である。このため、保護者による養育が不十分又は養育を受けることが望めない社会的養護のすべての子どもの代替的養護は、家庭養護が望ましく、養子縁組里親を含む里親委託を原則として検討する。特に、乳幼児は安定した家族の関係の中で、愛着関係の基礎を作る時期であり、子どもが安心できる、温かく安定した家庭で養育されることが大切である。

社会的養護が必要な子どもを里親家庭に委託することにより、子どもの成長や発達にとって、

① 特定の大人との愛着関係の下で養育されることにより、自己の存在を受け入れられているという安心感の中で、自己肯定感を育むとともに、人との関係において不可欠な、基本的信頼感を獲得することができる、

② 里親家庭において、適切な家庭生活を体験する中で、家族それぞれのライフサイクルにおけるありようを学び、将来、家庭生活を築く上でのモデルとすることが期待できる、

③ 家庭生活の中で人との適切な関係の取り方を学んだり、身近な地域社会の中で、必要な社会性を養うとともに、豊かな生活経験を通じて生活技術を獲得することができる、

というような効果が期待できることから、社会的養護においては養子縁組里親を含む里親委託を原則として検討する。

3．里親委託する子ども　［略］

4．保護者の理解　［略］

5．里親への委託　［略］

6．里親の認定・登録について　［略］

7．里親家庭への支援　［略］

8．子どもの権利擁護　［略］

9．里親制度の普及と理解の促進　［略］

10．里親委託及び里親支援の体制整備　［略］

102 社会的養護関係施設における第三者評価及び自己評価の実施について

（令和四年三月二三日　子発〇三二三第三号社援発〇三二三第三〇号
各都道府県知事　各指定都市市長　各中核市市長
各児童相談所設置市市長宛
厚生労働省子ども家庭局長　厚生労働省社会・援護局長通知）

「福祉サービス第三者評価事業に関する指針」（以下「第三者評価指針」という。）を踏まえながら社会的養護関係施設（児童養護施設、乳児院、児童心理治療施設、児童自立支援施設及び母子生活支援施設をいう。以下同じ。）における第三者評価については、「社会的養護関係施設における第三者評価及び自己評価の実施について」（平成三十年三月三十日付子発第〇三三〇第八号、社援発〇三三〇第四二号（以下「社会的養護関係施設第三者評価通知」という。））により実施されているところである。

社会的養護関係施設の第三者評価基準については、社会的養護関係施設第三者評価通知に示すとおり、概ね三年毎に定期的に見直しを行うこととしているが、今般、前回の見直しから四年が経過することから、福祉サービス第三者評価事業の全国推進組織である全国社会福祉協議会（以下「全社協」という。）に設けられた「福祉サービスの質の向上推進委員会」に要請し、各施設における支援の質の向上の観点から当該基準の見直しの検討を行ったところである。

これを踏まえ、第三者評価基準の改定を行い、本通知により令和四年四月一日から適用することとしたので、第三者評価指針のほか下記の事項に留意の上、社会的養護関係施設の第三者評価の適切な実施にご配意願いたい。

なお、本通知は、地方自治法（昭和二十二年法律第六十七号）第二百四十五条の四第一項の規定に基づく技術的な助言である。

記

1．第三者評価の趣旨

社会福祉法（昭和二十六年法律第四十五号）第七十八条第一項により、「社会福祉事業の経営者は、自らその提供する福祉サービスの質の評価を行うことその他の措置を講ずることにより、常に福祉サービスを受ける者の立場に立って良質かつ適切な福祉サービスを提供するよう努めなければならない。」こととされており、これに基づき、福祉サービス第三者評価事業が実施されている。

福祉サービス第三者評価事業は、社会福祉事業の経営者が任意で第三者評価を受ける仕組みであるが、社会的養護関係施設については、子どもが施設を選ぶ仕組みではない措置制度等であり、また、施設長による親権代行等の規定があるほか、被虐待児が増加していること等により、施設運営の質の向上が必要である。このため、「児童福祉施設の設備及び運営に関する基準」（昭和二十三年厚生省令第六十三号）において、社会的養護関係施設については、「自らその行う業務の質の評価を行うとともに、定期的に外部の者による評価を受けて、それらの結果を公表し、常にその改善を図らなければならない。」旨を定め、第三者評価の受審及び自己評価並びにそれらの結果の公表を義務づけている。

これらにより、社会的養護関係施設の第三者評価は、子どもの最善の利益の実現のために施設運営の質の向上を図ることを趣旨として実施されるものである。

2．第三者評価及び自己評価の定期的な実施

(1) 社会的養護関係施設は、第三者評価指針及び本通知に基づき、第三者評価を令和四年度から始まる三か年度毎に一回以上受審し、その結果の公表をしなければならない。

(2) また、第三者評価基準の評価項目に沿って、毎年度、自己評価を行わなければならない。

3．第三者評価の推進組織

① 全国推進組織（全社協）

全国推進組織である全社協は、「福祉サービス第三者評価事業に関する指針」による業務に加え、社会的養護関係施設第三者評価機関の認証に関すること、社会的養護関係施設についての第三者評価基準及び第三者評価の手法に関すること、第三者評価結果の取扱いに関すること、評価調査者養成研修及び評価調査者継続研修に関すること、その他必要な業務を行う。

② 都道府県推進組織

第三者評価指針の別添1の「都道府県推進組織に関するガイドライン」による業務に加え、本通知に定める事項に係る業務を行うことができる。

4．第三者評価基準

(1) 全国共通の第三者評価基準

社会的養護関係施設の第三者評価基準については、他の福祉サービスと同様に共通評価基準と施設種別独自の内容評価基準に分かれており、今般、別添1－1から別添6－4までのとおり改定したところである。

共通評価基準は、都道府県社会的養育推進計

画に関する内容を踏まえ、施設経営を取り巻く環境と経営状況の把握・分析、職員育成の意義、地域の福祉ニーズ等を把握するための取り組みに関する内容の加筆等を行い、改定した。自立援助ホームについては、平成二十二年に評価基準を策定後、初めての改定となるため、平成三十年に改正された全施設種別の共通の第三者評価指針の別添3の「福祉サービス第三者評価基準ガイドライン」及び同通知の別添4の「福祉サービス第三者評価基準ガイドラインにおける評価項目の判断基準に関するガイドライン」に合わせて評価項目の組み替え等の見直しを行ったほか、自立援助ホームは第二種社会福祉事業であることや児童の対象年齢を超えた者も入居している等の特性・実態を踏まえた言葉の置き換え、整理を行った。

また、内容評価基準については、子どもの権利擁護に関する項目の加筆や、評価基準の一部に二段階評価が用いられたものを三段階評価に修正する等の見直しを行った。自立援助ホームについては、利用者からの申し込みによる入居であり、他の施設種別と異なるため、入居者の年齢や実態を考慮した修正を行った。

(2) 都道府県独自の第三者評価基準

都道府県推進組織は、(1)にかかわらず、第三者評価指針の別添1の「都道府県推進組織に関するガイドライン」により、独自の第三者評価基準を定めることができる。この場合、社会的養護関係施設の施設運営指針に基づくとともに、(1)の全国共通の第三者評価基準に基づいて定めるものとする。

(3) 第三者評価基準の見直し

社会的養護関係施設の第三者評価基準については、三年に一回の第三者評価の受審を義務づけていることを踏まえ、その実施状況を見ながら、概ね三年毎に定期的に見直しを行うこととする。

5．第三者評価機関

(1) 社会的養護関係施設第三者評価機関の認証

社会的養護関係施設第三者評価機関は、社会的養護関係施設の特質等を十分把握し、一定以上の評価実績を積むことが必要であるため、他の都道府県など広域で活動できることが適当である。

このため、社会的養護関係施設第三者評価機関については、全国共通の「社会的養護関係施設第三者評価機関」の認証を受けなければならないこととし、この認証は、次の要件により原則として全国推進組織が行い、全国において有効とする。

① 都道府県推進組織の認証を受けている第三者評価機関にあっては、全国推進組織である全国社会福祉協議会が実施する直近の社会的養護関係施設評価調査者養成研修又は継続研修を受講し、修了した評価調査者が在籍していること。

② ①以外の第三者評価機関にあっては、第三者評価指針の別添2の「福祉サービス第三者評価機関認証ガイドライン」に掲げる要件を満たすとともに、①の要件を満たしていること。

(2) 認証の有効期間と更新

当該認証の有効期間は、令和四年度から始まる三か年度毎の年度末日までの期間とする。

なお、認証の更新時には、令和四年度から始まる三か年度毎に六か所以上の社会的養護関係施設の評価を行うとともに、この三か年度毎に全国推進組織が行う研修を受講し修了した評価調査者が在籍し、適切な評価を行っていることを要件とする。

(3) 都道府県独自の認証

都道府県推進組織は、(1)にかかわらず、当該都道府県内において有効な社会的養護関係施設第三者評価機関の認証を行うことができる。

この場合は、第三者評価指針の別添2の「福祉サービス第三者評価機関認証ガイドライン」に基づき、都道府県推進組織が定める認証要件を満たすとともに、都道府県推進組織が実施する社会的養護関係施設評価調査者養成研修を受講し、修了した評価調査者が在籍していることとする。

なお、4(2)で独自の第三者評価基準を設けている都道府県推進組織において、特に必要と認める場合には、当該都道府県内の施設の第三者評価については、当該独自の認証を受けた社会的養護関係施設第三者評価機関でなければならない旨の取り扱いを設けることができる。

(4) 評価の実施等

社会的養護関係施設第三者評価機関が社会的養護関係施設の評価を行う場合には、一件の第三者評価に二名以上の評価調査者が一貫して担当するものとし、いずれの評価調査者も、直近の社会的養護施設評価調査者養成研修又は継続研修を受講し、修了していることが望ましいが、少なくとも一名は、これを受講し、修了している者でなければならない。

なお、社会的養護関係施設評価調査者養成研修を受講していない評価調査者についても、第三者評価指針の別添1の「都道府県推進組織に関するガイドライン」により都道府県推進組織が行う評価調査者養成研修を受講し、修了した者でなければならない。

社会的養護関係施設第三者評価機関は、毎年度、全国推進組織に対し第三者評価事業の実績等を報告し、また、全国推進組織が第三者評価事業の適正な実施を目的として行う調査等に協力するものとする。

6．評価調査者養成研修及び評価調査者継続研修

全国推進組織は、社会的養護関係施設評価調査者養成研修及び評価調査者継続研修を行う。

養成研修は、①社会的養護の現状と課題、②児童養護施設の現状と第三者評価、③乳児院の現状と第三者評価、④児童心理治療施設の現状と第三者評価、⑤児童自立支援施設の現状と第三者評価、⑥母子生活支援施設の現状と第三者評価、⑦社会的養護関係施設の評価の手法のそれぞれについて、専門的知見を有する講師により、講義・演習を行うものとする。演習科目においては、社会的養護関係施設の第三者評価の実施に係る訪問調査や利用者調査等の実践事例等を組み入れるよう工夫を講じること。

継続研修は、4．(3)による第三者評価基準の見直しに応じて講義・演習を行うものとする。

なお、都道府県推進組織においても、第三者評価指針の別添6の「評価調査者養成研修等モデルカリキュラム」を参考にして、上記の講義を加え、独自に行うことができるものとする。

7．利用者調査の実施

社会的養護関係施設については、利用者の意向を把握することの重要性にかんがみ、第三者評価と併せて利用者調査を必ず実施するものとする。

その方法及び様式については、別添7－1から別添7－9までのとおりである。

8．第三者評価結果の公表

(1) 社会的養護関係施設については、第三者評価機関が評価結果を全国推進組織及び都道府県推進組織に提出し、全国推進組織がその結果を公表するものとする。

なお、これに併せて、都道府県推進組織においても公表することができる。

(2) 社会的養護関係施設の評価結果の公表は、原則として全国共通の公表様式とし、第三者評価機関名、評価調査者研修修了番号、事業者情報、理念・基本方針、施設の特徴的な取組、第三者評価の受審状況、総評、第三者評価結果に対する施設のコメント、第三者評価結果（すべての評価細目ごとのa、b、cの三段階評価、第三者評価機関の判定理由等のコメント）を記述して公表し、その様式は別添8－1から別添8－6までのとおりである。

なお、4(2)で独自の第三者評価基準を設けている都道府県推進組織においては、第三者評価指針の別添5の「福祉サービス第三者評価結果の公表ガイドライン」に基づいて、独自の公表様式を定めて差し支えない。

9．評価の質の向上のための取組

全国推進組織においては、第三者評価機関、学識経験者及び社会的養護関係施設の関係者の参画を得ながら、社会的養護関係施設に対する第三者評価の質の向上のための調査研究及び情報交換を行う組織を設ける。

10．自己評価の実施

(1) 第三者評価を受審するに当たっては、あらかじめ、第三者評価基準に基づき、自己評価を行うものとする。この場合の自己評価の方法は、受審する施設と第三者評価機関で協議し決定する。

(2) 第三者評価を受審しない年度の自己評価は、その方法を当該施設で決定の上、第三者評価基準に基づき行う。

11．ファミリーホーム及び自立援助ホームについての第三者評価

ファミリーホーム（小規模住居型児童養育事業）及び自立援助ホーム（児童自立生活援助事業）の第三者評価については、児童福祉法施行規則(昭和二十三年厚生省令第十一号)により、受審等の努力義務が規定されているところである。

ファミリーホーム及び自立援助ホームの第三者評価の実施については、社会的養護関係施設第三者評価機関が行うこととする。

12．第三者評価の受審費用　［略］

別添1－1～8－6　［略］

第 4 部

関連文書

103 子どもを取り巻く環境の変化を踏まえた今後の幼児教育の在り方について―子どもの最善の利益のために幼児教育を考える―（答申）

（平成一七年一月二八日 中央教育審議会）

はじめに

この答申は、幼児教育の重要性について、国民各層に向けて広く訴えることを目的としたものである。

平成十五年五月、中央教育審議会は、文部科学大臣から「今後の初等中等教育改革の推進方策について」の諮問を受けた。

この諮問により検討を求められた多岐にわたる課題のうち、義務教育制度に接続するものとしての幼児教育の在り方について審議するため、平成十五年十月に初等中等教育分科会の下に幼児教育部会を設置し、幅広い観点から審議を重ね、翌十六年十月に「中間報告」を取りまとめ、公表したところである。その後、幅広く国民各位からの意見を伺い、それらを参考に更に審議を重ね、このたび、答申を取りまとめた。

［後略］

第1章　子どもを取り巻く環境の変化を踏まえた今後の幼児教育の方向性

第1節　幼児期における教育の重要性

【人の一生における幼児期の重要性】

○　人の一生において、幼児期は、心情、意欲、態度、基本的生活習慣など、生涯にわたる人間形成の基礎が培われる極めて重要な時期である。幼児は、生活や遊びといった直接的・具体的な体験を通して、情緒的・知的な発達、あるいは社会性を涵養し、人間として、社会の一員として、より良く生きるための基礎を獲得していく。

【幼児期における教育の重要性】

○　また、幼児期は、知的・感情的な面でも、また人間関係の面でも、日々急速に成長する時期でもあるため、この時期に経験しておかなければならないことを十分に行わせることは、将来、人間として充実した生活を送る上で不可欠である。

したがって、我々大人は、幼児期における教育が、その後の人間としての生き方を大きく左右する重要なものであることを認識し、子どもの育ちについて常に関心を払うことが必要である。

第2節　幼児教育の意義及び役割

【幼児教育の範囲】

○　幼児とは、小学校就学前の者を意味する。

幼児教育とは、幼児に対する教育を意味し、幼児が生活するすべての場において行われる教育を総称したものである。具体的には、幼稚園における教育、保育所等における教育、家庭における教育、地域社会における教育を含み得る、広がりを持った概念としてとらえられる。

【家庭・地域社会・幼稚園等施設】

○　この家庭・地域社会・幼稚園等施設（幼児に対する教育機能を担う幼稚園や保育所等の施設を言う。以下同じ。）における教育は、それぞれの有する教育機能を互いに発揮し、バランスを保ちながら、幼児の自立に向けて、幼児の健やかな成長を支える大切な役割を果たしている。

具体的には、家庭は、愛情やしつけなどを通して幼児の成長の最も基礎となる心身の基盤を形成する場である。

また、地域社会は、様々な人々との交流や身近な自然との触れ合いを通して豊かな体験が得られる場である。

そして、幼稚園等施設は、幼児が家庭での成長を受け、集団活動を通して、家庭では体験できない社会・文化・自然などに触れ、教員等に支えられながら、幼児期なりの豊かさに出会う場である。

この家庭・地域社会・幼稚園等施設の間で、幼児の生活は連続的に営まれており、この三者で連携が取られ、幼児への教育が全体として豊かなものになって初めて、幼児の健やかな成長が保障される。

【幼児期の発達の特性に応じた幼稚園教育】

○　幼児教育の中でも、幼稚園教育は、従来から、幼児教育の中核としての役割を果たしてきた。このため、幼児教育と幼稚園教育とが、ほぼ同義の意味で使われることも多い。

幼稚園は、三歳以上の幼児を対象として、「幼児を保育し、適当な環境を与えて、その心身の発達を助長すること」を目的とし（学校教育法第七十七条）、小学校以降の生活や学習の基盤を培う学校教育の始まりとしての役割を担っているものである。

○　幼稚園教育は、幼児期の発達の特性に照らして、幼児の自発的な活動としての「遊び」を重要な学習として位置付け、幼稚園教育要領に従って教育課程が編成され、適切な施設設備の下に、教育の専門家である教員による組織的・計画的な指導を「環境を通して」行っているものである。

○　幼児は、遊びの中で主体的に対象にかかわり、自己を表出する。そこから、外の世界に対する好奇心が育まれ、探索し、知識を蓄えるための基礎が形成される。また、ものや人とのかかわりにおける自己表出を通して、幼児の発達にとって最も重要な自我が芽生えるとともに、人とかかわる力や他人の存在に気付くなど、自己を取り巻く社会への感覚を養っている。

このような幼児期の発達の特性に照らして、幼稚園では、幼児が自由に遊ぶのに任せるのではなく、教員が計画的に幼児の遊びを十分に確保しながら、生涯にわたる人間形成の基礎を培う教育を行っている。

【幼児教育の意義及び役割】

○　この幼児期の発達の特性に照らした教育とは、受験などを念頭に置き、専ら知識のみを獲得することを先取りするような、いわゆる早期教育とは本質的に異なる。

幼児教育は、目先の結果のみを期待しているのではなく、生涯にわたる学習の基礎を作ること、「後伸《あとの》びする力」を培うことを重視している。

幼児は、身体感覚を伴う多様な活動を経験することによって、豊かな感性を養うとともに、生涯にわたる学習意欲や学習態度の基礎となる好奇心や探究心を培い、また、小学校以降における教科の内容等について実感を伴って深く理解できることにつながる「学習の芽生え」を育んでいる。

このような特質を有する幼児教育は、幼児の内面に働き掛け、一人一人の持つ良さや可能性を見いだし、その芽を伸ばすことをねらいとするため、小学校以降の教育と比較して「見えない教育」と言われることもある。

だからこそ、幼児教育にかかわるに当たり、家庭や地域社会では、幼児の持つ良さや幼児の可能性の芽を伸ばす努力が求められる。また、幼稚園等施設における教員等には、幼児一人一人の内面にひそむ芽生えを理解し、その芽を引き出し伸ばすために、幼児の主体的な活動を促す適当な環境を計画的に設定することができる専門的な能力が求められる。

○　このように、幼児教育は、次代を担う子どもたちが人間として心豊かにたくましく生きる力を身に付けられるよう、生涯にわたる人間形成の基礎を培う普遍的かつ重要な役割を担っている。

また、学校教育の始まりとして幼児教育をとらえれば、幼児教育は、知識や技能に加え、思考力・判断力・表現力などの「確かな学力」や「豊かな人間性」、たくましく生きるための「健康・体力」から成る、「生きる力」の基礎を育成する役割を担っている。

第3節　幼児教育の振興に係るこれまでの取組

【幼児教育の振興に係る取組の実施】

○　幼児期における教育は、子どもの心身の発達を助長し、健やかな成長を促す上で大切なものである。このため、文部科学省では、幼児教育の振興に係る取組について、これまで幼稚園の量的拡大に係る取組から始まり、幼児教育の質的向上に係る取組へと展開させてきた。

○　特に、中央教育審議会「少子化と教育について（報告）」（平成十二年四月十七日）では、「幼児教育の全体についての施策を総合的に展開することが、少子化への対応の観点からも効果的である」とされ、幼児教育の専門施設である幼稚園を中核に、家庭・地域社会における幼児の教育をも視野に入れた総合的な施策の展開を図ることが求められた。

【幼児教育振興プログラムの推進】

○　これを受けて、文部科学省では、「幼児教育振興プログラム」（平成十三年三月二十九日）を策定し、幼稚園の教育活動及び教育環境の充実、幼稚園における子育て支援の充実、幼稚園と小学校の連携の推進、幼稚園と保育所の連携の推進といった幼稚園教育の条件整備を中心としつつも、併せて、家庭教育や地域社会における子育て支援の施策の充実を図る方向性を示した。

これらの取組も踏まえながら、各地域においては、創意工夫し、地域の実情に応じた様々な幼児教育の振興に関する取組が行われている。

【幼児教育の今日的な課題】

○　このように、これまでの幼児教育の振興に係る取組を通じて、幼稚園教育の機会が地域的に偏在している（現在、一、〇〇〇近い市町村において幼稚園が設置されていない）などという個別の課題は残しながらも、総じて、幼児教育の普及・充実が図られてきたものと言える。

○　一方で、現状は、従来に比べて子どもの育ちが何かおかしいのではないか、子どもを取り巻く環境が悪化しているのではないかなど、子どもの成長に関する懸念が多く聞かれるようになっている。

このような子どもの成長に関する懸念に対して、幼児教育を担う家庭・地域社会・幼稚園等施設は、その責任と役割を十分に果たしてきたかどうか、それぞれが当事者意識を持って考えることが必要である。

具体的には、幼児の発達や生活には、家庭・地域社会・幼稚園等施設の中での連続性があるにもかかわらず、幼児教育において三者の連携や補完が必ずしも十分ではなかったのではないか、幼稚園等施設の中には、社会の変化等に対応していこうとする意識が必ずしも十分にならず、家庭・地域社会あるいは小学校等との連携や支援に取り組まなかったものもあったのではないか、といったことについて考えていく必要がある。

これらの問題意識を踏まえ、幼児教育の原点に立ち返って、子どもの育ちの現状と背景を検証し、幼児の健やかな成長を保障するために必要となる対応策を講ずることが、今日の幼児教育に与えられた課題である。

第4節　子どもの育ちの現状と背景

【子どもの育ちの現状】

○　近年の幼児の育ちについては、基本的な生活習慣や態度が身に付いていない、他者とのかかわりが苦手である、自制心や耐性、規範意識が十分に育っていない、運動能力が低下しているなどの課題が指摘されている。

また、小学校一年生などの教室において、学習に集中できない、教員の話が聞けずに授業が成立しないなど学級がうまく機能しない状況が見られる。

加えて、近年の子どもたちは、多くの情報に囲まれた環境にいるため、世の中についての知識は増えているものの、その知識は断片的で受け身的なものが多く、学びに対する意欲や関心が低いとの指摘がある。

【子どもの育ちの変化の社会的背景】

○　少子化、核家族化、都市化、情報化、国際化など我が国経済社会の急激な変化を受けて、人々の価値観や生活様式が多様化している一方で、社会の傾向としては、人間関係の希薄化、地域における地縁的なつながりの希薄化、過度に経済性や効率性を重視する傾向、大人優先の社会風潮などの状況が見られるとの指摘がある。

○　このような社会状況が、地域社会などにおける子どもの育ちをめぐる環境や家庭における親の子育て環境を変化させている。さらには、このような変化に伴い、後述するとおり、幼稚園等施設の教員等にも新たな課題が生じている。

そして、これらのことが複合的に絡み合って、子どもの育ちに影響を及ぼしている要因になっているものと考えられる。

【子どもの育ちをめぐる環境の変化―地域社会の教育力の低下―】

○　第一に、地域社会などにおいて子どもが育つ環境が変化している。

子どもが成長し自立する上で、実現や成功などのプラス体験はもとより、葛藤や挫折などのマイナス体験も含め、「心の原風景」となる多様な体験を経験することが不可欠である。

○　しかしながら、少子化、核家族化が進行し、子どもどうしが集団で遊びに熱中し、時には葛藤しながら、互いに影響し合って活動する機会が減少するなど、様々な体験の機会が失われている。

また、都市化や情報化の進展によって、子どもの生活空間の中に自然や広場などといった遊び場が少なくなる一方で、テレビゲームやインターネット等の室内の遊びが増えるなど、偏った体験を余儀なくされている。

さらに、人間関係の希薄化等により、地域社会の大人が地域の子どもの育ちに関心を払わず、積極的にかかわろうとしない、または、かかわりたくてもかかわり方を知らないという傾向が見られる。

【親の子育て環境などの変化―家庭の教育力の低下―】

○　第二に、幼児教育が行われる一つの場としての家庭における子育てについても、その環境などが変化している。

言うまでもなく、子育てとは、子どもに限りない愛情を注ぎ、その存在に感謝し、日々成長する子どもの姿に感動して、親も親として成長していくという大きな喜びや生きがいをもたらす営みである。実際、子どもの成長が感じられたとき、子どもの笑顔を見たときなどに、特に喜びを感じるなど、自分の子育てに満足している親は半数を超えているとの指摘もある。

○　このような子育ての喜びや生きがいは、家庭や地域社会の人々との交流や支え合いがあってこそ実感できるものである。

しかしながら、一方で、核家族化の進行や地域における地縁的なつながりの希薄化などを背景に、本来、我が子を自らの手で育てたいと思っているにもかかわらず、子どもにどのようにかかわっていけばよいか分からず悩み、孤立感を募らせ、情緒が不安定になっている親も増えている。

こうした状況の中、児童相談所における虐待に関する相談処理件数も増加している。

○　また、女性の社会進出が一般的になり、仕事と子育ての両立のための支援が進み、子育てのほかにも、仕事やその他の活動を通じた自己実現の道を選択することができる中で、子育てに専念することを選択したものの、そのような生き方で良いのか不安を覚え、子育ては「自分の人生にとってハンディキャップではないか」と感じてしまう母親がいるとの指摘もある。

一方で、物質的に豊かで快適な社会環境の中で育ち、合理主義や競争主義などの価値観の中で育った者が多い今の父親・母親の世代にとって、必ずしも効率的でも、楽でもなく、自らが努力してもなかなか思うようにはならないことが多い子育ては、困難な体験であり、その喜びや生きがいを感じる前に、ストレスばかりを感じてしまいがちであるとの指摘もある。

○　また、経済状況や企業経営を取り巻く環境が依然として厳しい中、労働時間の増加や過重な労働などの問題が生ずる傾向にあり、親が子どもと一緒に食事を取るなどの子どもと過ごす時間が十分ではなくなっている。このことも親の子育て環境に影響を与えている要因であるとの指摘もある。

○　このような子育て環境を改善し、家庭や子育てに夢を持てる社会を実現するため、現在、子育て支援の取組が行われている。

しかしながら、その取組の結果として、親や企業の際限のない保育ニーズをも受け入れ、単なる親の育児の肩代わりになってしまうことがあると懸念する声もある。この場合、特に低年齢児にあっては、人を愛し、人を信じる心など、人との関係性の根幹を形成する上で必要となる、信頼できる大人との一対一による絶対的な依存関係を確保することが難しくなり、子どもの健やかな成長にとって何らかの影響があるのではないかと懸念される。

○　したがって、「父母その他の保護者が子育てについて第一義的責任を有する」という少子化対策における基本理念を踏まえ、親の育児を単に肩代わりするのではなく、親の子育てに対する不安やストレスを解消し、その喜びや生きがいを取り戻して、子どものより良い育ちを実現する方向となるような子育て支援を進めていくことが必要とされている。

また、親が、子どもを育て、その喜びや生きがいを感じながらも、仕事やボランティア活動等、様々な形で社会とのかかわりを持つことで、子育てのほかにも様々な活動を通じて自己実現を果たせる環境を整備することも求められている。

加えて、将来親になる世代に対して、子育ての意義や親の役割、男女が相互に協力して家庭を築くことの重要性などについて理解を深める教育も求められている。

【幼稚園等施設の教員等の今日的課題】

○　第三に、現在の幼稚園等施設における教員等には、社会環境の変化等に伴う新たな課題に対応するための能力が必要とされている。一方で、近年の教員等には、幼児教育を実践する上で必要となる資質が十分に備わっていない者も見られるとの指摘がある。

○　前述したように、現在の幼稚園等施設の教員等には、子どもの育ちをめぐる環境や親の子育て環境などの変化に対応する力、具体的には、幼児の家庭や地域社会における生活の連続性及び発達や学びの連続性を保ちつつ教育を展開する力、特別な教育的配慮を要する幼児に対応する力、小学校等との連携を推進する力などの総合的な力量が必要とされている。さらに、子育てに関する保護者の多様で複雑な悩みを受け止め、適切なアドバイスができる力など、深い専門性も求められている。

このように、今後の幼児教育がより一層、総合的かつ専門的なものになる中で、豊富な経験年数を有する教員等も含め、現在の教員等の資質や専門性では十分に対応できるのか懸念される面もある。

○　加えて、近年は、幅広い生活体験や自然体験を十分に積むことなく教員等になっている場合も見られる。そのため、自らの多様な体験を取り入れながら具体的に保育を構想し、実践することがうまくできない者、あるいは教職員どうしや保護者との良好な関係を構築することを苦手としている者も少なからずいるとの指摘もある。

第5節　今後の幼児教育の取組の方向性

【教育改革の優先課題としての幼児教育】

○　幼児教育は、子どもの基本的な生活習慣や態度を育て、道徳性の芽生えを培い、学習意欲や態度の基礎となる好奇心や探求心を養い、創造性を豊かにするなど、小学校以降における生きる力の基礎や生涯にわたる人間形成の基礎を培う上で重要な役割を担っている。このことは、前節で述べたような近年の幼児期から学齢期にかけての子どもの育ちの課題については、幼児教育がその機能を十分に発揮できれば、その解決に大きな役割を果たすことができることを意味する。

　したがって、今後は、学齢期の子どものみならず、幼児期の子どもの育ちの重要性を意識し、幼児教育を教育改革の優先課題としてとらえ、長期的な視野に立って幼児期からの取組を充実していくとともに、こうした方針に基づいて今日的な課題にも対応していくなど、幼児教育の機能を抜本的に強化する視点を持つことが必要である。

【幼児教育の構成】

○　第2節で述べたように、幼児教育は、家庭における教育、地域社会における教育、幼稚園等施設における教育の三つがバランスを保ちながら、全体として豊かなものになることによって、幼児の健やかな成長を保障している。

　この考え方に基づいて、幼稚園の一日の教育時間は、四時間を標準とし、残りの幼児の生活時間は、家庭や地域社会における活動を行う時間としてとらえている。また、幼稚園に就園する前に、家庭や地域社会において、ある程度の生活習慣の習得等がなされていることを前提に幼稚園における集団生活を通した教育が行われている。同様に保育所等においても、幼稚園とは対象とする年齢や時間等の違いはあるものの、幼児に対する教育については、家庭や地域社会との役割分担が重要である。つまり、幼稚園等施設における教育は、家庭や地域社会における教育力が十分にあることを前提に、はじめてその効果が発揮されるものとして構築されている。

　したがって、この家庭・地域社会・幼稚園等施設の三者の教育がそろって、初めて幼児の日々の生活の連続性及び発達や学びの連続性を確保していけるとともに、そこでの幼児教育の成果を小学校以降の学習や生活にもつなげていけるのである。

【家庭や地域社会における教育力の再生・向上】

○　しかしながら、前節で述べたように、社会環境の急速かつ大きな変化や、人々の意識や価値観の多様化等に伴い、家庭や地域社会における教育力の低下が指摘されている。このような状況は、家庭や地域社会における教育力が十分にあることを前提に構築されている幼稚園等施設における幼児教育についても、その教育効果を低下させる要因になっている。このように、家庭・地域社会・幼稚園等施設を含む我が国社会全体の教育力の低下が、子どもの育ちに変化を及ぼしているものと言える。

　このため、幼児の視点から見ると、幼児の日々の生活の連続性及び発達や学びの連続性を確保することが困難になっている。例えば、家庭や地域社会で幼児が育つ場が不足しがちなために、幼児が日々の生活の中で、幼稚園等施設での生活後、家庭や地域社会での生活に円滑に移ることが困難になっている。また、幼稚園等施設への就園時に、本来なら家庭や地域社会で身に付けているはずの生活習慣が身に付いていないことなどから、幼稚園等施設への発達の連続性を確保することができなくなってきている。さらには、家庭や地域社会の教育力の低下、幼稚園等施設の教員等の資質の問題などから、幼児教育の成果を小学校以降に効果的につなげることなどが難しくなっている。

○　このため、家庭や地域社会における教育力を再生し、向上させるためには、幼稚園等施設が、これまでに培ってきた幼児教育のノウハウや成果等を、家庭や地域社会の支援のために十分に活用していくことが必要である。併せて、幼稚園等施設についても、教員等の資質や専門性について研修などを通じた一層の向上を図ることが必要である。このように、総合的に幼児教育を充実させていく方向とすることが、以前にも増して求められている。

【今後の幼児教育の取組の方向性】

○　ここで幼児教育を取り巻く我が国経済社会全体の趨勢をとらえてみれば、我が国は、農耕社会から工業社会へ、そして現在は、情報社会へと大きな構造変化の渦中にある。このような社会構造の変化に伴い、現在、共働き世帯が就業世帯の半数を超え、両親が家庭にいる時間が少なくなり、また、地域社会の連帯感も希薄になっている。

　このような中で、今、改めて幼児教育を問い直さねばならないのは、従来からの幼稚園等施設における教育はもとより、これまで以上に家庭における教育力、地域社会における教育力の現状に心を砕き、その再生・向上のための取組を講じていかなければ、教育が目的とする「将来にわたる子どもの健やかな成長」を保障することができなくなってしまうのではないかという強い危機感を抱いているからである。

　このように、子どもの育ちをめぐる環境が著しく変化している中で、家庭や地域社会における教育力が十分にあることを前提に構築されている幼稚園等施設における教育も含め、幼児教育全体の在り方を根本から見直すことが必要になっている。

○　以上を踏まえ、今後の幼児教育の取組の方向性としては、幼稚園等施設を中心とした幼児教育の機能の拡大や教員等の資質の向上を図るとともに、家庭や地域社会が、自らその教育力を再生・向上し、家庭・地域社会・幼稚園等施設の三者がそれぞれの教育機能を発揮し、総合的に幼児教育を提供することによって、子どもの健やかな成長を支えていくものとすることが必要である。

具体的には、以下の二つの方向性から取組を進めることを提唱する。

1　家庭・地域社会・幼稚園等施設の三者による総合的な幼児教育の推進

幼稚園等施設に家庭・地域社会を加えた三者が連携しながら総合的に幼児教育を推進していく方向性である。

この場合、幼稚園等施設においては、これまでの役割に加え、家庭や地域社会における教育力を補完する役割（「失われた育ちの機会」を補完する役割）、家庭や地域社会が、自らその教育力を再生、向上していく取組を支援する役割（「幼児教育の牽引力」として家庭や地域社会を支援する役割）を担うことが求められる。

また、家庭や地域社会についても、幼稚園等施設による取組に加え、生涯学習振興施策等を通じて、その教育力を向上させていくことが必要である。

2　幼児の生活の連続性及び発達や学びの連続性を踏まえた幼児教育の充実

家庭・地域社会・幼稚園等施設におけるそれぞれの教育機能が連携することにより、幼児の日々の生活の連続性及び発達や学びの連続性を確保するとともに、その成果を円滑に小学校に引き継ぐ（幼児教育の成果の連続性を確保する）ために、幼児教育の充実を図る方向性である。

家庭・地域社会・幼稚園等施設の三者の連携は、「子どもの健やかな成長」を保障するという視点に立って、以下の観点から進められることが必要である。

幼児の「日々の生活」という観点からは、幼稚園等施設での生活と家庭や地域社会における生活の連続性が確保されていることが必要。

幼児の「発達や学び」という観点からは、幼稚園等施設への就園前における家庭や地域社会での生活を通した発達から、幼稚園等施設の教育を通した学び、さらには小学校以上の学習へと連続的につながっていくことが必要。

こうした「生活」や「発達や学び」の連続性の確保に向けて、幼児教育全体を充実していくことが求められている。

第2章　幼児教育の充実のための具体的方策　［略］

第3章　幼稚園と保育所の連携の推進及び総合施設の在り方　［略］

別紙　［略］

104 幼児教育部会における審議の取りまとめ

（平成二八年八月二六日　幼児教育部会）

［編集部注］本文中の注は省略した。

1．現行幼稚園教育要領等の成果と課題　［略］

2．幼稚園等におけるカリキュラム・マネジメントについて

○　幼児教育において育みたい資質・能力の実現に向けては、幼稚園等において、子供の姿や地域の実情等を踏まえつつ、どのような教育課程を編成し、実施・評価し改善していくのかというカリキュラム・マネジメントを確立することが求められる。

○　カリキュラム・マネジメントは、教職員が全員参加で、幼稚園等の特色を構築していく営みであり、園長のリーダーシップの下、全ての教職員が参加することが重要である。また、こうしたカリキュラム・マネジメントを園全体で実施していくためには、教員一人一人が教育課程をより適切なものに改めていくという基本的な姿勢を持つことも重要である。

○　幼稚園等では、教科書のような主たる教材を用いず環境を通して行う教育を基本としていること、家庭との関係において緊密度が他校種と比べて高いこと、預かり保育や子育ての支援などの教育課程以外の活動が、多くの幼稚園等で実施されていることなどから、カリキュラム・

マネジメントは極めて重要である。

○ このため、幼稚園等においては、以下の三つの側面からカリキュラム・マネジメントを捉える必要がある。

① 各領域のねらいを相互に関連させ、「幼児期の終わりまでに育ってほしい姿」や小学校の学びを念頭に置きながら、幼児の調和の取れた発達を目指し、幼稚園等の教育目標等を踏まえた総合的な視点で、その目標の達成のために必要な具体的なねらいや内容を組織すること。

② 教育内容の質の向上に向けて、幼児の姿や就学後の状況、家庭や地域の現状等に基づき、教育課程を編成し、実施し、評価して改善を図る一連のＰＤＣＡサイクルを確立すること。

③ 教育内容と、教育活動に必要な人的・物的資源等を、家庭や地域の外部の資源も含めて活用しながら効果的に組み合わせること。

○ 各幼稚園等では、これまで以上に前述の三つの側面からカリキュラム・マネジメントの機能を十分に発揮して、幼児の実態等を踏まえた最も適切な教育課程を編成し、保護者や地域の人々を巻き込みながらこれを実施し、改善・充実を図っていくことが求められる。

3．幼児教育において育みたい資質・能力と幼児期にふさわしい評価の在り方について

(1) 幼児教育における「見方・考え方」

○ 幼児期は、幼児一人一人が異なる家庭環境や生活経験の中で、自分が親しんだ具体的なものを手掛かりにして、自分自身のイメージを形成し、それに基づいて物事を感じ取ったり気付いたりする時期であることから、「見方・考え方」も園生活全体を通して、一人一人の違いを受け止めて培うことが大切である。

○ 幼児教育における「見方・考え方」は、幼児がそれぞれの発達に即しながら身近な環境に主体的に関わり、心動かされる体験を重ね遊びが発展し生活が広がる中で、環境との関わり方や意味に気付き、これらを取り込もうとして、諸感覚を働かせながら、試行錯誤したり、思い巡らしたりすることである。

○ また、このような「見方・考え方」は、遊びや生活の中で幼児理解に基づいた教員による意図的、計画的な環境の構成の下で、教員や友達と関わり、様々な体験をすることを通して広がったり、深まったりして、修正・変化し発展していくものである。こういった「見方・考え方」が幼稚園等における学びにつながるものである。

○ このような様々な体験等を通して培われた「見方・考え方」は、小学校以降において、各教科等の「見方・考え方」の基礎になるとともに、これらを統合化することの基礎ともなるものである。

(2) 幼児教育において育みたい資質・能力の整理と、小学校の各教科等との接続の在り方

○ 育成を目指す資質・能力の三つの柱は、「高等学校を卒業する段階で身に付けておくべき力は何か」という観点や、「義務教育を終える段階で身に付けておくべき力は何か」という観点を共有しながら、各学校段階の各教科等において、系統的に示されなければならないこととされている。

○ 幼児教育においては、幼児期の特性から、この時期に育みたい資質・能力は、小学校以降のような、いわゆる教科指導で育むのではなく、幼児の自発的な活動である遊びや生活の中で、感性を働かせてよさや美しさを感じ取ったり、不思議さに気付いたり、できるようになったことなどを使いながら、試したり、いろいろな方法を工夫したりすることなどを通じて育むことが重要である。このため、資質・能力の三つの柱を幼児教育の特質を踏まえ、より具体化すると、以下のように整理される。

① 「知識・技能の基礎」（遊びや生活の中で、豊かな体験を通じて、何を感じたり、何に気付いたり、何が分かったり、何ができるようになるのか）

② 「思考力・判断力・表現力等の基礎」（遊びや生活の中で、気付いたこと、できるようになったことなども使いながら、どう考えたり、試したり、工夫したり、表現したりするか）

③ 「学びに向かう力・人間性等」（心情、意欲、態度が育つ中で、いかによりよい生活を営むか）

○ これらの資質・能力は、現行の幼稚園教育要領等の五領域の枠組みにおいても育んでいくことが可能であると考えられることから、幼稚園教育要領等の五領域は引き続き、維持することとする。なお、幼児教育の特質から、幼児教育において育みたい資質・能力は、個別に取り出して身に付けさせるものではなく、遊びを通しての総合的な指導を行う中で、「知識・技能の基礎」、「思考力・判断力・表現力等の基礎」、「学びに向かう力・人間性等」を一体的に育んでいくことが重要である。（資料1を参照）

○ また、五領域の内容等を踏まえ、五歳児修了

時までに育ってほしい具体的な姿を平成二十二年に取りまとめられた「幼児期の教育と小学校教育の円滑な接続の在り方について（報告）」を手掛かりに、資質・能力の三つの柱を踏まえつつ、明らかにしたものが、以下の「幼児期の終わりまでに育ってほしい姿」である。（資料2を参照）

① 健康な心と体
幼稚園生活の中で充実感や満足感を持って自分のやりたいことに向かって心と体を十分に働かせながら取り組み、見通しを持って自ら健康で安全な生活を作り出していけるようになる。

② 自立心
身近な環境に主体的に関わりいろいろな活動や遊びを生み出す中で、自分の力で行うために思い巡らしなどして、自分でしなければならないことを自覚して行い、諦めずにやり遂げることで満足感や達成感を味わいながら、自信を持って行動するようになる。

③ 協同性
友達との関わりを通して、互いの思いや考えなどを共有し、それらの実現に向けて、工夫したり、協力したりする充実感を味わいながらやり遂げるようになる。

④ 道徳性・規範意識の芽生え
してよいことや悪いことが分かり、相手の立場に立って行動するようになり、自分の気持ちを調整し、友達と折り合いを付けながら、決まりを守る必要性が分かり、決まりを作ったり守ったりするようになる。

⑤ 社会生活との関わり
家族を大切にしようとする気持ちを持ちつつ、いろいろな人と関わりながら、自分が役に立つ喜びを感じ、地域に一層の親しみを持つようになる。

遊びや生活に必要な情報を取り入れ、情報を伝え合ったり、活用したり、情報に基づき判断しようとしたりして、情報を取捨選択などして役立てながら活動するようになるとともに、公共の施設を大切に利用したりなどして、社会とのつながりの意識等が芽生えるようになる。

⑥ 思考力の芽生え
身近な事象に積極的に関わり、物の性質や仕組み等を感じ取ったり気付いたりする中で、思い巡らし予想したり、工夫したりなど多様な関わりを楽しむようになるとともに、友達などの様々な考えに触れる中で、自ら判断しようとしたり考え直したりなどして、新しい考えを生み出す喜びを味わいながら、自分の考えをよりよいものにするようになる。

⑦ 自然との関わり・生命尊重
自然に触れて感動する体験を通して、自然の変化などを感じ取り、身近な事象への関心が高まりつつ、好奇心や探究心を持って思い巡らし言葉などで表しながら、自然への愛情や畏敬の念を持つようになる。

身近な動植物を命あるものとして心を動かし、親しみを持って接し、いたわり大切にする気持ちを持つようになる。

⑧ 数量・図形、文字等への関心・感覚
遊びや生活の中で、数量などに親しむ体験を重ねたり、標識や文字の役割に気付いたりして、必要感からこれらを活用することを通して、数量・図形、文字等への関心・感覚が一層高まるようになる。

⑨ 言葉による伝え合い
言葉を通して先生や友達と心を通わせ、絵本や物語などに親しみながら、豊かな言葉や表現を身に付けるとともに、思い巡らしたことなどを言葉で表現することを通して、言葉による表現を楽しむようになる。

⑩ 豊かな感性と表現
みずみずしい感性を基に、生活の中で心動かす出来事に触れ、感じたことや思い巡らしたことを自分で表現したり、友達同士で表現する過程を楽しんだりして、表現する喜びを味わい、意欲が高まるようになる。

○ この「幼児期の終わりまでに育ってほしい姿」は、五領域の内容等を踏まえ、特に五歳児の後半にねらいを達成するために、教員が指導し幼児が身に付けていくことが望まれるものを抽出し、具体的な姿として整理したものであり、それぞれの項目が個別に取り出されて指導されるものではない。もとより、幼児教育は環境を通して行うものであり、とりわけ幼児の自発的な活動としての遊びを通して、これらの姿が育っていくことに留意する必要がある。

○ また、「幼児期の終わりまでに育ってほしい姿」は、五歳児だけでなく、三歳児、四歳児においても、これを念頭に置きながら五領域にわたって指導が行われることが望まれる。その際、三歳児、四歳児それぞれの時期にふさわしい指導の積み重ねが、この「幼児期の終わりまでに育ってほしい姿」につながっていくことに留意する必要がある。

○ さらに、「幼児期の終わりまでに育ってほしい姿」は、五歳児後半の評価の手立てともなるものであり、幼稚園等と小学校の教員が持つ五歳児修了時の姿が共有化されることにより、幼児教育と小学校教育との接続の一層の強化が図られることが期待できる。

○ 小学校の各教科等においても、生活科を中心としたスタートカリキュラムの中で、合科的・関連的な指導や短時間での学習などを含む授業時間や指導の工夫、環境構成等の工夫を行うとともに、子供の生活の流れの中で、幼児期の終わりまでに育った姿が発揮できるような工夫を行いながら、幼児期に育まれた資質・能力を徐々に各教科等の特質に応じた学びにつなげていく必要がある。（資料3を参照）

○(3) 資質・能力を育む学びの過程の考え方

幼児教育において、幼児の自発的な活動としての遊びは、心身の調和のとれた発達の基礎を培う重要な学習である。「論点整理」においては、習得・活用・探究という学びの過程の重要性が提言されており、幼児教育においても、資質・能力を育む上で学びの過程を意識した指導が重要である。

○ 幼児教育における学びの過程は、発達の段階によって異なり、一律に示されるものではないが、一例を示すとすれば、五歳児の後半では、遊具・素材・用具や場の選択等から遊びが創出され、やがて楽しさや面白さの追求、試行錯誤等を行う中で、遊びへ没頭し、遊びが終わる段階でそれまでの遊びを振り返るといった過程をたどる。（資料4を参照）

○ 前述のような学びの過程が実現するには、教員は、幼児教育において育みたい資質・能力を念頭に置いて環境を構成し、このような学びの過程の中で、一人一人の違いにも着目しながら、総合的に指導していくことが前提となる。

○(4) 幼児期にふさわしい評価の在り方

幼稚園における評価については、現行の幼稚園教育要領第二章「ねらい及び内容」に示された各領域のねらいを視点として、幼児の発達の実情から向上が著しいと思われるものを評価してきたところである。

○ 次期幼稚園教育要領等においては、「幼児期の終わりまでに育ってほしい姿」の明確化の方向性が示されることに伴い、幼児期の評価についても、その方向性を踏まえ、改善を図る必要がある。

○ 具体的には、幼児一人一人のよさや可能性を評価するこれまでの幼児教育における評価の考え方は維持しつつ、評価の視点として、幼稚園教育要領等に示す各領域のねらいのほか、五歳児については、「幼児期の終わりまでに育ってほしい姿」を踏まえた視点を新たに加えることとする。その際、他の幼児との比較や一定の基準に対する達成度についての評定によって捉えるものでないことに留意するようにする。

○ また、幼児の発達の状況を小学校の教員が指導上参考にできるよう、指導要録の示し方の見直しを図るとともに、指導要録以外のものを含め、小学校と情報の共有化の工夫を図る。

○ その他、日々の記録や、実践を写真や動画などに残し可視化したいわゆる「ドキュメンテーション」、ポートフォリオなどにより、幼児の評価の参考となる情報を日頃から蓄積するとともに、このような幼児の発達の状況を保護者と共有することを通じて、幼稚園等と家庭が一体となって幼児と関わる取組を進めていくことが大切である。

4．資質・能力の育成に向けた教育内容の改善・充実

○ 幼児教育は、幼児の自発的な活動としての遊びを中心とした教育を実践することが何よりも大切であり、教員は、幼児の自発的な遊びを生み出すために必要な環境を構成することが求められる。

○ 特に、近年、少子化や都市化等の進行によって、友達との外遊びや自然に触れ合う機会が減少してきていることから、教員は、戸外で幼児同士が関わり合ったり、自然との触れ合いを十分に経験したりすることができる環境を構成していくことが重要となってきている。

○ 先に述べた幼児教育において育みたい資質・能力は、このような遊びを通しての総合的な指導の中で一体的に育んでいくものであり、これまで幼児教育において大切にされてきた社会情動的スキルやいわゆる非認知的能力といったものの育成も含め、以下に述べる教育内容等の改善を通じて更に充実を図り、小学校以降の学びにつなげていく必要がある。

○(1) 幼稚園教育要領等の構成の見直し

カリキュラム・マネジメントや学習・指導方法の改善など各学校種共通で示された学習指導要領等の総則の見直しのほか、幼稚園教育要領等固有の主な構成の見直しについては、以下のとおりである。

○ 預かり保育など教育課程に係る教育時間の終了後等に行う教育活動などについては、これまでも教育課程に係る教育活動を考慮して行われてきたところであるが、幼児の生活を、見通しを持って把握し、幼稚園等におけるカリキュラ

ム・マネジメントを充実する観点から、教育課程や預かり保育を含め、登園から降園までの幼児の生活全体を捉えた全体的な計画の作成を幼稚園教育要領等に位置付ける。

○ 幼児教育と小学校教育の円滑な接続を図る観点から、五歳児修了時までに育ってほしい具体的な姿について一〇項目に整理した「幼児期の終わりまでに育ってほしい姿」を幼稚園教育要領等に新たに位置付ける。

(2) 資質・能力の整理を踏まえた教育内容の見直し

○ 育成を目指す資質・能力については、幼児教育から高等学校教育までを通じて、見通しを持って系統的に示す必要があることから、現在の領域構成を引き継ぎつつ、資質・能力の三つの柱に沿って、内容の見直しを図る。

(3) 現代的な諸課題を踏まえた教育内容の見直し

○ 近年の子供の育ちを巡る環境の変化等を踏まえた教育内容の見直しについては、以下のとおりである。

○ 安全な生活や社会づくりに必要な資質・能力を育む観点から、状況に応じて自ら機敏に行動することができるようにするとともに、安全についての理解を深めるようにする。

○ 幼児期における多様な運動経験の重要性の指摘を踏まえ、幼児が遊ぶ中で体の諸部位を使った様々な体験を重視するとともに、食の大切さに気付いたり、食に対する態度を身に付けたりすることを通じて、幼児の心身の健やかな成長の増進を図るようにする。

○ 幼児期におけるいわゆる非認知的能力を育むことの重要性の指摘等を踏まえ、身近な大人との深い信頼関係に基づく関わりや安定した情緒の下で、例えば、親しみや思いやりを持って様々な人と接したり、自分の気持ちを調整したり、くじけずに自分でやり抜くようにしたり、前向きな見通しを持ったり、幼児が自分のよさや特徴に気付き、自信を持って行動したりするようにする。

○ 学びの過程の重要性を踏まえ、具体的な活動の中で、比べる、関連付ける、総合するといった、思考の過程を示すなど、思考力の芽生えを育むようにする。

○ 「社会に開かれた教育課程」の重要性を踏まえ、自然に触れたり、我が国や地域社会における様々な文化や伝統に触れたり、異なった文化等に触れたりし、これらに親しみを持てるようにするなどして、幼児に、自然や身の回りの物を大切にする態度や、社会とのつながりの意識を育んだり、多様性を尊重する態度や国際理解の意識の芽生え等を育んだりするようにする。その際、園内外の行事を活用することも有効と考えられる。

○ 視聴覚教材等については、幼児教育では、直接体験が重要であることを踏まえつつ、例えば、日頃の幼稚園生活では体験することが難しい体験を補完したりする場合や、幼児がより深く知りたいと思ったり、体験を深めたいと思ったりした場合の活用法を示すことを検討する。

○ 幼児期における言語活動の重要性を踏まえ、幼児が言葉のリズムや響きを楽しんだり、知っている言葉を様々に使いながら、未知の言葉と出会ったりする中で、言葉の獲得の楽しさを感じたり、友達や教員と言葉でやり取りしながら自分の考えをまとめたりするようにする。

○ 身近な自然や生活の中にある、何気ない音や形、色に気付き楽しむことが、幼児の豊かな感性や自分なりの表現を培う上で大切であることから、自然や生活の中にある音や素材に触れる機会の充実を図るようにする。

(4) 幼稚園における預かり保育と子育ての支援の充実

○ 社会と教育課程のつながりを大切にする「社会に開かれた教育課程」としての役割は、預かり保育や子育ての支援を通じて、施設や機能を開放してきた幼稚園では、これまでも担われてきたものである。近年の社会環境の急速な変化に対応し、今後も、幼稚園における教育課程が「社会に開かれた教育課程」としての役割を更に果たしていくためには、以下のような改善を図っていく必要がある。

○ 幼稚園生活全体を通じて幼児の発達を把握し、幼稚園生活を更に充実する観点から、預かり保育について、教育課程に係る教育時間を含めた全体の中で計画、実施する必要があることや地域の人々との連携などチームとして取り組むことの例を示す。

○ 幼稚園が地域における幼児期の教育のセンターとしての役割を一層果たしていく観点から、子育ての支援について、心理士、小児保健の専門家、幼児教育アドバイザーなどの活用や地域の保護者と連携・協働しながら取り組むようにする。

5. 学びや指導の充実と教材の充実

(1) 特別支援教育の充実、幼児一人一人の特性に応じた指導の充実

(特別支援教育の充実)

○ 幼児期における特別支援教育については、特別支援教育部会の議論等を踏まえ、以下のよう

な改善を図っていくことが必要である。

○　障害者の権利に関する条約や障害者差別解消法を踏まえ、家庭や医療機関、福祉施設などの関係機関と連携し、様々な側面からの取組を示した計画（個別の教育支援計画）や、指導の目標や内容、配慮事項などを示した計画（個別の指導計画）の作成・活用の留意点を示す。

○　特別支援教育に係る組織的な対応が一層充実されるよう、特別支援教育コーディネーターを中心とする体制等の在り方を示すとともに、共生社会の形成に向けた障害者理解の促進等の観点から、交流等の一層の充実を図る。

○　個々の幼児の障害の状態や幼稚園等の生活の中で考えられる困難さに配慮した指導ができるよう、障害別の配慮のみならず、日々の幼稚園等の活動の中で考えられる「困難の状態」に対する「配慮の意図」と「手立て」について、以下のようなことを例として示す。

・　幼児が自分の身体各部位を意識して動かすことが難しい場合、様々な活動や遊びに安心して取り組むことができるよう、当該幼児が容易に取り組める遊具や遊びで、より基本的な動きから徐々に複雑な動きを体験できるよう活動内容を用意し、身体の動かし方や動かす順序などに対する教師の声掛けや援助の仕方を工夫したり、安心して取り組める遊びを段階的に取り入れたりして、成功体験が積み重ねられるようにするなどの配慮を行う。

・　幼稚園における生活や活動への見通しが持ちにくく、気持ちや行動が安定しにくい場合、自ら見通しを持って安心して行動ができるよう、当該幼児が理解できる情報（具体物、写真、絵、文字など）を用い、一日の生活の流れや身支度などの手順カードなどを一つずつ確認させたり、次の活動への見通しや期待感が持てるような具体的な言葉掛けや教師や仲の良い友達をモデルにして行動を促したりするなどの配慮をする。

・　集団の中でざわざわした声などを不快に感じ、集団活動に参加することが難しい場合、大きな集団での活動に慣れるようにするため、最初から全ての時間に参加させるのではなく、少しの時間から参加させることから始め、徐々に時間を延ばしたり、イヤーマフなどで音を遮断して活動に参加させたりするなどの配慮をする。

○　なお、幼児教育では、これまでも幼児一人一人の発達の特性を理解し、指導することを大切にしており、こうした困難さへの配慮が充実することは、全ての幼児の指導の充実にも資するものである。

（幼児一人一人の特性に応じた指導の充実）

○　海外から帰国した幼児や外国人の幼児等への日本語指導・適応指導等についての配慮事項を示すなど、社会・文化的な背景が異なる幼児一人一人の特性に応じた指導の充実を図る。

(2)　「主体的・対話的で深い学び」の充実

○　幼児教育における重要な学習としての遊びは、環境の中で様々な形態により行われており、以下のアクティブ・ラーニングの視点から、絶えず指導の改善を図っていく必要がある。その際、発達の過程により幼児の実態は大きく異なることから、柔軟に対応していくことが必要である。（資料4を参照）

①　周囲の環境に興味や関心を持って積極的に働き掛け、見通しを持って粘り強く取り組み、自らの遊びを振り返って、期待を持ちながら、次につなげる「主体的な学び」が実現できているか。

②　他者との関わりを深める中で、自分の思いや考えを表現し、伝え合ったり、考えを出し合ったり、協力したりして自らの考えを広げ深める「対話的な学び」が実現できているか。

③　直接的・具体的な体験の中で、「見方・考え方」を働かせて対象と関わって心を動かし、幼児なりのやり方やペースで試行錯誤を繰り返し、生活を意味あるものとして捉える「深い学び」が実現できているか。

(3)　教材の在り方

○　教科書のような主たる教材を用いるのではなく、体を通して体験的に学ぶ幼児教育において、幼児が主体的に活動を展開できるかどうかは、教員の環境の構成に懸かっており、教員が日常的に教材を研究することは極めて重要である。また、継続的な教材研究により教材の質が高まることで、「見方・考え方」も発展させることが期待できる。

○　このため、幼児の発達に即して、幼児の経験に必要な遊具や用具、素材等の検討・選択及び環境の構成の仕方など、教員による日々の継続的な教材研究の必要性などについて、明確化を図る。

6．必要な条件整備等について

○　教育の成果は、その担い手である教員の資質・能力に負うところが大きく、特に、幼児教育において、教員は幼児のモデルとして様々な役割を果たしており、与える影響も極めて大きい。加えて、幼稚園等は、若い世代の入れ替わりが多く、経験に基づく知見が蓄積されにくく、また、預かり保育や子育ての支援など教育課程以外の活動へのニーズの高まりから研修時間の確保が難しくなっている現状を踏まえると、資質・能力の向上を図るための研修の在り方が喫緊の検討すべき課題となっている。

○　このため、各幼稚園等においては、教員以外の職員も含め、相互に日頃の実践についての意見交換やテーマに基づく研究の実施など、園内研修の継続・充実を図るとともに、園外研修の機会の確保を図ることが必要である。その際、特に近年の幼稚園等の小規模化を踏まえ、複数の園による多様な立場にある教員等の交流の機会を確保することも重要である。また、国や教育委員会等においては、指導方法等に関して参考となる教材の開発や研修体制の充実を図るとともに、幼稚園等においては、地域の幼稚園教員養成課程を有する大学・学部や幼児教育研究団体等との連携も必要である。とりわけ、地域の幼稚園教員養成課程を有する大学・学部においては、最新の知見に基づいた教育・研究が期待されることから、常に最新の情報の獲得に努めることが求められる。

○　また、各地域における幼児教育の質の充実を図るためには、市区町村を中心に幼児教育の経験を持った指導主事の配置や幼稚園、保育所、認定こども園等を巡回して指導・助言を行う幼児教育アドバイザーの育成・配置や、都道府県を中心に地域の幼児教育の拠点となる幼児教育センターの設置など幼児教育の推進体制の整備が求められる。

○　今後とも、幼児教育の質の向上を図っていくためには、中長期的な観点から幼児教育に関する基礎的な研究を行う必要がある。このため、平成二十八年度より国立教育政策研究所に新たに設置された幼児教育研究センターを中心にして、継続的に政策効果に関する調査研究活動を行っていくことが求められる。

7．その他　［略］

資料1～5　［略］

105「令和の日本型学校教育」の構築を目指して～全ての子供たちの可能性を引き出す、個別最適な学びと、協働的な学びの実現～（答申）

（令和三年一月二十六日　中央教育審議会）

［編集部注］本文中の注は省略した。

はじめに［略］

第Ⅰ部　総論

1．～3．［略］

4．「令和の日本型学校教育」の構築に向けた今後の方向性

○　家庭の経済状況や地域差、本人の特性等にかかわらず、全ての子供たちの知・徳・体を一体的に育むため、これまで日本型学校教育が果たしてきた、①学習機会と学力の保障、②社会の形成者としての全人的な発達・成長の保障、③安全・安心な居場所・セーフティネットとしての身体的、精神的な健康の保障、という三つの保障を学校教育の本質的な役割として重視し、これを継承していくことが必要である。

○　その上で「令和の日本型学校教育」を社会構造の変化や感染症・災害等をも乗り越えて発展するものとし、「全ての子供たちの可能性を引き出す、個別最適な学びと、協働的な学び」を実現するためには今後、以下の方向性で改革を進める必要がある。

○ その際、学校現場に対して新しい業務を次から次へと付加するという姿勢であってはならない。学校現場が力を存分に発揮できるよう、学校や教師がすべき業務・役割・指導の範囲・内容・量を、精選・縮減・重点化するとともに、教職員定数、専門スタッフの拡充等の人的資源、ＩＣＴ環境や学校施設の整備等の物的資源を十分に供給・支援することが国に求められる役割である。

○ また、学校だけではなく地域住民等と連携・協働し、学校と地域が相互にパートナーとして、一体となって子供たちの成長を支えていくことが必要である。その際、コミュニティ・スクール（学校運営協議会制度）と地域学校協働活動を一体的に実施することが重要である。

○ さらに、一斉授業か個別学習か、履修主義か修得主義か、デジタルかアナログか、遠隔・オンラインか対面・オフラインかといった、いわゆる「二項対立」の陥穽に陥らないことに留意すべきである。どちらかだけを選ぶのではなく、教育の質の向上のために、発達の段階や学習場面等により、どちらの良さも適切に組み合わせて生かしていくという考え方に立つべきである。

○ なお、本答申で提言する新たな施策について、文部科学省を中心に実施していくに当たっては、第三期教育振興基本計画で掲げられているように、各施策を効果的かつ効率的に実施し、目標の達成状況を客観的に点検し、その結果を対外的にも明らかにしつつその後の施策へ反映していくことなどにより、教育政策のＰＤＣＡサイクルを着実に推進していくことが求められる。中央教育審議会においても、初等中等教育分科会を中心に、必要な検証を実施していく。

(1) 学校教育の質と多様性、包摂性を高め、教育の機会均等を実現する

○ 新しい時代を生きる子供たちに必要となる資質・能力をより一層確実に育むため、子供たちの基礎学力を保障してその才能を十分に伸ばし、また社会性等を育むことができるよう、学校教育の質を高めることが重要である。その際、インクルーシブ教育システムの理念の構築等により、様々な背景により多様な教育的ニーズのある子供たちに対して、自立と社会参加を見据えて、その時点で教育的ニーズに最も的確に応える指導を提供できる、多様で柔軟な仕組みを整備することが重要であり、実態として学校教育の外に置かれることのないようにするべきである。特に、憲法や教育基本法に基づき、全ての児童生徒に対し、社会において自立的に生きる基礎や、国家や社会の形成者として必要とされる基本的な資質を養うことを目的とする義務教育段階においては、このことが強く求められる。

○ このため、学校に十分な人的配置を実現し、一人一台端末や先端技術を活用しつつ、生徒指導上の課題の増加、外国人児童生徒数の増加、通常の学級に在籍する発達障害のある児童生徒、子供の貧困の問題等により多様化する子供たちに対応して個別最適な学びを実現しながら、学校の多様性と包摂性を高めることが必要である。その際、現状の学校教育における個の確立と異質な他者との対話を促すことに弱さがあるとの指摘も踏まえ、一人一人の内的なニーズや自発性に応じた多様化を軸にした学校文化となり、子供たちの個性が生きるよう、個別化と協働化を適切に組み合わせた学習を実施していくべきである。

○ 性同一性障害や性的指向・性自認（性同一性）に悩みを抱える子供がいるとの指摘もある。こうした子供が、安心して学校で学べるようにするため、性同一性障害や性的指向・性自認（性同一性）について、研修を通じて教職員への正しい理解を促進し、その正しい理解を基に、学校における適切な教育相談の実施等を促すことが重要である。

○ また、ＩＣＴの活用や関係機関との連携を含め、現に学校教育に馴染めないでいる子供に対して実質的に学びの機会を保障していくとともに、離島、中山間地域等の地理的条件にかかわらず、教育の質と機会均等を確保することが重要である。

○ このような取組を含め、憲法第十四条及び第二十六条、教育基本法第四条の規定に基づく教育の機会均等を真の意味で実現していくことが必要である。なお、ここでいう機会均等とは、教育水準を下げる方向での均等を図るものではなく、教育水準を上げる方向で均等を実現すべきであることは言うまでもない。

○ 例えば、新型コロナウイルス感染症による学校の臨時休業期間において、一部では「全ての家庭にＩＣＴ環境が整っていないので、学びの保障のためにＩＣＴは活用しない」という判断がなされたという事例や、域内の一部の学校がＩＣＴを活用した取組を実施しようとしても他の学校が対応できない場合には、域内全体としてＩＣＴの活用を控えてしまった事例もあるが、このように消極的な配慮ではなく、「ＩＣＴ環境が整っている家庭を対象にまず実施し、

そうでない家庭をどう支援するか考える」という積極的な配慮を行うといったように、教育水準の向上に向けた機会均等であるべきである。

○ また、国内外の学力調査では、家庭の社会経済的背景が児童生徒の学力に影響を与えている状況が確認されている。学力格差を是正するためには、社会経済的指標の低い層を幼少期から支援することが重要である。このため、国は、家庭の経済事情に左右されることなく、誰もが希望する質の高い教育を受けられるよう、幼児期から高等教育段階までの切れ目のない形での教育の無償化・負担軽減や、教育の質の向上のための施策を着実に実施することが求められる。

(2) 連携・分担による学校マネジメントを実現する

○ 学校が様々な課題に対処し、学校における働き方改革を推進するためには、従来型のマネジメントの下、学校の有するリソースだけで対処するには限界がある。今般の新型コロナウイルス感染症への対応を契機とした業務の見直しも含め、校長のリーダーシップの下、組織として教育活動に取り組む体制を整備することが必要である。その際、校長を中心に学校組織のマネジメント力の強化を図るとともに、学校内、あるいは学校外との関係で、「連携と分担」による学校マネジメントを実現することが重要となる。

○ 学校内においては、教師とは異なる知見を持つ外部人材や、スクールカウンセラー、スクールソーシャルワーカー等の専門スタッフなど、多様な人材が指導に携わることができる学校を実現することが求められる。また、事務職員が校務運営に参画する機会を一層拡大し、主体的・積極的に財務・総務等に通じる専門職としての役割を果たすことが期待される。さらに、教師同士の関係においても、校長のリーダーシップの下、教師が担う業務の適正化や、校内の各種委員会の整理・統合等の学校の組織体制の在り方を見直すこと、主幹教諭、指導教諭をはじめ、経験豊富で専門性の高いミドルリーダーとなる教師がリーダーシップを発揮できるような組織運営を促進することを通じて、教師が子供としっかりと向き合い、教師本来の業務に専門性を発揮できるようにするとともに、学級担任、教科担任、養護教諭、栄養教諭や部活動顧問等の役割を適切に分担し、学校組織全体としての総合力を発揮していくことが求められる。

○ また、子供たちの教育は、学校・家庭・地域がそれぞれの役割と責任を果たすとともに、相互に連携・協働してこそ効果が上がるものであり、以下のような取組を通じて、地域全体で子供たちの成長を支えていく環境を整えていくことが必要である。

・コミュニティ・スクールの設置が努力義務であることを踏まえ、また、地域学校協働本部の整備により、保護者や地域住民等の学校運営への参加・参画を得ながら、学校運営を行う体制の構築

・家庭生活や社会環境の変化によって家庭の教育機能の低下も指摘される中、幼児教育段階はもとより、義務教育段階を含め、子育てに悩みや不安を抱える保護者に対して、身近な子育て経験者等による学習機会の提供や相談体制の整備など、地域の実情に応じた家庭教育支援に関する取組の推進

○ その他、学校が家庭や地域社会と連携することで、社会とつながる協働的な学びを実現するとともに、働き方改革の観点からも、保護者やPTA、地域住民、児童相談所等の福祉機関、NPO、地域スポーツクラブ、図書館・公民館等の社会教育施設など地域の関係機関と学校との連携・協働を進め、学校・家庭・地域の役割分担を文部科学省が前面に立って強力に推進することで、多様性のあるチームによる学校とし、「自立」した学校を実現することが必要である。

○ その実現に向けては、教育課程と関連付けることが求められており、新学習指導要領を踏まえ、教育課程に基づき組織的かつ計画的に各学校の教育活動の質の向上を図ること（カリキュラム・マネジメント）が重要である。

(3)・(4) ［略］

(5) 感染症や災害の発生等を乗り越えて学びを保障する

○ 今般の新型コロナウイルス感染症対応の経験を踏まえ、新たな感染症や災害の発生等の緊急事態であっても必要な教育活動を継続することが重要である。このため、「新しい生活様式」も踏まえ、子供一人一人の健康に対する意識を向上させるとともに、健やかに学習できるよう、トイレの乾式化・洋式化や特別教室等への空調設備の設置等の衛生環境の整備や、新しい時代の教室環境に応じた指導体制や必要な施設・設備の整備を図ることが必要である。

○ また、やむを得ず学校の臨時休業等が行われる場合であっても、スクールカウンセラーやスクールソーシャルワーカー等の専門スタッフや、市町村や児童相談所、警察等の関係機関との連携を図りつつ、子供たちと学校との関係を

継続することで、心のケアや虐待の防止を図り、子供たちの学びを保障していくための方策を講じることが必要である。

○ さらに、感染症に対する差別や偏見、誹謗中傷等を許さないことが重要である。学校においては、誤った情報や認識や不確かな情報に惑わされることなく、正確な情報や科学的根拠に基づいた行動を行うこと、感染者、濃厚接触者等とその家族に対する誤解や偏見に基づく差別を行わないことなどの点について、しっかりと取り上げ、身に付けさせることが必要である。あわせて、保護者や地域においては、学校における感染症対策と教育活動の両立に対する理解や協力に加え、差別等を許さない地域を作ることが期待される。

○ これらの取組を円滑に進めるためには、総合教育会議等も活用して、首長部局との連携を積極的に行うとともに、教育委員会等の学校の設置者が学校における取組を後押しすることも重要である。特に、今般の新型コロナウイルス感染症対応においては、教育委員会が、学校の自主的・自立的な取組を積極的に支援するという役割を果たしていたか否かが、子供たちの学びの保障においても重要であったことを踏まえ、教育委員会が率先して課題に取り組み、学校を支援する教育委員会の在り方について検討していくことが必要である。また、今般の新型コロナウイルス感染症の発生のような危機的な状況を乗り越えるためには、特に保護者や地域と協働し、学校運営や教育行政を推し進めることが必要である。

(6) ［略］

5．［略］

第Ⅱ部　各論

1．幼児教育の質の向上について

(1) 基本的な考え方

○ 幼児教育は、生涯にわたる人格形成の基礎を培う重要なものである。また、学校教育の始まりとして幼稚園では、義務教育及びその後の教育の基礎を培うことを目的としている。

○ しかし、急速な少子化の進行、家庭及び地域を取り巻く状況の変化等が複合的に絡み合い、幼児の生活体験が不足しているといった課題も見られる。幼稚園、保育所、認定こども園といった各幼児教育施設においては、集団活動を通して、家庭や地域では体験し難い、社会・文化自然等に触れる中で、幼児期に育みたい資質・能力を育成する幼児教育の実践の質の向上に一層取り組んでいく必要がある。

○ とりわけ新型コロナウイルス感染症への対応をとりつつ、子供の健やかな育ちをいかに守り支えていくかが今日の課題となっており、こうした課題にも的確に対応するため、教育環境の整備も含めた幼児教育の内容・方法の改善・充実や、幼児教育を担う人材の確保・資質及び専門性の向上、幼児教育を推進するための体制の構築等の取組を進めることが必要である。

(2) 幼児教育の内容・方法の改善・充実

①幼稚園教育要領等の理解推進・改善

○ 幼児教育は、生涯にわたる人格形成の基礎を培う重要な役割を担っており、幼稚園教育要領等に基づき、各園の創意工夫を生かした質の高い教育の実践が求められている。

○ そのためには、新幼稚園教育要領等の趣旨や内容について、関係者の理解を深め、新幼稚園教育要領等の実施状況や成果等の把握、調査研究や好事例等の情報提供を通じて、幼児教育施設における教育内容や指導方法の改善及び充実を図る必要がある。

○ また、幼児教育施設では、環境を通して行う教育を基本としていることから、環境が子供の発達にとってどのような意味があるのかといった環境の教育的価値について研究を積み重ねていくことが重要である。

②小学校教育との円滑な接続の推進

○ 幼児教育施設で育まれてきた資質・能力を、小学校教育を通じて更に伸長していくためには、「幼児期の終わりまでに育ってほしい姿」を手掛かりに、幼児教育施設と小学校の教職員が子供の成長を共有するなどの連携を図るとともに、小学校ではスタートカリキュラムも活用しながら幼児教育と小学校教育との接続の一層の強化を図る必要がある。

○ 幼児期から小学校への教育的なつながりを確保するためには、園長・校長のリーダーシップの下、幼児と児童の交流だけでなく、幼児教育施設と小学校の教職員が、両者の教育について理解を深め、また、両者が抱える教育上の課題を共有しておくことが重要であり、幼児教育施設と小学校の教職員の合同研修等の継続的な実施や、人事交流、相互の派遣研修等の推進が必要である。

③教育環境の整備

○ 幼児教育の質の向上を図るためには、資質・能力を育む上で効果的な環境の在り方について検討を行い、その改善及び充実を図ることが必要である。

○ 幼児期は直接的・具体的な体験が重要である

ことを踏まえ、ＩＣＴ等の特性や使用方法等を考慮した上で、幼児の直接的・具体的な体験を更に豊かにするための工夫をしながら活用するとともに、幼児教育施設における業務のＩＣＴ化の推進等により、教職員の事務負担の軽減を図ることが重要である。

○ また、幼児教育施設においては、事故の発生・再発防止のための取組を推進するとともに、耐震化、アスベスト対策、防犯、バリアフリー化、衛生環境の改善等の安全対策を引き続き行うことが必要である。

④特別な配慮を必要とする幼児への支援

○ 障害のある幼児等の将来的な自立と社会参加を見据えた一人一人の教育的ニーズを把握した早期発見・早期支援が重要であることから、幼児教育施設における特別支援教育の充実、それを支える関係機関・部局と連携した切れ目ない支援体制整備が求められている。

○ このため、特別支援教育に関する教職員の資質向上のため、幼児期の特性を踏まえた研修プログラムの作成、障害のある幼児等の受入れに当たっての体制整備の在り方や指導上の留意事項等の整理等に関する検討を進めることが必要である。

○ また、国際化の進展に伴い、海外から帰国した幼児や外国人幼児の増加が見込まれ、小学校進学時に学校生活に円滑に適応できるよう、幼児教育施設を活用し、幼児やその保護者に対する日本語指導、就学ガイダンス、就学相談等の取組を充実することが重要である。

○ さらに、幼児期の特性を踏まえた研修プログラムの作成、幼児教育段階における指導上の留意事項等の整理等に関する検討を進めるとともに、外国人のための就園ガイドの作成等を行い、多言語での就園・就学案内を推進する。

(3) 幼児教育を担う人材の確保・資質及び専門性の向上

①処遇改善をはじめとした人材の確保

○ 子供の育ちを巡る環境の変化等に対応しながら、質の高い幼児教育を推進するためには、教職員の資質向上と優れた人材を計画的に確保することが必要である。

○ このため、処遇改善等の必要な施策を引き続き実施するとともに、地方公共団体が主導して幼児教育関係団体や幼稚園教諭の教職課程を有する大学等と連携し、新規採用の促進、離職防止・定着促進、離職者の再就職の促進といった総合的な人材確保策を推進していくことが必要である。

②研修の充実等による資質の向上

○ 研修と通常の保育活動、園内研修と園外研修、さらには法定研修、幼児教育関係団体が実施する研修など、それぞれの機能や位置付けを構造化し、効果的な研修を行うことが重要である。

○ このため、初任、中堅、管理職等といった各職階・役割に応じた研修体系の構築を行い、それぞれの段階で求められる資質を明らかにし、キャリアステージごとの十分な研修機会を確保することが必要である。

○ また、国や地方公共団体、研究機関等が幼児期の発達の特性や幼稚園教育等における教職員の役割に関する実践事例や最新の知見の提供を行うなど、指導方法等に関して実践の上で参考となる情報の提供を行うことができるよう、きめ細やかな支援・研修体制を整備することが必要である。

③教職員の専門性の向上

○ 幼児教育に関する専門性の向上を図るとともに、子育ての支援を必要とする保護者への指導・助言、家庭教育、小学校教育との連携・接続といった幼児教育を巡る様々な課題に対応する力を養うため、より上位の幼稚園教諭免許状の取得や、小学校教諭免許状や保育士資格の併有を促進することが重要である。

○ このため、都道府県において、各地域における養成校等と連携し、より上位の免許状の取得に係る単位修得に資する認定講習等を開設し、幼稚園教諭の専門性の向上に向けた環境整備を図る必要がある。

(4) 幼児教育の質の評価の促進

○ 各幼児教育施設において、学校関係者評価等や、必要に応じて第三者評価を実施するなどし、教育活動その他の園運営の状況について評価し、その成果を施設の運営や環境づくり、教育課程等や指導などに生かすことにより、持続的に改善を促すＰＤＣＡサイクルを構築することが必要である。

○ また、自己評価や学校関係者評価を各園のカリキュラム・マネジメントにつなげていくことが重要であるとともに、専門的知見を有する者が参画する公開保育の仕組みを学校関係者評価に活用することは有効である。

○ このため、学校評価として、子供の学びの過程や教職員の指導、施設の運営や環境等に対する評価を行う際の観点や方法に関する指針や留意事項等の作成等、幼児教育の質に関する評価の仕組みの構築に向けた手法開発・成果の普及といった取組の充実を図ることが重要であるが、その際には、各幼稚園等が評価疲れを起こさないよう、効果的・効率的に実施できるものにするよう留意する必要がある。

(5) 家庭・地域における幼児教育の支援

○ ①保護者等に対する学習機会・情報の提供
教職員が保護者や地域住民と協働して子供の育ちに関わっていく上で、子供の発達や学び、各園での実践の意図やねらいを保護者や地域住民に知ってもらうことは重要である。

○ 家庭教育の担い手である保護者の学びを支援するためには、幼児教育施設における相談体制の整備に加え、公民館等の地域の多様な場において、子育て経験者等による保護者向けの講座や親子で参加できる行事・プログラム、子育てに悩みや不安を抱える保護者への訪問相談の実施など、地域における家庭教育支援を充実することが必要である。

○ ②関係機関相互の連携強化
経済的困窮や虐待など、支援を必要としながらも支援が届きにくい様々な問題を抱える家庭に対しては、当該家庭の子供が通う幼児教育施設と教育委員会、市町村福祉担当部局や児童相談所等の関係機関が連携強化を図るなど、より十分な支援を行っていくことが必要である。

○ また、地方公共団体において、障害者福祉関係の施策や外国人関係の施策については首長部局が担っていることが多く、教育委員会と首長部局の緊密な連携による支援が必要であり、関係機関相互の連携を促進する取組を充実することが必要である。

○ ③幼児教育施設における子育ての支援の促進
地域の幼児教育の中心として幼児教育施設がその専門性やノウハウを生かし、保護者が子育ての喜びや生きがいを実感できるよう、幼児教育施設における親子登園や相談事業、一時預かり事業等の取組の充実を図ることなどにより、地域の未就園児を含めた含めた子育ての支援の充実を図ることが必要である。

○ 幼稚園の預かり保育は、園の教育活動の一環であるだけでなく、主として在籍園児の保育の受け皿としても重要な役割を果たしている。質の向上を図りつつ、幼稚園利用者の保育ニーズにも適切に応えられるよう、一時預かり事業及び私学助成の双方における支援の充実を図る必要がある。

(6) 幼児教育を推進するための体制の構築等

○ 地方公共団体において、幼児教育センターの設置や幼児教育アドバイザーの育成・配置等の幼児教育を推進する体制を構築し、持続可能なものとして充実することが期待されている。

○ このため、国においても、幼児教育を巡る様々な課題や地域の実情に応じた取組が可能となるよう、地方公共団体における幼児教育を推進する体制の充実・活用のため必要な支援を引き続き行うとともに、幼児教育アドバイザー活用の推進方策の検討や好事例の収集等が必要である。

○ また、質の高い幼児教育を実現するためには、幼児教育の意義、幼児を取り巻く環境や発達に関する課題、効果的な指導方法等について、科学的・実証的な検証を通じて明らかにし、国として、それらのエビデンスに基づいた政策形成を促進することが重要である。

(7) 新型コロナウイルス感染症への対応

○ 新型コロナウイルス感染症への対応をとりつつ、子供の健やかな育ちを守り支えていくため、幼稚園等において、保健・福祉等の専門職や関係機関等とスムーズに連携できるできるよう、地方公共団体における幼児教育推進体制の整備、研修の充実等による資質等の向上を図るとともに、トイレや空調設備の改修等による衛生環境の改善等の感染防止に向けた取組の推進や園務改善のためのＩＣＴ化の支援など教職員の勤務環境の整備などを進めていくことが必要である。

2．～9．［略］

今後更に検討を要する事項　［略］

106 学びや生活の基盤をつくる幼児教育と小学校教育の接続について～幼保小の協働による架け橋期の教育の充実～

（令和五年二月二七日　中央教育審議会　初等中等教育分科会　幼児教育と小学校教育の架け橋特別委員会）

［編集部注］本文中の注は省略した。

はじめに　［略］

一、幼児期及び幼保小接続期の教育に関する法令改正等の変遷　［略］

二、現状と課題、目指す方向性

1．架け橋期の教育の充実

(1) 現状と課題

○　教育は、教育基本法や関係法令が掲げる目的及び目標の達成を目指し、その連続性・一貫性を確保しながら、組織的・体系的に行うことが重要である。一方、幼児教育と小学校教育には、他の学校段階等間の接続に比して、子供の発達の段階に起因する、教育課程の構成原理や指導方法等の様々な違いが存在している。また、義務教育開始前の五歳児は、遊びを中心として、頭も心も体も動かして様々な対象と直接関わっていく時期であり、児童期は、学ぶということについての意識があり、集中する時間とそうでない時間の区別が付き、自分の課題の解決に向けて、計画的に学んでいく時期であるなどの違いを有している。

○　このため、幼保小においては、これらの違い等を認識しながら、幼児教育と小学校教育の円滑な接続に取り組むことが求められる。なぜなら、幼児教育と小学校教育の教育課程の構成原理等の違いは、子供の発達の段階に応じた教育を行うために必要な違いではあるが、子供一人一人の発達や学びは幼児期と児童期ではっきりと分かれるものではなく、つながっているため、必ずしも合致しない場合があるためである。また、合致しない場合に、小学校入学当初の子供が、小学校での学習や生活に関する自らの不安や不満を自覚し大人に伝えることは難しいと考えられ、一人で戸惑いや悩みを抱えこむことにより、その後の小学校での学習や生活に支障をきたすおそれがある。子供にとっては、初めての進学であり、この時期につまずいてしまうことは、その後の学校生活や成長に大きな負の影響を与えかねない。そして、ひいては不登校の要因にもなりかねず、低学年の不登校の子供への支援の観点からも、幼児教育と小学校教育の円滑な接続が重要であることが指摘されているところである。

○　上記に関連して、三要領・指針や小学校学習指導要領では、子供の資質・能力や学びの連続性を確保し、幼保小接続期の教育を充実することを求めている。具体的には、「幼児期の終わりまでに育ってほしい姿」を手掛かりに、幼児教育施設は、小学校以降の教育を見通しながらその基盤となる資質・能力を育成していくことを、小学校は、幼児教育施設で育まれた資質・能力を踏まえて、教育活動を実施することを求めている。

○　また、文部科学省では、令和三年答申を踏まえ、「個別最適な学び」と「協働的な学び」を一体的に充実し、「主体的・対話的で深い学び」の実現に向けた授業改善等の取組を進めており、幼児教育施設においては、このような小学校以降の学校教育における授業改善等やそれらを通して育まれる資質・能力を見通し、遊びを通して学ぶ幼児教育の特性を踏まえつつ、その充実に取り組むことが求められている。その際、幼児教育では、従来から一人一人に応じた指導や一人一人のよさを生かした子供同士の関わりを重視しており、そのような子供の活動を通して協同性を育んでいることの意義についても再確認をしながら、幼児教育の充実を図っていくことが重要である。

○　さらに、小学校においては、幼児教育施設において「主体的・対話的で深い学び」、「個別最適な学び」、「協働的な学び」に向けた資質・能力の芽生えを培っていることを踏まえ、その芽生えを更に伸ばしていくべく、幼児教育の成果を生かした教育活動に取り組むことが求められている。その際、小学校教育では、平成元年に生活科が新教科として設定され、平成二十年にスタートカリキュラムが学習指導要領解説に示されて以降、生活科を中心に幼児教育との接続が図られてきていることの意義についても再確認をしながら、小学校教育の充実を図っていくことが重要である。

○　なお、これまでも幼保小の接続については、子供が小学校入学後も生き生きと過ごせるよう、幼保小が連携し、幼児と児童が共に参加する行事の開催や、小学校の授業の体験等の様々な工夫が行われてきており、小学校との連携の取組を行っている幼児教育施設は約九割に上るなど、取組が進展してきている。

○　一方、次のような課題も生じていると指摘されている。

- 各幼児教育施設・小学校において連携の必要性について意識の差がある。特に、私立幼稚園・保育所・認定こども園や私立小学校と連携することが難しい。
- 半数以上の市町村において、行事の交流等の取組にとどまり、資質・能力をつなぐカリキュラムの編成・実施が行われていない。小学校の取組が、指導方法の改善に踏み込まず、学校探検等にとどまるケースが多い。
- 「幼児期の終わりまでに育ってほしい姿」だけでは、具体的なカリキュラムの工夫や指導方法の改善の仕方が分からない。また、「幼児期の終わりまでに育ってほしい姿」が到達目標と誤解され、連携の手掛かりとして十分機能していない。
- 幼児教育施設の教育は多様であるため、施設類型の違いを越えた共通性が見えにくく、スタートカリキュラムとアプローチカリキュラムがバラバラに策定され、幼保小の理念が共通していない。
- 地方自治体において、幼保小に対し幼保小接続について指導・助言できる人材が少ない。全国の教育委員会において、幼保小接続や生活科を担当する指導主事を配置する例は少なく、小学校の先生に対する研修も十分に行われていない。

○　このような状況下において、幼保小の接続期の教育の質を確保するための手立てを具体的に示していくことが求められている。特に、「幼児期の終わりまでに育ってほしい姿」については、これを実践にどう生かすかなど、カリキュラムの参考になる資料が少なく、幼保小の先生のサポートが必要な状況である。

(2)　目指す方向性

①子供の発達の段階を見通した架け橋期の教育の充実

○　幼児期に培った資質・能力は、生涯にわたり重要なものであり、それを小学校において更に伸ばしていくことが必要である。一方、幼児教育と小学校教育においては、教育課程の構成原理など様々な違いを有することから、とりわけ義務教育の開始前後の五歳児から小学校一年生の二年間の「架け橋期」は、幼保小が意識的に協働して子供の発達や学びをつなぐことにより、生涯にわたる学びや生活の基盤をつくることが重要である。幼保小においては、架け橋期の円滑な接続をより一層意識し、乳幼児期の子供それぞれの特性など発達の段階を踏まえ、一人一人の多様性や○歳から一八歳の学びの連続性に配慮しつつ、教育内容や指導方法を工夫することが重要である。

○　特に小学校入学前後の架け橋期は、子供が幼児教育施設における遊びを通した学びや成長を基礎として、小学校において主体的に自己を発揮しながら学びに向かうことを可能にするための重要な時期である。そのため、小学校の入学当初においては、幼児期において自発的な活動としての遊びを通して育まれてきた資質・能力が、低学年の各教科等における学習に円滑に接続するよう教育活動に取り組むことが求められる。

○　また、小学校低学年における教育全体においては、例えば生活科において育成する「自立し生活を豊かにしていくための資質・能力」を、他教科等の学習においても生かされるようにするなど、教科等間の関連を積極的に図り、幼児教育との円滑な接続が図られるよう工夫することが求められる。

○　子供一人一人が、自分のよさや可能性を認識するとともに、あらゆる他者を価値のある存在として尊重し、多様な人々と協働しながら様々な社会的変化を乗り越え、豊かな人生を切り拓き、持続可能な社会の創り手となることができるようにするため、三要領・指針や小学校学習指導要領の理念をより徹底し、架け橋期とそれにつながる時期、さらにその後の時期を見通しながら、教育の充実に取り組むことが必要である。

○　幼保小においては、このような架け橋期の教育の位置付けや重要性について認識を共有し、子供の成長を中心に据えながら一体となって、架け橋期の教育の充実に取り組むことが求められる。

②架け橋期のカリキュラムの作成及び評価の工夫によるＰＤＣＡサイクルの確立

(ア)幼保小の協働による架け橋期のカリキュラムの作成

○　幼保小が教育課程の構成原理等の違いを越えて相互理解を深めるためには、幼保小が協働し、共通の視点を持って教育課程や指導計画等を具体化できるよう、架け橋期のカリキュラムを作成することが重要である。また、その際は、三要領・指針において幼児期の資質・能力が具体的に現れる姿として定められている「幼児期の終わりまでに育ってほしい姿」等を手掛かりとして活用することが考えられる。

○　具体的には、三要領・指針の「幼児期の終わりまでに育ってほしい姿」等や小学校学習指導要領を参照しながら、地方自治体が定める教育に関する基本的な方針等や幼児教育施設・小学校の教育目標、子供の実態等を踏まえて、幼保小が協働して「期待する子供像」や「育みたい資質・能力」を明らかにするとともに、この「期待する子供像」や「育みたい資質・能力」を基にして、「園で展開される活動」や「小学校の生活科を中心とした各教科等の単元構成等」等を具体的に明確化していくことが考えられる。そして、このような取組を幼保小それぞれのカリキュラム・マネジメントと連動させていくことが大切である。

○　その際には、幼児期の遊びを通した学びが小学校の学習にどのようにつながっているかについて、幼保小の先生が子供の姿の事例を通して、具体的に対話をすることが重要になる。例えば、幼児期に友達と集めた木の実の合計の数を数えたり、同数に分け合ったりすることは数への興味や関心を高め、小学校の算数の学習にもつながっていくものである。このような具体的な事例を用いて、大事にしている子供の経験等の対話を通じて相互理解を深めていくことが非常に重要であり、幼児期の興味や関心に基づいた多様な体験が小学校以降の学習や生活の基盤となること、ひいては言語能力、情報活用能力、問題発見・解決能力等の持続可能な社会の創り手として必要な力の育成等につながっていくことについて共通理解を図ることが求められる。

○　なお、小学校入学当初は、生活科を中心としたスタートカリキュラムの編成・実施により、幼児期の生活に近い活動と児童期の学び方を織り交ぜながら、幼児期の豊かな学びと成長を踏まえて、子供が主体的に自己発揮できるような場面を意図的につくることが求められている。小学校においては、架け橋期のカリキュラムの実効性を高めるためにも、幼児教育と小学校教育の円滑な接続において重要な役割を担うスタートカリキュラムの位置付けを再確認し、架け橋期のカリキュラムを踏まえた教育課程の編成・実施・改善を進める中で、スタートカリキュラムの充実を図ることが必要である。

○　また、幼保小の相互理解を図るためには、自分が所属する幼児教育施設又は小学校の教育内容等を相手に伝えるだけでなく、相手の教育内容や指導方法を理解し、自らの指導を見直し工夫することが求められる。異なる施設類型や学校種の教育内容や指導方法を理解し、指導の見直しや工夫を行うことは、幼児教育施設や小学校の先生の双方にとって、自らの指導や子供の学びを豊かにする貴重な機会につながると考えられる。

○　さらに、幼児教育施設においては、私立が多く、また複数の施設類型が存在し、それぞれが特色ある幼児教育を展開していることから、小学校教育との接続の基盤となる幼児教育施設間の横の連携強化に取り組むことも重要である。

(イ)架け橋期の教育の評価、家庭・地域との連携

○　架け橋期のカリキュラムを作成した後は、その実効性を高めていくため、幼保小が架け橋期の教育や子供の姿等を共に振り返り、教育の改善・充実につなげていくことが重要である。

○　具体的には、架け橋期のカリキュラムにおいて明確化された資質・能力がどのように育まれたかについて、小学校一年生の修了時期を中心に幼保小が共に振り返り、架け橋期の教育目標や日々の教育活動を評価することが考えられる。また、当該評価を踏まえて、幼保小それぞれの教育の充実（各幼児教育施設・小学校の教育課程編成や指導計画作成等）につなげていくことが期待される。

○　このような架け橋期の継続的なＰＤＣＡサイクルを構築していくためには、幼保小の接続担当を園務・校務の分掌に位置づけ、幼保小の合同会議等をオンラインも適宜活用しながら定期的に開催するなど、幼保小の対話を継続するための工夫が必要である。その際、幼保小の合同会議では、参加者が互いに尊重し合いながら率直に語り合い、架け橋期という重要な時期を担う仲間として学び合えるような同僚性を形成しながら対話を行うことが重要である。また、架け橋期のカリキュラムに取り組む意義やねらい、子供の変容等について共有を図りつつ、「幼児期の終わりまでに育ってほしい姿」等を活用しながら具体的に話し合い、目の前の子供の実態に応じて、架け橋期のカリキュラムの実践・改善等を行っていくことも大切である。

○　さらに、このように継続的に行われる対話においては、幼保小だけでなく、「社会に開かれたカリキュラム」の観点から、コミュニティ・スクール等を活用し、保護者や地域住民の参画を得る仕組みとしていくことが重要である。その際、幼児教育施設における遊びは、先生の意図的、計画的な教育であることが保護者や地域住民には伝わりにくいため、遊びを通した学びが小学校以降の教育の基盤につながっていくことについて、幼保小が連携して発信することが重要である。

○　なお、小学校段階では生徒指導上の諸課題への対応が求められているが、生徒指導では、子供の自発的・主体的な成長や発達を支えることが大切である。

このような考え方に立てば、幼児期において、信頼する大人との温かな関係の中で、子供が自己を発揮しながら、他の子供や地域の人々との関係を深めていくことが重要であり、幼児教育の成果が小学校教育へと引き継がれ、子供の発達や学びが連続するようにする必要がある。そのためには、幼保小の先生が、子供がどのように友達のよさや自分のよさ、可能性に気付き、人に対する信頼感や思いやりの気持ちを持てるようになるか、また、現在どのような課題を有しているか等について対話を行い、相互理解を深めることも大切である。

○　このほか、小学校において、感情をコントロールできない、集中力が持続しないなどといった子供への対応については、脳科学や発達心理学といった様々な研究分野の知見や専門家の助言等を参考にしながら、子供一人一人の特性に応じた指導を行うことが重要である。

2．幼児教育の特性に関する社会や小学校等との認識の共有

(1) 現状と課題

○　全ての子供に格差なく学びや生活の基盤を保障していくためには、幼保小が、施設類型や学校種の違いを越えて連携・協働し、保護者や地域住民等の参画を得ながら、架け橋期の教育の充実に取り組んでいく必要がある。そのためには、幼児期に育まれた資質・能力が小学校教育にどのようにつながっているか、関係者がイメージを共有し、実践できるようにする必要があるとともに、学びや生活の基盤を育むため、幼児教育施設がどのような工夫をしているかについて理解を広げていく必要がある。

○　幼児期は、子供が遊びを中心として、頭も心も体も動かして、主体的に様々な対象と直接関わりながら総合的に学んでいくとともに、遊びを通して思考を巡らし、想像力を発揮し、自分の体を使って、友達と共有したり、協力したりして、様々なことを学んでいくことが重要である。このような遊びを通して学ぶという幼児期の特性は、普遍的に重視すべき視点であり、社会の変化に伴い、今まで以上に重要になってきている。

○　一方で、遊びを通して学ぶという幼児期の特性に関する認識が、社会的に共有されているとは言い難く、幼児教育については、いわゆる早期教育や小学校教育の前倒しと誤解されることがある。例えば、現在、令和三年答申を踏まえ、小学校以降においては一人一台端末等を日常的に活用し、「個別最適な学び」と「協働的な学び」を一体的に充実することが求められているが、小学校以降の教育を見通すことと前倒しをすることは違うことに留意しながら、幼児教育の充実を図ることが求められている。

○　また、幼児教育の特性に関する社会や小学校等との認識の共有が未だ十分ではないことが、個別の幼児教育施設の状況や家庭環境等によって小学校入学時点で格差が生じていることや、小学校の入学直後から学習や生活になじめない子供がいること、施設類型や学校種を越えて相互理解を図ることが困難であることなど、接続期が抱える問題の背景になっていると考えられる。このことは、よりよい教育を通してよりよい社会を創るという理念を社会と共有して実現を図る「社会に開かれたカリキュラム」の観点からも、大きな課題である。

(2) 目指す方向性

① 幼児教育の特性に関する認識の共有

○　幼児期は身体と感覚・感性を通じた体験が必要な時期であることや、幼児教育はいわゆる早期教育や小学校教育の前倒しではなく、子供が主体的な遊びの中で試行錯誤し考えたり、先生の関わりや環境の構成を工夫したりすることにより、「主体的・対話的で深い学び」を実現していることなど、遊びを通して学ぶという幼児教育の特性について、様々な研究や実践の成果に基づく知見を活用して幅広く伝えながら、社会や小学校等と共通認識を図っていくことが重要である。

○　例えば、いわゆる認知能力と非認知能力は相互に関連し、支え合って育っていくと言われている。子供の体験の幅を広げ、質を深めるための関わりや環境の構成に取り組むことが求められ、その際、言語や数量等との出会い、人やものとの関わりなどの中で感じたこと等も、子供にとっては貴重な体験であるということを認識することが大切である。

○　また、教育が有する文化の伝達・継承機能を意識することが大切である。日常生活や自然の移り変わりに根差した言葉遊びなどを通して、楽しみながら豊かな言葉や表現に触れる機会をつくるなどの配慮が重要となる。例えば、絵本や物語の読み聞かせなどを通して言葉に親しむことや、子供が興味を持つような言葉の響き・

リズムの面白さや身体を使った表現との組合せなどを生かした工夫をしつつ、日本語の伝統にある名文等の豊かな文章や表現の響きに親しむようにすることは、楽しい言葉や美しい言葉との出会いを通して言葉の感覚を身に付けることにつながっていくと考えられる。

○ このように、遊びを通して学ぶという幼児教育の特性を踏まえ、日本語の豊かな表現に慣れ親しみ、楽しく遊びながら日本語感覚を身に付けることによって、コミュニケーション能力や自己表現する感性を育むなど、言葉を豊かにする遊びの工夫が必要である。このことは、将来の小学校教育において、語彙量を豊かに増やしていく学びにもつながると考えられる。

○ なお、幼児教育施設での生活においては、直接的・具体的な体験が重要であるが、ICTを活用することにより、遊びの展開の一層の充実を図り、より深い学びに向う教育活動を実施することも可能である。その際、ICTの特性や使用方法、子供の発達等を考慮しつつ、子供の直接的・具体的な体験を通じた学びを、更に深い学びにするための工夫を行いながら活用することが重要である。ICTの操作の習得を目的としたり、先生の一方的な指導となったりすることなく、子供の興味や関心が広がるような豊かな体験が可能となるよう、ICTを活用することが必要である。

②ICTの活用による教育実践や子供の学びの見える化

○ 幼児教育施設においては、ICTを活用したドキュメンテーションやポートフォリオといった子供主体の遊びを通した学びの記録により、日々の教育実践や子供の学びを「見える化」し、先生の教育の意図や環境の構成の工夫等を併せて伝えることにより、保護者や地域住民の理解を深めて信頼を得る取組が行われてきている。

○ また、公開保育など保護者や地域住民等が参加する機会においても、子供主体の遊びを通した学びを記録したドキュメンテーション等により「見える化」を行い、保護者や地域住民等の理解や対話を促進する取組が行われている。このような取組を進め、保護者や地域住民等の幼児教育施設の運営や教育活動への理解を促進し、「社会に開かれたカリキュラム」や「社会に開かれた幼児教育施設づくり」につなげていくことが期待される。

○ 国や地方自治体においては、幼児教育施設におけるICTを活用した幼児教育のプロセスと子供の学びの「見える化」と、「見える化」による保護者や地域住民との連携の好事例等を収集し発信することにより、幼児教育の特性について社会の認識も高めていくことが重要である。

3．特別な配慮を必要とする子供や家庭への支援

(1) 現状と課題

○ 障害のある子供や外国籍等の子供など、幼児教育施設や小学校・特別支援学校において特別な配慮を必要とする子供が多数になってきており、その対応が増加しているとの指摘がある。

○ 特別支援学校や小学校の特別支援学級に在籍する子供は増加し続けており、小学校の通常の学級においても、通級による指導を受けている子供が増加するとともに、小学校一年生の通常の学級に一定の割合で特別な教育的支援を必要とする子供（知的発達に遅れはないものの学習面又は行動面での著しい困難を示す子供）が在籍しているという推計もある。

○ また、全ての小学校の先生に特別支援教育に関する知識が求められているが、実際には、特別支援教育コーディネーター以外は発達障害や医療的ケア児等の知識を有していない場合がある。さらに、幼児教育施設における子供の障害等に応じた支援が小学校に引き継がれず、支援が分断されているとの指摘もある。

○ 加えて、幼稚園及び幼保連携型認定こども園における外国籍等の子供は全国で約九千人おり、先生が最も気になる入園当初の外国籍等の子供の姿は「教職員からの指示が分からない」（五九・六％）という調査結果もある。「外国籍等の子どもが在籍していると思われる」と回答した保育所等六、五一一件について、外国籍等の子供の数は平均四・〇七人との調査結果もある。さらに、小学校に在籍する外国籍等の子供は増加しており、そのうち日本語指導が必要な子供は、令和三年度で約三万一千人となっている。

○ 幼児教育施設での子供の様子や過ごし方、具体的な支援方法や内容等は、小学校や特別支援学校にとっても有益な情報であり、幼児教育施設から小学校・特別支援学校に対しては指導要録等により引き継がれることとなっているが、実態としては十分な情報が共有されていない場合もあり、小学校における当該子供の状況を踏まえた適切な支援に支障を来たしているなどの課題が指摘されている。

○ 幼児教育や小学校教育等に携わる者が、特別な配慮を必要とする子供や家庭への支援のための具体的なデータや事例を基に共通理解を図る

とともに、母子保健、医療、福祉等の関係機関と連携した取組につなげることが求められている。

(2) 目指す方向性

① 特別な配慮を必要とする子供と家庭のための幼保小の接続

○ 全ての子供に等しく学びや生活の基盤を保障していくことが必要であり、そのためには、子供の多様性を尊重し、幼児教育施設や小学校・特別支援学校と母子保健、医療、児童発達支援センターも含む福祉等の関係機関との連携が不可欠である。特に地方自治体においては、子育て世代包括支援センターや乳幼児健診の機会の活用等の取組を推進するとともに、医療情報連携ネットワークとの連携を進めるなど、幼児教育施設・小学校と、母子保健、医療、福祉等の関係機関との連携強化を図り、切れ目ない支援を行うことが必要である。

○ 国や地方自治体においては、幼保小における障害のある子供等に対する教育の充実、それを支える関係機関・部局と連携した切れ目ない支援を行うため、障害のある子供等の受入れに当たっての体制整備の在り方や指導上の留意事項等に関する検討を進めるとともに、研修プログラムを開発し、研修に活用できる資料や教材を作成することが必要である。その際、特別支援学校に進学する子供もいることを踏まえることが求められる。また、幼児教育施設は、乳幼児健診や就学時健診をはじめ、母子保健、医療、福祉等の関係機関と連携を図りながら、日々の行動観察において発達障害等を早期発見し、一人一人に応じた指導を重視する幼児教育のよさを生かしながら障害の状態等に応じた支援を行うよう努めることが必要である。

障害のある子供等の指導に当たっては、障害の状態等に応じた効果的な指導を行うための個別の指導計画や、家庭や医療、福祉等の業務を行う関係機関と連携し一貫した支援を行うための個別の教育支援計画を作成し活用すること等により、子供一人一人の障害の状態等に応じた指導内容や指導方法の工夫を計画的、組織的に行うことが重要である。個別の指導計画は、子供一人一人の実態に応じて適切な指導を行うために幼児教育施設で作成されるものであるが、その際、子供が苦手とすることだけではなく、これまで子供に対して行われてきた教育実践や子供の学び・成長を伝える観点から作成することも必要である。

○ 小学校や特別支援学校への入学に当たっては、幼児教育施設は、幼児教育施設での子供の様子や過ごし方、具体的な支援方法や内容等について、家庭との連携を図りながら、小学校・特別支援学校に引き継ぐことにより、障害のある子供等が一貫した支援を受けられるようにすることが必要である。このような引継ぎに当たっては、小学校・特別支援学校の先生が事前に子供の幼児教育施設での過ごし方を見て具体的な支援のヒントを学ぶとともに、幼児教育施設と小学校・特別支援学校が障害のある子供等の得意なことや困難なこと、保護者の要望等について共有し、相談し合える関係をつくることが大切である。

○ 外国籍等の子供が円滑に小学校や特別支援学校に進学し、進学後の学校生活に適応できるよう、地方自治体は、幼児教育施設と小学校・特別支援学校と連携を図りながら、子供やその保護者に対する日本語指導、就学ガイダンス、就学相談等の取組を充実する必要がある。

○ 幼児教育施設においては、外国籍等の子供が日本語に親しむことができるようにするとともに、家庭によっては、家庭において母語を使用していること等についても配慮することが必要である。また、外国籍等の子供との触れ合いを通して、子供に多様な文化的・言語的背景を尊重する姿勢を育み、国際理解の意識の芽生えなどが養われるようにすることが必要である。その際、「多言語の学校文書」や「日本語指導・教科指導のための教材」等が検索可能な情報検索サイト「かすたねっと」の有効活用を促すことが重要である。さらに、国や地方自治体においては、指導上の留意事項等の整理に関する検討を進めるとともに、研修プログラムを開発し、研修に活用できる資料や教材を作成することが必要である。

○ 外国籍等の子供については、特に支障なく幼児教育施設での生活を送っているように見えても、他の子供の様子を見て行動しているだけで先生の話していることを理解していない場合もある。幼児教育施設は、一人一人に応じた指導を重視する幼児教育のよさを生かしながら幼児の実態に応じて日本語に親しめるようにするとともに、日本語をどの程度理解できるか、外国籍等の子供が有する文化的な背景等を踏まえ、どのような支援を行ったか等について、家庭との連携を図りながら、小学校・特別支援学校に引き継ぐことにより、小学校・特別支援学校においても必要な支援が受けられるようにすることが大切である。

○ なお、特別な配慮を必要とする子供にとって、幼児教育と小学校教育との円滑な接続とともに、幼児教育施設での生活における支援も重要である。幼児教育施設においては、一人一人に応じた指導を重視する幼児教育のよさを生かしながら、当該子供の実態に応じた適切な支援を行うとともに、共生社会の形成に向けて、将来、特別な配慮を必要とする子供が地域社会の中で積極的に活動し、その一員として豊かに生きることができるよう、地域の同世代の子供や人々との交流等を通して、地域での生活基盤を形成することが大切である。さらに、特別な配慮を必要とする子供の思いや状況等を先生が他の子供に伝え、クラスでの生活が、互いにとって豊かな時間となるクラス経営を行い、共に尊重し合いながら協働して生活していく態度を育むことで、子供が共生社会の担い手として育っていけるようにすることが大切である。

○　各幼児教育施設、小学校、特別支援学校のみでは対応が困難な課題については、支援ネットワークや協力リソースを活用しながら、教育・福祉等の関係機関と連携・協働していくことが重要である。地域において、子供にとってのセーフティネットとしての役割を含めた幼児教育施設、小学校、特別支援学校に期待されている役割を明確にし、支援ネットワークの中で共有を図っていく必要がある。

②好事例の収集

○　子供一人一人の多様性に配慮し、学びや成長を促すような教育の充実を図るとともに、幼児教育の成果を小学校教育につなげるため、幼保小における好事例等を収集・蓄積して活用していく必要がある。また、家庭とも共有し、これらの取組の評価・検証による支援策の改善につなげていく必要がある。

4．全ての子供に格差なく学びや生活の基盤を育むための支援

(1)現状と課題

○　教育の質を問う以前の課題として、通園・通学していない子供がいるなど、教育の機会へのアクセスが十分ではない家庭もある。自分が育てられてきた環境と我が子を育てる環境の違い、核家族化による子育て支援者の不足、地域とのつながりの希薄さにより、親世代が子育てへの不安やストレスを抱えている。このため、社会全体で子供や家庭を支援することが求められている。

○　海外の研究では、幼児期の教育がその後の生涯にわたる学業達成、職業生活、家庭生活等で多面的に影響を与えることが実証的に明らかにされている。質の高い幼児教育は、言語の使用やアカデミックスキルの芽生え、社会情緒的スキル等の様々な領域の発達と就学後のパフォーマンス等にとって有益であることや、ウェルビーイング・健康にも効果が及ぶことが指摘されている。また、質の高い幼児教育が子供の望ましい学びと成長に結びついていること、特に恵まれない境遇にある子供においてその傾向が顕著であることを、多くの研究が示している。

○　子供の健やかな成長のためには、幼児教育施設と家庭や地域がそれぞれの有する教育機能や役割を互いに発揮し、支え合いながら、一体となって子育てに取り組むことが必要である。

○　近年の子供は、情報化が急激に進んだ社会の中で多くの間接情報に囲まれて生活しており、自然や地域の文化（伝統的な遊びや行事等）に触れたり、地域で異年齢の子供と遊んだり、働く人と触れ合ったり、高齢者をはじめ幅広い世代と交流したりする等の直接的・具体的な体験が不足しているとの指摘がある。

○　また、保護者は、新型コロナウイルス感染症の影響により、親学級の休止、ママ友・パパ友・先輩との交流、産後ケアや家事代行・子育て支援サポートの利用、里帰りなどが控えられ、育児に関する情報と支援が得られにくくなり、子育てや教育に関する情報をＳＮＳ等から得ているとの指摘がある。核家族化や地域での関わりの希薄化等もその背景にあると考えられるが、インターネットの情報は我が子の状況に合ったものとは限らず、多くの情報に振り回されるおそれもあるとの指摘もある。

○　孤立を深めつつも情報過多で不安を抱える保護者が増えていく中で、幼児教育施設が、幼児期にふさわしい生活やその子に応じた学びを子供とその保護者に提供することの重要性が高まっている。幼児教育施設が、保護者同士が子育ての不安や喜びを互いに分かち合えるような関係をつくる場となることや、幼児教育施設や先生とのつながりにより、幼児教育施設に預けることで、子供にとっても良い環境の下で過ごすことができるという安心感を保護者が得ることは、育児の孤立化を防ぐために非常に重要である。

○　幼児教育施設は、地域の子供にその成長時期・発達にふさわしい幼児教育を提供するという重要な役割を果たしており、社会情勢に応じて、幼児教育施設の役割も変化が求められる。家庭や地域の教育力が低下している昨今、子供にとって安全・安心な居場所であるとともに、子供の学びや成長を保障する幼児教育施設の役割

の重要性が一層増している。

○　近年は、幼児教育施設が周産期から積極的に家庭とつながりを持ち、出産後の子育てに関するアドバイスやサポート、幼児教育・保育に関する情報提供を行い、保護者が安心して子育てをする環境をつくりだしている例や、幼児教育施設が地域全体の子育て支援のネットワークにおいて中核的な役割を果たし、関係施設との連携・協力により、地域の子供の学びと生活を支えている例もあり、幼児教育施設の果たす役割に大きな期待が寄せられている。

(2)目指す方向性

①幼児教育施設の教育機能と場の提供

○　全ての子供に格差なく学びや生活の基盤を育むため、幼児教育施設においては、在園児のみならず地域の子供に対して、幼児教育を受ける機会を積極的に提供していくことが求められる。

○　具体的には、幼児教育施設に在園していない〇歳から五歳の子供も含め、様々な体験の機会が得られるよう、幼児教育施設が有する幼児教育に関する専門的な知見を地域に提供するとともに、様々な家庭や年齢層の子供が学びの場に参加できるようにすることが重要である。

○　特に満三歳以上の子供を対象としている幼稚園においては、これまで主に〇歳から二歳の未就園児の保護者に対する子育て支援の観点からの役割が求められてきた。しかし、〇歳から一八歳の学びが連続していることを踏まえれば、保護者向けの子育て支援の観点からだけではなく、幼児教育施設としての専門的な知見を生かし、未就園児向けの学びという観点からの支援を積極的に進めていくことが、今後は一層必要である。

○　また、幼児教育施設は、幼児期の教育の地域の中核となり、その専門性や知見を生かし、保護者の幼児教育に対する理解を深めるとともに、保護者が子育ての喜びや生きがいを実感できるよう、幼児教育施設における親子登園や相談事業、一時預かり事業等の取組の充実を図ることなどにより、子育て支援の充実を図ることが求められる。その際、小学校、放課後児童クラブ、子育て支援に取り組むNPO法人、地域のボランティア団体、地域の子育て世代包括支援センター等との連携・協力を図り、保護者が必要とする子育て支援を継続的に受けられるようにしていくことも重要である。また、保護者と幼児教育施設・小学校は、一緒になって両輪で子供を育てていく存在であり、それぞれの役割に留意しながら取組を進めることが大切である。

○　さらに、コミュニティ・スクール等の仕組みを活用し、小学校と近隣の幼児教育施設や地域の自治会・まちづくり協議会等との連携・協力を促進し、乳幼児期の子供の保護者と小学生の保護者が交流できる場を設けることにより、保護者がそれぞれの子育て経験等を共有しながら、小学校での子供の学習や生活の見通しを持つことや、遊びを通して学ぶという幼児教育の特性について認識を共有していくことが期待される。例えば、幼保小では一日の生活リズムが異なることを踏まえ、幼児教育施設と家庭が連携することにより、小学校生活を見据えながら、生活習慣を養うこと等が考えられる。

○　また、子供は欲しくないと思う大学生等が一定数存在しているため、中高生や大学生が子供に関わる機会や親になることを意識する機会をつくり、子育ての喜びや楽しさを伝えていくことが大切である。具体的には、子供の発達の段階に応じて、家族の役割や幼児期の子供の発達の特徴について理解し、子供とのよりよい関わり方について考え、工夫することができるよう、中学校や高等学校等とも連携し、幼児教育施設等の子供と触れ合う機会を充実することが考えられる。また、親になる前に子供の接し方が分からないといった場合には、妊娠初期から継続的に関わる伴走型相談支援の活用や子供と共に人生を歩む喜びなどについて、伝えていくことが必要である。

②全ての子供のウェルビーイングを保障するカリキュラムの実現

○　中央教育審議会「次期教育振興基本計画の策定について（諮問）」（令和四年二月七日）では、「学習者視点に立ち、誰もが、いつでもどこからでも、誰とでも、自分らしく学ぶことができ、誰一人取り残されず、一人一人の可能性が最大限に引き出され、一人一人の多様な幸せであるとともに社会全体の幸せでもあるウェルビーイングが実現されるように、制度等の在り方を考えていく」必要があるとされている。

○　上記の中央教育審議会の審議結果を踏まえつつ、幼保小においては、カリキュラム・マネジメントの充実を図り、全ての子供のウェルビーイングを高める観点から、教育課程編成・指導計画作成、実施や評価、改善等を通じて、組織的かつ計画的に教育活動の質の向上が図られるようにすることが必要である。

5．教育の質を保障するために必要な体制等

(1)現状と課題

○　複数の施設類型が存在し、私立が多い幼児教育の現場において、設置者や施設類型を問わず、幼児教育の質の向上や幼保小の接続等の取組を一体的に推進するため、地方自治体において必要な体制を構築することが求められている。また、子供を取り巻く多様な地域の課題に的確に対応するため、保健・福祉等の専門職をはじめとした人的体制の充実や連携の強化を図ることが求められている。

○　このため、地方自治体においては、幼保小の担当部局の連携・協働や幼保の担当部局の一元化、幼児教育センターの設置等が進められているところである。しかし、幼児教育センターの設置に関していえば、現時点では、都道府県においては幼児教育センターの設置は三〇道府県にとどまり、全てには設置されていない。また、市町村においては、人的・財政的体制が弱い傾向にあるため、幼児教育センターの設置が進んでいない。

○　これまでの地方自治体における幼児教育推進体制の構築の成果としては、例えば、幼保小接続の機運醸成（幼保小の行き来の増加、幼保小の情報共有の促進、幼保小連携会議の設置等）や、幼児教育アドバイザーの配置による幼保小への指導・助言の機会の充実といったものがある。

○　一方で、次のような課題があると指摘されている。

- 幼保小接続の具体的な内容に関する資料が少なく、現場への支援も幼児教育アドバイザーや指導主事の経験に拠るところが大きく、アドバイスの質のばらつきや指導内容の継続性に課題がある。
- 幼児教育アドバイザーや指導主事の経歴等により、幼保小の設置者や施設類型、学校種の理解度に差が出ており、それぞれの特徴に応じたアドバイスに課題がある。
- 幼児教育推進体制が整備され、責任ある体制で進められている地方自治体がある一方、地方自治体内の取組を推進するための体制が不十分な地方自治体もあるなど、地方自治体の間で取組に差が生じている。

○　また、幼児教育の質の向上のためには、優れた資質・能力を有する人材を先生として確保し、採用後も研修等を通じて専門性の向上を不断に図っていくことが重要である。

○　一方、幼児教育を担う人材については、免許保有者や資格取得者が他業種へ就職する場合も多く、平均勤続年数が短く離職者が多いといった課題があり、人材の需要の高止まりに供給が追い付いていない状況がある。また、「ＯＥＣＤ幼児教育・保育白書」第6部によれば、能力開発は教育の質を向上させるだけでなく、燃え尽きやストレスを防ぎ、離職率の低下とも関連するとされており、人材確保とキャリアアップは一体的な取組として支援していくことが求められている。

○　このため、幼児教育施設の先生の資質・能力や専門性の向上を図る観点から、地方自治体や幼児教育施設においては研修を更に充実することが求められる。しかし、地方自治体や幼児教育施設による取組の差が大きいことや研修に参加しても必ずしも日々の教育実践に還元されていないという課題が生じているとの指摘もある。

○　また、幼児教育施設の先生は、一人一人の子供理解に努めて教育を実践することが求められており、そのためには、勤務時間中に子供と接しないノンコンタクトタイムを確保し、先生同士で子供一人一人の興味深いその子らしいエピソードや気になった子供の姿等について集まって話し合うことや、子供の記録を取るなど、一人一人の子供を丁寧に見取ることができる精神的・時間的な余裕のある勤務環境を確保する必要がある。しかし、実態としては、勤務時間中には、先生が集まって話し合う時間や日々の子供の記録を取る時間すら無いほど多忙であると指摘されている。

○　さらに、特に女性が多い職場である幼児教育施設においては、仕事と子育てを両立できる勤務環境であることが重要であるが、育児休業から復職した先生が、多忙な業務であるため、子育てと両立できずに離職してしまうケースがみられるとの指摘もある。

○　そして、これらの多忙な勤務環境が、幼児教育施設での勤務を志望する者の減少や離職者の増大に大きく影響を与えているとの指摘があり、外部専門職等の積極的活用やＩＣＴ環境の整備をはじめ、勤務環境の改善を図ることが急務となっている。

○　また、幼児教育施設は、子供が安心して自己発揮できる安全な環境とすることが必要であるが、幼児教育施設における子供の安全・安心な生活が脅かされる事故等が発生しており、国、地方自治体、幼児教育施設においては、幼児教育施設における事故等の発生・再発防止に取り組むことが求められている。

(2)目指す方向性

①地方自治体における推進体制の構築

○ 地方自治体において、幼児教育の質の向上や幼保小の接続等の取組を一体的に推進するため、幼保小の担当部局の連携・協働や幼保の担当部局の一元化、幼児教育センターの設置・活用等を推進することが必要である。

○ 今後、教育委員会、教育センター、幼児教育センター等においては、後述の幼保小の架け橋プログラムの推進を担うことが重要であり、幼児期及び架け橋期における①教育の質を向上するための体制の構築（関係部局が連携・協働した体制を含む）、②教育に関する専門性の向上（指導主事・幼児教育アドバイザー等の配置、指導資料の充実・実践事例の蓄積、研修の充実など）、③域内全体への取組の普及といった機能が求められる。

②架け橋期の教育の質保障のために必要な人材育成等

(ア)架け橋期のコーディネーター等の育成

○ 架け橋期の教育の充実に当たり、幼保小に対して専門的な指導・助言等を行う架け橋期のコーディネーターや幼児教育アドバイザーの育成が急務である。特に幼児教育と小学校教育の双方に精通する人材が求められており、地方自治体においては、幼保小における人事交流や私立を含む幼児教育施設に小学校の先生を一年程度派遣する研修、幼児教育施設と小学校の先生のペアをつくり相互の職場で保育・授業体験等を行いながら共に架け橋期のカリキュラムを作成する研修等が行われている。

○ 架け橋期の教育の充実を図るためには、このような地方自治体の取組を推進するとともに、教育委員会において、幼保小接続や生活科を担当する指導主事の配置・指導力の向上をはじめ、十分な指導・助言ができるような体制を整備し、幼保小接続や生活科を中心とするスタートカリキュラムの質の向上等に関する研修の充実を図ることが重要である。

(イ)幼児教育施設の園長や小学校の校長等を対象とした研修の充実

○ 架け橋期の教育を充実するためには、その意義や具体的な方法について、幼児教育施設の園長等や先生、小学校の校長等や先生を対象にした研修を実施することが重要である。地方自治体がリーダーシップを発揮し、例えば、組織的・計画的な園内・校内研修、施設類型や学校種を越えた研修や合同研修の実施（園内・校内研修への他園・他校の先生の参加・協議を含む）、幼児教育施設・小学校の教育活動に携わる参加研修、相互の職場体験、人事交流などに取り組むことが必要である。なお、合同研修の実施等に当たっては、施設類型や学校種における特有の表現やそれぞれに持つイメージが異なる表現（教育課程、指導、教材等）について、地方自治体関係者や講師が補足説明を行い、参加者の理解に違いが生じないよう配慮すること等が必要である。また、独立行政法人教職員支援機構においても、幼保小の先生の相互理解を促す研修を検討する必要がある。

○ とりわけ、幼保小が組織的・一体的に取組を進めるためには、幼児教育施設の園長等や小学校の校長等の管理職の理解や役割が重要であることから、管理職の研修を充実することが必要である。そして、幼保小の管理職においては、相互に連携・協力関係を構築し、学校運営計画等に架け橋期の教育に関する取組を位置付けること等により、計画的に取り組むことが重要である。

○ 特に、公立の小学校の校長等は数年で異動するため、幼保小の取組に影響が出ているとの指摘がある。人事異動により継続的に取り組むべき幼保小の取組に影響が生じないよう、教育委員会による小学校校長の研修等において、三要領・指針の趣旨や具体的内容、幼保小の架け橋プログラムの好事例等について取り上げるとともに、国においては、その際に活用できる短時間で視聴可能な保育の研修動画の提供等の支援を行うことが期待される。

(ウ)効果的な研修の実施方法

○ 幼児教育の現場では、外部研修で受けた理論に関する内容を現場で実践し、それをまた次の研修に持ち寄って研修を行うという、理論に関する外部研修と園内の教育実践の往還を繰り返す研修が進められている。その際、子供が主体的に遊ぶ姿や学びの過程について、写真や事例のドキュメンテーション等の活用により具体的に可視化を行いながら研修を行うことで、先生同士の子供理解が深まったり、保育への手応えややりがいが高まったりするなど、一層効果的に実施することが可能になるとの報告がある。地方自治体においては、このような効果的な研修の実施方法等について情報収集を行い、研修の充実に取り組むことが必要である。

(エ)幼保小の架け橋プログラムの推進

○ 地域においては、架け橋期の教育の充実を図るため、幼保小の先生はもとより、保護者や地域住民等の子供に関わる大人が立場の違いを越えて自分事として連携・協働し、この時期にふさわしい主体的・対話的で深い学びの実現を図り、一人一人の多様性に配慮した上で、全ての子供に学びや生活の基盤を育むことを目指し、手引きを参考にしながら、幼保小の架け橋プログラムを推進することが必要である。その際、地域の実情に応じて、特別支援学校や認可外保育施設等の参画も得ながら進めることが必要である。

○ また、本プログラムの実施に当たっては、以下のような子供の学びや生活に関することやプログラムの実施に関することについて、関係者で共通理解を図りながら進めるとともに、関係者と共に振り返りながら改善を図っていくことが重要である。

【子供の学びや生活に関すること】
• 架け橋期を通じて育みたい資質・能力
• 「幼児期の終わりまでに育ってほしい姿」
• 特別な配慮を必要とする子供を含む全ての子供のウェルビーイングへの配慮
• 子供の学びにおける先生や大人の役割

【プログラムの実施に関すること】
• 幼保小の連携・接続により主体的・対話的で深い学びを実現すること
• 設置者・施設類型・学校種を越えた対話、協働、発信を行うこと
• 実質的な話し合いや実践を重視すること
• ICTやオンライン等の活用による負担軽減や時間の効率的使用を図ること
• 持続的・発展的な取組とすること
• 形式的な取組とならないよう、子供の姿を起点とした取組を推進すること

③幼児期の教育の質保障のために必要な人材確保・定着等

(ア)優れた幼児教育の人材確保・定着

○ 質の高い幼児教育を提供するためには、地方自治体が子供と接する者を養成する大学等（以下、「養成校」という。）と連携して、幼児教育に携わる人材の確保や資質・能力の向上に取り組むことが期待される。

○ このため、国においては処遇改善等の必要な施策を引き続き実施するとともに、地方自治体においては幼児教育関係団体や養成校と連携し、新規採用の促進、離職防止・定着促進、離職者の再就職の促進といった総合的な人材確保策を推進していくことが必要である。

○ 特に幼児教育の道を志す人材を増やすためには、養成校が中心となり、中高生の段階から幼児教育施設の現場体験や養成校の学生との交流等の取組を通じて、中高生や中学校・高等学校の先生等に対して、幼児教育施設の先生という職が子供の成長を育むという非常に重要で魅力的な職業であることを伝えていくことが重要である。また、幼児教育の実践や幼児期の子供の学びの「見える化」を通じて、先生の専門性や魅力を発信し、社会と共有することも必要である。

○ さらに、一層の専門性の向上の観点から、養成校におけるリカレント教育を通じて、先生に対して計画的に学び直しの機会を提供することも重要である。

(イ)幼児教育の研修の体系化

○ 幼児教育の研修には、外部研修と園内研修、さらには法定研修や幼児教育関係団体等が実施する研修など様々な研修があるが、地方自治体においては、担当部局や幼児教育関係団体等と連携を図りながら、施設類型、幼児教育施設での役割、経験年数等に応じて先生に求められるスキルや資質・能力を明確化し、関連する研修内容を体系的に整理して示すことが重要である。

○ 受講者の立場からも、限られた時間の中で効果的に研修を受けるためには、いつどのような研修が実施され、自己のキャリア形成から見た時にどのような研修に参加するのがよいかが明確であることが大切である。

○ なお、日々の教育実践や対話の中で経験知として習得する知識・技能のように、体系化が難しいものが存在することにも留意が必要である。このようなものについては、日々の勤務において管理職や先輩からの指導・助言等を通じて着実に習得できるよう、先生同士で様々なことを気軽に相談できる風通しの良い職場風土づくりや時間的余裕を確保することが望まれる。

○ また、研修の参加促進に向けては、参加対象者のみならず管理職に対しても研修の重要性を周知するとともに、働き方改革の推進による研修時間の確保、遠隔地や隙間時間に視聴できるオンライン研修の開発等を進めることが必要である。さらに、幼児教育施設や先生から希望する研修テーマ等を聞き取り、ニーズを踏まえた研修を企画することで、研修への参加を促進することも重要である。

○ なお、実際の保育を見て、気付きの点等について話し合うような研修については、オンラインでは実施しにくいものもあるため、eラーニングやオンライン研修だけでなく、対面での研修も組み合わせて実施することが必要である。

(ウ)幼児教育施設の勤務環境の改善

○ 幼児教育施設の先生がワーク・ライフ・バランスを実現しながら、生き生きとやりがいや充実感を持って働ける勤務環境とすることが重要

である。国においては、幼児教育施設における管理職等のマネジメント能力やリーダーシップの向上等による勤務環境の改善を図るとともに、先生の働き方改革を推進することが必要である。

（管理職等のマネジメント能力・リーダーシップの向上）

○　幼児教育施設の先生の資質・能力の向上を図り、その能力を十分に発揮できる環境を整備するためには、管理職等のマネジメント能力やリーダーシップの向上を図ることが重要である。

○　管理職がリーダーシップを発揮し、園風土の改善に努めれば、先生の人間関係に関わる負担感を低下させ、さらにそれを通して職務満足感を引き上げる可能性、また先生の保育の質を引き上げる可能性が高いとの研究成果もあり、地方自治体においては、このような研究成果等も踏まえながら、管理職等に対する研修の充実を図ることが求められる。

○　特に、主体的な特色ある園づくりが求められている中では、幼児教育施設の教育目標の実現に向けて、先生が一体となった組織的な運営が必要であり、ミドルリーダーや若い先生が主体性を持って活躍できる勤務環境となるよう、管理職が果たす役割は重要となっている。さらに、幼児教育施設の特質として、例えば一人の子供に対して多くの先生が関わっているなど、教育活動の成果については組織的な活動の結果として捉える必要があるという点からも、管理職の役割は重要となる。

（外部専門職等の積極的活用）

○　近年、貧困、虐待等の様々な家庭環境の子供や障害のある子供、外国籍等の子供など、特別な配慮や支援等を必要とする子供への対応が増加しており、幼児教育施設においては、子供に応じたきめ細やかな対応が求められている。しかし、幼児教育施設は小学校等と比較して小規模な施設であり、幼児教育施設の先生や職員のみで課題を解決することは極めて困難になってきている。また、スクールカウンセラーやスクールソーシャルワーカー等の専門職の定期的・継続的な活用も十分とは言えず、家庭環境を含む子供の多様性を受け入れて適切に対応することが難しい状況となっている。

○　このため、これからの幼児教育施設においては、心理や福祉、障害等について専門的な知見を有する者を積極的に活用し、幼児教育施設の取組内容の充実を図っていくことが重要である。具体的には、これらの者を職員として雇用することやアドバイザー等として契約すること等により、多様な人材が幼児教育施設で活躍することやそれぞれの専門性を発揮してもらうことで組織を活性化することが期待される。

○　地方自治体においては、地域の幼児教育に関する課題へ的確に対応するため、保健、医療、福祉等の専門職をはじめとした人的体制の充実を図ることが重要である。さらに、幼児教育アドバイザーと連携して、幼児教育施設における課題やニーズに対応した専門職の派遣を積極的に行い、支援することが期待される。

（ＩＣＴ環境の整備の推進）

○　幼児教育施設における事務作業の多さが先生の大きな負担感につながり、職務満足感を低下させるとともに、体調不良者を増加させているとの調査結果が報告されている。事務作業の負担軽減や働き方改革を推進するため、幼児教育施設におけるＩＣＴ環境の整備を図ることが必要である。

○　ＩＣＴの導入により、保護者との連絡、業務日誌や指導計画の作成、出欠の記録や会計処理など様々な事務を効率化し、事務負担の軽減につながったほか、先生でなければできない教育活動の時間等の確保につながるなど、幼児教育施設におけるＩＣＴ導入の効果の実感は高いとの報告がある。

○　また、ＩＣＴはドキュメンテーションやポートフォリオ等による先生同士の子供理解の促進、研修内容の充実、家庭や地域と効果的につながるためのコミュニケーション・ツールとして、一層積極的に活用していくことが期待されている。

○　さらに、新型コロナウイルス感染症の流行の影響により、オンライン研修が増加する中、従前より研修に参加しやすくなったとも言われている。幼児教育施設においては、時間の余裕がなく研修に参加したくても参加できない、研修に参加させたくても参加させることができないという現状があることに鑑みれば、オンライン研修は先生の研修機会を拡大させる重要な取組であり、そのためにも幼児教育施設におけるＩＣＴ環境の整備は必須であると考えられる。

(エ)幼児教育施設の安全・安心な環境の確保

○　幼児教育施設においては、子供の発達の段階等を踏まえながら、子供の主体的な活動が促されるよう、子供の安全・安心な生活を確保することが必要である。そのためには、安全教育の充実と安全管理の徹底を行い、子供を取り巻く環境の変化を踏まえて、幼児教育施設の安全に関する在り方を不断に見直していくことや、全ての子供が個人として尊重され、その基本的人権が保障されるとともに、子供一人一人の特性に応じた保育が行われることが必要である。

○ 安全教育では、日常生活の場面で、幼児期の子供が危険な場所、危険な遊び方などが分かり、安全な生活に必要な習慣や態度を身に付けることができるようにすることが重要である。同時に、子供の年齢（発達とそれに伴う危険等）、場所（保育室、園庭、トイレ、廊下等における危険等）、活動内容（遊具遊びや活動に伴う危険等）に留意しながら、幼児教育施設での安全を確保するための環境整備が重要である。

○ 子供の安全を確保するための環境整備では、事故の要因や危険を早期に発見し、速やかに除去するとともに、万が一、事故等が発生した場合に、適切な応急手当や安全措置ができるよう体制を確立することが大切である。特に、幼児期の子供は、遊びに没頭すると周囲に注意が向きにくくなったり、予想もしない場で思わぬ動き方や遊び方をしたりすることがあることから、幼児教育施設は、子供の行動により生じる危険を早急に発見し、事故を未然に防止するため、過去の事故統計や事故事例の分析、ヒヤリ・ハットを活用すること等が重要である。

○ このように安全が確保された環境の中で、子供が遊びを通して安全に行動するための行動等を身に付け、危険な場所や事物等が分かり、安全についての理解を深めるようにすることが大切である。なお、子供に安全な生活をさせようとするあまり、過保護になったり、禁止事項や注意事項が多くなったりする傾向も見られるが、その結果、かえって子供に危険を避ける能力が育たず、けがが多くなるということも言われている。子供が自分で状況に応じて機敏に体を動かし、危険を回避するようになるためには、日常の生活の中で十分に体を動かして遊ぶことを通して、その中で危険な場所、事物、状況などが分かったり、そのときにどうしたらよいかを体験を通して学びとっていったりすることが大切であることにも留意が必要である。

○ 幼児教育施設においては、学校安全計画等の策定・改善や安全管理の実施把握・評価はもとより、各種ガイドラインに基づき、送迎バスによる登降園時や園外保育時を含め、幼児教育施設における事故の発生・再発防止のための取組を徹底する必要がある。

○ また、昨今、幼児教育施設における不適切な保育事案が相次いで発生しているが、不適切な保育は子供の心身に深刻な悪影響を与え、先生及び幼児教育施設への信頼を失墜させるものである。特に、幼児期の子供の主体的な活動を通した学びの基盤は、先生との信頼関係の構築が重要と考えられ、先生は子供に対して受容的な態度で臨み、子供に対する体罰や言葉の暴力等は決してあってはならない。さらに、日常の保育においても、子供に身体的、精神的苦痛を与えることがないよう、子供の人格を尊重するとともに、子供が権利の主体であるという認識を持って保育に当たる必要がある。

○ そのため、先生に対する支援の充実、保育の振り返りを活用した子供の関わり方についての先生間の認識の共有、先生が精神的・時間的余裕を持って関わることができる環境の整備を推進することが必要である。また、不適切な行為が疑われる場合には、報告を徹底するとともに、行政を含めた組織的な対応が求められること、個人で抱え込まずに関係者と相談して対応することに留意する必要がある。

6．教育の質を保障するために必要な調査研究等

［略］

おわりに　［略］

107 地域における保育所・保育士等の在り方に関する検討会取りまとめ

（令和三年一二月二〇日
地域における保育所・保育士等の在り方に関する検討会）

［編集部注］本文中の注は省略した。

1 はじめに［略］

2 論点ごとの取り組むべき内容や今後の施策の方向性

(1) 人口減少地域等における保育所の在り方

① 取組に向けての検討を速やかに開始すべきもの

i）人口減少地域における保育の確保策

○ 人口減少地域においては、定員割れなどにより保育所の運営が困難になってきているが、引き続き保育所が地域を維持していく上で欠かせないインフラとして保育を提供し、子育て支援に役割を果たしていくことができるよう、公立保育所の位置付けも含め、地域の全ての公私立保育所の運営の在り方や、認定こども園、幼稚園を含めた子育て資源のそれぞれの機能、役割に着目した位置付けなどについて、各施設の特色を生かしつつ、利用者目線に立った上で整理・検討し、地方版子ども・子育て会議で議論するなど、保育所における持続可能な保育提供体制について、計画性をもって構築する必要がある。

○ 例えば、公私連携型保育所は、保育所の設置・運営を民間に委託しつつも、市区町村の関与を一定維持するものであり、公立保育所の民営化を進める必要があると判断される場合に、市区町村が地域における保育の提供というインフラ的な役割を担い続けることができることから、市区町村が保育提供体制を構築するに当たっての選択肢の一つとなるものである。

○ また、今後施行が予定されている社会福祉連携推進法人についても、法人間の連携による人材確保や効率的な研修の実施等を図るため、地域での活用が期待される仕組みである。

○ これらの仕組みについて、効果的な活用に資するよう、国は、実施主体の選定方法など制度活用に至るプロセスも含めた実践例等について情報を収集し、各市区町村や関係者に積極的に活用を検討するよう、情報提供を行うべきである。

○ 併せて、地域での保育所の運営の在り方の検討に資するよう、統廃合や規模の縮小事例を含め、地域における保育所運営の効率化に向けた取組等に関し、好事例はもちろん、取組に当たっての不安や戸惑いの声も含めて収集し、情報提供を行うべきである。

ii）多機能化や他の機関との連携に対する支援

○ 人口減少地域においては、児童の数や保育士を含む子育て支援の担い手が少なくなってきており、人材確保の支援も引き続き重要であるが、保育所が在園児以外の地域の子育て家庭への支援や多様な保育ニーズへの対応などを担うことで、保育所を多機能化して、地域の子育て支援の中核的機関とするなど、地域の実情に応じて必要な機能を選択し、展開することについても真剣に検討すべき時期に来ている。

○ 例えば、定員に余裕のある保育所において当該保育所に通所していない三歳未満児を週一～二回程度一時預かり事業で預かることや、児童発達支援事業や子ども食堂の併設などの多機能化に関する実践、(3)①i）に掲げるような他の子育て支援機関との連携や利用者支援事業、地域子育て支援拠点事業などの活用といった地域支援の取組に関する事例などを収集し、必要に応じてモデル的に実施することなどにより、その展開に向けた検討を進めるべきである。

○ また、保育所が多機能化を図るために、例えば保育所がその空きスペースを活用し、子育て相談のためのスペースを設ける際の改修費を支援するなど、保育所が地域子育て支援を含む多機能化を実践するための施設整備に関する費用についても支援をすることが必要である。

② 中長期的な課題として検討すべきもの又は今後の方向性に関するもの

i）保育所等の役割分担の整理・明確化

○ 人口減少下にある市区町村が、保育所や認定こども園、幼稚園や地域子育て支援拠点等との役割分担を各施設の特色を生かしつつ整理し、保育所における持続可能な保育提供体制を計画的に実施することが重要である。このための取組として、各市区町村が、地域の関係者との合意形成を図りながら、公私連携型保育所を活用することや人口減少地域への対応の計画を策定することを促し、こうした取組を進めるためのインセンティブについても合わせて考えていくこととするべきではないか。

ii）公定価格や新たな施策の展開等による支援の在り方

○　地域における人口減少が進み、都市部における状況との差が大きくなる中で、保育所の機能を踏まえた支援の在り方について、公定価格を含め検討すべきである。

○　特に公定価格における利用定員の区分については、利用児童が減少している保育所の運営に支障が生じないよう、その細分化を検討する必要がある。また、利用児童が減少した際に利用定員を適切に見直すことが必要であることについて改めて地方自治体に周知を行うなど、人口減少を踏まえた対応を進めるべきである。このうち、公定価格に関する見直しについては、早期実現に向けて、子ども・子育て会議における議論も踏まえ必要な財源の確保と合わせた検討を進めていくべきである。

○　また、今後は、離島などの人口減少が著しい地域に特化した形での新たな支援について、令和三年度に実施している人口減少地域に関する調査研究を通じて把握される保育所等の支援ニーズ等も参考に、早期に検討のための準備を開始し、実現に向けた対策の検討を進める必要があるのではないか。

○　そのほか、人口減少地域への支援を検討するに当たっては、市区町村の全域にわたって人口減少が著しい場合もあれば、市区町村全域ではなく、一部の地区に限り人口減少地域が存在している場合など、人口減少地域といっても様々な場合が含まれるため、幅をもった支援の検討が必要である点に留意が必要である。

(2)　**多様なニーズを抱えた保護者・子どもへの支援**

①　取組に向けての検討を速やかに開始すべきもの

i）一時預かり事業の利用促進

○　近年、虐待報告事例が増加しており、特に〇～二歳児の虐待での死亡事例が数多く報告されているが、こうした児童を養育する家庭については、子育てについて誰にも相談できずに課題を家庭で抱え、地域の中で孤立した「孤育て」を強いられているケースなどが背景にあると指摘されている。

○　未就園児を養育する家庭が地域の子育て支援機関につながり、必要に応じて支援を受けることが重要になっている中で、保護者を一時的に子育てから解放し、肉体的にも精神的にも余裕を生み出す目的（レスパイト・リフレッシュ目的）での一時預かり事業の利用を促進することは、保護者自身のためだけでなく、通常保育所等を利用しないような家庭の状況を把握できる観点でも重要である。

○　また、三歳未満の未就園児の一時預かりの利用については、単に保護者の子育ての負担軽減だけではなく、普段は他の家庭の児童と交わる機会の少ない児童たちに、保育所等による集団生活の機会を通じて、他者とともに過ごし遊ぶことにより、人間関係や自我の芽生えを促す機会を提供するといった観点でも重要と考えられる。例えば人口減少地域において、定員に余裕のある保育所が当該保育所に通所していない児童を週一～二回程度預かるなど、モデル的な事業の実施についても検討するべきである。このような取組は、一時預かりの利用及び実施に当たって見通しが立てづらいという課題の解消にもつながるものと考えられる。

○　また、一時預かり事業については、現状、利用者、事業者双方にとって課題となっている「保育所等を普段利用していない児童を預かる困難さ」を軽減し、保護者や子どもが事前に施設見学やならし預かり、一時預かり事業と併設又は連携が行われている地域子育て支援拠点の利用や相談支援を受けること等により、保護者、事業者双方が相互理解した上で必要に応じて利用を開始するといった事前登録制度を構築することなどが考えられる。

○　さらに、急な一時預かりニーズへの対応として、市区町村が中心となってＩＣＴ等を活用して直ぐに利用可能な一時預かり事業を確認・予約・利用できる仕組みを構築するなど、効率的な利用と受入れができるような利用環境の支援を行うことも有効と考えられる。

○　以上のような一時預かり事業の利用を促進するための取組を行うに当たって、一時預かり事業は、冠婚葬祭といった保護者の急な預かりニーズのみに対応しているのではなく、保護者や児童が地域につながる目的で利用でき、地域の中で共に子育てをするための気軽に利用できる支援策であることを、利用者だけでなく事業の実施主体である市区町村職員へ周知することで、利用促進に向けた機運の醸成を図ることが有効と考えられる。

ii）発達支援や配慮が必要な児童への支援

○　医療的ケア児、障害児、外国籍の児童以外に配慮が必要な児童については必ずしもその状況が明らかではないため、実態を把握し、適切な支援を行うためにも、まずは現状について実態調査を行うべきである。また、その結果を踏まえ、既存の補助事業の内容の見直しを行うなど、適切な支援を行っていくことが必要である。

○　また、保育所が医療的ケア児、障害児、外国籍の児童等への保育を提供するに当たっては、多様な知識・経験や専門的な知見が必要なケースも多いことから、保育所への支援の仕組みをきめ細かに検討することが重要である。

○　例えば、医療的ケア児や障害児などの配慮が必要な児童については、保育所だけでは十分な支援を行うことができず、問題を抱え込んでしまうケースもあることから、看護師、理学療法士、作業療法士、言語聴覚士、心理職等のこうした児童への支援に専門的な知見を有する支援員が地域の保育所を巡回支援するなど、他の専門機関や専門職等と連携して支援ができるよう取り組むことが重要である。また、外国籍の児童を受け入れるための加配職員については、必ずしも保育士である必要はなく、例えば通訳や文化・慣習等に精通した方など、求められるニーズに応じた職員を適切に配置することができるような柔軟な仕組みとすることが必要である。加えて、発達支援や配慮が必要な児童への支援については、地域の医療機関や地方自治体の保健や福祉の担当部局との連携も考えられる。

○　今後の人口減少社会においては、多様なニーズに効率的・効果的に応えていくため、保育所の設備や職員を有効に活用することも重要であり、例えば児童福祉施設の設備及び運営に関する基準（昭和二十三年厚生省令第六十三号）を見直し、児童発達支援との一体的な支援（インクルーシブ保育の実施）を認めるなど、必要な保育士や面積を確保することを前提に、園児の保育に支障が生じない場合には、職員の兼務や設備の共用を可能とするべきである。

②　中長期的な課題として検討すべきもの又は今後の方向性に関するもの

i）一時預かり事業の利用促進

○　一時預かり事業は、冠婚葬祭といった保護者の急な預かりニーズに対応するだけではなく、レスパイト・リフレッシュ目的での利用により、保護者の子育てに関する負担を軽減し、特に三歳未満の未就園児を養育する家庭にとって、地域の子育て支援につながる最初の機会として積極的に活用することが有効と考えられる。

○　こうしたことを踏まえ、レスパイト・リフレッシュ目的での一時預かりの利用を促進することが、保育所による地域子育て支援の充実を図るためにも重要であるが、単に児童の預かりの実施にとどまらず、児童の受渡し時等の保護者の様子などから必要に応じて相談の声がけを行い、アドバイスや適切な支援・サービスにつなげていくなど、寄り添い型の支援を行っていくことが重要と考えられる。

○　このため、地域子育て支援の観点からの一時預かり事業の職員が、こうした保護者の「異変」に気づくことができるような研修の実施など質の向上を図ることなども今後検討していくべきではないか。

○　また、一時預かりは、利用機会が限定的であるなど通常保育とは異なる点があることにも留意しつつ、児童の健やかな成長や発達にも資するものとなるよう、モデル的な事業等の実施も含め、一時預かりにおける効果的な実践事例の把握や、それに基づく児童への支援の在り方等も含め、「一時預かり事業」そのものの在り方についても検討すべきである。

ii）発達支援や配慮が必要な児童への支援

○　インクルーシブ保育を行うための基盤整備を行っていく中で、こうした保育所による児童の発達支援を推進していく観点から、障害児を受け入れる保育所が、例えば、療育支援加算などの仕組みを活用して地域住民の児童の発達支援を更に積極的に行うことができるような方策を検討していくことも考えられる。

○　また、多様なニーズを受け入れる上で、それぞれに求められるスキルや専門知識等が異なることから、職員への研修等の在り方についても引き続き検討・推進する必要がある。さらに、ニーズに応じて既にノウハウを蓄積している施設等との交流や当該施設の職員等による研修の機会を設けられるような支援についても今後具体的に進めていくことが必要である。

(3)　保育所・保育士等による地域の子育て支援

①　取組に向けての検討を速やかに開始すべきもの

i）保育所・保育士等による地域支援

○　特に〇～二歳の児童やその保護者については、保育所や認定こども園等に就園しておらず、孤立した子育てとなっていることも多い現状を踏まえ、地域の中で子育ての知見や経験を有する保育所による地域の子育て支援機能を強化し、保育所を利用する児童や保護者だけでなく、その地域に住む児童やその保護者、特に孤立した子育て家庭に寄り添い、必要に応じた助言等により各家庭の「子育て力」を高めることも含めた支援を行う枠組みを構築すべきである。

○　今般、保育所を含めた地域における子育て資源により、妊産婦、児童、保護者への支援の充実の必要性が指摘されているところ、特に、孤立した子育て家庭等が地域の身近な子育て資源に気軽につながり、相談できる機能として、地域住民に対して子育てに関する相談・助言等の必要な支援を継続的に行う「かかりつけ相談機関」を整備していくことが検討されている。

○　こうした方向性の中で、保育所の多機能化を進め、地域子育て支援機能を充実させるため、地域住民への保育に関する情報提供について義務化するとともに、地域住民への相談・助言等をこれまで以上に積極的に取り組み「かかりつけ相談機関」として重要な役割を担っていくことができるよう、一時預かり事業や地域子育て支援拠点事業の併設・活用も含め、インセンティブ喚起策を検討すべきである。また、保育の現場で働く職員が納得感をもって地域支援に取り組むことができるよう、こうした役割を保育所が担っていく趣旨や意義について、発信していくことも重要である。

○　このうち、地域や保護者に対する情報発信については、「ここdeサーチ」等の活用も含め地域や保護者に対するICT等を活用した啓発・情報提供を積極的に実施し、また、子育て支援機関とのつながりがない保護者に対しては、気軽にかかりつけ相談機関等を訪れてもらえるよう、SNS等を活用してアプローチを行うことが必要である。

○　また、情報提供に当たっては、保育所の保育情報だけでなく、保育において重視していることや特色ある取組、また子どもの育ちや内面の理解に基づき一人一人の状況に即した援助方法といった保育士の有する保育技術を見える化することも含め保護者にとって必要な地域の子育て支援に関する情報なども合わせて提供することが望ましく、また、できるだけ分かりやすい形で提供されることが重要である。「ここdeサーチ」についても、更なる記載の充実について、市区町村とも協働しながら進める必要がある。

○　さらに、かかりつけ相談機関や一時預かり事業、地域子育て支援拠点事業など、未就園児を養育するに当たって有効な取組については、出産や子育てにかかる様々な機会を捉えて、引き続き、周知を行い、制度に対する認知を促していく。

○　相談・助言等については、現在も様々な形で実践が行われており、例えば地域支援に積極的な保育所では、保育所に地域子育て支援拠点事業や利用者支援事業を併設し、事業として専門的に地域子育て支援を実施している場合や、保育所に勤務する保育士が養育支援訪問事業を行うなど、保育所や保育所に勤務する保育士を効果的に活用したり上手く連携したりしながら地域子育て支援に取り組んでいる。

○　一方、こうした地域支援は、保育所の場や保育所に勤務する保育士だけが担うものではなく、他の地域資源との連携を取りながら、実施していくことが効果的なケースがある。また、こうした連携を有効に機能させるためには、市区町村が適切に調整することも必要である。

○　国は、都道府県や市区町村、関係機関との連携が促進されるよう、例えば、保育所が子育て支援に関するNPO法人や医療機関や母子保健関係機関、保育士養成校、学校を含む教育機関等の他の専門支援機関、児童相談所等の行政などと連携や情報共有等を効果的に行っている事例や、保育所で子ども食堂など異業種の事業や実践を協働して行っている実施例、放課後児童クラブと併設することなどにより、子どもが成長する姿をイメージしながら異年齢交流している事例、こうした連携を促す市区町村自身の取組例など、(1)①ⅱ)の多機能化に関する事例と合わせ、地域支援に関する事例を収集・共有し、更にはその取組が促進されるような支援について検討することが必要である。

○　一方で、保育所によっては、地域子育て支援や日々の保護者との向き合い方について、対応のノウハウが蓄積されていないケースも考えられる。

○　このため、保育所が保護者からの相談時に効果的な対応ができるようにするため、保育所における保護者対応等の実態調査を行うとともに、対応に当たっての手引きの作成等について検討すべきである。

○ また、巡回支援事業等で園長経験者などの保育経験者を活用することなどにより、こうした保育所を支援し、地域支援力を向上していくことも考えられる。

② 中長期的な課題として検討すべきもの又は今後の方向性に関するもの

i) 保育所・保育士等による地域支援

○ 上記の子育て支援機能の強化に当たっての財政的な支援について、公定価格上の既存の評価の仕組みである主任保育士専任加算については、例えば人口減少地域では、乳児の数が少ない、あるいは年によっては乳児がそもそも誕生していないなど、要件の充足が困難となっていることを踏まえ、その要件の在り方について、見直しを行うことや、人口減少地域においても柔軟に地域子育て支援拠点事業や利用者支援事業などの各種事業に取り組めるような事業の在り方について、早期実現に向けて必要な財源の確保とともに検討することが必要である。

○ また、こうした地域支援の取組に当たっては、多忙である場合も多い主任保育士だけでなく、副主任保育士等により対応していくことや、潜在保育士や高齢者なども含め多様な人材の協力を得て、役割分担を図りながら、地域支援の担い手の確保を進めていくことも考えられる。具体的な担い手としては、短時間勤務の保育士や一定程度の研修を受講した保育補助者、あるいは、児童の散歩の見守りなどを行う保育支援者やボランティアなどが考えられる。

ii) 保育所保育指針の記載の拡充

○ 今後の地域社会において、保育所における地域支援がますます重要となる中で、保育所保育指針（平成二十九年厚生労働省告示第百十七号）についても、こうした背景を踏まえた記載とすることが必要であると考えられる。

○ このため、次回の保育所保育指針の改定に際しては、保育所による地域の子育て支援を進めるため、今般の見直しの内容や保育所保育指針解説の内容を踏まえ、保育所保育の専門性を生かした支援の在り方や関係機関等との連携の在り方を含め、保育所保育指針の記載を拡充すべきである。

○ その際、保育所・保育士の専門性を整理したうえで、地域の子育て支援に必要な専門性の向上や、それに係る研修体系の構築についても併せて検討するべきである。

(4) 保育士の確保・資質向上等

① 取組に向けての検討を速やかに開始すべきもの

i) 保育士の確保方策

○ 令和三年度から令和六年度末までの「新子育て安心プラン」では、四年間で新たに二・五万人の保育士の確保が必要となっている。

○ 保育所等に従事する保育士の数は、ここ数年は平均で毎年約二万人ずつ増加しているが、給料が安い、仕事量が多いなどの理由により職場定着率が必ずしも高いとは言えず、引き続き保育士の確保は重要な課題である。

○ したがって、新規資格取得者向けの支援、職場での定着支援、再就職者への支援として行ってきた各種支援に加え、保育士の職業としての魅力発信・創造に向けた取組を着実に実施することが必要である。

○ 例えば、保育士の職業としての魅力や保育所が生涯働くことができる職場であることを発信・創造するため、中高校生など学生段階から保育に関する周知広報を行っていくことや、子どもの育ちや内面の理解に基づき一人一人の状況に即した援助方法といった保育士の有する保育技術を見える化し、地域住民や学校関係者等に提供していくことなどによる情報発信や、労務管理やメンタルサポートに関する専門家からの支援による保育所における働き方改革の推進などが必要である。

ii) 保育士等の資質向上

○ 全ての保育を必要とする児童・家庭が、良質な保育を受けられるよう、保育士の資質向上に向けた取組は、保育士の需給状況にかかわらず引き続き重要である。

○ 保育に関する各種研修については、実習に馴染むものを除き、保育士一人一人が地理的な事情や就労状況にとらわれない形で実施することを可能にするオンラインでの研修を促進していくことが重要である。

○ また、休憩時間とは別に、物理的に子どもと離れ、各種業務を行う時間（ノンコンタクトタイム）の確保は、保育の振り返りや日常的な保育の記録や計画策定、教材研究等に充てる観点から重要である。このため、ＩＣＴを活用した周辺業務の効率化、保育補助者や周辺業務を担う保育支援者等の活用などにより、業務負担軽減を進めるとともに、保育士どうしで振り返り等を行うスペースの確保のために必要な改修等への支援について検討すべきである。

○　今般、保育所・保育士が地域子育て支援において、その強みを活かした役割を果たしていくことが期待されている。

○　もっとも、保育所の本分は、保育の必要性を有する児童へ良質な保育を提供することであるところ、こうした本来目的を果たしていく中で、保育士の過重な負担にならないよう、全ての保育所・保育士にその役割を求めるのではなく、地域子育て支援に意欲的な保育所を評価し、支援していくことや、現在は地域子育て支援を行っていない保育所・保育士の今後の展開の後押しができるような環境整備を行うことが重要である。

○　例えば、巡回支援事業等を活用した地域の保育所や認定こども園、地域子育て支援拠点事業等の職員と専門家が情報共有や学び合いをするための機会の創出や、各保育所が積極的にかかりつけ相談機能を担うための方策を検討すべきである。

iii）　保育士資格の管理の厳格化等

○　近年、児童と接する業務に従事する者が、児童に対してわいせつ行為を行う事案や保育所で預かる児童の所在確認を適切に行っていなかった結果として死亡につながった事案といった悪質な事案が発生している。

○　こうした保育所・保育士の信用を傷つけるような事案の発生は、保育所・保育士の信頼を損なっている虞があることから、児童福祉施設の設備及び運営に関する基準や保育所保育指針について、特に直近の指導監査で問題のあった保育所や新規開設保育所等を中心に、都道府県等による指導監査を通じて履行確保していくことが必要である。

○　また、保育士の資格管理に当たっては、登録を取り消された保育士の保育士証の返還事務を確実に行うことや、保育所等において保育士を雇用又は任用する際に原本の保育士証による確認を行うことが求められる。

○　こうした取組の徹底により、保育所・保育士としての最低限の質の確保を行っていくことが重要である。

○　児童の保育を行うことを業としている保育士において、児童に対しわいせつ行為を行うことは、被害に遭った児童の心身を直接的又は事後的に著しく傷つけることに加え、保護者が安心して児童を預けられなくなるものであること、さらに言えば「保育士」という国家資格に対する国民の信頼性を損ねる虞があることから、とりわけあってはならないものである。

○　保育士と同様に児童に接することを業とする教員においては、教育職員等による児童生徒性暴力等の防止等に関する法律（令和三年法律第五十七号）等により、資格管理の厳格化を行っているところ、保育士についても同等の措置を講ずるべきである。

○　具体的には、教員と同様の仕組みとして、①保育士が登録を取り消された後の再登録禁止期間の延長、②登録取消事由に刑事罰の有無にかかわらず児童にわいせつ行為を行った場合を追加、③児童へのわいせつ行為により保育士の登録を取り消された者の再登録を制限するための審査制の導入、④児童へのわいせつ行為により保育士の登録を取り消された者の情報を把握する仕組みの創設などの取組の実施に向けて、早急に制度改正等による既存の仕組みの見直し（別紙参照）を行う必要がある。

○　また、児童にわいせつ行為を行ったことにより保育士の登録を取り消された者の再登録の審査に当たっては、専門家のチェック機能を担保するなど、的確にその資質を判断できるような体制を構築すべきである。なお、厳格な審査を経て再登録が認められた者が、再び保育所で勤務する際には、当該保育士、同僚保育士等の双方が円滑に保育を行い、保育を受ける子どもの健やかな成長・発達等が確保されるような職場環境となるよう配慮が必要である。

○　こうした制度的な対応に加え、保育士による児童へのわいせつ行為を未然に防止し、児童の人権を守るための取組として、児童に対して、自分が知らない間に被害者となっていることがないよう、わかりやすい形での啓発活動を行うことや、保育所全体で保育士やそれ以外の職員も含めた形での研修の実施を検討すべきである。また、児童へのわいせつ行為を含む不適切な保育が行われないよう、「不適切な保育に関する対応について」（令和二年度子ども・子育て支援推進調査研究事業）なども参考に、不適切な保育の未然防止等について適切に対応していく必要がある。

②　中長期的な課題として検討すべきもの又は今後の方向性に関するもの

i）　保育士の確保方策

○　保育士の確保に当たり、依然として平均の賃金月額との間で差があることから、職業としての魅力を高めるためにも、保育士の処遇改善について、今般の経済対策で決定された当面の措置を着実に実施するとともに、今後、政府の公的価格評価検討委員会での議論を踏まえた更なる処遇改善の措置をできる限り早期に着実に実施することが必要である。

○ 一方、特に人口減少地域においては、地元出身者が地元の保育士養成校等を卒業したとしても、都市部に就職先を求めるケースや都市部の保育士養成校等に入学し、そのまま都市部の保育所に就職するケースも見られる。

○ このようなケースにおいて、地元出身者が地元の保育所に就職するインセンティブを喚起するため、へき地医療など他の分野での取組なども参考に、修学資金貸付事業の見直しや、地域の保育士養成校と連携して、卒業生が当該地域の保育所に就職し、定着することを支援する方策、いわば地域枠の保育士という仕組みなどについて検討することも考えられる。

○ あるいは、今後、社会福祉連携推進法人の仕組みや法人内連携などにより、研修を充実していくことや、保育士がへき地等に任期付きで赴任する仕組みなどについて、Uターン、Iターン等の地方創生に関する施策とも組み合わせながら検討していくことなども考えられる。

○ 上記のように、今後の保育士確保方策については、これまでのような待機児童対策への対応としての都市部への支援だけでなく、人口減少地域での保育士の確保に向けた支援についても、更に充実する方向性で施策を検討すべきである。

○ また、人口減少地域を含め、今後は保育士、特にフルタイムで働く保育士を確保することが困難となる中で、保育補助者の活用や、高齢者を含む地域の子育て経験者の更なる活用により、地域全体で保育の提供を支えていくことが求められる。

○ この際、資格職である保育士の専門性を踏まえ、役割分担は明らかにする必要があるものの、例えば、地域住民への相談・助言といった地域支援については、再就職した保育士などにおいて行うことも可能であると考えられる。

○ このように、保育所における役割分担を行った上で、様々な人材が活躍できるような環境整備、ロールモデルの構築を行うことで、地域における保育を多くの人材でまかなう体制づくりを事例の展開などにより確保していくべきである。

ii) 保育士等の資質向上

○ 保育所における自己評価、第三者評価については、児童福祉施設の設備及び運営に関する基準により、前者は義務化、後者は努力義務化がなされているところであるが、一定の保育所においては実施されておらず、また、評価結果の公表が進んでいない現状がある。

○ 特に第三者評価については、実施に当たり、その評価が保育所における保育実践の振り返りと見直し・改善といった、保育の質の向上に結びついていないという指摘があるなど、必ずしも取組の効果が有効に発現しているとは言えないと考えられる。

○ また、保育の質の向上を図るとともに、今後保育所がより地域に開かれたものとなっていく上で、保護者や地域の多様な関係者が評価に関わり、保育所と対話を重ね互いに子どもや保育について様々な気づきを得ることや、理解を深め、地域に根ざした保育所としていくことも重要である。

○ こうした状況を踏まえ、自己評価（関係者の関与を含む）、第三者評価の実施及び公表が効果的に行われるための方策について、実態を把握した上で、その改善策について検討すべきである。

○ また、地域子育て支援において、保育所・保育士がその強みを活かして役割を果たしていくためには、研修や保育士養成課程における資質の向上策が考えられる。

○ 本検討会では、地域子育て支援やソーシャルワークに関する研修内容や保育士養成課程での演習科目等の充実により、こうした方向性を強化していくべきとの意見もあったが、一方で学生、保育士、保育士養成校等の負担を検討すべきという意見や、保育所で働く保育士としての役割を明らかにした上で、資格制度の見直しと合わせて検討がなされるべきとの意見もあった。地域における保育所、保育士、学生、保育士養成校等の実情を考慮した上で、保育士や保育補助者等も含め必要な者に必要な質向上のための研修等の機会が確保されることも含め、養成や研修の在り方について総合的な検討が必要である。

○ 研修の機会の確保に当たっては、保育士等の業務状況等を踏まえ、オンライン化により実施することなども含め、保育士等が無理なく受講できるような環境を整備するなど実効性のあるものとなるよう努める必要がある。

○ 以上を含む保育の質向上に関する取組については、「保育所等における保育の質の確保・

向上に関する検討会」の議論の取りまとめ（令和二年六月）等も踏まえ実施していくべきである。

○ なお、前項の保育士の確保方策と合わせ、次回の保育所保育指針の改定に当たっては、今回の検討会での議論や子ども目線での行政の在り方に関する検討の結果等を踏まえ、地域子育て支援に関する記載を充実していくことや、認定こども園、幼稚園の要領や研修内容等の更なる整合性を図ることや相互交流も含めた研修機会の確保などにより、一定以上の保育の質を確保できる体制づくりを推進していくことが必要である。

3 おわりに ［略］

別紙 ［略］

参考資料 ［略］

108 幼児期までのこどもの育ちに係る基本的なヴィジョン（答申）～全てのこどもの「はじめの一〇〇か月」の育ちを支え生涯にわたるウェルビーイング向上を図るために～

（令和五年一二月一日　こども家庭審議会）

はじめに

○ こどもは、生まれながらにして権利の主体であり、その固有の権利が保障されなければならない。

○ 令和四年六月には、日本国憲法及び児童の権利に関する条約の精神にのっとり、こども基本法（令和四年法律第七十七号）が与野党を超えた賛同を得て成立し、翌年四月に施行された。こども基本法の制定は、我が国が、権利主体としてのこどもの最善の利益を常に第一に考え、こどもに関する取組・政策を社会のまんなかに据えていく「こどもまんなか社会」の実現を目指すという、大きな価値転換である。

○ 特に「こどもの誕生前から幼児期まで」は、人の生涯にわたるウェルビーイングの基盤となる最も重要な時期である。全世代の全ての人でこの時期からこどものウェルビーイング向上を支えていくことができれば、「こどもまんなか社会」の実現へ社会は大きく前進する。これは社会全体の責任であり、全ての人のウェルビーイング向上につながる。

○ しかし、我が国の状況を見ると、必ずしも全ての乳幼児の権利や尊厳が保障できている現状にはない。また、今の親世代の幼児期までの育ちと比べ、家庭や地域の状況など社会情勢が変化している中で、全ての乳幼児のウェルビーイング向上を、心身の状況や置かれた環境に十分留意しつつひとしく、その一人一人それぞれにとって切れ目なく、支えることができているだろうか。こども基本法及び児童福祉法（昭和二十二年法律第百六十四号）にも掲げられたこれらの権利を生まれた時から保障し、「こどもまんなか社会」を実現するための取組は途上にある。

○ そのため、本答申では、内閣総理大臣からこども家庭審議会に対してなされた諮問を受け、幼児期までの「こどもの育ち」そのものに着目し、全ての人と共有したい理念や基本的な考え方を整理した。これに基づき、社会全体の認識共有を図りつつ、政府全体の取組を強力に推進するための羅針盤として定めるものが、「幼児期までのこどもの育ちに係る基本的なヴィジョン」（以下『育ちのヴィジョン』という。）であり、これは、人生の基盤的時期を過ごす乳幼児を含めた全世代の全ての人による、以下のような社会の実現に寄与することを目指すものである。

• 乳幼児を含めた全てのこどもが誰一人取り残されずに、権利主体として、命と尊厳と権利を守られる社会
• 乳幼児の思いや願いが受け止められ、社会への参画が応援される社会
• 乳幼児と保護者・養育者が安定した「アタッチメント（愛着）」を形成できる社会

・人や場との出会いを通して、豊かな「遊びと体験」が保障される社会
・保護者・養育者になる前から切れ目なく、様々な人や機会に支えられ、こどもとともに育ち、成長が応援される社会
・各分野や立場を越えた認識共有により、乳幼児に関わる人が緊密に連携し、切れ目のない「面」での支援が実現できている社会
・乳幼児と全ての人がともに育ち合う好循環が続いていく社会

○『育ちのヴィジョン』に基づき、このような社会への変革を着実に実現していくことにより、「こどもの誕生前から幼児期までの育ち」が一層大事にされるとともに、保護者・養育者、保育者、子育て支援者等が、社会からその尊い役割を応援され、安心してこどもの笑顔や成長を喜び合うことができる社会を、全ての人とともにつくっていくことが、政府の責務である。

○『育ちのヴィジョン』に基づく社会全体の認識共有と、政府全体の取組を、こども施策の基本的な方針や重要事項等について定める「こども大綱」や次元の異なる少子化対策の実現に向けた「こども未来戦略」等と整合的に進めることにより、「こどもまんなか社会」の実現を強力に牽引することを期待する。

1.『育ちのヴィジョン』を策定する目的と意義

・生涯にわたる身体的・精神的・社会的ウェルビーイングの向上

（「ウェルビーイング」の考え方）

○本答申においては、全ての人で支えるべき「こどもの育ちに係る質」について、こども基本法の目指す、こどもの生涯にわたる幸福、すなわちウェルビーイングの考え方を踏まえて整理した。この「ウェルビーイング」は、身体的・精神的・社会的（バイオサイコソーシャル）に幸せな状態にあることを指す。また、ウェルビーイングは、包括的な幸福として、短期的な幸福のみならず、生きがいや人生の意義など生涯にわたる持続的な幸福を含む。このようなウェルビーイングの向上を、権利行使の主体としてのこども自身が、主体的に実現していく視点が重要である。

○なお、ウェルビーイングは、生涯にわたる全ての時期を通じて高めることが重要であり、こどもとともに育つおとなにとっても重要なものである。こどももおとなも含め、一人一人多様な個人のウェルビーイングの集合として、社会全体のウェルビーイング向上の実現を同時に目指すことが必要である。

（身体的、精神的、社会的な全ての面を一体的に捉える）

○本答申において「ウェルビーイング」は、身体的・精神的・社会的な全ての面を一体的に捉えた観点（バイオサイコソーシャルの観点）での幸福の概念であり、換言すれば、こどもの持つ身体と心、周囲を取り巻く身近な環境や社会的状況、より広い環境としての社会（以下「環境（社会）」と表現する。）を一体的に捉えたものである。また、ウェルビーイングの向上を、生涯にわたり実現することが、こどもの最善の利益を考慮していく上で重要である。なお、身体と心の側面のみならず、環境（社会）についても、こども一人一人多様であるといった視点に留意する必要がある。

（多様性を尊重し、包摂的に支援する）

○『育ちのヴィジョン』は、特別な支援や配慮を要するこどもであるか否かにかかわらず、どのような環境に生まれ育っても、また、心身・社会的にどのような状況にあっても、多様な全てのこども一人一人をひとしく対象としている。

○特に、障害児については、他のこどもと異なる特別なこどもと考えるべきではなく、一人一人多様な育ちがある中で個々のニーズに応じた丁寧な支援が必要なこどもと捉えることが大切であり、障害の有無で線引きせず、全てのこどもの多様な育ちに応じた支援ニーズの中で捉えるべきである。また、心身の状況にかかわらずひとしく育ちを保障するために、周囲の環境（社会）を整える視点も重要である。

○また、共生社会の実現に向けて、『育ちのヴィジョン』は、幼児期までの時期から切れ目なく、インクルージョンの考え方を前提とするべきである。その上で、体制整備も含め、一人一人のこどもの育ちに係る質を持続的に担保する必要がある。これは、学童期以降のインクルーシブ教育システムの実現とも切れ目なくつながる、共生社会の実現に向けた重要な視点である。

○さらに、身体的・精神的・社会的なあらゆる要因によって困難を抱えるこどもや家庭を包括的に支援する必要がある。

・『育ちのヴィジョン』の目的

（「こどもの誕生前から幼児期まで」の重要性）

○乳幼児期は、脳発達の「感受性期」と言われ、脳発達において環境の影響を受けやすい限定された時期の一つであるなど、生涯にわたるウェルビーイング向上にとって、特に重要な時期である。また、生涯の健康や特定の病気へのかか

りやすさは、胎児期や生後早期の環境の影響を強く受けて決定されるという考え方もあるなど、「こどもの誕生前」も含め、育ちを支える基盤的時期として捉える必要がある。さらに、「育ち」の側面と両輪をなす「学び」の側面からも、米国における研究で、質の高い幼児教育は長期にわたって影響を与えるとされているなど、幼児期までの重要性は世界的にも確認されている。

○ 取組によって特に着目する月齢や年齢に違いはあるが、「誕生前から幼児期まで」のこどもを重視した支援は、諸外国や国際機関でも推進されているなど、世界の潮流でもある。

○ こどもの生涯にわたるウェルビーイングの基礎を培い、人生の確かなスタートを切るために最も重要であるこの時期への社会的投資こそが、次代の社会の在り方を大きく左右する。そのため、こどもと直接接する機会がない人も含め、社会全体にとっても幼児期までが極めて重要であることが、全ての人の間で共有されなければならない。

（全てのこどもへのひとしい保障）

○ 一方で、児童虐待による死亡事例を例に挙げても、約半数が〇～二歳であるなど、基本的な生命に関するこどもの権利が、誰一人取り残さずひとしく保障されているとは言えない現状がある。

○ また、〇～二歳児の約六割は就園していない状態であり、少子化の進行等に伴いきょうだいの数も減ってきている中、こども同士で育ち合う機会や、保護者以外のおとなと関わる機会、様々な社会文化や自然などの環境に触れる機会が、家庭の環境によって左右されている現状がある。園や子育て支援、地域社会等とつながることによって、育ちの環境をより一層充実させる機会は、こどもがどこに暮らしていても、家庭の環境に十分配慮しつつ、ひとしく保障されることが必要である。

○ さらに、多くのこどもが通園する満三歳以上にあっても、施設類型や家庭・地域で過ごす時間の違いによって、ひとしく育ちを保障する上での格差が生じないようにしなければならない。

○ このように、全てのこどもの育ちをひとしく支える上では、今の親世代の幼児期までの育ちと比べ、家庭や地域の状況など社会情勢が変化していることや、今の社会の現実を踏まえ、従来の発想を超えて対応すべき課題がある。

（こどもから見て切れ目のない保障）

○ 一人一人のこどもの成長に目を向けると、誕生前後、就園前後、小学校就学前後と、いくつか大きな節目はあるものの、本来こどもの発達は、一人一人違うペースで、絶えることのない連続性の中で進む。「こどもまんなか」の発想に立ち返れば、年齢や学年の事情で引かれた線が、こどもの育ちの大きな切れ目にならないよう、環境（社会）の不断の改善を図っていく必要がある。

○ また、こどもは日々の生活において、複数の場や異なる関係性の人との関わりの中で育っており、その環境（社会）は間接的に影響するものも含めて多層的に広がっているものの、こどもの育ちという視点から見ると、家庭、幼稚園・保育所・認定こども園（以下「幼児教育・保育施設」という。）、こどもの育ちに関する関係機関、地域等のこどもの育ちを支える場を含めた環境（社会）は全てつながっている。「こどもまんなか」の発想に立ち返れば、これらの環境（社会）に関わる人が緊密に連携し、それぞれが「点」でこどもの育ちを捉えるのではなく、『育ちのヴィジョン』の理念や基本的な考え方を共通言語として共有し、できる限り、それぞれの「点」での支えが横につながった「面」のネットワークで育ちを支える環境（社会）を構築していく必要がある。

（『育ちのヴィジョン』の目的の在り方）

○ 以上を踏まえ、『育ちのヴィジョン』の目的は、全てのこどもの誕生前から幼児期までの「はじめの一〇〇か月」から生涯にわたるウェルビーイング向上を図ることである。

○ 『育ちのヴィジョン』は、こども基本法の目的・理念にのっとり、多様なこどもの心身の状況や、置かれている環境等に十分に配慮しつつひとしく、それぞれのこどもにとって「こどもの誕生前から幼児期までの育ち」を通じて切れ目なく、こどもの周囲の環境（社会）を捉えながら、その心身の健やかな育ちを保障する観点で定める必要がある。

○ 上記の目的を達成するためには、『育ちのヴィジョン』を、全ての人で共有したい理念と基本的な考え方を示し、社会全体の認識共有を図りつつ、政府全体の取組を強力に推進する羅針盤として位置づけることが重要である。

○ 本答申は、このような羅針盤を策定することで、次代の社会を担う全てのこどもの権利を守り、全ての人の関心及び理解を増進するなど社会全体の認識共有を図るとともに、「こども大綱」に基づくこども施策の推進等を通じて全ての人の具体的な取組を推進することにつなげていくことを求めるものである。

・　**こども基本法の理念**

（こども基本法について）

○　こども基本法は、日本国憲法及び児童の権利に関する条約の精神にのっとり、こども施策の基本理念や基本となる事項を明らかにすることにより、こども施策を社会全体で総合的かつ強力に実施していくための包括的な法律として、令和四年六月に成立し、翌年四月に施行された。

○　同法は、こどもと日常的に関わる機会がない人も含めた全ての国民に対して、幼児期までのこどもの育ちに関するものを含めたこども施策への関心と理解を深める努力等を求めている。こども基本法の目的や理念にのっとり策定する『育ちのヴィジョン』においても、その理念は、国民的な議論を経て定められたこども基本法の理念をもとに、『育ちのヴィジョン』の対象時期の特徴を踏まえ、整理することが適当である。

（乳幼児の思いや願い）

○　乳幼児は、例えば、以下のような「安心したい」、「満たされたい」、「認められたい」、「遊びたい」、「関わってみたい」といった思いや願いを持ちながら、周囲の環境（社会）との関係の中で心身の発達を図り、生涯にわたるウェルビーイングの基盤を築いている。身近な人との応答的なやりとり等を通して、こうした思いや願いを持つようになること自体、乳幼児の発達であるが、こどもの視点で考える上で、乳幼児はこのような思いや願いを持っているという視点で整理した。

「安心したい」

　身近な人にくっついて、繰り返し抱っこを求めたり、触れ合ったりすることで安心しながら育つ。

「満たされたい」

　「愛されたい」「抱っこしてほしい」「食べたい」「寝たい」「関心を持ってほしい」などの思いや欲求を、自分のペースやリズムに合わせて満たしてもらうことで、心地よい生活のリズムをつくりながら育つ。

「関わってみたい」

　こども同士の関わりの中で、様々な感情を経験しながら、人との関わり方が培われたり、多様な人や環境（社会）と関わることで、それぞれの違いや個性があることに気づいたりしながら育つ。

「遊びたい」

　身近な環境の中、自分の興味の赴くまま夢中になって遊んだり、自然に触れて、体験して、絵本や地域行事などの文化に触れて感性を育んだり、食事を楽しむことなども含めたあらゆる「遊びと体験」を通して、様々なことを学んだりしながら育つ。

「認められたい」

　周囲の人にありのままを受け止められ、尊重され、自分の存在や意思、ペースを認めてもらうことで、自分に自信がついたり、そうした経験から他者への理解や優しさを育んだりしながら育つ。

（こども基本法にのっとった理念）

○　このような『育ちのヴィジョン』の対象時期の特徴も踏まえると、こども基本法に示されている理念は次のように捉えることができ、これを『育ちのヴィジョン』の理念とすることが適当である。

(1)　全てのこどもが一人一人個人として、その多様性が尊重され、差別されず、権利が保障されている

　全てのこどもが、生まれながらにして権利を持っている存在として、いかなる理由でも不当な差別的取扱いを受けることがなく、一人一人の多様性が尊重されている。（こども基本法第三条第一号関係）

(2)　全てのこどもが安全・安心に生きることができ、育ちに係る質が保障されている

　どのような環境に生まれ育っても、心身・社会的にどのような状況であっても、全てのこどもの生命・栄養状態を含めた健康・衣食住が安全・安心に守られ、こども同士つながり合う中で、ひとしく健やかに育ち・育ち合い、学ぶ機会とそれらの質が保障されている。（こども基本法第三条第二号関係）

(3)　こどもの思いや願いが受け止められ、主体性が大事にされている

　乳幼児期のこどもの意思は多様な形で表れる。こどもの年齢及び発達の程度に応じて、言葉だけでなく、表情や行動など様々な形でこどもが発する声や、声なき声が聴かれ、思いや願いが受け止められ、その主体性が大事にされ、こどもの今と未来を見据えて「こどもにとって最も善いことは何か」が考慮されている。（こども基本法第三条第三号及び第四号関係）

(4)　子育てをする人がこどもの成長の喜びを実感でき、それを支える社会もこどもの誕生、成長を一緒に喜び合える

　身近な保護者・養育者が、社会とつながり合い、社会に支えられ、安心と喜びを感じて

子育てを行うことがこどものより良い育ちにとって重要である。保護者・養育者が、子育ての様々な状況を社会と安心して共有することができ、社会に十分支えられているからこそ、こどもの誕生、成長の喜びを実感することができ、社会もそれを一緒に喜び合うことができる。（こども基本法第三条第五号及び第六号関係）

・全ての人と『育ちのヴィジョン』を共有する意義

○ 今後、「こどもの誕生前から幼児期までの育ち」を支えるための理念や基本的な考え方を、『育ちのヴィジョン』の策定を通じて、こどもと直接関わる機会がない人も含めた社会全体の全ての人と共有することとなる。その際、こども施策を主導する責務のある国や地方公共団体のみならず、全ての人がそれぞれの立場で「こどもの誕生前から幼児期までの育ち」に関する役割を持っており、その当事者であるという捉え方が大切である。

（全ての人で次代の担い手の人生最初期を支える）

○ こどもと日常的に関わる機会がない人も、間接的に「こどもの誕生前から幼児期までの育ち」の支え手として、地域社会を構成し、社会全体の文化を醸成する一人となる。そのため、こども基本法にのっとり、『育ちのヴィジョン』も参考に、こどもの育ちについての関心と理解を深めるよう努める役割が共通して求められている。

○ こどもと日常的に関わる機会がない人も含めて、こどもの「誕生前から幼児期まで」の時期を支えることを通じて、今をともに生き、次代をつくる存在であるこどもの生涯にわたるウェルビーイング向上を実現することは、社会全体の全ての人のウェルビーイング向上を持続的に実現するために不可欠な未来への投資である。さらに、幼児期までの「アタッチメント（愛着）」等を土台に、こどもの意見表明・社会参画を社会全体で支えることは、より良い民主主義社会の発展にとっても重要である。

（全ての人が乳幼児とともに全ての人のウェルビーイングを支え合う）

○ 「こどもの誕生前から幼児期までの育ち」は、おとながこどもを支えるという一方通行の関係のみではない。幼児期までのこども同士が育ち合うという視点や、学童期以降のこども・若者がおとなとともに幼児期までのこどもの育ちを支え合うという視点も大事である。

○ このように、幼児期までのこどもを支えるおとなやこども・若者もまた乳幼児に育てられるという視点が大切であり、こどもとおとながともに、こどもの誕生や乳幼児の笑顔に触れ、その成長を喜び合うこと自体がウェルビーイング向上につながる。

○ より多くの人が、「こどもの誕生前」や乳幼児の育ちに直接的・間接的に関わる経験をすることは、自分自身が幼児期までの時に、保護者・養育者をはじめとして多くの人に支えられてきたことや、乳幼児が一人の主体であることに気づいたり、子育ての喜びの一端を味わったり、子育て当事者の立場への想像力を持ちやすくなったりする上でも重要である。

（全世代、立場を越えた全ての人の役割）

○ 本答申では、こども基本法にのっとり、「2.」の(5)で整理した別紙1の「こどもまんなかチャート」の考え方も踏まえ、『育ちのヴィジョン』の実現に向けた社会全体の全ての人の役割と、その役割を支えるために特に国に求められることを別紙2のとおり整理した。

2. 幼児期までのこどもの育ちの五つのヴィジョン

（羅針盤としての五つのヴィジョン）

○ 本答申では、子育て当事者の立場からの知見、脳科学・発達心理学・公衆衛生学・小児科学などの科学的知見、幼児教育や保育における実践や理論を背景とする専門的知見などを踏まえてなされた議論をもとに、「こどもの育ち」そのものについての身体的・精神的・社会的ウェルビーイングの観点を踏まえ、以下の五つを『育ちのヴィジョン』の柱として整理した。

○ これらは、普遍的に重要な考え方を踏まえつつ、現代の我が国の社会的状況に鑑みて、当面の羅針盤として特に全ての人と共有したい基本的視点を整理したものである。

(1) こどもの権利と尊厳を守る
(2) 「安心と挑戦の循環」を通してこどものウェルビーイングを高める
(3) 「こどもの誕生前」から切れ目なく育ちを支える
(4) 保護者・養育者のウェルビーイングと成長の支援・応援をする
(5) こどもの育ちを支える環境や社会の厚みを増す

（五つのヴィジョンの関係性）

○ 生涯にわたるウェルビーイング向上のためには、その前提として、全ての人の責任の下で、権利主体としてのこどもに必ず保障しなければならない権利と尊厳が、全てのこどもにひとしく保障されることが重要である。

その上で、乳幼児の発達の特性も踏まえ、ウェルビーイング向上において特に重要な「アタッチメント（愛着）」と「遊びと体験」に着目し、「安心と挑戦の循環」という考え方を整理している。

○　これらは、直接的には乳幼児の育ちを支える時に重要なことだが、そのためには「こどもの誕生前」から切れ目なく育ちを支えることが不可欠である。

○　また、こどもの誕生後も含めて、乳幼児は身近な保護者・養育者の影響を強く受けることや、保護者・養育者自身にとっても「こどもの誕生前から幼児期まで」は最初期であり、特に支援が必要であることを踏まえ、「こどもの育ち」そのものを支える観点から、こどもとともに育つ保護者・養育者のウェルビーイングと成長を支えることが重要である。

○　さらに、このように家庭を基本として養育の第一義的責任を有する保護者・養育者の役割が重要であるからこそ、その養育を社会が支え、応援することが大事である。また、こどもは家庭のみならず、様々な環境や人に触れながら豊かに育っていくが、こどもの育ちに関する家庭や地域などの社会の情勢変化により、今の親世代が乳幼児期を過ごした時代と変化している現代の社会構造を踏まえ、こどもの育ちを支える環境や社会の厚みを増していくことが必要である。

○　身体的・精神的・社会的な観点（バイオサイコソーシャルの観点）を踏まえながら、このような考え方で整理した五つのヴィジョンを共有して、国や地方公共団体が「こどもの誕生前から幼児期までの育ち」に関係するこども施策を推進すること等を通じて、全ての人とともに具体的な取組を進め、それらを不断に見直し、一層充実させていくことを期待する。

○ (1)　**こどもの権利と尊厳を守る**

『育ちのヴィジョン』は、生涯にわたるウェルビーイング向上のために、「こどもの誕生前から幼児期まで」を全ての人で支えていく必要があることについて、基本的な考え方を整理したものである。そのためには、最低限のこどもの育ちに係る質の保障と、そこからの質の向上の双方が重要である。

○　一方で、こどもの心身の状況や置かれた環境等に十分配慮しつつ、乳幼児のウェルビーイング向上を支える観点が重要であることや、全ての人と乳幼児の育ちに関する考え方を共有すること自体が大切な観点であることから、乳幼児の育ちに必要なことや、避けるべき内容の具体例を論じるのではなく、乳幼児の権利や尊厳に基づいて、こどもの育ちに係る質の保障と質の向上に関する基本的な考え方を整理することとした。

○　こども基本法は、児童の権利に関する条約のいわゆる四原則、「差別の禁止」「生命、生存及び発達に対する権利」「児童の意見の尊重」「児童の最善の利益」も踏まえて、こども施策に関する基本理念等を定めている。「こどもの誕生前から幼児期まで」のこどもの育ちに係る最低限の質の保障と質の向上は、権利主体としての乳幼児の権利を守る観点に立ち返り、こども基本法にのっとり、こどもの権利に基づき保障していくことが望ましい。

(2)　**「安心と挑戦の循環」を通してこどものウェルビーイングを高める**

○ ①　**育ちの鍵となる「安心と挑戦の循環」**

「こどもの誕生前から幼児期までの育ち」の最たる特徴は、「アタッチメント（愛着）」の形成と豊かな「遊びと体験」が重要ということである。これらが生涯にわたるウェルビーイング向上の土台をつくる。本答申では、このこどもの育ちの鍵となる考え方を「安心と挑戦の循環」として整理した。

○　乳幼児期の安定した「アタッチメント（愛着）」は、こどもに自分自身や周囲の人、社会への安心感をもたらす。その安心感の下で、こどもは「遊びと体験」などを通して外の世界への挑戦を重ね、世界を広げていくことができるのであり、その過程をおとなが見守りこどもの挑戦したい気持ちを受け止め、こどもが夢中になって遊ぶことを通して自己肯定感等が育まれていくことが重要である。このような「安心と挑戦の循環」は、こどもの将来の自立に向けても重要な経験である。

② **幼児期までのこどもの育ちに必要な「アタッチメント（愛着）」の形成**

○　各分野の専門性の中で議論されてきた、こどもの育ちに必要な「アタッチメント（愛着）」の位置づけやその重要性について、全ての人とわかりやすく共有することが大切である。例えば「『愛着』の対象は母親、血縁関係にある者でなければならない」などの過去の社会通説にとらわれず、乳幼児期に真に必要な愛着について、全ての人と、科学的知見を踏まえた考え方と育ちのプロセスにおけるその重要性を共有することが必要である。

○　こどもの育ちに必要な「アタッチメント（愛着）」は、こどもが怖くて不安な時などに身近なおとな（愛着対象）がその気持ちを受け止め、こどもの心身に寄り添うことで安心感を与えられる経験の繰り返しを通じて獲得される安心の土台である。また、「アタッチメント（愛着）」は、こどもが自分や社会への基本的な信頼感を得るために欠くことのできないものであり、こどもの自他の心の理解や共感、健やかな脳や身体を発達させていくものである。

○　安定した「アタッチメント（愛着）」は、自分や他者への信頼感の形成を通じて、いわゆる非認知能力の育ちにも影響を与える重要な要素であり、生きる力につながっていく。また、「愛着」という言葉は、保護者・養育者とこどもの関係のみを指す印象を持つことがある。もとより、保護者・養育者はこどもが「アタッチメント（愛着）」を形成する対象として極めて重要であるものの、保育者など、こどもと密に接する特定の身近なおとなも愛着対象になることができる。

③　幼児期までのこどもの育ちに必要な豊かな「遊びと体験」

（豊かな「遊びと体験」）

○　乳幼児期からウェルビーイングを高めていく上では、上述の「アタッチメント（愛着）」を基盤として、人や環境との出会いの中で、豊かな「遊びと体験」を通して外の世界へ挑戦していくことが欠かせない要素である。

○　乳幼児の育ちの最大の特徴とも言える行為が「遊び」である。また、自然に触れたり、芸術や地域行事などの文化に触れて感性を育んだり、日常生活における豊かな「体験」を得たりすることも重要である。

○　本答申では、『育ちのヴィジョン』の理念や基本的な考え方を全ての人でわかりやすく共有する観点から、「遊びと体験」を念頭に、「安心と挑戦の循環」において「挑戦」という表現をしている。

○　こどもの生活の中心を占める「遊び」について、こどもの育ちにおける重要性の過小評価も見られる中で、生涯にわたるウェルビーイング向上のために乳幼児期に必要な豊かな「遊びと体験」について、できる限り具体的な場面が浮かぶように留意しつつ、「遊びと体験」についての考え方を、こども目線の「遊び」の観点から整理した。

○　また、豊かな「遊びと体験」を通した挑戦は、基盤となる「アタッチメント（愛着）」さえあれば乳幼児が主体的に向かうものではない。多様なこどもやおとなとの出会い、モノ・自然・絵本等・場所等との出会いを通して、様々な感覚を働かせながら、環境からの刺激を受けることが必要であり、そうした豊かな「遊びと体験」の機会を、保護者・養育者、幼児教育・保育施設や子育て支援施設の保育者などを含めた全ての人の取組を通じて、日常的に保障することにより、乳幼児の更なる挑戦を支援・応援していくことが大切である。

（「遊び」そのものの保障）

○　乳幼児期のこどもの生活の中心は遊びである。ここでの遊びとは、多くは葉っぱを拾うことなどの名もない遊びであり、こどもが主体的に興味を持ち、面白いと感じて夢中になって心と身体を動かして行う行為である。遊びは何らかの効果を求めてさせるのではなく、遊びそれ自体が目的である。

○　また、遊びは、現在を十分に楽しみ、自分の思いを発揮することを通して幸せに生きることそのものである。言い換えれば、こどもが現在を自分らしく、よりよく生きるために保障されることであり、ウェルビーイングにつながるものである。遊びを保障することは、こどもの「楽しい」「したい」という思いや願いを尊重することであり、その中で遊びが変化しながら、やがて自分のやりたいことを成し遂げるための目的のある遊びにもつながっていく。

（乳幼児の育ちにとって重要な「遊び」）

○　遊びには、こどもの様々な育ちを促す重要な機能がある。こどもが遊びに没頭し、身体の諸感覚を使い、自らの遊びを充実、発展させていくことは、言語や数量等の感覚などの認知的スキルや、創造性や好奇心、自尊心、想像力や思いやり、やり抜く力、相手や現実の状況と折り合いをつける力などの社会情動的スキルの双方を育むことに加え、多様な動きを身に付け、健康を維持することにつながる。ひいては、生涯にわたるウェルビーイングにつながる。

（多様なこどもやおとなとの出会い）

○　こうした遊びにおいて、こどもは特定のおとなとの関係だけではなく、多様なこどもやおとなとの出会いの中で育つことを踏まえることが重要である。自分一人でじっくり遊ぶ一人遊びが大切であるとともに、他者との関わりの中で多様な刺激を受けながら、次第に自分の世界を広げ、成長する。

○　こどもは、保護者・養育者あるいはそれ以外のおとなとの信頼関係を基盤にしながら、次第に同年齢・異年齢の親しい友達が生まれる中で、葛藤やいざこざを経験しながら、他者への親しみを通して自己の世界を広げていく。保護者等の特定のおとなや同世代のこども同士の関わりが大切であるが、それ以外にきょうだい、異年齢のこども同士、地域の多様なおとなとの関わりを通して多様な人間関係を学ぶ。

（モノ・自然・絵本等・場所等との出会い）

○　さらに、こどもは人だけでなく、モノ・自然・絵本等・場所等の多様な環境との出会いを通して成長する。「モノ」には、積木やブロックなどの遊具、空き箱や廃材などの素材、ハサミなどの道具などが含まれる。また、「自然」には、葉っぱなどの植物、虫などの生き物、風や空などの自然物が挙げられる。「絵本等」には、絵本に加えて図鑑や物語などがある。そして、こどもが遊ぶ「場所」は、公園等の公共の場だけでなく、海や山、商店街など日常的な場も含まれる。

○　こどもは様々な環境に興味を持つものである。単なる道端の葉っぱであっても、興味を持つとそれを拾って、触れたり、並べたり、比べたり、色水をつくったり、絵を描いたりするなど、多様な関わり方をする。このように、主体的に働きかけると、その環境が変化したり、手応えがあったりするなど、応答的な環境がこどもにとっては魅力的である。年齢を重ねても、こどもの成長に応えられる環境が豊かな遊びには必要である。

○　豊かな遊びの環境に出会う中で、こどもは心や体を動かしながら、気づき、試行錯誤して世界を深めたり、広げたりする。全ての人がこどもの活動場面を比較的イメージしやすいと考えられる、体験、外遊び、絵本などの重要性を考える上でも、このような豊かな遊びには「環境との関わり」が重要という観点から理解されることが望ましい。

○　なお、遊びは、日々の生活の中で、個々のペースや興味・関心に合わせて、環境を通してこども自身が主体的に展開していくことが大切であり、おとなはこどもの思いや願いを尊重しながら、遊びの環境を整えていくことにも留意する必要がある。

(3)　「こどもの誕生前」から切れ目なく育ちを支える

○　こどもの育ちは連続性かつ多様性があることが基本である。中でも、乳幼児期はこれらの点を重視して育ちを支えることが特に重要な時期である。一方、誕生前後、就園前後、小学校就学前後などのタイミングで、こどもの年齢に応じて環境（社会）の面が大きく変わる節目がいくつか存在する。

○　このような節目が、こどもの育ちの大きな「切れ目」にならないように、こどもの発達の過程や連続性に留意して、ウェルビーイング向上に必要な環境（社会）を切れ目なく構築していくことが重要である。特に、乳幼児の育ちは、身体的・精神的・社会的な観点（バイオサイコソーシャルの観点）を踏まえて、母子保健分野とこども家庭福祉分野が連携することも含め、「こどもの誕生前」から切れ目なく支えることが重要であることを強調したい。なお、保護者・養育者が必要な支援を受けることに負い目を感じないように配慮することも必要である。

○　以上のことから、本答申では、多様なこども一人一人の発達の連続性の中で、こどものためにできることについて、それぞれの者が理解を深める観点から、次の四つの時期ごとの留意事項を整理した。

○　また、こどもは、この四つの時期を経て、学童期、思春期、青年期と切れ目なく育っていき、かつて「誕生前から幼児期まで」の育ちを支えられた者が、様々な立場で次代の「こどもの誕生前から幼児期までの育ち」を支えるという循環が続いていく。

〈妊娠期（保護者・養育者がこどもの誕生を迎え入れる準備期）〉

○　妊婦やその家族のウェルビーイング向上を社会全体で支えることが、こどもの育ちを支える上で、大切なはじめの一歩となる。妊娠前・妊娠中の生活習慣や栄養状態を含めた母親の心身の健康を支えることのみならず、父親も含め、こどもの誕生を迎え入れる保護者・養育者のウェルビーイングを支えることや、必要な知識の獲得等に向けた成長支援を行うこと、さらにはこれから親となる世代への支援を行うことも重要である。保護者・養育者が、こどもの育ちについての関心や理解を高め、困った時に支援を得られる人や手段を確認するなど、「こどもの誕生前から幼児期までの育ち」の時期の見通しを持ち、これから始まる子育てをポジティブに感じることができるように、全ての人であらゆる機会を通じて支えていく必要がある。

○　育ちを切れ目なく支える観点から、妊娠以前の時期を含め、プッシュ型の情報提供を行うことなどにより、子育てに関するわかりやすく信頼できる情報へアクセスしやすくすることや、専門性を持って保護者・

養育者を支援し、その成長に伴走する人の存在を確保することが重要である。

○　ライフイベントの多様性を尊重しつつ、妊娠がわかった家庭の保護者・養育者のみならず、保護者・養育者にならない人も含め、思春期、青年期の時から、教育機関や地域においてこどもの育ちや子育てについて学んだり、体験したりすることができる機会が重要である。また、こどもも「こどもまんなか社会」のつくり手であり、乳幼児同士のみならず、学童期からこどもの育ちについて学んだり、関わったりする機会があることが重要である。

〈乳児期〉

○　危険や疾病などから生命を守ることを含め、生きるために基本的なことの全てにおいて、保護者・養育者や直接接するおとなに大きく依存する時期であり、また、こどもにとって必須の「アタッチメント（愛着）」を形成するはじめの重要な時期でもある。また、保護者・養育者にとって、子育て期の中でも特に大変さを感じやすい時期であり、こどもの育ちに係る質を保障する観点からも、産後の母親・父親の支援、保護者・養育者同士がつながること、子育ての喜びや悩みを共有したり、子育ての知恵を学んだりすることができる場があること、保護者・養育者の子育ての負担感や孤立感の緩和などを全ての人で支えていく必要がある。

○　育ちを切れ目なく支える観点から、こどもの誕生前後で大きく生活環境が変わる保護者・養育者に対して、支援を求めにくい事情がある人も含め、妊産婦・乳幼児の健診や地域子育て支援など様々な機会を活用し、多職種による重層的な支援が届くことが重要である。

〈概ね一歳から三歳未満〉

○　基本的な身体機能や運動機能が発達し、様々な動きを十分に楽しみながら、人やモノとの関わりを広げ、行動範囲を拡大させていく時期である。また、家庭の状況等によって幼児教育・保育施設へ就園していないこどもも多いが、ひとしい育ちを保障する観点から、こどもがどのような環境にあっても、「こどもの育ち」そのものの質に関する観点から必要な支えがあるように留意する必要がある。

○　育ちを切れ目なく支える観点から、保護者・養育者の就労環境や幼児教育・保育などの利用状況が変わるタイミングでも、こどもの育ちに係る質が共通して保障されるよう、全ての保護者・養育者は必要な事項を認識することが重要である。

〈概ね三歳以上から幼児期の終わり〉

○　多くのこどもが、幼児教育・保育施設等において、同年齢・異年齢のこどもとの関わりを通して育っていき、義務教育段階につながっていく時期である。保育者や支援者等がこどもと応答的に関わっていたり、こども同士で対話していたりするなど、こどもがより幅広い形で意思を発するようになり、集団や社会で受け止められる経験等を通して、自己肯定感等を得ていく中で自信をつけながら育っていく。

○　育ちを切れ目なく支える観点から、幼児教育・保育施設へ就園するようになっても、保健、医療、福祉、教育、療育等の関係施設、家庭、地域が連携し、ともに連続した生活の場としてこどもの育ちに係る質を保障していくことが重要である。

○　また、「幼児期の終わり」までの育ちがそれ以降の育ちに、心身だけでなく、その周囲の環境（社会）やネットワークの面でもつながっていくことを踏まえ、「幼児期の終わり」に存在する環境（社会）の節目がこどものウェルビーイングの大きな切れ目とならないよう、幼児期と学童期以降の接続の不断の改善が重要である。保健、医療、福祉、教育、療育など、こどもの成長に関わる分野の関係者が連携し、認識を共有しながら、幼児期から学童期にわたる育ちを保障していくことが重要である。

(4)　保護者・養育者のウェルビーイングと成長の支援・応援をする

〈幼児期までの保護者・養育者への支援・応援の重要性〉

○　こどもを養育する立場にある保護者・養育者は、こどもに最も近い存在であり、特に「こどもの誕生前から幼児期まで」は、「アタッチメント（愛着）」の対象となる保護者・養育者がこどもの育ちに強く影響を与えることから、保護者・養育者自身のウェルビーイングを高めることが、こどもの権利と尊厳を守り、「安心と挑戦の循環」を通してこどものウェルビーイングを高めていく上でも欠かせない。

○　また、幼児期までは、こどもにとって人生の最初期であるとともに、保護者・養育者自身にとっても養育経験の最初の時期である。子育ても特に手がかかる時期であることから、出産前後の綿密なケアを含めて、保護者・養育者への支援・応援が特に必要である。だからこそ、「こどもの育ち」そのものを支えるために、学童期以降と比べて、特にこの時期にこどもとともに育つ保護者・養育者のウェルビーイングと成長を全ての人できめ細かに支えることが重要である。

○　しかし、保護者・養育者であれば子育てを上手に行うことができて当たり前であるという社会規範や、保護者・養育者が子育てにおいて誰かに頼ったり相談したりすることを恥ずかしいこととして捉えるといった価値観が、今の子育て世代の暮らす社会環境に影響していることは否定できない。保護者・養育者に養育の義務があるのは、こどものためであるが、この義務が社会環境とあいまって、必要以上に保護者・養育者を追い込んでしまわないように留意していく必要がある。

○　地縁・血縁の希薄化など社会情勢の変化によって、子育てを取り巻く環境が大きく変わっている中で、子育ては悩むものであり、誰かに相談するのは恥ずかしいことではなく、こどものウェルビーイングのために、子育てを自分だけで背負わず、必要な親子関係の構築に向けた支援を受けたり、主体的に親が育っていくための学びの支援や応援を受けたりすることが当たり前であると、保護者・養育者が感じることのできる環境（社会）をつくっていく必要がある。

○　保護者・養育者がこどもの養育についての第一義的責任を持つ者であるからこそ、保護者・養育者のウェルビーイングと成長の支援・応援は不可欠であり、子育ての支援・応援を社会全体で保障していくことが、こどものウェルビーイングのために重要である。

○　なお、保護者・養育者の心身の状況や置かれた環境も多様であり、障害のあるこどもを養育している場合や、ひとり親、貧困家庭の場合など、特別な支援を要する子育て環境にある保護者・養育者については、特に留意する必要がある。保護者・養育者のウェルビーイングと成長の支援・応援についても、こどもの育ちへの切れ目ない伴走によって、学童期以降への見通しを安心して持つことができるような情報提供を含め、保護者・養育者の心身の状況、置かれている環境等に十分に配慮しつつ、ひとしく保障されることが重要である。

（全ての保護者・養育者が支援・応援とつながる重要性）

○　保護者・養育者支援のための制度やサービスは、必要としている人が必要なタイミングでつながることができなければ意味をなさない。また、制度やサービスの存在を知らない、支援・応援を受けることへの躊躇や偏見がある、自身の困り感を説明することが困難であるなど、支援・応援につながることを阻むハードルの存在を考慮する必要がある。全てのこどもが支援につながることができるよう、こども同士がつながる身近な場所の活用といった接点づくりの工夫等を行うことにより、量的な保障も含めて保護者・養育者を支え、これらの支援・応援を「こどもの誕生前」から切れ目なく保障することが重要である。

○　このような観点から、ライフイベントの多様性を尊重しつつ、保護者・養育者にならない人も含め、学童期、思春期、青年期の時から教育機関や地域において、こどもの育ちや子育てについて学んだり、乳幼児と関わったりする体験ができる機会を保障していくべきである。

（こどもとともに育つ保護者・養育者の成長の支援・応援）

○　こどもの育ちのためには、親も育っていくという視点から、子育てと家庭教育の双方の観点で、保護者・養育者自身が成長を支援されることも重要である。そのため、こどもと過ごす時間や触れ合う経験の確保については、保護者・養育者の労働環境の整備も含めた対応が必要である。また、保護者・養育者同士の育ち合いはもちろん、こどもの思いや願いを受け止めて必要な対応につなげるためにも、信頼できる情報や伴走者として、保健師やソーシャルワーカーをはじめとした母子保健やこども家庭福祉などの専門職による成長支援などが重要である。

○　まず、こどもを育てる中で、保護者・養育者自身もこどもとともに育っていくという視点が重要である。こどもを養育するために必要な脳や心の働きは、経験によって育つものであり、生物学的な性差がないとの研究報告もある。こどもと触れ合う経験から、保護者・養育者自身が学びを得て成長していく。こうした点で、「アタッチメント（愛着）」の形成は、こどものみならず、保護者・養育者にとっても重要である。そのため、性別にかかわらず、保護者・養育者がこどもと関わる経験を確保することがこどもの育ちに係る質の観点からも重要であり、ライフイベントの多様性を尊重しつつ、全ての人がこどもの頃から乳幼児と触れ合う経験をすることが大切である。

○　また、保護者・養育者同士のつながりは、保護者・養育者同士の育ち合いのためにも重要である。子育て支援や家庭教育支援の中では、このようなネットワーク形成が重視されることが望ましい。

○ さらに、体罰によらない子育てのために必要なこと、おとなからこどもへの避けたい関わり、こどもの主体性の発揮に向けて必要なことなど、家庭教育支援やこどもの権利の観点も含め、子育てに関して、わかりやすく信頼できる情報が保護者・養育者に届くことや、保護者・養育者がそういった情報に主体的にアクセスし、学べることが必要である。また、必要なのは情報だけでなく、専門性を持って保護者・養育者とともにこどもの育ちを見取り、見守り、こどもの理解を促すなど、単に支援を行うのみならず、保護者・養育者の成長に伴走する人の存在も重要である。

(5) こどもの育ちを支える環境や社会の厚みを増す

○ 幼児期までに限らず、本来、こどもの育ちに係る質には、保護者・養育者や、こどもに関わる専門職のみならず、全ての人がそれぞれの立場で、直接・間接あるいはその両方の形で影響している。養育の第一義的責任を有する保護者・養育者の役割は重要であるからこそ、こどもの育ちに関する家庭や地域などの社会の情勢変化も踏まえ、現代の社会構造に合った発想で、こどもの育ちを支える環境や社会の厚みを増していくことが必要である。

○ また、こどもが直接触れる人や空間という観点では、こどもは保護者・養育者や保育者のみならず、様々な人と関わり合い、家庭のみならず様々な空間で日々を過ごしており、これらの日々の生活はこどもにとって全て連続している。特に、幼児期までは、こども自身が自分の状況や思い・願いを言葉で伝えにくいこともあり、学童期以降のこども以上に、周囲のおとなが一人一人のこどもの思いや願いを受け取り、こどもの状況や思い・願いを共有し、生活の連続性に配慮して積極的に育ちを支えることが重要である。

○ そのためには、様々なこどもと直接接する人、こどもが過ごす空間（幼児教育・保育施設や子育て支援の施設のみならず、公園、図書館、科学館などの様々な体験施設や自然環境、デジタル空間も含む。以下同じ。）、地域の空間、社会全体の施策や文化に関わる全ての人がこどもの育ちの質に与える影響について、環境（社会）の広がりやつながりの観点から、わかりやすく「見える化」することが有効と考えられる。このため、本答申では、別紙1の「こどもまんなかチャート」を作成し、保護者・養育者、こどもと直接接する人、こどもの過ごす空間、地域の空間、施策や文化といった層ごとに整理した。

○ なお、地域において、「こどもまんなかチャート」の様々な立ち位置でこどもを支える人同士をつなぐ、コーディネーターの役割も必要である。

〈保護者・養育者〉

○ こどもを養育する立場にある「保護者・養育者」は、こどもに最も近い存在であり、こどもにとって「アタッチメント（愛着）」を形成する対象となることを通じ、こどもの育ちに極めて重要な役割を果たす。こどものウェルビーイング向上に必要な考え方を、保護者・養育者と共有しつつ、保護者・養育者が安心して、社会に応援されていると感じながら子育てを行うことができる状態でいられることが、こどもの育ちに係る質を左右する。また、保護者・養育者間の良好な関係性や、保護者・養育者自身が心身ともに健康的な状態を保持することも、こどもの育ちにとって大切な要素である。

○ このため、(4)のヴィジョンに基づき、こどもとともに育つ保護者・養育者のウェルビーイングと成長を支えることが重要である。

○ なお、妊娠期においては、この保護者・養育者自身が「こどもまんなかチャート」の真ん中に位置することとなる。

〈直接接する人〉

○ 保護者・養育者以外に、こどもと「直接接する人」もこどもの育ちに大きな影響を与える。「アタッチメント（愛着）」を形成することができる人は、必ずしも保護者・養育者に限らず、こどもの育ちと密に接する保育者なども含まれ、こどもにとって日常的に重要な役割を果たすことができる。

○ また、「アタッチメント（愛着）」の形成に限らず、こどもと直接接する人はこどもの育ちに様々な影響を与える。これらの人には、親族、保育者、医師（小児科医・産婦人科医等）、保健師、助産師、看護師等や、その他こどもに関わる専門職及び周囲のおとななどに加え、関わり合うこども同士も含まれる。

〈過ごす空間〉

○ 乳幼児は、環境や人との関わり、遊びを通して育つため、日常を「過ごす空間」も重要である。空間は、こどもと保護者・養育者や直接接するおとなが、「こどもの誕生前」を含め、安心できる落ち着いた環境でこどもの育ちに関わることを通じて、直接的・間接的にこどもの育ちに影響を与える重要な要素である。また、公園等の公共の空間では、こどもが思う存分遊びにくい状況となっている場合もある。公園等は、こどもの豊かな育ちや遊びの場として重要であることなどについて、こどもや子育てに優しい社会に向けた気運醸成を進めるために、社会全体の認識共有を図っていくことが必要である。

○　これらのこどもが過ごす空間を豊かなものにするためには、居住空間や園・施設の空間のみならず、これらの空間をつくる「こどもを見守る人」が重要であり、この「こどもを見守る人」には、幼児教育・保育施設や地域子育て支援の運営者、民生委員・児童委員などが含まれる。これらの人は、こどもと直接接する人の立場になり得るが、同時に「こどもを見守る人」として、こどもが安全に過ごす空間をつくり、こどもが置かれている状況を確認するとともに必要に応じて改善していく重要な役割を果たす。

〈地域の空間〉

○　こどもが暮らす「地域の空間」は、直接的に、また、保護者・養育者等を介して間接的に、こどもの育ちに影響を与える重要な要素である。この地域の空間の豊かさを確保する人としては、近所や商店の人、居住地域の地方公共団体の職員など、「地域社会を構成する人」が挙げられる。

○　これらの地域社会を構成する人との間においても、『育ちのヴィジョン』の内容を共有し、地域社会の未来を担うこどもの育ちを直接的・間接的に応援する社会をつくることが、こどもの育ちに係る質にとって重要であり、このことがこどもたちの社会への信頼感の形成にもつながる。その際、共生社会の実現に向け、どのような地域に生まれても、心身の状況や置かれている環境等にかかわらず、ともに生きていくことのできる地域の空間を保障していくことも、こどものウェルビーイング向上に欠かせない。

〈施策や文化〉

○　我が国の「施策や文化」は、保護者・養育者、こどもと直接接する人、こどもが過ごす空間、地域の空間の全てに影響を与え、間接的にこどもの育ちに影響を与える。この施策や文化をつくる主要な関係者としては、政策に携わる人、こどもの育ちに直接関わる企業の人、保護者・養育者などが働く企業の人、多様な情報を伝達したり、聴き取った人々の声を届けたりするメディアの人など、「社会全体の環境をつくる人」が挙げられる。これらの人は、保護者・養育者の働き方も含めたこどもの育ちに係る質を巡る社会の仕組みづくり、こどもに触れるおとなの過ごす環境づくり、こどもの育ちに係る適切な情報のわかりやすい発信などを通じて、人々の認識に影響を与え得る立場にあるため、これらの人との間でも『育ちのヴィジョン』を共有していくことがこどもの育ちにとって欠かせない。

○　特に、こども家庭庁を司令塔とする政府は、別紙2を踏まえ、自らも社会全体の環境をつくる重要な役割を担う者であり、『育ちのヴィジョン』の実現を強力に牽引することが求められる。

おわりに～実効性のある『育ちのヴィジョン』とするために～　［略］

別紙1～4　［略］

109 全国保育士会倫理綱領

（平成一五年二月二六日 社会福祉法人全国社会福祉協議会 全国保育協議会 全国保育士会）

平成一五年二月二六日
平成一四年度第二回全国保育士会委員総会採択

すべての子どもは、豊かな愛情のなかで心身ともに健やかに育てられ、自ら伸びていく無限の可能性を持っています。

私たちは、子どもが現在（いま）を幸せに生活し、未来（あす）を生きる力を育てる保育の仕事に誇りと責任をもって、自らの人間性と専門性の向上に努め、一人ひとりの子どもを心から尊重し、次のことを行います。

私たちは、子どもの育ちを支えます。
私たちは、保護者の子育てを支えます。
私たちは、子どもと子育てにやさしい社会をつくります。

（子どもの最善の利益の尊重）

1．私たちは、一人ひとりの子どもの最善の利益を第一に考え、保育を通してその福祉を積極的に増進するよう努めます。

（子どもの発達保障）

2．私たちは、養護と教育が一体となった保育を通して、一人ひとりの子どもが心身ともに健康、安全で情緒の安定した生活ができる環境を用意し、生きる喜びと力を育むことを基本として、その健やかな育ちを支えます。

（保護者との協力）

3．私たちは、子どもと保護者のおかれた状況や意向を受けとめ、保護者とより良い協力関係を築きながら、子どもの育ちや子育てを支えます。

（プライバシーの保護）

4．私たちは、一人ひとりのプライバシーを保護するため、保育を通して知り得た個人の情報や秘密を守ります。

（チームワークと自己評価）

5．私たちは、職場におけるチームワークや、関係する他の専門機関との連携を大切にします。

また、自らの行う保育について、常に子どもの視点に立って自己評価を行い、保育の質の向上を図ります。

（利用者の代弁）

6．私たちは、日々の保育や子育て支援の活動を通して子どものニーズを受けとめ、子どもの立場に立ってそれを代弁します。

また、子育てをしているすべての保護者のニーズを受けとめ、それを代弁していくことも重要な役割と考え、行動します。

（地域の子育て支援）

7．私たちは、地域の人々や関係機関とともに子育てを支援し、そのネットワークにより、地域で子どもを育てる環境づくりに努めます。

（専門職としての責務）

8．私たちは、研修や自己研鑽を通して、常に自らの人間性と専門性の向上に努め、専門職としての責務を果たします。

110 議論のとりまとめ――「中間的な論点の整理」における総論的事項に関する考察を中心に

（令和二年六月二六日 保育所等における保育の質の確保・向上に関する検討会）

［編集部注］本文中の注は省略した。

1．本検討会における議論の経過　［略］

2．調査研究等により得られた主な知見

(1)　諸外国における保育の質をめぐる動向

○　保育の質の確保・向上に向けて様々な取組が進められている諸外国（ニュージーランド、イングランド、アメリカ、スウェーデン、ドイツ、ノルウェー、韓国、シンガポール、台湾）を対象に、各国の状況の全容を把握するため、学識経験者による研究会を置き、保育に関する文化・社会的背景、制度・政策、指針・カリキュラム（目標・内容・方法の基本原則等を示すもの）、評価等について、文献・資料により現状及び背景・経緯を概観し、各々の取組の成果・課題の整理と考察を行った。

○　この結果、保育制度・政策や質の確保・向上に向けた取組のありようの全般に、子どもの福祉・教育に関する基本理念、保育施設の役割として重視されていること、行政による統一的な規制・管理と現場及び地域の多様性や裁量の関係についての考え方など、その国の保育に関する理念・価値観や社会全体の構造・趨勢が関わっていることが明らかとなった。各国の特色ある仕組みや取組を参考としながら、日本における保育の質の考え方等を議論していく上で、質を支える様々な要因を個々に見ていくだけでなけでなく、社会的な文脈・背景を踏まえ、全体として捉える視点を持つことの重要性が改めて示された。

○ 指針・カリキュラムに関しては、近年、乳幼児期の保育とその質に対する国際的な関心の高まりや社会の急速な変化に対応して、何を・どのように育んでいくのか、従来の内容を見直す必要に迫られ、模索する動きが各国で見られる。

○ こうした中で、現場の実情を踏まえた議論においては、特に三歳未満児の発達に即した保育のあり方（低年齢児期固有の特性に応じた内容や配慮、三歳以上児の保育との連続性など）や、子どもの多様性を包摂する枠組みを検討し、提示していくことが、多くの国で共通した課題となっていることが示唆された。

○ 一方、保育の評価に関しては、実施の体制・方法及び使用するツール（指標等）、評価の目的と結果の用い方（公表の仕方、結果に基づく規制・管理やインセンティブなど）、評価者の立場・権限等が、国によって多様であった。背景に、社会全体の状況や行政によるガバナンスのあり方の違いが存在する。

○ また、指針・カリキュラムと評価の内容がどの程度一貫・対応しているか、指針・カリキュラムにおいて何を目標として示し、またそれを基に何について評価を行うか（保育実践、子どもの発達や学びなど）といった点でも、国によによって異なる特色が見られた。指針・カリキュラムと評価のいずれについても、全体として、近年はある時点での状態や到達度よりもプロセスを重視する傾向がうかがわれた。

○ 各国の保育の評価をめぐる課題や動向を通じて、

① 各現場の現状や課題を把握して改善を図り一定の質を確保確保するとともに、それぞれの実態に即して創意工夫を活かした実践の豊かさを捉え、さらなる充実を促す評価の仕組み

② 評価に対する負担感や評価の形骸化を避け、現場の保育者にとって効力感や納得感の得られる評価の方法

③ 評価の妥当性や信頼性を確保するための評価者の立場・専門性と評価のプロセス

④ 保護者や自治体担当者、小学校教師など多様な関係者が保育実践と子どもの育ちを理解することに資する評価の内容・結果の提示や活用の仕方

といった観点から、評価のあり方を検討する必要性が示された。

○ これらのことを踏まえ、今後日本においても、指針・カリキュラムに示される保育の基本的な考え方がより広く浸透するとともに、それが現場において各々の実情に即して実践と着実に結びつくよう、保育の質の確保・向上に関わる評価等の取組とそれを支援する仕組みの構築・展開を検討していくことが重要とされた。またその際、特に必要と考えられる課題として、多様な関係者が参画し共に考える仕組みづくりや、現場と協働的な関係のもとで保育の質を継続的に捉え支えていく人材の育成・供給といったことが挙げられた。

諸外国の取組等を踏まえた保育の質をめぐる状況（イメージ）　［略］

(2) 日本における保育所保育の歩み及び子どもとその育ちの捉え方

○ 日本の保育所保育の特色に関して、その背景や拠りどころとなっていることを、時代による変遷・経緯も含めて探ることを目的に、学識経験者による研究グループを編成し、保育・児童福祉・幼児教育・発達心理学等の領域を専門とする学識経験者と保育実践経験者からヒアリングを行い、保育の制度や実践に関わる理念・思想とその歴史的経緯、乳幼児期の発達や学習、保育の実践の質向上に向けた現場の取組や保育者の意識等に関する知見を得た。これらの内容は語り手の主観的な視点を切り離すことができないものである点を考慮した上で、研究グループによる検討を加え、保育所保育の基本的な考え方の基盤と背景、保育所保育の営みが持つ特徴、保育実践に携わる立場から捉えた保育という三つの観点から整理・再構成を行った。

（保育所保育の基本的な考え方の基盤と背景）

○ 保育所においては、児童福祉施設としての理念と使命のもと、乳幼児期の子どもが日々生活する場として、その心身の健全な発達を図る目的から、発達研究の理論・知見や幼児教育の考え方も踏まえ保育が行われている。これら保育所保育と深い結びつきをもつ児童福祉、発達研究、幼児教育の各領域における子どもとその育ちの捉え方には、時代とともに新たな視点が加わったり転換が図られたりしてきた。

○ 児童福祉の観点では、今日、子どもは単に大人によって保護されるべき対象としてではなく権利の主体として捉えられている。一九九四（平成六）年に批准された児童の権利に関する条約の精神に則り、我が国における児童福祉の理念

として、全ての子どもは適切な養育を受けることや健やかな育ちと自立が図られること等を等しく保障される権利を有する存在とされ、その福祉については子どもの最善の利益を優先して考慮し、保護者と共に社会全体で支えていくことが求められている。

○ また近年、人の発達について遺伝的影響など生物学的・医学的基盤に関する科学的な解明が進む一方で、発達を捉える理論的な枠組みにおいては、個人の能力の発現や変化にのみ着目するのではなく、個人の生得的要因とその人を取り巻く対人的・物理的・社会文化的環境とが相互的・複層的に様々な影響を及ぼし合う中で成り立つものとして見ることに重点が置かれている。発達の道筋についても、膨大な要因が複雑に影響し合い変容が生じる過程の全体に目を向けることで、ある程度の範囲では方向性や順序性を共有しつつも、人それぞれに相当な多様性があるものとして捉えられるようになっている。

○ さらに、発達研究の進展により、乳幼児期の発達において身近な他者との愛着関係が極めて重要であること、社会情動的な側面や認知的な側面など発達の各側面が密接に関係しており、特に子どもは人との日常的な関わりや遊びの中で学ぶことが非常に多いという特徴があることなどに関して、実証的な知見が蓄積されてきた。

○ こうした乳幼児期の発達の特性とその後の学びや生活へのつながりを踏まえ、保育において子どもの発達をどのように支え促していくかということについては、幼児教育のあり方をめぐる議論と重なるところが大きい。我が国における幼児教育の文脈では、子どもの自発性を尊重することと保育者の教育的な意図を実現することとの関係を一つの主軸としてとして議論が重ねられてきた。「環境を通して行う」ことなど幼児期の教育が持つ特色に関して、現場の中でも、また家庭や社会、小学校に対しても、どのように理解を共有し具体的な実践や小学校教育との接続等を考えていけばよいのか、様々な検討や取組が行われてきた経緯がある。

○ これらの理念・思想や研究の進展を踏まえた子どもとその育ちを捉える視点は、保育所保育指針の策定及び各改訂（定）時に記載内容へ反映されてきた。同時に、保育指針の変遷からは、時代とともに社会全体と家庭の生活の中で生じる様々な課題やニーズに応じて、保育所に求められる役割や機能が拡大・変容してきたことも読み取ることができる。保育所保育指針の策定及び改訂（定）の経緯を通して、保育所保育が社会や家庭との関係の中で常にそのありようを問われ続けているものであることが改めて示された。

（保育所保育の営みの持つ特徴）

○ 子どもを中心に置き、現場における保育実践の中で生じる様々な相互作用、保育所と家庭・地域・社会の関わり、さらにこれらの時間的経過を俯瞰的に捉えた上で、保育所保育の営みが持つ特徴や課題とされること等に関する議論の内容を検討した結果、「総合性・一体性」「個別性・応答性」「連続性」の三つの視点を切り口として、以下のように整理された。

○ 総合性／一体性：保育所保育においては、乳幼児期の子どもとその発達の特性に基づき、子どもへの援助や保育の環境、子どもの経験、育みたい資質・能力などを、いずれも実践場面では様々な要素が分かちがたく結びついて成り立つものとして捉え、保育が行われている。特に「養護と教育の一体性」は、保育所保育の特性として、保育所の制度的な位置づけに関する議論とも連動する形で早くから議論が重ねられ、今日多くの保育関係者に自明のこととして受け止められている。一方で、こうした総合性・一体性に基づく保育の具体的な実践に関しては、それをどのように意識化・言語化するかということとあわせて模索が続くとともに、現場によっては未だ理解の不足や混乱が見られる場合もあるなど、現状においても課題があることが指摘された。

○ 個別性／応答性：保育の現場では、一人一人の意思や人格を尊重するという根幹的な理念が、実際の子どもとの関わり合いを通じて保育者自身の子どもや保育に対する思いにもつながっている。また、発達の個人差が特に大きい乳幼児期に、多様な子どもが集団で日々生活を共にし、育ち合う場として、保育者には個に応じた関わりや配慮が求められる。その上で、保育者が子どもの理解に基づく見通しや意図を持ちながら、子どもの体験が主体的・自発的なものとなるよう、応答的に保育が展開されていくことが重視される。現場の実践において、保育は保育者と子どもが共につくっていくものであるという理解を広く共有していくことの重要性が改めて示された。

○ 連続性：保育所保育と子どもの育ちを、一日の生活や日々の経験、生涯にわたる発達、時代など様々な時間軸における連続性や、家庭と保育所・地域・社会といった子どもの暮らしとそれを取りまく場全体の面的なつながりの中に位置づけて捉えることにより、現代における保育所保育の多層的な意義や重要性とともに、環境が大きく変わる移行期の保育や家庭との連携及び子育て支援など、今後さらに検討が必要になると考えられる課題が示唆された。子どもとともに保育所も様々な関係の網の目の中にあり、社会全体で急速かつ大きな変容が進む中で、常に理念に立ち戻りつつも、現状と実態に即して保育所保育の実践のありようを考えていくことの必要性が指摘された。

保育所保育の質を捉えるイメージ図〔略〕

（保育実践に携わる者としての保育観）

○　保育実践や保育所の運営に携わってきた立場の方々によって語られた内容を統合・整理した結果として、保育者の保育所保育や保育の仕事に携わるということに対する思い・考えと、それらの形成や変化に大きく関わり保育者としての成長を支える同僚・施設長との関係性や職場環境の重要性が示された。それぞれの語り手固有の経験に基づく内容であるため、必ずしも保育者の意識や経験に関する全容の把捉や一般化ができるものではないが、多くの経験を重ねてきた保育者たちによる語り全体を通して、保育所保育のありようを捉える上で、個々の保育者にとっての実体験が持つ意味を考慮することの意義が提示された。

○　保育者は、子どもとの出会いや、職場の同僚や保護者との関わりの中で、子どもを一人の人間として尊重することの大切さや保育の面白さを実感し、保育という仕事に自身の生きがいや役割、社会的な使命や価値を見出していく。一方でその過程では、「『母性』が求められる職業」、「ただ子守をするだけ」「子どもと『遊んで』いるだけ」といった、保育所保育への社会的な理解や認識の不足、保育の仕事への低い評価に対する葛藤や、自身の保育者としての力量に関する自信の喪失、人間関係やライフステージの変化に際しての家庭生活との両立など一人の人間としての悩み等、様々な困難にも直面する。多くの場合、それらを乗り越える上で特に大きな支えとなった存在として、職場の上司や先輩・同僚が挙げられた。

○　周囲の人との出会いや関わりに支えられて保育の仕事を続ける上での困難を乗り越える体験は、保育者としての成長やアイデンティティの形成につながる一つの転機ともなっていた。また、こうした体験を経てキャリアを重ね自身の専門性を高めようとしていく中で、保育所保育の社会的な発信や保育者の地位向上といったことも意識されるようになり、園全体や地域、さらにより広い範囲で保育の質の向上を進める主導的な立場を担うようになる姿も見られた。

○　保育所保育において、職員の間に互いに支え高め合う関係性が築かれることが、保育者の成長と園全体の保育の質の向上に大きく関わることが改めて明らかとなった。さらに、こうした職場環境の醸成に向けて、職員間の対話や働き方のマネジメント、園内研修や園外における学びの機会が求められており、その実現には特に施設長の果たす役割が大きいことが指摘された。一方で、様々な職員がいる中で施設長が自身の思いや考えを伝え職員全体と方向性を共有し、組織をつくりあげていくことの難しさや、研修機会の確保の厳しさ等の課題も挙げられた。

○　一連の成果のまとめとして、今後、保育所保育のあり方とその質について考えていく上で、保育に関わる理念や研究から理論的に導かれる知見と、実践における保育者の体験や実感の両面を照らし合わせながら検討することが極めて重要であることが提言された。

3．本論

(1)　我が国の文化・社会的背景の下での保育所保育の特色

（児童福祉施設としての理念と乳幼児期の特性を踏まえて行う保育所保育）

○　保育所は、生涯にわたる人間形成にとって極めて重要な乳幼児期の子どもの福祉を積極的に増進することに最もふさわしい生活の場であることが求められる児童福祉施設である。これを踏まえ保育所保育は、入所する子どもの最善の利益を考慮し、子どもが現在を最も良く生き、望ましい未来をつくり出す力の基礎を培うために、養護及び教育を一体的に行うことを特性としている。保育士等には、保育所における日々の生活や遊びの中で子どもが安心感と信頼感を持って活動できるよう、一人一人の思いや願いを受け止めるとともに、子どもの主体的な活動を重視し、計画的に環境を構成することや応答的に関わることが求められている。

○　保育における「遊び」の重要性：「遊び」の目的は、遊ぶこと自体にある。このことを前提とした上で、乳幼児期の子どもが自ら心のままに思う存分周囲の人や事物との多様な関わり合いを楽しむことには、心身の健全な発達に重要な体験が非常に多く含まれていることから、保育所保育において遊びは重要な学びとして捉えられる。子どもは、信頼する身近な大人の存在に支えられて、自分を取り巻く環境に興味や関心を抱き、自分でしてみたいという思いを強める。そして、心身全体を働かせて環境と関わり合い充実感を味わうことを通じて、自分の世界を広げ、様々な力を身につけていく。とりわけ、他の子どもに興味や親しみを感じ、一緒に遊ぶようになり、さらにその遊びが発展していく過程では、子ども同士が相互に影響を及ぼし合い、心身の様々な面で育ち合う姿が見られる。このため、保育所保育における子どもの発達の援助に当たっては、遊びを中心に子どもの活動が豊かな広がりと深まりを持って展開されることが重視される。

○ 個に応じた保育の必要性：乳幼児期は特に発達が著しく、また、個人差も大きいことを踏まえ、保育に当たっては、平均的な、あるいは一律の発達の姿を前提とした対応ではなく、一人一人の個性や発達の過程を尊重した関わりや配慮が必要となる。保育所における集団生活の中で、それぞれの子どもが自分を肯定する気持ちを十分に育むことができるよう、個々の子どもの理解に基づく保育を行うことが重要である。

○ 同年代の子どもたちが日々共に過ごすことの意義：保育所は、同年代の子どもたちが共に生活時間の大半を過ごす場であり、多くの家庭や地域で子ども同士が日常的に関わり合う機会が減少している今日、保育所において子どもたちが集団で様々な経験を共にすることの意義は大きい。保育士等には、集団全体の状況を捉え、全ての子どもにとって安全で安心して過ごせる環境をつくり出すとともに、子どもが他の子どもの存在や自分との違い、共にいることの楽しさなどに気がつき、仲間としての意識や友達関係が育まれていくよう、子ども同士のやりとりや活動の展開を促す関わりや配慮を行うことが求められる。

（保育所保育指針に基づく保育実践）

○ 保育の現場においては、保育所保育の理念や理論的背景と、それらに基づき保育所保育指針に示されている保育の目標及び内容・方法等の基本原則を、保育士等が十分に理解し、実践に移していくことが重要である。保育所保育指針の内容を踏まえた保育の実践に際しては、その時々の社会の状況や子どもや家庭、地域の実態等に即して、各現場において創意工夫を図ることが求められる。

○ 保育の実践に当たり、保育士等が子どもに対する共感的・受容的な関わりを特に大切にしていることは、今後も継承すべき日本の保育の特徴と捉えられる。その上で、幼児教育を行う施設として、保育所保育における遊びの意味とその重要性について、現場の保育士等をはじめ関係者の間で改めて認識を共有することが求められる。遊びは本来自発的なものであり、子どもが自らの意思で決めたり選び取ったりする経験を通して、自身が行為の主体であるという感覚を育んでいくことは、今後の実践のあり方を考える上で重視すべき視点の一つと考えられる。

（保育所保育の特色を踏まえて留意すべき事項）

○ 保育の過程や子どもの育ちの言語化・可視化：保育所保育は、乳幼児期の発達の特性に即して、子どもの主体性を尊重し、環境を通して行うことなどを特徴としている。保育士等は、一人一人の子どもの理解や育ちの見通しに基づいて、様々な意図や配慮をもって環境を構成し子どもに関わっているが、こうした過程やそこでの保育の目標・ねらいを、他者にも理解できるよう伝えるため言語化・可視化することが求められる。保育所における生活の全体に子どもの育ちの多様な側面に関わる内容が含まれ、また様々な文脈が幾重にも連なりつつ一体的に展開されていくという保育の営みが持つ特徴を踏まえて、その場面の状況とともに様々な時間軸や関係の中で保育の過程や子どもの姿を捉え、これらを現場の内外で広く共有していくための視点や方法が必要である。

○ 関係者間での理解の共有：保育所保育は、保育所内のみでなく、現場を取り巻く多層的な人間関係の広がりのもとで成り立ち、営まれている。保育実践の質の確保・向上に当たっては、現場の職員間の連携とともに、現場、保育所の運営主体（法人の運営本部等）、家庭、地域の関係機関等、様々な組織や立場の関係者の間で連携が必要となる。現状では、保育所保育指針に示されている一人一人の子どもの人格を尊重した関わりや保育所における幼児教育の目標・内容・方法などが、関係者に十分に理解されていない場合もあることや、具体的な実践に反映されていない状況が一部の現場で見受けられることなどが、課題として指摘されている。保育の実践に直接携わる現場の保育士等に限らず、全ての保育関係者の間で、保育所保育の特色と基本的な考え方に関しての理解を共有することが求められる。

（保育所保育の特色を踏まえた人材の育成及びマネジメント）

○ 保育の理念や基本的な考え方を実践に反映するために、保育士等には各々の現場の実態に即した創意工夫やその時々の子どもの状態に応じた判断・対応が必要となる。そうした実践の中で発揮される専門性の習得や向上には、実際の保育の経験とそれを踏まえて学ぶ機会、さらに学びを支える環境や人材が重要である。

○　また、保育所保育は食事・排泄・休息等の基本的な生活習慣に関わる場面を含めて日々長時間にわたり行われること等を踏まえ、保育士をはじめ様々な職員の専門性を活かした連携・協働とその適切なマネジメントが特に必要となる。

○　保育所の職員集団のマネジメントに関しては、保育実践の質において保育所保育に関わる様々な人と人との関係性が非常に重要な要素であることを踏まえ、職員間で互いの良さに着目し、認め合う関係が築かれることが求められる。子どもが一人の人間として尊重される保育の実現には、一人一人の保育士等もまた行為の主体として尊重されることが必要であるという認識が、保育所の内外でより共有されるべきと考えられる。

(2)　乳幼児期の子どもとその保育に関する基本的な考え方に関連して今後検討すべき事項

（子どもの生活と発達の連続性を踏まえた保育）

○　保育所保育指針には、保育所保育において育みたい資質・能力として、「知識及び技能の基礎」「思考力、判断力、表現力等の基礎」「学びに向かう力、人間性等」が掲げられ、これらを保育活動全体によって一体的に育むことが求められている。保育所保育は〇歳から六歳という長期にわたり、また一日の保育時間が長時間に及ぶことを踏まえて、子どもの生活と発達の連続性を念頭に置きながら、保育所における日々の生活や遊びのさらなる充実を図っていく必要がある。こうした視点のもとで、特に「三歳未満児の保育」及び「移行期の保育と接続」に関しては、近年の研究等による様々な知見を参照しながら、現状に即して改めて具体的な実践のあり方を検討することが重要と考えられる。

○　三歳未満児の保育・低年齢児の保育所等利用率は増加傾向が続いており、保育所保育指針には、乳児及び一歳以上三歳未満児の保育について、各時期の特徴を踏まえたねらい及び内容が示されている。これを踏まえた上で、保育の環境や集団の構成、生活の流れ、子どもに対する関わり、保育士等の連携体制、家庭との連携及び保護者支援等に関して、どのような配慮や工夫が考えられるか、保育の現場での実践に資する具体的な検討が求められる。保健的対応や生理的欲求の充足を前提としつつ、特に集団生活における保育士等との愛着関係の形成、同年代の他の子どもと共に過ごす中での育ち、一人一人の子どもにとっての遊びの充実といった観点から、この時期の保育における教育的な側面を改めて捉え直すことが重要と考えられる。

○　移行期の保育と接続・保育所入所の時期、三歳未満児クラスから三歳以上児クラスに替わる時期、小学校就学の時期など、子どもにとって特に周囲の環境や一日の生活の流れの大きな変化を経験する時期の保育においては、一人一人の健康や情緒の安定に配慮し、新しい環境へ馴染んでいくことを支えることが必要となる。保育の記録や計画を含め、こうした移行期に着目した保育の実践のあり方に関する検討が求められる。また、移行期においては、それまでに育まれてきた資質・能力が次の時期の育ちへとつながるよう、保護者を含めた関係者間で互いの状況が見える関係性を形成し、個々の子どもの姿や育ちに関する理解の共有と連携が図られることが特に重要である。なお、幼児教育と小学校教育の接続に関しては、保育所と小学校が連携・交流を通じてそれぞれの目標や内容・方法、子どもの捉え方等について互いに理解を深めるとともに、こうした取組を幼稚園や認定こども園等も含めた地域の幼児教育施設全体で進めていくことができるよう、自治体の保育担当部局と積極的に連携を図ることが求められる。

（多様な子どもの育ちを支える保育）

○　保育所保育においては、全ての子どもについて、一人一人の多様性を認め、それぞれの価値や意思を互いに尊重する心を育てることが求められる。子どもたちが自分を大切にし、社会の中で他者と共に生きていく力を培うため、どの子どもも安心して自己を発揮することができるよう保育を行うことを基本とした上で、特別な配慮や支援を必要とする子ども及び家庭に関して、保育所における具体的な対応のあり方を検討する必要がある。その際、配慮や支援の観点を定めたり示したりすることが、かえって対象を属性やニーズ、背景等によって一括りに捉えたり先入観を抱いたりすることにつながることのないよう、十分に留意することが重要である。

○　特別な配慮を必要とする子どもの保育・障害のある子どもや外国につながる子どもなど、特別な配慮を必要とする子どもの保育については、子どもの実態から今の育ちや心身の状態を捉えた上で、その子どもにどのような支援が必要となるか考えていくことが求められる。在籍期間の前後や集団の中での他の子どもとの関わり合いも含め、保育士等による関わりや環境面での工夫、職員間及び家庭との連携等について、様々な知見や事例等を多面的に収集し、それらを基に個々の子どもに応じた支援を講じていくための観点や手立てを地域や現場で共有することが重要である。また、関係機関との情報共有や連携、行政による支援に関しては、より一層効果的な取組を進めていくことが求められる。

○　保護者に対する子育て支援・家庭における生活の多様化が進む中、子育てに関して保護者の置かれている状況やニーズもそれぞれに異なり、保育所の特性を生かした子育て支援のあり方に関して、各々の状況や現場の実情に即した具体的な方法等の検討が求められる。保育士等と保護者が日々のやりとりを通じて子どもの姿や保育について理解や情報を共有することは、保護者が安心感を得ることにつながるとともに、保育士等が子どもについて理解を深め、保育の質の向上を図っていくことにも資する。こうしたことを踏まえた上で、特に個別の支援が必要な家庭に関しては、複合的な困難を抱えている可能性にも留意しながら、早期に状況を把握し、保育所内及び地域の関係機関との連携を図ることが重要である。あわせて、現代の家族とそれを取り巻く社会状況の理解等を含め、子育て支援に関する保育士等の専門性とその向上のあり方についても検討を進めることが必要である。

(3)　保育実践の質の確保・向上に向けた取組のあり方

（保育所保育指針の理解を共通の基盤とした取組の推進）

○　保育内容等の評価や研修など保育の質の確保・向上に向けた取組が、より現場における実践の改善・充実に実効性のあるものとなるために、保育士等をはじめ様々な関係者が保育所保育指針の内容について理解を深め、これを共通の基盤としながら、常に「子どもにとってどうか」という視点から各々の取組のあり方が検討され、一貫性あるものとして実施されることが重要である。

○　日々の保育の振り返りや対話、記録は、様々な取組の土台となるものであり、各現場においてこれらの充実を図ることが求められる。同時に、行政による監査の際にも、画一的な指導により現場の創意工夫が妨げられることのないよう、監査を行う側と受ける側の双方で子どもを中心とした視点と保育所保育指針についての理解を共有した上で、その保育所における保育の過程の全体像を捉える視点を持つことが望まれる。

○　また、保育実践の質を捉える上では、子どもの健康・安全の管理に関することや、一人一人の人権・人格の尊重に関わることなど、一定の指標や基準に照らして適切に行われているか確認することが可能な側面と、実際の保育と子どもの姿から様々な意味や可能性を見出し、今後の援助のあり方を探っていくことが求められる側面がある。全ての現場において保障されるべき質の確保と、多様な実態に応じた各々の現場や保育士等による創意工夫に資することの両面を踏まえて、各取組の具体的な実施方法等を検討する必要がある。

（組織及び地域全体での取組の実施）

○　保育実践の質の確保・向上に向けた取組については、各現場において、組織全体で進めていくことが求められる。その際、こうした取組に保育士等一人一人が主体的・継続的に参画することが重要である。そのための職場の環境づくりに当たっては、施設長や主任保育士など、現場のリーダーとなる職員の果たす役割が特に大きい。

○　一方で、保育所を取りまく地域の状況や保育所の運営主体となる法人等とそのもとでの施設の規模・組織体制は多様であり、特に近年は新規に保育所の運営に携わる運営主体や新設された保育所が増加していることなどもあり、保育所保育指針に基づく実践の質の確保・向上に向けた意識や取組の実施状況には、現場によって差が見られる現状がある。運営主体の経営者や法人本部等の職員、現場の施設長をはじめとするリーダー層の職員、保育士等の間で保育所保育指針に基づく保育実践について理解や認識の違いがあり、そのために現場が自律的に保育の質の確保・向上に取り組んでいくことが困難となる場合もある。保育の現場だけでなく保育所の運営主体を含め、組織全体で取組を進めていくことができるよう、共通理解を図っていくことが重要である。

○　また、現場における職員組織のマネジメントや人材育成に関して、施設長などのリーダー層が迷いや困難を感じ、孤独感や不安感を抱いている場合もある。地域において、現場間で相互に支え合う関係を持つことができるよう、同じ立場同士での情報交換や研修等の機会を充実させていくことも重要と考えられる。

○　こうしたことを踏まえ、今後より各自治体や団体等による地域全体での取組の推進と現場への支援体制の充実を図っていくことが求められる。同時に、施設の種別や運営主体の別を超えて、地域において保育所保育指針等に関する共通理解を図り、各々の実情に即した具体的な実践やマネジメントのあり方を学び合うことのできる互恵的なネットワークを構築していくことが重要である。

○ その上で、地域において、現場、自治体の保育部局、保育関係団体、保育士養成施設等が協同し、様々な取組を連関させながら推進していくことは、個々の取組の実効性を高めていくことにつながると考えられる。自己評価ガイドラインの見直しに際しての試行検証を一例として、自治体が現場や地域の関係者と連携しながら、外部研修等による協同的な学びと各現場の実践とがより密接に結びついたものとなるような仕組みを構築していくことが求められる。また その際、自治体の保育担当部局と幼児教育担当部局の間においても連携が図られることが重要と考えられる。各地でこうした協同的な取組が実施され、さらにそれぞれの地域における成果が地域間で互いに共有されることを通じて、広域的に展開していくことが期待される。

（多様な視点を得るための「開かれた」取組の実施）

○ 各現場の課題に関しては、第三者評価等により外部からの指摘があって気がつく場合もあるが、公開保育等により他の現場の実践や取組に直接触れることで、自分たちで気がつき改善へとつなげていくこともある。また、自分たちの保育を他の保育所の保育士等にも開いて語り合うことを通して、課題だけでなく良さも含めて新たな気づきを得ることもある。現場間で互いに保育を見合い、対話する機会を持つことは、保育の質の確保・向上に向けて各現場が自律的に取組を進めていく上で有効と考えられる。

○ 各現場における様々な取組の方向性をより確かなものにし、保育士等による子どもの理解や保育実践の改善・充実に向けた検討を深めたり広げたりしていく上で、保護者、地域住民、学識経験者、保育実践経験者、地域の専門機関等の関係者といった多様な立場からの視点を得ることも有用である。その際、子どもにとってどうかという視点を中心に置き、多様な文脈の中での保育の過程を共に見ていくことが重要である。様々な関係者とともに保育を多角的・多面的に捉え、継続的に保育について対話を重ねていく機会をつくっていくことが求められる。

（実践の質の向上を支える地域の人材の確保・育成）

○ 各現場において保育実践の質の確保・向上に向けた取組を進めていくに当たって、現場を外部から支援する人材が地域の資源として存在することは非常に重要である。こうした支援の担い手として、現場での豊かな実践の経験を有する保育士等や保育士養成施設の教員等が考えられる。現状では、既にこのような支援者を配置している地域もある一方で、担い手となりうる人材を探すことが難しい地域もあるなど、地域によって差が見られる。今後、各地域において現場の様々な取組の実施やそのための職場の環境づくりを支える人材の確保・育成を進めていく必要がある。

○ こうした外部からの現場への支援に際しては、支援者側の保育観や経験のみに基づいて課題を指摘したり改善を指示したりするのではなく、その現場の保育士等及び組織全体の自らの保育に関する気づきや理解を引き出すような働きかけがなされることが重要である。それぞれの現場の実情や保育の流れなどを理解した上で、その保育所あるいは保育士等にとって何が必要かという視点から共に考えるという支持的・協同的な姿勢をもって支援が行われることが、現場において恒常的に自分たちの保育を振り返り、改善や充実を図っていこうとする意欲や意識が定着することにつながると考えられる。

○ 支援者の役割としては、個々の保育士等と継続的に関わりながら専門職としての成長を支えていくことや、地域内で公開保育等の取組の企画運営や調整を行うことなども考えられる。各地域の実情に即して地域全体としての取組の中核的な役割を担う人材を活用していく仕組みづくりが求められる。

（地域の取組と全国的な取組の連動）

○ 現場や子どもの実情と保育の基本的な考え方がより密接に結びつき、現場の保育士等をはじめ多くの関係者に広く共有されていくために、各現場が参画する地域的な取組と全国的な取組とが連動しながら展開されていくことが重要である。現場の保育士等と地域の研究者や学識経験者等が協同的に保育の質の確保・向上に関わる取組を実施したり、実践について検討したりする機会を持つとともに、そうした各地の事例や意見等を基にした全国的な協議が行われることが求められる。

○ 自己評価ガイドラインの見直しに際しての試行検証を一例に、国や自治体による指針やガイドライン等に関する周知や理解の共有と、現場や地域における実態の把握や実践的な取組等の成果の集約・共有が、継続的・循環的に行われる仕組みの構築が重要と考えられる。

4．まとめと今後の展望

(1) 本検討会における保育の質に関する考察

（保育の質の基本的な考え方）

○ 本検討会における一連の議論を踏まえて、保育所等における保育の質は、子どもの経験の豊かさと、それを支える保育士等による保育の実践や人的・物的環境からその国の文化・社会的背景、歴史的経緯に至るまで、多層的で多様な要素により成り立つものであり、以下の点を念頭に置いて捉えることが重要と考えられる。

・常に「子どもにとってどうか」という視点を中心とすること
・一定の基準や指標に照らして現状を確認し、必要な改善を図り、全ての現場において保障されるべき質と、実際の子どもの姿や保育実践の過程について対話を重ねながら意味や可能性を問い、追求していく質の両面があること
・「その時、その場」の状況とともに、日・月・年など様々な時間の流れや現場の内外における多様な関係の中で捉えること
・現場、運営主体、地域、国の保育の質に関わる様々な仕組み・取組のありようを、個々に見るだけでなく、相互の関連などを含めて全体的に見ること

（保育の質の確保・向上に関わる取組の方向性）

○ 保育の質の確保・向上に向けた取組がより実効性のあるものとなるためには、保育士等をはじめ多様な立場の関係者が、保育所保育指針を共通の基盤として、多面的・多角的に保育の現状を捉え、主体的・継続的・協同的に改善・充実を図っていくことが重要である。こうしたことを踏まえて、今後、以下の取組の推進が求められる。

(2) 今後の展望

（保育所保育に関する社会的な周知・啓発）

○ 保護者や運営主体の経営者及び本部の職員等をはじめ、広く保育所保育に関する理解を促進するため、周知・啓発を進める必要がある。その際、保育所保育指針に示される保育の基本的な考え方やその前提となる子どもや発達の捉え方などについて、保育の実践に日頃触れる機会のない人にもわかりやすく伝わるよう、周知の方法や内容に留意することが重要である。

（保育内容等の評価の充実と様々な取組の全体像の明確化）

○ 保育の質の確保・向上に当たって、保育内容等の評価が各現場において着実に実施され、またその取組が充実したものとなることが求められる。一方で、評価の実施への負担感や「評価」という語自体に対する否定的な印象から、現場によっては取組が形骸化している例が見受けられるといった指摘もある。「保育所における自己評価ガイドライン（二〇二〇年改訂版）」の周知等を通じ、保育内容等の評価の本来的な目的・趣旨を継続的に発信していくことが重要である。

○ 保育内容等の評価は、その取組の過程において、保育士等が子どもの育ちや自らの保育の実践について、その場では気がつかなかった様々な意味や可能性を見出していくことにも大きな意義がある。その際、自己評価への関係者の関与や第三者評価、外部研修、公開保育等を通じて、園内外の多様な立場からの視点も取り入れ、多面的な検討を行うことが、評価の妥当性・信頼性を高めるとともに、子どもや保育についてのより深い省察や理解へとつながる。また、日や週、月、期・年単位など、多層的な時間軸での評価が、相互につながりを持って行われることも重要である。

○ こうしたことを踏まえ、各現場において、評価や研修等の実施や参加に際し取組相互の関連性がより意識されるよう、様々な取組やその成果物等に通底する考え方を明確にした上で、これらの全体像と一つ一つの取組の位置づけを整理・可視化して発信することが有用と考えられる。それぞれの取組が保育の質の確保・向上に向けた全体的な流れの中に位置づけられた上で展開されることで、個々の機会や保育士等個人の気づきや学びが、組織全体のものとしてより有機的につながっていくと考えられる。

（地域における保育・幼児教育関係者のネットワーク構築）

○ 現場によって保育の質の確保・向上に関する意識や取組状況が異なる中で、各現場がそれぞれの実態に即して自律的に取り組んでいくことに資するよう、地域において様々な現場の保育・幼児教育関係者が互いに情報を共有したり学び合ったりすることを支えるネットワークの構築が求められる。また、各地域において、こうしたネットワークづくりとともに、評価や研修等への保育士等の主体的な参画や各現場における効果的な園内研修・公開保育等の実施の支援を担う人材の育成・配置を進めていくことが重要である。

（実践の質の向上を支える施策の実施と情報共有・意見交換の場づくり）

○ 行政の役割として、現場におけるよりよい保

育に向けた実践や取組を支える施策を推進することが求められる。特に研修時間やノンコンタクトタイムに関しては、その確保が難しい現場も少なくないのが現状である。キャリアアップ研修をはじめ、各現場における場における全ての保育士等の資質・専門性の向上を図っていくための施策が講じられることが重要である。

○ 3(2)において今後検討を深めるべき事項として挙げられた「三歳未満児の保育」「移行期の保育と接続」「特別な配慮を必要とする子どもの保育」「保護者に対する子育て支援」のほか、集団生活の中での子どもの健康・安全の管理と人との関わりを中心とした豊かな体験の保障、保育や職員の研修及び業務負担軽減等におけるＩＣＴやデジタルメディアの活用など、保育の実践及び現場の運営に関して、今日多くの現場で模索されている課題がある。

○ これらに関して、本検討会の議論を踏まえ引き続き様々な場において議論を深めていくことが求められる。その際、調査研究と実践を連動させながら、関係者間で継続的に理解の共有・促進を図っていくことが重要である。また、こうした課題について、全体的な現状・動向と先駆的な事例等を把握し、広く共有できるようにすることは、現場が各々の実態に即した方策等を検討する上で有用と考えられる。

○ こうしたことを踏まえ、今後、国や自治体において、保育所保育指針に基づく保育の実践等に関する共通理解を図るとともに、各現場の実践や取組等の例を基に関係者間で情報共有や意見交換を行う場・機会をつくっていくことが求められる。

111 保育所における自己評価ガイドライン（二〇二〇年改訂版）

（平成二一年三月 厚生労働省）
改訂 令和二年三月

はじめに ［略］

1．保育内容等の評価の基本的な考え方

(1) 保育所保育指針に基づく保育内容等の評価

○ 本ガイドラインでは、保育所保育指針に基づき、保育所の日常的な保育の過程に位置づけられる「保育内容等の評価」について、基本的な考え方と実施方法等を示します。

目的（何のために評価を行うのか）…保育の質の確保・向上

主体（誰が評価を行うか）…保育士等（個人）または保育所（組織）＝「保育士等の自己評価」「保育所の自己評価」

対象（何を評価するか）…自らの保育の内容及びそれに関連する保育の実施運営の状況

用途（結果を何に用いるのか）…全体的な計画、指導計画、研修計画等の作成や見直しとそれらに基づく保育の改善・充実に向けた取組の実施

（本ガイドラインにおける「評価」）

○ 本ガイドラインは、保育所保育指針に基づき、「子どもが現在を最も良く生き、望ましい未来をつくり出す力の基礎を培う」という保育の目標の下、保育の質の確保・向上を図っていくことを目的として、保育士等（個人）及び保育所（組織）が自らの保育内容等について行う評価の取組に資するよう、その基本的な考え方と実施方法等を示すものです。

○ 保育所保育指針において、各保育所は、保育の全体像を包括的に示すものとして全体的な計画を作成し、これに基づく指導計画等を通じて保育を行うこととされています。本ガイドラインに示す「保育内容等の評価」では、まずこれら保育の計画と実践を振り返り、保育の内容とそれに密接に関連する保育の実施運営の状況について、現状・課題を把握します。その上で、保育所保育の基本的な考え方や各保育所の理念・目標等に照らして、改善すべきことやより充実を図っていきたいことを明らかにし、その具体的な方策等を検討します。

保育所保育指針（平成二十九年 厚生労働省告示第百十七号）（抜粋）［略］

（保育所で行われる様々な「評価」の中の「保育内容等の評価」）

○ 保育所で行われる「評価」には、その主体（誰が評価を行うのか）や対象（何を評価するのか）、主な用途（評価の結果をどのように活用するのか）によって、様々なものがあります。「保育内容等の評価」以外に保育所で行われる評価として、以下のような例が挙げられます。

・各保育所が児童福祉施設として適切に管理・運営されているか、外部の評価機関等が法令や一定の基準に照らして点検・確認し、改善すべき事項について指摘や助言を行うとともに、その結果に関する情報を利

用者や地域に公開する。

・各職員が職務内容や立場に応じて業務の遂行状況に関する自分の行動や能力を評定し、その結果に関する報告を保育所の運営主体が人事考課の際に参考にする。

○ これらの様々な評価は、それぞれ全く別のものとしてではなく、対象の範囲に一部重なりがあったり互いに関連しあったりしながら実施されている場合もあります。「保育内容等の評価」は、評価の結果が実際に保育の改善や充実に生かされることが重要であり、このことについて各保育所で全職員が理解を共有した上で取り組むことが求められます。

図：保育所で行われる様々な評価 ［略］

（日常の保育の過程に位置づけられる「保育内容等の評価」）

○ 各保育所においては、全体的な計画に基づき、子どもの生活や発達を見通した長期的な指導計画と、それに関連し、より具体的な子どもの日々の生活に即した短期的な指導計画が作成されます。保育内容等の評価は、これらと連動するものとして、保育活動の区切りとなるような時期を選び一定期間（月・期・年などの単位）の保育の展開・経過に対して行われるとともに、日々（一日・数日・週などの単位）の保育についても行われます。

○ 保育内容等の評価において保育士等が保育を振り返ることは、子どもの行為・言葉の背景や保育士等の関わりなどについて、実践の最中には気がつかなかったことや直感的に感じ取っていたことを意識化することにつながります。こうした個々の実践の中で得られた子どもや保育についての気づきや理解は、振り返りの過程でのより深い省察や他の職員との語り合いなどを通じて、整理されたり関連づけられたりすることで、次第に体系的なものとなっていきます。

○ また、保育の改善・充実に向けた検討を行う中で、目指すべき方向性やその具体的な手立てとともに、日頃の保育において自分あるいは自分たちの大切にしていることや課題となっていることも、改めて明確化されていきます。これらは、評価に関する職員間での対話や協議を通して、保育所の組織全体で共有されることになります。さらに、評価の結果とそれを踏まえた取組に関して保育所が情報を公開・発信することは、保育所の方針や姿勢、現在の状況などについて、保護者や地域住民等からの理解を得ることにつながります。

○ 評価によって明確化された保育の改善・充実の方策は、全体的な計画や指導計画、研修計画等の作成や見直しに反映され、次の保育の展開に生かされます。このように、保育内容等の評価は、保育所における日常の保育の営みから切り離されて行われるものではなく、保育の循環的な過程の中に位置づけられるものです。

図：保育の過程に位置づけられる保育内容等の評価 ［略］

(2) 保育内容等の評価の目的と意義

○ 保育内容等の評価は、子どもの豊かで健やかな育ちに資する保育の質の確保・向上を目的として行われます。保育の過程の一環として、継続的に実施されることが重要です。

○ 保育内容等の評価の意義：

・保育士等が、子どもに対する理解を深め、保育の改善や充実が図られること

・職員の資質・専門性の向上と職員間の相互理解や協働が図られること

・評価結果の公表等により、保育所と関係者（保護者等）の間で子どもや保育についての理解が共有され、両者の連携が促進されること

（子どもの豊かで健やかな育ちに資する保育の質の確保・向上）

○ 保育所保育指針では、保育所について、「保育を必要とする子どもの保育を行い、その健全な心身の発達を図ることを目的とする児童福祉施設であり、入所する子どもの最善の利益を考慮し、その福祉を積極的に増進することに最もふさわしい生活の場でなければならない。」としています（第一章１の(1)保育所の役割）。各保育所においては、一人一人の子どもが健康・安全に、安心して過ごすことができる環境を保障し、豊かで健やかな心身の育ちを支え促していくために、保育の質の確保・向上を図ることが求められます。

○ 各保育所における保育は、保育所保育指針の示す保育の基本的な考え方と、それぞれの理念や方針を踏まえた上で、保育士等が子どもの育ちへの思いや願い、見通しを持ちながら、実際の子どもの状況や家庭・地域の実情等に即して行われます。そのため、保育の質の確保・向上に向けた取組は、ある一定の基準に達した時点で終わりというものではなく、日常の保育の中で継続して行われることが重要です。

○　こうしたことを踏まえ、保育内容等の評価は、ある時点での保育の良し悪しを判断するためではなく、子どもの健やかで豊かな育ちに向けた保育を目指して、保育の計画や実践の質を確保・向上していくための取組であるという共通理解の下で行われることが求められます。保育の振り返りを通じて、子どもの生活や育ちの実態を改めて把握するとともに、「子どもにとってどうだったのか」という視座から保育を捉え直し、それをもとに保育の改善・充実を図っていくという循環が、日常的な保育の過程として常に繰り返されることに意味があります。

（保育内容等の評価の意義）

○　保育内容等の評価は、保育における子どもの理解を踏まえて行われます。保育士等は、日々の子どもとの関わりや記録をもとにした振り返りにおいて、子どもの姿を様々な視点や文脈に照らしながら、今育ちつつあることや行為の背景にある思いなどを探り、それをもとに保育の目標に対する現状や課題を把握して、改善・充実の手がかりを見出します。こうした子どもの理解とそれに基づく保育内容等の評価という一連の流れの積み重ねを通じて、実態に即した保育の改善・充実が図られるとともに、保育士等が子どもの育ちや内面を捉える視点もより深く、豊かなものとなっていきます。

○　一方で、保育の振り返りを通じて、保育士等が時に自身の子どもに向ける〝まなざし〟のありようや保育の目標そのものを改めて問い直すということも重要です。自らの子どもへの関わりや、その根底にある子どもの捉え方、育ちへの願いといったことについての内省が、保育に携わる者としての資質・専門性の向上につながります。

○　保育内容等の評価に当たって、職員間で子どもや保育について語り合うことは、各職員が自園の保育の理念・方針等を再確認し、保育所全体の保育の内容に関して認識を深める機会でもあります。また、こうした保育内容等に関する対話は、一人一人の職員が自分以外の人の保育観や子どもの育ち・内面の読み取り方などに触れて、子どもや保育の捉え方の幅を広げていくきっかけとなり得るとともに、個々の経験に基づく実践的な保育の知識・技術を組織全体で共有していくことにもつながります。

○　さらに、このように対話の場や機会を持ちながら保育内容等の評価に取り組む中で、職員同士がそれぞれの保育に関する思いや考えを理解し合い、互いに学び合う関係が作られることにより、各保育所において職員間の同僚性が培われるとともに、各々の経験や特性を生かした協働が図られ、組織としての機能が高められていきます。

○　こうした保育内容等の評価の結果をもとに、各保育所が自園の保育に関する現状や課題をどのように捉え、どのような方向性や姿勢を持って保育の改善・充実に取り組もうとしているのかといったことを取りまとめて発信することは、保護者や地域住民等の関係者からの理解や協力を得ることにつながります。評価結果の公表を通じて、保育所と様々な関係者が保育の目標や内容について理解を共有することによって、保育の質の確保・向上に向けた様々な取組を進めていく上での両者の連携がより密接なものとなることが期待されます。

図：保育内容等の評価の目的と意義　［略］

(3)　保育内容等の評価の全体像と多様な視点の活用

○　保育所における保育内容等の評価に当たっては、「保育士等の職員個人による自己評価」と、それを踏まえて「保育所が組織として実施する自己評価」が基本となります。

○　これら自己評価の取組に加え、より多様な視点を取り入れる方法として、第三者評価等や公開保育・研修の機会等を活用することも考えられます。

○　保育の質の向上に向けて、様々な立場の人々が保育内容等の評価やそれにつながる取組に関与・参画する機会を互いに関連づけながら展開し、保育所における取組全体の充実を図っていくことが重要です。

（保育士等及び保育所による自己評価を基本とする保育内容等の評価）

○　保育所における保育内容等の評価は、「保育士等が自らの保育を振り返って行う自己評価」と、それを踏まえ、「保育所が組織全体で共通理解をもって取り組む自己評価」が基本となります。

○　これら自己評価の過程には、日頃の打ち合わせや職員会議、園内研修といった機会における職員間での対話や保護者との日常的なコミュニケーションにより、子どもや保育について多様な見方や情報を取り入れることも含まれます。また、アンケートの実施や交流の機会を通して把握した保育所に対する家庭や地域の意見・要望等も、自己評価の参考材料となります。自己評価の実施に際して、多様な視点から子どもや保育を捉える工夫をすることが重要です。

（保育内容等の評価に当たってのより多様な視点の活用）

○　さらに、保育士等または保育所による自己評価以外の評価を実施することは、保育内容等に関する現状や課題をより多角的・客観的に把握することや、自分または自分たちだけでは気づきにくい良さ・特色を見つけることにつながります。

○　自己評価以外の評価としては、その保育所と直接の利害関係をもたず、保育や組織運営等についての専門性を有する評価機関等の評価者が行う第三者評価があります。第三者評価の結果と照らし合わせて自己評価の結果の確認・見直しを行うとともに、自己評価において重点的に取り組むテーマを定めたり観点や項目を設定したりする際の参考にするなど、様々な形で活用することが考えられます。

○　また、保育所とそれを取り巻く地域のことをよく知っている保護者や近隣の住民等が評価に関わることも考えられます。例えば、幼稚園等の学校では、「学校関係者評価」という仕組みがあります。これは、保護者や地域住民などにより構成された委員会等が、幼稚園の観察や意見交換等を通じて、幼稚園による自己評価の結果について評価することを基本として行うものです。これに近い形での取組として、保育所の場合には、例えば保護者会の委員などが評価に関与することが考えられます。保育所にとって身近な関係者が保育内容等についての理解を深め、保育の改善や充実に関わる仕組みをつくることは、保育所が保育の質の向上を目指して様々な取組を進めていく上で、力強い支えを得ることにもつながります。

○　この他に保育所の職員以外の人が関与・参画して多様な視点から保育内容等を捉える取組として、公開保育や研修における指導・助言・意見交換等の機会を活用することが考えられます。他の保育所等の職員や、学識経験者（保育士を養成している大学等の教員や保育関連分野の研究者など）、現場経験者（経験年数の長い保育士や施設長・主任経験者など）、関係機関（行政・医療・福祉分野等など）の専門職など、様々な経験や専門性を有する人々とともに保育を振り返り、意見を交わすことによって、保育の改善・充実に向けた気づきや発想につながる新たな視点と知識・情報を得ることができます。

○　保育所を取り巻く多様な立場の人が保育内容等の評価とそれに関連する取組に関わることは、保育士等がそうした多くの人々と保育について対話を重ね、自分または自分たちがどのような保育を行っているのか、相手に理解してもらえるように伝える機会を持つことでもあります。自らの保育について他者に語ったり示したりする中で、その根底にある保育観が改めて浮き彫りになるとともに、日頃はあまり意識せず当たり前に行っていることについても、なぜそうしているのか、他により良い方法はないかといったことを見直してみることにつながります。

図：多様な視点の活用　［略］

（保育内容等の評価の全体像）

○　これらの保育内容等の評価とそれに関連する様々な取組は、それぞれ別に行われるものではなく、各保育所における保育の質の向上につながる一連の取組として捉えられます。保育士等及び保育所による自己評価を中心としつつ、他の多様な人々からの視点を活用する取組が、互いに関連をもち、重なり合いながら進められることによって、評価としての信頼性や妥当性が高められるとともに、子どもと保育を捉える評価の視点がより豊かなものとなります。保育所における保育内容等の評価に関する取組が、全体として充実したものとなることが重要です。

図：保育内容等の評価の全体像　［略］

2．保育士等による保育内容等の自己評価

(1)　保育士等が行う保育内容等の自己評価の流れ

○　子どもの理解を踏まえ、個々の保育士等が行う自己評価に当たっては、保育の計画と実践を振り返り、その結果をもとに改善・充実の方向性や目標と、その具体的な手立てについて検討します。自己評価の結果は、次の指導計画等に反映されます。

○　保育士等の行う自己評価は、自身の保育の良さ・課題の明確化や、それを踏まえた研修計画の作成・見直しなどを通じて、資質・専門性の向上にもつながっていきます。

○　個々の保育士等による保育内容等の自己評価は、保育の記録などに基づく子どもの内面や育ちの理解を踏まえて行われます。保護者

や他の職員との対話を通じて得た子どもの姿や保育の捉え方なども照らし合わせつつ、指導計画等とそれに基づく実践を振り返り、保育の目標に対して改善すべきことや充実を図っていきたいことを見出した上で、今後の保育において目指す方向性と、それに向けた取組の具体的な目標や手立てを検討します。自己評価の結果は、次の指導計画等に反映されます。

○　保育士等がこうした保育内容等の自己評価に取り組むことは、自身の保育の良さや課題を明確化していくことにもつながります。さらに、こうした自己評価の結果をもとに、今後習得すべき知識や技術を確認し、施設長等の管理職と相談しながら研修計画の作成・見直しを行ったり、重点的に取り組む活動や実践研究のテーマについて検討したりすることが考えられます。自己評価の取組とその結果の活用を通じて、保育士等一人一人の資質・専門性の向上が図られることが重要です。

図：保育士等が行う保育内容等の自己評価の流れ　［略］

(2)　保育における子どもの理解

○　保育士等が、日々の保育における子どもとの関わりの中で、その姿や周囲の状況等を捉え、思いや考えを受けとめるとともに、一定期間に見られた育ちや一人一人の「その子らしさ」を理解しようとすることは、保育内容等の評価を行う際の前提となります。

○　子どもの理解に当たっては、保育士等が自身の枠組みに当てはめた固定的な見方をしていないかといったことに留意するとともに、子どもにとって自分がどのような存在であるかということにも目を向けることが重要です。

（保育における子どもの理解とは）

○　保育士等が、保育における子ども（個人・集団）の実際の姿を通して、その心の動きや育ちを理解しようとすることは、保育の計画の作成・実践・評価とそれを踏まえた改善の全ての過程において、常に起点となるものです。

○　保育における子どもの理解に当たっては、乳幼児期の発達の道筋や特性を踏まえながら、一人一人あるいは集団としての子どもの観察や子どもとの対話を通じて、実態をもとにその心の動きや心身両面の育ちを捉えていくことが求められます。その際、生活や遊びの中で、子どもの活動の内容やその結果だけでなく、子どもがどのようなことに興味や関心をもち、どのように周囲の環境に関わろうとしたり、物事に取り組んだりしているのか、その過程の全体に目を向けることが重要です。

図：保育における子どもの理解　［略］

（日々の保育の中での理解）

○　保育士等は、日々の保育において、その時・その場での子どもの表情や言動、前後を含めた状況とその背景、子ども同士のやりとりや関係性、遊びが発展・変化したり深まったりしていく様子、生活の流れやその子どもなりのペースといったことから、子どもの思いや次の行動などを推測し、それをもとに援助や環境の構成などを行います。それに対し、子どもからは予想していなかった反応が返ってくることも多いでしょう。そうした予想外の子どもの姿や反応への気づきから、保育士等はそれまでの見方を変えたり、さらに理解を深めたりしていきます。保育士等が子どもの内面に沿っていこうとする姿勢をもって子どもと関わることによって、刻々と展開する実際の子どもとのやりとりや状況の中で、徐々に子どもの行動の意味が見えてくるのです。

（日々の記録からの理解）

○　その上で、こうした日々の保育で見られた子どもの様子を記録し、それをもとに子どもがどのようなことに驚きや喜びを感じ取っていたか、何に、どのように関わってみようとしていたのかなど、その時の心の動きを改めて考えてみます。その際、集団全体の状況や個々の子どもの集団への関わり方、子どもの家庭での生活や経験と保育所での様子のつながりなどに目を向け、より広く連続的な文脈の中で子どもの姿を捉え直す視点を持つことも重要です。

○　一日または数日間の子どもの姿を思い返し、あの時なぜあのような行動をしたのだろうと考えてみたり、今日はいつもとは少し違う一面が見られたと気づいたりすることは、多くの場合、保育士等にとってごく日常的なことであり、そのための時間を設けるなど、特に構えて行わなければならないわけではありません。大切なのは、そのままでははっきりと意識されたり記憶に残ったりすることが難しい、ふとした気づきや考えを簡単にでも書き留めておくことなどにより、自分自身で、または他者と、後日再び振り返ることができるようにすることです。

（一定期間の記録からの理解）

○　さらに、日々の保育とその記録の積み重ねを経た一定期間（月・期・年など）の記録から、その間に見られた子ども（個人・集団）の姿の変容や、一人一人の個性・良さなどの「その子らしさ」を捉えます。

○　その際、自分から見た子どもの姿は、保育所保育指針に示される保育の「ねらい」（育ちを捉える視点）からはどのように捉えられるか、他の職員はその子どもをどのように見ているか、保護者からはどのような様子が語られているかといったことにも照らし合わせて考察します。その上で、子どもの中でこれまでに育ってきたことや今まさに育ちつつあること、これから伸ばしていって欲しいことなどを読み取ります。

○　このように、保育士等が子どもの心の内に寄り添う姿勢をもって関わり、様々に推測や考察を重ねながら、一人一人あるいは集団としての良さや育ちの可能性が次第に見えてくることが、保育における子どもの理解と言えます。保育内容等の評価は、こうした保育士等による子どもの理解を踏まえて行われます。

図：子どもの理解に当たって意識したいこと［略］

（子どもの理解に当たって意識したいこと①自分自身の枠組みや視点の自覚）

○　保育における子どもの理解は、子どもと実際に関わる中での新たな気づきや、多様な視点を踏まえた考察に伴って、広がったり深まったりしていくものです。子どもの心の動きや育ちを捉えようと丁寧に見ていく中で、時にはそれまでの見方が大きく変わるようなこともあります。

○　こうした子どもとの向き合い方は、保育士等が自分の理解の枠組みに当てはめて、子どもの行動の意味や個性などを解釈しようとする姿勢とは根本的に異なるものです。保育士等が固定的な枠組みをもち、常にそれに照らしながら子どもを捉えようとすることは、一人一人の様々な思いや育ちの可能性を見逃してしまうことにつながる恐れがあります。

○　このため、「この子はいつもこうだ」といった決めつけや思い込みをもとに子どもを見ていないか、子どもが取り組んでいたことについて、その過程ではなく「同じことを繰り返している」など表面的な内容や結果の出来不出来といったことのみに目を向けていないか、一般的な発達の目安や子ども同士の比較から一人一人の子どもの違いを優劣として捉えていないかといったことに留意することが必要です。

（子どもの理解に当たって意識したいこと②関係の中での理解）

○　また、自分自身が子どもにとってどのような存在であるかということに目を向けることも重要です。子どもにとって、保育士をはじめとする保育所の職員は、保育の人的環境の一部です。とりわけ、日頃直接子どもに関わる担当の保育士等は、子どもには最も身近な大人の一人であり、とても大切で重要な存在として捉えられています。子どもの行動や心の動きは保育士等自身の子どもに対する〝まなざし〟や関わりを映し出したものでもあることに、自覚的であることが求められます。

○　こうしたことを踏まえ、保育における子どもの理解に当たっては、子どもと自身の関係性という視点から、保育士等が「自分はどのような思いや願いをもって子どもに関わっているか」「保育を振り返ってみて、自分の関わり方や保育の状況は子どもにとってどのように感じられているか」といったことについても意識することが重要となります。

（子どもの理解に当たって意識したいこと③多面的な理解）

○　さらに、例えば保育所と家庭、同じ年齢の子どもと自分よりも年下の子ども、初めてのことに触れる時とよく知っていて馴染みのあることに取り組む時など、場所や関わる相手、状況等によって、子どもはそれぞれに違う一面を見せることもあります。他の保育士等や保護者から子どもの様子や話していたことなどを聞いたり、異なる場面での様々な姿を丁寧に見比べてみたりすることで、今まで気がつかなかった心の動きや関係性の変化などが見えてきたり、ある出来事や経験の子どもにとっての意味や価値、「その子らしさ」といったものが、改めて浮き彫りになったりすることも少なくありません。

○　子どもを多面的に理解するという視点を持って、他の保育士等や保護者とそれぞれの捉えた子どもの姿を丁寧に共有するとともに、場面ごとの様子の違いを意識的に捉えてみることなどが求められます。

(3)　保育の計画と実践の振り返り

○　保育の計画や実践の振り返りの際には、保育所保育指針の示す保育の基本的な考え方と各保育所の保育の理念・方針等に照らしながら、保育の中で心に残った場面や子どもの姿が変容してきた過程の背景にある保育の状況を思い返し、それらについて良かったことや改善すべきことを保育士等の関わりや配慮などの点から考察します。

（振り返りの手がかりとなる保育場面や子どもの姿）

○　保育士等による保育の振り返りは、日誌をつけるときや保護者に子どもや保育の様子を伝えようとするとき、職員同士で最近の出来事や子どもたちの好きな遊びについて話をするときなど、日常の様々な場面で行われています。こうした機会も、子どものことや保育を思い返して考えをめぐらせ、言語化して他者と共有し、次の保育につながっていく自己評価の一部として捉えられます。

○　日々（一日または数日・週単位）の保育について計画や実践を振り返る際には、まず何か気にかかったことはなかったか、どのような場面や出来事が印象に残ったかを中心に思い起こしてみます。例えば、子どもの表情から遊び足りない様子がうかがわれた、ある子どものちょっとした発見から子どもたちの発想が豊かに膨らんでいったというようなことが、振り返りの最初の手がかりやきっかけとなります。

○　また、一定期間（月・期・年など）の保育の振り返りでは、記録等をもとに子どもの生活する姿が変容してきた過程や個々の子どもの特徴を捉え、その背景にある保育の状況がどのようなものであったかを考えます。

図：保育の計画と実践に関する振り返りの内容（例）［略］

（振り返りの視点）

○　こうした「保育の中で気になったこと、心に残った場面や出来事」や子どもの姿が変容してきた過程などに関して、保育所保育指針の示す保育の基本的な考え方や各保育所の理念・方針等に照らしながら、保育について良かったと思われることや改善すべきと思われることを挙げていきます。

○　保育所保育指針に基づく振り返りの視点としては、例えば、「子どもが安心感をもって自分の思いや今持っている力を十分に表現したり発揮したりすることができる状況となっていたか」「活動が展開していく中で、子どもの主体性が尊重されていたか」「それぞれの発達や個人差に応じて、一人一人の子どもが遊びの中で充実感や達成感を味わうことができていたか」といったことなどが考えられます。

○　さらに、「良かった」または「改善すべき」と感じたことの背景として考えられる指導計画のねらい及び内容とその展開、保育の環境の構成や保育士等の関わり方と配慮などについて、それらは十分であったか、適切であったか、子どもの実情に即していたかといった点からより具体的かつ詳細に考察することにより、実際の場面に即した振り返りの視点が導き出されます。

○　こうした振り返りは、あるひとつの出来事について全体的・多角的に行う場合や、例えば「保育室での遊びの環境の構成」という点に着目し、複数の保育場面を通してそのテーマについて重点的に行う場合など、様々な進め方が考えられます。

【日々の保育と一体的に行う振り返りの視点（例）】［略］

○　一定期間の保育について振り返る際には、保育所の全体的な状況と子どもの様子とを結びつけて捉える視点も重要です。例えば、入所時期やクラスが替わった時期から数ヶ月の間に、環境の変化や新しい生活を子どもはどのように受け止め、馴染もうとしてきたのか、一年間の様々な行事は子どもにとって無理なく日々の保育や育ちにつながるものであったか、といったことに焦点を当てて考察してみることが考えられます。

○　また、家庭と十分なコミュニケーションをとり、保護者と子どもの育ちについての理解や喜びを共有しているか、地域の気候や風土に合わせ、季節に応じて保育所内外の様々な環境を保育に生かすことができていたかなど、子どもの生活の連続性や、それを踏まえた家庭や地域との連携も視野に入れて捉えることも重要です。

【一定期間の保育の振り返りの視点（例）】［略］

（振り返りの結果の整理）

○　こうした振り返りの結果、浮かび上がってきたことには、すぐに改善や充実に向けて具体的に取り組めることもあれば、様々な情報を集めたり、経過を丁寧に見ていったりしながら継続的に取り組んでいくこともあります。また、目に見える対処や行動というよりは、まず保育に際しての基本的な考え方や姿勢として、改めて意識したり身につけていったりすることが求められることなどもあります。こうしたことを踏まえて、振り返りの結果を整理し、次の段階である改善・充実に向けた検討へとつなげます。

(4) 保育の改善・充実に向けた検討

○ 保育の改善・充実に向けた検討に当たっては、保育所保育指針や各保育所の目標・方針、発達の見通しなどに照らしながら目指す方向性を明確化し、これを踏まえて取組の目標や具体的な内容・進め方等を検討します。

○ 改善・充実の取組に関連して、今後注意を向けて経過や変化を追うべきことは何かを明確にしておくことで、次の評価の視点も持ちやすくなります。

○ 取組の内容とそれに伴う保育の環境や生活の流れの変化等については、それらを子どもがどのように受け止めるかといったことや家庭の実情等も考慮して、子どもと保護者にも分かりやすく伝えることが重要です。

図：保育の改善・充実に向けて検討する主な事項

（例）［略］

（取組の方向性と目標・手順等の明確化）

○ 保育の改善や充実に向けた検討に当たっては、現状から捉えた子どもの実態や育ちの可能性をもとに、まず取組の方向性として、どのような子どもの姿を目指していきたいかということを明らかにします。一人一人の子どもや子ども同士の関わり、集団全体の状況について、今後、子どもの興味や関心、関係性の深まりや広がりなどに伴って、遊びや生活がどのように充実していくことが期待されるか、また、保育の中で子どもがどのような経験を得ることがより豊かな育ちにつながると思われるかといったことを考えます。

○ 保育の改善・充実に向けた取組において目指す方向性は、保育所保育指針に示す「保育を通じて育みたい資質・能力」と、「乳児保育の三つの視点」及び「一歳以上三歳未満児と三歳以上児の保育の五つの領域」における〝ねらい及び内容〟や、各保育所の保育の方針・目標、子どもの育ちや生活に関する見通しなどを意識しながら明確化します。また、保幼小の連携など地域としての取組を行っている場合には、その目標も方向性を考える視点のひとつとなります。

○ こうした方向性を念頭に置きながら、保育の改善・充実の取組について、保育士等はどのようなことを目標とし、そのために現状から改善したり工夫・配慮したりすべき点は何か、何を・いつ・どのように行うかなど、具体的な内容や進め方などを検討します。さらに、職員間で話し合ったり、リーダー的な立場の職員と相談したりしながら、検討した結果を次の指導計画における保育のねらい及び内容に反映します。

保育所保育指針（平成二十九年　厚生労働省告示第百十七号）（抜粋）［略］

（保育の改善や充実に向けた検討に当たっての留意事項）

○ 取組の目標や具体的な手順、スケジュール等を定める際には、それらを現状に照らして実行や達成が可能なものとすることが重要です。必要に応じて、子どもの実態と改めて照らし合わせ、目標や内容等の見直しを行って修正・変更する場合もあります。実際に取組を進めていく中で、新たな方向性が見えてきたり、他の課題が浮かび上がってきたりすることもあります。保育内容等の評価は、目標の達成が最終的な目的ではなく、試行錯誤を含め、常により良い保育を目指していく過程の一環であることに留意することが重要です。

○ 改善・充実に向けた検討の過程では、取組の効果や影響として特にどのようなことに注意を向けて経過や変化を見ていけばよいのか、あらかじめある程度整理・明確化しておくことで、次の評価の際に振り返ることも焦点化しやすくなります。最初に考えた方向性に照らしながら、具体的な子どもの姿・様子や子ども同士の関係性、集団全体の状況などについて、保育実践の中で意識的に捉えたい点を簡単にまとめ、参照しやすいように指導計画や日誌に記入しておくことなどが考えられます。

○ また、こうした取組について、子どもはどのように受け止めるかということにも配慮します。特に、慣れ親しんだ環境や一日の生活の流れ、行事の内容等が変わるような場合には、そのことに対する不安や戸惑いなども考慮しながら、どのような意図で変えたのか、どのように変わったのかといったことを、子どもにも分かりやすく伝えることが必要です。その際、遊びや生活場面の写真等を使うなどして、どのように思うか子どもから直接聞き取ったことが、取組をさらに良いものにしていく参考となる場合もあります。

○ 改善・充実の取組を進めていく上では、保護者の理解を得ることも重要となります。取組の方向性やそれに基づいて設定した保育士等の目標や具体的な方法等が、保護者にはよく分からず、なぜ今までと違うのか不安に思う場合や、保護者の期待や要望とは異なっている場合があります。日常の送迎時などの機会や連絡帳・通信等を通じて、保護者の意見や思いにも耳を傾けつつ、取組の理由や意図、成果として期待していることなどを丁寧に伝えるよう心掛けます。

3. 保育所による保育内容等の自己評価

(1) 保育所が組織として行う保育内容等の自己評価の流れ

○ 保育所の自己評価では、地域の実情や保育所の実態に即して適切に観点・項目を設定し、現状と課題を組織として把握・共有した上で、改善・充実の取組を検討します。取組の実施に当たっては職員間で協働するとともに、必要に応じて関係機関との連携等を行います。

○ 保育所全体としての保育内容等の自己評価は、記録や保育士等の自己評価等を踏まえ、全職員による共通理解の下で行います。客観的・多角的な評価を行うために、保護者アンケートの結果やその他様々な外部からの意見・助言・指摘なども評価の参考とすることが考えられます。

○ 保育所による自己評価の過程では、まず保育所保育指針及び各保育所の理念や方針等を踏まえ、地域の実情や保育所の実態に即して適切と思われる評価の観点や項目を設定し、「何について評価するか」を具体化します。その上で、これらの観点と項目に沿って、自分たちの保育や保育所全体の状況を振り返り、現状や課題を把握します。同時に、振返りの際の協議などを通じて、自園の保育において大切にしていることや目指していることと、良さや特色について、職員間で改めて理解を共有します。さらに、こうした振り返りの結果を踏まえて、改善・充実に向けた今後の見通しと具体的な方策、役割の分担や職員体制等について検討・確認します。

○ こうした評価の結果をもとに、職員が協働して保育の改善・充実に向けた取組を実施します。あわせて、各職員が必要な知識及び技術の修得、向上を図っていくことも重要です。また必要に応じて、自治体・法人等運営主体への報告・要望や、地域の関係機関との連携も行います。自己評価の結果を公表する場合には、その対象・内容・方法を検討することが必要です。

図：保育所が組織として行う保育内容等の自己評価の流れ　［略］

(2) 評価の観点・項目の設定

○ 保育所による自己評価に当たっては、保育所保育指針に示す事項等を参考に職員間で協議しながら適切な観点を定めた上で、これらを職員の意識や保育の内容などと結びつけ、具体的な項目を設定します。

○ 評価項目の設定については、保育所保育指針の解説や既存の評価項目を参照するといった方法が考えられます。

○ 設定した観点・項目は、チェックリスト形式にする、評価シートの記入事項や話し合いのテーマにするなど、評価の方法にあわせて様々な形で用いることが考えられます。

（評価の観点の設定）

○ 保育所による自己評価は、保育の内容（計画、環境の構成、配慮や関わりなど）や実施運営の状況（組織としての基盤の整備や安全・健康管理の体制など）全般について行う場合もあれば、テーマを絞って重点的に行う場合もあります。また、これまでに実施してきたある特定の取組について、その成果を検証するような場合も考えられます。評価の観点は、こうした「どのようなことについて評価を行うのか」ということを踏まえて、職員間で協議して定めます。

○ 各保育所において評価の観点を設定する際の参考として、保育所保育指針に示す主な事項を、

Ⅰ　保育の基本理念と実践に係る観点
Ⅱ　家庭及び地域社会との連携や子育て支援に係る観点
Ⅲ　保育の実施運営・体制全般に係る観点

に分けて整理し、その具体例を別添に示します。これらは、互いに密接に関連し合い、全体として保育内容等の質を構成するものです。

○ これらを踏まえ、各保育所の保育の理念・方針や現在力を入れていること、他の保育所等や小学校との連携など地域全体で取り組んでいることの目標等にも照らしながら、それぞれの地域の実情や保育所の実態に即して、適切と思われる評価の観点を設定します。

（評価項目の設定）

○ さらに、これらの観点を、職員の意識・理解や保育の内容及び実施運営と結びつけて、より具体的な評価の項目を考えます。

○ 評価項目の設定に際しては、保育所保育指針の中で関連する部分の解説を参照することや、既存の評価項目（第三者評価の基準や団

体・研究者等が開発してその有用性が検証されている評価尺度など）を活用することなどが考えられます。

○　項目の分量（数）や具体性・詳細さの程度などについては、その評価は誰が・どの程度の期間の・どのようなことについて行うかといった保育所全体としての評価の取組の中での位置づけを踏まえて勘案し、適当と思われる内容を選びます。

（設定した観点・項目の活用）

○　設定した評価の観点・項目は、チェックリスト形式にする、あるいは自己評価シートなどにまとめたり職員間で話し合ったりする際のテーマやポイントにするなど、評価の方法にあわせて用います。

図：評価の観点・項目の設定（例）［略］

（参考）「子どもの人権への配慮と一人一人の人格の尊重」という観点について考えられる評価項目の例　［略］

(3)　現状・課題の把握と共有

○　保育所による自己評価では、設定した観点・項目に基づき保育所全体の保育内容等を振り返って現状や課題を把握するとともに、各保育所の保育の理念や方針、自分たちの保育の良さや特色などについて、職員間で改めて確認し、理解を共有していくことが重要です。

○　設定した評価の観点・項目に基づき、職員の意識・理解と日頃の保育の内容やそれを支える組織の運営等に関する実際の状況について、振り返りを行います。チェックリストを参照しながらそれぞれの項目について「適切・十分だったか」「子どもの実態やニーズに即していたか」といったことを段階的に評定する、その観点・項目について自分たちが特に大切にしていることや良かったと思われること、課題と思われることなどを具体的な保育場面とあわせて書き出したり話し合ったりするなど、様々な方法が考えられます。

○　こうした振り返りを通じて、現状をそれぞれの職員がどのように捉えているのか、現在組織として課題となっていること及びその背景はどのようなことなのかといったことが明らかになっていきます。ある課題の背景にある複数の様々な要因が整理して把握されることにより、今後組織全体で取り組む必要のあることや長期的・段階的な取組が必要となることなども、より具体的に見えてきます。また同時に、各保育所の保育の理念や方針、自分たちの保育の良さや特色なども、組織全体で認識・再確認されていきます。

○　このように、職員全体が参画し、自分たちで設定した観点・項目に基づいて保育を振り返る中で、職員間で組織の現状や課題に関する認識・理解が共有されていくことが重要です。

図：現状・課題の把握と共有（例）［略］

(4)　保育の改善・充実に向けた検討

○　振り返りの結果を踏まえ、保育の改善や充実に向けた取組の方向性を明らかにした上で、実情を踏まえた具体的な取組の目標と見通し、方策等を検討します。これらについては、実際に取組を開始した後も、状況に応じて適宜見直しを図ることが重要です。

○　保育の改善・充実は組織として取り組んでいくものであることを前提に、職員間の役割分担や取組を進めるに当たって配慮すべきこと、職員の資質・向上、保護者・地域住民に対する説明等も視野に入れて検討することが求められます。

○　保育所の組織内のみでは対応が難しいと思われる課題に関しては、必要に応じて自治体・法人等運営主体に報告し協議したり、関係機関との連携を図ったりします。また、自己評価の結果を公表する場合には、その対象や方法・内容等についても検討します。

（改善・充実の方向性を踏まえた今後の見通しと具体的な手立ての検討）

○　振り返りによって浮かび上がってきた、自分たちの保育に関して改善すべきことや充実を図っていきたいことについて、まずは目指すべき方向性を明確にします。

○　その上で、こうした方向性を念頭に置きながら、各保育所の実情に即して、より具体的な改善・充実に向けた取組の目標と今後の見通し、方策等を検討します。組織として取り組んでいくことを前提に、取組の各段階の時期的な目安や手順の他、どのようなことに着目してその時々の進捗状況や経過などを見ていくか、次にいつ頃・どのように取組の成果を検証するかといったことについても、整理しておくことが重要です。現状を踏まえて着実に進めていくことの可能な計画を立てた上で、実際に取組を始めた後も適宜状況を確認し、必要に応じて進め方を見直します。

○　取組の具体的な方策に関しては、必要なもの（数・量や予算などを含む）や役割分担等の職員体制などの他、取組を進めていくに際して妨げとなりそうなことや子どもによっては特に配慮が必要と考えられることなどを想定し、不要なものや注意すべきことなども視野に入れて考えます。

（職員の資質向上及び組織内外での情報共有・連携）

○　また、振り返りの結果を踏まえて、各職員がどのような知識・技術を身につけたり向上させたりしていくことが必要であるか明らかにし、今後の研修の計画やその成果の活用・共有の仕方などについて検討することも重要です。

○　さらに、改善・充実に向けた取組について、非常勤職員などを含めた組織全体で、あるいは保護者や地域住民との間で、情報を共有し共通理解を図っていくための説明・周知や対話の方法・内容等についても検討することが求められます。

○　これらの検討結果をもとに職員が協働して取組を実行に移すとともに、保育所の組織内のみでは対応の難しい課題については、必要に応じて自治体や保育所を運営する法人の本部等に報告・要望を出して改善の方策を協議したり、地域の関係機関と連携を図ったりします。その場合、外部との連絡や調整の具体的な方法・手順・内容等の他、主な窓口の担当、個人情報保護の観点も含めた情報共有に関する基本的な方針等を確認しておくことが求められます。また、自己評価の結果とそれを踏まえた改善の見通しについて公表する場合には、公表する対象や方法、情報の内容についても検討します。

図：保育の改善・充実に向けた検討の内容（例）
［略］

4. 保育所における保育内容等の自己評価の展開

(1) 保育の記録とその活用

○　保育の記録は、自己評価の主要な材料であると同時に、記録する行為自体も保育を振り返る過程の一部として捉えられます。

○　記録には、保育の全体的な展開や子どもに関する記録、活動や出来事についてまとめた記録など、様々なものがあります。また、言葉や文章だけでなく、写真や動画、保育環境の図を活用するといった形式・方法もあります。

○　記録の活用を図る上では、記述内容が分かりやすいものとなるよう配慮する、整理の仕方や掲示・置き場所などを工夫するといったことも重要です。

（保育を振り返る材料としての記録）

○　保育の記録は、自己評価の実施にあたって、その内容や結果を裏付ける主要な材料となるものです。ただ書いて残すのではなく、保育の実践の評価と改善、次の計画の作成に生かすことが重要です。

○　同時に、「記録する」という行為自体が、保育を振り返る過程の一部としても捉えられます。保育中の出来事や子どもの姿について、何を・なぜ記録に残そうとしたのかは、保育士等がその時捉えた子どもの育ちや心の動き、保育士等自身の思いや願いを反映したものと言えるからです。また、記録をとることは、保育中に子どもの姿について感じ取ったことなどを意識化し、さらには考察していくことにもつながります。

（様々な記録の対象）

○　保育の記録には、何について書かれるものなのか、その対象によって様々な種類があります。例えば、日誌のように保育の全体的な展開についてまとめるもの、個々の子どもの育ちの経過などを記録するもの、あるテーマに沿った遊びや活動が一連のものとして何をきっかけとしてどのように展開していったか、その過程を追うもの、保育の中でのある一場面や出来事について、その背景やそれに対する考察などを含めて描き出すものなどが挙げられます。

（記録における写真・動画・図の活用）

○　また、項目や時系列に沿って記述を並べていくもの、文章としてまとめるものなど、記録の形式や方法も多様です。言葉や文章だけでなく、写真や動画、図など視覚的な情報を盛り込んだ記録もあります。

○　子どもの表情や動作、遊びの中でつくったものや絵などを、その活動の過程も合わせて写真や動画に残したり、保育の環境全体を図として示し、そこに子どもの遊びの様子を書き込んだり、子どもの活動の展開過程を線でつなぎながら描いたりしていくことにより、後で振り返る場合や他の職員・保護者等と共有する際に、その時の実際の様子をより具体的に思い描きやすくなります。

○　こうした写真や動画、環境の図示化は、特に保育の環境の構成や子どもの環境の生かし方などに焦点をあてて振り返る場合や、同じ時間に保育室や園庭の様々な場所で展開されている遊びや子どもの動きが交わる様子を俯《ふ》瞰《かん》的に捉える場合などに役立ちます。

○　写真等を記録に使用する場合には、子どもの姿やその背景、保育の意図や展開といった「記録として残し、伝えたいこと」と適切に対応しているものを選び出すことが必要です。その写真等をどのような観点・理由で記録に残すものとして選んだのかということを付記しておくと、後で、その記録をもとに保育を振り返る際に、評価の観点と結びつけて捉えやすくなります。

（記録を保育の評価及び改善に活用するための留意事項や工夫）

○　記録を評価に活用するためには、必要な情報が十分に、かつ、分かりやすく記述されていることが重要です。ただし、細々としたことまで何でも漏れなく書かなくてはならないということではありません。

○　例えば、「『誰が』という主語が分かるように書く」「特に印象的だった子どもの発言はそのまま書き留める」「事実と自分の理解や考察が混同しないよう明確に書き分ける」といったことを意識して書くことで、その記録を後で他の職員と共有したり自分で読み返したりする際に、読み手が内容や書き手の視点を理解しやすくなります。

○　また、様式の統一やファイルの作成など記録の整理の仕方を工夫することで、後でいくつかの時点の記録を通して読み返すことが容易になります。さらに、公開が可能な記録をまとめた用紙やファイルを保護者や子どもも見ることができる場所に掲示したり置いたりしておくと、職員同士だけでなく保護者や子どもも一緒に保育を振り返る機会をつくることができます。このように、記録を日常的に多様な形で活用しやすい環境をつくる工夫も重要です。

図：保育の記録とその活用　［略］

(2)　保育所における取組の進め方

> ○　保育所全体としての保育内容等の評価の取組は、保育士等による自己評価、職員間の対話、保育所が行う自己評価を、相互のつながりや保育の計画等との連動等も考慮しながら、時期・内容・方法等を柔軟に組み合わせて展開することが求められます。
>
> ○　それぞれの自己評価の結果は、指導計画に記入欄を設ける、記入シートを作成するなど、評価の時期や内容、主な読み手などに応じて適宜取りまとめて記録します。

○　保育所全体としての保育内容等の評価は、保育士等の行う自己評価と職員間の対話、保育所が組織として行う自己評価を、相互のつながりや保育の計画等との連動を考慮しながら、それぞれの実施時期・主体・内容・方法を柔軟に組み合わせて展開します。

○　自己評価の過程では、職員個人や組織全体による取組だけでなく、同じクラスの担当同士やある活動に関わる担当者のグループといった複数の職員が共同で行う、個人や少人数で振り返りを行い、その内容を管理職やリーダー層の職員に報告して助言等を得るなど、様々な形が考えられます。

○　長期的な経緯の把握が必要となる内容に関する自己評価の場合は、評価の対象が数年単位となることもあります。例えば、「全体的な計画は現在の保育所を取り巻く地域の実情や子どもたちの生活の実態に即したものとなっているか」「この五年間に職員が大きく入れ替わったが、現状に照らして職員の体系的な研修計画は適切か」「三年前から取り組んできた活動を通じて職員の意識や子どもの姿にどのような変化が見られたか」などのテーマが挙げられます。

○　このように、短期・中期・長期の評価を各保育所の実情に即して実施するとともに、こうした評価の取組の全体的な進め方自体も、取組が形骸化してしまうことのないよう、その時々の状況に応じて適宜見直すことが重要です。

○　それぞれの自己評価の結果は、指導計画に記入欄を設ける、記入シートを作成するなど、評価の時期や内容、主な読み手などに応じて適宜取りまとめて記録します。

図：保育所における取組の進め方（イメージ）［略］

（参考）　様々な期間・主体・方法による自己評価を組み合わせた一年間の進め方の例　［略］

(3)　自己評価の方法とその特徴

> ○　保育内容等の自己評価には、大別すると「チェックリスト形式で行う方法」と「文章化・対話を通して考察する方法」があります。
>
> ○　それぞれの方法の特徴や留意点を踏まえた上で組み合わせて用いることで、評価の有効性がより高まると考えられます。

（二つのタイプの方法）

○　自己評価の方法には、大きく分けて以下の二つのタイプが考えられます。

〈チェックリスト形式〉
あらかじめ設定した評価項目をチェックリスト等にまとめ、それぞれの項目について、例えば現状を段階や数値で示し、客観的な視点から捉えたり分析したりすることを重視する方法

〈文章化・対話〉
保育を振り返って、子どもの姿や保育士等の関わりやその意図、配慮などを、文章にまとめたり職員同士で話し合ったりすることを通して考察し、子どもや保育の実践に関する理解を深めることを重視する方法

○ これら二つのタイプの方法は、それぞれに特徴や留意点があります。これらを理解した上で、それぞれの良い面をうまく生かせるよう、両者の方法を組み合わせて実施することで、保育内容等の評価としての有効性がより高まることが考えられます。

図：自己評価の方法とその特徴・留意点［略］

（チェックリスト形式による自己評価の特徴・留意点）

○ チェックリストを活用して行う自己評価の特徴としては、作成・選定された評価の項目やその基準自体が「質の高い保育」に関する基本的な考え方を示すものであるということが挙げられます。

○ チェックリストに示される項目の構成や個々の項目の具体的な内容には、
- 保育においてどのようなことを特に大切にしているか
- 質の高い保育の実践とはどのようなものか
- 質の高い保育を実現するためにどのようなことが求められるのか

といったことが反映されます。このことを踏まえて、評価に当たって適切な項目を吟味して作成・選択することが重要です。

○ その他の特徴としては、多様な観点について項目を設定することで全般的・包括的に現状や課題を把握することが可能となること、自己評価の結果を一定の基準に照らして段階や数値で示すため、客観的な把握や以前の結果との比較、他者との共有などがしやすくなることが挙げられます。

○ 一方で、チェックリストの項目に従って自己評価を行う場合には、その項目の内容の意図するところや各項目に含まれている語の意味が具体的にはどのようなことなのか、保育の実践場面とどのようにつながるのかといったことについて、評価に関わる人が理解を深め共有を図りながら進めていくことが重要です。特に、個々の子どもの育ちやこれまでの経緯など、実践の個別的な文脈から評価の視点が離れてしまうことのないよう、留意が必要です。評価の結果について、具体的にどのような保育場面や子どもの様子などを根拠として評価したのか、その背景や過程も含めて読み取ることが求められます。

○ また、評価の結果を実際に保育の改善・充実につなげていくことが重要であるという認識が職員間で共有されていないと、ただ記入欄を埋めさえすればよいなど、評価が表面的・形式的なものとなってしまうことも考えられます。各職員が評価の結果を踏まえ、次に何をするべきかという見通しをもって評価に取り組むことが重要です。

（文章化・対話を通じて行う自己評価の特徴・留意点）

○ 文章化・対話による自己評価の特徴は、日々の保育の実践が子どもの育ちにとってどのような意味をもつのか、保育を振り返って問い直す中で、自分たちの保育の良さに気がついたり、今後どのように創意工夫を図っていくべきか、その方法を見いだしたりしていくことにあります。自分たちの保育における個々の具体的な実践に対して、意味づけをしたり価値を見いだしたりしていくアプローチと言えます。

○ この方法では、全体的・一般的な傾向としてではなく、その時・その場の実際の具体的な文脈に即して、個々の子どもや保育についての理解を深めることが可能です。また、保育士等が、その場で直感的に捉えたことや、ある子どもの姿や出来事に関連する様々な背景のつながりなどを把握しやすいことも特徴の一つです。

○ その反面、取り上げる事例の内容や文章の記述に当たっての焦点の当て方、対話の展開などによって考察が方向づけられるため、評価の視点に偏りや不足が生じる可能性がありますが、そのことに自分たちだけでは気づきにくい場合があることに留意が必要です。

○ また、評価の過程を通じて、自分の保育について肯定感をもったり、他者からの共感を得られたりすることも、より良い保育に向けて取り組む意欲につながるという意味で、評価の重要な成果として捉えることができます。ただし、それのみで評価の取組が終わってしまうことのないよう、評価の結果を踏ま

えて具体的にはどのようなことを改善・充実していくのかを明確化・共有することを心掛けることが重要です。

（自己評価において職員間の対話が生まれる環境づくりの重要性）

○　自己評価における職員間の対話を通じて、できるだけ幅広い視点をもちながら考察を掘り下げていくためには、経験年数や職位・職種に関わらず、各職員が自由・率直に意見を出し合い、互いの気づきや考えが受け止められるような雰囲気であることが重要です。

○　話し合いの持ち方の工夫としては、例えば、テーマを決めて各自が考えなどを付箋等に書き、その内容についてコメントする方法があります。付箋に書くことで考えが明確になり、話をしやすくなります。さらに、付箋に書かれた内容を共有し、類似していたり関連したりしている内容をまとめてグループを作るなどして分類・整理する作業を職員同士が一緒に行うことで、各々がそのテーマについて理解を深めていくことができます。

○　また、保育場面の写真や動画、その他の様々な記録を一緒に見ながら話し合う、職員全体で話し合う前に少人数で話し合っておくなど、意見を引き出しやすい状態をつくり、対話が活性化するよう工夫することも重要です。一方で、話し合いが散漫にならないように、あらかじめテーマや観点を明確にしておくことも大切です。

(4)　自己評価に当たって考慮すべき事項

○　保育内容等の自己評価に当たって留意すべき主な事項は、以下のとおりです。

- 計画的、効率的、継続的に実施する
- 可能な限り、職員全員が参加する
- 各職員が当事者としての意識をもって取り組む
- 評価の妥当性と信頼性を意識して取り組む

（計画的・効率的・継続的な評価の実施）

○　保育内容等の評価が実際に保育の改善・充実に資する取組となるには、各々の実情に即して評価の取組を段階的・計画的に進めていくこと、継続して日常的に行うことのできる方法で行うことが重要です。自己評価の実施が過度な負担とならないよう、効率的に実施する方策を工夫したり、必要に応じて、評価の時期や方法等を適宜見直したりすることが求められます。

○　評価の取組を効率的に実施するための工夫として、例えば、ＩＣＴ（情報通信技術）の活用により日々の振り返りや中長期の振り返りの内容等をまとめて管理・参照できるようにする、評価の結果を取りまとめた記録などを、テーマ・内容や読み手（個人の振り返り・職員間での共有・外部への公開等）に応じて分類・整理しておくといったことが考えられます。

（組織全体の参画）

○　保育所保育は、保育士をはじめ多様な職種や職務の職員が協働して行うものです。そのため、保育の質の確保・向上を目的として実施される保育内容等の評価は、保育士以外の職員や非常勤職員なども含め、組織全体で取り組むことが求められます。

○　多様な勤務時間・形態の職員がいることを踏まえ、一度に職員全員が集まることが難しい場合には、会議を複数回・短時間で実施するなどの配慮も必要となります。全ての取組に必ず全員が参画しなくてはならないということではなく、職員間の話し合いを含め、自己評価の過程に職員全員が何らかの形で関わり、組織としての理念や改善・充実の方向性についての認識・理解を共有することが重要です。

（職員一人一人の主体的な取組の重要性）

○　保育の質の確保・向上を目的とした取組は、子どもたちのためにより良い保育を目指す職員一人一人の気持ちに支えられて成り立つものです。各職員が主体的に自己評価に取り組むことができるよう、保育内容等の評価の意義・目的について共通理解を図ることが求められます。

○　また、各職員が当事者としての意識をもって自己評価に取り組むためには、施設長や主任保育士等のリーダーシップの下、立場や職種等に関わらず、どの職員も評価の取組に参画しやすい環境づくりが求められます。評価の実施に際して、特定の人の意見のみで話が進められていないか、経験年数の浅い職員なども分からないことを質問したり、思うことを率直に語ったりすることができる機会が確保されているかといったことに、意識を向けることも重要です。

（評価の信頼性と妥当性）

○　一般的に、評価を適切に実施するには、その評価を通じて捉えたいことを、「一貫・安定して捉えられているか」という信頼性と、「的確に捉えられているか」という妥当性を考慮することが重要です。保育内容等の評価においても、これらのことを意識しながら取り組むことが求められます。

○ 例えば、同じ子どもの姿に基づく保育の振り返りにおいて、評価を行った保育士等のその時々の気分によって、あるいはどの保育士等が評価するかによって、結果が大きく変わってしまうような場合には、安定した捉え方ができているとは言えません。

○ また、保育内容等の評価に当たって設定した項目が、子どもにとって健やかで豊かな育ちに資するものであるかという視点から選ばれたものではない場合には「保育内容の質」を的確に捉えたものとは言えないでしょう。

○ 乳幼児期の子どもは発達による変化が非常に大きく、また個人差や個性も実に多様な存在です。保育は、そうした一人一人の子どものその時々の様子や周囲の状況に即して、最もふさわしいと考えられる環境や関わりが求められるものであり、それらは必ずしも常に一律のものとは限りません。だからこそ、保育内容等の評価の実施に当たって信頼性や妥当性を意識することが、一連の取組を意味のあるものとしていく上でとても重要なのです。

○ 保育内容等の評価において、信頼性や妥当性が高められるよう、できるだけ子どもの実態や保育に関する事実に基づく記録や様々な立場・視点から多面的に捉えた情報を根拠に、子どもの内面や育ちを様々な角度から探り、「子どもにとってどうか」という視座から保育のありようを問い続けるということが求められます。そのために、複数の記録・情報を集めて突き合わせてみる、評価の過程で多様な立場の人々からの視点を取り入れるといった工夫をすることが考えられます。

○ また、園内研修等の機会を通じて、自分たちの行っている保育内容の評価の方法や内容が保育の質の確保・向上という本来の目的にあっているか、実効性のある取組となっているかといったことについて、保育所の組織全体で協議し、理解や認識を共有することも重要です。

5. 保育所における保育内容等の自己評価に関する結果の公表

(1) 自己評価の結果を公表する意義

○ 保育内容等の自己評価の結果を外部に公表することは、保育所が社会的責任を果たす上で重要な取組です。評価の結果を公表し、様々な人から意見を聞くことは、次の保育に向かう過程の一環に位置づけられます。

○ 社会福祉法第七十五条では、利用者への情報提供が社会福祉事業の経営者の努力義務とされており、また、児童福祉法第四十八条の四においても、保育所の情報提供が努力義務として規定されています。さらに、保育所保育指針では、保育所の社会的責任として、保護者や地域社会に対して「保育の内容を適切に説明するよう努めなければならない。」とされています。

○ これらを踏まえ、保育所の行った保育内容等に関する自己評価の結果を外部に向けて公表することは、保育所がその社会的責任を果たす上でも重要です。ただし、結果の公表は評価の「仕上げ」や「目的」ではありません。結果を公表し、様々な人から意見を広く聞くことは、保育について保護者や地域住民等と相互理解を深めるとともに、自分たちの保育の良さや特色、課題を再認識し、次の保育に向かう過程の一環です。

(2) 自己評価の結果の公表方法

○ 保育所における保育内容等の自己評価の結果を公表する際には、公表する対象に応じて、公表の方法・内容やその示し方・伝え方を考えます。

○ 保育内容等の自己評価の結果を公表するに当たっては、まず公表の対象（保護者、地域住民等）が知りたいであろうと考えられる情報と、公表した内容について保育所側として意見を聞きたい情報をそれぞれ整理し、公表の方法や内容及びその示し方・伝え方を考えます。

(保護者を対象として自己評価の結果を公表する場合)

○ 評価の結果に関して、保護者に公表し意見を聞きたい場合には、

・クラスだより・園だよりなど、保育所で発行している通信に掲載して意見を募る

・子どもの送迎時などの際に保護者の目につきやすい場所に掲示しておき、付箋に意見を記入して貼ってもらえるようにする

・保護者会等の機会に報告・説明し、保護者同士のグループ討議の機会を設ける

・連絡帳やインターネット上のサービスなど、保護者とのコミュニケーションのためのツールを活用して意見を求める

別添

保育内容等の自己評価の観点（例）

○ 「どのようなことについて保育内容等の評価を行うか」、すなわち、評価の観点とその具体的な項目は、保育所保育指針に基づき、各保育所の保育理念や方針と、子どもや保育実践の実態及び地域の実情等に即して定めます。

○ 各保育所で継続的・主体的に評価の取組を進めていくために、保育所保育指針及び各々の保育理念や方針について職員間で理解を共有し、これらと実際の子どもの姿や保育の展開等を照らしあわせながら、組織全体で協議して自己評価の観点や項目を設定することが望まれます。

○ ここでは、各保育所において評価の観点を定める際の参考として、保育所保育指針に示す主な事項を、

Ⅰ　保育の基本的理念と実践に係る観点

Ⅱ　家庭及び地域社会との連携や子育て支援に係る観点

Ⅲ　保育の実施運営・体制全般に係る観点

として整理した上で、各観点の内容に関するより詳細な事項の例を示します。

○ これらの観点は、互いに密接に関連しあい、全体として保育の質を構成するものです。実際に評価の取組を進める際には、誰が・どの程度の期間の・どのようなことについて行うか（例えば、保育所全体でこの１年間の保育を振り返って現状や課題を広く全般的に捉える／保育士等が重点的に取り組むテーマを決めて、期ごとの保育の内容を詳細に検討していくなど）、保育所全体としての評価の取組の中での位置づけを踏まえて、一つ一つの観点について適当と思われる項目の分量や具体性の程度を勘案して定めます。

Ⅰ　保育の基本的理念と実践に係る観点（例）

子どもの最善の利益の考慮
子どもの人権への配慮／一人一人の人格の尊重　等
子どもの理解
育ち／内面／個性／生活の状況／他者との関係性／集団（グループ・クラス）の状況　等
保育のねらい及び内容
発達過程に即したねらい及び内容／子どもの実態に即した保育の展開／健康・安全で心地よい生活／子どもの主体的な遊び・生活／体験の豊かさや広がり／子ども相互の関わりや関係づくり／集団における活動の充実　等
保育の環境（人・物・場）の構成
健康、安全で情緒の安定した生活ができる環境／自己を十分に発揮できる環境／自発的・意欲的に関われるような環境／多様で豊かな環境／活動と休息、緊張感と解放感等の調和がとれる環境／自ら周囲の子どもや大人と関わっていくことができる環境／状況に即した柔軟な環境の再構成／子ども・保育士・保護者等の対話を促す環境／地域社会の様々な資源の活用　等
保育士等の子どもへの関わり（援助・行動・言葉・位置・タイミング・配慮等）
養護と教育の一体的な展開（乳児保育・１歳以上３歳未満児の保育・３歳以上児の保育）／子どもが安心感や信頼感をもてる関わり／個人差への配慮／家庭での保護者との関係や生活への配慮／環境の変化や移行への配慮／子どもの変化に応じた活動の柔軟な展開とその援助／子どもの主体的な活動を促す多様で適切な援助／特別な支援や配慮を要する子どもへの関わり　等
育ちの見通しに基づく保育
全体的な計画／指導計画（短期・長期）／保育の記録のあり方・活用／行事の時期と内容／職員間の役割分担及び協力体制　等

（別添　つづき）

Ⅱ　家庭及び地域社会との連携や子育て支援に係る観点（例）

入所する子どもの家庭との連携と子育て支援
家庭の実態や保護者のニーズ・意向等の把握／保育所の特性を生かした支援／保護者との相互理解（情報の提供・共有や保育への保護者の参加）／保護者の状況に配慮した個別的な支援／不適切な養育等が疑われる家庭への支援／プライバシーの保護／保育所全体の体制構築　等
地域の保護者等に対する子育て支援
保育所の施設や機能の開放／子ども・子育てに関する相談・助言や情報提供／一時預かり等の活動　等
地域における連携・交流
地域の多様な人々との連携・交流／自治体・関係機関等との連携／小学校との連携／他の保育所・幼稚園・認定こども園との連携　等

Ⅲ　保育の実施運営・体制全般に係る観点（例）

組織としての基盤の整備
組織及び保育の理念・目標・方針とその共有／管理職の責務とリーダーシップ／組織全体のマネジメント／職員間の同僚性／職員の勤務環境及びその管理状況　等
社会的責任の遂行
法令等の遵守／個人情報の取扱い／苦情解決／保護者や地域社会に対する説明責任／情報の開示、提供　等
健康及び安全の管理
保健的環境の整備／安全の確保／子どもの健康や発育・発達状態等の把握／健康の保持及び増進に係る取組／食育の推進／疾病・事故等の発生予防や対応に係る職員間の連携や体制構築／家庭や保健・医療機関等との連携／災害への備え　等
職員の資質向上
職員同士が主体的に学び合う姿勢と職場の環境／研修の機会確保と充実／体系的な研修計画の作成／研修成果の共有・活用／評価の実施と結果を踏まえた改善／保育内容等に関する実践研究　等

といった方法が考えられます。

（地域住民等を対象として自己評価の結果を公表する場合）

○　広く地域の住民等に向けて評価の結果を公表し、保育の内容を伝えたい場合には、

・ホームページに掲載する

・リーフレットなどの資料を作成し、地域子育て支援事業の実施場所等を通じて関心のある人が手に取れるようにする

といった方法が考えられます。さらに、地域の行事や入所希望者への説明会等の機会を活用すると、相手と対話して直接意見を聞くことができます。

(3)　自己評価の結果の公表に当たって留意すべき事項

○　保育内容等の自己評価の結果を公表する際は、主に以下の点に留意することが重要です。

・対象（保護者・地域住民等）にとってのわかりやすさを意識する

・個人情報の保護に十分配慮する

・公表により得られた意見に対して、改善に向かう姿勢を示す

○　保育内容等に関する自己評価の結果を公表する際には、評価結果を見た人との対話が生まれるように、写真や動画等を使用したり、図やグラフで示したりするなど、わかりやすく提示することを意識します。

○　自分たちの使用している用語や表現、場所や遊具・玩具の呼び方などが、保育所の職員同士では通じるものでも外部の人にはわかりにくい場合があることを念頭に置き、読み手の立場にたって文章の書き方や情報の示し方

を考えることが重要です。読み手の立場で考えることは、自分たちが普段「わかったつもり」「理解を共有しているつもり」になっていることを改めて見直すことにもつながります。

○　また、保育所の自己評価に関して、結果だけでなく、「どのように取り組んでいるのか」「どのようなことを根拠として今回の結果となったのか」など、評価の過程についても示すことで、保育所が保育の改善や充実に向けて取り組んでいることの状況や意図など、保育所として伝えたいことについて外部の人がより理解しやすくなります。

○　なお、自己評価の結果を公表する際には、個人情報の保護に十分留意することが必要です。

○　公表を通じて得られた意見に対しては、すぐに対策・対応の具体案を示すことができる場合もあれば、実情に即して中長期的に目標を立て、経緯を見ながら対応していく場合もあります。いずれにおいても、保育所として受け止めたことを掲示や通信等で早めに示し、改善に向かう姿勢を示すことが大切です。

関係法令等　［略］

112 幼稚園における学校評価ガイドライン（平成二十三年改訂）

（平成二〇年三月二四日　文部科学省）

改訂　平成二三年一一月一五日

はじめに　［略］

1．幼稚園における学校評価の特性

○　教育基本法では、幼児期の教育が生涯にわたる人格形成の基礎を培う重要なものであること、学校教育法では、幼稚園が義務教育及びその後の教育の基礎を培うものであることが規定されている。このように、幼稚園は体系的な教育を組織的に行う学校教育の最初の学校として位置付けられており、学校評価についても他の学校種と同様の法的位置付けの中で行うことになる。

○　その一方、幼稚園における教育活動は、教科等の学習を中心とする小学校以降の教育活動とは異なり、幼児期の特性を踏まえ、環境を通して行うものであること、また、幼稚園は義務教育ではないこと、私立幼稚園が多く選択の幅が大きいこと、小・中学校に比較して規模が小さいものが多いことなどの特性がある。

　したがって、各幼稚園においては、教育の質を保証し、さらなる向上を図るため、以下のことを十分認識し、学校評価を行う必要がある。

○　第一に、幼稚園の教育活動は、「幼稚園教育要領」に示された内容に基づき実施されるものであり、その実施に当たっては、幼児期にふさわしい生活が展開されるようにすること、遊びを通しての総合的な指導が行われるようにすること、一人一人の特性に応じた指導が行われるようにすることを重視して行われなければならないことから、幼稚園の学校評価を行うに当たって特に教育活動の内容を評価する場合は、このことを十分配慮し、適切に行う必要がある。

○　第二に、幼稚園は義務教育ではなく、私立幼稚園など設置主体が多様であり、就園するしないも含めて、選択の幅が大きく、また、各幼稚園は、建学の精神やその教育目標に基づき運営されているので、幼児の健やかな成長のために、保護者にとってその幼稚園の学校運営の状況を学校評価を通して理解することは重要なものとなる。また、それにより、保護者との連携協力の促進を図ることができることとなる。

2．学校評価の目的・定義と流れ

○　学校は、教育活動その他の学校運営の状況について評価を行い、その結果に基づき学校運営の改善を図るため必要な措置を講ずることにより、その教育水準の向上に努めなければならないものとされている。

①　学校評価の目的

（ア）　学校評価の必要性と目的

○　幼稚園において、幼児がより良い教育活動を享受できるよう、学校運営の改善と発展を目指し、教育の水準の保証と向上を図ることが重要である。

○　このことから、学校の教育活動その他の学校運営の状況について評価を行い、その結果に基づき、学校及び設置者等が学校運営の改善を図ること、及び、評価結果等を

広く保護者等に公表していくことが必要である。

○ 学校評価は、以下の三つを目的として実施するものである。

・各学校が、自らの教育活動その他の学校運営について、目指すべき目標を設定し、その達成状況や達成に向けた取組の適切さ等について評価することにより、学校として組織的・継続的な改善を図ること。
・各学校が、自己評価及び保護者など学校関係者等による評価の実施とその結果の公表・説明により、適切に説明責任を果たすとともに、保護者、地域住民等から理解と参画を得て、学校・家庭・地域の連携協力による学校づくりを進めること。
・各学校の設置者等が、学校評価の結果に応じて、学校に対する支援や条件整備等の改善措置を講じることにより、一定水準の教育の質を保証し、その向上を図ること。

○ (イ) 学校評価に関する規定

学校評価については、学校教育法第四十二条（幼稚園については、第二十八条により準用）及び学校教育法施行規則第六十六条～第六十八条（幼稚園については、第三十九条により準用）により、次のことが必要となる。

・教職員による自己評価を行い、その結果を公表すること。
・保護者などの学校の関係者による評価（「学校関係者評価」）を行うとともにその結果を公表するよう努めること。
・自己評価の結果・学校関係者評価の結果を設置者に報告すること。

○ ② 学校評価の定義及び留意点

評価の形態として、次の三つが考えられる。

・【自己評価】 各学校の教職員が行う評価
・【学校関係者評価】 保護者、地域住民等の学校関係者などにより構成された評価委員会等が、自己評価の結果について評価することを基本として行う評価
・【第三者評価】 学校とその設置者が実施者となり、学校運営に関する外部の専門家を中心とした評価者により、自己評価や学校関係者評価の実施状況を踏まえつつ、教育活動その他の学校運営の状況について専門的視点から行う評価

○ なお、学校評価の進め方のイメージ例を、巻末の【別添1】に掲げる。

○ (ア) 自己評価

自己評価は、園長のリーダーシップの下で、当該学校の全教職員が参加し、設定した目標や具体的計画等に照らして、その達成状況や達成に向けた取組の適切さ等について評価を行うものである。

○ 自己評価を行う上で、保護者や地域住民を対象とするアンケートによる評価や、保護者等との懇談会を通じて、保護者の幼稚園教育に関する理解や意見、要望を把握することが重要である。

○ なお、アンケート等については、学校が、学校の目標等の設定・達成状況や取組の適切さ等について自己評価を行う上での資料ととらえることが適当であり、学校関係者評価とは異なることに留意する。

○ 一方、幼稚園においては、園児の送迎や園の行事の際などの保護者とのコミュニケーションの機会を積極的に利用し、保護者の要望や意見を収集する努力も大切である。

○ (イ) 学校関係者評価

学校関係者評価は、保護者、地域住民などにより構成された委員会等が、その学校の教育活動の観察や意見交換等を通じて、自己評価の結果について評価することを基本として行うものである。

○ (ウ) 第三者評価

第三者評価は、学校とその設置者が実施者となり、学校運営に関する外部の専門家を中心とした評価者により、自己評価や学校関係者評価の実施状況も踏まえつつ、教育活動その他の学校運営全般について、専門的視点から評価を行うものである。

○ 第三者評価は、実施者の責任の下で、第三者評価が必要であると判断した場合に行うものであり、法令上、実施義務や実施の努力義務を課すものではない。

○ ③ 学校評価により期待される取組と効果

学校評価の結果を踏まえ、各学校が自らその改善に取り組むとともに、評価の結果を学校の設置者等に報告することにより課題意識を共有することが重要である。これを踏まえ、設置者等は予算・人事上の措置や指導主事の派遣を行うなどの適切な支援を行うことが必要である。

○ 学校関係者評価の取組を通じて、教職員や

保護者、地域住民等が学校運営について意見交換し、学校の現状や取組を知り課題意識を共有することにより、相互理解を深めることが重要である。学校評価を学校・家庭・地域間のコミュニケーション・ツールとして活用することにより、保護者・地域住民の学校運営への参画を促進し、共通理解に立ち家庭や地域に支えられる開かれた学校づくりを進めていくことが期待される。

　さらに、学校評価を軸とした情報の共有と連携協力の促進を通じて、学校・家庭・地域それぞれの教育力が高められていくことが期待できる。

○　また、第三者評価の取組を通じて、学校が自らの状況を客観的に見ることができるようになるとともに、専門的な分析や助言によって学校の優れた取組や、学校の課題とこれに対する改善方策が明確となる。さらに、学校運営が適切になされているかどうかが確認される。これらの結果、学校の活性化や信頼される魅力ある学校づくりにつながることが期待される。

○　学校評価は、限られた時間や人員を、必要度・緊急度の高い活動や教育効果の高い活動に集中するといった、学校の教育活動の精選・重点化を進める上で重要な役割を果たすものである。学校評価の取組を通じて、学校として組織的に、今、重点的に取り組むべきことは何かを把握し、その伸長・改善に取り組むようになることが期待される。

○　学校評価は、あくまでも学校運営の改善による教育水準の向上を図るための手段であり、それ自体が目的ではない。学校評価の実施そのものが自己目的化してしまわないよう、地域の実情も踏まえた実効性のある学校評価を実施していくことが何よりも重要である。

3．学校評価の実施・公表

(1) 自己評価

○　自己評価を行うに当たっては、学校の教育目標等を実現するために、重点的に取り組むことが必要な目標や計画の取組状況等を適切に評価できる項目等を各学校の実情に応じて設定し、教育活動を実施する必要がある。また、評価結果を公表することにより、学校運営の質に対する説明責任を果たし、保護者との連携協力を推進することができる。

① 重点的に取り組むことが必要な目標等の設定

○　学校が、教育活動その他の学校運営について、目標（Plan）―実行（Do）―評価（Check）―改善（Action）というPDCAサイクルに基づき継続的に改善していくためには、まず目標を適切に設定することが重要である。

○　各学校においては、目指す子ども像などを示すために学校の教育目標等を設定し、この学校の教育目標等を実現するために教育課程編成の重点その他の運営方針を定めていることが通例である。

○　これらをもとに、園長をはじめ教職員の目指す理想、学校の置かれている実情、前年度の学校評価の結果及び改善方策、及び保護者等のアンケートの結果を考慮し、重点的に取り組むことが必要な目標や計画を具体的かつ明確に定めることが必要となる。

○　その際、重点的に取り組むことが必要な目標等が、園長のリーダーシップの下、学校の全教職員がそれを意識して取り組むことができるなど実効性あるものとなるよう、学校運営の全分野を網羅して設定するのではなく、学校が伸ばそうとする特色や解決を目指す課題に応じて精選する。

○　その他、各学校が目標等を設定する場合には、設置者の学校教育に関する方針も踏まえたものとし、必要に応じて、設置者が目標設定に関する支援を行うことも考えられる。

② 自己評価の評価項目の設定

(ア) 自己評価の評価項目・指標等の設定

○　重点的に取り組むことが必要な目標等の達成に向けた取組などを評価項目として設定する。

　また、評価項目の達成状況や達成に向けた取組の状況を把握するために必要な指標や、指標の達成状況等を把握・評価するための基準を、必要に応じて設定することが考えられる。

○　具体的にどのような評価項目・指標等を設定するかは、各学校が学校の状況や地域の実情に基づき判断すべきことであるが、その設定について検討する際の視点となる例を、参考として巻末の【別添2-1】に掲載する。ただし、そのほかの視点も考えられるとともに、適切な評価項目等の内容や数とする必要がある。

○　また、参考として、学校の教育目標等と重点的に取り組むことが必要な目標や計画、評価項目等の設定の関係例を巻末の【別添3】に示した。

(イ) 成果への着目と取組(プロセス)への着目

○ 評価項目等には、目標の達成状況を把握するための（成果に着目する）ものと、達成に向けた取組の状況を把握するための（取組に着目する）ものがあり、適切に設定することが望ましい。

③ 全方位的な点検・評価と日常的な点検

○ 学校が抱える課題等を把握するためには、全方位的な点検・評価も重要である。あまりに重点化された目標等を指向するのみでは、学校運営全体における力点の置き方に均衡を失する可能性もある。このことから、日々の学校運営の中で必要に応じ幅広な「全方位型」の点検等を適宜行うことが大切であり、例えば、一定の時期（数年に一度など）に学校の取組の状況について全方位的なチェックを行うことなどが考えられる。また、一回の評価で全方位的な点検・評価をするのではなく、数回の実施により、多岐の領域を評価していくことも考えられる。

○ さらに、学校評価の取組とは別に、学校として当然に満たすべき法令上の諸基準等を満たしているかどうかという合規性のチェックも重要である。

④ 自己評価の実施

○ 自己評価は、園長のリーダーシップの下、全教職員が参加して組織的に取り組むことが重要である。また、必要に応じて、学校評価委員会などの組織を校内に設けることも考えられる。

○ 各学校は、設定した評価項目等を用いて、目標の達成状況や達成に向けた取組の状況を把握・整理する。その結果をもとに、これまで進めてきた教育活動その他の学校運営に関する取組が適切かどうかを評価し、その結果を踏まえた今後の改善方策を検討する。

○ 自己評価を行う上で、保護者等から寄せられた具体的な意見や要望、アンケート等の結果を活用する。

その際、集計・分析等に要する事務量にかんがみ、評価項目等との関連を図りつつ、適切な項目を設定して行うことが必要である。

なお、アンケート等の実施に当たっては、匿名性の担保に配慮する。

○ 自己評価は、各学校・地方公共団体の事情に応じて、教育活動の区切りとなる適切な時期に行うことがふさわしいが、一年度に少なくとも一回は実施する必要がある。

また、評価項目等の内容や教育活動の実施状況等によって中間的な評価を実施し、評価項目等をより適切なものに見直すことが考えられる。

⑤ 自己評価の結果の報告書の作成

○ 各学校は、自己評価の結果を報告書に取りまとめる。

○ 自己評価の結果の報告書には、重点的に取り組むことが必要な学校評価の目標や計画、その達成状況及び取組の適切さ等の評価結果や分析に加え、それらを踏まえた今後の改善方策について、簡潔かつ明瞭に記述する。

⑥ 自己評価の結果の公表・報告書の設置者への提出

○ 各学校は、自己評価の結果及びそれを踏まえた今後の改善方策を、広く保護者や地域住民等に公表することが必要である。例として、巻末の【別添4】のようなフォーマットで公表する方法も考えられる。

○ 評価結果を公表することによって、各学校の良さや課題が明らかになり、学校における教育の信頼性が高まることになる。また、それにより保護者と連携協力することが必要な内容を明らかにすることができる。

○ 公表の内容については、各学校において様々に工夫し、公表した評価結果が各学校の今後の教育に役立つようにすることが大切である。

○ また、評価の方法については、「可否」「五段階評価」などが考えられるが、その場合においても、指標や基準等の内容及び評価の根拠等について記述することが望ましい。

○ 評価を行った場合、翌年度等に向けて取り組むべき課題も示すことが必要であるが、その際には、現状において改善が必要な課題だけでなく、現状において達成されていると評価した視点についても、さらに充実させるために、課題とすることも考えられる。

○ さらに、各学校は、自己評価の結果及び今後の改善方策を取りまとめた報告書を設置者に提出する。

⑦ 評価の結果と改善方策に基づく取組

○ 各学校は、自己評価の結果及び今後の改善方策を、適宜具体的な取組の改善を図ることに活用する。

さらに、自己評価の結果について評価する学校関係者評価の結果を踏まえ、自己評価及び今後の改善方策について見直しを行い、それを今後の目標設定や取組の改善に反映させる。

○ 学校が改善のための具体的な取組を進めるに当たっては、設置者等による支援・改善と連携しつつ進める。

(2) 学校関係者評価

○ 学校関係者評価は、保護者や地域住民等の学校関係者等が、自己評価の結果を評価することを通じて、自己評価の客観性・透明性を高めるとともに、学校・家庭・地域が学校の現状と課題について共通理解を深めて相互の連携を促し、学校運営の改善への協力を促進することを目的として行うものである。

① 学校関係者評価の在り方

○ 学校関係者評価は、自己評価の結果について評価を行うことを基本とする。

○ 学校及び学校関係者評価の評価者は、評価を進めるに当たり、学校関係者評価が学校と保護者・地域を結ぶコミュニケーション・ツールであることに留意する。

そのため、学校は、学校の状況や努力が評価者に理解されるよう十分な情報提供や学校の公開を行うことが必要である。また、評価者は、学校に対して意見を述べるとともに、家庭・地域においては学校運営改善のための窓口の一つであると同時に学校の理解者としてその努力を伝えていくことが期待される。

② 学校関係者評価委員会

○ 各学校は、単独であるいは複数の学校ごとに、保護者や地域住民などの学校関係者により構成される委員会（以下「学校関係者評価委員会」という。）を置くことが考えられる。

○ 学校関係者評価においては、その学校と直接の関係のある保護者等を評価者とすることが適当であり、その際、幼児を基点に学校と密接な関わりを有する保護者が、学校評価とそれを通じた学校運営の改善に参画することが重要である。このことから、その学校に在籍する幼児の保護者を評価者に加えることを基本とする。

その他、例えば、学校評議員、地域住民や地元企業関係者、子どもの健全育成・安全確保の観点から青少年健全育成関係団体や警察の関係者等を加えることが考えられる。また、接続する小学校の教職員や大学の研究者等を評価者として加えることにより評価を受けることも考えられる。

○ 学校関係者評価委員会を新たに組織することにかえて、学校評議員や学校運営協議会等の既存の組織を活用して評価を行うことも考えられる。ただし、学校関係者評価の取組が一部だけのものとならず、透明性が高く広がりをもったものとなるよう配慮する。

○ また、評価者への就任を依頼する際には、学校訪問や評価の取りまとめの作成、幼児に関する個人情報の保護、守秘義務など、どのような負担等が生じるかを説明し、あらかじめ各評価者の理解を得ることが必要であるが、過度の負担が生じないようにすることが大切である。

③ 学校関係者評価の実施

○ 学校関係者評価委員会が評価を行うに先立ち、教育活動の参観や、学校との間で十分な意見交換等を行い、学校の状況について共通理解が深められるよう留意する。

○ 学校関係者評価委員会は、学校が行った自己評価の結果及びそれを踏まえた今後の改善方策について評価することを基本とする。具体的には、下記の内容などを評価することが考えられる。

- 自己評価の結果の内容が適切かどうか
- 自己評価の結果を踏まえた今後の改善方策が適切かどうか
- 重点的に取り組むことが必要な目標や計画、評価項目等が適切かどうか
- 学校運営の改善に向けた取組が適切かどうか

④ 学校関係者評価の結果の報告書の作成

○ 学校関係者評価委員会等は、評価の結果を取りまとめる。

○ その際、学校関係者評価の結果の報告書を、自己評価の結果の報告書と併せて作成することも考えられる。

⑤ 学校関係者評価の結果の公表・報告書の設置者への提出

○ 各学校は、学校関係者評価の結果及び今後の改善方策について、保護者や地域住民等に公表するとともに、報告書を設置者に提出する。

⑥ 評価の結果と改善方策に基づく取組

○ 各学校は、学校評価を実効性ある取組とするため、自己評価及び学校関係者評価の結果並びに今後の改善方策を、次年度の重点目標等の設定に反映したり、具体的な取組の改善を図ることに活用する。

○ 学校が改善のための具体的な取組を進めるに当たっては、設置者等による支援・改善と連携しつつ進める。

(3) 自己評価及び学校関係者評価の評価結果の公表・説明

(ア) 学校評価の結果と改善方策の公表

○　各学校は、自己評価及び学校関係者評価の結果及びそれを踏まえた今後の改善方策を、園便りへの掲載等の方法により広く保護者に公表する。

　さらに、ＰＴＡ総会を活用して保護者等を対象とした説明を行ったり、学校のホームページや地域広報誌への掲載等の方法により、より広く内容が周知されるよう留意する。

(イ)　公表に当たっての工夫等

○　評価結果及びそれを踏まえた今後の改善方策の公表に当たっては、適宜公表する内容等を工夫する。

(4)　自己評価及び学校関係者評価の設置者への報告と支援・改善

①　設置者への報告

○　各学校は、自己評価及び学校関係者評価の結果並びにそれらを踏まえた今後の改善方策を取りまとめた報告書を設置者に提出する。

　これらを一つの報告書にまとめて提出することも考えられる。

○　その際、自己評価を行う際に利用した保護者や地域住民からの意見や要望、アンケート等の結果等の具体の情報・資料を含める。

②　設置者等による支援・改善

(ア)　評価結果等に基づく学校の支援・改善

○　設置者は、各学校の評価結果の報告書に示された学校の特色や課題に向けた取組状況等により、各学校の教育活動その他の学校運営の状況を把握し、その状況や必要性を踏まえて、学校に対する支援や条件整備等の改善を適切に行う。

(イ)　評価者の研修

○　各学校における学校評価の取組の中心となる教職員の研修や、保護者など学校関係者評価の評価者の知識の向上等を目的とした研修の充実を図る必要がある。

(5)　第三者評価

○　第三者評価は、学校とその設置者が実施者となり、学校運営に関する外部の専門家を中心とした評価者により、自己評価や学校関係者評価の実施状況も踏まえつつ、教育活動その他の学校運営の状況について、専門的視点から評価を行うものと位置付けられる。

○　第三者評価の主たる目的は、学校運営の改善による教育水準の向上にある。

○　第三者評価では、各学校の目標の設定・達成に向けた取組状況など学校運営の在り方について、自己評価や学校関係者評価に加えて、学校評価全体を充実する観点から評価し、その結果を踏まえて、学校の優れた取組や今後の学校運営の改善につなげるための課題や改善の方向性等を提示することを基本とすることが適当である。

　必要に応じて教育に関する諸基準への適合のための取組体制等の評価という監査的要素も盛り込んでいくことが考えられる。なお、その場合には、財務監査や行政監査は財務や業務の適正化の観点から行われるものであり、幼児がより良い教育活動を享受できるよう学校運営の改善と発展を目指すための取組である学校評価とは、その目的、役割が異なるものであることに留意する必要がある。

①　第三者評価の特性と意義

○　自己評価や学校関係者評価を最大限有効に活用し、学校運営の改善をより確実に進めていくためには、これらの評価に加えて、学校運営の質を確認するとともに、学校の優れた取組や改善すべき課題などを学校や設置者等が改めて認識できるような取組を行うことが重要である。

　このため、学校教育法に規定されている学校評価の一環として、学校とその設置者が実施者となり、「第三者評価」として次のような評価を実施していくことが有効である。

・保護者や地域住民による評価とは異なる、幼児教育や学校のマネジメント等について専門性を有する者による専門的視点からの評価

・各学校と直接の関係を有しない者による、当該学校の教職員や保護者等とは異なる立場からの評価

○　このような第三者評価の実施を通じて、学校が自らの状況を客観的に見ることができるようになるとともに、専門的な分析や助言によって学校の優れた取組や、学校の課題とそれに対する改善方策が明確となり、具体的な学校運営の改善に踏み出すことができるようになるなど、学校の活性化につながることが期待される。また、学校運営が適切になされているかどうかが確認され、信頼される魅力ある学校づくりにつながるという意義もある。さらに、学校のみならず設置者である教育委員会等の取組状況に対する専門的立場からの評価ともなり、その結果、学校だけでは解決が困難な課題も含めて、設置者である教育委員会等の支援や改善を促す効果も期待できる。これらがあいまって教育水準の向上が図られることとなるものである。

○　第三者評価が有効に機能するためには、自己評価や学校関係者評価が適切に行われていることが必要であるが、同時に第三者評価には自己評価や学校関係者評価が効果的に実施されているかどうかを検証し、学校評価システム全体の実効性を高めるという役割も期待される。

②　第三者評価の実施体制

○　第三者評価は、学校とその設置者が実施者となり、その責任の下で、第三者評価が必要であると判断した場合に行うものであり、法令上、実施義務や実施の努力義務を課すものではない。

○　具体的な評価の実施体制については、地域や学校の実情等に応じて、次のような取組を含め柔軟に対応することが考えられる。

(ア)　学校関係者評価の評価者の中に、学校運営に関する外部の専門家を加え、学校関係者評価と第三者評価の両方の性格を併せ持つ評価を行う。

(イ)　一定の地域内の複数の学校が協力して、互いの学校の教職員を第三者評価の評価者として評価を行う。

(ウ)　学校運営に関する外部の専門家を中心とする評価チームを編成し、評価を行う。

○　(ア)の評価を行う際には、評価に参加する外部の専門家が、評価活動だけでなく、自己評価や学校関係者評価の実施に関する助言を行うなど、学校評価プロセス全体の改善に関与してもらうなどの運用も効果的である。

○　(イ)の評価を行う際には、評価者が互いに評価し合う関係となるため、馴れ合いにならず、新たな気づきをもたらすような評価を実践できるよう工夫が求められる。また、幼稚園と小学校等、一定の地域内の接続する学校間で協力して実施すれば、当該学校間の連携協力を図る上で有効である。

○　(ウ)の評価を行う際の主な留意点は次のとおり。

- 評価者の確保や事務局体制の整備など、実施に際しての実施者の負担が大きいため、負担とメリットを十分に考量して実施することが求められる。
- 評価を受ける学校の理解を十分に得た上で実施することが、評価の実効性を確保する上で重要である。
- 評価実施の負担を軽減するため、例えば、複数の設置者間での連携や都道府県による支援など、必要に応じて学校の設置者を超えて広域的な連携を図ることも考えられる。
- 評価チームにおいては、評価プロセス全体を主導し、評価結果を取りまとめる役割を担う、主たる責任者を明確にしておくことが望ましい。

○　(ア)及び(ウ)の方法においては、学校運営に関する外部の専門家の確保に際して、設置者が専門家に関する情報を収集・提供するなど、積極的な役割を担うことが求められる。

○　また、実施体制にかかわらず、第三者評価を行う際には、次の諸点に留意して評価を実施することが求められる。

- 法令上実施が義務付けられている自己評価と、実施が努力義務となっている学校関係者評価が十分に行われることが重要であり、その上で、第三者評価の導入により、学校評価全体が充実したものとなることが望まれる。
- 学校評価はあくまでも学校運営改善のための手段である点に留意しつつ、第三者評価によって期待される効果と、実施のために必要な様々な負担を考量し、必要最小限の負担で最大限の効果を得られるよう工夫することが求められる。

③　第三者評価の評価者

○　(ア)　評価者の在り方

第三者評価の評価者は、学校運営について専門的視点から評価を行い、その結果を踏まえ、学校の優れた取組や今後の学校運営の改善につなげるための課題、改善の方向性等を提示することのできる者とすることが適当である。

○　具体的には、次のような者の中から、実施者が評価者としてふさわしい識見や能力、すなわち、評価項目に即した専門性や知見及び具体的な評価活動を担うことができる経験や能力を有していると適切に判断した上で、評価者を選定することが必要である。特に、幼稚園の学校評価をより実効性のあるものとするためには、幼児教育の特性を十分に理解した評価者が評価を行うことが重要であるため、設置者等が実施する評価者の研修を受けた者等を第三者評価の評価者として活用することも効果的である。

- 教育学等を専門とする大学教授等（教育学部等や教職大学院の教授等）
- 園長経験者や指導主事経験者など、学校運営に関与した経験のある者

・（公立学校の場合は他の地方公共団体の）教育委員会の指導主事・管理主事、他の学校の教職員等、学校の教育活動等に造詣の深い者
・学校運営に関連する知見を有する民間研究機関等（調査研究機関、NPO法人等）の構成員
・PTAや青少年団体など学校と地域の連携に取り組んでいる団体の統轄団体の役員など、学校と地域の連携に関する知見を有する者
・組織管理に造詣の深い企業や監査法人等の構成員

○ なお、評価者の構成については、評価項目に即して適当な者を選定することとなるが、一面的な評価とならないよう、極端な偏りのないものとすることが望まれる。

○ 学校評価の評価結果は学校運営の改善に生かされることとなるので、評価者は、その責任と役割を十分に理解する必要がある。

○ 評価者への就任の依頼に際しては、幼児等の個人情報の保護や守秘義務などについてあらかじめ説明し、理解を得る必要がある。

(イ) 実施者との関係

○ 実施者は、当該第三者評価にふさわしい評価者を選定する責任がある。

○ 評価者は、実施者の責任の下に行われる第三者評価の趣旨や実施者が定める評価項目・実施方法に基づき第三者評価を行う立場にある。評価者である学校評価に精通した有識者から実施者が第三者評価の実施についてアドバイスをもらう場合も考えられるが、この場合は、評価者とは別の立場から行っているものと考えられる。

○ 評価者が評価を行うに当たっては、実務上様々な点において実施者からの協力を受けることが必要であり、実施者も評価者が適切に評価を行えるよう条件を整備することが必要である。また、実施者である学校とその設置者は、評価を受ける立場でもあることを十分踏まえる必要がある。このことから、実施者には、評価者が公正に自らの責任で評価を行えるよう評価者の構成や評価プロセスの透明性等に十分配慮することが求められる。

④ 第三者評価の実施

(ア) 評価項目等

○ 評価項目については、実施者が教育活動その他の学校運営について、学校や地域の実情及び自己評価や学校関係者評価の結果等を踏まえて設定する。

○ 限られた日程で効果的な評価を実施するためには、学校や設置者が課題と認識している事項や、それまでの評価において指摘された課題等を踏まえつつ、評価項目を重点化することが重要である。

○ 評価項目の設定に際しては、第三者評価の評価項目・指標等を設定する際の参考として巻末に示した【別添2―2】を参考とすることが考えられる。ただし、これらはあくまで例示に過ぎないものであり、その全てを網羅して取り組む必要はない。

○ 学校等の負担軽減の観点から、例えば、あらかじめ一般的に考えられる評価項目については、複数校について共通評価項目を設けておき、その中から第三者評価の実施者が必要な項目に重点化して評価項目を設定することなども考えられる。特に財務面など、教育に関する諸基準への適合性が重視される事項の評価を行う場合には、共通の評価項目を用いて評価を行うことで、評価者と評価対象校の双方の負担軽減につながることが考えられる。

○ なお、学校運営の改善を進めていく上では、学校と設置者等の適切な連携が不可欠であることから、両者の連携の状況についても評価の対象とすることが求められる。その際、公立学校の第三者評価については、教育委員会の自己点検・評価の結果を評価の際の資料として活用することも望まれる。

(イ) 専門的助言等

○ 学校運営の継続的改善を図る観点から、地域や学校の実情に応じ、例えば、運営改善のための専門的助言や、過去の第三者評価を踏まえた評価（改善状況等のフォローアップ等）を行うことも有効である。

○ 具体的な改善提案などの踏み込んだ専門的助言を行うためには、詳細かつ包括的な評価が必要となり、①評価者の確保、②評価日程の長期化、③専門的助言の妥当性についての責任の所在などの課題があることに留意する必要がある。第三者評価においてどこまで専門的助言等を得るかは、実施者が地域・学校の実情や評価者確保の状況などを踏まえて判断することが適当である。

○(ウ) 実施時期・日程等

実施時期や日程等については、予算編成や人事異動など、学校運営の改善プロセスに影響する要素も勘案しつつ、実施者が自己評価や学校関係者評価の実施状況等も踏まえて適切に決定する。

その際、第三者評価が学校運営の改善に確実に結び付くよう、各学校・地域の実情に配慮することが重要である。

具体的には、単年度の取組を評価対象とする場合や、より中長期的な取組を評価対象とする場合など、様々な方法が考えられる。

○(エ) 効率的・効果的な評価の実施

限られた日程で適切な評価を実施するためには、事前に十分な余裕を持って評価者が評価対象校の情報を得られるようにすることで、実効性のある調査日程を組むことができるよう配慮するとともに、評価者間であらかじめ重点となる評価項目等について共通理解を深めておくことが重要である。

○ 学校の負担を軽減し、評価を効率的に進めるため、その手順等について事前に評価者と評価対象校との間で打合せをしておくことや、評価に際して可能な限り既存の資料を活用し、やむを得ず評価対象校に新たな資料の作成を求める場合は、最小限に留めることが望ましい。

○ 具体的な評価活動としては、書面やデータのみをもって評価するのではなく、実際に教育活動の観察、教職員等からのヒアリングなどを実施することが大切である。その際、幼児への教育活動に支障を来さないよう十分に配慮することが必要である。

○ 第三者評価の実施に当たっては、過度に学校の事務負担が増えないように配慮する必要がある。また、学校においても、第三者評価に係る事務を組織的・効率的に処理するための工夫が求められる。

○⑤ 第三者評価の結果の取りまとめ

評価結果の取りまとめは、評価者が自ら責任を持って行うことが求められる。また、複数の評価者が評価を行う場合には、主たる責任者が中心となって取りまとめを行うことが望ましい。

○ 評価結果の取りまとめに当たっては、優れた取組や今後の学校運営の改善につなげるための課題や改善の方向性等について盛り込むことが重要である。また、客観的事実を取りまとめるにとどまらず、課題等の背景について専門的な視点から分析を加えるなど、専門家による専門的視点からの評価ならではの工夫が求められる。

○ 評価結果を確実に改善に結び付けていくためには、まずは評価対象校が評価結果を適切に理解し、その内容について納得できるようにすることが重要である。

このため、評価者には、例えば、次のような工夫を講ずるよう努めることが望まれる。

- 評価の判断の根拠となった情報を明らかにする。
- 評価結果の取りまとめの過程で、評価対象校と事実誤認の有無等について協議する機会を設ける。
- 学校が単独で改善に取り組めるものと、設置者等による支援が必要なもの、保護者や地域の協力等が望まれるものを区別した上で、課題や改善の方向性等を提示する。

○⑥ 第三者評価の結果の取り扱い

評価結果の評価対象校への報告は、報告書を評価対象校に提出するなどして行う。その際、例えば、評価対象校に評価者が事後訪問して評価結果について説明や意見交換を行うことなどを含め、報告の方法について工夫することが望ましい。

○ 評価結果には、学校の設置者や教職員の任命権者の支援が不可欠なものが含まれることが想定されるため、設置者等に対しても報告することが望ましい。なお、教職員の任命権者が学校の設置者と異なる場合には、任命権者への報告は、設置者を通じて行うことが現実的である。

○ 学校は、評価結果を踏まえて自ら学校運営の改善に努めるとともに、学校の説明責任という観点のみならず、保護者や地域住民が学校の現状を理解し、運営に積極的に協力、参画する土壌をつくるためにも、評価結果について保護者等が理解しやすい形で積極的に説明や情報提供していくことが望まれる。ただし、保護者等への説明等にとどまらず広く公表することについては、個人情報保護の観点等に留意して、慎重に取り扱うことが望まれる。

○ 設置者等は、評価結果を踏まえて、明らかとなった課題に対して学校と協力してどのように取り組むかを具体的に検討し、学校の支援や必要な改善措置を講ずることが求められる。同時に、設置者等として評価結果を日常的な学校の指導等に活用していくことが望まれる。なお、公立学校の第三者評価については、その評価結果を教育委員会の自己点検・評価の際の資料として活用していくことも望まれる。

4. 積極的な情報提供

○ 学校は、保護者や地域住民等の学校に対する理解を促進し、連携協力を推進するために、学校の基本的な情報を積極的に提供することが大切である。提供する内容については、各学校の実情に応じて十分検討する必要がある。

(ア) 情報提供の必要性と期待される効果

○ 学校評価の結果はもとより、学校に関する基礎的情報を含む必要な情報が分かりやすく示され、その学校がどのような学校であり、どのような状況にあるのかなど、学校全体の状況が把握できるような情報が提供されていることが重要である。

○ 幼稚園は、特に保護者との連携が重要であること、また、幼稚園は義務教育ではない、入園の選択幅が大きい等の特性を考慮すれば、学校評価を行う前提として、幼稚園の基本的な情報は積極的に提供しておくことが不可欠である。

○ 併せて、学校の立場から見たときに、学校の情報の提供は自らの良さや努力、また取り組みたいと考えている事柄を外に向かってアピールし、あるいは抱えている課題を率直に広く示すことにより、保護者や地域住民等の理解や支援を得ることができる絶好の機会となる。

(イ) 情報提供の在り方

別添1

学校評価の進め方のイメージ例

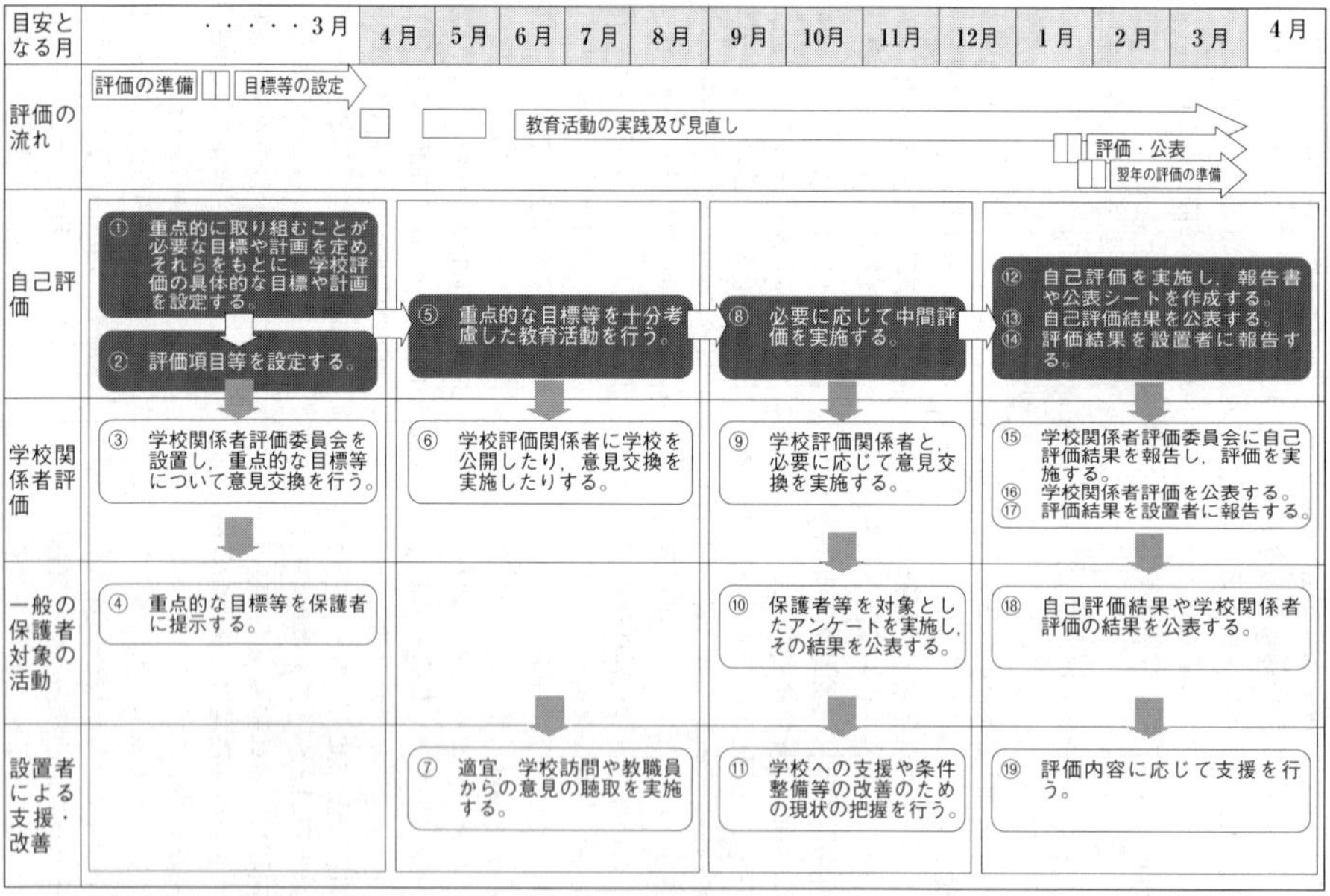

※矢印の方向性は評価を行う際の順序を示すものであり，各項目の関係性を示すものではない。

別添２―１

評価項目・指標等を検討する際の視点となる例

○ 各幼稚園や設置者において，評価項目・指標等の設定について検討する際の視点となる例として考えられるものを，便宜的に分類した学校運営における12分野ごとに例示する。

○ ただし，これらは，あくまでも例示に過ぎないものであり，一度にその全てを網羅して取り組むことは必ずしも望ましくない。また，各幼稚園の重点的に取り組むことが必要な学校評価の具体的な目標等を達成するために，必要な項目・指標等を設定することが重要である。

○ 以下に掲げた例については，内容に応じて再掲したため，重複しているものがある。

○ 教育課程・指導

・建学の精神や教育目標に基づいた幼稚園の運営状況
・幼稚園の状況を踏まえた教育目標等の設定状況
・幼稚園の教育課程の編成・実施の考え方についての教職員間の共通理解の状況
・学校行事の管理・実施体制の状況
・教育週数，１日の教育時間の状況
・年間の指導計画や週案などの作成の状況
・幼小の円滑な連携・接続に関する工夫の状況
・遊具・用具の活用
・ティーム保育などにおける教員間の協力的な指導の状況
・幼児に適した環境に整備されているかなど，学級経営の状況
・幼稚園教育要領の内容に沿った幼児の発達に即した指導の状況
　・環境を通して行う幼稚園教育の実施の状況
　・幼児との信頼関係の構築の状況
　・幼児の主体的な活動の尊重
　・遊びを通しての総合的な指導の状況
　・一人一人の発達の特性に応じた指導の状況　　など

○ 保健管理

・家庭や地域の保健・医療機関等との連携の状況
・法定の学校保健計画の作成・実施の状況，学校環境衛生の管理状況
・日常の健康観察や，疾病予防のための取組，健康診断の実施の状況

○ 安全管理

・事故等の緊急事態発生時の対応の状況
・家庭や地域の関係機関，団体との連携の状況
・法定の学校安全計画や，学校防災計画等の作成・実施の状況
・危機管理マニュアル等の作成・活用の状況
・安全点検（通園路の安全点検を含む）や，教職員・幼児の安全対応能力の向上を図るための取組の状況

○ 特別支援教育

・特別支援学校の幼児などとの交流の状況
・医療，福祉など関係機関との連携の状況
・園内委員会の設置，特別支援教育コーディネーターの指名や園内研修の実施等，特別支援教育のための園内支援体制の整備の状況
・個別の指導計画や個別の教育支援計画の作成の状況
・家庭との連携状況

（別添2—1　つづき）

○ 組織運営

・園長など管理職の教育目標等の達成に向けたリーダーシップの状況，また，他の教職員からの信頼の状況
・校務分掌や主任制等が適切に機能するなど，学校の明確な運営・責任体制の整備の状況
・職員会議等の運営状況
・学校の財務運営の状況（学校が管理する資金の予算執行に関する計画，執行・決算・監査の状況等）やその公開状況
・勤務時間管理状況等，服務監督の状況
・各種文書や個人情報等の学校が保有する情報の管理の状況，また，教職員への情報の取扱方針の周知の状況
・学校運営のための諸事務等の情報化の状況
・学校保健安全法，労働基準法等の各種法令の遵守状況

○ 研修（資質向上の取組）

・保育研究の継続的実施など，指導改善の取組の状況
・園内における研修の実施体制の整備状況
・園内研修の課題の設定の状況
・園内研修・園外研修の実施・参加状況
・臨時採用・非常勤講師等の非正規採用教員の資質の確保・向上に向けた取組の状況
・指導が不適切である教員の状況の把握と対応の状況
・上級免許や他の資格等の取得状況

○ 教育目標・学校評価

○教育目標の設定と自己評価の実施状況
　・幼児や幼稚園の実態，保護者や地域住民の意見・要望等を踏まえた学校としての目標等の設定の状況
　・学校の状況を踏まえ重点化された短（中）期の目標等の設定の状況
　・目標等を踏まえた自己評価の項目の設定の状況
　・自己評価が年に1回以上定期的に実施されているかなど実施の状況
　・自己評価の結果の翌年度の目標等の改善への活用状況
　・全教職員が評価に関与しているかなど体制の状況
　・外部アンケート等の実施と自己評価への活用状況
　・自己評価の結果の設置者への報告の状況
　・学校の目標・計画等

○学校関係者評価の実施状況
　・保護者その他の学校の関係者による主体的・能動的な評価が年に1回以上定期的に実施されているかなど実施の状況
　・学校関係者評価が自己評価の結果を踏まえたものとなっているかなどの状況
　・学校関係者評価のための組織（学校関係者評価委員会のほか，学校評議員や学校運営協議会等の既存の組織を活用する場合を含む）の構成等の状況
　・学校関係者評価の評価者の構成の状況（保護者が含まれているか，など）
　・学校関係者評価の結果の翌年度の目標等の改善への活用状況
　・学校関係者評価の結果の設置者への報告の状況

○学校に対する保護者の意見・要望等の状況
　・保護者の満足度の把握の状況
　・教育相談体制の整備状況，保護者の意見や要望の把握・対応状況

（別添2―1　つづき）

○ 情報提供

・学校に関する様々な情報の提供状況
・学校公開の実施の状況
・幼児の個人情報の保護の状況
・学校評価（自己評価・学校関係者評価等）結果の公表状況
・園便りや学級便りの発行など，主として保護者を対象とした情報の提供状況
・情報提供手段として，ホームページを活用するなど，広く周知するための工夫の状況

○ 保護者・地域住民との連携

・学校運営へのPTA（保護者），地域住民の参画及び協力の状況
・地域住民から寄せられた具体的な意見や要望の把握・対応の状況
・学校評議員やPTA（保護者）との懇談の実施状況や学校運営協議会の運営状況
・PTAや地域団体との連絡の充実の状況
・地域の自然や文化財，伝統行事などの教育資源の活用状況
・地域の人材など外部人材の活用状況
・保護者・地域住民を対象とするアンケートの結果

○ 子育て支援

・地域や保護者の実情や要望による幼稚園の子育ての支援活動の実施状況
・教職員のカウンセリングの基礎の理解と相談機能の状況
・他の関係機関との連携状況

○ 預かり保育

・保護者の実情や要望による預かり保育の実施状況
・園や教職員による受入れ体制の状況
・幼稚園の目的，教育課程との関連，幼児の負担，家庭との連携等への配慮

○ 教育環境整備

○施設・設備
　・施設・設備の活用（余裕教室等の活用を含む）状況
　・設置者と連携した施設・設備の安全・維持管理のための点検の取組の状況
　・設置者と連携した施設・設備の安全・維持管理のための整備（耐震化，アスベスト対策を含む）の状況
　・設置者と連携した学校教育の情報化の状況

○遊具・用具・図書等
　・設置者と連携した遊具・用具・図書等の整備の状況
　・設置者と連携した学習・生活環境の充実のための取組状況

別添2―2

第三者評価の評価項目・観点の例

○ 実際の評価の際は，これらの項目全てを網羅して取り組むのではなく，評価項目を重点化することが重要である。

□組織運営等の状況

○学校の組織運営の状況
・園長など管理職は，適切にリーダーシップを発揮し，他の教職員から信頼を得ているか
・校務分掌や主任制が適切に機能するなど，組織的な運営・責任体制が整備されているか
・職員会議等が学校運営において有効に機能しているか
・勤務時間管理等，服務監督が適切に行われているか
・学校が管理する資金の経理など，学校の財務運営が適切に行われているか
・学校の財務運営状況が適切に公開されているか
・危機管理やリスク管理，情報管理等の方針が示され，関係者に周知されているか
・学校保健安全法，労働基準法等の各種法令が遵守されているか

○学校と設置者の連携の状況
・設置者が明確な教育方針等を示し，それに基づいて教育活動その他の学校運営を行うよう指導しているか
・設置者の示す明確な教育方針等に基づいて教育目標を設定し，教育活動その他の学校運営を行っているか
・学校の裁量により執行できる予算の措置など，学校の裁量を高め，学校が自ら改善策を講じやすくする工夫がなされているか
・学校と設置者が，幼児の状況（幼児の発達の状況等）や安全管理等（不審者情報等）に関する情報を適切に共有しているか
・学校が課題と考える事項について設置者と共通理解が図られているか
・学校と設置者が連携し，施設・設備の整備・活用等が適切に図られているか
・学校と設置者が連携し，遊具・用具・図書等の整備や学校教育の情報化が適切になされているか

○目標設定と自己評価の状況
・幼児や幼稚園の実態，保護者や地域の意見・要望等を踏まえて教育目標を設定しているか
・学校の状況を踏まえ重点化された中・短期の目標が定められているか
・自己評価の項目は，学校の重点目標を踏まえたものになっているか
・自己評価の結果が具体的な学校運営の改善に活用されているか
・自己評価が組織的に実施されているか
・外部アンケート等を実施し，自己評価を行う上での参考としているか，また保護者の匿名性の担保に配慮しているか

○学校関係者評価の状況
・学校関係者評価が自己評価の結果を踏まえて実施されているか
・学校関係者評価のための体制は適切か
・学校関係者評価の結果が具体的な学校運営の改善に活用されているか

（別添２―２　つづき）

□ 指導等の状況

○教育課程・指導等の状況
・建学の精神や教育目標に基づいた幼稚園の運営がなされているか
・幼稚園の状況を踏まえた教育目標等が設定されているか
・学校の教育目標を踏まえて教育課程が編成・実施され，その考え方について教職員間で共有されているか
・学校行事が適切な管理体制の下に実施されているか
・教育週数，１日の教育時間が適切に確保されているか
・年間の指導計画や週案などが適切に作成されているか
・幼小の円滑な連携・接続に関する取組がなされているか
・日々の保育において遊具・用具の活用が図られているか
・ティーム保育などにおける教員間の協力的な指導が適切な役割分担の下，なされているか
・幼児に適した環境が整備されているかなど，学級経営の状況が適切か
・幼稚園教育要領の内容に沿った幼児の発達に即した指導が適切に行われているか
　・環境を通して行う幼稚園教育が適切に実施されているか
　・幼児との信頼関係の構築が図られているか
　・幼児の主体的な活動が尊重されているか
　・遊びを通した総合的な指導が適切に行われているか
　・一人一人の発達の特性に応じた指導が適切に行われているか　　など

○特別支援教育の状況
・特別支援教育のための園内支援体制（園内委員会の設置，特別支援教育コーディネーターの指名，研修の実施等）が適切に整備されているか
・特別な支援を必要とする幼児について，個別の指導計画や個別の教育支援計画が適切に作成されているか
・特別支援学校の幼児などとの交流が適切に行われているか
・特別な支援を必要とする幼児について，家庭及び医療や福祉などの関係機関との連携が適切に図られているか

○教職員の研修の状況
・保育研究を全教員が行うことや，保育研究を継続的に実施することなどを通じ，指導改善に全校的に取り組んでいるか
・園内研修の課題が適切に設定され，実施されているか
・教職員が積極的に園内研修・園外研修に参加しているか
・臨時的に任用された教員（臨時採用・非常勤講師等）の資質の確保・向上を図る取組が行われているか
・教員の指導の状況を的確に把握するとともに，指導が不適切な教員への対応が適切になされているか
・園長等の管理職が定期的に保育観察を行い，教員に対して適切な指導・助言をしているか
・上級免許や他の資格等の取得を推進するための取組が行われているか

□ 保健・安全管理の状況

○保健管理の状況
・法定の学校保健計画が作成され，適切に実施されているか
・日常の健康観察や，疾病予防のための取組，健康診断が適切に実施されているか
・家庭や地域の保健・医療機関等との連携協力の下で保健指導が行われているか

（別添2―2　つづき）

○安全管理の状況
・学校事故や不審者の侵入等の緊急事態発生時に適切に対応できるよう，危機管理マニュアル等が作成され，活用されているか
・法定の学校安全計画や，学校防災計画等は作成・実施されているか
・園舎や通園路等の安全点検や教職員・幼児の安全対応能力の向上を図るための取組が定期的に行われているか
・家庭や地域の関係機関，団体との連携を図りつつ，幼児の安全を確保するための具体的な取組が行われているか

□家庭・地域との連携協力の状況

○学校に対する保護者の意見・要望等の状況
・保護者の学校への満足度や要望を把握するための取組を行っているか
・保護者から寄せられた具体的な意見や要望に，適切に対応しているか
・保育など学校に対する評価が実施されている場合，評価を行った保護者の匿名性の担保に配慮しているか

○学校に関する情報提供の状況
・学校に対する様々な情報が，分かりやすく，かつ適切な分量で提供されているか
・幼児等の個人情報の保護と積極的な情報提供とのバランスに配慮しているか
・園便りや学級便りの発行など，主として保護者を対象とした情報の伝達・公開が適切に行われているか
・ホームページの活用をはじめ，広く地域住民等に学校に関する情報を周知し，提供するための取組を行っているか
・ホームページに園長名，学校の所在地，連絡先，学級数，幼児数，教育課程などの基本的な情報が提供され，情報が定期的に更新されているか
・保護者を対象に学校の教育活動についての説明会を実施したり，園便りを地域に配付したり掲示板等に張り出すなど，学校に関する様々な情報が，その想定される受け手に応じた多様な媒体を用いて提供されているか

○保護者・地域社会との連携の状況
・保護者，地域住民は学校運営に積極的に参画し，協力しているか
・保護者や地域住民の意見を取り入れる機会を積極的に設けているか，また，保護者や地域住民から寄せられた具体的な要望や意見を把握し，適切に対応しているか
・地域の自然や文化財，伝統行事などの教育資源が活用されているか
・地域の人材などを活用し，保育をより良いものとする取組を行っているか

○子育て支援の状況
・地域や保護者の実情や要望による幼稚園の子育ての支援活動が適切に実施されているか
・教職員がカウンセリングの基礎を理解し，幼稚園としての相談機能を十分果たすことができているか
・他の関係機関との連携が適切になされているか

○預かり保育の状況
・保護者の実情や要望による預かり保育が適切に実施されているか
・園や教職員による受入れ体制が十分に整っているか
・預かり保育の実施について，幼稚園の目的，教育課程との関連，幼児の負担，家庭との連携等への配慮が適切になされているか

別添3

学校の教育目標等と重点的に取り組むことが必要な目標や計画，評価項目等の設定の関係例

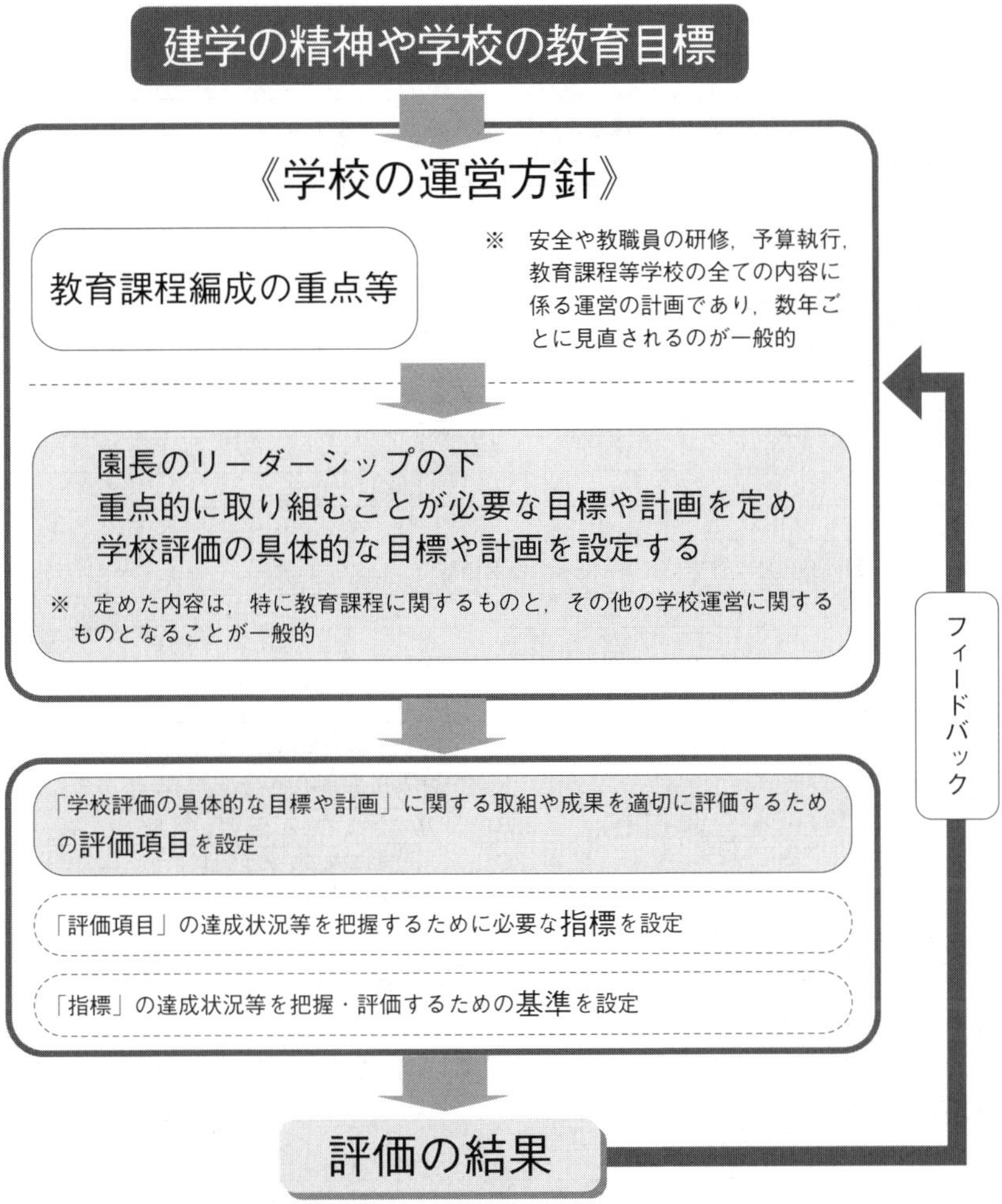
建学の精神や学校の教育目標
《学校の運営方針》
教育課程編成の重点等
※　安全や教職員の研修，予算執行，教育課程等学校の全ての内容に係る運営の計画であり，数年ごとに見直されるのが一般的
園長のリーダーシップの下
重点的に取り組むことが必要な目標や計画を定め
学校評価の具体的な目標や計画を設定する
※　定めた内容は，特に教育課程に関するものと，その他の学校運営に関するものとなることが一般的
「学校評価の具体的な目標や計画」に関する取組や成果を適切に評価するための評価項目を設定
「評価項目」の達成状況等を把握するために必要な指標を設定
「指標」の達成状況等を把握・評価するための基準を設定
評価の結果
フィードバック

・重点的に取り組むことが必要な目標や計画は，教育課程に関するものと，その他の学校運営に関するものが考えられる。実際には教育課程に関するものに偏りがちなので，留意する必要がある。
・評価の結果は，「教育課程編成の重点」をはじめ「運営方針」の見直しのきっかけとなることが考えられる。それらをもとに翌年度の重点的な目標等を設定する必要がある。
・「指標」や「基準」は必要に応じて設定するものであり，園長と教職員の内容を，実情に応じて別々に設定することも考えられる。

別添 4

自己評価結果公表シート例

1．学校の教育目標

2．本年度に定めた重点的に取り組むことが必要な目標や計画をもとに設定した学校評価の具体的な目標や計画

3．評価項目の達成及び取組状況

評価項目	結果	理　　由
(1)		
(2)		
(3)		
:		
:		

4．学校評価の具体的な目標や計画の総合的な評価結果

結果	理　　由

◎「3．4．」の評価結果の表示方法

A	十分達成されている
B	達成されている
C	取り組まれているが，成果が十分でない
D	取組が不十分である

5．今後取り組むべき課題

課　　題	具体的な取組方法

※記入に際しての留意点

○「3．評価項目の達成及び取組状況」の理由については，指標や基準等の内容に基づいた成果や取組の状況，評価結果の根拠を記入する。

○「4．学校評価の具体的な目標や計画の総合的な評価結果」については，「3．評価項目の達成及び取組状況」を総合的に評価して記入する。

○「5．今後取り組むべき課題」については，評価項目を課題とするだけでなく，指標や基準等，できるだけ具体的な視点から課題を記入することが望ましい。

○ このシートを作成するに当たり，教職員の「個人評価シート」や，個々の指標や基準等を評価する「補助シート」を作成することも考えられる。

別添5

提供する情報の例

①教育方針について
・建学の精神や教育目標
・短期や中長期の具体的な目標
・学校の運営方針や教育課程

②教職員について
・教職員数及び勤続年数の分布
・所有する免許の種別や他の資格
・研修の実績及び研修制度について

③園児について
・園児数や学級数

④施設・整備について
・園庭や園舎，敷地の面積
・遊具の種類や設置状況
・安全にかかる配慮

⑤保育料等について
・入園料，保育料，給食費

⑥教育内容等について
・教育時間や教育内容，及び休業日
・季節の行事や遠足，保育参観・参加の実施状況

⑦預かり保育について

⑧子育ての支援について
・対象者や活動の実施内容及び実施状況

⑨給食等の実施状況について

⑩保護者会等の活動状況について

⑪登園・降園について
・通園方法
・安全対策

⑫園児募集について
・見学会，説明会の日程
・障害のある幼児の入園相談の実施

⑬学校評価結果について

○　情報提供については、学校教育法第四十三条（幼稚園については、第二十八条により準用）に規定されており、提供する情報については、各学校が判断すべきことであるが、各学校において情報提供に取り組む際の参考として、提供する情報の例を巻末に【別添5】として掲載する。この他にも財務状況等もあり、必ずしも例示にとらわれる必要はなく、学校の実情、保護者や地域の要望、実施する学校評価の内容等を考慮しながら各学校で検討し、できるだけ多くの情報を提供することが重要である。

○　また、各学校は、学校運営に関する情報や資料を日常的・組織的に収集・整理し、学校評価や保護者等に対する情報提供等に積極的に活用することが重要である。学校運営に関する情報の体系的な整理と活用は、それ自体が組織的な学校運営や業務の効率化等に資するものでもある。

○　そのためには、設置者が学校運営に関する情報の整理について統一的な方針を示すことや、ＩＣＴや学校事務の共同実施体制を活用するなどして、学校運営に関する情報を活用しやすいよう、統一的に整理していくことなども大切である。

(ウ)　情報提供に当たっての留意事項

○　提供内容・方法については、個人情報の保護に配慮しながら、学校の活動の様子が分かる写真等を用い、園便りやホームページを使用することも効果がある。

関連資料　［略］

113 保育の現場・職業の魅力向上に関する報告書

（令和二年九月三〇日　保育の現場・職業の魅力向上検討会）

［編集部注］本文中の注は省略した。

はじめに　［略］

1. 保育の現場・職業の現状と魅力向上に向けての基本的な考え方

(1) 保育士等に関する現状・課題

○　保育ニーズの増加に伴い、保育所等において保育士として従事する者も増え続け、平成三十年十月時点で、常勤換算で約四八万人の保育士が働いている。更なる女性の就業率の向上等が見込まれている中で、質の高い保育の重要性にかんがみ、保育の質の中核を担う保育士の確保とその専門性の向上は欠かすことができない。

○　保育士資格を取得する主要な途である指定保育士養成施設における入学者数は微減傾向にあり、卒業生の約一五％は一般職に就職している。

○　保育所で勤務する常勤の保育士の離職率は約九％で、私立の保育所で勤務している保育士の平均勤続年数は平成三十年度時点では一一・二年まで延びている。保育士を退職する理由としては人間関係を始め職場環境・勤務条件、妊娠・出産、健康上の理由、結婚等となっているが、退職者の七割は、短時間勤務での復職意向を示している。

○　保育士の登録者数は平成三十一年四月時点で、約一六〇万人となっているが、各都道府県において、現在、就業しておらず、保育士として勤務できる者の情報等を把握できる仕組みとなっていない。

（保育士に対する高い需要）

○　少子化が社会問題となっている中でも、女性の就業率の向上等に伴い保育ニーズは増えており、「子育て安心プラン」に基づき、受け皿の整備が進められてきた。保育所等において保育士として従事する者も増え続け、平成三十年十月一日時点で、総数で約五七万人（常勤換算で約四八万人）となっている。このような中で、有効求人倍率は全職種平均の倍以上となっているなど、保育の担い手の確保がますます困難になっている。

○　市町村の第二期子ども・子育て支援事業計画を踏まえると、令和六年度末までに更に一〇万人超の保育所等の受け皿整備が見込まれており、保育士として従事する者も更に常勤換算で約二万人程度必要となると試算される。

○　乳幼児期は生涯にわたる生きる力の基礎を育む極めて大切な時期であり、質の高い保育を受けることはその後の人生に良い影響を与えることから、保育の質の中核を担う保育士の確保とその専門性の向上は欠かすことができない。

（新規資格取得者の動向）

○　保育士資格を取得する主要な途である指定保育士養成施設（以下「養成校」という。）

における入学者数は微減傾向にあり、平成三十年度の養成校への入学者数は約四六、五〇〇人となっている。養成校の卒業生に関する令和元年度の調査研究では、養成校の学生の八割以上は入学する段階で保育職への就職を目指すことを決めているが、一割弱の学生は最終学年時に決めたと回答している。また、養成校の卒業生の一五％は、保育所を始めとする社会福祉施設等ではなく、民間企業等に一般職として就職しているが、令和元年度の上記調査研究では、一般職に就職した者の約四割が、「保育所における保育実習で保育をすることに自信を持つことができなかったから」と回答している。

○　保育ニーズの増加を踏まえ、保育士確保のために、平成二十九年度から全国で保育士試験を年二回実施していることもあり、保育士試験に合格して保育士になる者は増えており、令和元年度の合格者数は約一八、三〇〇人に達している。合格者の約八割は保育士として就業する意思を有しており、年齢が高いほどその比率が高くなっている。一方で、合格者の約六割は、保育士としての就業に関し労働条件・労働環境、保育・子育て・実習等の経験不足を始め何らかの不安を感じている。また、保育現場での就業経験の有無にかかわらず、約七割の合格者が保育現場における実習や研修が必要と回答している。

（保育士の離職状況と勤続年数）

○　保育所で勤務する常勤の保育士の離職率は約九％であり、勤務者が四〇万人を超える中では必ずしも高くはなく、私立の保育所で勤務している常勤保育士の平均勤続年数は平成二十八年度時点の八・八年から、平成三十年度時点では一一・二年まで延びている。

○　一方で、令和元年度の東京都保育士実態調査では、過去に保育士として就業した者が退職した理由として、職場の人間関係が三割を占め最多であり、給料が安い、仕事量が多い、労働時間が長い、妊娠・出産、健康上の理由（体力含む）、結婚が続いている。一方、同調査によれば、過去に保育士として就業した者の約七割は短時間勤務での復職意向を有しており、特に三〇代の女性では八割に達する。

○　独立行政法人福祉医療機構の平成三十年度の調査では、退職して転職した者のうち、過半数が保育業界に転職し、概ね三割が他業界に、約一割五分が他福祉業界に転職している。

（保育士登録者、保育士資格を有する者と保育所とのマッチング）

○　保育士登録者数は平成三十一年四月一日時点で約一六〇万人となっているが、各都道府県において、現在就業しておらず、保育士として勤務できる者の情報等を把握できる仕組みとなっていない。

○　都道府県、指定都市、中核市が設置する保育士・保育所支援センターは、全国六四カ所に設置されており、保育士資格を有しながら、現在保育士として従事していない方に対して、保育士に関する再就職に関する相談・就職あっせん、求人情報の提供を行うとともに、保育所を離職する者や新たに保育士登録を行う者に、人材バンクとして登録してもらい、必要な時に支援を受けられるようにしている。

○　全国の主要なハローワーク一〇三カ所では、保育分野を始め、医療、介護、建設、警備、運輸等の雇用吸収率の高い分野のマッチング支援を強化するため、人材確保支援の総合専門窓口である人材確保対策コーナーを設置している。

○　保育士・保育所支援センターは、ハローワーク等と連携を図りつつ、保育士資格を有する者と保育所とのマッチングを行っている。これまでの保育士・保育所支援センターのマッチング成功率が三割強、ハローワークでのマッチングの成功率が約四割となっており、全職種を対象にした平均より高くなっているが、保育士に対する需要は高いことなどにより、保育業界においても、医療や介護業界と同様に、有料職業紹介事業を行う事業者等も活用されている。

(2)　保育士の職業の魅力と専門性

○　保育士は、子どもを通して、命と向き合い、社会と関わる。豊かな人間性と高度な専門知識を備えた専門職として、多くの子どもの多様な姿や育ちを定点観測のように見守りながら育み続けることができる魅力あふれる仕事である。

○　保育士には、幅広い知識・技術と、状況に応じた判断を行いつつ保育をする専門性が求められる。保育活動の中心となる子どもの遊びを通した発達の援助は、個々の子どもの状態や興味・関心に応じて行う必要性が高く、保育士の豊かな経験を背景とする個々の引き出しの差が保育の質にあらわれることから、研修で得た知識や技術を日々の保育実践で活かしながら、施設長等の助言を受けながら、継続的に専門性を高めることが大事である。

○ 専門知識や技能、さらに特技を高めることで、保育の現場が豊かになる。

（保育士の職業の魅力）

○ 保育の魅力を発信、向上させるため、保育士の職業の魅力について考えてみると、保育士の職業には魅力があふれていることが分かる。そのあふれる魅力について発信するために、簡潔に言語化すると、以下のようにまとめることができると考える。本検討会の開催に先立って募集を行った意見募集には、二、六〇〇件を超える保育士、主任保育士、施設長、養成校で保育を学ぶ学生等から、様々な保育士の職業の魅力ややりがいについて具体例を含めて寄せられた。

- 保育士は、子どもの存在を通して、命と向き合い、社会と関わる。専門職として、保育を必要とする多くの子どもの多様な姿や育ちを定点観測のように見守りながら育み続けることができる魅力あふれる仕事である。
- 保育士が各々、特技、専門知識を持っていることで、保育の現場がもっと豊かになる。
- 保護者とともに、子どもの成長の喜びを分かち合い、社会を支えるインフラとして欠かすことのできない感動のある職場であり、仕事である。
- 自分のライフワークが仕事に活かせる。あそび歌や造形などの特技を仕事に活かせる。

（保育士の専門性と保育の現場）

○ 保育士の職業の魅力の一つとして、その専門性は欠かすことができない。保育士には、子どもの健康を守り、安全・安心を確保し、保育活動の中心となる子どもの遊びを豊かなものにするための専門性が求められる。子育て支援や感染症対策等を始め、保育士に求められる専門的な知識・技術は、時代とともに新たに、かつより高度なものになっている。保育士は、未来をつくる子どもとともに、生涯学び続けられる職業である。

○ 子どもの発達の援助は、遊びや生活を通して、個々の子どもの状態や興味・関心に応じて行う必要性が高い。そのため、子ども及び保育に関する幅広い知識・技術など、個々の保育士の豊かな経験を背景とする個々の引き出しの差が保育の質にあらわれる。さらに、子どもの見方や発達心理など最新の知見を得ることにより、保育の質が向上する。

（研修と実践を通じた専門性の向上）

○ 保育士の育成は、保育所を円滑に運営する上で欠かすことができないことから、保育所は、子どもたちへの保育方針のみならず、職員の育成方針を明確にして、保育士のキャリアパスを見据えた体系的な研究機会の充実を図ることが重要である。

○ 保育士は、日々の保育実践を通じて、必要な知識及び技術の修得、維持及び向上を図るとともに、職場内での研修に参加することに加え、キャリアアップを目的とする体系化された外部研修等で学んだ知識及び技術を保育実践の中で活かし、施設長や主任保育士等の助言を受けながら、知識及び技術を実践の中でさらに深めていくことが重要である。加えて、研修制度への参加に併せて、施設長や主任保育士等と共に、自身のキャリアを考え、自らの職位や職務に合った能力を身につけることが求められている。

○ 保育の現場の魅力がより豊かになるためにも、研修等を通じて、継続的に保育士の専門性を高めていくことが重要である。

(3) 保育の現場・職業の魅力向上に向けての基本的な考え方

○ 保育士の職業の魅力について、中高生を始め広く社会に発信して、保育士として従事する者を増やしていくことが必要である。

○ 保育士の定着と確保には、生涯働ける魅力ある職場づくりが最重要の課題である。

○ 保育士確保のためには、地方自治体が関係機関と連携を図り、保育士資格を有する者と保育所とのマッチングに併せて、保育の魅力発信や、学生・社会人の資格取得支援や現役保育士の就業支援を行うことが必要である。

○ 人気の職業としての保育士のイメージと、実際の現場に出たときのギャップが強く、それにより保育が嫌いになることは阻止しなければならない。保育業界全体で、業務過多につながる行事の取組や華美な壁面装飾を見直していくことも必要である。

（保育現場、行政、養成校との連携）

○ 保育の魅力を効果的に発信するためには、保育現場、行政、養成校が連携して発信すること、更に、保育士の養成・確保に当たっては、これらの関係機関が、実習や授業、就職、卒業後のキャリアアップの四つの局面で協力、連携することが必要である。

（保育士の職業の魅力と保育士の養成・確保）

○ 保育士の職業には魅力があふれている。その職業の魅力について中高校生を始め広く社会に発信して、高等学校等を卒業後に養成校に入学し、保育士として必要な知識や基本的な技能を身につけて卒業し、資格を取得して保育士として従事する者を増やしていくことが必要である。また、併せて、保育士として日々の保育所での仕事やその振り返りや職場内での研修、更に保育団体や地方自治体で行う研修等を通じて、保育士としての技能を向上させつつ、保育士が働きやすい環境を整えて長く就業できるようにして、保育士の養成・確保・定着を進めることが基本である。

（生涯働ける魅力ある職場づくりの重要性）

○　多くの保育所において、保育士という職業の魅力とやりがいに乗じて保育士の頑張りに過剰に頼り、生涯働ける魅力ある職場づくりに関して後手になってきたことは否めない。

○　先述の令和元年度の東京都保育士実態調査や独立行政法人福祉医療機構の平成三十年度の調査では、過去に保育士として就業した者が退職した理由（複数回答）として、仕事量が多い、労働時間が長い、妊娠・出産・育児、結婚、親族の介護等が上位を占めており、過重な労働やライフイベントを機に離職している実態がある。

○　これらの実態を踏まえ、保育所において、業務負担の軽減や長時間労働の是正、ライフステージに応じた多様で柔軟な働きを選択できる、生涯働ける魅力ある職場づくりを進めることが重要である。保育士の職業の魅力の発信が進んで、保育士として従事する者が増加しても、働きやすい魅力ある職場づくりが進まなければ、大量の離職者を生み出すことになりかねない。保育士資格を有する者と保育所とのマッチングを改善しても、過去に離職したときの理由が改善されなければ、保育士は確保できない。保育士の確保と定着には、生涯働ける魅力ある職場づくりが最重要であることを強調しておきたい。

（専門職として生涯働ける魅力ある職場づくりに向けて）

○　保育所が、保育士自身が仕事を通じて成長できる職場、支え合える職場となることで保育士の仕事の魅力やプラス面を更に高めることが必要である。こうした取組が、専門職としてもっと長く仕事を続けたいとの思いや、人間としても社会人としても成長できるとの実感を抱くことにつながる。保育士が人間として成長することにより、保育現場はもっと豊かになる。

○　同時に、保育士という職業の専門性が保護者・世間から評価され、同僚・施設長から認められ、自律的なキャリア形成を志向しながら生涯働ける職場にする必要がある。多忙で残業せざるを得ない、有給休暇が取得しにくいといった環境を作らないように、保育現場の働き方改革を進めていくとともに、子育て中の保育士や家族の介護が必要な保育士が、育児・介護休業の取得や短時間勤務制度などにより、仕事と育児・介護を両立できるようになるなどライフステージに応じた柔軟な働き方を実現させていく必要がある。

○　人気の職業としての保育士のイメージと、実際の現場に出たときのギャップが強く、それによって保育や保育の現場が嫌いになることは何としても阻止しなければならない。子どもへの愛情を伝える方法として、例えば、いつも紙を切ってウサギを作り部屋を飾り付けるといった作業は必ずしも必要ではないのではないか。行事に向けた取組を始め、華美な壁面装飾等を良しとする保育環境の捉え方については再考の必要がある。こうした業務過多につながる作業を解体していくことが不可欠であり、保育業界全体で見直していくことも必要である。

○　地方自治体は、保育士の自律的なキャリア形成を支援する立場として、現職の保育士や施設長・主任保育士などの管理職の中からキャリアアップ研修の講師等を務めることができる人材育成と仕組みづくりを行うことも考えられる。これにより、保育士を始め保育現場で活躍している人材が、より多くの保育所に貢献することも促進される。

○　保育所は子どものための施設であるが、同時に保育士にとっての職場であり、保護者を迎える空間でもある。地域の大人の立ち寄り場所にもなり得る。そのため、保育所の環境の一部に、保育士等が集中して保育計画の作成を行ったり、落ち着いて休憩ができる空間づくりの工夫も期待される。

（保育士資格を有する者と保育所とのマッチングの改善、関係機関の連携強化）

○　都道府県、指定都市、中核市においては、保育士・保育所支援センターを設置することなど国の施策を活用しつつ、ハローワーク、養成校、保育団体等関係機関と連携して、保育士資格を有する者と保育所とのマッチングを行い、保育士の確保を行ってきた。

○　保育士確保について実績を上げている都道

府県、指定都市、中核市においては、保育士・保育所支援センターに配置されたコーディネーターが関係機関との連携強化の中核となり、機能強化が図られている。魅力発信、保育士の養成・確保に当たっては、地方自治体がハローワーク、養成校、保育団体等関係機関との連携強化を図り、マッチングと併せて、中高生への保育の体験イベント、ボランティア体験を始めとした保育の魅力発信や、学生・社会人の資格取得支援や現役の保育士の就業支援を併せて行うことが必要である。

［編集部注］以下は参考のため見出しのみを掲示する。

2．保育の現場・職業の魅力向上のための具体的な方策

(1) **保育士の職業の魅力発信の向上**

①保育所を「開く」、保育参加の呼びかけ
②養成校における教育の充実と質の向上
③関係機関の連携による保育の魅力発信

(2) **生涯働ける魅力ある職場づくり**

①働き方改革の推進
②ＩＣＴ等の活用による業務効率化と業務改善の推進
③ノンコンタクトタイムの確保、保育の質の向上等

(3) **保育士資格を有する者と保育所とのマッチングの改善**

①保育士・保育所支援センターの機能強化
②その他の取組

おわりに ［略］

別添1〜3 ［略］

114 幼稚園施設整備指針

（平成五年三月三一日 文部省）
改訂 令和四年六月二四日

はじめに ［略］

第1章 総則

第1節 幼稚園施設整備の基本的方針

1 自然や人、ものとの触れ合いの中で遊びを通した柔軟な指導が展開できる環境の整備

幼稚園は幼児の主体的な生活が展開される場であることを踏まえ、家庭的な雰囲気の中で、幼児同士や教職員との交流を促すとともに、自然や人、ものとの触れ合いの中で幼児の好奇心を満たし、幼児の自発的な活動としての遊びを引き出すとともに、障害のある幼児と障害のない幼児が共に学ぶことのできるような環境づくりを行うことが重要である。

幼稚園施設全体を学びに利用するという発想に立ち、幼児の主体的な活動を喚起し、求められる学び・活動の変化に柔軟に対応できる空間にするための創意工夫ある施設を計画することが重要である。

2 健康で安全に過ごせる豊かな施設環境の確保

発達の著しい幼児期の健康と安全を重視し、日照、採光、通風、換気、室温、音の影響等に配慮した良好な環境条件を確保するとともに、幼児期の特性に応じて、また、障害のある幼児にも配慮しつつ、十分な防災性、防犯性など安全性を備えた安心感のある施設環境を形成することが重要である。

さらに、それぞれの地域の自然や文化性を生かした快適で豊かな施設環境を確保するとともに、環境負荷の低減や自然との共生等を考慮することが重要である。

3 地域との連携や周辺環境との調和に配慮した施設の整備

幼稚園は、地域の幼児期の教育のセンターとしての役割を果たすことが重要であり、このためには、親子の交流や子育て相談等を通じて家庭や地域と連携したり、可能な限り周辺の施設と有機的に連携すること、また、まちづくりとの関係に配慮しつつ、近隣の町並みや景観、住環境との調和に配慮して整備することや施設のバリアフリー対策を図ることが重要である。

第2節 幼稚園施設整備の課題への対応

第1 幼児の主体的な活動を確保する施設整備

1 自発的で創造的な活動を促す計画

(1) 幼児の主体的な活動を確保し、幼児期にふさわしい発達を促すことのできる施設として計画することが重要である。その際、幼児の遊びの場を十分に確保すること、小グループや一人一人の特性に応じた活動を可能にする多目的な空間を計画すること、保育室と遊戯室や図書スペース等の連携に配慮することも有効である。また、各種視聴覚機器等の教材を必要に応じて活用できるように計画することも有効である。

(2) 個別最適な学びと協働的な学びの一体的な充実を図るため、幼児の多様な活動に即

して、幼児一人一人の豊かな創造性を発揮したり、幼児期にふさわしい生活を展開したりすることのできる施設として計画することが重要である。その際、様々なコーナーを設定したり、家具の配置を工夫できる弾力的で多目的な変化のある空間を計画したりすることも有効である。

2 多様な自然体験や生活体験が可能となる環境

(1) 幼児の身体的発達を促すため、自然の中で伸び伸びと体を動かして遊ぶなど幼児の興味や関心が戸外にも向くよう、幼児の動線に配慮した園庭や遊具の配置を工夫することが重要である。その際、屋内外の空間的な連続性や回遊性※に配慮することが重要である。

※回遊性：建物内の通路やホールあるいは敷地内通路等を環状につなげて、幼児等が建物の内部や周囲等を回れるようにすること。

(2) 豊かな感性を育てる環境として、自然の中にある音、形、色などに気付き、自然に触れることのできる空間を充実させることが重要である。その際、自然の地形などを有効に活用した屋外環境及び半屋外空間※を充実させることも有効である。

※半屋外空間：バルコニー、テラス、庇の下等、保育室等の内部空間と密接に関係した屋外空間。

(3) 幼児の主体性を引き出しながら、遊びを通して危険を回避する力を身につけることができる環境づくりが重要である。

3 人とのかかわりを促す工夫

幼児が教師や他の幼児などと集団生活をおくる中で、信頼感や思いやりの気持ちを育て、また、地域住民、高齢者など様々な人々と親しみ、自立心を育て人とかかわる力を養うことに配慮した施設として計画することが重要である。その際、近隣の小学校の児童等との交流に配慮した施設として計画したり、アルコーブ※、デン※等を計画し、幼児と人との多様なかかわり方が可能となる施設面での工夫を行ったりすることも有効である。

※アルコーブ：廊下やホール等に面した小スペースで休憩、談話、読書等ができ、人とのコミュニケーションや多様な活動が展開できる場。

※デン：手を伸ばせば壁や天井に触れることができる幼児の人体寸法に合った家庭的な雰囲気の穴ぐら的な小空間。

4 多様な保育ニーズへの対応

(1) 幼稚園全体の協力体制を高め、幼児に対してきめ細かな指導を行うため、ティーム保育等の多様な保育形態を導入し実践できるよう、施設計画においても配慮することが重要である。

5 ICT環境の充実

幼児が様々なことに興味や関心を広げることや、園務情報化の推進に資するため、幼児への影響に配慮しつつ、ICT機器の導入が可能となる計画とすることも重要である。

6 特別支援教育の推進のための施設

(1) 教育上特別の支援を必要とする幼児に対して、障害による教育上又は生活上の困難を克服するための教育を行うため、一人一人の幼児の教育的ニーズを踏まえた指導・支援の実施を考慮した施設環境を計画することが重要である。その際、スロープや手すり、便所等のバリアフリー対応はもとより、発達障害※を含めた障害のある幼児の障害の状態や特性等を踏まえつつ、適切な指導及び必要な支援を可能とする施設環境を計画することが重要である。また、医療的ケアが日常的に必要な幼児への対応も考慮した計画とすることが重要である。

※発達障害：「LD、ADHD又は高機能自閉症等」を含め、「発達障害者支援法」の定義に基づく「発達障害」を意味する。なお、LDは学習障害(Learning Disabilities)、ADHDは注意欠陥多動性障害(Attention-Deficit/Hyperactivity Disorder）を意味する。

(2) 幼稚園の中で共生社会を具現化し、インクルーシブ教育システムの構築に資するため、幼児が幼稚園内外の障害のある幼児等と活動を共にすることを、安全かつ円滑に実施できる計画とすることが重要である。その際、ユニバーサルデザイン※の観点から計画・設計するよう努めることが望ましい。

※ユニバーサルデザイン：あらかじめ障害の有無、年齢、性別、人種等にかかわらず、多様な人々が利用しやすいよう都市や生活環境をデザインする考え方であり、一人一人がその個性と能力を発揮し、自由に参画し、自己実現を図っていけるような社会の構築に向け、「どこでも、だれでも、自由に、使いやすく」デザインする考え方。

第2 安全でゆとりと潤いのある施設整備

1 生活の場としての施設

(1) 幼稚園施設全体が学びの場であるとともに、幼児がゆっくり過ごしたり落ち着いたりすることができる居場所となるよう、また、空間への愛着を育むことができるよう、温かみのある生活空間を創意工夫により計画することが重要である。

(2) 幼稚園は、幼児にとって人格形成の基礎を培う大切な場であるのみならず、幼児や教職員の遊びや生活の場として、ゆとりと潤いのある施設環境を計画することが重要である。

(3) 幼児等の行動範囲、動作領域、人体寸法を考慮するとともに、心理的な影響も含めて施設を計画することが重要である。

(4) 多様な教育内容・保育形態に対応するとともに、豊かな生活の場を構成することのできる机・いす・収納棚等の家具を施設計画と一体的に計画することが重要である。

2 健康に配慮した施設

(1) 幼児の健康に配慮し、園内の快適性を確保するため、日照、採光、通風、換気、室温、音の影響等に十分配慮した計画とすることが重要である。

(2) 幼児の心と体の健康を支えるため、感染症対策の観点からも、保健衛生に配慮した施設計画とすることが重要である。

(3) 使用する建材、家具等は、快適性を高め、室内空気を汚染する化学物質の発生がない、若しくは少ない材料を採用することが重要である。

(4) 新築、改築、改修等を行った場合は、養生・乾燥期間を十分に確保し、室内空気を汚染する化学物質の濃度が基準値以下であることを確認させた上で建物等の引渡しを受け、供用を開始することが重要である。

(5) 幼児が活動する中では、声や音を出す場面が多いことから、遮音性や吸音性に十分な配慮を行うことが望ましい。

3 地震、津波等の災害に対する安全性の確保

(1) 地震、洪水、高潮、津波、雪崩、地滑り、がけ崩れ、陥没、泥流等の自然災害に対し、その激甚化も踏まえ、十分な安全性を確保できる計画とすることが重要である。

(2) 地震発生時において、幼児等の人命を守るとともに、被災後の教育活動等の早期再開を可能とするため、施設や設備の損傷を最小限にとどめることなど、非構造部材も含め、十分な耐震性能を持たせて計画することが重要である。

(3) 幼稚園施設が、津波等※による被害が予想される地域に立地している場合においては、幼児等が津波等から緊急避難場所※へ安全に避難できるよう、周辺の高台や津波避難ビルへの避難経路※の確保又は園舎等建物の屋上や上層階への避難経路の確保を検討し、実施することが重要である。

これらの対策によって安全性が確保できない場合においては、高台への移転又は高層化※を検討し、実施することが重要である。

※津波等：津波、洪水、高潮等及びこれらに起因する火災。

※緊急避難場所：災害が発生し、又は発生のおそれがある場合にその危険から逃れるための施設又は場所（災害対策基本法（昭和三十六年法律第二百二十三号）第四十九条の四関係）。

※避難経路：ある場所から避難目標地点まで最短時間で、かつ安全に到達できる道筋。一方、避難路とは、避難経路となる道路、通路、避難階段そのものをいう。

※津波等対策における高層化：園舎等建物の屋上や上層階を幼児等の緊急避難場所とするために、他の公共施設との複合化等により、本来、教育機能として必要な階数以上の階を有する建物を整備することをいう。

(4) 園地に津波等による被害が予想され、津波等に対する安全対策として、幼児等が園舎等建物の屋上や上層階への避難を行う場合においては、当該場所が想定される津波等の水位以上の高さとすること、当該場所までの有効な避難経路を確保すること及び当該建物が津波等により構造耐力上支障のある事態を生じないものであることが重要である。

(5) 幼稚園施設が、災害時に地域の避難所※となる場合は、このために必要となる機能も計画するとともに、施設の避難所としての利用方法を決めておくことが重要である。

※避難所：災害の危険性があり避難した住民等や、災害により家に戻れなくなった住民等を滞在させるための施設（災害対策基本法第四十九条の七関係）。

(6) 幼稚園施設の防災対策は、運営体制や訓練、防災教育等のソフト面での取組と一体的に実施することが重要である。その際、防災担当部局、学校設置者、幼稚園、自主

防災組織、地域住民等と連携しながら取組を進めることが重要である。特に、市町村地域防災計画において要配慮者利用施設に位置付けられている浸水想定区域や土砂災害警戒区域等にある幼稚園施設は、水防法(昭和二十四年法律第百九十三号)等により避難確保計画の作成と、その計画に基づく避難訓練の実施が義務化されている。

(7) 施設自体が防災教育の教材として活用されるよう、各所に標高表示を設置する等、日頃から幼児等に津波等災害の危険性の意識づけを考慮して計画することが重要である。

4 安全・防犯への対応

(1) 幼児の安全確保を図るため、幼稚園内にある全ての施設・設備について、幼児の多様な行動に対し十分な安全性を確保し、安心感のある計画とすることが重要である。

その際、事故の危険性を内包する箇所は特に安全性を重視した分かりやすい計画とすることが重要である。

(2) 事故を誘発するような明確な構造的な欠陥はもとより、幼児が予測しにくい危険を十分に除去しておくことが重要である。

また、可動部材、特に機械制御のものは十分に安全性が確保されていることを確認することが重要である。

(3) 幼児の多様な行動に対して、万が一事故が発生してもその被害が最小限となるよう、配慮した計画とすることが重要である。

(4) 外部からの来訪者を確認でき、不審者の侵入を抑止することのできる施設計画や、事故も含めた緊急事態発生時に活用できる通報システム等を各幼稚園へ導入することが重要である。

(5) 敷地内や建物内及び外部からの見通しが確保され、死角となる場所がなくなるよう計画することや、特に不審者侵入の観点からはどの範囲を何によってどう守るかという領域性に留意した施設計画が重要である。

(6) 幼稚園や地域の特性に応じた防犯対策及び事故防止対策を実施し、その安全性を確保した上で、地域住民等が利用・協力しやすい施設づくりを推進することが重要である。

(7) 既存施設の防犯対策及び事故防止対策についても、図面や現場等において点検・評価を行い、必要な予防措置を計画的に講じていくことが、関係者の意識を維持していく面からも重要である。

(8) 幼稚園施設の防犯対策及び事故防止対策は、安全管理に関する運営体制、安全教育等のソフト面での取組と一体的に実施することが重要である。その際、家庭や地域の関係機関・団体等と連携しながら取組を進めることが重要である。

5 施設のバリアフリー対応

(1) 障害のある幼児、教職員等が安全かつ円滑に生活を送ることができ、障害のある幼児と障害のない幼児が共に学ぶことができるように、障害の状態や特性、ニーズに応じた計画とすることが重要である。その際、スロープ、手すり、便所、出入口、また必要に応じエレベーター等の計画に配慮することが重要である。

(2) 幼稚園の教育活動への地域の人材の受入れなど様々な人々が幼稚園教育に参加すること、地域住民が生涯学習の場として利用すること、災害時に地域の避難所となるものもあること等、高齢者、障害者を含む多様な地域住民が利用することを踏まえて計画することが重要である。

その際、施設を利用する地域の障害者、高齢者、妊産婦等の意見を聴取し、その利用に配慮した工夫を行うことも有効である。また、施設の整備後も、利用の状況を考慮し、最適な環境づくりのために継続して見直しを検討することが有効である。

(3) 既存幼稚園施設のバリアフリー化についても、障害のある幼児の在籍状況等を踏まえ、所管する幼稚園施設に関する合理的な整備計画を策定し、計画的にバリアフリー化を推進することが重要である。

(4) 幼稚園施設のバリアフリー化に当たっては、施設の運営·管理、人的支援等のサポート体制との連携等を考慮して計画することが重要である。

6 環境との共生

(1) 幼児が自然環境と触れ合いながら様々な体験をすることができるように配慮するとともに、施設自体が教材としても活用されるよう計画することが重要である。

(2) 脱炭素社会の実現に向けて、施設のライフサイクルを通じた環境負荷の低減や、自然との共生等を考慮した施設づくりを行うことが重要である。

(3) 幼稚園施設における温室効果ガスの排出量を削減するため、断熱化や日射遮蔽等の建物性能の向上を図るとともに、照明や冷暖房等の設備機器の高効率化を図ることが重要である。

(4) 太陽光や太陽熱、風力、地中熱利用設備、バイオマス※など再生可能エネルギーの導入、緑化、木材の利用等については、環境負荷を低減し脱炭素社会の実現に貢献するだけでなく、環境教育を踏まえた活用や地域の先導的役割を果たすという観点からも重要である。

※バイオマス：動植物に由来する有機物である資源（原油、石油ガス、可燃性天然ガス及び石炭を除く）。

(5) 断熱化や日射遮蔽、設備機器の高効率化、再生可能エネルギーの導入等は、災害時に避難所となる場合においても良好な温熱環境を確保する観点から重要である。

(6) 省エネルギーやごみのリサイクルの推進等、日常的に環境問題に対して主体的な取組が促されるよう配慮して計画することが望ましい。

(7) 新築の際は、屋根や外壁の高断熱化、高効率照明や高効率空調機等の高効率設備の導入等により、ＺＥＢ※基準の水準の省エネルギー性能の確保※を目指すとともに、再生可能エネルギーを積極的に導入することが重要である。既存施設の改修時においても、これらに準じた施設づくりを計画することが望ましい。

※ＺＥＢ（ネット・ゼロ・エネルギー・ビル）：五〇％以上の省エネルギーを図った上で、再生可能エネルギー等の導入により、エネルギー消費量を更に削減した建築物について、その削減量に応じて、①『ＺＥＢ』（一〇〇％以上削減）、②Nearly ZEB（七五％以上一〇〇％未満削減）、③ZEB Ready（再生可能エネルギー導入なし）と定義しており、また、三〇～四〇％以上の省エネルギーを図り、かつ、省エネルギー効果が期待されているものの、建築物のエネルギー消費性能の向上に関する法律（平成二十七年法律第五十三号）に基づく省エネルギー計算プログラムにおいて現時点で評価されていない技術を導入している建築物のうち一万㎡以上のものを④ZEB Oriented と定義している。

※再生可能エネルギーを除いた一次エネルギー消費量を現行の省エネルギー基準値から用途に応じて三〇％又は四〇％（小規模建築物については二〇％）削減。

7 特色を生かした計画

幼稚園における教育理念を施設計画に反映させることによって、特色ある計画とすることが重要である。その際、モニュメント、シンボルツリーを設けたり、色彩や曲線を生かしたデザイン手法を活用することや、地域の文化的特性や伝統を取り入れ、風土、景観等の特色を生かした計画とすることも有効である。

第3 家庭や地域と連携した施設整備

1 幼稚園・家庭・地域の連携

(1) 幼稚園施設の計画に当たっては、家庭等とも連携した地域の学びの環境の基盤整備ととらえ、教職員・保護者・地域住民等の関係者の参画により、総合的に検討を進めることが重要である。

(2) 保護者、地域住民等が幼稚園の運営や様々な教育活動を支援する取組（コミュニティ・スクールや地域学校協働活動等）など、学校と地域の連携・協働のための諸室についても計画することが重要である。

(3) 他の文教施設等の整備状況を勘案しつつ、必要に応じ、これらの施設との有機的な連携について計画することが望ましい。とりわけ、保育所や認定こども園、小学校との連携を視野に入れた施設計画が重要である。さらに、他の文教施設との情報ネットワークを構築することも有効である。

2 「預かり保育」への対応

近年「預かり保育」※に対するニーズが高まってきており、地域の状況や保護者の要望に応じた「預かり保育」に対応する施設計画が重要である。その際、活動日数や活動時間帯等の運営方法、午睡やおやつ等の「預かり保育」独自の活動に留意するとともに、家庭的な雰囲気のある空間を設けるなど幼児が長時間園内に滞在することに配慮して計画することが重要である。

※「預かり保育」：通常の教育時間の前後や長期休業期間中などに、地域の実態や保護者の要請に応じて、幼稚園が当該幼稚園の園児のうち希望者を対象に行う教育活動。

3 子育ての支援活動への対応

地域の幼児期の教育のセンターとしての子育てを支援するための機能や「親と子の育ちの場」としての役割や機能を一層充実させる

ための施設計画が重要である。その際、地域の様々な人々が気軽に利用できるように配慮することが重要であり、子育てに関する情報交換や保護者同士の交流を促すスペース、相談のための専用の子育て支援室やＰＴＡ室等を計画すること、インターネットを活用した子育て支援ネットワークの構築及び乳幼児等を伴う保護者の利用に配慮すること等も有効である。

4　幼稚園開放のための施設環境

(1)　地域の資源として、子育てを支援するため園舎や園庭の開放が求められており、幼児や地域住民が有効に活用できる施設計画とすることが重要である。また、幼稚園や地域の特性に応じた防犯対策を実施し安全性を確保した上で、必要に応じ、地域住民との交流の促進を図るため、計画することも有効である。

(2)　多様な利用者に配慮した、快適、健康、安全で利用しやすい施設であるとともに、幼稚園開放の運営と維持管理が容易な施設として計画することが重要である。

5　保育所と連携した施設計画

(1)　幼稚園と保育所の施設の共用化（「認定こども園」とする場合を含む。）など、両者の有機的な連携について計画することも有効である。その際、遊戯室、調理室、管理諸室、屋外環境等について共用の空間を計画することが望ましい。

(2)　幼稚園と保育所の施設の共用化を図る際には、施設相互の関連に配慮するとともに、合同の活動や行事など幼児が様々な触れ合いをもつ空間として計画し、幼児の教育・保育の場として十分機能させることが望ましい。また、教員と保育士の交流の促進や子育て相談等における連携・協力を図る計画も望ましい。

(3)　満三歳未満の園児が在籍する場合は、在園時間が大きく異なることから、各室の配置や動線を工夫することが重要である。

6　複合化への対応

(1)　幼稚園と保育所、小学校、公共施設等（社会教育施設、社会体育施設、児童福祉施設、老人福祉施設等）の他施設との複合化について計画する場合は、幼稚園における幼児の教育と生活に支障のないことはもちろん、施設間の相互利用、共同利用等による教育環境の高機能化及び多機能化に寄与する計画とすることが重要である。また、園児と児童や高齢者など多様な世代と交流できる場として計画することも重要である。

(2)　地域の避難所等としての機能を計画する場合は、幼稚園における幼児の学びと生活に支障のないよう計画することが重要である。また、多様な利用者を考慮し、ユニバーサルデザインの採用やバリアフリー対策の実施とともに、景観や町並みにも配慮することが重要である。

(3)　合築の検討を行う場合、教育環境に障害又は悪影響を及ぼす施設は避けることが重要である。また、教育環境の高機能化及び多機能化に寄与しない施設との合築についても慎重に対処することが重要である。

(4)　より効果的・効率的な施設整備の手法として、ＰＦＩや包括的民間委託などの官民連携による整備手法等を検討することも有効である。

第３節　幼稚園施設整備の基本的留意事項

1　未来思考の視点の必要性

(1)　幼稚園施設整備に際して、幼児がともに遊び、生活する実空間として、また、他者と協働し、直面する未知の課題に対して学び合い、応え合う共創空間として、関係者が、新しい時代の幼稚園づくりのビジョン・目標を共有しつつ、未来思考をもって実空間を捉え直すことが重要である。

(2)　ＩＣＴの活用などにより、学びのスタイルが多様に変容していくこと等を踏まえつつ、環境を通じた教育を実践してきた幼児教育の蓄積を生かし、幼稚園施設全体を、幼児の体験を豊かにし生活や学びの基盤を育む場として今一度捉え直すことが重要である。

(3)　保育室環境について、単一的な機能等に捉われず、多目的な活動に柔軟に対応していくこと、画一的・固定的な姿から脱し、時代の変化、社会的な課題に対応していく可変性が重要である。

2　総合的・長期的な視点の必要性

(1)　幼稚園施設整備の諸課題に対応するため、中・長期的に目指すべき幼稚園施設像を示し、その上で域内の幼稚園施設の実態を把握し、地域における幼稚園施設の役割等も考慮した上で、中・長期的な幼稚園施設整備方針・計画（長寿命化計画等）を策定することが重要である。

(2)　多様な教育活動の実施、安全性への配慮、環境負荷の低減、地域との連携を考慮するとともに、域内の幼児数や保育ニーズの将来動向、幼稚園教育の今後の方向等を考慮しつつ、総合的かつ長期的な視点から施設の運営面にも十分配慮した施設計画を策定することが重要である。その際、将来の変化にも柔軟に対応できるよう配慮した計画とすることが望ましい。

(3) 計画の策定に際して、地方公共団体においては、教育部局だけでなく、財政やまちづくり、子育て支援、公共施設、環境、防災、林政等を担当する首長部局との横断的な検討・管理体制を構築することが重要であり、検討結果を中・長期的な幼稚園施設整備方針・計画（長寿命化計画等）に適時に反映することが重要である。

(4) 当該地域における文教施設の整備計画や幼児教育施設等の整備状況を勘案して幼稚園施設の規模、立地を計画することが望ましい。

(5) 増築、改築、改修等の場合においても、中・長期的な幼稚園施設整備方針・計画、新たな課題への対応を踏まえ、計画的に実施することが重要である。

(6) 施設部分等により整備時期等が異なる場合においても、相互に十分に調整し、総合的に計画することが重要である。

3 適確で弾力的な施設機能の設定

(1) 幼児期の特性に応じ、また、障害のある幼児にも配慮しつつ、多様な保育形態による活動規模を考慮した施設機能を設定することが重要である。また、その際、教育の内容や方法、設備、園具、遊具等の利用方法を把握するとともに、地域の気候、風土やその季節的な変化、園児の生活習慣等の違いへの対応、周辺環境の活用の可能性等も考慮して、必要な施設機能を弾力的に設定することが重要である。

(2) 教務、事務の内容や方法、事務機器、家具等の利用方法等を把握し、必要な施設機能を設定することも重要である。

(3) 幼児の人体寸法、動作寸法、行動特性に適合した家具の導入を考慮し、施設機能を設定することが重要である。

(4) 親子の交流や子育て相談等における施設・設備の利用方法等を把握し、必要な施設機能を設定することが重要である。

4 計画的な整備の実施

(1) 施設機能を適確に設定するため、企画から基本設計までの期間を十分確保するとともに、企画から施工に至る各段階の内容的な連続性、整合性に十分留意しつつ、計画的に整備を進めることが重要である。

(2) 施設計画と園具、遊具等の導入計画との一体性に留意しつつ、総合的に整備を進めることが重要である。

(3) 各室計画と家具等の導入計画との一体性に留意しつつ、総合的に整備を進めることが重要である。

(4) 完成後には施設の状態、教育内容・教育方法への適応状況等に係る評価を定期的に行い、将来の改修・改築等の計画に生かしていくことが重要である。

(5) 教育内容の段階的な変更等に伴って施設の整備を段階的に行う場合は、最終的な施設環境を想定した上で、それぞれの段階での幼稚園運営に即した施設面での対応を検討し、計画を策定することが重要である。

5 長期間有効に使うための施設整備の実施

(1) 幼稚園施設を常に教育の場として好ましい状態に維持し、事故を防止するためには、日常の点検・補修及び定期的な維持修繕が必要であり、これらを行いやすい計画とすることが重要である。従来のような、施設に不具合があった際に保全を行う「事後保全」型の管理から、計画的に施設の点検・修繕等を行い、不具合を未然に防止する「予防保全」型の管理へと転換していくことが重要である。

(2) 建物構造体を堅固につくり、室区画や室仕上げは将来の教育内容や指導方法の変化に応じて変更可能とすることや、設備の交換・補修を容易にすること等、長期間建物を有効に使える計画とすることが重要である。

(3) 幼稚園施設を常に教育の場として好ましい状態に維持するためには、教職員・保護者・地域住民等からの要望を踏まえて、適切な学び・生活空間を計画することが望ましい。

(4) 情報技術の進展をはじめとする将来のニーズや機能の変化を見込んで、改修整備を行いやすい施設となるよう計画することも有効である。

(5) 施設の安全性を確保しつつ、教育内容・教育方法等の変化に対応した豊かな施設環境を整備するとともに、改築より工事費を抑えながら改築と同等の教育環境を確保でき、排出する廃棄物も少なくする観点から、長寿命化改修※を積極的に取り入れていくことが重要である。この際、長寿命化改修が、単に当初の建築時の状態に復旧するのではなく、時代に即応した教育環境に向上させていくものであることに十分留意することが重要である。

※長寿命化改修：物理的な不具合を直し建物の耐久性を高めることに加え、建物の機能や性能を現在の学校が求められている水準まで引き上げる改修方法。

(6) 長寿命化改修に際しては、幼稚園全体を学びの場として捉えた上で、既存の面積資源を有効活用し、明確な目標のもとに再配分していくことが重要である。また、構造体の耐久性や設備の健全性、避難動線、各室の配置計画等、施設の状態や諸条件等について現状を分析し、取り得る手段を総合的に判断することが重要である。

6 関係者の参画と理解・合意の形成

(1) 特色・魅力ある教育内容や指導方法等を反映したものとなるとともに、関係機関や地域と連携・協働した幼稚園運営が行われるよう、企画の段階から学校・家庭・地域・関係機関等の関係者の参画により、施設づくりの目標を共有し、理解と協力を得ながら総合的に計画することが重要である。その際、教育や建築等の有識者の指導助言を受けることが重要である。

(2) より効果的・効率的な施設運営を行うためには、企画の段階から施設の運営方法や維持管理体制について検討しておくとともに、施設の完成後においても継続的に施設使用者との情報交換等を行うことが重要である。このことは、設計当初の施設機能が十分に活用され、利用実態の面から安全性を確保する上でも重要である。

(3) 開放施設の利用内容・方法や管理方法、幼児の通園方法、当該幼稚園施設が周辺地域に及ぼす騒音・交通・じんあい等の影響、災害時の対応などについて、事前から地域住民等と十分協議することが重要である。

(4) 豊かで魅力的な幼稚園設計にするために最も重要なのは、設計者の能力や経験などの資質である。そのため、設置者が示す新しい幼稚園施設の在り方についての理解度や、計画的な工夫、アイディア、デザイン等の技術提案を受け、総合的に設計者を評価し選定することが重要であり、新築や大規模改修など技術的に高度又は専門的な技術が要求される業務においては、積極的にプロポーザル方式等の導入を検討することが望ましい。

7 地域の諸施設との有機的な連携

(1) 当該地方公共団体における全体的な中・長期の行政計画、文教施設整備計画との整合を図りつつ、これらの施設と有機的に連携した計画とすることが望ましい。

(2) 幼稚園と地域社会の連携を深めていく上で、公共施設等と複合化し、教育環境を高機能化・多機能化させることも有効である。その際、幼稚園における教育と生活に支障を生ずることのないよう計画することが重要である。

8 整備期間中の教育環境の確保

整備期間中においては、適切な事故防止策を講じるとともに、工事に伴う車両等の出入り、騒音、振動、ほこり等の発生により、幼児の健康、安全や教育環境に支障が生じないように十分留意することが重要である。特に、情緒障害、自閉症又はADHD等の障害のある幼児がいる場合は、整備期間中のみならず、騒音、振動等の刺激によるパニックや多動・衝動性等に十分配慮することが重要である。また、必要に応じ適切な仮園舎を確保することも有効である。

［編集部注］以下、参考のため見出しのみ掲載する。

第2章 施設計画

第1節 園地計画

第1 園地環境
第2 通園環境

第2節 配置計画

第1 園地利用
第2 配置構成

第3章 園舎計画

第1 基本的事項
第2 保育空間
第3 共通空間
第4 家庭・地域連携空間
第5 管理空間

第4章 園庭計画

第1 基本的事項
第2 運動スペース
第3 遊具
第4 砂遊び場、水遊び場その他の屋外教育施設
第5 緑化スペース

第6　門、囲障等

第5章　詳細設計
第1　基本的事項
第2　内部仕上げ
第3　開口部
第4　外部仕上げ
第5　家具・遊具
第6　その他

第6章　構造設計
第1　基本的事項
第2　上部構造
第3　基礎
第4　既存施設の耐震化推進
第5　その他

第7章　設備設計
第1　基本的事項
第2　照明設備
第3　電力設備
第4　情報通信設備
第5　給排水設備
第6　空気調和設備
第7　防災等設備

第8章　防犯計画
第1　基本的事項
第2　敷地境界及び敷地内部の防犯対策
第3　建物の防犯対策
第4　防犯監視システムの導入
第5　通報システムの導入
第6　その他

115 保育所におけるアレルギー対応ガイドライン（二〇一九年改訂版）

（平成二三年三月 厚生労働省）

改訂　平成三一年四月

はじめに［略］

第Ⅰ部：基本編

1　保育所におけるアレルギー対応の基本

(1)　アレルギー疾患とは

○アレルギー疾患とは、本来なら反応しなくてもよい無害なものに対する過剰な免疫（めんえき）反応と捉えることができます。
○保育所において対応が求められる、乳幼児がかかりやすい代表的なアレルギー疾患には、食物アレルギー、アナフィラキシー、気管支ぜん息、アトピー性皮膚炎、アレルギー性結膜炎、アレルギー性鼻炎などがあります。
○遺伝的にアレルギーになりやすい素質の人が、年齢を経るごとに次から次へとアレルギー疾患を発症する様子を〝アレルギーマーチ〟と表します。

（アレルギー疾患とは）

アレルギーという言葉自体は一般用語として広まっていますが、その理解は十分ではありません。アレルギー疾患を分かりやすい言葉に置き換えて言えば、本来なら反応しなくてもよい無害なものに対する過剰な免疫反応と捉えることができます。

免疫反応は、本来、体の中を外敵から守る働きです。体の外には細菌やカビ、ウイルスなどの「敵」がたくさんいるので、放っておくと体の中に入ってきて病気を起こしてしまいますが、それに対して体を守る働きの重要なものが免疫反応です。相手が本物の「悪者」であればそれを攻撃するのは正しい反応となりますが、無害な相手に対してまで過剰に免疫反応を起こしてしまうことがあります。それがアレルギー疾患の本質と言えます。

（乳幼児期のアレルギー疾患と配慮が必要な生活の場面）

保育所において対応が求められる、乳幼児がかかりやすい代表的なアレルギー疾患には、食物アレルギー、アナフィラキシー、気管支ぜん息、アトピー性皮膚炎、アレルギー性結膜炎、アレルギー性鼻炎などがあります。また、アレルギー疾患は全身疾患であることが特徴で、小児の場合は、アレルギー疾患をどれか一つだけ発症するケースは少なく、複数の疾患を合併していることが多くみられます。

保育所の生活において、特に配慮や管理が求められる生活の場面には、各アレルギー疾患に共通した特徴があります。これらの場面は、一般的にアレルギー症状を引き起こしやすい原因と密接に関係するため、注意が必要です。

（アレルギーマーチ）

アレルギー疾患の発症の様子は〝アレルギーマーチ〟という言葉で表現されますが（下図参照）、これは遺伝的にアレルギーになりやすい素質（アトピー素因（※））のある人が、年齢を経るごとにアレルギー疾患を次から次へと発症してくる様子を表したものです。もちろん全員がそうなるわけではなく、一つの疾患だけの人もいますが、多くの場合、こうした経過をたどります。

表1－1　各アレルギー疾患と関連の深い保育所での生活場面

生活の場面	食物アレルギー・アナフィラキシー	気管支ぜん息	アトピー性皮膚炎	アレルギー性結膜炎	アレルギー性鼻炎
給　食	○		△		
食物等を扱う活動	○		△		
午　睡		○	△	△	△
花粉・埃の舞う環境		○	○	○	○
長時間の屋外活動	△	○	○	○	○
プール	△	△	○	△	
動物との接触		○	○	○	○

○：注意を要する生活場面　△：状況によって注意を要する生活場面

図1－1　アレルギーマーチのイメージ

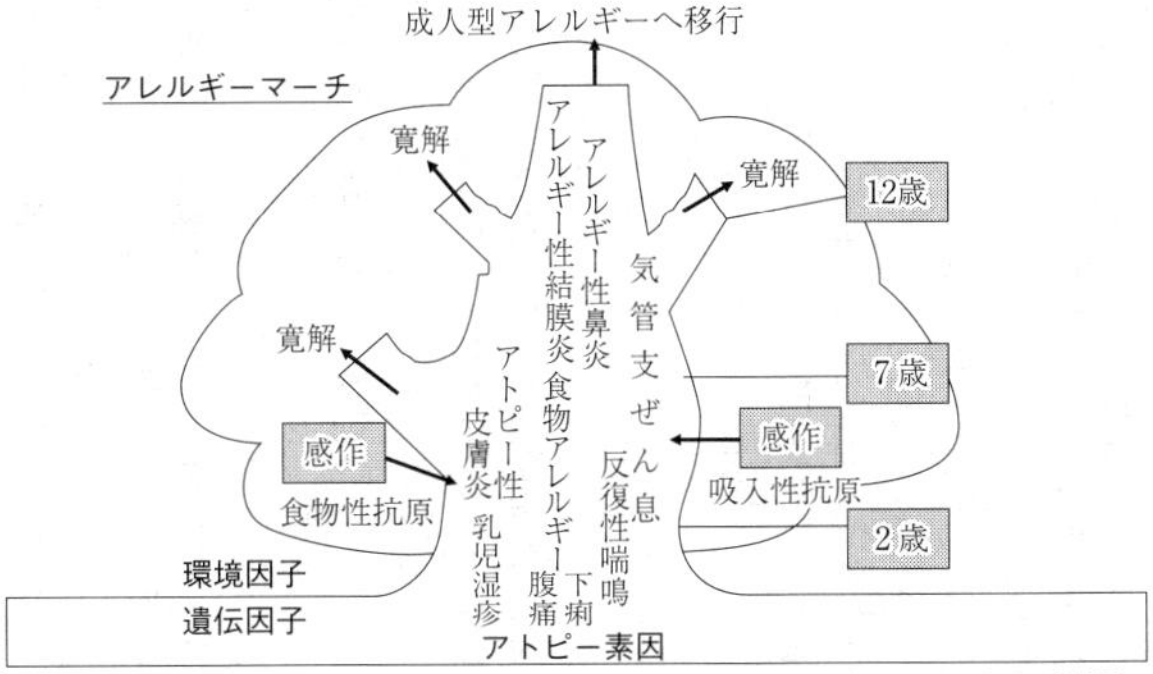

※本図はアレルギー疾患の発症・寛解を図示したもので「再発」については示していない（2010改編図）。
日本小児アレルギー学会「小児アレルギー疾患総合ガイドライン2011」（2011年5月）より
（原図：馬場実，改変：西間三馨）

※アトピー素因
アレルギーの原因となる要因に対してのIgE抗体を産生しやすい、本人もしくは親兄弟に気管支ぜん息やアトピー性皮膚炎、あるいはアレルギー性鼻炎などの疾患が見られることを言う。
＊IgE抗体：ダニ、ホコリ、食物、花粉などが微量でも人体に入ってきたときに、それらを異物と認識して排除するために免疫反応がおこり、血液中にIg（免疫グロブリン）E抗体が作られる。アレルギーの程度が強いほど血液中で高値を示す。

(2)　保育所における基本的なアレルギー対応

ア）　基本原則

保育所は、アレルギー疾患を有する子どもに対して、その子どもの最善の利益を考慮し、教育的及び福祉的な配慮を十分に行うよう努める責務があり、その保育に当たっては、医師の診断及び指示に基づいて行う必要があります。以下に、その対応についての基本原則を示します。

【保育所におけるアレルギー対応の基本原則】
○全職員を含めた関係者の共通理解の下で、組織的に対応する
- アレルギー対応委員会等を設け、組織的に対応
- アレルギー疾患対応のマニュアルの作成と、これに基づいた役割分担
- 記録に基づく取組の充実や緊急時・災害時等様々な状況を想定した対策

○医師の診断指示に基づき、保護者と連携し、適切に対応する
- 生活管理指導表（※）に基づく対応が必須

（※）「生活管理指導表」は、保育所におけるアレルギー

対応に関する、子どもを中心に据えた、医師と保護者、保育所の重要な“コミュニケーションツール”。

○地域の専門的な支援、関係機関との連携の下で対応の充実を図る
・自治体支援の下、地域のアレルギー専門医や医療機関、消防機関等との連携
○食物アレルギー対応においては安全・安心の確保を優先する
・完全除去対応（提供するか、しないか）
・家庭で食べたことのない食物は、基本的に保育所では提供しない

こうした原則に基づいた対応を行うため、保育所の職員は、その内容に習熟することが求められます。そのために、職員はその責務と役割に応じて、施設内外の研修に定期的に参加し、個々の知識と技術を高めることが重要です。

また、施設長や保育所の設置者は、保育所における子どもの健康と安全の確保に資するよう、こうした対応を進めるとともに、アレルギー疾患対策基本法をはじめとする関係法令等を遵守し、国及び自治体が行うアレルギー疾患対策について、啓発及び知識の普及に協力するよう努めることが求められます。

さらに、保育所におけるアレルギー対応の取組を進めていく上で、国や公的機関等が公表するアレルギー疾患対策に関する情報を共有し、活用していくことも重要です。

イ）生活管理指導表の活用

保育所において、保護者や嘱託医等との共通理解の下で、アレルギー疾患を有する子ども一人一人の症状等を正しく把握し、子どものアレルギー対応を適切に進めるためには、保護者の依頼を受けて、医師（子どものかかりつけ医）が記入する「保育所におけるアレルギー疾患生活管理指導表」（以下「生活管理指導表」という。）に基づき適切に対応することが重要です。

生活管理指導表は、保育所における子どものアレルギー対応に関して、子どもを中心に据えた、医師と保護者、保育所における重要なコミュニケーションツールとなるものであり、保育所の生活において、アレルギー疾患に関する特別な配慮や管理が必要となった子どもに限って作成されるものです。

〈生活管理指導表の活用の流れ〉

アレルギー疾患を有する子どもの把握
・入園面接時に、アレルギーにより保育所で特別な配慮や管理が必要な場合、保護者から申し出てもらう。
・健康診断や保護者からの申請により、子どもの状況を把握する。

⇩

保護者へ生活管理指導表の配付
・保育所と保護者との協議の上、アレルギー疾患により保育所で特別な配慮や管理が求められる場合に、配付する。

⇩

医師による生活管理指導表の記入
・かかりつけ医に生活管理指導表の記載を依頼する。（保護者は、保育所における子どもの状況を医師に説明する。）
※医師には、必要に応じ、本ガイドラインの該当ページを参照してもらう。
・保護者は、必要に応じて、その他資料等を保育所に提出する。

⇩

保護者との面談
・生活管理指導表を基に、保育所での生活における配慮や管理（環境や行動、服薬等の管理等）や食事の具体的な対応（除去や環境整備等）について、施設長や担当保育士、調理員などの関係する職員と保護者が協議して対応を決める。
・対応内容の確認とともに、情報共有の同意について確認する。

⇩

保育所内職員による共通理解
・実施計画書等を作成し、子どもの状況を踏まえた保育所での対応（緊急時含む）について、職員や嘱託医が共通理解を持つ。
・保育所内で定期的に取組状況について報告等を行う。

⇩

対応の見直し
・保護者との協議を通じて、一年に一回以上、子どものアレルギーの状態に応じて、生活管理指導表の再提出等を行う。なお、年度の途中において対応が不要となった場合には、保護者と協議・確認の上で、特別な配慮や管理を終了する。

保育所において対応が求められるアレルギー疾患に関する主な特徴と生活管理指導表を活用した対応の基本については、次項で示します。

また、生活管理指導表に記載の各欄の解説や、保育所において求められる具体的な対応については、「第Ⅱ部実践編」で説明します。

「生活管理指導表」（表面・裏面）［略］

ウ）主な疾患の特徴と保育所における対応の基本

①食物アレルギー・アナフィラキシー

食物アレルギーは、特定の食物を摂取した後にアレルギー反応を介して皮膚・呼吸器・

消化器あるいは全身性に生じる症状のことを言います。そのほとんどは食物に含まれるタンパク質が原因で生じます。

また、アナフィラキシーは、アレルギー反応により、じん麻疹などの皮膚症状、腹痛や嘔吐などの消化器症状、息苦しさなどの呼吸器症状が複数同時にかつ急激に出現した状態を指します。その中でも、血圧が低下し意識レベルの低下や脱力を来すような場合を、特に〝アナフィラキシーショック〟と呼び、直ちに対応しないと生命にかかわる重篤な状態です。

なお、アナフィラキシーを起こす要因は様々ではありますが、乳幼児期に起こるアナフィラキシーは食物アレルギーに起因するものが多いです。

（保育所における「食物アレルギー・アナフィラキシー」対応の基本）

- 保育所における給食は、子どもの発育・発達段階、安全への配慮、必要な栄養素の確保とともに、食育の観点も重要である。しかし、食物アレルギーを有する子どもへの食対応については、安全への配慮を重視し、できるだけ単純化し、「完全除去」か「解除」の両極で対応を開始することが望ましい。
- 基本的に、保育所で「初めて食べる」食物がないように保護者と連携する。
- アナフィラキシーが起こったときに備え、緊急対応の体制を整えるとともに、保護者との間で、緊急時の対応について協議しておくことが重要である。

②気管支ぜん息

気管支ぜん息は、発作性にゼーゼー又はヒューヒューという音（喘鳴《ぜんめい》）を伴う呼吸困難を繰り返す疾患です。一般的には、発作治療薬により症状は改善しますが、まれに生命にかかわることもあるため、注意が必要です。

こうした喘鳴《ぜんめい》は、チリ・ダニや動物の毛などのアレルゲン（アレルギーの原因となる抗原）に対するアレルギー反応により、気道（空気の通り道）での炎症が生じた結果、気道が狭くなることで起こりやすくなります。また、治療はこの炎症を抑えるように行われますが、不十分であると症状を繰り返し、運動などの刺激により運動誘発ぜん息と呼ばれる症状を起こす場合があります。

（保育所における「気管支ぜん息」対応の基本）

- 気管支ぜん息症状の予防には、アレルゲンを減らすための環境整備が極めて重要である。そのため、保育所での生活環境は、室内清掃だけでなく、特に寝具の使用に関して留意する必要がある。
- 保護者との連携により、気管支ぜん息の治療状況を把握し、運動等の保育所生活について、事前に相談する必要がある。

③アトピー性皮膚炎

アトピー性皮膚炎は、皮膚にかゆみのある湿疹が出たり治ったりすることを繰り返す疾患です。乳幼児では、顔、首、肘の内側、膝の裏側などによく現れますが、ひどくなると全身に広がります。悪化因子としては、ダニやホコリ、食物、動物の毛、汗、シャンプーや洗剤、プールの塩素、生活リズムの乱れや風邪などの感染症など、さまざまであり個々に異なります。多くの場合、適切なスキンケアや治療によって症状のコントロールは可能で、基本的には、他の子どもと同じ生活を送ることができます。

（保育所における「アトピー性皮膚炎」対応の基本）

- アトピー性皮膚炎の子どもの皮膚は刺激に敏感であり、皮膚の状態が悪い場合には、皮膚への負担を少なくする配慮が必要である。
- 悪化因子は、個々に異なるが、室内の環境整備だけでなく、場合によっては外遊び、プール時に対応が必要となることがあり、保護者との連携が必要である。

④アレルギー性結膜炎

アレルギー性結膜疾患とは、目の粘膜、特に結膜に、アレルギー反応による炎症（結膜炎）が起こり、目のかゆみ、なみだ目、異物感（ごろごろする感じ）、目やになどの特徴的な症状をおこす疾患です。原因となる主なアレルゲンとしては、ハウスダストやダニ、動物の毛に加え、季節性に症状を起こすスギ、カモガヤ、ブタクサなどの花粉があります。

（保育所における「アレルギー性結膜炎」対応の基本）

- プールの水質管理のための消毒に用いる塩素は、角結膜炎がある場合には悪化要因となるため、症状の程度に応じて配慮が必要である。
- 季節性アレルギー性結膜炎（花粉症）の場合、花粉が飛んでいる時期で特に風の強い晴れた日には花粉の飛散量が増えることに留意する。
- 通年性アレルギー性結膜炎等の場合、屋外での活動後に、土ぼこりの影響で症状の悪化が見られることもあるため、必要に応じて、顔を拭くこと等が望まれる。

⑤アレルギー性鼻炎

アレルギー性鼻炎は、鼻の粘膜にアレルギー反応による炎症が起こり、発作性で反復性のくしゃみ、鼻水、鼻づまりなどの症状を引き起こす疾患です。原因となるアレルゲンは、上記「④アレルギー性結膜炎」とほぼ同じです。

（保育所における「アレルギー性鼻炎」対応の基本）

- アレルギー性鼻炎（特に季節性アレルギー性鼻炎）の乳幼児は、原因花粉の飛散時期の屋外活動により症状が悪化することがある事に留意する（屋外活動ができないことはまれである）。

(3)　緊急時の対応（アナフィラキシーが起こったとき（「エピペン®」の使用））

保育所において、アレルギー疾患を有する子どもに緊急性の高い症状（下表参照）が一つでも見られたら、「エピペン®」（商品名）（※）の使用や一一九番通報による救急車の要請など、速やかな対応をすることが求められます。こうした緊急性の高い症状が見られない場合には、子どもの症状の程度に合わせて対応を決定することが必要です。

（※）「エピペン®」は体重一五kg未満の子どもには処方されません。

（保育所における「エピペン®」の使用について）

保育所において、子どもにアナフィラキシー等の重篤な反応が起きた場合には、速やかに医療機関に救急搬送することが基本となります。しかし、保育所において、乳幼児がアナフィラキシーショックに陥り生命が危険な状態にある場合には、居合わせた保育所の職員が、本ガイドラインにおいて示している内容（事前の備えを含む）に即して、「エピペン®」を（自ら注射できない）子ども本人に代わって使用（注射）しても構いません。ただし、「エピペン®」を使用した後は、速やかに救急搬送し、医療機関を受診する必要があります。

なお、こうした形で保育所の職員が「エピペン®」を使用（注射）する行為は、緊急やむを得ない措置として行われるものであり、医師法第十七条（※）違反とはなりません。

（※医師法第十七条　医師でなければ、医業をなしてはならない。）

表1－2　緊急性の高い症状

消化器の症状	• 繰り返し吐き続ける • 持続する強い（がまんできない）おなかの痛み
呼吸器の症状	• のどや胸が締め付けられる • 声がかすれる • 犬が吠えるような咳 • 持続する強い咳込み • ゼーゼーする呼吸 • 息がしにくい
全身の症状	• 唇や爪が青白い • 脈を触れにくい・不規則 • 意識がもうろうとしている • ぐったりしている • 尿や便を漏らす

（「一般向けエピペン®の適応」日本小児アレルギー学会（2014年）より）

（「エピペン®」の保管について）

保育所における「エピペン®」の保管に当たっての留意事項は、以下のとおりです。

○子どもの手の届かないところ、すぐに取り出せるところに保管する

○一五～三〇℃で保存が望ましい。冷蔵庫や、日光のあたる場所等を避けて保管する

○「エピペン®」を預かる場合、緊急時の対応内容について保護者と協議の上、「緊急時個別対応票」を作成する（参照：参考様式「緊急時個別対応票」）

（緊急時対応への備え）

緊急時の対応に当たっては、事前に、現場に居合わせる可能性がある各職員の役割をあらかじめ明確にした上で、保育所全体として組織的に対応できるよう以下のような準備をしておくことが重要です。

○それぞれの施設に応じた職員の役割分担の明確化（全体管理、発見者による子どもの観察、「エピペン®」接種の準備、連絡（救急医療機関、施設長、保護者等に対して）、記録等）

○「エピペン®」の取扱いや、役割分担に基づいた動きについて、園内研修や定期的な訓練の実施

○「エピペン®」や緊急時に必要な書類一式の保管場所の全職員による情報共有

「エピペン®」接種の実際　［略］

「緊急時個別対応票」（表面・裏面）　［略］

2　アレルギー疾患対策の実施体制

(1)　保育所における各職員の役割

○保育所は、施設長のリーダーシップの下、各職員の役割を明確にし、組織的なアレルギー疾患対策を行うための体制づくりを行うことが重要です。（対応委員会等の開催、マニュアルの策定等）

○保育所において、アレルギー対応に組織的に取り組むに当たっては、日々の確認や記録をとることや、火災や自然災害などが発生した

図1－2　保育所内におけるアレルギー対策の実施体制（イメージ）

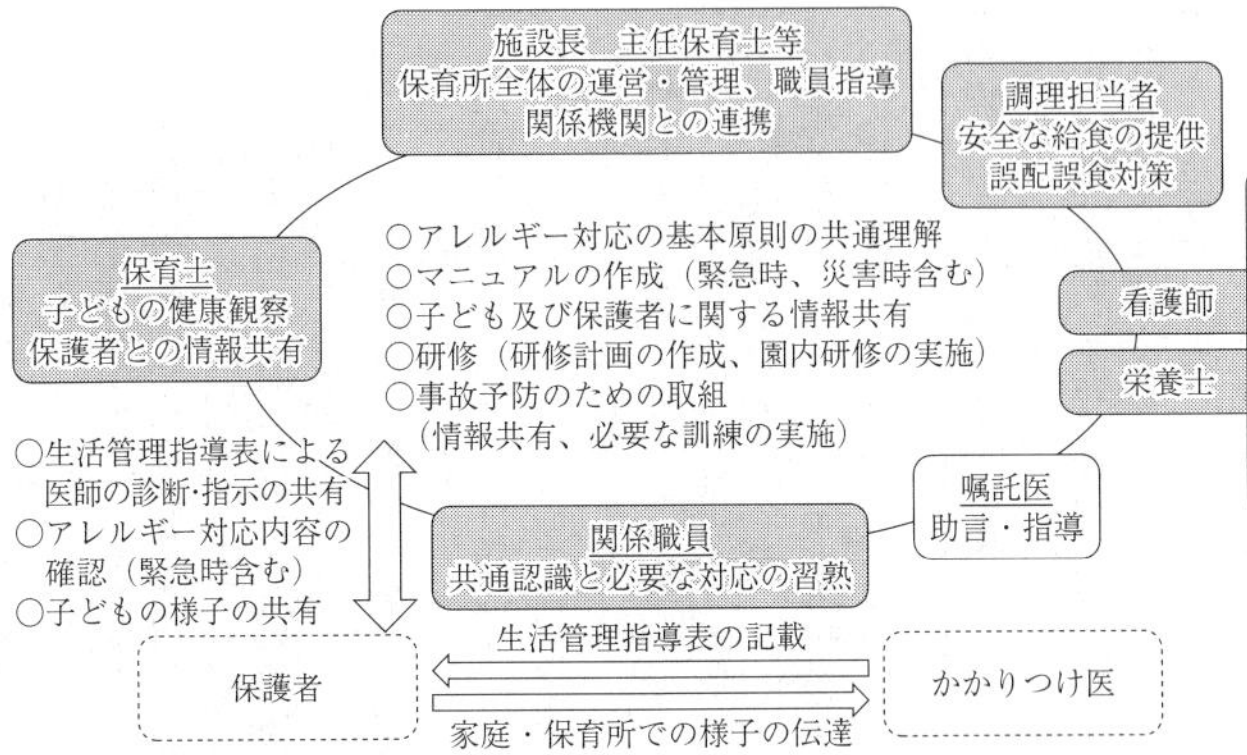

場合を想定した準備も重要です。
○看護師や栄養士が配置されている場合には、地域の医療関係者との連携や食物アレルギー対応等において、その専門性を生かした対応が図られることが重要です。

保育所においては、第1章に示したアレルギー対応の基本原則に基づき、施設長をはじめとして、保育士、調理担当者、看護師、栄養士等の全職員が、次頁以降に記載の各々の役割を理解し、生活管理指導表に基づき、組織的に対応するための体制を構築していくことが求められます。

その際、記録をとることが職員間の共通理解に基づく対応の基本となるため、職員が記録の重要性を認識すること、通常の環境のみならず、災害発生時を含めた体制の整備を行うことが重要です。

（記録の重要性（事故防止の取組））

保育所において、アレルギー対応を組織的に取り組むに当たっては、アレルギー対応の実施状況（※）を日々確認・記録し、ヒヤリ・ハットや事故の有無などとともにアレルギー情報としてまとめ、記録に基づいた対応を行い、共通理解を深めていくことが重要です。

※保護者との面談等での確認内容、保護者との協議を踏まえて作成する実施計画、子どもの症状発生時の対応　等

そして、アレルギーに関する事故などが発生したときには、速やかに保護者への連絡を行うとともに、職員間での情報共有を行い、また、地域における取り決めに応じて、自治体や関係機関等への報告を行うことが重要です。

また、園全体として、事故防止のための適切な対策を講じるため、各園におけるアレルギーに関する事故や、配膳時や喫食時の確認漏れ等のヒヤリ・ハット報告の情報についても、収集及び要因分析等に努めることも重要です。

（災害への備え）

火災や自然災害などが発生した場合など、通常とは異なる環境・体制の下で保育を継続して行うことについても想定する必要があります。例えば、一時的に保育所以外の場所に避難を余儀なくされた場合、アレルギーを有している子どもに関する情報を保育士等が避難所の職員にすぐには伝えられないことや、食物アレルギー対応が必要な子ども用の食材を持ち出せないといったことが起こり得ます。こうした日常使用しているマニュアルに基づく対応ができないような事態でも、全職員が対応できるようにすることが求められます。

こうした事態を想定した取組は各保育所が単独で行うだけではなく、自治体の支援の下、保育所、学校、消防、警察、医療機関、自治会等が連携して行うことが重要です。

ア）施設長（管理者）

保育所の施設長（管理者を含む）は、副園長や主任保育士等と連携しながら、全職員を含めた関係者が、アレルギー対応の基本原則の共通理解の下、組織的に対応できるよう、保育所の体制を整備し、管理・運営を行うことが重要です。具体的には以下のような取組を行うことが考えられます。

○体制づくり（アレルギー対応委員会等の開催）
・保育所における保健的対応の一環にアレルギー疾患対策を位置づけ、組織的に対応
・保育所内の「アレルギー疾患対応マニュアル」の作成とこれに基づく役割の分担

・アレルギー疾患を有する子どもの対応に関する職員間での情報の共有
・必要に応じたアレルギー担当者の役割等の取り決め　等
○それぞれの子どもへの対応内容の確認（関係者の招集含む）
・保護者との協議（面談等）の実施（入所時の面接、管理指導表に基づく面談、食物アレルギー対応を行う上で必要となる、献立作成や除去食対応のための面談など）
○職員の資質・専門性の向上（各職員の役割に応じた知識・技能の習得）
・研修計画の策定（園内研修及び外部研修）
・特に「エピペン®」については、全職員が取り扱えるようにする　等
○関係機関との連携
・市区町村の支援の下、地域の医療機関や嘱託医、消防機関等との連携
・国及び自治体が行うアレルギー疾患対策に関する啓発や知識の普及に協力　等

保育所内の「アレルギー疾患対応マニュアル」の内容（例）
＊対応の原則、体制、手順、役割分担、安全な環境整備、誤食防止対策　等
＊生活管理指導表の取扱い
＊アレルギーに関する情報の管理方法（対応状況、ヒヤリ・ハット及び事故の発生状況等）
＊緊急時の対応（「エピペン®」の使用に関することを含む）
＊災害への備え
＊研修
＊地域の関係機関との連携　等

イ）　保育士

本ガイドラインに示すアレルギー対応の基本原則を理解した上で、各保育所における「アレルギー疾患対応マニュアル」に即して、各々の保育士が役割を分担し、以下のような対応の内容に習熟することが求められます。

○担当する子どもがアレルギー疾患を有しているか否かに関わらず共通で必要な事項
・保育所全体のアレルギーを有する子どもの状況の把握・共有
・給食提供の手順についての情報の把握・共有
・緊急時の「エピペン®」の取扱いや職員間の役割について、把握し、状況に応じた対応の準備を行うこと　等
○担当する子どもがアレルギー疾患を有する場合
・子どもの日常の健康状態や生活上の配慮等に関する、保護者との情報共有
・子どもの疾患状況や家庭での対応状況等に関する、関係職員と情報を共有
・体調不良等が疑われる場合、速やかに施設長等へ報告し、対応を協議すること
・疾患の特徴や状況を考慮した、安全な保育環境の構成や保育上の配慮
・調理担当者と連携した、誤食防止の取組　等

ウ）　調理担当者

給食の提供に当たっては、除去食品の誤配や誤食などの事故防止及び事故対策において、子どもの安全を最優先として、保育士と連携し、以下のような安全な給食の提供環境を整備することが重要です。

・安全を最優先した献立の作成や調理作業工程・環境の構築
・調理担当者間での調理手順等の共有と確認
・保育士等と連携し、調理室から保育室（子ども）までの安全な配膳手順等の共有
・緊急時の「エピペン®」の取扱いや職員間の役割分担について把握し、状況に応じた対応の準備を行うこと　等

エ）　看護師

保育所保育指針（平成二十九年厚生労働省告示第百十七号）では、保育所に看護師が配置されている場合には、その専門性を生かして対応することとされています。看護師には、各保育所における保健計画の策定に当たり、アレルギー対応についても十分考慮すること、保護者からの情報を得ながらアレルギー疾患を有する子どもの健康状態を観察評価することなどが求められます。

また、保育所におけるアレルギー対応の取組に当たっては、嘱託医、子どものかかりつけ医、地域の医療機関と連携した対応を図る必要があります。そのため、保育所の看護師が、その専門性を活かしつつ、これらの医療関係者等の意見やアレルギー疾患の治療に関する最新の知見を、施設内の他の職員や保護者に正しく、かつ、わかりやすく伝え、保護者を含めた保育所全体の共通認識としていくことが重要です。

オ）　栄養士

看護師と同様、保育所保育指針では、保育所に栄養士が配置されている場合には、その専門

性を生かして対応することとされています。

保育所における食物アレルギー対応に関して、栄養士には本ガイドラインに示す食物アレルギー対応の原則に基づいて献立を作成し、栄養管理を行うことが求められます。また食育計画の策定の際には、食物アレルギーについて十分考慮するなど専門性を生かした対応を行うことも重要です。

さらに、食物アレルギーを有する子ども及びその保護者への栄養指導を行うことや、地域の子ども及びその保護者に対する食に関する相談や支援などの食育の取組を通じて、食物アレルギーに対する理解の促進を図ることも重要な役割です。

(2) 医療関係者及び行政の役割と関係機関との連携

○保育所におけるアレルギー対応においては、嘱託医の積極的な参画・協力のもと、地域の関係者と連携して取組を推進することが重要です。

○地域の関係機関との連携体制の構築や取組の促進に当たっては、自治体による積極的な支援が不可欠です。

保育所におけるアレルギー対応に当たっては、以下に示すように、保育所が地域の医療関係者及び行政と連携しながら取組を進めることが必要です。

ア) 医療関係者の役割

(嘱託医)

児童福祉施設の設備及び運営に関する基準（昭和二十三年厚生省令第六十三号）第三十三条第一項において、保育所には嘱託医を置かなければならないとされています。

保育所におけるアレルギー疾患を有する子どもの保育に当たっては、嘱託医の積極的な参画・協力が不可欠となります。嘱託医には、以下のような役割が求められます。

・年二回以上の子どもの健康診断を行うだけではなく、保育所全体の保健的対応や健康管理についても総合的に指導・助言を行うこと

・各保育所におけるアレルギー対応委員会等やアレルギー疾患対応マニュアル作成への参画及び助言・指導を行うこと

・アレルギー疾患を有する子どもの保育に関する取組や子どもの状況について、保育所と情報を共有し、その対応について適切な助言・指導を行うこと

こうした役割を果たすために、嘱託医は、常にアレルギー疾患対策の最新の知識を把握しておくとともに、地域におけるアレルギーの専門医・医療機関との連携体制の構築に積極的に参画することも重要です。

(かかりつけ医)

保育所におけるアレルギー疾患を有する子どもの保育については、かかりつけ医等が記入した生活管理指導表に基づき、保育所と保護者等の間で医師の診断及び指示に関する情報を共有し、対応することが求められます。このため、かかりつけ医は、本ガイドラインの内容を理解した上で、生活管理指導表を記入することが重要です。このため、地域の医師会やアレルギー専門医療機関が主催する医師向けの研修等に積極的に参加するなど、アレルギー疾患への理解を深めることが求められます。なお、かかりつけ医は生活管理指導表の記入に当たり保育所の状況を踏まえる必要がある場合、保護者を通じ、保育所に対して情報提供を求めることも重要です。

(地域のアレルギー専門医療機関)

乳幼児のアレルギー疾患対策は医学的に専門性が高い領域であり、保育所においては、必要に応じて、地域のアレルギーの専門医や専門医療機関と連携し、支援を求めることも重要です。

イ) 行政の役割と関係機関との連携

保育所におけるアレルギー疾患を有する子どもの保育については、それぞれの保育所だけでは対応が困難な課題もあることを踏まえ、地域におけるアレルギー疾患対策に関する正確な情報の把握や、各主体における取組の共有、地域全体として連携体制を構築することが必要です。

このため、各自治体は、地域の関係者による連携体制の整備や、地域の特性を考慮したアレルギー対応マニュアル（緊急時の対応を含む）の策定、研修の実施、災害発生時の連携体制の構築などを通じて、積極的に各保育所におけるアレルギー疾患対策への支援を行うことが求められます。

(地域の関係者による情報共有・協議等)

都道府県及び市区町村は、互いに連携しながら、保育所におけるアレルギー対応に関して、本ガイドラインの内容や正確な情報が共有されるよう、地域の実情に応じて、情報の発信、関係機関との調整、地域の関係者が一堂に会する協議会の設置やその運営、定期的な研修機会の提供等を進めていくことが求められます。また、アレルギー疾患医療に携わる地域の拠点となる病院と連携して、専門的な情報提供や研修の充

図１－３　地域における関係機関の連携体制（イメージ）

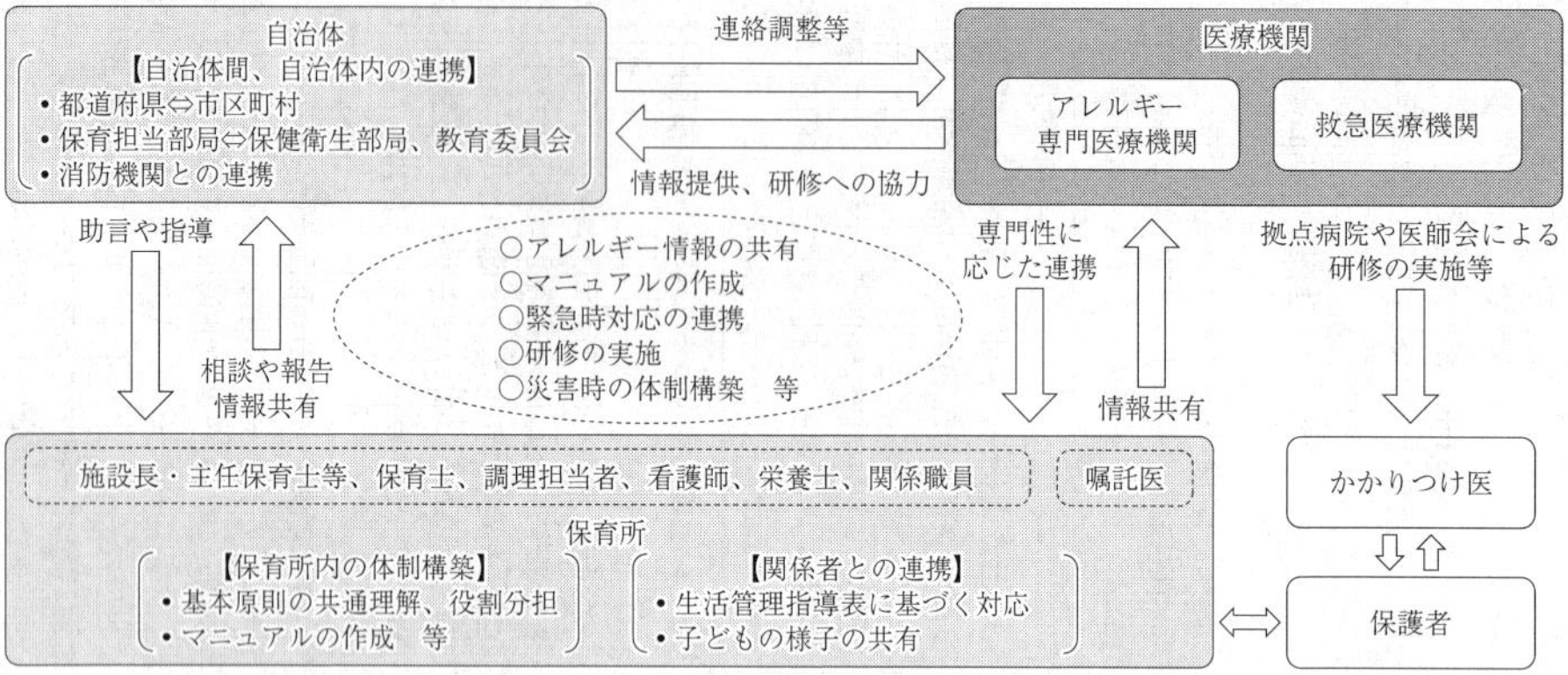

実、拠点となる病院からの助言・支援を受ける体制づくり等の取組を行っていくことも重要です。

（緊急時対応のための連携）

特に、各保育所において、アレルギー疾患を有する子どもがアナフィラキシーショックを引き起こした際に、適切な医療が受けられるよう、生活管理指導表や「エピペン®」の保有等の情報について、地域の医療機関、消防機関等と、平時から共有する等の取組を市区町村が支援していくことが重要です。その際、保護者の同意を得た上で、地域の関係者による協議を行う事が必要です。

（研修体制の構築）

アレルギー疾患を有する子どもへの対応については、関係者が共通認識のもとに組織的に取り組んでいくために、研修の実施等による知識及び技能の向上が重要となります。

自治体は、各保育所におけるアレルギー対応に関する取組の支援を行うとともに、関係機関と連携して、保育所の職員に対し、本ガイドラインの内容の周知や「エピペン®」の取扱いなど、各保育所のアレルギー対応に関する研修を計画的に実施することが求められます。同様に、地域の医師会やアレルギー専門医療機関と連携し嘱託医やかかりつけ医などに対する研修の機会を設けることも重要です。また、各保育所におけるヒヤリ・ハット事例及び事故情報の収集・共有を通じてアレルギー対応に関する事故防止の取組を進めるなど、地域におけるアレルギー疾患対策の質の向上を図ることも重要です。

（自治体内における連携）

各自治体は、組織内の役割分担や人員体制などの実状に応じて、所管の保育所におけるアレルギー対応への支援を十分に行うことができるよう、保育担当、保健・衛生関係担当、教育委員会、消防機関等の関係部署間で連携して取組を行うことが重要です。

《連携した取組の例》

○保育担当　本ガイドラインの普及・啓発、各保育所のアレルギー対応状況の把握、相談体制の構築、関係者による情報交換や協議の場の開催　等

○保健・衛生関係担当　アレルギー疾患に関する知識の普及・啓発、相談体制の構築、研修会の実施　等

○教育委員会　就学時の子どものアレルギー情報に関する情報共有（給食の対応含む）

○消防機関　各子どもの生活管理指導表の内容や「エピペン®」を保有している子どもに関する情報共有

3　食物アレルギーへの対応

(1)　保育所における食事の提供に当たっての原則（除去食の考え方等）

○保育所における食物アレルギー対応に当たっては、給食提供を前提とした上で、生活管理指導表を活用し、組織的に対応することが重要です。

○保育所の食物アレルギー対応における原因食品の除去は、完全除去を行うことが基本です。

○子どもが初めて食べる食品は、家庭で安全に食べられることを確認してから、保育所での提供を行うことが重要です。

保育所における食育は、健康な生活の基本としての「食を営む力」の育成に向け、その基礎を培うことを目標とし、乳幼児期にふさわしい食生活が展開され、適切な援助が行われるよう、食事の提供を含め、計画的に進めることが重要です。

保育所における食物アレルギーの対応においては、給食提供を前提とした上で、「保育所内でのアレルギー発症を防ぐ」ことが第一目標ですが、成長が著しい子どもの心身の健全な発育・発達の観点から、不必要な食物除去がなされることがないよう、医師の診断及び指示に基づく生活管理指導表を用いた原因食品の完全除去を行うことが基本です。また、食物アレルギーの有症率は、乳幼児期が最も高いですが、成長とともに治癒することが多いことから、除去については、定期的な見直しが必要になります。

（生活管理指導表を活用した組織的対応）

- 職員、保護者、かかりつけ医・緊急対応医療機関が十分に連携する。
- 食物除去の申請には、医師の診断に基づいた生活管理指導表が必須である。（入所時又は診断時及び年一回以上、必要に応じての更新）
- アナフィラキシー症状が発生したとき、全職員が迅速、かつ適切に対応する。

（安全を最優先した完全除去による対応）

- 食物除去は、安全な給食提供の観点から、原因食品の完全除去を基本とする。
- 原因食品が調味料や油脂などに極少量含まれているだけの場合、除去の必要がないことが多い。なお、重篤なアレルギーで、少量の調味料等も摂取不可能な厳しい除去が必要な子どもについては、該当する食材を使用した料理について給食対応が困難となる場合があることについても考慮する。
- 除去していた食物を解除する場合は、医師の指示に基づき、保護者と保育所の間で書面申請をもって対応する。

（安全に配慮した食事の提供）

- 給食の提供を前提として、食物アレルギーのない子どもと変わらない、安全・安心な生活を送ることができるよう、調理室の設備、人的環境など、安全に提供できる環境・体制を整備する。
- 子どもが初めて食べる食品については、家庭で安全に食べられることを確認してから、保育所で提供を開始することを基本とする。
- 食物アレルギーの診断がされていない子どもであっても、保育所において初めて食物アレルギーを発症することもあるため、その可能性も踏まえて、体制を整備しておく。
- アレルギー症状を誘発するリスクの高い食物が、少ない又はそうした食物を使わない共通献立メニューを取り入れるなど、食物アレルギーのリスクを考えた取組を工夫する。
- 常に、食物アレルギーに関する最新で、正しい知識を職員全員が共有する。

(2)　誤食の防止（参照：第Ⅱ部（1）A．給食・離乳食）

○誤食の主な発生要因となる人的エラーを防ぐために、保育所の職員全員で認識を共有し、対策を行うことが必要です。
○保育所における食育は、子どもが成長していく上で非常に重要です。ただし、誤食は様々な場面で起こりうることを認識し、体制を整えることが必要です。

（誤食の発生要因と対応）

保育所における子どもの誤食は、食事だけでなく、遊びの場面においても発生するので、職員全体で発生要因を認識し、誤食リスクを減らすことが重要です。

誤食の主な発生要因
①人的エラー（いわゆる配膳ミス（誤配）、原材料の見落とし、伝達漏れなど）
②①を誘発する原因として、煩雑で細分化された食物除去の対応
③保育所に在籍する子どもが幼少のために自己管理できないこと　など

人的エラーの対策としては、食事内容を記載した配膳カードを作成し、食物アレルギーを有する子どもの調理、配膳、食事の提供までの間に二重、三重のチェック体制をとること、食物アレルギーを有する子どもの食器の色などを変えて注意喚起することなどが挙げられます。

煩雑で細分化されすぎた食物除去の対応は誤食の誘因となります。このため、安全な保育所生活を送る観点から、できるだけ単純化された対応（完全除去か解除）を行うことを基本として下さい。また、食物アレルギーを有する子どもへの食事提供の際には、誤配・誤食が起こらないよう、安全確保に必要な人員を配置し、管理を行うことが必要です。

（食育活動と誤食との関係）

保育所における食育は、食に関わる体験を積み重ね、食べることを楽しみ、食事を楽しみ合う子どもに成長していく上で、非常に重要です。ただし、誤食は食物を扱う様々な場面において起こりうることから、安全性を最優先するとともに、事

故が起こらない環境及び体制を整えることが必要です。また、誤食を恐れるあまり、食物アレルギーを有する子どもに対する過剰な対応をすることがないよう、正しい知識をもって行うことも重要です。

第Ⅱ部：実践編
（生活管理指導表に基づく対応の解説）
［略］

関連資料　［略］

116 保育所における感染症対策ガイドライン（二〇一八年改訂版）

（平成二一年八月
厚生労働省）
改訂　平成三〇年三月
（一部改訂＝令和五年五月　こども家庭庁）
（一部修正＝令和五年一〇月）

はじめに　［略］

1．感染症に関する基本的事項

(1) 感染症とその三大要因

○感染症が発生するためには、以下の三つの要因が必要である。
・病原体を排出する「感染源」
・病原体が人、動物等に伝播《でんぱ》する（伝わり、広まる）ための「感染経路」
・病原体に対する「感受性」が存在する人、動物等の宿主

ウイルス、細菌等の病原体が人、動物等の宿主の体内に侵入し、発育又は増殖することを「感染」といい、その結果、何らかの臨床症状が現れた状態を「感染症」といいます。病原体が体内に侵入してから症状が現れるまでには、ある一定の期間があり、これを「潜伏期間」といいます。潜伏期間は病原体の種類によって異なるため、乳幼児がかかりやすい主な感染症について、それぞれの潜伏期間を知っておくことが必要です。

また、感染症が発生するためには、病原体を排出する「感染源」、その病原体が宿主に伝播《でんぱ》する（伝わり、広まる）ための「感染経路」、そして病原体の伝播《でんぱ》を受けた「宿主に感受性が存在する（予防するための免疫が弱く、感染した場合に発症する）こと」が必要です。「感染源」、「感染経路」及び「感受性が存在する宿主」の三つを感染症成立のための三大要因といいます。乳幼児期の感染症の場合は、これらに加えて、宿主である乳幼児の年齢等の要因が病態に大きな影響を与えます。

子どもの命と健康を守る保育所においては、全職員が感染症成立のための三大要因と主な感染症の潜伏期間や症状、予防方法について知っておくことが重要です。また、乳幼児期の子どもの特性や一人一人の子どもの特性に即した適切な対応がなされるよう、保育士等が嘱託医や医療機関、行政の協力を得て、保育所における感染症対策を推進することが重要です。

(2) 保育所における感染症対策

○乳幼児が長時間にわたり集団で生活する保育所では、一人一人の子どもと集団全体の両方について、健康と安全を確保する必要がある。
○保育所では、乳幼児の生活や行動の特徴、生理的特性を踏まえ、感染症に対する正しい知識や情報に基づいた感染症対策を行うことが重要である。

（感染症対策において理解すべき乳幼児の特徴）

保育所において、子どもの健康増進や疾病等への対応と予防は、保育所保育指針に基づき行われています。また、乳幼児が長時間にわたり集団で生活する保育所では、一人一人の子どもの健康と安全の確保だけではなく、集団全体の健康と安全を確保しなければなりません。特に感染症対策に

ついては、次のことをよく理解した上で、最大限の感染拡大予防に努めることが必要です。

（保育所における乳幼児の生活と行動の特徴）

- 集団での午睡や食事、遊び等では子ども同士が濃厚に接触することが多いため、飛沫《まつ》感染や接触感染が生じやすいということに留意が必要である。
- 特に乳児は、床をはい、また、手に触れるものを何でも舐めるといった行動上の特徴があるため、接触感染には十分に留意する。
- 乳幼児が自ら正しいマスクの着用、適切な手洗いの実施、物品の衛生的な取扱い等の基本的な衛生対策を十分に行うことは難しいため、大人からの援助や配慮が必要である。

（乳児の生理的特性）

- 感染症にかかりやすい
　生後数か月以降、母親から胎盤を通して受け取っていた免疫（移行抗体）が減少し始める。
- 呼吸困難になりやすい
　成人と比べると鼻道《びどう》や後鼻孔《こうびこう》が狭く、気道も細いため、風邪等で粘膜が少し腫れると息苦しくなりやすい。
- 脱水症をおこしやすい
　乳児は、年長児や成人と比べると、体内の水分量が多く、一日に必要とする体重当たりの水分量も多い。このため、発熱、嘔吐《おうと》、下痢等によって体内の水分を失ったり、咳《せき》、鼻水等の呼吸器症状のために哺乳量や水分補給が減少したりすることで、脱水症になりやすい。

（保育所における感染症対策の基本）

　保育所における感染症対策では、抵抗力が弱く、身体の機能が未熟であるという乳幼児の特性等を踏まえ、感染症に対する正しい知識や情報に基づき、適切に対応することが求められます。また、日々感染予防の努力を続けていても、保育所内への様々な感染症の侵入・流行を完全に阻止することは不可能です。このことを理解した上で、感染症が発生した場合の流行規模を最小限にすることを目標として対策を行うことが重要です。

　例えば、保育所ではインフルエンザ、ノロウイルス感染症等の集団感染がしばしば発生しますが、これらの感染症においては、ほぼ症状が消失した状態となった後でも患者がウイルスを排出していることがあります。このため、罹《り》患児が症状改善後すぐに登園することにより、病原体が周囲に伝播《でんぱ》してしまう可能性があります。保育所内での感染を防止するためには、それぞれの感染症の特性を考慮した上で、症状が回復して感染力が大幅に減少するまでの間、罹患児の登園を避けるよう保護者に依頼する等の対応を行うことが重要です。

（参照：「別添1　具体的な感染症と主な対策（特に注意すべき感染症）」）

　また、典型的な症状があり、感染症に罹《り》患していると医師から診断された子どもだけではなく、その他の子どもや保育所に勤務する職員の中に、感染しているにも関わらず、明らかな症状が見られない不顕性感染者や、症状が軽微であるため医療機関受診にまでは至らない軽症の患者、典型的な症状が出現する前の段階ではあるが病原体を排出している患者が少なからず存在している可能性があります。このため、このことを理解した上で感染症対策に取り組んでいくことが重要となります。

　さらに、これまで発生したことがない新しい感染症が国内に侵入・流行した場合、侵入・流行している地域では少なからず社会的な混乱が生じることが予想されます。このような状況下で保育所には、

- 児童福祉施設として社会機能の維持に重要な役割を担うとともに、
- 乳幼児の集団生活施設として子どもたちの健康と安全の維持を図るという重要な役割を担う

ことが求められます。医療機関や行政との連絡・連携を密にとりながら、侵入・流行している感染症に関する正確な情報の把握及び共有に努め、子どもたちの健康被害を最小限に食い止めるためにどうするべきかを考え、実行する必要があります。

(3)　学校における感染症対策

○　学校における感染症対策は、学校保健安全法関係法令（学校において予防すべき感染症の種類、出席停止臨時休業等について規定）に基づき実施されている。

○　保育所における健康診断及び保健的な対応は、学校保健安全法関係法令に準拠して実施されている。

（学校保健安全法と保育所における感染症対策）

　学校は児童生徒等が集団生活を営む場所であるため、感染症が発生した場合には感染が拡大しやすく、教育活動にも大きな影響が生じます。学校保健安全法（昭和三十三年法律第五十六号）関係法令では、感染症の流行を予防することが重要であるとの考え方の下、学校において予防すべき感

染症の種類、出席停止、臨時休業等について定められています。

保育所は児童福祉施設ではありますが、子どもの健康診断及び保健的対応については学校保健安全法に準拠して行われています。また、学校保健安全法に規定された、学校において予防すべき感染症への対策は、保育所における感染症対策を実施する上で参考になるものです。

さらに、乳幼児は児童生徒等と比較して抵抗力が弱く、手洗い等が十分に行えないといった特性を持っているため、保育所においてはこうした乳幼児の特性を踏まえた対応が必要となります。

（参照：「1(2)保育所における感染症対策」）

〈学校において予防すべき感染症の種類〉

学校において予防すべき感染症の種類には、第一種、第二種及び第三種の感染症があります（表1）。第一種の感染症には、感染症の予防及び感染症の患者に対する医療に関する法律（平成十年法律第百十四号。以下「感染症法」という。）の一類感染症と、結核を除く二類感染症が該当します。第二種の感染症には、空気感染又は飛沫《まつ》感染する感染症で、児童生徒等の罹《り》患が多く、学校において流行を広げる可能性が高い感染症が該当します。第三種の感染症には、学校教育活動を通じ、学校において流行を広げる可能性がある感染症が該当します。なお、第一種又は第二種以外の感染症について、学校で通常見られないような重大な流行が起こった場合には、その感染拡大を防ぐため、必要があるときに限り、校長が学校医の意見を聞き、第三種の感染症として緊急的に措置をとることが可能です。第三種の感染症として出席停止の指示をするか否かは、各地域での状況等を考慮して判断する必要があります。

なお、令和五年四月に学校保健安全法施行規則（昭和三十三年文部省令第十八号）が改正され、学校において予防すべき感染症の種類が追加されました。

表1：学校保健安全法施行規則第十八条における感染症の種類について　［略］

〈出席停止と臨時休業〉

学校保健安全法には、出席停止や臨時休業に関する規定があり、校長は、学校において予防すべき感染症にかかっている、かかっている疑いがある、又はかかるおそれのある児童生徒等について、出席を停止することができます。この際、各学校においては、児童生徒等に対する出席停止の措置等によって差別や偏見が生じることのないように十分に配慮する必要があります。

また、学校の設置者は、感染症の予防上必要があるときは、学校の全部又は一部の休業を行うことができます。

〈学校保健安全法施行規則第十九条における出席停止の期間の基準〉［略］

〈出席停止期間の算定について〉［略］

2．感染症の予防

(1)　感染予防

感染症を防ぐには、感染症成立の三大要因である感染源、感染経路及び感受性への対策が重要です。病原体の付着や増殖を防ぐこと、感染経路を断つこと、予防接種を受けて感受性のある状態（免疫を持っていない状態）をできる限り早く解消すること等が大切です。

保育所の各職員は、これらのことについて十分に理解するとともに、保育所における日々の衛生管理等に活かすことが必要です。また、保護者に対して、口頭での説明、保健だより等の文書での説明、掲示等を通じて、わかりやすく伝えることが求められます。

また、保育所内で感染症が発症した場合は、早期診断・早期治療・感染拡大防止に繋げるため、全職員が情報を共有し、速やかに保護者に感染症名を伝えるなど、感染拡大防止策を講じることが大切です。

ア）感染源対策

○ 発症している「患者」は大量の病原体を周囲に排出しているので、症状が軽減して一定の条件を満たすまでは登園を控えてもらうことが重要である。

○ 感染源となり得る感染者は「患者」と認識されている者だけではなく、他の子どもや職員の中にも「患者」と認識されないまま存在している。このことを常に意識して感染症対策を実施することが重要である。

感染源対策としては、「感染源としての患者が病原体をどこから排出するのか」、「病原体をいつからいつまで排出するのか」、「排出された病原体がどのような経路をたどって他の人へ到達するのか」について理解を深めることが重要です。

周囲も認識するほどはっきりと発症している「患者」は大量の病原体を周囲に排出していることが多いため、医務室等の別室で保育することや症状が軽減して一定の条件を満たすまで登園を控えてもらうことが重要です。

発症している患者には注意が払われますが、感染症によっては、潜伏期間中にすでに病原体が体外に排出されている場合や症状が認められなくなった後も長期間に渡って病原体が体外に排出されている場合があります。その上、保育所内には、同じように感染しているにも関わらず、明らかな症状が見られない不顕性感染者や、症状が軽微であるため医療機関受診にまでは至らない軽症の患者、典型的な症状が出現する前の段階ではあるが病原体を排出している患者が存在していることが少なくありません。

　特に保育所の職員は成人であるため、子どもたちと比べてはるかに高い体力・免疫力を持っています。このため、子どもたちが感染した場合には、その多くが発症する一方、職員が感染した場合には、不顕性感染やごく軽い症状で済むことで、自分が感染しているとは全く気付かないままに感染源となってしまう可能性があります。

「感染源となり得る感染者は、「患者」と認識されている者だけではなく、他の子どもや職員の中にも「患者」と認識されないまま存在している」ということを、常に意識しながら、日常の保育に取組む必要があります。「患者」以外に誰が感染しているのかを特定することはできないので、感染症の流行期間中は、互いに感染源や感染者とならないように、各職員が当該感染症の感染経路別の対策を理解し、実行するよう努めましょう。

　食材保管に際しては、適切な温度管理を実施する、加熱可能なものは十分に加熱するなどの対策を実施し、病原性のある細菌、ウイルス等を含む食品を提供しないように心掛けることが大切です。

　また、保育所内で飼育している動物が保有する細菌（例えば、カメ等のは虫類が所有するサルモネラ属菌）等が人に感染することもあるため、保育所内で飼育している動物か否かに関わらず、動物に触れた後や動物を飼育している場所を清掃した後には、石けんを用いた流水での手洗いを徹底することが重要です。

イ）感染経路別対策

○保育所で特に注意すべき主な感染症の感染経路には、飛沫《まつ》感染、空気感染（飛沫《まつ》核感染）、接触感染、経口感染、血液媒介感染、蚊媒介感染があり、それぞれに応じた対策をとることが重要である。

○病原体の種類によっては、複数の感染経路をとるものがあることに留意する。

①飛沫《まつ》感染

　感染している人が咳《せき》やくしゃみ、会話をした際に、病原体が含まれた小さな水滴（飛沫《まつ》）が口から飛び、これを近くにいる人が吸い込むことで感染します。飛沫《まつ》が飛び散る範囲は一～二mです。

　保育所では特に子ども同士や職員との距離が近く、日頃から親しく会話を交わしたり、集団で遊んだり、歌を歌ったりするなどの環境にあります。また、子どもの中には、様々な感染症に感受性が高い（予防するための免疫が弱く、感染した場合に発症しやすい）者が多く存在します。これらのため、飛沫《まつ》感染を主な感染経路とするインフルエンザ等の呼吸器感染症の流行が、保育所等の乳幼児の集団生活施設を中心に多く見られます。

　飛沫《まつ》感染は、多くの場合、飛沫《まつ》を浴びないようにすることで防ぐことができます。感染している者から二m以上離れることや感染者がマスクを着用などの咳エチケットを確実に実施することが保育所での呼吸器感染症の集団発生の予防に有効となります。

〈飛沫《まつ》感染する主な病原体〉

細　菌：A群溶血性レンサ球菌、百日咳《ぜき》菌、インフルエンザ菌、肺炎球菌、肺炎マイコプラズマ　等

ウイルス：インフルエンザウイルス（※）、RSウイルス（※）、アデノウイルス、風しんウイルス、ムンプスウイルス、エンテロウイルス、麻しんウイルス、水痘・帯状疱《ほう》しんウイルス、新型コロナウイルス（SARSコロナウイルス2）等

※インフルエンザ

　インフルエンザの主な感染経路は飛沫《まつ》感染ですが、接触感染することもあります。現行のインフルエンザワクチンは、接種すればインフルエンザに絶対にかからないというものではありませんが、インフルエンザの発病を予防することや発病後の重症化・死亡を予防することに対して、一定の効果があるとされています。

　保育所内でインフルエンザが疑われる事例が発生した場合には、速やかに医務室等の別室で保育するなど、他の子どもから隔離します。飛沫《まつ》感染対策として、職員全員がマスク着用などの咳エチケットを行うとともに、マスクを着用できる年齢の子どもに対して、インフルエンザ流行期間中のマスク着用などの咳エチケットを実施するよう促すことが重要です。また、接触感染対策として、流行期間中は手洗い等の手指の衛生管理を励行することが重要です。

（参照：「別添1(2)インフルエンザ」）

※RSウイルス感染症

　RSウイルス感染症はRSウイルスの感染による呼吸器感染症で、飛沫《まつ》感染及び接触感染で感染が拡大します。乳幼児期に初感染した場合には症状が重くなりやすく、特に生後六か月未

満の乳児では重症呼吸器感染症を引き起こし、入院管理が必要になる場合も少なくありません。また、ワクチン等はまだ実用化されていません。

流行期、保育所では〇歳児と一歳以上のクラスを互いに接触しないよう離しておき、互いの交流を制限します。特に、呼吸器症状がある年長児が乳児に接触することを避けてください。

（参照：「別添1⒆RSウイルス感染症」）

（保育所における具体的な対策）

・飛沫《まつ》感染対策の基本は、病原体を含む飛沫《まつ》を吸い込まないようにすることです。

・はっきりとした感染症の症状がみられる子ども（発症者）については、登園を控えてもらい、保育所内で急に発病した場合には医務室等の別室で保育します。

※ただし、インフルエンザのように、明らかな症状が見られない不顕性感染の患者や症状が軽微であるため、医療機関受診にまでは至らない軽症の患者が多い感染症の場合には、発症者を隔離するのみでは、完全に感染拡大を防止することはできないということに注意が必要です。

・不顕性感染の患者等を含めて、全ての「感染者」を隔離することや皆が二mの距離をとって生活することは現実的ではないため、飛沫《まつ》感染する感染症が保育所内で流行することを防ぐことは容易ではありません。流行を最小限に食い止めるためには、日常的に全員が咳《せき》エチケットを実施することが大切です。

・保育所等の子どもの集団生活施設では、職員が感染しており、知らない間に感染源となるということがあるため、職員の体調管理にも気を配ります。

〈咳《せき》エチケット〉［略］

②空気感染（飛沫《まつ》核感染）

感染している人が咳《せき》やくしゃみ、会話をした際に口から飛び出した小さな飛沫《まつ》が乾燥し、その芯となっている病原体（飛沫《まつ》核）が感染性を保ったまま空気の流れによって拡散し、それを吸い込むことで感染します。飛沫《まつ》感染の感染範囲は飛沫《まつ》が飛び散る二m以内に限られていますが、空気感染は室内等の密閉された空間内で起こるものであり、その感染範囲は空調が共通の部屋間等も含めた空間内の全域に及びます。

〈空気感染する主な病原体〉

細　菌：結核菌　等

ウイルス：麻しんウイルス（※）、水痘・帯状疱《ほう》しんウイルス　等

※麻しん（はしか）

麻しんは飛沫《まつ》感染、空気感染及び接触感染により感染します。感染力が非常に強いことが特徴です。発症者の隔離等のみで感染拡大を防止することは困難で、ワクチン接種が極めて有効な予防手段となります。

万一保育所内で麻しんが発生した場合、保健所と連携して感染拡大防止のための対策を講じる必要があります。

（参照：「別添1⑴麻しん（はしか）」）

（保育所における具体的な対策）

・空気感染する感染症のうち保育所で日常的に注意すべきものは、「麻しん」、「水痘」及び「結核」です。

・空気感染対策の基本は「発症者の隔離」と「部屋の換気」です。

・「結核」は排菌している患者と相当長時間空間を共有しないと感染しませんが、「麻しん」や「水痘」の感染力は非常に強く、発症している患者と同じ部屋に居た者は、たとえ一緒に居た時間が短時間であっても、既に感染している可能性が高いと考えられます。

・「麻しん」や「水痘」では、感染源となる発病者と同じ空間を共有しながら、感染を防ぐことのできる有効な物理的対策はないため、ワクチン接種が極めて有効な予防手段です。

③接触感染

感染源に直接触れることで伝播《でんぱ》がおこる感染（握手、だっこ、キス等）と汚染された物を介して伝播《でんぱ》がおこる間接接触による感染（ドアノブ、手すり、遊具等）があります。通常、接触感染は、体の表面に病原体が付着しただけでは感染は成立しませんが、病原体が体内に侵入することで感染が成立します。病原体の付着した手で口、鼻又は眼をさわること、病原体の付着した遊具等を舐めること等によって病原体が体内に侵入します。また、傷のある皮膚から病原体が侵入する場合もあります。

〈接触感染する主な病原体〉

細　菌：黄色ブドウ球菌、インフルエンザ菌、肺炎球菌、百日咳《せき》菌、腸管出血性大腸菌

ウイルス：ノロウイルス（※）、ロタウイルス、RSウイルス、エンテロウイルス、アデノウイルス、風しんウイルス、ムンプスウイルス、麻しんウイルス、水痘・帯状疱《ほう》しんウイルス、インフルエンザ

ウイルス、伝染性軟属腫ウイルス、新型コロナウイルス（ＳＡＲＳコロナウイルス２）　等

ダ　ニ：ヒゼンダニ　等

昆　虫：アタマジラミ　等

真　菌：カンジダ菌、白癬《はくせん》菌　等

＊ 接触感染によって拡がりやすいものとして保育所で特に注意する必要がある病原体は、

•感染性胃腸炎の原因であるノロウイルス（※）やロタウイルス

•咽頭《いんとう》結膜熱や流行性角《かく》結膜炎の原因であるアデノウイルス

•手足口病やヘルパンギーナの原因であるエンテロウイルス

•伝染性膿痂《のうか》しん（とびひ）の原因である黄色ブドウ球菌

•咽頭《いんとう》炎等の原因である溶血性レンサ球菌

です。これらの病原体は身近な生活環境の下でも長く生存することが可能な病原体です。

＊ 腸管出血性大腸菌感染症は、毎年国内の複数の保育所で接触感染による集団発生がみられます。感染後の重症化率が高く、注意が必要な感染症です。

※ノロウイルス感染症

ノロウイルス感染症は、嘔《おう》吐と下痢が主症状であり、脱水を合併することがあります。経口感染や飛沫《まつ》感染、接触感染によって感染が拡大します。嘔《おう》吐物等の処理が不十分な場合、乾燥した嘔《おう》吐物から空気感染が起こることがあります。現在使用可能なワクチンはありません。

流水での手洗いを徹底するとともに、嘔《おう》吐・下痢が見られた際の処理手順を職員間で共有するなど、迅速に対応することができる体制を整えることが大切です。

（参照：「別添1⒄①ウイルス性胃腸炎（ノロウイルス感染症）」）

（参照：「別添3③下痢」・「別添3④嘔《おう》吐」）

（保育所における具体的な対策）

•接触によって体の表面に病原体が付着しただけでは感染は成立しません。

•遊具を直接なめるなどの例外もありますが、多くの場合は病原体の付着した手で口、鼻又は眼をさわることによって、体内に病原体が侵入して感染が成立します。

•最も重要な対策は手洗い等により手指を清潔に保つことです。適切な手洗いの手順に従って、丁寧に手洗いすることが接触感染対策の基本であり、そのためには、全ての職員が正しい手洗いの方法を身につけ、常に実施する必要があります。忙しいことを理由に手洗いが不十分になることは避けなければなりません。また、保育所等の乳幼児の集団生活施設においては、子どもの年齢に応じて、手洗いの介助を行うことや適切な手洗いの方法を指導することが大切です。

•タオルの共用は絶対にしないようにします。手洗いの時にはペーパータオルを使用することが理想的です。ペーパータオルの常用が困難な場合でも、感染対策の一環として、ノロウイルス、ロタウイルス等による感染性胃腸炎が保育所内で発生している期間中は、ペーパータオルを使用することが推奨されます。

•固形石けんは、一回ずつ個別に使用できる液体石けんと比較して、保管時に不潔になりやすいということに注意が必要です。

•消毒には適切な「医薬品」及び「医薬部外品」を使います。嘔《おう》吐物、下痢便、患者の血液等の体液が付着している箇所については、それらを丁寧に取り除き、適切に処理した後に消毒を行います。嘔《おう》吐物等が残っていると、その後の消毒効果が低下します。また、消毒は患者が直接触った物を中心に適切に行います。

（参照：「別添2　保育所における消毒の種類と方法」）

•健康な皮膚は強固なバリアとして機能しますが、皮膚に傷等がある場合には、そこから侵入し、感染する場合もあります。このため、皮膚に傷等がある場合は、その部位を覆うことが対策の一つとなります。

〈正しい手洗いの方法〉［略］

④経口感染

病原体を含んだ食物や水分を口にすることによって、病原体が消化管に達して感染が成立します。食事の提供や食品の取扱いに関する通知、ガイドライン等を踏まえ、適切に衛生管理を行うことが重要です。

〈経口感染する主な病原体〉

細　菌：腸管出血性大腸菌（※）、黄色ブドウ球菌、サルモネラ属菌、カンピロバクター属菌、赤痢菌、コレラ菌　等

ウイルス：ロタウイルス、ノロウイルス、アデノウイルス、エンテロウイルス　等

※腸管出血性大腸菌感染症（Ｏ１５７、Ｏ２６、Ｏ１１１等）

腸管出血性大腸菌感染症は、菌に汚染された生肉や加熱が不十分な肉、菌が付着した飲食物

が原因となり、経口感染及び接触感染によって感染します。手洗い等の一般的な予防法を励行するとともに、食品の取扱い時に注意を徹底すること、プールの水を適切な濃度で塩素消毒することが重要です。なお、ワクチンは開発されていません。

　患者発生時には、速やかに保健所に相談し、保健所の指示に従い消毒を徹底するとともに、保健所と連携して感染拡大防止のための対策を講じる必要があります。

（参照：「別添1⑽腸管出血性大腸菌感染症（O157、O26、O111等）」）

（保育所における具体的な対策）

- 経口感染対策としては、食材を衛生的に取り扱うことや適切な温度管理を行うこと、病原微生物が付着・汚染している可能性のある食材を十分に加熱することが重要です。
- 保育所では、通常、生肉や生魚、生卵が食事に提供されることはないと考えられますが、魚貝類、鶏肉、牛肉等には、ノロウイルス、カンピロバクター属菌、サルモネラ属菌、腸管出血性大腸菌等が付着・汚染している場合があり、生や加熱不十分な状態で食することによる食中毒が少なからず認められています。
- また、サラダ、パン等の調理の過程で加熱することが少ない食材にノロウイルス等の病原微生物が付着することがあります。それを多数の人が摂取することによって、集団食中毒が発生した例も多くあります。
- 調理器具の洗浄及び消毒を適切に行うことが大切です。また、生肉等を取り扱った後の調理器具で、その後の食材を調理しないことが大切です。このことは、家庭でも同様に大切なことであるため、家庭でも実践していただくことが重要です。
- ノロウイルス、腸管出血性大腸菌等では、不顕性感染者が感染症に罹《り》患していることに気付かないまま病原体を排出している場合があるため、調理従事者が手指の衛生管理や体調管理を行うことが重要です。

⑤血液媒介感染

　血液を介して感染する感染症です。血液には病原体が潜んでいることがあり、血液が傷ついた皮膚や粘膜につくと、そこから病原体が体内に侵入し、感染が成立する場合があります。

〈血液媒介感染する主な病原体〉

ウイルス：B型肝炎ウイルス（HBV）、C型肝炎ウイルス（HCV）、ヒト免疫不全ウイルス（HIV）　等

（保育所における具体的な対策）

- 日々の保育の中で、子どもが転んだり、怪我をしたりすることはしばしば見られ、また、ひっかき傷や噛み傷、すり傷、鼻からの出血が日常的に見られます。このため、血液や傷口からの滲出《しんしゅつ》液に周りの人がさらされる機会も多くあります。皮膚の傷を通して、病原体が侵入する可能性もあります。子どもや職員の皮膚に傷ができたら、できるだけ早く傷の手当てを行い、他の人の血液や体液が傷口に触れることがないようにしましょう。
- ひっかき傷等は流水できれいに洗い、絆創膏《ばんそうこう》やガーゼできちんと覆うようにしましょう。
- また、子どもの使用するコップ、タオル等には、唾液等の体液が付着する可能性があるため、共有しないことが大切です。
- 子どもが自分で血液を適切に処理することは困難であるため、その処理は職員の手に委ねられることになります。保育所の職員は子どもたちの年齢に応じた行動の特徴等を理解し、感染症対策として血液及び体液の取扱いに十分に注意して、使い捨ての手袋を装着し、適切な消毒を行います。
- 本人には全く症状がないにも関わらず、血液、唾液、尿等の体液にウイルスや細菌が含まれていることがあります。このため、全ての血液や体液には病原体が含まれていると考え、防護なく触れることがないように注意することが必要です。

〈血液についての知識と標準予防策〉［略］

⑥蚊媒介感染

　病原体をもった蚊に刺されることで感染する感染症です。蚊媒介感染の主な病原体である日本脳炎ウイルスは、国内では西日本から東日本にかけて広い地域で毎年活発に活動しています。また、南東アジアの国々には、日本脳炎が大規模に流行している国があります。

〈蚊媒介感染する主な病原体〉

ウイルス：日本脳炎ウイルス、デングウイルス、チクングニアウイルス　等

原　虫：マラリア　等

（保育所における具体的な対策）

- 日本脳炎は、日本では主にコガタアカイエカが媒介します。コガタアカイエカは主に大きな水たまり（水田、池、沼等）に産卵します。
- また、デングウイルス等を主に媒介するヒト

スジシマカは小さな水たまり（植木鉢の水受け皿、古タイヤ等）に産卵します。

- 溝の掃除により水の流れをよくして、水たまりを作らないようにすること、植木鉢の水受け皿や古タイヤを置かないように工夫することが蚊媒介感染の一つの対策となります。
- 緑の多い木陰、やぶ等、蚊の発生しやすい場所に立ち入る際には、長袖、長ズボン等を着用し、肌を露出しないようにしましょう。

【コラム：新型コロナウイルスにおけるエアロゾル感染について】

新型コロナウイルスは、飛沫感染及び接触感染のほか、感染者の口や鼻から、咳、くしゃみ、会話等のときに排出される、ウイルスを含むエアロゾルと呼ばれる小さな水分を含んだ状態の粒子を吸入することにより感染します。エアロゾルは一メートルを超えて空気中にとどまりうることから、長時間滞在しがちな、換気が不十分であったり、混雑していたりする室内では、感染が拡大するリスクがあることが知られています。

ウ）感受性対策（予防接種等）

○感染症の予防にはワクチンの接種が効果的である。感受性がある者に対して、あらかじめ予防接種によって免疫を与え、未然に感染症を防ぐことが重要である。

○入所前に受けられる予防接種はできるだけ済ませておくことが重要である。

○子どもの予防接種の状況を把握し、定期の予防接種として接種可能なワクチンを保護者に周知することが重要である。

○職員のこれまでの予防接種の状況を把握し、予防接種歴及び罹《り》患歴がともにない又は不明な場合には、嘱託医等に相談した上で、当該職員に対し、予防接種を受けることが感染症対策に資することを説明することが重要である。

感染が成立し感染症を発症するとき、宿主に病原体に対する感受性があるといいます。感受性対策としては、ワクチンの接種により、あらかじめ免疫を与えることが重要です。免疫の付与には、ワクチン等により生体に免疫能を与える能動免疫と一時的に免疫成分（抗体）を投与する受動免疫があります。

予防接種は、ワクチンの接種により、あらかじめその病気に対する免疫を獲得させ、感染症が発生した場合に罹《り》患する可能性を減らしたり、重症化しにくくしたりするものであり、病気を防ぐ強力な予防方法の一つです。定期の予防接種として接種可能な予防接種については、できるだけ保育所入所前の標準的な接種期間内に接種することが重要です。また、入所する子どもの予防接種の状況を把握し、保護者に対し、定期の予防接種として接種可能なワクチンを周知することが重要です。

また、子どもと職員自身の双方を守る観点から、職員のこれまでの予防接種状況を把握し、予防接種歴及び罹《り》患歴がともにない又は不明な場合には、嘱託医等に相談した上で、当該職員に対し、予防接種を受けることが感染症対策に資することを説明します。

「予防接種を受けた」又は「罹《り》患した」という記憶は当てにならない場合が多いので、予防接種歴の確認時には、母子健康手帳等の記録を確認します。麻しん、風しん、水痘、流行性耳下腺《じかせん》炎（おたふくかぜ）、B型肝炎等については、血液検査で抗体の有無を調べることも可能です。

①保育所における予防接種に関する取組

感染症対策で最も重要となるのが予防接種です。具体的には以下の取組が必要です。

- 保育所においては、チェックリストを作成するなどして、子どもの予防接種歴及び罹《り》患歴を把握します。
- 健康診断の機会等を活用して、予防接種の接種状況を確認し、未接種者の子どもの保護者に対して予防接種の重要性等を周知することが重要です。
- 保護者に対して、未接種ワクチンがあることに気が付いたときには小児科医に相談するよう伝えてください。

（標準的な接種スケジュールを逃した場合の対応について、日本小児科学会が接種方法等を示しています。）

- 職員の予防接種歴の確認も重要です。入職時には、健康状態の確認に加えて、予防接種歴及び罹《り》患歴を確認します。また、短期間の保育実習生の場合にも同様に確認します。
- 職員が麻しん、風しん、水痘にかかったことがなく、予防接種の記録が一歳以上で二回ないなどの場合には、子どもと職員自身の双方を守る観点から、予防接種が感染症対策に資することを説明します。
- 職員に対して、毎年のインフルエンザの予防接種が感染症対策や重症化予防に資することを伝えます。

②小児期に接種可能なワクチン

国内で接種可能なワクチンが増え、特に〇～一歳児の接種スケジュールが過密になっています（図5）。二〇二三年五月現在、医薬品、医療機器等の品質、有効性及び安全性の確保等に関する法律（昭和三十五年法律第百四十五号）に基づく承認を受けており、日本において小児期に接種可能な主なワクチンを表2に示します。

③定期接種と任意接種

わが国の予防接種の制度には、大きく分けると、予防接種法に基づき市区町村が実施する「定期接種」と予防接種法に基づかず対象者の希望により行う「任意接種」があります。

また、「定期接種」の対象疾病にはA類疾病とB類疾病があり、A類疾病については、市区町村が予防接種を受けるよう積極的に勧奨し、保護者が自分の子どもに予防接種を受けさせるよう努める義務があります。子どもたちが受ける予防接種は全てA類疾病の予防接種です。

一方で「任意接種」のワクチンの中には、流行性耳下腺《じかせん》炎（おたふくかぜ）ワクチン、インフルエンザワクチン等があります（表2）。定期接種と任意接種では、保護者（又は本人）が負担する接種費用の額と、万が一、接種後に健康被害が発生した場合の救済制度に違いがあります。任意接種のワクチンは原則自己負担ですが、接種費用の一部又は全部を助成している自治体があります。

④予防接種を受ける時期

市区町村が実施している予防接種は、その種類及び実施内容とともに、接種の推奨時期が定められています。ワクチンの種類としては、生ワクチン及び不活化ワクチン・トキソイドがあります（表2）。

日本では、注射生ワクチンの接種後に別の注射生ワクチンを接種する場合には、中二七日以上（四週間）空ける必要があります。ただし、医師が特に必要と認めた場合には、複数のワクチンを同時に接種することが可能です。

同じワクチンを複数回接種する場合には、免疫を獲得するのに一番効果的な時期として、標準的な接種間隔が定められています。この標準的な接種間隔を踏まえて接種スケジュールを立てる必要があり、このことを保護者に伝えることが大切となります。

子どもは急に体調を崩すこともあり、予定どおり予防接種を受けることが難しい場合もあるため、接種可能なワクチンについてはできる限り入所前に接種すること、また、入所後においても、体調が良いときになるべく早めに接種することが大切です。予防接種のために仕事を休むことが難しい保護者に対しては、保護者会等で仕事を休んだ日の帰り道にかかりつけの医療機関を受診して、予防接種を受けるということを促すことも工夫の一つと考えられます。

⑤保育所の子どもたちの予防接種

保育所の子どもたちにとって、定期接種のロタウイルスワクチン、インフルエンザ菌b型（Hib：ヒブ）ワクチン、小児用肺炎球菌ワクチン、B型肝炎ワクチン、BCGワクチン、DPT‐IPV（四種混合）ワクチン、麻しん風しん混合（MR）ワクチン、水痘ワクチン及び日本脳炎ワクチンの予防接種が重要であることはもちろんですが、定期接種に含まれていない、流行性耳下腺《じかせん》炎（おたふくかぜ）ワクチンの予防接種についても、発症や重症化を予防し、保育所での感染伝播《でんぱ》を予防するという意味で大切になります。また、インフルエンザワクチンの予防接種も重症化予防に効果があります。各種予防接種については、行政や医療機関から保護者へ周知されていますが、保育所からも保護者に以下のことを周知しましょう。

（保育所から保護者への周知が必要なワクチン接種について）

- 生後二か月になったら、定期接種としてHib（ヒブ）ワクチン、小児用肺炎球菌ワクチン、B型肝炎ワクチンの予防接種を受けることが重要であることを周知しましょう。
- ロタウイルス感染症の予防接種については、令和二年一〇月から定期接種に導入されています。初回の接種を生後二か月から生後一四週六日までに受けることが望ましいこと、二回目以降の接種は二七日以上の間隔が必要なことを周知しましょう（使用するワクチンにより接種回数と標準接種期間が異なっています）。
- 乳児の百日咳《せき》は感染力が強い、重症の疾患であるため、生後三か月になったら、DPT‐IPV（四種混合）ワクチンの予防接種を受けることが重要であることを周知しましょう。
- BCGは、乳幼児期の結核を防ぐ効果が確認されています。BCGは、標準接種期間の生後五か月から八か月までの出来るだけ早い時期に接種することが勧められています。
- 麻しんについては、二〇一五年三月に世界保健機関（WHO）が日本では排除状態にあること（国内由来の感染がないこと）を認定しています。一方で、麻しんは肺炎、中耳炎、脳炎等の合併があるなど、重症の疾患であり、国外にはまだ麻しんが流行している国があります。また、風しんについては二〇一三年に大きな流行がありました。これらのことを踏まえ、一歳になったら、なるべく早めに麻しん風しん混合（ＭＲ）ワクチンの予防接種を受けることが重要であることを周知しましょう。

- 五歳児クラス（年長組）になったら、卒園までに麻しん風しん混合（ＭＲ）ワクチンの二回目の予防接種を受けることが重要であることを周知しましょう。
- 水痘の予防接種については、二〇一四年十月から定期接種に導入されています。一歳になったら、三か月以上の間隔を空けて（標準的には六～十二か月の間隔を空けて）、計二回の接種を受けることが重要であることを周知しましょう。
- 日本脳炎ワクチンの予防接種については、標準的には三歳で二回、四歳で一回の接種という接種スケジュールですが、生後六か月以降であれば定期接種として接種することが可能であることを周知しましょう。
- 流行性耳下腺《じかせん》炎ウイルスは、保育所で流行を繰り返していますが、発症する前にワクチンで予防することができることを周知しましょう。

予防接種を受けることは、受けた本人のみならず、周りにいる家族、友人等の周囲の人々を感染症から守ることにもつながります。保護者には、予防接種の効果や接種後の副反応の情報だけでなく、その病気にかかった時の重症度や合併症のリスク、周りにいる大切な人々に与える影響についても情報提供し、予防方法を伝えていくことが重要です。

（参照：「別添１　具体的な感染症と主な対策（特に注意すべき感染症）」）

⑥保育所職員（保育実習の学生を含む）の予防接種

子どもの病気と考えられがちであった麻しん、風しん、水痘及び流行性耳下腺《じかせん》炎（おたふくかぜ）に成人が罹《り》患することも稀ではなくなってきたことから、保育所職員についても、当該感染症に罹《り》患したことがなく、かつ予防接種を受けていない場合（受けたかどうかが不明な場合も含む。）には、一歳以上の必要回数である計二回のワクチン接種を受け、自分自身を感染から守るとともに、子どもたちへの感染を予防することが重要です。

また、保育所の職員は、子どもの出血を伴うけがの処置等を行う機会があります。このため、Ｂ型肝炎ワクチンの予防接種も大切になります。

その他、国内における破傷風を含むＤＰＴワクチンの予防接種については、一九六八年から始まったものであり、これ以前に生まれた職員は当該予防接種を受けていないことが多いため、破傷風の予防接種を受けること等を考慮することが必要です。

成人の百日咳《せき》患者の増加を受けて、第二期（一一～一二歳）のジフテリア破傷風混合（ＤＴ）トキソイドをＤＰＴワクチンに変える検討が国内でも始まっています。大人の百日咳《せき》は典型的な症状が見られない場合も多く、知らない間に子どもへの感染源になっていることがあります。呼吸器症状が見られる職員についてはマスク着用などの咳エチケットを行うことが重要であり、また、特に〇歳児の保育を担当する職員については呼吸器症状が見られる期間中の勤務態勢の見直しを検討すること等が必要となります。この他、インフルエンザの流行期には、任意接種のインフルエンザワクチンの予防接種を受けることで、感染症対策や感染した際の重症化予防につながります。

このため、施設長の責任の下で職員の予防接種歴の確認を行うことも重要です。職員が入職する時には、健康状態の確認に加えて、予防接種歴及び罹《り》患歴を確認します。保育所の職員等の麻しん、風しんの予防接種については「麻しんに関する特定感染症予防指針」（平成十九年十二月二十八日（平成三十一年四月十九日一部改正・適用）厚生労働省）、「風しんに関する特定感染症予防指針」（平成二十六年三月二十八日（平成二十九年十二月二十一日一部改正・平成三十年一月一日適用）厚生労働省）をそれぞれ参照して下さい。

なお、保育所で保育実習を行う学生についても、自分自身を感染から守るとともに、学生を受け入れる保育所等に入所する乳幼児等が感染症に感染することを防ぐため、予防接種を受けることに配慮することが重要です。保育所で保育実習を行う学生の麻しん及び風しんの予防接種の実施については、「指定保育士養成施設の保育実習における麻しん及び風しんの予防接種の実施について」（平成二十七年四月十七日付け雇児保発〇四一七第一号厚生労働省雇用均等・児童家庭局保育課長通知）を参照してください。

「麻しんに関する特定感染症予防指針」、「風しんに関する特定感染症予防指針」における保育所職員の予防接種に関する記載の要旨

○　保育所の職員等（保育実習の学生を含む）は、乳幼児等の麻しん・風しんに罹患すると重症化しやすい相手（特に定期の予防接種の対象となる前であり、抗体を有しない〇歳児、妊婦）と接する機会が多いため、本人が麻しん・風しんを発症すると、集団発生又は患者の重症化、妊婦の風しんへの感染等の問題を引き起こす可能性があります。

○　このため、保育所の職員等のうち、麻しんについては以下の⑴の者について、風しんについては、以下の⑵の者について、抗体検査や予防接種を推奨する必要があります。

⑴麻しんについて、職員等が

◇麻しんに未罹患又は麻しんの罹患歴が不明であるとともに、

・麻しんの予防接種を必要回数である二回受けていない

又は

・麻しんの予防接種歴が不明

である場合、麻しんの予防接種を受けることを強く推奨する必要があります。

⑵風しんについて、職員等が

・風しんの罹患歴が不明

又は

・風しんの予防接種歴が不明

である場合、風しんの抗体検査や予防接種の推奨を行う必要があります。

○　施設長は、職場における健康診断の機会等を利用して、職員の罹患歴及び予防接種歴を確認して下さい。

⑦予防接種歴及び罹《り》患歴の記録の重要性

　保育所での感染症対策として、職員及び子どもたちの予防接種歴及び罹《り》患歴を把握し、記録を保管することが重要です。入所時には母子健康手帳等を確認して予防接種歴及び罹《り》患歴を記録し、入所後は毎月新たに受けたワクチンがないか保護者に確認し、記録を更新しておく仕組みを作っておくことで、感染症発生時に迅速な対応を行うことが可能となります。「予防接種を受けた」又は「罹《り》患した」という記憶は当てにならない場合が多いので、予防接種歴については母子健康手帳等の記録を確認することが重要です。

　定期接種の標準的な接種対象期間に予防接種を受けていない子どもについては、嘱託医と相談し、保護者に対し、個別に予防接種の重要性について説明しましょう。

【コラム：新型コロナウイルスワクチンについて】

（小児接種の基本情報）

　令和五年九月二十日現在、新型コロナワクチンは、日本国内に住民登録のある生後六か月以上の方が接種対象となっています（国籍は問いません）。

　五歳以上一一歳以下の小児への新型コロナワクチン接種については、オミクロンXXB.1.5対応一価ワクチンによる初回接種（一・二回目接種）及び追加接種を実施します。初回接種では、一回目の接種から原則二〇日（一八日以上）（※）の間隔をおいて二回目の接種を実施することとしています。また、令和五年秋開始の追加接種については、初回接種（一・二回目接種）の完了から三か月以上の間隔をおいて令和五年九月二十日から令和六年三月三十一日までの間に一人一回の接種実施することとしています。

　さらに、生後六か月以上四歳以下の乳幼児についても、初回接種（一～三回目接種）及び追加接種を実施しています。一回目の接種から原則二〇日（一八日以上）（※）の間隔をおいて二回目の接種をした後に、五五日以上の間隔をおいて一回接種することとしています。また、令和五年秋開始の追加接種については、初回接種（一～三回目接種）の完了から三か月以上の間隔をおいて令和五年九月二十日から令和六年三月三十一日までの間に一人一回の接種を実施することとしています。使用するワクチンは、令和五年九月二十日以降、オミクロンXBB.1.5対応一価ワクチンになりました。

（※）二〇日の間隔とは、十一月一日に一回目接種を実施した方が二回目接種を十一月二十二日（三週間後）に実施するという意味です。

（同意について）

　新型コロナワクチンの接種は、強制ではありません。予防接種の効果と副反応のリスクの双方についてしっかり情報提供が行われた上で、接種を受ける方の同意がある場合に限り、自らの意思で接種を受けていただくものです。ただし、一六歳未満の場合は、原則、保護者の同伴と予診票への保護者の署名が必要となり、保護者の同意なく接種が行われることはありません。接種を強制したり、接種を受けていない人に差別的な扱いをすることのないように十分配慮する必要があります。

エ）健康教育

○　子どもが自分の体や健康に関心を持ち、身体機能を高めていくことができるよう、発達に応じた健康教育を計画的に実施することが重要である。

○　実際には低年齢児が自己管理することは難しいため、保護者に対して家庭での感染予防法等に関する具体的な情報を情報提供するとともに、感染症に対する共通理解を求め、家庭と連携しながら健康教育を進めていくことが重要である。

感染症を防ぐためには、子どもが自分の体や健康に関心を持ち、身体機能を高めていくことが大切です。特に、手洗いやうがい、歯磨き、衣服の調節、バランスのとれた食事、十分な睡眠や休息等の生活習慣が身に付くよう、毎日の生活を通して、子どもに丁寧に繰り返し伝え、自らが気付いて行えるよう援助します。そのためには、子どもの年齢や発達過程に応じた健康教育を計画的に実施することが重要となります。

実際には、低年齢児が自己管理することは非常に難しいため、保護者が子どもや家族全員の健康に注意し、家庭において感染予防、病気の早期発見等ができるよう、保護者に対して具体的な情報を提供するとともに、感染症に対する共通理解を求め、家庭と連携しながら健康教育を進めていくことが重要です。

図5：日本の定期・任意予防接種スケジュール（二〇二三（令和五）年十月一日以降）［略］

表2：日本において小児への接種可能な主なワクチンの種類（二〇二三（令和五）年十月現在）［略］

(2) 衛生管理

ア) 施設内外の衛生管理

○　保育所では、日頃からの清掃や衛生管理を心掛けることが重要である。
○　消毒薬の種類と適正な使い方を把握するとともに、その管理を徹底することが重要である。

保育所は、多くの子どもたちが一緒に生活する場です。保育所における衛生管理については、児童福祉施設の設備及び運営に関する基準（昭和二十三年厚生省令第六十三号）第十条に示されています。感染症の広がりを防ぎ、安全で快適な保育環境を保つために、日頃からの清掃や衛生管理を心掛けましょう。

また、消毒薬の種類と適正な使い方を把握するとともに、子どもの手の届かない場所に管理するなど消毒薬の管理を徹底し、安全の確保を図ることが重要です。

（参照：「別添2　保育所における消毒の種類と方法」）

施設内外の衛生管理として考えられる主な事項を以下に記載します。

○保育室

- 日々の清掃で清潔に保つ。ドアノブ、手すり、照明のスイッチ（押しボタン）等は、水拭きした後、アルコール等による消毒を行うと良い。（嘔吐物や排泄物の処理等は塩素系消毒薬（次亜塩素酸ナトリウム・亜塩素酸水）を用いる）
- 季節に合わせた適切な室温や湿度を保ち、十分な換気を行う。加湿器使用時には、水を毎日交換する。また、エアコンも定期的に清掃する。換気については、季節や施設状況に応じて窓あけのほか、換気扇や扇風機等を活用し効果的な対策となるようにする。

【保育室環境のめやす】
室温：夏二六～二八℃、冬二〇～二三℃、
湿度：六〇％

○手洗い（参照：「〈正しい手洗いの方法〉」）

- 食事の前、調乳前、配膳前、トイレの後、おむつ交換後、嘔《おう》吐物処理後等には、石けんを用いて流水でしっかりと手洗いを行う。
- 手を拭く際には、個人持参のタオルかペーパータオルを用い、タオルの共用は避ける。個人持参のタオルをタオル掛けに掛ける際には、タオル同士が密着しないように間隔を空ける。
- 固形石けんは、一回ずつ個別に使用できる液体石けんと比較して、保管時に不潔になりやすいことに注意する。また、液体石けんの中身を詰め替える際は、残った石けんを使い切り、容器をよく洗い乾燥させてから、新しい石けん液を詰める。

○おもちゃ

- 直接口に触れる乳児の遊具については、遊具を用いた都度、湯等で洗い流し、干す。
- 午前・午後とで遊具の交換を行う。
- 適宜、水（湯）洗いや水（湯）拭きを行う。

○食事・おやつ

- テーブルは、清潔な台布巾で水（湯）拭きをして、衛生的な配膳・下膳を心掛ける。
- スプーン、コップ等の食器は共用しない。
- 食後には、テーブル、椅子、床等の食べこぼしを清掃する。

【参考】［略］

○調乳・冷凍母乳

- 調乳室は清潔に保ち、調乳時には清潔なエプロン等を着用する。
- 哺乳瓶、乳首等の調乳器具は、適切な消毒を行い、衛生的に保管する。
- ミルク（乳児用調製粉乳）は、使用開始日を記入し、衛生的に保管する。

・乳児用調製粉乳は、サルモネラ属菌等による食中毒対策として、七〇℃以上のお湯で調乳する。また、調乳後二時間以内に使用しなかったミルクは廃棄する。
・下記ガイドラインを参考に調乳マニュアルを作成し、実行する。
【参考】「児童福祉施設における食事の提供ガイド」（平成二十二年三月厚生労働省）
・冷凍母乳等を取り扱う場合には、手洗いや備品の消毒を行うなど、衛生管理を十分徹底する。母乳を介して感染する感染症もあるため、保管容器には名前を明記して、他の子どもに誤って飲ませることがないように十分注意する。

○歯ブラシ
・歯ブラシは個人専用とし、他の子どものものを誤って使用させたり、保管時に他の子どものものと接触させたりしないようにする。
・使用後は、個別に水で十分にすすぎ、ブラシを上にして清潔な場所で乾燥させ、個別に保管する。

○寝具
・衛生的な寝具を使用する。
・個別の寝具にはふとんカバーをかけて使用する。
・ふとんカバーは定期的に洗濯する。
・定期的にふとんを乾燥させる。
・尿、糞便、嘔《おう》吐物等で汚れた場合には、消毒（熱消毒等）を行う。

○おむつ交換
・糞便処理の手順を職員間で徹底する。
・おむつ交換は、手洗い場があり食事をする場所等と交差しない一定の場所で実施する。
・おむつの排便処理の際には、使い捨て手袋を着用する。
・下痢便時には、周囲への汚染を避けるため、使い捨てのおむつ交換シート等を敷いて、おむつ交換をする。
・おむつ交換後、特に便処理後は、石けんを用いて流水でしっかりと手洗いを行う。
・交換後のおむつは、ビニール袋に密閉した後に蓋つき容器等に保管する。
・交換後のおむつの保管場所について消毒を行う。

○トイレ
・日々の清掃及び消毒で清潔に保つ。（便器、汚物槽、ドア、ドアノブ、蛇口や水まわり、床、窓、棚、トイレ用サンダル等）
・ドアノブ、手すり、照明のスイッチ（押しボタン）等は、水拭きした後、消毒用エタノール、塩素系消毒薬等による消毒を行うと良い。ただし、ノロウイルス感染症が流行している場合には塩素系消毒薬を使用するなど、流行している感染症に応じた消毒及び清掃を行う必要がある。

○砂場
・砂場は猫の糞便等が由来の寄生虫、大腸菌等で汚染されていることがあるので、衛生管理が重要である。
・砂場で遊んだ後は、石けんを用いて流水でしっかりと手洗いを行う。
・砂場に猫等ができるだけ入らないような構造とする。また、夜間はシートで覆うなどの対策を考慮する。
・動物の糞便、尿等がある場合は、速やかに除去する。
・砂場を定期的に掘り起こして、砂全体を日光により消毒する。

○園庭
・各保育所が作成する安全点検表の活用等による、安全・衛生管理を徹底する。
・動物の糞、尿等は速やかに除去する。
・樹木や雑草は適切に管理し、害虫、水溜り等の駆除や消毒を行う。
・水溜まりを作らないよう、屋外におもちゃやじょうろを放置せず、使用後は片付ける。
・小動物の飼育施設は清潔に管理し、飼育後の手洗いを徹底する。

○プール
・「遊泳用プールの衛生基準」（平成十九年五月二十八日付け健発第〇五二八〇〇三号厚生労働省健康局長通知別添）に従い、遊離残留塩素濃度が0.4mg/Lから1.0mg/Lに保たれるよう毎時間水質検査を行い、濃度が低下している場合は消毒剤を追加するなど、適切に消毒する。
・低年齢児が利用することの多い簡易ミニプール（ビニールプール等）についても塩素消毒が必要である。
・排泄《せつ》が自立していない乳幼児には、個別のタライ等を用いてプール遊びを行い、他者と水を共有しないよう配慮をする。
・プール遊びの前後には、シャワーを用いて、汗等の汚れを落とす。プール遊びの前に流水を用いたお尻洗いも行う。

イ）職員の衛生管理

○ 保育所において衛生管理を行うに当たっては、施設内外の環境の維持に努めるとともに、職員が清潔を保つことや職員の衛生知識の向上に努めることが重要である。

（具体的な対応）

- 清潔な服装と頭髪を保つ。
- 爪は短く切る。
- 日々の体調管理を心がける。
- 保育中及び保育前後には手洗いを徹底する。
- 咳《せき》等の呼吸器症状が見られる場合にはマスクを着用する。
- 発熱や、咳《せき》、下痢、嘔《おう》吐がある場合には医療機関へ速やかに受診する。また、周りへの感染対策を実施する。
（参照：「〈咳《せき》エチケット〉」）
- 感染源となり得る物（尿、糞便、吐物、血液等）の安全な処理方法を徹底する。
- 下痢や嘔《おう》吐の症状がある、又は化膿創がある職員については、食物を直接取り扱うことを禁止する。
- 職員の予防接種歴及び罹《り》患歴を把握し、感受性がある者かどうかを確認する。

コラム：新型コロナウイルス感染症について

令和元年に発生した新型コロナウイルス感染症について、令和五年五月時点での状況、知見に基づき、保育所における感染対策上参考となる事項について、以下に記載します。

なお、最新の感染症対策については、政府からのお知らせを参照するようにしてください。

【新型コロナウイルス感染症（COVID-19）とは】

「新型コロナウイルス（SARSコロナウイルス2）」はコロナウイルスのひとつです。コロナウイルスには、一般の風邪の原因となるウイルスや、「重症急性呼吸器症候群（SARS）」や平成二十五年以降発生している「中東呼吸器症候群（MERS）」の原因となるウイルスが含まれます。

新型コロナウイルス感染症の潜伏期は約五日間、最長一四日間とされてきましたが、オミクロン株では短縮される傾向にあり、中央値が約三日とされています。無症状のまま経過する人もいますが、有症状者では、発熱、呼吸器症状、頭痛、倦怠感、消化器症状、鼻汁、味覚異常、嗅覚異常などの症状が見られます。

新型コロナウイルス感染症では、鼻やのどからのウイルスの排出期間の長さに個人差がありますが、発症二日前から発症後七～一〇日間はウイルスを排出しているといわれています。発症後三日間は、感染性のウイルスの平均的な排出量が非常に多く、五日間経過後は大きく減少することから、特に発症後五日間が他人に感染させるリスクが高いことに注意してください。新型コロナウイルス感染症と診断された人のうち、重症化する人の割合や死亡する人の割合は年齢によって異なり、高齢者は高く、若者は低い傾向にあります。子どもについては、デルタ株がまん延していた際には、成人と比較して症例数が少なく、また感染した場合も多くが無症状、軽症で経過することが報告されていましたが、令和四年二月頃に全国的にデルタ株からオミクロン株に置き換わり、子どもの感染者数の増加が見られました。小児の感染者数が増えると、大多数が軽症ではありますが、熱性けいれん、クループ（息の通り道が腫れて狭くなり、犬が吠えるような特徴的な咳や呼吸困難がみられる）などの合併症が目立ち始め、極めて少数ながら入院患者や重症者、及び死亡例も報告されました。

このように、子どもへの感染状況が変わる場合があるため、引き続き、手洗いなどの個人の基本的な感染対策を講じていく必要があります。

《感染症法上の位置付けの見直し》

新型コロナウイルス感染症は、感染症法に基づく私権制限に見合った「国民の生命及び健康に重大な影響を与えるおそれ」がある状態とは考えられないことから、令和五年五月八日より、新型インフルエンザ等感染症に該当しないものとし、五類感染症に位置づけることとされました。

また、学校保健安全法施行規則に新型コロナウイルス感染症が追加され、その出席停止期間が定められました。

これらを踏まえ、保育所における新型コロナウイルス感染症罹患後の登園のめやすについて、本ガイドラインにおいて「発症した後五日を経過し、かつ、症状が軽快した後一日を経過すること」と定めています（別添1参照）。

なお、登園を再開する際に、検査陰性証明書の提出を求める必要はありません。また、検査の実施の必要性の有無は医師が判断するものであり、保育所は、一律に保護者及び医療機関に対し検査の実施を求めないようにしてください。

《主な感染経路》

新型コロナウイルス感染症は、感染者の口や鼻から、咳、くしゃみ、会話等のときに排出される、ウイルスを含む飛沫又はエアロゾルと呼ばれる更に小さな水分を含んだ状態の粒子を吸入するか、感染者の目や鼻、口に直接的に接触することにより感染します。一般的には一メートル以内の近接した環境において感染しますが、エアロゾルは一メートルを超えて空気中にとどまりうることから、長時間滞在しがちな、換気が不十分であったり、混雑したりしている室内では、感染が拡大するリスクがあることが知られています。また、ウイルスが付いたものに触った後、手を洗わずに、目や鼻、口を触ることにより感染することもあります。

【保育所における新型コロナウイルス感染防止対策】

新型コロナウイルス感染症の感染症法上の位置づけが五類感染症となることに伴い、感染対策は、政府として一律に求めることはなくなり、「個人の選択を尊重し、自主的な取組をベースとしたもの」として政府が情報提供することとなります。

このため、位置づけ変更後の個人や事業者の自主的な感染対策の取組を支援するため、基本的な感染対策の考え方等について以下のとおりお示しいたします。

（基本的な感染対策）

まずは、一般的な感染症対策や健康管理を心がけることが重要です。特に、手洗い等により手指を清潔に保つことが重要であり、石けんを用いた流水による手洗いや手指消毒用アルコールによる消毒などを実施する必要があります。

また、手が触れる机やドアノブなど物の表面には、衛生管理の一環として、水拭き・湯拭きを行うほか、消毒用アルコールのほか、次亜塩素酸ナトリウム、亜塩素酸水、塩化ベンザルコニウムによる消毒が有効です。これらの消毒薬の使用に関する留意点等については、「新型コロナウイルスの消毒・除菌方法について（厚生労働省・経済産業省・消費者庁特設ページ）」を参照してください。

さらに、季節を問わず、こまめに換気を行うとともに、施設全体の換気能力を高め、効果的に換気を行うことも有効です。通常のエアコンには換気機能がないことに留意してください。機械換気による常時換気ができない場合、窓開けによる換気を行う方法が考えられます。また、窓開けによる換気については、部屋の二方向に窓がある場合は二方向の窓を開け、気候上可能な限り常時、困難な場合はこまめに（一時間に二回程度、数分間程度、窓を全開にする）行う方法が考えられます。窓が一つしかない場合は、部屋のドアを開けて、扇風機などを窓の外に向けて設置すると効果的です。窓が十分に開けられない場合は、窓からの換気と併せて、HEPAフィルタ付きの空気清浄機を併用することは有効です。

（マスクの着用について）

乳幼児については、二歳未満では、息苦しさや体調不良を訴えることや、自分で外すことが困難であることから、窒息や熱中症のリスクが高まるため、着用は奨められていません。二歳以上についても、マスクの着用は求めていません。あわせて、基礎疾患がある等の様々な事情により、感染に対する不安を抱き、引き続きマスクの着用を希望する子どもや保護者に対しては、意思に反してマスクを外すよう周囲が強いることのないよう適切に配慮するとともに、引き続き換気の確保等の必要な対策を講じてください。子どもが基礎疾患がある等の様々な事情により、マスクを着用している場合であっても、午睡の際は当然として、熱中症リスクが高いと考えられる場合や、子どもが身体を動かすことの多い屋外での保育、プール活動や水遊びを行う場合にはマスクを外すようにしてください。さらに、マスク着用によって息苦しさを感じていないかどうか、嘔吐したり口の中に異物が入ったりしていないかなどの体調変化について、十分に注意し、持続的なマスクの着用が難しい場合は、外すようにします。

保育所等における保育士等の職員のマスクの着用については、個人の主体的な選択を尊重し、着用は個人の判断に委ねることが基本となります。なお、施設管理者等が感染対策上又は事業上の理由等により、職員等にマスクの着用を求めることは考えられます。

（基本的な感染対策の実施に当たっての考え方）

基本的な感染対策の実施に当たっては、以下のように、感染対策上の必要性に加え、経済的・社会的合理性や、持続可能性の観点も考慮に入れて実施することが考えられます。

- ウイルスの感染経路等を踏まえた期待される対策の有効性
- 実施の手間、コスト等を踏まえた費用対効果
- 保育におけるコミュニケーションとの兼ね合い
- 他の感染対策との重複、代替可能性　など

［略］

（位置づけ変更後の新たな変異株出現等への対応）

位置づけ変更後にオミクロン株とは大きく病原性が異なる変異株が出現するなど、科学的な前提が異なる状況になれば、ただちに必要な対応を講じることとし、新たな変異株を感染症法上の「指定感染症」などに位置付けたうえで、新型インフルエンザ等対策特別措置法に基づく政府対策本部

等を設置し、基本的対処方針に基づく要請を行う可能性があります。

（参考）新型コロナウイルス感染症に関する公表情報（令和五年五月八日現在）［略］

3．感染症の疑い時・発生時の対応

(1) 感染症の疑いのある子どもへの対応

○子どもの病気の早期発見と迅速な対応は、感染拡大を予防する上で重要である。
- 登園時から保育中、退園時まで、子どもとの関わりや観察を通して、子どもの体調を把握する。
- 子どもの体調が悪く、いつもと違う症状等が見られる場合には、これらを的確に把握し、体調の変化等について記録する。

子どもの病気の早期発見と迅速な対応は、本人の体調管理ということに加え、周りの人への感染拡大を予防するという意味においても重要です。また、保育所では、一人一人の子どもの健康管理という視点と集団生活における感染予防としての視点をもって、感染症対策にきめ細やかに対応することが求められます。子ども一人一人の体調の変化に早く気づき適切に対応することは、病気の重症化や合併症を防ぐことにつながります。登園時の子どもの体調や家庭での様子を把握するとともに、保育中の子どもの体温、機嫌、食欲、顔色、活動性等について、子どもとの関わりや観察を通して把握するようにしましょう。子どもの体調が悪く、いつもと違う症状等がある場合には、子どもの心身の状態に配慮した対応を心掛けます。また、子どもの症状等を的確に把握し、体調の変化等について記録することが大切です。

（具体的な対応）

- 保育中に感染症の疑いのある子どもに気付いたときには、医務室等の別室に移動させ、体温測定等により子どもの症状等を的確に把握し、体調の変化等について記録を行います。
- 保護者に連絡をとり、記録をもとに症状や経過を正確に伝えるとともに、適宜、嘱託医、看護師等に相談して指示を受けます。
- 子どもは感染症による発熱、下痢、嘔《おう》吐、咳《せき》、発しん等の症状により不快感や不安感を抱きやすいので、子どもに安心感を与えるように適切に対応します。

（参照：「別添3　子どもの病気～症状に合わせた対応～」）

- 保護者に対して、地域や保育所内での感染症の発生状況等について情報提供します。また、保護者から、医療機関での受診結果を速やかに伝えてもらいます。

(2) 感染症発生時の対応

○感染症が発生した場合には、嘱託医等へ相談し、関係機関へ報告するとともに、保護者への情報提供を適切に行うことが重要である。
- 嘱託医等へ相談し、関係機関へ報告するとともに、保護者への情報提供を適切に行う。
- 感染拡大を防止するため、手洗いや排泄《せつ》物・嘔《おう》吐物の適切な処理を徹底するとともに、施設内を適切に消毒する。
- 施設長の責任の下、感染症の発生状況を記録する。この際には、入所している子どもに関する事項だけではなく、職員の健康状態についても記録する。

子どもや職員が感染症に罹《り》患していることが判明した際には、嘱託医等へ相談し、感染症法、自治体の条例等に定められた感染症の種類や程度に応じて、市区町村、保健所等に対して速やかに報告します。また、嘱託医、看護師等の指示を受け、保護者に対して、感染症の発症状況、症状、予防方法等を説明します。さらに、施設長の責任の下、子どもや職員の健康状態を把握し、記録するとともに、二次感染予防について保健所等に協力を依頼します。

保育所内での感染拡大防止の観点から、手洗いや排泄《せつ》物・嘔《おう》吐物の適切な処理を徹底するとともに、施設内を適切に消毒することも重要です。

（具体的な対応）

- 予防接種で予防可能な感染症が発生した場合には、子どもや職員の予防接種歴及び罹《り》患歴を速やかに確認します。
- 未罹《り》患で予防接種を必要回数受けていない子どもについては、嘱託医、看護師等の指示を受けて、保護者に対して適切な予防方法を伝えるとともに、予防接種を受ける時期について、かかりつけ医に相談するよう説明します。
- 麻しんや水痘のように、発生（接触）後速やかに（七二時間以内に）予防接種を受けることで発症の予防が期待できる感染症も存在します。このため、これらの感染症に罹《り》患したことがなく、かつ予防接種を受けていない、感受性が高いと予想される子どもについては、かかりつけ医と相談するよう保護者に促します。なお、麻しんや水痘の発生（接触）後七二時間以上が経過していても、予防接種が実施されることがあります。また、保健所と連携した感染拡大防止策の一環として、感受性のある者については、本人の感染予防のために登園を控えるようお願いすることがあります。

- 感染拡大防止のため、手洗いや排泄《せつ》物・嘔《おう》吐物の適切な処理を徹底します。また、感染症の発生状況に対応して消毒の頻度を増やすなど、施設内を適切に消毒します。食中毒が発生した場合には、保健所の指示に従い適切に対応します。
- 感染症の発生について、施設長の責任の下、しっかりと記録に留めることが重要です。この際には、①欠席している子どもの人数と欠席理由、②受診状況、診断名、検査結果及び治療内容、③回復し、登園した子どもの健康状態の把握と回復までの期間、④感染症終息までの推移等について、日時別、クラス（年齢）別に記録するようにします。また、入所している子どもに関する事項だけでなく、職員の健康状態についても記録することが求められます。

(3) 罹《り》患した子どもが登園する際の対応

○ 保育所では、乳幼児が長時間にわたり集団で生活する環境であることを踏まえ、周囲への感染拡大を防止することが重要である。
○ 子どもの病状が回復し、保育所における集団生活に支障がないと医師により判断されたことを、保護者を通じて確認した上で、登園を再開することが重要である。

保育所では、感染症に罹《り》患した子どもの体調ができるだけ速やかに回復するよう、迅速かつ適切に対応するとともに、乳幼児が長時間にわたり集団で生活する環境であることを踏まえ、周囲への感染拡大を防止することが求められます。こうした観点から、保育所では、学校保健安全法施行規則に規定する出席停止の期間の基準に準じて、あらかじめ登園のめやすを確認しておく必要があります。

（参照：「学校保健安全法施行規則第十九条における出席停止の期間の基準」）

子どもの病状が回復し、集団生活に支障がないという診断は、身体症状、その他の検査結果等を総合的に勘案し、診察に当たった医師が医学的知見に基づいて行うものです。罹《り》患した子どもが登園を再開する際の取扱いについては、個々の保育所で決めるのではなく、子どもの負担や医療機関の状況も考慮して、市区町村の支援の下、地域の医療機関、地区医師会・都道府県医師会、学校等と協議して決めることが大切になります。

この協議の結果、疾患の種類に応じて、「意見書（医師が記入）」又は「登園届（保護者が記入）」を保護者から保育所に提出するという取扱いをすることが考えられます。

（参照：「別添4　医師の意見書及び保護者の登園届」）

なお、「意見書」及び「登園届」については、一律に作成・提出が必要となるものではありませんが、協議の結果、「意見書」及び「登園届」の作成・提出が必要となった場合には、事前に保護者に十分周知することが重要です。

（具体的な対応）

- 感染症に罹《り》患した子どもが登園する際には、
  ①子どもの健康（全身）状態が保育所での集団生活に適応できる状態まで回復していること
  ②保育所内での感染症の集団発生や流行につながらないこと
  について確認することが必要です。
- 職員についても、周囲への感染拡大防止の観点から、勤務を停止することが必要になる場合があります。勤務復帰の時期、従事する職務等については、嘱託医の指示を受け、当該職員と施設長等との間で十分に相談し、適切な対応をとる必要があります。

4. 感染症対策の実施体制

保育所における感染症の予防と対策には、①子どもの年齢と予防接種の状況、②子どもの抗菌薬の使用状況、③環境衛生、④食品管理の状況、⑤施設の物理的空間と機能性、⑥子どもと職員の人数（割合）、⑦それぞれの職員の衛生管理と予防接種の状況等のあらゆるものが関与します。

保育所における感染症対策の実施に当たっては、施設長のリーダーシップの下に全職員が連携・協力することが不可欠です。保育士、看護師、栄養士、調理員等の各職種の専門性を活かして、各保育所で作成する保健計画等を踏まえ、保育所全体で見通しを持って取り組むことが求められます。また、感染症発生時の対応に関するマニュアルを作成し、緊急時の体制や役割を明確にしておくとともに、保護者へ事前説明を行うことも大切です。

さらに、各保育所において、保健計画等に基づき体系的、計画的に研修を実施し、職員の感染予防に関する知識の向上及び共有に努めることが重要です。

(1) 記録の重要性 [略]
(2) 医療関係者の役割等 [略]
(3) 関係機関との連携 [略]
(4) 関連情報の共有と活用 [略]
(5) 子どもの健康支援の充実 [略]

別添1

具体的な感染症と主な対策（特に注意すべき感染症）

1 医師が意見書を記入することが考えられる感染症
(1) 麻しん（はしか）
(2) インフルエンザ
(3) 新型コロナウイルス感染症
(4) 風しん
(5) 水痘（水ぼうそう）
(6) 流行性耳下腺炎《じかせん》（おたふくかぜ、ムンプス）
(7) 結核
(8) 咽頭《いんとう》結膜熱（プール熱）
(9) 流行性角《かく》結膜炎
(10) 百日咳《せき》
(11) 腸管出血性大腸菌感染症（O157、O26、O111等）
(12) 急性出血性結膜炎
(13) 侵襲性髄《ずい》膜炎菌感染症（髄膜炎菌性髄《ずい》膜炎）

2 医師の診断を受け、保護者が登園届を記入することが考えられる感染症
(14) 溶連菌感染症
(15) マイコプラズマ肺炎
(16) 手足口病
(17) 伝染性紅斑（りんご病）
(18) ①ウイルス性胃腸炎（ノロウイルス感染症）
②ウイルス性胃腸炎（ロタウイルス感染症）
(19) ヘルパンギーナ
(20) RSウイルス感染症
(21) 帯状疱《ほう》しん
(22) 突発性発しん

3 上記1及び2の他、保育所において特に適切な対応が求められる感染症
(23) アタマジラミ症
(24) 疥癬《かいせん》
(25) 伝染性軟属腫（水いぼ）
(26) 伝染性膿痂《のうか》しん（とびひ）
(27) B型肝炎

※潜伏期間は目安であり、主な期間を記載しています。
※上記以外の主な感染症については、「（参考）感染症対策に資する公表情報」参照。

[後略]

別添2 保育所における消毒の種類と方法 [略]
別添3 子どもの病気～症状に合わせた対応～ [略]
別添4 医師の意見書及び保護者の登園届 [略]
（参考）感染症対策に資する公表情報 [略]
関係法令等 [略]

117 学校安全資料「生きる力」をはぐくむ学校での安全教育

（平成一三年一一月 文部科学省）
改訂 平成三一年三月

第一章～第二章 [略]
第三章 学校における安全管理
第一節～第五節 [略]
第六節 幼稚園、特別支援学校等における主な留意点

ポイント
○ 幼稚園等※は、幼児が身体発育や精神的機能の発達が十分でないこと、登降園時間・通園方法、教育活動の場や内容、教職員の職種や勤務時間が多様であることなどの特徴があり、各園における特徴に留意した上で取り組むことが必要である。
○ 障害のある児童生徒等の安全を確保するためには、一人一人の障害を理解し把握するとともに、障害のある児童生徒等も、自分の障害の状態や特性等を理解し安全に留意して学校生活が送れるように指導することが大切である。
※ 幼稚園（幼稚園型認定こども園を含む）・幼保連携型認定こども園

1 幼稚園等における主な留意点

幼稚園等は、幼児が身体発育や精神的機能の

この表は学校安全計画に記載すべき項目と全体像を示し，各教科等における内容については，あくまで例として記載したものです。各園においては，それぞれの教育目標や幼児の実態を踏まえたうえで，幼稚園教育要領をもとに必要な内容を記載してください。

10	11	12	1	2・3
○様々な遊具の安全な使い方，遊び方 ・ボール(蹴る，投げる等)の遊び方 ・縄跳びの縄の扱い ※５歳児：後に使う人の安全を考えた片付け方 ○集団で行動するときの約束 ・教職員の指示を聞き，自分から気を付ける	○様々な遊具や用具の安全な使い方，片付け方 ・目打ち，段ボールカッター等 ○不審者対応 ・不審者が園に侵入したときの避難の仕方 ○集団で行動するときの約束 ・教職員の指示を聞き，自分から気を付ける	○体を動かして遊ぶ ・室内にこもらず，戸外で遊ぶ ○危険につながる服装 ○冬の健康な遊び方，安全な行動の仕方 ○誘拐の防止 ○暖房機の危険性，安全に関する約束 ○冬季休業中の生活について（安全で楽しい過ごし方）	○進んで体を動かし，安全で活発な行動 ・室内にこもらず，戸外で活動 ○園生活に必要な約束やきまりを自分から気付き，守る ○暖房機の危険性，安全に関する約束 ○雪の日の安全な遊び方，身支度の仕方	○自分の身の回りの安全に自ら気付き，判断し行動する ・担任以外の教職員の指示 ○異年齢の交流場面での安全に関する自主的な約束の確認 ○暖房機の危険性，安全に関する約束 ○雪の日の安全な遊び方，身支度の仕方
○信号の正しい見方 ・点滅しているときの判断の仕方，適切な行動 ○警察の指導による交通安全 ・安全な登降園の仕方，自転車の乗り降りの仕方，道路の渡り方 ○バスの中の安全な過ごし方	○登降園時，園外保育・遠足の交通ルールを自分から気を付け，守る ・自分の耳と目で確かめる習慣 ○電車の乗り降り，車中の安全な過ごし方	○様々な状況，場面での交通ルール ・道路の横断 ・駐車中の自動車の前後の横断 ・信号が点滅しているときの行動の仕方など	○様々な状況，場面で，自分で判断する ・自分の耳と目で確かめる習慣 ・交通量の多い道路での歩行，横断 ○寒い日の安全な歩き方 ・雪や凍結している道の安全な歩行 ・寒い日の安全な身支度	○交通安全のために，自分で判断して行動する ※５歳児：小学校付近の道路の危険な場所，安全な歩行の仕方
〈火災：肉声で通報〉 ○「火事だ」の声による通知，速やかな避難行動 ・周囲の状況，そばにいる教職員の指示 ・第二次避難場所まで避難	〈地震・津波：サイレン，放送で伝達〉 ○大きな揺れが続いているとき ・頭を守る，危険のない場所 ・指示があるまで動かない等 ※５歳児：起震車により大地震の揺れを体験，地震のときの基本動作（親子で体験）	〈地震・津波火災発生：サイレン，放送，緊急地震速報で伝達〉 ○第三次避難場所へ避難 ・防災頭巾等をかぶっての安全な歩行	〈火災：園児に予告なし〉 ○周囲の状況，放送やそばにいる教職員の指示 ○消防署から指導 ・火災の怖さ，火事発見時の適切な行動	〈地震・火災：幼児・教職員ともに予告なし〉 ○大きな揺れが続いているときの自分の身の守り方
運動会園外保育 ・園外保育・遠足（バス）	園外保育・遠足	終業式 冬季休業日	始業式 園外保育（凧上げ）	終業式
○戸外での遊び，遊びの場，幼児の遊びの動線への配慮 ○園外保育・遠足を利用し，信号機の見方，道路の歩き方等の体験的な指導	○電車を使っての遠足では，使用する駅のホームの状況も含めて遠足の実地踏査	○暖房設備の点検，使用するための準備	○室内での遊び，狭い遊び場での安全管理・教職員同士の連携・調整 ○暖房の温度，室内の換気に留意 ○戸外での遊びの奨励 ○教職員の消火訓練（消防署の指導） ○積雪時の園庭，園舎の安全確認	○１年間の安全点検の評価・反省 ○次年度の防災組織等の再編成
○保護者会，園だよりで周知 ・戸外での活動，徒歩での通園などへの協力依頼（ノー自転車デー） ・警察の指導により，登降園の様子，幼児が自分で判断し，安全な歩行の仕方を身に付けるための指導協力 ・消火，通報訓練（消防署による指導）	○保護者会，園だよりで周知 ・消防署の指導（起震車での地震体験） ○不審者への対応に関する実技研修	○保護者会，園だよりで周知 ・冬休み中の健康で安全な生活について ・年末年始の地域の防犯，防災活動に関心をもち，幼児に伝える	○保護者会，園だよりで周知 ・登降園時の安全，大地震発生時の避難場所，連絡方法などを再確認 ・降雪時の登降園時の歩行，身支度などへの配慮について連絡と協力依頼	○保護者会，園だよりで周知 ・就学に向けての心構え（危険な道路，場所，安全な交通行動等に関する指導） ・休み中の生活 ○園内事故等発生状況と安全措置に関する研修

付録　学校安全計画例（幼稚園）

月		4	5	6	7・8	9
安全教育	生活安全	○園内の安全な生活の仕方 ・遊びの場や遊具（固定遊具を含む），用具の使い方 ・小動物のかかわり方 ・困ったときの対応の仕方 ※5歳児：新しく使える遊具や用具，場所の使い方 ○子供110番の家	○園内の安全な生活の仕方 ・生活や遊びの中で必要な道具や用具の使い方（いす，はさみ，ステープラー，スコップ，箸等） ・けがや不調なときの対応 ・小動物の世話の仕方 ・通園バスの乗り降りの仕方や待ち方の約束 ○集団で行動するときの約束 ・一人で行動しない	・雨の日の安全な生活の仕方 ・雨具の扱い方，始末の仕方 ・廊下，室内は走らない ○水遊びのきまりや約束 ・準備体操 ・プールでの約束 ○家に帰ってから ・知らない人についていかない ・「いかのおすし」の約束を知る	○水遊びのきまりや約束 ・準備体操 ・プールでの約束 ○暑い日の過ごし方 ・熱中症予防の水分補給 ・遊び場や遊び方，休息 ○夏季休業中の生活について（安全で楽しい過ごし方） ・花火の遊び方 ・外出時の約束 ・一人で遊ばない	○生活のリズムを整え，楽しく安全な生活 ・登降園時の約束，遊具・用具，固定遊具の安全な使い方 ○水遊びのきまりや約束 ・準備体操 ・プールでの約束 ○戸外で体を十分動かして遊ぶ ○集団で行動するときの約束 ・集合の合図 ・友達との歩行
	交通安全	○安全な登降園の仕方 ・初歩的な交通安全の約束（親子で手をつなぐ） ・自転車登降園での約束 ○園外保育での安全な歩き方 ・並ぶ，間隔を空けない等	○道路の安全な歩き方 ・標識，標示（とまれ等）の意味 ・安全確認（両足をそろえる，左右を見る）の仕方 ○親子路上安全教室	○雨の日の安全な歩行の仕方 ・傘の持ち方 ○園外保育での安全な歩き方 ○乗り物に関する約束 ・車中での過ごし方	○交通安全に関する約束を再確認 ・飛び出し ・道路では遊ばない ・自転車に乗るときの約束（保護者の付き添い） ・自動車の前後の横断	○遠足・園外保育での交通安全 ・道の端を歩く ・ふざけながら歩かない
	災害安全	○避難（防災）訓練の意味や必要性 ・教職員など大人の指示に従う ○避難の仕方 ・避難訓練の合図（サイレン，放送・緊急地震速報等） ・「おかしも」の約束 ・防災頭巾等のかぶり方	〈火災：サイレン，放送で伝達〉 ※3・4歳児：集合場面 ・火災時は靴を履きかえない ※5歳児：自由に活動している場面 ・教職員の指示を聞いての避難	〈地震：サイレン，放送，緊急地震速報で伝達〉 ○地震のときの避難の仕方 ・頭を守る ・机の下に潜り，脚を持つ ・避難時は靴を履く（火災と同様に上履きでの避難） ・「おはしも」の徹底	〈火災：火災報知機・放送にて伝達〉 ○放送・教職員の指示を聞き，避難 ・非常用滑り台で避難 ・ハンカチを鼻，口に当てる，煙が発生した場合は低くして避難 ・持っているものは置いて避難	〈地震・警戒宣言発令〉 ○大地震が起きたときの避難の仕方（幼・小・中合同訓練） ・保育室にて保護者への引渡し訓練（保護者は徒歩） ・家庭で地震が起こった場合の対処の仕方
行事		入園式	園外保育・遠足	園外保育・遠足 プール開き	終業式 夏祭り 夏季休業日	始業式，プール納め 園外保育・遠足
安全管理		○安全点検表の作成 ○園内外の環境の点検，整備，清掃 ○保育室の遊具，用具の点検，整備，清掃	○園外保育・遠足等の目的地の実地踏査 ○消防署の指導により教職員の通報訓練，初期消火訓練	○幼児の動線を考え，室内での安全な遊びの場づくりの工夫 ○プールの清掃，水遊びの遊具，用具の安全点検	○熱中症予防のための冷房や換気の活用 ○夏季休業中は園舎内外の施設，設備の見回り ○新学期が始まる前に，保育室内外の清掃，遊具，用具の安全点検	○使い慣れた遊具，場所の安全指導の徹底 ○危険な行動に対する，教職員同士の共通理解，指導の徹底
学校安全に関する組織活動（研修を含む）		○保護者会，園だよりで周知 ・園生活を安全に過ごすためのきまり，約束を連絡（登降園の仕方，園児引渡しの仕方，一斉メールによる連絡の仕方，出欠の連絡，けがや病気に関する連絡方法，災害時の対応） ・通園状況の把握 ○春の交通安全運動 ○遊具の安全点検の仕方に関する研修	○保護者会，園だよりで周知 ・定期健康診断の結果連絡，健康で安全な生活についての意識の高揚 ・一斉メールを使った練習 ・路上での実際指導 ・光化学スモッグ警報発令時の対応の仕方を連絡 ○心肺蘇生法（AEDを含む）の研修	○保護者会，園だよりで周知 ・水遊びのための健康管理 ・夏の生活で必要な安全（雨天時の歩行，登降園時に親子で注意，熱中症への配慮） ・登降園時の落雷や集中豪雨等の自然災害への対応 ○幼児の交通事故の現状（警察署から講義）	○保護者会，園だよりで周知 ・警察署より交通安全及び防犯（誘拐）について講話 ・夏季休業中の過ごし方（健康生活，落雷，台風などの気象災害への配慮事項の確認） ・地域が行っている防犯パトロールについての情報交換 ○不審者との具体的な対応の仕方やいろいろな道具の使い方（警察署から実際指導）	○保護者会，園だよりで周知 ・通園路を見直し，安全な通路，危険な場所の確認 ・生活リズムの調整，体調への十分な配慮を依頼 ・避難に関する情報発令時の避難行動，引取り訓練 ・台風等の暴風雨時の対応について ○秋の交通安全運動

発達が十分でないこと、登降園時間・通園方法、教育活動の場や内容、教職員の職種や勤務時間が多様であることなどの特徴があり、各園における特徴に留意した上で取り組むことが必要である。また、幼児の発達の特性や地域の特徴を十分に理解した上で学校安全計画等を作成し、全教職員の協力体制の下、日常的な指導を積み重ねていくことが重要である。

なお、以下の主な留意点のほか、「教育・保育施設等における事故防止及び事故発生時の対応のためのガイドライン」（平成二十八年三月）も踏まえて、事故発生の防止に努める必要がある。

(1) 教職員の役割の理解・役割分担

勤務日ごとに当日出勤している教職員の役割分担を理解し、行動することが重要である。その日の出勤者が自分の役割を自覚するとともにその他の教職員の分担も理解し行動する。また、バス通園の場合は、非常時を想定してルートや避難場所などを選択・判断できるよう、対応を事前に決めておく。

特別な配慮の必要な幼児については、幼児の特徴や、いつもと違う状況での配慮点、介助者等がいない場合に誰がどのように避難に付き添うか等について、園内で共通理解を図っておく。全教職員が揃わない早朝の預かり保育など教育課程に係る教育時間外の活動時や園外保育の際は、その時間帯の状況に応じた対応がとれるよう共通理解を図る。

(2) 園外保育

園外で活動する場合、活動場所、活動状況等が極めて多岐にわたるため、幼児の発達や活動場所などの特性に応じた安全管理が必要となる。活動場所やその経路に関する事前の実地調査、参加した幼児の人数や心身の健康状態の把握、活動の場所、時刻、時間等における無理や危険性の把握などについて教職員の共通理解を図り、状況に応じた慎重な安全管理を行うことが大切である。

(3) 避難訓練・研修

朝や午後の預かり保育、降園後の施設開放、昼食時、プール、遠足（徒歩・バス・電車）などの様々な場面や時間帯を想定して実践的な避難訓練を行う。非常勤職員も参加することで、全教職員の共通理解を図る。なお、AEDや応急処置の研修も非常勤職員を含めた全教職員が参加できるようにする。

(4) 安否確認

保育中は園内の様々な場所に年齢の異なる幼児がいるため、どの部屋にどの組が何人避難しているか、教職員間の連携を密にして、内線などで対策本部に報告し、いかなる状況でも即座に園の全人員の安否を確認する。

(5) 保護者との連携

事故等が発生した場合の連絡の仕方・幼児の引渡しの方法については、年度当初に保護者と確認しておく。併せて、保護者の勤務場所や兄弟姉妹の有無及び在籍校、緊急時の連絡先を事前に確認し、迎えが遅くなる幼児を把握しておく。

また、保護者には、幼児は保護者の行動を模倣するため、安全に係るルール・マナーの遵守に努めてほしいことを伝えるとともに、バスや自転車通園の保護者には、交通安全や不審者対応について幼児自身が通園時等に確認できるような機会を意識して設けてもらうようにする。

(6) 避難所対応

幼稚園は基本的に避難所にならないことが多いが、自治体によっては乳幼児・障害児対応施設になる場合がある。また、近隣の未就園児親子が不安から自主的に避難してくる場合もある。施設の開放の仕方などについて、あらかじめ園内で共通理解を図っておく。（詳細については「学校防災マニュアル（地震・津波災害）作成の手引き」参照）

［後略］

第七節　［略］

第四章～第五章　［略］

別表　［略］

118 新しい社会的養育ビジョン

（平成二九年八月二日
新たな社会的養育の在り方に関する検討会）

〈要約編〉

1. 新しい社会的養育ビジョンの意義

虐待を受けた子どもや、何らかの事情により実の親が育てられない子どもを含め、全ての子どもの育ちを保障する観点から、平成二十八年児童福祉法改正では、子どもが権利の主体であることを明確にし、家庭への養育支援から代替養育までの社会的養育の充実とともに、家庭養育優先の理念を規定し、実親による養育が困難であれば、特別養子縁組による永続的解決（パーマネンシー保障）や里親による養育を推進することを明確にした。これは、国会において全会一致で可決されたものであり、我が国の社会的養育の歴史上、画期的なことである。

本報告書は、この改正法の理念を具体化するため、「社会的養護の課題と将来像」（平成二十三年七月）を全面的に見直し、「新しい社会的養育ビジョン」とそこに至る工程を示すものである。新たなビジョン策定に向けた議論では、在宅での支援から代替養育、養子縁組と、社会的養育分野の課題と改革の具体的な方向性を網羅する形となったが、これらの改革項目のすべてが緊密に繋がっているものであり、一体的かつ全体として改革を進めなければ、我が国の社会的養育が生まれ変わることはない。

このビジョンの骨格は次のとおりであり、各項目は、工程に基づいて着実に推進されなければならない。

2. 新しい社会的養育ビジョンの骨格

地域の変化、家族の変化により、社会による家庭への養育支援の構築が求められており、子どもの権利、ニーズを優先し、家庭のニーズも考慮してすべての子ども家庭を支援するために、身近な市区町村におけるソーシャルワーク体制の構築と支援メニューの充実を図らなければならない。

例えば、多くの子どもがその生活時間を長く過ごしている保育園の質の向上および子ども家庭支援として、対子ども保育士数の増加やソーシャルワーカーや心理士の配置等を目指す。さらに、貧困家庭の子ども、障害のある子どもや医療的ケアを必要とする子どもなど、子どもの状態に合わせた多様なケアを充実させるとともに、虐待や貧困の世代間連鎖を断ち切れるライフサイクルを見据えた社会的養育システムの確立、特に自立支援や妊産婦への施策（例えば、産前産後母子ホームなど）の充実を図る。

中でも、虐待の危険が高いなどで集中的な在宅支援が必要な家庭には、児童相談所の在宅指導措置下において、市区町村が委託を受けて集中的に支援を行うなど在宅での社会的養育としての支援を構築し、親子入所機能創設などのメニューも充実させて分離しないケアの充実を図る。

他方、親子分離が必要な場合には、一時保護も含めた代替養育のすべての段階において、子どものニーズに合った養育を保障するために、代替養育はケアニーズに応じた措置費・委託費を定める。代替養育は家庭での養育を原則とし、高度に専門的な治療的ケアが一時的に必要な場合には、子どもへの個別対応を基盤とした「できる限り良好な家庭的な養育環境」を提供し、短期の入所を原則とする。また、里親を増加させ、質の高い里親養育を実現するために、児童相談所が行う里親制度に関する包括的業務（フォスタリング業務）の質を高めるための里親支援事業や職員研修を強化するとともに、民間団体も担えるようフォスタリング機関事業の創設を行う。代替養育に関し、児童相談所は永続的解決を目指し、適切な家庭復帰計画を立てて市区町村や里親等と実行し、それが不適当な場合には養子縁組といった、永続的解決を目指したソーシャルワークが児童相談所で行われるよう徹底する。中でも、特別養子縁組は重要な選択肢であり、法制度の改革を進めるとともに、これまで取組が十分とはいえなかった縁組移行プロセスや縁組後の支援を強化する。

3. 新しい社会的養育ビジョンの実現に向けた工程

平成二十八年改正児童福祉法の原則を実現するため、①市区町村を中心とした支援体制の構築、②児童相談所の機能強化と一時保護改革、③代替養育における「家庭と同様の養育環境」原則に関して乳幼児から段階を追っての徹底、家庭養育が困難な子どもへの施設養育の小規模化・地域分散化・高機能化、④永続的解決（パーマネンシー保障）の徹底、⑤代替養育や集中的在宅ケアを受けた子どもの自立支援の徹底などをはじめとする改革項目について、速やかに平成二十九年度から改革に着手し、目標年限を目指し計画的に進める。なお、市区町村の支援の充実により、潜在的ニーズが掘り起こされ、代替養育を必要とする子どもの数は増加する可能性が高いことに留意して計画を立てる。

また、これらの改革は子どもの権利保障のために最大限のスピードをもって実現する必要がある。その改革の工程において、子どもが不利益を被ることがないよう、十分な配慮を行う。

(1) 市区町村の子ども家庭支援体制の構築

市区町村子ども家庭総合支援拠点の全国展開と、人材の専門性の向上により、子どものニーズにあったソーシャルワークをできる体制を概ね五年以内に確保するとともに、子どもへの直接的支援事業（派遣型）の創設やショートステイ事業の充実、産前産後母子ホームなどの親子入所支援の創設、児童家庭支援センターの配置の増加と質の向上などの支援メニューの充実を平成三十年度から開始し、概ね五年後までに各地で行える体制とする。児童相談所の指導委託措置として行われる在宅措置、通所措置が適切に行える手法を明確にして、支援内容に応じた公的な費用負担を行う制度をできるだけ早く構築する。

(2) 児童相談所・一時保護改革

児童相談所職員への各種の研修の実施とその効果の検証を行い、平成二十八年改正法附則に基づき、施行後五年を目途に中核市・特別区による児童相談所設置が可能となるような計画的支援を行う。

また、通告窓口の一元化を行うため、情報共有を含めた制度改正を行い、調査・保護・措置に係る業務と支援マネージメント業務の機能分離を計画的に進める。

さらに、一時保護に関する改革として、機能別に二類型に分割（緊急一時保護とアセスメント一時保護）し、閉鎖空間での緊急一時保護の期間を数日以内とする。一時保護時の養育体制を強化し、アセスメント一時保護における里親への委託推進・小規模化・地域分散化、一時保護里親類型の創設に早急に着手し、概ね五年以内に子どもの権利が保障された一時保護を実現する。

パーマネンシー保障のための家庭復帰計画、それが困難な時の養子縁組推進を図るソーシャルワークを行える十分な人材の確保を概ね五年以内に実現する。

(3) 里親への包括的支援体制（フォスタリング機関）の抜本的強化と里親制度改革

里親とチームとなり、リクルート、研修、支援などを一貫して担うフォスタリング機関による質の高い里親養育体制の確立を最大のスピードで実現し、平成三十二年度にはすべての都道府県で行う体制とし、里親支援を抜本的に強化する。これにより、里親への支援を充実させ、里親のなり手を確保するとともに里親養育の質を向上させる。

また、フォスタリング機関事業の実施のため、平成二十九年度中に国によるプロジェクトチームを発足しガイドラインの作成や自治体への支援を開始する。

ファミリーホームを家庭養育に限定するため、早急に事業者を里親登録者に限定し、一時保護里親、専従里親などの新しい里親類型を平成三十三年度を目途に創設して、障害のある子どもなどケアニーズの高い子どもにも家庭養育が提供できる制度とする。併せて「里親」の名称変更も行う。

(4) 永続的解決（パーマネンシー保障）としての特別養子縁組の推進

実家庭で養育ができない子どもや、家庭復帰に努力をしても実家庭に戻ることが困難な代替養育を受けている子どもの場合、児童福祉法第三条の二における家庭養育原則に基づき、永続的解決としての特別養子縁組は有力、有効な選択肢として考えるべきである。

しかし、現行の制度では、子どもの年齢要件や手続き上の養親の負担などのため、必要な子どもに特別養子縁組の機会が保障されず、健全な養育に不可欠な愛着形成の機会を重要な発育時期に確保できていない現状がある。

このため、厚生労働省では「児童虐待対応における司法関与及び特別養子縁組制度の利用促進の在り方に関する検討会」において六月三十日に「特別養子縁組制度の利用促進の在り方について」報告書がまとめられた。一刻も早く子どもの権利保障を行うために、報告書に沿った法制度改革（年齢要件の引き上げ、手続きを二段階化し児童相談所長に申立権を付与、実親の同意撤回の制限）を速やかに進めるとともに、その新たな制度の下で、一日も早く児童相談所と民間機関が連携した強固な養親・養子支援体制を構築し、養親希望者を増加させる。概ね五年以内に、現状の約二倍である年間一〇〇〇人以上の特別養子縁組成立を目指し、その後も増加を図っていく。

(5) 乳幼児の家庭養育原則の徹底と、年限を明確にした取組目標

特に就学前の子どもは、家庭養育原則を実現するため、原則として施設への新規措置入所を停止する。このため、遅くとも平成三十二年度までに全国で行われるフォスタリング

機関事業の整備を確実に完了する。

具体的には、実親支援や養子縁組の利用促進を進めた上で、愛着形成等子どもの発達ニーズから考え、乳幼児期を最優先にしつつ、フォスタリング機関の整備と合わせ、全年齢層にわたって代替養育としての里親委託率（代替養育を受けている子どものうち里親委託されている子どもの割合）の向上に向けた取組を今から開始する。これにより、愛着形成に最も重要な時期である三歳未満については概ね五年以内に、それ以外の就学前の子どもについては概ね七年以内に里親委託率七五％以上を実現し、学童期以降は概ね一〇年以内を目途に里親委託率五〇％以上を実現する（平成二十七年度末の里親委託率（全年齢）一七・五％）。

ただし、ケアニーズが非常に高く、施設等における十分なケアが不可欠な場合は、高度専門的な手厚いケアの集中的提供を前提に、小規模・地域分散化された養育環境を整え、その滞在期間は、原則として乳幼児は数か月以内、学童期以降は一年以内とする。また、特別なケアが必要な学童期以降の子どもであっても三年以内を原則とする。この場合、代替養育を受ける子どもにとって自らの将来見通しが持て、代替養育変更の意思決定プロセスが理解できるよう、年齢に応じた適切な説明が必要である。養育の場を変える場合には、さらに十分な説明のもと、子どもとのコミュニケーションをよくとり、子どもの意向が尊重される必要がある。また、移行にあたっては、子どもの心理に配慮した十分なケアがなされる必要がある。

これらを、まず乳幼児から実現するためには、これまで乳児院が豊富な経験により培ってきた専門的な対応能力を基盤として、今後はさらに専門性を高め、一時保護された乳幼児とその親子関係に関するアセスメント、障害等の特別なケアを必要とする子どものケアの在り方のアセスメントとそれに基づく里親委託準備、親子関係改善への通所指導、産前産後を中心とした母子の入所を含む支援、家庭復帰に向けた親子関係再構築支援、里親・養親支援の重要な役割を地域で担う新たな存在として、機能の充実が不可欠である。その際、一時的な入所は、家庭養育原則に照らし、限定的、抑制的に判断すべきである。今後、これまでの乳児院は多機能化・機能転換し、こうした新たな重要な役割を担う。国はそのための財政的基盤をできるだけ早く構築するとともに、乳児院をその機能にあった名称に変更する。

(6) 子どもニーズに応じた養育の提供と施設の抜本改革

子どものニーズに応じた個別的ケアを提供できるよう、ケアニーズに応じた措置費・委託費の加算制度をできるだけ早く創設する。同様に、障害等ケアニーズの高い子どもにも家庭養育が行えるよう、補助制度の見直しを行う。

また、家庭では養育困難な子どもが入所する「できる限り良好な家庭的環境」である全ての施設は原則として概ね一〇年以内を目途に、小規模化（最大六人）・地域分散化、常時二人以上の職員配置を実現し、更に高度のケアニーズに対しては、迅速な専門職対応ができる高機能化を行い、生活単位は更に小規模（最大四人）となる職員配置を行う。

施設で培われた豊富な体験による子どもの養育の専門性をもとに、施設が地域支援事業やフォスタリング機関事業等を行う多様化を、乳児院から始め、児童養護施設・児童心理治療施設、児童自立支援施設でも行う。

(7) 自立支援（リービング・ケア、アフター・ケア）

代替養育の目的の一つは、子どもが成人になった際に社会において自立的生活を形成、維持しうる能力を形成し、また、そのための社会的基盤を整備することにある。

そのため、平成三十年度までにケア・リーバー（社会的養護経験者）の実態把握を行うとともに、自立支援ガイドラインを作成し、概ね五年以内に、里親等の代替養育機関、アフターケア機関の自立支援の機能を強化するとともに、措置を行った自治体の責任を明確化し、包括的な制度的枠組み（例えば、自治体による自立支援計画の策定など）を構築する。

これにより、代替養育の場における自律・自立のための養育、進路保障、地域生活における継続的な支援を推進する。その際、当事者の参画と協働を原則とする。

これら自立支援方策を具体化するための検討の場を設ける。

(8) 担う人材の専門性の向上など

今年度より行われている児童福祉司等の研修や市区町村の要保護児童対策地域協議会の専門職研修等の実施状況の確認とその効果判定を行い、国による研修の質の向上を図る。

また、子どもの権利擁護のために、早急に児童福祉審議会による権利擁護の在り方を示して、三年を目途にその体制を全国的に整備し、平成三十年度に一時保護の専門家による評価チームの構成から始めて、概ね五年以内には社会的養護に係わる全ての機関の評価を行う専門的評価機構を創設するとともに、アドボケイト制度の構築を行う。

すべての制度構築の根拠となる業務統計の整備、国際的な比較にも耐えられる虐待関連統計の整備を概ね五年以内に行い、長期の成果を判断したり、情報を共有するためのデータベースの構築も概ね五年以内に行う。また、子どもの死を無駄にせず、検証して、防げる死から子どもを守る制度や技術の向上を目指し、Child Death Review の制度を概ね五年以内に確立する。

(9) 都道府県計画の見直し、国による支援

従来の「社会的養護の課題と将来像」(平成二十三年七月)に基づいて策定された都道府県等の計画については、この「新しい社会的養育ビジョン」に基づき、平成三十年度末までに見直し、家庭養育の実現と永続的解決(パーマネンシー保障)、施設の抜本的改革、児童相談所と一時保護所の改革、中核市・特別区児童相談所設置支援、市区町村の子ども家庭支援体制構築への支援策などを盛り込む。これらを実現するため、国は必要な予算確保に向けて最大限努力し、実現を図る。

以上

〈本文編〉[略]

119 こども政策の推進に係る有識者会議報告書

(令和三年一一月二九日 こども政策の推進に係る有識者会議)

[編集部注] 本文中の注は省略した。

I はじめに(こどもと家庭を取り巻く現状)

こどもや若者に関する政策(以下「こども政策」という。)については、これまで、少子化社会対策基本法や子ども・若者育成支援推進法等に基づく大綱により、政府を挙げて、各般の施策の充実に取り組まれてきた。

例えば、これまでの五年間ほどを振り返ってみても、累次の子ども・子育て支援法の改正による幼児教育・保育の無償化や子ども・子育て支援の提供体制の充実、子育て安心プラン及び新子育て安心プランに基づく待機児童の解消に向けた取組、新・放課後子ども総合プランに基づく放課後児童クラブと放課後子供教室の一体的推進、低所得者世帯に対する高等教育の修学支援新制度の実施など、消費税の引き上げにより確保した財源などをこどもや若者への支援の充実に投入し、我が国の家族関係支出の対GDP比は、二〇一三年度の一・一三%から二〇一九年度には一・七三%まで上昇している。

また、こどもの権利擁護のための児童虐待防止対策の強化、市町村及び児童相談所の体制強化、社会的養護における家庭養育の推進、関係機関間の連携強化を行う児童福祉法等の改正、いじめ防止対策推進法に基づく未然防止・早期発見・早期対応の取組やSNS等を活用した相談体制の整備、コロナ禍で苦しい状況となった低所得の子育て世帯に対するこども一人当たり五万円の給付金の支給が行われるなど、困難な状況にあるこどもや若者への支援についても、充実が図られてきたところである。

このように、様々な取組が着実に前に進められてきたものの、出生数の減少は予測を上回る速度で進行し、人口減少に歯止めはかかっていない。特に、コロナ禍が結婚行動や妊娠活動に少なからず影響を及ぼした可能性もある中で、二〇二〇年の出生数は約八四万人と過去最少となり、今後の出生数への影響が懸念されている。

こうした中で、若い世代の中には出産や子育てに希望を見出しづらく、閉塞感を感じている方々が少なからずいる。生活が苦しいひとり親家庭が多く、七人に一人のこどもが貧困の状態にある。二〇二〇年度には、児童虐待の相談対応件数や不登校、いわゆるネットいじめの件数が過去最多となっている。大変痛ましいことに昨年は約八〇〇人ものこどもが自殺している。

コロナ禍がこどもや若者、家庭に負の影響をもたらしていると言える。友達と会えなくなったり集団活動が少なくなったことによる孤独・孤立への不安、臨時休校やオンライン学習、受験への影響といった学校生活への不安を抱えているこどもや、家計が苦しくなり進学先を変えざるを得なくなったといった生活への不安、アルバイト収入の減少による大学生活等継続への支障などを抱えている若者など、大変つらい状況に追い込まれているこども・若者も少なくない。保護者の中には、誰とも不安を相談・共有できない、こどもへの感染の不安、就労が不安定になるなど、孤独や悩み

を暮らせたり、生活が不安定になっている方々もいる。

こどもや若者、家庭をめぐる様々な課題がコロナ禍により更に深刻化しており、その影響が長く続くことが懸念される。（別紙「こどもと家庭を取り巻く現状」を参照。）

このため、それぞれのこどもにとって、自らの意欲・能力が十分に活かせず、生きづらく、幸福（well-being）が感じられない状況になりかねない。我が国のこどもが、三八か国中、身体的健康は一位だが、精神的幸福度は三七位となっているユニセフの調査もある。

保護者にとっては、こどもの成長や子育てをめぐる状況が厳しく、負担や不安、孤立感が高まっている。そうした中で、本来、子育ては喜びや生きがいをもたらすものであるにもかかわらず、自己肯定感を持ちながらこどもと向き合い親としての喜びを感じられない状況になってしまいかねない。

また、社会全体の視点からは、こどもが自らの希望に応じて活躍できるよう健やかに成長することができず、また、少子高齢化の進行により社会の担い手が減少することで、こどもやその保護者だけではなく結婚しない人やこどもを持たない人も含めて社会に大きな影響を及ぼし、我が国の社会全体の根幹を揺るがしかねないと考えられる。今、まさに「有事」とも言うべき危機的な状況が静かに進行しているのである。

今こそ、こども政策を強力に推進することによって、少子化を食い止めるとともに、一人ひとりのこどものwell-beingを高めることによって、社会の持続的発展を確保することができるか否かの分岐点であるといえる。国家の機能のひとつとして、社会の存続を支援する機能をしっかりと位置付け、結婚、妊娠・出産、子育ては個人の自由な意思決定に基づくものであることを大前提に、結婚や出産、子育てについての個人の希望が叶えられるような少子化対策を含むこども政策を、政府の最重要課題として強力に推進すべきである。

こどもを社会のまんなかに据えて、こどもの視点で、家庭、学校、地域などこどもを取り巻くあらゆる環境を視野に入れ、こどもの権利を保障し、ジェンダーギャップ解消への取組を含め、こどもの生命・安全を守り、こどもを誰一人取り残さず、健やかな成長を社会全体で後押しする政策を抜本的に強化しなければならないと考える。このことは、質の高い初等中等教育・高等教育の充実とあいまって、こどもの最善の利益の実現に資するとともに、ひいては我が国の少子化を解決するための鍵となる。

このような認識の下、当会議においては、五回にわたり会合を開催し、一八人の臨時構成員のプレゼンテーション等、事務局による多数の当事者・関係者ヒアリングやこども・若者からのヒアリングを踏まえ、精力的な審議を行い、今後のこども政策の基本理念、今後取り組むべきこども政策の柱をとりまとめた。政府においては、このとりまとめを最大限に尊重し、こども政策を強力に進めていくことを期待する。

Ⅱ　今後のこども政策の基本理念

1　こどもの視点、子育て当事者の視点に立った政策立案

○　これまでのこども政策は、こどもの最善の利益を考慮して取り組まれてきたものの、ややもすると、行政、学校や児童福祉施設など、大人の視点、制度や事業を運営する者の視点中心に行われていた面は否めない。

○　こども政策が行われる際には、こどもの最善の利益が考慮されなければならないことは、言うまでもない。これからのこどもに関する政策や取組においては、こどもが保護者や社会の支えを受けながら自立した個人として自己を確立していく「主体」であることを、社会のあらゆる構成員がしっかりと認識し、こどもの視点に立って、社会が保護すべきところは保護しつつ、こどもの意見表明と自己決定を年齢や発達段階に応じて尊重し、自立を支援する。また、若者の社会参画を促進する。

不安、困りごと、希望といったこどもの意見が年齢や発達段階に応じてこどもに関する政策や取組において積極的かつ適切に考慮されるよう、政策決定過程におけるこどもや若者の参画や意見反映を進めていく。

こどもや若者の参画は、政策や取組そのものをより良くするのみならず、社会課題の解決に向けた力を自らが持っているとの自己有用感をこどもや若者が持つことができる機会にもなる。

○　他方で、こどもは家庭を基盤とし、地域、学校その他様々な場所において、様々な大人との関わりの中で成長する存在である。そうした関わりなくして、こどもは成長することはできない。そのため、こどもの成長を支えるためには、家庭における子育てをしっかりと支えることが必要であるが、核家族化や地域の関わりの希薄化などにより、子育ての孤立化や負担感の増大といったことが指摘され、子育てを困難に感じる保護者が増えている状況にある。

しかるに、子育てとは、本来、こどもに愛情を注ぎ、その存在に感謝し、日々成長するこども の姿に感動して、親も親として成長し、大きな喜びや生きがいをもたらす機会を与えてくれるものである。子育てを社会全体で支え、子育てに対する負担や不安、孤立感を和らげることを通じて、保護者が自己肯定感を持ちながらこどもと向き合える環境を整え、親としての成長を支援し、その責任を果たせるようにすることで、より良い親子関係を形成することが、こどものより良い成長の実現につながる。

こうした観点から、こどもの意見反映とともに、子育て当事者の視点に立ち、寄り添い、子育て当事者の意見を政策に反映させていくことも必要である。

○ ここでいう「こども」とは、基本的に一八歳までの者を念頭に置いているが、こどもが大人として円滑な社会生活を送ることができるようになるまでの成長の過程は、その置かれた環境にも大きく依存し、こどもによって様々であり、かつ、乳幼児期からの連続性を持つものである。円滑な社会生活を送ることができるようになる時期も、個人差がある。

それぞれのこどもや若者の状況に応じて必要な支援が一八歳や二〇歳といった特定の年齢で途切れることなく行われ、思春期から青年期・成人期への移行期にある若者が必要な支援を受けることができ、若者が円滑な社会生活を送ることができるようになるまでを、社会全体で支え伴走していくことが必要である。

○ また、「子育て」とは、こどもが乳幼児期の時だけのものではなく、学童期、思春期、青年期を経て、こどもが大人になるまで続くものである。そうした認識の下で、各ステージにおけるこども政策を行う。

2．全てのこどもの健やかな成長、Well-beingの向上

○ 全てのこどもが、出生、性別、人種、障害の有無などによって分け隔てられることなく、相互に人格と個性を尊重し合いながら、健やかに成長し、社会とのかかわりを自覚しつつ、自立した個人としての自己を確立し、他者とともに社会の構成員として自分らしく尊厳をもって社会生活を営むことができるように、その成長を社会が支えつつ、伴走していくことが基本である。

○ 全ての国民に基本的人権を保障する日本国憲法の下、児童の権利に関する条約に則り、

- 全てのこどもが生命・生存・発達を保障されること
- こどもに関することは、常に、こどもの最善の利益が第一に考慮されること
- こどもは自らに関係のあることについて自由に意見が言え、大人はその意見をこどもの年齢や発達段階に応じて十分に考慮すること
- 全てのこどもが、個人としての尊厳が守られ、いかなる理由でも不当な差別的取扱いを受けることがないようにすること

といった基本原則を今一度、社会全体で共有し、必要な取組を推進することが重要である。

○ こどもの発達、成長を支えるため、妊娠前から、妊娠・出産、新生児期、乳幼児期、学童期、思春期、青年期の各段階を経て、大人になるまでの一連の成長過程において、良質かつ適切な保健、医療、福祉、教育を提供することが必要である。

○ 全てのこどもが、安全で安心して過ごせる多くの居場所を持ちながら、人生一〇〇年時代を生き抜いていく基礎を培う様々な学びや体験をすることができ、自己肯定感や自己有用感を持ちながら幸せな状態（Well-being）で成長し、社会で活躍していけるよう、家庭、学校、職域、地域などの社会のあらゆる分野の全ての人々が、学校等の場をプラットフォームとして相互に協力しながら、一体的に取り組んでいく。また、性別にかかわらずそれぞれのこどもの可能性を拡げていくことが重要であり、乳幼児期から大人に至るまでの全ての段階でジェンダーの視点を取り入れる。

3　誰一人取り残さず、抜け落ちることのない支援

○ 「誰一人取り残さない」は、我が国も賛同し国連総会で採択された「持続可能な開発のための二〇三〇アジェンダ」の根底に流れる基本的な理念であり、このアジェンダは、こどもについての取組も求めている。

○ SDGs実施指針改定版（令和元年十二月持続可能な開発目標（SDGs）推進本部決定）では、主要原則の一つに、「参画型」を掲げている。脆弱な立場におかれた人々を含む一人ひとりが、施策の対象として取り残されないことを確保するのみならず、自らが当事者として主体的に参加し、持続可能な社会の実現に貢献できるよう障壁を取り除き、あらゆるステークホルダーや当事者の参画を重視し、当事者の視点を施策に反映するための手段を講じ、全員参加型で取り組むこととされている。

○ 脆弱な立場に置かれたこどもを含めて、全てのこどもと家庭が、施策対象として取り残され

ることなく、かつ、当事者として持続可能な社会の実現に参画できるよう支援し、支援の受け手が支え手にもなり、地域の中に自らの役割を見い出せる循環を生み出せるような社会を目指す。このため、支援が必要であるにもかかわらず、現行の制度や事業によってカバーされていなかったり、利用できていないこども・家庭はいないか、実態を把握しつつ、制度・事業を検証し、支援が抜け落ちることのないように取り組んでいくことが必要である。こうした支援は、こども本人の福祉というだけにとどまらない社会全体への未来の投資であるとの認識をもって、進められるべきである。

4　こどもや家庭が抱える様々な複合する課題に対し、制度や組織による縦割りの壁、年度の壁、年齢の壁を克服した切れ目ない包括的な支援

○　こどもの抱える困難は、発達障害などのこどもの要因、保護者の精神疾患などの家庭の要因、虐待などの家庭内の関係性の要因、生活困窮などの環境の要因といった様々な要因が複合的に重なり合って、いじめ、不登校、ひきこもり、非行といった様々な形態で表出するものであり、重層的な視点からのアプローチが必要である。非行やいじめなどの問題行動は、こどもからのSOSであり、加害者である前に被害者である場合が多いとの指摘もある。「生きづらさを感じているこども」「不器用なこども」「助けられていないこども」であり、家庭にも学校にも居場所がないことが多いことも懸念される。

○　一方で、困難を抱えるこどもや家庭に対するこれまでの支援については、

- 児童虐待、貧困、いじめ、不登校、高校中退、非行といった困難の種類や制度ごとの「縦割り」によって生じる弊害
- 教育、福祉、保健、医療、雇用といった各関連分野や関係府省の「縦割り」によって生じる弊害
- 予算が単年度主義であったり、関係省庁・自治体の職員が異動することにより知見が上手く引き継がれないといった「年度の壁」
- 児童福祉法や要保護児童対策地域協議会の対象年齢が一八歳未満であるなど、支援の対象年齢を区切っていることで支援が途切れがちになる「年齢の壁」

といった課題がみられる。

○　様々な困難を多重に抱え、また、精神疾患や発達障害など特段の配慮をする必要がある場合、乳幼児期や学童期の課題がその後の困難につながるケースが多い。思春期から青年期・成人期への移行期である若者の脆弱性がニートやひきこもり等として現れるものであり、若者への支援が重要である。

　虐待や貧困の連鎖という観点からは、こどもの時だけでなくその後の出産や子育てまでフォローしていくことが必要である。

　また、家族自身も悩みを抱え、支援を必要としている。家族の状況によりこどもの将来の選択肢が狭められる社会であってはならない。こどもの困難を解消するためには、こども本人だけではなく家族をはじめとする成育環境へのアプローチが不可欠である。

○　課題が深刻化・複合化しており、単一分野の専門性のみでは解決できないとの認識の下、教育、福祉、保健、医療、雇用などに関係する機関や団体が密接にネットワークを形成し、協働しながら支援を行う。多職種の専門家による連携を促進するとともに、こどもと近い目線・価値観で対応することができる「お兄さん」「お姉さん」的な支援者（ナナメの関係性）による支援を進めることも必要である。

○　一八歳など特定の年齢で一律に区切ることなく、それぞれのこどもや若者の状況に応じ、こどもや若者が円滑に社会生活を送ることができるようになるまで伴走していく。

○　こうした関係機関・団体のネットワークによる年齢を超えた伴走型の支援に当たっては、要保護児童対策地域協議会や子ども・若者支援地域協議会をはじめ秘密保持義務により個人情報の共有が可能となっている法的枠組みを最大限に活用する。これらの協議会が実質的に機能するよう改善を図るとともに、現場のニーズや実情を把握しているNPO等の民間団体の当該枠組みへの参画を促進する。

○　困難を抱えるこどもの課題解決には中長期的な取組が重要であり、支援に当たっては、年度が替わることによって支援が途切れることのないような工夫を促進していく。

5　待ちの支援から、予防的な関わりを強化するとともに、必要なこども・家庭に支援が確実に届くようプッシュ型支援、アウトリーチ型支援に転換

○　これまでの支援の多くは、専門家の配置や相談窓口の開設といった、施設型、来訪型の支援となっている。多くは、こどもや家族の自発的な相談行動や申請を支援の前提としているが、支援が必要なこどもや家族ほどSOSを発すること自体が困難であったり、相談支援の情報を知らなかったり、知っていたとしても申請が複雑で難しいといった課題がある。来ることを

待っていては、本来支援が必要なこどもや家族にアプローチすることは難しい。また、困難が生じてから対処するだけではなく、そもそも困難が生じることを未然に防ぐための予防的関わりを行うことで、将来生じ得る社会コストを減少させることなどの効果にもかんがみ、全てのこどもと家庭を対象とした予防的な支援を重視し、充実させていくことが重要である。

○　地域における各種資源が連携して、関係機関等の施設に来訪するのを待つだけではなく、こどもの住居やその他の適切な場所に支援者が出向いて、それぞれのこどもや家庭の状況に合わせたオーダーメイドの支援を行うアウトリーチ型支援（訪問支援）を充実させる。そのための支援者の養成・技能の向上に関する取組を進める。

○　支援を望むこどもや家族が相談支援に関する必要な情報を得られるよう、SNSを活用したプッシュ型の情報発信を促進するほか、情報格差が支援格差を生まないよう、様々な情報発信の工夫や、こどもや子育て当事者にとってわかりやすい広報の充実強化を進める。また、SOSの出し方や相談方法、相談先等についての教育・啓発のほか、手続きや相談の仕方自体を伴走して教えたり、同行支援する取組を進める。

6　データ・統計を活用したエビデンスに基づく政策立案、PDCAサイクル（評価・改善）

○　こどもや若者の置かれている状況は多様であり、また、困難を抱える課題は複雑化、重層化している。こうしたことを的確に踏まえ、スピード感をもって政策立案をしていく必要がある。

○　こどもの意識に関するデータ、こどもを取り巻く状況に関するデータ、こどもを支援する機関や団体のデータ、各種統計など、様々なデータや統計を活用するとともに、こどもからの意見聴取などの定性的な事実も活用し、個人情報にも十分配慮しながら、エビデンスに基づき多面的に政策を評価し、改善していく。

○　「誰一人取り残さない、人に優しいデジタル化」との考えの下でデジタル社会の実現に向けた取組が行われており、様々なデータを有機的に活用することにより、こどもと家庭がニーズに合った必要なサービスを選択できるようにするとともに、支援が必要であるにもかかわらず周囲では気づくことができないこどもや家庭に対するプッシュ型の支援を充実させていく。

Ⅲ　今後取り組むべきこども政策の柱と具体的な施策

Ⅱで示した基本理念を踏まえ、今後、取り組むべきこども政策について、以下の三つの柱に沿って、具体的な施策についての提言を整理した。

①結婚・妊娠・出産・子育てに夢や希望を感じられる社会を目指す
②全てのこどもに、健やかで安全・安心に成長できる環境を提供する
③成育環境にかかわらず、誰一人取り残すことなく健やかな成長を保障する

こども政策の対象分野は多岐にわたり、当会議における議論も必ずしもそれらを網羅できているものではない。また、以下に掲げた具体的施策については、あくまで当会議における議論を踏まえ整理したものであり、個別の施策の具体的な在り方や財源確保も含めた実現方策等については、必要に応じ、それぞれの専門分野を取り扱う審議会等において更に議論が深められるべきであるが、政府においては、現行の制度・予算の中で、運用改善により実現できるものについては、できる限り速やかに実現すべきである。また、新たな予算措置や制度創設を必要とするものについても、実現に向けた最大限の努力を求めたい。

1　結婚・妊娠・出産・子育てに夢や希望を感じられる社会を目指す

現在、我が国における少子化対策は、「男女が互いの生き方を尊重しつつ、主体的な選択により、希望する時期に結婚でき、かつ、希望するタイミングで希望する数の子供を持てる社会をつくること」を基本的な目標とし、希望出生率一・八の実現を掲げ、個々人の希望の実現を阻む隘路の打破のため、総合的な取組が進められている。

しかしながら、新型コロナウイルス感染症の影響もあり、結婚やこどもを生み育てることについての不安や負担から、希望そのものを持ちづらい状況になっているのではないかと考えられる。若い世代が結婚・妊娠・出産・子育てに夢や希望、喜びを感じられ、希望を見出すことができるような更なる取組が必要である。

（若い世代の結婚や妊娠への不安や障壁の解消）

○　若い世代が結婚やこどもを持つことの不安や障壁として、非正規雇用による雇用の不安定や賃金上昇期待の無さ、結婚や妊娠に関する情報・相談支援の不足がある。若い世代の未婚率をみると、特に男性で、非正規雇用労働者のほうが正規雇用労働者と比べて、顕著に高く、「男性が家計を支えるべき」とのジェンダー規範も根強く存在する中、女性も男性も意欲と能力に応じて働くことができ相応の所得を得ることができるような支援が重要である。結婚や出産を当然と考えている社会の価値観などから自らが望

む選択がしづらいと感じる若者もいる。結婚や出産をするかしないかは個人が選ぶ権利があることが大前提であるとの認識の下で、結婚や出産の希望を叶えることができる環境整備を進めることが求められる。

- 若い世代の経済的基盤の安定（若者の就労支援、正社員転換や待遇改善）
- 同一労働同一賃金の実現に向けた取組
- 地方自治体による総合的な結婚支援の取組に対する支援
- 妊娠・出産に関する情報提供の充実、ライフプランニング支援
- 相談支援等に関するSNSを活用した情報提供
- 結婚を希望する人を支え、子育て世帯を優しく包み込む社会的機運の醸成
- 妊娠中の女性やこども連れに優しい施設や外出しやすい環境の整備　など

（子育てや教育に関する経済的負担の軽減）

○ 夫婦に尋ねた理想的なこどもの数は長期的に低下傾向にあり過去最低を更新している中、理想のこどもの数を持たない最大の理由が「子育てや教育にお金がかかりすぎるから」となっている。子育てや教育に関する経済的負担を軽減することは、こどもに質の高い教育の機会を保障するとともに、少子化対策としても重要である。幼児教育・保育の無償化や大学生等への修学支援などが実施されてきているが、更なる取組の強化について、これまでの取組の効果を検証しつつ、安定的な財源の確保と併せて検討が必要である。

- 児童手当の支給、こどもの数等に応じた効果的な給付の在り方の検討
- 義務教育段階において、経済的な理由によりこどもの学用品費や学校給食費等の支払いが困難な保護者に対する就学援助の充実
- 就学支援金や奨学給付金等による高校生等への修学支援
- 授業料の減免や給付型奨学金の対象拡充など大学生等への修学支援、多子世帯に更に配慮した制度の充実の検討　など

（妊娠前から妊娠・出産に至る支援の充実）

○ 妊娠・出産に関する正しい情報を得る機会や気軽に相談できる場所が不足しており、若者に対し、妊娠の希望の有無にかかわらず、早い段階から妊娠・出産のための健康管理などに必要な情報を提供する機会や相談体制を充実させることが必要である。また、不妊治療や、妊娠・出産に要する費用については、これまでも公的な支援の拡充が図られてきているが、経済的負担の更なる軽減を求める声もなお根強くあり、支援の拡充が望まれる。また、母子保健法に基づく支援は、母子健康手帳の交付をスタートとして行われるが、それ以前のところには支援がなく、また、特定妊婦と言われる困難や悩みを抱える妊婦は母子保健手帳の交付というスタートラインに立てず、支援を受けられないまま出産に至るという実態がある。特に、虐待や貧困などの複合的な要因を抱え、居場所がない若年妊婦を支援するための居場所確保が急務であるが、制度のはざまに置かれ、居場所の確保が困難な状況にあり、若年妊婦のための制度や支援を整備することが必要である。

- プレコンセプションケアの推進
- 不妊治療の保険適用、妊娠の確定診断費用や、特定妊婦に対する妊婦健診費用の自己負担分の軽減など、妊娠・出産に伴う経済的負担の軽減
- 出産費用の実態を踏まえた出産育児一時金の増額に向けた検討
- 予期せぬ妊娠等困難な課題を有する妊婦やカップルへの相談支援（妊娠葛藤相談）、アウトリーチ支援の充実、相談支援や出産後のサポート等とセットの居場所の提供
- 予期せぬ妊娠の可能性が生じた女性が緊急避妊薬を処方箋なしに薬局で適切に利用できるようにすることについて検討　など

（産前産後から子育て期を通じた切れ目のない支援）

○ 産前産後から子育て期を通じた切れ目のない支援において重要な役割を担う子育て世代包括支援センターについては、全国の市町村で整備が進められてきたが、今後は、ネウボラの取組も参考とし、支援の切れ目やはざまが生じない、継続的な支援を提供できる体制を構築することが求められる。また、支援を必要とする全ての退院後の母子が、全国どこに住んでいても、産後うつの予防等心身のケアや育児のサポート等の産後ケアを受けられるようにする必要がある。

- 子育て世代包括支援センターと子ども家庭総合支援拠点の全国的な整備・一体的運用の推進、様々な子育て支援機関との一層の連携等による相談支援、心理士等の専門職を配置した乳幼児期からの育児支援の充実、サービス利用にかかるマネジメント機能の強化
- SNSの活用等による誰もが気軽に相談できる手法の検討
- 産後ケア事業の全国展開、サービス量の拡充

や利用負担の軽減　など

（地域子育て支援）

○　核家族化の進展や地域のつながりの希薄化など家庭をめぐる環境が変化している中で、祖父母や近隣の人から、子育てに関する助言や支援、協力を得ることが難しい状況にある。また、保護者自身も、こどもができるまで、乳幼児と触れ合う経験が乏しいままに親になることが増えている。保護者が子育てについての責任を有していることを前提としつつ、地域の中での子育てが支えられるよう、在宅で子育てをしている家庭を含めて全てのこどもと家庭を対象として、虐待予防の観点からも、地域のニーズに応じた様々な子育て支援の量的拡充と質的改善を図ることが求められる。その際には、子育て当事者の気持ちを受け止め、寄り添いながら相談や情報提供を行うこと、こどもにとって安全・安心な環境を整えること、地域の人材を活かしていくことなどが必要である。

- 身近な場所に親子が気軽に集まって相談や交流を行う地域子育て支援拠点の充実
- 一時預かりやショートステイのサービス量の拡充
- 子育て当事者が様々な子育て支援を適切に選択し円滑に利用できるような情報提供と相談支援を行う利用者支援事業の推進
- 子育てに関する地域の相互援助を促進するファミリー・サポート・センター事業の推進
- 保育所、認定こども園、地域子育て支援拠点等を活用した「かかりつけの相談機関」による全てのこどもや保護者への相談支援
- 要支援・要保護世帯に限らず、妊婦も含めて広い世帯を対象とした家事支援等の支援、ペアレントトレーニング等の実施　など

（家庭教育支援）［略］

（妊産婦やこどもの医療）［略］

（女性と男性がともにキャリアアップと子育てを両立できる環境整備）［略］

2　全てのこどもに、健やかで安全・安心に成長できる環境を提供する

全てのこどもは、その生命・生存・発達が保障されること、その心身の健やかな成長が図られることを保障される権利がある。全てのこどもが、良好な家庭環境や社会環境の中で、健やかで安全・安心に成長し、一人ひとりのこどもや若者が自分らしく生きていけるよう、家庭、園・学校、職域、地域等の社会のあらゆる分野における全ての構成員が、各々の役割を果たすとともに、相互に協力しながら一体的に取り組むことが求められる。

（就学前のこどもの成長の保障、幼児教育・保育の確保と質の向上）

○　乳幼児期の教育及び保育はこどもの健全な心身の発達を図りつつ生涯にわたる人格形成の基礎を培う重要なものである。例えば、米国における研究では、良質な就学前教育への参加により将来の所得向上や生活保護受給率の低下につながったことが示されているなど、幼児教育・保育の「質」は長期にわたって影響を与えることがわかっている。加えて、特に、障害を有するこどもや外国につながるこどもなど、特別な配慮を必要とするこどもにとっては、幼児教育・保育の果たす役割は大きい。就学前の成長段階を通じて、こどもの健やかな成長や安全の確保を図っていくことが求められる。また、幼稚園、保育所、認定こども園といった各施設の種別にかかわらず、全てのこどもに幼児期に育みたい資質・能力が育まれるような取組を進める必要がある。さらに、親の就業の状況にかかわらず、特に三歳未満児の子育て家庭が地域の中で孤立しないよう、認定こども園、保育所、幼稚園、地域子育て支援拠点など地域の身近な場を通じた支援を充実していくことも検討課題である。加えて、幼稚園、保育所、認定こども園のいずれにも通っていないこどもの状況を把握し、必要な教育・保育、子育て支援サービス等の利用につなげていくことが必要である。これらの取組を通じ、地域や家庭の環境にかかわらず、全てのこどもが、格差なく質の高い学びへ接続できるよう、こどもの発達にとって重要な「遊び」を通した質の高い幼児教育・保育を保障しながら、小学校から実施される義務教育に円滑につながっていくことが必要である。

- 幼稚園、保育所、認定こども園のほか、全ての就学前のこどもに関わる施設や保護者・家庭に共通するこどもの成長・子育てに係る指針の作成・普及
- 就学前教育・保育施設における教育・保育の質の向上
- 施設に通っていなかったり、サービスを受けられていないこどもやその保護者の実態把握とアウトリーチによる支援の利用促進
- 認定こども園、保育所、幼稚園、地域子育て支援拠点等を活用した、在宅の三歳未満児に対する支援の充実
- 待機児童解消に向けたきめ細かい対応（再掲）
- 人口減少の本格化に向けた地域における幼児教育・保育の在り方の検討
- 特別な配慮が必要なこどもを取り残さないための支援の充実

・生活・学びの基盤を全ての五歳児に保障し、小学校教育と円滑に接続するためのプログラムの導入推進及び自治体の幼児教育推進体制の整備に向けた検討
・認可外保育施設の質の確保・向上に向けた取組の支援、認可化移行支援　など

（全てのこどもたちの可能性を引き出す学校教育の充実）

○　社会の在り方が劇的に変わる「Society5.0」時代にあって、一人ひとりのこどもが自分の良さや可能性を認識するとともに、あらゆる他者を価値のある存在として尊重し、多様な人々と協働しながら様々な社会的変化を乗り越え、豊かな人生を切り開き、持続可能な社会の創り手となることができるよう、学校教育における取組が進められている。「令和の日本型学校教育」の構築に向けては、個別最適な学びと協働的な学びを一体的に充実し、これまで日本の学校教育が果たしてきた、①学習機会と学力の保障、②社会の形成者としての全人的な発達・成長の保障、③安全安心な居場所・セーフティネットとしての身体的、精神的な健康の保障、を学校教育の本質的な役割として継承していくとともに、以下に掲げる取組を着実に進めていくことが必要である。

また、全てのこどもが、良好な環境の中で、健やかで安全・安心に育つことができるよう、学校・家庭・地域等の社会のあらゆる分野における全ての構成員が、各々の役割を果たすとともに、相互に協力しながら一体的に取り組むことが重要であり、学校は、ＩＣＴ等も活用して教師の働き方改革を進めつつ、本来求められる役割に対してその力を存分に発揮できるようにしていく必要がある。

・必要な教師数の確保及び増強や困難校への手厚い加配措置など教師等の指導体制の充実・質向上、教師をサポートする人材の配置充実、関係機関等との連携にも資するスクールカウンセラー（ＳＣ）やスクールソーシャルワーカー（ＳＳＷ）等の専門人材の配置、養成、活用の充実
・ＧＩＧＡスクール構想を基盤としたデジタルならではの学びと、リアルな体験を通じた学びの推進
・幼児期の特性を踏まえた生活や学びの基盤づくり
・学校施設の計画的・効率的な整備
・コミュニティ・スクール等を活用した、地域と学校の協働による教育活動等の推進（地域人材による放課後のこどもの学習支援を含む）　など

（多様な体験活動の機会づくり）

○　こどもの頃の様々な体験活動は、自尊感情、コミュニケーション能力や自立心、主体性、協調性など、こどもが社会を生き抜く力を得るための糧となるものであり、こどもの人生を豊かにする基盤となる。体験活動の機会に恵まれたこどもは自尊感情が高くなる傾向があり、この傾向は家庭の経済状況などに左右されることなく見られる。貧困の連鎖を断ち切る一助となり得るものであり、家庭の経済力や保護者自身の経験の多寡等により、こどもの体験活動の機会に格差が生じないような配慮が必要である。さらに、このコロナ禍においては、こどもたちのリアルな体験の機会が奪われがちである。体験活動がこどもの健やかな成長の「原点」であると改めて認識した上で、国や地方自治体、地域、園・学校、家庭、民間団体、民間企業等が連携・協働し、こどもが発達段階に応じて多様な体験・外遊びができるような機会を意図的・計画的に創出することにより、誰一人取り残すことなく、全てのこどもの体験の機会を充実することが求められている。

また、こどもの読書活動は、言葉を学び、感性を磨き、表現力を高め、想像力を豊かなものにし、人生をより深く生きる力を身に付けていく上で不可欠なものであり、体験活動と同様、家庭、地域、園・学校等における取組を推進することが必要である。

・こどもの日常生活における体験活動の充実のための放課後の活動機会や外遊び環境の整備の充実（地域学校協働活動の一環としての放課後子供教室の推進や放課後子供教室と放課後児童クラブの一体的推進を含む。）
・体験活動の意義や効果、体験を通じた関わり等の大切さに関する情報や体験活動の機会についての情報をこどもや家庭にわかりやすく届ける情報発信、保護者や社会の理解の促進
・体験活動の推進の拠点となる青少年教育施設等の充実、機会を提供する青少年教育団体や民間企業等への支援、体験活動の場や機会をプロデュースできる人材の育成
・全てのこどもが活動機会を持てるよう、学校教育における地域と連携した体験活動の充実、体験活動に関する教員研修や教員養成の充実
・家庭、地域、園・学校等におけるこどもの発達段階に応じた読書活動の推進　など

（居場所づくり）

○　共働き家庭等の「小一の壁」・「待機児童」の解消はもとより、全てのこどもにとって、自分自身のあるがままを認めて受け容れてくれる安全で安心できる「居場所」が多くあることが極めて重要である。こうした「居場所」は、様々な地域の人とつながる中でロールモデルとなる大人と出会ったり、文化に触れることができる貴重な場であるとともに、こどもが抱えている課題の早期の発見や支援につなげることもできる。内閣府の調査によれば、「ほっとでき、居心地が良い居場所」を多く持つこどもほど、自己肯定感、生活の充実感、社会貢献意欲、将来への希望といった自己認識が前向きであるという相関がみられる。こどもが、アクセスがしやすく、様々な人とつながり、触れ合い、社会性や豊かな人間性を育めるとともに、学習支援や体験の機会等を得ることができ、また、困難に直面した時には支援を求めることができるような様々な居場所を増やしていくことが求められる。

- 「新・放課後子ども総合プラン」に基づく放課後児童クラブの整備拡充と質の確保
- 児童館、青少年センター、こども食堂など、家庭でも学校でもない多様なサードプレイス（第三の居場所）を増やすとともに、困難を抱えるこどもについては学校をはじめとする関係機関・団体等と連携してアウトリーチや必要な支援を行う取組
- NPOや青少年教育団体といったこどもにとって居場所と感じられる民間団体の活動の充実
- NPOと学校との連携による学校内での居場所（学校（2ndプレイス）と地域（3rdプレイス）を繋ぐ「2.5プレイス」）づくり　など

（こどもの安全を確保するための環境整備）［略］

（思春期から青年期・成人期への移行期にある若者への支援）［略］

（自らの心身の健康等についての情報提供やこころのケアの充実）［略］

（こどもの可能性を狭める固定的性別役割分担意識の解消、固定観念の打破）［略］

（こどもが安全に安心してインターネットを利用できる環境整備）［略］

3　成育環境にかかわらず、誰一人取り残すことなく健やかな成長を保障する

困難を抱えるこどもや若者、家庭が、困難な状態から脱する、あるいは、軽減することができ、成育環境にかかわらずこどもが健やかに成長できるよう、こどもと家庭に対し、誰一人取り残さず、途切れることなく、継続的で伴走型の支援を行うことが必要である。

（児童虐待防止対策の更なる強化）

○　児童虐待への対応や予防に取り組むことは、目の前のこどもや家族を守るのみならず、虐待によってもたらされる様々な社会的損失を防ぎ、ひいては社会全体の未来を守ることにつながる。引き続き、児童虐待防止対策の更なる強化が必要であるが、特に、「虐待は誰にでも起こり得ること」との認識の下、子育て支援に早期につなげるなどの虐待予防の取組を強化することが必要である。児童虐待相談等の増加に見合った児童相談所や市町村の更なる体制強化、要保護児童対策地域協議会の運用改善はもちろんのこと、児童相談所が措置を行う場合等において、こどもの権利が擁護され、こどもの最善の利益を保障するため、こどもの意見を聴く仕組みづくりが求められる。また、虐待問題の解決のためには子育てで孤立し、悩む保護者への支援が必要不可欠であり、ハイリスク家庭への子育て支援や、虐待をしてしまう保護者への回復支援等の充実が必要である。

- 子育ての方法がわからずに悩んでいる保護者に対する育児支援の充実
- 気軽に相談しやすい相談窓口、SNSを活用した相談支援の充実及び支援施策の周知・利用促進・利用者支援
- 子育て支援を必要とする家庭を支援に結びつけるための市町村の権限の強化
- ハイリスク家庭へのアウトリーチ支援の充実、市町村と児童相談所の協働型支援の実施
- 困難を抱えるこどもについて、学校をはじめとする関係機関・団体等と連携して必要な支援を行う居場所の確保
- 居場所がない特定妊婦や若年妊婦への居場所確保支援
- 児童相談所の機能強化（実態に見合った児童福祉司等の人員体制の更なる強化、専門性の向上、職員のケア等）
- 要保護児童対策地域協議会へのこどもへの具体的な支援活動を行っている民間団体等の参画促進、実効性ある運営のための手引きの作成
- こどもの意見聴取の仕組みづくり
- 虐待をしてしまう保護者に対する回復支援の取組強化　など

（社会的養護を必要とするこどもに対する支援の充実）

○　社会的養護を必要とする全てのこどもが適切に保護され、心身ともに健やかに養育されるよ

う、家庭養育優先原則に基づき、里親やファミリーホームへの関係機関の支援の充実等による社会的養護の受け皿の確保・充実、社会的養護の下にあるこどもの権利保障や支援の質の向上を図ることが必要である。その際、こどもの声に耳を傾け、こどもの意見を尊重した改善に取り組む姿勢が重要である。

・一時保護における期間の適正化、個別的な対応ができる環境整備、保護中における通学保障や行動制限の必要最小限化などの権利保障
・一時保護を含む社会的養護の受け皿の確保、選択肢の拡大
・トラウマ、発達障害、精神障害など重層的な課題を抱えたこどもへのケアの充実
・特別養子縁組等の推進・支援、里親の開拓、里親養育支援体制の構築など家庭養育優先原則の徹底
・児童養護施設等の小規模かつ地域分散化の推進、通信環境の整備・改善、こどもの意見を尊重した施設運営の改善
・社会的養護に対する理解促進　など

（社会的養護経験者や困難な状況に置かれた若者の自立支援）

○　施設や里親の下で育った社会的養護経験者は、施設退所後等において、進学や自立した生活を営む上において、家族からのサポートが期待できず、自立に向けた訓練やサポートの不足、保証人の問題などにより、様々な困難に直面している。また、社会的養護の経験はないが、支援や保護が必要であった若者も同様に様々な困難に直面している。こうした状況を踏まえ、社会的養護経験者に対する自立支援の充実はもとより、社会的養護経験者と同様に困難な状況に置かれた若者についても支援の対象として位置付け、寄り添い、伴走型の支援や、複合的な課題にも対応できる多職種・関係機関の連携による自立支援を進めることが必要である。

・施設入所中や里親委託中からのリービングケアの充実
・当事者目線に立った進学や自立に必要な利用可能な支援制度などに関する情報提供の充実、情報格差の改善
・身元保証人確保対策事業の積極的活用など保証人問題のサポート
・奨学金制度の弾力的な運用及び周知促進
・社会的養護経験者に対するアフターケア事業の充実
・社会的養護につながらなかった若者の自立支援
・住居の確保等を含めた複合的課題に応じた多職種・関係機関連携による支援
・プッシュ型、アウトリーチ、伴走型など事案に応じた手法による支援　など

（こどもの貧困対策）

○　貧困の状況にある家庭では、様々な要因によりこどもの希望や意欲がそがれやすい。こどもの貧困の背景には様々な社会的な要因があることを踏まえながら、こどもの現在と将来が生まれ育った環境によって左右されることのないよう貧困の連鎖を断ち切ることは、将来の社会福祉費用の増加を抑制し、社会に貢献する人材を育成することにもつながるものとも言える。特に、コロナ禍による家計の急変等の影響からこどもを守る必要がある。そうした認識の下、教育の支援、生活の安定に資するための支援、保護者の就労の支援、経済的支援を進めることが求められる。

・学力向上や進路支援のため指導・相談体制の充実等による高校中退の予防、高校生等への修学支援の着実な実施
・高校中退者を対象とした学習支援や、高校再入学時の授業料に係る支援
・授業料減免措置や給付型奨学金による大学生等の修学に関する経済的負担の軽減
・生活困窮家庭やひとり親家庭への就労支援
・児童手当・児童扶養手当・就学援助による支援、養育費の確保の推進
・コロナ禍での臨時休校への対応や感染終息後も見据えた、ＮＰＯ等地域の力を活用したこどもの居場所（こども食堂、学習支援）づくり、見守り機能の強化、学校・地域・行政の連携確保、オンライン学習のためのＩＣＴ環境整備の支援
・生活困窮世帯に対する経済的支援、学習・生活支援の充実
・支援施策の周知・利用促進・利用者支援　など

（ヤングケアラー対策）

○　本来大人が担うと想定されている家事や家族の世話などを日常的に行っているこども、いわゆるヤングケアラーの問題は、こども本人に自覚がないなどの場合もあり、顕在化しづらい。福祉、介護、医療、教育等の関係者が情報共有・連携して早期発見・把握し、こどもの意向に寄り添いながら、必要な支援につなげていくことが必要である。また、家族の世話などに係る負担を軽減又は解消するためには、世帯全体を支援する視点を持って福祉サービス等の利用申請の勧奨やケアプラン等の作成が行われることが

必要である。

・関係者・関係機関の情報共有・連携したアウトリーチによる早期発見、把握
・適切な支援につなげられるよう包括的な支援体制の整備
・ピアサポート等の悩み相談を行う事業の支援　など

（ひとり親家庭への支援）

○　ひとり親家庭の中には、必要な支援制度を知らない、手続きが分からない、積極的に利用したがらないといった状況がみられる。ひとり親家庭が抱える様々な課題や個別のニーズに対応するためにはそれぞれの家庭の状況に応じた適切な支援を実施することが重要である。ひとり親家庭の相対的貧困率がＯＥＣＤ加盟国のうち最も高くなっている現状を直視し、相談に来ることを待つことなくプッシュ型による積極的な相談支援を行うことや、様々な課題にワンストップで必要な支援につなげることができる相談支援体制を強化することが求められる。

・ＩＣＴの活用等によるワンストップ、プッシュ型の相談支援
・家事援助、保育所の優先入所等の生活支援や子育て支援
・きめ細かな職業訓練、資格取得支援など就業支援の充実
・公営住宅に係る優先入居や住宅資金の貸付けなど住宅に関する支援
・児童手当・児童扶養手当・就学援助による支援、養育費の確保の推進（再掲）　など

（障害児支援の充実）

○　全ての国民が障害の有無にかかわらず、互いに人格と個性を尊重しあい、理解しあいながら共に生きていく共生社会の実現に向けて、障害児の地域社会への参加・包容（インクルージョン）を推進することが重要である。このような観点等を踏まえ、障害や発達に課題のあるこどもへの支援は、一般の子育て支援との連続の中で行うことが求められる。特に、医療的ケアが必要なこどもや様々な発達に課題のあるこども等について、医療、福祉、教育が連携して対応することが必要である。また、障害や発達の課題を早期に発見・把握し、適切な支援・サービスにつなげていくことによりこども本人のみならず保護者やきょうだいの支援を図るとともに、放課後等デイサービス等学齢期の支援から一般就労や障害者施策への円滑な接続・移行に向けた準備を、関係者の連携の下、早い段階から行っていくことが重要である。

・医療的ケア児やその家族に対する総合的な相談体制の整備や、保育所・学校での受入れのための看護師の配置等の環境整備
・心理支援や短期入所（ショートスティ）の整備等による家族支援の充実
・障害や発達に課題のあるこどもが不登校となった場合にも居場所を確保するための、障害児通所支援事業者と学校等との連携強化
・個別支援計画やデータ等を活用した福祉、教育、医療等の関係機関の情報共有・連携のための協議会の設置や環境の整備
・障害児支援の質の底上げのための、児童発達支援センターの役割・機能の強化や障害児入所施設の小規模グループケアの推進、支援に携わる職員の専門性向上
・障害児入所施設の入所児童等の障害者サービスへの円滑な接続・移行のための自治体間の連携強化　など

（いじめ・不登校対策）［略］

（自殺対策）［略］

（非行少年の立ち直り支援）［略］

4　政策を進めるに当たって共通の基盤となるもの

（こどもの人権・権利の保障）

○　全ての国民に基本的人権を保障する日本国憲法の下、児童福祉法や教育基本法をはじめとする関係法律に基づき、これまでもこどもの権利を保障する取組が行われてきたが、こどもに関するあらゆる政策は、「児童の権利に関する条約」の精神に則り、虐待、いじめなどのこどもへの権利侵害を防ぎ、こどもの権利を保障するとともに、こどもの発達段階に応じた意見の尊重・反映により、こどもの最善の利益の実現を図るものでなければならない。このため、家庭・学校・地域などのあらゆる場で、当事者であるこどもを含めた国民に対し、「児童の権利に関する条約」等の内容や関連する政府の取組について、理解を深めるための情報提供や啓発を行うことや、こどもに関するすべての政策の基盤となる「こども基本法（仮称）」の制定、こどもに関する政策の企画立案過程において、こどもの意見を聴取し、発達段階に応じ、反映するための仕組み、さらには、こどもの視点に立って、こどもに関する政策を監視・評価し、関係省庁に対して必要な勧告を行うことができるような機能について検討することが求められる。

（必要な支援を必要な人に届けるための情報発信やアウトリーチ型・伴走型の支援）

○　制度や支援があっても知られておらず利用されていなかったり、利用の手続きが複雑で分か

りにくかったり、負担が大きく、利用を断念するといったケースが少なからずあることが指摘されている。必要な人に情報や支援が届くよう、こどもや子育て当事者が正確でわかりやすい情報に簡単にアクセスできるようにしたり、利用者目線に立って必要な情報がわかりやすくまとまって確認できるような一覧性が確保された情報発信、若者世代にとってなじみやすいＳＮＳ等を活用したプッシュ型広報、制度や支援の利用について気軽に問い合わせができるオンラインでの利用者支援など、情報発信や広報の改善・強化が求められる。また、地方自治体においては、地域における各種資源の認知度や利用状況についての実態把握を行い、情報や支援が届いていない場合は、その具体的な理由などを分析した上で必要な改善を行うことが求められる。

○　また、それでも情報に自らアクセスすることが困難なこども・若者や家庭に対しては、アウトリーチ型の支援を行ったり、申請手続きをサポートしたり、申請後も利用状況を定期的にフォローするような伴走型支援といったアプローチも求められる。

さらに、様々な手続きをワンストップで行うことができる窓口を整備したり、申請書類・帳票類の簡素化・統一化、手続きのオンライン化により、負担を軽減する取組を進めていくことも必要である。

（関係機関・団体間の連携ネットワークの強化）

○　困難を抱えたこどもや若者、家庭は、実態が見えにくく捉えづらいことから、支援がなかなか行き届いていない、届きにくいという課題がある。また、様々な問題が複雑に絡み合っており、一つの部署・団体だけでは解決が困難なことが多い。

○　①年齢や世代をまたぐ支援

子ども・若者育成支援推進法において、各々の専門性を有する支援機関が連携し、個人情報の共有が法的に可能な枠組みの下、年齢や世代をまたいだ包括的な支援を行うことができる子ども・若者支援地域協議会の設置

②相談に応じ関係機関の紹介等の情報提供・助言を行う拠点である子ども・若者総合相談センターの機能を担う体制の確保

が、地方自治体の努力義務となっている。

しかしながら、法施行後一〇年以上が経過し、一部の地方自治体において制度を活用した効果的な取組が見られるものの、いまだ、多くの地方自治体がこれらを整備していない。また、要保護児童対策地域協議会と子ども・若者支援地域協議会の連携が不十分である。

○　子ども・若者育成支援推進法の要請に応え得る体制整備が地域においてなされるよう、国において子ども・若者支援地域協議会と子ども・若者総合相談センターの設置促進と機能強化のための取組を抜本的に強化する必要がある。

また、これらの枠組みを、要保護児童対策地域協議会や生活困窮者自立支援法の枠組みなどと連携させ、多職種連携により支援力を強化することが求められる。

○　学齢期以降、こどもが長い時間を過ごすことになる学校には、学業成績の情報のほか、日々のこどもの様子や健康診断を通じた心身の健康に関する情報、ＳＣやＳＳＷを通じた課題を抱えたこどもの情報が集積している。要保護児童対策地域協議会や子ども・若者支援地域協議会等の法的枠組みを活用し、学校と福祉関係機関、自治体の教育委員会や福祉部局、児童相談所等の関係者間の連携を強化するとともに、関係者のネットワーク化を進めることが必要である。

また、重大な事案が発生した場合には、その原因を徹底的に究明した上で、特に教育部局と福祉部局の連携に関する課題を明確化し、更なる連携を推進することが求められる。

（こども・家庭支援のためのデータベースの構築）

○　先進的な地方自治体の取組も参考に、住民に身近な地方自治体において、個々のこどもや家庭の状況や支援内容等に関する教育・保健・福祉などの情報を分野横断的に把握できるデータベースを構築し、情報を分析し、支援の必要なこどもや家庭のＳＯＳを待つことなく、能動的なプッシュ型支援を届けることができる取組を推進することが求められる。若者支援においてもデータの活用が有用である。なお、データの活用に当たっては、個人情報の共有が可能な法的枠組みである子ども・若者支援地域協議会や要保護児童対策地域協議会を有効に活用することが必要であるとともに、必要に応じて個人情報の利活用に関する法的な担保措置を講じることを検討することも望まれる。

（こどもや家庭の支援に関わる人材の確保・育成、ケア）

○　こどもの支援に携わろうとする人材が安心してキャリアパスを描けるような安定した雇用環境を整備するとともに、教育・心理・福祉といった様々な専門分野の人材の確保、専門性の向上を図る必要がある。また、地域における身近な大人や若者などボランティアやピアサポートができる人材などこどもの健やかな成長を支える多様な人材を確保・育成することが必要である。

さらに、児童相談所や児童福祉施設の職員など、こどもや家庭との関わりの中でストレスにさらされている支援者に対するメンタルケアに取り組むことも、こどもへの関わりの質の向上につながるものであり、重要である。こうした専門人材についての常勤化を図ることにより、そのノウハウが継続して伝わるようにすることや、安定的にサポートが受けられるような体制を構築していくことも必要である。

（財源と人員体制の確保）

○　我が国の家族関係社会支出の対ＧＤＰ比は、消費税財源を投入した幼児教育・保育の無償化や保育の受け皿拡大、保育士等の処遇改善などにより徐々に増加してきているものの、欧米諸国と比べて依然として低水準となっている。また、我が国の教育に対する公財政支出の対ＧＤＰ比がＯＥＣＤ平均よりも低いという指摘もある。

これまでに述べてきたようなこども政策を実現するためには、また、こどもや子育て家庭の多様なニーズに対応した質の高い支援を継続的、安定的に提供していくとともに、全てのこどもの可能性を引き出す教育の更なる充実を図っていくためには、政府を挙げて、国民各層の理解を得ながら、更に安定的な財源を確保し、思い切った財源投入を行うとともに、十分な人員体制を確保することが必要不可欠である。

Ⅳ　政策の立案・実施・評価におけるプロセス

（こどもの視点、子育て当事者の視点に立った政策の推進）

○　こどもの声に耳を傾けることは、こどもを大切にする第一歩である。こどもの声を聴き、こどもの声が尊重される社会の実現を目指すべきである。

このため、こどもに関する政策や取組、世代間合意が不可欠である分野の政策については、その政策決定過程において、こどもの最善の利益を実現する観点から、こどもの意見が年齢や発達段階に応じて、聴取され、積極的かつ適切に反映されるようにすべきである。例えば、現行においても内閣府において実施されている、こども・若者を対象とした意識調査、こども・若者から意見を聴くユース政策モニターやユースラウンドテーブルの実施、各府省でこどもに関する政策を決める際のこども・若者を対象としたパブリックコメントの実施などが考えられる。さらに、審議会・懇談会等の委員への若者の参画やこども・若者にとって身近なＳＮＳを活用した意見聴取などこども・若者から直接意見を聴く仕組みや場づくり、こども・若者の参画についての評価やインパクト測定についても検討していくべきである。その際、声を上げにくいこども・若者の声をいかに拾っていくかという点にも配慮が必要である。また、こども・若者にとって分かりやすい情報提供をすることや動画配信などを通じて行政の顔が見える親しみやすい広報をすることが求められる。さらに、こども・若者の声が反映される過程や成果を見える化し、こども・若者にフィードバックしていくことが重要である。こうした取組を企画し、実施する担当部署を設置することや、こどもの参画を推進しサポートするユースワーカー（コーディネーター）の養成・確保も必要である。こうした取組は、国のみならず地方自治体においても推進していくべきである。

また、こどもの最善の利益を実現するためには、さまざまな状況にある保護者の子育てをしっかりと支えることが重要であり、子育て当事者の声についても同様に、適切に政策に反映されるよう努めるべきである。

さらに、政策決定過程のみならず、事後的にも、こどもに関する政策について、当事者の視点が欠けていないか、意見を反映したものになっているかをチェックしていくことが必要である。

○　児童相談所による一時保護や施設入所措置など、こどもに大きな影響を及ぼす重要な意思決定を行う場面において、こどもが意見を表明できる手続きを整備し、こどもの参画を保障するとともに、社会的養護の下にあるこどもの人権を保障するなど、声を上げることが難しいこどもの意見表明を支援したり、代弁したりする者（こどもアドボカシー）を養成・確保し、配置していくことが必要である。また、把握した意見に関する対応等を確認し、こどもの権利擁護を進めるための機関の設置が求められる。

（地方自治体との連携強化）［略］

（ＮＰＯをはじめとする民間団体等との積極的な対話・連携・協働）［略］

（データ・統計を活用したエビデンスに基づく政策立案と実践、評価）［略］

別紙　［略］

120 こども大綱

（令和五年一二月二二日 閣議決定）

第1 はじめに

1 こども基本法の施行、こども大綱の策定

令和五年四月一日、こども基本法が施行された。こども基本法は、日本国憲法、児童の権利に関する条約（以下「こどもの権利条約」という。）の精神にのっとり、次代の社会を担う全てのこどもが、生涯にわたる人格形成の基礎を築き、自立した個人としてひとしく健やかに成長することができ、心身の状況、置かれている環境等にかかわらず、その権利の擁護が図られ、将来にわたって幸福な生活を送ることができる社会の実現を目指して、社会全体としてこども施策に取り組むことができるよう、こども施策に関し、基本理念を定め、国の責務等を明らかにし、こども施策の基本となる事項を定めるとともに、こども政策推進会議を設置すること等により、こども施策を総合的に推進することを目的としている（第一条）。

こども基本法において「こども」とは「心身の発達の過程にある者をいう。」とされている。これは、一八歳や二〇歳といった年齢で必要なサポートが途切れないよう、こどもや若者がそれぞれの状況に応じて社会で幸せに暮らしていけるように支えていくことを示したものであり、こどもが、若者となり、おとなとして円滑な社会生活を送ることができるようになるまでの成長の過程にある者を指している。

そして、こども基本法第三条において、こども施策の基本理念として、次の六点が掲げられている。

① 全てのこどもについて、個人として尊重され、その基本的人権が保障されるとともに、差別的取扱いを受けることがないようにすること。

② 全てのこどもについて、適切に養育されること、その生活を保障されること、愛され保護されること、その健やかな成長及び発達並びにその自立が図られることその他の福祉に係る権利が等しく保障されるとともに、教育基本法の精神にのっとり教育を受ける機会が等しく与えられること。

③ 全てのこどもについて、その年齢及び発達の程度に応じて、自己に直接関係する全ての事項に関して意見を表明する機会及び多様な社会的活動に参画する機会が確保されること。

④ 全てのこどもについて、その年齢及び発達の程度に応じて、その意見が尊重され、その最善の利益が優先して考慮されること。

⑤ こどもの養育については、家庭を基本として行われ、父母その他の保護者が第一義的責任を有するとの認識の下、これらの者に対してこどもの養育に関し十分な支援を行うとともに、家庭での養育が困難なこどもにはできる限り家庭と同様の養育環境を確保することにより、こどもが心身ともに健やかに育成されるようにすること。

⑥ 家庭や子育てに夢を持ち、子育てに伴う喜びを実感できる社会環境を整備すること。

国は、これらの基本理念にのっとり、こども施策を総合的に策定・実施する責務があり（第四条）、政府は、こども施策を総合的に推進するため、こども施策に関する大綱（以下「こども大綱」という。）を定めなければならないとされている（第九条第一項）。

こども大綱について、こども基本法では、以下のとおり、規定されている。

- こども大綱は、こども施策に関する基本的な方針、こども施策に関する重要事項、こども施策を推進するために必要な事項について定めるものとする。（第九条第二項）
- こども大綱は、少子化社会対策基本法第七条第一項に規定する総合的かつ長期的な少子化に対処するための施策、子ども・若者育成支援推進法第八条第二項各号に掲げる事項及び子どもの貧困対策の推進に関する法律第八条第二項各号に掲げる事項を含むものでなければならない。（第九条第三項）
- こども大綱に定めるこども施策については、原則として、当該こども施策の具体的な目標及びその達成期間を定めるものとする。（第九条第四項）
- 都道府県はこども大綱を勘案して都道府県こども計画を定めるよう、また、市町村はこども大綱及び都道府県こども計画を勘案して市町村こども計画を定めるよう、努めるものとする。（第十条）
- 政府は、こども大綱の定めるところにより、こども施策の幅広い展開その他のこども施策の一層の充実を図るとともに、その実施に必要な財政上の措置その他の措置を講ずるよう努めなければならない。（第十六条）
- こども政策推進会議が、こども大綱の案を

作成する。同会議は、こども大綱の案を作成するに当たり、こども及びこどもを養育する者、学識経験者、地域においてこどもに関する支援を行う民間団体その他の関係者の意見を反映させるために必要な措置を講ずるものとする。（第十七条第二項第一号及び同条第三項）

政府は、令和五年四月、内閣総理大臣を会長とするこども政策推進会議を開催し、こども大綱の案の作成に当たり、内閣総理大臣からこども家庭審議会に対し今後五年程度を見据えたこども施策の基本的な方針や重要事項等について諮問し、こども家庭審議会においてこどもや若者、子育て当事者の視点に立って議論を進めることを決定した。

これを踏まえ、内閣総理大臣から諮問を受けたこども家庭審議会がこどもや若者、子育て当事者等の意見を聴く取組を実施した上で、同年十二月に答申を取りまとめた。

政府として、この答申を真摯に受け止め、総合的な見地から検討・調整を図り、こども政策推進会議において案を作成した上で、ここに、こども大綱を策定する。

2 これまでのこども関連三大綱を踏まえた課題認識

こども大綱は、これまで別々に作成・推進されてきた、少子化社会対策基本法、子ども・若者育成支援推進法及び子どもの貧困対策の推進に関する法律に基づく三つのこどもに関する大綱を一つに束ね、こども施策に関する基本的な方針や重要事項等を一元的に定めるものである。

令和二年五月に閣議決定された少子化社会対策大綱については、こども基本法施行前に内閣府の検討会で取りまとめられた中間評価において、少子化の背景には、経済的な不安定さ、出会いの機会の減少、男女の仕事と子育ての両立の難しさ、家事・子育ての負担が依然として女性に偏っている状況、健康上の理由など、個々人の結婚や出産、子育ての希望の実現を阻む様々な要因が複雑に絡み合っていることが指摘されている。その上で、少子化を「既婚者の問題」、「女性やこどもの問題」とするのではなく、我が国の経済社会の根幹を揺るがしかねない喫緊の課題であることを社会全体で認識する必要があるとされている。一方で、少子化対策は、決して国や社会の都合で若い世代に特定の価値観を押し付けたり、プレッシャーを与えたりするものであってはならず、「こどもまんなか」の考えの下で、これから生まれてくるこどもや今を生きているこどもとともに結婚や子育ての当事者となる若い世代を真ん中に据えていくことが求められるとされている。

令和三年四月に子ども・若者育成支援推進本部で決定された子供・若者育成支援推進大綱では、まず、社会全体の状況としては、こどもの自殺などの生命・安全の危機、孤独・孤立の顕在化、低いウェルビーイング、格差拡大への懸念、SDGsの推進、多様性と包摂性ある社会の形成、リアルな体験とDXの両面展開、成年年齢の引下げ等への円滑な対応などが指摘されている。また、こども・若者が過ごす場ごとの状況として、世帯構造、児童虐待、ひきこもり、家族観の変化といった家庭をめぐる課題や、生徒指導上の課題の深刻化や教職員の多忙化・不足といった学校をめぐる課題、つながりの希薄化といった地域社会をめぐる課題、インターネット利用の拡大といった情報通信環境をめぐる課題、ニートなどの就業をめぐる課題が指摘されている。

令和元年十一月に閣議決定された子供の貧困対策の推進に関する大綱については、こども基本法施行前に内閣府の有識者会議で取りまとめられた報告書において、現場には今なお支援を必要とするこどもや家族が多く存在し、その状況は依然として厳しいこと、特に、教育と福祉の連携促進やこども施策と若者施策の融合等、貧困の状態にあるこどもや家庭に支援を届ける上での民間団体を含む幅広い主体間の連携体制について改善を求める声が多く更なる施策の充実が必要であるとされている。また、教育分野を中心に多くの指標が改善傾向にあるが更なる改善が求められるとされている。

3 こども大綱が目指す「こどもまんなか社会」～全てのこども・若者が身体的・精神的・社会的に幸福な生活を送ることができる社会～

「こどもまんなか社会」とは、全てのこども・若者が、日本国憲法、こども基本法及びこどもの権利条約の精神にのっとり、生涯にわたる人格形成の基礎を築き、自立した個人としてひとしく健やかに成長することができ、心身の状況、置かれている環境等にかかわらず、ひとしくその権利の擁護が図られ、身体的・精神的・社会的に将来にわたって幸せな状態（ウェルビーイング）で生活を送ることができる社会である。

具体的には、全てのこどもや若者が、保護者や社会に支えられ、生活に必要な知恵を身に付けながら

- 心身ともに健やかに成長できる
- 個性や多様性が尊重され、尊厳が重んぜられ、ありのままの自分を受け容れて大切に感じる（自己肯定感を持つ）ことができ、自分らしく、一人一人が思う幸福な生活ができる

- 様々な遊びや学び、体験等を通じ、生き抜く力を得ることができる
- 夢や希望を叶えるために、希望と意欲に応じて、のびのびとチャレンジでき、将来を切り開くことができる
- 固定観念や価値観を押し付けられず、自由で多様な選択ができ、自分の可能性を広げることができる
- 自らの意見を持つための様々な支援を受けることができ、その意見を表明し、社会に参画できる
- 不安や悩みを抱えたり、困ったりしても、周囲のおとなや社会にサポートされ、問題を解消したり、乗り越えたりすることができる
- 虐待、いじめ、体罰・不適切な指導、暴力、経済的搾取、性犯罪・性暴力、災害・事故などから守られ、困難な状況に陥った場合には助けられ、差別されたり、孤立したり、貧困に陥ったりすることなく、安全に安心して暮らすことができる
- 働くこと、また、誰かと家族になること、親になることに、夢や希望を持つことができる

社会である。

そして、二〇代、三〇代を中心とする若い世代が、

- 自分らしく社会生活を送ることができ、経済的基盤が確保され、将来に見通しを持つことができる
- 希望するキャリアを諦めることなく、仕事と生活を調和させながら、希望と意欲に応じて社会で活躍することができる
- それぞれの希望に応じ、家族を持ち、こどもを産み育てることや、不安なく、こどもとの生活を始めることができる
- 社会全体から支えられ、自己肯定感を持ちながら幸せな状態で、こどもと向き合うことができ、子育てに伴う喜びを実感することができる。そうした環境の下で、こどもが幸せな状態で育つことができる

社会である。

こうした「こどもまんなか社会」の実現は、こども・若者が、尊厳を重んぜられ、自分らしく自らの希望に応じてその意欲と能力を活かすことができるようになることや、こどもを産みたい、育てたいと考える個人の希望が叶うことにつながり、こどもや若者、子育て当事者の幸福追求において非常に重要である。また、その結果として、少子化・人口減少の流れを大きく変えるとともに、未来を担う人材を社会全体で育み、社会経済の幸福と持続可能性を高めることにつながる。すなわち、こどもや若者、子育て当事者はもちろん、全ての人にとって、社会的価値が創造され、その幸福が高まることにつながる。

こども大綱の使命は、常にこどもや若者の最善の利益を第一に考え、こども・若者・子育て支援に関する取組・政策を我が国社会の真ん中に据え、こどもや若者を権利の主体として認識し、こどもや若者の視点で、こどもや若者を取り巻くあらゆる環境を視野に入れ、こどもや若者の権利を保障し、誰一人取り残さず、健やかな成長を社会全体で後押しすることにより、「こどもまんなか社会」を実現していくことである。こども大綱は一度取りまとめられたら終わりというものではない。「こどもまんなか社会」の実現に向け、こどもや若者、子育て当事者等の意見を取り入れながら、次元の異なる少子化対策の実現に向けたこども未来戦略の推進とあわせて、こども大綱の下で進める施策の点検と見直しを図っていく。

第2　こども施策に関する基本的な方針

全てのこども・若者が身体的・精神的・社会的に幸福な生活を送ることができる「こどもまんなか社会」の実現に向けて、日本国憲法、こども基本法及びこどもの権利条約の精神にのっとり、以下の六本の柱を政府におけるこども施策の基本的な方針とする。

①　こども・若者を権利の主体として認識し、その多様な人格・個性を尊重し、権利を保障し、こども・若者の今とこれからの最善の利益を図る

②　こどもや若者、子育て当事者の視点を尊重し、その意見を聴き、対話しながら、ともに進めていく

③　こどもや若者、子育て当事者のライフステージに応じて切れ目なく対応し、十分に支援する

④　良好な成育環境を確保し、貧困と格差の解消を図り、全てのこども・若者が幸せな状態で成長できるようにする

⑤　若い世代の生活の基盤の安定を図るとともに、多様な価値観・考え方を大前提として若い世代の視点に立って結婚、子育てに関する希望の形成と実現を阻む隘路（あいろ）の打破に取り組む

⑥　施策の総合性を確保するとともに、関係省庁、地方公共団体、民間団体等との連携を重視する

(1) こども・若者を権利の主体として認識し、その多様な人格・個性を尊重し、権利を保障し、こども・若者の今とこれからの最善の利益を図る

こども・若者は、未来を担う存在であるとともに、今を生きている存在であり、保護者や社会の支えを受けながら、自立した個人として自己を確立していく、意見表明・参画と自己選択・自己決定・自己実現の主体である。つまり、こども・若者は、心身の発達の過程にあっても、乳幼児期から生まれながらに権利の主体である。

こども・若者を、多様な人格を持った個として尊重し、その権利を保障し、こども・若者の今とこれからにとっての最善の利益を図る。

こども・若者が、自らの権利、心や身体、社会に関する必要な情報や正しい知識を学ぶことができ、それらに基づいて将来を自らが選択でき、生活の場や政策決定の過程において安心して意見を言え、述べた意見が反映され、それにより周囲や社会が変わっていく体験を積み上げながら、希望と意欲に応じて将来を切り開いていけるよう、取り組んでいく。声を上げにくい状況にあるこども・若者に特に留意しつつ、「こどもとともに」という姿勢で、こどもや若者の自己選択・自己決定・自己実現を社会全体で後押しする。

こども・若者が、多様な価値観に出会い、相互に人格と個性を尊重し合いながら、その多様性が尊重され、尊厳が重んぜられ、固定的な性別役割分担意識や特定の価値観、プレッシャーを押し付けられることなく、主体的に、自分らしく、幸福に暮らすことができるよう支えていく。性別にかかわらずそれぞれのこども・若者の可能性を広げていくことが重要であり、乳幼児期から心身の発達の過程においてジェンダーの視点を取り入れる。

思想・信条、人種、民族、国籍、障害の有無、性的指向及びジェンダーアイデンティティ、生い立ち、成育環境、家庭環境等によって差別的取扱いを受けることがないようにする。

貧困、虐待、いじめ、体罰・不適切な指導、暴力、経済的搾取、性犯罪や性暴力などの権利の侵害からこどもを守り、救済する。

こども基本法やこどもの権利条約の趣旨や内容を、こども・若者や、子育て当事者、教育・保育に携わる者を始めとするおとなに対して、広く周知し、社会全体で共有を図る。

こどもや若者に関わる全ての施策において、こども・若者の視点や権利を主流化し、権利を基盤とした施策を推進する。

(2) こどもや若者、子育て当事者の視点を尊重し、その意見を聴き、対話しながら、ともに進めていく

こども・若者が、自らのことについて意見を形成し、その意見を表明することや、社会に参画することが、社会への影響力を発揮することにつながり、おとなは、こども・若者の最善の利益を実現する観点からこども・若者の意見を年齢や発達の程度に応じて尊重する。

こども・若者が意見表明をし、社会に参画する上でも意見形成は欠かせないものであることから、意見形成への支援を進め、意見を表明しやすい環境づくりを行う。

貧困、虐待、いじめ、体罰・不適切な指導、不登校、障害・医療的ケア、非行などを始めとする困難な状況に置かれたこども・若者や、ヤングケアラー、社会的養護の下で暮らすこども、社会的養護経験者（いわゆるケアリーバー）、宗教二世、外国人のこどもなど、様々な状況にあって声を聴かれにくいこどもや若者、乳幼児を含む低年齢のこども、意見を表明することへの意欲や関心が必ずしも高くないこども・若者も自らの意見を持ち、それを表明することができるという認識の下、言語化された意見だけでなく様々な形で発する思いや願いについて汲み取るための十分な配慮を行う。

こどもや若者、子育て当事者が、安全に安心して意見を述べることができる場や機会をつくり、その意見をこども施策に反映させ、どのように反映されたのか、反映されない場合には理由などをフィードバックし、社会全体に広く発信する。これにより、こども施策の質を向上させるとともに、更なる意見の表明・参画につながる好循環をつくる。こども・若者と対等な目線で、対話しながら、こども・若者とともに社会課題を解決していくことは、こども・若者の自己実現を後押しするとともに、主体的に社会の形成に参画する態度を育み、ひいては民主主義の担い手の育成に資する。

(3) こどもや若者、子育て当事者のライフステージに応じて切れ目なく対応し、十分に支援する

こどもは、乳幼児期から学童期、思春期、青年期における様々な学びや体験を通じて成長し、若者として社会生活を送るようになる。おとなとして自分らしく社会生活を送ることができるようになるまでのこどもの成長の過程は、その置かれた環境にも大きく依存し、こどもによって様々であり、かつ、乳幼児期からの連続性を持つものである。円滑な社会生活を送ることができるようになる時期も個人差がある。

それぞれのこども・若者の状況に応じて必要な支援が、義務教育の開始・終了年齢や、成年年齢である一八歳、二〇歳といった特定の年齢で途切れることなく行われ、乳幼児期から学童期・思春期・青年期を経て成人期への移行期にある若者が自分らしく社会生活を送ることができるようになるまでを、社会全体で切れ目なく支える。こどもが若者となり自分らしく社会生活を送ることができるようになるまでの一連の過程において、様々な分野の関係機関・団体が有機的に連携し、教育・保育、保健、医療、療育、福祉を切れ目なく提供する。

また、保護者・養育者の「子育て」とは、乳幼児期だけのものではなく、こどもの誕生前から男女ともに始まっており、乳幼児期の後も、学童期、思春期、青年期を経て、おとなになるまで続くものとの認識の下、ライフステージを通じて、社会全体で子育て当事者を支えていく。子育て当事者が、こどもを産み、育てることを経済的理由で諦めることなく、身近な場所でサポートを受けながらこどもを育てることができ、どのような状況でもこどもが健やかに育つという安心感を持つことができ、こどもを育てながら人生の幅を狭めずに夢を追いかけられるよう、多子やひとり親世帯に配慮しつつ、取組を進めていく。子育て当事者が、経済的な不安や孤立感を抱いたり、仕事との両立に悩んだりすることなく、また、過度な使命感や負担を抱くことなく、健康で、自己肯定感とゆとりを持って、こどもに向き合えるように取り組む。子育て当事者を社会全体で切れ目なく支えていくことは、こどもと子育て当事者の幸せにとって欠かせない。同時に若い世代にとって、子育てへの安心感や見通しを持つことにつながる。

こども・若者や子育て当事者をめぐる課題が深刻化・複合化しており、単一分野の専門性のみでは解決できないとの認識の下、家庭、学校・園、児童福祉施設、企業、地域などの社会のあらゆる分野の全ての人々が学校・園等の場をプラットフォームとして相互に協力しつつ、関係機関や団体が密接にネットワークを形成し協働しながら、一体となって、こども・若者や子育て当事者を支える。

(4) 良好な成育環境を確保し、貧困と格差の解消を図り、全てのこども・若者が幸せな状態で成長できるようにする

貧困と格差はこどもやその家族の幸せな状態を損ね、人生における選択可能性を制約し、ひいては社会の安定と持続性の低下にもつながる。このため、貧困と格差の解消を図ることは、良好な成育環境を確保し、全てのこども・若者が幸せな状態で成長できるようにするための前提であり、全てのこども施策の基盤となる。

乳幼児期からの安定した愛着（アタッチメント）の形成を保障するとともに、愛着を土台として、こども・若者の良好な成育環境を保障し、貧困と格差の解消を図り、全てのこども・若者が、相互に人格と個性を尊重されながら、安全で安心して過ごすことができる多くの居場所を持ち、様々な学びや多様な体験活動・外遊びの機会を得ることを通じて、自己肯定感や自己有用感を高め、幸せな状態で成長し、尊厳が重んぜられ、自分らしく社会生活を営むことができるように取り組む。

こども・若者が全国どこにいても必要な支援が受けられる環境を整備するとともに、全てのこども・若者や家庭を対象とした乳幼児期からの切れ目ない予防的な関わりを強化する。困難な状況にあるこども・若者や家庭を誰一人取り残さず、その特性や支援ニーズに応じてきめ細かい支援や合理的配慮を行う。ひとり親家庭など貧困の状況にある家庭が抱える様々な課題や個別のニーズに対応した支援を進めることにより、貧困の解消・貧困の連鎖の防止に取り組む。インクルージョンの観点から、一般施策において、困難な状況にあるこども・若者を受け止められる施策を講じる。こども・若者や家庭が抱える困難や課題は、様々な要因が複合的に重なり合って、いじめ、不登校、ひきこもり、孤独・孤立、非行といった様々な形態で表出するものであり、表出している課題に係るこども・若者への支援に加え、保護者への支援を始めとする成育環境や社会的養護への対応も含め、重層的にアプローチする。保護者がいない又は保護者による虐待などの理由により、こどもを家庭において養育することが困難又は適当ではない場合においては、永続的解決（パーマネンシー保障）を目指して、養育環境の改善や家庭復帰を最大限に支援し、親族等による養育への移行支援、特別養子縁組の判断・支援に取り組みながら、「家庭における養育環境と同様の養育環境」である里親等、「できる限り良好な家庭的環境」の児童養護施設等において安定的、継続的な養育を提供する。

こども・若者や家庭に支援を届けるに当たっては、支援が必要でも自覚できないなどSOSを発すること自体が困難、相談支援の情報を知らない、知っていたとしても申請が複雑で難しいといった課題があるほか、SOSを発しても周囲が受け取れていないことがある。こども・若者や家庭が、必要な情報を得られ、必要な支援を受けられるよう、地域における関係機関やNPO等の民間団体等が連携し、当事者に寄り添いつつ、プッシュ型・アウトリーチ型の支援を届ける。

幼児教育や保育に携わる者、教職員、青少年教育施設の職員、児童相談所や児童福祉施設等の職員及び里親、障害児支援に携わる者、民生委員・児童委員、保護司、地域でこども・若者や子育てへの支援を担っているNPO等の民間団体の職員やボランティアなど、こども・若者の育ちや困難に対する支援、子育ての支援に携わる関係者が、こどもの権利を理解し、こどもの声を傾聴するゆとりを持てるよう、また自身が喜びや幸せ、充実を感じられるよう、職場環境や活動環境等の改善に取り組むとともに、多様な人材の確保・養成、専門性や質の向上、メンタルケアなどを充実させる。

(5) 若い世代の生活の基盤の安定を図るとともに、多様な価値観・考え方を大前提として若い世代の視点に立って結婚、子育てに関する希望の形成と実現を阻む隘路の打破に取り組む

若い世代が「人生のラッシュアワー」と言われる様々なライフイベントが重なる時期において、社会の中で自らを活かす場を持つことができ、現在の所得や将来の見通しを持てるようにする。

若い世代の雇用と所得環境の安定を図り、経済的基盤を確保する。若い世代が将来を見通して安心して仕事におけるキャリアとライフイベントの双方にチャレンジでき、さらには趣味等を含むプライベートとの両立もできる環境を整備する。若い世代の将来にわたる生活の基盤を確保し、若い世代が将来に希望を持って生きられる社会をつくることは、少子化の克服や貧困の解消・貧困の連鎖の防止のための鍵である。

もとより、結婚、妊娠・出産、子育ては個人の自由な意思決定に基づくものである。また、家族の在り方や家族を取り巻く環境が多様化している。個人の決定に対し、特定の価値観を押し付けたり、プレッシャーを与えたりすることは決してあってはならない。多様な価値観・考え方を尊重することを大前提とし、どのような選択をしても不利を被らないようにすることが重要である。その上で、若い世代の意見に真摯に耳を傾け、その視点に立って、若い世代が、自らの主体的な選択により、結婚し、こどもを産み、育てたいと望んだ場合に、それぞれの希望に応じて社会全体で若い世代を支えていくことが少子化対策の基本である。

こどもや若者が、発達の程度に応じて、性と生殖に関する健康と権利、性情報への対処や互いを尊重し合う人間関係などを知る機会や場を充実していく。

妊娠後やこどもが生まれた後の支援に加えて、これから結婚や妊娠を希望する方への希望に応じた支援を進める。

共働き世帯が増加し、また、結婚・出産後も仕事を続けたい人が多くなっている中、その両立を支援していくことが重要であるため、共働き・共育てを推進し、家庭内において育児負担が女性に集中している実態を変え、男性の家事や子育てへの参画を促進する。固定的性別役割分担意識等を前提とした働き方や暮らし方を見直し、子育て当事者の女性と男性がともに、こどもと過ごす時間をつくることができ、仕事などで自己実現をはかりつつ相互に協力しながら子育てをすることができ、自らのキャリアを犠牲にすることなく、むしろ子育て経験を仕事等に活かすなど自己実現をはかりつつそれを職場が応援し、地域社会全体で支援するよう取り組む。また、子育て当事者が、共働き・共育てを実現するために必要な情報や支援が得られるようにする。

企業や地域社会、子育てを終えられた方々や子育てされていない方々も含めて、皆が参加して、こども・若者や子育てをめぐる問題は日本の未来に関わるという意識を持ち、こどもや家族が大事にされるよう、社会全体の構造や意識を変えていく。

(6) 施策の総合性を確保するとともに、関係省庁、地方公共団体、民間団体等との連携を重視する

こども家庭庁は、こども大綱等を基に、こども政策推進会議やこども家庭審議会の知見を活用し、制度や組織による縦割りの壁を克服し関係省庁間で横の連携を密に行いつつ、政府全体のこども施策を強力に推進し、必要に応じて関係省庁に対し勧告権を行使することも含め、リーダーシップを発揮する。

こども施策の具体的な実施を中心的に担っているのは地方公共団体であり、国は、地方公共団体と密接に連携しながら、地域の実情を踏まえつつ、国と地方公共団体の視点を共有しながら、こども施策を推進する。多くの地方公共団体において、地域の実情に応じた自治体こども計画が策定・推進されるよう、国において支援・促進する。

若者が主体となって活動する団体、地域でこども・若者や子育てへの支援に取り組む団体や企業、地域で活動する民生・児童委員、青少年相談員や青少年指導員、保護司など、こどもや若者に関わる様々な関係者の協力なくして、こども・若者を支えていくことはできないため、これらの共助を

別紙1

「こどもまんなか社会」の実現に向けた数値目標

本文第1の「3　こども大綱が目指す「こどもまんなか社会」」の実現に向け，こども・若者や子育て当事者の視点に立った数値目標（アウトカム）として，以下を設定する。

項　目	目　標	現　状	出　典
「こどもまんなか社会の実現に向かっている」と思う人の割合	70%	15.7% (2023年)（注1）	こども家庭庁「こども政策の推進に関する意識調査」
「生活に満足している」と思うこどもの割合	70%	60.8% (2022年)（注2）	OECD「生徒の学習到達度調査(PISA)」
「今の自分が好きだ」と思うこども・若者の割合（自己肯定感の高さ）	70%	60.0% (2022年)（注3）	こども家庭庁「こども・若者の意識と生活に関する調査」（注4）
社会的スキルを身につけているこどもの割合	80%	74.2% (2022年)（注5）	OECD「生徒の学習到達度調査(PISA)」
「自分には自分らしさというものがある」と思うこども・若者の割合	90%	84.1% (2022年)（注6）	こども家庭庁「こども・若者の意識と生活に関する調査」
「どこかに助けてくれる人がいる」と思うこども・若者の割合	現状維持	97.1% (2022年)（注7）	こども家庭庁「こども・若者の意識と生活に関する調査」
「社会生活や日常生活を円滑に送ることができている」と思うこども・若者の割合	70%	51.5% (2022年)（注8）	こども家庭庁「こども・若者の意識と生活に関する調査」
「こども政策に関して自身の意見が聴いてもらえている」と思うこども・若者の割合	70%	20.3% (2023年)（注9）	こども家庭庁「こども政策の推進に関する意識調査」
「自分の将来について明るい希望がある」と思うこども・若者の割合	80%	66.4% (2022年)（注10）	こども家庭庁「こども・若者の意識と生活に関する調査」
「自国の将来は明るい」と思うこども・若者の割合	55%	31.0% (2018年)（注11）	こども家庭庁「我が国と諸外国の若者の意識に関する調査」(注12)
「結婚，妊娠，こども・子育てに温かい社会の実現に向かっている」と思う人の割合	70%	27.8% (2023年)（注13）	こども家庭庁「こども政策の推進に関する意識調査」
「こどもの世話や看病について頼れる人がいる」と思う子育て当事者の割合	90%	83.1% (2022年)（注14）	国立社会保障･人口問題研究所「生活と支え合いに関する調査」よりこども家庭庁作成

注1：16～49歳の回答結果。
注2：0～10の選択肢で7以上と答えた15歳の割合。OECD平均は61.4%（2022年）。
注3：15～39歳の回答結果。
注4：調査実施当時は内閣府所管。
注5：「学校ではすぐに友達ができる」という設問に「まったくその通りだ」又は「その通りだ」を選んだ15歳の割合。OECD平均は74.6%（2022年）。
注6：15～39歳の回答結果。
注7：15～39歳の回答結果。「家族・親族」，「学校で出会った友人」，「職場・アルバイト関係の人」，「地域の人」及び「インターネット上における人やグループ」の全てについて，「困ったときは助けてくれる」に対して「そう思わない」又は「どちらかといえば，そう思わない」と回答した者（無回答者を含む。）の割合を全体から減じた割合。
注8：15～39歳の回答結果。「あなたは今までに，社会生活や日常生活を円滑に送ることができなかった経験がありましたか。または，現在，社会生活や日常生活を円滑に送れていない状況がありますか。」に対して「なかった（ない）」又は「どちらかといえば，なかった（ない）」と回答した者の割合。
注9：16～29歳の回答結果。
注10：15～39歳の回答結果。
注11：13～29歳の回答結果。調査対象国全体で平均は52.8%。
注12：調査実施当時は内閣府所管。
注13：16～49歳の回答結果。
注14：18歳未満のこどもがある世帯の者のうち「頼れる人（子どもの世話や看病）の有無」について「いる」と回答した割合。

支える。

　国際機関や国際社会における様々な取組と連携する。こどもの権利条約を誠実に遵守するとともに、同条約に基づいて設置された児童の権利委員会による見解やＯＥＣＤ、Ｇ７やＧ20における国際的な議論などを踏まえて国内施策を進めるとともに、我が国の取組を国際社会に積極的に発信するなど国際的な取組に貢献する。

第３　こども施策に関する重要事項　［略］

第４　こども施策を推進するために必要な事項
［略］

121 こどもの居場所づくりに関する指針（答申）

（令和五年一二月一日　こども家庭審議会）

第1章　はじめに

1．策定までの経緯

「こども政策の新たな推進体制に関する基本方針」（令和三年十二月二十一日閣議決定）において、「こども家庭庁はこどもが安心して過ごすことができる場の整備に関する事務を所掌し、政府の取組を中心的に担う」こと、「こどもの居場所づくりに関する指針（仮称）を閣議決定し、これに基づき強力に推進」することが定められた。

　これを踏まえ、こども家庭庁の発足を待たずして、国では「こどもの居場所づくりに関する調査研究」を実施し、令和五年四月二十一日には、内閣総理大臣からこども家庭審議会に対し、こども家庭庁設置法（令和四年法律第七十五号）第七条第一項に基づき、「こども大綱」の案の作成に向けた今後五年程度を見据えたこども施策の基本的な方針及び重要事項等の検討とあわせて、「こどもの居場所づくりに関する指針（仮称）」の案の策定に向けた具体的な事項の検討が諮問された。

　こども家庭審議会では、内閣総理大臣からの諮問を受け、こども家庭審議会において三回、こどもの居場所部会において一三回の議論を重ね、こどもや若者等の意見を聴く取組を実施した上で、ここに答申を行うものである。

2．こどもの居場所づくりが求められる背景

　人間は社会的な動物であり、肯定的・開放的な関係の中に自分の居場所を持つことは、自己肯定感や自己有用感に関わるなど、全ての人にとって生きる上で不可欠な要素である。当然、こども・若者が生きていく上でも不可欠と言えるものであり、居場所がないことは、人とのつながりが失われ、孤独・孤立の問題と深く関係する重大な問題である。

　こどもは家庭を基盤とし、地域や学校など様々な場所において、安全・安心な環境のもと様々なおとなや同年齢・異年齢のこども同士との関わりの中で成長する存在であるが、社会構造や経済構造の変化により、こども・若者が居場所を持つことが難しくなっている現状にある。

　すなわち、地域のつながりの希薄化、少子化の進展により、こども・若者同士が遊び、育ち、学び合う機会が減少しており、「こども・若者が地域コミュニティの中で育つ」ことが困難になっている。特に過疎化が進展する地方部では、こうした傾向が一層懸念される。

　このような構造変化は、「地縁」や「血縁」による子育てのサポートにも影響を及ぼしており、共働き家庭やひとり親家庭の増加とあいまって、家庭における子育ての孤立化が懸念されている。かつてはこどもの居場所となり得た空き地や路地裏など、こどもが自由に遊び、過ごせる場は減少し、駄菓子屋などの結果としてこどもの居場所となっていた場も減少している。ボール遊びなどが禁止されている公園も多い。また、こども・若者へのヒアリングでは、放課後の時間においてこどもが自由に過ごせる時間が減っているとの声もあった。こうした環境の変化が進む中で、新型コロナウイルス感染症の影響による臨時休業は学校

の居場所としての役割を再認識させる契機となった。さらに、「ソーシャルディスタンス」の確保の要請は、こども・若者が居場所を持つことを一層困難にした。

他方で、こども・若者を取り巻く環境に目を転じると、児童虐待の相談対応件数の増加や不登校、いじめ重大事態の発生件数の増加、自殺するこども・若者の数の増加など、その環境は一層厳しさを増すとともに課題が複雑かつ複合化しており、こどもの権利が侵害される事態も生じている。とりわけ厳しい環境で育つこども・若者は、居場所を持ちにくく、失いやすいと考えられることから、こうした喫緊の課題や個別のニーズにきめ細かに対応した居場所をつくることで、こどもの権利を守り、誰一人取り残さず、抜け落ちることのない支援を行う必要がある。

また、価値観の多様化やそれを受け入れる文化の広がりに伴い、多様なニーズに応じた多様な居場所が求められるようになっている。

こうした背景によって、こどもの居場所づくりの緊急性と重要性が増している中、様々な地域で、地域のニーズや特性を踏まえた多種多様な居場所づくりの実践が行われている。これは、上に述べたような環境の変化により、これまでの枠組みでは十分に拾い切れていなかったニーズに対応した取組であるとも言え、こうした各地域での居場所づくりを推進する観点から、国としてもこどもの権利を基盤とした居場所づくりについて一定の考え方を示すことが求められている。

3．こどもの居場所づくりを通じて目指したい未来

こどもの居場所づくりが目指す理念とは、こども基本法（令和四年法律第七十七号）及び「こども政策の新たな推進体制に関する基本方針」に則り、全てのこどもが、心身の状況や置かれている環境等にかかわらず、その権利の擁護が図られ、将来にわたって幸福な生活を送ることができるようにすることである。その際、こども・若者の視点や子育て当事者の視点に立つこと、全てのこども・若者の健やかな成長や幸せな状態（ウェルビーイング）の向上に資すること、誰一人取り残さず、抜け落ちることのない支援であることが必要である。

こうした理念を社会全体で共有し、全てのこども・若者が、安全で安心して過ごせる多くの居場所を持ちながら、様々な学びや、社会で生き抜く力を得るための糧となる多様な体験活動や外遊びの機会に接することができ、自己肯定感や自己有用感を高め、身体的・精神的・社会的（バイオサイコソーシャル）に将来にわたって幸せな状態（ウェルビーイング）で成長し、こどもが本来持っている主体性や創造力を十分に発揮して社会で活躍していけるよう、「こどもまんなか」の居場所づくりを実現する。

第2章　こどもの居場所づくりに関する基本的事項

1．こどもの居場所とは

こども・若者が過ごす場所、時間、人との関係性全てが、こども・若者にとっての居場所になり得る。すなわち居場所とは、物理的な「場」だけでなく、遊びや体験活動、オンライン空間といった多様な形態をとり得るものである。

こうした多様な場がこどもの居場所になるかどうかは、一義的には、こども・若者本人がそこを居場所と感じるかどうかによっている。その意味で、居場所とは主観的側面を含んだ概念である。

したがって、その場や対象を居場所と感じるかどうかは、こども・若者本人が決めることであり、そこに行くかどうか、どう過ごすか、その場をどのようにしていきたいかなど、こども・若者が自ら決め、行動する姿勢など、こども・若者の主体性を大切にすることが求められる。

2．こどもの居場所の特徴

•個人的であり、変化しやすいものであること

ある場所がこども・若者にとっての居場所になるかどうかは、本人がそこを居場所と感じるかどうかによるという意味で、こどもの居場所は個人的なものである。あるこどもにとって居場所だと感じる場や対象が、ほかのこどもの居場所になるとは限らないという特徴がある。

また、昨日まで居場所だと感じていた場や対象が、心理的な変化や人間関係の変化などにより、今日は居場所だと感じられないこともある。さらに、こどもの成長や発達に伴い、同じこどもであっても求める居場所が異なってくる。このように、こどもの居場所は変化しやすいものである。

•人との関係性の影響を受けるものであること

その場において、他者に受け入れてもらえることや交流ができることなど、人との関係性があることが、当人が居場所と感じることに影響している。学校やクラブ活動など、結果としてこども・若者の居場所になっている場があるのは、こうした人との関係性によるところが大きい。一方、否定的・抑圧的な関係性から距離を置き、誰とも交流せずに、自分一人で居られる場を居場所と感じることもある。

これらは、一つの場において両立することもあれば、異なる場を持ち、本人のニーズによって使

い分けることもある。

こうした人との関係性が、居場所との出会いを含め、特に支援の必要性が高いこども・若者にとってセーフティネットとして機能することもある。

・立地や地域性、技術の進歩などの影響を受けるものであること

例えば誰もが立ち寄れるカフェであっても、それが小学校の通学路に面しているのか、あるいは高齢者が集住している地区にあるのかで、実際の利用者は大きく異なる可能性がある。また、古くから住民が住んでいる地域なのか新興住宅街なのか、あるいは寺社が多い地域なのか商店街なのかといった、地域性によっても大きく影響を受けるものである。

また、インターネットの普及や通信技術の進歩によって、SNSやオンラインゲームの空間が居場所となったように、今後の技術の発展が新しい居場所をつくる可能性もある。

・目的によって性質が変化し得るものであること

こどもの居場所には、何かをすることを通じて居場所と感じるものと、そこに居ることそのものが居場所となるものが存在する。

前者については、例えば就労支援や自立支援などの現場において、何らかの行為が求められ、その期待された行為の結果として、その場を自分の居場所であると感じやすくなる。ただし、何らかの理由で期待された行為が実施できない場合には、その場に居ることについて後ろめたさを感じるなど、居場所になりにくくなる側面がある。

一方で、特定の行為なくして、何もせず居られ、ありのままの自分を受け入れてくれるなど、その場に居ることが優先される場がある。特定行為の必要性がないために、広くこどもの居場所になりやすい側面がある。

・多くのこどもにとって学校が居場所になっていること

こどもにとって、学校は単に学ぶだけの場ではなく、安全に安心して過ごしながら、他者と関わりながら育つ、大切な居場所の一つであり、実際に、一日の大半を過ごす場所として、学校は多くのこどもにとっての居場所となっている。とりわけ資源の少ない地方部においては、居場所という観点では学校がこどもにとってのセーフティネットとなっていることもある。不登校のこどもは、学習の機会だけでなく、居場所としての学校の役割が損なわれている状態にある。こどもが学びたいと思った時に学べる環境を整えるとともに、学校を多様なニーズや様々な背景のあるこどもを含めみんなが安心して過ごせる場所にする必要がある。

・支援する側と支援される側との相互作用があること

こども・若者が居場所づくりに参画し、支援に関わることは、彼ら／彼女らの成長につながり、自身の居場所にもなることがある。また、かつて支援を受けていたこども・若者が、やがて支援する側に回ることもある。とりわけ若者支援の場において、支援する者と支援される者とが一体となって居場所づくりが行われる例も多い。

・地域づくりにつながるものであること

こども・若者の居場所が、こども・若者のみならず、その担い手にとっても、その場が自分の居場所となり、地域における新たな交流やつながりを得られる場として機能している場合もある。特に少子高齢化が進展する地方部においては、地域づくりの一手法として地域住民の居場所づくりが進められている。また、こども・若者に限らず、保護者や高齢者などの地域住民が交流する場として、広く活用されている居場所もある。こうした取組は、こども・若者にとって、地域そのものが安全・安心な居場所となることにもつながる。

3．こどもの居場所づくりとは

1．に記載のとおり、居場所とは、こども・若者本人が決めるものである一方で、居場所をつくること（居場所づくり）とは、第三者が中心となって行われるものであるため、居場所と感じることと、居場所づくりには隔たりが生じ得る。こどもの居場所づくりを進めるに当たっては、この隔たりを認識することが必要である。

こうした隔たりを乗り越え、居場所づくりにより形成される場がこども・若者にとっての居場所となるためには、こども・若者の視点に立ち、こども・若者の声を聴きながら、居場所づくりを進めることが重要である。

居場所には、こどもの居場所となることそのものを目的とするものと、別の目的で行われていたものの結果として、こどもの居場所となるものがある。例えば学校は、教育を目的とする場であるが、結果として多くのこども・若者にとっての居場所となっており、後者の典型である。このような、居場所づくりを目的としていないが、結果としてこどもの居場所となっている場が存在する実態を踏まえると、教育、福祉、医療などこども・若者と関わる幅広いおとなが、目の前のこども・若者の居場所を担い得るという自覚を持つことが重要である。

また、こどもの居場所づくりを行う上では、対象者へのアプローチとして、ユニバーサル／ポピュレーションアプローチと、ターゲット／ハイリスクアプローチの二種類が考えられる。前者は、主としてこども・若者同士や幅広い地域住民間の交流、つながりを提供するという機能が、後者は、主として個別のニーズに対応したきめ細かな（場合によっては緊急の）支援の提供という機能が果たされている。ただし、これら二つの機能が一つの居場所の中で混然一体となって提供されている場合もある。外国籍やケアリーバーなど特別なニーズのあるこども・若者だけが利用できる居場所づくりも必要である一方で、特別なニーズの有無に関係なく、必要な配慮をした上で誰もが来られる居場所づくりも必要である。

　重要なことは、様々なニーズや特性を持つこども・若者が、身近な地域において、各々のライフステージに応じた居場所を切れ目なく持つことができることである。どこにも居場所がないこども・若者が生じないよう、また、できるだけ多様な居場所を持てるよう支援していく必要がある。それぞれの地域において、潜在化しているものも含めたニーズを把握し、こども・若者の特性を配慮した多様な居場所づくりに取り組む必要がある。

4．本指針の性質等　［略］

第3章　こどもの居場所づくりを進めるに当たっての基本的な視点

1．視点の構成

　第1章3．でも述べたとおり、こどもの居場所づくりを通じて目指したい未来とは、どんな環境に生まれ育ったとしても、誰一人取り残さず、全てのこども・若者が自分の居場所を持ち、健やかな成長や身体的・精神的・社会的に将来にわたって幸せな状態（ウェルビーイング）であることである。

　こうした目指す姿の実現に向けて、こどもの居場所づくりを進めるに当たっては、以下四つの基本的な視点が重要である。これらの視点に順序や優先順位はなく、相互に関連し、また循環的に作用するものである。

【ふやす】～多様なこどもの居場所がつくられる～

【つなぐ】～こどもが居場所につながる～

【みがく】～こどもにとって、より良い居場所となる～

【ふりかえる】～こどもの居場所づくりを検証する～

2．各視点に共通する事項

(1)　こどもの声を聴き、こどもの視点に立ち、こどもとともにつくる居場所

　上述のとおり、こども・若者が居場所と感じる場が「こどもの居場所」になるとすれば、居場所づくりを進める上で重要なのは、こども・若者の意見を聴き、こども・若者の視点に立ち、こども・若者とともに居場所をつくっていくことである。こども・若者の意見を聴くに当たっては、意見を表明しやすい環境づくりを行うとともに、困難な状況に置かれたこども・若者や様々な状況にあって声を聴かれにくいこども・若者について十分な配慮を行うことが必要である。また、意見の反映状況等に関するフィードバックも重要である。

　こども・若者が居場所に求める要素としては多様なものがあり得るが、こども・若者へのヒアリング等の結果を踏まえると、「居たい」、「行きたい」、「やってみたい」という三つの視点が特に重要である。好きなことをして過ごせることや、いつでも行けること、リスクを恐れず何かにチャレンジできることなど、それぞれの視点には様々な要素が含まれる。これらの要素同士には、例えば、「一人で過ごせること」や「他者とコミュニケーションがとれること」といった、相互に矛盾するものも存在するが、居場所に対するこども・若者のニーズが多様であることを踏まえ、こうした一人一人の「居たい」、「行きたい」、「やってみたい」という視点に応じた居場所づくりがなされることが重要である。

(2)　こどもの権利の擁護

　こども・若者は権利の主体であり、こどもの居場所において、こどもの権利が守られることは当然の前提である。こども基本法や児童の権利に関する条約の内容などを踏まえ、居場所づくりに関わるおとなが広く、こどもの権利について理解し、守っていくとともに、こども自身が、権利を侵害されたときの対応方法を含め、こどもの権利について学ぶ機会を設けることも重要である。

(3)　官民の連携・協働

　こどもの居場所の中には、児童館のように地方公共団体が主体となって取り組んできたものもあれば、こども食堂のように民間団体が主な担い手となっているものもある。このように、これまで地域コミュニティや民間団体が果たしてきた役割、自主性を踏まえるとともに、特別なニーズのあるこども・若者には、公的な関与のもとで支援を提供するなど、居場所の性格や機能に応じて、官民が連携・協働して取り組むことが必要である。

　具体的には、課題の有無にかかわらず、地域のこども・若者や地域住民全体に開かれた交流機能に対しては、地域コミュニティの維持・発

展など地域づくりに向けた活動として担い手の自主性や主体性を尊重した運営を基本とし、行政はこうした活動に多くの者が参加するよう後方支援を行うことが必要である。他方、課題を抱えたこども・若者への支援については、より専門的で個別性の高い支援がなされるよう、公的な関与の必要性が高くなると考えられる。

［後略］

122「こども未来戦略」～次元の異なる少子化対策の実現に向けて～

（令和五年一二月二二日閣議決定）

Ⅰ．こども・子育て政策の基本的考え方

［略］

Ⅱ．こども・子育て政策の強化：三つの基本理念

1．こども・子育て政策の課題

○　こども・子育て政策については、過去三〇年という流れの中で見れば、その政策領域の拡充や安定財源の確保に伴い、待機児童が大きく減少するなど一定の成果はあったものの、少子化傾向には歯止めがかかっていない状況にある。

○　少子化の背景には、経済的な不安定さや出会いの機会の減少、仕事と子育ての両立の難しさ、家事・育児の負担が依然として女性に偏っている状況、子育ての孤立感や負担感、子育てや教育にかかる費用負担など、個々人の結婚、妊娠・出産、子育ての希望の実現を阻む様々な要因が複雑に絡み合っているが、とりわけ、こども・子育て政策を抜本的に強化していく上で我々が乗り越えるべき課題としては、以下の三点が重要である。

(1)　若い世代が結婚・子育ての将来展望を描けない

○　若い世代において、未婚化・晩婚化が進行しており、少子化の大きな要因の一つとなっていると指摘されている。

○　若い世代（一八～三四歳の未婚者）の結婚意思については、依然として男女の八割以上が「いずれ結婚するつもり」と考えているものの、近年、「一生結婚するつもりはない」とする者の割合が増加傾向となっている。さらに、未婚者の希望するこども数については、夫婦の平均理想こども数（二・二五人）と比べて低水準であることに加えて、その減少傾向が続いており、直近では男性で一・八二人、女性で一・七九人と特に女性で大きく減少し、初めて二人を下回った。

○　また、雇用形態別に有配偶率を見ると、男性の正規職員・従業員の場合の有配偶率は二五～二九歳で二七・四％、三〇～三四歳で五六・二％であるのに対し、非正規の職員・従業員の場合はそれぞれ九・六％、二〇・〇％となっており、さらに、非正規のうちパート・アルバイトでは、それぞれ六・二％、一三・〇％にまで低下するなど、雇用形態の違いによる有配偶率の差が大きいことが分かる。また、年収別に見ると、いずれの年齢層でも一定水準までは年収が高い人ほど配偶者のいる割合が高い傾向にある。

○　実際の若者の声としても、「自分がこれから先、こどもの生活を保障できるほどお金を稼げる自信がない」、「コロナ禍で突然仕事がなくなったり、解雇されたりすることへの不安が強くなった」などの将来の経済的な不安を吐露する意見が多く聞かれる。また、「子育てにメリットを感じない」との声や、「子育て世帯の大変な状況を目の当たりにして、結婚・出産に希望を感じない」との声もある。

○　このように、若い世代が結婚やこどもを生み、育てることへの希望を持ちながらも、所

得や雇用への不安等から、将来展望を描けない状況に陥っている。雇用の安定と質の向上を通じた雇用不安の払拭等に向け、若い世代の所得の持続的な向上につながる幅広い施策を展開するとともに、Ⅲ．で掲げる「こども・子育て支援加速化プラン」（以下「加速化プラン」という。）で示すこども・子育て政策の強化を早急に実現し、これを持続していくことが必要である。あわせて、二五～三四歳の男女が独身でいる理由について、「適当な相手に巡り合わない」とする割合が最も高くなっていることも踏まえた対応も必要である。さらに、幼少期から一〇代、二〇代のうちに、こどもと触れ合う機会を多く持つことができるようにすることが重要である。

(2) 子育てしづらい社会環境や子育てと両立しにくい職場環境がある

○「自国はこどもを生み育てやすい国だと思うか」との問いに対し、スウェーデン、フランス及びドイツでは、いずれも約八割以上が「そう思う」と回答しているのに対し、日本では約六割が「そう思わない」と回答している。また、「日本の社会が結婚、妊娠、こども・子育てに温かい社会の実現に向かっているか」との問いに対し、約七割が「そう思わない」と回答している。

○子育て中の方々からも「電車内のベビーカー問題など、社会全体が子育て世帯に冷たい印象」、「子連れだと混雑しているところで肩身が狭い」などの声が挙がっており、公園で遊ぶこどもの声に苦情が寄せられるなど、社会全体の意識・雰囲気がこどもを生み、育てることをためらわせる状況にある。

○こどもや子育て世帯が安心・快適に日常生活を送ることができるようにするため、こどもや子育て世帯の目線に立ち、こどものための近隣地域の生活空間を形成する「こどもまんなかまちづくり」を加速化し、こどもの遊び場の確保や、親同士・地域住民との交流機会を生み出す空間の創出などの取組の更なる拡充を図っていく必要がある。

○また、全世帯の約三分の二が共働き世帯となる中で、未婚女性が考える「理想のライフコース」は、出産後も仕事を続ける「両立コース」が「再就職コース」を上回って最多となっているが、実際には女性の正規雇用における「L字カーブ」の存在など、理想とする両立コースを阻む障壁が存在している。

○女性（妻）の就業継続や第二子以降の出生割合は、夫の家事・育児時間が長いほど高い傾向にあるが、日本の夫の家事・育児関連時間は二時間程度と国際的に見ても低水準である。また、こどもがいる共働きの夫婦について平日の帰宅時間は女性よりも男性の方が遅い傾向にあり、保育所の迎え、夕食、入浴、就寝などの育児負担が女性に集中する「ワンオペ」になっている傾向もある。

○実際の若者の声としても「女性にとって子育てとキャリアを両立することは困難」、「フルタイム共働きで子育ては無理があるかもしれない」といった声が挙がっている。

○一方で、男性について見ると、正社員の男性について育児休業制度を利用しなかった理由を尋ねた調査では、「収入を減らしたくなかった（三九・九％）」が最も多かったが、「育児休業制度を取得しづらい職場の雰囲気、育児休業取得への職場の無理解（二二・五％）」、「自分にしかできない仕事や担当している仕事があった（二二・〇％）」なども多く、制度はあっても利用しづらい職場環境が存在していることがうかがわれる。

○こうしたことから、こども・子育て政策を推進するに当たっては、今も根強い固定的な性別役割分担意識から脱却し、社会全体の意識の変革や働き方改革を正面に据えた総合的な対策をあらゆる政策手段を用いて実施していく必要がある。

(3) 子育ての経済的・精神的負担感や子育て世帯の不公平感が存在する

○夫婦の平均理想こども数及び平均予定こども数は二〇〇〇年代以降、ゆるやかに低下してきており、直近では、平均理想こども数は二・二五人、平均予定こども数は二・〇一人となっている。理想のこども数を持たない理由としては、「子育てや教育にお金がかかりすぎるから」という経済的理由が五二・六％で最も高く、特に第三子以降を持ちたいという希望の実現の大きな阻害要因となっている。

○また、妻の年齢別に見ると、三五歳未満では経済的理由が高い傾向にあるが、三五歳以上の夫婦では、「ほしいけれどもできないから」といった身体的な理由が高い。また、いずれの世代も「これ以上、育児の心理的、肉体的負担に耐えられないから」が高い。

○これまでのこども・子育て政策の中では、保育対策にかなりの比重を置いてきたが、〇～二歳児の約六割はいわゆる未就園児であり、こうした家庭の親の多く集まる子育て支援拠点が行った調査によれば、拠点を利用する前の子育て状況として「子育てをしている親と知り合いたかった」、「子育てをつらいと感じることがあった」、「子育ての悩みや不安を話せる人がほしかった」など、「孤立した育児」の実態が見られる。

○ 一方で、在宅の子育て家庭を対象とする「一時預かり」、「ショートステイ」、「養育訪問支援」などの整備状況は、未就園児一人当たりで見ると、一時預かりは年間約二・八六日、ショートステイは年間約〇・〇五日、養育支援訪問は年間約〇・一件など、圧倒的に整備が遅れている。

○ 実際の若者の声としても「教育費が昔より高くなっているので、経済的負担を考えると一人しか産めなさそう」、「住居費などの固定費に対してお金がかかる」といった負担感のほか、「親の所得でこどもへの支援の有無を判断すべきではない」といった子育て世帯の不公平感を指摘する声もある。

○ さらに、子育て家庭が負担感を抱えている現状については、若い世代が子育てに対してネガティブなイメージを持つことにもつながっており、「こどもがいると今の趣味や自由な生活が続けられなくなる」、「こどもを育てることに対する制度的な子育て罰が存在する」などといった指摘の背景ともなっていると考えられる。

○ 公教育の再生は少子化対策としても重要であり、こどもを安心して任せることのできる質の高い公教育を再生し充実させることは、次代を担うこどもたちの健やかな育成はもとより、若い世代の所得向上に向けた取組の基盤となり得るほか、基礎的な教育に係る子育て家庭の負担軽減にもつながるものである。このため、誰一人取り残されない学びの保障に向けた不登校・いじめ対策の推進、学校における働き方改革の更なる加速化、処遇改善、指導・運営体制の充実、教師の育成支援の一体的な推進、国策としてのGIGAスクール構想の更なる推進など、公教育の再生に向けた取組を着実に進めていくことが重要である。

○ また、学校給食費の無償化の実現に向けて、まず、学校給食費の無償化を実施する自治体における取組実態や成果・課題の調査、全国ベースでの学校給食の実態調査を行い、「こども未来戦略方針」の決定から一年以内にその結果を公表する。

その上で、小中学校の給食実施状況の違いや法制面等も含め課題の整理を丁寧に行い、具体的方策を検討する。

2．三つの基本理念

○ Ⅰ．でも述べたとおり、我々が目指すべき社会の姿は、若い世代が希望どおり結婚し、希望する誰もがこどもを持ち、安心して子育てができる社会、そして、こどもたちが、いかなる環境、家庭状況にあっても分け隔てなく大切にされ、育まれ、笑顔で暮らせる社会である。また、公教育の再生は少子化対策と経済成長実現にとっても重要であり、以下の基本理念とも密接に関連する。こうした社会の実現を目指す観点から、こども・子育て政策の抜本的な強化に取り組むため、この戦略の基本理念は、以下の三点である。

(1) 若い世代の所得を増やす

○ 第一に、若い世代が「人生のラッシュアワー」と言われる学びや就職・結婚・出産・子育てなど様々なライフイベントが重なる時期において、現在の所得や将来の見通しを持てるようにすること、すなわち「若い世代の所得を増やす」ことが必要である。

○ このため、こども・子育て政策の範疇《ちゅう》を越えた大きな社会経済政策として、最重要課題である「賃上げ」に取り組む。新しい資本主義の下、持続的な成長を可能とする経済構造を構築する観点から、「質の高い」投資の促進を図りつつ、「成長と分配の好循環」（成長の果実が賃金に分配され、セーフティネット等による暮らしの安心の下でそれが消費へとつながる）と「賃金と物価の好循環」（企業が賃金上昇やコストを適切に価格に反映することで収益を確保し、それが更に賃金に分配される）という「二つの好循環」の実現を目指す。

○ また、賃上げを一過性のものとせず、構造的賃上げとして確固たるものとするため、①リ・スキリングによる能力向上支援、②個々の企業の実態に応じた職務給の導入、③成長分野への労働移動の円滑化の三位一体の労働市場改革について、「新しい資本主義のグランドデザイン及び実行計画　二〇二三改訂版」で決定した事項を、早期かつ着実に実施する。

○ さらに、賃上げの動きを全ての働く人々が実感でき、将来への期待も含めて、持続的なものとなるよう、L字カーブの解消などを含め、男女ともに働きやすい環境の整備、「同一労働同一賃金」の徹底と必要な制度見直しの検討、希望する非正規雇用の方々の正規化を含め、雇用の安定と質の向上を通じた雇用不安の払拭に向けた実効性ある取組を進める。

○こうした施策を支える基盤として、多様な働き方を効果的に支える雇用のセーフティネットを構築するため、週所定労働時間一〇時間以上二〇時間未満の労働者を雇用保険の適用対象とすることとし、二〇二八年度に実施するため、所要の法案を次期通常国会に提出する。また、いわゆる「年収の壁（一〇六万円・一三〇万円）」を意識せずに働くことが可能となるよう、短時間労働者への被用者保険の適用拡大や最低賃金の引上げに取り組むことと併せて、当面の対応策として、「年収の壁・支援強化パッケージ」を着実に実行し、さらに、制度の見直しに取り組む。

○また、全国どの地域に暮らす若者・子育て世代にとっても、経済的な不安なく、良質な雇用環境の下で、将来展望を持って生活できるようにすることが重要であり、引き続き、地方創生に向けた取組を促進する。特に、地方において若い女性が活躍できる環境を整備することが必要であり、地方における分厚い中間層の形成に向けて、国内投資の拡大を含め、持続的に若い世代の所得が向上し、未来に希望を感じられるような魅力的な仕事を創っていくための取組を支援していく。

○こうした取組と併せて、Ⅲ．で掲げる「加速化プラン」において、ライフステージを通じた経済的支援の強化や若い世代の所得向上に向けた取組、こども・子育て支援の拡充、共働き・共育てを支える環境整備などを一体として進め、若者・子育て世帯の所得を増やすことで、経済的な不安を覚えることなく、若者世代が、希望どおり、結婚、妊娠・出産、子育てを選択できるようにしていく。

(2) 社会全体の構造・意識を変える

○第二に、少子化には我が国のこれまでの社会構造や人々の意識に根差した要因が関わっているため、家庭内において育児負担が女性に集中している「ワンオペ」の実態を変え、夫婦が相互に協力しながら子育てし、それを職場が応援し、地域社会全体で支援する社会を作らなければならない。

○このため、これまで関与が薄いとされてきた企業や男性、さらには地域社会、高齢者や独身者を含めて、皆が参加して、社会全体の構造や意識を変えていく必要がある。こうした観点から、「加速化プラン」においては、こどもまんなか社会に向けた社会全体の意識改革への具体策についても掲げることとする。

○また、企業においても、出産・育児の支援を投資と捉え、職場の文化・雰囲気を抜本的に変え、男性、女性ともに、希望どおり、気兼ねなく育児休業制度を使えるようにしていく必要がある。この点については、特に、企業のトップや管理職の意識を変え、仕事と育児を両立できる環境づくりを進めていくことが重要である。同時に、育児休業制度自体についても、多様な働き方に対応した自由度の高い制度へと強化するとともに、職場に復帰した後の子育て期間における「働き方」も変えていく必要がある。特に、出生率の比較的高い地方から東京圏への女性の流出が続いている現状を踏まえ、全国の中小企業を含めて、女性が活躍できる環境整備を強力に進めていくという視点が重要である。

○働き方改革は、長時間労働の是正により夫婦双方の帰宅時間を早め、育児・家事に充てる時間を十分に確保することや、各家庭の事情に合わせた柔軟な働き方を実現すること等につながる。また、子育て家庭にとってのみならず、事業主にとっても、企業の生産性向上や労働環境の改善を通じた優秀な人材の確保といった効果があることに加えて、延長保育等の保育ニーズの減少を通じて社会的コストの抑制効果が期待されるものでもある。さらに、価値観・ライフスタイルが多様となる中で、子育てに限らない家庭生活における様々なニーズや、地域社会での活動等との両立が可能となるような柔軟で多様な働き方が普及することは、全ての働く人にとってメリットが大きい。このため、特に、働き方改革の実施に課題のある中小企業の体制整備に向けた取組を強力に後押ししていくことが必要である。

○育児休業を取りやすい職場づくりと、育児休業制度の強化、この両方があって、子育て世帯に「こどもと過ごせる時間」を作ることができ、夫婦どちらかがキャリアを犠牲にすることなく、協力して育児をすることができる。このためには、地域や規模に関係なく全ての企業の協力が不可欠であり、働き方改革の推進とそれを支える育児休業制度等の強化など、「加速化プラン」で掲げる具体的な施策について、政府・経済界・労働界が一体となって、官民挙げて強力に取り組んでいくこととする。

(3) 全てのこども・子育て世帯を切れ目なく支援する

○第三に、様々なこども・子育て支援に関しては、親の就業形態にかかわらず、どのような家庭状況にあっても分け隔てなく、ライフステージに沿って切れ目なく支援を行い、多様な支援ニーズにはよりきめ細かい対応をしていくこと、すなわち「全てのこども・子育て世帯を切れ目なく支援すること」が必要である。

○これまでも保育所の整備、幼児教育・保育の無償化など、こども・子育て政策を強化してきたが、この一〇年間で社会経済情勢は大きく変わるとともに、今後、取り組むべきこども・子育て支援の内容も変化している。

○具体的には、経済的支援の拡充、社会全体の構造・意識の改革に加え、こども・子育て支援の内容についても、

・親が働いていても、家にいても、全ての子育て家庭を等しく支援すること

・幼児教育・保育について、量・質両面からの強化を図ること、その際、待機児童対策などに一定の成果が見られたことも踏まえ、量の拡大から質の向上へと政策の重点を移すこと

・これまで比較的支援が手薄だった、妊娠・出産期から〇～二歳の支援を強化し、妊娠・出産・育児を通じて、全ての子育て家庭の様々な困難・悩みに応えられる伴走型支援を強化するなど、量・質両面からの強化を図ること

・貧困の状況にあるこどもや虐待を受けているこども、障害のあるこどもや医療的ケアが必要なこども、ヤングケアラー、社会的養護の下で暮らすこども、社会的養護経験者（いわゆるケアリーバー）、ひとり親家庭のこどもなど、多様な支援ニーズを有するこども・若者や、これらのこどもの家庭に対してよりきめ細かい対応を行うことなどが必要となっている。

○こうした観点から、こども・子育て支援に関する現行制度全体を見直し、全てのこども・子育て世帯について、親の働き方やライフスタイル、こどもの年齢に応じて、切れ目なく必要な支援が包括的に提供されるよう、「加速化プラン」で掲げる各種施策に着実に取り組むとともに、「総合的な制度体系」を構築することを目指していく。

○また、「総合的な制度体系」を構築する際に重要なことは、伴走型支援・プッシュ型支援への移行である。従来、当事者からの申請に基づいて提供されてきた様々な支援メニューについて、行政が切れ目なく伴走する、あるいは支援を要する方々に行政からアプローチする形に、可能な限り転換していくことが求められる。

○さらに、制度があっても現場で使いづらい・執行しづらいという状況にならないよう、「こども政策ＤＸ」を推進し、プッシュ型通知や、デジタル技術を活用した手続等の簡素化、データ連携などを通じ、子育て世帯等の利便性向上や健康管理の充実、子育て関連事業者・地方自治体等の手続・事務負担の軽減を図る。なお、こうした「こども政策ＤＸ」に積極的に取り組み、各制度の実施に当たってはＤＸによる効率的な実施を基本とするとともに、関係データの連携、そのデータの利活用を図ることは、Ⅳ．で掲げるＰＤＣＡの推進のためにも重要と考えられる。

○また、全国それぞれの地域社会において、地域の実情に応じた包括的な支援が提供されるよう、国と地方自治体が連携して、こども・子育て支援の強化を図っていく必要がある。その際には、地域ごとの多様なニーズに対して、幼児教育・保育事業者はもとより、企業やＮＰＯ・ＮＧＯ、ボランティア団体、地域住民などの多様な主体の参画の下で、それぞれの地域が有する資源を最大限に活用しながら、こども・子育て世帯を地域全体で支えるための取組を促進していくことが重要である。

Ⅲ．「加速化プラン」～今後三年間の集中的な取組～

［略］

Ⅲ―１．「加速化プラン」において実施する具体的な施策

１．ライフステージを通じた子育てに係る経済的支援の強化や若い世代の所得向上に向けた取組

［略］

２．全てのこども・子育て世帯を対象とする支援の拡充

(1) 妊娠期からの切れ目ない支援の拡充～伴走型支援と産前・産後ケアの拡充～　［略］

(2) 幼児教育・保育の質の向上～七五年ぶりの配置基準改善と更なる処遇改善～

○待機児童対策の推進により量の拡大は進んだものの、一方で、昨今、幼児教育・保育の現場でのこどもをめぐる事故や不適切な対応事案などにより子育て世帯が不安を抱えてお

り、安心してこどもを預けられる体制整備を急ぐ必要がある。

○　このため、保育所・幼稚園・認定こども園の運営費の基準となる公定価格の改善について、公的価格評価検討委員会中間整理（二〇二一年十二月）を踏まえた費用の使途の見える化を進め、保育人材確保、待機児童解消その他関連する施策との関係を整理しつつ、取組を進める。

○　具体的には、「社会保障と税の一体改革」以降積み残された一歳児及び四・五歳児の職員配置基準については、

①　二〇二四年度から、制度発足以来七五年間一度も改善されてこなかった四・五歳児について、三〇対一から二五対一への改善を図り、それに対応する加算措置を設ける。また、これと併せて最低基準の改正を行う（経過措置として当分の間は従前の基準により運営することも妨げない。）。

②　二〇二五年度以降、一歳児について、保育人材の確保等の関連する施策との関係も踏まえつつ、加速化プラン期間中の早期に六対一から五対一への改善を進める。

○　また、保育士等の処遇改善については、令和五年人事院勧告を踏まえた対応を実施するとともに、民間給与動向等を踏まえた更なる処遇改善を進める。

○　くわえて、費用の使途の見える化に向けて、事業者が施設ごとの経営情報等を都道府県知事に報告することを求めるとともに、報告された経営情報等の分析結果等の公表を都道府県知事に求めること等を法定化する。

(3)　全ての子育て家庭を対象とした保育の拡充～「こども誰でも通園制度（仮称）」の創設～

○　〇～二歳児の約六割を占める未就園児を含め、子育て家庭の多くが「孤立した育児」の中で不安や悩みを抱えており、支援の強化を求める意見がある。全てのこどもの育ちを応援し、こどもの良質な成育環境を整備するとともに、全ての子育て家庭に対して、多様な働き方やライフスタイルにかかわらない形での支援を強化するため、現行の幼児教育・保育給付に加え、月一定時間までの利用可能枠の中で、就労要件を問わず時間単位等で柔軟に利用できる新たな通園給付（「こども誰でも通園制度（仮称）」）を創設する。

○　具体的には、二〇二五年度に子ども・子育て支援法に基づく地域子ども・子育て支援事業として制度化し、実施自治体の増加を図った上で、二〇二六年度から子ども・子育て支援法に基づく新たな給付として全国の自治体において「こども誰でも通園制度（仮称）」を実施できるよう、所要の法案を次期通常国会に提出する。

○　二〇二五年度からの制度化に向けて、二〇二三年度から本格実施を見据えた試行的事業の開始を可能とすることとし、二〇二四年度も含めた試行的事業の実施状況を踏まえつつ、制度実施の在り方について検討を深める。

○　病児保育の安定的な運営を図る観点から、病児保育に係る保育士等の職務の特殊性等を踏まえた基本分単価の引上げ等を、二〇二四年度から行う。

(4)　新・放課後子ども総合プランの着実な実施～「小一の壁」打破に向けた量・質の拡充～

○　保育の待機児童が減少する一方で、放課後児童クラブの待機児童は依然として一・五万人程度存在し、安全対策についての強化が求められるなど、学齢期の児童が安全・安心に過ごせる場所の拡充は急務である。

○　このため、全てのこどもが放課後を安全・安心に過ごし、多様な体験・活動を行うことができるよう、新・放課後子ども総合プラン（二〇一九年度～二〇二三年度）による受け皿の拡大（約一二二万人から約一五二万人への拡大）を目指してきたところであるが、本年度末までにその達成が困難な状況であることを踏まえ、この目標を加速化プランの期間中の早期に達成できるよう取り組むとともに、放課後児童クラブの安定的な運営を図る観点から、二〇二四年度から常勤職員配置の改善などを図る。

［後略］

（参考）これまでのこども・子育て政策の変遷～一・五七ショックからの三〇年～　［略］

（別紙）こども・子育て支援特別会計とこども・子育て支援金制度　［略］

保育・幼児教育関連年表

※関連項目は——で示した。

明治四年（一八七一）	横浜に亜米利加婦人教授所開設（混血児救済のため）
明治五年（一八七二）	「学制」発布（「幼稚小学」の規程あり）
	——渡部温訳『通俗伊蘇普物語』刊行
明治六年（一八七三）	——5 *Kindergarten Messenger* 創刊（アメリカで最初の幼児教育雑誌。1877年終刊）
	——セントルイスにアメリカ初の公立幼稚園開設
明治八年（一八七五）	11 東京女子師範学校開校
	12 柳池小学校（京都）に「幼稚遊嬉場」開設
明治九年（一八七六）	11 東京女子師範学校附属幼稚園開園。最初の職員は摂理（校長）中村正直／監事（園長）関信三／首任保母松野クララ／保母豊田芙雄、近藤濱
	桑田親五訳『幼稚園《おさなごのその》』刊行
明治一〇年（一八七七）	7 東京女子師範学校附属幼稚園の規則を改正
	関信三訳『幼稚園記』刊行
	——アメリカ・フレーベル連盟結成（E・P・ピーボディら）
明治一一年（一八七八）	2 東京女子師範学校附属幼稚園に保育見習生を置く（氏原鋹・木村末・横川楳子の3名）
	6 東京女子師範学校に幼稚園保姆練習科を設置（修業年限1年）
明治一二年（一八七九）	5 大阪府立模範幼稚園設立（氏原鋹・木村末による開設。同時に保母を養成）
	9 「教育令」公布（「学制」廃止。幼稚園は公立、私立の別なく、文部卿の監督内に入ることになる）
	10 文部省、音楽取調掛を設置（御用掛、伊澤修二）
	関信三編『幼稚園法二十遊嬉』刊行（フレーベルの二十恩物を初めて図解した）
明治一三年（一八八〇）	4 L・W・メーソン、東京女子師範学校や同附属幼稚園等で唱歌教育を始める
	4 東京に桜井女学校附属幼稚園開設（日本で最初の私立幼稚園）
	6 大阪に愛珠幼稚園開設
	12 「教育令」改正（「第二次教育令」）。各府県に師範学校を設置）
明治一四年（一八八一）	11 文部省音楽取調掛編『小学唱歌集』初編刊行（幼稚園でもこの本を用いた）
明治一六年（一八八三）	2 渡辺嘉重、茨城県小山村で「子守学校」を開設（乳幼児の保育の初め）
	5 文部省「音楽取調掛規則」を制定
明治一七年（一八八四）	2 文部省、学齢未満の幼児の小学校入学を禁じ、幼稚園の方法で保育すべき旨通達
	2 東京女子師範学校附属幼稚園の規則を改正（通則、保育規則、入園退園規則の三章に分け保育課程表等を改める）
明治一八年（一八八五）	8 「教育令」改正（「第三次教育令」）
	8 東京女子師範学校附属幼稚園、高等師範学校の附属となる
	12 文部省、図画取調掛を設置
明治一九年（一八八六）	4 「小学校令」公布
	5 「小学校ノ学科及其程度」「小学簡易科教則要領」制定
	——5 「教科用図書検定条例」公布
明治二〇年（一八八七）	9 石井十次、岡山孤児院設立
	12 文部省音楽取調掛編『幼稚園唱歌集』刊行
明治二二年（一八八九）	——2 「大日本帝国憲法」発布
	9 京都市保育会結成（明治30年、京阪神三市連合保育

明治二三年（一八九〇）
会に発展）
A・L・ハウ、神戸に頌栄幼稚園を設立
3 高等師範学校附属幼稚園、女子高等師範学校附属幼稚園となる
4 中村五六、女子高等師範学校助教授兼幼稚園主事となる
6 赤沢鍾美・仲子夫妻、新潟静修学校に日本で初めての託児施設開設（明治41年4月、守孤扶独幼稚児保護会と命名）
10 「小学校令」改正（規定は幼稚園にも適用することとなる。学齢児童の教育は公立小学校において行うべき原則確立）
——10 「教育ニ関スル勅語」渙発

明治二四年（一八九一）
8 京都市保育会主催講習会開催
——石井亮一、孤女学院創設

明治二五年（一八九二）
9 女子高等師範学校附属幼稚園に分室を設置（簡易幼稚園のモデル）
——アメリカで万国幼稚園連盟（IKU）設立

明治二七年（一八九四）
——7 巌谷小波『日本昔噺』全24冊刊行開始（明治29年8月完結。「桃太郎」「猿蟹合戦」等）
——8 日清戦争起こる

明治二八年（一八九五）
——8 スタンレー・ホール、ジョン・デューイら、シカゴで幼稚園教育のセミナー開催

明治二九年（一八九六）
4 女子高等師範学校内に「フレーベル会」を創設
7 女子高等師範学校、保姆練習科を再設

明治三〇年（一八九七）
3 東京神田三崎町にキングスレー館設立（館内に日本で最初のセツルメント幼稚園開設）
10 「師範学校令」公布（地方における保母養成期間について規定）

明治三一年（一八九八）
11 京阪神三市連合保育会第1回総会開催
1 中村五六、再び女子高等師範学校附属幼稚園主事となる

明治三二年（一八九九）
7 『京阪神連合保育会雑誌』創刊
——1 巌谷小波編『世界お伽噺』刊行開始
6 文部省「幼稚園保育及設備規程」制定（幼稚園に関する最初の単行法令）
第一条　幼稚園ハ満三年ヨリ小学校ニ就学スルマテノ幼児ヲ保育スル所トス
第六条　幼児保育ノ項目ハ遊嬉、唱歌、談話及手技トシ左ノ諸項ニ依ルヘシ

明治三三年（一九〇〇）
1 野口幽香・森島峰、東京麹町に二葉幼稚園開設（大正5年、二葉保育園と改称）
4 東基吉、女子高等師範学校助教授・幼稚園批評係となる
6 納所弁次郎・田村虎蔵『幼年唱歌』刊行（〈金太郎〉〈うさぎとかめ〉等の言文一致唱歌）
8 文部省「小学校令施行規則」を制定（「幼稚園及小学校ニ類スル各種学校」の一章を設け、幼稚園の目的、保育項目、保育時間、保母の資格、採用、解職、規模、設備等を定める）
——エレン・ケイ『児童の世紀』刊行

明治三四年（一九〇一）
1 フレーベル会、月刊『婦人と子ども』創刊（主幹東基吉。現在の『幼児の教育』）
——4 日本女子大学校開校（日本で最初の女子高等教育機関）
7 『幼稚園唱歌』（東くめ・巌谷小波作詞、滝廉太郎・鈴木毅一作曲）刊行（〈水あそび〉〈鳩ぽっぽ〉〈お正月〉等）

明治三五年（一九〇二）
――小学校への就学率、初めて90％を上回る

明治三六年（一九〇三）
――久留島武彦、子どものための「お話の会」開催

明治三七年（一九〇四）
1 東基吉『幼稚園保育法』刊行
出征軍人遺家族のための幼児保育所、各地で開設される
――**2** 日露戦争起こる

明治三九年（一九〇六）
3 東京女子師範学校、保育実習科を設置
3 中村五六『保育法』刊行
3 和田実、女子高等師範学校助教授となる（附属幼稚園勤務、保育実習科を指導）
9 日本キリスト教幼稚園連盟結成
東基吉『婦人と子ども』の編集事務を和田実に依頼

明治四〇年（一九〇七）
――**1** マリア・モンテッソーリ、ローマに「子どもの家」開設
――及川平治、明石女子師範学校附属小学校で分団式動的教育法を開始。（自由主義教育運動の先駆）

明治四一年（一九〇八）
4 女子高等師範学校を東京女子高等師範学校と改称。奈良女子高等師範学校設立
東基吉、宮崎師範学校長に転任
9 内務省、第1回感化救済事業講習会を開く（幼稚園とは別種の保育機関、託児所が内務省により進められる）
11 中村五六・和田実『幼児教育法』刊行

明治四二年（一九〇九）
2 倉橋惣三（「SK生」名義）「冬の山里」（『婦人と子ども』2号）
5 岸辺福雄『お伽噺仕方の理論と実際』刊行
12 「市町村立幼稚園長及保母ノ待遇ニ関スル件」制定（小学校本科正教員の資格を持つ市町村立幼稚園長、保母は判任文官と同一待遇が受けられる）

明治四三年（一九一〇）
4 岸辺福雄、私立東洋幼稚園・東洋家政女学校を神田北神保町に新築移転
5 倉橋惣三、東京女子高等師範学校講師となる
久留島武彦、東京渋谷に早蕨幼稚園を開園
10 東基吉『保育法教科書』刊行

明治四四年（一九一一）
7 「小学校令施行規則」改正（保育項目の内容規程を削り、保育時間は管理者または設立者が定めて府県知事の認可を受けること、保母の免許状を得るには検定に合格すること、幼稚園の定員を増加すること等）
倉橋惣三、和田実にかわりフレーベル会の機関誌『婦人と子ども』の編集にあたる

明治四五年＝大正元年（一九一二）
4 倉橋惣三「モンテッソリの教育」（『婦人と子ども』12巻4号）
6 京阪神三市連合保育会第19回総会（倉橋惣三講演「幼児教育の新目標」）
11 フレーベル会第1回幼児教育研究会（倉橋惣三講演「モンテッソリー教育法の研究」）
――及川平治『分団式動的教育法』刊行

大正二年（一九一三）
2 神戸市保育会「モンテッソリー科学的教育学」横川八十八を講師として講習会開始
4 大阪市保育会、野上俊夫を講師として「モンテッソリー氏教育法」の講習会を開始
10 和田実『幼児保育法』刊行
愛珠幼稚園で保育の新方法として幼児劇《舌切雀》がとり入れられる

大正三年（一九一四）
6 河野清丸『モンテッソリー教育法と其応用』刊行
7 京阪神三市連合保育会主催、河野清丸講師「モンテッソリー教育法講演会」開催

大正四年（一九一五）
——3　月刊『日本幼年』創刊（倉橋惣三監修）
——8　小松耕輔・梁田貞・葛原𦱳共編『大正幼年唱歌』刊行開始
9　河野清丸『モンテッソリー教育法真髄』刊行
11　和田実、私立目白幼稚園を設立
河野清丸を中心に日本女子大学附属豊明小学校でモンテッソーリの教育法を実施

大正五年（一九一六）
8　文部省、幼稚園保母講習会を開催（於東京女子高等師範学校。昭和13年まで毎年開催）

大正六年（一九一七）
7　麹町幼稚園（土川五郎）保育に蓄音機を利用（東洋幼稚園では以前から試みていた）
11　倉橋惣三、東京女子高等師範学校教授に昇格。附属幼稚園主事となる（大正8年12月まで）
土川五郎著『律動遊戯』（第1集）刊行
——クルプスカヤ『国民教育と民主主義』刊行

大正七年（一九一八）
4　土川五郎「律動的遊戯の過去及将来」（『婦人と子ども』18巻4号）
——4　文部省『尋常小学国語読本』（通称ハナハト読本）
——7　月刊『赤い鳥』（第1次）創刊（鈴木三重吉主宰。昭和4年3月終刊）
10　「フレーベル会」の名称を「日本幼稚園協会」と変更

大正八年（一九一九）
4　山本鼎、長野県上田市で第1回児童自由画展を開催。自由画教育運動起こる
——6　赤い鳥社主催、山田耕筰帰朝歓迎音楽会（西条八十作詞〈かなりや〉、北原白秋作詞〈あわて床屋〉が少女合唱で歌われた）
12　奈良女子高等師範学校に保母養成所を置く

大正九年（一九二〇）
——12　山本鼎・北原白秋・岸辺福雄ら、日本自由教育協会を結成（翌年『芸術自由教育』創刊）

大正一〇年（一九二一）
2　文部省、幼稚園ニ関スル調査（保育主義について、フレーベル式が主流であった）
6　「東京市託児保育規定」制定施行（幼児は一般幼稚園の課程に準じて訓育）

大正一一年（一九二二）
——1　月刊『コドモノクニ』創刊
5　橋詰良一、大阪池田に「家なき幼稚園」開設（園舎を持たない幼稚園で野外保育を開始、以後6つの家なき幼稚園をつくる）
7　日本童話協会設立（全国的に実演童話の会を組織）
11　倉橋惣三、東京女子高等師範学校附属幼稚園主事となる（大正13年12月まで）

大正一二年（一九二三）
5　土川五郎、品川区大井町に瑞穂幼稚園開設
倉橋惣三、「お茶の水人形座」の名で幼児のための人形芝居を始める

大正一三年（一九二四）
3　倉橋惣三、東京女子高等師範学校附属高等女学校主事に就任
——4　野口援太郎ら、「池袋児童の村」を創設（新教育を実施）
——9　国連総会「児童の権利に関するジュネーブ宣言」採択
10　万国幼稚園協会編、日本幼稚園協会訳『幼稚園保育要目』刊
——A・S・ニイル、サマーヒル・スクールを開設

大正一四年（一九二五）
5　小林宗作、リトミック運動始める
10　文部省、全国幼稚園ニ関スル調査
フレーベル著、ハウ訳『人間の教育』刊行

大正一五年＝昭和元年（一九二六）
4 「幼稚園令」公布
4 「幼稚園令施行規則」制定
幼稚園令第一条　幼稚園ハ幼児ヲ保育シテソノ心身ヲ健全ニ発達セシメ善良ナル性情ヲ涵養シ家庭教育ヲ補フヲ以テ目的トス
幼稚園令施行規則第二条　幼稚園ノ保育項目ハ遊戯、唱歌、観察、談話、手技等トス
6 幼稚園令発布記念全国幼稚園大会開催
8 倉橋惣三『幼稚園雑草』刊行

昭和二年（一九二七）
3 倉橋惣三、東京女子高等師範学校附属高等女学校主事を辞す
4 土川五郎、昭和保母養成所設立（顧問兼保育理論、倉橋惣三／遊戯、土川五郎／心理学、関寛之・山下俊郎・森脇要／教育学、桜井実／音楽、梁田貞／絵画、武井武雄・東山魁夷／童話、巌谷小波・久留島武彦・岸辺福雄／手技、及川ふみ／理科指導、堀七蔵）
戸倉ハル『唱歌遊戯』刊行
『観察絵本キンダーブック』第1編「お米の巻」刊行

昭和三年（一九二八）
1 関西連合保育会結成（京阪神三市連合保育会・吉備保育会・名古屋市保育会）

昭和四年（一九二九）
7 橋詰良一『家なき幼稚園の主張と実際』刊行
倉橋惣三、文部省社会教育官を兼任。成人教育の指導にあたる。中央社会事業協会その他の団体にも関係（昭和21年まで）
――6 北方教育社結成。生活綴方運動起こる

昭和五年（一九三〇）
10 和田実、目白幼稚園保母養成所設立（昭和9年、目白保母学校と改称。現在の東京教育専門学校）第二目白幼稚園開設
11 堀七蔵、東京女子高等師範学校附属小学校主事。倉橋惣三、同附属幼稚園主事（昭和24年12月まで）
――最初の平絵紙芝居作製

昭和六年（一九三一）
――1 月刊『赤い鳥』（第2次）創刊（鈴木三重吉主宰。昭和11年10月終刊）
10 倉橋惣三「就学前の教育」（岩波講座『教育科学』第1冊）

昭和七年（一九三二）
12 和田実『実験保育学』（保育叢書第4編）発行
12 教育紙芝居の日本画劇教育協会発足

昭和八年（一九三三）
4 東京帝国大学セツルメント児童部を中心に児童問題研究会結成

昭和九年（一九三四）
7 『児童問題研究』創刊
5 倉橋惣三・新庄よしこ『日本幼稚園史』刊行
5 中央社会事業協会「季節保育所施設標準」を発表
7 倉橋惣三『幼稚園保育法真諦』刊行

昭和一〇年（一九三五）
7 東京女子高等師範学校附属幼稚園編『系統的保育案の実際』刊行
――小林宗作『総合リズム教育概論』刊行

昭和一一年（一九三六）
3 「系統的保育案の実際解説」連載開始（『幼児の教育』36巻3号〜37巻1号）
8 石井漠『子供の舞踊』刊行
10 保育問題研究会発足（会長・城戸幡太郎）
12 倉橋惣三『育ての心』刊行

昭和一二年（一九三七）
10 城戸幡太郎編『保育問題研究』創刊
11 全日本保育連盟・大毎社会事業団、全日本保育大会（保育令制定および2年間の幼稚園保育の義務化等を建議）

昭和一三年（一九三八）
3 東京府私立幼稚園連盟結成（理事長和田実）
9 日本幼稚園協会編『幼稚園新唱歌』刊行。倉橋惣三編『新体幼稚園唱歌』刊行

昭和一四年（一九三九）
——10 内務省「児童読物改善ニ関スル指示要綱」
4 保育問題研究会のモデル保育所として戸越保育所を開設

昭和一五年（一九四〇）
5 皇紀二千六百年記念、第8回全国幼稚園関係者大会開催（奈良市）
6 奈良女子高等師範学校に奈良特設幼稚園保母養成科設置。城戸幡太郎『幼児教育論』刊行

昭和一六年（一九四一）
3 「国民学校令」公布。「幼稚園令」改定
——4 小学校を国民学校と改称
——6 文部省、絶対音感教育を採用。「ドレミ」から「ハニホヘト」に改定（昭和16年4月実施）
——12 太平洋戦争始まる

昭和一七年（一九四二）
4 『観察絵本キンダーブック』を『観察絵本ミクニノコドモ』と改題

昭和一八年（一九四三）
5 戦時託児所使用条例定める（農繁託児所、全国で5万か所を超える）
6 「学徒戦時動員体制確立要綱」閣議決定（工場地域や農村等の簡易または季節幼稚園や託児所の保育に女子学徒を従事させることとする）

昭和一九年（一九四四）
4 東京都、「幼稚園閉鎖令」を出す
5 「戦時託児所設置基準」を定める
——ほとんどの保育雑誌廃刊

昭和二〇年（一九四五）
3 「決戦措置要綱」閣議決定（国民学校初等科を除き、学校における授業を4月から1年間停止）
4 土川五郎、昭和保母養成所休校（強制疎開）
5 「戦時教育令」公布
7 東京都「疎開保育所」開設
——8 太平洋戦争終わる
——10 GHQ「日本教育制度ニ対スル管理政策」
12 東京都立託児所、集団疎開を引き揚げ野外保育を始める

昭和二一年（一九四六）
3 GHQの要請によりアメリカ教育使節団来日
4 アメリカ教育使節団、報告書発表（官僚統制の排除、教育の地方委譲、九年制義務教育、教科書民主化、男女共学措置の改善、育児学校（保育所）や幼稚園の設置を勧告）
8 『キンダーブック』復刊（顧問倉橋惣三）
10 『幼児の教育』復刊、45巻1号発行（編集主幹倉橋惣三／編集委員牛島義友・及川ふみ・斎藤文雄・多田鉄雄・山下俊郎／編集部員丸山長治）
10 民主保育連盟結成（会長羽仁説子）
——11 「日本国憲法」公布（昭和22年5月施行）

昭和二二年（一九四七）
2 幼児教育内容調査委員会発足（保育要領作成のため）
3 「教育基本法」「学校教育法」公布（「幼稚園令」等を廃止。6・3・3・4制を規定）
——4 新制小学校・中学校が発足
8 土川五郎没（76歳）
11 全国保育連合会結成（会長・倉橋惣三）
12 「児童福祉法」公布

昭和二三年（一九四八）
3 文部省『保育要領——幼児教育の手びき』刊行
3 「児童福祉法施行令」「児童福祉法施行規則」公布
7 全国私立幼稚園団体連合会発足
——7 「国民の祝日に関する法律」制定（「こどもの日」が5月5日に定められる）
11 日本保育学会発足、第1回研究会開催
12 「児童福祉施設最低基準」制定
12 厚生省「保姆養成規程」を定める

昭和二四年（一九四九）	3	第1回保母試験を開始
	5	「教育職員免許法」公布
	9	厚生省、保育所運営要綱を策定
	10	月刊『チャイルドブック』創刊
	12	倉橋惣三、東京女子高等師範学校教授依願免官。及川ふみ、お茶の水女子大学東京女子高等師範学校附属幼稚園主事となる
昭和二五年（一九五〇）	9	厚生省「保育所運営要領」発刊。「学校教育法施行規則」改正（幼稚園の教育課程は保育要領の基準によること）
	12	教育課程審議会「幼稚園の教育課程について」答申
	——12	「私立学校法」公布
昭和二六年（一九五一）	——1	教育課程審議会「道徳教育について」答申
	3	「社会福祉事業法」公布、施行
	3	「幼稚園の指導要録について」通達
	5	「児童憲章」制定
昭和二七年（一九五二）	3	厚生省「保育指針」刊行
	5	文部省「幼稚園基準」を通達
	5	全国社会福祉協議会連合会結成
	——5	モンテッソーリ没（82歳）
昭和二八年（一九五三）	1	中央教育審議会発足
	2	法政大学心理学研究会の乾孝や早川元二を中心に旧保育問題研究会が復活
	2	「児童福祉施設最低基準に定める保育所の保母の特例に関する省令」公布
	11	「学校教育法施行規則」改正（保育要領を幼稚園教育要領に改める等）
昭和二九年（一九五四）	1	和田実没（78歳）
	6	「教育職員免許法」改正（園長の資格等を変更）
昭和三〇年（一九五五）	4	保育料徴集基準の設定
	4	倉橋惣三没（72歳）
	10	「幼稚園幼児指導要録」改正
昭和三一年（一九五六）	2	文部省『幼稚園教育要領』刊行
	12	「幼稚園設置基準」制定
昭和三二年（一九五七）	4	厚生省「季節託児所設置要綱」策定
	——12	「学校教育法施行規則」改正（教頭の設置）
昭和三三年（一九五八）	1	体育用品基準調査分科会（幼稚園体育用品）発足
	4	「学校保健法」公布
	7	保育所措置費単価制となる
	——	「小学校学習指導要領」改訂告示
昭和三四年（一九五九）	6	厚生省、保育所実態調査を実施
	——11	国連総会「児童権利宣言」採択
	12	文部省『幼稚園教育指導書　絵画製作編』刊行
昭和三五年（一九六〇）	6	文部省、幼稚園実態調査を実施
	9	文部省『幼稚園教育指導書　言語編』刊行
昭和三六年（一九六一）	2	「児童福祉法における保育所への入所の措置基準について」通達
	3	教材等調査研究会幼稚園教育小委員会発足（教育要領の改訂）
	3	「幼稚園における給食の実施について」通達
	4	へき地保育所設置要綱を策定
	9	文部省『幼稚園教育指導書　健康編』『幼稚園教育指導書　自然編』刊行
昭和三七年（一九六二）	3	中央児童福祉審議会に保育制度特別部会を設置
	4	産休代替職員制度決まる
昭和三八年（一九六三）	9	教育課程審議会「幼稚園教育課程の改善について」答申
	9	文部省「幼稚園教育振興7ケ年計画」発表

昭和三九年（一九六四）
10 「幼稚園教育要領」改訂案中間発表
10 文部・厚生両局長「幼稚園と保育所の関係について」通達

昭和四〇年（一九六五）
2 「幼稚園教育要領」改訂告示
7 幼稚園指導書編集協力者会発足（「幼稚園指導書一般編」作成のため）
10 中央児童福祉審議会「いま保育所に必要なもの」中間報告
11 全社協「保育所保育要領」（試案）発表
8 「保育所保育指針」策定

昭和四一年（一九六六）
―6 教育課程審議会「小学校、中学校教育課程の改善に関する一般的事項」公表
―10 中央教育審議会「期待される人間像」を含めて「後期中等教育の拡充整備について」答申
11 幼稚園教育90周年記念式典挙行
12 「幼稚園設置基準」改正
12 「保育所緊急五カ年計画」策定

昭和四二年（一九六七）
5 「昭和四一年度幼児教育の普及状況調査」結果発表
10 「児童福祉施設最低基準」一部改正（保育室、遊戯室の2階以上設置を認可）
―幼稚園教育養成課程を国立大学（八大学八課程）に開設

昭和四三年（一九六八）
1 厚生省「保育所への入所措置の適正について」通知
4 日本保育学会『日本幼児保育史』刊行（全6巻）
6 『幼稚園教育指導書一般編』刊行
8 小規模保育所の設置認可通達
11 『幼稚園教育指導書領域編　社会』刊行
12 中央児童福祉審議会「当面推進すべき児童福祉対策」意見具申（乳児対策について）
―「小学校学習指導要領」改訂告示

昭和四四年（一九六九）
4 乳児保育対策の強化通達
―6 中央教育審議会「今後における学校教育の総合的な拡充整備のための基本的施策について」中間報告
9 『幼稚園教育指導書領域編　健康』『幼稚園教育指導書領域編　絵画製作』刊行
9 文部省『幼稚園教育九十年史』刊行
12 中央児童福祉審議会「保育所における乳児保育対策」答申

昭和四五年（一九七〇）
9 『幼稚園教育指導書領域編　自然』『幼稚園教育指導書領域編　言語』刊行
―11 中央教育審議会「初等・中等教育の改革に関する基本構想」中間報告

昭和四六年（一九七一）
3 「幼稚園設置基準」改正
6 中央児童福祉審議会「『保育』と『教育』はどうあるべきか」中間報告
―6 中央教育審議会「今後における学校教育の総合的な拡充整備のための基本的施策について」答申
8 「幼稚園振興7カ年計画」策定
9 「幼児教育懇談会」開催
10 幼稚園教育指導書「領域編　音楽リズム」刊行
10 中央児童福祉審議会「保育所における幼児教育のあり方について」意見具申（6月発表の中教審答申へ反論）

昭和四七年（一九七二）
5 文部省初等中等教育局に幼稚園教育課設置
6 文部省、幼児教育実態調査の結果を発表
11 幼稚園教育振興計画を補正

昭和四八年（一九七三）
11 中央児童福祉審議会「当面推進すべき児童福祉対策

		について」答申（多様化する保育需要について等）
	11	中央児童福祉審議会「今後推進すべき児童福祉対策について」答申（家庭保育と集団保育の関連等）
昭和四九年（一九七四）	12	厚生省「障害児保育事業要綱」通達
昭和五〇年（一九七五）	7	「育児休業法」制定（女性教師、保母、看護婦に適用）
	11	行政管理庁「幼児の保育及び教育に関する行政監察結果に基づく勧告」（文部省・厚生省の連携及び調整について）
昭和五一年（一九七六）	5	研究開発学校を指定（幼小の連携を深める教育課程の研究開発に幼稚園4園、小学校4校をセットで指定）
	11	幼稚園教育100年記念式典を挙行
	12	中央児童福祉審議会「今後における保育所のあり方」中間報告
昭和五二年（一九七七）	3	男性保育者が法的に認められる
	5	厚生省「乳児保育特別対策要綱」策定
	10	文部省・厚生省、幼稚園及び保育所に関する懇談会設置
	11	文部省、幼児教育関係施設調査結果を発表
	11	厚生省、保育需要実態調査結果を発表
	——	「小学校学習指導要領」改訂告示
昭和五三年（一九七八）	6	厚生省「保育所における障害児の受け入れについて」通知
昭和五四年（一九七九）	8	文部省『幼稚園教育百年史』刊行
昭和五六年（一九八一）	2	厚生省「ベビーホテル一斉点検について」通知
	6	幼稚園及び保育所に関する懇談会報告
	7	厚生省「夜間保育の実施について」「無認可保育施設に対する指導監督の実施について」通知
	10	「延長保育特別対策要綱」策定
昭和五八年（一九八三）	7	厚生省、ベビーホテル調査結果を発表
	11	中央教育審議会教育内容等小委員会審議会経過報告（幼稚園教育内容、方法の改善についての検討を提言）
昭和五九年（一九八四）	4	幼稚園教育要領に関する調査研究協力者会議発足（幼稚園教育要領の改訂の検討開始）
	——8	臨時教育審議会発足
昭和六〇年（一九八五）	9	教育課程審議会発足（幼・小・中・高の一貫性のある教育課程の改善を諮問）
昭和六一年（一九八六）	9	文部省、幼稚園教育要領に関する調査研究協力者会議取りまとめ「幼稚園教育の在り方について」発表
昭和六二年（一九八七）	4	臨時教育審議会教育改革に関する第3次答申
昭和六三年（一九八八）	9	保育所保育指針検討小委員会「保育所保育指針の検討状況について」を中児審保育対策部会に報告
	12	「教育職員免許法」「同施行令」「同施行規則」改正
平成元年（一九八九）	2	「幼稚園教育要領」（案）発表
	3	「幼稚園教育要領」改訂告示
	——	「小学校学習指導要領」改訂告示
平成二年（一九九〇）	3	「保育所保育指針」改訂通知
	3	「幼稚園幼児指導要録」改訂
平成三年（一九九一）	3	文部省「幼稚園教育振興計画（第3次計画）」策定
平成四年（一九九二）	3	文部省「学校5日制の実施について」通知
平成五年（一九九三）	3	文部省「幼稚園施設整備指針」策定
	4	厚生省これからの保育所懇談会「今後の保育の在り方について」提言

平成六年（一九九四）
1 保育問題検討会「保育問題検討会報告書」
4 「地域に開かれた幼稚園づくり推進事業」通知
5 「児童の権利に関する条約」の批准案可決・成立
12 「エンゼルプラン」策定

平成七年（一九九五）
2 「幼稚園設置基準」一部改正
6 厚生省「児童育成計画策定」通知

平成九年（一九九七）
4 文部省「預かり保育推進事業実施要項」策定
11 文部省「時代の変化に対応した今後の幼稚園の在り方について」最終報告

平成一〇年（一九九八）
2 児童福祉施設において児童の保育に従事する者の名称を保育士と改める（平成11年4月施行）
3 文部省・厚生省「幼稚園と保育所の施設の共用化等に関する指針について」共同通知
6 子どもと家庭を支援するための文部省・厚生省共同行動計画
12 「幼稚園教育要領」改訂告示
——「小学校学習指導要領」改訂告示

平成一一年（一九九九）
10 「保育所保育指針」改訂通知
12 「新エンゼルプラン」策定

平成一二年（二〇〇〇）
4 「幼稚園教育要領」「保育所保育指針」の実施
——11 「児童虐待の防止等に関する法律」施行

平成一三年（二〇〇一）
——1 文部科学省・厚生労働省設置
3 文部科学省「幼児教育振興プログラム」策定
11 「児童福祉法」一部改正（保育士資格の法定化、認可外保育施設に対する規制の新設等）
——12 総合規制改革会議「規制改革の推進に関する第一次答申」

平成一四年（二〇〇二）
3 「幼稚園設置基準」一部改正（自己点検・自己評価及びその公表について）
4 「児童福祉施設における福祉サービスの第三者評価の指針について」通知
4 完全学校週5日制実施
6 「教育公務員特例法」一部改正（10年経験者研修を義務化）
6 文部科学省「幼稚園教員の資質向上について」発表
9 厚生労働省「少子化対策プラスワン」発表

平成一五年（二〇〇三）
7 「次世代育成支援対策推進法」制定
7 「少子化社会対策基本法」制定
10 中央教育審議会に幼児教育部会が発足
11 保育士資格の法定化の施行

平成一六年（二〇〇四）
6 「少子化社会対策大綱」閣議決定
12 「発達障害者支援法」制定
12 「子ども・子育て応援プラン」策定

平成一七年（二〇〇五）
5 文部科学省・厚生労働省「幼稚園と保育所の施設の共用化等に関する指針について（改正）」通知
5 「幼稚園設置基準」一部改正（幼稚園児と保育所児の合同活動並びに保育室の共用化）
12 文部科学省・厚生労働省合同検討会議「就学前の教育・保育を一体として捉えた一貫した総合施設について」（審議のまとめ）公表

平成一八年（二〇〇六）
1 中央教育審議会「子どもを取り巻く環境の変化を踏まえた今後の幼児教育の在り方について」答申
6 「就学前の子どもに関する教育、保育等の総合的な提供の推進に関する法律」制定
10 認定こども園発足
10 文部科学省「幼児教育振興アクションプログラム」策定
12 「教育基本法」全面改正

平成一九年（二〇〇七）
6 「学校教育法」改正
10 厚生労働省「放課後児童クラブガイドライン」策定

平成二〇年（二〇〇八）
1 中央教育審議会「幼稚園、小学校、中学校、高等学校及び特別支援学校の学習指導要領等の改善について」答申
2 「小学校学習指導要領」改訂告示
3 「幼稚園教育要領」改訂告示
3 「保育所保育指針」改定告示
3 文部科学省「幼稚園における学校評価ガイドライン」策定
4 厚生労働省「保育所保育指針解説書」策定

平成二一年（二〇〇九）
3 厚生労働省「保育所における自己評価ガイドライン」策定
8 厚生労働省「保育所における感染症対策ガイドライン」策定

平成二二年（二〇一〇）
1 「子ども・子育てビジョン」策定
3 「保育士養成課程等の改正について（中間まとめ）」公表

平成二三年（二〇一一）
3 厚生労働省「保育所におけるアレルギー対応ガイドライン」策定
7 「子ども・子育て新システムに関する中間とりまとめについて」公表
10 「児童福祉施設最低基準」改正（平成24年4月より、「児童福祉施設の設備及び運営に関する基準」に名称変更）

平成二四年（二〇一二）
6 「障害者自立支援法」一部改正（題名改正「障害者の日常生活及び社会生活を総合的に支援するための法律（障害者総合支援法）」）
8 子ども・子育て関連3法制定（「子ども・子育て支援法」「就学前の子どもに関する教育、保育等の総合的な提供の推進に関する法律の一部を改正する法律」「子ども・子育て支援法及び就学前の子どもに関する教育、保育等の総合的な提供の推進に関する法律の一部を改正する法律の施行に伴う関係法律の整備等に関する法律」）

平成二六年（二〇一四）
1 「障害者の権利に関する条約」批准（2月発効）
4 「放課後児童健全育成事業の設備及び運営に関する基準」制定
4 「家庭的保育事業等の設備及び運営に関する基準」制定
4 「幼保連携型認定こども園の学級の編制、職員、設備及び運営に関する基準」制定
4 内閣府・文部科学省・厚生労働省「幼保連携型認定こども園教育・保育要領」告示
7 内閣府「教育・保育及び地域子ども・子育て支援事業の提供体制の整備並びに子ども・子育て支援給付及び地域子ども・子育て支援事業の円滑な実施を確保するための基本的な指針」告示
7 「幼稚園設置基準」一部改正
12 内閣府・文部科学省・厚生労働省「幼保連携型認定こども園教育・保育要領解説」策定

平成二七年（二〇一五）
1 厚生労働省「保育士確保プラン」策定
3 新たな「少子化社会対策大綱」策定
4 「子ども・子育て支援新制度」開始

平成二八年（二〇一六）
3 内閣府「教育・保育施設等における事故防止及び事故発生時の対応のためのガイドライン」策定
4 「児童相談所強化プラン」策定
8 文部科学省「幼児教育部会における審議の取りまとめ」公表

12 中央教育審議会「幼稚園、小学校、中学校、高等学校及び特別支援学校の学習指導要領等の改善及び必要な方策等について」答申

平成二九年（二〇一七）

3 「小学校学習指導要領」改訂告示
3 「幼稚園教育要領」改訂告示
3 「保育所保育指針」改定告示
3 「幼保連携型認定こども園教育・保育要領」改訂告示
8 厚生労働省「新しい社会的養育ビジョン」策定
11 文部科学省「教職課程コアカリキュラム」公表
12 厚生労働省「保育士養成課程等の見直しについて～より実践力のある保育士の養成に向けて～（検討の整理）」公表

平成三〇年（二〇一八）

2 文部科学省「幼稚園教育要領解説」公表
2 厚生労働省「保育所保育指針解説」公表
3 内閣府・文部科学省・厚生労働省「幼保連携型認定こども園教育・保育要領解説」公表
3 厚生労働省「保育所における感染症対策ガイドライン」改訂

平成三一年＝令和元年（二〇一九）

4 厚生労働省「保育所におけるアレルギー対応ガイドライン」改訂
6 厚生労働省「子どもを中心に保育の実践を考える～保育所保育指針に基づく保育の質向上に向けた実践事例集～」公表
10 「幼児教育・保育の無償化」開始

令和二年（二〇二〇）

2 厚生労働省「体罰等によらない子育てのために～みんなで育児を支える社会に～」公表
3 厚生労働省「保育所における自己評価ガイドライン」改訂
5 新たな「少子化社会対策大綱」策定
6 厚生労働省保育所等における保育の質の確保・向上に関する検討会「議論のとりまとめ」公表

令和三年（二〇二一）

1 中央教育審議会「『令和の日本型学校教育』の構築を目指して」答申
6 「医療的ケア児及びその家族に対する支援に関する法律」制定
8 厚生労働省「保育所における感染症対策ガイドライン」一部改訂
11 こども政策の推進に係る有識者会議、報告書公表
12 厚生労働省地域における保育所・保育士等の在り方に関する検討会、取りまとめ公表

令和四年（二〇二二）

3 文部科学省「幼保小の架け橋プログラムの実施に向けての手引き（初版）」策定
5 「教育公務員特例法」「教育職員免許法」一部改正（更新制に関する規定の削除）
6 「児童福祉法」一部改正
6 「こども基本法」制定（令和5年4月施行）
10 厚生労働省「保育所における感染症対策ガイドライン」一部改訂

令和五年（二〇二三）

3 「就学前のこどもの育ちに係る基本的な指針」に関する有識者懇談会、報告公表
4 こども家庭庁発足
5 こども家庭庁「保育所における感染症対策ガイドライン」一部改訂
12 こども家庭審議会「今後五年程度を見据えたこども施策の基本的な方針と重要事項等」「幼児期までのこどもの育ちに係る基本的なヴィジョン」「こどもの居場所づくりに関する指針」答申
12 「こども大綱」策定

資料編

資料一覧

Ⅰ　子どもをめぐる現状／1　少子化

Ⅰ-1-1　子どもの数（年少人口）とその割合の推移

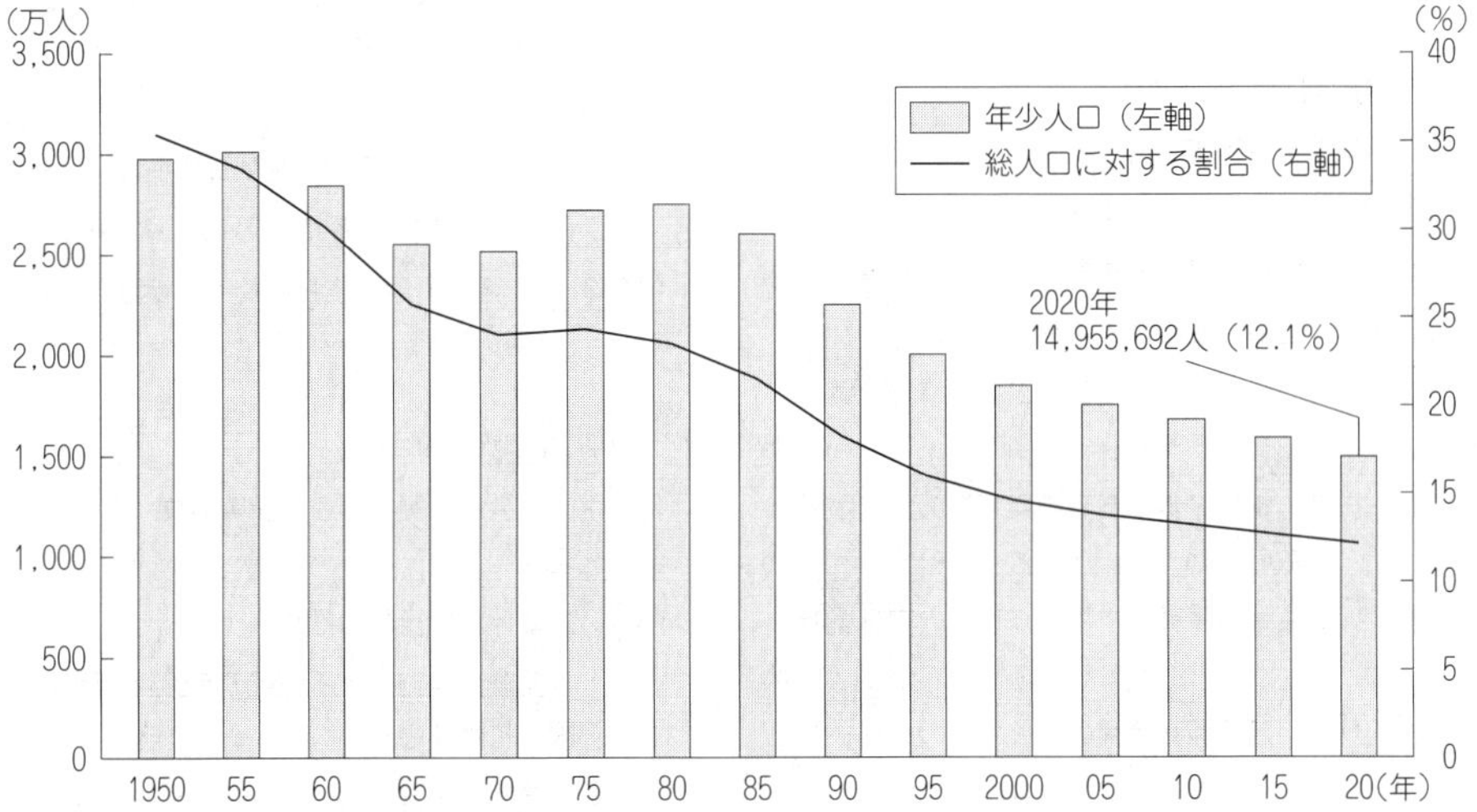

注）年少人口とは15歳未満の人口のこと。
出所）総務省統計局「国勢調査」より作成。

Ⅰ-1-2　出生数及び合計特殊出生率の推移

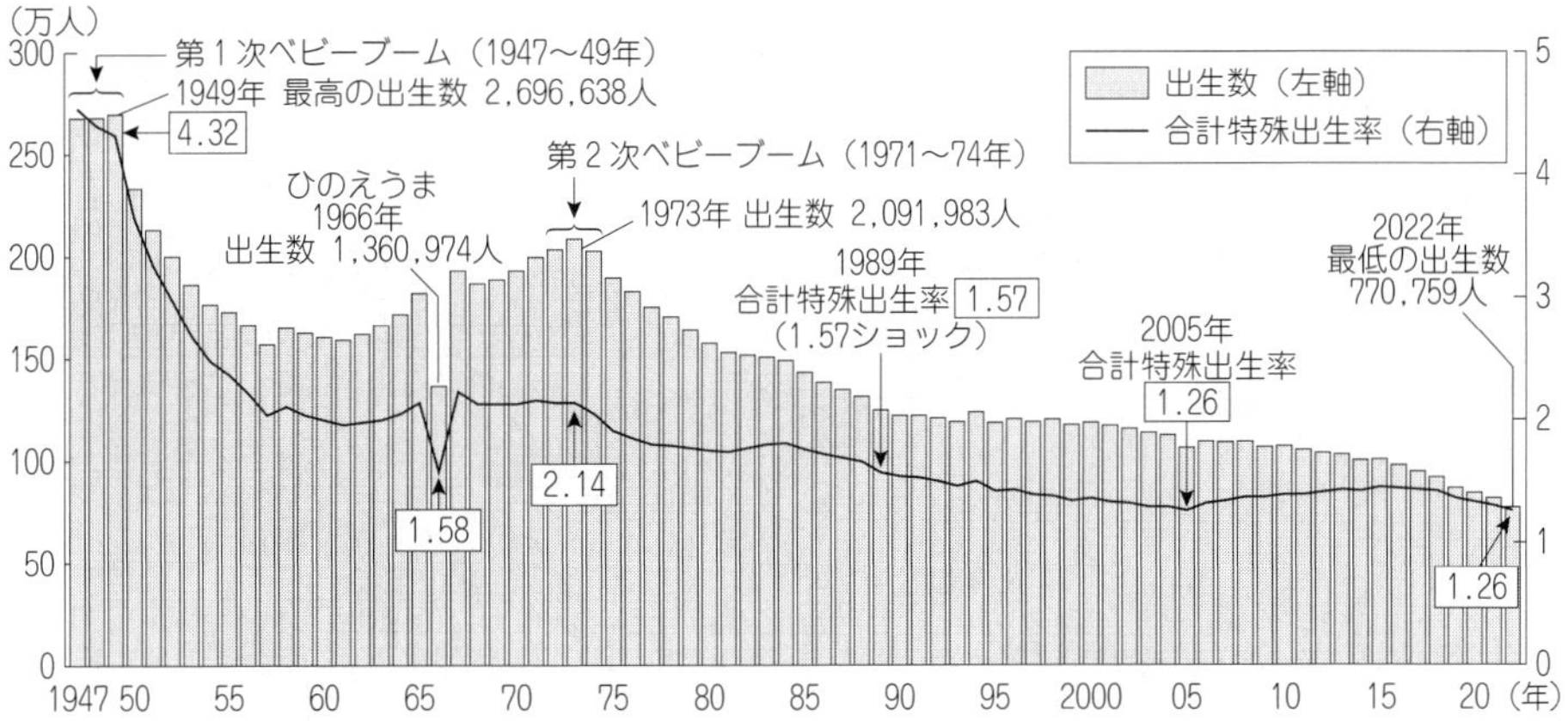

出所）厚生労働省「人口動態統計」。

Ⅰ-1-3　平均初婚年齢と出生順位別母の平均年齢の推移

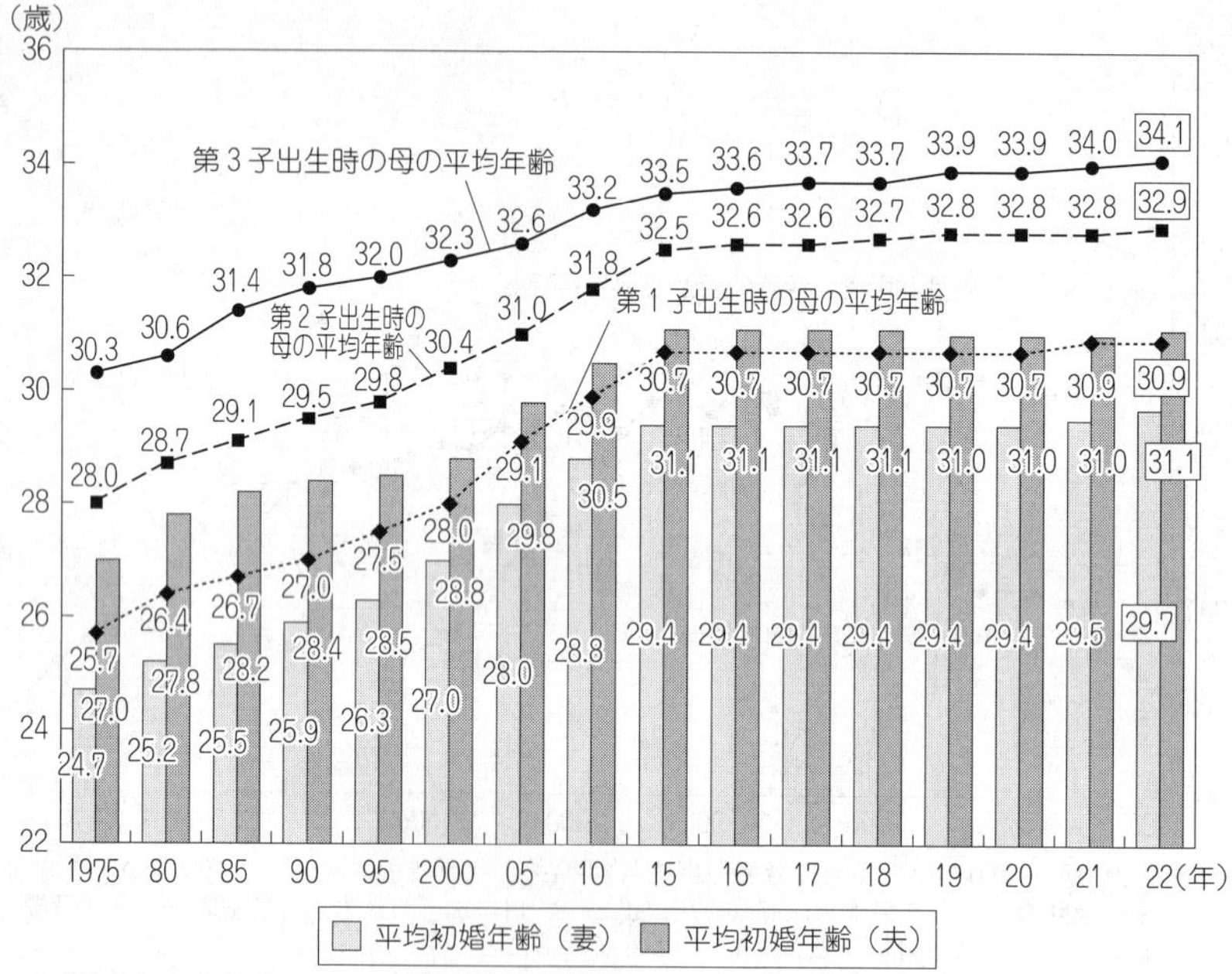

出所）厚生労働省「人口動態統計」より作成。

Ⅰ-1-4　児童の有無別にみた世帯構造別世帯数の構成割合の推移

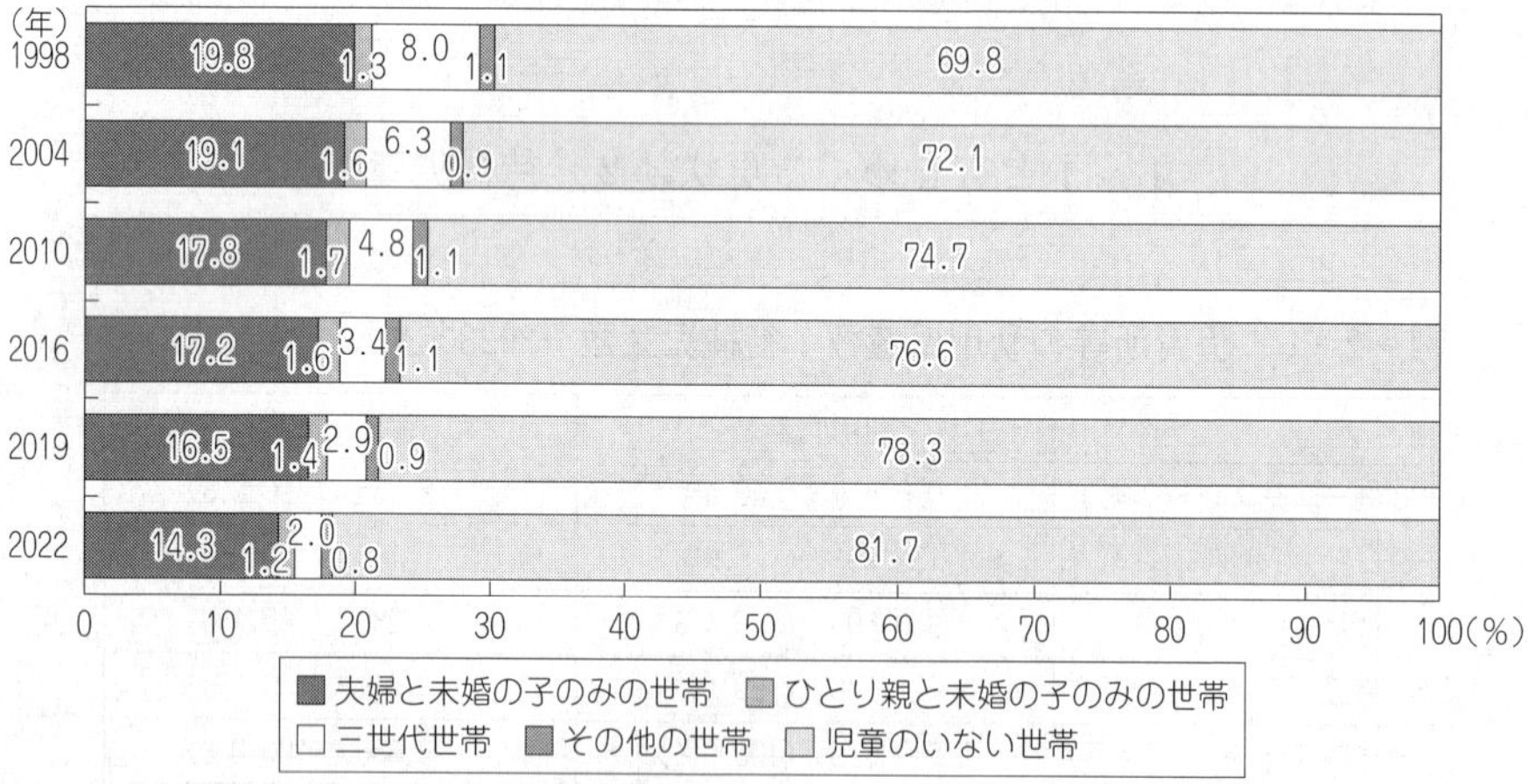

出所）厚生労働省「国民生活基礎調査」。

Ⅰ－1－5　共働き世帯数と専業主婦世帯数の推移

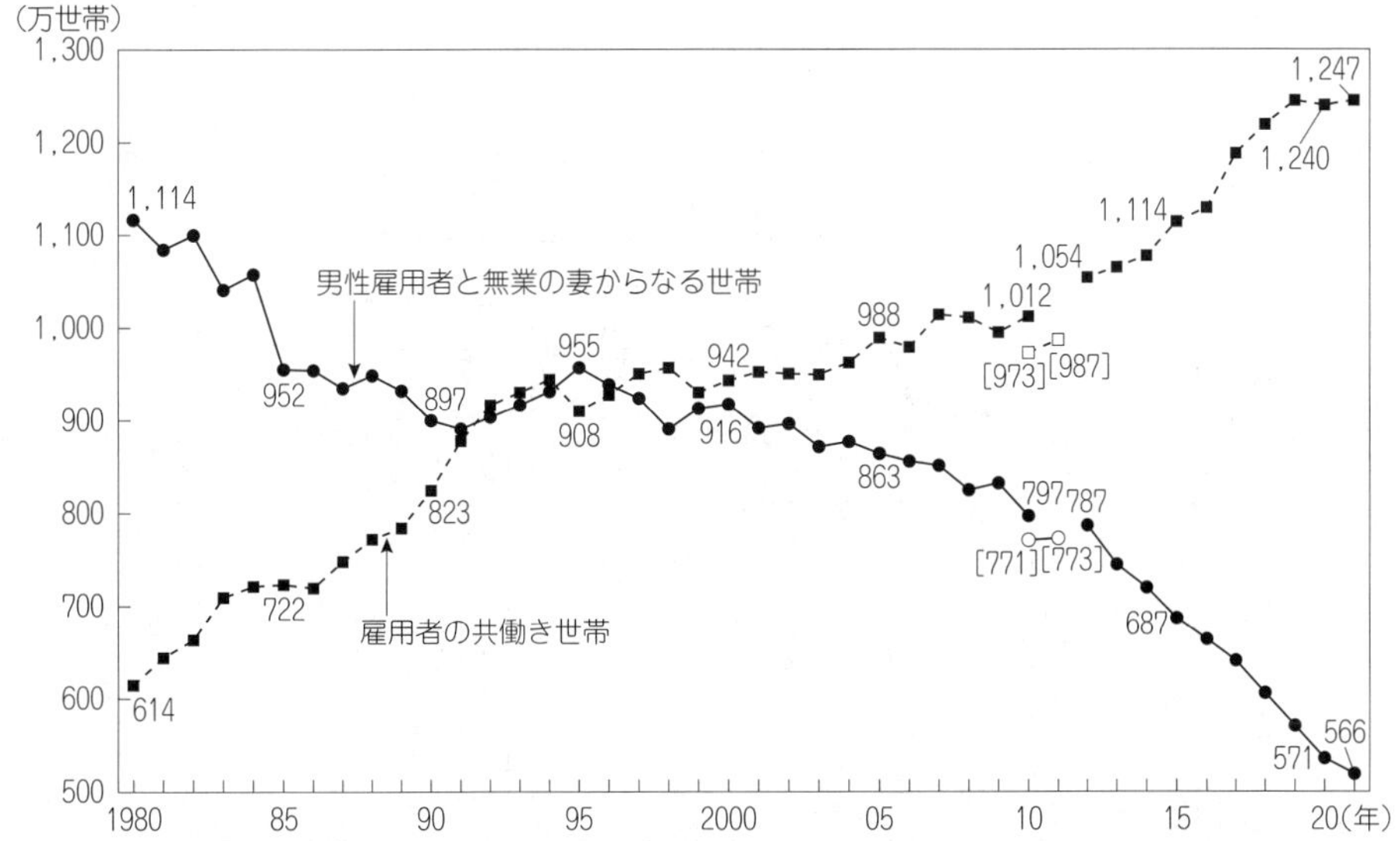

注）　1．1980から2001年は総務省「労働力調査特別調査」(各年2月。ただし、1980年から1982年は各年3月)。2002年以降は「労働力調査（詳細集計)」より作成。「労働力調査特別調査」と「労働力調査（詳細集計)」とでは、調査方法、調査月等が相違することから、時系列比較には注意を要する。

2．「男性雇用者と無業の妻からなる世帯」とは、2017年までは、夫が非農林業雇用者で、妻が非就業者（非労働力人口及び完全失業者）の世帯。2018年以降は、就業状態の分類区分の変更に伴い、夫が非農林業雇用者で、妻が非就業者（非労働力人口及び失業者）の世帯。

3．「雇用者の共働き世帯」とは、夫婦ともに非農林業雇用者（非正規の職員・従業員を含む）の世帯。

4．2010年及び2011年の［　］内の実数（白抜き表示）は、岩手県、宮城県及び福島県を除く全国の結果。

出所）　内閣府（編）『男女共同参画白書（令和4年版)』勝美印刷、2022年、p.135より一部修正。

Ⅰ　子どもをめぐる現状／2　待機児童

Ⅰ－2－1　保育所等の利用児童数・待機児童数（2023年）

	利用児童数	待機児童数
3歳未満児（0～2歳）	1,096,589人(40.4%)	2,436人(90.9%)
うち0歳児	135,991人(　5.0%)	156人(　5.8%)
うち1・2歳児	960,598人(35.4%)	2,280人(85.1%)
3歳以上児	1,620,746人(59.6%)	244人(　9.1%)
全年齢児計	2,717,335人(100.0%)	2,680人(100.0%)

出所）　こども家庭庁「保育所等関連状況取りまとめ（令和5年4月1日)」。

Ⅰ-2-2　待機児童数の推移

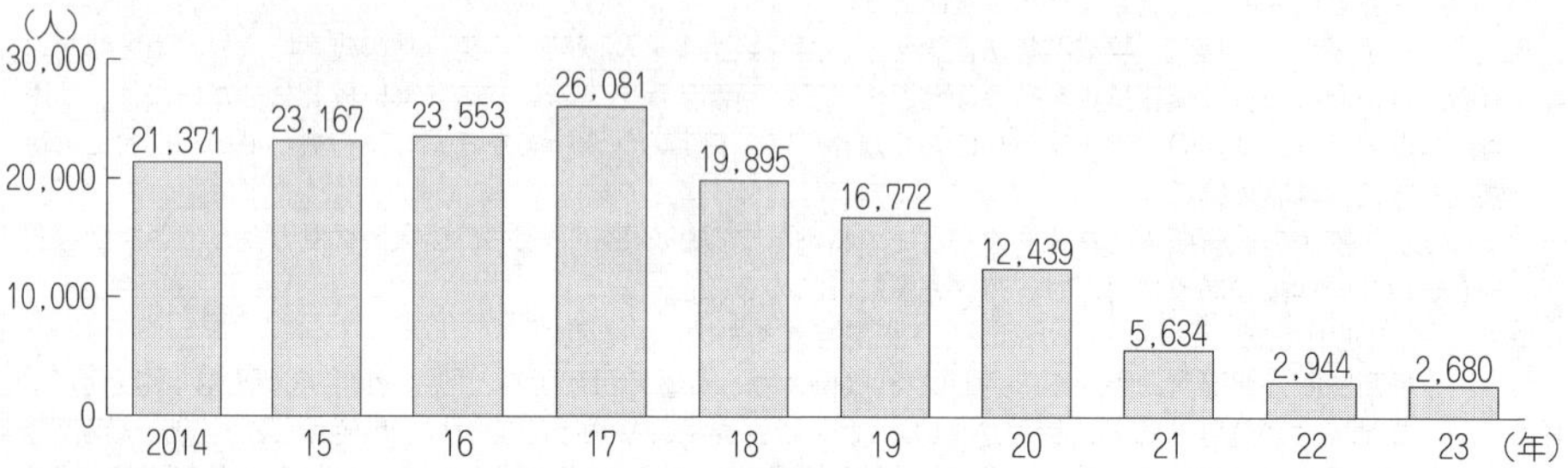

出所）　こども家庭庁「保育所等関連状況取りまとめ（令和5年4月1日)」より作成。

Ⅰ-2-3　保育所等利用待機児童とは

調査日時点において、保育の必要性の認定（2号又は3号）を受け、特定教育・保育施設（認定こども園の幼稚園機能部分及び幼稚園を除く。）又は特定地域型保育事業（以下「保育所等」という。）の利用の申込みがされているが、利用していない者を把握することとし、その際の取扱いは以下のとおりとする。

〈申込児童数の取扱い〉

1．いわゆる“入所保留”（一定期間入所待機のままの状態であるもの）の場合については、保護者の保育所等の利用希望を確認した上で希望がない場合には、申込児童数に含めないことができること。

2．保育所等を現在利用しているが、第1希望の保育所等でない等により転園希望が出ている場合には、申込児童数には含めないこと。

3．産休・育休明けの利用希望として事前に利用申込みが出ているような、利用予約（利用希望日が調査日よりも後のもの）の場合には、調査日時点においては、申込児童数には含めないこと。

〈国による補助の対象となる施設・事業で保育されている児童の取扱い〉

4．付近に保育所等がない等やむを得ない事由により、保育所等以外の場で適切な保育を行うために実施している、以下の(1)から(3)までに掲げる事業又は施設において保育されている児童については、待機児童数には含めないこと。

(1)　国庫補助事業による認可化移行運営費支援事業及び幼稚園における長時間預かり保育運営費支援事業

(2)　特定教育・保育施設として確認を受けた幼稚園又は確認を受けていないが私学助成若しくは就園奨励費補助の対象となる幼稚園であって、一時預かり事業（幼稚園型Ⅰ・Ⅱ）又は預かり保育の補助を受けている幼稚園

(3)　企業主導型保育事業

〈待機児童数から除く児童の取扱い〉

5．育児休業中の保護者については、保育所等に入所できたときに復職することを、保育所入所保留通知書発出後や調査日時点などにおいて継続的に確認し、復職に関する確認ができる場合には、待機児童数に含めること。ただし、それが確認できない場合には、待機児童数に含めないこと。市区町村は育児休業を延長した者及び育児休業を切り上げて復職したい者等のニーズを適切に把握し、引き続き利用調整を行うこと。

※　保護者の復職に関する確認方法については、以下のような例により、利用申込み時点に限らず、継続的に確認を行うこと。

(1)　申込みの際に、保護者の復職に関して、確認するためのチェック欄等を設けて確認

(2) 保護者への電話・メール等により、意向を聴取
(3) 保護者に入所に関する確約書の提出を求めて確認

6．子ども・子育て支援法（平成24年法律第65号）第42条第1項及び第54条第1項の規定により、市区町村は保育所等に関し必要な情報提供を行うこととされているが、保護者の意向を丁寧に確認しながら、他に利用可能な保育所等の情報の提供を行ったにもかかわらず、特定の保育所等を希望し、待機している場合には待機児童数には含めないこと。

ただし、特定の保育所等を希望することに、特別な支援が必要な子どもの受入れ体制が整っていないなどやむを得ない理由がある場合には、待機児童数に含めること。

※「他に利用可能な保育所等」とは、以下に該当するものとすること。
(1) 開所時間が保護者の需要に応えている。（例えば、希望の保育所等と開所時間に差異がないなど。）
(2) 立地条件が登園するのに無理がない。（例えば、通常の交通手段により、自宅から20～30分未満で登園が可能など、地域における地理的な要因や通常の交通手段の違い等を考慮した上で、通勤時間、通勤経路等を踏まえて判断する。）

なお、「他に利用可能な保育所等」には、4．の(1)から(3)及び7に掲げる事業又は施設を含むこととするが、居宅訪問型保育事業又は認可外の居宅訪問型事業に類する事業については、保育士と児童が1対1対応となる等の点で、他の施設とは異なることから、これらのみを情報提供した場合は、「他に利用可能な保育所等の情報の提供を行った」に該当せず、待機児童数に含めない取扱いとすることはできない。

※　他に利用可能な保育所等の情報提供については、個別に保護者へ行うことを基本とし、以下のような例により行うこと。
(1) 一次選考後、保留通知を送付する際に、併せて利用可能な保育所等の情報を送付
(2) 他に利用可能な保育所等を保護者への電話・メール等により個別に情報提供
(3) 自治体の相談窓口等で個別に情報提供

7．地方公共団体が一定の施設等の基準に基づき運営費支援等を行っている単独保育施策（保育所、小規模保育事業、家庭的保育事業、居宅訪問型保育事業、事業所内保育事業に類するもの）において保育されている児童については、待機児童数には含めないこと。

8．保護者が求職活動中の場合については、待機児童数に含めること。ただし、求職活動中であることを事由とした申込みについては、調査日時点において求職活動を行っておらず、保育の必要性が認められない状況にあることの確認ができる場合には、待機児童数には含めないこと。

※　求職活動を休止していることの確認方法については、以下のような例により行うこと。
(1) 保護者への電話・メール等により、求職活動の状況を聴取
(2) 保護者に以下の書類の提出を求めるなど、求職活動状況の報告により確認
- 求職活動状況を確認できる証明書類
- 求職サイトや派遣会社への登録などの活動を証明できる書類
- その他、面接等の活動を行っていることが確認できる書類（申込書の写し等）

〈その他〉

9．広域利用の希望があるが、利用できない場合には、利用申込者が居住する市区町村で待機児童数に含めること。

出所）厚生労働省子ども家庭局保育課長通知「保育所等利用待機児童数調査について」（令和4年4月15日子保発0415第1号）。

I　子どもをめぐる現状／3　児童虐待

I－3－1　児童虐待の相談種別対応件数の推移

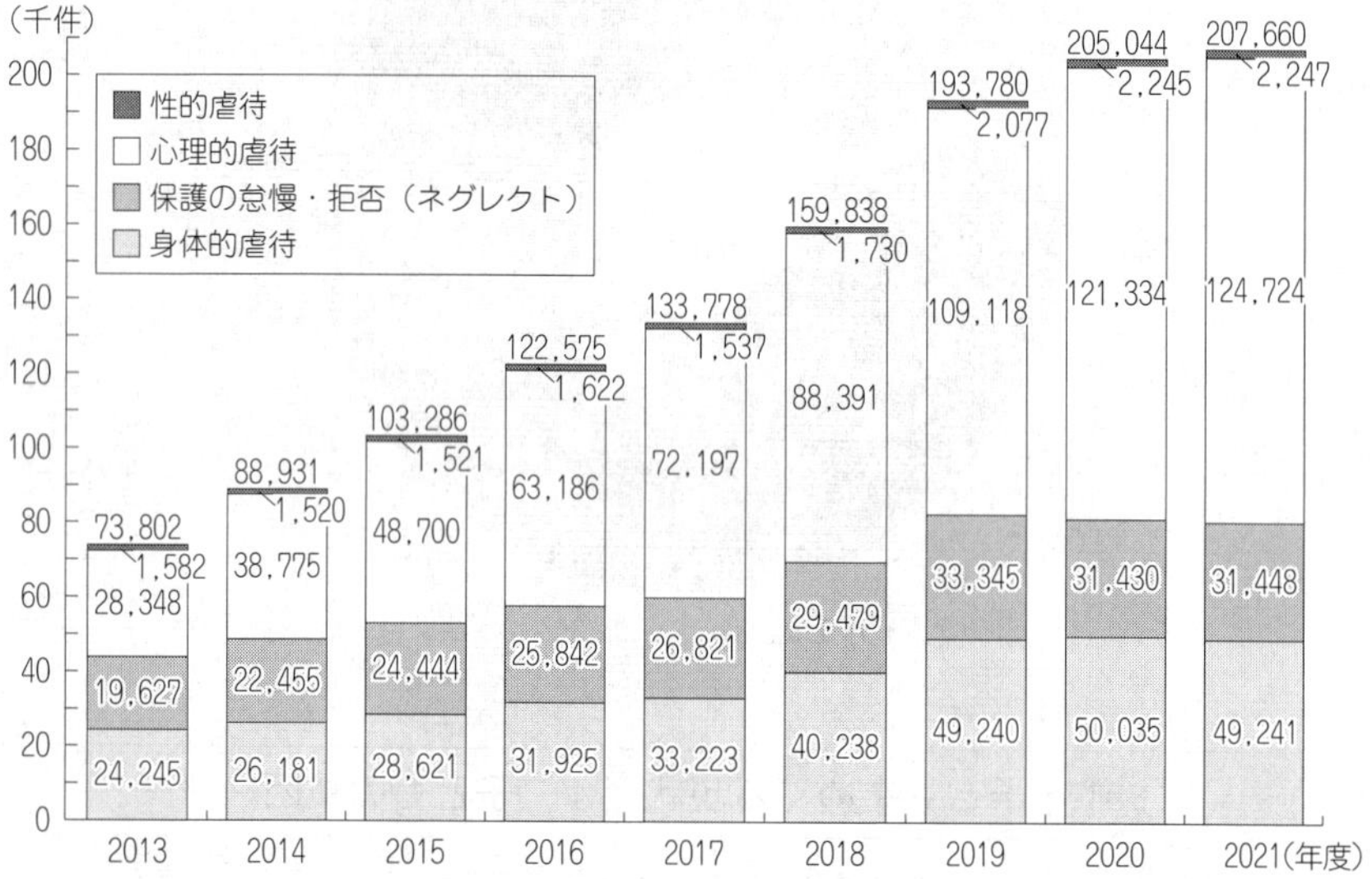

出所）　厚生労働省「福祉行政報告例」より作成。

I－3－2　児童虐待相談における主な虐待者別構成割合の推移

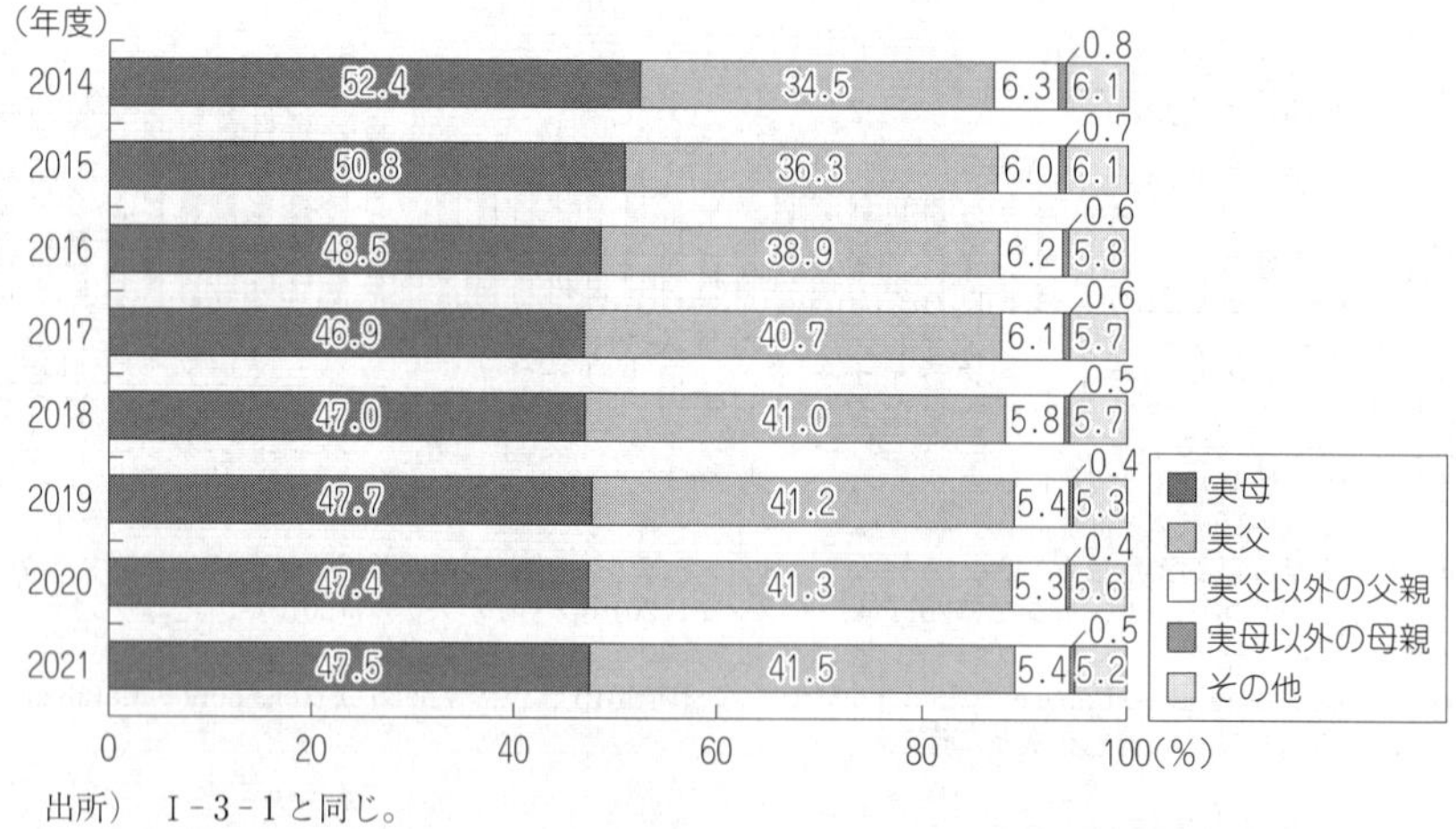

出所）　I－3－1と同じ。

Ⅰ-3-3　虐待を受けた子どもの年齢構成

(2021年度)

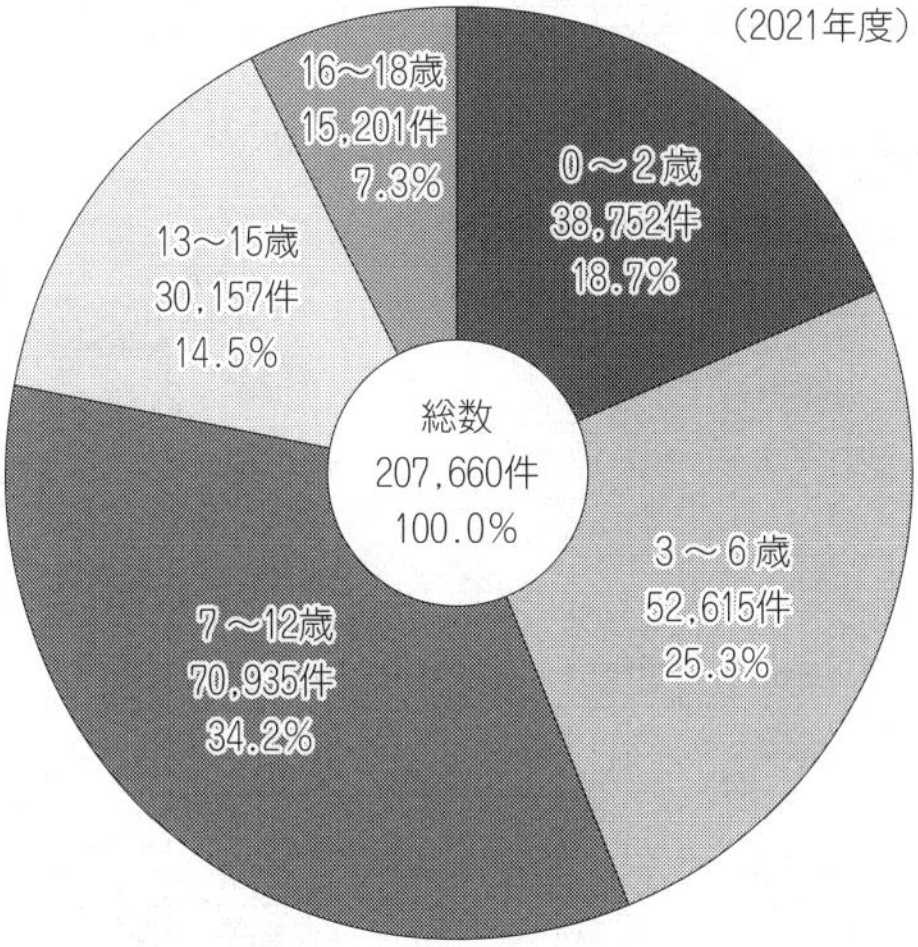

出所）Ⅰ-3-1と同じ。

Ⅰ　子どもをめぐる現状／4　子どもの貧困

Ⅰ-4-1　子どもの貧困率の国際比較（2018年）

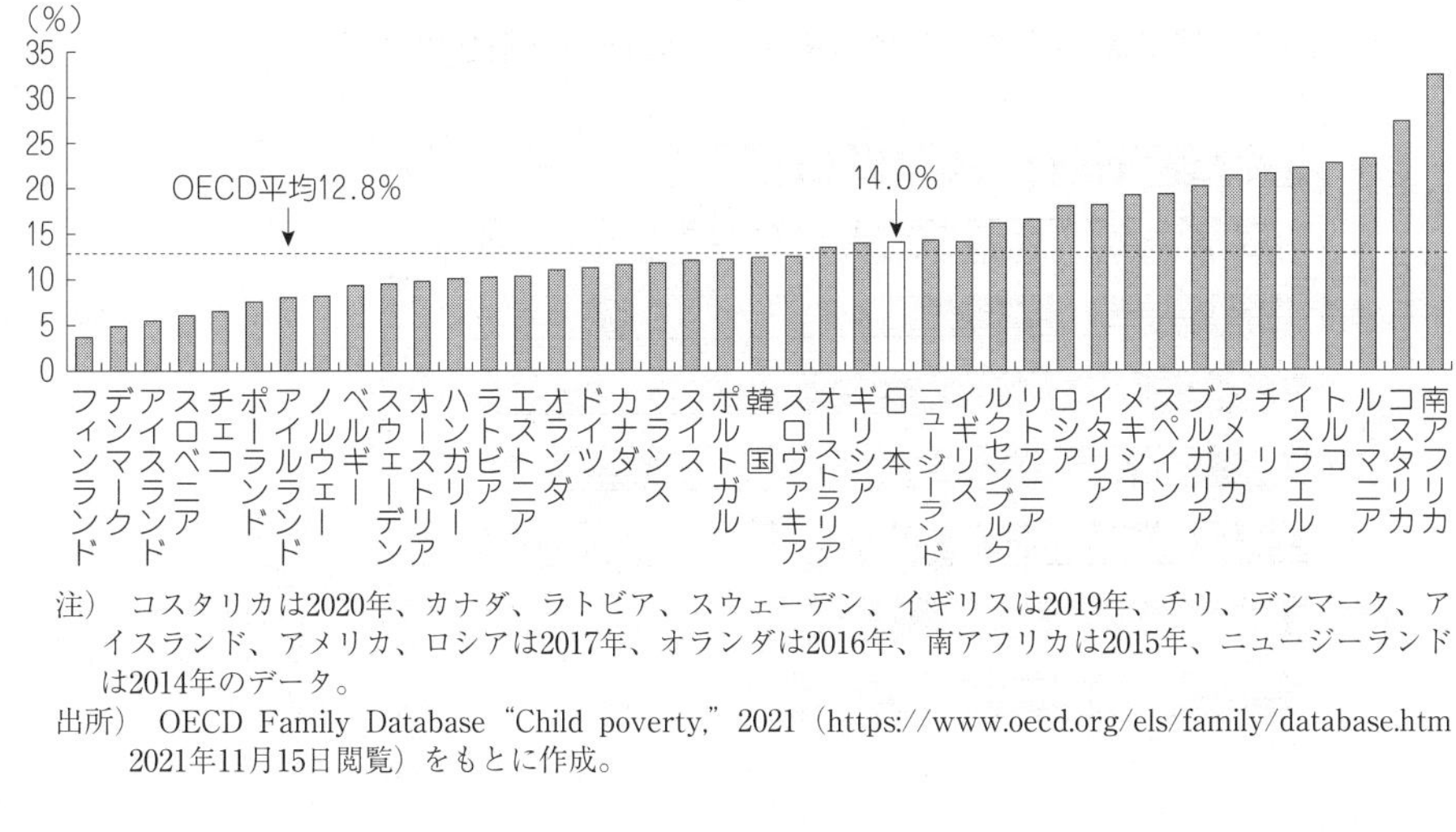

注）コスタリカは2020年、カナダ、ラトビア、スウェーデン、イギリスは2019年、チリ、デンマーク、アイスランド、アメリカ、ロシアは2017年、オランダは2016年、南アフリカは2015年、ニュージーランドは2014年のデータ。

出所）OECD Family Database “Child poverty,” 2021（https://www.oecd.org/els/family/database.htm 2021年11月15日閲覧）をもとに作成。

Ⅰ－4－2　貧困率の推移

○相対的貧困率と子どもの貧困率

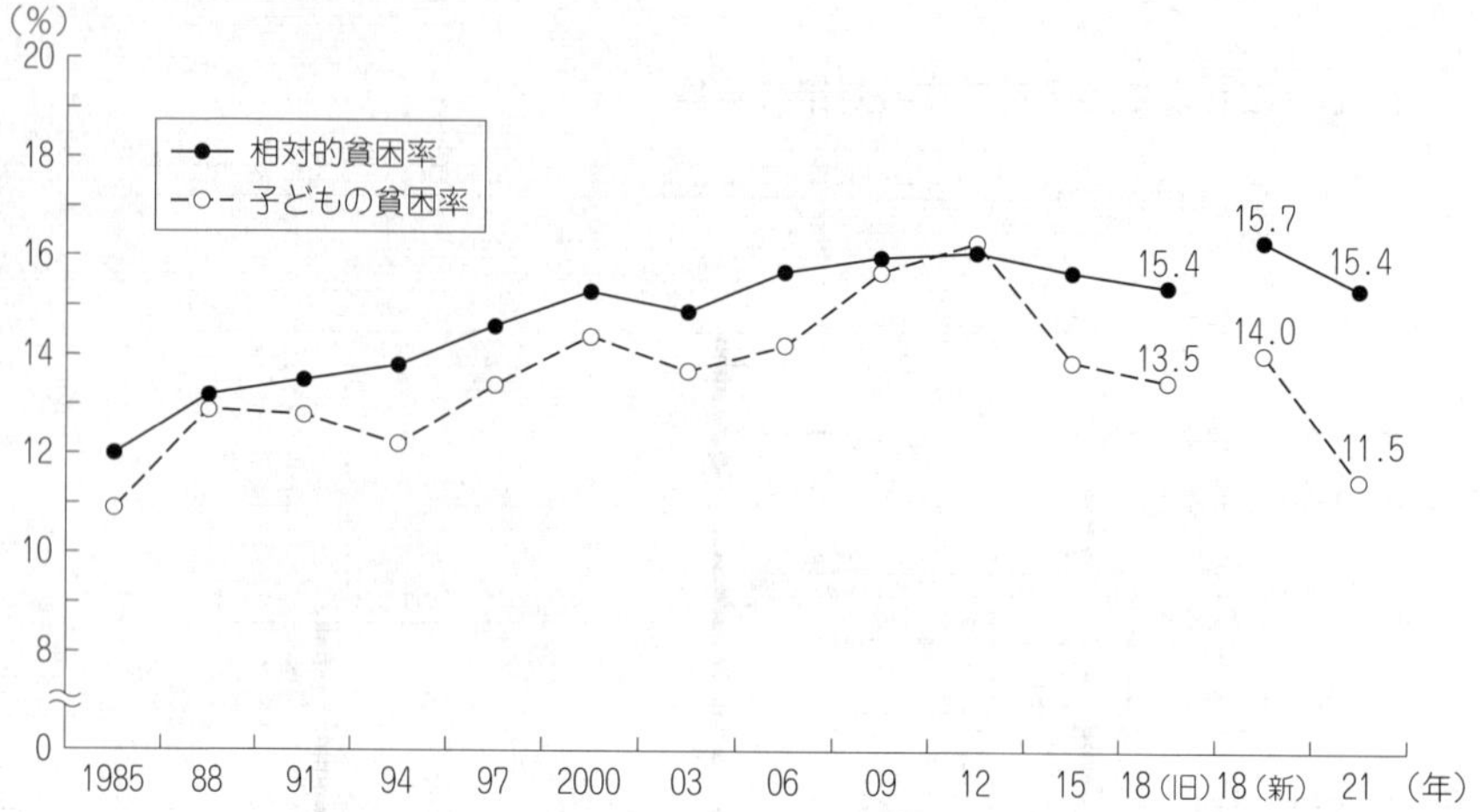

○子どもがいる現役世帯の貧困率

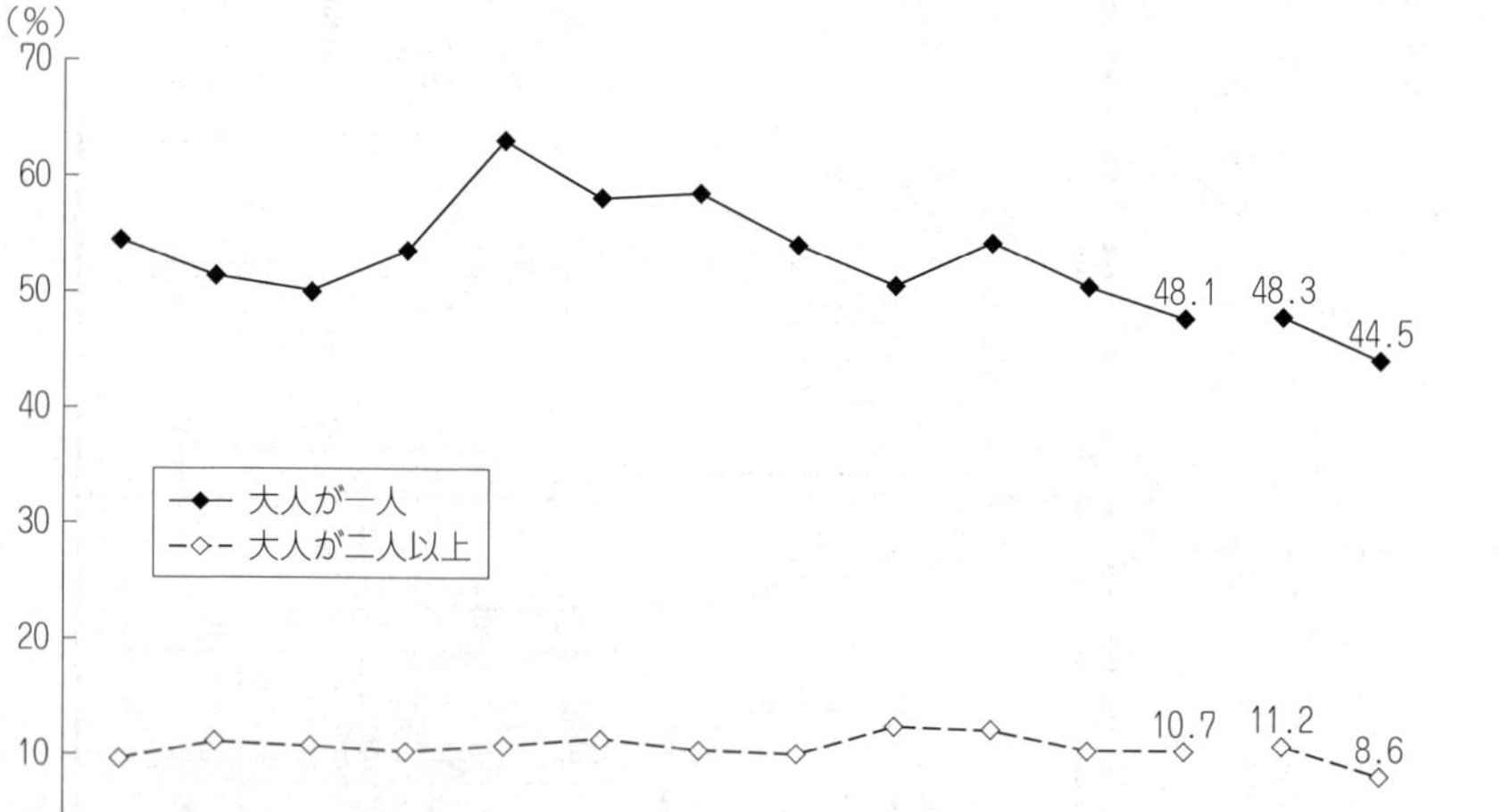

注）１．1994年の数値は兵庫県を、2015年の数値は熊本県を除いたもの。
　　２．2018年の「新基準」は、2015年に改訂されたOECDの所得定義の新たな基準で、従来の可処分所得から更に「自動車税・軽自動車税・自動車重量税」、「企業年金の掛金」及び「仕送り額」を差し引いたものである。
　　３．2021年からは、新基準の数値である。
　　４．貧困率は、OECDの作成基準に基づいて算出している。
　　５．大人は18歳以上の者、子どもは17歳以下の者、現役世帯は世帯主が18歳以上65歳未満の世帯。
　　６．等価可処分所得金額不詳の世帯員は除く。
出所）厚生労働省「国民生活基礎調査」より作成。

Ⅱ　子ども・子育てに関する制度

Ⅱ-1　これまでの子育て支援対策の経緯

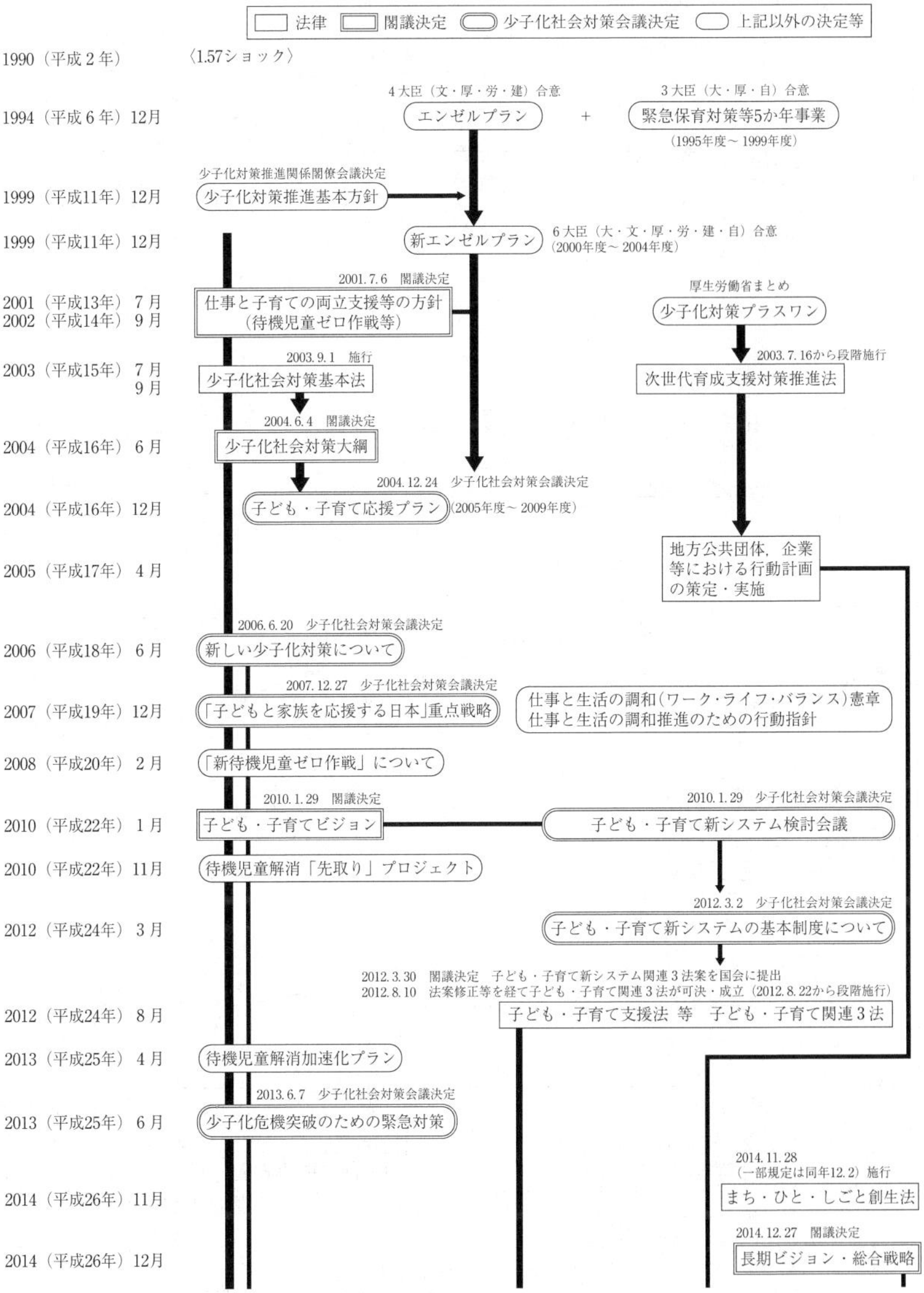

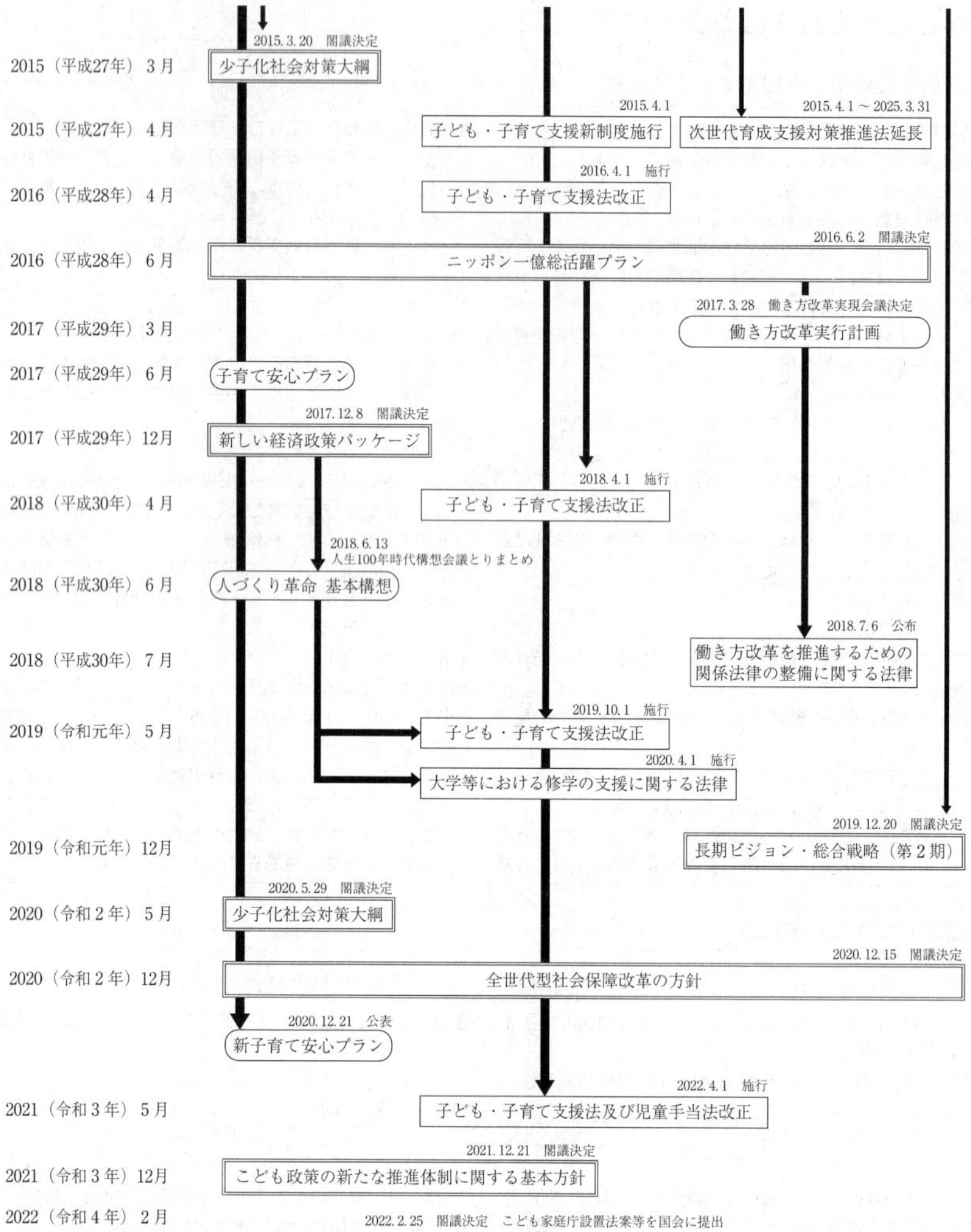
2015（平成27年）３月
2015.3.20　閣議決定
少子化社会対策大綱
2015（平成27年）４月
2015.4.1
子ども・子育て支援新制度施行
2015.4.1～2025.3.31
次世代育成支援対策推進法延長
2016（平成28年）４月
2016.4.1　施行
子ども・子育て支援法改正
2016（平成28年）６月
2016.6.2　閣議決定
ニッポン一億総活躍プラン
2017（平成29年）３月
2017.3.28　働き方改革実現会議決定
働き方改革実行計画
2017（平成29年）６月
子育て安心プラン
2017（平成29年）12月
2017.12.8　閣議決定
新しい経済政策パッケージ
2018（平成30年）４月
2018.4.1　施行
子ども・子育て支援法改正
2018.6.13
人生100年時代構想会議とりまとめ
2018（平成30年）６月
人づくり革命 基本構想
2018（平成30年）７月
2018.7.6　公布
働き方改革を推進するための関係法律の整備に関する法律
2019（令和元年）５月
2019.10.1　施行
子ども・子育て支援法改正
2020.4.1　施行
大学等における修学の支援に関する法律
2019（令和元年）12月
2019.12.20　閣議決定
長期ビジョン・総合戦略（第２期）
2020（令和２年）５月
2020.5.29　閣議決定
少子化社会対策大綱
2020（令和２年）12月
2020.12.15　閣議決定
全世代型社会保障改革の方針
2020.12.21　公表
新子育て安心プラン
2021（令和３年）５月
2022.4.1　施行
子ども・子育て支援法及び児童手当法改正
2021（令和３年）12月
2021.12.21　閣議決定
こども政策の新たな推進体制に関する基本方針
2022（令和４年）２月
2022.2.25　閣議決定　こども家庭庁設置法案等を国会に提出

資料）内閣府資料より。

出所）内閣府『少子化社会対策白書（令和４年版）』日経印刷、2022年、pp. 48-49より作成。

Ⅱ－2　こども家庭庁について

こども家庭庁設置法（令和4年法律第75号）の概要

1．内閣府の外局として、こども家庭庁を設置
2．こども家庭庁の長は、こども家庭庁長官とする
3．こども家庭庁の所掌事務
(1)　分担管理事務（自ら実施する事務）
- 小学校就学前のこどもの健やかな成長のための環境の確保及び小学校就学前のこどものある家庭における子育て支援に関する基本的な政策の企画及び立案並びに推進
- 子ども・子育て支援給付その他の子ども及び子どもを養育している者に必要な支援
- こどもの保育及び養護
- こどものある家庭における子育ての支援体制の整備
- 地域におけるこどもの適切な遊び及び生活の場の確保
- こども、こどものある家庭及び妊産婦その他母性の福祉の増進
- こどもの安全で安心な生活環境の整備に関する基本的な政策の企画及び立案並びに推進
- こどもの保健の向上
- こどもの虐待の防止
- いじめの防止等に関する相談の体制など地域における体制の整備
- こどもの権利利益の擁護（他省の所掌に属するものを除く）
- こども大綱の策定及び推進　等

(2)　内閣補助事務（内閣の重要政策に関する事務）
- こどもが自立した個人としてひとしく健やかに成長することのできる社会の実現のための基本的な政策に関する事項等の企画及び立案並びに総合調整
- 結婚、出産又は育児に希望を持つことができる社会環境の整備等少子化の克服に向けた基本的な政策に関する事項の企画及び立案並びに総合調整
- 子ども・若者育成支援に関する事項の企画及び立案並びに総合調整

4．資料の提出要求等
- こども家庭庁長官は、こども家庭庁の所掌事務を遂行するため必要があると認めるときは、関係行政機関の長に対し、資料の提出、説明その他の必要な協力を求めることができることとする

5．審議会等及び特別の機関
- こども家庭庁に、こども政策に関する重要事項等を審議するこども家庭審議会等を設置し、内閣府及び厚生労働省から関係審議会等の機能を移管するとともに、こども基本法の定めるところによりこども家庭庁に置かれる特別の機関は、内閣総理大臣を会長とするこども政策推進会議とする

6．施行期日等
- 令和5年4月1日
- 政府は、この法律の施行後5年を目途として、小学校就学前のこどもに対する質の高い教育及び保育の提供その他のこどもの健やかな成長及びこどものある家庭における子育てに対する支援に関する施策の実施の状況を勘案し、これらの施策を総合的かつ効果的に実施するための組織及び体制の在り方について検討を加え、必要があると認めるときは．その結果に基づいて所要の措置を講ずるものとする

こども家庭庁の主な組織構成

長官官房（企画立案・総合調整部門）
- こどもの視点、子育て当事者の視点に立った政策の企画立案・総合調整（こども大綱の策定、少子化対策、こどもの意見聴取と政策への反映等）
- 必要な支援を必要な人に届けるための情報発信や広報等
- データ・統計を活用したエビデンスに基づく政策立案と実践、評価、改善　など

成育局
- 妊娠・出産の支援、母子保健、成育医療等基本方針の策定
- 就学前の全てのこどもの育ちの保障（就学前指針（仮称）の策定）、認定こども園教育保育要領、保育所保育指針の双方を文部科学省とともに策定
- 相談対応や情報提供の充実、全てのこどもの居場所づくり
- こどもの安全　など

支援局
- 様々な困難を抱えるこどもや家庭に対する年齢や制度の壁を克服した切れ目ない包括的支援
- 児童虐待防止対策の強化、社会的養護の充実及び自立支援
- こどもの貧困対策、ひとり親家庭の支援
- 障害児支援
- いじめ防止を担い文部科学省と連携して施策を推進　など

出所）こども家庭庁「こども家庭庁設置法（令和4年法律第75号）の概要」「こども家庭庁組織体制の概要」より作成。

Ⅱ-3　子ども・子育て支援制度の体系

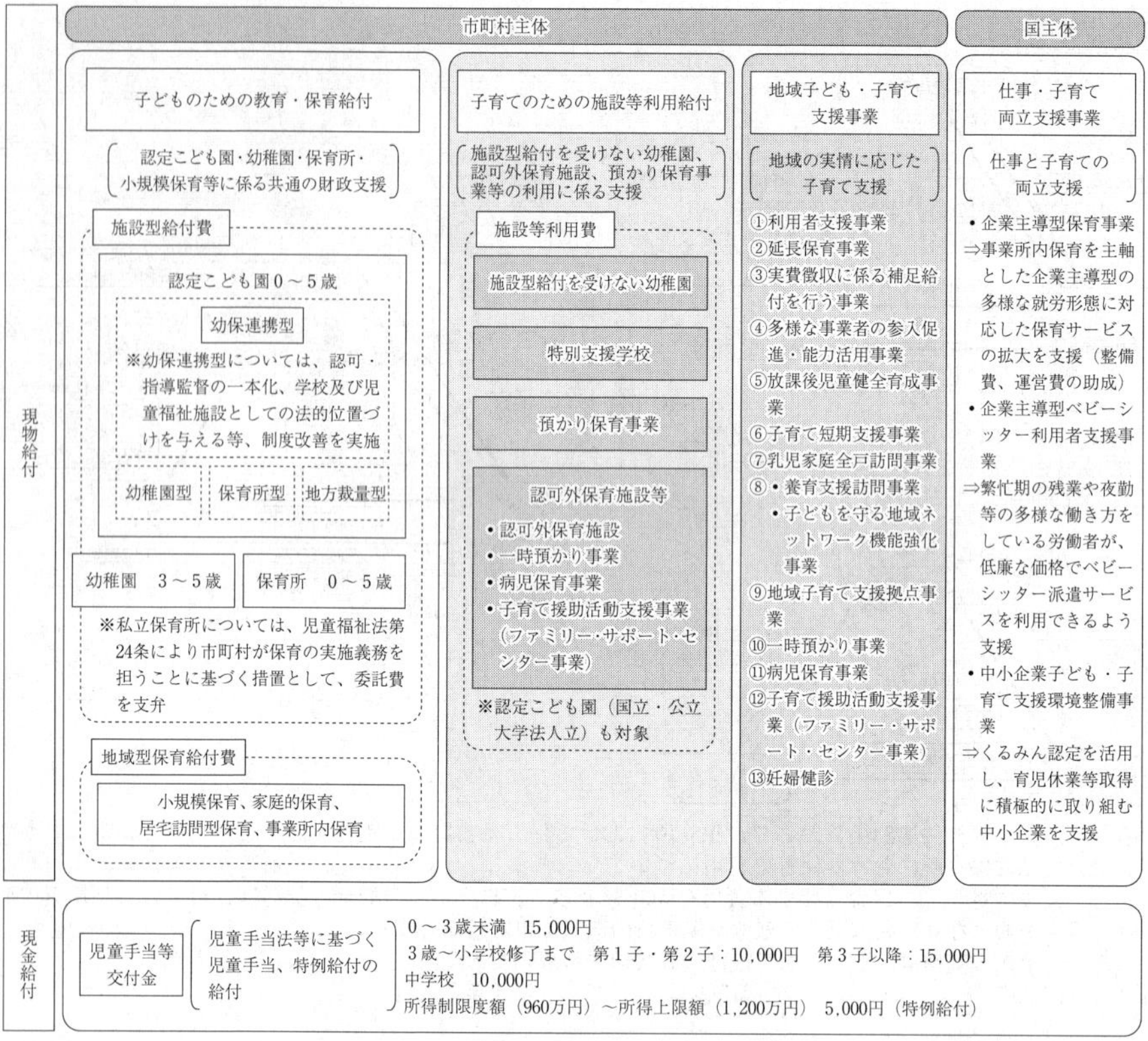
市町村主体
国主体
現物給付
子どものための教育・保育給付
認定こども園・幼稚園・保育所・小規模保育等に係る共通の財政支援
施設型給付費
認定こども園０～５歳
幼保連携型
※幼保連携型については、認可・指導監督の一本化、学校及び児童福祉施設としての法的位置づけを与える等、制度改善を実施
幼稚園型
保育所型
地方裁量型
幼稚園　３～５歳
保育所　０～５歳
※私立保育所については、児童福祉法第24条により市町村が保育の実施義務を担うことに基づく措置として、委託費を支弁
地域型保育給付費
小規模保育、家庭的保育、居宅訪問型保育、事業所内保育
子育てのための施設等利用給付
施設型給付を受けない幼稚園、認可外保育施設、預かり保育事業等の利用に係る支援
施設等利用費
施設型給付を受けない幼稚園
特別支援学校
預かり保育事業
認可外保育施設等
・認可外保育施設
・一時預かり事業
・病児保育事業
・子育て援助活動支援事業（ファミリー・サポート・センター事業）
※認定こども園（国立・公立大学法人立）も対象
地域子ども・子育て支援事業
地域の実情に応じた子育て支援
①利用者支援事業
②延長保育事業
③実費徴収に係る補足給付を行う事業
④多様な事業者の参入促進・能力活用事業
⑤放課後児童健全育成事業
⑥子育て短期支援事業
⑦乳児家庭全戸訪問事業
⑧・養育支援訪問事業
・子どもを守る地域ネットワーク機能強化事業
⑨地域子育て支援拠点事業
⑩一時預かり事業
⑪病児保育事業
⑫子育て援助活動支援事業（ファミリー・サポート・センター事業）
⑬妊婦健診
仕事・子育て両立支援事業
仕事と子育ての両立支援
・企業主導型保育事業
⇒事業所内保育を主軸とした企業主導型の多様な就労形態に対応した保育サービスの拡大を支援（整備費、運営費の助成）
・企業主導型ベビーシッター利用者支援事業
⇒繁忙期の残業や夜勤等の多様な働き方をしている労働者が、低廉な価格でベビーシッター派遣サービスを利用できるよう支援
・中小企業子ども・子育て支援環境整備事業
⇒くるみん認定を活用し、育児休業等取得に積極的に取り組む中小企業を支援
現金給付
児童手当等交付金
児童手当法等に基づく児童手当、特例給付の給付
０～３歳未満　15,000円
３歳～小学校修了まで　第１子・第２子：10,000円　第３子以降：15,000円
中学校　10,000円
所得制限度額（960万円）～所得上限額（1,200万円）　5,000円（特例給付）

出所）　こども家庭庁「子ども・子育て支援制度の概要」。

Ⅱ－4　施設型給付の利用手続き

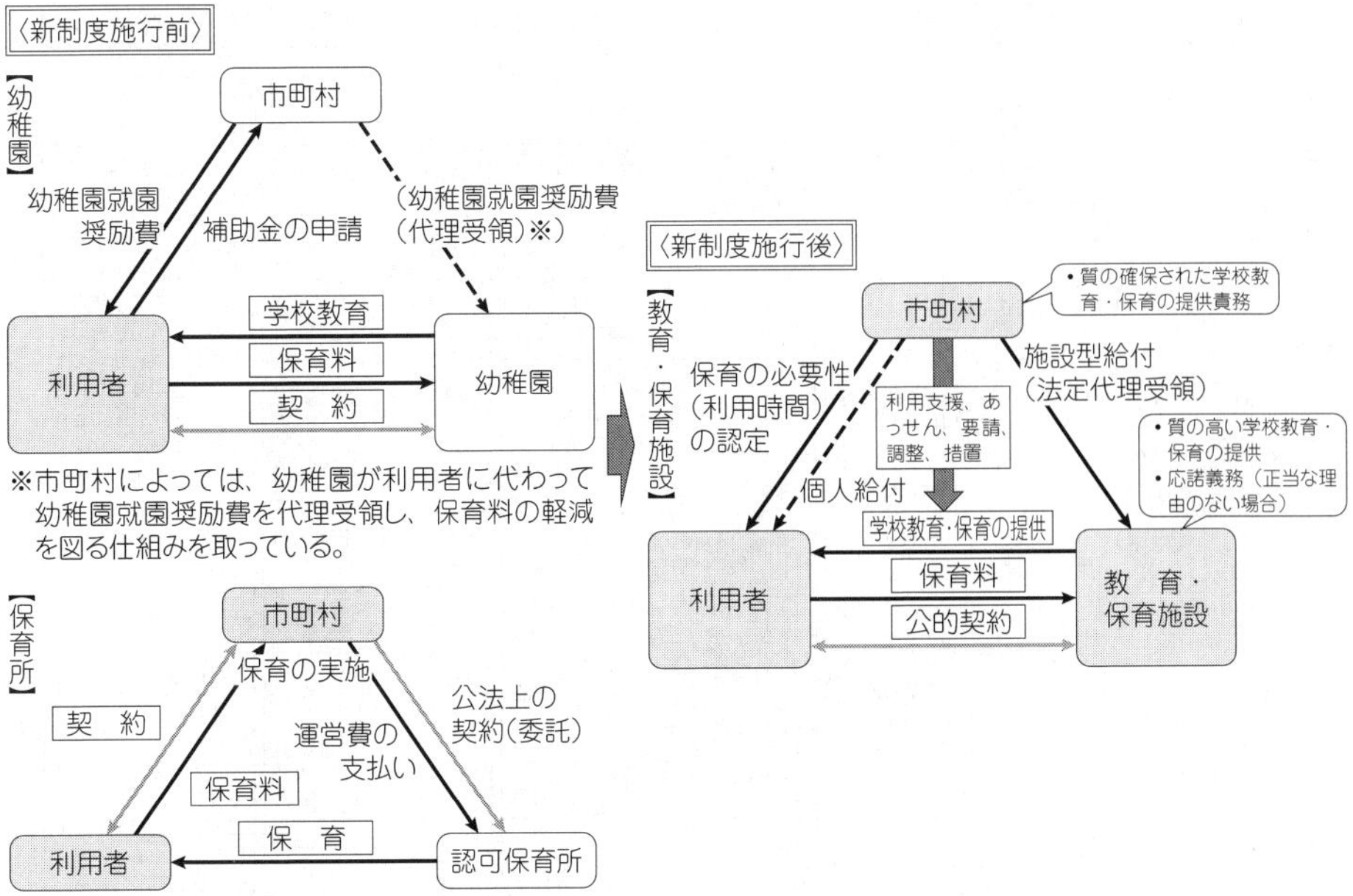

注）　1．児童福祉法第24条において、保育所における保育は市町村が実施することとされていることから、私立保育所における保育の費用については、施設型給付ではなく、従前制度と同様に、市町村が施設に対して、保育に要する費用を委託費として支払う。この場合の契約は、市町村と利用者の間の契約となり、利用児童の選考や保育料の徴収は市町村が行うこととなる。

　　　2．上記の整理は、地域型保育給付にも共通するものである。

出所）　内閣府「子ども・子育て支援新制度について（令和４年７月）」。

Ⅱ-5　幼児教育・保育の無償化について

対象者・対象範囲等

⑴幼稚園、保育所、認定こども園等

●３～５歳：幼稚園、保育所、認定こども園、地域型保育、企業主導型保育（標準的な利用料）の利用料を無償化

※施設型給付を受けない幼稚園等については、月額上限2.57万円（注：国立大学附属幼稚園0.87万円、国立特別支援学校幼稚部0.04万円）まで無償化

※開始年齢…原則、小学校就学前の３年間を無償化。ただし、幼稚園については、学校教育法の規定等に鑑み、満３歳から無償化

※保護者が直接負担している通園送迎費、食材料費、行事費などは、無償化の対象外。食材料費については、保護者が負担する考え方を維持。

３～５歳は施設による徴収を基本。低所得者世帯等の副食費の免除を継続し、免除対象者を拡充（年収360万円未満相当世帯）

●０～２歳：上記の施設を利用する住民税非課税世帯を対象として無償化

⑵幼稚園の預かり保育

●保育の必要性の認定を受けた場合、幼稚園に加え、利用実態に応じて、月額1.13万円までの範囲で無償化

※保育の必要性の認定

※預かり保育は子ども・子育て支援法の一時預かり事業（幼稚園型）と同様の基準を満たすよう指導・監督

⑶認可外保育施設等

●３～５歳：保育の必要性の認定を受けた場合、認可保育所における保育料の全国平均額（月額3.7万円）までの利用料を無償化

※認可外保育施設のほか、一時預かり事業、病児保育事業及びファミリー・サポート・センター事業を対象

※上限額の範囲内において、複数サービス利用も可能。また、幼稚園が十分な水準の預かり保育を提供していない場合などには、幼稚園利用者が認可外保育施設等を利用する場合も無償化の対象

※都道府県等に届出を行い、国が定める認可外保育施設の基準を満たすことが必要。ただし、経過措置として５年間の猶予期間を設定

●０～２歳：保育の必要性の認定を受けた住民税非課税世帯の子供たちを対象として、月額4.2万円までの利用料を無償化

●認可外保育施設等における質の確保・向上に向けて以下の取組を実施

・児童福祉法に基づく都道府県等の指導監督の充実等（認可施設への移行支援、巡回支援指導員の配置の拡充、指導監督基準の見直し等）

・市町村における、対象施設を特定する確認や、必要に応じた施設への報告徴収、勧告、命令、確認の取消し、都道府県知事に対する協力要請

・都道府県等が有する認可外保育施設の情報を市町村が確認可能とする情報共有システムの構築

・５年間の経過措置について、法施行後２年を目途に見直す旨の検討規定

・５年間の経過措置中の措置として、市町村が保育の需給状況等を勘案し、条例により対象施設の範囲を定めることを可能とする仕組み

財源

⑴負担割合

●財源負担の在り方：国と地方で適切な役割分担をすることが基本。消費税増収分を活用し必要な地方財源を確保

●負担割合：国1/2、都道府県1/4、市町村1/4。ただし、公立施設（幼稚園、保育所及び認定こども園）は市町村等10/10

⑵財政措置等
●初年度の取扱い：初年度（令和元年度）に要する経費を全額国費で負担
●事務費：初年度と２年目を全額国費。認可外保育施設等の５年間の経過措置期間に係る費用相当額を全額国費で負担するべく措置
●システム改修費：平成30年度・令和元年度予算を活用して対応

就学前の障害児の発達支援
●就学前の障害児の発達支援を利用する子供たちについて、利用料を無償化
●幼稚園、保育所、認定こども園等とこれらの発達支援の両方を利用する場合は、ともに無償化の対象

出所）内閣府「子ども・子育て支援新制度について（令和４年７月）」より作成。

Ⅱ-6　児童福祉施設等の一覧

令和５（'23）年

施設の種類	注1）種　別	入(通)所・利用別	設置主体	施設の目的と対象者
児童福祉施設 注2） 助産施設 （児福法36条）	第２種	入所	都道府県 市町村　届出 社会福祉法人 その他の者　}認可	保健上必要があるにもかかわらず、経済的理由により、入院助産を受けることができない妊産婦を入所させて、助産を受けさせる
乳児院 （児福法37条）	第１種	入所	同上	乳児（保健上、安定した生活環境の確保その他の理由により特に必要のある場合には、幼児を含む）を入院させて、これを養育し、あわせて退院した者について相談その他の援助を行う
母子生活支援施設 （児福法38条）	第１種	入所	同上	配偶者のない女子又はこれに準ずる事情にある女子及びその者の監護すべき児童を入所させて、これらの者を保護するとともに、これらの者の自立の促進のためにその生活を支援し、あわせて退所した者について相談その他の援助を行う
保育所 （児福法39条）	第２種	通所	同上	保育を必要とする乳児・幼児を日々保護者の下から通わせて保育を行う
幼保連携型認定こども園 （児福法39条の２）	第２種	通所	同上	義務教育及びその後の教育の基礎を培うものとしての満３歳以上の幼児に対する教育及び保育を必要とする乳児・幼児に対する保育を一体的に行い、これらの乳児又は幼児の健やかな成長が図られるよう適当な環境を与えて、その心身の発達を助長する
児童厚生施設 （児福法40条） 児童館 小型児童館、児童センター、大型児童館Ａ型、大型児童館Ｂ型、大型児童館Ｃ型、その他の児童館	第２種	利用	同上	屋内に集会室、遊戯室、図書館等必要な設備を設け、児童に健全な遊びを与えて、その健康を増進し、又は情操を豊かにする
児童遊園	第２種	利用	同上	屋外に広場、ブランコ等必要な設備を設け、児童に健全な遊びを与えて、その健康を増進し、又は情操を豊かにする
児童養護施設 （児福法41条）	第１種	入所	同上	保護者のない児童（乳児を除く。ただし、安定した生活環境の確保その他の理由により特に必要のある場合には、乳児を含む）、虐待されている児童その他環境上養護を要する児童を入所させて、これを養護し、あわせて退所した者に対する相談その他の自立のための援助を行う

施設の種類	注1）種　別	入(通)所・利用別	設置主体	施設の目的と対象者
障害児入所施設（児福法42条）（福祉型）（医療型）	第1種	入　所	国・都道府県 市　町　村　届出 社会福祉法人｝認可 その他の者	障害児を入所させて、保護、日常生活の指導、独立自活に必要な知識技能の付与及び治療を行う
児童発達支援センター（児福法43条）（福祉型）（医療型）	第2種	通　所	都道府県 市　町　村　届出 社会福祉法人｝認可 その他の者	障害児を日々保護者の下から通わせて、日常生活における基本的動作の指導、独立自活に必要な知識技能の付与又は集団生活への適応のための訓練及び治療を提供する
児童心理治療施設（児福法43条の2）	第1種	入　所 通　所	同　　上	家庭環境、学校における交友関係その他の環境上の理由により社会生活への適応が困難となった児童を、短期間、入所させ又は保護者の下から通わせて、社会生活に適応するために必要な心理に関する治療及び生活指導を主として行い、あわせて退所した者について相談その他の援助を行う
児童自立支援施設（児福法44条）	第1種	入　所 通　所	国・都道府県 市　町　村　届出 社会福祉法人｝認可 その他の者	不良行為をなし、又はなすおそれのある児童及び家庭環境その他の環境上の理由により生活指導等を要する児童を入所させ、又は保護者の下から通わせて、個々の児童の状況に応じて必要な指導を行い、その自立を支援し、あわせて退所した者について相談その他の援助を行う
児童家庭支援センター（児福法44条の2）	第2種	利　用	都道府県 市　町　村　届出 社会福祉法人｝認可 その他の者	地域の児童の福祉に関する各般の問題につき、児童に関する家庭その他からの相談のうち、専門的な知識及び技術を必要とするものに応じ、必要な助言を行うとともに、市町村の求めに応じ、技術的助言その他必要な援助を行うほか、保護を要する児童又はその保護者に対する指導及び児童相談所等との連携・連絡調整等を総合的に行う
注3）婦人保護施設（売春防止法36条、DV防止法5条）	第1種	入　所	都道府県 市　町　村｝届出 社会福祉法人 その他の者　許可	性行又は環境に照らして売春を行うおそれのある女子（要保護女子）を収容保護する。又、家族関係の破綻、生活困窮等の理由により生活上困難な問題を抱えた女性及びDV被害女性を入所保護し、自立を支援する
母子・父子福祉施設　母子・父子福祉センター（母子父子寡婦福祉法39条）	第2種	利　用	都道府県 市　町　村 社会福祉法人｝届出 その他の者	無料又は低額な料金で、母子家庭等に対して、各種の相談に応ずるとともに、生活指導及び生業の指導を行う等母子家庭等の福祉のための便宜を総合的に供与する
母子・父子休養ホーム（母子父子寡婦福祉法39条）	第2種	利　用	同　　上	無料又は低額な料金で、母子家庭等に対して、レクリエーションその他休養のための便宜を供与する

注1）「種別」は、第1種社会福祉事業／第2種社会福祉事業（社会福祉法第2条）を示す。

注2）令和6年4月1日より、児童福祉施設には里親支援センターが追加される（児童福祉法第44条の3）。

○里親支援センター　里親の普及啓発、里親の相談に応じた必要な援助、入所児童と里親相互の交流の場の提供、里親の選定・調整、委託児童等の養育の計画作成といった里親支援事業や、里親や委託児童等に対する相談支援等を行う（こども家庭庁「児童福祉法等の一部を改正する法律（令和4年法律第66号）の概要」より作成）。

注3）令和6年4月1日より、婦人保護施設は困難な問題を抱える女性への支援に関する法律を根拠法とし、女性自立支援施設に名称変更される（第12条）。

○女性自立支援施設　困難な問題を抱える女性の意向を踏まえながら、入所・保護、医学的・心理学的な援助、自立の促進のための生活支援を行い、あわせて退所した者についての相談等を行う（同伴児童の学習・生活も支援）（厚生労働省子ども家庭局家庭福祉課「困難な問題を抱える女性への支援について」令和5年3月より作成）。

出所）『国民の福祉と介護の動向2023/2024』厚生労働統計協会、2023年、pp. 323-324を一部修正。

Ⅲ　保育所・幼稚園・認定こども園／1　概要

Ⅲ－1－1　保育所・幼稚園・幼保連携型認定こども園の比較

	保育所	幼稚園	幼保連携型認定こども園
性　格	児童福祉施設【児童福祉法第7条】	学校【学校教育法第1条】	学校及び児童福祉施設【認定こども園法第9条】
所　管	こども家庭庁	文部科学省	こども家庭庁・文部科学省
目　的	保育を必要とする乳児・幼児を日々保護者の下から通わせて保育を行うこと【児童福祉法第39条】	義務教育及びその後の教育の基礎を培うものとして、幼児を保育し、幼児の健やかな成長のために適当な環境を与えて、その心身の発達を助長すること【学校教育法第22条】	義務教育及びその後の教育の基礎を培うものとしての満3歳以上の子どもに対する教育並びに保育を必要とする子どもに対する保育を一体的に行い、これらの子どもの健やかな成長が図られるよう適当な環境を与えて、その心身の発達を助長するとともに、保護者に対する子育ての支援を行うこと【認定こども園法第2条第7項】
教育・保育内容の基準	保育所保育指針【児童福祉施設の設備及び運営に関する基準第35条】	幼稚園教育要領【学校教育法施行規則第38条】	幼保連携型認定こども園教育・保育要領【認定こども園法第10条】
対　象	保育を必要とする乳児・幼児／特に必要があるときは、その他の児童【児童福祉法第39条】	満3歳から、小学校就学の始期に達するまでの幼児【学校教育法第26条】	満3歳以上の子ども及び満3歳未満の保育を必要とする子ども【認定こども園法第11条】
教育・保育時間	1日8時間を原則とし、保育所の長が定める【児童福祉施設の設備及び運営に関する基準第34条】	1日4時間を標準とする【幼稚園教育要領】 毎学年の教育週数は、39週を下ってはならない【学校教育法施行規則第37条】	教育時間は1日4時間を標準とし毎学年39週を下ってはならない／保育を必要とする子どもに対する教育及び保育の時間は1日8時間を原則とする【幼保連携型認定こども園の学級の編制、職員、設備及び運営に関する基準第9条】
保育者	保育士（保育士資格）【児童福祉法第18条の4】	幼稚園教諭（幼稚園教諭免許状）【学校教育法第27条】	保育教諭（保育士資格と幼稚園教諭免許状）【認定こども園法第14条・第15条】
職員の配置	保育士・嘱託医・調理員を置かなければならない （保育士の数） ・乳児：3人に1人以上 ・満1歳以上～満3歳未満：6人に1人以上 ・満3歳以上～満4歳未満：20人に1人以上 ・満4歳以上：30人に1人以上 ・ただし保育所1つで2人を下回ることはできない【児童福祉施設の設備及び運営に関する基準第33条】	園長・教頭・教諭を置かなければならない【学校教育法第27条】 1学級35人以下を原則／教諭等を各学級に1人置かなければならない【幼稚園設置基準第3条・第5条】	園長・保育教諭を置かなければならない【認定こども園法第14条】 1学級35人以下を原則／各学級ごとに保育教諭等を1人以上置く （保育教諭等の数） ・満1歳未満：3人に1人以上 ・満1歳以上～満3歳未満：6人に1人以上 ・満3歳以上～満4歳未満：20人に1人以上 ・満4歳以上：30人に1人以上 ・ただし常時2人を下ってはならない【幼保連携型認定こども園の学級の編制、職員、設備及び運営に関する基準第4条・第5条】

注）認定こども園法＝就学前の子どもに関する教育、保育等の総合的な提供の推進に関する法律。

Ⅲ－1－2　保育所・幼稚園・幼保連携型認定こども園の園数及び園児数の推移

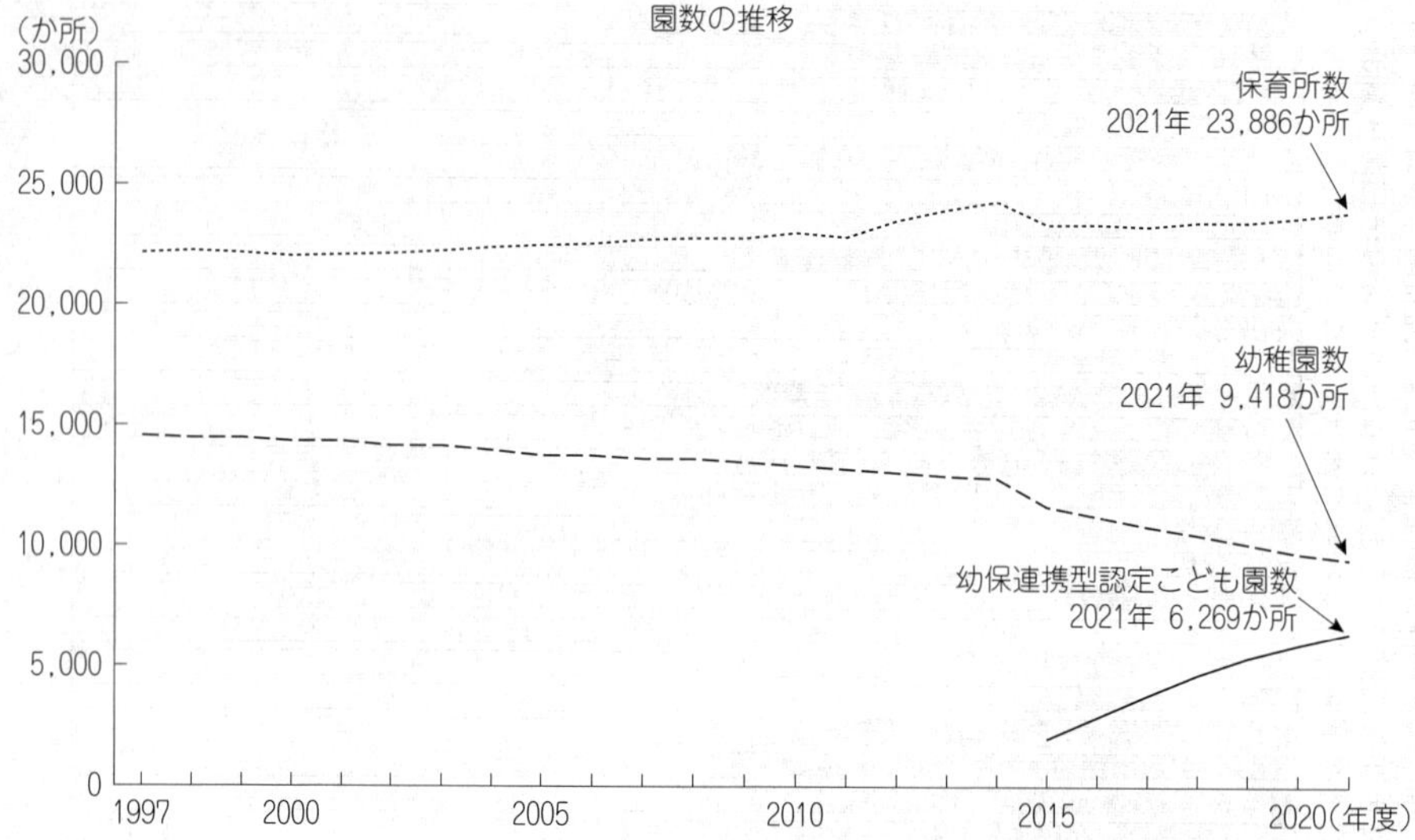

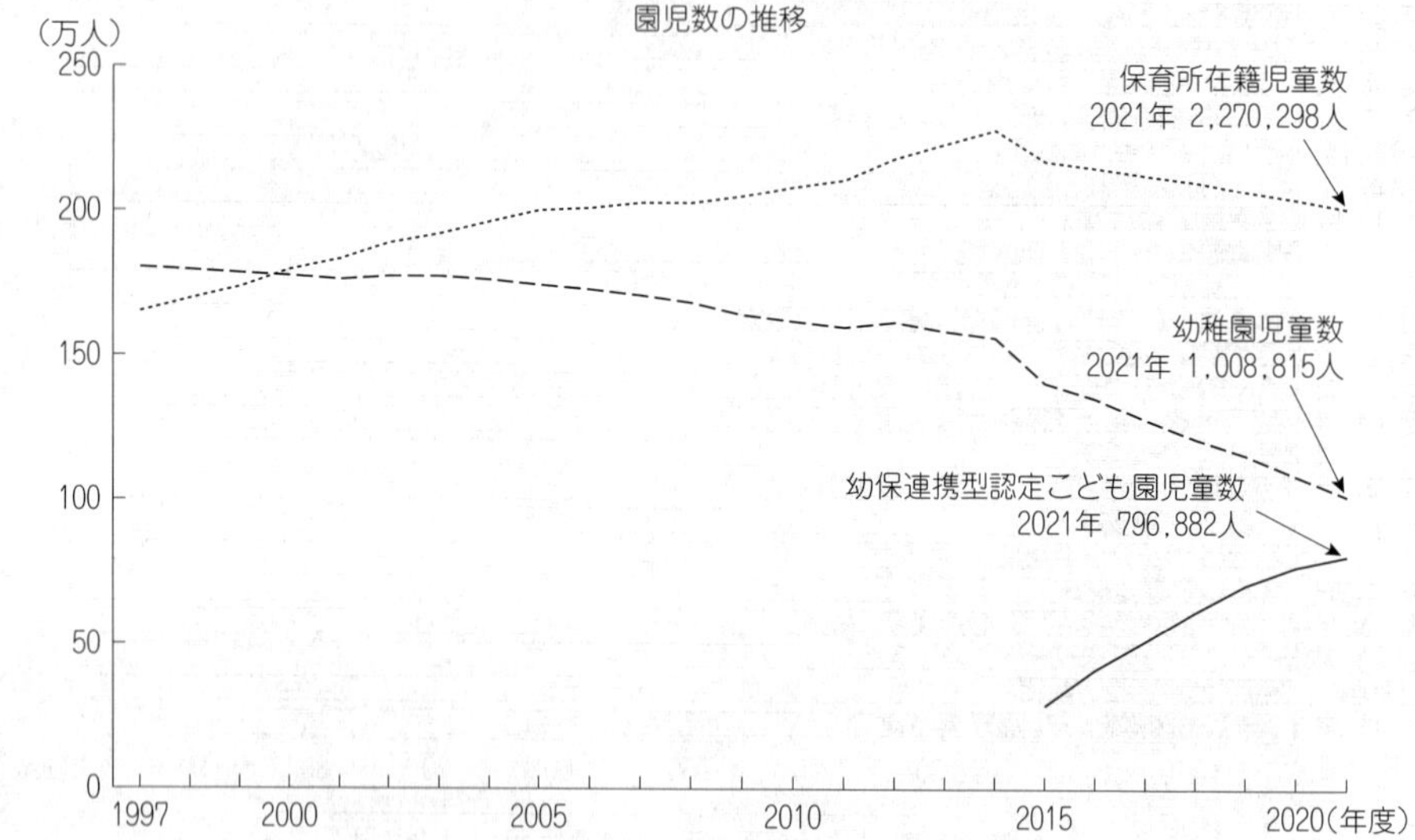

出所）「福祉行政報告例」（保育所）および「学校基本調査」（幼稚園・幼保連携型認定こども園）をもとに作成。

Ⅲ-1-3　小学校及び義務教育学校第1学年児童数に対する修了者数の比率

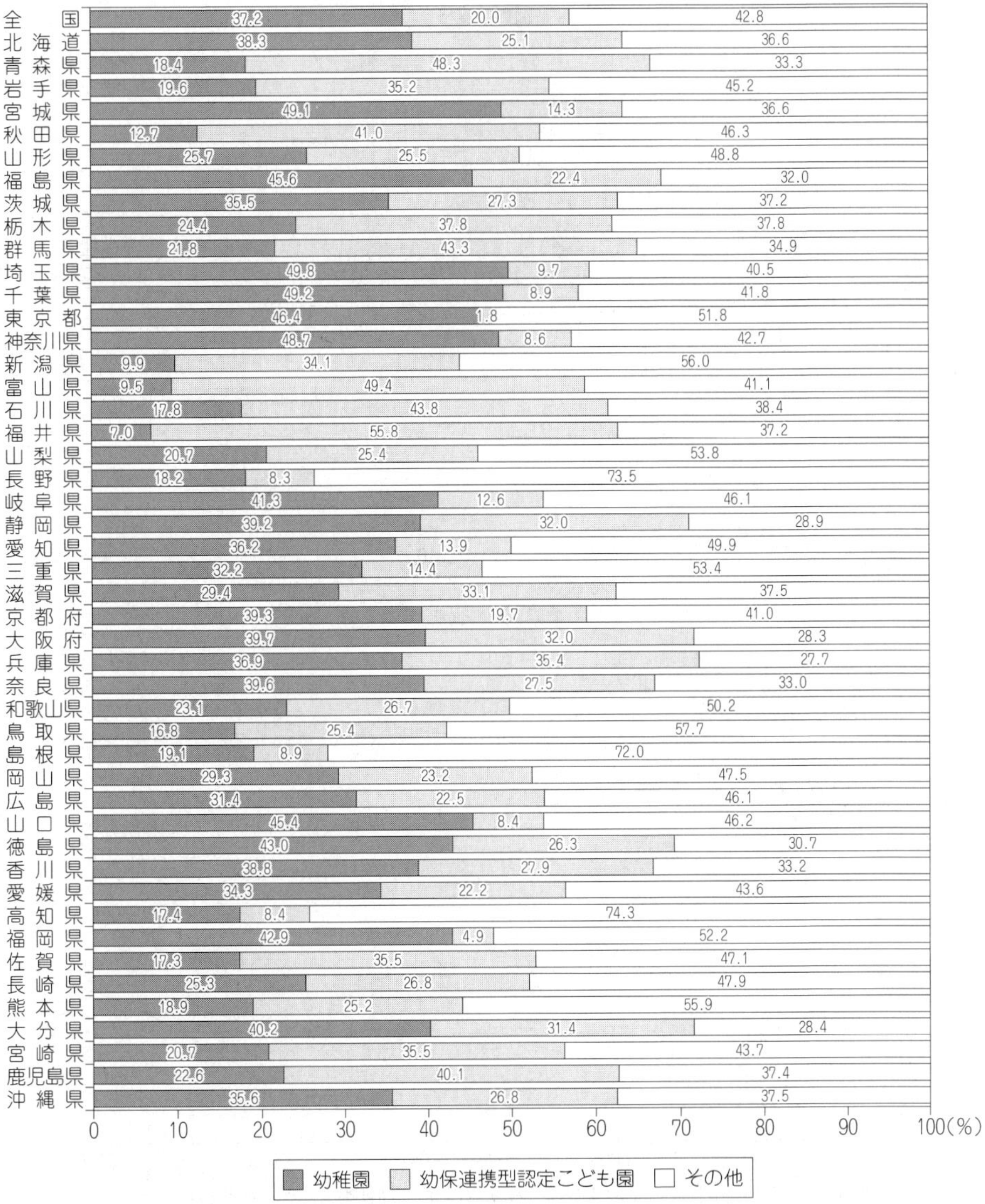

注）　その他には幼稚園及び幼保連携型認定こども園を除く保育所等の施設及び家庭を含む。
出所）　文部科学省「令和4年度学校基本調査」（令和4年5月1日）に基づき推計。

Ⅲ-1-4　保育所数・在所児数の現状（設置者別）

区　分		合　計	公　営	私　営
保育所数（か所）		23,884(100%)	7,056(29.5%)	16,828(70.5%)
在所児数	計（人）	2,037,507(100%)	614,455(30.2%)	1,423,051(69.8%)
	0歳児（人）	60,136(100%)	10,514(17.5%)	49,622(82.5%)
	1歳児（人）	279,490(100%)	68,777(24.6%)	210,713(75.4%)
	2歳児（人）	380,554(100%)	105,014(27.6%)	275,539(72.4%)
	3歳児（人）	338,285(100%)	106,391(31.5%)	231,894(68.5%)
	4歳児（人）	393,215(100%)	126,755(32.2%)	266,459(67.8%)
	5歳児（人）	388,907(100%)	129,416(33.3%)	259,492(66.7%)
	6歳児（人）	196,919(100%)	67,588(34.3%)	129,332(65.7%)

注）数値は、保育所と保育所型認定こども園の数値を合算したものである。6歳児の数値には、就学前の6歳以上を含む。

出所）厚生労働省「令和3年社会福祉施設等調査」（令和3年10月1日現在）より作成。

Ⅲ-1-5　幼稚園数・在園児数の現状（設置者別）

区　分		合　計	国　立	公　立	私　立
幼稚園数（園）		8,614(100%)	49(0.6%)	2,632(30.6%)	5,933(68.9%)
在園児数	計（人）	923,295(100%)	4,751(0.5%)	110,766(12.0%)	807,778(87.5%)
	3歳児（人）	273,187(100%)	1,214(0.4%)	23,921(8.8%)	248,052(90.8%)
	うち満3歳児(人)	67,356(100%)	1(0.01%)	227(0.3%)	67,128(99.7%)
	4歳児（人）	310,873(100%)	1,742(0.6%)	38,183(12.3%)	270,948(87.2%)
	5歳児（人）	339,235(100%)	1,795(0.5%)	48,662(14.3%)	288,778(85.1%)

注）四捨五入の関係上、合計が100%にならない場合がある。3歳の「うち満3歳児」とは、満3歳に達する日以降の翌年度4月1日を待たずに随時入園した者である。

出所）文部科学省「令和4年度学校基本調査」（令和4年5月1日現在）より作成。

Ⅲ-1-6　幼保連携型認定こども園数・在園児数の現状（設置者別）

区　分		合　計	国　立	公　立	私　立
幼保連携型認定こども園数(園)		6,514(100%)	—	910(14.0%)	5,604(86.0%)
在園児数	計（人）	821,411(100%)	—	97,787(11.9%)	723,624(88.1%)
	0歳児（人）	30,248(100%)	—	2,550(8.4%)	27,698(91.6%)
	1歳児（人）	92,541(100%)	—	9,329(10.1%)	83,212(89.9%)
	2歳児（人）	108,754(100%)	—	11,971(11.0%)	96,783(89.0%)
	3歳児（人）	191,298(100%)	—	22,398(11.7%)	168,900(88.3%)
	うち満3歳児（人）	23,764(100%)	—	1,396(5.9%)	22,368(94.1%)
	4歳児（人）	196,387(100%)	—	24,908(12.7%)	171,479(87.3%)
	5歳児（人）	202,183(100%)	—	26,631(13.2%)	175,552(86.8%)

注）四捨五入の関係上、合計が100％にならない場合がある。「うち満3歳児」とは、満3歳に達する日以降の翌年度4月1日を待たずに随時入園した者である。

出所）Ⅲ-1-5と同じ。

Ⅲ-1-7　認定こども園数の推移（各年4月1日現在）

（園）

	認定こども園数	（公私の内訳）		（類型別の内訳）			
		公　立	私　立	幼保連携型	幼稚園型	保育所型	地方裁量型
2011年	762	149	613	406	225	100	31
2012年	909	181	728	486	272	121	30
2013年	1,099	220	879	595	316	155	33
2014年	1,360	252	1,108	720	411	189	40
2015年	2,836	554	2,282	1,930	525	328	53
2016年	4,001	703	3,298	2,785	682	474	60
2017年	5,081	852	4,229	3,618	807	592	64
2018年	6,160	1,006	5,154	4,409	966	720	65
2019年	7,208	1,138	6,070	5,137	1,104	897	70
2020年	8,016	1,272	6,774	5,688	1,200	1,053	75
2021年	8,585	1,325	7,260	6,093	1,246	1,164	82
2022年	9,220	1,414	7,806	6,475	1,307	1,354	84

出所）内閣府「認定こども園に関する状況について」（令和4年4月1日現在）。

Ⅲ-1-8　認定こども園法の改正について

○　認定こども園法の改正（平成24年改正、平成27年4月施行）により、「学校及び児童福祉施設としての法的位置付けを持つ単一の施設」を創設（新たな「幼保連携型認定こども園」）
- 既存の幼稚園及び保育所からの移行は義務づけず、政策的に促進
- 設置主体は、国、自治体、学校法人、社会福祉法人（株式会社等の参入は不可）

○　財政措置は、既存3類型も含め、認定こども園、幼稚園、保育所を通じた共通の「施設型給付」で一本化
→消費税を含む安定的な財源を確保

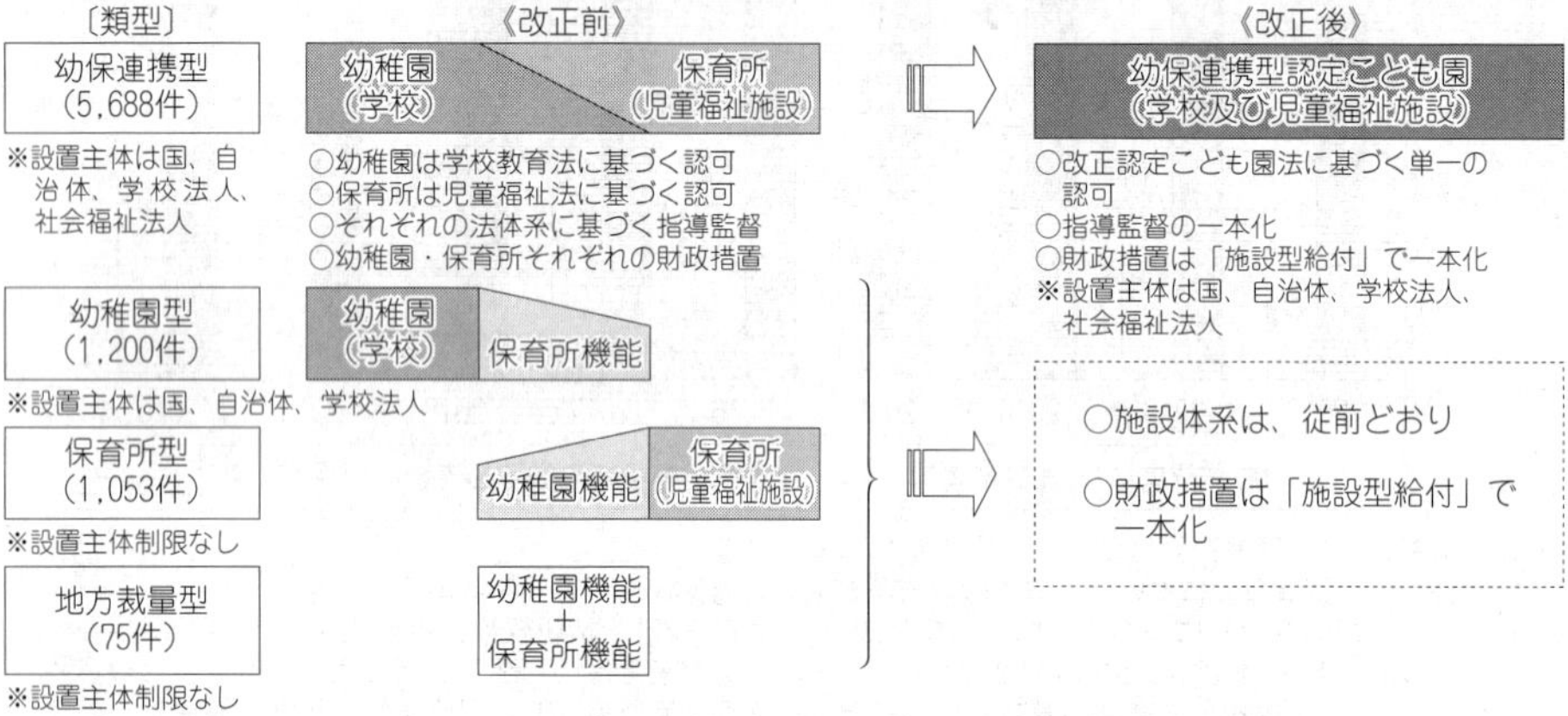

出所）内閣府「子ども・子育て支援新制度について（令和4年7月）」。

Ⅲ　保育所・幼稚園・認定こども園／2　保育者

Ⅲ-2-1　保育所保育士配置基準（最低基準）の変遷

<table>
<tr><th>年　度</th><th>乳　児</th><th>1歳児</th><th>2歳児</th><th>3歳児</th><th>4歳以上児</th></tr>
<tr><td>1948～51</td><td colspan="2">10：1</td><td colspan="3">30：1</td></tr>
<tr><td>1952～61</td><td colspan="2">10：1</td><td>（10：1）</td><td colspan="2">30：1</td></tr>
<tr><td>1962～63</td><td colspan="3">10：1（9：1）</td><td colspan="2">30：1</td></tr>
<tr><td>1964</td><td colspan="2">8：1</td><td>（9：1）</td><td colspan="2">30：1</td></tr>
<tr><td>1965</td><td colspan="3">8：1</td><td colspan="2">30：1</td></tr>
<tr><td>1966</td><td colspan="3">（7：1）</td><td colspan="2">30：1</td></tr>
<tr><td>1967</td><td colspan="3">6：1</td><td colspan="2">30：1</td></tr>
<tr><td>1968</td><td colspan="3">6：1</td><td>（25：1）</td><td>30：1</td></tr>
<tr><td>1969～97</td><td>（3：1）</td><td colspan="2">6：1</td><td>20：1</td><td>30：1</td></tr>
<tr><td>1998～</td><td>3：1</td><td colspan="2">6：1</td><td>20：1</td><td>30：1</td></tr>
<tr><td>2015</td><td>3：1</td><td colspan="2">6：1</td><td>（15：1）</td><td>30：1</td></tr>
</table>

（参考）
幼稚園　35：1
- 1学級につき教諭1人
- 1学級の幼児数は原則35人以下

注）（　）内は最低基準ではなく運営費（公定価格）上の定数。
出所）厚生労働省資料、幼稚園設置基準をもとに作成。

Ⅲ－2－2　保育士登録者数と従事者数

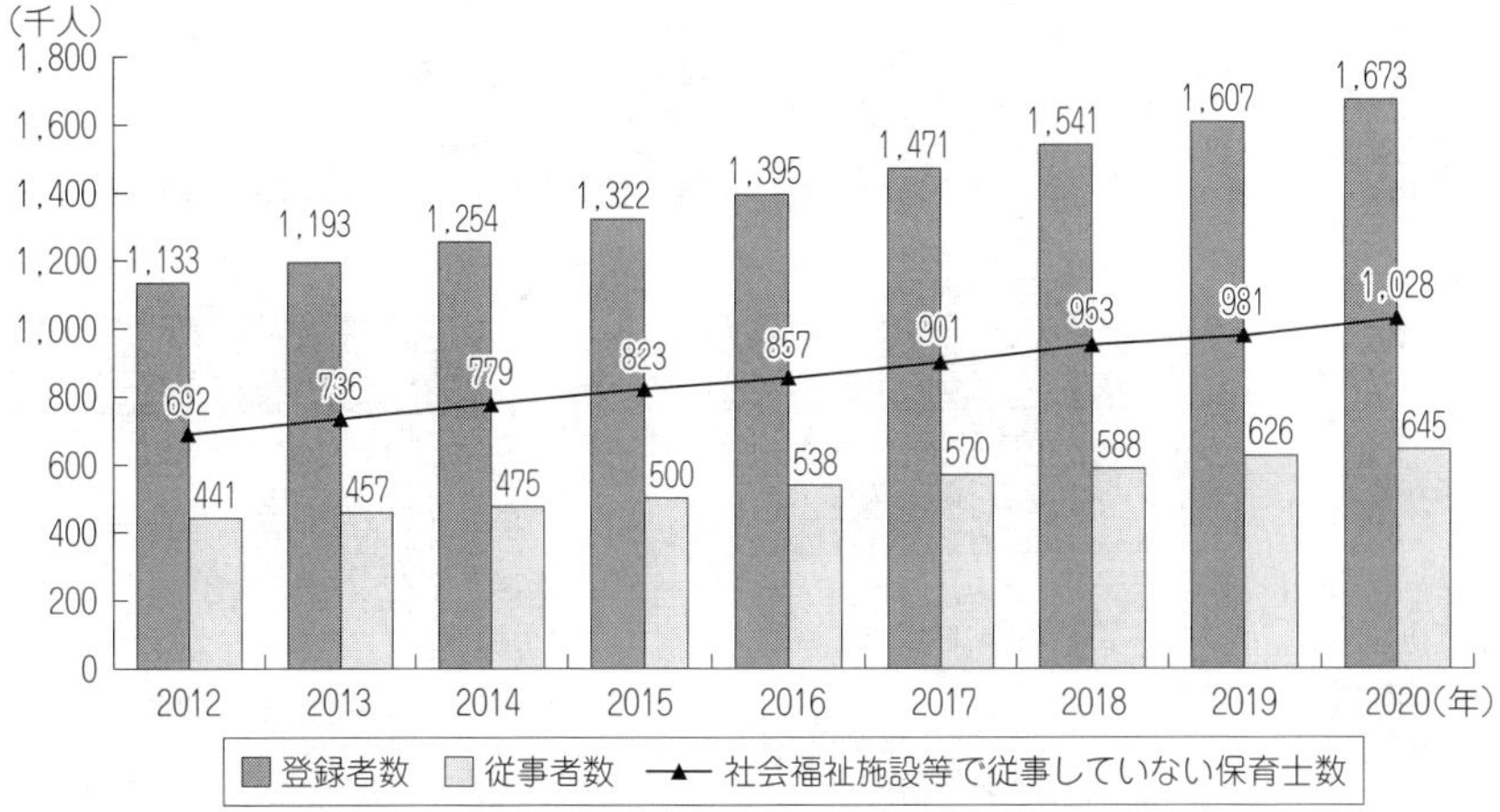

資料）厚生労働省子ども家庭局保育課において作成。

注）「登録者数」について、厚生労働省子ども家庭局保育課調べ（各年10月1日）。

「従事者数」について、厚生労働省政策統括官（統計・情報政策、労使関係担当）「社会福祉施設等調査」（平成19～令和2年）の社会福祉施設に従事する（常勤換算でない）保育士の数を元に、平成29年までは、厚生労働省子ども家庭局で回収率（例：保育所等の場合、平成28年の回収率：93.9％、平成29年の回収率：94.3％）の変動を踏まえ、割り戻して算出したもの。平成30年は、全数調査から標本調査への移行により調査結果が全施設の推計値となり、回収率での割り戻しはしていないため、平成29年以前の結果との比較には留意が必要。

従事者数には、常勤保育士のほか、常勤ではない短時間勤務の保育士も1名として計上しており、保育所のほか、児童養護施設等の社会福祉施設で従事している者も含まれている。

平成23年の従事者数については、東日本大震災の影響で宮城県と福島県の28市町村で調査未実施。

「社会福祉施設等で従事していない保育士数」には、認可外保育施設や幼稚園に勤務する者、保育士が死亡した場合の保育士資格の喪失に係る届出を行っていない者を含む。

出所）厚生労働省『厚生労働白書』（令和4年版）p. 59。

Ⅲ－2－3　保育士・幼稚園教諭等の平均賃金等について

一般労働者

	男女計				男				女			
	労働者数（構成比）	年齢	勤続年数	きまって支給する現金給与額	労働者数（構成比）	年齢	勤続年数	きまって支給する現金給与額	労働者数（構成比）	年齢	勤続年数	きまって支給する現金給与額
全職種	27,906,710人（100%）	43.4歳	11.7年	34万8,300円	17,755,690人（63.6%）	43.7歳	12.4年	36万9,700円	10,151,050人（36.4%）	41.2歳	9.3年	29万1,400円
保育士	284,200人（100%）	38.8歳	8.8年	26万6,800円	16,320人（5.7%）	31.7歳	6.5年	27万7,900円	267,870人（94.3%）	39.2歳	8.9年	26万6,100円
幼稚園教員、保育教諭	171,490人（100%）	37.5歳	9.0年	26万7,400円	11,430人（6.7%）	42.9歳	10.2年	35万2,800円	160,060人（93.3%）	37.1歳	8.9年	26万1,300円
看護師	812,470人（100%）	40.7歳	9.1年	35万1,600円	85,740人（10.6%）	37.9歳	8.2年	35万9,900円	726,730人（89.4%）	41.1歳	9.2年	35万600円
介護職員（医療・福祉施設等）	1,097,690人（100%）	44.2歳	7.9年	25万7,500円	391,000人（35.6%）	41.3歳	7.8年	27万4,000円	706,690人（64.4%）	45.8歳	7.9年	24万8,500円
訪問介護従事者	68,080人（100%）	49.1歳	8.6年	26万800円	15,010人（22.0%）	42.5歳	6.6年	28万6,400円	53,070人（78.0%）	51.0歳	9.2年	25万3,600円

短時間労働者

	男女計				男				女			
	労働者数（構成比）	年齢	勤続年数	1時間あたり所定内給与額	労働者数（構成比）	年齢	勤続年数	1時間あたり所定内給与額	労働者数（構成比）	年齢	勤続年数	1時間あたり所定内給与額
全職種	11,562,490人（100%）	52.7歳	9.4年	1,823円	3,162,170人（27.3%）	55.6歳	10.1年	2,042円	8,400,400人（72.7%）	48.6歳	8.4年	1,652円
保育士	132,320人（100%）	48.0歳	6.1年	1,282円	730人（0.6%）	36.5歳	3.5年	1,437円	131,590人（99.4%）	48.1歳	6.1年	1,281円
幼稚園教員、保育教諭	64,310人（100%）	47.1歳	6.8年	1,272円	630人（1.0%）	61.8歳	9.3年	2,328円	63,670人（99.0%）	46.9歳	6.8年	1,262円
看護師	207,900人（100%）	49.1歳	7.0年	1,817円	4,470人（2.2%）	48.3歳	5.9年	2,615円	203,440人（97.9%）	49.1歳	7.0年	1,800円
介護職員（医療・福祉施設等）	530,890人（100%）	54.1歳	6.1年	1,261円	77,970人（14.7%）	54.3歳	4.9年	1,295円	452,910人（85.3%）	54.1歳	6.3年	1,255円
訪問介護従事者	177,350人（100%）	60.5歳	9.8年	1,579円	11,200人（6.3%）	57.7歳	6.2年	1,701円	166,150人（93.7%）	60.7歳	10.1年	1,571円

出所）　厚生労働省「令和4年賃金構造基本統計調査」より作成。

Ⅲ-2-4　キャリアアップ・処遇改善のイメージ

(1)幼稚園教諭等（民間）に関するキャリアアップ・処遇改善のイメージ（1号関係）

研修による技能の習得を通じた、キャリアアップ

○既存の研修をキャリアアップのために受講

【算入可能な研修について】
以下の主体が実施する、幼稚園教育要領等を踏まえて教育の質を高めるための知識・技能の向上を目的とした研修
○都道府県・市町村
○大学等（大学共同利用機関、指定教員養成機関、その他免許状更新講習・免許法認定講習開設者）
○幼稚園関係団体のうち加算認定自治体が適当と認める者
（申請のための統一様式あり）
○その他加算認定自治体が適当と認める者
（園内研修など、申請のための統一様式あり）
※加算認定自治体による、個別の研修の各コマの内容の確認は不要

〈標準規模の幼稚園（定員160人）の職員数〉
※公定価格上の職員数
園長1人、副園長・教頭1人、主幹教諭1人、幼稚園教諭7人、事務職員2人
合計12人

園長〈平均勤続年数27年〉

副園長・教頭〈平均勤続年数24年〉

主幹教諭〈平均勤続年数19年〉

㊪中核リーダー　㊪専門リーダー

月額4万円の処遇改善 ※標準規模の園で3人
（園長・副園長・教頭等を除く幼稚園教諭等全体の概ね1/3）

中核リーダー【要件】
ア　経験年数概ね7年以上
イ　若手リーダーを経験
ウ　マネジメント＋研修の修了（60h）（注）
エ　中核リーダーとしての発令

専門リーダー【要件】
ア　経験年数概ね7年以上
イ　若手リーダーを経験
ウ　研修の修了（60h）（注）
エ　専門リーダーとしての発令

㊪若手リーダー

月額5千円の処遇改善 ※標準規模の園で2人
（園長・副園長・教頭等を除く幼稚園教諭等全体の概ね1/5）（注4）

【要件】
ア　経験年数概ね3年以上
イ　研修の修了（15h）（注）
ウ　若手リーダーとしての発令

幼稚園教諭等〈平均勤続年数7年〉

（注）加算に係る研修修了要件は、中核リーダー等については令和5年度、若手リーダーについては令和6年度から適用する。その際、中核リーダー等に求める研修修了時間は、令和5年度は15時間以上とし、令和6年度以降、毎年度15時間以上ずつ引き上げる。

(2)保育士等（民間）に関するキャリアアップ・処遇改善のイメージ（2・3号関係）

研修による技能の習得により、キャリアアップができる仕組みを構築

キャリアアップ研修の創設（H29）

→以下の分野別に研修を体系化

【専門研修】
①乳児保育　②幼児教育
③障害児保育　④食育・アレルギー
⑤保健衛生・安全対策
⑥保護者支援・子育て支援
【マネジメント研修】
【保育実践研修】

※研修の実施主体：都道府県等
※研修修了の効力：全国で有効
※研修修了者が離職後再就職する場合：以前の研修修了の効力は引き続き有効

〈標準規模の保育園（定員90人）の職員数〉
※公定価格上の職員数
園長1人、主任保育士1人、保育士12人、調理員等3人　合計17人

園長〈平均勤続年数24年〉

主任保育士〈平均勤続年数21年〉

㊪副主任保育士　㊪専門リーダー

月額4万円の処遇改善 ※標準規模の園で5人
（園長・主任保育士を除く保育士等全体の概ね1/3）

副主任保育士【要件】
ア　経験年数概ね7年以上
イ　職務分野別リーダーを経験
ウ　マネジメント＋3つ以上の分野の専門研修を修了（注）
エ　副主任保育士としての発令

専門リーダー【要件】
ア　経験年数概ね7年以上
イ　職務分野別リーダーを経験
ウ　4つ以上の分野の専門研修を修了（注）
エ　専門リーダーとしての発令

㊪職務分野別リーダー

月額5千円の処遇改善 ※標準規模の園で3人
（園長・主任保育士を除く保育士等全体の概ね1/5）（注3）

【要件】
ア　経験年数概ね3年以上
イ　担当する職務分野（左記①～⑥）の研修を修了（注）
ウ　修了した研修分野に係る職務分野別リーダー※としての発令
※乳児保育リーダー、食育・アレルギーリーダー　等
※同一分野について複数の職員に発令することも可能

保育士等〈平均勤続年数8年〉

（注）加算に係る研修修了要件は、副主任保育士等については令和5年度、職務分野別リーダーについては令和6年度から適用する。その際、副主任保育士等に求める研修修了数は、令和5年度は1分野とし、令和6年度以降、毎年度1分野ずつ引き上げる。

出所）内閣府「子ども・子育て支援新制度について（令和4年7月）」より作成。

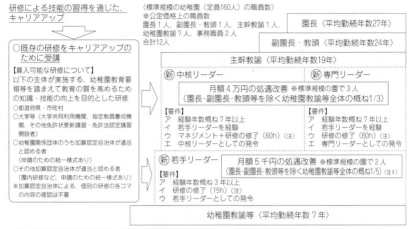

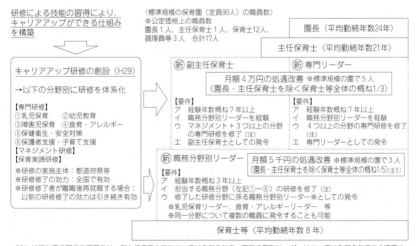

Ⅲ　保育所・幼稚園・認定こども園／3　幼保小連携の状況

Ⅲ-3-1　幼保小の架け橋プログラムについて

（1）現状の課題を踏まえた幼保小の架け橋プログラムのねらい

【幼保小連携の成果と課題】

［成果］

- 幼稚園教育要領、保育所保育指針、幼保連携型認定こども園教育・保育要領の3要領・指針の整合性確保
- 幼保小接続期の連携の手掛かりとして「幼児期の終わりまでに育ってほしい姿」策定
- 小学校との連携の取組を行っている園が約9割に上るなど、取組が進展

［課題］

- 幼稚園・保育所・認定こども園の7～9割が小学校との連携に課題意識、各園・小学校における連携の必要性に関する意識の差
- 半数以上の園が行事の交流等にとどまり、資質・能力をつなぐカリキュラムの編成・実施が行われていない
- 「幼児期の終わりまでに育ってほしい姿」が到達目標と誤解され、連携の手掛かりとして十分機能していない
- スタートカリキュラムとアプローチカリキュラムがバラバラに策定され、理念が共通していない
- 「幼児期の終わりまでに育ってほしい姿」だけでは、具体的なカリキュラムの工夫や教育方法の改善方法がわからない
- 小学校側の取組が、教育方法の改善に踏み込まず学校探検等にとどまるケースが多い
- 施設類型の違いを越えた共通性が見えにくい
- 教育の質に関するデータに基づき幼児期・接続期の教育の質の保障を図っていくための基盤が弱い

→接続期の学びや生活の基盤の育成に大きな影響

⇨

【架け橋プログラムのねらい】

○幼児期から児童期の発達を見通しつつ、5歳児のカリキュラムと小学校1年生のカリキュラムを一体的に捉え、地域の幼児教育と小学校教育の関係者が連携して、カリキュラム・教育方法の充実・改善にあたることを推進

○3要領・指針、特に「幼児期の終わりまでに育ってほしい姿」の正しい理解を促し、教育方法の改善に生かしていくことができる手立てを普及

○架け橋期に園の先生が行っている環境の構成や子供への関わり方に関する工夫を見える化し、家庭や地域にも普及

○幼児期・架け橋期の教育の質保障のための枠組みを構築し、データに基づくカリキュラム・教育方法の改善を促進

（2）幼保小の架け橋プログラムの取組のイメージ

令和4年度から3か年程度を念頭に、全国的な架け橋期の教育の充実とともに、モデル地域における先進事例の実践を並行して集中的に推進。

幼児教育推進体制等を通じた全国的な取組

- 幼児教育推進体制のネットワークや、中央協議会、都道府県協議会、小学校担当の指導主事会議等の機会を活用し、幼保小の架け橋プログラムの実施に向けての手引き（初版）や参考資料（初版）等の趣旨・内容を的確に周知・普及。好事例を分析し、幼保小の関係者等に展開。
- 各自治体における架け橋期のカリキュラム・教育方法の充実・改善を促進
- 幼保小の連携体制や、幼児教育推進体制（幼児教育センター、幼児教育アドバイザー）の設置を促進
- 幼保小の連携・接続に関する様々な自治体の取組を共有するプラットフォームづくり
- 園・小学校や家庭・地域向けにも分かりやすいパンフレット（架け橋期の取組の意義・効果を含む）や動画の配信等の多様な発信

⇕

モデル地域における実践

- 文部科学省委託事業「幼保小の架け橋プログラム事業」を活用し、架け橋期のカリキュラムの開発、実践、評価・改善

等

出所）　文部科学省「幼保小の架け橋プログラムの実施に向けての手引き（初版）」。

Ⅲ－3－2　幼稚園における小学校との連携の状況と取組

(1)幼稚園における小学校との連携状況

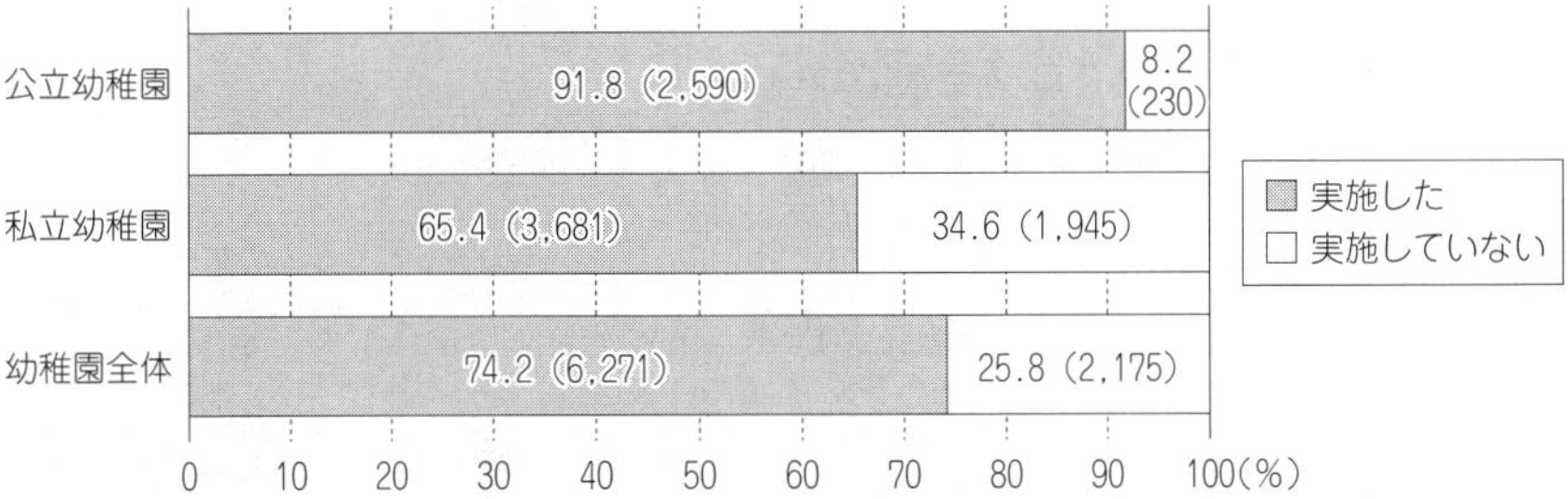

注）　母数：調査回答園数（公立：2,820園、私立：5,626園、合計：8,446園)。（　）内は園数。

(2)幼稚園における小学校との連携の取組

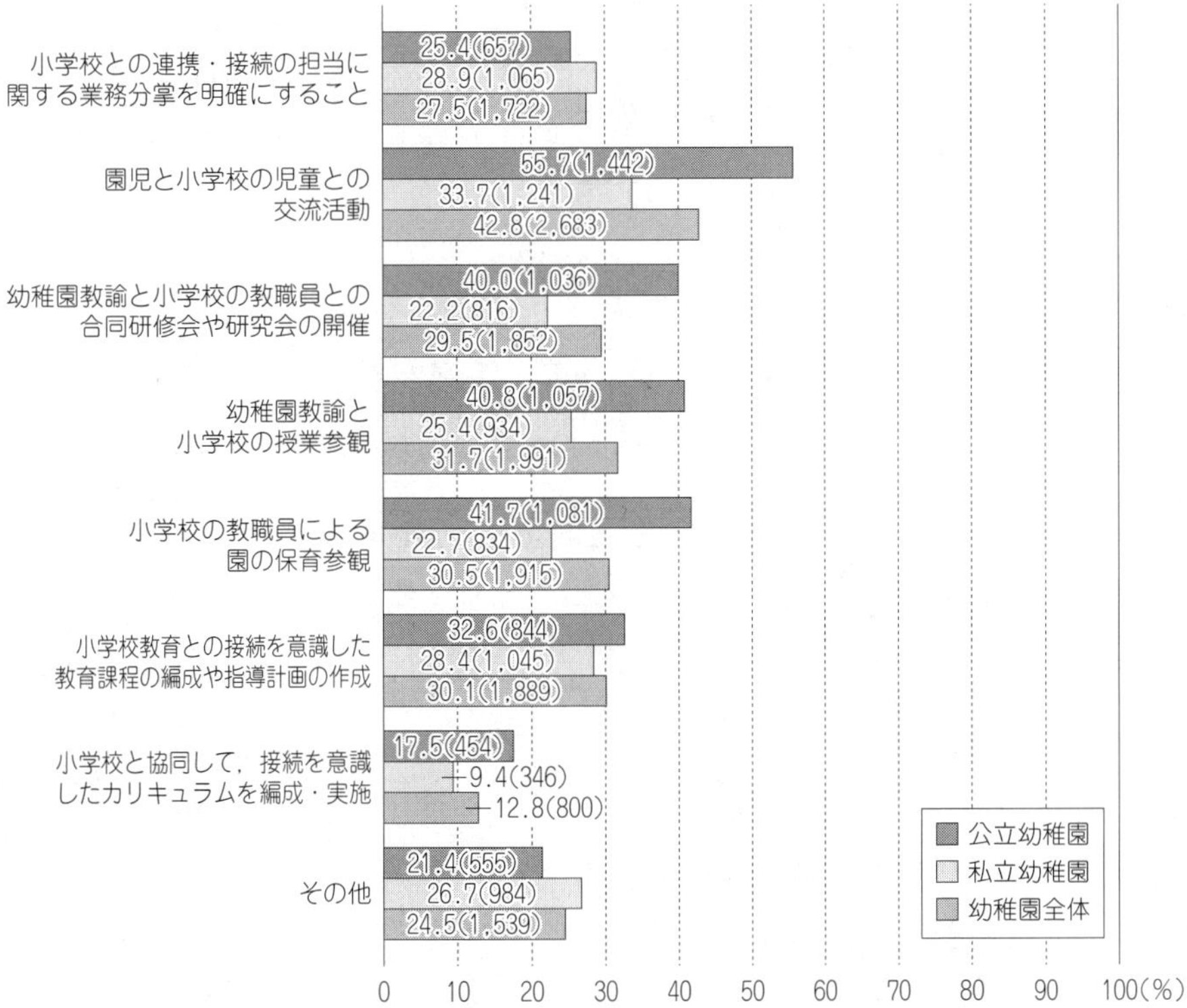

注）　母数：調査回答園数（公立：2,590園、私立：3,681園、合計：6,271園)。（　）内は園数。
出所）　文部科学省「令和3年度幼児教育実態調査」（令和3年5月1日現在）より作成。

Ⅲ-3-3　幼保連携型認定こども園における小学校との連携の状況と取組

⑴幼保連携型認定こども園における小学校との連携状況

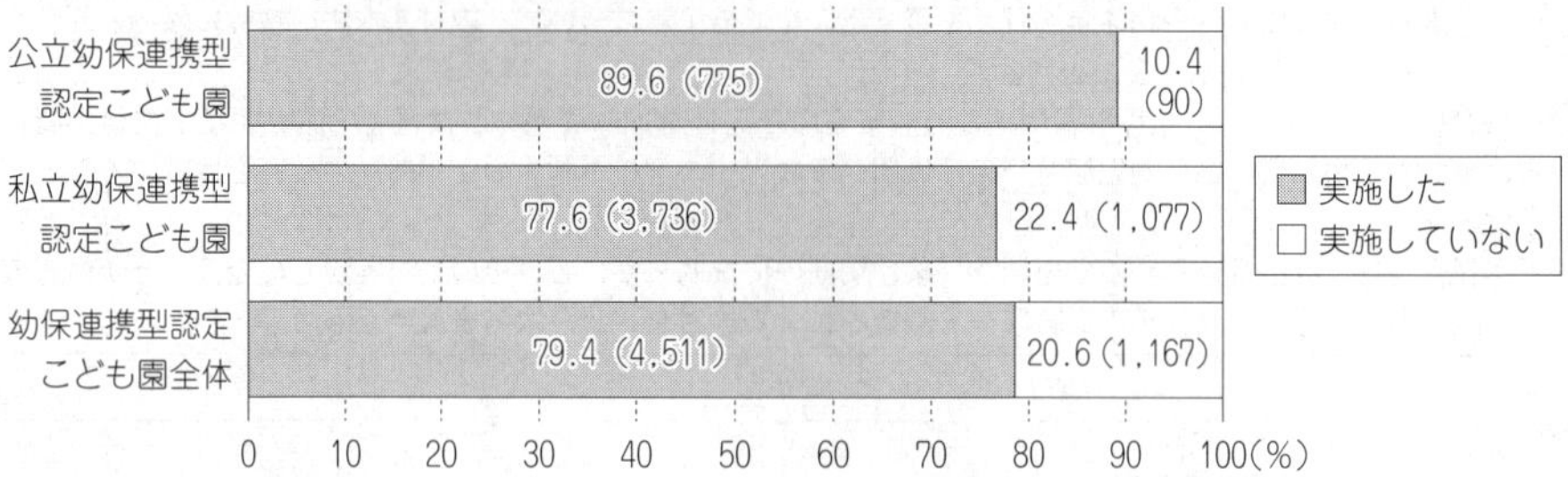

注）母数：調査回答園数（公立：865園、私立：4,813園、合計：5,678園）。（　）内は園数。

⑵幼保連携型認定こども園における小学校との連携の取組

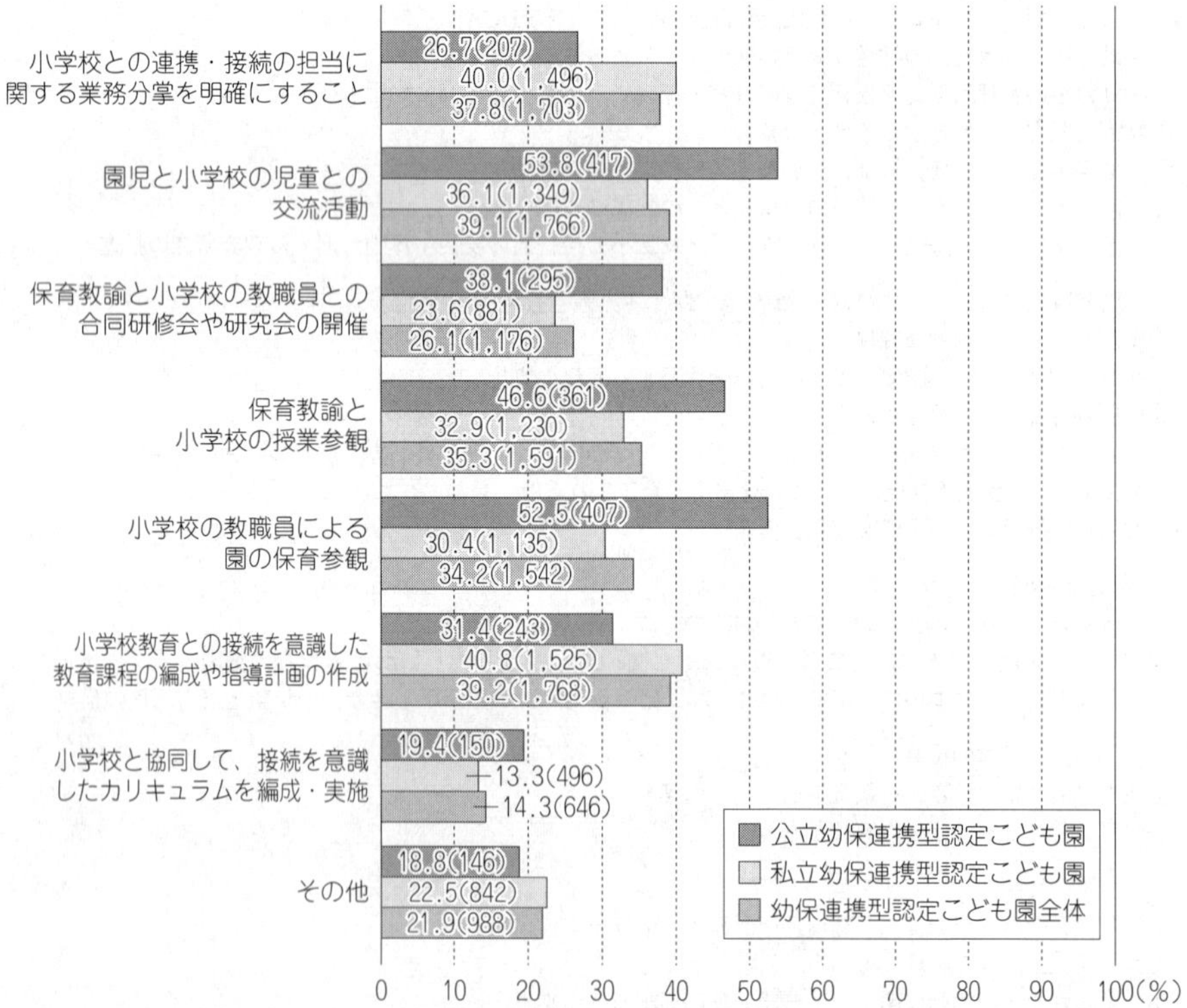

注）母数：調査回答園数（公立：775園、私立：3,736園、合計：4,511園）。（　）内は園数。
出所）Ⅲ-3-2と同じ。

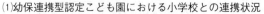

Ⅲ－3－4　幼保小接続期の教育の質保障の方策に関するワーキンググループ報告書の概要

基本的な考え方

○　こども基本法の成立（令和4年6月）を踏まえ、全ての子供について、教育基本法の精神にのっとり教育を受ける機会を等しく与えることが必要。

○　教育行政を所掌する文部科学省は、こども家庭庁と連携を図りながら、設置者・施設類型・校種を問わず、全ての子供に質の高い幼児期及び架け橋期（5歳児～小学校1年生の2年間）の教育を保障することが必要。

○　本報告書は、今後求められる幼児期及び架け橋期の姿を明らかにし、その姿を実現していくことが教育の質保障であると考え、幼保小の実務家・有識者等による検討を重ね、取りまとめたもの。

具体的方策

〈1．幼児期及び架け橋期の教育〉

①幼児教育施設は、幼稚園教育要領・保育所保育指針・幼保連携型認定こども園教育・保育要領に基づき、小学校以降の基盤となる資質・能力を育成。小学校は、小学校学習指導要領に基づき、幼児教育施設で育まれた資質・能力を踏まえて、教育活動を実施。

②架け橋期の教育の充実
- 架け橋期のカリキュラムの作成及び評価の工夫によるPDCAサイクルの確立
- 幼保小の人事交流の推進、架け橋期のコーディネーター等の育成
- 幼保小の管理職や幼児教育施設の教育・保育者、小学校の教師に対する研修の充実

③特別な配慮を必要とする子供への教育
- 幼保小と母子保健、福祉、医療等の関係機関との連携強化
- 障害のある子供や外国籍等の子供などへの配慮や支援
- 諸外国における子供の多様性の捉え方と幼保小の接続期の支援・体制に関する調査研究の推進

〈2．幼児教育を支える幼稚園教諭・保育士・保育教諭等と教育環境〉

①優れた人材の計画的な確保・定着

②研修の体系化及び外部研修と園内研修を往還する研修の実施

③幼児教育施設の勤務環境の改善
- 管理職等のマネジメント能力・リーダーシップの向上
- 外部専門職等の積極的活用
- ICT環境の整備の推進、子供の発達に応じたICTの活用

④幼児教育施設の安全・安心な環境の確保

〈3．家庭や地域との連携〉

①未就園児への幼児教育施設の機能と施設の開放

②幼児教育施設の日々の教育実践（遊びを通しての総合的な指導）における教育の意図や環境の構成の工夫、幼児の学びについて、ICTを活用した「見える化」による家庭や地域との信頼・協力関係の構築

〈4－1．地方自治体の役割〉

①地方自治体における幼児教育推進体制の構築

②幼児教育アドバイザーの育成と派遣

〈4－2．国の役割〉

①幼児教育の調査研究拠点の整備及び研究ネットワークの構築

②大規模縦断調査の実施

③幼児教育の質の評価に関する手法開発及び実証研究の推進

出所）「幼保小接続期の教育の質保障の方策に関するワーキンググループ報告書　概要」(2023年1月)。

Ⅳ　多様な保育／1　地域型保育事業

Ⅳ-1-1　地域型保育事業について

○　子ども・子育て支援新制度では、教育・保育施設を対象とする施設型給付・委託費に加え、以下の保育を市町村による認可事業（地域型保育事業）として、児童福祉法に位置付けた上で、地域型保育給付の対象とし、多様な施設や事業の中から利用者が選択できる仕組みとすることにしている。

◇小規模保育（利用定員6人以上19人以下）

◇家庭的保育（利用定員5人以下）

◇居宅訪問型保育

◇事業所内保育（主として従業員の子どものほか、地域において保育を必要とする子どもにも保育を提供）

○　都市部では、認定こども園等を連携施設として、小規模保育等を増やすことによって、待機児童の解消を図り、人口減少地域では、隣接自治体の認定こども園等と連携しながら、小規模保育等の拠点によって、地域の子育て支援機能を維持・確保することを目指す。

地域型保育事業の位置付け

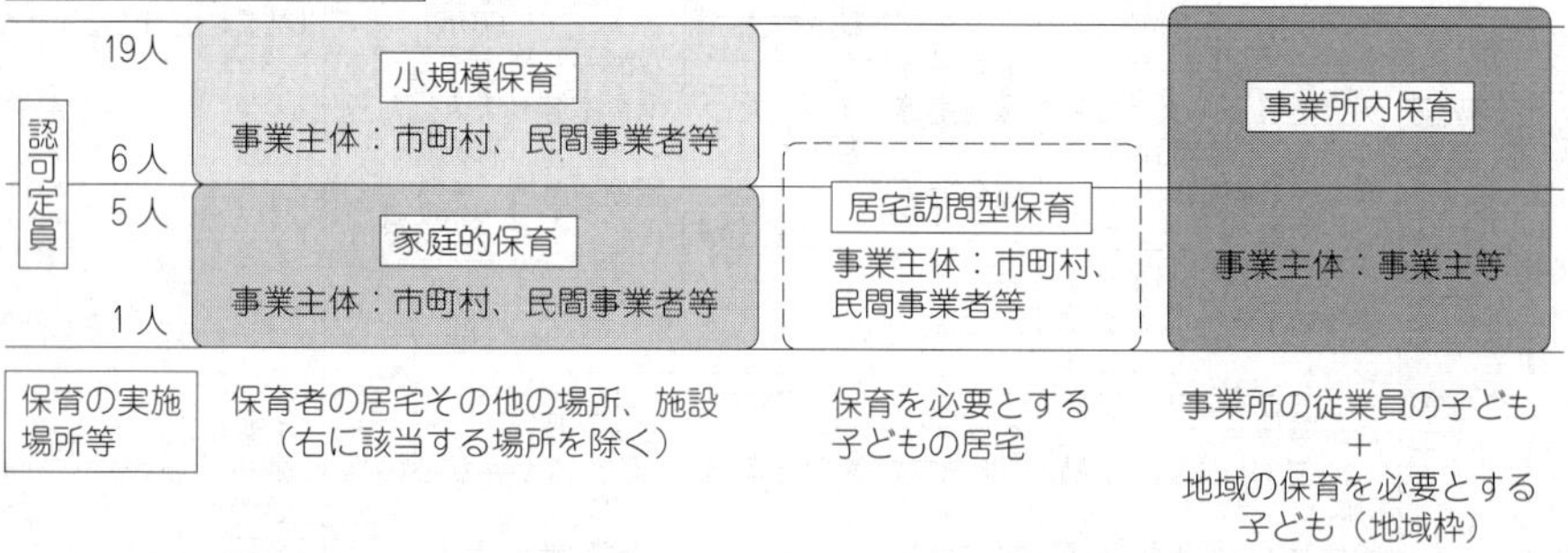

出所）子ども・子育て支援等に関する企画委員会「小規模保育事業における3歳以上児の受入れについて」（令和5年10月31日）。

Ⅳ-1-2　小規模保育事業の主な認可基準

		保育所	小規模保育事業		
			A　型	B　型	C　型
職員	職員数	0歳児　3：1 1・2歳児　6：1 3歳児　20：1 4・5歳児　30：1	保育所の配置基準 ＋1名	保育所の配置基準 ＋1名	0～2歳児　3：1 (補助者を置く場合、5：2) 3～5歳児　3：1 (補助者を置く場合、5：2)
	資　格	保育士 ※保健師又は看護師等の特例有（1人まで）	保育士 ※保育所と同様、保健師又は看護師等の特例を設ける。	1/2以上保育士 ※保育所と同様、保健師又は看護師等の特例を設ける。 ※保育士以外には研修実施	家庭的保育者 ※市町村長が行う研修を修了した保育士、保育士と同等以上の知識及び経験を有すると市町村長が認める者
設備・面積	保育室等	0歳・1歳 乳児室　1人当たり1.65m² ほふく室　1人当たり3.3m² 2歳以上 保育室等　1人当たり1.98m² 3歳～5歳児 保育室等　1人当たり1.98m² 屋外遊戯場　1人当たり3.3m²	0歳・1歳児 1人当たり3.3m² 2歳児　1人当たり1.98m² 3歳～5歳児 保育室等　1人当たり1.98m² 屋外遊戯場　1人当たり3.3m²	0歳・1歳児 1人当たり3.3m² 2歳児　1人当たり1.98m² 3歳～5歳児 保育室等　1人当たり1.98m² 屋外遊戯場　1人当たり3.3m²	0歳～2歳児 いずれも1人3.3m² 3歳～5歳児 保育室等、屋外遊戯場いずれも1人当たり3.3m²
処遇等	給　食	自園調理 ※公立は外部搬入可(特区) 給食の外部搬入可(全ての市町村において)(3歳～5歳児) 調理室 調理員	自園調理 (連携施設等からの搬入可) 調理設備 調理員	自園調理 (連携施設等からの搬入可) 調理設備 調理員	自園調理 (連携施設等からの搬入可) 調理設備 調理員

※　小規模保育事業については、小規模かつ0～2歳児までの事業であることから、保育内容の支援及び卒園後の受け皿の役割を担う連携施設の設定を求める。
※　連携施設や保育従事者の確保等が期待できない離島・へき地に関しては、連携施設等について、特例措置を設ける。
※　保健師又は看護師に係る職員資格の特例については、地方分権に関する政府方針を踏まえ、平成27年4月1日から准看護師についても対象とされている。
※　屋外遊戯場については、保育所の付近にある屋外遊戯場に代わるべき場所でも可。
※　小規模保育事業については、保育が適正かつ確実に行われ、円滑に集団保育に移行できる環境を整える必要があることから、保育内容の支援、代替保育の提供及び卒園後の受け皿の役割を担う連携施設の設定が必要。なお、国家戦略特別区域小規模保育事業にあっても、連携施設の設定が必要であるが、卒園後の受け皿の役割を担う施設を確保する必要はない。

注）満3歳以上児受入れの場合も含む。

出所）子ども・子育て支援等に関する企画委員会「小規模保育事業における3歳以上児の受入れについて」（令和5年10月31日）より作成。

Ⅳ　多様な保育／2　地域子ども・子育て支援事業

Ⅳ-2-1　地域子ども・子育て支援事業の概要について

- 市町村は、子ども・子育て家庭等を対象とする事業として、市町村子ども・子育て支援事業計画に従って、以下の事業を実施する。（子ども・子育て支援法第59条）
- 国及び都道府県は同法に基づき、事業を実施するために必要な費用に充てるため、交付金を交付することができる。

事業名	内　容
①利用者支援事業	子ども及びその保護者等の身近な場所で、教育・保育・保健その他の子育て支援の情報提供及び必要に応じ相談・助言等を行うとともに、関係機関との連絡調整等を実施する事業
②延長保育事業	保育認定を受けた子どもについて、通常の利用日及び利用時間以外の日及び時間において、認定こども園、保育所等において保育を実施する事業
③実費徴収に係る補足給付を行う事業	保護者の世帯所得の状況等を勘案して、特定教育・保育施設等に対して保護者が支払うべき日用品、文房具その他の教育・保育に必要な物品の購入に要する費用又は行事への参加に要する費用等、特定子ども・子育て支援に対して保護者が支払うべき食事の提供（副食の提供に限る）にかかる費用を助成する事業
④多様な事業者の参入促進・能力活用事業	特定教育・保育施設等への民間事業者の参入の促進に関する調査研究その他多様な事業者の能力を活用した特定教育・保育施設等の設置又は運営を促進するための事業
⑤放課後児童健全育成事業	保護者が労働等により昼間家庭にいない小学校に就学している児童に対し、授業の終了後に小学校の余裕教室、児童館等を利用して適切な遊び及び生活の場を与えて、その健全な育成を図る事業
⑥子育て短期支援事業	保護者の疾病等の理由により家庭における養育が一時的に困難となった児童について、児童養護施設等において必要な養育・保護を行う事業（短期入所生活援助事業（ショートステイ事業）及び夜間養護等事業（トワイライトステイ事業））
⑦乳児家庭全戸訪問事業	生後４か月までの乳児のいる全ての家庭を訪問し、子育て支援に関する情報提供や養育環境等の把握、育児に関する不安や悩みの相談を行う事業
⑧養育支援訪問事業	養育支援が特に必要な家庭に対して、保健師や助産師、保育士が居宅を訪問し、養育に関する相談に応じ、指導や助言等により養育能力を向上させるための支援を行う事業 ・子どもを守る地域ネットワーク機能強化事業 要保護児童対策地域協議会の機能強化を図るため、要保護児童対策調整機関職員やネットワーク構成員（関係機関）の専門性強化と、ネットワーク機関間の連携強化を図る取組を行う事業
⑨地域子育て支援拠点事業	乳幼児及びその保護者が相互の交流を行う場を提供し、子育てについての相談、情報の提供、助言その他の援助を行う事業
⑩一時預かり事業	家庭において保育を受けることが一時的に困難となった乳幼児について、主として昼間において、認定こども園、幼稚園、保育所、地域子育て支援拠点その他の場所において、一時的に預かり、必要な保護を行う事業
⑪病児保育事業	病児について、病院・保育所等に付設された専用スペース等において、看護師等が一時的に保育等する事業
⑫子育て援助活動支援事業（ファミリー・サポート・センター事業）	乳幼児や小学生等の児童を有する子育て中の保護者を会員として、児童の預かり等の援助を受けることを希望する者と当該援助を行うことを希望する者との相互援助活動に関する連絡、調整を行う事業
⑬妊婦健康診査	妊婦の健康の保持及び増進を図るため、妊婦に対する健康診査として、①健康状態の把握、②検査計測、③保健指導を実施するとともに、妊娠期間中の適時に必要に応じた医学的検査を実施する事業

出所）　内閣府「子ども・子育て支援新制度について（令和４年７月）」より作成。

Ⅳ－2－2　地域子育て支援拠点事業の実施か所数の推移

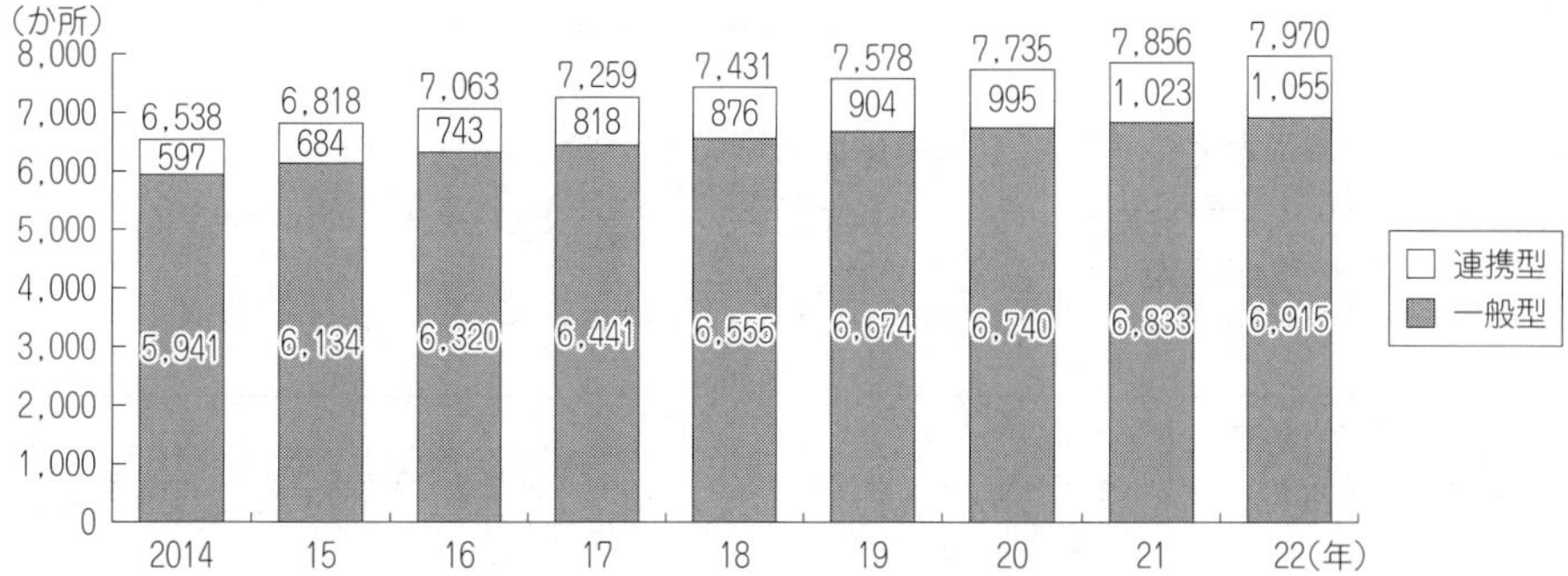

注）　実施か所数は交付決定ベース。令和3年度以降は重層的支援体制整備事業の交付決定分も含む。2014年度に類型の変更を行っている。
出所）　こども家庭庁「地域子育て支援拠点事業実施状況（令和4年度）」より作成。

Ⅳ－2－3　地域子育て支援拠点事業の実施場所

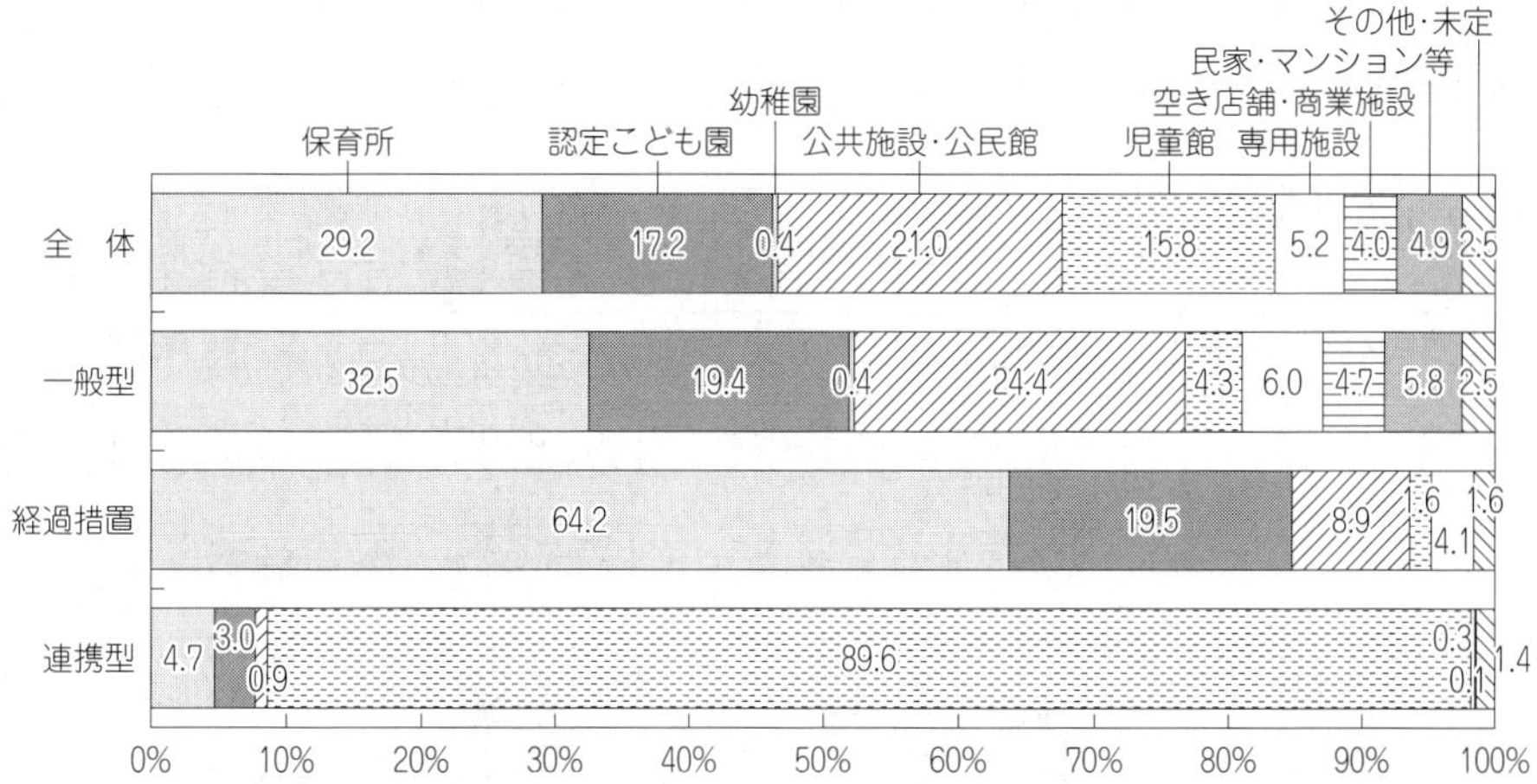

（か所）

	保育所	認定こども園	幼稚園	公共施設・公民館	児童館	専用施設	空き店舗・商業施設	民家・マンション等	その他・未定	計
全　体	2,254	1,328	29	1,620	1,223	400	309	378	182	7,723
一 般 型	2,125	1,272	29	1,600	276	392	308	378	165	6,545
経過措置	79	24	0	11	2	5	0	0	2	123
連 携 型	50	32	0	9	945	3	1	0	15	1,055

注）　出張ひろばは除く。
出所）　こども家庭庁「地域子育て支援拠点事業実施状況（令和4年度）」。

Ⅳ－2－4　延長保育事業の実施状況の推移

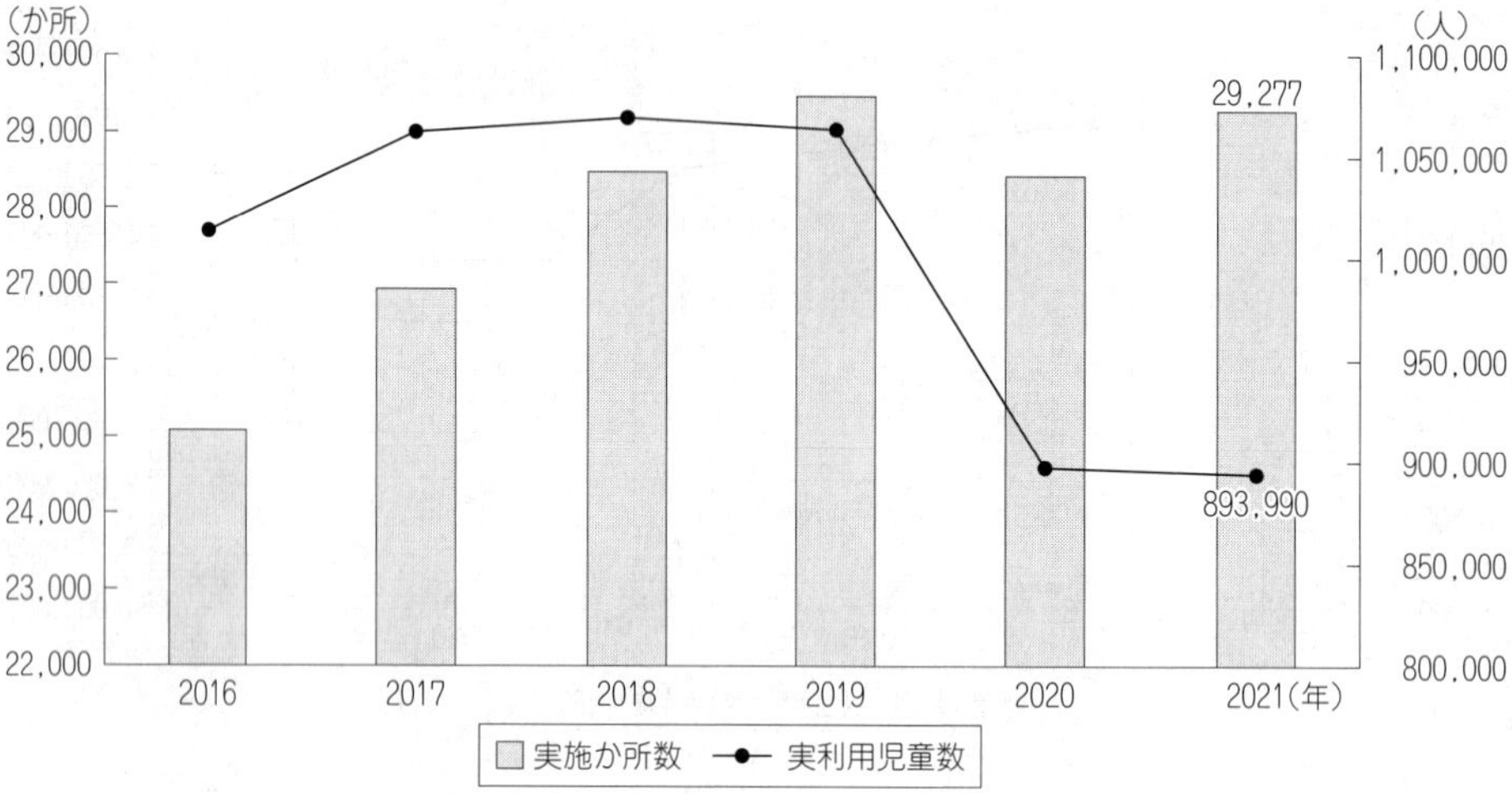

出所）厚生労働省「各自治体の多様な保育（延長保育、病児保育、一時預かり、夜間保育）及び障害児保育（医療的ケア児保育を含む）の実施状況について」より作成。

Ⅳ－2－5　病児保育事業の実施状況の推移

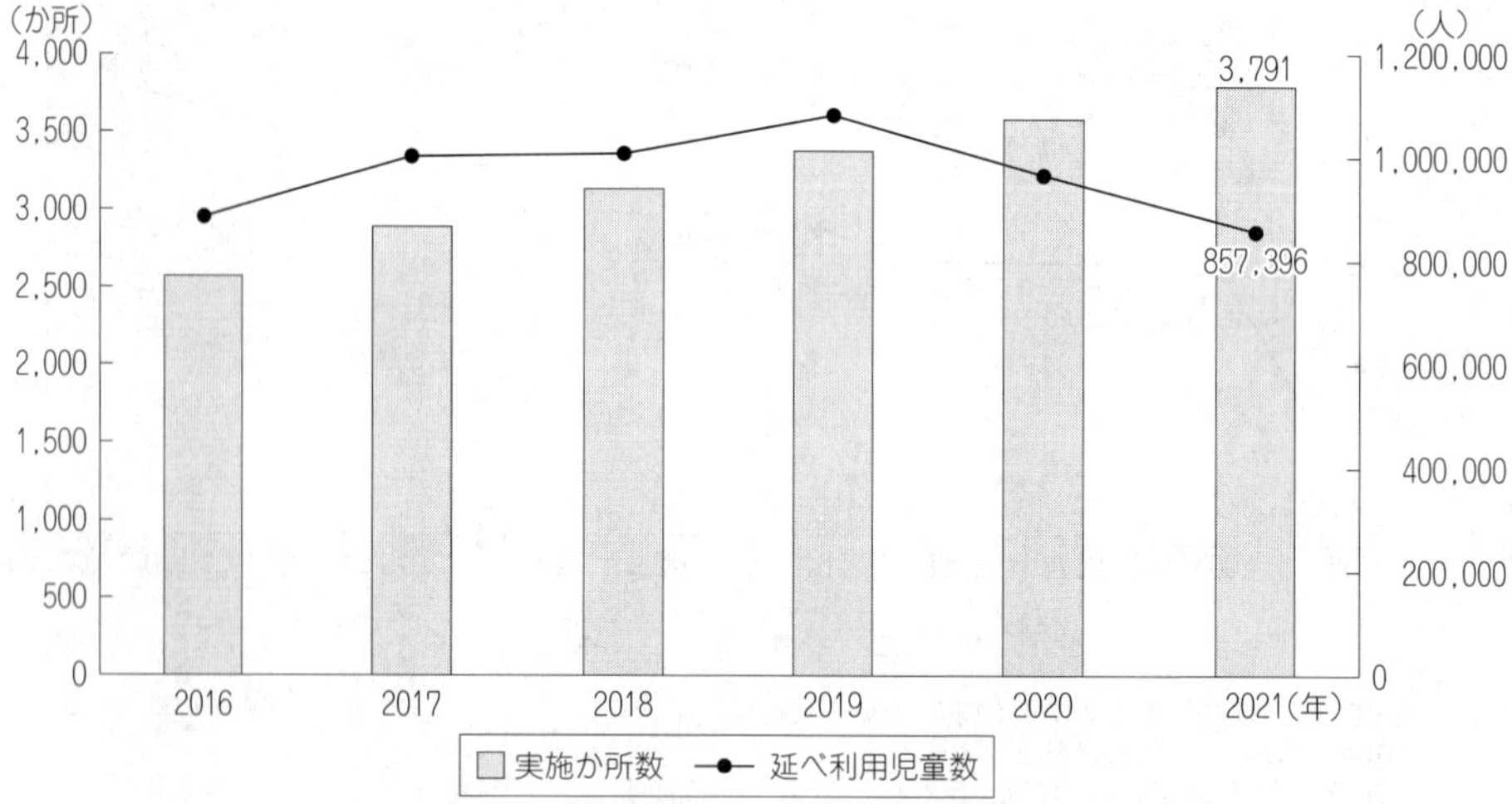

注）2016年度からの延べ利用児童数は、「病児対応型」、「病後児対応型」、「体調不良児対応型」の合計。2020年度においては、「病児対応型」、「病後児対応型」は、新型コロナウイルス感染症の状況等を勘案して想定される各月の延べ利用児童数をもって当該月の延べ利用児童数とみなして差し支えないこととしている（前年同月の延べ利用児童数を上限）。

出所）Ⅳ－2－4と同じ。

Ⅳ-2-6　一時預かり事業の実施状況の推移

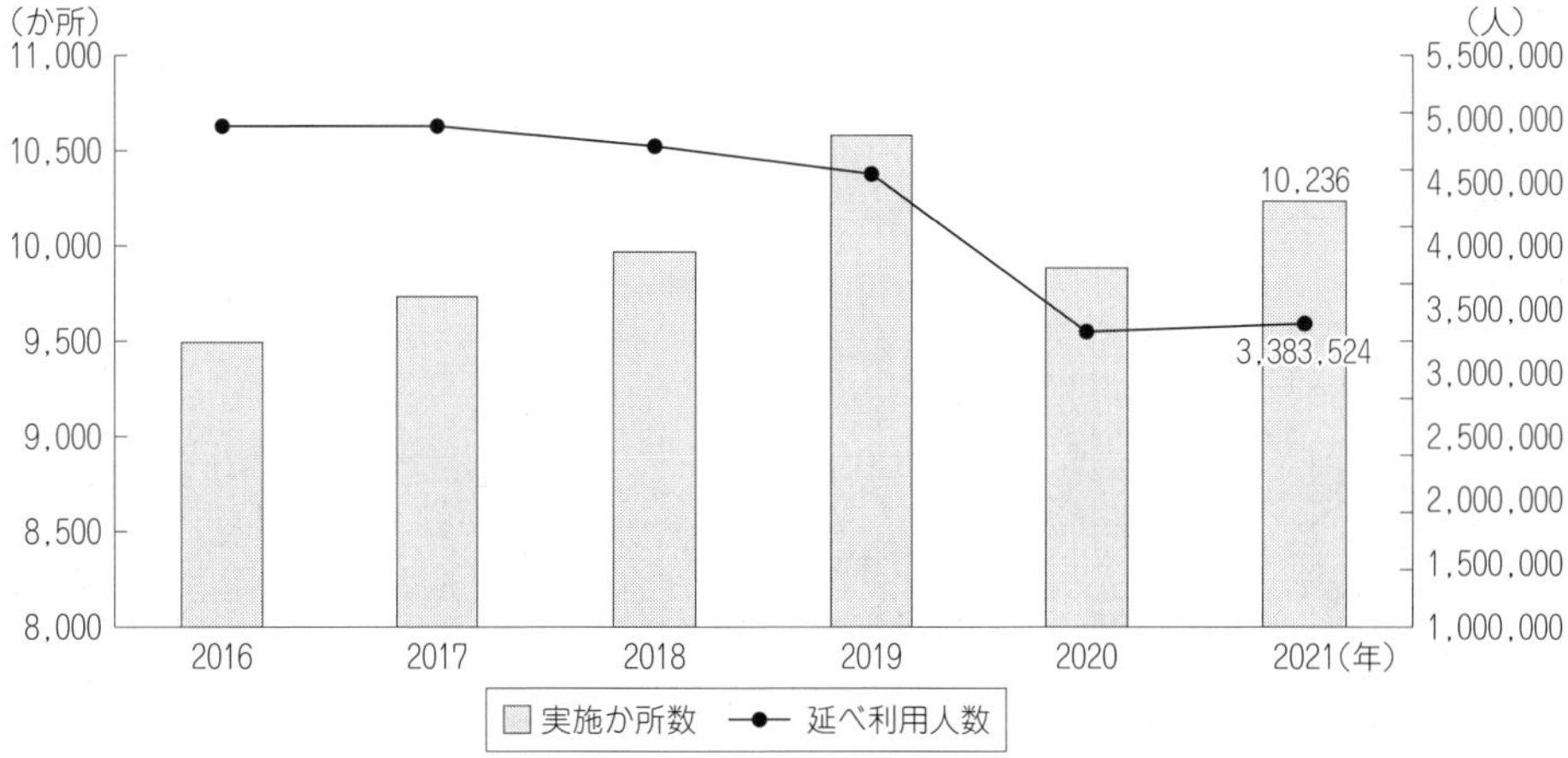

出所）Ⅳ-2-4と同じ。

Ⅳ-2-7　幼稚園における預かり保育の実施状況①

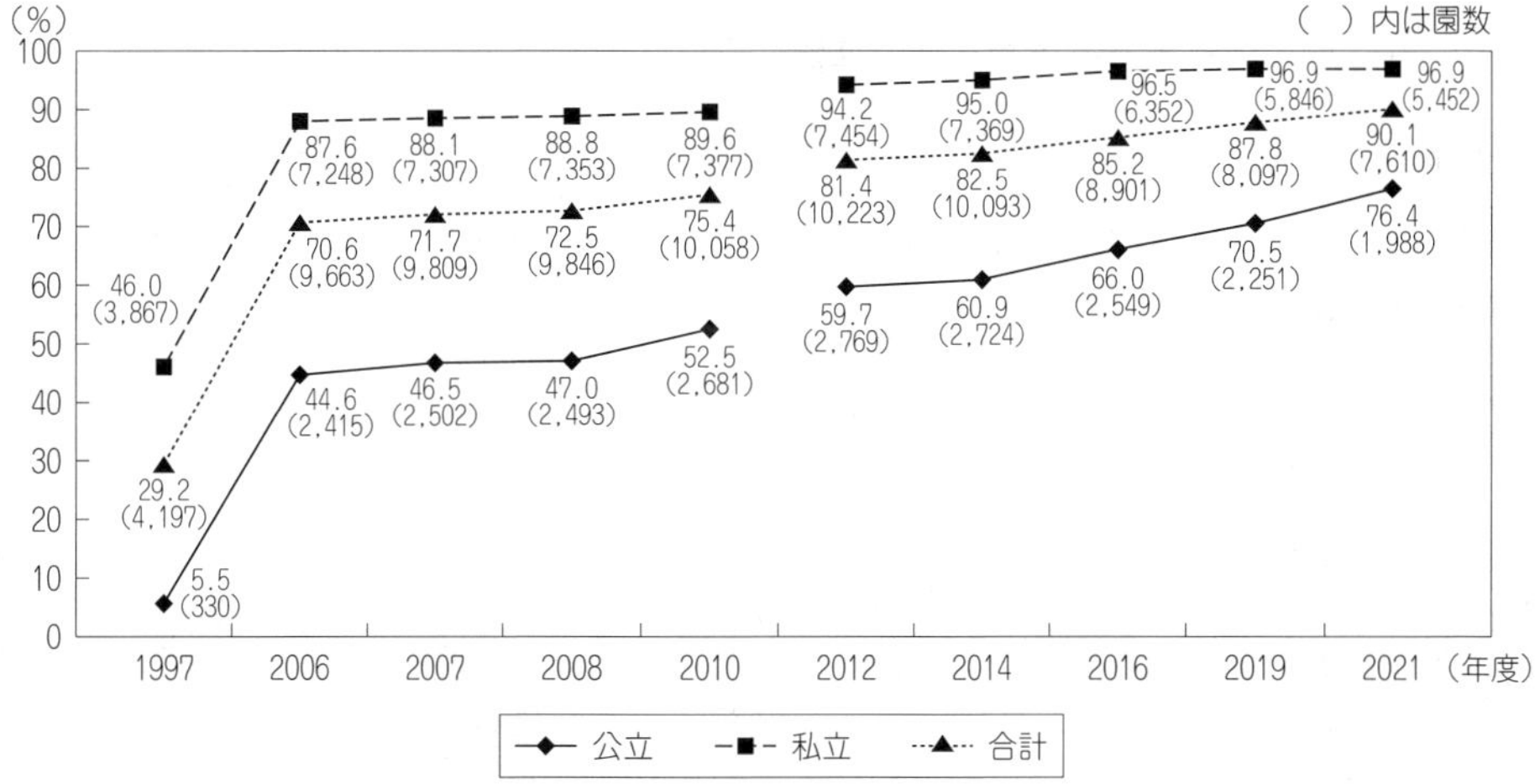

注）2010年度以前の母数：学校基本調査の幼稚園数。
2012年度以降の母数：調査回答園数。
2012年　公立：4,638園、私立：7,914園、合計：12,552園
2014年　公立：4,470園、私立：7,760園、合計：12,230園
2016年　公立：3,865園、私立：6,579園、合計：10,444園
2019年　公立：3,192園、私立：6,033園、合計：　9,225園
2021年　公立：2,820園、私立：5,626園、合計：　8,446園
出所）文部科学省「令和3年度幼児教育実態調査」より作成。

Ⅳ-2-8　幼稚園における預かり保育の実施状況②

	平日の受入れ幼児数(注2)	土曜日における預かり保育実施状況(注3)	長期休業日における預かり保育実施状況(注4)
公立幼稚園	10.5人／園・日	7.2%	44.0%
私立幼稚園	23.8人／園・日	21.0%	65.0%
合　計	19.4人／園・日	16.6%	58.2%

注）　1．母数：8,446園（公立：2,820園、私立：5,626園）。
2．2021年6月最終週平日の受入れ延べ人数から算出。無回答は0日とみなした。
3．2021年6月の土曜日に1日以上受入れを実施した割合。無回答は実施していないとみなした。
4．春・夏・冬季休業日にいずれも平日と同程度に実施している割合。無回答は実施していないとみなした。

出所）　Ⅳ-2-7と同じ。

Ⅳ-2-9　放課後児童健全育成事業（放課後児童クラブ）の実施状況の推移

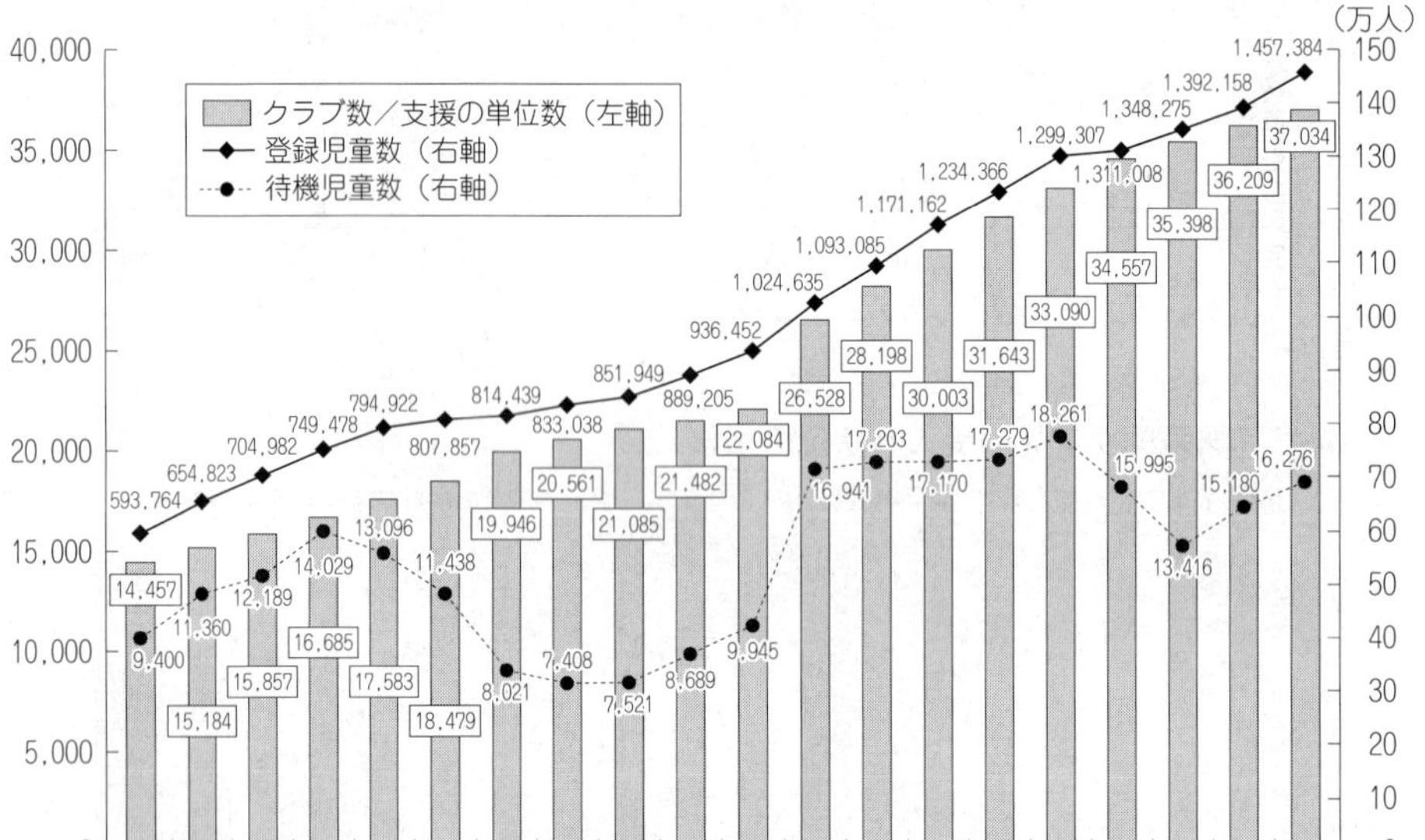

注）　1．5月1日現在（2020年のみ7月1日現在）こども家庭庁調査。本調査は1998年より実施。
2．2015年度より、児童の放課後児童クラブでの活動は、「支援の単位」を基本として行われることとなった。「支援の単位」については、放課後児童健全育成事業の設備及び運営に関する基準第10条を参照。

出所）　こども家庭庁「令和5年放課後児童健全育成事業（放課後児童クラブ）の実施状況（令和5年5月1日現在)」より作成。

Ⅳ　多様な保育／3　障害児支援

Ⅳ-3-1　障害児保育の実施状況の推移

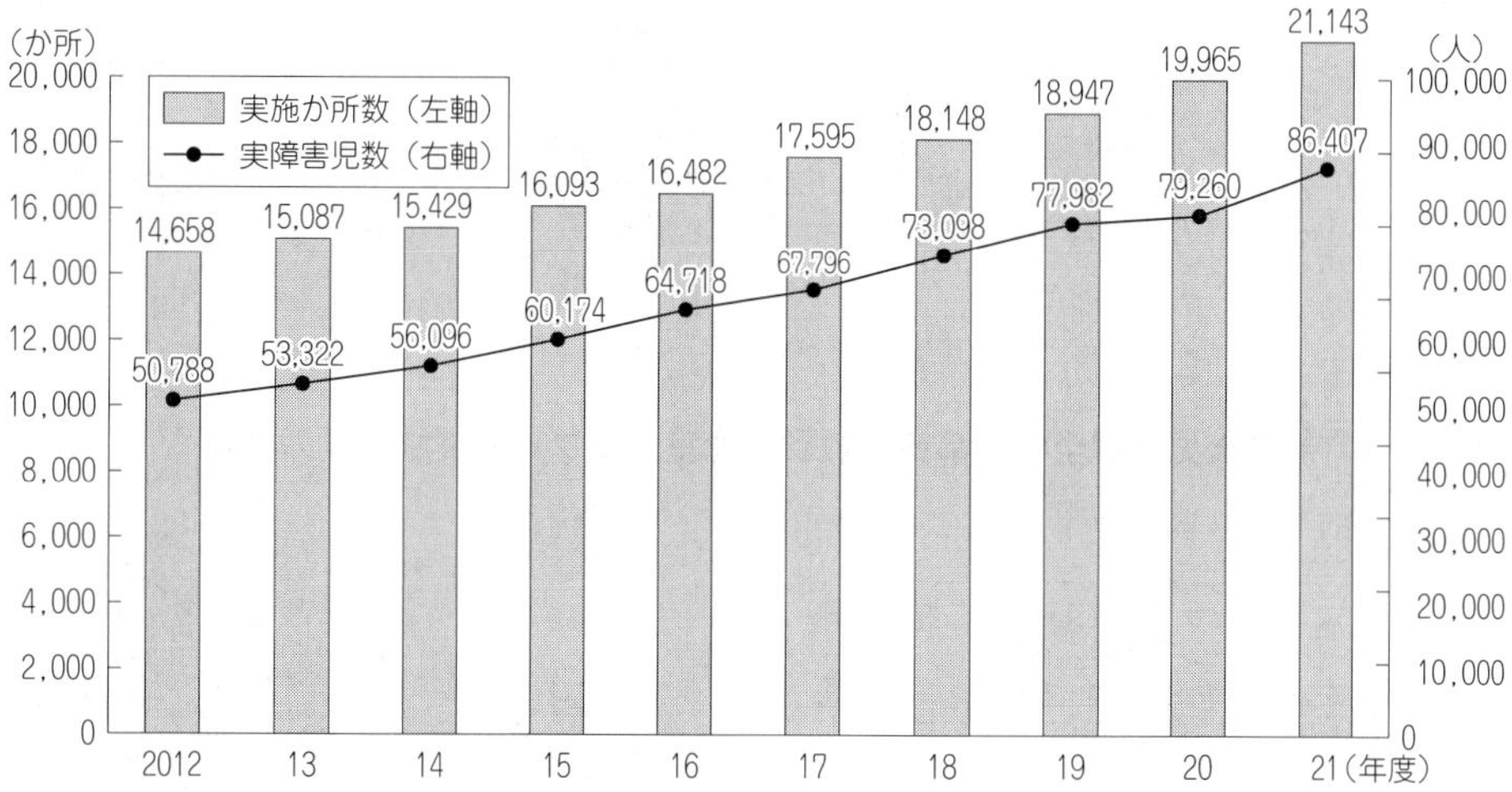

出所）厚生労働省保育課「障害児保育実施状況」より作成。

Ⅳ-3-2　医療的ケア児の受入れ状況の推移

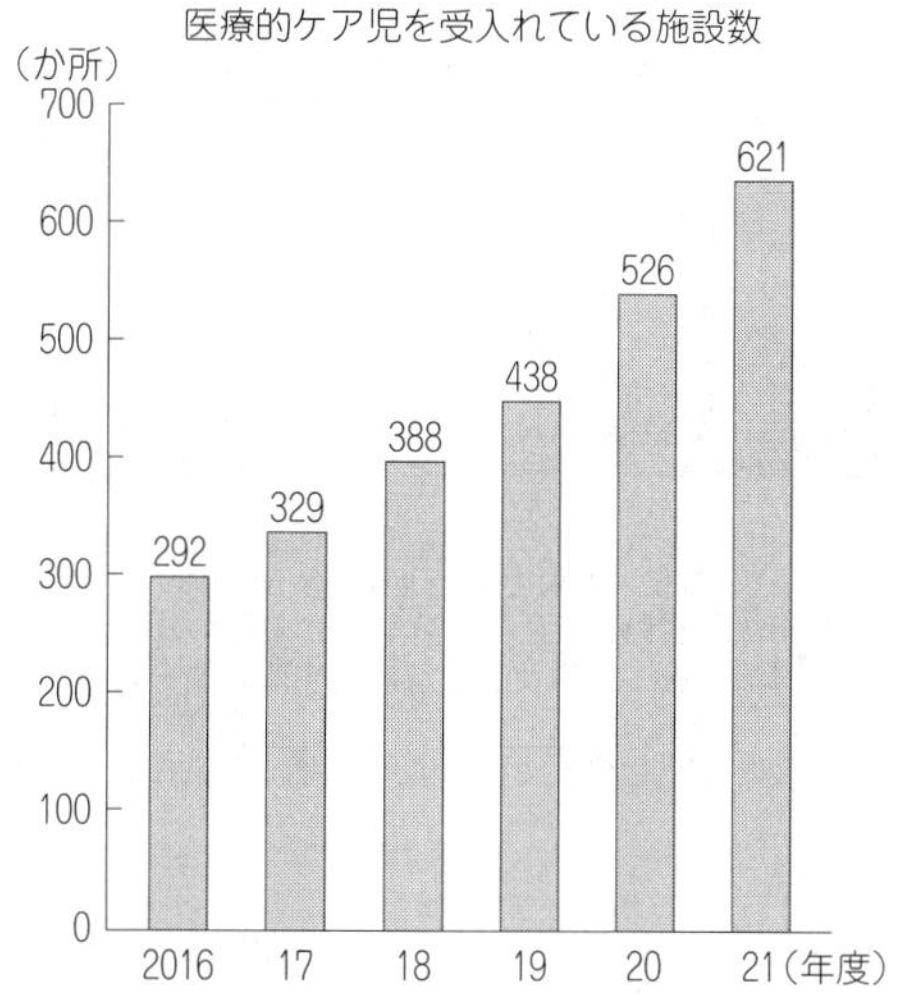

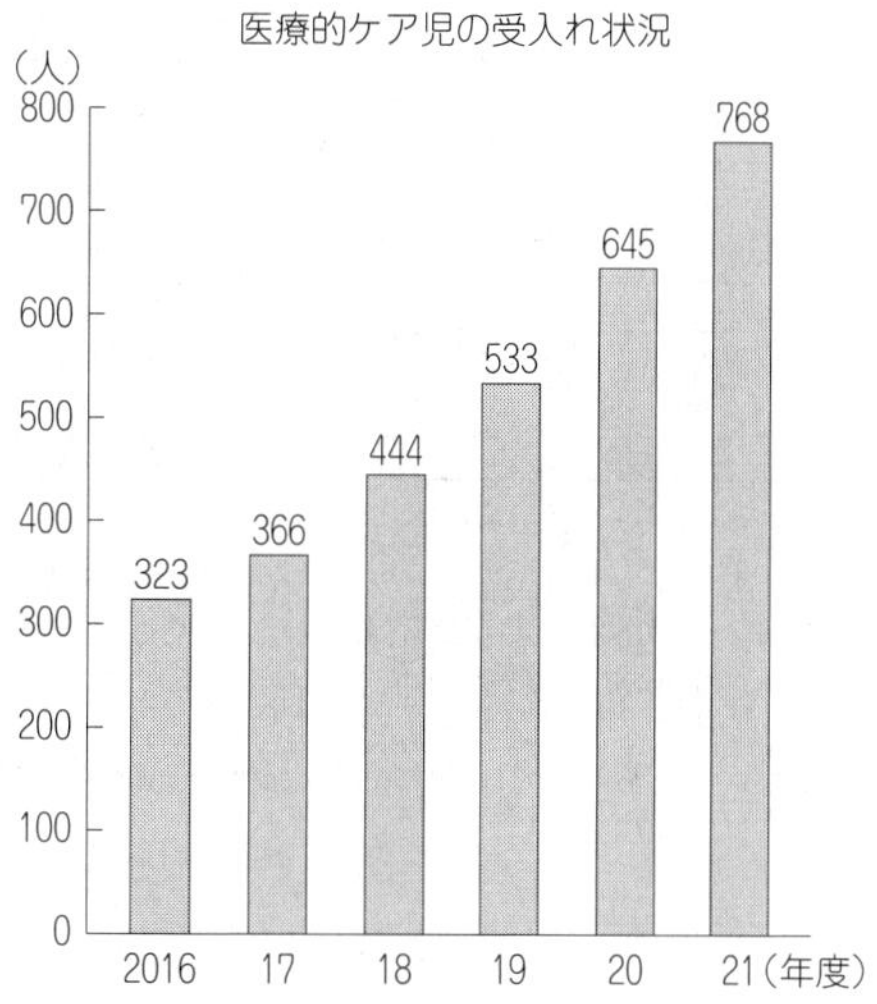

出所）Ⅳ-3-1と同じ。

Ⅳ-3-3　障害児通所支援に関する検討会報告書の概要

障害児通所支援の基本的な考え方

こどもの権利を社会全体で守る ／ こどもと家族のウェルビーイングの向上 ／ インクルージョンの推進

障害児支援を進めるにあたって、行政、事業所、関係機関等の全ての関係者は、以下の基本的な考え方をもって進めていくべきである。

- こどもの意見表明の確保、発達、人権及び基本的自由の保障がなされることで、こどもの最善の利益を社会全体で守っていく環境づくりを進める。
- こどもや保護者が内在的に持つ力を発揮できるよう、エンパワメントの視点を持ち、こどもと家族のウェルビーイングの向上につながるよう取り組んでいくことが必要。
- 障害の有無にかかわらず、こどもが様々な遊びなどの機会を通じて共に過ごし、学び合い、成長していくことが重要。こどもの育ちと個別のニーズを共に保障した上で、インクルージョン推進の観点を常に念頭に、こどもや家族の支援にあたっていくこと。

1．児童発達支援センターを中心とした地域の障害児通所支援の体制整備

児童発達支援センターの中核機能

①幅広い高度な専門性に基づく発達支援・家族支援機能	②地域の障害児通所支援事業所に対するスーパーバイス・コンサルテーション機能
③地域のインクルージョン推進の中核機能	④地域の発達支援に関する入口としての相談機能

4つの中核機能全てを十分に備えるセンターを、中核拠点型として整備を推進していく方向で検討。

福祉型・医療型の一元化後の方向性

一元化後は、保育士・児童指導員を手厚く配置する等の方向で検討。また、福祉型の3類型（障害児、主に難聴児、主に重症心身障害児）についても、一元化した上で、障害特性に応じた支援を行った場合に、必要な評価を行う方向で検討。

2．児童発達支援・放課後等デイサービス

- 各ガイドラインに定めるそれぞれの役割に加え、5領域（※）等、全ての視点を含めた総合的な支援が提供されることを基本とすべき。
- 総合的な支援を行い、その上でこどもの状態に合わせた特定の領域への専門的な支援（理学療法等）を重点的に行う支援が考えられる。その際には、アセスメントを踏まえ、必要性を丁寧に判断し、障害児支援利用計画等に位置づける等、計画的に実施されることが必要。
- ピアノや絵画のみを提供する支援は、公費により負担する支援として相応しくないと考えられ、これらの支援の提供にあたっては、ガイドラインに示される支援の視点等とのつながりを明確化した支援内容とした上で提供することが必要。
- 利用の仕方等により、支援時間に差異があることから、支援に対する人員の配置の状況や支援内容等にも留意しつつ、支援時間の長短を考慮したよりきめ細かい評価を行うことが必要。
- 保護者の就労等による預かりニーズについては、家族全体を支援する観点から、こどもと家族のアセスメントを踏まえて、児童発達支援や放課後等デイサービスにおいても対応することが重要。
- 放課後等デイサービスについては、学校や家庭とは異なる場であり、安心・安全でその子らしく過ごせる場としての機能も重視すべき。また、学校に通学できない（不登校の）障害児について、関係機関と連携して支援していくことが必要。

（※）「健康・生活」、「運動・感覚」、「認知・行動」、「言語・コミュニケーション」、「人間関係・社会性」

3．インクルージョンの推進

- 障害児支援による保育所等の一般施策への後方支援の取組を強化し、保育所等訪問支援等を活用しながら、保育所等の障害児への支援力向上を図っていく等、子育て支援と障害児支援が双方向から緊密に連携が行われる地域の体制づくりを進めていくことが重要。
- 保育所等訪問支援がより効果的に活用されるよう、人員配置や報酬上の評価、運用について必要な見直しを行う方向で検討すべき。

（チームでアセスメントや一定の支援を行う場合や、時間の長短も含め、支援内容を踏まえた評価の検討）

4．障害児通所支援の給付決定等

- 給付決定において、適切に発達支援の必要性や支給量を判断するとともに、その後の支援に活用していく上でも、こどもの発達状況等も把握できる調査指標に見直すことが必要。
- セルフプラン率が高い現状も踏まえ、障害児相談支援による支援が行われるよう取組を進めることが必要。また、障害児相談支援の整備が途上にある地域等においても、適切にコーディネートが行われる方策を検討していくことが必要。

5．障害児通所支援の質の向上

- 市町村は（自立支援）協議会子ども部会を設置し、児童発達支援センターも参画して、地域の課題を把握・分析しながら、地域の支援の質の向上に取り組むことが重要。
- 自己評価・保護者評価について、集約・分析し、その結果を公表する等、効果的な活用方策等について検討を進めることが必要。
- 人材育成について、専門性を身につけるため、基礎、中堅、専門といった段階的な研修体系の構築等を進めることが必要。

出所）厚生労働省「障害児通所支援に関する検討会　報告書～概要～」（令和５年３月）より作成。

Ⅴ　社会的養護の現状

Ⅴ-1　社会的養護を担う施設等の数、定員、現員

保護者のないこども、被虐待児など家庭環境上養護を必要とするこどもなどに対し、公的な責任として、社会的に養護を行う。対象のこどもは、約4万2千人。

里親	家庭における養育を里親に委託	登録里親数	委託里親数	委託児童数	ファミリーホーム	養育者の住居において家庭養護を行う（定員5～6名）
		15,607世帯	4,844世帯	6,080人		
区分（里親は重複登録有り）	養育里親	12,934世帯	3,888世帯	4,709人	ホーム数	446か所
	専門里親	728世帯	168世帯	204人		
	養子縁組里親	6,291世帯	314世帯	348人	委託児童数	1,718人
	親族里親	631世帯	569世帯	819人		

施設	乳児院	児童養護施設	児童心理治療施設	児童自立支援施設	母子生活支援施設	自立援助ホーム
対象児童	乳児（特に必要な場合は、幼児を含む）	保護者のない児童、虐待されている児童その他環境上養護を要する児童（特に必要な場合は、乳児を含む）	家庭環境、学校における交友関係その他の環境上の理由により社会生活への適応が困難となった児童	不良行為をなし、又はなすおそれのある児童及び家庭環境その他の環境上の理由により生活指導等を要する児童	配偶者のない女子又はこれに準ずる事情にある女子及びその者の監護すべき児童	義務教育を終了した児童であって、児童養護施設等を退所した児童等
施設数	145か所	610か所	53か所	58か所	215か所	266か所
定員	3,827人	30,140人	2,016人	3,400人	4,441世帯	1,719人
現員	2,351人	23,008人	1,343人	1,099人	3,135世帯 児童5,293人	977人
職員総数	5,555人	20,639人	1,522人	1,839人	2,073人	1,047人

小規模グループケア	2,318か所
地域小規模児童養護施設	581か所

※里親数、FHホーム数、委託児童数、乳児院・児童養護施設・児童心理治療施設・母子生活支援施設の施設数・定員・現員は福祉行政報告例から家庭福祉課にて作成（令和4年3月末現在）。
※児童自立支援施設の施設数・定員・現員、自立援助ホームの施設数、小規模グループケア、地域小規模児童養護施設のか所数は家庭福祉課調べ（令和4年10月1日現在）。
※職員数（自立援助ホームを除く）は、社会福祉施設等調査（令和3年10月1日現在）。
※児童自立支援施設は、国立2施設を含む。

出所）こども家庭庁「社会的養育の推進に向けて（令和5年10月）」より作成。

V－2　要保護児童数の推移

○児童養護施設の入所児童数

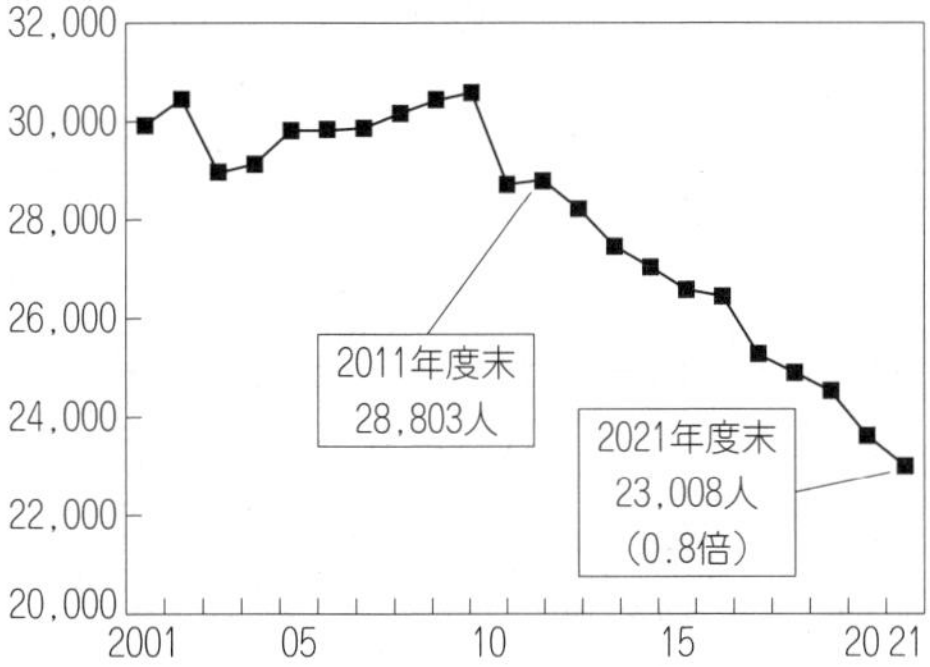

○児童養護施設の設置数

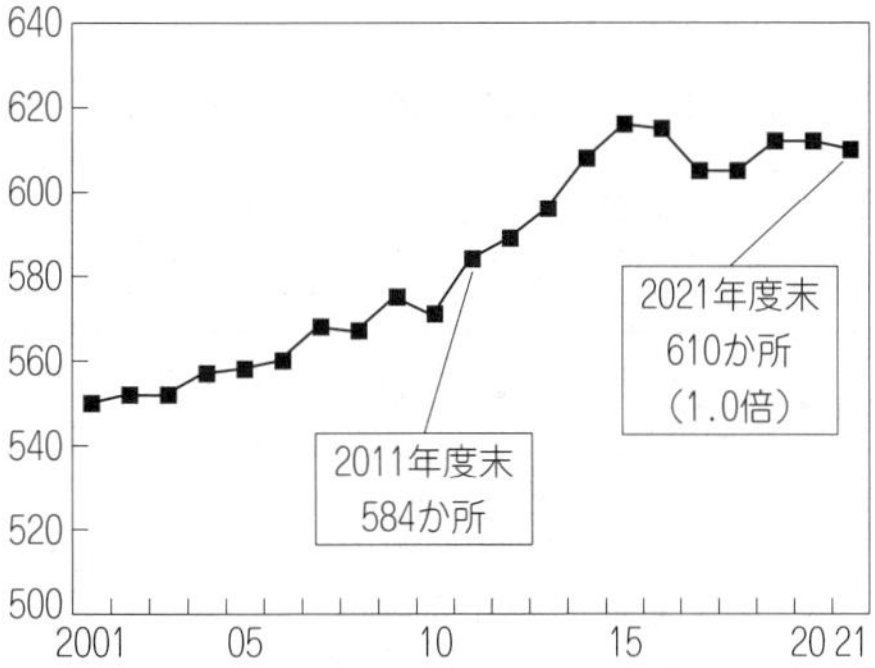

○乳児院の入所児童数

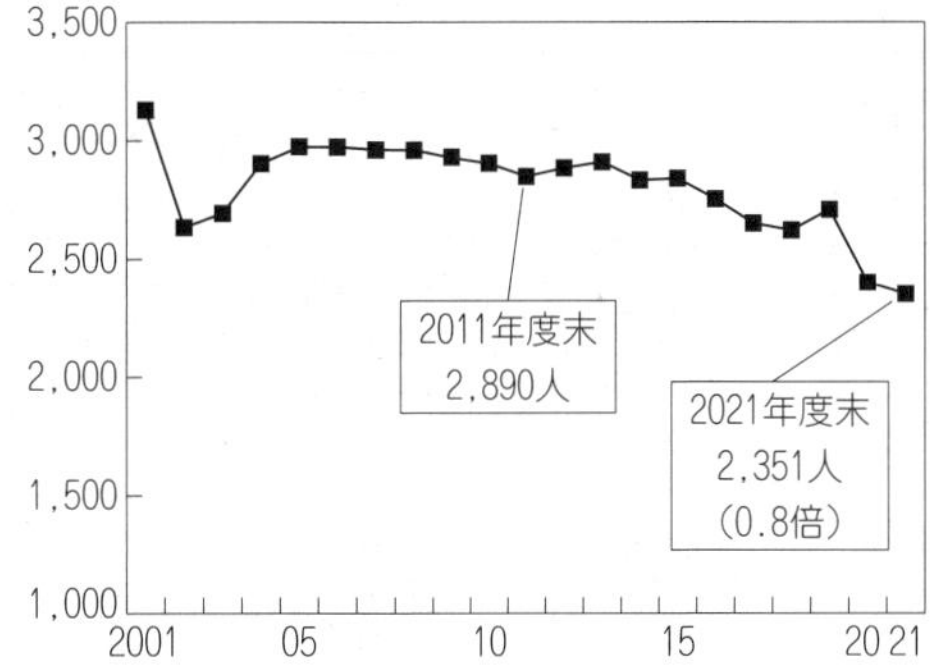

○乳児院の設置数

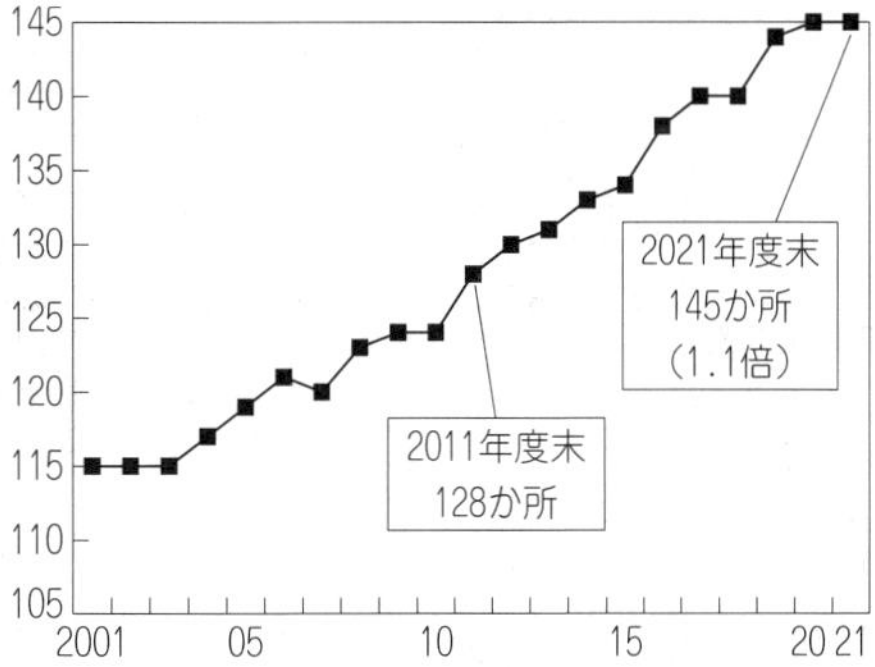

○里親・ファミリーホームへの委託児童数

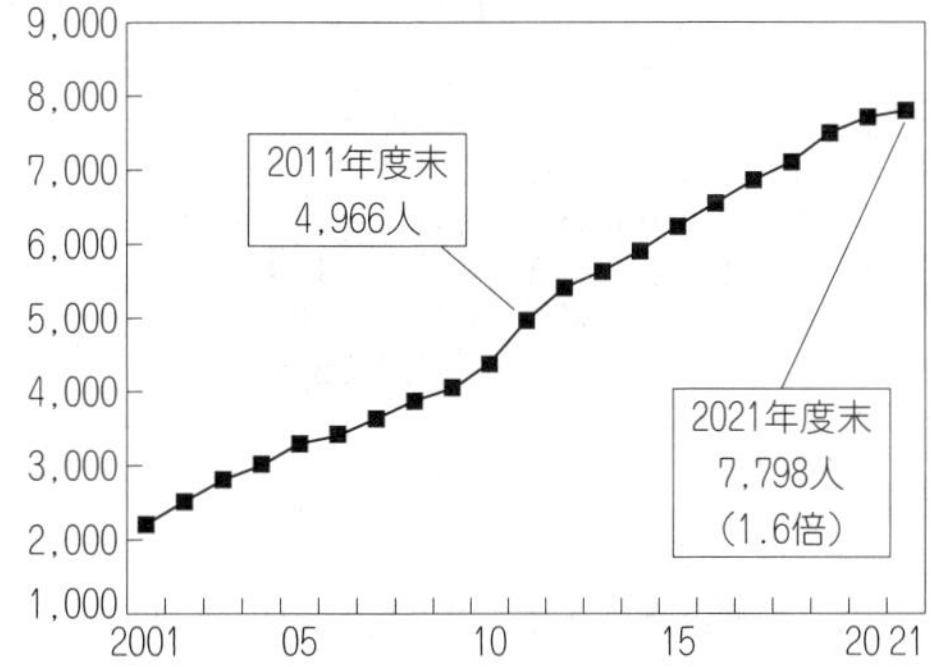

注）各年度3月末日現在（福祉行政報告例）。
出所）V－1と同じ。

Ⅴ-3　児童養護施設入所児童の年齢、在所期間、措置理由

○児童養護施設の児童の年齢

（人）、［　］は構成割合（%）

	在籍児童の年齢別人数			入所時の年齢別人数		
	2018年	2013年	2003年	2018年	2013年	2003年
0歳～5歳	3,232 [12.0]	4,047 [13.5]	5,421 [17.8]	13,567 [50.2]	15,864 [52.9]	16,704 [54.9]
6歳～11歳	9,431 [34.9]	10,899 [36.4]	12,408 [40.8]	8,821 [32.6]	9,923 [33.1]	10,010 [32.9]
12歳～17歳	12,418 [45.9]	13,401 [44.7]	11,448 [37.6]	4,245 [15.7]	4,143 [13.8]	3,642 [12.0]
18歳以上	1,914 [7.1]	1,607 [5.4]	1,119 [3.7]	19 [0.1]	14 [0.0]	9 [0.0]
総　数	27,026 [100.0]	29,979 [100.0]	30,416 [100.0]	27,026 [100.0]	29,979 [100.0]	30,416 [100.0]
平均年齢	11.5歳	11.2歳	10.2歳	6.4歳	6.2歳	5.9歳

注）総数には年齢不詳を含む。

○在籍児童の在籍期間

（人）、［　］は構成割合（%）

	2018年	2013年	2003年
4年未満	13,327[49.3]	14,842[49.5]	17,415[57.3]
4年以上～8年未満	7,047[26.1]	8,143[27.2]	7,705[25.3]
8年以上～12年未満	4,184[15.5]	4,733[15.8]	3,737[12.3]
12年以上	2,116[7.8]	2,105[7.0]	1,530[5.0]
総　数	27,026[100.0]	29,979[100.0]	30,416[100.0]
平均期間	5.2年	4.9年	4.4年

注）総数には期間不詳を含む。

○児童の措置理由（養護問題発生理由）

（人）、［　］は構成割合（%）

	2018年	2013年	2003年
（父・母の）死亡	684[2.5]	663[2.2]	912[3.0]
（父・母の）行方不明	761[2.8]	1,279[4.3]	3,333[11.0]
父母の離婚	541[2.0]	872[2.9]	1,983[6.5]
父母の不和	240[0.9]	233[0.8]	262[0.9]
（父・母の）拘禁	1,277[4.7]	1,456[4.9]	1,451[4.8]
（父・母の）入院、家族の疾病の付き添い、次子出産	813[3.0]	1,304[4.3]	2,128[7.0]
（父・母の）就労	1,171[4.3]	1,730[5.8]	3,537[11.6]
（父・母の）精神疾患等	4,209[15.6]	3,697[12.3]	2,479[8.2]
虐待（放任・怠だ、虐待・酷使、棄児、養育拒否）	12,210[45.2]	11,377[37.9]	8,340[27.4]
破産等の経済的理由	1,318[4.9]	1,762[5.9]	2,452[8.1]
児童問題による監護困難	1,061[3.9]	1,130[3.8]	1,139[3.7]
児童の障害	97[0.4]		
その他・不詳	2,644[9.8]	4,476[14.9]	2,400[7.9]
総　数	27,026[100.0]	29,979[100.0]	30,416[100.0]

出所）厚生労働省「児童養護施設入所児童等調査結果（平成30年2月1日）」より作成。

V-4　要保護児童に占める被虐待児の割合

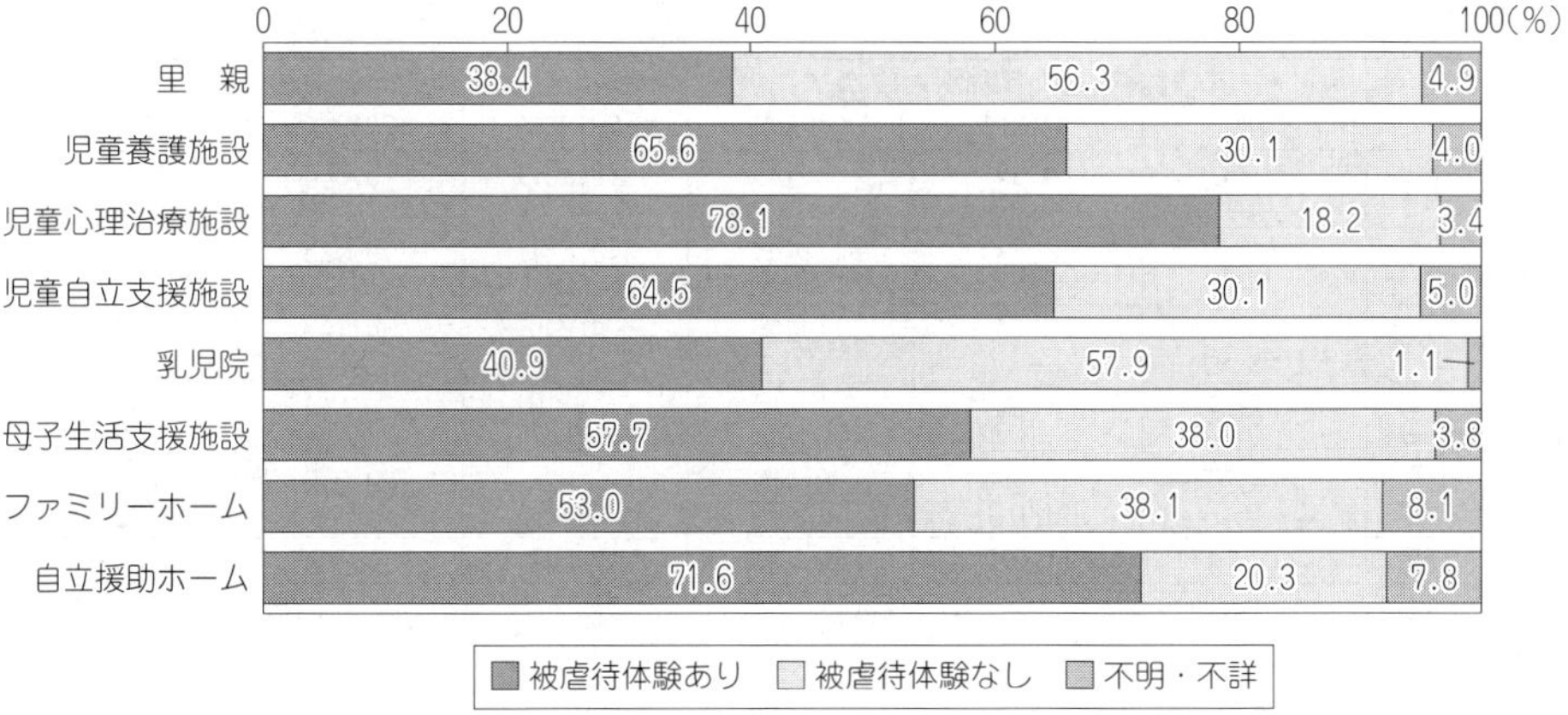

出所）　V-3と同じ。

V-5　児童相談所における相談援助活動の体系・展開

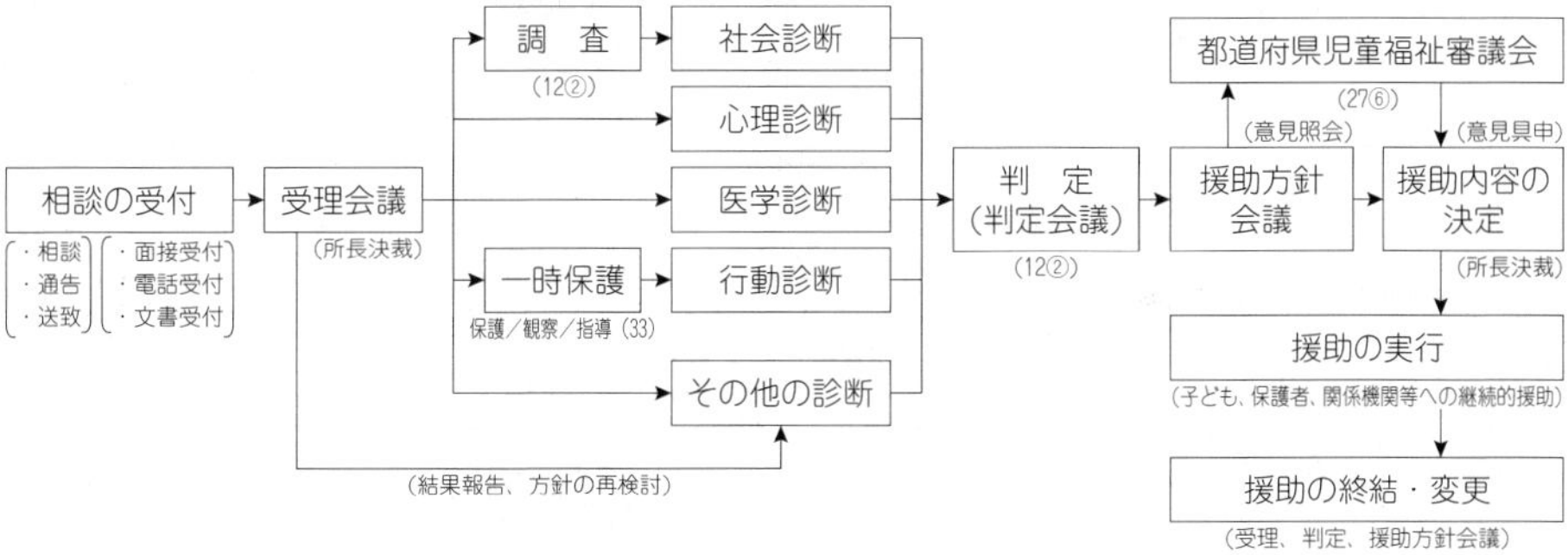

援　助

1　在宅措置等
（1）　措置によらない指導（12②）
　ア　助言指導
　イ　継続指導
　ウ　他機関あっせん
（2）　措置による指導
　ア　児童福祉司指導（26①Ⅱ、27①Ⅱ）
　イ　児童委員指導（26①Ⅱ、27①Ⅱ）
　ウ　市町村指導（26①Ⅱ、27①Ⅱ）
　エ　児童家庭支援センター指導（26①Ⅱ、27①Ⅱ）
　オ　知的障害者福祉司、社会福祉主事指導（26①Ⅱ、27①Ⅱ）
　カ　障害児相談支援事業を行う者の指導（26①Ⅱ、27①Ⅱ）
　キ　指導の委託（26①Ⅱ、27①Ⅱ）
（3）　訓戒、誓約措置（27①Ⅰ）

2　児童福祉施設入所措置（27①Ⅲ）
　指定発達支援医療機関委託（27②）
3　里親、小規模住居型児童養育事業委託措置（27①Ⅲ）
4　児童自立生活援助の実施（33の6①）
5　市町村への事案送致（26①Ⅲ）
　福祉事務所送致、通知（26①Ⅲ、63の4、63の5）
　都道府県知事、市町村長報告、通知（26①Ⅳ、Ⅴ、Ⅵ、Ⅶ）
6　家庭裁判所送致（27①Ⅳ、27の3）
7　家庭裁判所への家事審判の申立て
　ア　施設入所の承認（28①②）
　イ　特別養子縁組適格の確認の請求（33の6の2①）
　ウ　親権喪失等の審判の請求又は取消しの請求（33の7）
　エ　後見人選任の請求（33の8）
　オ　後見人解任の請求（33の9）

（数字は児童福祉法の該当条項等）

出所）　厚生労働省「児童相談所運営指針」第1章第3節図-1。

《編者紹介》
大豆生田啓友（おおまめうだ　ひろとも）
1965年生まれ。玉川大学教授。

三谷大紀（みたに　だいき）
1976年生まれ。関東学院大学准教授。

最新保育小六法・資料集 2024

2024年３月30日　初版第１刷発行　〈検印省略〉

定価はカバーに
表示しています

編　者　大豆生田 啓友
　　　　三　谷　大　紀
発行者　杉　田　啓　三
印刷者　江　戸　孝　典

発行所　株式会社　ミネルヴァ書房
607-8494　京都市山科区日ノ岡堤谷町１
電話代表　(075)581-5191
振替口座　01020-0-8076

印刷・製本　共同印刷工業

ISBN978-4-623-09696-1
Printed in Japan